# COURS ÉLÉMENTAIRE

DE

# DROIT CRIMINEL

CONFORME AU PROGRAMME DES FACULTÉS DE DROIT

PAR

## A. LABORDE

PROFESSEUR DE DROIT CRIMINEL A LA FACULTÉ DE DROIT DE MONTPELLIER
AVOCAT A LA COUR D'APPEL

PARIS

LIBRAIRIE NOUVELLE DE DROIT ET DE JURISPRUDENCE

ARTHUR ROUSSEAU

ÉDITEUR

14, RUE SOUFFLOT ET RUE TOULLIER, 13

1891

COURS ÉLÉMENTAIRE

DE

# DROIT CRIMINEL

# COURS ÉLÉMENTAIRE

DE

# DROIT CRIMINEL

## CONFORME AU PROGRAMME DES FACULTÉS DE DROIT

PAR

## A. LABORDE

PROFESSEUR DE DROIT CRIMINEL A LA FACULTÉ DE DROIT DE MONTPELLIER
AVOCAT A LA COUR D'APPEL

---

PARIS

LIBRAIRIE NOUVELLE DE DROIT ET DE JURISPRUDENCE

ARTHUR ROUSSEAU

ÉDITEUR

14, RUE SOUFFLOT ET RUE TOULLIER, 13

1891

# PRÉFACE

Les programmes universitaires imposent au professeur de droit criminel l'exposé de la partie générale du Code pénal et lui laissent pour ainsi dire carte blanche relativement aux matières du Code d'instruction criminelle. Pour ce dernier, l'usage général est de traiter, chaque année, d'une manière complète la théorie *des actions* et d'y ajouter l'exposé d'une partie de la procédure pénale, qu'on pousse aussi loin que le temps le permet. L'année suivante, on expose une autre partie de cette procédure et l'on commente ainsi, en deux ou en trois années, tous les articles du Code d'instruction criminelle qu'il est essentiel de connaître. Le livre que nous offrons au public contient toutes ces notions et résume notre enseignement. Particulièrement destiné aux étudiants, il leur présente sous une forme concise l'ensemble des principales théories pénales et des controverses qui s'y réfèrent. Des notes nombreuses, où sont rapportés les autorités et les arrêts, permettront à nos jeunes lecteurs de contrôler l'analyse que nous avons faite, d'étudier sur le vif les questions, et enfin, d'aborder la pratique avec la notion exacte, non seulement de ce qui *doit être*, comme on en fait souvent le reproche aux licenciés et docteurs récemment reçus, mais encore de ce *qui est*.

# COURS ÉLÉMENTAIRE
## DE
# DROIT CRIMINEL

SUIVANT LES PROGRAMMES UNIVERSITAIRES

## NOTIONS PRÉLIMINAIRES

### I. — DIVISIONS DU DROIT

**1. I. Terminologie.** — Le *droit* est l'ensemble des règles qui régissent les rapports des hommes. Si l'on recherche théoriquement quelles doivent être ces règles d'après la raison et l'équité, on fait du droit *abstrait*. Si l'on étudie seulement celles de ces règles que le pouvoir social d'une nation a sanctionnées, celles dont il a fait ses *lois*, on s'occupe de droit *positif*, de *législation*. — Dans son acception large, l'expression *le droit* comprend le droit abstrait et le droit positif. Dans un sens plus restreint, elle désigne l'un ou l'autre. Opposé enfin à la législation, *le droit* signifie la philosophie des lois, le droit abstrait.

**2. II. Divisions du droit.** — Le droit se divise suivant la nature des rapports qu'il régit. La division la plus importante est celle qui le partage en droit *privé* et en droit *public*.

Le droit privé règle les rapports d'individu à individu. Par exemple, je vends, je donne, je teste, je garantis la dette d'autrui ; tous ces actes juridiques donnent naissance à des rapports qui sont régis par le droit privé.

Le droit public est *externe* ou *interne*. Le premier est l'ensemble des règles qui déterminent les devoirs des nations entre elles. Les peuples se rencontrent dans la paix comme dans la guerre. Ces deux situations sont régies par une législation particulière, celle des usages et des traités. Législation incomplète, car elle est dépourvue de sanction, faute d'un pouvoir supérieur à l'oppresseur et à l'opprimé qui se charge de faire respecter le droit méconnu. — Le droit public interne est l'ensemble des règles relatives aux devoirs respectifs de la société et des individus qui la composent. Il comprend l'organisation du pouvoir social et les rapports des individus avec ce pouvoir. Toutes les règles relatives à l'organisation politique et administrative d'un pays font partie du droit public interne.

**3. III. Définition du Droit criminel. — Place qu'il occupe dans le droit et dans la législation.** — Le Droit criminel est l'ensemble des règles qui organisent le droit social de punir. La *peine* est la sanction des règles qu'il édicte. Il ne faut pas la confondre avec la sanction des règles du droit privé ou de certaines dispositions du droit public interne, sanction que l'on qualifie souvent de *civile*. Celle-ci consiste soit dans la suppression d'un obstacle de droit ou de fait, tel que l'annulation d'un acte juridique, ou la mise en possession matérielle d'un objet, soit dans des dommages-intérêts, c'est-à-dire dans une somme d'argent que le violateur du droit est condamné à payer à la personne lésée. La sanction civile, dans nos lois modernes, ne porte que sur des biens comptant dans le patrimoine. Son caractère essentiel est d'être établie dans un intérêt privé. — La peine peut consister au contraire dans la perte d'un bien qui ne compte point dans le patrimoine du violateur du droit, tel que sa liberté ou sa vie. Son caractère essentiel est d'être établie dans un intérêt social.

Ce caractère essentiel de la peine indique suffisamment que le Droit criminel constitue une branche du droit public interne. L'exercice du droit de punir ne se comprend, en effet, que dans un intérêt social. Punir dans l'intérêt de la victime, ce serait exercer une vengeance. Il en a été ainsi à l'origine de nos institutions, dans le droit germanique. Mieux vaut dire qu'à cette époque il n'existait pas un véritable Droit criminel. La vengeance poursuivie par un particulier est un fait et non un droit. Son action en outre est insuffisante : eût-on, en effet, le droit de se venger, les moyens manquent le plus souvent. Enfin la vengeance privée, c'est la guerre civile à l'état permanent dans la société, un trouble incessant du bon ordre que le Droit criminel a précisément pour objet de maintenir.

**4. IV. Droit criminel abstrait et législation criminelle. — Différence entre le droit criminel abstrait et la morale.** — Le droit criminel comporte-t-il la distinction du droit abstrait et de la législation ? Certains écrivains, parmi lesquels on compte des jurisconsultes, l'ont nié. Pour eux, le droit criminel abstrait n'existe pas, ou, s'il existe, il est absolument inutile à connaître. — On ne peut, en effet, disent-ils, incriminer un acte ni le punir sans un texte de loi qui défende cet acte sous une peine : les lois criminelles ne sont pas susceptibles d'une interprétation extensive. A quoi bon dès lors rechercher ce qui *doit être ?* Le droit et la législation se confondent en matière pénale. — Cette théorie est dangereuse pour l'État comme pour les individus : nier l'existence du droit criminel abstrait, c'est d'abord présenter les lois pénales comme des actes purement arbitraires du législateur, dus quelquefois au hasard ; ce sera chez nous le résultat d'un coup de majorité. Or, ce qu'une majorité a fait, une majorité pourra le défaire indépendamment de toute condition de Justice et de Raison. Que deviennent dans ce système les droits de l'individu que le législateur doit respecter même chez un coupable ? — D'un autre côté, si l'on enlève aux lois pénales leur fondement philosophique, les restrictions qu'elles apportent à la liberté civile paraîtront intolérables ; la révolte contre ces lois semblera légitime ; l'opinion publique excusera celui que la justice essaie de flétrir. De cet antagonisme entre la loi et l'opinion naîtront des troubles. — Cette doctrine est en outre inexacte : dans le domaine de la philosophie, on peut affirmer l'existence d'une chose, dès que l'esprit la conçoit. Or, notre esprit conçoit un droit criminel théorique, indépendant de toute législation pénale. Donc ce droit existe. Nous en déterminerons bientôt les limites, en le distinguant de la morale et en exposant les principes, qui doivent inspirer le pouvoir social dans l'exercice du droit de punir.

Quant à l'utilité de son étude, elle apparaît à plusieurs points de vue. Elle élève d'abord l'enseignement au-dessus des notions d'une pratique vulgaire. Elle permet d'apprécier les défauts de notre législation, les innovations introduites dans les législations étrangères, et par suite de formuler celles qu'il importerait d'introduire chez nous. Enfin le droit criminel abstrait peut servir à l'interprétation du droit positif : sans doute, il est vrai de dire que l'interprétation doit être restrictive en matière pénale ; mais dans la voie de la restriction, où devra-t-on s'arrêter ? A quels faits, à quelles omissions faudra-t-il réduire la formule d'un délit ? C'est en recherchant d'abord si ces actes méritent théoriquement d'être incriminés qu'on pourra trouver un guide sûr et qu'on fixera la portée des termes de la loi (1).

(1) Un exemple entre mille pour montrer que l'interprétation peut servir à dégager le *fait* que la loi pénale incrimine de l'*hypothèse* où elle a supposé qu'il se réaliserait, et permet d'étendre l'incrimination au même fait se réalisant dans une autre hypothèse. Un voyageur a volontairement dépassé la station pour laquelle il a pris son billet, a-t-il commis l'infraction prévue par l'article 63, 1º de l'ordonnance de 1846, qui défend d'entrer dans les voitures du chemin de fer sans avoir un billet ? — Nous répondrons affirmativement avec la jurisprudence, parce que le législateur a voulu incriminer *la présence* d'un voyageur sans billet dans un wagon.

**5.** Une autre erreur consiste à confondre, comme on l'a fait quelquefois, le Droit criminel abstrait et la morale. Ceux qui font cette confusion raisonnent ainsi : les faits incriminés par les lois pénales sont pour la plupart des faits immoraux. Rechercher par conséquent, en dehors de toute législation, quels actes méritent d'être incriminés, c'est faire de la morale sous le pseudonyme de Droit criminel abstrait. — Nous répondrons à ce raisonnement en signalant les différences qui séparent ces deux sciences. Elles diffèrent d'abord par leur but : la morale impose les devoirs pour eux-mêmes. Le droit criminel abstrait les impose comme condition du maintien de l'ordre dans la société. Cette première différence en engendre une seconde : le champ d'application de la morale est plus large que celui du Droit criminel abstrait. La morale comprend tous les devoirs de l'homme : devoirs envers Dieu, devoirs envers lui-même, devoirs envers ses semblables. Le Droit criminel abstrait ne s'occupe que de ces derniers et ne retient encore parmi eux que ceux dont la violation mettrait en péril la société. La confusion que nous combattons aurait enfin un dangereux résultat : comme le progrès pour la législation consiste à se rapprocher de plus en plus du Droit abstrait, si le Droit criminel abstrait se confond avec la morale, les efforts du législateur devront tendre à incriminer tous les faits immoraux, même ceux dont la répression n'intéresse pas l'ordre public. On marche ainsi vers la suppression de toute la liberté civile (1).

**6. V. Utilité et attrait de l'étude du Droit criminel.** — L'étude du Droit criminel se recommande : 1° par l'importance des droits qu'il protège ; — 2° par celle des intérêts qu'il compromet ; — 3° par les questions philosophiques qu'il soulève ; — 4° par les transformations incessantes qu'il subit.

*a*) Le Droit civil réprime les actes injustes qui ne mettent pas en péril l'ordre public, soit parce qu'ils se manifestent par des voies de fait peu redoutables, soit parce qu'ils constituent de simples prétentions que les intéressés s'accordent à soumettre aux tribunaux. La *réparation civile* suffit pour mettre fin à ces désordres.

Le Droit criminel réprime les actes et les omissions susceptibles de compromettre l'ordre. Le pouvoir social édicte contre les coupables une

---

S'il a dit : « il est défendu *d'entrer* », c'est pour marquer que le fait devait être volontaire. Rester, se maintenir *volontairement* dans le wagon au-delà de la station pour laquelle on a pris le billet, c'est commettre *le même fait*, mais dans une autre hypothèse. — V. sur l'interprétation des lois pénales : Haus, I, 148-151 ; F. Hélie, *Introduct. aux leçons sur le C. pén. et d'Inst. crim. de Boitard* ; Lafontaine, *Rev. crit.*, 1860, tome 16, p. 164.

(1) *Sic* : Bertauld, *Rép. écrit.* p. 19, note, *Contrà* : Oudot, *Conscience et science du devoir*, II, p. 184-188.

*peine* indépendante de la réparation civile que peut obtenir la partie lésée. Le plus souvent il n'attend point que la victime du délit poursuive devant les tribunaux l'auteur de l'infraction ; il le poursuit *d'office* ; il a même institué à cet effet des magistrats spéciaux distincts de ceux qui sont chargés de le juger. Cette poursuite d'office n'est pas un critérium absolu pour distinguer les matières civiles des matières criminelles, le vrai critérium est dans la différence de la sanction, mais c'est le plus remarqué.

*b)* Pour atteindre son but, le Droit criminel est obligé de priver le coupable de biens aussi importants que ceux qu'il entend protéger chez la victime. Aussi voit-on les infractions à la loi pénale réprimées par des peines qui atteignent le coupable, non seulement dans sa fortune, mais encore dans ses droits, dans sa liberté et même dans sa vie. A ce point de vue le Droit criminel marque l'extrême limite de la liberté civile, celle qu'on ne peut franchir sans attirer sur soi l'action de l'autorité. Il est utile de connaître cette limite.

*c)* L'étude approfondie de cette branche de la législation se recommande par les hautes questions philosophiques qui s'y agitent. La première et la plus importante est celle de la légitimité du droit *de punir*. De plus, dans l'application de ses principales théories, le Droit criminel exige une analyse psychologique, souvent délicate. La *tentative*, la *complicité*, le *concours d'infractions*, etc., en donnent des exemples. Il s'inspire des mœurs et des nécessités sociales, lorsqu'il organise les *peines*, le *reclassement des libérés*, la *prescription*, l'*amnistie*, la *grâce*, la *réhabilitation*, la *révision*, etc.

*d)* Enfin le Droit criminel est certainement la branche du droit qui subit les modifications les plus fréquentes. Ses théories non moins que ses lois sont l'objet d'un travail incessant de transformation, qui donne à son étude un attrait toujours nouveau. Étroitement liée à la civilisation et aux mœurs politiques du pays, la législation criminelle reflète toutes leurs modifications : c'est la partie la plus vivante du droit.

## II. — DIVERS OBJETS DE LA LÉGISLATION CRIMINELLE

**7.** Toute législation pénale bien faite détermine les *infractions*, les *peines*, les *actions* auxquelles le délit donne naissance, organise enfin les *juridictions* et la *procédure*. Les deux premiers points font, dans notre législation, l'objet du Code pénal et de plusieurs lois spéciales. Les trois autres sont traités dans le Code d'instruction criminelle et dans les lois relatives à l'organisation judiciaire. Il n'est pas inutile de donner ici une notion sommaire de ces diverses parties de la législation pénale.

**8.** L'*infraction* peut être définie : un fait ou une omission punie par la loi dans un intérêt social. Quand le législateur incrimine un acte, il s'inspire habituellement du péril social et de l'immoralité de cet acte, quelquefois du péril social seulement. L'article premier du Code pénal contient une division tripartite des infractions qui suit une gradation ascendante : les moins graves sont les contraventions; les infractions de gravité moyenne s'appellent délits; les plus graves prennent le nom de crimes. Les crimes et les délits sont en général des faits à la fois immoraux et dangereux pour le maintien de l'ordre. La plupart des contraventions sont au contraire des faits insignifiants au point de vue de la morale, incriminés seulement pour le second motif. Aussi les rédacteurs du Code pénal ont-ils réuni dans un seul et même livre, le livre III, les crimes et les délits et consacré un livre spécial, le livre IV, aux contraventions. Ce procédé démontre à lui seul le vice de la division tripartite des infractions. C'est une division traditionnelle qu'aucune bonne raison ne justifie. On la retrouve dans la plupart des législations étrangères; cependant elle tend à disparaître des Codes les plus récents (1).

**9.** La *peine* est le châtiment édicté par la loi pour réprimer l'infraction. L'expression *par la loi*, insérée dans notre définition, formule un caractère essentiel de la peine d'après nos idées modernes. L'arbitraire est aujourd'hui banni des lois pénales. Il ne peut y avoir ni infraction, ni peine sans texte législatif qui l'établisse. Ce principe a pour conséquence la non-rétroactivité des lois pénales (art. 4, C. p. et *arg. de ce texte*).

**10.** L'*action*, dans la matière qui nous occupe, est le droit de poursuivre en justice l'auteur présumé de l'infraction. Une action naît toujours de l'infraction, c'est l'action *publique*, celle qui tend à faire appliquer la peine au coupable. Mais, s'il est résulté de l'infraction un dommage pour un particulier, il existe une seconde action, dite *civile*, par laquelle la victime ou ses héritiers poursuivent la réparation du dommage éprouvé (art. 1, C. i. c.). Rigoureusement l'action civile est étrangère au Droit criminel; mais comme elle a sa source dans le délit, ainsi que l'action publique, notre législation criminelle contient des règles communes à ces deux actions.

**11.** Les *juridictions pénales* sont d'*instruction*, ou de *jugement*. Les premières ont pour mission de recueillir les preuves et d'apprécier si elles sont suffisantes pour autoriser une poursuite. Celle des secondes

---

(1) C. espagnol 1870, C. des Pays-Bas 1881, C. italien, 1889, les projets de Code pénal anglais, russe : Voy. BERGE, *Rev. gén. du Droit*, 1879.

est de procéder à un nouvel examen des preuves dans un débat contradictoire et public, de déclarer s'il y a lieu la culpabilité et d'appliquer la peine.

Dans le droit commun, la juridiction d'instruction du premier degré se compose uniquement du juge d'instruction; une section de la Cour d'appel, la Chambre d'accusation, fonctionne comme juridiction du second degré. En droit commun aussi on trouve trois sortes de juridictions de jugement dont la compétence correspond aux trois classes d'infractions: le tribunal de simple police pour les contraventions, le tribunal correctionnel pour les délits, la Cour d'assises pour les crimes. Il y a en outre des juridictions exceptionnelles pour l'instruction et pour le jugement.

**12.** La *procédure pénale* a pour objet de mettre la justice à même d'appliquer la peine à l'auteur de l'infraction. Elle comprend la série des actes nécessaires pour réunir les preuves, pour s'assurer de la personne de l'inculpé, pour le faire comparaître devant les tribunaux et l'y faire juger, pour rendre enfin sa condamnation irrévocable et susceptible d'exécution.

**13.** Les lois qui déterminent les infractions et les peines constituent le droit pénal *déterminateur*, la partie de ce droit qui contient le précepte: c'est l'objet du Code pénal et de nombreuses lois spéciales. Celles qui ont trait aux actions, aux juridictions et à la procédure sont la sanction des précédentes; elles constituent le droit pénal *sanctionnateur*: c'est l'objet du Code d'instruction criminelle et des lois sur l'organisation judiciaire. Nous traiterons d'abord des premières. Mais avant d'en aborder l'étude, nous avons à résoudre deux questions importantes: l'histoire nous montre chez tous les peuples le pouvoir social punissant certains actes et certaines abstentions; est-ce là un abus de la force sociale ou l'exercice légitime d'un droit? Une fois que la légitimité du droit social de punir aura été démontrée, nous examinerons comment ce droit a été organisé aux diverses époques de l'histoire. La réponse à ces deux questions fournira une double introduction à l'étude de cette première partie de la législation criminelle.

PREMIÈRE PARTIE

DROIT PÉNAL DÉTERMINATEUR
(CODE PÉNAL)

I. — LES INFRACTIONS
II. — LES PEINES

# INTRODUCTION PHILOSOPHIQUE

## I. — LÉGITIMITÉ ET ÉTENDUE DU DROIT SOCIAL DE PUNIR

**14.** Où le pouvoir social puise-t-il le droit de punir ? Il y a eu sur ce point de vives controverses au siècle dernier et à la veille de la Révolution de 1830. De nombreux systèmes ont été proposés. Ils ne diffèrent souvent que par des nuances. Les examiner dans tous leurs détails serait une étude peu utile ; il suffit de dégager l'idée dominante qui les caractérise. Trois idées ont été mises en avant pour justifier le droit social de punir : l'idée de *justice*, l'idée d'*utilité*, l'idée de *convention*.

**15.** L'idée de justice a donné naissance au système dit *de la justice absolue* ou *de l'expiation*. On la trouve dans le *Gorgias* de Platon (1) ; il a été adopté et développé par Kant (2). Ce système se rattache aux idées qui avaient cours autrefois sur l'origine du pouvoir. Dans les sociétés anciennes, on admettait volontiers que le pouvoir venait de Dieu. Le souverain apparaissait comme un délégué de la divinité ; le droit de punir qu'il exerçait était une émanation de la justice absolue.

Nos idées modernes ne sont plus en harmonie avec ce système. La souveraineté, en vertu de laquelle s'exerce le droit de punir, réside dans la Nation. C'est elle qui exerce le droit de punir par ses représentants : le pouvoir législatif fait les lois pénales et le pouvoir exécutif les applique (3). — Si l'on examine d'ailleurs les procédés de la justice divine et ceux de la justice humaine, on voit qu'ils diffèrent absolument : la première pardonne au pécheur repentant. La seconde est obligée de punir, dans l'intérêt de l'exemple, même le criminel qui regrette son crime.

---

(1) T. III, traduction Cousin.
(2) KANT, *Éléments métaphysiques de la doctrine du Droit*, 1797, traduction Barni, 1853.
(3) Dans notre organisation politique actuelle, le pouvoir exécutif institue les magistrats de l'ordre judiciaire chargés de poursuivre la condamnation du délinquant, aussi bien que les fonctionnaires de l'ordre purement administratif chargés de faire subir la peine au condamné. L'on verra, dans l'introduction historique au cours d'instruction criminelle, qu'il n'en a pas toujours été ainsi et que les magistrats de l'ordre judiciaire ont été à une certaine époque directement nommés par le peuple. La délégation de la souveraineté aux juges était directe, dans ce système ; aujourd'hui elle est indirecte.

De cette différence de procédés ne faut-il pas conclure que la justice humaine n'est pas une émanation de la justice de Dieu ? — L'idée que nous critiquons ferait en second lieu confondre le Droit criminel *abstrait* avec *la morale*, et par conséquent elle conduirait à incriminer sans distinction tous les actes immoraux ; ce résultat supprimerait toute liberté civile. Enfin, dans ce système, le droit de punir dégénérerait en *vindicte* publique et tendrait à rétablir la peine *du talion*. Les supplices infligés au coupable devraient égaler en cruauté le mal qu'il aurait fait. S'il avait commis plusieurs crimes, on géminerait les peines, on en épuiserait la liste, jusqu'à ce que la justice absolue, qui réclame un châtiment adéquat à la faute, parût satisfaite. Toutes ces conséquences d'une idée absolue sont inacceptables dans la société humaine où tout est relatif, limité, incomplet.

**16.** L'idée que le Droit de punir se justifie par l'*utilité* qu'il présente pour la Société, se retrouve au fond de tous les systèmes modernes. Nous examinerons les cinq principaux dans l'ordre chronologique où ils ont été produits (1).

**17.** C'est d'abord le système du *contrat social*, où l'on rencontre l'idée de convention alliée à la précédente. Très répandu au siècle dernier, il eut pour principaux adeptes Beccaria (2) et J.-J. Rousseau (3). On le retrouve aussi dans les discours des orateurs du gouvernement lors de la rédaction des Codes (4). — A l'état de nature, dit-on, les hommes vivaient isolés. Plus tard ils se sont réunis en société dans un but d'utilité, pour augmenter leur bien-être et leurs moyens de défense. Alors s'est formé le contrat social d'où dérive le droit de punir. Selon les uns, chaque individu aurait cédé à la société dont il est membre son droit de défense individuelle. C'est le système de la *défense directe*. Selon les autres, le bon ordre ayant été reconnu nécessaire au maintien de la société, l'homme aurait consenti à être puni s'il enfreignait les lois qui assurent le bon ordre. C'est le système de *l'acceptation anticipée de*

---

(1) Un publiciste, grand amateur de thèses paradoxales, M. Émile de Girardin, a contesté la légitimité du Droit de punir en essayant de prouver qu'il est inutile à la société. La répression, selon lui, ajoute au trouble social causé par l'infraction deux maux nouveaux : la plaie des récidivistes et celle des libérés. Cet écrivain arrive à cette conclusion qu'au lieu d'établir des peines, il vaudrait mieux organiser un système d'assurance destiné à réparer les dommages matériels que les délits pouvaient causer. Cependant il maintient l'amende avec la responsabilité solidaire de la famille et de la commune (*Du Dr. de punir*, 1871). — Est-il besoin d'observer qu'un tel système pénal n'opposerait qu'un frein insuffisant aux mauvaises passions des malfaiteurs ?

(2) *Traité des délits et des peines*, ch. 2.

(3) *Le contrat social*.

(4) Locré, t. XXX, p. 309.

*la peine*. — Cette théorie du contrat social repose sur une utopie et des erreurs. L'état d'isolement est trop contraire à la nature sociable de l'homme pour qu'on puisse supposer qu'il ait été la condition primitive de l'humanité. Il y a accord sur ce point entre les plus grands esprits de l'antiquité et des temps modernes (1). Les deux idées proposées pour formuler l'objet du prétendu contrat social n'expliqueraient pas d'ailleurs la légitimité ou l'étendue du Droit social de punir. Dira-t-on que la société a hérité du Droit de défense individuelle qu'avaient les hommes primitifs? Mais se défendre, c'est repousser l'attaque, empêcher le malfaiteur d'accomplir son délit. Punir, c'est atteindre le malfaiteur après le crime accompli (2). — Se rejettera-t-on sur l'acceptation anticipée de la peine? Mais alors il ne faudrait établir que des peines pécuniaires, c'est-à-dire des confiscations et des amendes : le droit d'édicter les peines corporelles ou privatives de la liberté ne peut avoir été conféré à la société par l'effet d'une convention, car la vie humaine, l'intégrité du corps, la liberté individuelle sont des biens inaliénables que l'homme n'a pu céder. Or, d'un autre côté, n'est-il pas évident que des peines pécuniaires ne protégeraient pas suffisamment la société? Quelle arme aurait-elle par exemple contre les insolvables? — On est à se demander comment cette absurde fiction du contrat social ait pu trouver d'aussi nombreux et éminents adeptes. Cela ne peut s'expliquer que par l'état des esprits à la veille de la Révolution française : notre ancienne organisation sociale était attaquée de toute part ; l'idée que cette organisation résultait d'un contrat social, pouvant être remplacée par une convention nouvelle, fut acceptée avec enthousiasme, parce qu'elle justifiait l'établissement d'un nouvel ordre de choses.

(1) « Vie sociale ! c'est pour l'homme un penchant impérieux de la nature » — ARISTOTE, *Politique*, liv. I, ch. 2.

« Ejus autem prima causa coeundi non est tam imbecillitas quam naturalis quædam hominum quasi congregatio. Non est enim singulare nec solivagum genus hoc. » CICÉRON, *de Republica*, lib. I, § 25.

« Il n'y a rien de plus sociable que l'homme par sa nature.. » St AUGUSTIN, *De civitate Dei*, lib. XII, c. 27.

« Être sociable, c'est un caractère essentiel de l'humanité. » FÉNELON, *Essai philosophique sur le gouvernement civil*, III, ch. 3, p. 355. — *Édit*. Didot.

« Entendez-vous par sauvages des animaux à deux pieds, marchant sur les mains dans le besoin, isolés, errants dans les forêts, *salvatici, salvagi ;* s'accouplant à l'aventure, oubliant les femmes auxquelles ils se sont joints, ne connaissant ni leurs fils, ni leurs pères ; vivant en brutes, sans avoir ni l'instinct ni les ressources des brutes ? On a écrit que cet état était le véritable état de l'homme, et que nous n'avons fait que dégénérer misérablement depuis que nous l'avons quitté. Je ne crois pas que cette vie solitaire attribuée à nos pères soit dans la nature. » VOLTAIRE, *Essai sur les mœurs*, introd. ch. 14.

(2) Fr. 3, § 9 *De vi*, D. 48. 16.

**18.** Jérémie Bentham réfuta la théorie du contrat social et assigna pour principe au droit de punir l'utilité seule (1). Son système peut être qualifié d'*utilitaire pur*. Il donne à la Société le droit de punir tous les faits qu'elle a intérêt à réprimer et le droit d'aggraver indéfiniment les peines suivant le péril social. — La première de ses conséquences est, à notre avis, excessive; l'intérêt social comprend ce qui est *utile* et ce qui est *indispensable*. La Société n'a pas le droit d'interdire sous une peine l'usage d'une faculté, par ce motif que cette interdiction est utile au plus grand nombre. *La déclaration des droits de l'homme* a marqué judicieusement la limite du droit social de punir : « La loi, porte l'article 8, ne peut établir que les peines *strictement* nécessaires ». — Par sa seconde conséquence, ce système préconise le procédé de l'intimidation. Or, l'expérience démontre son inefficacité lorsqu'il n'est point secondé par une police bien faite. L'antiquité offre des exemples de châtiments effrayants qui n'ont pas arrêté les malfaiteurs (2).

**19.** Dans la première moitié de notre siècle brilla une célèbre école de philosophes, l'école éclectique, qui chercha à expliquer le droit de punir en réunissant les deux idées fondamentales des précédents systèmes. Elle légitime et limite en même temps le droit social de punir par cette formule : « Pas plus qu'il n'est juste, pas plus qu'il n'est utile » (3). — Ce système tombe sous les arguments qui ont servi à réfuter les deux idées qu'il combine. La première partie de sa formule, *pas plus qu'il n'est juste*, est d'ailleurs d'une application bien difficile. Il faudrait d'après cela n'incriminer que des faits immoraux. Mais la morale se modifie suivant la civilisation; il n'y a que ses grandes lignes qui soient immuables. Il est donc presque impossible de dire exactement ce qui est juste. L'intérêt de la Société exige en outre qu'on punisse des faits souvent indifférents au point de vue moral (4).

---

(1) « Ce qui justifie la peine, dit-il, c'est son utilité majeure, ou, pour mieux dire, sa nécessité... Les délinquants sont des ennemis publics, où est le besoin que les ennemis consentent à être désarmés et contenus ? » *Théorie des peines et des récompenses*, I, p. 7. Cette manière d'envisager le droit de punir a été aussi celle de certains rédacteurs du Code pénal, notamment de Target. (Locré, XIX, p. 8.)

(2) Montesquieu, *Esprit des lois*, liv. VI, ch. 12. V. *infrà*, n° 32, note.

(3) Les premières bases de ce système ont été posées par M. Guizot, *Traité de la peine de mort en matière politique*, et par M. de Broglie, *Rev. française*, 1828. Puis il a été développé par Rossi dans son *Traité de Droit pénal*. Il est suivi par beaucoup d'auteurs récents. Voy. Ortolan, *Éléments de Droit pénal*, I, 185 ; — Haus, *op. cit.*, I, 50 à 91 ; Carrara, *Programme du cours de Droit criminel fait à l'Université de Pise*, trad. Baret, *Prolégomènes*. C'était aussi la doctrine de notre savant maître M. Molinier, *Programme*, 1851, p. 10.

(4) Pour répondre à cette critique on a soutenu que toute infraction était un acte immoral, parce que, si l'acte en lui-même était insignifiant au point de vue

20. Pour combattre le système éclectique on a repris sous diverses formes l'idée d'utilité. Les philosophes positivistes ont proposé le système de la *défense indirecte* ou *préventive*. Ils étendent à l'être moral, Société, le droit naturel de légitime défense que personne ne conteste aux individus. Ainsi justifiée, la légitimité du droit social de punir ne pourrait plus être contestée; mais la difficulté consiste à expliquer qu'une mesure répressive, comme la peine, constitue une défense. Cela tient, dit-on, à ce que le danger que le délit fait courir à la société diffère de celui que l'agression fait courir à l'individu : pour l'individu le péril ne survit pas à l'attaque; il est au contraire incessant pour la société, à cause de l'exemple. En punissant le fait accompli, la Société se défend contre les agressions à venir (1). Ce système évite les incriminations injustes que pourrait conseiller l'*utilité;* car il n'apporte à la liberté humaine d'autres restrictions que celles qu'exige impérieusement le maintien de l'ordre. On lui reproche d'éveiller une idée fausse en employant pour se définir l'expression de *défense*. C'est là une querelle de mots. On l'a critiqué plus exactement en alléguant que son principe permet d'arriver à des peines d'une rigueur excessive. Mais on répond que cette considération ne doit pas émouvoir le jurisconsulte : la légitime défense ne donne-t-elle pas à l'individu le droit d'infliger la mort? Pourquoi ne le donnerait-elle pas également à la société?

21. Depuis peu d'années, une nouvelle école de positivistes, l'*École évolutionniste*, essaie de fonder le droit de punir sur une nouvelle base. Les criminels seraient des êtres d'une race inférieure à la nôtre, qui n'auraient point conscience du mal qu'ils commettent, mais contre lesquels cependant la société a le droit de se défendre. Les statistiques criminelles démontrent que le mouvement de la criminalité suit certaines lois, que les crimes varient de nature, se multiplient ou diminuent suivant le sexe, l'âge, la culture intellectuelle des individus, les lieux et les époques. Il y a là un phénomène social qui, bien que reposant sur un acte volontaire de l'homme, semble gouverné par des lois étrangères à sa volonté. Pour découvrir ces lois, on s'est mis à étudier les caractères physiques, intellectuels et moraux des délinquants, et l'on conclut d'une série d'observations que le criminel est un dernier vestige de l'homme pri-

---

de la morale, la désobéissance à la loi était toujours une immoralité. Pouhaer, *Essai sur l'histoire générale du Droit*, p. 272. Cette thèse est paradoxale : la morale est supérieure aux lois. Le législateur ne peut donc rendre un fait immoral, s'il ne l'est pas en lui-même. Quant à prétendre que toute violation de la loi est une immoralité, c'est détourner les mots de leur sens naturel.

(1) Ce système, développé par Charles Comte, *Traité de législ.*, I, p. 158, — a été suivi par Rauter, *Traité de Droit pénal*, I, *introduction philosophique*. L'idée de défense indirecte forme aussi le fond du système adopté par M. Garraud, *op. cit.*, 16 et s. ; mais il cherche à en tempérer l'application par l'idée de justice.

mitif, un cas d'atavisme, un sauvage qui, en vertu de la loi de l'évolution, reparaît brusquement au milieu de la société civilisée. Suivant cette théorie, *on naît criminel;* une prédisposition fatale pousse certains hommes aux crimes; leur volonté est incapable de résister à leurs passions. Arrivé à cette conclusion, il semble qu'on devrait proclamer l'irresponsabilité pénale des malfaiteurs, les traiter comme des malades, transformer les prisons en asiles d'aliénés. Cette solution fut en effet proposée chez nous, de 1865 à 1870, par plusieurs publicistes. Mais, depuis cette époque, les idées ont pris un cours diamétralement opposé: on propose de ne plus se préoccuper de l'état mental des délinquants; l'homme civilisé doit écraser l'homme sauvage, c'est une conséquence de la lutte pour l'existence (1).

Nous repoussons cette théorie qui a pour point de départ la négation du libre arbitre. Si les données de la statistique permettent de prévoir le retour de certains crimes, cela démontre que les mêmes circonstances peuvent amener l'explosion des mêmes passions. Mais il n'en faut pas conclure que la volonté, guidée par la conscience, ne puisse réagir contre elles. On allègue que les grands criminels présentent des difformités ou particularités physiques, qui rappellent l'homme primitif; mais qu'on regarde autour de soi, et l'on verra qu'elles se retrouvent souvent chez des hommes parfaitement honnêtes. Au surplus, est-il démontré que l'homme primitif se laissait guider uniquement par ses passions? Cette thèse paradoxale a été soutenue, il y a longtemps déjà, relativement aux sourds-muets; mais pour eux, l'observation pouvait se faire sur une vaste échelle, et elle est venue confirmer cette proposition considérée par les philosophes spiritualistes comme une

---

(1) L'ouvrage le plus complet sur la matière est l'*Uomo delinquente* (L'homme criminel) de LOMBROSO, professeur de médecine légale à l'Université de Turin (traduction française de 1887). Voyez aussi: CORNE, *Essai sur la criminalité (Journ. des Économistes,* 1868); VIRGILIO, *Saggio e ricerche sulla natura morbosa del delitto,* 1874; BORDIER, *Examen de trente-six crimes d'assassins,* 1879; JOHN LUBBOCK, *L'homme préhistorique* (traduction française) p. 548; ENRICO FERRI, *La teorica del imputabilità e la negazione del libero arbitrio,* 1878; *I nuovi orizzonti del diritto e della procedura penale,* 1880; *Dei limiti fra diritto penale ed antropologia criminale,* 1881; *Del diritto di punire come funzione sociale,* 1882; PESSINA, *Il naturalismo e le scienze giuridiche,* 1879; PRINS, *Essai sur la criminalité, d'après la science contemporaine,* 1880; BRUSA (*Revue de Droit international,* t. XII, p. 552-553); MAURY, *Le criminel* (*Journal des savants,* 1879, p. 389-399); LE BON, *La question des criminels* (*Rev. phil. de France,* t. VI, p. 319-548); LACASSAGNE, *Les tatouages; étude anthropologique et médico-légale,* 1881. — En Italie et en Allemagne se publient depuis 1880, deux revues consacrées aux travaux sur l'anthropologie criminelle. En France a paru en 1886 une revue analogue qui a pour titre: *Archives de l'anthropologie criminelle et des sciences pénales.*

vérité démontrée, savoir : que la conscience est innée chez l'homme. Fallut-il, enfin, accepter la conclusion fort discutable de l'anthropologie criminelle ? Comme elle ne concerne qu'un très petit nombre de criminels (les partisans de cette théorie nouvelle en conviennent eux-mêmes), elle ne pourrait servir de principe au droit social de punir, qui s'étend sur la généralité des délinquants ; tout ce qu'on pourrait admettre, c'est qu'il y aurait une nouvelle classe d'individus irresponsables : ceux que leur nature physique prédispose fatalement au crime. Quant à punir des insensés, est-il possible d'y songer sans supprimer le Droit pénal, pour revenir aux condamnations d'animaux dont la barbarie des temps anciens offre des exemples, et qu'on cite à titre de curiosités historiques ?

22. En résumé, si l'on compare les diverses théories proposées pour expliquer le droit social de punir, le système de la défense indirecte est celui qui échappe le mieux aux objections. Il nous semble cependant que l'idée d'*humanité* doit tempérer l'excessive sévérité des peines que peut conseiller l'idée de défense. Cette idée accessoire est tout à fait conforme à la base positiviste de ce système, car elle est prise dans ce fait, que la trop grande rigueur des châtiments blesse un sentiment naturel chez l'homme, la *pitié*. Il ne faut pas que l'indignation, soulevée par le crime, fasse place à la pitié qu'inspire tout homme soumis à un traitement trop cruel ; la répression doit exciter un sentiment de satisfaction dans le public, sinon on s'expose à amoindrir le respect de la loi, à susciter l'esprit de révolte, à provoquer des troubles, à aller en un mot contre le but même du Droit criminel, qui est d'assurer le maintien du bon ordre, condition essentielle de l'existence de la société.

## II. — CARACTÈRES ESSENTIELS OU UTILES DES PEINES

23. L'étude du droit de punir nous a servi à dégager le principe qui doit guider le législateur dans la détermination des infractions ; il faut rechercher maintenant ceux qui doivent l'inspirer dans l'organisation des peines. Ces principes se rattachent tous, de près ou de loin, à l'idée de la défense sociale ; s'ils paraissent nombreux, c'est qu'on passe ici aux détails d'application de cette idée. Les caractères divers qu'on exige dans la peine répondent, en effet, aux intérêts qu'il faut ménager pour que la répression destinée à maintenir le bon ordre atteigne exactement son but.

On reconnaît généralement qu'une peine est bonne, lorsqu'elle est à la fois exemplaire, réformatrice, légale, divisible, personnelle, égale, morale et réparable.

**24.** 1° *Exemplaire*. — La peine doit être assez sévère en elle-même, assez publique dans son exécution, pour que la crainte d'un châtiment analogue intimide les malfaiteurs qui voudraient imiter le condamné. La répression du délit devient ainsi un exemple. Ce premier caractère d'une bonne peine n'a jamais été contesté ; on discute seulement sur la nature des biens dont l'homme peut être privé à titre de peine et sur le genre de publicité que doit recevoir l'exécution.

**25.** 2° *Réformatrice*. — La peine a ce caractère lorsqu'elle est de nature à produire sur le condamné une impression durable, susceptible de le retenir désormais dans le devoir. Ce caractère est surtout utile dans les peines temporaires, puisque le condamné doit être un jour libéré ; mais son utilité existe aussi pour les peines privatives de la liberté, perpétuelles, à cause de l'éventualité de la grâce.

**26.** 3° La peine doit être *légale* ou *certaine*, c'est-à-dire déterminée d'avance par le législateur. Dans l'ancien Droit, la plupart des peines étaient *arbitraires*, c'est-à-dire abandonnées absolument à l'appréciation du juge. Il en résultait une inégalité choquante et souvent une rigueur excessive dans la répression. Ces deux résultats sont de nature à révolter la conscience publique et à empêcher que la répression devienne un moyen d'apaisement.

**27.** 4° *Divisible*. — On entend par là que le taux de la peine doit être susceptible d'augmentation et de diminution. La divisibilité de la peine donne au juge le moyen de mieux proportionner le châtiment à la faute. — On oppose les peines *fixes* aux peines *divisibles*. A proprement parler, les peines divisibles sont uniquement celles dont le juge peut varier le taux suivant les causes d'aggravation et d'atténuation qu'il découvre dans le crime. Mais on arrive à un résultat équivalent en permettant aux tribunaux de changer la nature de la peine. Ce dernier procédé est le seul moyen de donner aux peines fixes l'élasticité des peines à maximum et minimum.

**28.** 5° La peine est *personnelle* si elle atteint le coupable et n'atteint que le coupable. Ce caractère avait été méconnu par les législations anciennes : toute la parenté d'Aman fut pendue avec lui ; l'empoisonneuse athénienne, Théoris, fut condamnée à mort avec tous les siens ; dans certaines parties de la Chine un innocent peut s'offrir pour subir la peine du coupable ; notre ancien droit permettait de prononcer le bannissement contre les descendants et le conjoint du coupable dans les crimes énormes (1). Cette extension de la peine à des innocents avait

---

(1) Voy. Tissot, *Le Dr. pénal, étudié* etc., chap. I, p. 304.

pour but d'augmenter l'exemplarité du châtiment; elle se rattachait aussi à l'idée d'expiation entendue d'une manière abstraite. L'école éclectique a ramené l'expiation à des proportions plus équitables par cette formule célèbre : « Le châtiment n'a droit que sur le crime » (1). Dans le système qui fonde le droit de punir uniquement sur la défense de la Société, la peine doit être personnelle pour être réformatrice. La charte de 1814 (art. 66) a aboli la peine de la confiscation générale de biens, parce qu'en atteignant les espérances légitimes des héritiers présomptifs du condamné, cette peine n'était pas personnelle.

**29.** 6° Les peines doivent être *égales*, c'est-à-dire les mêmes pour le même genre de délit, quelle que soit la condition sociale du coupable. Ce caractère moins important que les précédents est la conséquence de l'organisation démocratique de notre Société. L'égalité de la loi pénale est une conquête de la Révolution française (2). Elle n'existait pas chez les peuples anciens, où républiques et monarchies étaient aristocratiquement constituées. Mais le sentiment de l'égalité est si profond dans la Société moderne qu'on exige que les peines soient, non seulement égales dans leur nature, mais encore au point de vue de leur exécution. A Rome, les condamnés à mort de la haute société (*honestiores*) étaient décapités ; les petites gens (*humiliores*) étaient crucifiés. Dans l'ancienne France, la décapitation était le supplice des nobles ; et la pendaison, celui des vilains. Aujourd'hui la condition des personnes n'influe pas en général sur la nature de la peine, ni sur son mode d'exécution.

**30.** 7° *Morale*. — La peine ne doit point dépraver le condamné ; elle doit lui laisser le sentiment de la dignité humaine et même le faire revivre chez lui, s'il l'a perdu. Une peine immorale ne serait pas réformatrice, elle rendrait à la Société un malfaiteur plus dangereux peut-être, après sa libération, qu'il ne l'était avant d'avoir été poursuivi. Les châtiments corporels ravalaient l'homme au niveau de la brute ; ce motif les a fait exclure de notre législation pénale moderne.

**31.** 8° Enfin la peine doit être *réparable*, c'est-à-dire susceptible d'être effacée, si l'on découvre plus tard que le condamné a été victime d'une erreur judiciaire. Ce résultat n'est malheureusement pas possible à atteindre absolument. Réparera-t-on jamais la perte temporaire de la liberté, l'altération de la santé causée par le changement de régime, les souffrances morales ? Les condamnations pécuniaires elles-mêmes sont-elles absolument susceptibles de réparation ? On restituera l'amende sans doute ; mais indemnisera-t-on le condamné des bénéfices qu'il aurait réalisés dans les spéculations ou les entreprises qu'une poursuite

(1) Guizot, *De la peine de mort en matière politique*, p. 100.
(2) « Les délits du même genre seront punis par le même genre de peine, quels que soient le rang et l'état du coupable ». (Déc. 21 janv. 1790, art. 1er.).

injuste est venue interrompre? Lui rendra-t-on les occasions manquées? Toutes les peines causent donc un préjudice plus ou moins irréparable. L'irréparabilité absolue de la peine de mort est, nous le verrons, le plus grave argument qu'on puisse invoquer contre elle.

**32.** Dans les systèmes qui fondent le droit social de punir sur la justice absolue, seule ou alliée à une autre idée, il faudrait encore que la peine fût *expiatrice*, c'est-à-dire que sa sévérité devrait être proportionnée à l'immoralité de l'acte, abstraction faite du danger social qui résulte du délit. A la raison de principe qui nous fait écarter ce caractère, nous ajouterons cette observation qui démontre l'inutilité de l'expiation pour la défense de la Société : les peines sont infiniment plus douces aujourd'hui qu'autrefois; cependant cette indulgence n'a point influé sur le mouvement de la criminalité (1); or, qu'est-ce qui peut motiver ces adoucissements successifs des peines, que tout le monde considère comme un progrès dans la législation ? Ce n'est pas assurément une diminution corrélative du mal moral résultant du délit. Le mal moral reste le même ; ce qui diminue, c'est le danger social. Si donc, à mesure que le danger social disparaît, on propose d'abaisser les peines, c'est que l'idée *d'expiation* est absolument inutile dans l'organisation du droit social de punir (2).

---

(1) Montesquieu avait observé que l'aggravation des peines n'arrêtait pas le cours de la criminalité. Il conseillait une répression modérée et une police mieux faite : « *Il ne faut point mener les hommes par les voies extrêmes :* on doit ménager les moyens que la nature nous donne pour les conduire. *Qu'on examine la cause de tous les relâchements, on verra qu'elle vient de l'impunité des crimes et non pas de la modération des peines...* Quelqu'inconvénient se fait-t-il sentir dans l'État, un gouvernement violent veut soudain le corriger... On établit une peine cruelle qui arrête le mal sur-le-champ. Mais on use le ressort du gouvernement ; l'imagination se fait à cette grande peine comme elle s'était faite à la moindre... Les vols sur les grands chemins étaient communs dans quelques États : on voulut les arrêter et on inventa le supplice de la roue qui les suspendit pendant quelque temps. Depuis ce temps on a volé comme auparavant sur les grands chemins ». (*Esprit des lois*, liv. VI, chap. 12.) L'expérience est venue confirmer les prévisions du grand publiciste. Toutes les réformes qu'a subies notre législation criminelle ont apporté un adoucissement considérable au système de pénalité. Ihering le constate par cette formule concise : « L'histoire de la peine est une abolition constante ».

(2) « L'expiation est une de ces antiques idées religieuses qui se sont conservées dans nos législations pénales et que la science sociale contemporaine répudie ». Fouillée, *La science sociale*, p. 289, 290.

M. Garraud, qui a adopté le système éclectique sur le principe du droit social de punir (*op. cit.*, p. 23), a probablement été convaincu plus tard de l'inutilité de l'idée d'expiation ; car, s'il exige que la peine soit *expiatrice*, il entend par cette expression : susceptible d'amener l'amendement du condamné (p. 232, n° 165), c'est-à-dire réformatrice.

# INTRODUCTION HISTORIQUE

**33.** L'étude des précédents historiques de nos lois pénales modernes n'offre point un simple intérêt de curiosité ; elle seconde le jurisconsulte dans l'interprétation de certaines dispositions de nos Codes ; elle met en garde le législateur contre certains essais condamnés par l'expérience.

Il serait sans doute très intéressant de rechercher comment l'organisation du droit de punir a été poursuivie chez les divers peuples du monde; mais une telle entreprise dépasserait le cadre restreint de ce traité; nous nous bornerons à exposer son organisation dans les législations d'où est sortie la nôtre, c'est-à-dire en Droit romain et dans l'ancien Droit français.

## I. — DROIT ROMAIN (1)

**34.** Le Droit romain distinguait les délits en *publics* et *privés*. Les premiers seuls rentraient dans le Droit criminel, car seuls ils donnaient lieu à l'application d'une peine prononcée dans un intérêt social. Les seconds ne mettaient en mouvement que la justice indemnisante : le délinquant était condamné à payer, à la victime, une somme d'argent, qui ne pouvait être considérée comme une réparation du préjudice causé par le délit, car elle s'ajoutait à la restitution de la chose ou de sa valeur. Aussi qualifiait-on cette condamnation de *peine* ; mais c'était une peine prononcée dans un intérêt privé. Les crimes contre la chose publique, les attentats les plus graves contre les personnes constituaient les *delicta publica*. Les délits moins graves contre les personnes et les délits contre les propriétés n'étaient que des délits privés. Primitivement, les délits dirigés contre les esclaves rentraient dans cette dernière catégorie. Plus tard, la personnalité des esclaves se dégage au point de vue pénal; leur meurtre devient un délit public à l'égal de celui d'un homme libre.

(1) Consulter: LABATUT, *Essai sur le système pénal des Romains*, Revue critique 1874-1875 ; DE VALROGER, *Esquisse du Droit criminel des Romains*, Revue critique 1860; FAUSTIN HÉLIE, *Le Droit pénal dans la législation romaine*, Revue critique 1882 ; MAYNZ, *Esquisse historique du Droit criminel de l'ancienne Rome*, Nouvelle Revue historique 1882, etc.

**35.** Le principe, qui paraît avoir inspiré l'organisation du droit de punir, est l'utilité sociale (1). On procède par intimidation : aussi les peines sont-elles généralement sévères. Sous la République, les citoyens pouvaient se soustraire aux poursuites par un exil volontaire. — Les jurisconsultes romains ont particulièrement étudié les conditions générales de l'application des peines.

## II. — ANCIEN DROIT FRANÇAIS

**36.** L'histoire du Droit pénal en France peut être divisée en quatre périodes : 1º la période barbare, qui s'étend du $V^e$ au $X^e$ siècle ; 2º la période féodale, qui va du $XI^e$ au $XV^e$ siècle ; 3º la période royale, qui commence au $XVI^e$ siècle et finit à la Révolution française ; 4º la période moderne qui conduit de 1789 à nos jours. Voyons quels ont été à chacune de ces époques les sources du droit pénal et le système de pénalité.

### A. — *Période barbare, du $V^e$ au $X^e$ siècle.*

**37.** *a).* **Sources du droit.** — L'invasion des barbares avait désagrégé la Gaule romaine. Au nord s'étaient établis les Francs ; à l'est, les Burgondes ; au sud, les Wisigoths ; ces peuples avaient apporté leurs coutumes. Après la conquête, elles furent rédigées et devinrent les *lois barbares*. A cette première source du droit pendant cette période, il faut ajouter les *capitulaires* des rois, le *Droit romain* et le *Droit canonique*.

Les lois barbares sont (2) : la loi des Wisigoths rédigée en 466 ; la loi des Burgondes, ou loi Gombette, rédigée au $VI^e$ siècle, sous le roi Gondebaud ; la loi des Francs Ripuaires, de la fin du $VIII^e$ siècle ; la loi Salique, c'est-à-dire la loi des Francs Saliens, connue sous le nom de *lex emendata*. Rédigée sous Clovis, à la fin du $V^e$ siècle, modifiée sous Childebert et Clotaire, elle reçut sa dernière forme sous Charlemagne. Toutes ces lois contiennent des dispositions pénales très nombreuses, surtout la loi Salique.

---

(1) « In vindicandis injuriis, hæc tria lex secuta est, quæ princeps quoque debet, ut eum quem punit emendet, aut ut pœna ejus cæteros reddat meliores, aut ut sublatis malis superiores cæteri vivant. » SÉNÈQUE, *De clementia*, I, 2, 12. L'idée de l'amendement du coupable n'est aux yeux des Romains que secondaire; tous les textes juridiques se bornent à invoquer la nécessité de l'exemple pour justifier la peine : fr. 31, D. *depositi* ; fr. 8, D. *de Pœnis* ; 1. 9, C. *ad leg. Fab. de plagiariis* ; nov. 30, cap. XI.

(2) La date de plusieurs de ces lois est l'objet de controverses. Nous les citons d'après le *Précis de l'histoire du Droit français* de P. VIOLLET, Paris, 1884.

Parmi les capitulaires relatifs au Droit pénal, les principaux sont : un capitulaire de Childebert, de 595 ; un de Dagobert, de 680, et plusieurs de Charlemagne.

Le Droit romain en vigueur à cette époque est puisé dans le Code Théodosien et dans les Institutes de Gaius. Les recueils sont : la *lex romana Wisigothorum*, rédigée sous Alaric II, en 506 (1) et la *lex romana Burgundiorum*, rédigée aussi au commencement du VIe siècle (2).

Le Droit canonique se composait des décisions des conciles et des décrétales des papes.

Quel était l'empire de ces diverses législations ? A cette époque, le caractère des lois est la *personnalité* : chacun est régi par la loi de son origine. Le Droit romain s'appliquait aux Gallo-Romains et aux clercs. Les clercs étaient en outre soumis au Droit canonique. Les Barbares suivaient la loi de leur race. Au milieu de ces lois si diverses, les capitulaires commencèrent une période d'unification ; ils fondaient une sorte de droit commun ; mais leur autorité réelle varia suivant la puissance du pouvoir royal.

**38.** *b*). **Système de pénalité.** — La distinction romaine des délits publics et des délits privés se retrouve dans les lois barbares. Les premiers sont peu nombreux ; ce sont : 1° les crimes contre l'État (trahison, désertion, intelligences avec l'ennemi) ; 2° les attentats contre le souverain ; 3° les outrages au culte national (magie, sorcellerie, violation des sépultures, sacrilège). La peine des délits publics est la mort infligée sous diverses formes.

Si l'on recherche quel fut à cette époque le principe fondamental du droit de punir, on est réduit à des conjectures. Cependant, du système très complet des délits privés, dont les délits publics semblent combler les lacunes, et de l'influence de la religion, on peut induire que la législation pénale s'est inspirée de l'idée de vindicte publique et de l'idée d'expiation.

Les délits privés comprennent tous les délits contre les personnes et les propriétés privées. Les individus ne sont pas encore unis par cette solidarité qui fera considérer, comme intéressant la Société, la répression

---

(1) On l'appelle aussi *Bréviaire d'Alaric*, ou encore *Liber Aniani*, du nom de son auteur.

(2) Elle porte aussi le nom de *Papien*. L'origine de cette dénomination est curieuse : la loi romaine des Wisigoths se termine par un fragment de Papinien, précédé de son *inscriptio*, c'est-à-dire de l'indication de l'ouvrage du jurisconsulte auquel il est emprunté. Cette *inscriptio* était : « Incipit Papiani lib. I Responsorum. » Un copiste, qui transcrivait la loi romaine des Burgondes à la suite de la loi romaine des Wisigoths, prit cette *inscriptio* pour la rubrique de la loi des Burgondes et il écrivit *Incipit* PAPIANUS, *liber primus responsorum*. Le nom de *Papien* est ainsi resté à ce recueil.

d'un délit dirigé contre un de ses membres. Cette solidarité n'existe qu'entre les membres de la même famille. Tout délit contre un particulier devient une cause de guerre privée entre la famille de l'offenseur et celle de l'offensé. C'est le droit de vengeance qu'on reconnaît à la victime. Mais la faculté de faire la guerre emporte celle de faire la paix. Cette paix est achetée par le coupable, ou par sa famille, moyennant le paiement d'une *composition* appelée Wehrgeld (1). Ces transactions étaient à l'origine purement facultatives ; mais elles perdirent peu à peu ce caractère. Les rois et les comtes intervinrent dans ces traités de paix à trois points de vue : 1° pour rendre l'acceptation du Wehrgeld obligatoire (2) ; 2° pour punir l'offenseur qui ne l'offrait pas ; 3° pour faire respecter le traité de paix par l'offensé, après l'acceptation de la composition. Cette intervention du pouvoir social dans le règlement du Wehrgeld n'était pas gratuite : une partie de la somme payée était prélevée par le fisc sous le nom de *fredum*. L'importance de ce *fredum* était proportionnée à la puissance du chef qui l'imposait, c'est-à-dire aux garanties que son intervention apportait pour le maintien de la paix. Le fredum est l'origine de l'amende et des frais de justice, qui sont restés confondus dans notre ancienne jurisprudence. Il commence, en outre, la transformation des délits privés en délits publics, en attribuant à une partie de la composition le caractère pénal. Au IX⁰ siècle, d'ailleurs, cette transformation est déjà opérée pour certains délits frappés d'une amende proprement dite de soixante sous d'or, appelée *Ban du roi*, tels que l'incendie, le rapt, l'effusion du sang dans les églises (3).

## B. — *Période féodale, du XI⁰ au XV⁰ siècle.*

**39.** *a).* **Sources du droit.** — Les sources du droit pendant cette période sont les *coutumes locales*, le *Droit romain* et le *Droit canonique*.

Les coutumes locales ont remplacé les lois barbares à mesure que la fusion s'est faite entre les vainqueurs et les vaincus. En France, elles ne sont pas écrites, parce qu'elles sont en pleine formation ; mais la conquête les importe sur le sol étranger où il devient nécessaire de les rédiger. Cela explique que les premiers monuments du droit féodal nous viennent du dehors.

---

(1) D'après son étymologie, cette expression signifie *argent de la défense*. Primitivement le Wehrgeld se composait de bestiaux (Tacite, *De more German.*, C. XII), plus tard ce fut de l'argent.
(2) Capit. de Worms, de Louis le Débonnaire, an 829.
(3) Capit. de Charlemagne de 806 ; Capit. de Louis le Débonnaire de 819 (Baluze, I, 447, 599).

La conquête de l'Angleterre, en 1066, et celle de Jérusalem, en 1099, donnent ainsi les *Lois et coutumes de Guillaume le Conquérant* et les *Assises de Jérusalem*. Plus tard apparaîtront les coutumiers français : les *Établissements, coutumes et arrêts de l'Échiquier de Normandie*, au commencement du XIII⁰ siècle ; les *Établissements de saint Louis*, 1273; les *Coutumes de Beauvaisis*, œuvre de Beaumanoir, 1273 ; enfin les *Chartes de communes*.

Le Droit romain de Justinien pénètre en France au début de cette période. Les légistes, ennemis de la féodalité, y puisent des arguments en faveur de la suprématie du roi. Ils favorisent ainsi le développement des ordonnances royales aux dépens des autres sources du droit.

Les dispositions du droit canonique étant plus humaines que celles des coutumes, on recherche la qualité de clerc pour y être soumis. Dans les crimes intéressant la Foi, on l'applique quelle que soit la qualité des accusés.

Charles VII, en 1453, prescrit la rédaction des coutumes (Ordonnance de Montils-les-Tours). Les coutumes rédigées n'expriment plus le droit féodal dans toute sa pureté.

Dans le Midi, le Droit romain fait sentir plus vivement son influence. Cette partie de la France constitue la majeure partie *des pays de droit écrit*, ainsi appelés par opposition aux *pays coutumiers*, qui sont les pays du Nord.

Au déclin de la période féodale apparaissent des recueils de doctrine et de jurisprudence : les *Olim*, arrêts du Parlement de Paris (1254-1318) ; le *Livre de Jostice et de Plet*, auteur inconnu (fin du XIII⁰ siècle) ; les *Décisions de Jean des Mares* (au XIV⁰ siècle) ; le *Grand coutumier de Charles VI*, auteur inconnu (1389) ; la *Somme rurale de Jean Bouteiller*, composée à la fin du XIV⁰ siècle et publiée dans la seconde moitié du XV⁰.

**40.** *b*). **Système de pénalité.** — La transformation des délits privés en délits publics se poursuit. Les rois mettent obstacle aux guerres privées, et comme conséquence de ces prohibitions, ils punissent de peines corporelles les délits graves qui pourraient y donner lieu.

Dans l'organisation des peines, il faut noter le développement de la confiscation générale de biens sous le nom de *commise de fief*, pour le crime de *félonie*. Le vassal, qui manque à la foi qu'il a promise en acceptant le fief, perd son fief qui revient au seigneur suzerain. Cette peine ne diffère de la confiscation proprement dite qu'au point de vue de l'attribution de la chose confisquée. Les pénitences canoniques, telles que les pèlerinages et l'aumône, s'ajoutent à la liste des peines. Le pouvoir social concourt avec l'autorité spirituelle à la répression des crimes contre la Foi : le coupable est condamné cumulativement à l'excommunication et au bûcher.

Les compositions disparaissent, à mesure que les délits privés sont frappés de peines proprement dites. Elles perdent en effet leur utilité (1).

**41.** Quant au principe fondamental du droit de punir, on peut affirmer, avec certitude, que, pendant cette période, c'est l'idée de vindicte publique alliée à l'idée d'expiation. Le pouvoir social, ayant retiré à l'offensé le droit de se venger, se charge de sa vengeance.

### C. — *Période royale* (1483-1789).

**42.** La féodalité expire au commencement de cette période sous les rudes coups que lui avait portés Louis XI. Le pouvoir royal profite de sa victoire pour accomplir un grand travail d'unification dans la législation.

**43.** *a*). **Sources du droit.** — Les *Ordonnances* et les *Arrêts du Conseil*, documents émanés de l'autorité royale, constituent la source la plus féconde. Il faut y ajouter les *Arrêts de Règlement* des Parlements, le *Droit romain*, les *Coutumes* et le *Droit canonique*.

Le nom générique d'ordonnances désigne tous les actes législatifs qui sont l'œuvre du roi (ordonnances, édits, déclarations, lettres patentes). Dans un sens plus restreint, les *Ordonnances* sont ceux de ces actes législatifs qui règlementent d'une manière complète une matière importante. — Les *Édits* ont un objet plus spécial. Ainsi on oppose l'ordonnance criminelle de 1670 aux édits sur le duel. — Les *Déclarations* sont les accessoires des ordonnances et des édits. Elles les expliquent, les complètent ou les modifient sur des points de détail. — Les *Lettres patentes*, ainsi nommées par opposition aux lettres secrètes, dites *lettres de cachet*, sont des ordres ou des instructions destinés à la publicité et adressés à des autorités. — Le *Conseil du roi*, auquel répond aujourd'hui le Conseil d'État, est appelé, entre autres attributions, à rendre des arrêts explicatifs ou confirmatifs d'une loi existante. — Ces actes législatifs émanés de l'autorité royale ne recevaient leur application qu'après avoir été enregistrés par les parlements. Ces grands corps judiciaires et politiques avaient le droit de suspendre cet entérinement et d'adresser des remontrances au roi ; mais le roi pouvait vaincre leur résistance en tenant un *lit de justice*.

Les *arrêts de règlement* sont des décisions des parlements rendues par voie de disposition générale et règlementaire (2). Leur empire s'étend

---

(1) « Se li homicides puet aquerre la pès as amis à cels que il a ocis, ce ne vaut riens se il n'a la pès du duc ». *Établis. de Normandie*, p. 27. Édition Marnier.

(2) L'art. 5, C. c. interdit aux tribunaux les décisions de cette nature.

seulement au ressort du parlement de qui ils émanent. Presque tous sont relatifs à la police.

L'autorité royale n'a pas publié de recueil officiel de ses ordonnances ni cherché à mettre en harmonie leurs diverses dispositions (1). Les lacunes qu'elles présentent sont comblées à l'aide des autres documents législatifs. Par exemple, en matière d'adultère, (2) on applique les peines prononcées par la Novelle qui fait partie de la loi 30, *ad legem Juliam de adult.*, C. Just. 9, 9. Mais l'application du Droit romain ainsi que des coutumes et du Droit canonique se restreint et tend à disparaître à mesure que grandit l'autorité des actes législatifs émanés de l'autorité royale ou des parlements.

De savants commentaires éclairent bientôt le texte des ordonnances ; les plus remarquables sont le *Traité des matières criminelles* de Rousseau de la Combe (1741) ; le *Traité de la justice criminelle en France* de Jousse (1771) ; *Les lois criminelles* de Muyart de Vouglans (1780).

**44.** *b*). **Système de pénalité.** — Pendant cette période disparaissent les délits privés. Le nom reste cependant, mais il ne répond plus à l'idée primitive. Tout délit contre les particuliers donne lieu à l'application d'une peine : sa répression appartient donc au Droit pénal ; mais elle dépend de la volonté de la victime ou de ses héritiers. Elle seule peut exercer ou provoquer la poursuite, et sa transaction avec l'auteur du délit lui assure l'impunité. Les délits publics au contraire sont poursuivis d'office par les magistrats du ministère public. Leur action n'est pas subordonnée à une plainte, et la transaction de la partie lésée ne l'empêche pas d'aboutir à une condamnation (3).

**45.** La division tripartite des infractions qui existe dans notre législation actuelle s'opère nettement pendant cette période. Les délits les plus graves prennent le nom de *délits de grand criminel* ou de *crimes*. Ils sont poursuivis par la procédure dite *à l'extraordinaire*, qui est inquisitoriale, écrite et secrète. Ils se divisent en crimes *de lèse-majesté divine* (blasphème, sacrilège, magie, hérésie, apostasie, athéisme), crimes de *lèse-majesté humaine* (attentats contre le roi, les membres de sa

---

(1) Il existe seulement un recueil des dispositions répressives, contenues dans les ordonnances, dû à l'initiative privée. Il parut sous l'anonyme en 1752. Il était l'œuvre d'un conseiller au parlement de Paris, Laverdy.

(2) V. Jousse, I, 38.

(3) O. crim. 1670, tit. 25, art. 19. On verra ci-après, qu'au début de cette période, la partie lésée peut exercer l'action publique concurremment avec le ministère public ; mais plus tard son rôle se borne à demander des dommages-intérêts. De sorte que, sans distinction entre les délits publics ou privés, l'exercice de l'action publique appartient au ministère public, toutefois avec la double restriction que nous indiquons en matière de délits privés, savoir : que cet exercice ne peut commencer sans une plainte et qu'il doit s'arrêter devant la transaction de la partie lésée.

famille ou la chose publique) et crimes *contre les particuliers*; ces derniers comprennent les délits les plus graves contre les personnes et les propriétés privées. Les peines des crimes sont afflictives ou infamantes : les premières sont capitales, si elles entraînent la mort naturelle ou civile du condamné, non capitales dans le cas contraire. Le tableau suivant fera mieux comprendre l'ensemble des peines usitées au grand criminel :

| Peines criminelles pendant la période royale. | Peines afflictives...... | Capitales ..... | Mort. |
|---|---|---|---|
| | | | Galères à perpétuité. |
| | | | Bannissement perpétuel du royaume. |
| | | Non capitales. | Galères à temps. |
| | | | Réclusion à temps. |
| | | | Question sans réserve de preuves. |
| | | | Fouet. |
| | | | Bannissement à temps du royaume. |
| | | | Bannissement perpétuel d'une province. |
| | | | Mutilations. |
| | | | Carcan. |
| | | | Pilori. |
| | Peines infamantes..... | | Amende honorable. |
| | | | Blâme. |
| | | | Amende prononcée après une procédure à l'extraordinaire. |

Les infractions de gravité moyenne, qui constituent aujourd'hui les délits correctionnels, portent à cette époque le nom de *délits privés de petit criminel*. Leur poursuite a lieu suivant la procédure usitée en matière civile, c'est-à-dire dans la forme accusatoire, avec débats publics et oraux: c'est ce qu'on appelle la procédure *ordinaire*. Leurs peines n'ont point le caractère afflictif ou infamant ; ce sont: *l'emprisonnement* temporaire, *l'amende*, *l'aumône*, *l'injonction de ne pas récidiver portée par jugement*.

La troisième classe d'infractions se compose des *délits de police générale ou locale*. Leur poursuite a lieu devant des juridictions très diverses et dans la forme ordinaire.

**46.** Les peines capitales ont pour accessoire la *confiscation générale* des biens du condamné. Il est fait un usage très large et mal défini de la *confiscation spéciale*, surtout pour la répression de la troisième classe d'infractions (1).

(1) V ; Pothier, *Traité de la procédure crim*. Sect., V, art. 2 §, 6 ; — O. de 1670 tit. 25, art. 13.

**47.** Le droit de punir, pendant la période royale, repose d'abord, comme pendant la précédente, sur les deux idées de vindicte publique et d'expiation (1). Sous l'influence des textes du Droit romain, on y ajoute l'idée d'utilité, manifestée par des procédés d'intimidation. Avec ces trois idées on arrive à des rigueurs excessives et sans utilité pour la défense de la société ; on invente des supplices atroces (2) ; la folie, le défaut de développement intellectuel chez l'adolescent n'excluent point l'imputabilité ; pour les crimes de lèse-majesté humaine, les peines cessent d'être personnelles ; elles s'étendent aux enfants et au conjoint du condamné. Mais vers le milieu du XVIIIe siècle, une réaction se produit. Montesquieu blâme dans son *Esprit des lois* (1749) les peines excessives et les incriminations vicieuses. Beccaria, dans son *Traité des délits et des peines* (1764), assigne à la répression sa véritable limite en proposant de réduire les châtiments aux rigueurs nécessaires pour assurer le maintien de la sécurité publique. Deux ans plus tard, Voltaire l'approuve (3) ; le mouvement en faveur d'une réforme devient général : la magistrature la demande par la voix éloquente de l'avocat général Servan (4) ; la royauté la promet (Édit, 1er mai 1788) ; mais il appartenait à la Révolution française de l'accomplir ; elle inaugure la période contemporaine du Droit criminel.

### D. — *Période moderne, de 1789 à nos jours.*

**48.** La législation pénale pendant cette période peut se diviser en trois phases : 1° le droit intermédiaire, ou législation antérieure au Code pénal de 1810 ; 2° la législation de ce Code ; 3° les lois postérieures.

---

(1) Argou, *Institution au Droit français*, liv. III, ch. XXXVIII, écrivait au XVIIe siècle : « La vengeance est interdite aux hommes ; il n'y a que le roi qui puisse l'exercer par ses officiers en vertu du pouvoir qu'il tient de Dieu. »
(2) Pour donner un exemple de l'atrocité des supplices, nous transcrivons ici celui de Damiens, condamné à mort le 26 mars 1757 pour avoir tenté d'assassiner Louis XV. L'arrêt ordonne qu'il subira la *question préalable* et qu'il fera amende honorable à la porte de l'église. Puis il sera conduit à l'échafaud. On le tenaillera aux mamelles, bras, cuisses et gras des jambes. Sa main droite sera brûlée avec un feu de soufre. Sur les endroits où il aura été tenaillé on versera du plomb fondu, de l'huile bouillante, de la poix de résine brûlante, de la cire et du soufre fondus ensemble. Puis il sera écartelé ; son corps et ses membres seront jetés au feu et réduits en cendres et ses cendres jetées au vent. Ses biens seront confisqués. L'arrêt ordonne enfin la démolition de sa maison et fait défense d'élever à l'avenir aucun bâtiment sur son emplacement.
(3) *Commentaire sur Beccaria* 1766.
(4) Discours de rentrée prononcé devant le Parlement de Grenoble en 1767.

### E. — *Législation intermédiaire* (1789-1810).

**49.** *a*). **Sources du Droit.** — L'Assemblée constituante commença son œuvre par une déclaration solennelle des principes d'après lesquels devait être organisée la société moderne. C'est la *déclaration des droits de l'homme* (26 août 1789). L'art. 2 fonde le droit de punir sur la nécessité de maintenir l'ordre dans la société : « Le but de toute association politique est la conservation des droits naturels et imprescriptibles de l'homme : ces droits sont la liberté, la *sûreté* et la résistance à l'oppression. » L'art. 5 marque la limite exacte des incriminations : « La loi n'a le droit de défendre que les actions *nuisibles* à la société. » — L'art. 8 indique la mesure des peines : « La loi ne peut établir que des peines strictement et évidemment nécessaires. » — L'art. 10 proclame la liberté de conscience et abolit par suite les crimes de lèse-majesté divine. — L'art. 8, *in fine*, supprime enfin les peines arbitraires et formule le principe de la non-rétroactivité des lois : « Nul ne peut être puni qu'en vertu d'une loi établie et promulguée antérieurement au délit. »

Le décret du 21 janvier 1790 continua l'exposé de ces principes en proclamant l'*égalité* et la *personnalité* des peines : « Les délits du même genre seront punis par le même genre de peines, quels que soient le rang et l'état du coupable (art. 1er.) » — Les délits et les crimes étant personnels, le supplice d'un coupable et les condamnations infamantes quelconques n'impriment aucune flétrissure à sa famille ; l'honneur de ceux qui lui appartiennent n'est nullement entaché et tous continueront d'être admissibles à toutes sortes de professions, d'emplois et de dignités (art. 2) ». Comme conséquence, la confiscation générale des biens est supprimée, parce qu'elle atteint la famille du condamné (art. 3). De plus, la peine ne survivant point à la mort du coupable, non seulement les exécutions sur les cadavres sont abolies, mais encore il est dit que le corps du supplicié sera remis à sa famille, si elle le réclame et qu'aucune allusion ne sera faite au genre de mort dans l'acte de décès (art. 4).

L'œuvre purement législative de l'Assemblée constituante comprend d'abord un Code des crimes : c'est le Code pénal des 25 septembre-6 octobre 1791 ; puis un Code des délits et des contraventions ou, pour employer la terminologie usitée à cette époque, des délits de police correctionnelle ou municipale : c'est le *décret des 19-22 juillet 1791 relatif à l'organisation d'une police municipale et correctionnelle.* — On doit y joindre un Code spécial des délits ruraux (*L. concernant les biens ruraux et la police rurale*, des 26 septembre-6 octobre 1791).

La *Convention* vota le *Code des délits et des peines*, dans sa dernière séance, le 3 brumaire an IV. Ce Code est presque exclusivement consacré aux lois de forme ; il ne contient que quelques dispositions relatives aux infractions et aux peines. C'était l'œuvre inachevée de Merlin.

**50.** *b*) **Système de pénalité.** — Pendant cette période s'accentue la division des infractions en trois classes ; mais la terminologie n'est pas encore bien fixée. Le mot délit est un terme générique synonyme d'infraction. Il est encore employé de nos jours avec cette extension dans le langage de la doctrine, lorsqu'on traite des règles générales du Droit criminel. A la division tripartite des infractions répond une division tripartite des peines, des tribunaux et de la procédure.

Il faut noter, sous la Constituante, l'abolition des châtiments corporels à la fois cruels et dégradants. La peine capitale seule est conservée comme indispensable à la défense de la Société. — Les peines privatives de la liberté sont toutes temporaires : les peines perpétuelles sont supprimées. Leur abolition parut être la conséquence nécessaire de l'abolition du droit de grâce. — En matière criminelle les peines sont fixes, c'est-à-dire sans maximum ni minimum. Ces deux derniers points constituaient le côté défectueux de la législation intermédiaire : les peines perpétuelles sont un échelon nécessaire entre la peine de mort et les peines temporaires ; le droit de grâce favorise l'amendement du condamné pendant l'exécution de sa peine ; il sert à maintenir une certaine égalité entre les condamnations prononcées pour des faits semblables par des tribunaux différents ; c'est enfin l'unique remède pour certaines erreurs judiciaires. — Quant à la divisibilité des peines, nous avons démontré ci-dessus l'avantage pratique qu'elle présente.

**51.** Il est à remarquer enfin qu'une prompte réaction suivit les généreuses réformes de la Constituante. Dans les années 1792 et 1793 la *confiscation générale* fut rétablie comme peine accessoire de la peine capitale en matière politique. La *marque* reparut avec la loi du 23 prairial an X. On verra de plus dans l'historique du Droit pénal sanctionnateur que, sous l'influence des passions politiques, on méconnut les droits essentiels de la défense pour faciliter la condamnation des accusés.

## III. CODE PÉNAL DE 1810. — SON ÉLABORATION

**52.** Après l'apaisement de la tourmente révolutionnaire, il parut opportun de refondre la législation criminelle. Un arrêté des Consuls (28 mars 1801) chargea de ce soin une commission composée de Vieillard, Target, Oudart, Treilhard et Blondel. Elle présenta un projet de Code divisé en

1169 articles contenant les lois de fond et de forme. Ce projet fut discuté, au Conseil d'État, du 5 juin 1804 au 20 décembre suivant ; mais aussitôt l'élaboration législative s'arrêta. Elle fut reprise après une interruption de quatre ans dont on verra la cause dans l'historique du Droit pénal sanctionnateur ; on divisa alors le projet en deux Codes distincts, l'un relatif aux incriminations et aux peines, le *Code pénal* ; l'autre relatif aux actions et à la procédure, le *Code d'instruction criminelle*. Quant aux juridictions, on décida qu'elles seraient organisées par une loi spéciale. Le Code d'instruction criminelle a été décrété en neuf lois, du 17 novembre au 16 décembre 1808 ; le Code pénal l'a été en sept lois, du 12 au 20 février 1810. Les juridictions ont été organisées par la loi du 20 avril de la même année, et les deux Codes sont entrés en vigueur le 1er janvier 1811.

**53. — Analyse de ses dispositions.** — Rédigé sous l'empire des idées utilitaires, le Code de 1810 se fait remarquer par la rigueur de ses dispositions. La marque et la confiscation générale sont maintenues. La peine de mort y est prodiguée. Pour le parricide, elle est aggravée par l'amputation préalable du poing. La surveillance de la haute police y est organisée d'une manière si sévère qu'elle empêche le reclassement du libéré. Des faits qui ne doivent relever que de la conscience, tels que la non-révélation de complots, y sont incriminés. — Néanmoins le Code de 1810 a réalisé certains progrès : il a rétabli dans la législation les peines perpétuelles. Le droit de grâce, rendu au chef de l'État par le sénatus-consulte du 16 thermidor an X, permet d'en tempérer la rigueur. Les peines criminelles temporaires ne sont plus fixes. Enfin la théorie des circonstances atténuantes, aussi utile que la divisibilité de peines pour arriver à proportionner la peine au délit, existe en matière correctionnelle.

## IV. LÉGISLATION POSTÉRIEURE AU CODE PÉNAL DE 1810

**54.** Nous nous bornerons ici à un simple énoncé des réformes les plus importantes.

Sous la Restauration disparaît la confiscation générale (Charte de 1814, art. 66). — La théorie des circonstances atténuantes est introduite dans les matières criminelles (L. 25 juin 1824). — L'idée théocratique de l'expiation, remise en honneur, inspire la loi éphémère du sacrilège, qui punit d'une aggravation de peine les crimes commis dans les églises (L. 20 avril 1825, abolie par L. 11 octobre 1830).

Sous la monarchie de 1830 a lieu une revision importante du Code pénal (L. 28 avril 1832), qui en adoucit la rigueur. La peine de mort est supprimée dans un grand nombre de cas. — La marque et l'amputation du poing sont abolies. — L'exposition publique est rendue facultative dans la plupart des cas et le carcan supprimé. — La surveillance de la haute police est réorganisée. — Enfin la théorie des circonstances atténuantes est généralisée et rendue applicable aux trois classes d'infractions. En matière criminelle, le jury est appelé à concourir à son application. La loi du 28 avril 1832 est incorporée au Code pénal, dont on publie une deuxième édition officielle.

La seconde République supprime la peine de mort en matière politique (D. 26 février 1848) et l'exposition publique (D. 12 avril 1848). — La peine politique de la déportation, qui n'avait pû être organisée faute de colonies, reçoit son organisation par la loi du 8 juin 1850. — Le reclassement des libérés commence à être l'objet d'études : la loi du 5 août 1850, sur l'éducation et le patronage des jeunes détenus, s'y rattache.

Le second empire débute par une aggravation de la surveillance de la haute police (D. 8 déc. 1851) ; mais bientôt il réalise à son tour des réformes libérales. La loi du 3 juillet 1852 facilite la réhabilitation des condamnés qui se sont amendés. — Celle du 30 mai 1854 substitue à la promiscuité abjecte des bagnes la transportation dans les colonies, comme mode d'exécution de la peine des travaux forcés. — Celle du 31 mai 1854 abolit la mort civile. — En 1857 et 1858, on codifie les lois pénales militaires et l'on promulgue deux Codes de justice militaire, l'un pour l'armée de terre, l'autre pour l'armée de mer. — En 1863 a lieu une revision du Code pénal presque aussi importante que celle de 1832 et conçue dans le même esprit : un certain nombre de crimes sont *correctionnalisés*, c'est-à-dire transformés en délits. — Une loi du 27 juin 1866 étend les lois pénales françaises à des infractions commises par des Français sur le territoire étranger.

Depuis 1870, l'amélioration progressive de notre législation criminelle s'accentue : des incriminations nouvelles sont apparues (L. 23 janv. 1873 sur l'ivresse publique ; L. 25 déc. 1880 sur la répression des crimes commis dans l'intérieur des prisons). — D'autres disparaissent (L. 12 avril 1880, abrogeant L. 18 nov. 1814 sur le repos du dimanche). — On édicte les lois protectrices de l'enfance (L. 19 mai, L. 7 déc., L. 23 déc. 1874). — La législation de la presse a été deux fois remaniée dans son ensemble (L. 23 déc. 1875, L. 29 juillet 1881). — L'emprisonnement cellulaire est substitué, en principe, à la détention en commun, comme régime des prisons, par la loi du 28 février 1875. — La peine de la déportation reçoit dans son exécution divers adoucissements qui tendent à la faire servir au développement de nos colonies (L.

23 mars 1872; L. 25 mars 1873). — Pour faciliter le reclassement des libérés, on adoucit d'abord, puis l'on réduit à de simples interdictions de séjour, la peine de la surveillance (L. 23 janv. 1874 ; L. 27 mai 1885); on institue *la libération conditionnelle* et le *patronage* des libérés ; on facilite enfin et l'on rend plus efficace la *réhabilitation* (L. 14 août 1885). — D'un autre côté, on établit contre les récidivistes incorrigibles une peine nouvelle, la relégation, destinée à débarrasser la France continentale de cet élément dangereux (L. précitée du 27 mai 1885).

## APPENDICE. — LÉGISLATIONS PÉNALES DE L'EUROPE MODERNE

**55.** Les idées qui, à la fin du siècle dernier, inspirèrent la réforme de notre législation criminelle, ont amené un peu plus tard des réformes analogues chez presque tous les peuples de l'Europe (1), de sorte qu'aujourd'hui les mêmes faits se trouvent incriminés et punis d'une façon analogue dans la plupart des législations européennes. Ce droit pénal international sert de base aux traités d'extradition.

Les *principaux Codes étrangers modernes* sont :

| | | |
|---|---|---:|
| Code pénal | portugais. . . . . . . . . . . . | 1852 |
| » | » espagnol . . . . . . . . . . . | 1870 |
| » | » belge. . . . . . . . . . . . . | 1867 |
| » | » allemand . . . . . . . . . . . | 1870 |
| » | » hongrois . . . . . . . . . . . | 1878 |
| » | » des Pays-Bas. . . . . . . . . | 1881 |
| » | » italien . . . . . . . . . . . . | 1889 |

En Suisse, il y a une législation pénale fédérale régissant les rapports de canton à canton. De plus, il existe dans chaque canton un Code pénal spécial dont les dispositions sont inspirées, suivant les latitudes, par la législation française ou par la législation allemande. L'Italie qui travaillait depuis 1860 à se donner un Code pénal unique, a atteint en 1889, le but qu'elle poursuivait. Le nouveau Code est entré en vigueur le 1er janvier 1890 (2). — La Russie et l'Angleterre, qui étaient restées long-

---

(1) BONNEVILLE DE MARSANGY, *Rev. crit. de législ.*, 1852, p. 616.
(2) Comp. PAOLI, *Storia scientifica del primo libro del codice penale*, Florence, 1880. A. DE BOVILLE (*B. de la Soc. de législ. comp.* 1876-1877, p. 485); BROCHER, (*Rev. génér. du Droit*, 1877, I, p. 506 et s., 564 et s.); VIDAL (*Journ. de Droit intern. privé*, 1877, p. 344); MOLINIER (Études *sur le nouveau projet de C. P. pour le royaume d'Italie*, 1879-1880); P. SARRAUTE, *Lois nouvelles*, 1890, p. 151 et s.

temps en dehors du mouvement de réforme, préparent actuellement une revision de leurs lois pénales. — L'Espagne, n'avait que peu modifié sa législation antérieure à 1870; mais elle s'occupe aussi, depuis 1880, de mettre ses lois pénales en harmonie avec les théories les plus modernes (1).

Ces Codes étrangers sont en général supérieurs au Code pénal de 1810 qui leur sert de base; de sorte que la France, après avoir marché à la tête de tous les peuples par sa législation pénale, pourrait aujourd'hui faire d'utiles emprunts à la législation de ses voisins. Le gouvernement s'est ému de cette situation : un décret du 26 mars 1887 a nommé une commission extra-parlementaire chargée de préparer la revision des incriminations et des peines. Le rapport du ministre de la justice, qui précède le décret, indique sommairement les principales réformes qu'on a en vue ; on se propose : 1° de fondre en un seul Code toutes nos lois pénales ; 2° d'abaisser la peine de certaines infractions qui paraît trop sévère ; 3° de rétablir le rapport entre l'incrimination et la peine que l'organisation pratique du régime des peines privatives de la liberté a parfois détruit ; 4° enfin, de corriger la sévérité de certaines incriminations motivées uniquement par le danger que l'infraction fait courir à la société et qu'on voudrait tempérer en tenant compte de l'immoralité plus ou moins grande de l'acte.

(1) Voy. sur le projet de C. p. anglais G. Louis (*B. de la Soc. de législ. comp.*, 1877-78, p. 546); — sur le projet de C. p. russe, Lehr (*Rev. de législ. franc. et moderne*, 1875, p. 270 et s., 1876, p. 166 et s.; — sur les projets de C. p. espagnol de 1884 et 1885, Lehr, *Rev. de Droit intern. et de lég. comparée*, 1885, t. 17, p. 561 et s..

# LIVRE PREMIER

# DE L'INFRACTION

## CHAPITRE PREMIER

DÉFINITION ET ÉLÉMENTS ESSENTIELS DE L'INFRACTION.

Section première. — Définition de l'infraction. — Notion sommaire de ses éléments essentiels. — Sujets actif et passif du délit.

**56.** L'article premier du Code pénal ne définit point l'infraction ; il donne simplement un *critérium* pour reconnaître si un fait constitue une contravention, un délit, ou un crime. Ce procédé a été injustement critiqué (1). La loi pénale est un commandement qui exclut les développements doctrinaux. Les règles du Droit criminel abstrait doivent guider le législateur dans la détermination des infractions et l'organisation des peines ; mais il est inutile d'en insérer l'exposé dans les textes législatifs. Ces déclarations de principes conviendraient peut-être dans une législation qui serait l'œuvre exclusive du chef de l'État ; mais elles n'ont rien à faire dans le texte des lois qui sont discutées publiquement et votées par les représentants directs du peuple. — L'art. 1er du Code du 3 brum. an IV donnait de l'infraction la définition suivante : « Faire ce que défendent, ne pas faire ce qu'ordonnent les lois qui ont pour objet le maintien de l'ordre social et de la tranquillité publique est un délit. »

(1) Voy. Rossi, *Tr. de D. pén.*, 4e édit., p. 42 : « La division des actes punissables en crimes, délits et contraventions, division tirée du fait matériel et arbitraire de la peine, révèle à elle seule, ce nous semble, l'esprit du Code et du législateur. C'est dire au public : ne vous embarrassez pas d'examiner la nature intrinsèque des actions humaines ; regardez le pouvoir : fait-il couper la tête à un homme, concluez-en ce que cet homme est un grand scélérat. Il y a là un tel mépris de l'espèce humaine, une telle prétention au despotisme en tout, même en morale, qu'on pourrait, sans trop se hasarder, juger de l'esprit du Code entier par la lecture de l'art. 1er. » La critique du savant criminaliste se résume en ceci : *Le législateur ne nous fait pas connaître les motifs qui l'ont guidé dans la détermination des infractions et des peines.*

Cette définition ne fait pas ressortir la différence qui distingue la violation de la loi pénale de la violation de toute autre loi d'ordre public. Dans la doctrine on a défini l'infraction : « un fait ou une omission punie par la loi pénale » (1) ; — « une violation de la loi pénale » (2). Ces définitions sont exactes, mais leur concision nuit à leur clarté. Un fait habituellement puni par la loi peut se produire dans des circonstances telles que la loi cesse de l'incriminer. C'est ce qui arrive lorsqu'il constitue l'accomplissement d'un devoir ou l'exercice d'un droit. Le législateur voit dans ces deux circonstances des causes de justification du fait habituellement incriminé. Il est donc utile pour la clarté de la définition d'y introduire ce nouvel élément, et de dire : « l'infraction est une violation de la loi pénale qui ne se justifie point par l'accomplissement d'un devoir ou par l'exercice d'un droit ».

**57.** En reprenant chaque terme de cette définition, nous verrons que l'infraction se compose de quatre éléments essentiels : l'élément *légal*, l'élément *matériel*, l'élément *moral* et l'élément *injuste*.

*a*) L'infraction suppose d'abord l'existence d'une loi pénale qui incrimine et punit un fait ou une abstention. Cette loi constitue l'élément légal de l'infraction. Elle doit présenter deux caractères : 1° être antérieure au fait poursuivi, 2° être une loi française. Le premier de ces caractères limite le temps que la loi pénale régit ; le second, les lieux dans lesquels elle s'applique. Ils constituent le germe de deux grandes théories du Droit criminel : celle de la *non-rétroactivité* et celle de la *territorialité* des lois pénales.

*b*) L'infraction consiste dans la *violation* de la loi pénale. Violer la loi, c'est faire le contraire de ce qu'elle prescrit. Si la loi prescrit de s'abstenir, l'infraction résultera d'un *fait*. C'est le cas le plus fréquent : le vol, le meurtre, l'incendie, l'empoisonnement, l'avortement, etc., appartiennent à cette classe de délits. Si, au contraire, la loi ordonne l'accomplissement d'un acte, on violera la loi en restant dans l'inaction. L'infraction résultera alors d'une *omission*. Les infractions de ce genre sont beaucoup moins nombreuses que les précédentes : on peut citer le défaut de déclaration de naissance dans les trois jours de l'accouchement (art. 346, C. p.) et la plupart des désobéissances aux règlements de police. Mais, il importe de le remarquer, qu'il s'agisse d'un fait ou d'une omission, l'infraction se manifeste toujours par des faits matériels qui tombent sous nos sens, faits matériels qui sont susceptibles de troubler les rapports sociaux et qui pour ce motif ne relèvent pas uniquement de la morale. Ainsi, pour le défaut de déclaration de naissance, l'accouchement de la mère, l'expiration du délai de trois jours accordé pour faire la dé-

---

(1) Trébutien, I, p. 72.
(2) Haus, I, 258.

claration, l'absence de tout acte sur les registres de l'état civil, sont des faits extérieurs que le Droit criminel peut atteindre. Ils constituent ce que nous appelons l'élément *matériel* du délit. A cet élément se rattache la théorie de la *tentative* qui détermine, parmi les actes extérieurs au moyen desquels l'agent prépare et exécute son délit, ceux qui méritent d'être punis.

c) Mais pour qu'il y ait violation de la loi pénale, il ne suffit point que le fait défendu ait été accompli, il faut qu'il soit *imputable* à l'agent. La loi est un commandement qui suppose l'intelligence pour le comprendre, la liberté pour lui obéir. Ces deux facteurs réunis constituent l'*élément moral*. Les causes qui détruisent l'intelligence ou la liberté de l'agent sont connues en doctrine sous le nom de *causes de non-imputabilité*; elles constituent une des grandes théories du Droit pénal.

d) Enfin, l'absence de tout devoir ou de tout droit, qui justifierait la violation de la loi pénale, fournit le quatrième élément de l'infraction, l'*élément injuste*. Rigoureusement, on pourrait faire rentrer cet élément dans le premier; il n'y a pas en effet à proprement parler de loi prohibant un acte dans l'hypothèse où cet acte, habituellement défendu, devient licite; mais pour plus de clarté il vaut mieux éliminer ces cas en distinguant l'élément injuste. La théorie des faits justificatifs comprend l'exposé des circonstances qui font considérer la violation de la loi pénale comme l'accomplissement d'un devoir ou comme l'exercice d'un droit.

**58.** Les quatre éléments que nous venons de dégager sont communs à toutes les infractions; mais pour chacune d'elles il existe en outre un certain nombre d'éléments essentiels, spéciaux, qui lui font donner un nom particulier. C'est ainsi que le même fait matériel peut, suivant les circonstances, constituer le délit d'outrage public à la pudeur, ou les crimes d'attentat à la pudeur, ou de tentative de viol (art. 330, 331, 332 et 2, C. p.). De même l'acte qui tend à s'approprier injustement la chose d'autrui prendra suivant les circonstances le nom de vol, d'escroquerie ou d'abus de confiance (art. 379 et s., 405, 408, C. p.). L'étude de ces éléments spéciaux sort de notre programme; bien des fois néanmoins, dans l'exposé des théories générales du Code pénal, nous serons obligé de montrer par des exemples l'application qu'elles reçoivent; nous saisirons alors l'occasion de donner un aperçu sommaire de l'infraction qui nous servira d'hypothèse.

**59. Des sujets actif et passif de l'infraction.** — Avant d'aborder l'étude particulière de chaque élément de l'infraction, il importe de déterminer qui peut la commettre et qui peut en être victime. Dans les idées modernes, le droit ne peut avoir pour sujets que des personnes. Les animaux et les choses ne peuvent être que ses objets. Il n'en était pas de même dans l'antiquité ; on y faisait souvent le procès *aux bestes brutes et aux choses inanimées* (1). — Les personnes considérées au point de vue du Droit sont physiques ou morales ; sont-elles aptes, les unes et les autres, à jouer le rôle de sujet actif et de sujet passif du Droit pénal ? La réponse à cette question exige des distinctions : les personnes physiques peuvent être pendant leur vie les sujets actifs et passifs du Droit criminel. Conçues ou mortes, elles ne sont aptes qu'à jouer le rôle de sujets passifs. Ainsi le Code pénal protège l'enfant dans le sein de sa mère en punissant l'avortement (art. 317), et le cadavre d'une personne décédée, en érigeant en délit la violation de tombeaux (art. 360).

**60.** A côté des personnes physiques, il existe des êtres fictifs formés par la réunion de plusieurs individus : ce sont les personnes *morales* ou *civiles*, telles que l'État, les départements, les communes, les établissements publics, les sociétés de commerce. Ces êtres fictifs jouent dans la Société, *au point de vue du Droit civil*, un rôle analogue à celui des personnes réelles : ils peuvent être propriétaires, débiteurs, créanciers ; ils peuvent aliéner et acquérir, et leur capacité, quoique plus restreinte dans bien des cas que celle des personnes physiques, s'étend à la plupart des actes juridiques qui intéressent le patrimoine. Au point de vue du

---

(1) M. Tissot (*Le Droit pénal étudié dans ses principes et dans la loi des différents peuples du monde* 2e édit. I, p. 24 et s.) rapporte sur ce point des détails curieux empruntés aux lois de Zoroastre, de Moïse, de Dracon et de la Perse : le bœuf homicide était lapidé ; le chien hargneux subissait des mutilations successives et finissait par être condamné à mort. A Athènes, un tribunal jugeait les pierres qui avaient tué un citoyen et les condamnait à être transportées hors du territoire de la République. On trouve des dispositions analogues dans la loi des Burgondes, des Alamans et dans notre ancienne jurisprudence. Au XVe siècle, Guy Pape raconte qu'il a vu un porc pendu aux fourches patibulaires de Châlons pour avoir tué un enfant. Les Romains, au contraire, n'ont jamais considéré les animaux et les choses comme pouvant être les sujets du droit. L'abandon noxal ne dérogeait point à ce principe ; il était inspiré par le désir de limiter la responsabilité du propriétaire à la valeur de la chose ou de l'animal qui avait causé le dommage. — De même aujourd'hui, le droit ne concerne que les personnes et il ne faudrait pas voir une exception dans la loi du 2 juil. 1850 (*L. Grammont*), ni prendre la répression qu'elle édicte, des mauvais traitements exercés sur les animaux domestiques, pour une protection de ces animaux ; le point de vue du législateur est différent : c'est la publicité qui fait le délit ; on a voulu éviter que le spectacle d'actes de barbarie endurcît les mœurs. — Voy. sur les procès faits aux animaux et aux choses, Ayrault, *De l'ordre, formalité et instruction judiciaires*. liv. I, part. I, nos 25 et 26 ; Berryat-St-Prix, *Rapport et recherches sur les procès faits aux animaux*, 1829 ; L. Ménabréa, *De l'origine, de la forme et de l'esprit des jugements rendus au moyen âge contre les animaux*, 1846 ; Duméril, *Les animaux et les lois* (Rev. gén. du Droit, 1880, p. 144) ; P. Croos, *Procès faits aux animaux* (La France jud., 1880, p. 417) ; Lacassagne, *La criminalité chez les animaux*, (Revue scientif., 1882, t. XXIX, p. 34) ; E. Ferri, *Le uccisioni criminose tra gli animali* (1883).

Droit pénal, cette assimilation n'est pas aussi complète : sans doute ces personnes morales peuvent être victimes des délits contre les propriétés, puisqu'elles ont un patrimoine ; mais elles ne peuvent devenir victimes d'un délit contre les personnes, parce que leur existence n'est qu'une pure abstraction (1). Ce n'est donc que dans une certaine mesure qu'elles sont aptes à jouer le rôle de sujet passif de l'infraction. Peuvent-elles en être le sujet actif (2) ? Nous le nions absolument. Cela nous paraît certain d'abord pour les personnes morales qui ont une existence et un patrimoine distincts de ceux de leurs membres ; ces personnes morales n'agissent que par des représentants ; or, la responsabilité pénale est personnelle ; elle doit et ne peut atteindre que l'auteur même de l'infraction. Il ne serait possible d'ailleurs d'appliquer à un être fictif que des peines pécuniaires, et par conséquent, pour tous les délits punis de peines corporelles, la thèse abstraite que l'on soutient viendrait se heurter à une impossibilité matérielle d'application.

**61.** Mais il est des personnes morales *dont l'existence et le patrimoine se confondent avec ceux de leurs membres*, telle est la société commerciale *en nom collectif* et la société *en commandite*, au point de vue seulement des commandités (art. 22, 24, C. com.). Il existe aussi des *collectivités d'individus* ayant des *intérêts communs*, qui ne constituent point des *personnes civiles*, comme par exemple les corps constitués, les corporations ou compagnies d'officiers ministériels, les sociétés civiles, les cercles, etc. A l'égard de cette seconde classe de personnes morales et de ces collectivités, on comprend qu'on puisse se demander si le délit commis par un ou plusieurs des membres dans l'intérêt de tous est imputable même à ceux qui n'ont point agi, ou s'il n'engage que la responsabilité pénale des premiers. Ici la difficulté pratique d'exécution de la peine ne se rencontrerait point : on est en présence, en effet, non plus d'une agrégation d'intérêts, mais d'une société de personnes. Aussi ce n'est pas cette raison pratique, mais la raison de principe seule qui doit servir à résoudre la question. Or les principes du Droit moderne imposent, nous semble-t-il, la même solution que dans la précédente hypothèse. Chacun ne répond en Droit pénal que de ses actes : la peine ne peut atteindre que l'auteur de l'infraction et ceux qui s'en sont rendus complices par l'un des moyens énumérés par la loi. Il nous paraît absolument inadmissible, par exemple, qu'on puisse punir comme auteur ou complice de l'infraction ceux des membres de la collectivité qui n'étaient point d'avis qu'on la commît. Dans le sens de notre opinion, on peut tirer argu-

---

(1) On admet cependant qu'elles peuvent être victimes d'une diffamation.
(2) *Comp.* sur la question : Haus, I, n°s 265-268 ; Ortolan, I, n°s 491 et s. ; Garraud, n° 60.

ment des dispositions du Code pénal qui répriment la coalition des fonctionnaires (art. 123 et s.) : on n'a pas songé à organiser une peine collective contre les corps constitués qui se sont concertés pour prendre des mesures contraires aux lois, mais on a frappé chaque coupable d'une peine individuelle (1).

Les personnes morales et les collectivités ne pouvant délinquer, il faut en conclure : 1° qu'elles ne supportent pas les amendes auxquelles sont condamnés leurs agents ; 2° que, si le délit a été commis par plusieurs membres de la collectivité, il y a lieu de prononcer autant d'amendes qu'il y a eu d'agents et non point une seule amende (2).

**62.** Mais si les personnes morales n'ont point de responsabilité pénale, elles peuvent être déclarées *civilement* responsables du fait de leurs agents, c'est-à-dire obligées de réparer le préjudice résultant de leurs délits. Pour que cette responsabilité civile soit encourue, il faut que le coupable ait agi en qualité de préposé de la personne morale (art. 1384, C. c.) ; il faut aussi que la personne morale ait été libre de choisir ses agents ; à ces deux conditions on pourra lui imputer à faute d'avoir mal placé sa confiance.

### SECTION II. — DE L'ÉLÉMENT LÉGAL DE L'INFRACTION.

**63.** Les tribunaux ne peuvent appliquer que les incriminations et les peines expressément formulées par la loi. Notre Droit moderne, rompant définitivement avec la tradition, a rejeté la théorie des délits *naturels*, c'est-à-dire des délits qui existeraient indépendamment de toute loi positive. L'existence d'une loi pénale est ainsi devenue une

---

(1) Dans l'ancien Droit on admettait qu'une collectivité pouvait délinquer, et la procédure à suivre pour la répression de ces délits était organisée par l'Or. criminelle de 1670, titre XXI. Mais les peines qu'on prononçait contre la communauté n'étaient que l'amende, la suspension pendant un certain temps ou la privation de ses privilèges. En même temps qu'on faisait le procès à la communauté, il était ordinaire de faire le procès en particulier aux membres de cette communauté qui avaient eu le plus de part au crime. En ce cas, s'il intervenait contre eux, en particulier, quelque condamnation pécuniaire, ils étaient affranchis de toute contribution à celles qui étaient prononcées contre la communauté (comp. POTHIER, *Traité de la Procéd. crim.*, sect. VI, § 2). Ce précédent n'a point de valeur : étant donné le caractère mixte qu'avait autrefois l'amende, la condamnation pécuniaire prononcée contre la corporation était autant une réparation civile qu'une peine proprement dite. Quant aux suspensions et privations de privilèges, c'étaient de simples peines disciplinaires.

(2) *Contrà* : Cass. 14 déc. 1888; 6 août 1889; FAUSTIN HÉLIE, *Prat. crim.*, II, 58.— Comp. dans notre sens sur le principe : C. Paris, 16 déc. 1885. — (*Gaz. trib.* 21-22 sept).

condition nécessaire pour qu'il y ait infraction : c'est là ce qu'on appelle l'*élément légal*.

**64.** L'art. 4 du Code pénal affirme implicitement la nécessité de cet élément en précisant l'un des caractères que doit avoir la loi pénale : « Nulle contravention, nul délit, nul crime, ne peuvent être punis de peines qui n'étaient pas prononcées *par la loi* AVANT qu'ils fussent commis. » — Ce texte comprend deux propositions : il défend d'abord d'appliquer une *incrimination* nouvelle à un fait commis avant la promulgation de cette loi ; il défend en second lieu d'appliquer à un fait, déjà incriminé et puni par la législation, une *peine* portée par une loi postérieure à l'accomplissement de ce fait. La première de ces propositions est essentielle ; on ne pouvait décider le contraire sans reconnaître aux juges la faculté de créer des incriminations en dehors de toute loi positive. La seconde se recommande simplement par une raison d'équité, mais toutes les deux appliquent le principe de la *non-rétroactivité* des lois pénales, qui détermine le temps que la loi pénale régit. Il faut donc non seulement qu'une loi pénale existe, mais encore qu'elle soit *antérieure* au fait poursuivi.

**65.** Ce premier caractère ne suffit point : le principe de la souveraineté et de l'indépendance des nations ne permet pas que le droit de punir soit exercé sur le territoire d'un pays en vertu d'une autre législation que la sienne. On formule ce second caractère de la loi pénale en disant qu'elle est territoriale (art. 3, C. c.). Il détermine les lieux où la loi pénale s'applique. Nous allons étudier successivement les deux théories auxquelles donne naissance l'élément légal de l'infraction, savoir : la *non-rétroactivité* et la *territorialité* de la loi pénale (1).

## § 1. — De la non-rétroactivité des lois pénales.

**66.** La question de la non-rétroactivité de la loi se pose à tout changement de législation, que ce changement résulte de la promulgation d'une loi nouvelle, ou de l'annexion d'un territoire. Il importe d'abord de bien préciser l'hypothèse. La loi nouvelle s'applique incontestablement aux faits qui ont été commis depuis qu'elle est devenue obligatoire. A l'inverse, elle ne s'applique point aux faits définitivement

---

(1) Bien qu'il ne soit question ici que de l'infraction, nous suivrons l'application de ces deux théories dans toutes les parties de la législation pénale : c'est-à-dire que nous étudierons les principes de la *non-rétroactivité* et de la *territorialité* au point de vue des infractions, des peines, des juridictions et de la procédure. Nous pensons, en effet, qu'un exposé complet de ces théories, qui sont communes à toutes les parties du Droit criminel, en facilitera l'étude.

jugés sous la loi ancienne. Ces derniers sont des affaires terminées dans lesquelles il ne peut plus être question d'appliquer la loi. Alors même que la loi nouvelle supprimerait l'incrimination du fait qui a motivé la condamnation, cette suppression ne saurait profiter aux individus définitivement condamnés sous la loi ancienne, et, si leur peine n'est pas subie, rigoureusement ils doivent la subir, quoique depuis leur condamnation ce fait soit devenu licite (1). Cette situation a quelque chose de choquant ; aussi le pouvoir social y remédie-t-il habituellement en proclamant une amnistie ou en accordant des grâces (2).

La seule hypothèse, où puisse se discuter la question de la rétroactivité ou de la non-rétroactivité de la loi, est celle où le délit, commis sous la loi ancienne, n'avait pas été poursuivi, ou n'était pas définitivement jugé, quand a paru la loi nouvelle. A ce fait, qui enjambe sur le temps régi par les deux législations, quelle loi faut-il appliquer ? Est-ce la loi en vigueur au moment où il a été commis, ou la loi existant au moment où on le juge ? — L'art. 4 du Code pénal répond que c'est la loi ancienne. Cette solution *est rationnelle*, si l'objet de la loi nouvelle est de créer une infraction, d'incriminer un fait jusqu'alors licite ; pour apprécier, en effet, si un acte constitue une violation de la loi pénale, il faut se reporter au moment où il a été commis et voir, à ce moment, quelle était la loi, car on ne peut violer ce qui n'existe pas. Mais si la loi nouvelle a pour objet de modifier toute autre partie de la législation criminelle, par exemple la peine applicable à un fait déjà incriminé, alors la solution de l'art. 4 ne s'explique que par une *raison d'humanité* : il ne faut pas infliger au prévenu une peine plus sévère que la peine en vigueur au moment où le délit a été commis. Tel est le sens de la disposition un peu obscure de l'art. 4. Rationnellement, dans cette

---

(1) Sic : Trébutien, *op. cit.*, p. 83 ; Garraud, *Précis*, 78 ; *Circ. du Garde des sceaux,* du 21 février 1874, relative à l'exécution de la loi du 23 janvier 1874 sur la surveillance de la haute police ; Aix, 15 mai 1878. (S, 79, 1,77) et la note de M. Renault sous cet arrêt ; arg. art. 19, § 5, L. 27 mai 1885 *s. les récidivistes.* Contrà, Blondeau, S., *Collec. anc.* 1809, 2, 277 ; Valette, *sur Proudhon, État des personnes,* I, p. 36.

(2) L'Assemblée constituante avait bien compris cette règle : car, après avoir voté le Code pénal de 1791 qui abolissait les peines perpétuelles, elle vota une loi spéciale pour faire profiter des bienfaits de la loi nouvelle les individus condamnés définitivement à des peines de cette nature sous l'ancienne loi. Cette loi spéciale, appelée *Décret de commutation de peine* (3-8 sept. 1792), était l'exercice par le pouvoir législatif du droit de grâce et de commutation de peine que la constitution avait retiré au roi. — Dans les Codes modernes, on introduit une disposition expresse pour faire profiter de l'adoucissement de la pénalité résultant de la loi nouvelle les individus définitivement condamnés sous la loi ancienne. *Comp.* C. p. des Pays-Bas (art. 2-8) ; C. p. italien (art. 2) ; Projets de C. p. espagnol ; Lher, *op. cit.*, p. 563.

seconde hypothèse, on aurait pu soutenir que la loi nouvelle était seule applicable ; si en effet le changement de législation résulte de la promulgation d'une loi nouvelle, on peut dire que cette loi *est présumée meilleure* que l'ancienne : il est donc désirable qu'elle reçoive le plus tôt possible son application. Et si le changement de législation résulte d'une annexion de territoire, on peut soutenir que chaque nation, étant juge absolu des mesures qu'il faut prendre pour maintenir l'ordre sur son territoire, ne peut être liée, quant à la répression des délits qui y ont été commis, par une loi étrangère. La solution logique serait donc d'appliquer la loi nouvelle. La décision contraire de l'art. 4 est une solution de faveur : l'intérêt de l'inculpé la motive et limite en même temps son application.

**67.** Le principe de la non-rétroactivité n'a point un caractère constitutionnel ; c'est un simple principe d'interprétation judiciaire : le législateur s'est réservé le droit de faire des lois rétroactives ; mais, s'il n'a rien précisé à cet égard, les juges ne doivent point donner à la loi un effet rétroactif. Ce principe avait un caractère constitutionnel sous les trois premières constitutions qui régirent la France après la Révolution de 1789, parce que la déclaration des droits de l'homme, qui le formulait, était insérée dans leur préambule ; mais il ne fut plus reproduit par la constitution de l'an VIII, ni par les constitutions postérieures.

**68.** Nous allons étudier son application aux lois de *fond*, c'est-à-dire à celles qui soulèvent des questions d'incrimination et de pénalité ; puis aux lois de *forme*, c'est-à-dire aux lois relatives à l'organisation des juridictions, à la compétence et à la procédure.

### A. — De la non-rétroactivité des lois de fond.

**69.** C'est en vue de ces questions que l'art. 4 du Code pénal formule le principe de la non-rétroactivité. Son application y est très large, car elle n'a d'autre limite que l'intérêt de l'inculpé. La règle est qu'on doit appliquer la loi ancienne si elle est plus douce que la nouvelle, et celle-ci, dans le cas inverse. Telle est la solution donnée par plusieurs documents législatifs (1).

**70.** A quels signes reconnaîtra-t-on la loi la plus douce ? Si la loi nouvelle supprime une incrimination, ou bien si elle se borne à abaisser soit le maximum, soit le minimum de la peine, aucune hésitation n'est possible : la loi nouvelle est certainement moins sévère que l'ancienne. Mais des difficultés peuvent surgir quand le changement porte sur le

---

(1) Voy. C. p. 25 sept. 1791, dernier art.; — L. 25 frim. an VIII, art. 18, 19; D. 23 juillet 1810, *sur la mise en application du C. p.*, art. 10 ; *C. de just. milit. p. l'armée de mer*, art. 276 ; *p. l'armée de terre*, art. 376. Comp. *Projet de C. p. espagnol*, de 1884-1885 ; *C. p. Italien, locc. citt.*

genre de peine. On pourrait trouver par exemple que le bannissement est moins sévère que l'emprisonnement, ou que la détention est plus douce que la réclusion, ou bien encore, qu'à raison de la liberté relative laissée au déporté dans la colonie pénale, la déportation est préférable aux deux peines précédentes. Mais cette appréciation individuelle ne peut être admise en présence du classement des peines que le législateur a fait par ordre de gravité dans les art. 7, 8 et 9 du Code pénal. Il faut suivre les indications que donne cette échelle des peines : considérer d'abord la *nature* des deux peines; si ce moyen manque, leur *degré*. Ainsi les peines criminelles sont légalement réputées plus graves que les peines correctionnelles. Parmi les premières, la déportation est censée plus sévère que la détention et celle-ci, plus sévère que la réclusion. Si la peine reste la même, mais que son maximum ou son minimum soient modifiés, on décide généralement que ces modifications marquent la différence de pénalité entre les deux lois. — La difficulté devient sérieuse si la loi nouvelle, tout en élevant le maximum de l'ancienne peine, abaisse en même temps son minimum : par exemple, la loi ancienne prononce un à trois ans d'emprisonnement et la loi nouvelle, six mois à cinq ans de la même peine. Plusieurs auteurs soutiennent que, dans cette hypothèse, la loi ancienne est la plus douce, parce que l'abaissement apporté au minimum n'est pas à considérer. Le prévenu, fait-on remarquer, n'a jamais un droit acquis à l'indulgence du juge; tout ce qu'il peut exiger, c'est qu'on ne dépasse pas le maximum (1). D'autres auteurs ont proposé de combiner les deux lois de manière à faire jouir le prévenu de leurs dispositions favorables : les juges ne pourraient par conséquent dépasser le maximum de la loi ancienne, s'ils veulent se montrer sévères ; mais s'ils veulent user d'indulgence, ils pourraient abaisser la peine au minimum de la loi nouvelle (2). On objecte avec raison contre ce second système, qu'il autorise le juge à faire une loi mixte, qui ne se trouve dans aucune des deux législations entre lesquelles il doit choisir. La théorie des circonstances atténuantes rend d'ailleurs cette controverse sans intérêt, dans la plupart des cas, en permettant d'abaisser la peine au-dessous du minimum de la loi ancienne.

**71.** L'application du principe de la non-rétroactivité aux lois de fond a soulevé quelques difficultés qu'il faut examiner.

*a)* La loi en vigueur au temps de l'infraction peut avoir été abrogée par une loi plus douce, qui est elle-même remplacée, au moment de la poursuite, par une troisième loi, plus sévère que la seconde et plus

---

(1) CHAUVEAU ET HÉLIE, I, 22; HAUS, I, 193; GARRAUD, *Précis*, 77. Certains appliquent ce raisonnement même à l'hypothèse où le maximum des deux peines étant le même, le minimum est différent. *Sic* : C. Paris, 10 avril 1886 (Lefèvre).

(2) DALLOZ, *Rép.* V° *Lois*, n° 372 ; BLANCHE, I, 3.

douce que la première. Dans cette hypothèse, on doit appliquer la loi intermédiaire qui est la plus favorable au prévenu. Il est certain, en effet, que si la poursuite avait eu lieu aussitôt après sa promulgation, l'accusé aurait pu l'invoquer ; ce serait le rendre victime des lenteurs de la justice que de lui en ravir le bénéfice (1).

*b*) Que décider si la loi nouvelle survient après un jugement de condamnation non encore devenu irrévocable ? Le caractère suspensif des voies de recours en matière pénale doit faire assimiler cette hypothèse au cas où la poursuite n'aurait pas été commencée avant la loi nouvelle (2).

*c*) Est-il possible de faire jouir l'inculpé de la loi ancienne, lorsque la loi nouvelle détruit l'organisation de cette peine et la remplace par une peine nouvelle ? — Cela paraît de toute impossibilité : comment ferait-on exécuter, en effet, une peine qui n'existe pas dans la législation en vigueur au moment du jugement ? En détruisant l'organisation de la peine, le législateur donne implicitement à la loi nouvelle un effet rétroactif. Le cas s'est présenté lors de l'annexion de la Savoie : un bigame qui avait commis son crime avant l'annexion, sous la loi italienne (*loi ancienne*), fut poursuivi après l'annexion, sous la loi française (*loi nouvelle*) ; fallait-il lui appliquer la peine de *la relégation* prononcée par la loi italienne, et qui n'existait pas dans notre législation, ou bien celle des travaux forcés à temps que notre Code pénal attache à ce crime (art. 340) ? Le doute n'était guère possible : c'est cette dernière peine qui devait être appliquée, bien qu'elle fût plus sévère que l'ancienne (3).

(1) Cass. quatre arrêts en 1813 ; DALLOZ, *Jur. gén.* V° *Peine*, n° 114, v° *Lois*, n° 367-5°, et la plupart des auteurs : *Junge, C. d'assises de la Haute-Savoie*, 19 déc. 1860 (*Le Droit*, 6 janv. 1861).

(2) Le caractère suspensif a été contesté au pourvoi en cassation par un arrêt dépourvu de motifs : Cass. 12 juin 1863 (D. 63, 1, 321). Il n'y a pas selon nous de distinction à faire. — L'arrêt statuait d'ailleurs sur une espèce où le législateur lui-même a donné la solution que nous adoptons : il s'agissait d'un crime *correctionnalisé* par la réforme du C. p. en 1863 ; or la loi du 25 frim. an VIII, qui avait aussi correctionnalisé certains crimes, porte, art. 19 : « Quant aux jugements rendus par les tribunaux criminels et contre lesquels il y a pourvoi, si le tribunal de cassation les confirme, il renverra l'affaire devant lesdits tribunaux pour appliquer la peine mentionnée en la présente. » La Cour de cassat. est revenue sur sa jurisprudence par arrêts du 14 janv. 1876 (S. 76. 1. 433), 6, 11 et 18 juin 1885 (*G. Trib.* 28 juin).

(3) C'est pourtant le contraire qui fut décidé par la C. d'assises de la Hte-Savoie (arrêt précité du 19 déc. 1860). ORTOLAN, I, 588, (note) approuve cette solution, mais il se demande comment la France pourra faire exécuter la relégation qui n'existait pas alors en France ? La difficulté est en effet insurmontable. Sans doute on pourrait commuer par voie de grâce la peine prononcée en une peine plus douce, mais ce n'est là qu'un expédient : le condamné ne subira ni l'une ni l'autre des peines attachées à son crime par les deux législations sous lesquelles il s'est

## B. — De la rétroactivité des lois de forme.

**72.** Ces lois sont relatives à l'organisation des juridictions, à la compétence et à la procédure. Leur nature démontre qu'elles doivent être appliquées immédiatement, même aux faits antérieurs à leur promulgation : comme elles ont pour objet la manifestation de la vérité, elles ne peuvent violer des droits acquis, car nul ne peut en avoir contre la découverte de la vérité. Aussi la règle à suivre, pour ces lois de forme, est diamétralement opposée à celle qu'on applique aux lois de fond : les lois de forme ont toujours un effet rétroactif.

**73.** Il semble même que la question ne puisse être posée si le changement porte sur les juridictions. Comment reconstituer une juridiction abolie ? Comment reprendre ses éléments dispersés ? Le législateur ne donne-t-il pas lui-même, par cette abolition, un effet rétroactif à la loi qui organise la juridiction nouvelle (1) ?

**74.** Si le changement porte sur la compétence, l'ancienne juridiction étant d'ailleurs conservée, il ne serait pas pratiquement impossible de faire juger le délit par la juridiction compétente au moment où il fut commis ; mais une juridiction qui a perdu sa compétence, n'est-elle pas à considérer comme n'existant plus quant aux délits dont on lui a enlevé la connaissance ? Les tribunaux n'exercent le droit de juger qu'en vertu d'une délégation du pouvoir social ; comment conserveraient-ils ce droit quand la délégation a cessé ? Cette question a été résolue en ce sens après deux incidents parlementaires qui ont la valeur d'une interprétation législative (2). De nos jours elle n'est plus discutée quand le chan-

trouvé successivement placé. On ne peut d'ailleurs contraindre le chef de l'État à user de son droit de grâce. En notre sens : Haus (T. 184).

(1) Voy. en ce sens plusieurs actes législatifs : D. 8-9 octobre 1789 ; L. 18 pluviôse an IX, art. 3 ; Arrêté consulaire 5 fruct. an IX ; L. 23 juill. 1810 ; D. 25-27 fév. 1852.

(2) On instruisait le procès contre les auteurs de l'attentat du 15 mai 1848 (Barbès, Raspail, Blanqui, etc.), quand fut votée la Constitution du 4 nov. qui substitua la Haute Cour de justice à la Cour d'assises pour juger ce genre de crimes (art. 91). Un membre de l'assemblée nationale, M. Deville, proposa un amendement pour préciser que la nouvelle juridiction n'aurait compétence qu'à l'égard des crimes commis *depuis la promulgation de la Constitution*. Cet amendement fut repoussé sur cette observation de M. Dupin : que les lois de formes saisissaient même les faits antérieurs à leur promulgation (séance du 3 nov., *Moniteur* du 4 ; D. 48, 4, 248). La question fut de nouveau discutée le jour où l'assemblée nationale fut appelée à prononcer le renvoi, devant la Haute Cour, des auteurs présumés de l'attentat du 15 mai. Après un débat complet et solennel, le renvoi fut ordonné, toujours pour la même raison, que le principe de la non-rétroactivité s'appliquait seulement aux lois de fond. (Séance du 20 janvier 1849, *Moniteur* du 21 ; D. 49, 4, 39). — Devant la Haute Cour la même question fut une troisième fois agitée et résolue dans le même sens par arrêt du 8 mars 1849 (D. 49, 1, 53.

gement de compétence se produit avant que la juridiction de jugement soit saisie ; mais s'il a lieu après cette saisine, on controverse encore vivement la question de savoir si l'individu poursuivi n'a pas le droit d'être jugé par la juridiction de jugement saisie avant la promulgation de la loi nouvelle. Les uns soutiennent que la saisine de la juridiction de jugement donne immédiatement un droit acquis à sa compétence (1). D'autres estiment que la circonstance qu'il y a eu ou non commencement de procédure est indifférente : la compétence est d'ordre public ; elle ne peut jamais fonder de droit acquis (2). Entre ces deux systèmes absolus se place celui qui est généralement suivi en jurisprudence : il y a droit acquis à la compétence lorsqu'il est intervenu un jugement sur le fond. Cette opinion intermédiaire s'appuie sur des précédents législatifs (L. 26 mai 1819, art. 30 ; L. 8 oct. 1830, art. 8) et sur un argument d'analogie tiré de l'art. 202, C. i. c. (3). Les principes d'ailleurs conduisent à cette solution. On lèse, en effet, un droit acquis quand on permet de revenir sur un jugement qui est susceptible d'une voie de recours : ce jugement constitue un préjugé sur la question ; elle n'est plus entière. Or, il importe d'assurer au prévenu la compétence de la juridiction qui doit statuer sur la voie de recours, parce que, seule, elle peut réformer le jugement, effacer le précédent qu'il a fondé (4). — Telle est la faible part qu'on peut faire à l'application du principe de la non-rétroactivité dans les lois de forme. Mais il y a des lois qui sont à la fois de fond et de forme ; pour savoir si on doit leur appliquer le principe de la non-rétroactivité, il faut dégager leur élément prépondérant. Ces lois sont celles qui modifient les règles de la prescription ou de l'exécution des peines.

**75.** Les premières appartiennent principalement à la catégorie des

(1) *Sic* : MERLIN *Rép.* v° *Comp.* n° 3. Il le soutint devant le tribunal de cassation, le 4 mess. an XII, dans l'affaire Cadoudal ; BERTAULD, p. 158 ; BAZOT, *Rev. crit.*, 1872-1873, p. 513, 547, « De la rétroactivité des lois de compétence. » Cass. 12 sept. 1856 (S. 57, 1, 76).

(2) *Sic* : TRÉBUTIEN, p. 85 ; BLANCHE, I, 35.

(3) Une difficulté analogue se présente quand *l'amnistie* ou le *décès* du prévenu éteignent l'action publique au cours de son exercice ; nous examinerons plus tard la question sous toutes ses faces.

(4) *Sic* : GARRAUD, *Dr. pénal franc.* I, 129, A ; Cass. 7 juill. 1871 ; Cass. 18 fév. 1882. Voy. pour l'hypothèse où le changement sur la compétence interviendrait avant un jugement sur le fond : C. de Riom, 27 déc. 1881 (S. 82, 2, 87). — Le dernier arrêt de la Cour de cassation et celui de Riom ont été rendus à l'occasion de la nouvelle loi sur la Presse (L. 29 juillet 1881). L'art. 45, al. 1, de cette loi présente une différence de rédaction dans le *Bulletin des lois* et dans le *J. off.* On lit dans le *B. des lois* : « Les crimes et délits prévus par la présente loi SERONT déférés à la Cour d'assises » ; — tandis que le *J. off.* porte « SONT déférés ». Cette différence de rédaction n'a point d'importance ; car, fallût-il lire *seront*, le texte ne paraîtrait pas assez explicite pour en induire une dérogation à la jurisprudence relative à la rétroactivité des lois de forme. — *Contrà* : LAIR, *Rev. crit.*, t. XII, 1883, p. 413).

lois de fond. Sans doute, elles règlent un point de procédure en précisant les conditions d'exercice du droit de poursuivre la condamnation ou l'exécution du jugement : aussi les dispositions relatives à la prescription ont-elles été placées dans le Code d'instruction criminelle. Mais, par son résultat, la prescription criminelle procure l'impunité au coupable; elle équivaut à une abolition de l'infraction ou de la peine dans un cas particulier. Par ce côté, qui est assurément le plus important, les lois relatives à la prescription appartiennent aux lois de fond. On fera donc l'application du principe de la non-rétroactivité avec sa restriction favorable ; c'est-à-dire que, si la loi nouvelle prolonge la durée de la prescription, on appliquera la loi ancienne, et que, si elle l'abrège, on appliquera la loi nouvelle (1). Trois autres systèmes ont été, ou sont encore soutenus sur cette question. Les uns, se fondant sur le premier alinéa de l'art. 2281 du Code civil, appliquent toujours la loi ancienne. On ne fait pas grief, dit-on, à l'inculpé ou au condamné en le soumettant à la loi en vigueur au moment où le délit a été commis, car c'est celle sur laquelle il a dû compter (2). — D'autres appliquent toujours la loi nouvelle. Ils invoquent le deuxième alinéa de l'art. 2281 qui, d'après eux, contient la règle tandis que le premier formule une exception. Leur système, disent-ils, ne lèse aucun droit acquis. Le coupable n'en a point ; car, s'il a échappé pendant quelque temps aux poursuites, il ne pouvait compter y échapper toujours. Le ministère public, qui parle au nom de la société, ne peut, de son côté, trouver bonne une loi que le pouvoir social a abrogée. La partie lésée seule aurait intérêt à se plaindre, si, par l'abréviation des délais de la prescription, elle se trouvait subitement privée de son action civile, qui a la même durée que l'action publique. A cela on répond que l'intérêt général a fait solidariser la prescription de l'action publique et celle de l'action civile ; il absorbe l'intérêt privé. Ce résultat est fâcheux pour la partie lésée, mais il peut se produire aussi dans d'autres systèmes (3). — Une troisième théorie consiste à appli-

---

(1) LE GRAVEREND, I, p. 81 ; MANGIN, *Act. pub.*, II, n° 295 ; TRÉBUTIEN, I, p, 88 ; F. HÉLIE, *Prat. crim.*, II, 15. Cass. 18 juin 1812; c'est sa troisième jurisprudence. — Comp. : C. p. allemand, art. 2. — Voy. aussi C. p. de 1791, tit. III, art. 4 et l'ensemble des dispositions du décret du 23 juillet 1810 : on raisonne par analogie de ces documents législatifs. On a objecté que cette solution *ne tenait pas compte de la nature de la prescription pénale, dont les règles n'ont pas été organisées dans l'intérêt du prévenu ou du condamné, mais dans l'intérêt de la société* (GARRAUD, *Précis,* n° 82, C.). Cette objection est sans portée, car les lois qui organisent les infractions et les peines n'ont aussi en vue que l'intérêt de la société ; cependant on consulte l'intérêt de l'inculpé pour leur donner ou leur refuser l'effet rétroactif.

(2) Cass. 6 mess. an VII; Cass. 24 vend., an XIII. Ce fut sa première jurisprudence.

(3) *Sic* : BERTAULD, p. 168 ; VILLEY, p. 67 ; GARRAUD, *Précis,* n° 82 B.

quer distributivement les deux lois. Et, par exemple, si la loi nouvelle réduit à trois ans une prescription qui durait six ans d'après la loi ancienne, deux années passées sous la loi ancienne équivaudront à une année écoulée sous la nouvelle. On obtient ainsi, pour ces délits qui enjambent sur les deux législations, une prescription supérieure à trois années et inférieure à six. C'est le mode de calcul suivi pour la prescription civile de dix à vingt ans (art. 2266) (1). — Il faut écarter ces trois systèmes qui veulent appliquer dans le Droit criminel des textes empruntés au Code civil. La prescription civile diffère tellement de la prescription criminelle qu'on ne peut raisonner de l'une à l'autre. Le premier et le troisième système conduisent en outre à un résultat choquant, lorsque la loi nouvelle a abrégé le délai de la prescription : il pourrait arriver, en effet, qu'un délit commis sous l'ancienne loi fût susceptible d'être poursuivi, alors qu'un délit analogue, commis sous la loi nouvelle, serait couvert par la prescription. Il y aurait entre les deux coupables une inégalité choquante.

**76.** A l'inverse des précédentes, les lois qui règlent l'exécution des peines appartiennent par leur caractère prépondérant à la catégorie des lois de forme ; aussi leur donne-t-on généralement un effet rétroactif. Mais si le changement qu'elles apportent est tellement considérable que la nature de la peine en paraisse modifiée, il faut leur appliquer alors le principe de la non-rétroactivité, comme si elles étaient des lois de fond. Cette solution a été adoptée dans la loi du 8 juin 1850, qui créait un nouveau mode d'exécution pour la peine de la déportation. Jusqu'alors cette peine s'exécutait par une détention dans une forteresse de la France continentale ; la loi nouvelle, qui substituait à ce mode d'exécution la transportation aux colonies, parut modifier la nature de la peine et, comme cette modification sembla défavorable aux condamnés, l'art. 8 porte : « La présente loi n'est applicable qu'aux crimes commis postérieurement à sa promulgation. » (2) Par application de la même idée, il faudrait décider que la loi du 25 décembre 1880, relative à l'exécution de la peine des travaux forcés encourue pour crimes commis dans l'intérieur des prisons, n'a pas d'effet rétroactif : elle substitue, en effet, à la transportation aux colonies l'exécution dans la prison même où le crime a été commis : le changement de régime est si profond qu'il atteint la peine elle-même (3).

---

(1) *Sic* : MERLIN, *Rép.* V° *Prescript.*, Sec. I, § 3, n° 12. Ce fut la jurisprudence de la Cour de cassation de l'an XI à 1808.

(2) Voir *Discours d'Odilon Barrot* ; D. 1850, 4, 133.

(3) GARRAUD, *Dr. pén. franc.*, I, 127 ; C. d'assises de la Seine, 27 déc. 1880 (S. 81, 2, 78).

## § 2. — De la territorialité des lois pénales.

### Notions générales.

**77.** *Principe.* — Une loi est territoriale lorsqu'elle s'applique, à l'exclusion de toute autre, aux faits accomplis sur un territoire, et ne s'étend point aux faits commis hors de ce territoire. Si nos lois pénales avaient ce caractère, d'une manière absolue, elles devraient atteindre toutes les infractions commises en France, même par des étrangers ; et, à l'inverse, elles ne devraient point s'appliquer aux infractions commises hors de France, même par des Français. Mais il n'en est pas ainsi, et chacune de ces conséquences rigoureuses de la territorialité comporte des exceptions. En principe néanmoins nos lois pénales sont territoriales.

Les textes d'où s'induit ce caractère sont : 1° l'art. 3 du Code civil qui formule sa première conséquence : « Les lois de police et de sûreté (*parmi lesquelles sont les lois pénales*) obligent tous ceux qui habitent (*plus correctement :* qui se trouvent sur...) le territoire » ; 2° les art. 5 et 7 du Code d'instruction criminelle, qui admettent implicitement la seconde, en autorisant par exception l'application de la loi française à des infractions commises sur le territoire étranger.

Quelle est la raison d'être de la règle de la territorialité de la loi pénale et de ses exceptions ? — On reconnaît généralement qu'il faut la chercher dans la théorie fondamentale du droit de punir, combinée avec les principes de la souveraineté et de l'indépendance des nations. Ici apparaît l'insuffisance du système qui fonde le droit de punir sur la justice absolue : le crime, en quelque lieu qu'il soit commis, mérite un châtiment ; on ne voit pas dès lors pourquoi la loi pénale ne pourrait franchir la frontière. Au contraire, avec l'idée d'utilité, on explique aisément la règle ; mais peut-on expliquer aussi ses exceptions ? Nous le croyons, quoi qu'en disent les partisans du système éclectique. Et d'abord, il faut reconnaître à un État le droit d'appliquer ses lois pénales à tous les délits commis sur son territoire, préférablement à une loi étrangère qui pourrait être insuffisante. Voilà pour la règle ; il est évident que l'utilité la commande. Quant à ses exceptions, la plus importante est celle qui permet d'étendre l'application de nos lois pénales à des infractions commises au delà de nos frontières. Mais cette exception s'explique soit par la nature du fait, soit par la nationalité du délinquant. Il s'agit d'abord d'attentats dirigés, du dehors, contre la sûreté ou le crédit de la France (art. 7, C. i. c.). N'est-il pas évident que, pour la répression de ces crimes, la loi française est la seule en laquelle nous puissions avoir confiance ? Il s'agit en second lieu de réprimer les infractions commises par des Français sur le territoire étranger. Or, appliquer nos lois pénales au coupable qui a réussi à échapper à la justice étrangère, surtout s'il revient en France, n'est-ce pas nous défendre contre un malfaiteur dont la présence sur notre sol constitue un danger ? L'utilité dans les deux cas justifie l'application que reçoit la loi française hors du territoire. Il est une autre exception qui consiste à affranchir, sur notre territoire, de l'obéissance aux lois pénales, dans une mesure plus ou moins large, certains personnages ; c'est encore, comme on le verra bientôt, l'utilité qui conseille cette exception.

**78.** *Difficultés de détail.* — *a.*) La loi pénale française s'appliquerait-elle au crime qu'un étranger commettrait *en France contre un autre étranger*, sans pour cela être venu sur notre territoire ? *Exemple :* dans un procès pendant entre deux étrangers devant les tribunaux français, l'un des plaideurs produit une pièce fausse (art. 148, 151, C. p.). — Qu'importe ces circonstances, le crime n'en a pas moins été commis en France ; il a troublé l'ordre public français ; dès lors le principe de la territorialité veut que cette infraction relève avant tout des lois pénales françaises (1).

**79.** *b.*) La poursuite en France d'un délit, commis sur le territoire français, serait-elle arrêtée par l'existence d'un jugement rendu à l'étranger contre l'auteur de ce délit ? — Le principe développé plus haut donne la solution : le pays, sur le territoire duquel le délit a été commis, est de tous le plus intéressé à sa répression. Il est inadmissible qu'une puissance étrangère puisse restreindre les conséquences de la territorialité de nos lois pénales en rendant les siennes personnelles (2).

**80.** *c.*) Que faut-il entendre par *le territoire ?*

Dans le langage juridique, cette expression comprend d'abord les lieux situés entre les frontières, le territoire *réel ;* mais elle comprend en outre le territoire *fictif* qui se compose pour un pays : 1° de sa mer

---

(1) Douterait-on qu'il y a délit de chasse sur le terrain d'autrui, si un chasseur tirait, par dessus la haie séparative de deux héritages, sur une pièce de gibier qui se trouverait sur un terrain limitrophe de celui où il a le droit de chasser ? La jurisprudence a eu à se prononcer sur une hypothèse moins compliquée : il s'agissait de menaces de mort ou de diffamations adressées par un étranger résidant en France à un étranger résidant hors de France. Ces espèces soulevaient d'abord la question de savoir où le crime avait été commis ? Était-ce dans le lieu où la lettre avait été écrite et le billet imprimé, c'est-à-dire en France ? ou bien dans celui où ils avaient été envoyés, c'est-à-dire à l'étranger ? — Cette question préalable ayant été résolue dans le premier sens, surgissait la seconde, savoir : la circonstance que la victime du délit résidait à l'étranger devait-elle assurer l'impunité au coupable ? — La C. de cass. se prononça pour la négative (Cass., 31 janv. 1822, 22 juin 1826). Comp. F. Hélie, II, 629.

(2) *Sic :* Cass. belge, 31 déc. 1859 (*J. du Min. pub.* III, p. 66) ; Cass. franç. 21 mars 1862, 28 nov. 1866, 11 sept. 1874 ; BROCHER, *Rev. de Droit intern. privé*, 1875, p. 51 ; BARD, *Précis de Droit intern.*, p. 32 ; C. italien, art. 3. — *Contrà :* F. HÉLIE, II, 1039-1042.

territoriale, 2° de ses vaisseaux, 3° des lieux occupés par ses armées au delà des frontières.

1° *La mer territoriale*. — Le principe de la liberté des mers fut vivement discuté au XVII° siècle. L'Angleterre, l'Espagne, Venise élevaient la prétention d'interdire l'accès de certaines mers aux autres nations. Grotius soutint le principe de la liberté des mers en le fondant sur l'intérêt réciproque des États (1). La controverse a fini par une transaction : les ports, rades, golfes et baies, ainsi que la mer qui baigne les côtes jusqu'à une portée de canon, ont été considérés comme appartenant exclusivement à la nation riveraine ; c'est sa mer territoriale. La haute mer au contraire a été réputée *res nullius* ; c'est une voie de communication entre les continents, non susceptible d'appropriation exclusive. Le motif de cette distinction est double. Il y a d'abord une raison pratique : sur la mer territoriale le peuple riverain peut exercer efficacement sa souveraineté ; aucune nation au contraire n'a de moyens sérieux de surveillance sur la haute mer. Il y a aussi une raison d'utilité : il est utile en effet pour la défense du pays riverain que ce pays puisse agir en maître sur la partie de la mer qui le borde. Pareillement, il est utile, au point de vue des rapports entre les continents, que la haute mer soit déclarée libre. Les conséquences logiques de cette distinction seraient : que la loi du pays riverain devrait s'appliquer à l'exclusion de toute autre, aux infractions commises dans la mer territoriale ; et, à l'inverse, qu'aucune législation ne devrait atteindre les faits qui se sont passés en pleine mer ; mais des raisons de *convenances politiques* ou d'*utilité* ont fait rejeter l'une et l'autre de ces conséquences, et l'on a créé un nouvel élément du territoire fictif, les navires.

2° *Les navires*. — En pleine mer tous les navires d'une nation, ceux de l'État et ceux de commerce, sont considérés comme une portion détachée du territoire, soumise par conséquent aux lois du pays auquel appartient le vaisseau. — Dans une mer territoriale, cette fiction d'exterritorialité existe encore pour les navires de l'État, parce qu'ils ont à bord l'autorité et la force nécessaires pour assurer l'exécution des lois nationales. « Ils portent dans leur sein une partie de la puissance publique de l'État auxquels ils appartiennent (2) ». Mais elle n'existe plus pour les navires de commerce, qu'on pourrait comparer à de simples particuliers voyageant sur le territoire étranger. On reconnaît cependant que l'autorité du pays riverain n'a point à intervenir, si le fait commis sur le navire de commerce se rattache à sa discipline intérieure : c'est-à-dire

---

(1) Grotius, *Mare liberum*, 1608.

(2) Th. Ortolan, *Diplomatie de la mer*, t. I, p. 175. Si le navire de guerre faisait acte d'hostilité, il donnerait lieu au droit de défense, mais non au droit de punir, (*Comp.* cass. 7 sept. 1832),

si l'infraction a été commise *par un homme de l'équipage contre un homme de l'équipage*. Mais cette intervention deviendrait légitime si elle était réclamée ou si la tranquillité du port avait été troublée par les désordres qui ont lieu à bord (1). Quand l'autorité du pays riverain intervient, elle applique sa loi.

3º *Lieux occupés au delà des frontières par une armée expéditionnaire.* — Ce troisième élément du territoire fictif se formule par l'adage : là où est le drapeau, là est la France. L'armée expéditionnaire a pour mission d'affirmer, en pays étranger, la volonté de l'État qui l'envoie ; elle exerce en son nom la puissance publique sur le territoire qu'elle occupe ; par suite, elle y applique ses lois. Il y a cependant à faire quelques distinctions : en pays neutre ou allié, l'autorité militaire de l'armée d'occupation ne connaît que des délits commis par les soldats qui la composent ou par les personnes qui y sont attachées. Quant aux délits commis par les habitants du pays occupé, ils ne tombent point sous sa juridiction, sauf cependant s'ils constituent des attaques individuelles contre les hommes du corps expéditionnaire. En pays ennemi (et il faut entendre par là toute occupation sur pied de guerre, même sans hostilités) la loi nationale de l'armée d'occupation s'applique, sans distinction de personnes, à tous les délits commis sur le territoire occupé (2).

**Première exception**. — *Infractions commises sur notre territoire que la loi française ne peut atteindre.*

Certains de nos nationaux et certains étrangers jouissent en France d'*immunités pénales*.

**81.** A. Les règles du Droit public interne commandent d'abord cette exception en faveur des représentants directs de la nation, les

(1) Ces distinctions résultent de documents législatifs (*Avis du Cons. d'État*, 20 nov. 1806 ; *Ord. s. la marine marchande*, 29 oct. 1833, art. 22, 23) et sont acceptées en jurisprudence : Cass. 25 fév. 1859, 29 fév. 1868, 11 fév. 1881. La plupart des nations admettent les exceptions que comporte le principe de la territorialité de lois pénales appliqué à la mer territoriale. L'Angleterre applique au contraire ce principe dans toute sa rigueur. On lit, en effet, dans la loi anglaise du 16 août 1878, art. 2, qu'une infraction commise dans la mer territoriale de ce pays par un individu, sujet ou non de Sa Majesté, tombe sous la juridiction de l'amiral, quand même elle aurait été commise à bord d'un navire étranger. *Annuaire de lég. étrang.* 1879, p. 69,73.

(2) D. 13 brum. an V. art. 13 ; D. 21 fév. 1808 ; C. de Just milit. A. T. art. 63. — Cass. 19 janv.,-23 juin, 24 août 1865 ; *J. de Dr. Intern. privé* 1882, p. 511. — *Question* : Les délinquants peuvent-ils être poursuivis devant les tribunaux du pays occupé après la cessation de l'occupation, comme si cette occupation n'avait jamais eu lieu, ou bien sont-ils censés avoir commis leur délit en pays étranger ? *V. dans le premier sens* : Trib. correct. Épernay, 30 avril 1872 (*Annales de la Propriété indust.* 1872, 388).

*sénateurs* et les *députés*, afin de leur laisser la liberté nécessaire pour remplir leur mandat. Mirabeau fit reconnaître cette immunité par l'Assemblée constituante (1); elle est passée depuis dans toutes nos constitutions (2). Cette immunité s'applique à tous les délits que pourraient commettre les sénateurs et les députés par l'expression de leurs opinions ou par leurs votes dans l'exercice de leurs fonctions. Elle est *absolue*, en ce sens qu'elle exclut toute responsabilité pénale comme toute responsabilité civile. Ces écarts de langage ne relèvent que du pouvoir disciplinaire de la Chambre dont fait partie celui qui s'en rend coupable. L'immunité n'existe, en outre, que pour les opinions et les votes émis *dans l'exercice des fonctions* de sénateur ou de député, c'est-à-dire en séance publique des Chambres, dans les commissions ou dans les publications ordonnées par l'une des deux Chambres. Elle ne couvrirait point les délits de la parole qu'un député, par exemple, commettrait dans les autres assemblées délibérantes, dont il est membre (conseil municipal, conseil d'arrondissement, conseil général), mais elle s'étend au compte rendu des séances publiques des deux Chambres fait de bonne foi dans les journaux (3).

**82.** Une immunité pénale du même genre couvre les délits de la parole (diffamation, injure, outrage) commis par les *plaideurs* ou par leurs *hommes d'affaires* dans les discours prononcés ou les écrits produits devant les tribunaux (art. 41, L. s. la Presse). Il était nécessaire, en effet, d'autoriser une certaine liberté de langage afin que la défense fût complète. Pour jouir de cette immunité il faut que les discours ou les écrits contenant ces délits soient *relatifs à la cause* ; ce qui suppose : 1° qu'ils sont dirigés contre la partie adverse et non contre des tiers ; 2° qu'ils tendent à justifier les conclusions. L'immunité dont il s'agit est *purement pénale;* elle ne met point l'auteur du délit à l'abri d'une réparation civile, suppression des discours ou écrits et condamnation à des dommages-intérêts, ni à l'abri de peines disciplinaires. Mais c'est le tribunal devant qui l'infraction a été commise qui doit statuer sur ces deux points. — Si au contraire les discours sont *étrangers à la cause*, il faut distinguer suivant que les diffamations, outrages ou injures qu'ils contiennent s'adressent à la *partie adverse* ou à *des tiers*. Au premier cas,

---

(1) Séance du 23 juin 1789.
(2) Comp. art. 13, L. const. 16 juillet 1875.
(3) Voy. art. 41, al. 2, L. 29 juillet 1881 s. *la Presse* ; Trib. des Conflits, 28 déc. 1878 ; 13 déc. 1879 ; REVERCHON, *De la diffamation contenue dans la délibération d'un conseil municipal* (Rev. crit. 1867, t. XXX, p. 112) ; SANLAVILLE, *Des imputations diffamatoires insérées dans une délibération d'un conseil municipal*, (France judic. t. IV, p. 32). On verra, *infrà*, dans la théorie de l'action publique, que les sénateurs et députés jouissent encore d'un autre privilège appelé la *Garantie politique*.

il est loisible aux juges de réserver l'action publique et l'action civile, ou de faire jouir l'auteur du délit de l'impunité; l'immunité pénale dépend ainsi du pouvoir d'appréciation des tribunaux. Au second cas elle disparaît absolument, et l'on rentre dans le Droit commun (1). Cette immunité s'étend au compte rendu des débats judiciaires, pourvu qu'il soit fidèle et fait de bonne foi.

**83.** Il n'existe point d'autre immunité pénale au profit de nos nationaux. On soutient cependant le contraire relativement au *président de la République* (2). Le texte qu'on invoque est l'art. 6 de la loi constitutionnelle du 25 février 1875 : « Le Président de la République n'est responsable que dans le cas de haute trahison ». — Cet article ne vise, à notre avis, qu'une responsabilité purement politique, analogue à celle des ministres dont il est question dans le même texte. La suite des idées entre les deux parties de l'article conduit nécessairement à cette solution, qui est conforme d'ailleurs aux précédents. C'est seulement dans les États monarchiques que le souverain peut être au-dessus des lois (3); il en est différemment dans les Républiques : le président, qui n'est en réalité que le *chef du pouvoir exécutif*, y jouit de l'irresponsabilité politique, s'il a à ses côtés un ministère responsable, mais jamais de l'irresponsabilité pénale ou civile (4).

---

(1) Les tribunaux pourraient-ils prononcer la suppression des discours et écrits étrangers à la cause ? — Nous n'hésitons pas à l'admettre, c'est en effet un moyen de donner satisfaction à la partie lésée lorsqu'on lui refuse le droit de poursuivre.

(2) Voy. GARRAUD, *Précis*, 89, 406.

(3) Comp. Charte de 1814, art. 13 ; Charte de 1830, art. 12.

(4) Sur le sens de l'art. 6 voy. LEFEBVRE, *Lois constitut.* p. 68, 83, 84. Logiquement l'immunité pénale ne peut appartenir qu'au monarque absolu. Quand un prince prétend gouverner un État en vertu d'un droit antérieur et supérieur au vote populaire, il s'identifie avec le pouvoir social qui ne s'exerce que par lui ; il est vraiment alors au-dessus des lois. En France les attributs de la souveraineté ont été successivement retirés au chef de l'État. Si l'on examine le rôle du Président de la République, on voit que sa mission se réduit à assurer le fonctionnement de la constitution à l'intérieur et à représenter, d'une manière purement honorifique, le Gouvernement du pays. Il ne peut ni faire la loi, ni en empêcher l'exécution, il n'est donc pas au-dessus d'elle. On objecte qu'il a le droit de grâce ; mais l'usage a réduit ce dernier attribut de la souveraineté à une institution purement bureaucratique qui fonctionne dans des conditions parfaitement déterminées et dont l'exercice a pour objet non plus de suspendre l'effet des lois, mais plutôt d'en compléter l'application. — A cette raison de principe on peut ajouter un argument tiré de l'enchaînement des diverses lois qui ont successivement restreint la responsabilité du Président de la République : L. 31 août 1871 art. 3 ; L. 13 mars 1873, art. 4 ; L. 25 fév. 1875, art. 6. Toutes ne visent qu'une responsabilité politique. — On objecte que la responsabilité politique du Président ne se comprend point en présence de celle des ministres : celle-ci exclut celle-là. — D'ailleurs, ajoute-t-on, tous les faits qui paraissent constituer le crime de haute trahison sont punis par le Code pénal comme crimes contre la chose publique. —

Cependant la nécessité d'assurer en sa personne l'indépendance du pouvoir exécutif lui a fait accorder, en matière pénale, une immunité de juridiction. « Le Président de la République ne peut être mis en accusation que par la Chambre des députés et ne peut être jugé que par le Sénat » (art. 12, al. 1er, L. const. 16 juillet 1875). La même raison a fait étendre cette immunité de juridiction aux ministres, mais seulement pour les crimes commis *dans l'exercice de leurs fonctions* (art. 12, al. 2) (1). Dans ces textes le mot *crime* est pris comme synonyme d'infraction; l'immunité de juridiction soustrait par conséquent les hauts fonctionnaires, qui en jouissent, à tous les tribunaux de répression; mais elle ne les affranchit ni de la soumission aux lois qui déterminent les infractions et les peines, ni de l'obligation de réparer le dommage causé par leurs délits (2).

**84.** B. Les lois françaises ne s'appliquent pas aux *chefs d'État* et *ambassadeurs étrangers* qui séjournent sur notre territoire dans des conditions déterminées; ils restent soumis aux lois et aux juridictions de leur pays. — L'histoire offre peu d'exemples de souverains étrangers ayant commis un crime en France. Sous Louis XIV, Christine de Suède fit tuer, à Fontainebleau, son favori, Monaldeschi. Ce fait constituait plutôt un assassinat qu'un acte de souveraineté, car, au moment où elle condamnait Monaldeschi à mort, Christine avait abdiqué. Louis XIV s'émut moins du caractère du fait que de l'empiétement sur son autorité : il se contenta

---

A cela nous répondons que la haute trahison n'a pas été définie. De plus, tous les actes, par lesquels le Président peut se rendre auteur ou complice des crimes contre la chose publique qu'on veut faire rentrer dans la haute trahison, sont des faits actifs; ils ne comprennent point les *simples abstentions*; or *l'abstention* du Président de la République, quand la constitution lui prescrit *un acte*, constitue évidemment un cas de haute trahison qui n'entraîne aucune peine, puisqu'il n'existe pas de loi pénale qui le réprime, mais qui engage sa responsabilité politique et peut motiver sa mise en accusation devant le Sénat en vue de faire prononcer sa destitution. — Pour employer une expression usitée en cette matière, *l'obstruction* provenant du Président de la République, constitue le crime de haute trahison prévu par l'art 6 de la loi du 25 fév. 1875. Mais relativement à tous les faits incriminés par nos lois pénales, il ne jouit que de l'*immunité de juridiction* dont il va être parlé.

(1) L'action de la Chambre est-elle exclusive de celle du ministère public ? La question a surgi par suite de la différence de rédaction du 1er et du 2e al. de l'art. 12 : *Le Président de la République* NE *peut être mis en accusation* QUE *par la Chambre... Les ministres* PEUVENT *être mis en accusation par la Chambre.* » Voy., sur cette question, les conclusions de M. Laferrière, devant le Conseil d'État (*Rec. des arrêts du Conseil*, 1877, p. 437), les discours de M. Ribot et de M. Allain-Targé (*Chambre, Débats parlem.* 1880, p. 11162, *J. off.* du 17 nov.).

(2) Cependant sous la Charte de 1830 la Cour de cassation a interprété d'une manière restrictive l'expression *matière criminelle* à propos des contraventions de police imputables à un Pair de France. Cass. 25 mai 1833 (B. 201).

d'expulser Christine. On reconnaît généralement aujourd'hui qu'un chef d'État, qui a abdiqué rentre dans la classe des simples particuliers, et l'on subordonne en outre l'immunité pénale des souverains étrangers à cette condition qu'ils aient avisé de leur séjour en France le gouvernement français.

Pour les agents diplomatiques les précédents sont plus nombreux et les questions mieux étudiées. On est d'accord pour reconnaître que leur privilège produit les trois effets suivants, qui constituent pour eux une situation préférable à celle des simples particuliers : 1° ils ne peuvent être arrêtés, si ce n'est pour être reconduits à la frontière au cas où ils refuseraient d'obéir à un ordre d'expulsion. — 2° On ne peut faire de perquisition ni sur leurs personnes, ni dans leurs bagages, ni, par extension, dans leurs voitures et dans leur hôtel. Il ne faut pas cependant que l'hôtel de l'ambassade devienne un lieu d'asile : on admet en conséquence que les agents de l'autorité locale peuvent y pénétrer, soit après avoir obtenu l'assentiment de l'ambassadeur, soit, sur son refus, en observant les mesures de précaution, prescrites par le ministre des affaires étrangères, pour mettre les papiers de l'ambassadeur à l'abri de toute indiscrétion. — 3° Ils ne peuvent être traduits devant les tribunaux du pays près duquel ils sont accrédités, ni en matière civile, ni en matière pénale ; toute réclamation élevée contre eux doit être portée devant les tribunaux de leur pays. En matière pénale cette immunité de juridiction aboutit à une immunité des lois de fond, par suite de la combinaison de la territorialité des lois pénales avec le principe du droit moderne, qu'on n'extrade point ses nationaux. Du moment, en effet, que l'État auquel appartient l'ambassadeur se charge de le juger, il ne peut le faire qu'en appliquant ses propres lois.

Cette situation des ambassadeurs est traditionnelle : « S'ils abusent de leur être représentatif, dit Montesquieu (1), on le fait cesser en les renvoyant chez eux. On peut aussi les accuser devant leur maître, qui devient par là leur juge ou leur complice ». Le décret du 13 vent. an II « interdit, en conséquence, à toute autorité constituée d'attenter en aucune manière à la personne des envoyés des gouvernements étrangers; les réclamations qui pourraient s'élever contre eux seront portées au comité du salut public (2), seul compétent pour y faire droit ». Enfin un article du projet du titre préliminaire du Code civil, qui n'a été supprimé que parce que sa disposition appartenait au Droit des gens (3), s'expri-

---

(1) *Esprit des lois*, liv. 26, ch. 21.
(2) C'est-à-dire au gouvernement, aujourd'hui au Ministre des affaires étrangères. Cette réclamation par voie diplomatique n'empêche pas l'action personnelle des intéressés devant les tribunaux étrangers.
(3) V. le discours de Portalis, séance du 23 frim. an X et le rapport au Tribunat de Grenier. (*Locré*, t. I, p. 478, 601).

mait ainsi : « Les étrangers revêtus d'un caractère représentatif de leur nation, en qualité d'ambassadeurs, de ministres, d'envoyés ou quelqu'autre dénomination que ce soit, ne seront point traduits, ni en matière civile, ni en matière criminelle, devant les tribunaux de France. Il en sera de même des étrangers composant leur famille ou qui seront de leur suite ». On a induit de ces textes les trois privilèges que nous avons exposés. Il nous reste à déterminer leur raison d'être et leur fondement juridique.

La raison d'être de la situation privilégiée des ambassadeurs est d'abord une raison de principe. Ils représentent leur nation ; or, entre deux États, indépendants l'un de l'autre, il ne peut être question de droit de punir, mais seulement de droit de défense. Ce motif s'applique aussi bien aux souverains étrangers qu'aux ambassadeurs étrangers, mais, pour les ambassadeurs, il y en a un autre : c'est l'utilité que présentent ces privilèges pour l'accomplissement de la mission dont ils sont chargés. Cette utilité est telle qu'un État renoncerait à envoyer des ambassadeurs s'il pouvait supposer que, sous un prétexte facile à faire naître, l'État qui les reçoit pourrait les faire arrêter et pénétrer leurs secrets.

85. Quel est maintenant au juste le fondement juridique de l'ensemble de ces privilèges ? A quel principe de droit faut-il les rattacher ? Les auteurs ne sont pas d'accord sur ce point. Les uns, s'appuyant sur un texte des lois romaines (1), font dériver ces privilèges de l'*inviolabilité* de l'ambassadeur et de ses bagages, inviolabilité qui s'étend aux lieux où ils peuvent se trouver, l'hôtel, les voitures. D'autres les considèrent comme la conséquence d'une fiction d'*exterritorialité personnelle*, en vertu de laquelle la personne et les bagages de l'ambassadeur sont réputés hors du territoire. Cette seconde opinion s'appuie sur les précédents de notre ancien Droit. La fiction d'exterritorialité y était même exagérée, car on l'étendait à l'hôtel de l'ambassade. Si on l'acceptait aujourd'hui avec cette étendue, on devrait dire : 1° que les malfaiteurs qui se réfugieraient dans l'hôtel d'un ambassadeur étranger, en France, ne pourraient y être arrêtés par la police française ; il faudrait obtenir leur extradition ; — 2° que les infractions, commises dans l'hôtel de l'ambassade, ne pourraient être poursuivies devant les tribunaux français qu'en observant les conditions exigées pour la poursuite des délits commis à l'étranger (L. 27 juin 1866, art. 5, 7, C. i. c.; — 3° que l'État étranger pourrait y établir un tribunal pour les juger, et y faire exécuter la sentence (2). Aucune de ces conséquences

---

(1) Fr. 17 *de legatio.* D. 50, 7 : « Sancti habentur legati ».

(2) En 1603, Sully, chargé d'une mission diplomatique en Angleterre, éleva cette prétention : il jugea et condamna à mort, dans son hôtel, un gentilhomme de sa suite, coupable de s'être battu en duel. Mais il semble que cette prétention de

de l'exterritorialité de l'hôtel de l'ambassade ne sont utiles pour l'accomplissement de la mission des ambassadeurs ; la nécessité de prendre certaines précautions avant d'y faire des perquisitions s'explique par l'exterritorialité des bagages. Il suffit donc de restreindre la fiction d'exterritorialité à la personne et aux bagages de l'ambassadeur (1). Ce second système se recommande par la tradition historique qui, en cette matière uniquement réglée par les usages, a une très grande autorité. Il se recommande aussi par l'utilité qu'il présente dans les relations politiques des deux États. L'ambassadeur, en vertu de la fiction d'exterritorialité, est réputé commettre sur le territoire de son pays tous les actes qu'il accomplit sur le territoire étranger. S'il commet des actes répréhensibles, dont le gouvernement auprès duquel il est accrédité ait le droit de se plaindre, ce système rend plus facile la satisfaction qu'il est politique de donner à ce dernier. Supposons, en effet, que l'État qui a envoyé l'ambassadeur ait une loi purement territoriale, il ne pourra atteindre les infractions commises sur le territoire étranger par son agent diplomatique, si les privilèges de celui-ci dérivent simplement de son inviolabilité. Au contraire, avec la fiction d'exterritorialité, il pourra poursuivre ces infractions comme si elles avaient été commises sur son propre territoire. La question suivante fera mieux comprendre la divergence pratique des deux systèmes : faut-il se conformer aux dispositions de la loi du 27 juin 1866 pour la poursuite, devant les tribunaux français, des infractions commises par nos ambassadeurs sur le territoire étranger? *Oui* dans le système de l'inviolabilité; *Non* dans celui de l'exterritorialité (2).

**86. Questions de détail.** — *a)* L'immunité pénale des agents diplomatiques est-elle absolue, ou bien cesse-t-elle quand ils commettent un crime contre la sûreté de l'État près duquel ils sont accrédités? Cette réserve fut soutenue, en 1772, par le duc d'Aiguillon, ministre des affaires étrangères de Louis XV, dans un mémoire communiqué à toutes les Cours de l'Europe. L'ambassadeur qui conspire, dit-on dans ce système, perd son caractère et devient un ennemi public. — On ne doit pas hésiter, selon nous, à rejeter cette distinction ; elle ouvrirait en effet la porte à la fraude. Voudrait-on connaître les secrets de l'ambassadeur? On susciterait un complot, on l'y impliquerait et, sous ce prétexte, on fouillerait dans ses papiers. Cette seule perspective rendrait toute mission diplomatique impossible. D'ailleurs, le gouvernement près duquel l'ambassadeur

---

notre ambassadeur n'ait pas été admise par le roi d'Angleterre qui gracia le condamné; ce qu'il n'aurait certainement pas pu faire s'il eût considéré la sentence comme régulièrement émanée d'un tribunal étranger.

(1) Pradier Fodéré, *Dr. intern. pub.*, III, 1267.
(2) V. Merlin, *Rép.* v° *Compét.* § 2 n° 8, et *infrà* n° 90.

est accrédité n'est pas désarmé; il peut exiger son rappel et au besoin procéder à son expulsion (1).

*b*) A quels agents diplomatiques appartiennent les privilèges des ambassadeurs ? — L'art. 3 du projet du titre préliminaire du Code civil transcrit ci-dessus répond à la question : ils n'appartiennent qu'aux agents diplomatiques *revêtus d'un caractère représentatif de leur nation*. Le personnel des consulats ne rentre point dans cette définition, les consuls n'ayant mission que de protéger les intérêts individuels de leurs nationaux.

*c*) Les privilèges des ambassadeurs s'étendent d'ailleurs à leur *famille* et à leur *suite* (art. 3 précité). Par famille il faut entendre les parents ou alliés qui ont accompagné l'ambassadeur et qui vivent avec lui. Quant à sa *suite*, elle ne comprend que les personnes attachées à la mission à un titre officiel. Les domestiques personnels de l'ambassadeur ne peuvent se prévaloir de ses privilèges, quelle que soit d'ailleurs leur nationalité (2).

**Deuxième exception** : *Infractions commises sur le territoire étranger que la loi française peut atteindre.*

**87.** Il était de tradition dans notre ancienne jurisprudence que les Français résidant en pays étranger devaient obéissance non seulement aux lois pénales du pays où ils se trouvaient, mais encore à celles de leur patrie : la loi pénale française était *personnelle* pour les Français. Cette doctrine disparaît avec le Code pénal de 1791 qui rend nos lois pénales purement territoriales. Elle reparaît avec le Code du 3 brum. an IV. L'article 11 l'applique aux crimes commis par des Français sur le territoire étranger. L'article 12 punit en outre les crimes attentatoires à la sûreté ou au crédit de l'État français, commis hors de France, même par des étrangers. Ces dispositions passèrent avec de légères modifications dans les art. 5, 6 et 7 du Code d'inst. crim. qui étendirent l'action de nos lois pénales aux crimes commis hors du territoire, savoir : 1° quelle que soit la nationalité de l'agent, si le crime est dirigé contre la sûreté ou le crédit de la France ; 2° sous la double condition que l'agent et la victime soient Français, pour les autres crimes. La seconde partie de cette législation a été, à partir de 1842, l'objet d'une série de projets de réforme. Ils ont abouti à la loi du 27 juin 1866, qui a fait aux Français, résidant à l'étranger, une situation analogue à celle qu'ils avaient dans l'ancien Droit. On peut résumer en ces termes la législation actuelle : la loi française atteint, 1° *tout crime contre la sûreté ou le crédit de la France*,

(1) C'est ainsi qu'on procéda, à Venise, en 1618, contre le représentant de l'Espagne, et, en France, sous la régence, contre le prince de Cellamare.
(2) Cass. 13 oct. 1865.

commis à l'étranger, quelle que soit la nationalité de l'agent ; 2° *tout crime ou délit et certaines contraventions*, commis en pays étranger par un Français, quelle que soit la nationalité de la victime. — Les conditions auxquelles est subordonnée la poursuite varient suivant la nature et la gravité de l'infraction.

Quelques auteurs regrettent que la loi n'atteigne point les crimes et délits commis, hors de notre territoire, par un étranger contre un Français, quand la justice du pays, où ils ont été commis, est demeurée inactive (1).

La loi de 1866 est intitulée : *loi concernant les crimes, les délits et les contraventions commis à l'étranger*. Elle se compose de deux articles. Le premier s'occupe des crimes et des délits ; il modifie les art. 5, 6 et 7 du Code d'instruction criminelle ; on l'a incorporé à ce Code. L'art. 2, relatif aux contraventions, est à part. Il faut étudier notre législation en cette matière en distinguant deux hypothèses : 1° celle où l'auteur de l'infraction est un Français ; — 2° celle où c'est un étranger.

A. — Première hypothèse: *L'auteur de l'infraction est un Français.*

**88.** Dans cette première hypothèse, il faut distinguer cinq catégories d'infractions : 1° les crimes contre la sûreté ou le crédit de la France ; — 2° les autres crimes ; — 3° les délits contre la chose publique ; — 4° les délits contre les particuliers ; — 5° les contraventions. La poursuite devient de plus en plus difficile à mesure qu'on descend cette échelle.

**89.** 1°. *Crimes contre la sûreté ou le crédit de la France.* — Les art. 75 à 101 du Code pénal répriment les crimes contre la sûreté extérieure ou intérieure de l'État. Par cette formule, *crimes contre le crédit de la France*, nous entendons les crimes « de contrefaçon du sceau de l'État, de monnaies nationales ayant cours, de papiers nationaux, de billets de banque autorisés par la loi ». Relativement à ces deux classes de crimes, visés par l'art. 7 du Code d'instruction criminelle, auquel renvoie l'art. 5 dans son dernier alinéa, la poursuite en France est subordonnée à une seule condition : il faut que l'inculpé n'ait pas été jugé définitivement à l'étranger (art. 5, al. 3 et 5, comb.). Quel est le motif de cette condition ?

---

(1) Comp. Bard, *Précis de Droit internat.*, n° 13. — Les projets du Code pénal espagnol de 1884-1885 admettent cette solution, mais en tempérant sa rigueur par les deux restrictions suivantes : 1° si le coupable a été condamné à l'étranger et a subi tout ou partie de sa peine, on diminue la peine prononcée par le tribunal espagnol en proportion de la peine déjà subie ; 2° s'il n'a subi aucune peine à l'étranger, on compare la loi du pays où l'infraction a été commise et la loi espagnole et on lui applique la plus douce. (Lehr, *Rev. de Droit intern.*, 1885, p. 564, 565). Le C. italien n'admet que la première de ces restrictions (art. 8).

On l'a cherché dans la règle *non bis in idem* (1). Mais les jugements rendus par les tribunaux étrangers n'ont pas en France l'autorité de la chose jugée. C'est plutôt pour respecter le principe de la souveraineté territoriale de l'État étranger sur laquelle empiète la loi française par l'extension qu'on lui donne en dehors de nos frontières (2). Cette seconde raison, meilleure que la première, ne justifie pas cependant la disposition de l'art. 5, car nous verrons bientôt que, si les crimes dont il s'agit ont été commis par un étranger (art. 7), la poursuite en France n'est pas subordonnée à la condition exigée quand l'auteur est Français. Il y a entre ces deux dispositions un manque d'harmonie qui résulte des principes différents qui ont inspiré les législateurs de 1808 et de 1866. On peut reprocher justement à ce dernier ou de n'avoir point suivi l'ancien principe, ou de n'avoir point généralisé le nouveau.

**90.** 2°. *Autres crimes.* — Ces crimes peuvent être dirigés soit contre la chose publique (art. 109 et s. C. p.), soit contre les particuliers (art. 295 et s. C. p.). Leur poursuite est subordonnée à une seconde condition : le *retour* de l'inculpé en France (art. 5, C. i. c., al. 3 et 5 comb.). L'État français est moins intéressé à punir ces crimes que les précédents. L'intérêt apparaît lorsque le coupable revient en France. Sa présence sur notre sol est à la fois un scandale et un danger (3).

Mais que faut-il entendre par le *retour* de l'inculpé? — S'il est jeté sur les côtes de France par un naufrage, s'il est *extradé*, c'est-à-dire remis par une autorité étrangère au gouvernement français, faut-il le considérer comme de retour? L'interprétation en matière pénale doit être restrictive ; conséquemment, il faut entendre par retour une rentrée volontaire sur le territoire français (4). Il est indifférent d'ailleurs que l'accusé soit présent ou en fuite au moment du jugement. Son retour a donné naissance à l'action publique ; s'il n'est pas sous la main de la justice, il sera jugé par contumace (5).

**91.** 3°. *Délits contre la chose publique.* — Les conditions auxquelles est subordonnée leur poursuite en France se trouvent virtuellement indiquées par l'alinéa 4, qui en ajoute une nouvelle quand le délit a été commis contre un particulier. Il faut d'abord les deux conditions exigées

(1) F. Hélie, *Prat. crim.*, I, 38.
(2) Cass. 11 septembre 1873.
(3) Cette condition du retour sur le sol français est la conséquence logique de l'idée d'utilité qui inspire nos lois pénales. Elle a été reproduite par la loi *belge* du 17 avril 1878 (Titre préliminaire du Code de procédure pénale), art. 18 et par le C. italien, art. 5, 6. Au contraire, elle a été écartée par la législation pénale de l'*Allemagne*, de la *Hongrie*, de la *Hollande*, etc.
(4) Ainsi décidé par l'*Arrêté des Consuls* du 18 frim. an VIII pour les naufragés de Calais. (Sirey, *Lois annotées*, I, p. 516). — Comp. cass. 5 fév. 1857 (D. 57, 1, 132).
(5) C. de Paris, ch. d'acc. 17 juin 1870 (D. 70, 2, 178).

pour la poursuite des crimes : 1° pas de jugement définitif à l'étranger ; 2° retour en France. — Il faut de plus : — 3° que le fait soit puni par la loi française et par la loi étrangère (art. 5, al. 2) ; — 4° que la poursuite soit intentée par le ministère public (art. 5, al. 4). Reprenons ces deux dernières conditions.

La *réciprocité d'incrimination* par la loi française et la loi étrangère prouve qu'il s'agit d'un délit qui soulève une réprobation universelle (*delictum juris gentium*), et non d'un de ces délits qui tiennent aux mœurs publiques d'un peuple (*delictum proprium civitatis*). Il faut observer que la réciprocité d'incrimination suffit ; il n'est pas nécessaire que les peines soient les mêmes.

Qui fera la preuve que le fait est incriminé par les deux législations ? Le ministère public ; on l'a dit dans les travaux préparatoires (1), et cela résulte d'ailleurs des principes : le ministère public est demandeur dans l'action publique ; il doit donc justifier des conditions auxquelles est subordonnée la poursuite. *Onus probandi incumbit actori.*

La *poursuite d'office*, expressément exigée par l'al. 4 pour les délits commis contre un particulier, est nécessitée par la force même des choses à l'égard des délits contre la chose publique. Il est rare, en effet, que ces délits lèsent un intérêt privé et donnent lieu par suite au droit d'impulsion des particuliers sur l'action publique. La poursuite d'office s'imposait tellement pour ce genre de délits que le législateur a cru inutile d'en parler ; mais il faut exiger aussi cette condition dans l'hypothèse où le délit, dirigé contre la chose publique, aurait causé un dommage à un particulier (arg. al. 4).

**92.** 4°. *Délits contre les particuliers.* — Aux quatre conditions requises pour la poursuite des délits de la catégorie précédente, il faut en ajouter, pour ceux-ci, une cinquième : « la *plainte* de la partie lésée, ou la *dénonciation officielle* de l'autorité du pays où le délit a été commis ». — Les particuliers perdent dans cette hypothèse, comme dans la précédente, leur droit d'impulsion sur l'action publique, c'est-à-dire le droit de provoquer l'application de la peine au coupable en saisissant de leur demande en dommages-intérêts les tribunaux de répression. Mais, si le ministère public poursuit d'office, la victime de l'infraction peut saisir incidemment de son action civile la juridiction pénale et profiter ainsi de la double compétence que lui assure l'art. 3 du Code d'instruction criminelle.

**93.** 5°. *Certaines contraventions.* — L'art. 2 de la loi de 1866 autorise enfin la poursuite en France des « délits et contraventions » en matière forestière, rurale, de pêche, de douane et de contributions indirectes commis par un Français sur le territoire étranger. Ces expressions,

(1) Corps législatif, séance du 31 mai, observ. de M. Gressier (D. 1866, 4, 82).

*délits* et *contraventions*, sont ici synonymes : elles désignent une catégorie d'infractions non intentionnelles, sur la nature juridique desquelles on n'est pas d'accord, à ce point que la pratique réunit les deux expressions pour les désigner et les appelle *délits-contraventions*.

A quelles conditions ces infractions peuvent-elles être poursuivies en France ? — Le texte de l'art. 2 n'en exige expressément que deux : il faut, 1° que l'infraction ait été commise sur le territoire d'un état limitrophe ; 2° que cet État autorise la poursuite des régnicoles pour les mêmes faits commis en France. — Cette réciprocité, ajoute le texte, sera légalement constatée par des conventions internationales ou par un décret publié au *Bulletin des lois*.

Mais ces conditions sont-elles les seules, ou bien viennent-elles s'ajouter aux cinq conditions exigées quand il s'agit d'un délit contre un particulier ? — Nous pencherions vers cette dernière solution. Il serait bizarre, en effet, qu'une infraction moins grave que les précédentes fût plus facilement poursuivie. Ce serait contraire au système général de la loi de 1866, qui est de rendre la poursuite plus difficile à mesure que la gravité de l'infraction diminue. L'interprétation restrictive est commandée en matière pénale toutes les fois qu'elle est favorable à l'inculpé. Elle est de plus en parfaite harmonie avec l'esprit de l'art. 2 : ce texte rendant la poursuite des contraventions plus difficile à deux points de vue que celle des crimes et des délits, ne serait-il pas contradictoire de la rendre plus facile à d'autres points de vue (1) ?

**94.** La loi de 1866 ne s'applique point aux infractions commises par les agents diplomatiques français, investis d'un caractère représentatif, sur le territoire de la nation auprès de laquelle ils sont accrédités. Ces infractions ne tombent point sous le coup de la loi étrangère, puisque l'ambassadeur ne lui doit point obéissance. L'impunité pourrait dans certains cas être assurée ainsi au coupable. Il suffit de supposer, pour un délit correctionnel, qu'il n'y ait point réciprocité d'incriminations. Cette considération s'ajoute à celles que nous avons données plus haut pour expliquer les privilèges accordés aux ambassadeurs par une fiction d'extraterritorialité personnelle. Dans ce système aucune entrave n'est apportée à la poursuite devant les tribunaux français des infractions commises par nos ambassadeurs sur le territoire étranger, puisqu'elles sont réputées commises en France. La question a été jugée en ce sens par le tribunal de cassation sous le Code du 3 brumaire an IV ; elle est la même aujourd'hui (2).

---

(1) Cette question est peu étudiée. GARRAUD, *Précis*, 96, reconnaît qu'il faut au moins exiger l'absence du jugement définitif à l'étranger et le retour de l'inculpé en France.

(2) V. MERLIN, *Rép.* v° *Compét.* § 2, n° 8.

B. — Deuxième hypothèse : *L'auteur de l'infraction est un étranger.*

95. Un étranger ne peut être poursuivi devant les tribunaux français, pour infractions commises hors du territoire, que s'il s'agit de crimes contre la sûreté où le crédit de l'état français. L'art. 7 du Code d'instruction criminelle (ancien art. 6) subordonne la poursuite à une seule condition : c'est que l'inculpé ait été arrêté en France, ou que le gouvernement ait obtenu son extradition. Peu importe d'ailleurs la part que l'étranger a prise au crime : alors même qu'un Français serait auteur principal et lui complice, sa poursuite en France n'est ni plus ni moins facile. Il résulte du rapprochement des art. 5 et 7 une différence notable pour la poursuite des mêmes crimes suivant que le coupable est Français ou étranger : le premier peut être poursuivi et condamné par contumace avant son retour en France. A l'inverse, toute poursuite est impossible contre le second avant son arrestation sur notre territoire ou son extradition. Et même, une fois cette condition remplie, son jugement ne peut avoir lieu par contumace. Cette distinction est inexplicable : la nature du crime motivant sa répression par les tribunaux français, la loi n'aurait pas dû se préoccuper de la nationalité de l'agent pour déterminer les conditions de la poursuite. L'art. 7 confond l'autorité de la loi avec son exécution. Sans doute on ne pourra exécuter la condamnation prononcée par nos tribunaux si le coupable n'est pas arrêté en France ou extradé, mais cette condition ne devait pas suspendre sa poursuite.

On s'est demandé s'il était nécessaire que l'étranger, arrêté en France, y fût venu volontairement. La négative est certaine ; sinon on ne comprendrait point la possibilité pour le gouvernement français de le poursuivre après avoir obtenu son extradition.

Mais sa poursuite en France serait-elle possible s'il avait été jugé définitivement à l'étranger ? — La question est plus délicate, car si l'on adopte l'affirmative, on établira une seconde différence, pour le même genre de crimes, entre le coupable français et le coupable étranger. Cependant cette solution résulte clairement des travaux préparatoires du Code d'instruction criminelle. On décida qu'il fallait laisser au ministère public la faculté d'apprécier si, malgré un jugement définitif rendu à l'étranger, le fait ne méritait pas d'être poursuivi (1). Il suffit, en effet, de considérer la nature des crimes dont il est question dans l'art. 7, pour voir que la jalousie d'une nation rivale peut chercher à soustraire le coupable à la justice française par un acquittement scandaleux ou une condamnation dérisoire. Sans doute le législateur de 1866 est parti d'un principe différent quand le coupable est Français, mais il n'a point mo-

---

(1) Observat. de Berlier au Cons. d'État (Locré, XXIV, p. 120).

difié l'expression *pourra être poursuivi*, empruntée à l'ancien art. 5, où elle avait pour objet de consacrer le droit d'appréciation du ministère public. Le silence, que l'art. 7 garde sur la condition à laquelle le nouvel art. 5 subordonne la poursuite d'un français, prouve que s'il s'agit de la poursuite d'un étranger, on a maintenu l'ancienne solution (1).

**96.** Il faut observer enfin que les étrangers ne peuvent être poursuivis pour crimes attentatoires à la sûreté de l'État français, qu'autant que ces crimes constituent en même temps une violation du droit des gens. Ainsi, tous les actes d'hostilité qu'ils commettent contre la France en temps de guerre et sur l'ordre de leur souverain, ne sauraient donner lieu, s'ils sont arrêtés ultérieurement sur notre territoire, à aucune poursuite. Il en serait autrement, même en temps de guerre, des actes que le droit des gens ne permet point entre ennemis (2).

**97. Question commune aux deux hypothèses :** *Qui fera la preuve de la nationalité de l'inculpé ?* — Les principes généraux donnent la solution : le fardeau de la preuve incombe à celui qui veut changer ce qui paraît exister, et par conséquent à celui qui veut prouver une nationalité contraire à celle qui résulte de la possession d'état actuelle (3).

**98. Imperfections de la loi du 27 juin 1866.** — Nous avons signalé (*supra*, n° 95), pour les crimes attentatoires à la sûreté ou au crédit de la France, la distinction arbitraire que la loi de 1866 fait entre l'hypothèse où le coupable est Français et celle où il est étranger. — On peut encore lui reprocher d'avoir subordonné à un trop grand nombre de conditions la poursuite des délits commis hors du territoire par des Français. Il y en a une surtout qui réduit la disposition de la loi à une lettre morte : c'est la réciprocité d'incrimination. Il existe, en effet, presque toujours, entre les deux législations, quelque différence dans la définition du délit, et cela suffit pour arrêter la poursuite. Le but du législateur étant de déroger à la territorialité de nos lois pénales pour tous les faits généralement incriminés, il aurait fallu adopter une formule plus large afin de ne pas être arrêté dans l'application par une misérable question de texte. On aurait pu, par exemple, autoriser la poursuite en France de tous les délits *intentionnels* commis par des Français à l'étranger. — En outre de ces vices de rédaction, qui rendent la loi illogique ou inapplicable, on

---

(1) *Contrà*, GARRAUD, *Précis*, 95 B.

(2) Observat. de Treilhard et de Béranger au Cons. d'État. Comp. *infrà* n° 238. (LOCRÉ, XXIV, p. 522).

(3) BARD, *op. cit.*, p. 12. Ces principes ont été justement appliqués dans l'espèce suivante : un inconnu avait avoué qu'il était né en France ; plus tard il excipa de son extranéité. Il fut décidé qu'il devait en administrer la preuve, parce que, sa filiation n'étant point connue, son aveu précédent lui donnait provisoirement la qualité de Français : Cour d'assises de la Savoie, 11 février 1873 (D. 73, 1, 41, en note).

peut signaler une hypothèse où elle n'atteint pas son but. Le législateur de 1866 voulait que le Français, qui avait réussi à se soustraire à la justice étrangère, n'échappât point à la répression en revenant dans son propre pays : il est un cas cependant où cette scandaleuse impunité sera assurée au coupable, c'est celui où l'agent se sera réfugié en France après avoir encouru une condamnation définitive à l'étranger. On ne peut ni le faire juger par les tribunaux français, à cause de la condition à laquelle l'art. 5, § 3, subordonne la poursuite ; ni le livrer au pays qui l'a condamné, car on n'extrade point les nationaux (1); ni lui faire subir sa peine, car les condamnations pénales prononcées par un tribunal étranger ne sont jamais exécutoires en France ; ni lui interdire le séjour de notre territoire, car cette mesure ne peut être prise contre les Français (2). La France devient pour ce malfaiteur un lieu d'asile. — Nous aurons l'occasion de signaler une autre bizarrerie en étudiant la théorie de la complicité.

**Appendice.** *Des capitulations et autres traités analogues qui, dans certains pays étrangers, soustraient les Français aux lois pénales locales.*

**99.** L'idée d'utilité, qui sert de fondement au droit de punir, justifie les deux exceptions au principe de la territorialité de nos lois pénales que nous venons d'exposer. C'est sous l'empire d'une autre idée, la protection qu'un État doit à ses nationaux, que des traités connus sous le nom de *capitulations* ont soustrait les Français dans les *pays hors chrétienté* aux lois pénales locales, pour les soumettre uniquement aux lois françaises et aux tribunaux français. Des différences profondes de mœurs, de religion, d'institutions ont fait obtenir au profit de nos nationaux cette situation exceptionnelle (3). Pour déterminer les conditions et l'étendue de l'exception apportée aux lois de fond de ces pays, il faut consulter les traités et les usages. Quant aux juridictions et à la procédure, elles sont déterminées par les règles de notre Droit public interne. La loi fondamentale en cette matière est celle du 28 mai 1836 *relative à*

---

(1) C'est du moins l'opinion générale. Nous contestons jusqu'à un certain point son exactitude, n° 831.
(2) Sauf deux exceptions : 1. 14 mars 1872 ; 1. 22 juin 1886.
(3) Les *capitulations* sont les traités conclus avec la Turquie et les pays ottomans en 1535, 1539, 1581, 1604, confirmés depuis par ceux de 1673, 1740, etc., et finalement par celui du 25 juin 1802. Plus récemment des traités analogues ont été conclus avec la Chine en 1844, 1858, 1860 (*B. des lois*, 1845-1861) ; l'Iman de Mascate, en 1844 (*B. des lois*, 1846) ; le roi de Siam en 1856 (*B. des lois*, 1859) ; le Japon, 1858 (*B. des lois*, 1859) ; Madagascar, 1860, 1886, etc. En Egypte la juridiction des consuls est moins étendue : L. du 17 déc. 1875, *J. off.* du 25 déc. et documents diplomatiques relatifs à cette réforme, publiés dans le *J. off.* des 7, 8 et 9 décembre 1875).

*la poursuite et au jugement des contraventions, délits et crimes commis par les Français dans les échelles du Levant et de Barbarie.* Le consul juge seul et sans appel les contraventions. Le tribunal consulaire, composé du consul et de deux assesseurs français, remplace le tribunal correctionnel. Les appels des jugements rendus par les tribunaux consulaires siégeant dans le Levant sont portés devant la Cour d'Aix. Les tribunaux consulaires de Chine, de Siam et du Japon ressortissent à la Cour de Saïgon. En matière de *crimes*, les consuls font l'instruction; puis l'affaire est portée devant la Chambre d'accusation de la Cour d'Aix ou de Saïgon. Si la mise en accusation est prononcée, les débats ont lieu devant la première Chambre et la Chambre des appels correctionnels réunies, jugeant sans le concours du jury (1).

SECTION III. — DEUXIÈME ÉLÉMENT DE L'INFRACTION. —
ÉLÉMENT MATÉRIEL.

**100. I. Notions générales :** *Phases de l'infraction; Actes préparatoires.* — Entre la première pensée du délit et son entière consommation l'analyse découvre souvent une série d'actes internes et externes qui constituent autant d'étapes par lesquelles passe l'agent pour atteindre son but. Ces diverses phases sont difficiles à démêler dans les délits qui sont aussitôt exécutés que conçus. Par exemple, un homme m'insulte ; je le soufflette. Le sentiment de l'insulte reçue, le désir de me venger, la méditation des moyens, la résolution, l'exécution, tout se passe en un moment, de sorte qu'on ne distingue plus que le point de départ et le point d'arrivée, la pensée du délit et son entière consommation. A l'inverse, si l'on envisage une infraction moins rapide et surtout une infraction préméditée, on observe d'abord quatre faits internes : la *pensée* du délit, le *désir*, le *projet* et la *résolution ;* et deux sortes d'actes externes : les *actes préparatoires* et les *actes d'exécution*. Prenons comme exemple d'infraction de ce dernier genre, l'*assassinat*. La pensée de tuer Jacques est venue à Paul. — Il s'arrête avec complaisance à cette pensée qui répond chez lui à un sentiment de vengeance : c'est le désir. — Il médite les moyens propres à exécuter le crime : c'est le projet. — Son

(1) Comp. FÉRAUD-GIRAUD, *De la juridiction française dans les échelles du Levant et de Barbarie*, 2 vol., 1871 ; S. GENTON, *De la juridiction française dans les échelles du Levant*, Lyon, 1873 ; RENAULT, *Étude sur le projet de réforme judiciaire en Égypte*, B. de la Société de législat. comp., 1875, p. 255 et s. ; — JOZON, *Étude sur l'organisat. des nouveaux trib. égyptiens*, même revue, 1877, p. 468 et s.

Le principe de la *territorialité* reçoit aussi des exceptions notables dans les pays de protectorat : particulièrement au profit des Italiens en Tunisie. L. 19 juil. 1886, *Rev. des Deux Mondes*, 15 fév. 1887, p. 810-814.

plan est fait ; il a la volonté bien arrêtée de l'exécuter : c'est la résolution. — Il achète un fusil, le charge et s'embusque : voilà les actes préparatoires. — Jacques passe ; Paul vise et tire : voilà l'exécution. Mais cette exécution comporte plusieurs degrés. Un passant peut avoir relevé l'arme au moment où l'assassin allait faire feu : l'exécution commencée est suspendue, dans ce cas, par une circonstance indépendante de la volonté de l'agent. L'assassin peut aussi manquer sa victime : l'exécution est complète du côté de l'agent ; mais elle n'a pas atteint son but. Enfin il peut atteindre et tuer sa victime : alors, non seulement l'exécution est complète ; mais de plus le crime est consommé. — Reprenons successivement ces divers actes pour examiner au point de vue du droit abstrait et du droit positif quelle est leur criminalité et quels sont ceux qui peuvent constituer l'élément matériel du crime d'assassinat.

**101.** La pensée est un mouvement de l'esprit dont nous ne sommes pas maîtres. Elle échappe à toute répression en droit positif comme en droit théorique. La morale elle-même ne pourrait l'incriminer.

Les autres actes internes ont une immoralité croissante ; mais la Société n'a pas le droit de les punir. Les rapports sociaux se traduisant par des faits, ne peuvent être troublés que par des faits. D'ailleurs, le péril est presque nul, à cause de son éventualité. Un pas immense sépare la résolution le mieux arrêtée du commencement de l'exécution ; on peut espérer qu'il ne sera pas franchi. En assurant enfin l'impunité de ces actes, on encourage l'agent à se désister. — Ainsi le droit abstrait exige l'impunité de tous les actes internes, et notre législation est, à ce point de vue, en parfaite conformité avec le droit théorique.

**102.** Certains auteurs ont dit que la résolution criminelle n'était pas punissable à cause de la difficulté de la preuve (1). Ils ont présenté, comme justifiant cette proposition, l'art. 305 du Code pénal qui punit les menaces, l'art. 89 qui incrimine le complot et la proposition, même non agréée, de former un complot, les lois de la presse qui, dit-on, incriminent la pensée. C'est faire d'une question de principes une simple question de fait : il suffirait en effet que la preuve de la résolution criminelle pût être rapportée, pour que cette résolution devînt punissable. Il faut voir la question de plus haut et tenir pour un axiome ce principe de la loi romaine: *nemo cogitationis pœnam patitur* (fr. 18, *de pœnis*). Si le Code pénal incrimine les menaces, c'est à raison du trouble qu'elles causent, et nullement à raison de leur rapport avec la résolution criminelle qu'elles révèlent. Aussi les menaces sont punies sans distinguer si l'agent avait ou non l'intention de les exécuter (2). La même explication

---

(1) Rossi, *Traité de Droit pénal*, II, p. 257 ; Chauveau et Hélie, *Théorie du Code pénal*, IV, 1167 (4ᵉ édit.).
(2) Locré, XXX, p. 473, 506.

convient à la disposition de l'art. 89 : le complot et la proposition de former un *complot* sont des actes externes, dangereux par eux-mêmes, et que le pouvoir social a le droit d'incriminer à ce seul titre. Le complot d'ailleurs ne se conçoit pas sans une certaine association qui trouble l'ordre au même titre que l'association de malfaiteurs punie par l'art. 265 du Code pénal. La *proposition de former un complot* est un acte de propagande qui jette l'alarme dans la Société, un acte qui crée par lui-même un danger social distinct de la résolution qu'il fait connaître. De même les lois de la presse n'incriminent pas la pensée, mais elles répriment certaines manifestations d'un désir, d'un projet ou d'une résolution, punissables comme actes extérieurs. La preuve évidente que les actes internes ne sont point incriminés, c'est que, en règle générale, la justice pénale est désarmée contre un scélérat qui fait connaître dans ses conversations ou sa correspondance sa résolution de commettre les plus grands crimes, ou qui conseille de les commettre.

**103.** A l'inverse, tous les actes externes sont susceptibles d'être atteints par la loi pénale, parce qu'ils peuvent troubler les rapports sociaux, mais leur répression doit varier suivant qu'ils font partie de l'exécution du crime, ou qu'ils ne font que la préparer. La différence théorique des actes d'exécution et des actes préparatoires consiste dans ce que ces derniers n'ont pas de signification précise : ils peuvent s'appliquer à l'infraction projetée par l'agent comme à une autre ; par eux-mêmes ils ne révèlent point le délit qu'il voulait commettre ; l'esprit les conçoit isolés, ayant une existence propre et indépendante de toute infraction. — Les actes d'exécution consistent au contraire dans le fait même du délit, ou dans des faits si voisins du délit, si intimement liés avec lui, qu'à leur seule inspection on devine quelle infraction l'agent avait entreprise.

**104.** Cette différence tient à la nature même des actes. Elle persiste malgré la connaissance qu'on pourrait acquérir *extrinsecus* du projet de l'agent (1). Ainsi l'escalade et l'effraction extérieure sont et resteront toujours des actes simplement préparatoires de tous les crimes que l'agent voulait commettre dans la maison, bien qu'on apprenne par ses aveux celui qu'il préméditait. Elles sont, en effet, dépourvues de signification précise. Très différente est l'effraction d'un meuble (*effraction intérieure*), car à première vue elle révèle l'intention de voler les objets que ce meuble peut contenir. Certains auteurs pensent qu'on peut considérer

---

(1) De cette observation il résulte que la théorie de la tentative ne trouve point sa place dans les infractions non intentionnelles : Haus, I, 431. L'observation est juste, mais elle n'a guère d'intérêt pratique. Les crimes, sauf une exception, sont en effet des infractions intentionnelles. Quant aux délits, la règle que leur tentative n'est punie que dans les cas où la loi l'a incriminée expressément, rend inutile la distinction proposée.

l'escalade et l'effraction extérieure comme un commencement de tous les crimes à accomplir dans la maison : vol, assassinat, viol, enlèvement de mineurs, etc... (1) Dans ce système la distinction des actes préparatoires et des actes d'exécution dépendrait de l'éventualité de la preuve du projet criminel. Cette opinion est contraire à notre système pénal, qui incrimine les faits à raison du trouble social qui en résulte et non à cause de la perversité qu'ils accusent chez l'agent. C'est une réminiscence maladroite de la théorie de la tentative d'après le Droit romain classique dont nous parlerons plus loin. D'autres auteurs considèrent l'escalade et l'effraction extérieure comme pouvant être la tentative, non point de tout délit, mais seulement du vol et à la condition de prouver qu'elles ont été accomplies dans le but de voler (2). Ne dit-on pas en effet un vol avec escalade, un vol avec effraction ? Comment dès lors ne pas considérer ces faits accessoires comme commençant l'exécution du vol ? — Ce système intermédiaire n'est pas satisfaisant. L'on ne peut voir autre chose qu'un jeu de mots (3) dans l'argument sur lequel il s'appuie, lorsqu'on observe que l'escalade ou l'effraction extérieure sont des actes préparatoires absolument nécessaires pour arriver à l'exécution de n'importe quel crime dans une maison close, si le malfaiteur est à l'extérieur. — Il faut donc tenir fermement pour l'opinion de ceux qui pensent que la différence entre les actes préparatoires et les actes d'exécution est absolument étrangère à la preuve de l'intention de l'agent. C'est l'acte lui-même et rien que l'acte qu'il faut considérer. A-t-il une signification précise ; indique-t-il l'infraction que l'agent voulait commettre ? C'est un acte d'exécution. — N'a-t-il au contraire aucune signification précise ; peut-on le rattacher à telle infraction ou à telle autre ? C'est un acte préparatoire (4) ?

**105.** Il est impossible d'énumérer *a priori* les actes préparatoires. Pour les déterminer le juge devra rechercher : 1° quelle infraction l'agent voulait commettre ; — 2° si l'acte accompli préparait seulement son exétion (5).

---

(1) BERTAULD, I, 191 ; ORTOLAN, I, 1011 ; HAUS, I, 435, 450.
(2) BLANCHE, I, 1013 ; GARRAUD, *Précis*, 107 ; LAINÉ, 150.
(3) Ne dit-on pas aussi un *vol domestique* ? Faut-il donc en conclure que le vol est commencé, dès que l'agent devient domestique de la personne qu'il se propose de voler ?
(4) Dans ce sens : CARNOT, I, p. 16 ; CHAUVEAU et HÉLIE, I, 256 et s. ; MORIN, V° *Tentative*, n° 9 ; TRÉBUTIEN, I, p. 98 ; — C. Montpellier, 19 fév. 1852 (*Sir.*, 53, 2, 6 8)
(5) Il suit de là que l'appréciation des tribunaux en matière de tentative n'est pas souveraine. Sans doute ils constatent souverainement les faits matériels, mais leur appréciation sur le rapport de ces faits avec l'infraction tentée soulève une question de droit et peut par conséquent être réformée par la Cour de cassation : Cass. 20 juill. 1861 ; 14 août 1854 ; 17 déc. 1874.

**106.** De plus, il faut observer que, suivant la manière dont l'agent exécute son crime, le même fait peut constituer un acte préparatoire ou un acte d'exécution. Ainsi Paul veut empoisonner Jacques : il jette du poison dans une fontaine où Jacques a l'habitude d'aller puiser; c'est un acte d'exécution. Un domestique veut empoisonner son maître: il verse le poison dans un verre d'eau qu'il lui destine ; c'est un acte préparatoire ; l'exécution commencera seulement quand la boisson sera présentée. Mais si l'on suppose que le maître a l'habitude de prendre chaque soir, dans sa chambre, une boisson préparée à l'avance par son domestique, le fait d'avoir déposé le verre d'eau empoisonnée au lieu habituel constituera un acte d'exécution.

**107.** On voit par ces exemples que, si les actes préparatoires sont punissables, ils ne font point nécessairement partie de l'infraction ; par conséquent leur incrimination et leur pénalité ne doivent point être influencées par l'incrimination et la pénalité du fait auquel on *suppose* qu'ils se rattachent. C'est pour eux-mêmes, à raison du trouble social qu'ils occasionnent, qu'on doit les réprimer. En d'autres termes, on peut en faire seulement des délits spéciaux. La solution change lorsque la préparation étant l'œuvre d'un agent du délit, l'exécution est l'œuvre d'un autre. Mais on est ici en dehors de l'hypothèse où s'agite la question de savoir quelle incrimination et quelle pénalité méritent les actes préparatoires. L'exécution a suivi la préparation. La relation entre l'acte préparatoire et le crime auquel il se rattache résulte de deux faits matériels, liés l'un à l'autre, accomplis dans le même but; il y a une seule infraction commise par plusieurs agents qui se sont partagé l'accomplissement des divers actes externes utiles ou nécessaires à l'exécution de la même résolution criminelle. C'est la théorie de la complicité, et non celle de la tentative.

**108.** Notre législation a suivi quant aux actes préparatoires les principes du Droit abstrait. Le port d'armes prohibées (art. 314, C. p.), la contrefaçon des clefs (art. 399), le port, par les vagabonds et mendiants, d'instruments propres à faciliter l'exécution des crimes de meurtre ou de vol (art. 277) sont punis de peines légères, en rapport avec le trouble social qu'ils causent par eux-mêmes. Ce sont des délits spéciaux. — Par exception, l'art. 89 du Code pénal punit le complot, formé en vue de renverser le gouvernement ou de provoquer à la guerre civile, d'une peine presque égale à celle du crime. La sévérité de cette répression s'explique par la nécessité pratique d'empêcher l'exécution d'un attentat qui, s'il réussissait, assurerait l'impunité à ses auteurs. — S'il y a pluralité d'agents et que les actes préparatoires aient été accomplis par les uns, tandis que les actes d'exécution l'étaient par d'autres, l'unité d'infraction a fait établir la même peine pour tous les actes de participation (art. 59, 60, C. p.) (1).

**109. II. Des actes d'exécution** : *Tentative, crime manqué, crime consommé*. — Dès que l'exécution est commencée, on conçoit qu'on punisse les actes qui la constituent d'une peine en rapport avec celle du crime entrepris. Le législateur français a exagéré cette idée en appliquant *la même peine* aux trois degrés de l'exécution, qui pourtant sont d'une gravité inégale: la tentative, le crime manqué, le crime consommé.

La *tentative* est un commencement d'exécution. Exemple : l'assassin a visé, mais il n'a pas tiré. La criminalité de la tentative est moindre que celle de l'infraction consommée, puisque l'exécution est incomplète et que le plus souvent le préjudice est nul. Elle mérite donc une peine inférieure. — Il y a même une tentative qui doit demeurer impunie : c'est celle qui a été *volontairement suspendue*. Il est utile en effet d'encourager l'agent à ne pas pousser plus loin l'exécution, en lui faisant espérer l'impunité comme récompense de son désistement. Tout au plus pourra-t-on lui infliger une peine légère si la tentative a été préjudiciable.

Le crime est *manqué* lorsque les actes d'exécution bien que suffisants, d'après leur nature, pour le perpétrer, n'ont pas produit leur effet. L'exécution est complète au point de vue des moyens employés; mais elle n'a pas réussi. Exemple : l'assassin a tiré à bonne distance sur sa victime ; cependant il l'a manquée par une circonstance qui est *toujours* indépendante de sa volonté (2). — La culpabilité de l'agent est complète dans le crime manqué. « Il a commis le crime autant qu'il pouvait le commettre » (3), sa situation morale est pire que dans la tentative punissable : on ignore, en effet, dans ce dernier cas s'il serait allé jusqu'au bout. Mais si l'agent, dans le crime manqué, est aussi coupable que dans le crime consommé, la criminalité de son acte est moindre, puisqu'il n'y a pas eu de préjudice. Il y a donc théoriquement une place à faire au crime manqué entre la tentative suspendue par une cause étrangère à la volonté de l'agent et le crime consommé. Cette dernière phase de l'infraction est la

---

(1) C'est là une exagération qui mérite la même critique que celle qu'on adresse en général à l'égalité de traitement établie par le Code pénal pour les trois degrés de l'exécution.

(2) Les projets du Code pénal espagnol de 1884-1885 ont donné une bonne définition de la tentative et du crime manqué : « Il y a *tentative*, lorsque le coupable, dans l'intention de commettre le délit, commence les actes extérieurs d'exécution nécessaires pour le perpétrer et ne les réalise pas tous, par un motif ou un accident autre que son propre et spontané désistement ». — « Il y a délit manqué lorsque les actes exécutés par le coupable, dans l'intention de commettre le délit, auraient pu, d'après leur nature, être suffisants pour le perpétrer, mais néanmoins n'ont pas produit leur effet, par des motifs ou des accidents indépendants de sa volonté ». Lehr, *Rev. de Droit internat.* 1885, p. 568. Voir aussi *C. italien*, art. 61, 62.

(3) Rossi, III, p. 10.

seule qui mérite toute la sévérité de la loi. L'infraction *consommée* est en effet celle qui est complète, tant au point de vue des moyens employés pour la réaliser que du résultat obtenu. La *criminalité* du fait et la *culpabilité* de l'agent sont à leur maximum. Le problème législatif, que soulève la pénalité applicable aux trois degrés de l'exécution, n'a donc pas été résolu, mais a été éludé par le Code pénal de 1810. Il fut de nouveau posé au législateur français lors de la réforme de 1832, mais on trouva un prétexte pour ajourner sa solution dans la théorie des circonstances atténuantes qu'on généralisait. Nous apprécierons plus tard la valeur de ce palliatif.

**110.** L'art. 2 a été rédigé de manière à confondre, sous le nom de *tentative*, la tentative proprement dite et le crime manqué : « *Toute tentative* de crime, qui aura été manifestée par un commencement d'exécution, si elle n'a été *suspendue* ou si elle n'a *manqué son effet* que par des circonstances indépendantes de la volonté de son auteur, est considérée comme le crime même » (1). Deux propositions contenues dans ce texte ne peuvent évidemment se rapporter qu'à la tentative proprement dite : elle seule, en effet, peut être manifestée par un *commencement d'exécution ;* elle seule peut être suspendue par une circonstance *dépendante* de la volonté de son auteur. Il n'y a point, de crime *volontairement manqué ;* l'homme qui relève brusquement son fusil au moment où le coup part manque volontairement sa victime ; mais il ne commet pas un meurtre manqué. En effet, pour que l'exécution fût complète, il faudrait qu'il eût visé sa victime jusqu'au moment où la direction donnée au projectile n'eût pas été susceptible d'être changée par sa volonté. Il y a donc dans ce fait une simple tentative et même une tentative non punissable, puisqu'elle a été volontairement suspendue. On a objecté « qu'une volonté, qui ne peut plus rien pour empêcher l'exécution, peut encore souvent quelque chose pour en prévenir les suites lorsqu'il s'agit d'un délit consistant dans un effet déterminé ». Ce serait là l'infraction *volontairement manquée*. Exemple : le meurtrier soigne sa victime et l'empêche de mourir de la blessure qui aurait fatalement amené sa mort s'il l'eût abandonnée. Ce malfaiteur, dit-on, n'encourra point les peines du meurtre, puisque le meurtre a été volontairement manqué, mais simplement celle des coups et blessures (2). Nous ne contestons pas

---

(1) Cette rédaction de l'art. 2 date de 1832. Le Code pénal de 1810 avait voulu marquer dans sa définition que la loi n'atteignait point sous le nom de tentative les actes internes. « Toute tentative, disait l'ancien art. 2, qui aura été manifestée par des actes *extérieurs* et suivie d'un commencement d'exécution... etc ». Cette idée fut écartée, en 1832, comme inutile.

(2) Lainé, I, 164. Voir *infrà*, n° 110, quelles infractions comportent le crime manqué.

l'exactitude du résultat pratique auquel on aboutit; mais il est faux de dire *qu'il y ait meurtre manqué*. Il aurait fallu, en effet, que l'agent persistât dans la volonté de tuer et s'abstînt de porter secours, pour que l'exécution du meurtre fût complète au point de vue des moyens employés, pour qu'il y eût, en un mot, meurtre manqué. Ici l'exécution est incomplète; il y a une tentative de meurtre, qui reste impunie, *à ce titre*, parce qu'elle a été volontairement suspendue; mais qui est réprimée, *à un autre titre*, parce que le fait accompli constitue le délit de coups et blessures volontaires.

**111.** On distinguera aisément, dans toute hypothèse, la tentative du crime manqué, en s'attachant à ce critérium : le désistement de l'agent était-il possible ? Si, en comparant les faits accomplis à la définition légale de l'infraction, la réponse à cette question est négative, on sera en présence d'un crime manqué; dans le cas contraire, il y aura seulement tentative. Nous verrons bientôt que toute une catégorie de crimes et délits excluent le crime manqué. Voici d'autres différences *a*) il y a tentative quand l'infraction est imparfaite au point de vue de son exécution; et crime manqué lorsqu'elle est imparfaite au point de vue de son résultat. *b*) La tentative admet théoriquement des degrés : sa gravité s'accroît à mesure que l'exécution avance. Le crime manqué au contraire n'a point de degrés car l'exécution est complète.

**112. III. Système du Code en matière de tentative.** — La tentative (et par cette expression le législateur comprend la tentative involontairement suspendue et l'infraction manquée) est réprimée d'une manière générale pour les crimes (art. 2, C. p.). Les tribunaux doivent donc la punir des peines du crime consommé, à moins d'une exception résultant d'un texte exprès. — A l'inverse, la tentative des délits jouit en général de l'impunité et n'est punissable que dans les cas expressément prévus par la loi (art. 3). — En matière de contraventions, elle n'est pas réprimée. — Les peines de la tentative sont celles de l'infraction consommée.

**113. IV. Précédents historiques et législation comparée.** — Les Romains ont-ils connu la théorie de la tentative ? La question est controversée parmi les interprètes, les textes étant contradictoires. Il est à remarquer que, lorsque le crime consommé était prévu par une loi (*crimen ordinarium*), la répression de la tentative rentrait dans la juridiction extraordinaire du magistrat (*crimen extraordinarium*) (1). Il semble dès lors que l'incrimination de la tentative soit due à un progrès du Droit. Le Droit primitif n'incriminait probablement que les actes préjudiciables; l'élément moral (*dolus*) était négligé. Plus tard cet élément

---

(1) Ortolan, I, 1014, note.

fut dégagé ; on exagéra même son importance, car on en fit l'élément prépondérant de l'infraction. C'est ainsi qu'on arriva à punir l'intention criminelle dès qu'elle se révélait par un commencement d'exécution ou même par un acte préparatoire (1).

L'ancien Droit français distinguait les crimes atroces, les autres crimes et les délits moins graves. Dans les premiers la tentative était toujours punie de la même peine que le crime et souvent on comprenait dans la tentative les actes préparatoires (*conatus remotus*). — Dans les seconds elle était punie d'une peine inférieure. — Enfin dans les troisièmes elle restait impunie.

Le Code pénal de 1791 (2º part. tit. II, art. 13, 15, 16) réprima seulement la tentative d'assassinat et d'empoisonnement. La loi du 22 prairial an IV étendit cette disposition à tous les crimes. Celle du 22 frimaire an VIII l'appliqua à certains délits. Le Code pénal de 1810 n'a fait que résumer ces textes législatifs.

**114.** La plupart des législations étrangères modernes sont préférables au Code pénal français, qui est resté ce qu'il était en 1810. Comme lui, elles n'incriminent les actes préparatoires qu'à titre de délits spéciaux. C'est un progrès qui paraît définitivement acquis (2). Certaines ont généralisé notre article 89 : la proposition de commettre un crime et l'adhésion à cette proposition sont punies de peines appropriées au trouble social qu'elles ont causé (3). — La tentative volontairement suspendue reste impunie, comme dans notre législation, mais les Codes modernes ne confondent plus l'infraction tentée avec l'infraction manquée, et ils établissent des peines d'une gravité différente pour les trois degrés de l'exécution (4). Ils prévoient aussi une situation que notre code a omise et que nous examinerons plus bas : *l'infraction impossible*. (5) — Enfin, pour certains crimes où l'infraction est consommée quoiqu'elle n'ait pas encore causé de préjudice, ils admettent une excuse absolutoire au profit du coupable qui, pris de repentir, s'emploie activement à prévenir le préjudice et l'empêche de se produire. C'est la théorie du *repentir actif*, qui n'existe pas dans notre Droit.

**115. V. Détails d'application.** — 1º *Difficultés communes à la tentative de crimes et de délits.* — *a*) Il y a une catégorie d'infractions qui ne comportent point le crime manqué : il en est ainsi toutes les fois que la

---

(1) Humbert, *La tentative d'après le Droit criminel des Romains*. Rec. de l'Académ. de législat. 1862, p. 406 et s.

(2) Il faut noter cependant comme contraire au droit abstrait l'art. 114 du C. russe qui punit la résolution criminelle dès qu'on acquiert sa preuve.

(3) L. belge du 7 juillet 1875 ; L. allemande du 26 février 1876.

(4) C. russe, mexicain, italien, projets de C. espagnol de 1884-1885.

(5) C. mexicain ; projets de C. p. espagnol, 1884-1885.

loi incrimine un fait sans exiger qu'il ait causé un préjudice ; l'infraction est consommée, bien que le résultat poursuivi par l'agent n'ait pas été atteint ; manqué aux yeux de l'agent, le crime est consommé aux yeux du législateur. L'empoisonnement rentre dans cette catégorie de crimes : il résulte en effet de sa définition (art. 301, C. p.) que ce crime est consommé dès que la victime a avalé le poison, alors même qu'elle n'en mourrait point. — Le vol est également un crime consommé dès que la soustraction est opérée ; il n'est pas nécessaire que le voleur en ait profité, ni même qu'il ait retenu l'objet (art. 379). — La fabrication de la fausse monnaie (contrefaçon ou altération, art. 132) est consommée dès que les pièces fausses sont terminées et alors même que le faux monnayeur n'en aurait encore retiré aucun bénéfice. — Dans ces circonstances on s'est demandé si l'agent jouirait de l'impunité comme ayant volontairement suspendu sa *tentative*, si, par un acte postérieur et spontané, il prévenait les conséquences préjudiciables du fait qu'il a accompli : si, par exemple, l'empoisonneur administrait un antidote, si le voleur restituait l'objet soustrait, si le faux monnayeur détruisait les monnaies contrefaites ou altérées. A notre avis ces tentatives sont punissables : le second acte vient trop tard pour être considéré comme un désistement, puisque le premier acte consommait l'infraction. La rigueur de cette solution ne peut être tempérée dans notre législation que par les circonstances atténuantes ; on n'y connaît pas l'excuse du repentir actif (1).

**116.** *b*) On s'est demandé si le désistement volontaire, qui rend la tentative non punissable, devait être inspiré par le repentir, ou bien s'il fallait aussi tenir compte d'un désistement imposé par la crainte. — *Exemple :* Un individu vise un autre avec son fusil dans l'intention de le tuer ; mais il est aussitôt couché en joue par d'autres personnes, qui lui intiment l'ordre de relever son arme. Il obéit pour ne pas périr : son désistement lui assurera-t-il l'impunité ? — Cette espèce (2) a donné lieu à deux systèmes absolus. L'un ne tient compte que du désistement inspiré par le repentir. L'autre admet toujours la validité du désistement, quelle que soit sa cause. Ces deux opinions doivent être écartées. Ce qui caractérise le désis-

---

(1) On a invoqué pour l'affirmative un passage du rapport de Monseignat relatif à l'empoisonnement : « Toutes les fois que l'empoisonneur aura volontairement et librement prévenu l'effet du poison, la société se félicitera de ne voir ni condamné ni victime » ; Locré, t. XXX, p. 501. Mais Monseignat raisonnait comme si la définition de l'empoisonnement n'avait pas été modifiée : ce n'est pas en effet « l'*homicide* commis volontairement par le poison » (C. p. 1791, *Part.* II, sect. I, art. 12) ; — c'est « l'attentat à la vie d'une personne par l'effet de substances qui peuvent donner la mort... quelles qu'en aient été les suites » (C. p. 1810, art. 301).

(2) C. Paris, 28 avril 1848, D. 49, 2, 166.

tement, c'est d'être avant tout un acte volontaire. Il faut donc rechercher si l'agent avait, ou non, la liberté morale de se désister. La question se résout en fait, après examen des circonstances qui ont pesé sur la détermination de l'agent. Ainsi, dans l'espèce précitée, nous admettons sans hésiter qu'il n'y avait pas de désistement valable, parce que l'agent n'avait point eu la liberté morale de se désister.

**117.** *c*) On a essayé d'assimiler dans certains cas le crime qui n'a point réussi parce qu'il était *impossible*, au crime qui a été *manqué* parce qu'on s'y est mal pris. La théorie de l'infraction impossible fait défaut dans notre législation. La jurisprudence s'efforce de combler cette lacune à l'aide de la théorie de la tentative. Avant d'entrer dans la discussion, il importe de marquer la différence essentielle du crime manqué et du crime impossible. Elle consiste en ce que le crime manqué suppose un crime réalisable dans l'hypothèse où il a été entrepris, mais qui échoue par l'effet d'une circonstance accidentelle ; — tandis que le crime impossible est un crime irréalisable. Tout le monde reconnaît, en thèse abstraite, qu'un crime impossible n'est pas punissable. Il n'y a en effet ni exécution complète, ni exécution commencée, car l'exécution d'une chose impossible ne se conçoit point. L'élément matériel du délit fait absolument défaut. Sur le principe on est d'accord, mais on se divise dans l'application.

1er *système*. — Certains auteurs considèrent que le crime n'est impossible que lorsqu'il est irréalisable, même en dehors de l'hypothèse où on a voulu l'exécuter. C'est ce qu'on appelle l'*impossibilité absolue*. — Ils assimilent au contraire au crime manqué le crime qui aurait été possible en modifiant l'hypothèse où il a été entrepris : c'est *l'impossibilité relative*. — Par exemple : étrangler un enfant au sortir du sein de sa mère constitue un crime *absolument* impossible si l'enfant est mort-né. — Tirer au contraire un coup de feu dans la chambre où l'on croit apercevoir la personne dont on veut se venger, et qui fortuitement se trouve ailleurs, est un crime relativement impossible, assimilable au délit manqué (1).

2e *système*. — D'autres auteurs ne font aucune distinction entre les deux impossibilités. Le crime *absolument* ou *relativement* impossible est impuni. Cette opinion nous paraît préférable. Si l'on se place en effet dans l'hypothèse où le fait s'est commis, l'impossibilité est toujours absolue, ou bien elle n'existe pas. A l'inverse, dès qu'on recherche ce qui aurait pu arriver si tel incident ne s'était pas produit, en d'autres termes, si l'on sort de l'hypothèse où le fait a eu lieu, on ne trouve plus que des impossibilités relatives. Mais il faut nécessairement faire un

(1) Ortolan, I, 1002, 1006, 1027 ; Haus, I, 460 et s. ; Cass. 4 nov. 1876 ; 12 avril 1877.

choix et se placer, une fois pour toutes, à l'un ou à l'autre point de vue. Or, il est évident que le premier s'impose : on ne peut en effet apprécier la culpabilité d'une manière abstraite et sans tenir compte des faits. Qu'importe donc que le délit fût possible dans d'autres circonstances, s'il était impossible dans celles où il a été entrepris ? Il est aussi impossible de tuer actuellement une personne absente qu'un cadavre, aussi impossible de faire avorter une femme qui n'est pas enceinte, que de voler de l'argent dans un tronc vide, des meubles dans une maison dégarnie. La distinction proposée est subtile, et les auteurs qui la font ont bien de la peine à rester d'accord avec leur propre système; les plus remarquables d'entre eux finissent par se contredire (1).

**118.** 2° *Difficultés spéciales à la tentative de crime.* — Le principe que la tentative de crime est toujours punie, et punie de la même peine que l'infraction consommée, reçoit plusieurs exceptions de la loi et de la jurisprudence. On les trouve réunies dans la *tentative d'avortement*. Aux termes de l'art. 317 C. p. : « Quiconque, par aliments, breuvages, médicaments, violences ou par tout autre moyen, *aura procuré l'avortement* d'une femme enceinte, soit qu'elle y ait consenti ou non, sera puni de la réclusion. — La même peine sera prononcée contre la femme qui se sera procuré l'avortement à elle-même, ou qui aura consenti à faire usage des moyens à elle indiqués ou administrés à cet effet, si *l'avortement s'en est suivi.* — Les médecins, chirurgiens et autres officiers de santé, ainsi que les pharmaciens qui auront indiqué ou administré ces moyens, seront condamnés à la peine des travaux forcés à temps, *dans le cas où l'avortement aurait eu lieu* ». — La jurisprudence interprétant judaïquement ce texte distingue trois crimes différents : 1° l'avortement commis par la femme sur elle-même : sa tentative est impunie (§ 2) ; — 2° l'avortement commis par un tiers non diplomé : sa tentative est punie comme le crime même, c'est-à-dire de la réclusion (§ 1, comb. avec art. 2) ; — 3° l'avortement commis (2) par un médecin, etc. : s'il est consommé, il est puni des travaux forcés à temps ; s'il est tenté ou manqué, il est puni de la réclusion (§§ 3 et 1, comb. avec art. 2).

**119.** Tous les auteurs proclament au contraire l'impunité de la tentative d'avortement, quel qu'en soit l'agent. Il résulte en effet des travaux préparatoires qu'on hésitait à punir la tentative d'avortement. La commission du corps législatif proposa d'en faire un délit ; mais cet amendement fut rejeté par le Conseil d'État, et la portée de ce rejet a été

---

(1) Notamment Haus, I, 461, 716. — En notre sens : Villey, note s. l'arrêt de 1877 ; Garraud, *Précis*, 111. V. s. les cas d'impossibilité absolue : Cass. 29 nov. 1812, 4 fév. 1814 (*empoisonnement*) ; Cass. 6 janv. 1859 (*avortement*).

(2) Comme auteur ou complice, peu importe.

expliquée en ces termes : « La tentative d'avortement n'est jamais punissable *quel qu'en soit l'auteur* » (1). D'après la doctrine, l'art. 317 apporterait donc une seule exception aux principes, en laissant impunie la tentative d'un crime. D'après la jurisprudence, il y en aurait une seconde quand l'auteur de la tentative d'avortement serait un médecin, puisque dans ce cas la peine de la tentative serait inférieure à celle du crime. — Mais on ne voit pas pourquoi la qualité de médecin déterminerait une aggravation de peine *si le crime réussit*, et serait au contraire indifférente *si le crime échoue*. Un médecin cesse-t-il donc d'être médecin parce qu'il a manqué son opération ?

**120.** La tentative de faux témoignage est juridiquement impossible, et pour ce motif elle échappe à la répression : il résulte en effet de l'art. 361 du Code pénal, que le faux témoignage doit avoir influé sur la décision de la juridiction de jugement, et pour cela il faut que la déposition soit irrévocable, c'est-à-dire que le témoin ne se soit point rétracté avant la clôture des débats. Or, de deux choses l'une, ou bien les débats sont encore ouverts, et alors le faux témoignage n'est pas commencé, parce que la déposition peut se compléter ; ou bien ils sont clos, et alors il n'y a plus simple tentative, mais bien faux témoignage consommé (2).

**121.** Le crime d'attentat à la pudeur (art. 331, C. p.) offre une exception du même genre : ici la tentative se confond avec le crime consommé. Un seul fait, un seul geste peut constituer ce crime ; il est donc impossible de distinguer entre les diverses phases de son exécution. Le mot *attentat*, employé dans les anciens auteurs pour désigner la tentative, marque lui-même quels sont les faits que le législateur veut atteindre (3).

**122.** 3° *Difficulté spéciale à la tentative de délits*. — Dans les cas où des textes formels répriment la tentative de délits, la pratique s'est demandée si l'incrimination de cette tentative était subordonnée aux conditions exigées par l'art. 2 pour la tentative de crime. Le doute est venu du silence gardé par l'art. 3 soit sur la définition de la tentative de délit, soit sur les circonstances qui la rendent punissable. Une première jurisprudence invoquait ce silence pour reconnaître au juge la faculté d'incriminer, sous le nom de tentative de délit, même des actes préparatoires ou un commencement d'exécution volontairement suspendu (4). Des arrêts postérieurs se bornèrent à dénier tout contrôle à la Cour de cassation sur la qualification de tentative donnée par le juge aux faits consta-

---

(1) Locré, t. XXX, p. 426, 503, *Exposé des motifs.*
(2) Cass. 27 fév. 1871 2 juin 1882, et arrêts antérieurs.
(3) Conséquence pratique : dans la question à poser au jury, il est inutile de mentionner que la tentative d'attentat à la pudeur a été suspendue par une circonstance indépendante de la volonté de son auteur (Cass. 7 mai 1855).
(4) Cass. 26 sept. 1826.

tés (1). Ces deux opinions étaient peu juridiques. La répression des faits préparatoires, sous le nom de tentative, était contraire au droit abstrait et au système du Code. D'un autre côté, dénier à la Cour de cassation le droit de vérifier le rapport des faits constatés avec la loi, c'était méconnaître la mission de cette haute juridiction. Aussi la jurisprudence la plus récente comble-t-elle, au moyen de l'art. 2, les lacunes de l'art. 3. Cela est conforme aux précédents : l'art. 17 de la loi du 25 frim. an VIII définissait la tentative de délits comme celle de crimes. Rien dans les travaux préparatoires du Code pénal ne dénote un changement de doctrine. Quant au silence de l'art. 3, sur la définition et les conditions de la tentative de délits, il s'explique par cette raison que l'article a uniquement pour but d'indiquer que cette tentative n'est pas punissable en règle générale, mais seulement dans les cas où la loi l'incrimine expressément (2).

SECTION IV. — TROISIÈME ÉLÉMENT DE L'INFRACTION. — ÉLÉMENT MORAL.

**123. Notions générales.** — Toutes les infractions, même celles qui consistent dans un fait ou une omission involontaires, supposent une faute qui rend le fait ou l'omission imputables à l'agent, c'est-à-dire qui permet de lui en coter grief. Rechercher si l'agent est en faute relativement à l'élément matériel du délit, c'est étudier la *moralité* de l'acte qui le constitue. De là est venu l'usage, en doctrine, de désigner sous le nom d'*élément moral* l'ensemble des conditions de l'imputabilité. Mais ces conditions varient suivant la nature des infractions : tantôt la loi fait entrer dans les éléments du délit la volonté de commettre l'infraction, tantôt elle punit l'agent pour n'avoir pas fait usage de sa volonté afin d'éviter le délit. Les deux classes d'infractions supposent que l'agent a pu exercer sa faculté de vouloir ; la première suppose, en outre, qu'il a voulu violer la loi pénale. Pour marquer cette nuance, on réserve l'expression *élément moral* aux conditions nécessaires à l'exercice de la faculté de vouloir, et l'on appelle *intention* l'exercice que l'agent a fait de cette faculté en vue de commettre l'infraction.

**124.** Toutes les causes qui suppriment l'élément moral ou l'intention sont à proprement parler des *causes de non-imputabilité* (3) ; mais à

(1) Cass. 10 déc. 1842.
(2) Sic : plusieurs arrêts de Bordeaux, D. 71, 2, 227 ; 72, 2, 432.
(3) ORTOLAN (I, 247, 254, 255) a discuté longuement pour démontrer que le défaut d'intention ne supprimait ni l'imputabilité ni la responsabilité ; mais, au fond de cette partie un peu obscure de l'œuvre du grand criminaliste, on voit qu'il ne s'agit point de l'imputabilité et de la responsabilité pénales. L'auteur veut dire qu'un fait qui n'est point *pénalement* imputable, à cause du défaut d'intention, peut constituer une faute au point de vue philosophique ou civil.

raison de la généralité de l'élément moral, on ne désigne habituellement sous ce nom que les causes qui le détruisent, par opposition au *défaut d'intention*. — Il arrive souvent dans la discussion de ces matières abstraites qu'on prend les mots dans un sens qui n'est pas absolument technique, sans cependant que cette terminologie vicieuse nuise à la clarté de l'idée : c'est ainsi qu'on trouve, sous la plume des plus grands criminalistes, les mots : *imputabilité, culpabilité, responsabilité*, pris comme synonymes. En réalité, le premier marque le rapport de la faculté de vouloir ou de l'intention de l'agent avec l'élément matériel de l'infraction ; le second implique à la fois cette idée que l'agent est l'auteur du fait et que ce fait lui est imputable ; enfin le troisième indique la conséquence qu'il faut tirer au point de vue pénal ou civil de la culpabilité. — Une terminologie plus vicieuse consiste à employer les mots *volonté* et *intention* pour désigner l'élément moral. « *Il n'y a pas de délit sans volonté* », dit-on. Cela est vrai si l'on donne à ce mot le sens de *faculté de vouloir* ; mais ce mot prête à l'équivoque, puisqu'il désigne une certaine application qu'on a faite de cette faculté, le résultat de son exercice, l'*intention*. — On dit encore : « *l'intention fait le délit* ». Ici le vice du langage est plus grand encore, car il existe dans notre législation un grand nombre d'infractions non intentionnelles (1). Certains parlent enfin d'*infractions purement matérielles* (2), voulant désigner par là les infractions où l'intention n'est point un élément de l'imputabilité. Mais cette manière de s'exprimer peut faire croire qu'il existe des infractions d'où l'élément moral est banni ; ce qui est une erreur : car les faits même non intentionnels ne sont point imputables, si l'agent n'est point en faute de n'avoir pas usé de sa faculté de vouloir pour éviter le délit.

**125.** Ces confusions étant écartées, voyons quelles sont les causes de non-imputabilité ; nous étudierons ensuite le défaut d'intention. L'exercice de la faculté de vouloir met en jeu l'*intelligence* et la *liberté*. L'intelligence, pour comprendre l'ordre ou la prohibition de la loi ; la liberté, pour lui obéir. Le Code pénal cite, comme supprimant l'intelligence, le *défaut de discernement* par suite de la minorité de seize ans et la *démence*, et, comme supprimant la liberté, la *contrainte*. Il en fait par suite des causes de non-imputabilité. Nous allons les étudier en détail.

(1) Dans l'exposé des motifs du Code pénal, l'intention signifie l'élément moral, puisqu'on y a présenté les causes de non-imputabilité qui suppriment la faculté de vouloir (démence, contrainte) comme supprimant l'intention.
(2) Cette expression se rencontre même dans certaines lois, par exemple : L. 15 avril 1871, art. 2, 4° ; L. 29 décembre 1875, art. 5, 8°.

## § 1. — Du défaut de discernement.

**126. I. A quel âge l'homme devient-il punissable ?** (1). — Le Droit théorique divise la vie humaine en trois périodes : *a)* L'enfance est celle pendant laquelle la vie est purement animale. L'homme, dans cette première période de son existence, peut être le sujet passif d'une infraction, mais non son sujet actif: il n'a point de responsabilité pénale. — *b)* L'adolescence, qui est la seconde période, correspond au développement progressif de l'intelligence. La question de responsabilité pénale mérite alors d'être résolue en fait ; il faut examiner, dans chaque cas, si le développement intellectuel était suffisant chez l'agent au moment du délit. Il s'élève à son profit une présomption de non-responsabilité qui tombe devant la preuve de son discernement. — *c)* Pendant les autres époques de la vie humaine (*jeunesse, âge mûr, vieillesse*), l'homme jouit en général de ses facultés intellectuelles : ses actes lui sont par conséquent imputables ; mais la folie peut exceptionnellement altérer ces facultés. Il faut donc présumer pendant cette période la responsabilité pénale des individus, tout en faisant céder cette présomption devant la preuve de l'aliénation mentale. — Quelquefois, par une triste loi de la nature, l'homme finit par où il a commencé : ses facultés intellectuelles s'affaiblissent ; il retombe dans l'enfance. C'est la *décrépitude*. Le Droit criminel n'a pas à prévoir cette quatrième situation, d'abord parce qu'elle est rare, et en second lieu parce que l'état mental auquel elle s'applique peut être considéré comme une des formes de la démence.

**127.** Par application de ces principes, on devrait interdire toute poursuite contre les enfants, admettre la poursuite contre les adolescents, mais à charge, pour l'accusation, de prouver qu'ils ont agi avec discernement, permettre enfin aux adultes d'écarter l'imputabilité de leurs actes en invoquant le trouble de leurs facultés mentales. Ces solutions étaient celles du Droit romain (2). Elles sont passées dans la plupart des législations étrangères modernes (3). La loi française au contraire a méconnu la première de ces distinctions. Elle divise les individus en deux classes : les majeurs de seize ans et les mineurs de seize ans. On ne peut condamner ces derniers, qu'à la condition de résoudre contre eux la question de discernement. Mais, quelque tendre que soit l'âge du

---

(1) *Sic* : C. p., livre II : *Des personnes punissables, excusables ou responsables pour crimes ou pour délits.*

(2) V. Accarias, *Précis de Droit romain*, 3ᵉ édit. nᵒ 153, 155.

(3) C. allemand, hongrois, suédois, danois, russe, de Genève, C. du Mexique, des Pays-Bas, projets de C. espagnols de 1884-1885, C. italien, art. 537.

délinquant, la poursuite est possible (1). Ce système est généralement critiqué. L'irresponsabilité pénale de l'enfant n'est pas douteuse; dès lors une poursuite est inutile, puisqu'elle doit aboutir fatalement à un acquittement. Elle présente en outre des inconvénients pour l'avenir de l'enfant (2).

**128.** Vainement l'on objecte qu'il est difficile de fixer la limite qui sépare l'enfance de l'adolescence, qu'elle varie suivant les races. Il existe en effet pour toutes les races un âge minimum au-dessous duquel il n'y a point de raison morale. On conçoit à la rigueur que, dans un pays où les races sont différentes, on fixe ce minimum d'après la race dont le développement intellectuel est le plus rapide; mais il faut évidemment qu'au-dessous de ce minimum toute poursuite soit interdite. — On dit encore qu'il peut y avoir utilité à poursuivre un enfant soit pour le confronter avec ses complices, soit pour l'enlever à sa famille. — La première de ces utilités n'existe point, car pour faire comparaître le mineur, il suffit de l'appeler comme témoin. Quant à la seconde, elle est la conséquence d'une mauvaise organisation de l'envoi en correction des mineurs; c'est cette procédure qu'il faudrait réformer.

**129.** La minorité de seize ans n'influe pas seulement sur l'imputabilité, elle crée en outre au profit des mineurs une situation privilégiée, d'abord pour leur jugement, au point de vue de la compétence, puis, s'ils sont condamnés, au point de vue de la peine. Leur acquittement, motivé par le défaut de discernement, permet aussi au pouvoir social de les enlever à leur famille. L'ensemble de ces règles constitue leur condition au point de vue pénal. Il importe de les étudier ici pour ne point scinder la matière, bien que certaines s'écartent de l'objet de cette section.

**130. II. Condition des mineurs de seize ans au point de vue pénal.** — On peut noter quatre différences entre la situation des mineurs de seize ans et celle des majeurs : 1º leur culpabilité ne peut être affirmée sans qu'on ait expressément résolu contre eux une question spéciale de discernement ; 2º s'ils sont déclarés coupables, leur âge constitue une excuse atténuante ; 3º en matière criminelle ils jouissent d'une immunité de juridiction ; 4º leur acquittement et leur condamnation ne produisent pas les effets ordinaires de l'acquittement et de la condamnation des majeurs.

**131.** 1º *Question spéciale de discernement.* — Lorsqu'il s'agit d'un majeur, le juge en affirmant la culpabilité de l'agent résout implicitement la question d'imputabilité. Pour les mineurs de seize ans, la loi s'est

---

(1) Les statistiques criminelles montrent des poursuites pour crime d'incendie dirigées contre des enfants de 10 ans (1873), de 9 ans (1872), de 8 ans (1872).

(2) *Sic* : ROSSI, I, p. 56 ; ORTOLAN, I, nᵒˢ 268, 269 ; CHAUVEAU et HÉLIE, I, 325. *Contrà* : TRÉBUTIEN, I, p. 117 ; GARRAUD, *Précis*, 121.

montrée plus prudente ; elle exige que le juge affirme expressément qu'il a agi avec discernement avant de le déclarer coupable. Cette mesure est une garantie pour le mineur, car elle fournit la preuve que la question d'imputabilité a été sérieusement examinée. De plus, elle est juridique. En prouvant le discernement du prévenu, le ministère public combat la présomption d'irresponsabilité qui le couvre. Si sa démonstration laisse subsister le doute, le mineur doit être renvoyé de la poursuite, car l'un des éléments essentiels de l'infraction n'est pas établi.

**132.** Les textes qui prescrivent l'examen séparé de la question de discernement ne visent, par leur formule, que la juridiction des assises (1). De là est née la question de savoir si leur disposition devait être étendue aux autres juridictions de jugement (*tribunaux correctionnels et de police*). Pour les tribunaux correctionnels, l'art. 68 du Code pénal fournit un argument de texte en faveur de l'affirmative, quand ils sont appelés à juger les *crimes* commis par le mineur. Mais la difficulté n'est point résolue pour les tribunaux correctionnels et de police jugeant les *délits* et les *contraventions*. Après d'assez longues hésitations, la jurisprudence a fini par décider que la question de discernement devait être examinée séparément devant toutes les juridictions de jugement et quelle que fût l'infraction. C'est en effet une question de fond absolument indépendante de la juridiction devant laquelle la poursuite est intentée. C'est de plus une question relative aux conditions générales de l'imputabilité ; or ces conditions sont communes aux trois classes d'infractions (2). Quant aux juridictions d'instruction, quoiqu'elles puissent motiver en général une décision de non-lieu sur une cause de non-imputabilité, elles ne pourraient point fonder une décision de ce genre sur le défaut de discernement, parce que le renvoi de la poursuite résultant de cette cause de non-imputabilité n'est pas pur et simple : les tribunaux doivent examiner s'il n'y a pas lieu de placer le mineur acquitté dans un établissement d'éducation correctionnelle ; or cette mesure ne peut être prise que par la juridiction de jugement (3).

---

(1) Art. 66, C. p. argt. du mot « *accusé* » ; art. 340 C. i. c., argt. de sa place et de ses termes.

(2) V. p. les *contraventions* : Cass. 20 mars 1841 (S. 41, 1, 463) et arrêts postérieurs ; — p. les *infractions aux lois spéciales* : Cass. 17 février 1876 ; — et sur le principe: Cass. 9 avril 1875. — Cette généralisation des art. 66 C. p. et 340, C. i. c. est généralement approuvée : Voy. LAINÉ, 226 ; GARRAUD, *Précis*, 123 ; — Voy. cependant ORTOLAN, I, 298 ; BLANCHE, II, 356. Il faut observer aussi qu'il n'y a, à proprement parler, de *question posée* sur le discernement que devant la Cour d'assises (art. 340) ; devant les autres juridictions la preuve que la question de discernement a été examinée doit résulter des motifs des arrêts ou jugements.

(3) Argument de l'hypothèse sur laquelle statuent les art. 66 et 68. D'un autre côté l'esprit de ces textes est de n'autoriser l'envoi en correction qu'après une déci-

**133.** L'examen de la question de discernement suppose que la minorité du prévenu n'est pas douteuse. S'il en était autrement, la question d'âge devrait être résolue avant celle de discernement. L'étroite connexité des deux questions doit les faire soumettre aux mêmes règles. Par suite ce sera au ministère public de prouver que le prévenu est majeur de seize ans, dès qu'il y aura contestation sur l'âge (1), et, en Cour d'assises, il faudra soumettre la question d'âge au jury (2). — Mais la question d'âge ne pourrait être soulevée pour la première fois devant la Cour de cassation si la procédure n'avait signalé aucune incertitude sur la minorité de l'inculpé. Aucun texte en effet n'imposant aux tribunaux l'obligation d'examiner la question d'âge, le bon sens indique qu'ils ne doivent se la poser que si l'âge est douteux. Peut-être auront-ils mal apprécié les faits de la cause en considérant l'âge comme certain, mais cette appréciation de fait échappe au contrôle de la Cour de cassation (3).

**134.** 2° *Excuse atténuante.* — Si la question de discernement est résolue contre le mineur, il est *punissable;* mais alors son âge devient pour lui une *excuse atténuante.* Les articles 67 et 69 indiquent le procédé d'atténuation : les peines criminelles sont transformées en correctionnelles (c'est l'effet ordinaire des excuses atténuantes en matière criminelle). Les peines correctionnelles sont abaissées dans leur taux ou leur durée. Quant aux peines de simple police, la loi n'en parle point. Il faut conclure de son silence que l'excuse atténuante de la minorité de seize ans ne les atteint pas, car les excuses sont des exceptions qui ne peuvent être étendues par analogie (art. 65, C. p.). Le peu de sévérité des peines de simple police rendait d'ailleurs inutile une atténuation particulière en faveur du mineur.

Reprenons les effets de l'excuse de la minorité pour en étudier les détails : *a)* Si la peine encourue est afflictive perpétuelle (*mort, travaux forcés à perpétuité, déportation*), elle est remplacée par un emprisonnement correctionnel de dix à vingt ans (art. 67, al. 2). — *b)* Si elle est afflictive temporaire (*travaux forcés à temps, détention, réclusion*), la durée de l'emprisonnement prononcé contre le mineur sera du tiers au moins et de la moitié au plus de la durée de la peine afflictive à laquelle « *il aurait pu être condamné* » (art. 67, al. 3). Il résulte des expressions mêmes de la loi que ce n'est ni le maximum ni le minimum de la peine attachée au crime qu'il faut prendre en considération : les juges

---

sion définitive sur la non-imputabilité ; or les décisions des juridictions d'instruction n'ont pas un caractère définitif, on pourrait reprendre la poursuite sur de nouvelles charges établissant le discernement.

(1) Cass. 12 août 1880.
(2) Cass. 26 sept. 1850.
(3) *Sic* ; Cass. 27 fév. 1855 ; 12 août 1880. — *Contrà* : Trébutien, I, p. 119.

arbitreront d'abord, dans les limites du maximum au minimum, la durée de la peine qu'ils infligeraient à un majeur; puis ils feront le calcul indiqué par le texte (1). — Dans ces deux premiers cas les juges *peuvent* condamner en outre le mineur à l'interdiction de séjour pendant cinq à dix années (art. 67, al. 4, L. 27 mai 1885, art. 19). — c) Si la peine encourue est simplement infamante (*bannissement, dégradation civique*), on lui substitue un emprisonnement de un an à cinq ans, sans la peine complémentaire de l'interdiction de séjour (art. 67, al. 5). — d) En matière correctionnelle, l'art. 69 dispose que la peine prononcée contre le mineur « ne pourra s'élever au-dessus de la moitié de celle à laquelle il aurait pu être condamné s'il avait eu seize ans ». Cette formule suppose des peines ayant un taux ou une durée, des peines *divisibles;* l'excuse ne modifie donc point les peines fixes.

Tels sont les résultats matériels de l'atténuation produite par l'excuse de la minorité ; nous verrons ultérieurement, dans la théorie des excuses, les conséquences juridiques qu'il faut tirer de la transformation ou de l'abaissement qu'elle fait subir à la peine ordinaire du crime.

**135.** 3° *Immunité de juridiction.* — Quand la minorité de l'agent est établie ou n'est pas contestée (2), les tribunaux correctionnels sont compétents pour juger le mineur accusé d'un crime. Cette immunité de juridiction a été introduite par l'art. 1er de la loi du 25 juin 1824, devenu l'art. 68 du Code pénal, lors de la revision de 1832. Le législateur a pensé que l'éclat d'un procès en Cour d'assises aurait une influence fâcheuse sur l'avenir du mineur. D'un autre côté, c'était mettre la compétence d'accord avec l'effet de l'excuse, qui opère un déclassement de l'infraction (3). Cette immunité de juridiction, bien qu'introduite dans l'intérêt du mineur, n'est point une faveur à laquelle il soit libre de renoncer, parce que les règles de la compétence sont d'ordre public. — La disposition de l'art. 68 n'est pas absolue, elle admet de nombreuses exceptions qui absorbent presque la règle qu'elle édicte. Si le crime imputé au mineur emporte une peine afflictive perpétuelle, ou la peine temporaire de la détention, ou bien si le mineur a des complices présents au-dessus de son âge, la Cour d'assises reste compétente. La première de ces restrictions est des plus arbitraires. On a dit pour la justifier que la gravité des peines *afflictives perpétuelles* motive la compétence de la Cour d'assises. Mais, puisque le résultat de la poursuite sera, dans tous les cas,

---

(1) Trébutien, I, p. 119. — Cass. 6 juin 1840. — Cette manière de procéder semble impliquer que l'atténuation résultant des circonstances atténuantes passe avant celle résultant de la minorité. Il y a cependant d'excellentes raisons pour calculer en dernier lieu les circonstances atténuantes. Voir *infrà*, « Concours des causes d'aggravation et d'atténuation ».
(2) Cass. 28 av. 1836.
(3) V. *infrà*, « Excuses atténuantes ».

le même, c'est-à-dire un acquittement ou une condamnation à l'emprisonnement, on ne voit pas pourquoi les tribunaux correctionnels ne seraient point toujours compétents. — Si la peine du crime est la *détention*, son caractère politique serait, dit-on, le motif du retour à la juridiction des assises. Mais pourquoi n'en est-il pas de même lorsqu'il s'agit des autres peines politiques ? — Ces exceptions au principe que le crime du mineur, étant un délit doit être jugé par le tribunal correctionnel, n'ont par conséquent aucune base sérieuse.

Si le mineur a des complices présents au-dessus de son âge, l'immunité de juridiction disparaît pour ne pas priver ces derniers de la juridiction à laquelle ils ont droit. Le mot *complices* est, dans l'art. 68, synonyme de *co-participants* ; il comprend les co-auteurs et les complices proprement dits. En parlant de complices *présents*, l'art. 68 suppose qu'ils peuvent être poursuivis en même temps que le mineur : s'ils sont en fuite, morts, inconnus, protégés par la garantie politique, le mineur étant seul en cause, l'affaire sera portée devant le tribunal correctionnel.

**136.** L'immunité de juridiction établie par l'article 68 est généralement critiquée. C'est l'ébauche d'un système que le législateur n'a pas osé pousser à ses dernières conséquences. Lors de la revision de 1832, la commission de la Chambre des pairs demanda que les mineurs de douze ans ne fussent pas soumis à un débat public. Cet amendement fut écarté comme inutile, sous prétexte que les lois constitutionnelles, qui autorisent le huis-clos dans les cas où la morale publique y est intéressée, suffisaient pour permettre aux magistrats de prendre cette mesure (1). Quelle que soit la valeur de cette interprétation des lois relatives au huis-clos, le jugement sans publicité ne se comprendrait que s'il devait aboutir à des mesures de correction sans caractère pénal. Dès qu'une peine peut être prononcée, la publicité de l'audience est une garantie de la défense, à laquelle il faut se garder de toucher.

**137.** 4° *Particularités relatives à l'acquittement et à la condamnation des mineurs de seize ans*. — L'infraction commise par le mineur de seize ans prouve le défaut de surveillance des personnes sous l'autorité desquelles il est placé, souvent même une mauvaise direction. Il y va de son intérêt, autant que de l'intérêt social, de remédier à sa perversion précoce en confiant à l'État son éducation. Aussi l'acquittement motivé par le défaut de discernement n'est point un simple renvoi de la poursuite : l'article 66 autorise les tribunaux à envoyer le mineur acquitté « dans une maison de correction pour y être *élevé et détenu* pendant tel nombre d'années (2) que le jugement déterminera et qui ne

---

(1) *Moniteur universel*, 20 mars 1832.

(2) Faut-il conclure de ces expressions que les tribunaux ne peuvent prononcer une détention inférieure à une année ? La question est discutée. Cependant

pourra excéder l'époque où il aura accompli sa vingtième année » (1).

Si le mineur est déclaré avoir agi avec discernement, l'exécution de sa condamnation soulève aussi une question d'éducation qui vient compliquer l'exécution de la peine. L'emprisonnement des mineurs condamnés et la détention des mineurs acquittés avaient par conséquent un point commun. Le Code de 1810, tout en posant le principe que le mineur acquitté devait être *élevé* en même temps que *détenu*, n'avait rien organisé. La loi du 5 août 1850, *sur l'éducation et le patronage des jeunes détenus* a comblé cette lacune ; elle a organisé en même temps l'emprisonnement spécial que doivent subir les mineurs condamnés (2). — Cette loi divise les jeunes détenus en dix catégories : 1° les détenus par voie d'autorité paternelle (art. 376, C. civ.) ; 2° et 3° les mineurs de seize ans en état de détention préventive (*prévenus, accusés*) ; 4°, 5°, 6° les mineurs de seize ans acquittés et envoyés en correction pour six mois au plus, — pour six mois à deux ans, — pour plus de deux ans ; 7°, 8°, 9° les mineurs de seize ans condamnés à six mois au plus, — de six mois à deux ans, — à plus de deux ans ; 10° les insubordonnés. — Le premier objet de la loi de 1850 est d'ordonner la séparation entre les jeunes détenus et les détenus adultes. Dans ce but, elle prescrit l'organisation de trois sortes d'établissements pour les jeunes garçons : *quartiers spéciaux dans les maisons d'arrêt et de justice,* — *colonies pénitentiaires agricoles,* — *colonies correctionnelles agricoles* (art. 2, 3, 4, 10), — et, pour les jeunes filles, la fondation de *maisons pénitentiaires* (art. 16).

**138.** L'organisation pratique des locaux ne répond pas exactement, pour les jeunes garçons, aux prescriptions de la loi : *a*) Les maisons d'arrêt et de justice reçoivent les trois premières catégories de jeunes détenus, que l'on enferme en commun, et la septième catégorie, que l'on sépare des précédentes. — *b*) Des colonies pénitentiaires publiques, c'est-à-dire appartenant à l'État, ou privées, c'est-à-dire appartenant à des particuliers, mais subventionnées et surveillées par l'État, reçoivent les

---

si l'agent, mineur de 16 ans au moment de l'infraction, était âgé de 19 ans au moment du jugement, il est certain que la détention prononcée contre lui serait nécessairement inférieure à une année. Ausi vaut-il mieux voir simplement dans l'art. 66 l'indication d'un maximum, le minimum étant abandonné à l'appréciation du juge. *Sic* : Cass. 8 fév. 1833.

(1) Cette détention pourrait-elle être ordonnée par les tribunaux de simple police ? Tous les auteurs admettent la négative en se fondant sur l'esprit de la loi. Les contraventions étant des infractions non intentionnelles ne dénotent point la démoralisation de l'agent ; l'acquittement du mineur en cette matière ne doit donc point donner lieu aux mesures d'éducation correctionnelle prescrites par la loi.

(2) V. sur la matière : D'HAUSSONVILLE, *Les établissements pénitent. en France et aux colonies,* ch. XI à XVI.

mineurs acquittés (4e, 5e, 6e catégories), et les mineurs condamnés de la 8e catégorie. — c) Des quartiers correctionnels dans les maisons centrales reçoivent les 9e et 10e catégories de jeunes détenus. — Depuis quelques années on crée des quartiers correctionnels dans les prisons départementales pour arriver à éliminer des colonies pénitentiaires les mineurs condamnés. On a créé aussi des écoles de réforme pour les enfants de moins de treize ans envoyés dans les mêmes colonies.

**139.** Le second objet de la loi de 1850 est d'indiquer le genre d'éducation que doivent recevoir les jeunes détenus. Elle doit être « morale, religieuse et professionnelle » (art. 1er). Les jeunes détenus sont soumis en outre à une discipline sévère (art. 3, 17).

Enfin la loi de 1850 s'occupe du reclassement des jeunes détenus dans la société. Elle les place à cet effet, pendant les trois années qui suivent leur libération, sous le patronage de l'assistance publique (art. 19).

**140. III. Condition des majeurs de seize ans.** — Au-dessus de seize ans accomplis la responsabilité pénale de l'homme est présumée exister; cependant des circonstances exceptionnelles peuvent détruire son intelligence ou sa liberté. La démence, la contrainte sont au nombre de ces circonstances ; elles constituent des causes de non-imputabilité. C'est au majeur, qui s'en prévaut pour décliner la responsabilité pénale, d'en administrer la preuve.

## § 2. — De la démence.

**141.** Cette seconde cause de non-imputabilité est indiquée en ces termes par l'art. 64 du Code pénal : « Il n'y a ni crime, ni délit, lorsque le prévenu était en état de *démence* au temps de l'action. »

**142. I. Définition de la démence.** — Tout le monde reconnaît que cette expression n'est prise ici ni dans le sens technique que lui donnent les médecins aliénistes, ni dans celui qu'elle a dans l'art. 489 du Code civil. Mais, suivant les uns, elle désigne seulement les variétés de l'aliénation mentale décrites et nommées dans les traités de médecine ; suivant les autres, au contraire, elle comprend toutes les perturbations de l'intelligence qui détruisent la raison morale, sans laquelle l'imputabilité n'existe pas (1). Ces deux systèmes ne diffèrent d'ailleurs que sur le sens du mot démence ; ils s'accordent en effet sur les résultats. Le second voit dans l'art. 64 la formule générale de ce principe, que l'intelligence du bien et du mal, la raison morale, est nécessaire au moment de l'action pour que l'acte soit imputable. Le premier au contraire voit dans ce

---

(1) *Dans le premier sens*: HAUS, I, 672 et s.; LAINÉ, 184 ; GARRAUD, *Précis*, 131 et, moins nettement, CHAUVEAU et HÉLIE, I, 252 et s. *Dans le second sens* : TRÉBUTIEN; I, p. 164 et moins nettement, BLANCHE, I, 175.

texte une simple application du même principe, un exemple qu'on doit généraliser. Le résultat auquel on aboutit est donc identique, et cela pour deux motifs : d'abord parce que l'art. 64 exige la démence *au temps de l'action*, ce qui nécessite l'examen de l'acte dans son rapport avec la perturbation de l'intelligence alléguée par l'inculpé, quelle que soit d'ailleurs la cause de cette perturbation ; — et en second lieu, parce qu'en développant la disposition de l'art. 64, les orateurs du Gouvernement ont considéré comme une cause de non-imputabilité tous les troubles de l'esprit (1).

En règle donc, toutes les maladies mentales et toutes les causes qui suppriment, ou la conscience de la valeur de l'acte, ou les forces morales nécessaires pour résister à la tentation de l'accomplir, suppriment par cela même l'élément moral (2).

Cette observation faite, il n'est pas inutile de distinguer les diverses maladies mentales et les obscurcissements de l'intelligence qui ont une autre cause, afin d'étudier les difficultés de détail auxquelles ils ont donné lieu.

**143. A. Maladies mentales.** — On distingue les maladies *congénitales* des maladies *accidentelles*. Les premières apparaissent avant l'époque où l'homme aurait dû acquérir la raison morale. *L'imbécillité*, *l'idiotie*, marquent le plus ou moins d'inintelligence du sujet. — Les secondes surviennent après cette époque. On les comprend généralement sous l'expression générique de folie, et on distingue : 1° la *démence* ou l'absence d'idée (*de mens*) ; 2° la *manie*, qui est une surexcitation de l'esprit produisant le résultat contraire. La manie est tantôt générale (*polymanie*), tantôt partielle (*monomanie*). Le monomane paraît jouir de la plénitude de ses facultés intellectuelles, excepté quand il en fait l'application à l'ordre d'idées pour lequel il déraisonne. La manie est en outre *permanente* ou *intermittente*, suivant que le désordre intellectuel est constant ou comporte des intervalles lucides.

**144.** On a soutenu que l'imbécillité n'était point une cause de non-imputabilité pour tous les délits. Les personnes douées de peu d'intelligence discernent en général le mal des infractions les plus graves, condamnées par la morale. La cause de non-imputabilité doit donc être réduite à leur égard aux délits de convention sociale. — Nous repoussons cette distinction. L'infraction résulte d'une violation de la loi pénale et non de la violation d'un devoir moral. Quelque immorale que soit l'action, si la loi pénale qui la prohibe n'a pu être connue de l'agent, cette loi est censée ne pas exister pour lui. La question revient donc à savoir,

---

(1) Locré, tome XXIX, p. 264, 277.
(2) Comp. C. allemand, § 51 ; C. hollandais, art. 37 ; C. italien, art. 46.

non pas quel est en fait le développement du sens moral de l'imbécile, mais si l'état de son intelligence lui a permis d'avoir avec les autres hommes des relations suffisantes pour qu'on puisse lui appliquer l'adage : nul n'est censé ignorer la loi pénale (1).

**145.** Les individus atteints de manie intermittente peuvent-ils invoquer eur démence pour les infractions qu'ils ont commises dans un intervalle lucide ? L'affirmative a été soutenue par quelques partisans du système qui voient dans l'expression *état de démence,* employée par l'art. 64, un renvoi aux maladies mentales caractérisées par la médecine. La maladie, disent-ils, ne se manifeste pas dans les intervalles lucides, mais elle n'en existe pas moins (*mania occulta*) (2). — Cette thèse est contraire au sens évident de l'art. 64 du Code pénal qui vise la *démence de fait*, exactement comme l'art. 901 du Code civil. Présenter en effet comme une cause de non-imputabilité la démence au temps de l'action, c'est supposer *a contrario* que la démence pouvait ne pas exister à ce moment, bien qu'elle existât avant et après ; c'est, en d'autres termes, admettre des intervalles lucides pendant lesquels revit la responsabilité pénale de l'agent. Cette théorie était celle du Droit romain et des anciens auteurs (3). Rien n'indique que le Code y ait dérogé.

**146.** La même controverse s'est élevée à l'égard des monomanes. La manie, dit-on, n'est pas moins générale quoiqu'elle ne se manifeste que partiellement. Il n'y a donc pas lieu de rechercher si le crime s'explique par l'idée exclusive de l'agent, ou bien s'il est étranger à cette idée (4). Cette solution a le même principe que celle que nous venons de réfuter et on doit lui opposer la même réfutation. Exiger la démence au temps de l'action, c'est exiger qu'on recherche le rapport de l'acte avec la démence, et par conséquent laisser aux monomanes la responsabilité des faits qui ne se rattachent pas à l'objet spécial de leur folie (5).

---

(1) *Contrà*, CHAUVEAU et HÉLIE, I, 254, 255. V. *infrà* nos 153 et s. la réfutation de leur thèse, d'ailleurs assez indécise, qui confond le défaut d'instruction et l'ignorance de la loi pénale.
(2) HAUS, 1, 678, et, plus vaguement, CHAUVEAU et HÉLIE, I, 256.
(3) Fr. 14, D., *de off. Præs.* — FARINACIUS, *De pœn. temp.*, *quæst.* 91, n° 6 ; MUYART DE VOUGLANS, p. 25. — En Droit moderne : CARNOT, I. p., 202, et LEGRAND DU SAULLE, *Traité de médecine légale*, 2e édit. 1886, p. 704-708 ; qui d'ailleurs fait judicieusement observer qu'on ne doit pas confondre les simples rémissions avec les intervalles lucides. Un acte raisonnable isolé ne suffit point pour prouver l'intervalle lucide : « L'action sage est un *acte* ; l'intervalle lucide est un *état* ». — La preuve de l'intervalle lucide sera à la charge du ministère public, car l'état de manie établit une présomption de fait favorable à l'accusé.
(4) HAUS, I, 675.
(5) TRÉBUTIEN, I, 124 ; LEGRAND DU SAULLE, *op. cit.*, p. 790. ROSSI, II, p. 44. D'ailleurs un seul acte sans motif connu ne doit pas être considéré comme

**147. B. Autres causes d'obscurcissement de l'intelligence.** — Certaines maladies, certains états peuvent avoir pour conséquence indirecte la suppression, ou de la raison morale, ou des forces morales nécessaires pour suivre ses conseils. Le *délire* produit par la fièvre et l'alcoolisme, les *vertiges* de l'épilepsie et de la rage font perdre au malade la notion du bien et du mal. Sa raison morale n'existe point pendant les accès. S'il commet à ce moment une infraction, il peut invoquer la démence de fait.

**148.** Les effets du *somnambulisme* sont aussi comparables à ceux de la folie. Les anciens auteurs discutaient beaucoup sur la responsabilité pénale du somnambule. Les uns distinguaient suivant que l'agent se savait ou non sujet au somnambulisme. Si, connaissant son état, il avait négligé de prendre les précautions nécessaires pour protéger les tiers contre les conséquences préjudiciables de ses actes, ils le déclaraient coupable d'imprudence et le punissaient, non pas des peines du crime intentionnel qu'il avait commis, mais de celles du délit non intentionnel correspondant. On transformait ainsi le meurtre en homicide par imprudence, l'incendie volontaire en incendie involontaire. — D'autres distinguaient suivant que l'agent avait ratifié ou non à son réveil le crime qu'il avait commis pendant le sommeil. — D'autres, suivant qu'il l'avait prémédité, ou non, en état de veille (1).

Ces deux dernières opinions ne sont plus en harmonie avec la notion actuelle de l'infraction. Quand, sous l'empire des idées romaines, le dol était considéré comme l'élément prépondérant du délit, on comprend que le fait devînt punissable dès que cet élément se manifestait à un moment où l'agent était en pleine possession de ses facultés intellectuelles, soit avant, soit depuis le fait matériel. Mais, en Droit moderne, l'élément moral n'a aucune prépondérance sur l'élément matériel. L'un et l'autre sont essentiels. L'infraction naît de leur concours simultané et non de leur existence successive. La volonté séparée du fait n'est pas l'élément moral, mais une simple résolution (2). Aussi les deux dernières opinions ne comptent plus aujourd'hui de partisans. — La première rallie encore quelques auteurs (3) ; mais elle ne paraît pas fondée. Sans doute, dans les délits non intentionnels on punit l'imprudence, et l'imprudence consiste à ne pas prévoir les conséquences de l'acte qu'on accomplit ; mais, si ces conséquences étaient impossibles à prévoir, il n'y aurait plus im-

---

la preuve d'une manie partielle. Il faut une série d'actes établissant la folie relativement à un certain objet.

(1) En sens divers : Farinacius, *Quæst.* 98 n° 70 ; Menochius, *De Arbit. quæst.* lib. II, casu. 327, n° 8 ; Muyart de Vouglans, p. 29.
(2) Chauveau et Hélie, I, 261 ; Trébutien, p. 124 ; Lainé, 187.
(3) Chauveau et Hélie, *loc. cit.* ; Haus, I, 682 ; Lainé, I, 187.

prudence; il y aurait cas fortuit. Ces principes, reconnus même par les auteurs dont nous critiquons l'opinion, conduisent à une solution toute différente de la leur, si on en fait une juste application aux actes du somnambule. Le crime commis dans un accès de somnambulisme n'est point en effet la conséquence directe du sommeil, mais celle des rêves et des hallucinations qui surgissent fortuitement dans l'esprit du somnambule pendant sa crise. Or, si l'agent a pu prévoir ses accès de somnambulisme, il n'en est pas de même de ses rêves. Il doit donc être déclaré pénalement irresponsable de leurs conséquences. Au point de vue de la responsabilité civile, on pourra se montrer plus sévère, parce que chacun répond du cas fortuit qui a été précédé d'une faute de sa part (1).

**149.** Un état voisin du somnambulisme, dont la cause et les effets sont reconnus aujourd'hui par la science médicale, c'est *l'hypnotisme*, ou sommeil nerveux provoqué par des manœuvres artificielles (2). Sa première application fut faite par Mesmer, en 1778. On l'appela le *Mesmérisme* ou magnétisme animal. Pendant longtemps on a cru que ce sommeil était dû à l'influence du magnétiseur sur son sujet, *à son fluide!* L'invention tomba dans le domaine des charlatans. Mais plus tard la science découvrit que la cause de ce sommeil était dans le sujet lui-même : un excès de fatigue de la faculté d'attention, produit par une position incommode et forcée des yeux du patient, amène l'hypnotisme. Dans ce sommeil provoqué, le magnétisé devient l'exécuteur docile des projets que lui suggère le magnétiseur. Sa raison morale n'est pas entièrement détruite ; il manifeste souvent la velléité de résister aux ordres qu'il reçoit, mais ses forces morales l'abandonnent ; il ne peut dominer l'influence qu'il subit. — Au réveil, suivant la volonté du magnétiseur, il se rappellera, ou il aura oublié ce qu'il a fait pendant qu'il était endormi. Et qui pis est, si le magnétiseur l'exige, il croira se rappeler des choses qu'il n'a jamais vues ni faites. On peut suggérer non seulement des actes à exécuter immédiatement pendant le sommeil, mais encore des actes à accomplir longtemps après le réveil; c'est ce qu'on appelle des suggestions à longue échéance. Au jour et à l'heure fixés par le magnétiseur, l'hypnotisé tombera dans un état intermédiaire entre le sommeil et la veille, analogue au somnambulisme, et exécutera l'acte qui lui a été suggéré. — Enfin on peut agir par suggestion sur des individus à l'état de veille, pourvu qu'ils aient été souvent hypnotisés. Le sommeil nerveux est alors provoqué par la seule présence ou par un simple ordre du magnétiseur.

On comprend aisément quel rôle important l'hypnotisme est appelé à

(1) *Inst. Just.*, III, XIV, § 2.
(2) Grasset, *Traité pratique des maladies du système nerveux*, 3e édition, 1886, pages 1029 et s.

jouer au point de vue pénal. L'individu hypnotisé pourra commettre des crimes ou égarer la justice par son faux témoignage. Quelle sera sa responsabilité pénale ? Comme le somnambule, il pourra invoquer la démence au temps de l'action relativement aux faits qu'il a accomplis sous l'influence du magnétiseur, car cette influence détruit ou sa raison ou ses forces morales (1).

**150.** L'ivresse peut aussi constituer la démence au temps de l'action. On a discuté beaucoup sur cette question. Les anciens auteurs distinguaient généralement l'ivresse accidentelle et involontaire de l'ivresse *procurée*, c'est-à-dire de celle dans laquelle l'agent s'est plongé pour trouver l'énergie nécessaire à la perpétration du crime. La première était une cause de non-imputabilité ou d'excuse ; la seconde, une circonstance aggravante. Cette distinction est reproduite dans plusieurs législations modernes (2). Elle est exacte théoriquement si l'on suppose l'ivresse *incomplète*. Dans notre Droit, qui n'a rien prévu à ce sujet, l'ivresse incomplète prouvera l'absence de préméditation si elle est involontaire. Elle sera au contraire la preuve évidente de cette préméditation si elle est procurée. Mais l'ivresse *complète* exclura toujours l'imputabilité, car elle réduit l'homme ivre-mort à l'état de machine (3). Cette solution, donnée par les auteurs alors que l'ivresse était impunie dans notre législation, reste vraie malgré la loi du 23 janvier 1873 qui a incriminé l'ivresse publique : autre chose est punir l'ivresse comme délit spécial pour le trouble qu'elle apporte à l'ordre public, autre chose est examiner l'effet qu'elle produit sur l'intelligence de l'individu qui commet une infraction sous son influence (4).

(1) Quelle sera la responsabilité pénale du magnétiseur ? Il pourra être poursuivi comme complice du crime ou du délit qu'il a suggéré, soit parce qu'il l'a provoqué par abus d'autorité, machinations ou artifices coupables, soit parce qu'il a donné des instructions pour le commettre. (art. 60, C. p.). — *Comp.* : J. Lefort, *L'hypnotisme au point de vue juridique*, Rev. gén. du Droit, 1888, p. 193 et s.

(2) *Sic* : C. russe. — D'autres admettent l'imputabilité complète au cas d'ivresse procurée : C. autrichien, anglais, italien. — Les projets de C. pénal espagnol de 1884-1885 punissent le crime commis en état d'ivresse accidentelle des peines du délit d'imprudence correspondant. (Lehr, *Rev. de Dr. intern.*, 1885, p. 571.)

(3) Rossi, II, p. 58 ; Trébutien, I, p. 125-127 ; Bertauld, p. 318 et s. ; Blanche, II, 243, et s. On comprend d'ailleurs que l'état matériel de l'homme complètement ivre le rende incapable de commettre la plupart des délits, on ne pourra guère lui imputer que des délits d'inaction ou des actes indécents constituant des outrages publics à la pudeur. Les délits d'action, qu'il aurait commis en état d'ivresse, prouveront en général que l'ivresse n'était pas complète.

(4) Villey, p. 115 ; Garraud, *Précis*, 135 ; Lainé, 187. Toutefois ce dernier auteur considère que le crime commis sous l'influence de l'ivresse procurée doit être puni des peines du délit non intentionnel correspondant. Nous avons déjà réfuté ce système à propos du somnambulisme.

La jurisprudence de la Cour de cassation est pleine de tâtonnements en cette matière. Elle a souvent décidé que le président des assises pouvait refuser de poser au jury la question d'ivresse, parce que l'ivresse n'est pas une excuse. En cela elle a raison; mais elle a aussi décidé quelquefois que ce n'était pas une cause de non-imputabilité; elle est même allée jusqu'à approuver l'interdiction faite au défenseur de soutenir que l'ivresse avait occasionné chez l'accusé une démence passagère (1). Ces décisions, évidemment contraires aux principes du Droit, ne sont pas suivies dans la pratique actuelle : on admet sans difficulté le défenseur à discuter toutes les causes qu'il allègue pour établir que l'accusé n'a pas eu, au temps de l'action, la conscience de ses actes.

**151.** Le *sourd-muet* est-il pénalement responsable de ses actes ? On a proposé à son égard la même distinction entre les infractions que pour l'*imbécile* : il serait pénalement responsable des délits d'immoralité, parce que la morale est innée et que le sourd-muet en comprend les rudiments sans le secours de l'éducation (2). Il ne répondrait au contraire des délits de convention sociale que s'il avait reçu une éducation suffisante pour connaître les lois de son pays. — Nous repoussons ici comme précédemment cette distinction. Pour tous délits il s'agit de savoir si le sourd-muet a appris les moyens d'échanger ses idées avec les personnes de son entourage, s'il n'a pas été tenu à l'écart de ce commerce des hommes qui justifie la présomption : nul n'est censé ignorer la loi pénale. Que, si on l'a laissé végéter dans une vie quasi animale, son irresponsabilité pénale nous paraît certaine. L'art. 333 C. i. c. confirme cette solution : il prescrit de nommer pour interprète à l'accusé sourd-muet, qui ne sait pas écrire, la personne qui aura le plus d'habitude de converser avec lui. Le législateur considère donc virtuellement la poursuite comme impossible si le sourd-muet n'a pas appris les moyens d'échanger ses idées. Il faut observer d'ailleurs que, dans l'état actuel de notre civilisation, l'hypothèse où un sourd-muet pourrait être déclaré pénalement irresponsable est purement théorique.

**152.** L'ardeur des passions produit aussi parfois un égarement de la raison, mais il est illégitime : les lois pénales ont principalement pour objet de contraindre les individus à contenir leurs passions lorsqu'elles sont susceptibles de nuire à autrui. Le législateur a d'ailleurs indiqué qu'on ne pouvait invoquer la passion comme cause de non-imputabilité, en faisant de la colère et de la jalousie une simple excuse atténuante dans les hypothèses les plus favorables (art. 321, 324, 325, C. p.).

(1) Voir les arrêts dans Blanche, II, 242 et s.
(2) Certains spécialistes vont jusqu'à dire que l'éducation ne développe pas le sens moral chez le sourd-muet ; il l'a autant que les autres hommes. Éd. Morel, *Gaz des Trib.*, 12 déc. 1838.

**153.** Il faut enfin considérer comme rentrant dans cette cause de non-imputabilité : 1° *l'ignorance de la loi pénale résultant de l'impossibilité matérielle de la connaître*, et 2° *l'ignorance ou l'erreur portant sur les éléments matériels de l'infraction*. L'une et l'autre, en effet, mettent obstacle à l'exercice de la faculté de vouloir, en ôtant à l'agent soit le sentiment de la violation de la loi, soit même le sentiment du fait accompli. Ces deux causes de suppression de l'élément moral sont l'objet d'une controverse assez obscure.

**154.** *a)* Et d'abord l'*ignorance de la loi pénale* est-elle une cause de non-imputabilité ? — La négative est généralement adoptée par application de l'adage : « nul n'est censé ignorer la loi ». Mais ceux qui invoquent cet adage ne font attention ni aux circonstances qui le justifient, ni à la valeur de la présomption qu'il édicte. Ils envisagent toujours des hypothèses où l'adage reçoit application, parce que l'ignorance de la loi pénale est inexcusable. Ils oublient en outre qu'il n'y a point en Droit pénal de présomption irréfragable de culpabilité. Théoriquement, il est incontestable que la violation d'une loi inconnue n'est pas une infraction, *si on n'est point en faute d'ignorer la loi* (1). Reste à savoir quelles circonstances l'agent pourra invoquer pour démontrer que son ignorance de la loi ne lui est pas imputable.

**155.** Les uns ont dit : l'instruction est nécessaire pour connaître les lois. Le *défaut absolu d'instruction*, l'absence de toute culture intellectuelle pourront être invoqués pour écarter l'adage : nul n'est censé ignorer la loi. — Nous repoussons cette théorie ; son point de départ est faux : l'instruction est sans doute nécessaire pour acquérir une connaissance *approfondie* des lois pénales ; mais il suffit d'avoir une *notion sommaire* de ce que la loi prescrit ou défend pour être tenu de la respecter. Le système contraire, poussé à ses dernières conséquences, paralyserait à chaque instant la justice sociale.

**156.** D'autres ont dit : l'ignorance de la loi n'est pas imputable à l'agent *s'il a été dans l'impossibilité matérielle de la connaître*. — Nous admettons ce système, mais en le restreignant aux lois nouvelles. Les lois s'apprennent par les relations sociales. Leur promulgation et leur application font l'objet des conversations de chaque jour. Aussi, quand l'homme arrive à l'âge du discernement, il est censé connaître toutes les lois qui existent depuis quelque temps dans la législation. Mais des circonstances exceptionnelles peuvent avoir supprimé les relations sociales d'un individu, ou d'un groupe d'individus, depuis la promulgation d'une loi nouvelle. Ce sera par exemple une interruption des communications par une inondation, la neige ou la guerre, un voyage à

---

(1) Fr. 9, § 2, D., *de Jur. et facti ignor.* (22, 6).

l'étranger et surtout un voyage en mer. Pourrait-on, sans injustice, appliquer la loi nouvelle à celui qui a été privé, par ces événements extraordinaires, des moyens habituels par lesquels les autres hommes ont pu s'instruire de son existence ? Appliquera-t-on *tout de suite* au passager qui descend du navire la loi promulguée pendant son absence ? Le sens intime proteste ! L'inculpé pourra donc, en faisant la preuve de l'événement extraordinaire qui a causé son ignorance de la loi nouvelle, détruire l'imputabilité de cette ignorance.

**157.** Mais quel délai fixer depuis la reprise des relations sociales pour rejeter l'exception d'ignorance de la loi nouvelle ? — Le décret du 5 novembre 1870 trace à cet égard une règle qu'il suffit d'appliquer par analogie. L'exception d'ignorance peut être accueillie « si la contravention a lieu dans le délai de trois jours francs à *partir de la promulgation* ». Cette limite, indiquée pour les cas ordinaires où la promulgation aurait dû produire son effet normal, doit être transportée, *mutatis mutandis*, aux cas extraordinaires que nous examinons. La reprise des relations sociales équivaut à une promulgation pour les lois nouvelles que les événements extraordinaires, cités plus haut, ont empêché de connaître. L'infraction devra donc avoir été commise dans le délai de trois jours francs à partir de la reprise des relations sociales, pour que l'exception d'ignorance soit admissible.

**158.** Certains auteurs acceptent cette solution à l'égard des délits de convention sociale, mais ils la rejettent pour les délits d'immoralité. La conscience, disent-ils, avertit suffisamment l'agent de ne pas commettre un acte immoral ; il n'a pas besoin de savoir qu'une loi positive l'incrimine. La promulgation des lois réprimant des faits immoraux est dans la conscience. — C'est la théorie des *délits naturels* que nous avons déjà réfutée à l'aide de l'art. 4. Quelque immorale que soit l'action, si la loi pénale, qui la prohibe, n'a pu être connue de l'agent, cette loi n'est pas obligatoire pour lui (1).

**159.** *b) L'ignorance ou l'erreur de fait portant sur les éléments matériels de l'infraction suppriment l'imputabilité de ces éléments.* — On ne peut, en effet, imputer à un individu une violation de la loi quand le fait ou délit a été accompli par lui sans le savoir ou dans la croyance qu'il en accomplissait un autre. Conséquemment, si l'ignorance ou l'erreur portent sur l'élément matériel principal, l'infraction disparaît ; si elles portent sur une circonstance aggravante, cette circonstance aggravante doit être écartée. *Exemples :* Un homme veut reprendre sa propre

---

(1) V. *suprà*, n⁰ˢ 140, 147. — En sens divers sur l'ignorance de la loi pénale : HAUS, I, 704 et s. ; LAINÉ, 204, 206 ; GARRAUD, *Dr. pén. franç.* I, 236. On assimile généralement l'*ignorance de la loi pénale* à l'*erreur de droit*. Nous combattons cette assimilation, *infrà*, n° 182.

chose qu'un tiers détient injustement. Il se trompe et soustrait la chose d'un autre ; le vol n'existe pas. — Un domestique, croyant voler la chose d'un étranger, vole celle de son maître : il n'est coupable que de vol simple (1).

**160.** L'application de cette règle a paru souffrir difficulté dans les infractions non intentionnelles, parce qu'on ne s'est pas fait une idée nette de ce qui constitue dans elles l'élément moral. Ces infractions sont de deux sortes : les unes où la loi incrimine un fait ou une omission, abstraction faite de ses conséquences, les autres où la loi incrimine le fait ou l'omission à raison du dommage qui en est résulté. Dans les infractions de la première classe, l'élément moral consiste à n'avoir pas fait usage de sa faculté de vouloir en vue d'éviter l'acte ou l'abstention défendus ; dans les infractions de la seconde classe, il consiste à n'avoir pas fait usage de cette faculté en vue d'éviter les conséquences préjudiciables d'un acte ou d'une abstention licite en soi. Dans les deux cas l'infraction suppose une faute. L'agent pourra donc invoquer comme cause de non-imputabilité toutes les circonstances qui prouveront qu'il a pu, *sans faute*, ignorer le fait qu'il accomplissait, ou ne pas prévoir le dommage qui en pouvait résulter (2). « Le mal commis par une ignorance ou
» par une erreur nullement imputables, n'est ni prévu ni volontaire. Il
» n'y a pas délit, c'est ce que nous appelons un malheur, un accident,
» un cas fortuit. » (3). — « La mesure de la *culpabilité* s'arrête aux faits
» connus et ne s'étend pas aux faits inconnus, sauf l'imputabilité de la
» négligence à titre de faute non intentionnelle dans les cas où elle a
» lieu » (4).

Telle est l'étendue de la cause de non-imputabilité qu'on qualifie de démence mais qu'il serait plus correct d'appeler le défaut de volonté par suite du défaut d'intelligence de l'agent. Examinons maintenant ses effets.

**161. II. Effets de la démence et des états de l'intelligence qui lui sont assimilés.** — Les troubles de l'intelligence chez le délinquant, à quelque époque qu'ils se produisent, mettent obstacle à l'exercice du droit de punir. La démence au temps de l'action détruit l'imputabilité ; — survenue pendant le procès pénal, elle arrête la poursuite ; — après la condamnation elle empêche l'exécution de la peine corporelle et celle de la contrainte par corps. L'art. 64 du Code pénal prévoit seulement la

---
(1) *Sic* : C. italien, art. 52.
(2) *Sic* : En matière de délit de chasse et de transport de gibier, Cass. 9 déc. 1859 ; 16 nov. 1866. — En matière de délit de douanes, Montpellier, 15 fév. 1884 et notre note, *Rev. crit.*, 1885, p. 256 et s.
(3) Rossi, I, p. 53.
(4) Ortolan, I, 387. Nous substituons le mot *culpabilité* au mot *criminalité* que le savant auteur a probablement employé par inadvertance.

première hypothèse. Les deux autres doivent être réglées par analogie. Quoiqu'elles s'écartent du sujet que nous traitons actuellement, nous indiquerons sommairement, pour ne pas scinder la matière, les effets de la démence dans ces deux cas.

**162.** La cause de non-imputabilité résultant de la privation de l'intelligence au temps de l'action est générale, malgré les termes en apparence restrictifs de l'art. 64 : « *il n'y a ni crime, ni délit* ». Elle s'applique en effet aux contraventions comme aux deux autres classes d'infractions, et il n'y a pas lieu de distinguer si le crime, le délit ou la contravention sont prévus par le Code pénal ou par une loi spéciale (1). La rédaction de l'art. 64 s'explique par le défaut presque absolu dans notre Code pénal de cette partie générale où doivent se trouver les règles communes à toutes les infractions. Il appartient à la doctrine de dégager ces règles des articles qui les appliquent et de les généraliser (2).

**163.** La cause de non-imputabilité supprimant le délit, son examen appartient aux juridictions d'instruction comme aux juridictions de jugement. On comprend une ordonnance ou un arrêt de *non-lieu* fondés sur la démence. — Si la preuve de la démence est faite devant la juridiction de jugement, il y aura lieu à un acquittement, dans le sens technique du mot, car la culpabilité n'est pas établie. — En Cour d'assises, si l'accusé excipe de la démence, il ne sera pas nécessaire de consulter spécialement le jury sur ce moyen de défense, car la question de culpabilité ne peut être résolue affirmativement sans qu'il ait été examiné. Néanmoins il n'est pas défendu au président de poser une question spéciale pour la démence. La question de culpabilité se trouve, en ce cas, dédoublée dans ses deux éléments : 1° l'accusé a-t-il commis le fait ; — 2° ce fait lui est-il imputable (3).

**164.** Les causes de non-imputabilité ne suppriment en principe que

---

(1) Dans l'ancienne jurisprudence la démence au temps de l'action n'était considérée que comme une excuse absolutoire. Aussi ne produisait-elle aucun effet lorsqu'il s'agissait de certains crimes inexcusables tels que celui de lèse-majesté (Muyart de Vouglans, I, V, ch. I, § 2, n° 9.)

(2) Tous les Codes modernes récemment rédigés ont généralisé la disposition de notre art. 64. Ainsi l'art. 71 C. belge porte : « Il n'y a pas *d'infraction* lorsque l'accusé ou le prévenu était en état de démence au moment du fait ». — L'art. 51 C. allemand : « Il n'y a pas d'acte punissable lorsque son auteur était, lors de la perpétration de cet acte, privé de connaissance ou dans un état mental qui excluait le libre exercice de sa volonté ». — L'art. 40 C. des Pays-Bas : « Quiconque commet un fait qui ne peut lui être imputé, à cause du développement incomplet ou du trouble maladif de son intelligence, n'est pas punissable ». L'art. 46 C. italien : « N'est pas punissable celui qui, dans le moment où il a commis le fait, était dans un état d'infirmité d'esprit propre à lui enlever la *conscience* ou la *liberté* de ses actes ». Ce dernier code admet en outre une demi-responsabilité (art. 47).

(3) Cass. 4 janv. 1817.

la responsabilité pénale. Quant à la responsabilité civile, tantôt elle est supprimée, tantôt elle persiste, tantôt elle est déplacée et reportée sur certaines personnes qui avaient mission de surveiller l'agent du délit. C'est là une question étrangère au Droit pénal. Il s'agit de savoir si, l'infraction une fois écartée, le dommage causé peut être imputé à faute à quelqu'un. Ainsi on a décidé que l'individu qui a commis des actes de violence dans le délire de l'alcoolisme devait être condamné à des dommages-intérêts, parce que la perturbation de son intelligence était la conséquence d'excès volontaires dont il aurait dû prévoir les suites dangereuses pour les tiers (1). La même solution peut être donnée pour la manie intermittente ou partielle, pour le somnambulisme, lorsque l'agent, connaissant son état, n'a pas pris contre lui-même les mesures nécessaires pour mettre les tiers à l'abri des conséquences préjudiciables de ses actes, pour l'hypnotisme, lorsque l'hypnotisé s'est volontairement laissé endormir.

**165.** La démence de l'inculpé survenue depuis l'infraction suspend l'exercice de l'action publique, car elle rend l'inculpé incapable de se défendre. Or, si la défense est arrêtée, la poursuite l'est également : accusation et défense sont en effet deux termes corrélatifs. Cette proposition déduite des principes généraux est acceptée en doctrine et en jurisprudence ; mais il ne faut pas exagérer sa portée. Sont seulement suspendus les actes de *poursuite personnelle* et les décisions des juridictions soit d'instruction, soit de jugement ; les actes *d'instruction* proprement dits (*constatations matérielles et enquête*) restent possibles, parce qu'ils n'impliquent point la culpabilité d'un individu déterminé (2).

**166.** Si la démence survient après que la condamnation est devenue définitive, elle met obstacle à l'exécution des peines qui atteignent le condamné dans sa personne : elle empêche cette exécution de commencer ou de continuer. La peine, en effet ne serait pas réformatrice, puisque le condamné ne saisirait pas la relation du traitement qu'on lui fait subir avec son délit. D'un autre côté l'exécution d'un insensé produirait dans le public des sentiments absolument contraires à ceux qu'on veut provoquer par l'exemplarité de la peine.

La démence n'apporte au contraire aucun obstacle à l'exécution des peines pécuniaires sur le patrimoine. Le motif, assez contestable d'ail-

---

(1) Rouen, 17 mars 1874 (D. 74, 2, 190).
(2) On les appelle, pour ce motif, actes de *poursuite réelle* ou *in rem*. — Comp. sur les effets de la démence au point de vue de la procédure : ORTOLAN, II, 1753-1756. Les maladies graves qui mettraient obstacle à la défense personnelle du prévenu suspendraient aussi l'exercice de l'action publique dans les limites indiquées au texte.

leurs, est que la sentence opère dans la nature du droit une sorte de novation, qui transforme la peine en une dette du patrimoine.

Quant aux peines privatives de droits, elles restent en dehors de la controverse, car elles sont pleinement exécutées par la diminution de capacité qui s'opère *ipso jure* au moment où la condamnation devient irrévocable.

**167.** La démence arrête enfin l'exercice de la contrainte par corps, parce qu'elle rend cette voie de recouvrement inefficace en vue du double objet qu'elle poursuit. Si on l'envisage en effet comme une épreuve de solvabilité, il est impossible d'admettre qu'on puisse l'exercer quand les troubles de l'intelligence empêchent le contraignable de savoir ce qu'il possède. Si on la considère comme un emprisonnement remplaçant pour les insolvables la peine pécuniaire, elle ne peut être exécutée contre un dément pour la raison qui s'oppose à l'exécution des peines corporelles.

**168. III. Preuve de la démence.** — Toute juridiction appelée à statuer définitivement, ou même provisoirement, sur la culpabilité de l'agent, doit vérifier si le fait lui est moralement imputable et par conséquent c'est devant elle que la preuve de la démence doit être faite. — La Cour de cassation, ne rentrant point dans l'examen des faits, peut seulement vérifier si les faits constatés par l'arrêt attaqué donnent la preuve de la démence au temps de l'action. Il n'y a que les *arrêts d'absolution* rendus sur un verdict affirmant à la fois la culpabilité matérielle et la démence, qui échapperaient à son contrôle, parce que le jury ne motive pas ses verdicts et que les arrêts de Cour d'assises sont simplement motivés par le visa des réponses du jury dont ils sont le complément.

**169.** Tous les moyens de preuve sont admissibles pour établir la démence; mais, lorsque le trouble de l'intelligence est présenté comme le résultat d'une maladie mentale, il est naturel de recourir à une expertise médico-légale. L'opinion des médecins-experts ne lie pas le juge.

Pourrait-on prouver la démence en invoquant l'interdiction dont l'agent aurait été frappé avant le délit? — Non, certainement, car l'interdiction n'établit qu'une présomption légale de démence; or, l'article 64 exige que la preuve de la démence soit rapportée *en fait*. La présomption de démence résultant de l'interdiction ne concerne d'ailleurs que le patrimoine: la preuve en est dans l'art. 174 du Code civil qui exige la démence de fait pour mettre obstacle au mariage, c'est-à-dire à un acte qui engage la personne. Or, en Droit pénal, la personne est toujours engagée. Ce n'est pas à dire que l'interdiction soit dépourvue de tout effet, mais cet effet ne se fait sentir que dans l'ordre de la preuve.

**170.** Théoriquement la preuve de la démence incombe à l'agent. Après seize ans révolus l'homme est présumé pleinement responsable de ses actes ; les fous sont des exceptions. Il suit de là que c'est au prévenu qui allègue sa démence au temps de l'action à en rapporter la preuve. Mais dès qu'il est prouvé que, à l'époque où l'infraction a été commise, l'inculpé était atteint d'une maladie mentale, la présomption est renversée et c'est à l'accusation de prouver que l'agent se trouvait au moment de l'acte dans un intervalle lucide, c'est-à-dire en pleine jouissance de ses facultés mentales (1). L'interdiction produira le même résultat : elle établit en effet l'état *habituel* de démence (arg. art. 489, C. civ.). Ce sera donc au ministère public à prouver que l'accusé a agi dans un intervalle lucide si le délit a été commis postérieurement au jugement d'interdiction (2).

**171.** L'acquittement ou la décision de non-lieu motivés par la démence au temps de l'action n'ont point pour conséquence nécessaire la mise en liberté du prévenu. Les préfets peuvent ordonner d'office le placement dans un établissement d'aliénés de tout individu dont l'aliénation mentale compromet l'ordre public ou la sûreté des personnes. Cette mesure grave suppose la persistance de la maladie mentale et doit cesser avec la guérison (L. 30 juin 1838, art. 18, 20, 29).

## § 3. — De la contrainte

**172. I. Définition de la contrainte. — Ses diverses espèces. —** Pas plus que pour la démence, le législateur n'a dit en quoi consistait cette seconde cause de non-imputabilité. Il s'est borné à indiquer ses effets et le degré d'intensité qu'elle devait atteindre : « Il n'y a ni crime ni délit, porte l'article 64, lorsque le prévenu a été contraint par une force à laquelle il n'a pu résister ».

La contrainte est l'oppression de la volonté par une *force extérieure*. Dans les états psychologiques que nous avons étudiés sous le nom de démence, il y a parfois oppression de la volonté sans suppression de la raison morale, mais la cause qui opprime la volonté est toujours *intérieure*, c'est-à-dire dans l'esprit de l'agent. — La démence détruit le premier facteur de la volonté, *l'intelligence*; la contrainte détruit le second, la *liberté*; l'homme contraint comprend le mal qu'il va commettre, mais il n'est pas libre de ne point l'accomplir.

**173.** La contrainte est *physique* ou *morale* suivant la liberté qu'elle supprime. — La première existe quand la force extérieure s'exerce sur le corps de l'agent. Elle peut résulter d'une violence, comme lorsqu'un homme me prenant la main, me fait tracer ma signature au bas d'un acte, ou bien lorsqu'il me pousse sur une autre personne pour la faire

---

(1) Ortolan, I, 330, 350.
(2) Garraud, *Précis*, 132.

tomber. Elle peut aussi résulter d'une force majeure, d'un événement de la nature : l'ouragan éteint par exemple les lanternes d'une voiture circulant la nuit sur une route et empêche de les rallumer (1). La tempête jette sur les côtes de France un Français banni (2). Le ballon qui emporte un aéronaute, atterrit dans un champ préparé et ensemencé (3). Il y a dans toutes ces hypothèses une suppression de la liberté physique qui fait de l'homme contraint l'instrument plutôt que l'agent du délit. La culpabilité disparaît, car un fait accompli malgré soi n'est pas imputable.

A côté de la contrainte physique qui exclut toute volonté, il y a la contrainte morale qui ne fait que l'altérer. Celle-ci résulte d'une menace qui met l'individu menacé dans l'alternative, ou de subir un mal, ou de commettre un délit. Sa volonté n'est pas entièrement supprimée, car elle peut encore s'exercer dans le choix limité qui lui est laissé, mais il s'agit de savoir si la liberté restreinte à cette alternative est suffisante pour qu'il soit punissable. Les jurisconsultes n'ont jamais repoussé d'une manière absolue la non-imputabilité des faits accomplis sous l'empire d'une crainte légitime ; mais ils se sont montrés plus ou moins difficiles pour la gravité de la menace susceptible de produire ce résultat. Les jurisconsultes romains, presque tous stoïciens, voulaient que la menace fût de nature à ébranler l'homme *le plus ferme* (4). C'était exiger presque de l'héroïsme. Le Droit moderne est moins rigoureux : il suffit, aux termes de l'article 1112 du Code civil, que la crainte soit de nature à faire impression sur l'esprit d'une *personne raisonnable* et l'on doit tenir compte en cette matière de l'*âge*, du *sexe*, et de la *condition* des individus. Cette règle mérite d'être transportée du Droit civil dans le Droit criminel, car elle est l'expression de ce principe de bon sens, qu'il faut juger humainement les choses humaines et ne point exiger d'une personne plus de fermeté qu'elle n'en peut avoir, étant donné le milieu où elle vit. L'article 1112 du Code civil marque donc le degré auquel la contrainte devient *irrésistible* au sens de l'article 64 du Code pénal.

**174.** D'autres textes du Code civil méritent d'être appliqués par analogie. Ainsi l'art. 1112 résout affirmativement la question de savoir si la crainte d'un dommage aux biens peut constituer la contrainte morale. On a fort discuté sur la question (5). Tout, pour nous, est dans la

(1) Cass. 20 février 1830.
(2) Arrêté des Consuls du 18 frimaire an VIII (arg. d'analogie).
(3) Cass. 14 août 1862.
(4) Fr. 6 et fr. 5, D. *Quod metus causa*, 4, 2.
(5) La négative paraît avoir triomphé en Droit romain : « Talem metum probari oportet, qui salutis periculum vel cruciatum corporis contineat. » L. 13, C. *De transact.* — Telle est aussi en Droit moderne l'opinion de certains auteurs : Chauveau et Hélie, I ; Trébutien, I, p. 137.

question de mesure. Le juge doit dans chaque espèce comparer le mal commis avec celui qu'on voulait éviter et se demander ce qu'aurait fait une personne raisonnable, de l'âge, du sexe et de la condition de l'agent (1).

La crainte révérentielle envers les ascendants n'est pas en Droit civil une cause de nullité des contrats (art. 1114). De même en Droit pénal elle doit être considérée comme une contrainte insuffisante. Le mal que la crainte révérentielle porte à éviter est en effet purement moral ; il ne concerne ni la personne, ni l'honneur, ni les biens. Le Droit ne peut en tenir compte, du moins en règle absolue.

Mais il n'est pas nécessaire que le péril dont on est menacé regarde personnellement la victime de la menace. Par analogie de l'art. 1143, on décidera qu'il y a contrainte même lorsque le mal doit être réalisé sur notre conjoint, sur nos ascendants ou sur nos descendants (2). Ce n'est pas à dire que, si le péril concerne d'autres personnes qui nous sont chères, nous ne puissions prétendre que nous avons été moralement contraints, mais il nous faudra faire la preuve de l'affection que nous portons à ces personnes.

**175.** Comme la contrainte physique, la contrainte morale peut provenir de la pression exercée soit par un homme, soit par un événement de la nature qui restreint notre liberté entre un mal à subir ou un délit à commettre. Ainsi, dans un péril commun, tel qu'un naufrage, un incendie, les plus forts écrasent les plus faibles, ou les rejettent au-devant du danger afin de se sauver eux-mêmes : il y a contrainte morale, car l'instinct de la conservation opprime à ce point la volonté de l'agent qu'il ne conserve plus la faculté de choisir un parti plus moral que celui de son salut personnel.

On agite la question de savoir si la nécessité pour l'inférieur d'obéir au commandement de son supérieur constitue un cas de contrainte morale. Il serait prématuré de l'examiner ici. On doit en effet se demander au préalable si le commandement du chef hiérarchique rend légitime, pour l'inférieur, l'acte illégal qui lui est ordonné. Une fois la négative adoptée sur cette première question, on peut rechercher si la liberté morale de l'inférieur, qui exécute l'ordre dont il comprend l'illégalité, a été détruite par la crainte du châtiment qui suivrait sa désobéissance ; — ou s'il peut seulement faire valoir comme excuse l'interprétation que son

---

(1) *Sic* : ORTOLAN, I, 357 ; LAINÉ, 197. — Cass. 2 déc. 1871. — *Contrà* : HAUS, I, 694, avec certaines restrictions.

(2) En appliquant cet article aux matières pénales on ne modifie ni l'hypothèse, ni la règle qu'il contient, ou formule simplement une nouvelle conséquence de la règle. — L'art. 52 C. p. allemand établit expressément une présomption analogue à celle de l'art. 1112 de notre Code civil.

supérieur, censé mieux éclairé que lui, donnait à la loi. C'est donc à ce triple point de vue d'un fait justificatif, d'une cause de non-imputabilité et d'une excuse absolutoire, qu'il convient d'examiner cette question; nous la traiterons dans la théorie des faits justificatifs.

**176. II. Effets.** — La contrainte produit au point de vue pénal les mêmes effets que la démence : elle efface l'imputabilité du délit accompli sous l'oppression de la volonté. Mais l'application de cette formule théorique aux infractions non intentionnelles comporte la même restriction que lorsque ces infractions ont été accomplies inconsciemment (1) : il faut rechercher si l'agent n'est pas en faute au point de vue des faits qui ont amené sa contrainte. L'homme qui dirige imprudemment un fusil chargé vers un autre individu peut être déclaré coupable d'homicide involontaire si, par une cause étrangère à sa volonté, le fusil part et tue la personne vers laquelle il était dirigé. La cause de cet accident est en effet plutôt dans la direction qui a été donnée imprudemment à l'arme, que dans l'événement qui a fait partir le coup (2). — Quant à la responsabilité civile, la contrainte la supprime, la maintient ou la déplace, en la reportant sur les individus qui ont opprimé la volonté de l'agent. Il s'agit de savoir, comme pour la démence, si, l'infraction une fois écartée, le dommage causé peut être imputé à faute à quelqu'un. Ainsi dans les délits intentionnels la contrainte exclut toujours la responsabilité pénale, mais on pourrait relever une faute de l'agent dans les faits qui ont amené la contrainte pour le déclarer *civilement* responsable du préjudice causé.

**177. III. Preuve.** — Les événements humains ou naturels d'où résulte la contrainte étant exceptionnels, il est évident que c'est à l'inculpé d'en rapporter la preuve. Il détruit ainsi la présomption de responsabilité qui s'attache aux actes des majeurs de seize ans, parce que ces actes sont en général le résultat d'une volonté libre. — Quant aux autres questions de détail relatives à la preuve de la contrainte, il suffit d'appliquer les principes ci-dessus exposés à propos de la preuve de la démence (3).

## § 4. — Du défaut d'intention

**178. I. Définition de l'intention. — Son rôle au point de vue pénal.** — Pour certaines infractions il ne suffit point que l'agent ait pu exercer sa faculté de vouloir quant au fait ou à l'abstention constituant

---

(1) V. *suprà*, n° 160.
(2) Comp. sur le principe : Ortolan, I, 376.
(3) V. n°ˢ 168 et s. Pour le contrôle de la Cour de cassation sur les décisions des tribunaux en matière de contrainte, v. Cass. 2 mai 1878.

l'élément matériel du délit et quant à la violation de la loi pénale ; il faut encore qu'il ait effectivement voulu cette violation. C'est là ce qu'on appelle l'intention.

**179.** On a défini *l'intention*, la direction de la volonté vers la violation de la loi pénale, vers la perpétration de l'infraction ; — et plus brièvement, la volonté de violer la loi pénale, — la volonté de commettre le délit. Ces définitions sont théoriquement exactes ; mais il faut observer, au point de vue pratique, que l'intention porte tantôt sur un fait ou une abstention, tantôt sur leur résultat préjudiciable, cela dépend des conditions de l'incrimination. Parfois, en effet, la loi pénale incrimine certains actes et certaines omissions sans égard au préjudice qui en peut résulter ; d'autres fois au contraire elle fait entrer dans les éléments constitutifs du délit le résultat préjudiciable. L'intention dans ce dernier cas est la volonté de l'agent dirigée vers ce résultat (1), et elle se confond avec le *dol civil*, *l'intention de nuire ;* mais dans la première classe d'infractions intentionnelles elle s'en distingue nettement.

**180.** Aussi est-ce une terminologie vicieuse que d'employer ces expressions pour désigner l'intention (2). Elles sont de nature à la faire confondre avec le *motif* du délit. Qu'est-ce donc que le motif de l'infraction ? — Rarement on commet une infraction pour la seule satisfaction de violer la loi pénale ; on poursuit un autre but ; la violation de la loi pénale n'est qu'un moyen de l'atteindre. Les passions de l'homme sont les motifs habituels des délits. Si l'on analyse les diverses tendances de l'agent dans la perpétration des infractions intentionnelles, on peut relever *l'intention* d'accomplir le fait défendu malgré la prohibition légale, *l'intention* de produire le mal résultant de ce fait, *l'intention* de satis-

(1) Le législateur distingue généralement les délits intentionnels de la première classe des infractions non intentionnelles, en exprimant que le fait ou l'abstention doivent avoir eu lieu *sciemment, avec connaissance, volontairement*. Il emploie au contraire les expressions *à dessein, dans la vue de nuire, méchamment, frauduleusement*, etc., pour indiquer les délits intentionnels de la seconde classe. Comp. art. 251, 317, 379, 407, 417, 419, 435, 437, 439, 443, 475 8°, 479 1° et 9°. — La distinction entre les délits non intentionnels et les délits intentionnels de la première classe est parfois très délicate, voyez les observations qui suivent, dans le journal *La Loi*, un jugement du tribunal d'Avranches du 21 oct. 1886 (*La Loi*, 6 fév. 1887).

(2) L'expression *dol* est couramment employée en jurisprudence pour désigner l'intention. On la trouve dans les ouvrages des criminalistes de la première moitié de ce siècle et même dans les dernières éditions de Haus I, 298 et s. — Chauveau et Hélie (III, 1097) ne parlent que de *l'intention de nuire*, de *l'intention criminelle*. Voir une bonne réfutation de ces expressions équivoques dans GILARDIN (*Étude philosophique sur le droit de punir*, p. 84, note h). Au dol on oppose la *faute* qui fait l'imputabilité dans les infractions non intentionnelles. — Les auteurs les plus modernes préfèrent dire qu'il y a *faute intentionnelle* et *faute non intentionnelle* : ORTOLAN I, 378, 381 ; GARRAUD, *Précis*, 141 A.

faire une passion. La première tendance est nécessaire et évidente dès qu'il est prouvé que l'auteur du fait défendu a pu exercer sa faculté de vouloir relativement à ce fait et à la violation de la loi. Elle constitue la *causa proxima delicti:* on lui réserve le nom d'*intention*. Les autres tendances sont contingentes et secrètes. Leur démonstration exige une preuve particulière, étrangère à celle de l'élément moral. Elles sont les *causæ remotæ delicti :* on les appelle les motifs. Quelques auteurs les qualifient d'*intention indirecte*, et ils établissent une comparaison entre la cause finale et le motif dans les obligations, et l'intention et le motif dans les délits (1). Ce qu'il y a à retenir de ce rapprochement, c'est que le motif n'entre point dans les éléments essentiels du délit pas plus que dans ceux de l'obligation, du moins en règle générale. L'imputabilité pénale existe quelque bon ou mauvais que soit le motif de l'agent. Cependant, quand la loi a exigé, comme condition du délit, que l'agent ait voulu causer un mal, déterminé ou indéterminé peu importe, ce motif, mais ce motif seulement, fait partie de l'intention et devient ainsi une condition de l'imputabilité.

**181. II. Preuve de l'intention.** — Cette preuve incombe théoriquement au ministère public, puisque l'intention fait partie des éléments du délit; mais pratiquement, elle se renverse et c'est au prévenu d'établir son *défaut d'intention* quand le délit consiste uniquement dans un fait ou une abstention incriminés, sans égard à leurs conséquences. La preuve de l'intention se confond alors, pour le ministère public, avec celle de l'élément moral. Dès qu'il est démontré, en effet, que le prévenu est l'auteur du fait, ce fait est réputé volontaire et de plus, grâce à la présomption : *nul n'est censé ignorer la loi*, il est censé accompli en connaissance de la prohibition, c'est-à-dire accompli avec l'intention de violer la loi. L'agent a donc à se disculper d'avoir eu ou l'élément moral ou l'intention. C'est dans cette preuve négative qu'apparaît la différence de ces deux faits psychiques. La preuve du défaut d'élément moral résultera des circonstances qui ont empêché l'agent d'exercer sa faculté de vouloir. Celle du défaut d'intention consiste au contraire à démontrer que l'agent a voulu l'acte sans vouloir cependant violer la loi. Tantôt le prévenu se défendra par des arguments directs : il prouvera par exemple que son acte n'était qu'une plaisanterie ; tantôt il se défendra par voie de conséquence en invoquant sa bonne foi, c'est-à-dire une erreur de droit.

**182.** L'*erreur de droit* ne se confond point avec l'ignorance de l'exis-

---

(1) Comp. Lainé, 197 ; Garraud, *Précis*, 141 B. — Voir, sur *la Cause finale dans les obligations*, l'étude que nous avons publiée dans la *Revue générale du Droit*, année 1881, pages 344 et s.

tence de la loi pénale. Celui-là commet une erreur de droit, qui sait qu'une loi pénale existe, mais qui en fait une fausse application. Sa faculté de vouloir a pu s'exercer quant à la violation de la loi pénale, et il l'a même exercée ; mais une erreur sur le sens de la loi l'a déterminé à accomplir le fait du délit. Il l'a cru licite. L'erreur de droit ne soulève pas une question d'élément moral, mais une simple question d'intention (1). Une faute non intentionnelle reste toujours à la charge de l'agent qui a commis le délit de *bonne foi ;* car il a à s'imputer d'avoir mal interprété la loi, ou de s'être mal renseigné sur sa portée.

**183.** Comment le prévenu prouvera-t-il qu'il a commis une erreur de droit engendrant sa bonne foi ? — Il ne lui suffira point de dire qu'il s'est trompé ; ce serait une allégation pure et simple. Pourrait-il prétendre qu'il a été induit en erreur par le fait d'un tiers ? S'il s'agit de simples conseils, une telle défense ne serait généralement pas admissible, car rien ne prouve que l'agent a partagé l'avis qu'il a reçu. Cependant, si le tiers qui l'a induit en erreur était une autorité légitime, compétente pour fixer le sens de la loi, l'agent pourrait se dire de bonne foi, s'il a suivi l'interprétation donnée par cette autorité. Ainsi il pourrait invoquer l'inaction du ministère public qui a laissé sans poursuites des infractions de même nature fréquentes et notoires ; ou bien la jurisprudence qui jusqu'à la poursuite actuelle a considéré le fait comme licite ; ou bien encore l'ordre reçu de son supérieur hiérarchique, pourvu que cet ordre soit relatif à un objet du ressort de ce supérieur et régulier en la forme, et que la criminalité du fait ordonné ne soit point évidente (2).

**184.** La preuve du défaut d'intention ne devient nécessaire que lorsque l'élément moral est établi. Par conséquent toutes les causes qui paraissent avoir mis obstacle à l'exercice de la faculté de vouloir devront être prouvées avant celles qui ont simplement faussé cet exercice ; et, si la preuve des premières réussit, l'examen des dernières deviendra inutile. Il suit de là que l'erreur de fait sera alléguée et prouvée avant l'erreur de droit. Parmi les erreurs de fait, il en est une qui a été souvent

---

(1) L'erreur de droit est généralement confondue avec l'ignorance de l'existence de la loi pénale et traitée comme elle : aussi la jurisprudence française et la majeure partie des auteurs français n'en tiennent pas compte, sous prétexte que nul n'est censé ignorer la loi. Cass. (Chamb. réun.), 17 juil. 1839 ; Cass. 28 juill. 1862 ; Rossi, II, p. 73 ; Ortolan, II, 388, 407 ; Garraud, *Précis*, 145 ; Villey, p. 125. — Ceux qui la distinguent, la considèrent comme supprimant l'élément moral si elle a été invincible et comme supprimant seulement l'intention si l'agent est en faute de ne s'être pas mieux éclairé. *Sic* : Lainé, 206, et avec moins de netteté Haus, I, 711.

(2) Voir le développement de cette proposition et les restrictions qu'elle comporte, *infra*, n°⁵ 195-196. — En notre sens : Haus I, 711, 712.

présentée en pratique comme supprimant l'intention : c'est l'erreur sur la victime du délit. L'assassin a tiré sur Paul, qu'il a pris par erreur pour Pierre. Il n'y a pas de crime, ont dit les uns, car le fait ne peut être incriminé en tant que dirigé contre Paul qui était absent, et il ne peut l'être non plus en tant que dirigé contre Pierre, car l'agent n'avait pas l'*intention de lui nuire* (1). — D'autres au contraire ont vu dans ce fait unique deux crimes, une tentative d'assassinat contre Paul et un assassinat tenté ou consommé contre Pierre. — Il nous paraît certain d'abord qu'il n'y a qu'un crime, tous les actes internes étant dirigés vers un seul et même but ; et en second lieu, que Pierre, l'individu présent, peut seul être la victime de ce crime, car, relativement à Paul, l'infraction était impossible (2). Cette controverse est le résultat de la mauvaise définition que certains criminalistes ont donnée de l'intention. Dire que la loi exige l'intention *de nuire*, c'est s'acheminer vers cette idée fausse qu'il faut avoir voulu nuire précisément à la personne qui a été victime du délit ; mais la loi incrimine les lésions du droit d'autrui quelle que soit la personne de la victime. L'erreur sur la victime du délit n'est en réalité qu'une erreur sur le *motif* de l'infraction et, par conséquent, inopérante.

### SECTION V. — QUATRIÈME ÉLÉMENT DE L'INFRACTION. — ÉLÉMENT INJUSTE.

**185. I. Notions générales.** — Nous avons dit précédemment qu'un fait, habituellement défendu par la loi pénale, peut devenir licite dans certaines hypothèses, parce qu'il constitue, exceptionnellement dans ces cas, l'accomplissement d'un devoir ou l'exercice d'un droit. L'élément injuste d'une infraction consiste donc dans l'absence de toute loi positive qui impose ou qui autorise l'acte. Le moyen de défense, tiré de la loi qui contrarie les prescriptions de la loi pénale, reçoit dans la doctrine moderne le nom de *cause de justification* ou de *fait justificatif*, parce qu'il rend l'acte incriminé, juste, conforme au droit. — L'étude des faits justificatifs fera l'objet de cette section, comme celle des causes de non-imputabilité a fait l'objet de la section précédente. Le législateur a signalé, dans les art. 327 et 328 du Code pénal, deux faits justificatifs généraux,

---

(1) Certains acquittements en Cour d'assises paraissent avoir été inspirés par cette fausse théorie. V. notamment : Cour d'assises Seine, 12 novembre 1883 (*La Loi* 12 nov.) — Sur la question : Chauveau et Hélie, III, 1052, 1085 et s.

(2) *Sic* : Haus, I, 716. On remarquera l'abandon que cet auteur si recommandable fait de sa théorie sur le crime impossible. L'hypothèse actuelle est bien un cas d'impossibilité relative ou accidentelle suivant la formule qu'il a donnée n° 461.

qui sont des applications de cette formule : « l'accomplissement d'un devoir ou l'exercice d'un droit ». Le premier est *l'ordre de la loi* ; le second, *la légitime défense*. Comme ils produisent les mêmes effets et que leur preuve est soumise aux mêmes règles, nous exposerons d'abord ces points communs ; nous étudierons ensuite séparément leurs conditions d'existence ; nous examinerons enfin si notre formule ne reçoit point, en dehors de ces deux faits justificatifs, d'autres applications. Mais avant d'entrer dans le développement de ce programme, il est bon de dissiper certaines confusions qui existaient, il y a peu d'années, dans les ouvrages des criminalistes, et qui se retrouvent encore dans la jurisprudence actuelle.

**186.** L'analyse des *éléments de l'infraction*, c'est-à-dire des conditions nécessaires pour que l'agent d'un fait ou d'une abstention tombe sous le coup de la loi pénale, n'avait pas été faite jusque dans ces derniers temps d'une manière scientifique. On avait envisagé la question au point de vue des moyens de défense que l'accusé pouvait opposer à l'accusateur ; et, comme, dans le langage vulgaire, *justifier* ou *excuser* un fait, signifie qu'on ne doit point, en considération de certaines circonstances exceptionnelles, appliquer la loi pénale à l'agent, les expressions, *causes de justification* ou *excuses*, étaient employées pour désigner tous les moyens de défense qui écartaient l'application de la peine malgré la culpabilité matérielle de l'agent. Aujourd'hui les idées sont devenues plus précises et la terminologie s'en est ressentie ; on a dégagé les caractères et les effets de ces trois causes d'impunité qu'on appelle : les causes de non-imputabilité, les faits justificatifs et les excuses absolutoires, désignées autrefois par la même expression (1). Laissant de côté les excuses absolutoires qui ne touchent en rien aux éléments de l'infraction, nous allons comparer les causes de non-imputabilité et les causes de justification, afin de mieux marquer les différences qui les séparent et la nécessité de les désigner par des noms différents.

*a*) Elles s'attaquent les unes et les autres à un élément essentiel de l'infraction ; mais, tandis que les causes de non-imputabilité détruisent l'élément moral, les faits justificatifs effacent l'élément injuste. — *b*) L'effet de ces derniers est plus large, théoriquement, que celui des autres : on peut dire de l'agent qui a fait valoir une cause de non-imputabilité, *qu'il n'est pas en faute ;* mais de celui qui a invoqué une cause de justification, il faut dire *qu'il était dans son droit*. — *c*) Cette différence théorique conduit à des effets distincts. Les causes de non-imputabilité ne suppriment en principe que la responsabilité pénale ; elles laissent subsister la responsabilité civile soit à la charge de l'agent, soit à la charge

---

(1) V. p. la nouvelle terminologie : ORTOLAN, I, 486 (bis), 1084, 1085 ; LAINÉ, 231 ; VILLEY, p. 83 ; GARRAUD, 146 ;

des personnes qui avaient mission de le surveiller. Les faits justificatifs ont au contraire un effet absolu : l'acte devenant légitime ne peut engendrer de responsabilité d'aucune espèce. — *d*) Il suit de là une nouvelle différence : les causes de non-imputabilité constituent un moyen de défense purement *personnel*, qui ne peut être invoqué, s'il y a plusieurs participants, que par celui dans la personne de qui il se rencontre. Les faits justificatifs sont au contraire des *exceptions réelles*, susceptibles d'être invoquées du chef d'un des coparticipants par tous les autres.

A côté de ces différences si importantes, il faut noter les ressemblances qui ont facilité la confusion : 1° Les textes du Code emploient les mêmes expressions : « il n'y a ni crime ni délit » (C. p. art. 64, 327, 328), pour caractériser leur effet. — 2° Il suit de là que les unes et les autres peuvent motiver un renvoi d'instance aussi bien devant les juridictions d'instruction que devant les juridictions de jugement. — 3° Qu'en Cour d'assises elles rentrent dans la question générale de culpabilité, sans qu'il y ait nullité si on les a soumises au jury par des questions spéciales. — 4° Leur preuve est à la charge de l'inculpé. — 5° Enfin, la Cour de cassation exerce le même contrôle sur les décisions judiciaires qui les accueillent.

**187.** Une autre confusion, qui dérive d'ailleurs de la précédente, consiste à présenter les causes de justification comme des cas de contrainte morale (1). La nécessité d'obéir à la loi, ou de pourvoir à sa légitime défense, détruit, dit-on, la liberté morale, contraint la volonté. Cette manière de voir est inexacte, car si dans les deux cas on constate une certaine pression exercée sur la volonté, l'acte qu'on accomplit sous cette pression mérite une qualification bien différente : le mal que nous causons sous l'empire de la contrainte morale est injuste ; il tombe sur un innocent ; il est motivé seulement par notre intérêt. Celui que nous causons en obéissant à la loi ou en pourvoyant à notre légitime défense est légitime ; il atteint un coupable ; c'est l'accomplissement d'un devoir ou l'exercice d'un droit. Il ne faut pas s'étonner d'ailleurs de cette différence dans le caractère d'actes produits en apparence par la même cause, la pression exercée sur la volonté ; car, à y regarder de près, on voit que, dans la contrainte morale, cette pression est la cause efficiente de l'acte, tandis que dans les faits justificatifs elle n'en est que l'occasion.

**188. II. Effets des causes de justification.** — L'effet théorique des causes de justification est de rendre légitime l'acte habituellement incriminé. Comme conséquence, toute responsabilité, pénale et civile, à raison de ce fait, est effacée. Le Code pénal de 1791 indiquait expressément

---

(1) *Sic* : Rauter, I, p. 73 ; Trébutien, I, p. 132 et s. ; Le Sellyer, I, 94 ; Bertauld, p. 360 ; Boitard, art. 64, p. 194.

ce résultat par cette formule : « Il n'existe point de crime et il n'y a lieu à prononcer aucune peine ni aucune condamnation civile » (IIe part., tit. II, sect. II, art. 3, 6). Le Code pénal de 1810 ne s'est expliqué que sur la suppression de la responsabilité pénale : « *Il n'y a ni crime ni délit* », les (art. 327, 328). Ce changement de rédaction n'indique pas, à notre avis, un changement de doctrine. Le législateur de 1810 a cru inutile, sans doute d'expliquer dans un Code, consacré à la détermination des infractions et des peines, les conséquences à tirer au point de vue civil du caractère légitime de l'acte pour lequel on a fait valoir une cause de justification (1).

**189.** Les art. 327 et 328 méritent une critique plus sérieuse : à s'en tenir à leur texte, il semble que les faits justificatifs qu'ils énoncent, ne s'appliquent qu'à deux sortes de crimes ou de délits : l'homicide et les coups et blessures. De plus, on pourrait induire de la place qu'ils occupent dans le titre II, que ces actes doivent avoir été commis sur un simple particulier pour pouvoir être justifiés (2). Mais on ne doit point s'arrêter à ces arguments de texte et de rubrique. Le législateur de 1810 comme celui de 1791 a été amené à traiter des faits justificatifs à propos des infractions qui donnent lieu de les invoquer le plus fréquemment. Il serait absurde que celui qui obéit à la loi ne fût point couvert dans tous les cas par une cause de justification. Il serait également déraisonnable que celui à qui on reconnaît le droit de tuer et de blesser en état de légitime défense ne pût, dans la même situation, accomplir légitimement des lésions de droit moins graves, par exemple : exercer des violences légères sur l'agresseur, ou l'enfermer. L'on verra même, dans les développements qui vont suivre, que la défense cesserait souvent d'être *légitime* si elle ne se bornait pas à des actes moins graves que ceux qu'autorise l'art. 328. D'un autre côté, puisque la justification de l'infraction est dans un devoir ou un droit, la qualité de la personne sur laquelle l'acte a été accompli est sans importance. Il faut donc voir dans l'art. 328 l'application d'un principe qu'il convient de généraliser (3).

**190. III. Preuve des causes de justification.** — 1° *Qui doit la faire?* — Celui qui invoque un fait justificatif prétend avoir été *exceptionnellement* en droit de faire ce qui est habituellement défendu ; il doit par conséquent rapporter la preuve des circonstances susceptibles de changer le caractère de l'acte qui *a priori* semble être une infraction. Le fardeau de la preuve en cette matière pèse sur l'inculpé. Cela ne veut pas dire que les tribunaux ne puissent suppléer d'office ce moyen de défense

---

(1) *Sic :* BILLART, *Étude sur l'autorité, au civil, de la chose jugée au criminel*, p. 135 ; GARRAUD, *loc. cit.* ; Cass. 24 fév. 1886. (D. 86, 1, 438).
(2) *Sic :* BLANCHE, II, 168, 172 ; V, 61-71.
(3) Les C. allemand, art. 53 ; C. italien, art. 49 etc., ont opéré cette réforme.

dans l'intérêt du prévenu, car tout ce qui tient à l'application de la loi pénale est d'ordre public ; mais cela signifie que le doute sur l'existence du fait justificatif allégué, ou soulevé d'office, doit être interprété contre le prévenu.

**191.** 2º *Comment se fait-elle ?* — En établissant, par tous moyens, le droit ou le devoir qui détruit l'incrimination. Les détails de cette preuve rentrent dans les conditions d'existence des faits justificatifs que nous allons examiner.

### § 1. — Premier fait justificatif : l'ordre de la loi.

**192.** L'homicide commis par ordre de la loi portait dans le Code pénal de 1791 (2ᵉ part., tit. II, Sect. I, art. 3, 4) le nom d'*homicide légal*, expression très exacte, qui avait de plus l'avantage d'indiquer la cause de justification qu'il fallait en induire au point de vue de l'agent. Ces articles, dont les dispositions ont été résumées par l'article 327, exigeaient comme celui-ci, à côté de l'ordre de la loi, le commandement de l'autorité légitime. L'utilité de ces deux conditions est certaine pour l'hypothèse où la loi est exécutée par des subordonnés : l'ordre de la loi prévient les violences arbitraires des agents de l'autorité ; le commandement de l'autorité légitime empêche que la loi ne soit appliquée d'une manière aveugle par des subalternes. Mais cette seconde condition devient inutile toutes les fois que l'acte émane du fonctionnaire qui pourrait donner le commandement. C'est ainsi que les officiers de police judiciaire peuvent opérer eux-mêmes une arrestation au lieu de la faire opérer par un agent de la force publique.

**193.** Habituellement le commandement doit être spécial au cas dans lequel la loi va être exécutée. Les gendarmes, les geôliers, l'exécuteur des hautes œuvres ont besoin d'un ordre spécial pour procéder à l'exécution des jugements et arrêts. Quelquefois cet ordre est donné d'une façon générale dans des décrets ou règlements qui prévoient les cas où les subordonnés devront pourvoir à l'exécution de la loi sur leur propre initiative. Par exemple ; les gendarmes puisent dans le décret sur l'organisation de la gendarmerie (D. 1ᵉʳ mars 1854, art. 297) l'ordre d'exécuter tous les actes de violence nécessaires pour conserver les prisonniers qu'on veut leur arracher.

**194.** Si le commandement de l'autorité légitime n'est qu'une condition accidentelle du fait justificatif *a fortiori*, ne peut-il remplacer la condition indispensable, c'est-à-dire le texte de loi qui ordonne l'acte. Donc, si l'inférieur obéit à un ordre illégal, il ne peut invoquer cet ordre comme cause de justification du crime qu'il a commis. La question est agitée en droit abstrait, entre les autoritaires et les libéraux pour les inférieurs militaires (1). Deux systèmes sont en présence : 1°) celui de l'obéissance passive, autrement dit *de la consigne*, dont le général Saint-Arnaud donna la formule dans la séance de l'assemblée nationale du 14 novembre 1851, par cette phrase célèbre : « Sous les armes, le règlement militaire est l'unique loi » ; 2°) celui de l'obéissance raisonnée, ou *des baïonnettes intelligentes*, qui a été principalement soutenu pour la garde nationale. Au point de vue du droit positif, il faut constater que le législateur a formellement refusé de faire d'un ordre illégal un fait justificatif. Dans l'élaboration de l'article 327, la commission du corps législatif proposait de disjoindre les deux conditions auxquelles est subordonné le fait justificatif en remplaçant la copulative *et* par la disjonctive *ou*, de telle sorte qu'une seule de ces conditions aurait suffi ; mais le Conseil d'État maintint la rédaction primitive (2). De nos jours, la question a été discutée incidemment à la Chambre des députés, à propos de l'article 25 de la loi sur la presse, et résolue dans le même sens (3).

**195.** L'ordre illégal émané de l'autorité légitime ne peut donc, à aucun titre, constituer le fait justificatif, mais est-ce à dire qu'il n'assurera pas l'impunité de l'inférieur en devenant pour lui une *cause de non-imputabilité* ou une *excuse absolutoire ?* Cette seconde question a été souvent mêlée à la précédente par suite de la confusion sous une seule et même expression des diverses causes d'impunité. Il y a deux hypothèses où le Code pénal admet une excuse absolutoire au profit des fonctionnaires qui ont obéi à l'ordre illégal de leur supérieur. Ce sont les cas prévus par les articles 114 et 190. Il s'agit d'attentats à la liberté individuelle, aux droits politiques des citoyens ou à la constitution et de la réquisition ou de l'emploi de la force publique pour empêcher l'exécution des lois, décisions judiciaires et ordres de l'autorité légitime. L'agent inférieur est *exempt de peine*, s'il prouve : 1° qu'il a reçu un ordre du supérieur hiérarchique auquel il devait obéissance ; 2° que cet ordre concernait quelque objet du ressort de ce supérieur. Ces textes n'exigent pas que l'agent ait ignoré la criminalité de l'ordre qu'il a exécuté, probablement parce qu'il s'agissait d'actes dont la légalité ou l'illégalité est le plus souvent difficile à apprécier et à l'égard desquels le subordonné n'a

(1) On s'accorde à reconnaître qu'entre fonctionnaires civils ou entre particuliers dont l'un est investi d'une autorité légitime sur l'autre, l'ordre illégal ne peut être invoqué comme cause d'impunité. Cette distinction fondée probablement sur l'ignorance du Droit, que les lois romaines supposaient chez les militaires, n'a plus sa raison d'être aujourd'hui. Aussi les textes de notre Droit moderne qu'on peut invoquer dans cette discussion s'appliquent, par leur généralité, à tout inférieur, militaire ou civil, qui exécute l'ordre illégal de son supérieur.
(2) Locré, XXX, p. 454.
(3) V. Dutruc, *Loi sur la Presse*, n° 143.

qu'à s'en rapporter à son supérieur. Cette excuse ne peut être étendue à d'autres délits à cause du principe écrit dans l'article 65 : « nul crime ou délit ne peut être excusé... que dans les cas et dans les circonstances où la loi déclare le fait excusable ». Il faut donc demander la solution de la question aux principes généraux pour tous les cas non prévus par les articles 114 et 190. Les auteurs anciens et modernes ont appliqué ici, avec plus ou moins de clarté, la théorie de la contrainte morale et celle de l'erreur de droit. Si le subordonné, tout en ayant conscience de la criminalité de l'acte qu'on lui ordonne, l'accomplit néanmoins parce qu'il craint, en refusant d'obéir, d'attirer sur sa personne ou sa fortune un dommage irréparable, l'ordre illégal devient pour lui une cause de non-imputabilité, quelle que soit l'infraction qu'il a commise : c'est un cas de contrainte morale. Si, au contraire, le subordonné prétend avoir ignoré la criminalité de l'acte commandé, s'il invoque sa bonne foi, il faudra rechercher, en fait, si l'ordre du supérieur civil ou militaire a pu conduire l'agent à la croyance raisonnée qu'il ne commettait pas un délit. L'ordre illégal pourra être considéré ainsi comme ayant engendré une erreur de droit supprimant pour l'inférieur l'imputabilité des infractions intentionnelles.

**196.** Mais à quelles conditions ? Il faut selon nous : 1° que l'ordre émane du supérieur hiérarchique auquel il doit obéissance ; — 2° qu'il concerne quelque objet du ressort de ce supérieur ; 3° qu'il soit régulier en la forme ; 4° que la criminalité de l'acte ordonné ne soit point évidente. — Les deux premières conditions sont nécessaires pour qu'il y ait commandement de l'autorité légitime. Les deux autres ont trait à la validité de ce commandement ; elles répondent au devoir qui s'impose à l'inférieur d'examiner s'il doit obéir, et par conséquent de vérifier la régularité de l'ordre en la forme et au fond. Ce n'est que dans l'examen de la criminalité de l'acte qu'il peut commettre une erreur de droit si cette criminalité n'est pas évidente. Les anciens criminalistes formulaient cette quatrième condition en disant que l'ordre du chef justifiait les soldats pour les crimes légers, mais non pour les crimes atroces (1).

(1) Certains Codes étrangers ont voulu poser *a priori* une règle absolue pour les délits *professionnels* des fonctionnaires, c'est-à-dire pour ceux qui constituent un abus, un excès ou une violation des devoirs dans l'ordre des fonctions. Ils admettent l'irresponsabilité pénale de l'inférieur. (Comp. C. belge, art. 260). Cette solution est rationnelle toutes les fois qu'il peut y avoir doute sur le sens de la loi. Mais elle est inacceptable si l'illégalité de l'ordre est évidente. Il y a même relativement à ces délits un devoir plus strict pour l'inférieur d'examiner le fond de l'ordre puisqu'il a, comme son supérieur, mission d'exécuter la loi (comp. Haus, I, 609 ; Ortolan, I, 477). C'est pour ce motif que la loi du budget se termine en France par un article qui menace de poursuite pour concussion les employés des finances qui, obéissant aux ordres de leurs supérieurs, percevraient « des contributions directes ou indirectes autres que celles autorisées par la présente loi ».

## § II. — Deuxième fait justificatif. — La légitime défense.

**197.** Le pouvoir social a mission de protéger contre tout attentat la personne et les biens des particuliers ; mais la force sociale n'est pas toujours présente, et, même présente, elle peut être impuissante à protéger efficacement l'individu en danger. Il fallait autoriser dans ce cas la personne attaquée à repousser elle-même l'attaque. C'est cette défense personnelle qu'on qualifie de *légitime* lorsqu'elle réunit les conditions que nous allons étudier. Elle justifie les violences exercées sur l'agresseur pour le réduire à l'impuissance. — La légitime défense est de Droit naturel (1).

**198. I. Conditions ordinaires de la légitime défense.** — « Il n'y a ni crime ni délit, porte l'art. 328, lorsque l'homicide, les blessures et les coups étaient commandés par *la nécessité actuelle de la légitime défense de soi-même ou d'autrui* ». L'analyse de cette formule permet de dégager quatre conditions essentielles à l'existence du fait justificatif. Il faut d'abord qu'il y ait une défense et par conséquent *un intérêt menacé*. — Il faut en second lieu que cette défense soit légitime ; donc que l'*agression* soit *injuste*. — En troisième lieu, il faut qu'il y ait *nécessité de se défendre*. — Enfin cette nécessité doit être *actuelle*.

**199.** *1re condition : un intérêt menacé*. — Il importe peu que l'intérêt menacé nous concerne personnellement ou concerne un tiers. Le Droit romain consacrait ce principe pour la défense des proches (2). Il a été développé sous l'influence des idées chrétiennes. On regarde aujourd'hui comme un devoir moral de porter secours à tout homme injustement attaqué. Aussi l'art 328 admet expressément qu'il peut y avoir légitime défense *d'autrui* aussi bien que de *soi-même*.

**200.** Mais sa formule laconique éveille une autre idée : il semble que ces mots : *la défense de soi-même ou d'autrui* visent uniquement la défense de la personne. De là est née la question de savoir s'il peut y avoir une légitime défense des biens. Certains auteurs tiennent pour la négative ; de sorte que la première condition de la légitime défense serait, non pas un intérêt quelconque menacé, mais uniquement celui de la sûreté personnelle ; il faudrait en d'autres termes une attaque contre la vie, le corps, ou la liberté d'une personne. On fait remarquer que, si l'art. 329

---

(1) Cicéron a donné un brillant développement à cette idée : « Est hæc non scripta, sed nata lex, quam non didicimus, accepimus, legimus ; verum ex natura ipsa arripimus, hausimus, expressimus ; ad quam non docti, sed facti ; non instituti, sed imbuti sumus : ut, si vita nostra in aliquas insidias, si in vim, in tela latronum aut inimicorum incidisset, omnis honesta ratio esset expediendæ salutis. » (Cicero, *Pro Milone*, cap. 4.)

(2) Fr. 1. § 4, *ad leg. Corn. de sicariis*.

admet la défense légitime des biens, c'est uniquement dans deux cas exceptionnels, alors que le but de l'agression est encore douteux, ou que le danger, couru par les biens, se complique d'un danger couru par la personne. On ajoute que la légitime défense donne le droit de tuer l'agresseur; or, dit-on, il y a défaut de proportion entre la vie d'un homme et un dommage aux biens, parce que ce dommage constitue un mal réparable (1).

Il est difficile de croire que le législateur ait résolu ainsi d'un mot une question de principe, sans qu'il en soit resté aucune trace dans les travaux préparatoires. Au point de vue des textes, la solution est douteuse : le double sens de l'art. 328 fait naître la question ; on ne peut donc invoquer cet article pour la résoudre. — Quant à l'art. 329, s'il fournit un argument, c'est plutôt en faveur de la légitime défense des biens qu'en faveur de la thèse inverse, car, ce qu'il contient d'exceptionnel, ce n'est pas l'application du principe de la légitime défense à la protection des biens, mais, comme on le verra ci-dessous, la présomption de légitime défense qu'il établit, quand l'attaque se produit dans certaines conditions. — Le second argument de l'opinion contraire confond deux choses bien distinctes, l'existence du droit et la mesure de son exercice. On peut, tout en appliquant le principe de la légitime défense à la protection des biens, soutenir que cette dernière n'autorise par des actes aussi graves que la protection de la personne. C'est la seule question qu'on agitait dans l'ancien Droit et que nous examinerons plus bas. Mais de ce que le droit a une limite, il n'en faut pas conclure qu'il n'existe point. On verra d'ailleurs que la question de mesure s'élève aussi pour la défense de la personne. Dire enfin que le dommage aux biens est un mal réparable, c'est supposer que l'agent du délit est solvable, ou qu'il est arrêté nanti encore des objets dont il s'est emparé. Or, que de fois les faits contrediront une pareille supposition ? L'intérêt pratique de la question n'est pas aussi grand qu'on pourrait le croire, car, même dans l'opinion que nous combattons, on est obligé d'admettre qu'on peut arrêter en flagrant délit tout individu qui commet ou tente de commettre un dommage aux biens: La plupart de ces attentats constituent en effet des tentatives de crimes ou de délits qui autorisent l'arrestation. Comme conséquence, on admet aussi le droit d'employer la violence pour vaincre la résistance du malfaiteur ainsi arrêté. La question de la légitime défense des biens se réduit pratiquement à savoir si on a le droit d'empêcher, par la force, la consommation de l'attentat quand l'arrestation n'est pas possible. Peut-on par exemple faire feu sur le voleur qui fuit en emportant l'objet volé (2)?

(1) *Sic :* ORTOLAN, I, 441 ; BLANCHE, V, 69 ; LAINÉ, 246.
(2) En notre sens ; TRÉBUTIEN, I, p. 141 ; BERTAULD, p. 330 ; GARRAUD, *Précis*, 152 B. Parmi les législations étrangères, le Code russe est le seul qui n'admette

**201.** *2ᵉ condition : une agression injuste.* — L'*injustice* de l'agression fait la *légitimité* de la défense ; ces deux idées sont corrélatives. On doit donc considérer comme illégitime toute réaction violente contre une agression qui constitue l'exercice d'un droit ou l'accomplissement d'un devoir. Ainsi il n'y a pas de légitime défense contre une légitime défense, ni contre les violences dont les agents de l'autorité ou de la force publique usent légalement dans l'exercice ou à l'occasion de l'exercice de leurs fonctions. Ces conséquences logiques d'un principe incontestable ont soulevé quelques difficultés pratiques qu'il importe d'examiner.

**202.** *a) Y a-t-il une légitime défense contre une attaque que la personne qui en est l'objet a provoquée elle-même ?* La loi, nous le verrons bientôt, accorde l'excuse atténuante de la provocation à celui qui, victime de coups ou de violences graves, tue ou blesse son agresseur (art. 321, C. p.). Il faut bien se garder de confondre cette situation avec celle de la légitime défense. La provocation ne légitime point la réaction violente du provoqué. L'acte qu'il accomplit ne perd pas le caractère d'infraction ; la peine en est seulement abaissée. Puisque la réaction violente du provoqué est injuste, il est conséquent d'admettre que le provocateur peut lui opposer une légitime défense. Il faudra donc reconnaître le droit de se défendre à celui qui a souffleté un individu, si ce dernier dirige contre lui une arme pour le tuer (1) ; à la femme adultère et à son complice, surpris en flagrant délit par le mari et menacés par lui d'une mort imminente (2). — Que si la première agression, au lieu de constituer une simple provocation, avait placé la personne attaquée en état de légitime défense, il ne serait plus permis à l'agresseur d'opposer la force à la réaction violente de cette personne. Il ne pourrait que prendre la fuite ou cesser son attaque ; car les violences ou la mort dont il est menacé ont été légitimées par son agression. Le principe, qu'il n'y a point de légitime défense contre une légitime défense, recevrait ici son application.

**203.** *b) Peut-on opposer une légitime défense aux actes illégaux des agents de l'autorité ?* — C'est une question vivement agitée, parce

---

point le principe de la légitime défense relativement aux biens (v. Berge, Rev. gén. 1879, p. 377). En Belgique la réforme de 1867 a introduit dans l'art. 417 du C. p. belge correspondant à notre art. 329 un changement de rédaction qui a fourni un nouvel aliment à la controverse. L'opinion générale admet la légitime défense des biens. (V. Nypels, *Code pénal interprété*, II, p. 406 et s. et les auteurs qu'il cite. *Contrà* : Haus, I, 617-620).

(1) Il faut naturellement excepter l'hypothèse où la provocation aurait été de la part du provocateur un moyen de se procurer l'occasion de commettre l'homicide prémédité sous couleur de légitime défense.

(2) *Sic :* Chauveau et Hélie, IV, 1335 ; Trébutien, I, p. 150 ; Haus, I, 633. — *Contrà :* dans l'ancien Droit, Jousse, III, p. 508 ; — dans le Droit moderne, Nypels, *op. cit.*, II, p. 403.

que des considérations étrangères au Droit ont souvent obscurci la solution qu'indiquent les principes. Au point de vue théorique l'affirmative est certaine, pourvu bien entendu que toutes les autres conditions de la légitime défense se trouvent réunies. S'il y a doute en pratique, c'est qu'on veut s'affranchir de certaines de ces conditions afin d'arriver à une solution radicale dans un sens ou dans l'autre. Ainsi, les uns proclament la légitimité de la résistance violente à tout acte illégal des agents de l'autorité, bien que l'irrégularité soit minime, ou que le préjudice résultant de l'exécution de l'acte puisse être facilement réparé. On s'appuie sur l'art. 11 de la Déclaration des droits de l'homme : « Tout acte exercé contre un homme *hors les cas* et *sans les formes* que la loi détermine est arbitraire et tyrannique. Celui contre lequel on voudrait l'exécuter a le droit de le repousser par la force ». Mais ce texte n'a d'autre valeur que l'affirmation d'un principe dont il s'agit d'organiser l'application. Appliquer ce principe sans tempérament, et particulièrement sans tenir compte du caractère de l'illégalité et de la nature du préjudice, c'est rendre toute administration impossible, en même temps que violer l'une des conditions essentielles de la légitime défense : *la nécessité de se défendre.*

D'autres soutiennent que provision est toujours due au titre, ou à la qualité du fonctionnaire qui agit : il n'y a pas de légitime défense contre les actes des fonctionnaires dans l'exercice ou à l'occasion de l'exercice de leurs fonctions. La place qu'occupe dans le Code pénal l'art. 328 prouve, dit-on, que l'homicide et les coups et blessures qu'il déclare justifiés sont dirigés contre de simples particuliers. Bien mieux, les violences contre les fonctionnaires sont incriminées comme crime ou délit de rébellion ou d'outrage (art. 209 et s., art. 228 et s.). Le fonctionnaire d'ailleurs est responsable de ses abus de pouvoir ; les citoyens qui en ont été victimes pourront obtenir contre lui des dommages-intérêts (1). — Cette thèse a le grave inconvénient de mettre la liberté individuelle à la discrétion des derniers agents du pouvoir et d'exposer les personnes et les biens à un préjudice qui sera souvent irréparable à raison de sa nature ou à raison de l'insolvabilité du fonctionnaire. Son premier argument a déjà été réfuté : la place de l'art. 328 et sa formule restreinte s'expliquent par un défaut de méthode, qui existe aussi pour l'art. 327 ; et, ce qu'il y a d'étrange, c'est que ceux-là mêmes qui argumentent dans un sens restrictif de la place occupée dans le Code par l'art. 328, ne font aucun cas de cet argument lorsqu'ils interprètent dans le sens le plus large l'art. 327. — C'est faussement d'ailleurs qu'on soutient que la résistance violente à un acte illégal d'un agent de l'autorité constitue les

---

(1) *Sic :* BLANCHE, IV, 132 et les arrêts qu'il cite.

crimes et délits prévus par les art. 209 et s., 228 et s. du Code pénal, car ces textes supposent expressément ou implicitement la légalité de l'acte accompli par le fonctionnaire.

**204.** Voyons donc dans quels cas on devra admettre la légitime défense contre les actes illégaux des représentants du pouvoir. « Il faut distinguer, disait Barbeyrac (1), les injustices douteuses ou supportables et les injustices manifestes et insupportables : on doit souffrir les premières, mais on n'est pas obligé de souffrir les autres ». Cette formule résumait l'opinion courante dans l'ancien Droit. Elle est généralement adoptée par les criminalistes modernes ; il s'agit seulement de déterminer dans quels cas l'abus de pouvoir du fonctionnaire devra être considéré comme une injustice de la première ou de la seconde classe. Il suffit pour cela d'appliquer en les généralisant les textes relatifs à la rébellion et à l'exécution des jugements et mandats de justice. On devra admettre en principe la résistance violente contre un acte illégal : 1º si cet acte émane d'un fonctionnaire sans qualité pour l'accomplir ; 2º si le fonctionnaire agit sans ordre, dans les cas où il n'est pas mandataire direct du pouvoir, ou s'il refuse de produire cet ordre, ou s'il produit un ordre irrégulier ; 3º si l'acte est défendu par un texte précis de loi. Dans les deux premiers cas le citoyen résiste à un individu sans qualité ; or l'art. 209 du Code pénal, en définissant la rébellion, suppose que l'acte est en rapport avec la fonction de l'agent de l'autorité. La nécessité de produire un ordre écrit résulte de plusieurs textes qui protègent la liberté individuelle (art. 120, C. p., 97, 232, 242, 608, 609, C. i. c.). Si l'écrit n'est pas revêtu des formes légales, son authenticité est douteuse : dès lors le fonctionnaire, chargé de l'exécuter, a le devoir de suspendre son exécution et les particuliers ont corrélativement le droit de s'y opposer. — Enfin, en supposant que l'acte soit régulier en la forme et rentre dans les fonctions de l'agent, la résistance est légale si cet acte constitue une illégalité certaine, c'est-à-dire s'il est expressément défendu par la loi. L'art. 209 décide en effet qu'il y a rébellion à la condition que le fonctionnaire agisse *pour l'exécution* des lois. — La légitime défense sera donc possible dans ces trois cas contre l'acte illégal d'un agent de l'autorité, parce que l'injustice est *manifeste*; mais il ne faut pas se hâter d'affirmer qu'elle existera nécessairement ; car, si les deux premières conditions de la légitime défense sont remplies, les deux autres peuvent faire défaut ; ce sont ces deux dernières qui rendront, comme l'exigeaient nos anciens auteurs, l'injustice *insupportable* (2).

**205.** 3º *condition : nécessité de se défendre.* — Pour que la défense

---

(1) BARBEYRAC, *Notes s. Grotius*, tome 1, p. 171. — *Comp.* GROTIUS, I, p. 69 ; FARINACIUS, *quæst.* 32, nº 88 ; JOUSSE, IV, p. 79.
(2) *Sic :* TRÉBUTIEN, I, p. 450 ; HAUS, I, 631.

soit légitime, il ne suffit pas que le droit de défense existe, il faut encore qu'on ait été dans la nécessité de se défendre. Cette troisième condition a trait à l'exercice du droit : elle en marque la mesure. La question est de savoir quel mal il est permis de faire à l'agresseur en se défendant. La solution doit être donnée plutôt d'après l'équité que d'après le droit. On peut poser en principe : qu'il est permis de faire à l'agresseur tout le mal qu'on croit nécessaire pour le réduire à l'impuissance, mais rien au delà. Ainsi un homme vigoureux attaqué par un vieillard débile pourrait se contenter de le terrasser pour se rendre maître de lui ; s'il préfère l'assommer, il y a excès dans l'exercice de la défense.

**206.** On s'est demandé s'il était permis de faire usage des armes contre un individu qui attaque avec ses poings ? Cette question trouve sa solution dans notre formule : il faut rechercher si la personne attaquée pouvait raisonnablement penser qu'il était nécessaire de recourir aux armes pour repousser l'attaque.

**207.** On s'est demandé encore si l'exercice du droit de défense était légitime lorsqu'on pouvait se soustraire au danger par la fuite ? La controverse que soulevait cette question dans l'ancien Droit s'est continuée de nos jours. Entre les deux opinions extrêmes, il y en avait, autrefois, une troisième qui distinguait d'après la qualité de la personne attaquée : la fuite était considérée comme déshonorante pour les nobles et les militaires ; eux seuls, dans cette opinion intermédiaire, étaient autorisés à résister violemment quand ils auraient pu fuir. Cette distinction est contraire au principe moderne de l'égalité des citoyens devant la loi. Aussi les partisans d'un système éclectique proposent aujourd'hui de distinguer d'après la qualité de l'agresseur : devant un insensé ou devant les personnes auxquelles on doit le respect (ascendants, conjoint, fonctionnaires publics), la fuite serait un devoir pour la personne injustement attaquée. On pourrait au contraire légitimement préférer la lutte à la fuite quand l'agression émane d'un simple particulier jouissant de sa raison (1). L'opinion radicale dans un sens ou dans l'autre nous paraît préférable. La légitimité de la défense est en effet absolument indépendante de la qualité de l'agresseur. La seule question qui puisse être agitée lorsque la fuite est possible est celle de savoir si en fuyant on évitera le danger dont on est menacé. Pour ceux qui n'admettent d'autre légitime défense que celle de la personne, la possibilité de fuir fera disparaître la nécessité de se défendre, si la personne attaquée peut espérer qu'elle ne sera point poursuivie et atteinte par l'agresseur. Pour ceux, au contraire, qui admettent la légitime défense des biens, la fuite laissera en

---

(1) *Sic* : avec plus ou moins de restrictions, Trébutien, I, p. 151-153 ; Chauveau et Hélie, IV, 1329 ; Haus, I, 626.

général subsister le danger, car il faudrait pouvoir emporter avec soi les choses convoitées par l'agresseur pour les soustraire à son attaque.

**208.** On peut rattacher à la nécessité de se défendre la question de savoir si dans la défense des biens il est permis de frapper, de blesser ou de tuer l'agresseur. La controverse était vive dans l'ancienne jurisprudence : les uns assimilaient absolument la légitime défense des biens et celle de la personne. D'autres pensaient qu'on ne pouvait pas aller jusqu'à l'homicide. D'autres enfin ne permettaient pas de blessures graves (1). Ces solutions si variées venaient de l'assimilation qu'on croyait nécessaire d'établir entre le mal dont on est menacé et celui qu'on est en droit de faire pour repousser l'attaque. On cherchait à appliquer la loi du talion, en qui se résumait alors le droit de punir. Mais le principe de cette assimilation était faux et son application souvent impossible. La légitime défense ne procède pas comme le droit de punir: elle autorise le meurtre d'un insensé que la loi pénale ne peut atteindre, elle permet de tuer un homme pour empêcher l'accomplissement d'un crime qui n'aurait entraîné que la prison. Ces différences viennent de ce que la légitime défense prévient le mal tandis que le droit de punir le réprime. D'un autre côté, dans les attentats avec violence contre l'honneur d'une femme, ou contre la liberté individuelle, dans les crimes contre les biens, où trouver entre l'attaque et la défense la similitude du mal ? Un point trop oublié, c'est que dans cette lutte, entre le droit d'une part et la violation du droit de l'autre, il est juste que force reste en définitive au droit. L'équité doit seulement tempérer les solutions trop rigoureuses. Il faut donc éviter deux conclusions également exagérées, savoir : 1° qu'on peut tuer un homme pour repousser la plus légère agression dirigée contre la personne ; 2° qu'on ne peut jamais tuer un voleur. Dans la défense de la personne, comme dans celle des biens, on doit comparer la gravité des intérêts compromis par l'agression aux actes qu'il serait nécessaire d'accomplir pour la repousser, et imposer, s'il le faut, à la personne attaquée un sacrifice équitable (2).

**209.** 4e *condition :* La nécessité de se défendre doit être *actuelle.* — Cela revient à dire que le danger doit être *présent*. Il n'y a pas de légitime défense s'il est passé ou futur. Dans le premier cas, c'est une vengeance (3); dans le second, il existe d'autres moyens de se défendre

---

(1) Voir dans le premier sens : *La Glose, s. la loi 3, ad legem Corneliam de sicariis* ; Farinacius, *Quæst.* 125, nos 212, 213 ; Grotius, l. 2, ch. I, § II ; — dans le second sens : Muyart de Vouglans, p. 32 ; Jousse, III, p. 501 ; — dans le troisième sens : Puffendorf, II, ch. 5, § 32.

(2) Sic : Trébutien I, p. 141 ; Haus, I, 622 ; Ortolan, I, 422, 424, 425. Garraud, Précis, 122, B.

(3) Fr. 45, § 4, *ad leg. acquil.* (9, 2) ; fr. 3, § 9, *de vi* (43, 16).

qu'une réaction violente : on peut recourir à l'autorité, appeler à l'aide. Ce n'est que si le secours devait ne pas arriver à temps qu'on serait en droit d'engager la lutte (1). — Il va de soi que la nécessité d'un danger actuel n'oblige point à recevoir le premier coup : la défense serait souvent inefficace si on exigeait cette condition. On peut donc frapper dès qu'on est l'objet d'une menace dont la réalisation paraît imminente.

**210.** Nous avons raisonné jusqu'à présent dans l'hypothèse d'un danger réel ; mais que décider s'il était purement imaginaire ? — Nous n'admettrions pas le fait justificatif ; car, si un danger *futur* ne suffit point pour légitimer la réaction violente, *a fortiori* doit-il en être de même d'un danger *imaginaire* : l'un et l'autre n'existent pas. Mais il faut observer que c'est à la personne qui se croit attaquée d'apprécier la réalité du danger. Il peut se faire que certaines circonstances lui fassent croire à une attaque imminente, alors qu'elle n'était nullement menacée. On pourra décider dans ce cas que ces circonstances ont exercé sur elle une contrainte morale, et reconnaître à son profit une cause de non-imputabilité, mais non un fait justificatif.

**211. II. Cas où la loi présume la légitimité de la défense.** — Après avoir énuméré dans l'art. 328 les conditions ordinaires de la légitime défense, le législateur prévoit dans l'article suivant deux hypothèses où la réunion de certaines circonstances constituera l'état de légitime défense. Il n'y a pas à douter, bien que des auteurs considérables aient soutenu le contraire, que ce texte ne crée deux présomptions de légitime défense. Les faits connus sont les circonstances constitutives de chacune de ces hypothèses ; le fait inconnu est l'état de légitime défense ; la loi conclut de l'un à l'autre (art. 1349, C. civ.).

La première de ces présomptions repose sur ces trois circonstances : 1° que l'auteur de la réaction violente a agi en *repoussant* l'escalade ou l'effraction ; 2° d'une maison ou d'un appartement *habité* ou de leurs dépendances ; 3° pendant la *nuit*. — La seconde part de ces deux faits connus : 1° qu'il y a eu *violence* contre les personnes (2) ; 2° dans un but *de vol ou de pillage*.

(1) C'est avec ce tempérament qu'on doit accepter cette formule employée par certains auteurs (V. GARRAUD, 154 A.), « que le danger doit être *imprévu* ». Sans doute l'application que notre savant collègue en fait au duel est exacte, mais il est facile de supposer maintes circonstances où l'on a un intérêt légitime à affronter un danger *prévu*. Les seules questions qui puissent se poser dans ce cas sont de savoir : 1° s'il était possible de détourner à temps le danger en faisant intervenir l'autorité ; — 2° si l'intérêt qu'on avait à le braver était considérable et urgent.

(2) L'art. 329 ne mentionne pas expressément que les violences doivent avoir été dirigées contre les personnes, mais l'esprit de la loi est d'établir une présomption de légitime défense dans l'hypothèse d'une agression qui menace à la fois les personnes et les propriétés : aussi n'hésite-t-on pas à compléter ainsi le texte. L'art. 417 du C. p. belge a précisé formellement ce point.

**212.** L'effet de ces présomptions est de rendre inutile la preuve des conditions habituelles de la légitime défense en la remplaçant par celle des faits sur lesquels la présomption est fondée (a... civ.). Il suit de là qu'on ne pourra rechercher s'il y a eu [une] défense ni, ce qui est plus grave, si l'auteur de la défense [courait] un danger pour sa personne ou pour ses biens. Cette conséquence conduit à un résultat pratique très rigoureux [dans la première] hypothèse : il sera permis de tuer un homme qui pénètre la nuit et avec escalade dans une maison habitée ou dans ses dépendances, bien qu'on sache pertinemment qu'il n'y vient pas dans une intention criminelle (1).

Touchés de ce résultat, certains auteurs n'ont voulu voir dans l'article 329 que le développement de l'article 328 : le législateur indiquerait deux hypothèses qui *peuvent donner lieu à la légitime défense*, sans rien changer aux conditions habituelles auxquelles est subordonné ce fait justificatif. L'auteur de la réaction violente aurait donc à prouver, dans ces deux cas, que sa défense réunissait toutes les conditions que nous avons précédemment étudiées (2). Ce système rend inutile l'article 329. De plus, les termes mêmes de ce texte : « *sont compris dans les cas de nécessité actuelle de défense les deux cas suivants* », prouvent bien que ces deux hypothèses réunissent les conditions exigées pour qu'il y ait légitime défense. Il faut donc écarter cette explication.

**213.** Dans notre système on doit évidemment n'appliquer la présomption de légitime défense que si les conditions de l'article 329 sont rigoureusement remplies ; car les présomptions sont de droit étroit, et ne peuvent être étendues d'un cas à un autre. Par exemple, l'article 329 ne protège pas celui qui tuerait un voleur *déjà entré* dans la maison, puisque ce texte ne donne le droit de le tuer qu'en *repoussant l'escalade* ; ni celui qui aurait tué le voleur *en plein jour* bien qu'en repoussant l'escalade ou l'effraction d'une maison habitée, puisque l'article exige la condition de *nuit*. L'auteur de l'homicide qui invoque le fait justificatif, s'il n'est pas exactement dans l'une des deux hypothèses prévues par l'article 329, doit prouver que les conditions ordinaires de la légitime défense étaient réunies (3).

---

(1) Voir sur ce point les causes célèbres *de Jeufosse* et *de Pochon* (C. d'assises de l'Eure, audiences des 14 à 18 déc. 1857, *Le Droit* nos des 15 à 19 déc. ; — Cour d'assises de la Moselle, audience du 27 fév. 1858, *Le Droit*, n° du 3 mars. Le C. p. belge a ajouté à son art. 427 une restriction destinée à empêcher ce fâcheux résultat.

(2) *Sic* : Ortolan, I, 448 ; Lainé, n° 255-256. — Voy. au contraire dans le sens de la présomption : Le Sellyer, I, 196 ; Trébutien, I, p. 154 ; Villey, p. 92 ; Garraud, *Précis*, 156 ; Blanche, I, p. 329 et la jurisprudence.

(3) *Sic* : Garraud, *Précis*, 156 A ; — *Contrà* : Chauveau et Hélie, IV, 1339 ; Blanche, V, 72 ; Cass. 11 juill. 1884.

**214.** Il faut observer, sur le second cas de légitime défense prévu par l'art. 329, que les violences dont il est question n'ont pas le caractère d'une *agression* qui donnerait lieu, d'après le Droit commun, à une légitime défense. Il s'agit d'actes de contrainte physique exercés sur les personnes pour arriver à perpétrer le vol ou le pillage. Ces violences peuvent ne mettre en péril ni la santé, ni la vie de la personne qui en est l'objet. On comprend dès lors l'utilité de la présomption établie par la loi : elle évite toute investigation sur la proportion du danger couru, et du mal accompli pour réagir. Le droit de tuer le voleur ne pourra par conséquent être contesté à l'individu contre lequel est tenté un vol avec violence sous prétexte que le bien qu'il avait à défendre était de minime importance ou que les violences exercées sur lui ne lui faisaient courir aucun danger sérieux (1).

**215. III. De l'excès dans la légitime défense.** — Si notre Code pénal était une œuvre méthodique, on aurait indiqué comment devait être traité l'auteur de la défense quand les conditions qui la rendent légitime sont incomplètes ou insuffisamment remplies. Cette situation intermédiaire entre l'acte licite et l'infraction aurait dû faire l'objet de dispositions spéciales placées immédiatement après celles relatives à la légitime défense. On ne peut cependant pas reprocher au législateur de l'avoir absolument négligée, car les art. 321 à 325 paraissent s'y rapporter. — Ces articles admettent l'excuse de la provocation : 1° pour le cas où des violences, que la loi caractérise, auraient été dirigées contre une personne sans la placer néanmoins dans le cas de légitime défense ; 2° pour celui où une agression avec escalade ou effraction aurait été dirigée, *pendant le jour*, contre une maison ou un appartement habité ou ses dépendances. L'examen de ces dispositions rentre dans la théorie des excuses. Il suffit de noter ici que dans ces circonstances la réaction violente ne perd point son caractère d'infraction ; la peine qu'elle méritait se trouve seulement abaissée. — Mais d'un autre côté, il faut examiner si la crainte de l'attentat n'a point exercé sur la volonté de l'auteur de la réaction une contrainte morale qui efface sa culpabilité. — En résumé, quand la défense n'est pas absolument légitime, l'agent peut échapper encore à la peine s'il peut invoquer la cause de non-imputabilité tirée de la contrainte, ou n'encourir qu'une peine moindre au moyen de l'excuse de la provocation.

(1) *Sic* : Haus, I, 647. — *Contrà* : Garraud, *Précis*, 156 bis, qui se borne à nier l'utilité de cette seconde présomption. La question a été bien étudiée lors de la réforme du C. p. belge en 1867 et résolue dans le sens indiqué au texte. (V. le rapport de M. Pirmez, *Législ. crim. de la Belgique*, t. III, p. 542, n° 22.)

§ III. — **Faits justificatifs spéciaux motivés par l'accomplissement d'un devoir ou par l'exercice d'un droit.**

**216.** La formule que l'infraction est légitimée par l'accomplissement d'un devoir ou par l'exercice d'un droit reçoit des applications spéciales, dont voici quelques exemples : 1° le devoir d'éducation dont sont tenus les pères et mères envers leurs enfants, leur permet d'user à leur égard de certains moyens de contrainte qui constitueraient des arrestations et des séquestrations illégales s'ils étaient employés contre d'autres personnes ; 2° la diffamation, c'est-à-dire l'imputation d'un fait qui porte atteinte à l'honneur ou à la considération d'un individu, devient légitime lorsque le prévenu prouve la vérité du fait diffamatoire, pourvu qu'elle soit dirigée contre des fonctionnaires, des ministres des cultes, des corps constitués, des directeurs ou administrateurs d'entreprises industrielles, commerciales ou financières, faisant publiquement appel à l'épargne ou au crédit, et qu'il s'agisse de faits relatifs à leurs fonctions ou à leurs entreprises (art. 31 et 35, L. 29 juil. 1881 *sur la Presse*). On a objecté que le fait justificatif n'était, dans ce cas, autre chose que l'absence d'un élément constitutif du délit : la loi en d'autres termes punirait la calomnie (1). C'est une erreur ; car, si tel était le sens de la loi, le prévenu n'aurait pas à se disculper en prouvant la vérité du fait diffamatoire ; ce serait au contraire à la partie poursuivante à faire la preuve de la *fausseté du fait*, puisque cette fausseté constituerait un élément du délit.

**217.** Le *consentement de la victime du délit* est-il un fait justificatif ? Il faut distinguer suivant que le consentement s'applique à une chose dont la victime a ou non le droit de disposer. Partant de ce principe, le consentement de la victime efface en général la criminalité des infractions qui s'attaquent aux biens ; il laisse subsister au contraire celles des infractions dirigées contre la personne. La question a été surtout agitée pour ces dernières. Il paraît d'abord certain que la vie, la santé, l'intégrité du corps sont des choses indisponibles. On décide en conséquence que l'homicide conventionnel est un crime. Celui, par exemple, qui tuerait, sur sa demande, un individu qui n'ose point se suicider, commettrait un assassinat (2). — Mais que fallait-il décider à l'égard des délits qui s'attaquent à la pudeur d'une personne, ou qui corrompent ses mœurs.

---

(1) V. Garraud, 152.
(2) *Sic* : Bertauld, p. 333 ; Lainé, 230 ; Garraud, *Précis*, 147 ; Cass., 23 juin 1838 ; 21 août 1851 ; novembre 1888. C. d'assises de Constantine, aff. *Chambige* ; — *Contrà* : Chauveau et Hélie, III, 1097, qui définissent l'intention « la volonté de nuire ».

La moralité, la pudeur sont des qualités de la personne qui peuvent exister pleinement, s'affaiblir, disparaître même. Si elles n'existent point chez la personne que vise l'agent du délit, comment pourrait-il y porter atteinte ? En présence de cette difficulté pratique, le législateur a pris un sage parti : jusqu'à un certain âge il considère le consentement comme inopérant. C'est treize ans pour l'attentat à la pudeur sans violence, vingt-et-un ans pour le rapt et l'excitation à la débauche (art. 331, 334, 354, C. p.). Après cet âge le consentement de la victime efface le délit ; pourvu bien entendu qu'il soit pur de vices.

**218.** Il faut faire cette réserve aussi bien lorsqu'il s'agit d'un délit dirigé contre les propriétés que d'un délit dirigé contre les personnes : par exemple, dans l'escroquerie, la personne trompée est réputée ne pas s'être volontairement dépouillée, quoiqu'il y ait eu de sa part remise volontaire des valeurs à l'escroc (art. 405, C. p.). — Le consentement doit aussi précéder le délit. S'il survenait après, il se confondrait avec le pardon de la victime qui ne peut effacer l'infraction.

**219.** Conformément à ces principes, on ne doit pas admettre que l'homicide ou les blessures commis en duel puissent être couverts par le consentement de sa victime. Élargissons le débat : *Le duel est-il puni par notre législation ?*

L'on conçoit deux manières de réprimer le duel : 1° pour lui-même et abstraction faite de ses résultats ; 2° uniquement en considération des suites qu'il a eues. Le premier genre de répression n'existe pas dans nos lois. Reste à savoir si l'homicide et les blessures commis en duel peuvent être rangés parmi les crimes ou délits de cette nature prévus par le Code pénal. L'étude des précédents historiques est nécessaire pour résoudre la question. Le duel, tel que nous le connaissons, est un moyen de tirer vengeance des injures privées. Il substitue des voies de fait à l'action normale de la justice. A ce titre, il doit être proscrit par la législation de toute nation policée. Aussi, après l'abolition du *duel judiciaire*, qui était employé dans les Cours féodales comme moyen de preuve, on voit les rois de France s'efforcer de restreindre l'usage du duel, puis le défendre absolument (1). Dans le dernier état de l'ancien Droit, la législation sur le duel se composait de deux édits de Louis XIV (édits de septembre 1651 et d'août 1679) (2), et d'un édit de Louis XV (édit de février

---

(1) De Laurière rapporte que Philippe le Bel se réserva d'autoriser le combat. Même réserve dans l'édit de 1609.

(2) M. Dupin (V. son réquisitoire cité plus bas) a soutenu que les édits de Louis XIV n'étaient pas applicables aux roturiers, sauf cependant en ce qui concerne la provocation en duel. Cette interprétation des édits paraît erronée. Il y avait dans cette législation deux sortes de dispositions ; les unes, *préventives*, qui ne concernaient que les nobles ; les autres, *répressives*, qui s'appliquaient à tous les délinquants.

1723). C'était une législation complète : elle punissait les combattants, les témoins, ceux qui avaient porté les lettres de défi et même les spectateurs. Les faits incriminés étaient : 1° l'appel en duel, 2° l'acceptation de cet appel, 3° le combat, quelles qu'en eussent été les suites. La législation intermédiaire ne contient pas de dispositions spéciales sur le duel. Le 4 février 1791, l'Assemblée constituante avait chargé ses comités de lui présenter un projet de loi sur la matière. Le 29 messidor an II, la Convention donna le même mandat à la commission du recensement et de la rédaction complète des lois. Entre temps avaient été promulgués le Code pénal du 25 septembre 1791, qui restait muet sur la question, et une loi d'amnistie (D. 17 septembre 1792) qui porte : « tous procès et jugements contre des citoyens, depuis le 14 juillet 1789, sous prétexte de *provocation au duel*, sont éteints et abolis ». On arrive ainsi à l'élaboration du Code pénal de 1810. Dans son rapport au corps législatif, Monseignat déclara officiellement que le duel était compris dans les dispositions sur l'homicide (1). Depuis cette époque des projets de loi sur le duel ont été bien souvent présentés, mais ils ont tous échoué (2). En présence de ces documents législatifs faut-il conclure : 1° que les édits sur le duel sont encore en vigueur ? 2° Ou bien qu'ils ont été remplacés par les dispositions de Droit commun sur l'homicide et les blessures ? 3° Ou bien encore que les suites du duel ne sont pas punies ?

La première solution doit être écartée. L'article final du Code pénal de 1791 abrogea, en effet, toutes les lois pénales antérieures qui établissaient des crimes. Il semble cependant que les tribunaux n'aient point compris la portée de cette abrogation, car les procès pour *provocation*

---

(1) V. séance du 17 février 1810.

(2) Ces projets furent présentés en 1819 à la Chambre des députés, en 1829 et 1830 à la Chambre des pairs, en 1832 au Conseil d'État, en 1845 à la Chambre des députés, en 1849 et 1850 à l'Assemblée nationale, en 1877 au Sénat. Il faut lire le rapport remarquable que M. Valette fit sur les projets de 1849 et 1850 (Valette, *Mélanges*, II, p. 625 et s.). Le projet présenté par M. Hérold, en 1877, a été rejeté, le 10 mars 1888, à l'unanimité moins *trois* voix. — La difficulté à laquelle se heurtent les lois qui veulent incriminer le duel, pour lui-même, abstraction faite de ses conséquences, c'est de trouver une peine appropriée au délit. M. Valette avait voulu tarir la source d'un grand nombre de duels en proposant la *perte des droits politiques*. — Les législations plus récentes que la nôtre contiennent toutes des dispositions particulières sur le duel : V. C. belge, art. 423-433 ; C. allemand, art. 210 ; C. russe, C. des Pays-Bas, art. 152-156 ; projets de C. espagnol de 1884, 1885 ; C. italien, art. 237-245. — La législation anglaise fait rentrer les suites du duel sous les dispositions de la loi commune. (Blakstone, *Com.*, *de l'homicide*). Les législations modernes sur le duel prévoient : les injures qui ont donné lieu à la provocation ; — la provocation ; — le combat sans suites ou avec telles ou telles suites ; — le cas où l'un des adversaires n'aurait pas fait usage de son arme ; — les excitations au duel venant des tiers.

*au duel* continuèrent. Ainsi s'explique l'amnistie de 1792 qui vint mettre un terme à ces procès et réparer les erreurs judiciaires qui avaient été commises. Avec les édits a disparu la répression du duel en lui-même, abstraction faite de ses conséquences. Il n'y a plus désormais qu'à choisir entre les deux autres solutions relativement à ses suites.

Cette question a donné lieu à un grand revirement de jurisprudence. Aussitôt après l'entrée en vigueur du Code pénal de 1810, les parquets pensèrent que les suites du duel étaient punies par les dispositions du Code pénal sur l'homicide et les blessures volontaires : une poursuite eut lieu devant la Cour d'assises de la Seine et le ministre de la justice, le grand juge comme on l'appelait alors, se prononça pour la répression (1). Mais, dans la même année, Merlin, procureur général à la Cour de cassation, adressait un avis tout contraire à un chef de parquet qui l'avait consulté à ce sujet. La question ne fut portée devant la Cour de cassation qu'en 1818. Cette Cour, par onze arrêts rendus de 1818 à 1828, adopta l'opinion de son procureur général. Dix ans s'écoulèrent pendant lesquels le silence se fit sur la question. Mais en 1837 elle fut de nouveau soumise à la Cour suprême qui décida, sur le savant réquisitoire de M. Dupin, que l'homicide et les blessures commis en duel tombaient sous le coup des dispositions du Code pénal. Elle a depuis persisté dans sa jurisprudence.

**220.** Pour soutenir que les suites du duel ne sont point punies par notre législation, on dit d'abord que l'homicide et les blessures commis dans cette circonstance ont un caractère propre qui ne permet point de les confondre avec ces mêmes délits, commis dans les conditions où le Code pénal les incrimine. — Il y a état de légitime défense pour chaque combattant vis-à-vis de l'autre, ou bien consentement antérieur de chacun d'eux à l'homicide ou aux blessures qui pourront lui être faites par l'adversaire. — La loi ne pouvait assimiler les suites du duel aux crimes et délits de Droit commun sans violer les règles du Droit abstrait ; il faut donc supposer qu'elle ne l'a point fait (2).

**221.** On peut répondre que le législateur ayant suffisamment manifesté son intention de comprendre les suites du duel dans les dispositions sur l'homicide et les blessures volontaires, il ne faut point restreindre par d'ingénieux raisonnements l'application de textes généraux. A vrai dire, il n'y a pas de légitime défense, car les deux adversaires se sont offerts sans nécessité au danger, en venant sur le terrain. Et même, une fois le combat commencé, aucun d'eux ne peut invoquer ce fait justificatif, car l'un et l'autre attaquent ; or pour être en état de légitime défense il ne faut pas avoir légitimé par son agression la violence contre laquelle

---

(1) C. d'ass. de la Seine, 26 déc. 1811 ; Lettre min. au Proc. général d'Amiens, 25 mars 1812.

(2) *Sic* : Chauveau et Hélie, III. 1104-1137 ; Garraud, *Précis*, 148 ; Villey, p. 98.

on réagit. — Quant au consentement antérieur de la victime, il ne peut être invoqué comme cause de justification, parce qu'il s'agit d'actes attentatoires à la vie ou à l'intégrité du corps. — Le silence gardé sur le duel par le Code pénal de 1791 s'explique par l'abrogation des édits qui punissaient le duel comme délit spécial, et par une de ses dispositions qui faisait rentrer les suites du duel dans l'homicide et les blessures volontaires. En effet après quelques articles consacrés à l'homicide par imprudence, à l'homicide légal et à l'homicide légitime, l'article 7 (sect. II, tit. II, part. II) ajoute : « Hors les cas déterminés par les précédents articles, TOUT homicide commis volontairement envers QUELQUES PERSONNES, avec quelques armes ou instruments, et par quelque moyen que ce soit, sera qualifié et puni ainsi qu'il suit... ». L'homicide commis en duel est compris dans cette formule générale. Par analogie, il fallait décider que les blessures faites en duel étaient punies par les dispositions de Droit commun relatives à ce genre d'infractions. — Quant au Code pénal de 1810, pour douter qu'il appliquât aux suites du duel ses dispositions sur l'homicide et les blessures volontaires, il ne faudrait tenir compte ni de la généralité des textes, ni de l'explication officiellement donnée par Monseignat, ni enfin du droit abstrait qui exige la répression des voies de fait commises dans cette circonstance. Nous approuvons par conséquent la jurisprudence actuelle dont le Sénat s'est montré satisfait en écartant le dernier projet de loi sur le duel (1).

**222.** L'autorité militaire autorise parfois les duels ; parfois même les impose. En 1876, une pétition fut adressée au Sénat par un certain nombre de pères de famille pour demander la suppression de cet abus. Le Sénat la rejeta sur un rapport qui explique « que, dans l'armée, le duel était un moyen de prévenir les rixes ; qu'il est nécessaire pour maintenir les principes d'honneur et de courage, de respect les uns pour les autres ; que c'est un usage qu'on s'efforcera de restreindre, mais qu'il est impossible de couper brusquement le mal ».

Ces considérations n'effacent point l'illégalité des duels autorisés ou imposés par les colonels. En fait, le coupable pourra jouir de l'impunité, parce que l'autorité militaire, qui est seule chargée de la répression,

---

(1) L'application du Droit commun aux suites du duel aura les conséquences suivantes : 1° *si les duellistes ont eu l'intention de se donner la mort*, le survivant des combattants, tous deux s'ils survivent, ainsi que les témoins pourront être poursuivis (art. 2, 302, 59 et 60, C. p.). — 2° *Si les duellistes n'ont pas eu l'intention de se donner la mort, mais que cependant le combat ait été suivi de mort, de mutilations ou d'infirmité permanente*, mêmes solutions (art. 2, 310, 59 et 60 C. p.). — 3° *Si les duellistes n'avaient pas l'intention de se donner la mort et que le combat n'ait eu pour suite que des blessures d'un autre genre*, le duel n'est qu'un simple délit (art. 311, C. p.) dont la tentative n'est pas punissable ; seul l'auteur des blessures et les témoins pourront être poursuivis.

peut s'abstenir de poursuivre ; mais il n'échappera point à l'action civile que le blessé ou les tiers lésés par son délit pourront exercer contre lui devant les tribunaux civils et, si le duel a été imposé, la responsabilité atteindra le colonel lui-même (1).

# CHAPITRE II.

### CLASSIFICATION DES INFRACTIONS.

**223.** L'utilité de la classification des infractions se fait sentir dans l'application des règles de fond et de forme : tel groupe d'infractions comporte l'application de certaines règles que tel autre groupe repousse. On peut classer les infractions :
1° D'après la peine qui les réprime ;
2° D'après leurs éléments constitutifs ;
3° D'après le but de l'agent ;
4° D'après la nature de la loi pénale qui les prévoit.

### SECTION I. — CLASSIFICATION D'APRÈS LA PEINE.

**224.** Cette classification est indiquée par l'art. 1er du Code pénal. L'infraction que les lois punissent des peines de police est une *contravention*. — Celle que les lois punissent de peines correctionnelles est un *délit*. — Celle que les lois punissent d'une peine afflictive ou infamante est un *crime*. — Nous avons répondu aux critiques qu'a soulevées cette classification. L'art. 1er du Code pénal n'a point pour objet de définir les infractions, il donne un simple critérium à l'aide duquel on déterminera le *nom commun* de l'infraction qu'on examine et, par suite, les règles de fond et de forme qui lui sont applicables.

**225.** Si l'on entre dans les détails, on voit que l'intérêt pratique de cette division apparaît :
1° *Au point de vue des juridictions de jugement.* — Trois sortes de

---

(1) V. Auzouy, Rev. pratique, 1877, p. 20. Haus, I, 648, rejette l'action civile du blessé à raison du consentement qu'il a donné au duel ; mais il paraît contradictoire de dire que ce consentement n'efface pas le délit pénal et fait disparaître au contraire le délit civil. Tout récemment une circulaire *confidentielle* du ministre de la guerre aurait décidé que le duel cesserait d'être *obligatoire* dans l'armée. (*Le Petit moniteur*, 19 août 1890).

*P*

tribunaux ont été organisés pour appliquer les peines : les tribunaux de simple police connaissent des contraventions ; les tribunaux correctionnels, des délits ; les Cours d'assises, des crimes. La distinction tripartite des infractions est donc en premier lieu *indicative de compétence*.

2° *Au point de vue de l'instruction préparatoire*. — L'instruction préparatoire n'a pas lieu quand un fait apparaît, dès le début, comme une simple contravention. Elle est facultative et n'a lieu, sauf le cas d'appel, qu'à un degré, s'il s'agit d'un délit. Elle est obligatoire et a lieu à deux degrés s'il s'agit d'un crime.

3° *Au point de vue de la prescription*. — Le droit de poursuivre l'auteur d'une contravention dure un an ; celui de poursuivre l'auteur d'un délit, trois ans ; celui de poursuivre l'auteur d'un crime, dix années.

Pour achever de marquer l'importance de cette division il suffit de rappeler l'utilité de la division tripartite des infractions quand il s'agit d'appliquer la loi pénale hors du territoire, ou les règles de la tentative et de renvoyer aux principales théories du Droit pénal qui seront exposées ci-après : *solidarité des amendes*, — *récidive*, — *non-cumul des peines*, — *complicité*, — *revision*, etc.

**226.** Sous l'impression des critiques que certains auteurs ont dirigées contre l'art. 1er du Code pénal, la jurisprudence s'est efforcée de restreindre l'étendue d'application du critérium qu'il indique. — Elle l'admet sans restriction pour toutes les infractions prévues par le Code pénal et pour celles que les lois spéciales punissent de peines criminelles ou de peines de simple police. — Mais s'il s'agit d'une infraction punie d'une *peine correctionnelle* par une loi spéciale, elle ne voit dans la peine qu'une simple *indication de compétence*. En d'autres termes, la peine correctionnelle indiquerait seulement que l'auteur de l'infraction doit être poursuivi devant les tribunaux correctionnels. Quant aux autres règles de fond et de forme, telles que celles de la *complicité*, du *non-cumul*, de la *prescription*, de l'*instruction préparatoire*, elles ne seraient applicables que lorsque l'infraction se rapprocherait des *délits* par d'autres éléments que la peine (1). Nous indiquerons ultérieurement sous chacune de ces matières les nombreuses variations de la jurisprudence et ses contradictions.

**227.** Nous aurons à examiner aussi ultérieurement si la substitution d'une peine correctionnelle à une peine criminelle, par l'effet des excuses ou des circonstances atténuantes, produit un *déclassement de l'infraction*, la transforme de crime en délit.

(1) V. sur l'ensemble du système de la jurisprudence, Blanche, I, 4 et s. Mais la jurisprudence la plus récente tend à l'abandonner. V. Note, *Sir.* 89, 1, 133 ; — Villey, *France judic.* : « Fin des délits contraventionnels » 1886, p. 365 ; Gardeil, *Rev. crit.* 1889 , p1..

Section II. — Classification d'après les éléments constitutifs.

**228.** Par leurs éléments constitutifs les infractions se divisent en : 1° *intentionnelles* et *non intentionnelles ;* — 2° *instantanées* et *continues ;* — 3° *simples et collectives.*

**229.** 1° *Infractions intentionnelles et non intentionnelles.* — Cette division repose sur l'élément intellectuel qui est plus accentué dans les premières que dans les secondes. — Elle est œuvre de doctrine, car aucun texte ne la constate. Cependant le législateur l'a implicitement reconnue en réunissant dans le même livre du Code pénal les crimes et les délits, qui sont très généralement des infractions intentionnelles, et en faisant un livre spécial pour les contraventions (1).

**230.** L'intérêt pratique de cette distinction apparaît au point de vue des *causes de non-imputabilité.* Elle entraîne aussi certaines modifications dans l'application des règles de la *complicité.*

**231** 2° *Infractions instantanées et infractions continues.* — Cette division est tirée de la durée de l'infraction. On nomme *instantanées* les infractions dans lesquelles la violation du droit s'accomplit et s'épuise en un moment. Le délit est terminé aussitôt que commis. Telles sont l'homicide et ses variétés, les coups et blessures, le vol, l'escroquerie, l'abus de confiance, etc. — On nomme *continues* (ou *permanentes* ou *successives*) les infractions dans lesquelles la violation du droit, une fois accomplie, se prolonge pendant un temps plus ou moins long, quelquefois même indéfini. Telles sont : la séquestration de personnes, le port illégal de costume ou de décoration, et tous les délits qui contiennent un recel : recel des espions, recel des cadavres, détention d'armes de guerre, détention de faux poids ou de fausses mesures, recel des objets contrefaits, etc.

**232.** L'intérêt pratique de cette distinction apparaît : 1° pour le *point de départ de la prescription.* L'infraction ne commence à se prescrire que lorsqu'a cessé l'état permanent de criminalité qu'elle avait créé ; — 2° pour *la compétence ratione loci* et *l'extension de la loi pénale hors du territoire.* Les juges d'instruction de tous les arrondissements où s'est continué le délit sont aussi compétents pour en connaître que celui de l'arrondissement où il a été accompli en premier lieu. — S'il s'agit d'une

---

(1) V. *suprà,* n°s 123, 178. Berlier en présentant le Code pénal au corps législatif reconnaissait la nature identique des crimes et des délits, car il expliquait la différence de pénalité par des circonstances extrinsèques qui s'ajoutent souvent au fond de l'infraction ; mais il ne donnait point la raison qui fait l'identité de nature entre ces deux premières classes d'infractions. La distinction de l'élément moral et de l'intention n'était pas encore dégagée, quoique sentie et voulue par le législateur. Locré, t. 29, p. 423.

infraction continue commencée à l'étranger et continuée en France, les règles des art. 5 et 7 du Code d'Instruction criminelle ne sont plus applicables. Le fait est traité comme s'il avait eu lieu exclusivement sur le territoire français ; — 3° pour *la procédure*, le délit continu étant un délit unique, tous les actes matériels par lesquels il s'est manifesté doivent être réunis dans la même poursuite. Il y a entre eux une *indivisibilité* qui motive l'unité d'instruction ; 4° enfin pour la *chose jugée* qui s'applique au fait dans toutes ses manifestations comprises ou non dans la poursuite.

233. Pour distinguer les infractions instantanées des infractions continues, il faut s'attacher à la définition légale de l'infraction. Ainsi les art. 342 et 343 du Code pénal tiennent compte de la durée de la séquestration pour la fixation de la peine ; il implique donc que ce fait doit avoir une durée. C'est ce qui le distingue de l'arrestation illégale. De même le complot est une infraction continue, puisque l'art. 89 du Code pénal dit qu'il y a complot *dès que* la résolution d'agir a été arrêtée entre plusieurs personnes. Le crime s'accomplit donc par la réunion des volontés criminelles et se continue tant que l'union des volontés persiste. La coalition de fonctionnaires (art. 123 et s.), l'association de malfaiteurs (art. 265 et s.) sont aussi des délits continus, parce que, dans les articles qui les incriminent, il est tenu compte de circonstances qui impliquent une durée. — Le sens grammatical du nom de l'infraction ne doit être pris en considération qu'à défaut de toute définition légale ou de toute indication d'un sens contraire. Par exemple, on ne pourrait pas faire de la bigamie une infraction continue en se fondant sur la définition donnée par le dictionnaire de l'Académie, car, d'après l'art. 340, le crime consiste dans le fait de contracter un second mariage avant la dissolution du premier.

Dans la recherche des délits continus il faut éviter : 1° de prendre pour le délit les conséquences de l'infraction, qui généralement sont durables et souvent perpétuelles ; 2° de prendre, pour la continuité d'un fait, la réitération de ce fait en vue d'accomplir un projet criminel unique. Ce dernier genre d'infraction est une variété de délits collectifs que nous allons étudier. Pratiquement, les règles des délits continus lui sont applicables, mais théoriquement il y a cette différence, que les délits continus sont *permanents*, tandis que les autres sont *successifs*. On les confond souvent sous cette dernière expression.

Les délits qui consistent dans des faits, comme ceux qui consistent dans une abstention peuvent constituer les délits continus. Tout dépend de la durée qu'implique l'élément matériel de l'infraction (1).

(1) Voir des exemples d'abstention constituant des infractions continues dans les art. 616, C. i. c. et 119, 345 al. 4, 414, 459, 471 al. 1er, 4, C. p.

**234.** 3° *Infractions simples et infractions collectives.* — Les infractions qui consistent dans un fait *unique*, instantané ou continu peu importe, sont dites *simples*. Celles qui supposent une réunion de faits *distincts* sont appelées *collectives* ou *complexes*. Il y a plusieurs espèces de délits collectifs. La seule que le législateur français ait prévue expressément, c'est le *délit d'habitude*. Les autres sont des créations de la doctrine. Deux éléments caractérisent l'infraction collective : la pluralité des faits et l'unité de délit.

**235.** Dans le délit d'habitude la loi n'incrimine point les faits matériels mais seulement l'habitude vicieuse qu'ils dénotent. Telles sont : l'habitude d'usure (L. 3 sept. 1807, art. 4 ; L. 19 déc. 1850, art. 2) ; l'habitude d'excitation de mineurs à la débauche (art. 334, C. p.). — Il importe de distinguer ces délits des infractions instantanées et des infractions continues : 1° pour fixer le *point de départ de la prescription*. Elle ne court ni du premier fait, ni du dernier, mais du fait qui, réuni aux précédents, forme le groupe exigé par la loi pour démontrer l'habitude ; — 2° *au point de vue de l'action civile*. Cette action n'existe pas dans les délits d'habitude, car l'habitude ne peut léser les particuliers. S'ils éprouvent un préjudice, c'est par les faits matériels ; mais les faits matériels ne sont point incriminés. Ils peuvent donc exercer, à raison de ces faits, l'action en dommages-intérêts de l'art. 1382 du Code civil, mais non pas l'action civile ; — 3° *quant à la compétence à raison du lieu du délit* (*forum delicti*). Dans les infractions instantanées il n'y a qu'un juge compétent par le lieu du délit, puisque l'infraction ayant été commise et finie en un seul moment, sa perpétration s'est nécessairement accomplie dans un seul lieu. Dans les infractions continues il y a autant de juges compétents que d'arrondissements dans lesquels le délit s'est continué. Dans les délits d'habitude on peut ne rencontrer aucun juge compétent à raison du lieu du délit, car pour qu'on puisse dire que le délit s'est commis dans tel arrondissement, il est nécessaire que le nombre légal des faits révélateurs de l'habitude s'y soit produit.

**236.** Les autres infractions collectives sont composées de faits distincts qui, pris séparément, constitueraient autant d'infractions, mais qui réunis forment juridiquement un seul délit, parce qu'ils sont l'exécution d'une seule et même résolution criminelle et qu'ils sont dirigés vers un seul et même but. On les appelle pour ce motif *délits collectifs par l'unité de résolution et de but* (1). C'est une *modalité* qui affecte un groupe

---

(1) D'autres disent : l'unité de *projet*, l'unité de *conception* et de but. Ce qu'il importe de marquer, c'est que l'ensemble des faits externes ne forment qu'une seule *entreprise*, parce qu'il y a unité de plan; mais à prendre un des faits internes d'où résulte l'unité de plan, il est préférable de s'attacher au dernier de ces actes, la *résolution*.

de délits simples. L'unité des actes internes qui les précèdent les fait considérer comme diverses phases de l'exécution d'un même délit. Certaines variétés de ces délits collectifs ne présentent qu'un intérêt théorique. C'est une manière d'expliquer scientifiquement certains cas de complicité ou de circonstances aggravantes (1); mais il en est une qui consiste dans la réitération du même délit, par le même agent. Ces faits réitérés en exécution de la même résolution criminelle et en vue d'atteindre le même but sont les délits *successifs sans permanence*; mais cette circonstance, qui n'est point essentielle, n'empêche pas de les soumettre aux mêmes règles. Pourrait-on voir en effet plusieurs délits là où le projet criminel et le but poursuivi sont uniques? Il est à remarquer d'ailleurs que la pluralité des faits matériels n'est qu'une modalité accidentelle qui tient à l'insuffisance des moyens d'action dont dispose l'agent. — Comme exemple de ces délits, on peut citer une rixe dans laquelle le même individu porte successivement plusieurs coups à la même personne, — le vol de tous les meubles d'une maison, accompli en plusieurs voyages, — la banqueroute frauduleuse perpétrée par une série de détournements, la banqueroute simple résultant de l'emploi de moyens ruineux de se procurer des fonds (art. 591 et 585, 3°, C. com.), — plusieurs tentatives de corruption faites successivement sur le même fonctionnaire en vue d'obtenir sa connivence à un certain genre de fraude, — la contrefaçon industrielle et l'entreprise de fabrication ou d'introduction en France d'un certain nombre d'objets contrefaits (2).

La distinction des délits collectifs par l'unité de but offre un intérêt pratique dans toute circonstance où on arrive à un résultat différent en réunissant tous les faits matériels en un seul délit, au lieu de les considérer comme autant d'infractions distinctes. Cet intérêt apparaîtra principalement dans les théories de la *prescription*, de l'*indivisibilité* et de l'*amnistie*.

### SECTION III. — CLASSIFICATION D'APRÈS LE BUT DE L'AGENT.

**237.** D'après le but de l'agent les crimes et délits se divisent: 1° en crimes et délits *contre la chose publique* et crimes et délits *contre les particuliers*; 2° en infractions *de Droit commun* et infractions *politiques*.

**238.** La première de ces divisions, expressément consacrée par le Code pénal, correspond à l'ancienne distinction des délits publics et des délits

---

(1) V. Haus, I, 376.
(2) V. sur les délits collectifs par l'unité de résolution et de but composés de faits de même nature, réitérés par la même personne, Ortolan, I, 758-760; Haus, I, 377-386; Garraud, *Précis*, 63; Cass., 14 août 1871 (D. 71, 1, 282).

privés. Dans notre Droit actuel, elle n'a plus d'intérêt; le ministère public peut en effet poursuivre sans plainte préalable tous les crimes et délits contre les particuliers, sauf de rares exceptions. Aussi le Code pénal ne dit point quelle différence il entend établir entre les crimes et délits contre la chose publique et les crimes et délits contre les particuliers. C'est une distinction inutile.

**239. Infractions de Droit commun. — Infractions politiques.** — Cette distinction n'a généralement lieu, comme la précédente, que pour les crimes et les délits; elle se rattache en effet à l'intention de l'agent. Les infractions politiques comprennent un certain nombre de crimes et de délits contre la chose publique. Ce qui les caractérise, c'est le mobile de l'agent. Le crime tend à troubler l'ordre politique à l'intérieur ou à l'extérieur. Sa victime est l'État envisagé au point de vue de ses institutions politiques ou de ses relations internationales. L'ancien Droit, mesurant la grandeur de l'outrage à l'importance de l'offensé, édictait les peines les plus sévères contre les crimes politiques, et les États renonçaient volontiers dans cette matière au droit d'asile qu'ils accordaient aux malfaiteurs de Droit commun. Le Droit moderne est imbu d'idées absolument différentes. La peine de mort a été supprimée en matière politique par la Constitution de 1848; l'extradition y est toujours refusée. Les causes de ce changement paraissent être multiples. L'abolition des classes entre les citoyens a diminué l'importance des chefs de parti. On ne croit plus aujourd'hui supprimer un parti en frappant le chef. De plus, la fréquence des changements de gouvernement, surtout en France, a amené peu à peu l'opinion publique à considérer les crimes politiques comme de purs délits de convention sociale. Des criminalistes protestent contre cette qualification, mais ils sont obligés de convenir que l'immoralité des infractions politiques est d'un genre tout spécial, « qu'elle n'est ni aussi *claire* ni aussi *immuable* que celle des crimes privés, qu'elle *varie* selon les temps, les événements, les droits et les mérites du pouvoir..., que la *criminalité* des crimes politiques *expire aux frontières d'un État...*, que la *légitimité* de la loi politique est purement *conventionnelle* et n'est point immuable comme les lois de la conscience, etc... » (1). — La science nous paraît exiger plus de précision : ce caractère variable, relatif, accidentel de l'*immoralité* des délits politiques ne peut se concilier avec l'idée qu'éveille cette expression. Qu'on cesse donc de se payer de mots ! Si l'on ne trouve dans les délits politiques aucun des caractères des délits d'immoralité, c'est qu'ils constituent des délits de convention sociale. Et si à ce titre on les traite moins sévèrement que

---

(1) V. Guizot, *De la peine de mort en matière politique* ; Chauveau et Hélie, II, 810.

dans l'ancien Droit, c'est qu'on a banni de la répression l'idée d'expiation qui se mêlait autrefois à l'idée d'utilité.

**240.** *L'intérêt pratique* de la distinction que nous étudions apparaît : 1º pour les *crimes*, au point de vue de l'application de la peine de mort. Et en effet, ni la constitution de 1848, qui a aboli cette peine en matière politique, ni la loi du 8 juin 1850, qui l'a remplacée par la déportation dans une enceinte fortifiée, n'ont dit quels étaient parmi les crimes capitaux ceux qu'on devait considérer comme crimes politiques ; — 2º pour les *délits*, au point de vue de l'emploi de la procédure sommaire établie par la loi du 20 mai 1863. Elle n'est pas applicable aux délits politiques (art. 7) ; — 3º *l'extradition* n'a pas lieu pour les infractions politiques. Cet usage sert à interpréter les traités d'extradition et à régler la conduite du gouvernement en l'absence de traité ; — 4º *l'amnistie* s'applique au contraire presque exclusivement aux infractions politiques. Mais c'est là un simple *fait* à constater. Le législateur est tout puissant en cette matière. Il peut étendre l'amnistie à des infractions de Droit commun et il l'a fait souvent pour des délits de peu d'importance ; — 5º la *relégation* n'est jamais la conséquence de condamnations pour crimes et délits politiques ou pour crimes et délits qui leur sont connexes (L. 27 mars 1885, art. 3).

**241.** *Quelles sont les infractions politiques ?* — Une loi du 8 octobre 1830 déférait à la Cour d'assises toutes les infractions politiques, même celles qui étaient punies de peines correctionnelles, et elle énumérait ces infractions. Cette loi a été abrogée par le décret du 25 février 1852. On ne peut donc l'appliquer (1) ; mais peut-on l'invoquer comme une autorité doctrinale ? Nous ne le pensons point. C'était en effet une simple loi de compétence ; l'énumération qu'elle contenait n'impliquait pas une solution absolue sur le caractère des infractions énumérées. C'était de plus une énumération par renvoi (2): procédé vicieux qui englobait dans l'énumération certains délits sans caractère politique (par exemple, *l'association non autorisée de plus de vingt personnes*, art. 291 C. p.), et qui omettait les délits ayant ce caractère (par exemple, *l'immixtion sans titre dans les fonctions publiques*, art. 258 C. p.). — Laissant de côté la loi de 1830, on ne peut s'attacher aux divisions du Code pénal et considérer comme des infractions politiques tous *les crimes et délits contre la chose publique*, car parmi ces infractions il y a *le faux*, ainsi que les *soustractions et les concussions* commises par des fonc-

---

(1) *Sic* : GARRAUD, p. 77, note 1 ; LAINÉ, 116 ; — *Contra* : CHAUVEAU ET HÉLIE, II, 310 ; Cons. de revision de Paris, 14 août 1871.

(2) L'art. 7 visait les crimes et délits prévus et punis : 1º par les chapitres Ier et II, livre III du Code pénal ; — 2º par les paragraphes 2 et 4, sect. III et par la section VII, chap. III, liv. III ; — 3º par l'art. 9 de la loi du 25 mars 1822.

tionnaires, qui n'ont certainement point le caractère politique. — Le critérium que nous cherchons doit donc être œuvre de doctrine.

On distingue trois sortes d'infractions touchant à la politique : les *délits purement politiques*, — les *délits mixtes*, — et les *délits connexes à des faits politiques* (1).

242. La première classe comprend les infractions qui portent *uniquement* atteinte à l'ordre politique. Pour avoir ce caractère, il faut que le fait trouble ou mette en péril l'ordre politique et qu'il soit non punissable en lui-même, indépendamment de l'atteinte qu'il porte à l'ordre politique. Ce sont là les véritables infractions politiques, délits de pure convention sociale. L'ordre politique comprend à l'*extérieur*, l'indépendance de la nation, l'intégrité de son territoire, les relations internationales. Tous les crimes énumérés par les articles 75 et suivants du Code pénal sous cette rubrique, *Crimes contre la sûreté extérieure de l'État*, y portent atteinte et n'ont point en eux-mêmes d'autre cause d'incrimination. Ils constituent par conséquent des crimes politiques. Il faut y joindre les délits prévus par la loi sur l'espionnage (L. 18 av. 1886) et les délits d'offense et d'outrage envers les chefs d'État et agents diplomatiques étrangers (art. 36, 37, L. s. la Presse). A *l'intérieur* l'ordre politique comprend la forme du gouvernement, l'organisation et les rapports des pouvoirs publics, les droits politiques des citoyens. Donc : 1º tous les crimes prévus par les articles 87 à 94 du Code pénal placés sous cette rubrique : *Crimes contre la sûreté intérieure de l'État* ; — 2º les crimes et les délits *relatifs à l'exercice des droits civiques* (art. 109 à 113, C. p.) ; les *fraudes électorales*, prévues par le *Décret organique* du 2 février 1852, titre IV, et l'article 22 de la loi du 30 novembre 1875 ; les infractions relatives aux *réunions publiques électorales* (L. 30 juin 1881) ; *la lacération des affiches électorales* (art. 17, L. sur la Presse) (2) — ; 3º les *délits de presse* qui visent l'ordre politique ou l'exercice des fonctions publiques (art. 24 à 27, art. 30, 31, 33, al. 1er L. s. la Presse) ; — 4º la *coalition de fonctionnaires* (art. 123 à 126, C. p.) ; les *empiétements des autorités administratives et judiciaires* (art. 127 à 131, C. p.), les *troubles apportés à l'ordre public par les ministres du culte dans l'exercice de leur ministère* (art. 199 à 208, C. p.) ; l'*immixtion, sans titre, dans les fonctions publiques* (art. 258, C. p.) ; toutes ces infractions étant des délits de convention sociale dirigés contre l'ordre intérieur politique, rentrent dans la classe des délits politiques proprement dits.

243. On appelle *délits mixtes* ou *complexes* les délits de Droit com-

(1) Haus, I, 345 et s.
(2) Cet article offre un exemple de *contravention* politique lorsque l'auteur de la lacération est un simple particulier ; mais il faut observer que c'est une contravention intentionnelle.

mun commis *dans un but politique*. Tels sont l'assassinat du chef de l'État dans le but de renverser le gouvernement et non par esprit de cupidité ou de vengeance individuelle, le pillage de la boutique d'un armurier pour se procurer des armes, l'incendie d'édifices publics ou privés dans le but de nuire au parti que l'on combat, le massacre d'ennemis sans armes. — Les délits mixtes rentrent dans les infractions de droit commun ou dans les infractions politiques, suivant que les circonstances rendent prépondérant l'un de leurs éléments sur l'autre. Commis isolément, en pleine paix, le crime mixte sera traité comme un crime de Droit commun. S'il est commis pendant une insurrection ou une guerre à laquelle il se rattache, on distingue suivant qu'il viole ou non le Droit des gens. Dans le premier cas on le traite comme un crime de Droit commun ; dans le second, comme un crime politique (1). L'application de la première de ces distinctions est facile, car il est aisé de voir si l'on est en état de paix ou de guerre (2) ; celle de la seconde suit les fluctuations de l'opinion sur l'étendue des droits des belligérants (3).

**244.** On appelle enfin *délits connexes à des faits politiques*, les infractions de Droit commun commises au cours d'événements politiques et sans rapport direct avec ces événements. De tels délits n'ont aucun élément politique. L'abandon des propriétés, l'éloignement des représentants de l'autorité, le désordre produit par l'insurrection ou la guerre fournissent à des malfaiteurs l'*occasion* de commettre des crimes, qui n'ont avec les événements politiques aucun rapport de cause à effet. Leur nature intrinsèque n'est pas modifiée par cette coïncidence ; il y a donc lieu de les considérer toujours comme des infractions de Droit commun.

(1) *Sic* : Ortolan, I, 730, 731 ; Lainé, 117. — Chauveau et Hélie, II, 312, considèrent que dans les délits mixtes l'élément de Droit commun est toujours prépondérant. — Morin, *Rép.*, v° *Déportation*, n° 19, assimile au contraire dans toute hypothèse les délits mixtes aux délits politiques. — La controverse s'est accentuée dans ces derniers temps à propos de l'extradition des régicides. Une clause de la plupart des traités d'extradition, conclus depuis 1856, semble faire du régicide un crime de Droit commun ; mais ses termes ne sont pas suffisamment explicites pour que le gouvernement ne puisse l'entendre avec la distinction que fait notre système. Certains auteurs proposent de n'accorder l'extradition des régicides qu'en exigeant qu'ils seront jugés et punis comme s'ils avaient commis un homicide volontaire sur un simple particulier. (Renault, *Des crimes politiques en matière d'extradition*, n° 32. *Jour. du Dr. intern. privé*, 1880 ; Teichmann, *Le régicide et l'extradition*, Rev. du Dr. internat., 1879, pp. 512, 513.)

(2) On n'hésite point, par exemple, à considérer comme un crime de Droit commun le crime de l'anarchiste Cyvoct, qui, par haine de la classe bourgeoise, fit sauter à l'aide d'une mine un restaurant de premier ordre. Le fait se passait en pleine paix. C. d'assises du Rhône, 12 déc. 1883 (*La Loi* 13, 14 déc.)

(3) Comment qualifier, par exemple, la guerre de partisans, l'espionnage, la soustraction de plan des places fortes, le complot formé pour renverser le Gouvernement d'un pays ennemi ?

**245.** Le critérium qui sert à distinguer le délit *mixte* du délit *connexe* est dans le motif de l'agent : la cupidité, la vengeance personnelle ont inspiré le dernier ; l'agent avait un but plus noble en commettant le premier. Cette différence, quoique très réelle, dépend d'une appréciation que les passions humaines peuvent égarer. C'est pourquoi les traités refusent en général l'extradition pour *les faits connexes à des délits politiques* ; mais il n'y a rien à conclure de cette clause, inspirée par la prudence dans les relations internationales, quand il s'agit de déterminer la nature intrinsèque des délits connexes.

### SECTION IV. — CLASSIFICATION DES INFRACTIONS D'APRÈS LA NATURE DE LA LOI PÉNALE QUI LES PRÉVOIT.

**246.** On divise encore les infractions en infractions *ordinaires*, ou prévues par le Code pénal, et infractions *spéciales* ou prévues par une loi particulière. L'intérêt pratique de la distinction apparaît : 1° dans la *théorie des circonstances atténuantes*, s'il s'agit d'un délit ou d'une contravention. Les textes qui formulent cette théorie visent en effet uniquement les infractions de cette nature *prévues par le Code pénal* (art. 463 et 483, C. p.) ; — 2° dans celle de la *compétence*. Certains délits spéciaux sont déférés à la Cour d'assises (délits de presse énumérés par l'art. 45 de la loi s. la presse) ; d'autres sont de la compétence des tribunaux d'exception.

**247.** Nous laissons de côté d'autres divisions fondées sur de simples *modalités* qui affectent ou qui peuvent affecter tous les délits en général, ce sont : les infractions *connexes* ou *non connexes*, *flagrantes* ou *non flagrantes* ; nous les retrouverons dans la procédure pénale.

# LIVRE SECOND

DE LA

# PEINE ET DE LA RÉPARATION CIVILE

**248.** La peine est le châtiment que la loi établit dans un intérêt social contre l'auteur de l'infraction. On sait quels sont les caractères généraux d'une bonne peine en Droit abstrait ; ils serviront à apprécier la valeur du système pénal actuellement en vigueur. — La peine ne doit pas être confondue avec certaines rigueurs, établies également dans un intérêt social, non comme châtiment du coupable, mais pour arriver à l'application de la loi pénale. L'arrestation de l'inculpé, sa détention préventive, la saisie des objets qu'on suppose provenir du délit ou avoir servi à le commettre, etc., sont des mesures rendues nécessaires par le fonctionnement de la justice pénale ; elles ne se confondent pas avec la peine, laquelle ne commence qu'après le jugement du coupable. L'on verra cependant que, par un motif d'humanité, on a imputé parfois une partie de la détention préventive sur la durée de l'emprisonnement infligé par le juge.

**249.** L'infraction qui lèse un intérêt privé entraîne aussi contre son auteur, ou contre les personnes civilement responsables de ses actes, une condamnation à des *réparations civiles*, qui consistent soit dans le rétablissement de l'ordre de choses troublé par le délit (*restitutions*), soit dans une indemnité destinée à compenser le dommage éprouvé (*dommages-intérêts*). Le procès pénal occasionne enfin des *frais* dont l'auteur de l'infraction est responsable. Ces condamnations civiles étant les conséquences plus ou moins directes de l'infraction, le Code pénal et le Code d'instruction criminelle y consacrent plusieurs articles. Leur étude viendra naturellement après celle des peines.

# TITRE PREMIER

## DE L'ORGANISATION DES PEINES ET DES RÉPARATIONS CIVILES

## CHAPITRE PREMIER

### ORGANISATION DES PEINES.

**250.** Le Code pénal divise les peines en trois classes correspondant aux trois catégories d'infractions : peines *en matière criminelle*, peines *en matière correctionnelle* et peines *de police* (art. 6, 9, 464, C. p.). — Cette division tripartite est la seule qui soit expressément indiquée. Cependant les lois pénales révèlent, dans leurs détails d'application, une autre division tripartite absolument indépendante de la précédente, et qui se rattache à la manière dont les peines sont encourues. A ce point de vue elles se divisent en *principales*, *complémentaires* et *accessoires*. Les premières peuvent être prononcées isolément ; les secondes ne peuvent être prononcées qu'avec d'autres ; les dernières sont encourues de plein droit sans être prononcées.

**251.** Ces classifications ont été l'objet de critiques peu justifiées. On a essayé de leur substituer un classement d'après le résultat matériel de la peine, c'est-à-dire d'après la nature du mal infligé au condamné, et l'on a distingué ainsi les peines qui atteignent l'agent dans son *corps*, dans sa *liberté*, dans ses *droits*, dans son *patrimoine*, dans sa *réputation*. Cette division aurait son utilité si l'on voulait faire une étude purement théorique de la peine ; mais dans un cours de Droit criminel, où l'étude des règles abstraites aboutit nécessairement à l'exposé de la législation qui nous régit, elle n'offre aucun intérêt pratique, et de plus, elle est susceptible de jeter la confusion dans les esprits en obligeant à traiter pêle-mêle des peines criminelles, correctionnelles ou de police.

**252.** Nous étudierons l'organisation des peines en tenant compte de la division tripartite expressément indiquée par le législateur ; nous y ajouterons deux sections pour les peines communes à deux classes ou aux trois classes d'infractions ; nous terminerons enfin cet exposé par un tableau général présentant l'ensemble des peines et de leurs divisions.

## SECTION PREMIÈRE. — DES PEINES PROPRES AUX CRIMES.

**253.** L'article 6 du Code pénal divise les peines propres aux crimes en afflictives et infamantes ou en infamantes seulement; puis les articles 7 et 8 énumèrent les peines de l'une et de l'autre catégorie en descendant de la plus grave à la plus faible. C'est l'*échelle générale* des peines criminelles. Elle ne contient que des peines principales. Son utilité apparaît pour l'application de certaines théories pénales qui exigent l'appréciation comparative de la gravité de deux peines (*Conflit de lois, Concours d'infractions*). Les peines à la fois afflictives et infamantes sont : 1° la mort ; 2° les travaux forcés à perpétuité ; la déportation qui, depuis 1850 a deux degrés, savoir : 3° la déportation dans une enceinte fortifiée, 4° la déportation simple ; 5° les travaux forcés à temps ; 6° la détention, ajoutée en 1832 ; 7° la réclusion. — Puis viennent les peines simplement infamantes, savoir : 8° le bannissement ; 9° la dégradation civique (1). Depuis les réformes opérées en 1832 et 1850, l'échelle des peines criminelles principales s'est dédoublée, on peut le dire, en deux échelles parallèles, l'une contenant les peines affectées aux crimes de Droit commun, l'autre celles des crimes politiques. La première comprend : 1° la mort ; 2° les travaux forcés à perpétuité ; 3° les travaux forcés à temps ; 4° la réclusion ; — la seconde : 1° la déportation dans une enceinte fortifiée ; 2° la déportation simple ; 3° la détention ; 4° le bannissement ; 5° la dégradation civique. L'utilité pratique de cette double échelle apparaîtra dans la théorie des causes d'aggravation et d'atténuation. — Chaque peine criminelle principale entraîne un certain nombre de peines accessoires dont nous parlerons plus tard. — Avant d'entrer dans l'étude détaillée de chacune des peines principales, examinons le sens des deux adjectifs que la loi emploie pour les désigner. Le nom de peines *afflictives* vient de ce que ces peines atteignent le condamné dans sa personne physique en le privant de la vie ou de la liberté. L'expression *peine infamante* ne répond point à l'idée qu'elle éveille. L'infamie dans son sens étymologique est le contraire de l'estime, de la considération, de l'honneur. Jeter l'infamie sur un condamné serait donc lui enlever ces biens purement moraux. Le législateur a-t-il ce pouvoir ? Évidemment non. Tout au plus pourrait-il désigner au public l'homme qui mérite son mépris. Cette qualification, donnée par la loi à certaines peines, a été l'objet de critiques acerbes (2), mais sans portée, car le législateur n'a

---

(1) Les peines criminelles établies par les codes de justice militaire sont les mêmes, sauf que la dégradation civique est remplacée par la *dégradation militaire*.

(2) V. Rossi, III, p. 127 ; Chauveau et Hélie, I, 42 et s.

point eu l'intention qu'on lui suppose. L'expression de peine infamante était devenue synonyme de peine emportant privation des droits politiques, et c'est avec cette acception qu'elle est passée dans le Code d'instruction criminelle (1). Le bannissement du territoire français était classé autrefois parmi les peines afflictives, parce qu'il « *afflige l'homme en sa liberté* » (2). Le législateur moderne en a fait une peine simplement infamante, parce qu'il a probablement confondu la qualité de Français, qui donne le droit de résider sur le territoire, avec la qualité de citoyen. — Quant aux peines afflictives, elles sont en même temps infamantes parce qu'elles entraînent, à titre de peine accessoire, la dégradation civique (art. 18, 28, C. p. L. 31 mai 1854, art. 2), c'est-à-dire la perte des droits politiques. Cette perte n'est pas d'ailleurs encourue seulement à titre de peine criminelle. Elle est, avec plus ou moins d'étendue, le complément ou l'accessoire de peines correctionnelles. Nous allons maintenant étudier en détail les peines afflictives ou infamantes, en suivant l'ordre de l'échelle spéciale à chacune d'elles.

## § 1. — Peines de Droit commun.

**254. I. Peine de mort.** — La peine de mort est historiquement la plus ancienne de toutes les peines. A l'origine des sociétés, le Droit criminel ne comprend que les infractions les plus graves ; la mort apparaît logiquement comme leur châtiment. Cette peine a été souvent appliquée avec cruauté sous l'empire des deux idées qui dominaient les anciennes législations pénales : l'idée d'expiation et l'idée d'exemplarité. Le développement progressif de la civilisation a réduit ses cas d'application et adouci son mode d'exécution. En France, elle ne consiste plus, quel que soit le crime, que dans la simple privation de la vie. Cette peine est depuis longtemps l'objet de critiques : aux XII$^e$, XIII$^e$ et XVI$^e$ siècles, alors que la religion et la politique étaient confondues, elle fut l'objet d'ardentes polémiques entre les docteurs catholiques et ceux des sectes dissidentes (3). Au siècle dernier, Beccaria (4) apporta le premier un argument d'une apparence juridique à la thèse de l'abolition, en contestant que l'homme ait pu faire marché de sa vie dans le Contrat Social qui, selon lui, est l'origine du droit de punir. J.-J. Rousseau (5) se borne à critiquer l'utilité de la peine capitale : « on n'a le droit de tuer un ennemi, dit-il, que quand on ne peut pas le faire esclave ». Mais Filangieri répondait

---

(1) V. Locré, XXIX, p. 109.
(2) V. *suprà*, n° 45 et Pothier, *Proc. crim.* Sec. V, art. II, § 6.
(3) Comp. Molinier, *Rev. de l'Académie de législat.* t. X (1861), p. 492 et s.
(4) *Traité des délits et des peines.* ch. XVI, XXVIII.
(5) *Le Contrat social*, liv. II, ch. V.

que la société avait hérité du droit d'infliger la mort que l'homme isolé puise dans la légitime défense (1). Le Code pénal de 1791 la maintint en la réduisant à la simple privation de la vie et en soumettant tous les condamnés au même genre de supplice (art. 2 et 3, part. I, tit. I). Il est à remarquer que les abolitionistes du siècle dernier étaient partisans du maintien de la peine de mort en matière politique : c'est ainsi que les conventionnels les plus farouches demandaient l'abolition de la peine de mort pour les crimes de Droit commun (2), et la Convention la vota dans sa dernière séance, en ajournant toutefois cette réforme à la publication de *la paix générale*. Cette promesse fut rapportée par la loi du 8 nivôse an X, et les législations postérieures ont jugé bon de maintenir la peine de mort. Le Code pénal de 1810 l'aggrava même de l'amputation du poing droit pour les parricides. Mais cette cruauté inutile a été supprimée en 1832. A cette époque, on réduisit beaucoup le nombre des crimes punis de mort et on reconnut au jury le droit d'écarter cette peine par une déclaration de cicronstances atténuantes. Enfin la Constitution de 1848 (art. 5) l'abolit en matière politique. Depuis cette époque le parti abolitioniste n'a plus fait de progrès en France (3). L'opinion publique reconnaît la nécessité de la peine de mort pour la répression des crimes les plus graves ; mais il s'est produit un revirement remarquable quant à son application. Au siècle dernier, on proposait d'abolir la peine de mort pour les crimes de Droit commun et de la maintenir pour les crimes politiques. Aujourd'hui, en matière politique, la peine de mort nous répugne ; sa légitimité au contraire nous paraît incontestable pour les crimes de Droit commun. Deux causes ont contribué à produire ce résultat : la modération du jury et l'usage fréquent du droit de grâce. Quelques chiffres permettront d'apprécier les modifications qu'ont produites depuis 1810 les efforts combinés du législateur, du jury et du chef de l'État : sous le Code pénal de 1810 la peine de mort s'appliquait à 115 crimes ; après la réforme de 1832 ce chiffre était réduit à 37 ; l'abolition partielle accomplie en 1848 l'a réduit à 15 ; le jury l'écarte 9 fois sur 10 ; enfin la grâce enlève à l'exécution les 5/6 des condamnés (4).

(1) *Science de la législat.* liv. III, part. II, ch. V.
(2) Laboulaye, *Rev. des cours littér.* t. II, 1864-1865, p. 782 et s.
(3) Il ne désarme point cependant ; il y a toujours quelques projets de loi demandant l'abolition de la peine de mort à l'ordre du jour des Chambres. Les plus célèbres ont été ceux de Jules Favre en 1855, de Jules Simon en 1870, de Schœlcher en 1872, de Louis Blanc en 1876.
(4) En 1879, 23 condamnés, 4 exécutés ; — en 1883, 25 condamnés, 3 exécutés. Cette proportion entre les condamnations à la peine capitale et les commutations de peine paraît être la même dans les autres pays d'Europe. Voy. l'enquête faite à la diligence de l'Angleterre, en 1880, sur l'application de la peine de mort pendant les dix dernières années. Holtzendorff, *Nouveaux essais sur la peine de mort.*

A l'étranger le mouvement abolitioniste est en progrès. Tantôt la peine de mort a cessé d'être appliquée en fait (Belgique), tantôt elle a été législativement abolie (Toscane, 1859; Portugal, 1866; Hollande, 1870, 1881; Italie, 1889). En Suisse, la Constitution fédérale du 29 mai 1874 (art. 65) l'avait supprimée; mais à la suite de pétitions pour son rétablissement, cet article a été revisé en ce sens qu'il est permis à chaque canton de rétablir la peine de mort pour les crimes de Droit commun. Les cantons de Zurich, de Lucerne et de Zug ont profité de cette faculté.

**255.** La légitimité de la peine de mort est assurément une question théorique des plus graves, mais elle ne peut faire doute pour ceux qui, comme nous, fondent le droit de punir sur la défense indirecte de la Société. L'être social, comme l'homme isolé, a incontestablement le droit de faire tout ce qui est nécessaire pour sa défense : la question de légitimité se confond à nos yeux avec celle d'utilité. Target, dans son rapport, posa la question sur son véritable terrain : « La peine de mort, dit-il, est-elle légitime? est-elle nécessaire? Ces deux questions n'en font qu'une : sans nécessité cette peine ne serait pas légitime; et, si elle est nécessaire, sa légitimité est incontestable ». — La vie de l'homme est inviolable, objecte-t-on; et chacun développe ce thème suivant ses croyances religieuses, ou ses idées philosophiques. Mais à vrai dire, l'on ne voit pas pour quel motif la vie de l'homme serait plus inviolable que sa liberté. Personne n'a jamais nié, d'ailleurs, et ne niera jamais la légitimité d'une guerre défensive. Or le droit de défense cesserait-il parce que le danger au lieu de venir du dehors viendrait de l'intérieur, et par exemple de l'insécurité causée par des crimes que le châtiment suprême peut seul arrêter? C'est donc l'utilité seule de la peine de mort qu'on pouvait contester, et on l'a fait en disant que la Société avait d'autres moyens de défense, par exemple la privation perpétuelle de la liberté; on a ajouté que la peine de mort était inefficace parce qu'on remarque, chez les grands coupables auxquels elle est destinée, une certaine affectation à la braver. — Ces objections n'émanent que de théoriciens. En France et à l'étranger, tous les hommes que leurs fonctions mettent à même de juger la chose de près s'accordent pour reconnaître la terreur salutaire qu'inspire la peine capitale. Une peine perpétuelle laisse toujours au fond du cœur du condamné l'espoir d'une évasion ou d'une grâce. Elle n'effraie pas tant que la mort (1).

Les meilleures critiques qu'on ait dirigées contre la peine capitale sont tirées du défaut dans cette peine de plusieurs conditions auxquelles on

---

(1) Nous conseillons à ceux qui nient la terreur qu'inspire la peine de mort de lire le récit de l'exécution de la femme THOMAS, à Romorantin, le 25 janv. 1887, récit qui a paru dans la plupart des journaux, ou celui de l'exécution de JARDRY à Périgueux, le 21 déc. 1889 (*L'Éclair*, de Montpellier, 22 déc.).

reconnaît une bonne pénalité. Par exemple, elle n'est ni *réformatrice* ni *réparable*. — A cela on peut répondre que ces qualités ne sont pas essentielles. Une peine réservée à un malfaiteur incorrigible, qui s'est rendu coupable, en dernier lieu, d'un crime grave, n'a pas besoin d'être réformatrice. Une critique plus juste à adresser au législateur, ce serait d'avoir considéré uniquement la gravité des faits auxquels il attachait la peine de mort, au lieu de tenir compte, même pour ces crimes, des antécédents de l'agent. On concevrait une réforme en ce sens.

L'objection tirée de l'irréparabilité de la peine de mort est plus sérieuse. Mais ce défaut se rencontre également dans la peine privative de la liberté. En supposant en effet une législation assez généreuse pour accorder une indemnité pécuniaire à celui qui a été victime d'une erreur judiciaire, compensera-t-on jamais les souffrances physiques et morales qu'une longue détention a fait endurer? Rendra-t-on jamais l'équivalent de la liberté perdue, de la santé compromise, de la vie abrégée par le changement de régime et le bouleversement des habitudes? Il faut donc prendre son parti de l'irréparabilité du préjudice causé par les erreurs judiciaires. C'est un mal sans remède. On ne s'en émeut point quand il s'agit d'intérêts purement civils; on doit l'accepter aussi en matière pénale, parce qu'il répond à un bien dont on ne saurait se passer : le fonctionnement de la justice avec les moyens dont l'homme dispose.

On a dit enfin que la peine de mort était démoralisante pour le public, parce qu'elle développe les instincts sanguinaires. Cette objection ne vise point la peine elle-même, mais son mode d'exécution. Nous l'examinerons plus loin.

**256.** La peine de mort s'exécute par la décapitation lorsque la condamnation émane d'une Cour d'assises (art. 12, C. p.); par la fusillade, si elle émane d'un conseil de guerre (art. 187, C. j. m. A. T.). Celle prononcée par un tribunal maritime s'exécute tantôt par l'un, tantôt par l'autre mode (art. 239, C. j. m. A. M.). La décapitation est opérée à l'aide d'un instrument qui fonctionne automatiquement (D. 20 mars 1792). C'est la *guillotine*, ainsi nommée en souvenir du docteur Guillotin qui la proposa (1). Les parricides sont conduits au lieu de l'exécution, en chemise, nu-pieds et la tête couverte d'un voile noir. Ils restent exposés sur l'échafaud pendant qu'un huissier fait au peuple lecture de l'arrêt de condamnation (art. 13, C. p.) (2). Le corps du supplicié est délivré à sa famille,

(1) La machine fut exécutée par SCHMIDT, sous la direction du docteur LOUIS, secrétaire perpétuel de l'académie de chirurgie. Elle fonctionna pour la première fois le 27 avril 1792. Ce genre de décapitation était usité déjà dans des pays voisins, notamment en Allemagne. (V. DUBOIS (d'*Amiens*), *La guillotine et la Révolution française*, rev. des cours littér. 1865, t. III, p. 761 ; *Annuaire de législation étrangère*, 1882, p. 259.)

(2) Un sentiment d'humanité a poussé quelques auteurs à demander la sup-

si elle le réclame, à la charge par elle de le faire inhumer sans aucun appareil (art. 14, C. p.). La loi n'exclut point la cérémonie religieuse des inhumations ; mais elle ne veut point de la pompe d'un convoi qui aurait l'apparence d'une protestation contre l'œuvre de la justice. — L'art. 26 du Code pénal pose le principe de la publicité de l'exécution : « L'exécution se fera sur une place publique du lieu qui sera indiqué par l'arrêt de condamnation ». La désignation de la ville regarde la Cour d'assises ; celle de la place publique, l'autorité municipale (1). Si la Cour d'assises omettait de faire la désignation qui lui est prescrite par la loi, l'exécution aurait lieu, de droit, dans la commune où la condamnation a été prononcée (2). L'exécution ne peut avoir lieu les jours de fêtes religieuses ou nationales, ni les dimanches (art. 25). « Si une femme condamnée à mort *se déclare* (3) *et s'il est vérifié* qu'elle est enceinte, elle ne subira sa peine qu'après sa délivrance » (art. 27). Hors ce cas, l'exécution doit avoir lieu aussitôt que l'arrêt de condamnation est devenu irrévocable (art. 375); mais cette disposition de la loi n'est pas suivie en pratique ; une circulaire du ministre de la justice, du 27 septembre 1830, prescrit aux procureurs généraux de surseoir à l'exécution jusqu'à la décision du chef de l'État. L'instruction administrative qui précède cette décision est celle du recours en grâce. On peut dire qu'il y a un recours en grâce formé d'office en faveur du condamné à une peine capitale.

257. La publicité organisée par le Code de 1810 pour les exécutions à mort a été l'objet des critiques des adversaires de la peine de mort, qui voient dans la suppression de la publicité de l'exécution un acheminement vers la suppression de la peine elle-même. Nous croyons cependant qu'on peut séparer les deux questions. Les moyens de publicité ont tellement changé depuis 1810, qu'on peut se dispenser aujourd'hui d'offrir au gros public un spectacle sanguinaire. La publicité de l'exécution peut être remplacée par *l'annonce et le récit de l'exécution* dans les journaux. Il suffirait donc de convier largement les représentants de la presse aux exécutions à mort qu'on ferait dans l'intérieur des prisons. Il conviendrait aussi de ne négliger aucun des signes extérieurs suscep-

---

pression de ces formalités (V. CHAUVEAU et HÉLIE, I, 67 ; BERTAULD, pp. 211, 212). On pourrait supprimer la lecture de l'arrêt qui retarde l'exécution.

(1) Cass., 6 juin 1861.

(2) Cass., 3 août 1843. — Une circulaire du ministre de la justice (27 juin 1874) prescrit aux membres du ministère public de requérir formellement que l'exécution de la peine ait lieu dans la ville où la condamnation est prononcée. Il est à peine utile d'ajouter que cette circulaire, inspirée par l'esprit d'économie, n'oblige pas la Cour d'assises qui conserve le droit de fixer le lieu de l'exécution dans la commune où le crime a été commis, si elle estime que cette désignation donnera plus d'exemplarité à la peine.

(3) On aurait bien fait d'ajouter : « *ou paraît enceinte* ».

tibles d'annoncer au public que tel jour à telle heure le condamné aura subi sa peine (affiches, drapeau noir hissé sur la prison, glas funèbre, etc.) (1)

**258. II et III. Travaux forcés à perpétuité et à temps.** — Ces deux peines s'exécutant de la même manière, nous les exposerons parallèlement pour éviter des redites et des renvois de pure forme.

**259.** Les travaux forcés à perpétuité soulèvent la question de la légitimité des *peines perpétuelles*. Le Code pénal de 1791 les avait supprimées comme conséquence de l'abolition du droit de grâce. Elles sont de nature en effet à enlever au condamné tout désir de s'amender si elles ne lui laissent pas l'espérance de voir récompenser sa bonne conduite par une abréviation du châtiment. L'expérience a démontré que le droit de grâce, et les peines perpétuelles étaient dignes de figurer dans une bonne législation. Le sénatus-consulte du 16 therm. an X rétablit le droit de grâce, et le Code de 1810, les peines perpétuelles. Elles forment une transition utile entre la peine de mort et les peines temporaires.

**260.** La durée des travaux forcés à temps est de cinq à vingt ans. Elle peut être élevée jusqu'à quarante par l'effet de la récidive (art. 19 et 56, C. p.).

**261.** La peine des travaux forcés portait dans l'ancien Droit le nom de peine des *galères* et dans le Droit intermédiaire celui de peine des *fers*. A l'origine les condamnés étaient employés comme rameurs sur les galères du roi. Au XVIe siècle ils furent utilisés dans les ports pour les travaux les plus pénibles. On les détenait sur des pontons appelés *bagnes* (2), nom qui désigna plus tard les prisons qui leur étaient affectées. Le Code pénal de 1791 (art. 7, part. I, tit. I) dit que les condamnés traîneront à l'un des pieds un boulet attaché avec une chaîne de fer. De là vint la seconde dénomination de cette peine. Ce Code posa aussi le principe que les travaux des condamnés profiteront exclusivement à l'État (art. 6). La première de ces dispositions est passée dans l'art. 15 du Code pénal de 1810, qui ajoute même que les condamnés seront attachés deux

---

(1) L'exécution dans l'intérieur des prisons, devant un public composé de délégués de diverses classes de citoyens, est en vigueur dans beaucoup de législations modernes : Angleterre, États-unis, Allemagne, Autriche-Hongrie, Suède, Russie, Mexique, etc. V. *Annuaire de législation étrangère* 1882, p. 259 et 613.— Ce système de publicité restreinte fut proposé par la commission extra-parlementaire instituée par M. Dufaure, ministre de la justice, pour préparer un projet de réforme de notre législation criminelle. Il fit l'objet d'un projet de loi déposé par le gouvernement à la Chambre des députés le 20 mars 1879 (V. l'exposé des motifs et le texte du projet, *J. off.* 3 avril 1879). Ce projet laissé sans suite fut repris au Sénat le 20 juin 1884 par M. Bardoux. Il a été soumis, dans l'année 1885, aux Cours d'appel qui l'ont en général fait suivre d'un avis favorable.

(2) Étymologie : balneum, en italien *bagno*, parce que ces pontons ressemblaient à des établissements de bains sur bateaux.

à deux avec une chaîne lorsque la nature du travail auquel ils seront employés le permettra. La seconde y est virtuellement sous-entendue (1). Les *travaux forcés* auxquels sont assujettis les condamnés ont donné à la peine son nom moderne. Ce qui caractérise le régime de cette peine, c'est que les travaux dont il s'agit peuvent être exécutés en dehors d'une prison (art. 6, C. p. 1791; art. 15 et 16 comb. C. p. 1810). — Il est à remarquer que l'exécution des travaux forcés en la forme qui vient d'être décrite n'a jamais concerné que les *hommes* en la force de l'âge. Les femmes, et sous le Code pénal de 1810, les septuagénaires subissaient cette peine sous la forme de la réclusion (art. 9 et 10, C. p. 1791; art. 16 C. p. 1810).

**262.** Avec l'expansion de notre puissance coloniale on songea à débarrasser des forçats la France continentale : un décret du 27 mai 1852 introduisit la transportation à la Guyane française à titre d'essai. Plus tard la loi du 30 mai 1854 substitua définitivement le régime de la transportation à celui des bagnes. La peine des travaux forcés est subie, depuis cette époque, dans les colonies, sauf de rares exceptions. Il nous faut étudier ce nouveau mode d'exécution au point de vue, 1° du lieu, 2° du régime.

*a)* Le *lieu* où les forçats subissent leur peine est un établissement, créé par décret, dans une possession française autre que l'Algérie (art. 1er, L. 30 mai 1854). La Guyane, qui avait d'abord été désignée pour tous les forçats sans distinction, ne reçoit plus les condamnés d'origine européenne, à cause de l'insalubrité du climat; ils sont transportés à la Nouvelle-Calédonie (D. 2 sept. 1863). Elle est affectée aux forçats de race arabe ou asiatique qu'on répartit aussi dans les colonies pénitentiaires d'Obock et du Gabon (D. 2 déc. 1886 ; D. 1er déc. 1887).

*b)* Le *régime* (2) est caractérisé par une liberté relative si on le com-

---

(1) Arg. à contrario des dispositions qui accordent ou permettent d'accorder au condamné une partie du produit de son travail dans les deux autres peines privatives de la liberté emportant assujettissement au travail (art. 41 et 21).

(2) Pour déterminer le régime des travaux forcés, il faut combiner la loi du 30 mai 1851, *sur l'exécution de la peine des travaux forcés* ; celle du 31 mai 1854 *portant abolition de la mort civile* ; le D. du 18 juin 1880, *réglant le régime disciplinaire des établissements des travaux forcés* ; et le D. du 31 août 1878, *réglant la condition des transportés concessionnaires de terrains dans les colonies pénitentiaires.* Les condamnés sont divisés en cinq classes : à leur arrivée ils sont placés dans la 4e et ne profitent pas de leur travail. S'ils s'amendent, ils passent dans la 3e où ils obtiennent une partie du produit de leur travail à titre de récompense ; puis dans la 2e et dans la 1re. Un salaire, augmenté à chaque passage dans une nouvelle classe, leur est accordé à titre de *droit* dans les deux premières classes. — Les condamnés de la première classe peuvent obtenir en outre des concessions de terrains et le droit de travailler chez les habitants de la colonie. Ils peuvent être employés aux travaux des divers services publics comme chefs d'ateliers ou

pare à celui que le Code pénal avait organisé. Le boulet et la chaîne ne sont plus employés qu'à titre de peines disciplinaires (art. 3, L. 30 mai 1854 ; art. 11, D. 18 juin 1880). On stimule le condamné à s'amender et l'on rend en même temps la transportation utile au développement de la colonie : 1° en abandonnant aux forçats une partie du produit de leur travail ; 2° en leur accordant des concessions de terrain ; 3° en les relevant de certaines incapacités (1). — Les concessions de terrains deviennent définitives un an au minimum et cinq ans au plus après la libération du condamné (art. 11, L. 30 mai 1854 et art. 1er, D. 1878).

La discipline est maintenue par un ensemble de peines disciplinaires qui consistent soit dans la suppression de certaines faveurs, soit dans une certaine contrainte corporelle, soit dans le renvoi d'une classe supérieure à une classe inférieure. Les châtiments corporels, que l'art. 10, al. 3 de la loi du 30 mai 1854 autorisait encore par une allusion discrète à d'anciens règlements, ont été abolis expressément par l'art. 11 du décret de 1880 (dern. al.) ; ils ne déshonorent plus notre législation.

Le forçat qui s'évade après son embarquement pour la colonie pénitentiaire est puni de deux à cinq ans de travaux forcés si c'est un condamné à temps, ou de l'application à la double chaîne pendant le même temps si c'est un condamné à perpétuité (art. 7, L. 30 mai 1854). L'évasion qui se produit avant l'embarquement est incriminée et punie par les articles 237 et suivants du Code pénal, qui contiennent des dispositions générales applicables à l'évasion de tous les détenus.

Tous les individus subissant à quelque titre que ce soit la transportation aux colonies françaises sont régis par le Code de justice militaire de l'armée de mer et justiciables des conseils de guerre et de revision permanents établis dans les colonies (art. 12, D. 21 juin 1858).

**263.** La loi du 30 mai 1854 (art. 6) a apporté une aggravation considérable à la peine des travaux forcés à temps. Tout condamné est astreint à l'expiration de sa peine à une résidence obligée dans la colonie pénale. Cette résidence est perpétuelle si la peine est au minimum de huit années de travaux forcés. Sa durée égale celle de la peine prononcée si celle-ci est inférieure à huit années. C'est là une restriction de la liberté encourue à titre de peine accessoire, indépendamment des incapacités que nous examinerons ci-dessous. Elle s'applique aux condamnés à perpétuité quand la peine principale prend fin par une cause qui laisse subsister la condamnation, par exemple quand elle leur est remise par voie de grâce ou qu'elle est prescrite (art. 6, § 4 et arg. de ce texte). — Les libérés soumis à la résidence obligée ne sont point astreints au travail ; ils de chantiers. — La 5ᵉ classe est une subdivision de la 4ᵉ destinée aux récidivistes. (D. 1880, art. 2 à 10.)

(1) Pour cette faveur, voir *infra*, n° 311 et s.

retombent souvent à la charge de l'État et constituent pour lui une perte sèche. La loi du 27 mai 1885 sur les récidivistes a remédié à cet inconvénient pour les forçats qui ont encouru la peine complémentaire de la relégation. On devrait poser en principe que l'État a le droit d'exiger du travail de tout individu valide qu'il est obligé de nourrir.— Les libérés en résidence obligée dans la colonie pénale sont régis par le Droit commun et justiciables des tribunaux ordinaires, sauf en ce qui concerne l'infraction à l'obligation de résidence et aux permissions de quitter temporairement le territoire de la colonie. Une peine de un à trois ans est applicable à cette infraction. Ils doivent répondre, sous peine d'emprisonnement correctionnel, à des appels destinés à constater leur présence dans la colonie (L. 30 mai 1854, art. 10 ; D. 30 janv. 1888).

**264.** La transportation est obligatoire pour les hommes et facultative pour les femmes, au gré de l'administration (art. 4, *ibid.*). On transporte particulièrement les femmes qui désirent contracter mariage avec des forçats ou des libérés astreints à la résidence dans la colonie. Un décret du 24 mars 1866 a réglé les conditions de ces mariages. On autorise aussi les femmes des condamnés à aller les rejoindre (1).

**265.** Toutes ces mesures favorisent l'amendement du condamné et son reclassement après sa libération ; elles développent en même temps la puissance coloniale ; mais elles adoucissent d'un autre côté le régime de la peine des travaux forcés et la rendent peu intimidante. Beaucoup de condamnés préfèrent cette vie au grand air, avec l'espérance de devenir propriétaires fonciers et de voir reconstituer autour d'eux une famille, à la réclusion ou à un emprisonnement correctionnel de longue durée subis dans une maison centrale, surtout avec l'expectative d'être rejetés après l'expiration de leur peine dans une société qui les repousse. Bien des attentats contre les gardiens, dans les maisons centrales, n'ont été commis que pour obtenir la transformation de la peine de la réclusion en celle des travaux forcés. Pour empêcher le renouvellement de crimes de ce genre, une loi du 25 décembre 1880 a prescrit l'exécution de la peine des travaux forcés dans la prison où le crime aura été commis pendant un temps que la Cour déterminera et même avec emprisonnement cellulaire pendant une année.

**266.** La loi du 30 mai 1854 a affranchi de la transportation les condamnés qui, à raison de leur âge avancé, n'auraient pu supporter le voyage ou qui n'auraient pas été utiles à la colonisation. L'article 5 dispose que la peine des travaux forcés ne sera jamais prononcée contre un individu

(1) L'administration transporte également, mais sur leur demande, des femmes subissant les peines de la réclusion ou de l'emprisonnement dans des maisons centrales qui ont du goût pour ces sortes de mariages. Cette pratique est implicitement approuvée par le décret de 1866.

âgé de soixante ans accomplis au moment du jugement et qu'elle sera remplacée par celle de la réclusion à temps on à perpétuité. Cette disposition modifie l'article 70 et abroge l'article 72 du Code pénal.

267. **IV. Réclusion.** — Aux termes de l'article 21, le condamné à la réclusion est « renfermé dans une *maison de force*, et employé à des travaux dont le produit *pourra* être *en partie appliqué à son profit*, ainsi qu'il sera réglé par le gouvernement. — La durée de cette peine sera au moins de *cinq* années et de *dix* ans au plus ». Cet article détermine le lieu, le régime et la durée de cette peine. La pratique l'a presque confondue aux points de vue du lieu et du régime avec l'emprisonnement correctionnel de longue durée. Nous ferons connaître son organisation actuelle en traitant ci-dessous des prisons de France et d'Algérie.

Comme peine, la réclusion est attachée aux crimes de Droit commun les moins graves. Elle sert également de mode d'exécution des travaux forcés, habituellement pour les femmes (art. 4, l. 30 mai 1854 ; art. 16 C. p.). et, toujours, pour les individus, de l'un ou de l'autre sexe, âgés de soixante ans accomplis au moment du jugement (art. 5, l. 30 mai 1854 ; art. 70, C. p.). Dans ce cas sa durée est perpétuelle ou de cinq à vingt ans comme la peine qu'elle remplace. Mais il est bon de noter que ce n'est qu'au point de vue de l'exécution qu'elle tient lieu des travaux forcés ; à tous les autres points de vue l'individu doit être considéré comme ayant encouru les travaux forcés à temps ou à perpétuité. L'observation est importante pour le fonctionnement des règles relatives à l'application des peines.

§ 2. — **Peines politiques.**

268. **I et II. Déportation dans une enceinte fortifiée et déportation simple.** — La peine de mort que le Code pénal de 1810 édictait pour les crimes les plus graves, sans égard à la nature de l'infraction, a été supprimée en matière politique par la Constitution de 1848. La *déportation*, c'est-à-dire la transportation suivie d'internement perpétuel dans une colonie lointaine, a été considérée comme une peine suffisante. Cette pénalité nous vient de la législation romaine. Elle n'existait pas dans l'ancien Droit. Elle apparut comme peine de Droit commun applicable aux récidivistes dans le Code pénal de 1791 (I$^{re}$ part. tit. I, art. 29, 30 ; tit. II, art. 1$^{er}$) ; puis comme peine politique dans les décrets des 10 mars 1793 et 27 germ. an II. Elle est passée avec ce dernier caractère dans le Code pénal de 1810.

Elle est, dans son essence, simplement restrictive de la liberté : elle n'impose en effet au condamné d'autre obligation que celle de ne pas quitter le territoire où il a été transporté. On ne l'astreint point au travail. S'il se livre à un métier ou à une industrie, il en garde pour lui tous les produits.

**269.** Le Code pénal de 1810, après avoir posé le principe de la peine, était resté muet sur son organisation. L'art. 17 laissait au gouvernement le soin de désigner les lieux de déportation. Il n'en désigna point et se borna pendant les premiers temps à détenir les condamnés dans une forteresse (1). La réforme de 1832 vint faire de ce mode d'exécution une peine nouvelle, *la détention*. De plus elle confirma la pratique, illégalement suivie jusqu'alors, en décidant que la nouvelle peine servirait de mode d'exécution à la déportation tant que les lieux de déportation ne seraient point désignés, ou bien lorsque les communications seraient interrompues entre ces lieux et la métropole. Enfin elle enleva au Gouvernement la désignation des lieux de déportation pour l'attribuer au législateur. — En 1835, nouvelle réforme de l'article 17 : on donne aux juges le droit d'ordonner que la déportation, exécutée sous la forme de la détention, sera subie dans une forteresse soit de la France continentale, soit des colonies. On était encore dans cette situation provisoire quand la constitution de 1848 abolit la peine de mort en matière politique. Pour remplacer cette dernière autant que pour donner à la déportation l'organisation qu'elle attendait depuis 1810, fut votée la loi du 8 juin 1850. Elle crée un degré plus rigoureux de déportation pour les crimes politiques anciennement punis de mort, la *déportation dans une enceinte fortifiée*, et désigne le lieu où sera subie la nouvelle peine (art. 1er et 4). — Elle désigne aussi la colonie affectée à l'exécution de la déportation établie par l'art. 17 du Code pénal, qui, depuis cette époque, a pris le nom de *déportation simple* (art. 2, L. 1850). Des lois et décrets postérieurs ont désigné de nouveaux lieux et complété l'organisation du régime. (L. 23 mars 1872, D. 31 mai 1872, L. 25 mars 1873.)

**270. Caractères généraux des deux déportations.** — La déportation dans une enceinte fortifiée et la déportation simple sont deux peines afflictives et infamantes, perpétuelles, affectées aux crimes politiques les plus graves. Elles s'exécutent normalement par la transportation suivie d'internement dans une colonie lointaine. Par exception, quand il n'y a point de lieux de déportation désignés par une loi, ou que les communications sont interrompues, la peine s'exécute sous la forme de la détention ; mais, dans le premier cas, l'arrêt de condamnation peut indiquer une forteresse des colonies pour l'exécution de la peine, tandis que dans le second, la peine est subie dans une forteresse de la France continentale (art. 17, al. 4, 5, art. 20, C. p.).

(1) V. art. 3, Ord. 2 av. 1817 portant règlement sur les maisons centrales de détention.

**271. Lieux affectés à la déportation.** — C'est la loi elle-même qui les désigne. En cela la déportation diffère de la *transportation*. — L'enceinte fortifiée dont parle la loi n'est ni un bagne ni une prison, mais une enceinte spacieuse comprenant des terrains dont les condamnés ont l'usage et où ils peuvent s'ingénier à vivre. La vallée de Vaithau, dans l'une des Marquises, puis la presqu'île Ducos, dans la Nouvelle-Calédonie, ont été affectées à l'exécution de la déportation dans une enceinte fortifiée. — Dans la déportation simple, le lieu est moins resserré. Il a été d'abord l'île de Noukahiva, puis l'île des Pins et l'île Maré.

**272. Régime de la déportation.** — En principe les condamnés jouissent dans le lieu de déportation de toute la liberté compatible avec la nécessité d'assurer la garde de leur personne et le maintien de l'ordre (art. 1$^{er}$, L. 1850; art. 4, 5, L. 1872; art. 1$^{er}$, L. 1873). Ils doivent se soumettre à certaines mesures de police et de surveillance. Les peines édictées par le Code pénal pour l'évasion leur sont appliquées lorsqu'ils sortent ou tentent de sortir du territoire de la déportation (art. 3, L. 25 mars 1873). S'ils rentrent en France, ils encourent la peine des travaux forcés à perpétuité; cette peine doit leur être infligée *sur la seule preuve de leur identité* (art. 17, al. 2, C. p.); c'est-à-dire à la suite d'une *reconnaissance d'identité*, procédure particulière (art. 618 à 620, C. i. c.) qui suppose la présence de l'inculpé. La peine des travaux forcés à perpétuité ne peut donc être prononcée par contumace contre l'évadé.

Les déportés sont assimilés aux marins au point de vue du Droit pénal. Leurs crimes et leurs délits sont punis d'après le Code de justice militaire de l'armée de mer. Ils sont jugés par les conseils de guerre et de revision permanents établis dans les colonies. L'infraction aux règlements édictés pour maintenir l'ordre et assurer la surveillance est punie des peines disciplinaires de la marine et prononcées par le préfet maritime, le gouverneur ou le commandant en chef (art. 1$^{er}$, 2, L. 25 mars 1873; art. 8, D. 21 juin 1858).

Les déportés ont droit à l'oisiveté. Le gouvernement détermine les moyens de travail qui leur seront donnés *s'ils le demandent* (art. 6, L. 1850). Il pourvoit à l'entretien de ceux qui ne subviennent point à cette dépense avec leurs propres ressources. La loi de 1873 contient un ensemble de mesures destinées à décider le déporté à se fixer définitivement dans la colonie. Il y a quatre points à noter : 1° *On facilite au condamné l'acquisition de la propriété foncière.* Des concessions de terrains lui sont faites, d'abord à titre provisoire : elles peuvent être retirées pour inconduite, indiscipline, défaut de mise en culture, évasion consommée ou tentée, condamnation nouvelle à une peine criminelle ou correctionnelle (art. 10). Après cinq ans elles deviennent définitives sauf le cas d'évasion consommée (art. 12). — 2° *On reconstitue sa famille.* On accorde au conjoint et aux enfants du déporté le droit d'aller le rejoindre aux frais de l'État, pourvu qu'il soit en mesure de subvenir à leurs besoins (art. 7, 14). — 3° *On fait participer les membres de la famille, ainsi reconstituée, aux concessions et on les leur transmet, alors même qu'on les retire au condamné* (art. 10 à 14). Le conjoint survivant du déporté est mieux traité que dans le Droit commun : ses droits de succession *ab intestat* sur les biens acquis par le déporté dans la colonie sont plus étendus ; il y a à son profit un nouveau cas d'usufruit légal (art. 13). — 4° On relève les déportés de beaucoup d'incapacités qui sont les conséquences de la peine principale (art. 3, L. 1850). Certaines cessent de plein droit ; pour d'autres il faut une décision gracieuse du Gouvernement (1).

**273.** Ainsi organisée la déportation présente plusieurs avantages. Elle paraît en premier lieu bien appropriée aux crimes qu'elle punit : elle impose en effet l'expatriation à des hommes qui ont tenté de s'emparer par des moyens illégaux du gouvernement de leur pays. De plus elle est préservatrice : elle purge la France continentale d'un élément menaçant. Enfin elle est favorable au développement colonial. Malheureusement ces avantages sont compensés par de graves inconvénients, ou n'existent, comme le dernier, qu'en théorie. C'est d'abord une charge très lourde pour le trésor. En second lieu elle n'intimide pas, parce qu'elle comporte trop de liberté et trop de bien-être. Enfin la possibilité d'une évasion, l'espoir d'une amnistie qui ne fait jamais défaut, encouragent le déporté à attendre sa libération dans l'oisiveté, au lieu de s'appliquer par son travail à fonder un établissement dans la colonie.

**274.** Un âge avancé modifie dans notre Droit l'exécution de toutes les peines qui exigent la transportation du condamné aux colonies : travaux forcés, déportation, relégation. Cet âge est soixante-dix ans accomplis au moment du jugement, s'il s'agit de la déportation (art. 70, C. p.), et soixante ans pour les autres peines (art. 5, L. 30 mai 1854 ; art. 6, L. 27 mai 1885). Cette différence n'a pas de raison d'être.

**275. III. Détention.** — Cette peine, introduite en 1832, a une double fonction : 1° elle est appliquée aux crimes politiques de gravité moyenne. Elle correspond alors par sa durée, qui est habituellement de cinq à vingt ans, à la peine des travaux forcés à temps. Elle occupe aussi un degré correspondant dans l'échelle spéciale des peines politiques. — 2° Elle est parfois le mode d'exécution des peines de la déportation et du bannissement.

**276.** Cette peine se subit dans une forteresse du territoire continental de la France, désignée par un décret rendu en Conseil d'État (art. 20 ;

---

(1) V. *infrà*, n°⁵ 311 et s.

C. p.). On a désigné successivement la citadelle de Doullens, celle de Belle-Isle-en-Mer, celle de Corte, et enfin le fort de Ste-Marguerite (1).

**277.** Le régime de la peine consiste uniquement dans la privation de la liberté sans obligation au travail. Le condamné sera *renfermé...* dit l'art. 20, et il ajoute : « Il communiquera avec les personnes placées dans l'intérieur du lieu de la détention ou avec celles du dehors conformément aux règlements de police établis par *décret* ». Le décret du 25 mai 1872 a réglé ces communications. Deux arrêtés ministériels des 26 mai 1872 et 3 novembre 1873 ont déterminé le régime économique, moral et disciplinaire des condamnés à la détention.

**278.** Toutes les fois que la déportation ne peut s'exécuter, soit parce que les lieux manquent, ou que les communications sont interrompues, ou que le condamné est âgé de soixante-dix ans accomplis au moment du jugement, elle est remplacée, en la forme, par la détention, qui dans ce cas est perpétuelle (art. 17, 70, 71, C. p.). — Toutes les fois aussi que le bannissement ne peut s'exécuter parce que les pays étrangers refusent de recevoir le banni, le condamné subit sa peine en France sous la forme de la détention, dont la durée, dans cette hypothèse, égale celle du bannissement qui avait été prononcé. — Dans cette seconde fonction, la détention n'a pas son caractère propre, elle est simplement le *mode d'exécution* d'une autre peine ; par conséquent à tous autres points de vue le condamné doit être considéré comme ayant encouru la peine que la détention remplace.

**279.** La détention est certainement une peine préservatrice ; mais elle n'est pas proportionnée à la gravité des crimes qu'elle réprime. Son régime est en effet beaucoup plus dur que celui de la déportation, surtout depuis les lois récentes qui ont amélioré le sort des déportés. Elle lui est inférieure sans doute par la durée, mais les amnisties, si fréquentes de nos jours, empêchent de prendre au sérieux la perpétuité des peines politiques. On peut donc signaler ici le même défaut d'harmonie qu'on signale entre les travaux forcés d'un côté et la réclusion ou l'emprisonnement de longue durée de l'autre. Cette partie de notre législation pénale appelle une réforme.

**280. IV. Bannissement.** — Le bannissement est l'interdiction du territoire français. Cette peine était très usitée dans l'ancien Droit où elle avait plus ou moins d'étendue. On bannissait tantôt du royaume, tantôt du ressort d'une justice. L'ancien bannissement a fourni la peine actuelle et les interdictions de séjour dont il sera traité plus bas. Autrefois on appliquait indifféremment cette peine aux crimes politiques et aux crimes de Droit commun. L'Assemblée constituante l'abolit sous prétexte

---

(1) V. Ord. 22 janv. 1835, D. 28 juil. 1850, D. 17 mars 1858, D. 16 janv. 1874.

qu'il aboutissait à un échange de malfaiteurs entre les États. Le Code pénal de 1810 l'a rétabli comme peine politique, parce qu'un mauvais citoyen n'est qu'un danger local (1). On l'appliqua cependant, au mépris du principe qu'on venait de poser, à certains crimes de Droit commun (faux dans les passeports, dans les feuilles de routes, dans certains certificats, art. 155, 156, 157, 158, 160, C. p.). La réforme de 1863 l'a remplacé dans ces hypothèses par un emprisonnement correctionnel ; mais cette anomalie existe encore dans l'art. 229. Elle soulève la question suivante : le bannissement appliqué à un crime de Droit commun perd-il le caractère de peine politique ? Nous l'examinerons à propos de la dégradation civique où ces applications anormales d'une peine politique sont plus nombreuses.

**281.** La durée du bannissement est de cinq à dix ans. Il correspond dans l'échelle des peines politiques à la réclusion. Il s'exécute par la conduite sous escorte à la frontière. Si le banni rentre en France, il *enfreint son ban* et encourt la détention ; mais la durée de cette détention n'est plus celle indiquée par l'art. 20 du Code pénal ; son minimum est le temps qui restait à courir jusqu'à l'expiration du bannissement, et son maximum, le double de ce temps (art. 33, C. p.). Cette peine est prononcée *sur la seule preuve de l'identité du condamné* (2). — L'exécution du bannissement suppose que les États limitrophes veulent bien recevoir ou laisser passer le condamner. En cas de refus et jusqu'à ce que le banni trouve un pays qui veuille lui donner asile, il est soumis sur le territoire français à une incarcération de garde que la pratique a qualifié de *détention* (3), mais qui n'a de commun avec cette peine que le lieu et le régime. La durée de cette détention compte au banni pour l'exécution de sa peine (art. 23, C. p.).

**282.** On a critiqué le bannissement : ce n'est pas, a-t-on dit, une peine préservatrice, car le condamné peut nuire du dehors par ses intrigues et sa correspondance. Ce n'est pas non plus une peine intimidante, surtout pour les étrangers. Ce n'est pas enfin une peine égale, car suivant les individus elle peut être ou très pénible ou presque insignifiante, à raison de la diversité des sentiments et des intérêts. — Il faut reconnaître cependant que c'est une peine bien appropriée aux crimes qu'elle réprime. Le banni d'ailleurs ne perd pas la qualité de Français, par conséquent les crimes et les délits politiques qu'il pourra commettre contre le gouvernement de son pays pendant la durée de son exil tombent sous l'application de la loi française (4).

(1) Locré, t. XXIX, p. 205, 222.
(2) Comp. *suprà*, n° 272.
(3) V. Ordon., 2 av. 1817, art. 4, et rapport de M. de Bastard à la Chambre des pairs, séance du 8 mars 1832.
(4) Il faut rapprocher du bannissement les interdictions de séjour sur le terri-

**283. V. Dégradation civique. — Origine et fonction.** — L'ancien Droit connaissait une *dégradation de noblesse*, peine tantôt principale, tantôt accessoire. Le Code pénal de 1791 organisa une *déchéance des droits politiques*, avec ce double rôle. Encourue comme peine principale, cette déchéance nécessitait des mesures d'exécution matérielle et était suivie de la peine complémentaire du carcan (1). Comme peine accessoire elle était la conséquence légale de toutes les peines emportant l'exhibition publique du condamné sur un échafaud pendant un temps plus ou moins long (2). La première portait le nom technique de dégradation civique. Ces deux sortes de peines passèrent dans le Code pénal de 1810 (art. 34 et 28 anciens), sauf que la dégradation civique, prononcée comme peine principale, fut dépouillée de toute mesure d'exécution matérielle. Dès lors elles tendirent à se confondre et la réforme de 1832 opéra cette fusion. Depuis cette époque la dégradation civique est une peine crimi-

---

toire français par mesure administrative ou politique. La loi du 3 déc. 1849 *sur la naturalisation et le séjour des étrangers en France*, art. 7, 8, 9, autorise l'expulsion des étrangers, même de ceux qui ont été autorisés à établir leur domicile en France. L'expulsion est régulièrement ordonnée par le ministre de l'intérieur, et elle peut l'être dans les départements frontières par le préfet. La mesure cesse de plein droit d'avoir effet à l'égard des étrangers domiciliés après un délai de deux mois, si l'autorisation qu'ils avaient d'établir leur domicile en France n'est point rapportée dans ce délai. La loi de 1849 n'a fait que généraliser le droit d'expulsion que l'art. 272, C. p. consacrait à l'égard de l'étranger vagabond. Depuis le C. p. de 1810 des lois de proscription ont été souvent rendues contre les membres des familles qui avaient exercé le pouvoir suprême avant l'établissement du gouvernement sous lequel ces lois étaient votées. La loi du 12 janv. 1816 bannit la famille de Bonaparte, celle du 10 av. 1832 bannit la branche aînée des Bourbons, celle du 26 mai 1848 bannit la branche cadette, celle du 22 juin 1886, actuellement en vigueur, interdit par une formule générale le territoire de la République « aux chefs des familles ayant régné en France et à leurs héritiers directs par ordre de primogéniture ». Elle autorise en outre le gouvernement à étendre cette interdiction « aux membres de ces familles ». Ces interdictions de séjour prononcées par l'autorité administrative ou par le pouvoir politique ne touchent au Droit pénal que par leur sanction. Le retour sur le territoire français est une sorte d'infraction de ban, punie de peines correctionnelles.

(1) Le condamné était conduit sur une place publique du siège du tribunal criminel. Le greffier proclamait à haute voix sa déchéance en ces termes : « Votre pays vous a trouvé convaincu d'une action infâme ; la loi et le tribunal vous dégradent de la qualité de citoyen français. » Le condamné était ensuite mis au carcan et il y restait pendant deux heures, ayant au-dessus de sa tête un écriteau où étaient tracés en gros caractères : ses noms, son domicile, sa profession, le crime qu'il avait commis et le jugement prononcé contre lui. Si le condamné n'avait pas la jouissance des droits politiques (femme ou fille, étranger, repris de justice), il était seulement condamné au carcan. L'exécution avait lieu de la même manière, sauf qu'on supprimait la phrase : « la loi et le tribunal... etc. » (art. 31, 32, 33, 1re part. tit. I. C. p. 1791).

(2) V. art. I, 1re part., tit. IV.

nelle privative des droits politiques, tantôt principale, tantôt accessoire. En tant que peine principale elle est appliquée aux crimes politiques les moins graves. En tant que peine accessoire elle est la conséquence légale de la condamnation à toute autre peine criminelle. Nous l'étudierons plus loin sous ce second aspect.

**284. Incapacités qui la constituent.** — L'art. 34 du Code pénal et quelques autres dispositions législatives énumèrent les incapacités dont l'ensemble forme la peine privative de droits qui nous occupe. On peut diviser en trois groupes les déchéances qu'entraîne la condamnation à la dégradation civique.

1° *Déchéance des droits politiques et de certains droits assimilés.* — Le condamné perd les droits électoraux : droits de vote, d'éligibilité et d'élection ; — le droit d'occuper une fonction, un emploi ou un office publics ; — le droit de tenir école et d'être employé dans un établissement d'instruction à titre de professeur, maître ou surveillant ; — le droit d'être juré, expert témoin dans les actes ; — le droit d'être gérant d'un journal ou d'un écrit périodique (art. 6, L. 29 juillet 1881) (1).

2° *Déchéance de certains droits publics :* — droit de porter une décoration ; — droit de déposer en justice sous la foi du serment ; — droit de port d'armes, et par suite, droit d'avoir un permis de chasse (art. 34, al. 5 et L. 3 mai 1844, art. 8).

3° *Déchéance de certains droits de famille :* — Droits de tutelle *sensu lato*, excepté sur ses propres enfants et sur l'avis conforme de la famille ; — droit pour le mari d'autoriser sa femme (art. 221, C. civ.) (2).

**285.** Ces déchéances peuvent être inefficaces soit parce que le condamné paraît ne pas tenir aux droits que la dégradation civique lui enlève, soit parce qu'il en est déjà déchu, soit parce qu'il n'est pas apte à en jouir ; aussi l'art. 35 du Code pénal ajoute-t-il à la dégradation civique, prononcée comme peine principale, un emprisonnement complémentaire dont

---

(1) Elle entraînait aussi, jusque dans ces derniers temps, l'exclusion de l'armée (art. 34, § 5, C. p.). Mais cette disposition de l'art. 34 a été corrigée par la loi sur le recrutement du 15 juill. 1889. Sont aujourd'hui exclus de l'armée, mais mis, soit pour leur temps de service actif, soit en cas de mobilisation, à la disposition du ministre de la marine et des colonies qui déterminera par des arrêtés spéciaux les services auxquels ils peuvent être affectés : 1° les condamnés à une peine afflictive et infamante, ou à un emprisonnement de deux ans et au-dessus, pour crimes et délits de Droit commun non connexes à des faits politiques ; 2° les condamnés à la dégradation civique *dans le cas prévu par l'art.* 177, *C. p.* ; 3° les relégués collectifs (art. 4, 6). Donc, quand elle est appliquée comme peine principale dans toute autre hypothèse que celle de l'art. 177 et quand elle est encourue comme accessoire du bannissement, la dégradation civique n'entraîne plus l'exclusion de l'armée.

(2) Cette dernière déchéance est controversée. Dans l'opinion générale, l'art. 221, C. civ. ne viserait que le bannissement par cette expression, *peine infamante*.

il fixe le maximum à cinq années ; le minimum, dont la loi ne dit rien, doit être fixé à 6 jours (art. 40, § 2). Cette peine complémentaire est facultative, lorsqu'il s'agit d'un Français jouissant de ses droits politiques ; elle est obligatoire, lorsqu'il s'agit d'un étranger ou d'un Français déchu de ses droits civiques. La distinction que l'article 35 fait pour les Français s'applique aux femmes, car, si elles n'ont pas tous les droits que fait perdre la dégradation civique, elles en ont un grand nombre, et dès lors on ne peut pas dire qu'à leur égard cette peine est inefficace.

**286. Nature de la dégradation civique peine principale.** — Comme peine principale la dégradation civique est appliquée à un petit nombre de crimes politiques (art. 111, 114, 119, 122, 126, 127, 130, C. p.) et à quelques crimes de Droit commun qui sont : certains cas de forfaiture (art. 167, 183), certains cas de corruption de fonctionnaires (art. 177, 179), les coups portés à un ministre d'un culte dans ses fonctions (art. 263). Ces applications de la dégradation civique à des crimes de Droit commun ont fait surgir la question de savoir s'il convient de placer cette peine au dernier échelon des deux échelles. Certains auteurs, tout en adoptant l'affirmative sur cette question (1), n'ont pas osé accepter les conséquences logiques de leur opinion, et, par exemple, en cas de récidive, punir de la réclusion les crimes de Droit commun auxquels est appliquée la dégradation civique. — D'autres auteurs ne classent la dégradation civique ni dans l'une ni dans l'autre échelle (2). — Ces deux opinions sont contraires à l'art. 56 qui prouve, ainsi que nous le démontrerons dans la théorie de la récidive, que la dégradation civique est toujours une peine politique même lorsqu'elle réprime un crime de droit commun. Ces derniers cas sont des anomalies. On peut en signaler une semblable pour le bannissement dans l'art. 229. La même question surgit donc aussi pour cette peine ; et ce qu'il y a d'étrange, c'est que les auteurs qui comprennent la dégradation civique dans les deux échelles, ou qui l'excluent de l'une ou de l'autre, considèrent le bannissement comme étant, dans tous les cas, une peine politique.

**287. Exécution, point de départ, durée, causes d'extinction.** — La condamnation à la dégradation civique opère de plein droit une diminution de capacité chez le condamné, à compter du jour où elle est devenue irrévocable, si elle est contradictoire, et à compter du jour de l'exécution par effigie, si elle est par contumace. Telle est la règle écrite dans l'art. 28 du Code pénal, pour la dégradation civique peine accessoire ; elle doit être étendue par analogie à la dégradation civique peine principale. La diminution de capacité est, à proprement parler,

(1) Voir Ortolan, II, 1629 ; Villey, p. 459 ; Lainé, 325, 326 ; Garraud, *Précis*, p. 280.
(2) V. Bertauld, p. 386.

l'exécution de la dégradation civique ; elle a lieu sans mesures matérielles; il ne faut pas la confondre avec la radiation des listes électorales ou des cadres de la légion d'honneur, ni avec l'expulsion de l'assemblée politique, la fermeture de l'école, la destitution de la tutelle, etc., car ces mesures matérielles sont les suites de l'exécution, mais non l'exécution elle-même. L'observation que nous faisons ici est commune à toutes les peines privatives de droit; son utilité pratique apparaîtra à propos de la prescription et de la grâce.

288. La dégradation civique est, en principe, perpétuelle ; mais elle cesse quand survient une cause qui efface la condamnation : réhabilitation, amnistie, revision du procès. Comme toutes les peines qui ne nécessitent pas de mesures d'exécution matérielle, elle n'est susceptible ni de prescription, ni de grâce ; cependant toutes les lois qui ont organisé la transportation aux colonies, comme mesure d'exécution de certaines peines, ont admis la remise plus ou moins large, aux transportés, des droits perdus par l'effet de la dégradation civique. Nous allons étudier l'étendue de ces remises gracieuses en exposant les peines accessoires en matière criminelle.

289. La dégradation civique est une peine très défectueuse : elle est inégale, car les droits qu'elle enlève sont indifférents à certains condamnés et très chers à d'autres ; elle n'est pas intimidante, car en privant de certains droits elle dispense de certains devoirs corrélatifs qui sont de véritables charges ; elle n'est pas personnelle, car, lorsqu'elle enlève au condamné le droit d'être expert ou témoin, elle atteint les tiers ; son indivisibilité la rend enfin peu appropriée, dans certains cas, à l'infraction commise. Nous trouverons en matière correctionnelle une peine privative de droits comprenant presque toutes les incapacités de la dégradation civique et bien supérieure à celle-ci par sa divisibilité.

§ 3. — Peines accessoires.

290. La condamnation à une peine criminelle entraîne virtuellement un certain nombre d'incapacités qui sont les peines accessoires en matière criminelle. Dans notre législation actuelle, toute peine criminelle, autre que la *dégradation civique*, emporte cette peine à titre de peine accessoire ; toute peine afflictive emporte en plus l'*interdiction légale* ; enfin les peines afflictives perpétuelles entraînent, outre les deux peines accessoires précédentes, la *double incapacité* de disposer et de recevoir à titre gratuit. — La dégradation civique étant connue, il suffit d'exposer ici l'organisation des deux autres peines. Nous verrons ensuite comment et dans quelle mesure les peines accessoires peuvent cesser au profit des

condamnés qui exécutent leur peine principale par la transportation dans une colonie.

**291. I. Interdiction légale. — Origine et fonction.** — Cette peine n'a pas de précédents dans l'ancien Droit. Elle a été créée par le Code pénal de 1791 (I<sup>re</sup> part. tit. IV, art. 2). L'art. 29 du Code pénal de 1810 l'attacha aux peines afflictives temporaires. Les peines perpétuelles emportaient, sous ce Code, la mort civile. Les lois du 8 juin 1850 et du 31 mai 1854, qui ont fait disparaître la mort civile de notre législation, l'ont en partie remplacée par l'interdiction légale ; de sorte qu'aujourd'hui *toutes les peines afflictives*, perpétuelles ou temporaires, emportent cette peine accessoire.

**292.** Les articles 29, 30 et 31 du Code pénal disent en quoi consiste l'interdiction légale. On peut la qualifier à la fois de *mesure de précaution* ayant pour but de rendre efficace l'exécution de la peine principale et de *mesure de protection* pour le patrimoine du condamné. Le condamné est mis en tutelle pendant la durée de la peine principale. Ses biens lui seront rendus quand elle aura pris fin et le tuteur lui devra compte de son administration. Tant que dure la peine principale, l'interdiction légale empêche le condamné de toucher ses capitaux et ses revenus. On veut par là lui retirer les moyens d'améliorer le régime de la peine afflictive qu'il exécute et de corrompre ses gardiens (1). Ces deux motifs échappent presque à l'analyse : les dangers signalés seraient chimériques avec un régime pénitentiaire bien organisé ; cependant on ne peut les négliger, car ils montrent le principe de la différence entre l'interdiction légale et l'interdiction judiciaire. Le caractère de mesure de précaution est prédominant, et ce n'est que par son organisation que l'interdiction légale devient accidentellement une mesure de protection pour le patrimoine du condamné. Il ne faudra pas donc s'inspirer de ce second caractère pour résoudre les difficultés que soulève l'incapacité de l'interdit légal.

**293. Condition de l'interdit légal.** — Elle ressemble beaucoup à celle de l'interdit judiciaire (art. 489 et s., C. civ.). Tous deux sont en tutelle ; le personnel de la tutelle est le même ; les pouvoirs du tuteur ne diffèrent point ; l'incapacité qui frappe l'interdit est de même nature ; c'est une incapacité d'exercice. Mais il y a des différences : 1° quant à l'emploi des revenus ; — 2° quant à l'étendue de l'incapacité de l'interdit ; — 3° quant à la sanction de cette incapacité.

**294. 1°** *Emploi des revenus.* — Tandis que les revenus de l'interdit judiciaire doivent être essentiellement employés à adoucir son sort (art. 510, C. civ.), il ne peut être remis à l'interdit légal, pendant la durée

---

(1) Exposé des motifs de Treilhard : Locré, XXIX, p. 208.

de sa peine, « aucune somme, aucune provision, aucune portion de ses revenus » (art. 31, C. p.). Le but de l'interdiction légale explique cette différence.

**295.** 2° *Incapacité de l'interdit légal.* — A prendre le texte des art. 29 à 31 du Code pénal, il semble que l'interdiction légale ne différerait de l'interdiction judiciaire qu'au point de vue de la mission du tuteur; l'incapacité qui résulte des deux interdictions serait la même.

Certains auteurs ont accepté cette solution. Pour eux, la question de savoir quelle est l'étendue de l'incapacité de l'interdit légal se confond avec la même question posée pour l'interdit judiciaire. Il suffit de noter ici sommairement la difficulté que soulève cette incapacité : est-elle absolue ? s'étend-t-elle aux actes qui ne comportent pas la représentation par le tuteur, tels que le mariage, la reconnaissance d'un enfant naturel, le consentement au mariage des enfants, le testament, la donation entre-vifs, les conventions matrimoniales ? Si l'on reconnaît à l'interdit judiciaire le droit de faire ces actes *exclusivement personnels*, dans un intervalle lucide, il faut reconnaître le même droit à l'interdit légal. Si au contraire on admet que l'incapacité de l'interdit judiciaire est absolue, on doit admettre que l'interdit légal ne peut faire aucun de ces actes. Ce second système n'a pas d'inconvénients au point de vue de la répression. Il exagère, à notre avis, les rigueurs de l'interdiction légale ; mais, par cela même, il devient une meilleure sauvegarde contre les dangers que le législateur a voulu prévenir. On peut lui reprocher d'être trop dur pour l'interdit, et de transformer, en fait, pour les droits, dont l'exercice exclut la représentation par autrui, une incapacité d'exercice en incapacité de jouissance. — Le premier système au contraire méconnaît le but de l'interdiction légale, en permettant au condamné de corrompre ses gardiens par des donations.

Un troisième système, plus favorable encore à l'interdit légal que le premier, a été proposé. Il détermine l'étendue de son incapacité par les expressions dont se servent les art. 29 et 31 pour déterminer la mission du tuteur. L'interdit légal pourrait tout faire, sauf administrer ses biens, toucher ses capitaux et ses revenus. Ainsi il pourrait vendre, mais le tuteur livrerait la chose vendue et recevrait le prix. — On doit *a fortiori* écarter ce système comme contraire au but de l'interdiction légale. Quant aux deux premiers, il faut les rejeter parce qu'ils établissent entre l'interdiction judiciaire et l'interdiction légale une analogie qui ne peut pas exister. Comment comparer en effet un insensé à un homme qui jouit de son bon sens ? Une mesure de *protection* pour l'incapable à une mesure de *précaution* prise contre lui ?

On doit, selon nous, laissant de côté toute autre préoccupation, déterminer l'incapacité de l'interdit légal en s'inspirant du but en vue duquel a été organisée la mesure qui le frappe. Il perdra le droit de faire tous les actes qui pourraient lui permettre de corrompre ses gardiens ; mais les autres lui seront permis. Sans doute ce système aura pour les actes personnels le même inconvénient que le premier : il transformera une incapacité d'exercice en incapacité de jouissance, mais on peut répondre à cette critique que l'interdiction légale est une mesure d'ordre public, prise contre l'incapable, et qu'il n'y a pas lieu dès lors de s'étonner des solutions rigoureuses qu'elle commande. Le résultat pratique de ce système sera de faire déclarer l'interdit légal capable de tous les actes intéressant exclusivement ou principalement sa personne, et incapable des actes relatifs à ses biens. Il pourra se marier, reconnaître un enfant naturel, consentir au mariage de ses enfants. Il ne pourra point s'obliger, aliéner à titre onéreux, ni faire de donations. Néanmoins le testament lui sera permis, parce qu'il ne confère au légataire qu'un titre révocable, sur lequel il ne peut compter ; ce n'est pas dès lors un moyen suffisant pour le corrompre (1). L'institution contractuelle au contraire rentre dans la règle générale applicable aux actes relatifs aux biens, à cause de l'irrévocabilité du titre qu'elle confère, quoique par l'éventualité de l'émolument elle se rapproche des legs.

**296.** 3° *Sanction de l'incapacité.* — L'incapacité de l'interdit judiciaire est établie uniquement dans son intérêt ; les personnes capables qui ont contracté avec lui ne peuvent l'opposer (art. 1125, C. civ.). Cette règle ne peut être étendue à l'interdiction légale, parce qu'elle est la conséquence du caractère de mesure de protection qui est essentiel dans l'interdiction judiciaire. L'interdiction légale étant au contraire une mesure de précaution dans l'intérêt social, sa sanction doit être une nullité d'ordre public, c'est-à-dire absolue, ouverte à tous les intéressés.

**297. Point de départ, durée, causes de suspension, causes d'extinction.** — Pour fixer le point de départ, la durée, les causes de suspension et les causes d'extinction de l'interdiction légale, il faut rechercher d'abord de quoi l'interdiction légale est l'accessoire. Un point certain d'après les textes, c'est qu'à la différence des autres peines accessoires, elle est attachée non pas à la condamnation, mais à son exécution. Reste à savoir si elle est l'accessoire de l'*exécution matérielle* ou du *droit d'exécution* de la peine principale. Suivant qu'on lui donnera l'un ou l'autre de ces caractères, l'interdiction légale suivra les vicissitudes ou de l'exécution matérielle ou du droit d'exécution. Sous le Code de 1810 la question ne présentait de l'intérêt qu'au point de vue des condamnés contradictoirement qui s'étaient évadés et des condamnés par contumace. L'*évadé*, le *contumax* étaient-ils en état d'interdiction lé-

---

(1) Cass. 27 fév. 1883 (S., 84, 1, 65).

gale ? Non, si on faisait de l'interdiction légale l'accessoire de l'exécution matérielle ; — oui, si on en faisait l'accessoire du droit d'exécution. Depuis la loi du 31 mai 1854, abolitive de la mort civile, l'intérêt pratique a surgi pour le condamné à mort : est-il, depuis que sa condamnation est devenue définitive jusqu'à son exécution, en état d'interdiction légale ? Non, dans la première opinion ; — oui, dans la seconde.

De ces deux systèmes le meilleur en législation est assurément le dernier. Il donne en effet un moyen de contrainte contre le condamné qui se soustrait ou qui serait tenté de se soustraire à l'exécution de la peine afflictive. Mais, si l'on consulte les travaux préparatoires du Code pénal de 1810, on peut dire, sans hésitation, que le premier système était seul dans l'intention du législateur. Priver le condamné qui exécute sa peine des ressources que lui procurerait la gestion de son patrimoine, tel a été l'unique but du législateur. Il n'a point appliqué l'interdiction légale à des situations où un condamné ne subissait pas sa peine. — Les textes corroborent cette solution. L'art. 29 du Code pénal, écrit en vue des peines afflictives temporaires, porte que le condamné sera, *pendant la durée de sa peine*, en état d'interdiction légale. L'art. 30 ajoute : « Les biens du condamné lui seront remis *après qu'il aura subi* sa peine ». Ces deux textes, qui visent le commencement et la fin de l'interdiction légale, en font l'accessoire de l'exécution matérielle de la peine principale et non celui du droit d'exécution. — La loi du 31 mai 1854 n'a rien changé à cette interprétation : elle attache en effet aux condamnations à des peines afflictives perpétuelles « l'interdiction légale *établie par les articles* 28, 29 *et* 31 *du Code pénal* ». C'est donc qu'elle se réfère au Code de 1810 pour tout ce qui concerne cette peine. Il faut considérer par conséquent l'interdiction légale comme l'accessoire de l'*exécution matérielle* de toute peine afflictive et accepter les déductions logiques de ce système. L'interprète n'a pas mission de refaire la loi.

**298.** C'est faute d'avoir vu la question de haut et dans son ensemble que les auteurs ont proposé des solutions de détail souvent en contradiction avec le principe qu'ils adoptent. Dans l'opinion générale : 1º le condamné à mort est en état d'interdiction légale à compter du jour où sa condamnation est devenue irrévocable ; — 2º le contumax au contraire ne s'y trouve point ; — 3º quant au condamné qui s'est évadé après que sa condamnation est devenue définitive, il y reste soumis. — La première et la troisième solution supposent que l'interdiction légale est l'accessoire du *droit d'exécution* de la peine afflictive ; tandis que la seconde suppose qu'elle est l'accessoire de son *exécution matérielle*. Or, c'est ce dernier principe qu'on adopte. On cherche alors à expliquer la contradiction de ces solutions. La contumace, dit-on, entraîne le séquestre des biens (art. 465 et 471, C. i. c.); ils sont régis par l'Administration des Domaines ; or ce régime spécial est juridiquement incompatible avec la tutelle que suppose l'interdiction légale et, par extension, avec l'interdiction légale dans tout son ensemble. — L'observation est exacte, si on la borne à la tutelle de l'interdit légal ; mais on comprendrait que son incapacité se combinât, pour le contumax, avec l'administration du patrimoine par le séquestre. Il en était ainsi pour les condamnés aux travaux forcés et à la déportation avant l'abolition de la mort civile. L'incapacité de jouissance de presque tous les droits civils, constituant cette peine accessoire, n'était encourue par le contumax que cinq ans après l'exécution par effigie, mais en attendant, le condamné était privé de l'exercice de ses droits civils (art. 27 et 28, C. civ.). Cette incapacité d'exercice n'avait rien de contradictoire avec l'administration des biens du condamné suivant les règles de la contumace. Les auteurs, qui décident aujourd'hui que l'interdiction légale atteint le contumax, ne peuvent raisonnablement proposer autre chose que cette combinaison de l'incapacité du condamné avec l'administration de ses biens par le séquestre. L'argument qui consiste à déclarer le régime de la contumace incompatible avec celui de l'interdiction légale porte donc à faux. La seule vraie raison qu'on puisse donner pour dire que le contumax n'est pas en état d'interdiction légale, c'est que cette peine est l'accessoire de *l'exécution matérielle ;* or, la peine afflictive prononcée par contumace ne s'exécute pas. Tout autre serait la solution si l'on disait que l'interdiction légale est l'accessoire *du droit d'exécution.* Sans doute ce droit est *résolu* par la représentation du contumax ; mais, en attendant il existe, puisqu'il se prescrit.

Moins justifiée est la solution qu'adoptent les mêmes auteurs relativement à l'évadé. Il semble en effet qu'on ne puisse faire aucune différence entre sa situation et celle du contumax. L'un et l'autre ne subissent pas leur peine afflictive ; ils doivent donc ou être affranchis tous les deux de l'interdiction légale, ou y être soumis tous les deux. — On trouve cependant le moyen de faire cette distinction : « L'interdiction légale de l'évadé, dit-on, a eu *un point de départ:* le jour où l'arrêt est devenu irrévocable ; tandis qu'au cas de contumace, elle n'a pu commencer, l'arrêt devenant irrévocable par la prescription de la peine » (1). Mais qu'importe que l'interdiction légale ait eu son point de départ ; du moment qu'on admet qu'elle est l'accessoire de l'exécution matérielle, comment ne pas admettre que la suspension de celle-ci n'entraîne la cessation momentanée de celle-là ?

Enfin, pour le condamné à mort, on décide qu'il est en état d'interdic-

---

(1) GARRAUD, *Précis,* 689 et 700, p. 802 note.

tion légale à compter du jour où sa condamnation est devenue définitive; on invoque l'intention du législateur, car « la loi du 31 mai 1854 ne s'en explique pas » (1). — L'argument n'a pas de base solide : on ignore en effet absolument si le législateur de 1854 a voulu que l'interdiction légale fût l'accessoire du droit d'exécution ou de l'exécution matérielle. Les solutions opposées qui ont été données pour le contumax dans l'exposé des motifs et dans le rapport laissent planer un doute que la discussion n'a point dissipé. Les textes au contraire sont en notre faveur, puisque, sans rien changer aux *conditions* d'application de l'interdiction légale, l'art. 2 se borne à lui donner un *nouveau cas* d'application (2).

**299.** La solution que nous donnons à cette controverse nous permet de fixer par la formule suivante le point de départ, la durée, les causes de suspension et la cause d'extinction normale de l'interdiction légale : « Cette peine accessoire suppose une condamnation contradictoire à une peine afflictive ; elle commence quand cette condamnation est devenue irrévocable, est suspendue par toutes les causes qui suspendent l'exécution matérielle de la peine principale et cesse avec celle-ci.

**300.** A l'égard des condamnés qui subissent une peine donnant lieu à la transportation, l'interdiction légale cesse isolément avant l'expiration de la peine principale, tantôt de plein droit, tantôt par l'effet d'une remise gracieuse ; mais les effets de cette extinction ne se font sentir que sur le territoire de la colonie. Nous l'étudierons plus loin.

**301.** L'interdiction légale est une mesure qui, au point de vue pénal, n'a pas de raison d'être et qui est mal appliquée d'ailleurs par notre législation. Un bon choix des gardiens, une surveillance suffisante exercée sur eux, des peines sévères, établies contre ceux qui se laisseraient corrompre, suffiraient à prévenir le danger auquel on veut parer par l'interdiction légale. Ce danger existe aussi pour l'emprisonnement correctionnel de longue durée ; cependant on n'a pas essayé d'y remédier par l'interdiction légale. On comprendrait l'emploi de cette mesure comme moyen de contrainte à l'égard des condamnés en liberté qui refusent de se présenter pour subir une peine corporelle ; mais précisément elle n'a pas été faite pour cette situation. A ce point de vue, il vaudrait même mieux ne pas y recourir et généraliser la mesure du séquestre, établie contre le contumax. L'interdiction légale pourrait être appliquée au contraire comme mesure de protection pour le patrimoine d'un condamné à une peine privative de la liberté de longue durée ; ce serait une institution purement civile.

**302. II. — Double incapacité de disposer et de recevoir à titre**

(1) GARRAUD, *Précis*, 689 et 700, p. 302 note.
(2) Les difficultés que soulève l'interdiction légale ont été résolues par des textes nouveaux dans le Code pénal belge, art. 20 et 21.

gratuit. — **Origine et fonction.** — Cette peine est une des incapacités qui constituaient autrefois la mort civile. L'ancien Droit attachait la *mort civile* aux peines afflictives perpétuelles (1). Elle disparut avec ces peines dans le Code pénal de 1791. Puis elle fut rétablie comme accessoire de la peine de mort par l'art. 23 du Code civil, et l'art. 18 du Code pénal l'attacha aux peines des travaux forcés à perpétuité et de la déportation.

**303.** Il est bon d'énumérer et d'apprécier les incapacités dont l'ensemble constituait la mort civile, pour comprendre les motifs de son abolition et de son remplacement par la peine actuelle. La fiction de mort avait été poussée très loin. Le condamné perdait d'abord tous les droits politiques proprement dits et assimilés (2). Il perdait en outre ses droits de famille et la plupart de ses droits civils : 1° sa succession était ouverte et dévolue à ses héritiers *ab intestat*. Par suite le testament qu'il avait fait en temps de capacité était nul. — 2° Son mariage était dissous. — 3° Il devenait incapable de *succéder*, et, s'il acquérait des biens, il était incapable de les *transmettre*; l'État prenait sa succession à titre de déshérence. — 4° Il était frappé de l'incapacité de disposer et de recevoir à titre gratuit. — 5° Enfin, comme on ne pouvait lui interdire les acquisitions à titre onéreux par le fruit de son travail, car c'eût été favoriser la mauvaise foi et le vol, on ne lui permettait pas de plaider en personne relativement aux biens ainsi acquis; il était représenté par un curateur. — Les deux premières conséquences de la fiction de mort étaient immorales quand elles n'étaient pas illusoires. Le condamné gracié, évadé ou ayant prescrit sa peine restait sous le coup de la mort civile. Aussi, de deux choses l'une : ou bien, se prévalant de la loi, ses enfants refusaient de lui rendre ses biens, son conjoint se remariait, alors le résultat était immoral ; ou bien faisant fi des dispositions légales, les enfants n'étaient que les prête-noms de leur père dans l'administration de son patrimoine et lui faisaient tenir ses revenus; son conjoint allait habiter avec lui, alors le résultat était illusoire. Dans ce dernier cas la situation du conjoint était surtout digne de pitié. Il ne pouvait y avoir entre lui et le mort civil qu'un concubinage donnant naissance à des enfants naturels non susceptibles d'être légitimés. La troisième conséquence rendait la peine impersonnelle ; elle atteignait les enfants du mort civil. La cinquième n'était qu'une humiliation de pure forme. Seule l'incapacité de disposer et de recevoir à titre gratuit méritait d'être conservée pour empêcher des donations et des legs dictés

(1) Ord. 1670, tit. XVII, art. 29 ; Ord. 1747, tit. I, art. 24.
(2) L'art. 25 n'en mentionnait que quelques-uns, mais on n'hésitait pas à le généraliser à tous les autres, car le mort civil ne conservant pas ses droits de famille ne pouvait *a fortiori* conserver ceux de cité.

uniquement par le mépris de la condamnation du disposant ou du gratifié.

**304.** La loi du 8 juin 1850 supprima la mort civile attachée aux deux degrés de déportation qu'elle instituait, et la remplaça par la dégradation civique et l'interdiction légale. La loi du 31 mai 1854 acheva son abolition. Mais cette suppression laissait une lacune. Il ne suffisait pas d'étendre aux peines afflictives perpétuelles, comme l'avait fait partiellement la loi de 1850, les deux peines accessoires des peines afflictives temporaires, il fallait en créer une nouvelle ; car plus s'élève la gravité de la peine principale, plus graves aussi doivent être ses conséquences. Pour ce motif la loi de 1854 emprunta à la mort civile la double incapacité de disposer et de recevoir à titre gratuit et en fit, avec la dégradation civique et l'interdiction légale, les peines accessoires des peines afflictives perpétuelles (1).

**305. Étendue et nature de cette incapacité.** — Cette peine accessoire prive le condamné *du droit* de recevoir des donations et des legs et de disposer aux mêmes titres. Ce n'est pas seulement l'exercice du droit qui est perdu, comme dans l'interdiction légale, mais le droit lui-même ; l'incapacité est de *jouissance*. Conséquemment le testament fait par le condamné en temps de capacité est nul. La loi de 1854 a cru devoir le dire expressément (art. 3), mais c'était inutile : le testament est un acte de dernière volonté qui suppose la capacité de jouissance chez le disposant au moment de son décès. Nul ne peut prétendre laisser un testament valable, s'il meurt dépouillé du droit d'*avoir* un testament. L'interdiction légale, même pour ceux qui admettent que l'interdit ne peut tester, n'aurait pas produit ce résultat. Il est de principe en effet que le testament, fait en temps de capacité par celui qui plus tard perd seulement l'exercice du droit de tester, reste valable (arg. art. 503, C. civ.).

**306. Point de départ, durée, causes d'extinction.** — Les condamnations contradictoires emportent la double incapacité du jour où elles sont devenues définitives, et les condamnations par contumace cinq ans après leur exécution par effigie (art. 3, L. 31 mars 1854). La mort civile au contraire était toujours attachée à l'exécution réelle ou par effigie (art. 26, 27, C. civ.).

La condition du contumax mérite d'être envisagée dans trois situations qui se présentaient autrefois pour la mort civile et qui se reproduisent aujourd'hui pour la double incapacité. Le condamné peut être arrêté, soit dans les cinq ans qui suivent son exécution par effigie, — soit

---

(1) Le conflit des lois du 8 juin 1850 et du 31 mai 1854 entre elles et avec la législation antérieure donnait lieu à des questions transitoires qui n'ont plus aujourd'hui un grand intérêt pratique. Elles sont réglées par les art. 5 et 6 de la loi du 31 mai 1854.

après les cinq ans, mais avant la prescription de la peine, — soit après la prescription de la peine.

**307.** S'il est *arrêté pendant la première période*, il purge sa contumace. Sa condamnation est rétroactivement anéantie. En conséquence, il reprenait autrefois l'exercice de ses droits paralysés par l'incapacité d'exercice établie par l'art. 28 du Code civil. Aujourd'hui cette incapacité d'exercice n'existe plus, mais le séquestre qui frappait les biens du contumax est levé ; par suite tous les actes que le condamné a pu faire depuis sa contumace et ceux qu'il fera avant sa condamnation définitive pourront s'exécuter sur ses biens (art. 29, C. civ. ; art. 476, C. i. c.). Le condamné qui meurt pendant cette première période, meurt dans l'intégrité de ses droits, la double incapacité n'étant point encore encourue (art. 31, C. civ., et arg. art. 3, § 3, L. 31 mai 1854).

**308.** Supposons-le *arrêté pendant la seconde période :* il purge encore sa contumace ; sa condamnation est anéantie et il devra passer de nouveau en jugement (art. 476, § 1, C. i. c.) ; mais la double incapacité qui l'a frappé cinq ans après l'exécution par effigie est-elle rétroactivement anéantie, ou ne cesse-t-elle que pour l'avenir ? — L'art. 30 du Code civil et l'art. 476, § 2 du Code d'instruction criminelle maintenaient la mort civile dans le passé. Certains auteurs soutiennent qu'on doit décider de même aujourd'hui pour la double incapacité. C'est en effet, disent-ils, *un débris* de la mort civile, une incapacité qui lui a été empruntée et qui dès lors doit être appliquée dans les mêmes conditions (1). — L'opinion générale est en sens contraire, et nous la croyons fondée. L'emprunt à la mort civile était forcé du moment qu'on voulait ériger en peine accessoire une incapacité de jouissance : la mort civile en effet les comprenait toutes. Il n'y a donc rien à conclure de cette observation. — Disons mieux : le législateur de 1854 a voulu abroger la disposition qu'on invoque. Ce qui le prouve c'est l'abrogation absolue et sans restriction de la mort civile par l'art. 1er. — L'esprit de la loi du 31 mai 1854, nettement accusé par ce texte, est de faire table rase de la mort civile pour la remplacer par une institution nouvelle. Ce procédé exclut toutes les règles de l'ancienne pénalité que le législateur n'a pas expressément reproduites. On reste donc sous la règle générale formulée par l'art. 476, § 1er du Code d'instruction criminelle, savoir : que la représentation du contumax avant la prescription de la peine anéantit la condamnation et toutes ses conséquences.

Si le condamné meurt pendant cette seconde période, il meurt frappé de l'incapacité de disposer et de recevoir à titre gratuit. Les condamnations par contumace sont en effet soumises à la condition résolutoire de la re-

---

(1) ORTOLAN, II, 1894 ; GARRAUD, *Précis*, 700.

présentation du condamné avant la prescription de la peine. La mort du coutumax rendant impossible l'événement de la condition, la condamnation devient pure et simple.

**309.** *Le contumax est arrêté pendant la troisième période*, c'est-à-dire plus de vingt ans après sa condamnation. La condition résolutoire qui affectait cette condamnation étant défaillie, la condamnation est définitive ; sans doute la peine principale est prescrite, mais l'incapacité de disposer et de recevoir à titre gratuit persiste, parce qu'elle est imprescriptible comme toutes les peines privatives de droits.

**310.** La double incapacité dont nous traitons est perpétuelle. De plus elle survit au droit d'exécution de la peine afflictive perpétuelle à laquelle elle est jointe, parce qu'elle est l'accessoire de la condamnation à cette peine et non de son exécution. Elle n'est donc pas éteinte indirectement ni par la grâce de la peine principale, ni par sa prescription. Mais elle disparaît par les causes qui effacent la condamnation (amnistie, revision, réhabilitation). Comme les autres peines privatives de droits, elle n'est pas susceptible d'être remise directement par voie de grâce ; nous allons voir cependant que des lois récentes ont apporté des dérogations à ces principes au profit des condamnés qui exécutent leur peine par la transportation dans une colonie.

**311. III. Extinction et remise des peines accesssoires au profit des condamnés transportés dans une colonie.** — Toutes les lois qui ont organisé la transportation de certains condamnés aux colonies ont admis à leur profit, tantôt de plein droit, tantôt par faveur administrative, une remise plus ou moins large des peines privatives de droits. Le but de ces lois a été de favoriser le développement de la colonie, l'amendement des condamnés et le reclassement des libérés dans la société nouvelle. Notre législation en cette matière manque d'harmonie et de vues d'ensemble, parce qu'elle a été faite d'apports successifs. Il serait utile de la remanier. On pourrait diviser les remises des incapacités en deux classes, suivant leur objet. Celles relatives au développement de la colonie devraient être communes à tous les condamnés, parce qu'ils rendent le même service au point de vue de la production. Celles au contraire relatives à l'amendement et au reclassement nécessiteraient des distinctions d'après la nature des crimes qui ont motivé la condamnation, parce que ces crimes dénotent le genre de perversité du condamné, ses instincts, ses habitudes : autant d'éléments dont il faut tenir compte quand il s'agit de l'amender et de le reclasser.

Pour exposer clairement notre législation sur cette matière, il faut prendre successivement chaque peine privative de droits et étudier les conditions de sa remise aux diverses catégories de condamnés transportés. Les lois qui s'y rapportent sont : la loi du 30 mai 1854, *sur l'exécu-*

tion de la peine des travaux forcés; celle du 31 mai de la même année, portant abolition de la mort civile; celle du 25 mars 1873, sur la condition des déportés ; celle du 27 mai 1885, sur les récidivistes. Nous n'emprunterons à cette dernière loi, dont l'explication viendra plus tard, que son art. 17 relatif à la remise aux relégués des incapacités dont ils sont frappés à titre de peine complémentaire ou accessoire. Ces incapacités peuvent être : 1° l'interdiction légale pour les relégués réclusionnaires que le gouvernement a transportés sur le territoire de la relégation avant l'expiration de la peine de la réclusion (art. 12) ; — 2° la dégradation civique pour tous les récidivistes relégués après leur libération d'une peine criminelle ; — 3° certaines incapacités empruntées à la dégradation civique et appliquées comme peines correctionnelles complémentaires ou accessoires ; — 4° l'incapacité de disposer et de recevoir à titre gratuit, si le relégué est un condamné à une peine afflictive perpétuelle libéré de cette peine par la grâce ou par la prescription. Le caractère commun de toutes les remises dont il va être question, c'est de s'appliquer seulement aux condamnés *transportés* ; les mêmes condamnés restés sur le territoire continental de la France ne sont pas appelés à en jouir.

**312. I. Remise de l'incapacité de disposer et de recevoir à titre gratuit.** — Cette peine accessoire atteint 1° les déportés, 2° les condamnés aux travaux forcés à perpétuité, 3° les condamnés à mort dont la peine a été commuée même en une peine afflictive temporaire ou qui se trouveraient affranchis de leur peine soit par une grâce complète soit par la prescription. On sait qu'elle est perpétuelle.

**313.** *a) Comment cesse cette incapacité ?* — En règle, par une grâce spéciale (art. 4, § 1ᵉʳ, L. 31 mai 1854); par exception, de plein droit au profit des déportés mais pour leur permettre uniquement de disposer de leurs biens en faveur de leurs conjoints qui sont venus habiter avec eux dans la colonie pénale (art. 13, § 4, L. 25 mai 1873).

**314.** *b) Quelle est l'étendue de la remise ?* — L'effet de la remise est absolu. Le condamné recouvre sa capacité : les dispositions qu'il fera s'exécuteront en quelque lieu que soient situés ses biens. Il recueillera les legs et les donations qui lui seront adressés même de France et portant sur des biens situés même hors du territoire de la colonie. Ce caractère absolu de la remise avait pu être mis en doute sous l'article 3 de la loi du 31 mai 1854 parce que son troisième paragraphe semblait limiter à certains biens les effets des actes juridiques accomplis par le condamné ; mais cette restriction ne concernait, suivant l'opinion générale, que les effets des actes juridiques paralysés par l'interdiction légale, dont la remise est traitée dans le paragraphe deuxième. L'art. 13, § 4 de la loi du 25 mars 1873 a d'ailleurs fait cesser le doute pour la remise de plein droit qu'il établit, et l'on doit étendre par analogie cette solution à la remise gracieuse.

**315.** Cet article résout de plus, implicitement une question, qui jusqu'alors était restée indécise. Le condamné a recouvré sa *capacité de jouissance* du droit de disposer à titre gratuit par la remise dont nous traitons; mais a-t-il également recouvré sa *capacité d'exercice ?* L'interdiction légale a-t-elle partiellement cessé, de manière à rendre possible l'accomplissement, par le condamné, de l'acte de disposition ? On le pensait généralement avant cette loi, parce que les donations et les testaments sont des actes qui ne se font point par représentant. Une remise de la capacité de jouissance, sans une remise correspondante de la capacité d'exercice, aurait été une faveur illusoire. Cependant la question avait été soulevée pour la constitution de dot aux enfants du condamné ; on avait songé à les faire doter par le conseil de famille, conformément à l'art. 511 du Code civil, après que le condamné aurait obtenu la remise gracieuse de l'incapacité de jouissance de disposer à titre gratuit. Mais cet article, écrit pour l'interdit judiciaire, c'est-à-dire pour un aliéné, pouvait-il être étendu à un individu jouissant de son bon sens comme l'interdit légal ? L'art. 13 de la loi du 25 mars 1873 résout la difficulté en accordant sans restriction au déporté le droit de disposer en faveur de son conjoint « *par dérogation à l'article 16 de la présente loi* ». Or l'art. 16 vise l'obstacle apporté au droit de disposer soit par la double incapacité soit par l'interdiction légale. Il y a donc remise de celle-ci dans la mesure de celle-là. Cette solution, donnée par la loi de 1873 pour un cas de remise de l'incapacité de disposer et de recevoir à titre gratuit, doit, par analogie, être étendue à tous les autres.

**316. II. Remise de l'interdiction légale.** — Rappelons que l'interdiction légale atteint tout condamné à une peine afflictive et qu'elle n'existe que pendant la durée de la peine principale : il ne peut donc s'agir que d'une remise accordée à un condamné en cours de peine.

**317.** *a) Comment cesse l'interdiction légale au profit du condamné transporté ?* — Il faut distinguer à cet égard les déportés simples des autres condamnés. Pour les premiers, l'interdiction légale cesse de plein droit dès qu'ils sont arrivés dans le lieu de déportation (art. 16, § 2, L. 25 mars 1873). Pour les seconds (déportés dans une enceinte fortifiée, forçats à perpétuité ou à temps, réclusionnaires relégués), elle ne cesse que par une grâce spéciale (art. 12, § 1, L. 30 mai 1854 ; art. 4, § 2, L. 31 mai 1854 ; art. 16, § 1er, L. 25 mars 1873 ; art. 12 et 17, L. 27 mai 1885).

**318.** *b) Dans quelle mesure cesse-t-elle ?* — Les effets de la remise de l'interdiction légale sont quelquefois limités à l'administration et à la disposition de certains biens. Dans ce cas les obligations contractées par le condamné ne peuvent être exécutées que sur ces biens. Il se produit un dédoublement du patrimoine, comme pour la femme mariée sous le régime dotal: capable sur une partie, le condamné est incapable sur l'autre (1). D'autrefois les effets de l'interdiction légale cessent d'une manière absolue. Les lois ont divisé à cet égard les condamnés en trois classes. — 1° *Les forçats à perpétuité*. Leurs actes ne peuvent engager que les biens qu'ils ont acquis à titre onéreux depuis leur condamnation. Les biens qu'ils possédaient avant leur condamnation ou qu'ils ont acquis (2) depuis à titre gratuit restent soumis au régime de l'interdiction légale (art. 4, §§ 2, 3, L. 31 mai 1854). — 2° *Les forçats à temps et les déportés*. Pour ces condamnés il faut distinguer deux situations. S'il y a simplement remise de l'interdiction légale, leur condition ne diffère point de celle des forçats à perpétuité. Si le gouvernement leur fait remise en outre de certains biens, ou même de tous les biens composant le patrimoine indisponible, leur capacité s'étend aux biens restitués, ou ils la recouvrent complètement (art. 16, §§ 3, 4, L. 25 mars 1873 ; art. 12, §§ 2, 3, L. 30 mai 1854). — 3° *Les réclusionnaires relégués*. L'art. 17 de la loi du 27 mai 1885 n'apporte aucune restriction au droit qu'il reconnaît au gouvernement d' « accorder aux *relégués* l'exercice, sur les territoires de la relégation, *de tout ou partie* des droits civils dont ils auront été privés par l'effet des condamnations encourues ». Il faut conclure de là que, si le gouvernement transporte aux colonies un réclusionnaire, condamné à la relégation, avant l'expiration de la peine principale, il pourra lui faire remise partielle ou totale de l'interdiction légale. Ce qui distingue ces condamnés de ceux de la classe précédente, c'est qu'une seule décision suffit pour effacer complètement les effets de l'interdiction légale ; de telle sorte qu'une remise pure et simple de l'interdiction légale rend au condamné l'administration et la disposition de tout son patrimoine, sauf le cas de réserve expresse dans la lettre de grâce.

**319. III. Remise de la dégradation civique et des incapacités, peines correctionnelles.** — La dégradation civique atteint tout condamné à une peine criminelle, et elle est perpétuelle. Les incapacités qu'on lui a empruntées, pour en faire des peines correctionnelles, sont

---

(1) Cette manière de s'exprimer a longtemps choqué les jurisconsultes. Il ne peut pas y avoir, disait-on, de capacité *restreinte à certains biens* ; c'est une *indisponibilité*. Mais la loi du 10 juillet 1850 est venue la confirmer par la rédaction qui a été intentionnellement donnée au paragraphe additionnel de l'art. 1391, C. civ. Aujourd'hui elle n'est plus guère contestée.

(2) Le texte cité dit : « qui leur sont *échus* », parce qu'il suppose que le condamné ne jouit que de la capacité de succéder *ab intestat* ; mais si la capacité de recevoir un legs lui avait été restituée, il faudrait assimiler les biens ainsi reçus aux biens recueillis dans une succession (arg. art. 12, § 3, L. 30 mai 1854). Cette observation s'applique à tous les condamnés frappés de la double incapacité de disposer et de recevoir à titre gratuit.

tantôt perpétuelles, tantôt temporaires. Les forçats, les déportés, les réclusionnaires ont nécessairement encouru la dégradation civique. Les relégués qui ont dans leurs antécédents une condamnation criminelle se trouvent dans le même cas, mais le plus souvent ils n'auront encouru que les incapacités, peines correctionnelles. Les conditions de la remise de ces deux peines privatives de droits sont les mêmes.

**320.** *a) A quel moment peut avoir lieu la remise ?* — Pour les *forçats* elle n'est possible qu'après leur libération (art. 12, § 4, L. 30 mai 1854). Ce texte écrit pour les forçats à temps qui ont subi leur peine doit être étendu par analogie aux forçats à perpétuité qui ont été graciés. — Pour les *déportés*, la loi ne distingue pas : elle admet la remise en cours de peine, comme après la libération (art. 16, § 5, L. 25 mars 1873). Ce serait restreindre arbitrairement la portée de ce texte que de l'appliquer seulement aux déportés graciés ; d'autant mieux qu'après la grâce ils ne sont pas astreints, comme les forçats, à une résidence obligée dans la colonie pénale sur le territoire de laquelle les effets de la remise doivent se faire sentir. — Quant aux *relégués*, l'art. 17 de la loi du 25 mai 1885 ne s'est pas expliqué sur le moment précis où pourrait intervenir la remise ; mais, comme il s'agit de condamnés pour crimes ou délits de Droit commun et que d'un autre côté le transport d'un relégué, avant qu'il ait subi la peine principale, est présenté par l'art. 12 comme une hypothèse exceptionnelle, il paraît logique de les assimiler aux forçats, c'est-à-dire de n'admettre la remise à leur profit de la dégradation civique et des incapacités, peines correctionnelles, qu'après leur libération de la peine principale qui précède immédiatement l'exécution de la relégation.

**321.** *b) Comment a-t-elle lieu ?* — Toujours par une grâce spéciale (art. 12, § 4, L. 30 mai 1854 ; art. 16, § 5, L. 25 mars 1873 ; art. 17, L. 27 mai 1885). Pour les déportés cette grâce doit être précédée d'un « avis du gouverneur de la colonie, *en conseil* ».

**322.** *c) Quelle est son étendue ?* — La remise de la dégradation civique et des incapacités-peines correctionnelles comporte certaines restrictions quant au nombre des droits restitués et quant aux lieux où ces droits pourront être exercés.

Pour les *déportés*, rien n'enchaîne la liberté d'appréciation du gouvernement, la remise peut être totale (art. 16, § 5, L. 25 mars 1873). — Aux *relégués*, le gouvernement peut restituer tous les droits perdus, sauf les droits électoraux (art. 17, L. 27 mai 1885) (1). — Quant aux *forçats li-*

---

(1) Ce texte ne parle il est vrai que de la remise des droits « *civils* », mais cet abjectif n'a été ajouté, en seconde délibération, que pour empêcher la remise des *droits électoraux*. Tous les autres droits politiques purs ou assimilés peuvent donc être restitués (V. Débat parlem., sénat, 1884, annexes, p. 531, 535).

*bérés*, ils peuvent obtenir seulement la remise de certains droits politiques assimilés (droit d'être juré, expert, témoin dans les actes et de déposer en justice avec prestation de serment), et des droits de tutelle (art. 12, § 4, L. 30 mai 1854).

Les droits restitués, quels que soient d'ailleurs les condamnés auxquels s'adresse la remise, ne peuvent être exercés que dans la colonie (1).

SECTION II. — DES PEINES PROPRES AUX DÉLITS.

**323.** Les peines propres aux délits sont : 1° l'emprisonnement correctionnel ; 2° l'interdiction de certains droits civiques, civils et de famille ; 3° certaines incapacités établies par les lois spéciales ; 4° la réparation honorable. La première de ces peines est ordinairement principale et quelquefois complémentaire ; les autres sont complémentaires ou accessoires. L'art. 9 du Code pénal énumère seulement les deux premières qui sont les plus usuelles. L'ordre dans lequel est faite cette énumération marque la gravité respective des deux peines. C'est une partie de l'échelle des peines correctionnelles (2).

(1) Avant de passer aux peines correctionnelles, il est bon de noter certaines peines criminelles qui existaient dans le Code pénal de 1810 et que les réformes postérieures ont abolies, savoir : l'*amputation du poing* pour le parricide (L. 28 avril 1832), la *marque* (id.), la *confiscation générale* (Charte de 1814, art. 66), le *carcan* et l'*exposition publique* (L. 28 avril 1832, D. 12 avril 1848), la *mort civile* (L. 31 mai 1854). On sait en quoi consistaient la première et la dernière de ces peines. La *marque* était l'impression au fer rouge d'un certain nombre de lettres sur l'épaule du condamné aux travaux forcés (art. 20, C. p.). C'était à la fois une flétrissure et un moyen de constater la récidive. Elle a été avantageusement remplacée dans cette dernière fonction par l'institution du casier judiciaire. La *confiscation générale* portait sur tout le patrimoine. Elle était la peine complémentaire des crimes graves contre la sûreté ou le crédit de l'État. Le *carcan* et l'*exposition publique* consistaient dans l'exhibition du condamné sur un échafaud pendant un certain nombre d'heures. Dans la première le condamné était plus étroitement attaché à un poteau que dans la seconde. Le Code pénal de 1791 les contenait toutes les deux. Celui de 1810 ne recueillit que le carcan. La réforme de 1832 remplaça le carcan par l'exposition publique qu'elle rendit facultative. Le Décret du 12 avril 1848 abolit celle-ci.

(2) Les peines correctionnelles, édictées par les Codes de justice militaire, sont pour l'armée de terre : 1° La destitution contre les officiers, entraînant la privation du grade ou du rang, mais laissant la capacité de servir dans l'armée (art. 192), 2° les travaux publics de 2 à 10 ans (art. 193), 3° l'emprisonnement de 6 jours à 5 ans (art. 194), — 4° l'amende, que les tribunaux militaires peuvent remplacer par un emprisonnement de 6 jours à 6 mois (art. 195). — Pour l'armée de mer il y a, outre les peines précédentes : la privation de commandement de 3 à 5 ans (art. 247) ; — l'inaptitude à l'avancement pour 6 mois ou pour un an, toujours

La distinction des peines de Droit commun et des peines politiques n'existe point en matière correctionnelle. La pratique administrative y remédie en adoucissant pour les condamnés politiques le régime de l'emprisonnement.

## I. — Emprisonnement correctionnel.

**324.** Cette peine diffère peu de la réclusion. Elle consiste, comme elle, dans la privation de la liberté avec assujettissement au travail. Sa durée est moindre, mais par l'effet de l'aggravation de la récidive elle peut s'élever à dix ans comme la peine criminelle. Elle réprime les délits les plus graves ; elle sert parfois de complément à la dégradation civique ; elle remplace les peines criminelles s'il y a une cause d'excuse, et, dans certains cas, s'il y a des circonstances atténuantes.

**325.** Le lieu d'exécution de l'emprisonnement est une maison de correction. Son régime consiste dans l'assujettissement au travail, mais au choix du condamné parmi les travaux organisés dans la prison. Les produits de ce travail lui sont en partie réservés. Ce n'est plus une faveur, comme pour le réclusionnaire, mais un droit (art. 40, 41, C. p.).

**326.** La durée de l'emprisonnement correctionnel est régulièrement de six jours au moins et de cinq ans au plus, « sauf les cas de récidive ou autres, où la loi aura déterminé d'autres limites » (art. 40, § 2). Il faudra donc revenir à la règle toutes les fois qu'une loi, prononçant l'emprisonnement correctionnel, aurait omis d'en fixer le maximum ou le minimum (1). — Le législateur a généralement usé de la divisibilité de la peine, pour attacher à chaque délit un emprisonnement proportionnel à sa gravité, tout en laissant aux tribunaux la faculté d'en fixer la durée entre un minimum et un maximum spécialement indiqués pour ce délit. Ce n'est plus comme pour les peines criminelles où le maximum et le minimum sont déterminés une fois pour toutes, quels que soient les crimes. Le système suivi pour les peines correctionnelles est préférable.

L'art. 40 fixe à vingt-quatre heures la durée d'*un jour* d'emprisonnement, et à trente jours la durée d'*un mois* d'emprisonnement. Ces deux délais doivent donc se compter d'heure à heure et le dernier, en outre, sans le secours du calendrier grégorien. Ce sont là des exceptions au mode de comput habituel. Il faut donc revenir à la règle dans toute

---

accompagnée d'une retenue de solde et du cachot (art. 248) ; — la réduction de grade ou de classe, remplacée pour les novices et apprentis marins par le cachot (art. 249) ; — le cachot ou double boucle pour 5 jours au moins et 30 jours au plus avec suspension de solde (art. 250). Ces quatre peines prennent rang entre l'emprisonnement et l'amende.

(1) Cass., 11 octobre 1855, B. n° 345.

autre hypothèse : ainsi la durée d'une peine de plusieurs mois, d'une année ou de plusieurs années d'emprisonnement, devra être comptée de quantième à quantième selon le calendrier grégorien ; sans cela on n'arriverait pas à faire cadrer une condamnation à douze mois avec une condamnation à une année, qui cependant dans l'esprit du juge ont dû être considérées comme équivalentes (1). Le point de départ sera également d'après les principes généraux, le minuit qui suit l'entrée en prison, la fraction du premier jour, où le condamné aura commencé à subir sa peine, étant exclue du délai (2).

## II. — Interdiction de certains droits civiques, civils et de famille.

**327. Caractères généraux. — Incapacités qui la composent.** — Cette peine privative de droits se compose de presque toutes les incapacités qu'entraîne la dégradation civique. Sa différence essentielle avec celle-ci, c'est qu'elle est divisible : cette divisibilité permet d'appliquer une incapacité analogue à la faculté dont le condamné a abusé. Tantôt le législateur a fait usage de cette divisibilité (*Exemple*, art. 335, C. p.) ; tantôt il s'en est remis à l'appréciation du juge (*Exemple*, art. 362, 364, 366, 368, etc.). L'élasticité que la divisibilité donne à cette peine correctionnelle la rend bien supérieure à la dégradation civique.

Elle diffère encore de celle-ci en ce qu'elle n'est ni *principale*, ni *accessoire*, mais toujours *complémentaire*. Elle est d'ailleurs tantôt obligatoire (art. 109, 171, 335, etc.), tantôt facultative (art. 362, 364, 366, etc.). Mais si un texte spécial ne l'a ni ordonnée, ni autorisée pour tel délit déterminé, le juge ne peut la prononcer (art. 43). Ce n'est donc pas une peine complémentaire pour tous les délits.

**328.** L'art. 9 du Code pénal l'énumère dans l'échelle des peines correctionnelles ; l'art. 42 indique les incapacités dont elle peut se composer. Certaines d'entre elles ont donné lieu à des difficultés. Faut-il, par

---

(1) *Sic:* Décisions du ministre de la justice du 12 décembre 1835 et du 16 mai 1840. GARRAUD, *Précis*, p. 787, note. Plusieurs auteurs acceptent le calcul de quantième à quantième, lorsqu'il s'agit d'une condamnation *à une ou plusieurs années d'emprisonnement*, mais ils le rejettent s'il s'agit d'une condamnation à *plusieurs mois* (V. BLANCHE, 1, 179 ; HAUS, II, 738 ; LAINÉ, 377, etc.). Le vice de ce système apparaît lorsqu'il s'agit de calculer la durée d'un emprisonnement de *treize mois* de prison. C'est, dit-on, un an, de quantième à quantième, plus trente jours. — Pourquoi donc pas treize périodes de trente jours ?

(2) Cette dernière proposition ne paraît pas acceptée par la pratique. Généralement un condamné est élargi à l'heure correspondant à celle de son écrou. La logique veut cependant que le calcul de la durée de la peine ait lieu de jour à jour en dehors de l'hypothèse exceptionnelle prévue par l'art. 40, § 4.

exemple, comprendre dans l'incapacité d'être tuteur ou curateur, celle d'être subrogé-tuteur et conseil judiciaire? L'affirmative nous paraît probable, car, si l'on compare les incapacités portées sous le 5° de l'article 42, à celles portées sous le 6°, on voit que les incapacités en discussion tiennent le milieu entre les premières et les secondes. Dès lors on ne comprendrait point que le législateur les eût volontairement omises. Dans le sens large, d'ailleurs, l'expression tuteur désigne aussi le subrogé-tuteur, et celle du curateur comprend le conseil judiciaire.

**329. Durée et point de départ.**— En principe, cette peine est temporaire (art. 9, C. p.). Dans deux cas cependant la loi la prononce à perpétuité (art. 171, 175). Dans deux autres elle a omis de fixer sa durée (art. 89, 91). Quels seront les pouvoirs du juge dans ces deux hypothèses? On dit généralement qu'ils sont absolus et que les tribunaux pourraient fixer une interdiction perpétuelle *sans violer aucune loi* (1). Nous pensons au contraire que l'on violerait ainsi l'art. 9 où se trouve la règle. L'omission de la durée de l'interdiction dans les art. 89 et 91 donne lieu d'interpréter, dans ces hypothèses, la pensée du législateur; mais c'est méconnaître les principes les plus certains de l'interprétation doctrinale que de trancher le doute en faveur de l'exception, au lieu de le faire par un retour à la règle. L'interdiction devra donc être temporaire dans ces deux cas; mais quel terme adopter? Qand la loi détermine la durée de cette peine, elle fixe comme maximum de durée 5, 10 et 20 ans (art. 86, 109, 112, 113, 123, 185, 187, 197, 335, 388, 400, 401, 405, 410). Le juge pourra donc *sans violer la loi*, adopter le plus long de ces termes, mais il ne pourrait aller au delà; d'autant mieux que dans notre législation le terme maximum des peines temporaires les plus graves est de vingt ans (2).

**330.** Le point de départ de cette peine n'est pas difficile à fixer lorsqu'elle est jointe à une amende (art. 113, 185). On suit alors la règle commune à toutes les peines privatives de droit : l'incapacité est encourue au moment même où la condamnation devient irrévocable. Mais lorsqu'elle est jointe à un emprisonnement, son point de départ soulève des difficultés. Plusieurs textes disent que le condamné « sera interdit des droits mentionnés en l'art. 42... à compter du jour où il aura subi sa peine » (art 197, 388, 400, 401, 405, 406). D'autres ne fixent pas le point de départ (art. 89, 91, 109, 112, 171, 175, 187, 335). On décide généralement qu'il faut prendre les premiers de ces textes au pied de la lettre et laisser, dans le second cas, la fixation du point de départ à

---

(1) BLANCHE, I, 181 ; FAUSTIN HÉLIE, *Prat. crim.*, II, 49.
(2) Le Code pénal belge a complété la disposition de notre art. 9 en fixant entre cinq et dix ans la durée normale de la peine que nous étudions (art. 33).

l'appréciation arbitraire du juge (1). — Ces deux propositions nous paraissent aussi mal fondées l'une que l'autre. Si l'on se rattache au sens littéral des articles qui font encourir l'incapacité à compter du jour où le condamné aura subi sa peine d'emprisonnement, on viole le principe que les peines privatives de droit opèrent une diminution de capacité au moment même où la condamnation devient irrévocable (2) et l'on aboutit à ce résultat absurde, que le condamné jouira pendant la durée de l'emprisonnement des droits dont il va être privé à l'expiration de cette peine. Ainsi par exemple, s'il est appelé comme témoin pendant la durée de son incarcération, il prêtera serment; tandis que s'il est appelé après son élargissement, il ne pourra plus être entendu qu'à titre de simple renseignement. Le législateur a-t-il pu vouloir cette anomalie? La seconde proposition laisse à l'arbitraire du juge un point de l'organisation des peines qui est toujours réglé par le législateur. L'interprétation judaïque n'est pas commandée par les principes généraux du Droit pénal : on peut, sans tomber dans l'interprétation extensive, rechercher dans une disposition expresse de la loi une disposition qui s'y trouve sous-entendue, parce qu'elle a été considérée comme évidente (3). Le législateur nous paraît être parti de cette idée que l'exécution de l'emprisonnement constituait un obstacle matériel *à l'exercice* des droits interdits : dès lors il a cru suffisant de régler la durée de l'interdiction après l'élargissement. Le sens des articles 197, etc. est donc que « le condamné sera *pendant la durée de son emprisonnement* ET *pendant* cinq, dix ou vingt ans *à compter du jour où il aura subi sa peine*, interdit des droits mentionnés en l'art. 42 (4). Si tel est le sens des textes qui fixent le point de départ de l'interdiction de certains droits civiques, civils et de famille, il faut adopter, par analogie, la même interprétation pour les textes qui ne le fixent point. La même peine appliquée à des délits différents peut bien varier quant à sa durée, mais, comme sa fonction est la même, elle doit produire effet à partir du même moment. Toutes ces difficultés paraissent avoir leur source dans une erreur doctrinale commise par le législateur : les incapacités composant la peine correctionnelle étant empruntées à la dégradation civique devaient être des incapacités de jouissance comme dans cette dernière peine ; le législateur paraît bien leur attribuer ce caractère dans l'art. 9, où il est question de l'interdiction « de certains *droits*... » ; mais dans l'art. 42 il ne les considère plus que comme des incapacités d'exercice. Par suite il a été amené à penser que l'exécution de l'emprisonne-

---

(1) BLANCHE I, 181 ; FAUSTIN HÉLIE, *Prat. crim.* II, 49. GARRAUD, *Précis*, 215.
(2) V. *suprà*, n° 287.
(3) V. *suprà* n° 4.
(4) *Sic :* C. belge, art. 34; C. italien, art. 41 ; GARRAUD, *Précis*, 697.

ment apportait *à l'exercice de ces droits,* qui tous sont personnels, un obstacle dont il était inutile de parler. — On ne pourrait pas d'ailleurs, comme on l'a proposé (1) faire courir la durée de l'interdiction prononcée pendant que s'exécute l'emprisonnement. Cette règle des peines privatives de droits perpétuelles ne peut être appliquée sans modification quand ces peines sont temporaires, parce que dans certains cas on rendrait la peine inefficace et dans d'autres on abrégerait sa durée.

### III. — Incapacités établies par les lois spéciales.

**331.** Les lois spéciales ont tantôt multiplié les cas d'application des incapacités prévues par l'art. 42 du Code pénal, tantôt ajouté à ces incapacités. Parmi les incapacités nouvelles, on peut citer : 1° la perte des droits électoraux (D. 2 fév. 1852, art. 15, 16, 17 ; L. 20 nov. 1875, art. 22); 2° celle du droit d'être juré (art. 396, C. i. c. ; L. 21 nov. 1872, art. 2); 3° celle du droit d'enseigner et d'exercer des fonctions administratives dans les établissements d'enseignement primaire, secondaire ou supérieur, publics ou privés (L. 15 mars 1850, art. 26, 65 ; L. 12 juill. 1875, art. 8); 4° celle du droit de faire partie de l'armée (L. 15 juill. 1889, art. 4, 6); 6° celle du droit d'obtenir un permis de chasse (L. 3 mai 1844, art. 6, 8, 18). — Ces incapacités ont le caractère de peines tantôt accessoires, tantôt complémentaires. Leur durée est, suivant les cas, perpétuelle ou temporaire.

### IV. — Réparation honorable.

**332.** La réparation honorable (ou d'honneur) est une rétractation solennelle attachée comme peine complémentaire facultative aux délits d'outrage prévus par le Code pénal : outrage à un magistrat de l'ordre administratif ou judiciaire, à un juré, à un commandant ou à un agent dépositaire de la force publique, à un officier ministériel, ou à un citoyen chargé d'un ministère de service public (art. 222 à 227, C. p.). Elle s'ajoute à l'emprisonnement ou à l'amende.

Cette peine nous vient de l'ancien Droit où elle figurait à côté de l'amende honorable dont elle ne partageait ni l'infamie, ni l'appareil théâtral (2). Dans notre Droit moderne elle a lieu verbalement à l'audience, ou par écrit (art. 226). Si le condamné retarde ou refuse de faire réparation, *il y sera contraint par corps* (art. 227). Cette incarcération de pure garde précédera l'exécution de l'emprisonnement si la réparation honorable est jointe à cette dernière peine ; elle retardera ainsi son point de

---

(1) Lainé, 384.
(2) Jousse, *Tr. des mat. crim.*, I, p. 116.

départ (art. 226). Elle se cumulera avec la contrainte par corps exercée pour le recouvrement de l'amende, des frais et des dommages-intérêts (art. 52); car, bien que cette incarcération soit une contrainte par corps, elle n'est pas, comme l'autre, une épreuve de solvabilité.

**333.** Quelle sera sa durée ? La loi ne le dit point. Elle ne peut cependant pas être sans limite (1). Adoptera-t-on le maximum de deux ans fixé pour la contrainte par corps, considérée comme épreuve de solvabilité (art. 9, L. 22 juil. 1867)? Cela ne serait pas juridique, car la contrainte par corps n'a pas ici ce caractère. D'ailleurs la durée de l'incarcération est fixée par le texte précité d'après l'importance de la somme à recouvrer ; or, cette base manque lorsque la contrainte par corps a pour but d'obtenir l'exécution d'un fait inapprécié et inappréciable. Il faut dire, selon nous, que l'incarcération durera autant que le droit de poursuivre l'exécution de la peine : or les peines correctionnelles se prescrivant par cinq ans (art. 636, C. i. c.), la durée de l'incarcération sera de cinq ans si elle a commencé en même temps que la prescription de la peine, et sera inférieure à ce chiffre si elle a commencé plus tard. La contrainte par corps, accessoire du droit d'exécution, ne peut, en effet, dépasser en aucun cas la durée de ce droit.

**334.** La réparation honorable est une peine mal appliquée par notre législation. Les outrages les plus graves auxquels elle devrait être réservée, par exemple, l'offense au Président de la République ou aux chefs d'État étrangers, l'outrage aux agents diplomatiques accrédités près de notre gouvernement, ne l'entraînent point (L. s. la presse, art. 26, 36, 37). Elle peut être appliquée au contraire aux outrages envers un simple agent de police, un huissier ou même envers un de ces auxiliaires abjects, que la loi décore du nom de *citoyens chargés d'un ministère de service public*, tels que l'exécuteur des arrêts criminels et ses aides, un capteur de chiens errants, etc. Cette peine de plus n'est pas efficace : le ton sur lequel le condamné fera sa rétractation, les termes qu'il emploiera peuvent aggraver l'outrage qu'on veut lui faire réparer, sans que cependant ce ton ou ces termes puissent donner prise contre lui. Le magistrat outragé sortira amoindri de cette épreuve qui avait pour but de lui rendre la considération. — Enfin, si le condamné refuse la réparation, la sanction est beaucoup trop sévère, car la durée de la contrainte par corps est supérieure dans la plupart des cas à celle de l'emprisonnement qui pourrait être prononcé (2).

---

(1) *Contrà* : CHAUVEAU et HÉLIE, III, 854.
(2) Cette peine a été supprimée par le C. p. belge, art. 275 à 282.

### SECTION III. — DES PEINES COMMUNES AUX CRIMES ET AUX DÉLITS

**335.** Sous le Code de 1810 il n'y avait qu'une seule peine de ce genre, la *surveillance de la haute police*. Elle s'appliquait, après l'exécution de la peine privative de la liberté, à des libérés particulièrement dangereux. Son organisation avait été souvent remaniée. Depuis le Code pénal on comptait quatre réformes (1832, 1851, 1870, 1874), mais le législateur n'évitait un écueil que pour tomber dans un autre. Voulait-il rendre la surveillance efficace, il la faisait trop rigoureuse. Voulait-il adoucir sa rigueur, il la rendait inefficace. Dans le dernier état du Droit, la surveillance donnait au gouvernement la faculté de déterminer la résidence du libéré, s'il ne la choisissait pas lui-même. Elle obligeait le libéré à résider six mois, au moins, dans la commune qu'il avait choisie, ou qui lui avait été assignée. Un déplacement avant ce terme pouvait cependant être autorisé par le ministre de l'intérieur ou par le préfet. Avant de quitter sa résidence, le surveillé devait prévenir le maire huit jours à l'avance. On lui remettait un passeport avec itinéraire obligé. Dans les vingt-quatre heures de son arrivée à sa nouvelle résidence, il devait se présenter devant le maire. — Ces mesures destinées à assurer l'action de la police administrative se combinaient avec l'interdiction de certains séjours (1).

La loi du 27 mai 1885 sur les récidivistes, art. 19, a *réduit* la surveillance à ce dernier élément. Ce texte semble indiquer une réforme plus complète : « La peine de la surveillance de la haute police est *supprimée*. Elle est *remplacée* par la défense faite au condamné de paraître dans les lieux dont l'interdiction lui sera signifiée par le gouvernement avant sa libération ». Mais la suite de l'article démontre que cet élément de l'ancienne surveillance, qui devient la nouvelle peine, s'applique dans les mêmes *conditions*, et a la même *durée*, les mêmes *causes d'exécution*, la même *sanction*. La réforme ne porte donc que sur le nombre des obligations que l'ancienne pénalité imposait au condamné. Par suite, toutes les difficultés que soulevait autrefois la surveillance de la haute police surgissent aussi pour l'interdiction de séjour, car le législateur de 1885 ne les a point résolues (2). — A côté de l'interdiction de séjour remplaçant la surveillance, la loi de 1885 a établi une peine plus efficace : la *relégation*, qui consiste dans un internement

---

(1) Il existe dans notre législation d'autres interdictions de séjour ayant une moindre importance. Il en sera traité ci-après.
(2) V. L. 23 janv. 1874, réformant l'art. 44. C. p.; D. 30 août 1875 ; Circ. min. 5 nov. 1875.

perpétuel hors du territoire continental de la France. Ces deux peines sont communes aux crimes et aux délits.

## I. — Interdiction de séjour.

### A. — De l'interdiction de séjour remplaçant la surveillance.

**336. Notions générales.** — L'interdiction de séjour est une peine qui consiste dans la faculté donnée à l'autorité administrative d'interdire au libéré le séjour dans certaines localités. Une circulaire du ministre de l'intérieur aux préfets, du 1er juillet 1885, a interdit d'une manière générale à tous les condamnés : Nice, Cannes, Marseille, Bordeaux et sa banlieue, St-Étienne, le Creusot, Nantes, Lille, Pau, Lyon et l'agglomération lyonnaise. D'autres localités peuvent être interdites à titre spécial.

**337.** En affirmant que l'interdiction de séjour était une peine, nous résolvons une question qui a été fortement controversée pour la surveillance : certains considéraient la surveillance comme une mesure administrative, parce que son but était de prévenir les délits en écartant des grands centres les malfaiteurs connus comme trop portés à les commettre ; on argumentait encore en ce sens de textes qui permettent ou ordonnent souvent de prononcer cette peine contre un accusé absous (1). A notre avis le *caractère pénal* de la surveillance, et aujourd'hui de l'interdiction de séjour, ne peut être sérieusement contesté. Les textes d'abord les appellent des peines (art. 11, C. p.; art. 620, § 3, C. i. c.; art. 19, § 2, L. 27 mai 1885). Sans doute *dans leur but* elles ont un caractère préventif, mais dans leur essence ce sont des peines. Elles apportent en effet une restriction à la liberté d'aller et de venir, tantôt prononcée directement par les tribunaux de répression, tantôt attachée par la loi à certaines condamnations pénales ; mais frappant toujours un individu *reconnu coupable* d'une infraction. Comment ne pas reconnaître à tous ces indices leur caractère de peine ?

**338.** D'après notre définition l'interdiction de séjour consiste dans *la faculté d'interdire* au libéré certaines localités, et non dans *les interdictions signifiées*. On a souvent confondu les deux choses, mais il importe de les distinguer, car, si l'on adopte notre manière de voir, l'interdiction de séjour sera une peine *imprescriptible*, parce qu'elle s'exécute de plein

---

(1) CHAUVEAU et HÉLIE, I, 76, 77 n'osent se prononcer sur le caractère de la surveillance. Ils l'appellent « une mesure à la fois répressive et préventive ». La Cour de cassation a décidé, en se fondant sur ce dernier caractère, qu'une ordonnance d'amnistie a pu placer les amnistiés sous la surveillance de la haute police. (Cass., 1er mai 1837.)

droit, sans mesures matérielles, par une diminution de capacité au moment où la condamnation devient irrévocable ; tandis que, dans le système contraire, l'exécution de cette peine, nécessitant des mesures matérielles, elle sera prescriptible. Les difficultés qu'on a soulevées sur ce point n'auraient pas dû naître en présence du texte très clair de l'art. 44 du Code pénal : « L'effet du renvoi sous la surveillance de la haute police sera *de donner au gouvernement le droit* de déterminer les lieux dans lesquels il sera interdit au condamné de paraître après qu'il aura subi sa peine ». L'art. 19 de la loi du 27 mai 1885 a une rédaction analogue : « La peine de la surveillance... est remplacée par *la défense faite au condamné* de paraître dans les lieux *dont l'interdiction lui sera signifiée* ». La nouvelle peine consiste donc, comme l'ancienne, dans une mise à la disposition de l'autorité administrative opérée, expressément ou virtuellement, par le jugement de condamnation et tout à fait indépendante des mesures matérielles que l'administration est autorisée à prendre (1).

**339. Caractères de cette peine.** — L'interdiction de séjour a les différents caractères que la loi de 1874 avait donnés à la surveillance : c'est une peine tantôt *accessoire*, tantôt *complémentaire*, tantôt à la fois *accessoire et complémentaire*, tantôt *principale*.

**340.** *a*) Elle est attachée comme peine *accessoire* aux peines afflictives perpétuelles. Elle produit son effet matériel lorsque le condamné recouvre sa liberté par la grâce ou par la prescription (art. 46, § 4; art. 48, § 4). Dans cette hypothèse le juge n'a le pouvoir ni de la prononcer ni d'en réduire la durée. C'est une conséquence légale de la condamnation principale (2).

**341.** *b*) Elle est purement *complémentaire* quand elle est ajoutée à des peines correctionnelles (art. 49 et 50). Peu importe d'ailleurs que ces peines correctionnelles soient prononcées pour un crime dont la pénalité ordinaire a été modifiée par l'effet d'une excuse ou des circonstances atténuantes (art. 326 § 4, art. 463, § 6, 7 et art. 401, comb.), ou pour un délit proprement dit. L'interdiction de séjour n'est pas d'ailleurs le complément habituel de telle ou telle peine correctionnelle, ni la peine habituelle de tous les délits : pour qu'elle puisse être prononcée, il faut qu'un texte spécial l'attache à un délit déterminé (art. 50). Par exception l'art. 49 en fait, d'une manière générale, la peine complémentaire « des délits qui intéressent la sûreté intérieure ou extérieure de l'État ». En tant que peine complémentaire, l'interdiction de séjour est

---

(1) Cass., 31 janv. 1834. B. n° 39. — V. sur la question BLANCHE, I, 208, 209 ; RENAULT, *Rev. crit.* 1874, p. 6.
(2) Cass., 1er octobre 1874, 27 mars 1880.

généralement *facultative* ; par exception elle est *obligatoire* s'il s'agit d'un délit contre la sûreté de l'État.

**342.** c) L'interdiction de séjour est *à la fois l'accessoire et le complément* des peines criminelles temporaires (*travaux forcés à temps, détention, réclusion, bannissement*). Les textes d'où résulte ce double caractère contiennent trois propositions : 1° l'interdiction de séjour est encourue de plein droit pour et vingt années (art. 46, § 2 ; art. 47, § 1, 1re phrase) ; 2° le juge est autorisé à la réduire et même à la remettre complètement (art. 46, § 3 ; art. 47, § 1, 2e phrase) ; 3° mention de la délibération sur l'interdiction de séjour doit être faite dans l'arrêt (*cour d'assises*) ou le jugement (*conseil de guerre*), quand le juge n'a pas usé de la faculté qui lui était donnée (art. 47, § 2). La première de ces propositions marque le caractère accessoire de la peine. La seconde en fait une peine complémentaire facultative. Quant à la troisième, c'est une précaution contre l'oubli du juge (1). Le législateur a bien fait de s'en préoccuper, car un oubli de ce genre aurait pour conséquence d'infliger au condamné l'interdiction de séjour pour son maximum de durée. Pareil danger ne serait pas à craindre si la peine était simplement complémentaire, car les peines complémentaires que le juge néglige de prononcer ne sont point encourues par le condamné (2).

**343.** L'interdiction de séjour devient enfin une peine *principale* lorsque par l'effet de certaines *excuses*, la peine principale, à laquelle elle était jointe, se trouve écartée (art. 100, 108, 138, 144, 213, 271 C. p.). Une particularité remarquable de cette peine principale c'est qu'elle est *facultative* (3) : le juge est libre d'en affranchir complètement le condamné. Il semble que le législateur ait pensé qu'il allait trop loin en accordant l'impunité à certains coupables, et qu'il ait voulu, pour que cette impunité fût complète, que le juge s'associât à son indulgence.

L'interdiction de séjour est dans ces circonstances une peine correctionnelle, alors même qu'elle remplacerait une peine criminelle (arg. art. 326, C. p.).

---

(1) V. Cass. 3 sept. 1874, B. 79. Les termes relatant cette délibération n'ont rien de sacramentel, mais ils doivent dénoter qu'il y a eu une délibération *spéciale* sur la peine accessoire complémentaire (Cass. 11 fév. 1875. D. 75, 1, 495).

(2) Il faut supposer, dans les deux cas, que la condamnation est devenue irrévocable ; car si le ministère public ou le condamné s'aperçoivent de l'oubli du juge quand les voies de recours sont encore ouvertes, ils peuvent, en les exerçant, faire réparer l'omission (Cass. 4 av. 1874 ; Cass. 25 juil. 1885).

(3) Il en est ainsi même dans le cas de l'art. 271, malgré la formule impérative de ce texte (*ils* SERONT *renvoyés*...), parce que l'interdiction de séjour peut toujours être écartée, lorsqu'il s'agit d'un délit, au moyen des circonstances atténuantes (art. 463, § 9).

**344. Durée et point de départ.** — La durée maxima de l'interdiction de séjour est celle que la loi de 1874 avait assignée à la surveillance. « En aucun cas, porte le nouvel art. 46 du Code pénal, la durée de la surveillance ne pourra excéder *vingt années* ». La règle est absolue : les art. 108, 138, 144 du Code pénal, qui prononçaient la surveillance *à vie*, se trouvent donc implicitement corrigés. Ce n'est pas à dire qu'il ne puisse y avoir aujourd'hui des individus placés *à vie* en état d'interdiction de séjour ; la loi de 1874 n'a pas en effet modifié la situation des condamnés mis en surveillance perpétuelle par un arrêt ou jugement devenu définitif avant sa promulgation. Un autre cas d'interdiction de séjour à vie a été créé par l'art. 8 de la loi du 27 mai 1885 pour remplacer la relégation à l'égard de certains condamnés. — Le maximum de vingt ans est appliqué : 1° aux condamnés à une peine afflictive perpétuelle qui ont été graciés ou qui ont prescrit leur peine (art. 46, § 4 ; art. 48, § 4) ; 2° aux condamnés à une peine afflictive temporaire lorsque le juge n'a pas réduit la durée de la peine accessoire-complémentaire (art. 46, §§ 2, 3). — Pour les condamnés au bannissement, la loi fixe la durée de l'interdiction de séjour à *un temps égal à la durée de la peine qu'ils auront subie*. Il faudra donc s'attacher non pas au bannissement *prononcé*, mais au bannissement *exécuté*. La grâce de la peine principale réfléchit dans ce cas sur l'interdiction de séjour. En matière correctionnelle les textes fixent d'une manière variable suivant les délits la durée de l'interdiction de séjour, ordinairement entre 5 et 10 années. — On n'est pas d'accord sur la durée de cette peine dans l'hypothèse de l'art. 49. La difficulté naît de ces expressions : « Devront être renvoyés *sous la même surveillance....* », dont le sens est équivoque. Cet article, avant la réforme de 1874, venait immédiatement après l'art. 47 actuel, relatif à la surveillance accessoire du bannissement. Dans un premier système, on disait : *la même surveillance...* signifie une surveillance de *même durée* que celle dont il est question dans l'article précédent, c'est-à-dire égale à la durée de la peine principale. Dans un second système, on soutenait que ces expressions, *la même surveillance*, visaient une surveillance de *même nature* que celle organisée par les articles précédents. On remontait ainsi, pour fixer sa durée, à l'art. 46 qui édictait la surveillance *à vie*. C'était là l'opinion dominante et la plus raisonnable. Il faut la suivre aujourd'hui, *mutatis mutandis* : par conséquent, la durée maxima de l'interdiction de séjour sera de 20 ans dans l'hypothèse de l'art. 49 (1).

**345.** La durée de l'interdiction de séjour, *peine principale*, compte, conformément au principe général de l'art. 23 du Code pénal, du jour où

---

(1) Renault, *loc. cit.*, p. 585.

la condamnation est devenue irrévocable. Celle de l'interdiction de séjour, peine *accessoire* ou *complémentaire*, compte seulement du jour où le condamné a subi ou prescrit la peine principale (art. 46, §§ 2, 4; art. 48, §§ 3, 5) (1). Le législateur a pensé, en effet, que l'interdiction de séjour n'est réellement utile que lorsque le condamné a recouvré sa liberté. La jurisprudence a conclu de là que la durée de l'interdiction de séjour serait prorogée par l'exécution de toute peine d'emprisonnement subie depuis qu'elle a commencé (2).

**346. Causes d'extinction.** — L'interdiction de séjour s'éteint normalement par l'arrivée du terme qui lui a été assigné par la loi ou par le juge. — Elle s'éteint encore par les causes qui suppriment la condamnation : amnistie, revision, réhabilitation. — La prescription ne l'atteint pas isolément, parce que son exécution a lieu de plein droit sans mesures matérielles. Elle ne disparaît pas non plus par voie de conséquence, lorsque la peine principale est prescrite (art. 48, §§ 3, 4 et 5). Étant destinée, en effet, à un condamné qui a subi sa peine, il faut qu'elle survive au droit d'exécution de cette peine. — Son essence s'oppose à ce qu'elle soit remise par voie de grâce : aussi a-t-il fallu un texte formel dans la loi de 1874 pour lui appliquer cette cause d'extinction. Cette loi a organisé deux sortes de remises gracieuses : l'une définitive et irrévocable, qui est accordée par le Président de la République : c'est la grâce proprement dite (art. 46, § 4) ; l'autre provisoire et révocable qui émane du Ministre de l'intérieur : c'est *la suspension par mesure administrative*.

**347. Sanction.** — L'infraction à l'interdiction de séjour est punie d'un emprisonnement de six jours à cinq ans (art. 40, 45, C. p.; art. 19, L. 1885).

### B. — Des autres interdictions de séjour.

**348. I. Interdiction de séjour autorisée par l'art. 229 du Code pénal.** — La loi protège énergiquement les magistrats contre les violences dont ils peuvent être l'objet dans l'exercice ou à l'occasion de l'exercice de leurs fonctions. Une des peines qui peuvent être prononcées contre l'auteur de ces violences est l'*interdiction de séjour dans le lieu où siège le magistrat et dans un rayon de deux myriamètres*. — La durée de cette interdiction est de cinq à dix années. C'est la peine complémentaire-facultative d'autres peines correctionnelles. Jointe à l'em-

---

(1) Comp. tous les textes relatifs à l'interdiction de séjour en matière correctionnelle.

(2) *Sic* : Cass. (ch. réunies), 19 mai 1841, B. n° 146. L'exactitude de cette solution est douteuse, car pour être logique il faudrait aller jusqu'à dire que la durée de l'interdiction de séjour sera prorogée même par une détention préventive.

prisonnement, elle commence après que le condamné a subi *ou a prescrit* (1) cette peine. — Sa sanction est le bannissement. L'infraction à cette interdiction de séjour est donc un crime (2).

**349. II. Interdiction de séjour ordonnée par l'art. 635 du Code d'instruction criminelle.** — La prescription d'une peine criminelle laisse parfois le condamné sous le coup d'une interdiction de séjour qui ne se confond point avec celle qui a remplacé la surveillance. C'est l'interdiction de séjourner « dans le département où demeureraient (3) soit celui sur lequel ou contre la propriété duquel le crime aurait été commis, soit ses héritiers directs ». Le gouvernement peut en outre « assigner au condamné le lieu de son domicile ». Cette double disposition de l'art. 635 C. i. c. ne s'applique que s'il s'agit d'un crime dirigé contre les personnes ou les propriétés privées. De cette circonstance et de l'absence de toute pénalité indiquée comme sanction, on a conclu, avec raison, que cette interdiction de séjour n'est qu'une réparation civile. Le ministère public ne peut pas poursuivre ; seuls les intéressés peuvent faire expulser *manu militari* le condamné du département interdit, et le faire condamner à des dommages-intérêts (4).

## II. — Relégation.

**350.** La seconde peine commune aux crimes et aux délits est la relégation. Elle consiste dans la transportation aux colonies ou possessions

---

(1) Arg. d'analogie, art. 48 du Code pénal. V. ci-dessus n° 345.

(2) *Sic* : CHAUVEAU et HÉLIE, III, 861. — *Contrà:* CARNOT, qui considère l'interdiction de séjour édictée par l'art. 229, et le bannissement qui lui sert de sanction comme des mesures prises dans un intérêt privé.

(3) Les Codes Tripier (édit. 1883) portent, « où demeur*aient* » ; mais le texte officiel paraît être : « où demeure*raient* » (V. DALLOZ, *Rép.* V° *Prescription crim.*, n° 17, note 2). — Il a été expliqué en effet dans les travaux préparatoires que si la victime du crime ou ses héritiers venaient à changer de département, « le nouveau département serait interdit au condamné, excepté cependant s'ils étaient venus s'établir dans le département où le condamné a sa résidence obligée ». LOCRÉ, t. 28, p. 132 et s.). Or la difficulté qu'on a voulu résoudre par cette observation ne peut surgir qu'en supposant que le texte porte : « où demeureraient ».

(4) *Sic* : F. HÉLIE, *Tr. de l'Inst. crim.*, VIII, 4117 ; RENAULT, *Rev. crit.*, 1874, p. 591 et s. — *Contrà* : DALLOZ, *Rép.*, v° cit., n° 31 ; LAINÉ, 422. Des interdictions de séjour il faut rapprocher le droit d'expulsion accordé aux consuls et résidents de France dans les pays hors chrétienté ou de protectorat. (Édit de 1778, art. 82, 83 ; L. 28 mai 1836, art. 82 ; L. 8 juil. 1852, art. 16, 17 ; L. 18 mai 1858, art. 2 ; L. 19 mars 1862 ; D. 8 mars 1886, art. 13, 14). Ce droit d'expulsion ne s'exerce que sur les Français. En revanche, dans ces pays, les Français échappent au droit d'expulsion que les autorités locales pourraient exercer sur eux. FÉRAUD-GIRAUD, *Rev. de Dr. int.*, 1887, tome 19, p. 1 et s.

départ (art. 226). Elle se cumulera avec la contrainte par corps exercée pour le recouvrement de l'amende, des frais et des dommages-intérêts (art. 52); car, bien que cette incarcération soit une contrainte par corps, elle n'est pas, comme l'autre, une épreuve de solvabilité.

**333.** Quelle sera sa durée ? La loi ne le dit point. Elle ne peut cependant pas être sans limite (1). Adoptera-t-on le maximum de deux ans fixé pour la contrainte par corps, considérée comme épreuve de solvabilité (art. 9, L. 22 juil. 1867)? Cela ne serait pas juridique, car la contrainte par corps n'a pas ici ce caractère. D'ailleurs la durée de l'incarcération est fixée par le texte précité d'après l'importance de la somme à recouvrer ; or, cette base manque lorsque la contrainte par corps a pour but d'obtenir l'exécution d'un fait inapprécié et inappréciable. Il faut dire, selon nous, que l'incarcération durera autant que le droit de poursuivre l'exécution de la peine : or les peines correctionnelles se prescrivant par cinq ans (art. 636, C. i. c.), la durée de l'incarcération sera de cinq ans si elle a commencé en même temps que la prescription de la peine, et sera inférieure à ce chiffre si elle a commencé plus tard. La contrainte par corps, accessoire du droit d'exécution, ne peut, en effet, dépasser en aucun cas la durée de ce droit.

**334.** La réparation honorable est une peine mal appliquée par notre législation. Les outrages les plus graves auxquels elle devrait être réservée, par exemple, l'offense au Président de la République ou aux chefs d'État étrangers, l'outrage aux agents diplomatiques accrédités près de notre gouvernement, ne l'entraînent point (L. s. la presse, art. 26, 36, 37). Elle peut être appliquée au contraire aux outrages envers un simple agent de police, un huissier ou même envers un de ces auxiliaires abjects, que la loi décore du nom de *citoyens chargés d'un ministère de service public*, tels que l'exécuteur des arrêts criminels et ses aides, un capteur de chiens errants, etc. Cette peine de plus n'est pas efficace : le ton sur lequel le condamné fera sa rétractation, les termes qu'il emploiera peuvent aggraver l'outrage qu'on veut lui faire réparer, sans que cependant ce ton ou ces termes puissent donner prise contre lui. Le magistrat outragé sortira amoindri de cette épreuve qui avait pour but de lui rendre la considération. — Enfin, si le condamné refuse la réparation, la sanction est beaucoup trop sévère, car la durée de la contrainte par corps est supérieure dans la plupart des cas à celle de l'emprisonnement qui pourrait être prononcé (2).

---

(1) *Contrà* : CHAUVEAU et HÉLIE, III, 854.
(2) Cette peine a été supprimée par le C. p. belge, art. 275 à 282.

SECTION III. — DES PEINES COMMUNES AUX CRIMES ET AUX DÉLITS

**335.** Sous le Code de 1810 il n'y avait qu'une seule peine de ce genre, la *surveillance de la haute police*. Elle s'appliquait, après l'exécution de la peine privative de la liberté, à des libérés particulièrement dangereux. Son organisation avait été souvent remaniée. Depuis le Code pénal on comptait quatre réformes (1832, 1851, 1870, 1874), mais le législateur n'évitait un écueil que pour tomber dans un autre. Voulait-il rendre la surveillance efficace, il la faisait trop rigoureuse. Voulait-il adoucir sa rigueur, il la rendait inefficace. Dans le dernier état du Droit, la surveillance donnait au gouvernement la faculté de déterminer la résidence du libéré, s'il ne la choisissait pas lui-même. Elle obligeait le libéré à résider six mois, au moins, dans la commune qu'il avait choisie, ou qui lui avait été assignée. Un déplacement avant ce terme pouvait cependant être autorisé par le ministre de l'intérieur ou par le préfet. Avant de quitter sa résidence, le surveillé devait prévenir le maire huit jours à l'avance. On lui remettait un passeport avec itinéraire obligé. Dans les vingt-quatre heures de son arrivée à sa nouvelle résidence, il devait se présenter devant le maire. — Ces mesures destinées à assurer l'action de la police administrative se combinaient avec l'interdiction de certains séjours (1).

La loi du 27 mai 1885 sur les récidivistes, art. 19, a *réduit* la surveillance à ce dernier élément. Ce texte semble indiquer une réforme plus complète : « La peine de la surveillance de la haute police est *supprimée*. Elle est *remplacée* par la défense faite au condamné de paraître dans les lieux dont l'interdiction lui sera signifiée par le gouvernement avant sa libération ». Mais la suite de l'article démontre que cet élément de l'ancienne surveillance, qui devient la nouvelle peine, s'applique dans les mêmes *conditions*, et a la même *durée*, les mêmes *causes d'exécution*, la même *sanction*. La réforme ne porte donc que sur le nombre des obligations que l'ancienne pénalité imposait au condamné. Par suite, toutes les difficultés que soulevait autrefois la surveillance de la haute police surgissent aussi pour l'interdiction de séjour, car le législateur de 1885 ne les a point résolues (2). — A côté de l'interdiction de séjour remplaçant la surveillance, la loi de 1885 a établi une peine plus efficace : la *relégation*, qui consiste dans un internement

---

(1) Il existe dans notre législation d'autres interdictions de séjour ayant une moindre importance. Il en sera traité ci-après.
(2) V. L. 23 janv. 1874, réformant l'art. 44, C. p.; D. 30 août 1875 ; Circ. min., 5 nov. 1875.

perpétuel hors du territoire continental de la France. Ces deux peines sont communes aux crimes et aux délits.

## I. — Interdiction de séjour.

### A. — De l'interdiction de séjour remplaçant la surveillance.

**336. Notions générales.** — L'interdiction de séjour est une peine qui consiste dans la faculté donnée à l'autorité administrative d'interdire au libéré le séjour dans certaines localités. Une circulaire du ministre de l'intérieur aux préfets, du 1er juillet 1885, a interdit d'une manière générale à tous les condamnés : Nice, Cannes, Marseille, Bordeaux et sa banlieue, St-Étienne, le Creusot, Nantes, Lille, Pau, Lyon et l'agglomération lyonnaise. D'autres localités peuvent être interdites à titre spécial.

**337.** En affirmant que l'interdiction de séjour était une peine, nous résolvons une question qui a été fortement controversée pour la surveillance : certains considéraient la surveillance comme une mesure administrative, parce que son but était de prévenir les délits en écartant des grands centres les malfaiteurs connus comme trop portés à les commettre ; on argumentait encore en ce sens de textes qui permettent ou ordonnent souvent de prononcer cette peine contre un accusé absous (1). A notre avis le *caractère pénal* de la surveillance, et aujourd'hui de l'interdiction de séjour, ne peut être sérieusement contesté. Les textes d'abord les appellent des peines (art. 11, C. p.; art. 620, § 3, C. i. c.; art. 19, § 2, L. 27 mai 1885). Sans doute *dans leur but* elles ont un caractère préventif, mais dans leur essence ce sont des peines. Elles apportent en effet une restriction à la liberté d'aller et de venir, tantôt prononcée directement par les tribunaux de répression, tantôt attachée par la loi à certaines condamnations pénales ; mais frappant toujours un individu *reconnu coupable* d'une infraction. Comment ne pas reconnaître à tous ces indices leur caractère de peine ?

**338.** D'après notre définition l'interdiction de séjour consiste dans *la faculté d'interdire* au libéré certaines localités, et non dans *les interdictions signifiées*. On a souvent confondu les deux choses, mais il importe de les distinguer, car, si l'on adopte notre manière de voir, l'interdiction de séjour sera une peine *imprescriptible*, parce qu'elle s'exécute de plein

---

(1) CHAUVEAU et HÉLIE, I, 76, 77 n'osent se prononcer sur le caractère de la surveillance. Ils l'appellent « une mesure à la fois répressive et préventive ». La Cour de cassation a décidé, en se fondant sur ce dernier caractère, qu'une ordonnance d'amnistie a pu placer les amnistiés sous la surveillance de la haute police. (Cass., 1er mai 1837.)

droit, sans mesures matérielles, par une diminution de capacité au moment où la condamnation devient irrévocable ; tandis que, dans le système contraire, l'exécution de cette peine, nécessitant des mesures matérielles, elle sera prescriptible. Les difficultés qu'on a soulevées sur ce point n'auraient pas dû naître en présence du texte très clair de l'art. 44 du Code pénal : « L'effet du renvoi sous la surveillance de la haute police sera *de donner au gouvernement le droit* de déterminer les lieux dans lesquels il sera interdit au condamné de paraître après qu'il aura subi sa peine ». L'art. 19 de la loi du 27 mai 1885 a une rédaction analogue : « La peine de la surveillance... est remplacée par *la défense faite au condamné* de paraître dans les lieux *dont l'interdiction lui sera signifiée* ». La nouvelle peine consiste donc, comme l'ancienne, dans une mise à la disposition de l'autorité administrative opérée, expressément ou virtuellement, par le jugement de condamnation et tout à fait indépendante des mesures matérielles que l'administration est autorisée à prendre (1).

**339. Caractères de cette peine.** — L'interdiction de séjour a les différents caractères que la loi de 1874 avait donnés à la surveillance : c'est une peine tantôt *accessoire*, tantôt *complémentaire*, tantôt à la fois *accessoire et complémentaire*, tantôt *principale*.

**340.** *a*) Elle est attachée comme peine *accessoire* aux peines afflictives perpétuelles. Elle produit son effet matériel lorsque le condamné recouvre sa liberté par la grâce ou par la prescription (art. 46, § 4 ; art. 48, § 4). Dans cette hypothèse le juge n'a le pouvoir ni de la prononcer ni d'en réduire la durée. C'est une conséquence légale de la condamnation principale (2).

**341.** *b*) Elle est purement *complémentaire* quand elle est ajoutée à des peines correctionnelles (art. 49 et 50). Peu importe d'ailleurs que ces peines correctionnelles soient prononcées pour un crime dont la pénalité ordinaire a été modifiée par l'effet d'une excuse ou des circonstances atténuantes (art. 326 § 4, art. 463, § 6, 7 et art. 401, comb.), ou pour un délit proprement dit. L'interdiction de séjour n'est pas d'ailleurs le complément habituel de telle ou telle peine correctionnelle, ni la peine habituelle de tous les délits : pour qu'elle puisse être prononcée, il faut qu'un texte spécial l'attache à un délit déterminé (art. 50). Par exception l'art. 49 en fait, d'une manière générale, la peine complémentaire « des délits qui intéressent la sûreté intérieure ou extérieure de l'État ». En tant que peine complémentaire, l'interdiction de séjour est

---

(1) Cass., 31 janv. 1834. B. n° 39. — V. sur la question BLANCHE, I, 208, 209 ; RENAULT, *Rev. crit.* 1874, p. 6.
(2) Cass., 1ᵉʳ octobre 1874, 27 mars 1880.

généralement *facultative*; par exception elle est *obligatoire* s'il s'agit d'un délit contre la sûreté de l'État.

**342.** *c*) L'interdiction de séjour est *à la fois l'accessoire et le complément* des peines criminelles temporaires (*travaux forcés à temps, détention, réclusion, bannissement*). Les textes d'où résulte ce double caractère contiennent trois propositions : 1° l'interdiction de séjour est encourue de plein droit pour et vingt années (art. 46, § 2; art. 47, § 1, 1re phrase); 2° le juge est autorisé à la réduire et même à la remettre complètement (art. 46, § 3; art. 47, § 1, 2e phrase); 3° mention de la délibération sur l'interdiction de séjour doit être faite dans l'arrêt (*cour d'assises*) ou le jugement (*conseil de guerre*), quand le juge n'a pas usé de la faculté qui lui était donnée (art. 47, § 2). La première de ces propositions marque le caractère accessoire de la peine. La seconde en fait une peine complémentaire facultative. Quant à la troisième, c'est une précaution contre l'oubli du juge (1). Le législateur a bien fait de s'en préoccuper, car un oubli de ce genre aurait pour conséquence d'infliger au condamné l'interdiction de séjour pour son maximum de durée. Pareil danger ne serait pas à craindre si la peine était simplement complémentaire, car les peines complémentaires que le juge néglige de prononcer ne sont point encourues par le condamné (2).

**343.** L'interdiction de séjour devient enfin une peine *principale* lorsque par l'effet de certaines *excuses*, la peine principale, à laquelle elle était jointe, se trouve écartée (art. 100, 108, 138, 144, 213, 271 C. p.). Une particularité remarquable de cette peine principale c'est qu'elle est *facultative* (3) : le juge est libre d'en affranchir complètement le condamné. Il semble que le législateur ait pensé qu'il allait trop loin en accordant l'impunité à certains coupables, et qu'il ait voulu, pour que cette impunité fût complète, que le juge s'associât à son indulgence.

L'interdiction de séjour est dans ces circonstances une peine correctionnelle, alors même qu'elle remplacerait une peine criminelle (arg. art. 326, C. p.).

---

(1) V. Cass. 3 sept. 1874, B. 79. Les termes relatant cette délibération n'ont rien de sacramentel, mais ils doivent dénoter qu'il y a eu une délibération *spéciale* sur la peine accessoire complémentaire (Cass. 11 fév. 1875. D. 75, 1, 495).

(2) Il faut supposer, dans les deux cas, que la condamnation est devenue irrévocable; car si le ministère public ou le condamné s'aperçoivent de l'oubli du juge quand les voies de recours sont encore ouvertes, ils peuvent, en les exerçant, faire réparer l'omission (Cass. 4 av. 1874; Cass. 25 juil. 1885).

(3) Il en est ainsi même dans le cas de l'art. 271, malgré la formule impérative de ce texte (*ils* SERONT *renvoyés*...), parce que l'interdiction de séjour peut toujours être écartée, lorsqu'il s'agit d'un délit, au moyen des circonstances atténuantes (art. 463, § 9).

**344. Durée et point de départ.** — La durée maxima de l'interdiction de séjour est celle que la loi de 1874 avait assignée à la surveillance. « *En aucun cas*, porte le nouvel art. 46 du Code pénal, la durée de la surveillance ne pourra excéder *vingt années* ». La règle est absolue : les art. 108, 138, 144 du Code pénal, qui prononçaient la surveillance *à vie*, se trouvent donc implicitement corrigés. Ce n'est pas à dire qu'il ne puisse y avoir aujourd'hui des individus placés *à vie* en état d'interdiction de séjour ; la loi de 1874 n'a pas en effet modifié la situation des condamnés mis en surveillance perpétuelle par un arrêt ou jugement devenu définitif avant sa promulgation. Un autre cas d'interdiction de séjour à vie a été créé par l'art. 8 de la loi du 27 mai 1885 pour remplacer la relégation à l'égard de certains condamnés. — Le maximum de vingt ans est appliqué : 1° aux condamnés à une peine afflictive perpétuelle qui ont été graciés ou qui ont prescrit leur peine (art. 46, § 4 ; art. 48, § 4) ; 2° aux condamnés à une peine afflictive temporaire lorsque le juge n'a pas réduit la durée de la peine accessoire-complémentaire (art. 46, §§ 2, 3). — Pour les condamnés au bannissement, la loi fixe la durée de l'interdiction de séjour à *un temps égal à la durée de la peine qu'ils auront subie*. Il faudra donc s'attacher non pas au bannissement *prononcé*, mais au bannissement *exécuté*. La grâce de la peine principale réfléchit dans ce cas sur l'interdiction de séjour. En matière correctionnelle les textes fixent d'une manière variable suivant les délits la durée de l'interdiction de séjour, ordinairement entre 5 et 10 années. — On n'est pas d'accord sur la durée de cette peine dans l'hypothèse de l'art. 49. La difficulté naît de ces expressions : « Devront être renvoyés *sous la même* surveillance.... », dont le sens est équivoque. Cet article, avant la réforme de 1874, venait immédiatement après l'art. 47 actuel, relatif à la surveillance accessoire du bannissement. Dans un premier système, on disait : *la même surveillance...* signifie une surveillance de *même durée* que celle dont il est question dans l'article précédent, c'est-à-dire égale à la durée de la peine principale. Dans un second système, on soutenait que ces expressions, *la même surveillance*, visaient une surveillance de *même nature* que celle organisée par les articles précédents. On remontait ainsi, pour fixer sa durée, à l'art. 46 qui édictait la surveillance *à vie*. C'était là l'opinion dominante et la plus raisonnable. Il faut la suivre aujourd'hui, *mutatis mutandis* : par conséquent, la durée maxima de l'interdiction de séjour sera de 20 ans dans l'hypothèse de l'art. 49 (1).

**345.** La durée de l'interdiction de séjour, *peine principale*, compte, conformément au principe général de l'art. 23 du Code pénal, du jour où

---

(1) RENAULT, *loc. cit.*, p. 585.

la condamnation est devenue irrévocable. Celle de l'interdiction de séjour, peine *accessoire* ou *complémentaire*, compte seulement du jour où le condamné a subi ou prescrit la peine principale (art. 46, §§ 2, 4; art. 48, §§ 3, 5) (1). Le législateur a pensé, en effet, que l'interdiction de séjour n'est réellement utile que lorsque le condamné a recouvré sa liberté. La jurisprudence a conclu de là que la durée de l'interdiction de séjour serait prorogée par l'exécution de toute peine d'emprisonnement subie depuis qu'elle a commencé (2).

**346. Causes d'extinction.** — L'interdiction de séjour s'éteint normalement par l'arrivée du terme qui lui a été assigné par la loi ou par le juge. — Elle s'éteint encore par les causes qui suppriment la condamnation : amnistie, revision, réhabilitation. — La prescription ne l'atteint pas isolément, parce que son exécution a lieu de plein droit sans mesures matérielles. Elle ne disparaît pas non plus par voie de conséquence, lorsque la peine principale est prescrite (art. 48, §§ 3, 4 et 5). Étant destinée, en effet, à un condamné qui a subi sa peine, il faut qu'elle survive au droit d'exécution de cette peine. — Son essence s'oppose à ce qu'elle soit remise par voie de grâce : aussi a-t-il fallu un texte formel dans la loi de 1874 pour lui appliquer cette cause d'extinction. Cette loi a organisé deux sortes de remises gracieuses : l'une définitive et irrévocable, qui est accordée par le Président de la République : c'est la grâce proprement dite (art. 46, § 4) ; l'autre provisoire et révocable qui émane du Ministre de l'intérieur : c'est *la suspension par mesure administrative*.

**347. Sanction.** — L'infraction à l'interdiction de séjour est punie d'un emprisonnement de six jours à cinq ans (art. 40, 45, C. p. ; art. 19, L. 1885).

### B. — Des autres interdictions de séjour.

**348. I. Interdiction de séjour autorisée par l'art. 229 du Code pénal.** — La loi protège énergiquement les magistrats contre les violences dont ils peuvent être l'objet dans l'exercice ou à l'occasion de l'exercice de leurs fonctions. Une des peines qui peuvent être prononcées contre l'auteur de ces violences est l'*interdiction de séjour dans le lieu où siège le magistrat et dans un rayon de deux myriamètres*. — La durée de cette interdiction est de cinq à dix années. C'est la peine complémentaire-facultative d'autres peines correctionnelles. Jointe à l'em-

---

(1) Comp. tous les textes relatifs à l'interdiction de séjour en matière correctionnelle.

(2) *Sic :* Cass. (ch. réunies), 19 mai 1841, B. n° 146. L'exactitude de cette solution est douteuse, car pour être logique il faudrait aller jusqu'à dire que la durée de l'interdiction de séjour sera prorogée même par une détention préventive.

prisonnement, elle commence après que le condamné a subi *ou a prescrit* (1) cette peine. — Sa sanction est le bannissement. L'infraction à cette interdiction de séjour est donc un crime (2).

**349. II. Interdiction de séjour ordonnée par l'art. 635 du Code d'instruction criminelle.** — La prescription d'une peine criminelle laisse parfois le condamné sous le coup d'une interdiction de séjour qui ne se confond point avec celle qui a remplacé la surveillance. C'est l'interdiction de séjourner « dans le département où demeureraient (3) soit celui sur lequel ou contre la propriété duquel le crime aurait été commis, soit ses héritiers directs ». Le gouvernement peut en outre « assigner au condamné le lieu de son domicile ». Cette double disposition de l'art. 635 C. i. c. ne s'applique que s'il s'agit d'un crime dirigé contre les personnes ou les propriétés privées. De cette circonstance et de l'absence de toute pénalité indiquée comme sanction, on a conclu, avec raison, que cette interdiction de séjour n'est qu'une réparation civile. Le ministère public ne peut pas poursuivre ; seuls les intéressés peuvent faire expulser *manu militari* le condamné du département interdit, et le faire condamner à des dommages-intérêts (4).

## II. — Relégation.

**350.** La seconde peine commune aux crimes et aux délits est la relégation. Elle consiste dans la transportation aux colonies ou possessions

---

(1) Arg. d'analogie, art. 48 du Code pénal. V. ci-dessus n° 345.

(2) Sic : CHAUVEAU et HÉLIE, III, 861.— *Contrà:* CARNOT, qui considère l'interdiction de séjour édictée par l'art. 229, et le bannissement qui lui sert de sanction comme des mesures prises dans un intérêt privé.

(3) Les Codes Tripier (édit. 1883) portent, « où demeuraient » ; mais le texte officiel paraît être : « où demeureraient » (V. DALLOZ, Rép. V° *Prescription crim.*, n° 17, note 2). — Il a été expliqué en effet dans les travaux préparatoires que si la victime du crime ou ses héritiers venaient à changer de département, « le nouveau département serait interdit au condamné, excepté cependant s'ils étaient venus s'établir dans le département où le condamné a sa résidence obligée ». LOCRÉ, t. 28, p. 132 et s.). Or la difficulté qu'on a voulu résoudre par cette observation ne peut surgir qu'en supposant que le texte porte : « où demeureraient ».

(4) Sic : F. HÉLIE, *Tr. de l'Inst. crim.*, VIII, 4117 ; RENAULT, *Rev. crit.*, 1874, p. 591 et s. — *Contrà* : DALLOZ, Rép., v° cit., n° 31 ; LAINÉ, 422. Des interdictions de séjour il faut rapprocher le droit d'expulsion accordé aux consuls et résidents de France dans les pays hors chrétienté ou de protectorat. (Édit de 1778, art. 82, 83 ; L. 28 mai 1836, art. 82 ; L. 8 juil. 1852, art. 16, 17 ; L. 18 mai 1858, art. 2 ; L. 19 mars 1862 ; D. 8 mars 1886, art. 13, 14). Ce droit d'expulsion ne s'exerce que sur les Français. En revanche, dans ces pays, les Français échappent au droit d'expulsion que les autorités locales pourraient exercer sur eux. FÉRAUD-GIRAUD, *Rev. de Dr. int.*, 1887, tome 19, p. 1 et s.

françaises, avec obligation d'y résider à perpétuité. Elle emporte assujettissement au travail au profit de l'État, pour les relégués qui n'ont pas de moyens d'existence dûment constatés. Cette peine est appliquée à des repris de justice qui, à raison du nombre ou de la gravité de leurs récidives, ne paraissent pas devoir se reclasser dans la France continentale. C'est pour eux le *complément obligatoire* des peines privatives de la liberté, temporaires et de Droit commun, en matière criminelle et correctionnelle (*travaux forcés à temps, réclusion, emprisonnement*).

La relégation est apparue pour la première fois avec cette fonction dans le Code pénal du 25 septembre 1791 et dans les lois des 24 vendémiaire et 11 brumaire an II, sous le nom de déportation. Les guerres maritimes empêchèrent l'exécution de ces lois. La déportation des récidivistes fut remplacée par la marque et par la surveillance de la haute police (D. 23 flor. an X ; D. 19 vent. an XIII ; S. N. C. 28 flor. an XII). L'utilité de la fonction de la relégation, que ces lois avaient abrogée, a été de nouveau reconnue dans ces dernières années, quand les statistiques criminelles ont démontré que l'internement à perpétuité dans la colonie pénale, imposé aux forçats libérés par l'art. 6 de la loi du 30 mai 1854, avait réduit considérablement en France la grande criminalité. On a pensé que cette mesure pouvait être employée pour réduire aussi la criminalité moyenne dont le chiffre allait toujours en augmentant. La loi du 27 mai 1885 a organisé en conséquence la relégation des récidivistes, condamnés à des peines temporaires qui dénotent des infractions de gravité moyenne. Cette loi énumère *les cas de relégation* et elle ébauche *l'organisation de la nouvelle peine* que des décrets réglementaires ont complétée (1). Nous ne traitons ici que de cette organisation. L'étude des cas de relégation viendra dans la théorie de la récidive.

(1) Ces décrets sont actuellement au nombre de dix. Le premier et le plus général est celui du 26 novembre 1885. Il organise deux sortes de relégations : la relégation collective et la relégation individuelle, et il prescrit des mesures d'exécution en France et aux colonies. — Cinq autres ont trait à la *relégation collective:* D. 20 août 1886 et D. 24 mars 1887, relatifs aux *lieux* affectés à cette relégation ; — D. 22 août 1887, relatif à son régime disciplinaire ; — D. 5 septembre 1887, organisant les dépôts d'arrivée pour les relégués collectifs ; — D. 18 février 1888, organisant les *groupes* ou *détachements* de relégués collectifs destinés à être envoyés temporairement dans d'autres colonies. — La *relégation individuelle* a son organisation dans le D. du 25 novembre 1887. — Enfin trois décrets contiennent des *dispositions communes* aux deux relégations, savoir : D. 11 juillet 1887, relatif à la curatelle d'office des successions et biens vacants des relégués ; — D. 11 novembre 1887, relatif au mariage des relégués. Celui-ci cependant ne paraît applicable aux relégués individuels que s'ils se trouvent dans les *établissements pénitentiaires* des colonies, affectés aux relégués collectifs ; — D. 26 novembre 1888, relatif à la situation des relégués au point de vue militaire. — *Observation* : Dans le langage de ces décrets, le mot *relégable* désigne le

**351. Caractères de la relégation.** — La relégation est une peine tantôt criminelle, tantôt correctionnelle, parce qu'elle emprunte le caractère de la peine principale dont elle est le complément; cette observation a de l'intérêt au point de vue de la prescription. Le premier rapporteur des divers projets de loi sur cette matière, M. Waldeck-Rousseau, avait émis l'opinion « que la relégation devait être une peine prenant rang dans l'échelle générale entre la réclusion et le bannissement ». C'était faire de la relégation une peine principale criminelle, qui aurait été appliquée à une infraction d'un nouveau genre : l'*état de récidive*. Mais cette opinion a été rejetée. La récidive a continué à être envisagée comme une *modalité de l'infraction*, et la relégation est devenue le complément de la peine encourue pour cette infraction. — Par son but, cette nouvelle peine ressemble beaucoup à l'interdiction de séjour, aussi peut-on se demander si c'est une peine ou une mesure administrative. Nous déciderons que c'est une peine à l'aide des mêmes arguments qui nous ont servi à démontrer le caractère pénal de l'interdiction de séjour. — A la différence de celle-ci, la relégation ne consiste point dans une *mise* du condamné à la disposition de l'autorité administrative : elle nécessite en effet une mesure matérielle, la transportation aux colonies. Aussi, bien que son exécution commence en France, on ne doit pas la considérer comme une faculté donnée à l'administration de transporter le condamné. Pareille disposition existe, comme on l'a vu, pour la déportation (art. 17, § 5, C. p.) (1).

**352.** Il nous faut étudier l'organisation de la relégation dans ses deux éléments : le *lieu* et le *régime*. Les décrets réglementaires qui ont créé deux sortes de relégation : l'*individuelle* et la *collective*, établissent entre elles une différence à ces deux points de vue.

**353. Lieux de relégation.** — Ils sont déterminés par des décrets rendus en Conseil d'État (Loi, art. 1er). Toutes les colonies et possessions françaises peuvent être affectées à l'exécution de la relégation individuelle. La relégation collective ne s'exécute au contraire qu'à la Guyane ou dans les îles de la Nouvelle-Calédonie (D. 1885, art. 4). Comme ces deux colonies sont aussi affectées à l'exécution des travaux forcés, il est défendu de réunir dans les mêmes établissements et les mêmes circonscriptions territoriales les relégués collectifs et les forçats (*ibid.* art. 5) (2).

---

condamné à la relégation qui n'a pas encore commencé l'exécution de cette peine suivant le mode qu'ils déterminent, et le mot *relégué*, celui qui l'a commencée suivant ce mode. Nous ne les emploierons point en ce sens.

(1) Par conséquent la relégation est prescriptible. *Contrà* : GARRAUD, *Dr. pén. franç.*, II, p. 127.

. (2) L'île des Pins, à la Nouvelle-Calédonie, a été spécialement affectée aux relégués collectifs (D. 20 août 1886). A la Guyane le décret du 24 mars 1887 a fixé les limites respectives de la transportation et de la relégation.

Il peut être envoyé *temporairement* sur le territoire des diverses colonies des groupes de relégués *collectifs*, pour être employés sur les chantiers de travaux publics (*ibid*. art. 4) (1). En outre des lieux de relégation, il fallait créer des lieux *de dépôt*, soit en France, pour y garder les relégués en attendant leur embarquement, soit aux colonies, pour les recevoir à leur arrivée et les préparer à leur nouvelle existence. En France les lieux de dépôt sont des *pénitenciers spéciaux* (Loi, art. 12; D. 1885, art. 15 §3). Le gouvernement est autorisé à y faire subir la peine principale dont l'exécution doit précéder immédiatement celle de la relégation. Il peut aussi devancer l'époque du transfèrement du relégué aux colonies. La durée du voyage compte alors pour l'exécution de la peine principale (Loi, *ibid.*; D. 1885, art. 27, § 2). Par un motif d'économie on maintient en dépôt dans les établissements pénitentiaires de Droit commun où ils ont subi leur peine, les relégués qui paraissent susceptibles d'être dispensés de la relégation, tout le temps que dure l'instruction sur les causes de dispense, et pendant la durée des dispenses provisoires dont il sera parlé ci-après (D. 1885, art. 18). Le transfèrement des relégués aux colonies, la désignation du territoire où le condamné sera soumis à la relégation, les époques et les opérations d'embarquement sont arrêtés de concert par les ministres de l'intérieur, de la justice, et de la marine et des colonies (D. 1885, art. 22 à 24).

Sur les territoires affectés à la relégation collective il existe des *dépôts d'arrivée et de préparation* (D. 1885, art. 31; D. 5 sept. 1887). Ils peuvent comprendre des ateliers, chantiers et exploitations où sont placés les relégués pour une période d'épreuve et d'instruction.

**354. Régime.** — Le régime de la relégation est organisé en vue d'opérer le reclassement du libéré dans la société coloniale. Les relégués qui ont justifié de moyens honorables d'existence, notamment par l'exercice de professions ou de métiers, ceux qui sont reconnus aptes à recevoir des concessions de terre, ceux enfin qui sont autorisés à contracter des engagements de travail ou de service pour le compte de l'État, des colonies ou des particuliers, sont, *après examen de leur conduite* (D. 1885, art. 2 § 2; D. 25 nov. 1887, art. 2), admis au bénéfice de la *relégation individuelle*. Cette situation leur permet de vivre en liberté dans la colonie qui leur est assignée, sauf à se conformer à certaines mesures d'ordre et de surveillance (2). Ils sont soumis au Droit commun et relèvent des juridictions ordinaires (D. 1885, art. 2, § 1). Mais avant d'arriver à cette situation, éminemment favorable, tous les relégués sont

(1) On les appelle en style administratif les *sections mobiles*, D. 18 fév. 1888.
(2) Les relégués individuels sont nantis d'un livret et soumis à des obligations analogues à celles qu'imposait la surveillance de la haute police sous la loi de 1874 (D. 25 nov. 1887, art. 4, 6, 7).

soumis à une période d'épreuve et de préparation qu'on appelle *la relégation collective*. C'est la condition ordinaire des relégués. La préparation à la vie coloniale commence dans les pénitenciers spéciaux qui servent en France de lieux de dépôt (D. 1885, art. 15). Elle se continue dans les dépôts d'arrivée et de préparation des colonies (D. 1885, art. 31 ; D. 5 sept. 1887). Le triage des relégués admis à la relégation individuelle se fait soit au moment de l'embarquement, soit plus tard, suivant une procédure qui sera exposée ci-dessous (D. 1885, art. 3). La relégation collective emporte privation de la liberté et assujettissement au travail (Loi, art. 12 ; D. 1885, art. 19, 31, 32, 33, 36). L'État supporte les dépenses de logement, d'habillement, de nourriture et d'hospitalisation des relégués collectifs. Leur travail est rétribué par un salaire sur lequel l'État fait une retenue, qui ne peut excéder le tiers, pour couvrir les dépenses qu'ils occasionnent. Le restant du salaire est divisé en deux portions égales : l'une constitue le pécule disponible du relégué ; l'autre, son pécule de réserve, qui sera mis à sa disposition quand il quittera la relégation collective (D. 1885, art. 35 ; D. 5 sept. 1887).

— Les relégués individuels qui se trouvent dans l'impossibilité de pourvoir à leur subsistance peuvent demander à être employés temporairement dans les établissements de travail affectés à la relégation collective. Ils sont alors soumis au régime disciplinaire de ces établissements (D. 1885, art. 34 ; D. 5 sept. 1887). Ce régime disciplinaire a été organisé sur le modèle de celui des maisons centrales dont il sera question ci-après (D. 22 août 1887).

**355. Compétence et procédure pour l'admission à la relégation individuelle** (D. 1885, art. 6, 7, 8, 9). — L'autorité qui admet un relégué au bénéfice de la relégation individuelle est le ministre de l'intérieur, si le condamné est encore en France, et le ministre de la marine et des colonies, s'il a été transporté. — La procédure a trois phases. *a) On prend d'abord l'avis de certaines autorités.* Si le relégué est en France on consulte : 1° le parquet près la Cour ou le Tribunal qui a prononcé la relégation ; 2° le préfet du département où résidait le relégué avant sa dernière condamnation ; 3° le directeur soit de l'établissement, soit de la circonscription pénitentiaire où le relégué se trouvait détenu en dernier lieu ; 4° des médecins désignés par le ministre de l'intérieur. — Si le relégué est aux colonies, on prend l'avis du gouverneur et l'avis du conseil de santé. — *b) La demande est soumise ensuite à la commission de classement*, composée, en France, de sept membres (un conseiller d'État et deux délégués de chacun des trois ministères, de la justice, de l'intérieur et de la marine et des colonies) ; et aux colonies de trois membres (un magistrat, un délégué de la direction de l'intérieur et un délégué du service pénitentiaire). — *c) La décision de ministre compétent* termine cette instruction administrative. Si la demande est rejetée, un délai de six mois doit nécessairement s'écouler avant qu'elle puisse être renouvelée (D. 25 nov. 1887, art. 1er).

**356. Dispositions communes aux deux relégations.** — Elles sont relatives : 1° au service militaire, 2° aux dispenses de la relégation, 3° aux autorisations de quitter le territoire de la relégation, 4° aux évasions, 5° aux moyens moralisateurs.

1° *Service militaire dû par les relégués* (Loi, art. 7 et 18, § 1). — La relégation n'emporte pas par elle-même exclusion de l'armée. Les relégués, que leurs condamnations à d'autres peines n'ont pas rendus indignes de servir dans les armées françaises, restent soumis au service militaire. Un décret du 26 novembre 1888 détermine les conditions dans lesquelles ils accompliront ce devoir.

2° *Dispenses de la relégation* (Loi, art. 18, § 3 ; D. 1885, art. 11). — Il peut être sursis à la transportation du relégué pour cause de maladie ou d'infirmités. On distingue à cet égard la *dispense provisoire*, le *renouvellement* et la *dispense définitive*. La première est accordée par le ministre de l'intérieur, sur le rapport du directeur de la circonscription ou de l'établissement pénitentiaire et après avis des médecins chargés du service de santé. Sa durée est d'un an au plus. Pour la *renouveler* le ministre doit prendre l'avis de la commission de classement, sans être tenu d'ailleurs de le suivre. Il ne peut accorder de dispense définitive que sur l'avis conforme de cette commission et après l'instruction spéciale exigée pour l'admission à la relégation individuelle. La loi du 14 août 1885 sur les moyens de prévenir la récidive a créé une nouvelle cause de dispense, provisoire d'abord, puis définitive, au profit des condamnés pour lesquels elle a organisé *la libération conditionnelle*, institution nouvelle, dont il sera traité plus bas. Cette dispense échappe au contrôle de la commission de classement.

Que deviennent les relégués dispensés administrativement de la relégation ? L'art. 18 du décret du 26 novembre 1885 dit « qu'ils sont maintenus en dépôt pendant l'instruction sur les causes de dispense et pendant la durée *des dispenses accordées à titre provisoire* ». Il faut décider de même pour les *renouvellements*. Le gouvernement n'a pas renoncé à transporter ces relégués. Ils doivent attendre par conséquent, dans les lieux de dépôt, l'époque de leur embarquement, pour laquelle la loi n'a pas fixé de délai *a priori* (arg. art. 12, § 2, Loi). Quant à ceux qui ont obtenu une dispense définitive, il est impossible de les garder aux dépôts ; ce serait changer administrativement la relégation en emprisonnement perpétuel. Il faut donc les mettre en liberté, et cette liberté sera sans restriction ni limite ; ils échapperont au contrôle de l'administration. C'est là une imperfection de la loi.

3° *Autorisations de quitter le territoire.* — *Évasions*. — Le ministre de la marine et des colonies peut accorder aux relégués des autorisations temporaires soit de quitter le territoire affecté à la relégation, soit de rentrer en France. Elles ne dépassent pas six mois (Loi, art. 13). — L'art. 245 du Code pénal est applicable aux évasions ; mais on n'exige pas que l'évasion ait eu lieu par bris de prison. On comprend en outre dans cette expression le fait de quitter sans permis le territoire de la relégation, — la désobéissance aux conditions imposées par le permis, — la rentrée en France sans autorisation (Loi, art. 14). On a attribué compétence pour juger ce délit au tribunal correctionnel du lieu d'arrestation de l'évadé et à celui du lieu de relégation. La procédure à suivre est celle en reconnaissance d'identité, qui suppose l'évadé repris et présent.

4° *Reclassement des relégués.* — *Moyens moralisateurs* (Loi, art. 15, 16, 17, 18, § 3 ; D. 1885, art. 10, 36). — Pour favoriser le reclassement des relégués dans la colonie et leur amendement, la loi annonce une série de faveurs, qui peuvent être retirées par mesure administrative si le relégué ne s'en montre plus digne.

Les faveurs sont : 1° des concessions de terrains d'abord provisoires, puis définitives ; — 2° des avances pour les faire fructifier ; — 3° l'autorisation accordée aux relégués collectifs de travailler, en dehors des établissements de travail, pour le compte des particuliers ; — 4° la relégation individuelle ; — 5° la reconstitution de la famille autour du transporté sur le territoire de la relégation ; — 6° l'espoir d'obtenir la remise des droits perdus à titre de peine accessoire ou complémentaire ; — 7° la grâce ou la remise judiciaire de la relégation. — L'art. 36 du décret de 1885 a fait une simple allusion à la première et à la troisième de ces faveurs, pour dire qu'elles n'entraînent pas de plein droit admission au bénéfice de la relégation individuelle, et il organise le retrait de ce mode de relégation dont il énumère cinq causes, savoir : une nouvelle condamnation pour crime ou délit, — l'inconduite notoire, — la violation des mesures d'ordre et de surveillance auxquelles le relégué est soumis, la rupture volontaire et non justifiée de son engagement, — l'abandon de sa concession. — Si l'on rapproche les conditions d'admission à la relégation individuelle des causes de son retrait, on voit que les décrets réglementaires ont fait entrer en ligne de compte, dans les deux cas, *la conduite* du relégué. L'administration a ajouté ainsi à la loi, qui considère comme une condition nécessaire et suffisante, pour *donner droit* à la relégation individuelle, les « *moyens d'existence dûment constatés* ». Elle s'est peut-être montrée plus sage que le législateur en transformant en faveur susceptible d'être retirée, ce dont le premier avait voulu faire un droit : mais en cela elle paraît avoir dépassé les limites du pouvoir réglementaire que lui ont reconnu les art. 1er et 18 de la loi du 27 mai 1885.

**357. Causes d'extinction.** — La relégation est en principe perpétuelle, mais elle peut cesser : 1° par une dispense définitive, 2° par l'amnistie ou la revision du procès, 3° par la remise judiciaire (Loi, art. 16), 4° par la grâce (Loi, art. 15), 5° par la prescription. — La première de ces causes d'extinction est connue par les explications qui précèdent. — L'amnistie et la revision éteignent la relégation parce qu'elles effacent la condamnation. — La réhabilitation produit un résultat analogue depuis la loi du 14 août 1885 (art. 632, C. i. c.). Mais, au moment où la loi du 27 mai fut discutée, elle n'avait pas cet effet ; et d'ailleurs les conditions exigées pour rendre la demande en réhabilitation recevable étaient impossibles à remplir dans la plupart des colonies (1). Pour étendre cette cause d'extinction à la relégation, on créa la *remise judiciaire* (2). « Le relégué pourra, à partir de la sixième année de sa libération, introduire devant le tribunal de la localité une demande tendant à se faire relever de la relégation, en justifiant de sa bonne conduite, des services rendus à la colonisation et de moyens d'existence » (Loi, art. 16). Les formes et les conditions de la demande seront déterminées par un règlement d'administration publique, qui n'a pas encore été fait.

Cette remise judiciaire a été justement critiquée : elle investit en effet les tribunaux coloniaux, d'un droit de revision sur la décision d'un tribunal de la métropole, relativement à un point, que seul ce dernier est à même d'apprécier, savoir : si le relégué est ou non susceptible de reclassement en France. Elle est de nature en outre à entretenir chez les relégués l'esprit de retour, et à leur enlever le goût d'un établissement durable dans la colonie.

La relégation s'éteint enfin par la prescription de cinq ou de vingt ans, suivant qu'elle a été prononcée en même temps qu'une peine criminelle ou correctionnelle dont elle emprunte le caractère (art. 635, 636, C. i. ic.).

**358.** La relégation est applicable aux femmes comme aux hommes,

---

(1) Comment justifier par exemple les conditions de résidence exigées par l'art. 621 qui suppose le territoire divisé administrativement en départements, arrondissements et communes ?

(2) Le rapporteur de la loi au Sénat a qualifié, avec raison, cette remise d'*espèce de réhabilitation partielle* ; ainsi, en effet, que la réhabilitation dont la réforme était à l'étude, elle *efface la condamnation* et par suite elle met fin à la relégation ; mais elle ne l'efface que *pour partie*, en ce sens que le chef de cette condamnation relatif à la peine principale est maintenu. — M. GARRAUD, *Précis*, 186, I, a vu dans cette remise une *grâce judiciaire*. S'il en était ainsi, la loi du 27 mai serait inconstitutionnelle, car le droit de grâce appartient exclusivement au Président de la République, et le Congrès seul peut y toucher.

quoiqu'en pratique elle paraisse devoir être appliquée le plus souvent à ces derniers. Il n'y a lieu de signaler pour les femmes, que « les maisons d'assistance et de travail », où sont reçues, aux colonies, celles qui ont été admises à la relégation individuelle, « jusqu'à ce qu'elles aient trouvé à s'engager ou à s'établir dans des conditions suffisantes de bon ordre et de moralité ». Le placement dans ces maisons a lieu d'office ou sur la demande des reléguées ; mais leur sortie ne peut s'effectuer, que si la condition sus-mentionnée est remplie (D. 1885, art. 28).

**359.** L'âge du relégable influe sur l'application de la nouvelle peine. Ne peuvent être condamnés à la relégation, les individus qui auraient moins de 21 ans ou plus de 60 ans à l'expiration de la peine principale. La relégation est remplacée, pour les premiers, par une détention dans une maison de correction jusqu'à leur majorité, et, pour les seconds, par l'interdiction perpétuelle de séjour (Loi, art. 6, 8). Nous retrouverons ces dispositions, qui soulèvent dans leur application certaines difficultés, quand nous étudierons les cas de relégation.

### SECTION IV. — DES PEINES PROPRES AUX CONTRAVENTIONS.

**360.** L'emprisonnement de simple police est la seule peine qui soit spéciale aux contraventions. Sa durée est de un à cinq jours (art. 465, C. p.). Ces minimum et maximum ne sont jamais dépassés.

Cette peine est subie dans des prisons municipales ou cantonales lorsqu'elles sont organisées pour l'exécution des peines (*Arrêté*, 20 oct. 1810, art. 3). Mais comme elles ne sont le plus souvent que des lieux de dépôt, un quartier de la *maison d'arrêt* du chef-lieu d'arrondissement les remplace (D. 11 nov. 1885, *s. les prisons de courtes peines*, art. 27, 28).

Le régime consiste dans la simple privation de la liberté, sans obligation au travail. Le condamné n'est pas astreint au port d'un costume pénal.

## APPENDICE

### THÉORIES PÉNITENTIAIRES

De leur influence sur l'organisation pratique des prisons et sur la création d'institutions destinées à favoriser le reclassement des libérés

**361. I. Peines à améliorer. — Types divers d'emprisonnement cellulaire.** — Dans les quatre sections précédentes nous avons exposé l'organisation des peines privatives de la liberté qui s'exécutent par l'emprisonnement, sans dire en quoi la pratique avait modifié, sur certains points, et complété, sur d'autres, les règles formulées par le législateur de 1810. C'est en effet un reproche à adresser aux auteurs du Code pénal d'avoir presque passé sous silence les détails d'organisation des peines privatives de la liberté.

Des décrets et des arrêtés réglementaires, émanés du pouvoir exécutif, se sont efforcés de combler ces lacunes. Plus tard des lois spéciales sont venues poser des règles plus fixes. L'esprit général de ces règlements et de ces lois a été de combattre le développement de la récidive par une meilleure organisation des peines, d'empêcher un criminel d'*accident* de devenir un criminel d'*habitude*. Pour cela on a eu recours à deux moyens : 1º la transportation suivie d'internement perpétuel ou de longue durée dans une colonie lointaine ; — 2º une organisation nouvelle des prisons de France en vue d'obtenir l'amendement du condamné. Ces deux procédés, empruntés à deux écoles rivales, ne sont pas destinées à s'exclure ; ils trouvent leur place dans toute bonne législation. La transportation débarrasse le pays des libérés que la gravité de leurs antécédents rend suspects au public et qui ne réussiraient pas à se reclasser. C'est un procédé d'*élimination*. Un bon régime pénitentiaire est susceptible de réformer les condamnés à des peines de gravité moyenne, surtout s'ils n'ont pas d'autre antécédent judiciaire. C'est un procédé de *correction*. Le premier de ces moyens est assurément le plus efficace et le plus prompt ; mais le côté défectueux de la transportation est de ne pouvoir faire le fond du système pénitentiaire d'une nation, que pendant un certain temps et à deux conditions : il faut d'abord que cette nation ait des colonies peu habitées ; il faut en outre que dans ces colonies afflue une population d'émigrants, assez nombreuse pour former les cadres de la nouvelle société, donner du travail aux transportés et enfin les confondre dans elle après leur libération. La transportation provoque et favorise ce mouvement d'émigration ; mais, peu à peu, la population de la colonie devient trop dense ; il arrive un moment où l'on ne peut plus continuer à lui envoyer des repris de justice, sans créer pour elle le danger dont on cherche à affranchir la métropole. L'Angleterre l'a éprouvé pour l'Australie. Une nation qui n'aurait d'autre moyen de combattre la récidive que la transportation est fatalement condamnée à une politique de conquêtes. — Avec une bonne organisation des peines, un pays peut réussir à absorber ses libérés (1).

**362.** Dans notre législation actuelle, la transportation est le mode d'exécution des *travaux forcés*, de la *déportation* et de la *relégation*.

---

(1) BIBLIOGRAPHIE : de BLOSSEVILLE, *Histoire des colonies pénales de l'Angleterre* (1857) ; d'HAUSSONVILLE, *Les établissements pénitentiaires en France et aux colonies* (1875).

Les peines privatives de la liberté qui s'exécutent en France sont la *détention*, la *réclusion* et l'*emprisonnement*. Le régime de la détention ne soulève pas de critique : les condamnés politiques auxquels elle s'applique ne doivent pas être réputés *a priori* des hommes pervertis, mais simplement des citoyens dangereux. L'emprisonnement de simple police est également hors de cause, à raison soit de la brièveté de sa durée, soit de la nature des infractions qu'il réprime. L'attention du criminaliste s'est portée au contraire sur le régime de la réclusion et de l'emprisonnement correctionnel. Ces peines sont attachées en effet à des infractions, qui dénotent des vices de nature à amener des récidives. Il faut nécessairement corriger le condamné, ou en débarrasser le pays s'il est incorrigible. Les moyens de correction ont été empruntés aux théories pénitentiaires de l'école de l'emprisonnement.

L'emprisonnement en commun était le régime des anciennes prisons de France. Il est mauvais pour le présent comme pour l'avenir. Pendant l'exécution de la peine, il favorise les désordres disciplinaires; il entraîne la corruption par le contact; il rend la peine inégale pour les détenus qui n'ont point perdu tout sentiment de honte. Cette promiscuité est surtout funeste après la libération. Les libérés que la prison n'a point réformés débauchent les autres, les intimident par la menace de révéler leurs antécédents et finissent presque toujours par les ramener au crime.

**363.** Pour remédier à ces inconvénients et rendre la prison moralisante, on a proposé la *séparation par quartiers* et la *séparation individuelle*. Le premier système consiste à répartir les détenus en diverses classes qu'on parquera dans des quartiers différents. Mais cette répartition est difficile. Où trouver le *criterium* qui dénote le degré d'immoralité et les chances d'amendement ? D'un autre côté il est presque impossible d'empêcher les conversations entre détenus du même quartier. En Angleterre on recourt au fouet pour obtenir le silence. Mais ce moyen cruel et dégradant répugne à nos mœurs. Enfin le système des quartiers exige la création de locaux considérables, souvent inoccupés, et l'entretien d'un personnel nombreux.

**364.** Le système de la *séparation individuelle*, mieux connu sous le nom d'emprisonnement cellulaire, paraît plus susceptible de réaliser l'amendement du condamné. Isoler le condamné, c'est d'abord un moyen de l'empêcher de se dépraver davantage par ses conversations avec les vétérans du crime. L'isolement produit bientôt l'ennui, et l'ennui engendre le goût du travail, l'agent de moralisation par excellence. On a élevé contre ce système des objections très vives : 1° il contrarie, dit-on, un besoin impérieux de la nature humaine, la sociabilité ; mais c'est précisément en cela qu'il punit. 2° Il pousse à la folie et au suicide; l'observation est exagérée : elle a été combattue, peut-être avec un peu trop de passion (1) ; mais, en admettant qu'elle ait quelque fondement, elle ne serait vraie que si l'on transformait la cellule en cachot et l'isolement en séquestration absolue. La détention en cellule ne doit pas empêcher les communications avec les personnes capables de relever le moral du détenu, savoir : le personnel de l'administration des prisons, l'aumônier, les membres de la famille et des sociétés de patronage qui s'occuperont de lui après sa libération. Fermer au détenu toutes les communications moralement dangereuses ; lui ouvrir au contraire toutes celles qui sont utiles et moralisatrices : tel est le programme. La détention en cellule doit aussi se combiner avec des exercices hygiéniques, au grand air, dans le préau. Les détenus ne sont point, en effet, condamnés à la maladie ni à une mort lente. — 3° On dit enfin que ce système est coûteux et qu'il rend difficile l'organisation du travail. Il est moins coûteux cependant que le système de la séparation par quartiers. Puis, ce n'est là qu'une question de premier aménagement. La société d'ailleurs est intéressée à faire les dépenses nécessaires pour assurer sa sécurité. Quant au travail des prisonniers, il faut bien se pénétrer de cette idée, qu'il doit être organisé uniquement en vue de produire l'amendement du condamné et de faciliter son reclassement après sa libération. Critiquer le système de la séparation individuelle parce qu'il rend le travail des prisonniers moins productif pour l'État que dans l'emprisonnement en commun ou la séparation par quartiers, c'est faire appel à des idées mercantiles qui ne sont pas de mise ici. Nous reviendrons bientôt sur cette question. — Le côté véritablement défectueux du système cellulaire, c'est de ne point préparer les détenus à la reprise des relations sociales. Ce n'est point, en effet, en ôtant au condamné l'habitude et jusqu'à l'occasion de la lutte qu'on peut le fortifier contre les tentations de la liberté. Cet inconvénient a fait apporter au régime de la cellule certains tempéraments dont quelques-uns sont devenus des *institutions complémentaires du système pénitentiaire*.

365. L'emprisonnement cellulaire a été pratiqué sous trois formes différentes, qui ont pris le nom des lieux où elles ont été expérimentées pour la première fois ou de leur inventeur. Elles constituent des types qui servent à désigner l'organisation particulière de cet emprisonnement à laquelle on veut faire allusion. Il y a : 1° le régime d'*Auburn*; 2° le régime de *Philadelphie* ou de *Pensylvanie* ou de *Cherry-Hill* ; 3° le régime *Irlandais* ou de *Walter Crofton*.

Le premier n'applique la cellule que pendant la nuit. Le jour, les détenus

---

(1) V. FERRUS, *Des prisonniers, de l'emprisonnement et des prisons* (1849). CERF-BERR, *Rapport sur les prisons d'Italie* (1839) ; MOREAU CHRISTOPHE, *De la mortalité et de la folie dans le régime pénitentiaire*, mémoire lu devant l'Académie en 1839 ; D'HAUSSONVILLE, p. 190-194.

travaillent dans des ateliers communs où l'on s'efforce de faire régner le silence. Ce système, expérimenté en 1823 à Auburn, dans l'État de New-York, n'est pas très moralisateur. — Le second applique la cellule le jour et la nuit. C'est le système cellulaire dans toute sa rigueur. Il fut établi dans la prison de Cherry-Hill, à Philadelphie, en 1829. Il mérite le reproche de ne rien faire pour ménager la transition de l'emprisonnement à la liberté. — Le troisième est un système *progressif* qui adoucit le régime de la peine à mesure que l'on constate l'amendement du coupable, et qui prépare son reclassement. Walter Crofton, inspecteur des prisons, l'appliqua pour la première fois en Irlande en 1856. Il réunit aujourd'hui presque tous les suffrages des partisans de l'école de l'emprisonnement. Après un premier temps passé en cellule, le détenu est admis à travailler en commun, pour le compte de l'administration. S'il se conduit mal, on le réintègre en cellule. Si au contraire il se conduit bien, il entre dans des prisons intermédiaires, sortes de colonies agricoles, où il obtient une demi-liberté. On lui permet de travailler au dehors, pour le compte des particuliers, et de se nourrir avec le produit de son travail. La colonie l'entretien s'il ne trouve pas d'occupation. Puis vient la *libération conditionnelle* : elle consiste dans un élargissement anticipé qui fait jouir le condamné d'une liberté complète, mais révocable pendant un certain délai au moindre sujet de plainte. Ce système atteint le but qu'on se propose ; mais dans sa troisième période il fait aux condamnés une condition plus favorable qu'à l'ouvrier libre. Aussi la législation anglaise, qui l'a définitivement adopté en 1864, a supprimé les prisons intermédiaires, pour arriver tout de suite à la libération conditionnelle. Les sociétés de patronage peuvent en effet remplacer, pendant la troisième phase, l'administration pénitentiaire : l'exécution de la peine est finie ou suspendue, l'œuvre du reclassement commence (1).

366. II. **Applications de l'emprisonnement cellulaire en France.** — La substitution de l'emprisonnement cellulaire à l'emprisonnement en commun, proposée à l'époque de la Révolution française par les publicistes et les philosophes, n'est entrée dans le domaine du fait qu'avec la Restauration. Une ordonnance du 9 septembre 1814 prescrivit la création, à Paris, d'une prison sur le modèle de celle de Philadelphie. L'idée nouvelle fit surtout des progrès sous le règne de Louis-Philippe. On prit malheureusement la question au rebours. On proposait la cellule pour l'exécution des peines les plus longues, sous prétexte que les individus

(1) V. sur la législat. anglaise : GLASSON, *Histoire du droit et des institutions de l'Angleterre* (Paris, 1881-83), t. VI, p. 802 ; BABINET, *Annuaire de législat. étrang.* 1878, p. 13 et s. — S. le syst. irlandais : MOLINIER, *Rec. de l'Acad. de légis.* 1873, p. 11 ; RIVIÈRE, *Le syst. irlandais comparé au système pénitentiaire, Bull. soc. géné. des prisons*, t. VI, 1885, p. 468 et s.

les plus sévèrement condamnés avaient le plus besoin d'être corrigés ; mais on ne remarquait pas que les peines très longues dénotent ordinairement des condamnés *incorrigibles* et à l'égard desquels il n'y a à prendre que des mesures d'élimination. D'un autre côté, il est vrai de dire que la cellule n'est efficace que si elle dure un certain temps, c'est donc un régime d'emprisonnement qu'il convient d'appliquer aux peines d'une durée moyenne. Quoi qu'il en soit, l'œuvre législative poursuivait son cours. Elle avait été précédée de rapports intéressants, publiés à la suite de missions officielles, celle de MM. de Beaumont et de Tocqueville en 1831 et celle de MM. Demetz et Blouet en 1836 (1). La révolution de 1848 arrêta l'élaboration de la loi.

Escomptant son vote, le Gouvernement avait pendant plusieurs années fait construire ou aménager des prisons en vue de l'application du régime cellulaire : 47 maisons départementales étaient bâties et occupées ; 15 autres étaient en voie de construction, lorsqu'en 1853 une circulaire de M. de Persigny, ministre de l'intérieur, renonça brusquement à l'expérience de l'emprisonnement cellulaire pour s'en tenir à la séparation par quartiers. Il faut attendre le réveil des idées libérales pour que la question soit reprise. Dans les premiers mois de l'année 1870 une commission, chargée d'élaborer un projet de loi sur le patronage des libérés, élargit le cercle de ses travaux et propose la réforme de nos prisons par régime cellulaire ; mais les événements politiques de l'*année terrible* ajournent encore cette réforme. L'œuvre législative reprend en 1872 ; l'Assemblée nationale charge une commission composée des hommes les plus versés dans l'étude des questions pénitentiaires (2) de procéder à une enquête sur le régime des prisons, et la réforme aboutit à la loi du 5 juin 1875 qui substitue *en principe* le régime de la *séparation individuelle* à celui de la *séparation par quartiers*. Nous l'expliquerons ci-après. Puis est venue la loi du 14 août 1885 *sur les moyens de prévenir la récidive*, qui s'occupe du reclassement des libérés. En même temps, l'école de la transportation poursuivait parallèlement son œuvre : elle dotait le pays de la loi du 27 mai 1885 *sur les récidivistes*, qui tend à débarrasser la France continentale des libérés non susceptibles de s'y reclasser. Cette loi, dont la rédaction mérite assurément de graves critiques, est très vivement attaquée par les partisans de l'école de l'emprisonnement ; mais elle était désirée par l'opinion publique, qui se plaint

---

(1) V. DE BEAUMONT et DE TOCQUEVILLE, *Du système pénitentiaire aux États-Unis et en France* (1833) ; DEMETZ et BOUET, *Rapport sur les pénitenciers des États-Unis* (1839).

(2) MM. CH. LUCAS, DEMETZ, BONNEVILLE DE MARSANGY, BÉRANGER, fils de l'ancien pair de France, qui a continué dans l'étude de la question pénitentiaire la tradition paternelle.

14

même qu'on n'en fasse pas une assez large application. Elle complète le système de législation qui convient à la France, grâce à ses colonies, et qu'on peut résumer en ces termes : aux condamnés susceptibles d'être corrigés et reclassés, l'emprisonnement cellulaire avec les institutions complémentaires destinées à opérer le reclassement en France ; aux incorrigibles et aux *irreclassables*, la relégation dans une colonie lointaine, avec le travail forcé au début et les adoucissements progressifs que comporte cette peine, jusqu'à leur reclassement dans la société coloniale.

367. III. **Organisation actuelle des prisons de France et d'Algérie.** — Cette organisation doit être étudiée au triple point de vue : 1° des locaux et des prisonniers qu'ils reçoivent ; 2° du régime ; 3° de la direction et de la surveillance. Avant d'entrer dans son examen, il faut observer que l'incarcération d'un individu n'a pas toujours le même caractère : elle constitue tantôt un emprisonnement *de garde*, tantôt un emprisonnement *de peine*, tantôt un emprisonnement *d'éducation correctionnelle*. Les incarcérations de GARDE existent soit dans un intérêt civil, soit dans un intérêt de police administrative, soit dans un intérêt de procédure pénale. Les premières sont : 1° celle des mineurs détenus par voie de correction paternelle. La loi n'indique pas les locaux. 2° Celle des débiteurs soumis à la contrainte par corps. Le local devrait être la *maison d'arrêt pour dettes*. — Les secondes comprennent : le placement d'office des fous dangereux dans les *asiles d'aliénés* (L. 30 juin 1838, art. 25 et s.) ; le dépôt au *poste de police* des individus trouvés en état d'ivresse manifeste dans des lieux publics, jusqu'à ce qu'ils aient recouvré la raison (L. 23 janv. 1873, art. 11) ; la détention provisoire nécessitée par l'exécution de *l'extradition* ou de *l'expulsion* des étrangers : les principes indiquent qu'elles doivent se faire dans des *lieux de dépôt*. — Les troisièmes sont *l'arrestation provisoire* et la *détention préventive des inculpés*. On arrête provisoirement les auteurs présumés de crimes ou de délits lorsque l'infraction est flagrante, et aussi, dans la même hypothèse, les auteurs de contraventions dont on ne connaît pas l'identité. Ces arrestations provisoires n'ont d'autre but que de conduire l'inculpé devant un officier supérieur de la police judiciaire, qui a qualité pour exercer contre lui l'action publique. L'*arrestation provisoire* entraîne souvent une détention momentanée dans des *lieux de dépôt*, lorsque les circonstances s'opposent au transfèrement de l'inculpé ou à son interrogatoire immédiat par le magistrat. La *détention préventive* commence par un mandat de dépôt ou d'arrêt, ordre écrit émané de l'autorité judiciaire. Elle a pour but de faciliter l'instruction préparatoire par la présence constante de l'inculpé dans le lieu où elle se poursuit, et de l'empêcher de se soustraire par la fuite à la peine qui l'attend. Elle doit être subie dans les *maisons d'arrêt* ou *de justice*. — Les incarcérations PÉNALES sont cel-

les par lesquelles s'exécute une peine privative de la liberté. — Quant à l'emprisonnement d'ÉDUCATION CORRECTIONNELLE, c'est une incarcération d'un caractère mixte, appliquée aux mineurs de seize ans acquittés pour défaut de discernement et envoyés en correction. — D'après la lettre et l'esprit de la loi, les locaux affectés à ces diverses incarcérations devraient être différents, mais des nécessités budgétaires ont obligé, en fait, l'administration à affecter les mêmes locaux à des incarcérations de plusieurs sortes, et les lois de finances ont implicitement confirmé une pratique qui, au début, n'avait pas été légale.

368. **Locaux des prisons. — Détenus qu'ils reçoivent.** — Les prisons se divisent en *maisons centrales* et *prisons départementales* (1). — Les maisons centrales sont la propriété de l'État. Il y en a vingt et une en France et deux en Algérie. Les pénitenciers agricoles situés en Corse et en Algérie, ainsi que les dépôts de forçats de la métropole et de cette colonie, sont assimilés aux maisons centrales. Leur population est d'environ 24.000 détenus (4/5 hommes, 1/5 femmes) (2). Elles servent : 1° de *maison de force* pour l'exécution de la peine de la réclusion, peu importe qu'elle soit prononcée comme peine directe du crime ou pour remplacer la peine des travaux forcés (art. 21, 16, C. p. ; art. 5, L. 30 mai 1854 ; L. 25 déc. 1880). — 2° De *maison de correction* pour les condamnés à l'emprisonnement correctionnel de plus d'un an et un jour (L. 5 juin 1875, art. 2). — 3° Elles ont un quartier spécial destiné à recevoir les jeunes détenus condamnés à plus de deux ans ou expulsés pour insubordination des colonies pénitentiaires. Ces quartiers remplacent les colonies correctionnelles dont la création est prescrite par la loi du 5 août 1850, art. 10. — Les détenus des maisons centrales vivent en commun jour et nuit. Cette promiscuité, jointe à la difficulté de la surveillance par suite de l'entassement des détenus, font de ces prisons des foyers de dépravation. On s'est efforcé d'y remédier en créant un quartier spécial pour les *jeunes adultes*, et un quartier dit de *préservation et d'amendement* où l'on introduit les détenus qui paraissent disposés à s'amender. Les condamnés des deux sexes sont naturellement séparés. Il existe même six maisons exclusivement réservées aux femmes. Certaines maisons sont en outre plus spécialement affectées à l'emprisonnement correctionnel et d'autres à la réclusion.

369. Les *maisons* ou *prisons départementales*, qu'on appelle aussi *prisons de courtes peines* (3), sont la propriété des départements. Un dé-

(1) V. pour leur organisation le D. du 16 juin 1808 et les Ord. du 2 avril 1817 et du 6 juin 1880.
(2) Ces chiffres sont empruntés à un arrêté ministériel du 15 avril 1882, sur le travail des détenus (J. offic., 7 mai 1882).
(3) La loi du 5 juin 1875 emploie indifféremment les deux premières expressions. La troisième a paru pour la première fois dans le D. du 11 novembre 1885.

cret du 9 avril 1811 leur en fit cadeau, pour dégrever de leur entretien le budget de l'État. Cette situation eut pendant la première moitié de ce siècle des conséquences très fâcheuses. En 1855 on aboutit à une transaction : la loi des finances mit à la charge de l'État l'entretien des prisonniers et laissa à la charge des départements celui des immeubles. — La France continentale compte 382 prisons de courtes peines. En général il y en a une par arrondissement, toujours située au chef-lieu judiciaire. L'Algérie en possède 51. — Elles sont utilisées pour plusieurs genres d'incarcération : 1° Elles sont principalement affectées à l'exécution de l'emprisonnement correctionnel, lorsque sa durée ne dépasse point un an et un jour (L. 5 juin 1875, art. 2). — 2° Elles servent encore presque partout à l'exécution de l'emprisonnement de simple police. — 3° Elles peuvent devenir le lieu d'exécution des peines des travaux forcés à temps ou à perpétuité, dans l'hypothèse prévue par la loi du 25 décembre 1880. — 4° et 5° Elles reçoivent les mineurs de 21 ans détenus par voie d'autorité paternelle ; les mineurs de 16 ans condamnés à six mois d'emprisonnement au plus, ou renvoyés, pour six mois au plus, dans une maison de correction. — 6° et 7° Elles servent à l'exécution de la détention préventive et remplacent ainsi les *maisons d'arrêt* et *de justice* prescrites par l'art. 603 du Code d'instruction criminelle. — 8° Elles tiennent lieu de la *maison d'arrêt pour dettes* à l'égard des débiteurs contraints par corps et des faillis. — 9° Enfin elles servent de lieu de dépôt pour les condamnés en transfèrement (*passagers*).

**370.** Cette agglomération, dans les mêmes locaux, d'individus incarcérés à des titres aussi différents, aurait été absolument illégale, si l'on n'avait pas établi des séparations entre eux. L'ordonnance du 30 octobre 1841, puis le décret du 11 novembre 1885 se sont occupés de ce point. Les art. 27, 29, 30 et 32 de ce décret prescrivent des locaux séparés pour *onze* catégories de prisonniers. A défaut de locaux distincts il prescrit l'*isolement par groupes* (art. 28). Les catégories dans ce cas sont un peu moins nombreuses. Ces mesures provisoires dureront jusqu'à l'aménagement des prisons de courtes peines en vue de l'application du régime de la séparation individuelle prescrit par la loi du 5 juin 1875, dont voici les principales dispositions.

Cette loi ne s'applique qu'aux prisons départementales (1) et aux détenus en état de détention préventive ou condamnés à l'emprisonnement. Pour les premiers la séparation individuelle est *obligatoire* (art. 1er). La

---

(1) Ses promoteurs voulaient étendre la réforme aux maisons centrales ; mais le ministre des finances s'y opposa sous prétexte : 1° que la charge serait trop lourde pour l'État ; 2° que les détenus des maisons centrales étaient des incorrigibles. Le premier de ces motifs est ridicule : on n'a pas trouvé la charge trop lourde pour les départements ! Le second est contestable.

logique et les convenances l'imposent, puisqu'on les présume innocents. Les condamnés correctionnels sont divisés en deux classes : 1° ceux qui ont été condamnés à un emprisonnement inférieur à un an et un jour ; 2° ceux au contraire qui ont été condamnés à plus d'un an et un jour. La séparation individuelle est prescrite impérativement pour les premiers. Les seconds au contraire n'y sont soumis qu'à deux conditions : *a*) qu'ils le demandent (1) ; *b*) que l'administration y consente (art. 2, 3). L'exécution de la peine sous la nouvelle forme réduit d'un quart sa durée (2). Mais cette réduction ne s'opère pas « sur les peines de trois mois et au-dessous » (art. 4). Le but de cette disposition est de ne pas énerver la répression en abrégeant la durée d'une peine déjà très courte.

L'emprisonnement individuel n'est pas destiné à être appliqué immédiatement partout, mais seulement au fur et à mesure de la transformation des prisons départementales en prisons cellulaires (art. 8). Cette disposition, très regrettable, renvoie l'exécution de la loi à une époque impossible à préciser. On n'aura pas facilement raison de la résistance des conseils généraux. Mieux vaudrait revenir aux vrais principes et mettre de nouveau à la charge de l'État les frais de construction et d'entretien des prisons : cette dépense rentre en effet théoriquement dans les frais généraux de la justice répressive, qui est une dette de l'État envers les particuliers (3).

L'article 9 constitue « auprès du Ministre de l'intérieur un *Conseil supérieur des prisons*, pris parmi les hommes s'étant notoirement occupés des questions pénitentiaires, pour veiller, d'accord avec lui, à l'exécution de la présente loi ». Ses attributions et sa composition sont déterminées par des décrets (4). Une *Société générale des prisons* a été fondée en 1877, dans le même but.

**371. Régime des prisons.** — Le régime des prisons doit être envisagé au quadruple point de vue de l'*hygiène*, de la *discipline*, du *travail* et des *moyens moralisateurs*. — Ce régime concerne surtout les *condamnés*. Nous allons l'exposer en nous plaçant toujours à leur point

---

(1) On ne devrait donc pas considérer comme ayant droit à la réduction, le détenu qui, *à titre de peine disciplinaire* (art. 614, C. Ins. crim.), aurait été transféré dans une prison cellulaire. C. Paris, 8 fév. 1876 (D. 76, 2, 107).

(2) Comp. *L. belge*, 4 mars 1870 ; *L. autrichienne*, 1er avril 1874. Mais dans ces législations la réduction n'est pas seulement *proportionnelle* à la durée de la peine ; elle est encore *progressive*, c'est-à-dire que son taux devient plus fort chaque année.

(3) Deux projets de loi ont été vainement présentés en 1884 pour remédier à cette situation (proposition *Béranger* ; projet déposé par le Ministre de l'intérieur M. *Waldeck-Rousseau*) ; des nécessités budgétaires les ont fait écarter. — Voir, sur l'organisation de l'emprisonnement cellulaire au 1er janvier 1888, Interpellation Béranger, Sénat, 28 janv. (*J. off.* du 29).

(4) V. D. 3 nov. 1875, 3 et 15 janv. 1881, 26 janv. 1882.

de vue ; puis nous indiquerons les dérogations qu'il subit à l'égard des autres prisonniers.

**372.** *a*) *L'hygiène* des détenus comprend la nourriture, le vêtement, le coucher, l'exercice au grand air, les soins de propreté corporelle. Quand on l'envisage au point de vue des condamnés qui subissent leur peine, le problème à résoudre, c'est de ne pas blesser les règles de l'humanité en imposant aux détenus des privations trop rigoureuses ; et, d'un autre côté, de ne pas faire de la prison un séjour relativement attrayant dont les conditions d'existence seraient pour eux moins rudes que celles de leur vie quotidienne. L'alimentation a une base scientifique. Elle a pour but unique d'empêcher la déperdition des forces. Les détenus ont le droit de disposer de certaines sommes prélevées sur le produit de leur travail, avec lesquelles il leur est loisible, en principe, de se procurer un supplément de nourriture. A côté de l'hygiène des détenus il y a celle des bâtiments. Il y est pourvu par les inspections régulières du service de santé. Tous ces points sont l'objet de prescriptions minutieuses (art. 38, 41, 53, 54, 57, 58, 61, 62, 64, 65, 69, 74, 76, 84, 85, D. 11 nov. 1885). Chaque maison centrale et la plupart des prisons départementales ont une infirmerie. Le régime des détenus, qui y sont admis, est déterminé en partie par les règlements, et en partie par les prescriptions du médecin (art. 77 à 83, *ibid.*). S'il n'y a pas d'infirmerie, les malades sont transférés à l'hôpital où ils sont traités dans une salle spéciale (D. 11 nov. 1885, art. 77, §§ 2, 3 ; L. 4 vend. an IV, art. 16 ; D. 8 janv. 1810, art. 12).

**373.** *b*) La *discipline* réglemente l'emploi du temps, la tenue de la personne, les communications des détenus. Le *temps* des prisonniers est employé partie au travail, partie au repos, partie aux exercices corporels, partie à tous les exercices intellectuels qui constituent les moyens moralisateurs dont nous parlerons bientôt (1). Les *communications* des détenus entre eux ou avec leurs gardiens sont généralement interdites ; mais la loi du silence est théoriquement plus rigoureuse dans les maisons centrales que dans les prisons départementales. Dans ces dernières elle n'est imposée que pendant le travail ; hors de là on ne proscrit que les conversations bruyantes. (Comp. art. 1, 2, arrêté min., 10 mai 1839 et art. 37, D. 11 nov. 1885.)

Les peines disciplinaires consistent soit dans une aggravation du ré-

---

(1) V. p. les prisons de *courtes peines*, art. 38, 41, 44, 66, 87, 89, D. 11 nov. 1885. Pour les maisons centrales l'arrêté du 10 mai 1839 est beaucoup plus sommaire, mais il est complété par des arrêtés préfectoraux qui établissent des règles analogues. D'ailleurs le D. du 11 nov. 1885 permet aux préfets « par addition aux dispositions générales contenues dans le présent règlement » de déterminer « les mesures d'ordre intérieur et de police locale et les détails de service qu'il sera nécessaire de prescrire dans chaque prison ».

gime, soit dans la suppression de certaines faveurs (1). L'autorité qui applique ces peines est, dans les maisons centrales, le *prétoire de justice disciplinaire*, sorte de tribunal domestique composé du directeur, comme président, et des principaux employés de la prison comme assesseurs. L'audience est tenue avec une certaine solennité et la décision est prise après avoir entendu contradictoirement le rapport du gardien et les explications du détenu. Au besoin une enquête a lieu sur le fait qui est l'objet de la plainte. Dans les prisons départementales, c'est le directeur ou gardien-chef qui inflige la punition, sauf à en rendre compte au directeur de la circonscription pénitentiaire dans son rapport du jour (2).

374. c) Le *travail* dans les prisons a un but multiple ; c'est : 1° une mesure d'ordre, 2° un moyen moralisateur, 3° une préparation au reclassement après la libération, 4° une économie pour l'État, 5° une sévérité du régime de la peine. — Rappelons que le travail n'est légalement obligatoire que pour les condamnés à l'emprisonnement correctionnel, à la réclusion ou aux travaux forcés. Les premiers devraient avoir le choix entre les divers travaux organisés dans la maison de correction. En fait ce choix n'existe pas le plus souvent, parce qu'un seul genre de travail y est mis en œuvre. Quant au produit du travail, les forçats n'y auraient aucun droit ; les réclusionnaires pourraient en profiter à titre de faveur ; seuls les correctionnels auraient le droit d'en exiger une partie. En fait, tous profitent partiellement du produit de leur travail : les forçats reçoivent les trois dixièmes ; les réclusionnaires, les quatre dixièmes ; les correctionnels, les cinq dixièmes. Cette proportion peut être augmentée par des gratifications et diminuée par des retenues (3). — Les dixièmes attribués au détenu constituent son *pécule*. Ce pécule se divise en deux parties : l'une immédiatement disponible, l'autre réservée pour être remise au prisonnier le jour de sa libération. Cette dernière s'appelle la *masse*. — L'organisation du travail se présente sous deux formes différentes : la *Régie* et l'*Entreprise*. Dans le premier cas, c'est l'État qui joue le rôle d'entrepreneur. Il nourrit les prisonniers, fournit les matières premières et dispose des produits. Dans le second cas, l'État paie tant par journée de détenu à un entrepreneur qui prend sa place. Les dixièmes attribués aux prisonniers sont payés par l'État, dans le premier

---

(1) V. art. 9, arrêté min. 10 mai 1889 ; art. 52, D. 11 nov. 1885 ; art. 614, C. d'Inst. crim.

(2) V. arrêté min. 8 juin 1842, sur *les prétoires de justice disciplinaire dans les maisons centrales (passim)* ; art. 52, § ult. D. 11 nov. 1885.

(3) V. *Ord.* 2 avril 1817, *Ord.* 27 déc. 1843 étendues des maisons centrales aux maisons départementales par Arrêté min. du 17 mars 1844 ; Arrêté min. 25 mars 1854 ; art. 72, D. 11 nov. 1885.

système; ils le sont par l'entrepreneur, dans le second. Les détenus des prisons de courtes peines sont autorisés à continuer l'exercice de leur métier ou profession s'il se concilie avec l'hygiène, l'ordre, la sûreté et la discipline, et ils peuvent travailler pour un patron ou pour leur propre compte. Il leur est alloué une partie de leur salaire ou du produit de leur travail, proportionnelle aux dixièmes qui leur seraient acquis s'ils étaient employés aux travaux organisés dans la prison ; le surplus revient à l'entrepreneur ou à l'État (art. 70, D. 11 nov. 1885). — Des deux systèmes d'organisation du travail, l'entreprise est la plus suivie ; ce n'est guère que dans quelques maisons centrales qu'on trouve le régime de la régie. L'entreprise est cependant un système très défectueux : l'entrepreneur est un industriel qui n'a d'autre but que de réaliser de gros bénéfices. Il pousse à l'extrême la division du travail qui lui permet de produire mieux et plus vite. Aussi n'enseigne-t-il à aucun détenu un métier complet. Le travail des prisons devient par là inutile au reclassement des libérés. La régie serait préférable : l'État, écartant toute idée de lucre, pourrait organiser le travail des prisons de manière à donner aux détenus un moyen d'existence après leur libération. Mais le système de l'entreprise est plus avantageux au point de vue financier, et c'est ce qui le fait préférer.

375. L'organisation du travail dans les prisons a été l'objet des critiques des théoriciens et des réclamations de l'industrie privée. Deux courants contraires se sont manifestés parmi les théoriciens : les uns ont dit qu'imposer le travail aux prisonniers, c'était rétablir l'esclavage ; les autres ont soutenu que le prisonnier ne devait pas être payé, sans cela le travail cessait d'être une peine. — Ces deux critiques ont le même point de départ : elles ne voient dans le travail des condamnés qu'une aggravation du régime de la peine, et chacun apprécie cette aggravation à sa manière. Sans doute, dans l'emprisonnement en commun, le travail peut revêtir ce caractère ; mais avec le régime de la séparation individuelle, il s'offre bientôt au prisonnier comme un remède contre l'ennui ; il devient pour lui une faveur. A ce titre, c'est un moyen moralisateur. — Quant au salaire du prisonnier, on le lui accorde pour donner au travail plus d'attrait et encourager, par ces gratifications, la persévérance dans la bonne conduite. — Envisagée comme mesure d'ordre, l'organisation du travail dans les prisons est très utile, on pourrait même dire indispensable ; l'expérience s'est chargée de le démontrer. En 1848, on suspendit le travail dans les prisons : il s'ensuivit des désordres effrayants. Un mois après on fut obligé de le rétablir (1). — Ses avantages, au point de vue du reclassement du libéré et du bénéfice qu'il procure au Trésor, sont

(1) V. D. 24 mars 1848 ; — Circ. 21 avril 1848.

évidents ; il est inutile d'y insister. — Restent les réclamations de l'industrie privée : elle se plaint de la concurrence de la production et de l'avilissement des salaires. Pour donner satisfaction à la première réclamation, on a inventé, en Angleterre, des travaux improductifs (*Tread-mill, Shotdrill, Crank-Wheel*, etc.), inventions barbares, qui sont de nature à faire haïr le travail et à détruire par conséquent son effet moralisateur. — Dans d'autres pays on a cru désintéresser l'industrie privée, en faisant absorber par l'État les objets manufacturés dans les prisons. En France, la loi du 9 janvier 1849 eut recours à cet expédient. Mais ce n'est là qu'un trompe-l'œil. Il est évident, en effet, que si l'État se fournit dans les prisons, il demandera d'autant moins à l'industrie privée : le prix des produits et le taux des salaires se ressentiront de cette diminution dans la demande. Il faut donc oser envisager la question en face et la résoudre radicalement dans un sens ou dans l'autre. C'est ce que fit le décret du 25 février 1852 qui établit, sans aucune restriction au droit de l'État, le travail dans les prisons. Cette solution mérite d'être approuvée : il est incontestable en effet que les frais, non pas de l'organisation, mais de l'*exécution* des peines sont recouvrables contre le condamné, parce qu'ils constituent un dommage distinct et spécial qui est la suite de son délit. En appliquant au paiement de cette dette le produit du travail que le régime de la peine impose au condamné, l'État use d'un droit légitime. Le jurisconsulte n'a pas dès lors à se préoccuper des conséquences : le droit de l'État pourra léser un intérêt; il ne lésera jamais un droit ! En fait, d'ailleurs, la concurrence est nulle : une enquête très sérieuse eut lieu en 1849, sur une pétition des ouvriers tailleurs de Paris. Il fut établi que sur 15000 ouvriers se livrant dans Paris, à cette branche de l'industrie, 60 seulement étaient en prison. Un document récent, qui réglemente le travail dans les maisons centrales, où il est bien plus productif que dans les autres prisons (*Arrêté min.* 15 av. 1882), constate que les 24000 détenus des maisons centrales fournissent la même somme de travail que 16000 ouvriers libres ; qu'est-ce que ce chiffre en présence de *huit millions* d'ouvriers qu'occupe l'industrie française ? D'ailleurs n'y a-t-il pas lieu de tenir compte du travail que pourraient produire, s'ils étaient libres, les condamnés qu'on fait travailler en prison ? Est-il démontré qu'ils vivraient dans l'oisiveté ? — Les réclamations de l'industrie privée sont mieux fondées quand elle se plaint de l'avilissement des salaires, surtout dans un certain rayon autour des prisons, transformées ainsi en foyers de production. L'administration y remédie par des règlements destinés à maintenir la balance égale : toute espèce de travail, tout procédé nouveau de fabrication ne peuvent être mis en œuvre qu'après avoir été autorisés par le ministre, qui fixe en outre le nombre des prisonniers qui seront employés à chaque industrie et le tarif de la main-d'œuvre (1).

**376.** *d) Les moyens moralisateurs* sont : 1º le travail, 2º l'enseignement religieux, 3º l'instruction, 4º les communications avec certaines personnes du dehors, 5º la perspective de la libération conditionnelle ou d'une grâce partielle. Cette partie du régime des prisons a été l'objet de dispositions d'ensemble dans le décret du 11 novembre 1885 relatif aux prisons de courtes peines. Elle fait l'objet de dispositions de détail moins bien connues pour les maisons centrales ; aussi nous les exposerons en nous plaçant seulement au point de vue des prisons de la première classe.

L'*enseignement religieux* se manifeste par les cérémonies essentielles et par l'action particulière des ministres des cultes sur chaque détenu. — Le culte catholique est le seul qui soit partout organisé. Toutes les prisons ont une chapelle catholique et un aumônier. Plusieurs ont des chapelles protestantes, mais pas de pasteur attitré. Les ministres de tous les cultes reconnus sont admis d'ailleurs à visiter leurs coréligionnaires. — La liberté de conscience est scrupuleusement respectée. A son entrée dans la prison, le détenu doit déclarer à quelle religion il appartient et s'il veut en suivre les exercices. L'assistance aux offices religieux n'est pas obligatoire pour ceux qui ont déclaré ne pas vouloir les suivre. Les détenus n'ont d'entretien particulier avec le ministre de leur religion que s'ils en font, chaque fois, une demande spéciale (art. 91, 92, 93, D. 11 nov. 1881) (2).

L'*instruction* comprend l'enseignement primaire, des conférences et des lectures. — L'enseignement primaire est obligatoire pour tous les condamnés âgés de moins de quarante ans, illettrés ou bien sachant seulement lire ou imparfaitement écrire. — Des conférences pour « instruire et moraliser » les détenus peuvent être faites par des personnes de l'ad-

---

(1) Même Arrêté du 15 av. 1882, rendu applicable aux prisons départementales par l'art. 71 du D. du 11 nov. 1885, sauf quelque simplification quand la maison contient moins de cent prisonniers. Le tarif de la main-d'œuvre a pour base celui de l'industrie libre, mais il lui est inférieur de 1/5. Il faut considérer en effet que l'entrepreneur des prisons n'est pas libre de choisir ses ouvriers et qu'il les perd souvent au moment où ils commencent à devenir habiles.

(2) C'est une mauvaise mesure que d'exiger cette demande spéciale, il vaudrait mieux permettre au détenu, après un certain temps d'expérience, de refuser expressément de recevoir l'aumônier. — L'action moralisatrice des ministres du culte est assez faible dans les maisons centrales, principalement à cause du grand nombre des détenus. On estime en général qu'un établissement pénitentiaire ne doit pas contenir plus de 400 prisonniers, si l'on veut que les moyens moralisateurs y soient appliqués avec succès. En France la moyenne des détenus est de 800 dans les maisons centrales ; beaucoup en contiennent 1000 à 1500 ; on a même constaté jusqu'à 1800 détenus à Fontevrault : or il n'y a qu'un ou deux aumôniers par maison centrale.

ministration ou par des personnes du dehors, dûment autorisées à cet effet. — Les lectures se divisent en lectures à haute voix et en lectures particulières. Elles ont toutes le même objet que les conférences ; mais les premières ont aussi une autre utilité : elles servent à remplacer le travail « les dimanches et jours fériés et pendant les veillées en cas de chômage » (art. 87-90, D. 11 nov. 1885).

Les *communications avec les personnes du dehors* s'établissent par des visites reçues dans la prison ou par la correspondance (art. 47, 50, D. 11 nov. 1885). Les visites ne peuvent avoir lieu qu'en vertu d'un permis délivré par le ministre de l'intérieur, le préfet ou le sous-préfet. Les jours, la durée et l'heure des visites sont déterminés pour chaque prison départementale par arrêté préfectoral. En principe, et sauf dispense expresse dans le permis, l'entretien doit avoir lieu en présence de gardiens (art. 47, D. 11 nov. 1885). — La correspondance des détenus est « lue et visée à l'arrivée et au départ par le directeur ou gardien-chef de la prison, à l'exception cependant des lettres que les détenus adressent à l'autorité administrative ou judiciaire, aux avocats et avoués chargés de leur défense ».

Les communications qui s'établissent ainsi de vive voix ou par correspondance, soit avec les représentants des sociétés de patronage, soit avec la famille, facilitent l'amendement du condamné. Enfin la libération conditionnelle et la grâce, que nous étudierons plus tard, apparaissent comme la récompense de cet amendement et deviennent pour lui un nouveau stimulant.

**377. Détenus auxquels le régime des prisons ne s'applique qu'en partie.** — Ces détenus sont, en premier lieu, les *mineurs* de vingt et un ans *détenus par voie d'autorité paternelle;* les mineurs de seize ans *acquittés* comme ayant agi sans discernement. On les détient pour leur donner *une éducation correctionnelle;* leur place n'est pas légalement dans des prisons affectées à l'emprisonnement pénal. Aussi l'art. 29 du décret du 11 novembre 1885 prescrit de les enfermer dans des chambres ou quartiers spéciaux, et si les locaux ne s'y prêtent point, de les soumettre à l'isolement individuel. — Pour les mineurs de seize ans, *condamnés* parce qu'ils ont agi avec discernement, l'exécution de la peine doit se combiner avec l'éducation correctionnelle. Nous avons exposé ci-dessus les distinctions théoriques que la loi du 5 août 1850 a introduites entre les jeunes détenus, et les modifications qu'y a apportées la pratique.

**378. En second lieu,** le régime des prisons ne s'applique que partiellement aux détenus qui ne subissent qu'un emprisonnement de garde, et notamment aux individus en état de *détention préventive ou contraints par corps.* Les moyens moralisateurs ne les concernent point, et ils sont affranchis de certaines mesures qui touchent autant à la discipline qu'à l'hygiène ; ils ne portent point le costume pénal, ils sont dispensés de la promenade, de la coupe des cheveux et de la barbe (art. 32, 38, 59 et arg. art. 65, D. 11 nov. 1885). Ils ne sont point astreints au travail et, s'ils travaillent, tout le produit de leur travail, sauf une retenue représentant les frais de leur entretien, leur appartient (art. 73 *ibid.*). Ils peuvent faire venir, à leurs frais, des vivres du dehors, sauf quelques restrictions logiques en ce qui concerne les détenus pour dettes. Ils peuvent réclamer, au prix du tarif, *la pistole*, sorte de chambre garnie dans la prison. C'est un moyen pour eux d'échapper, *mais à leurs propres frais*, à la promiscuité (art. 68 *ibid.*). Il leur est loisible de recevoir des visites et d'écrire des lettres chaque jour ; mais les communications des prévenus et accusés sont à la discrétion de l'autorité judiciaire : les permis de communiquer ne peuvent être exécutés s'ils ne sont point revêtus de la signature du magistrat, actuellement saisi de l'affaire ; la correspondance de ces détenus, à l'arrivée comme au départ, est remise, selon les cas, au procureur de la République, au juge d'instruction ou au président des assises (art. 47, 50, *ibid.*). — Les punitions disciplinaires sont, à peu de chose près, les mêmes pour tous les détenus sans distinction ; mais une question s'élève relativement aux individus en état de détention préventive : quelle est l'autorité qui appliquera ces peines ? — La pratique et le décret du 11 novembre 1885 (art. 52) ne font aucune différence entre ces détenus et les autres. — Dans un système plus rationnel, on confie l'application des peines disciplinaires au magistrat qui compose ou qui représente la juridiction actuellement saisie de l'affaire. On tire argument en ce sens : 1º de l'art. 611 du Code d'instruction criminelle qui prescrit au juge d'instruction de visiter chaque mois la *maison d'arrêt*, et au président des assises de visiter la *maison de justice* dans le cours de chaque session ; 2º de l'art. 614, *ibid.* qui paraît faire dépendre de ces autorités la mise aux fers ou au cachot. Mais l'art. 611 prescrit aussi au préfet de visiter les maisons d'arrêt et de justice comme les autres prisons, et l'art. 614 est très vague. La question ne peut être résolue qu'à l'aide des principes ; or les principes exigent qu'on adopte cette seconde solution. Logiquement, en effet, la haute main sur les prévenus et accusés doit appartenir à l'autorité judiciaire, comme elle appartient à l'autorité administrative sur les condamnés. Tout ce qu'on peut reconnaître au directeur ou gardien en chef, c'est le droit de prendre provisoirement ces mesures, sauf à en référer immédiatement au magistrat qui les maintiendra ou les lèvera (1).

**379.** Les condamnés à l'emprisonnement pour délits politiques ont toujours été l'objet de faveurs particulières, inspirées par le désir de

(1) Sic : Faustin-Hélie, *Prat. crim.* I, 1058 ; Dalloz, *Rép.* vº Prisons, nº 95. Comp. C. proc. pénale allemand (1877), art. 116.

remédier administrativement à l'absence de peines correctionnelles politiques. Un règlement du 9 février 1867, fait pour la prison de Ste-Pélagie, a été appliqué, jusqu'à ces derniers temps, dans toutes les prisons départementales. La situation dont on fait jouir ces condamnés est analogue à celle des détenus pour dettes. L'art. 99 du décret du 11 novembre 1885 annonce un règlement spécial qui n'est pas encore fait. En attendant la condition de ces condamnés est rigoureusement la même que celle des condamnés de Droit commun (art. 26 et 98, comb.). Il en était d'ailleurs ainsi pour les condamnés politiques subissant l'emprisonnement dans les maisons centrales (arrêté min. 14 janv. 1873).

380. Après l'exposé détaillé que nous venons de faire des locaux et du régime des prisons, si l'on jette un coup d'œil rétrospectif sur l'ensemble des peines privatives de la liberté, l'on voit que ces peines, si diverses dans le Code de 1810, peuvent être ramenées aujourd'hui à deux types : 1° la transportation suivie d'internement perpétuel dans une colonie lointaine, 2° l'incarcération temporaire dans une prison. Cette tendance de notre législation vers la simplification n'a rien que de très normal. C'est en effet un phénomène digne d'attention, qu'à mesure que le droit s'épure, les châtiments corporels tendent à se fondre en une peine unique ; tandis que leur diversité marque l'enfance du Droit criminel. Des préjugés nous font encore maintenir dans les deux types de peines privatives de la liberté une distinction entre les condamnés politiques et les condamnés de Droit commun : les premiers ont droit à l'oisiveté, les seconds sont astreints au travail. Cette distinction devrait disparaître, car elle repose sur cette idée fausse que le travail est simplement une aggravation du régime de la peine. Nous avons démontré son utilité à quatre autres points de vue (1).

381. Une différence plus remarquée est celle qui résulte du régime des peines privatives de la liberté subies en France, comparé au régime de celles qui s'exécutent par la transportation : il semble que ces dernières soient moins sévères, quoiqu'elles occupent un rang supérieur dans l'échelle des peines. Bien des crimes commis dans les prisons n'ont eu d'autre but que d'obtenir la substitution de la peine des travaux forcés à celles de la réclusion ou de l'emprisonnement correctionnel de longue durée. L'on sait qu'une loi du 25 décembre 1880 a mis un terme à ces désordres. Il suffit de noter ici que *l'emprisonnement cellulaire*, qu'elle permet d'ordonner, ne doit pas être confondu avec la *séparation indivi-*

---

(1) Il en est ainsi en Italie : la peine de l'*ergastolo* (réclusion débutant par sept années de cellule, qui a remplacé la peine de mort), celles de la *réclusion*, de la *détention* et de l'*arrêt* sont toutes des incarcérations avec travail obligatoire, quelle que soit l'infraction, et diffèrent seulement par leur durée et par des détails de régime. C. italien, art. 11 et s.

duelle organisée par la loi du 5 juin 1875 ; ce n'est autre chose que la mise au cachot dont il est question dans l'article 614 du Code d'instruction criminelle.

**382. Direction et surveillance des prisons.** — L'administration des prisons de France et d'Algérie relève du ministre de l'intérieur. A la tête de chaque maison centrale se trouve un directeur entouré d'un personnel nombreux. Dans les prisons départementales il y a, suivant l'importance de la maison, un directeur avec des gardiens, ou un gardien chef, qui est parfois gardien unique.

383. La surveillance est purement administrative dans les maisons centrales. Une ordonnance du 5 novembre 1847 crée une commission de surveillance auprès de chacune de ces maisons ; mais ces commissions n'ont pas été organisées. Il n'y a donc d'autre contrôle sur les directeurs de ces prisons que celui des préfets, qui est purement nominal, et celui, beaucoup plus sérieux, des inspecteurs généraux (1). Malheureusement ces fonctionnaires dépendent, comme ceux qu'ils inspectent, du ministère de l'intérieur ; leur contrôle est fait dans le même esprit que l'administration elle-même, et par conséquent il n'est guère susceptible de révéler les défauts des pratiques que l'administration trouve bonnes. — Dans les prisons départementales la surveillance est à la fois administrative, judiciaire et (si l'on peut s'exprimer ainsi) *consultative*. La première est exercée par les inspecteurs généraux des prisons, le directeur de la circonscription pénitentiaire (2), les préfet, sous-préfet et maire du département, de l'arrondissement et de la commune où la prison est située. La seconde s'exerce par les visites prescrites au juge d'instruction et au président des assises ; mais celle-ci ne porte que sur les individus détenus préventivement. La troisième est celle des commissions de surveillance (Ord. 9 av. 1819, tit. III), qui, si elles étaient composées d'hommes versés dans l'étude des questions pénitentiaires et jaloux de bien remplir leur mission, pourraient rendre d'utiles services. On constate avec regret qu'elles ne sont point organisées partout, et que là où elles existent leur rôle est insignifiant. La faute en est aux règlements qui n'ont pas énuméré d'une manière précise les objets sur lesquels doit porter leur contrôle. La loi du 11 août 1885 leur a donné une attribution spéciale en matière de libération conditionnelle.

**384. IV. Reclassement des libérés.** — Le régime pénitentiaire le

---

(1) Dalloz, *Rép.* v° *Prisons*, n° 67.

(2) Un décret du 31 mai 1871 a divisé la France en 45 circonscriptions pénitentiaires. Les directeurs de ces circonscriptions portaient auparavant le nom de *directeurs départementaux* (D. 15 août 1856). Ces fonctions sont remplies par le directeur de la maison centrale ou de la prison départementale la plus importante de la circonscription. Pour leurs attributions, v. D. 11 nov. 1885, art. 1 à 3.

plus rationnellement organisé, en vue de produire l'amendement du condamné, risque de demeurer stérile s'il n'est pas complété par des institutions qui facilitent la rentrée du libéré dans la société, son *reclassement*, pour employer l'expression consacrée. Il ne suffit pas en effet de moraliser le détenu ; il faut encore, après l'expiration de sa peine, ne pas l'exposer brusquement et sans transition à toutes les difficultés de l'existence, à toutes les tentations de la liberté. Ménager cette transition, vaincre la suspicion dans laquelle le public tient habituellement les libérés, tel est le but des institutions complémentaires du régime pénitentiaire. Ce côté de la question pénitentiaire n'avait pas été aperçu par le législateur de 1810. Il s'était uniquement occupé de rendre la peine exemplaire. En 1818 l'administration commença à s'occuper de l'*amendement*. Parmi les moyens moralisateurs apparaît la grâce, fonctionnant d'une manière périodique, pour remettre aux détenus les plus méritants une partie de leur peine (ord. du 6 fév.). En 1832 l'idée de *reclassement* vient s'ajouter à l'idée d'amendement. Une circulaire (9 déc. 1832) recommande, pour la première fois, la libération conditionnelle des jeunes détenus, sous le nom de « mise en apprentissage ». Cette institution passa dans la loi du 5 août 1850 qui y ajoute celle du patronage. C'est ainsi que s'opère le reclassement des jeunes détenus. Plus tard on s'occupe du reclassement, dans les colonies, des condamnés qui y sont transportés pour subir une peine privative de la liberté. — Enfin, la loi du 14 août 1885 crée des institutions destinées à favoriser le reclassement des libérés adultes en France et en Algérie.

La loi du 14 août 1885 organise : 1° la *libération conditionnelle*, 2° le *patronage*, 3° la *réhabilitation*. Les deux premières institutions favorisent le reclassement ; la troisième le constate et, comme récompense, efface la condamnation. Nous traiterons de cette dernière à propos de l'extinction des peines.

**385. Libération conditionnelle.** (L. 14 août 1885) (1). — Cette libération consiste dans un élargissement anticipé, mais révocable, destiné à permettre à un détenu, qui paraît amendé, de faire un essai de la liberté. Elle devient définitive, si elle n'a point été révoquée avant l'expiration du temps que devait durer la peine (art. 2, § 4).

Tout condamné, qui subit dans un établissement pénitentiaire de France ou d'Algérie une peine temporaire privative de la liberté, est apte à l'obtenir (art. 1, 2, § 1). Peu importe quelle soit cette peine : un forçat à temps, maintenu dans un des établissements précités, peut l'obtenir aussi bien qu'un individu condamné à la détention, à la réclusion, ou à l'em-

(1) Cette institution d'origine anglaise se retrouve dans plusieurs Codes récents : V. notamment C. allemand (1870), C. hongrois (1878), C. hollandais (1881), C. italien 1889).

prisonnement. La loi ne distingue pas (1). Elle pourrait s'appliquer aux condamnés à des peines perpétuelles (*forçats à perpétuité, déportés*) maintenus dans les mêmes établissements, si leur peine venait à être commuée en peine temporaire.

La libération conditionnelle est une faveur imposée au détenu à la suite de « la constatation journalière de sa conduite et de son travail » (art. 1er). Il ne pourrait la refuser. Elle ne peut être obtenue qu'après un certain temps passé en prison. Ce temps varie suivant le *taux* de la condamnation et les *antécédents* du condamné : il est de la moitié de la peine, sans pouvoir cependant descendre au-dessous de trois mois, si le détenu n'est pas récidiviste; il est des deux tiers de la peine, sans pouvoir cependant descendre au-dessous de six mois, si le détenu a été condamné comme récidiviste, soit par application des art. 56 à 58 du Code pénal, soit en vertu de la loi du 27 mai 1885 (art. 2, §§ 1, 2).

Le libéré conditionnel reçoit un permis de libération énonçant certaines conditions spéciales auxquelles il doit se conformer; il est en outre soumis à un mode de surveillance qui sera déterminé par un règlement d'administration publique qui n'est pas encore fait. L'administration est autorisée à confier cette surveillance aux sociétés de patronage (art. 2, § 3; art. 6). Si le libéré est un condamné à la relégation, la libération conditionnelle autorise un sursis que la loi du 14 août ne subordonne à aucune condition. La dispense de la relégation devient définitive si elle n'a pas été révoquée « dans les dix ans qui auront suivi la date d'expiration de la peine principale » (art. 2, §§ 5, 6) (2).

« La mise en liberté peut être révoquée en cas d'inconduite habituelle et publique ou d'infraction aux conditions spéciales exprimées dans le permis de libération » (art. 2, § 3). L'effet de cette révocation est la réintégration du libéré conditionnel en prison « pour toute la durée de la peine non subie au moment de la libération » (art. 5, § 1).

C'est le ministre de l'intérieur qui accorde ou qui révoque la libération conditionnelle, après une instruction administrative. S'il s'agit de la mise

---

(1) *Contrà:* GARRAUD, Précis, 178 : « Leur situation, dit cet auteur, est réglée au point de vue de la libération conditionnelle par un décret du 17 juin 1880 ». — Mais ce décret ne s'occupe que des forçats *transportés*. D'ailleurs l'esprit de la loi du 14 août est d'unifier, au point de vue des institutions complémentaires du régime pénitentiaire, toutes les peines privatives de la liberté qui sont subies dans les mêmes locaux et sous le même régime ; et cet esprit se manifeste dans l'expression *emprisonnement* employée par l'art. 2, §§ 1 et 2 pour caractériser le régime de toutes ces peines.

(2) Ce délai de dix ans est une *prescription* de la relégation dans l'hypothèse où le condamné a obtenu sa libération conditionnelle, sans qu'on ait à distinguer si cette peine complémentaire est criminelle ou correctionnelle. Il remplace les délais ordinaires de cinq ans et de vingt ans.

en liberté, il prend l'avis du préfet, du directeur de l'établissement ou de la circonscription pénitentiaire, de la commission de surveillance de la prison, et du parquet près le tribunal ou la cour qui a prononcé la condamnation. — S'il s'agit de la révocation, il consulte le préfet et le procureur de la République de la résidence du libéré (art. 3). — L'arrestation provisoire du libéré peut être ordonnée « par l'autorité administrative ou judiciaire », c'est-à-dire par le préfet ou le procureur de la République (1), à la charge d'en donner immédiatement avis au ministre de l'intérieur. Le ministre prononce la révocation, s'il y a lieu. L'effet de la révocation remonte au jour de l'arrestation. Le temps passé en état d'arrestation provisoire compte ainsi pour l'exécution de la peine (art. 4, 5, § 2). — Qu'arriverait-il, si l'arrestation provisoire n'ayant pas été maintenue, le libéré conditionnel venait plus tard à être arrêté de nouveau, et, cette fois, maintenu en prison : l'emprisonnement, qu'il aurait subi lors de sa première arrestation, compterait-il pour l'exécution de sa peine ? — Non, semble-t-il, par argument à *contrario* de l'art. 5, § 2. Ce paragraphe, dans le projet voté par le Sénat, résolvait au contraire la question dans un sens favorable au libéré. Mais, à la Chambre des députés, on ne sait trop pourquoi, sa rédaction fut modifiée, et on lui fit exprimer exactement, quoique sous une autre forme, l'idée énoncée au paragraphe 3 de l'art. 4.

Une disposition transitoire (art. 9) autorise le ministre à accorder la libération conditionnelle, trois mois après la promulgation de la loi, sans attendre que les règlements d'administration publique, prévus par les art. 1 et 6, aient été faits. C'est en vertu de cette disposition que la nouvelle institution a pu fonctionner jusqu'à ce jour (2).

**386. Patronage des libérés.** — La loi du 14 août 1885 est très sobre de détails sur cette institution (art. 7, 8 et 6, § 2). Le patronage des libérés soulève une question théorique qui divise les meilleurs esprits. On se demande si l'État doit ou non intervenir dans l'œuvre du patronage. Les uns, argumentant de l'insuffisance constatée de la charité privée, veulent réserver à l'État un grand rôle comme initiative et comme organisation. Les autres écartent au contraire, à l'origine du patronage, l'initiative et l'impulsion de l'État : organisées sous l'influence du Gouvernement, composées de fonctionnaires qui n'apporteront à l'œuvre qu'un zèle de commande, les sociétés de patronage n'auront qu'une existence officielle, elles n'entreront pas dans les mœurs. Le premier de ces systèmes a été suivi pour le patronage des jeunes détenus. Le second a été adopté,

---

(1) Une circ. du Garde des sceaux, 28 juin 1888, reconnaît aussi ce droit aux juges de paix, probablement à raison de leur qualité d'officiers de police judiciaire auxiliaires du Procureur de la République (art. 48, C. i. c.).

(2) Interpellat. *Béranger*, Sénat, séance du 27 janvier 1888.

du moins en principe pour le patronage des libérés proprement dits. — La formation des sociétés de patronage est abandonnée à l'initiative privée. Il en est de même de leurs moyens d'action. Si elles veulent obtenir une subvention de l'État, elles doivent se faire agréer par l'administration. La subvention est annuelle et en rapport avec le nombre des libérés réellement patronnés. L'administration peut se décharger sur ces sociétés de la surveillance des libérés. La subvention dans ce cas se trouve augmentée.

### SECTION V. — DES PEINES COMMUNES AUX TROIS CLASSES D'INFRACTIONS.

**387.** La *publication du jugement* de condamnation, la *confiscation* spéciale et *l'amende* sont les peines que le législateur français a appliquées plus ou moins largement aux trois classes d'infractions.

**388. I. Publication du jugement de condamnation.** — La publicité des audiences où se rend la justice est un principe fondamental de notre Droit moderne. Il en résulte pour tout le monde, le droit de publier dans les journaux le compte-rendu des procès criminels ou civils. Quelques restrictions peuvent être apportées à ce droit de publication quant aux *débats* de l'affaire, mais jamais pour le *jugement* (art. 39, art. 41, § 3, L. s. la Presse, 29 juil. 1881.)

À côté de ces publications dues à l'initiative des particuliers, le législateur a organisé la publication officielle, et à titre de *peine*, des jugements et arrêts de condamnation en matière pénale. Ainsi l'art. 36 du Code pénal dispose que tous les arrêts criminels seront imprimés et affichés par extrait dans les communes où il est plus particulièrement utile que la condamnation soit connue. Dans ce cas c'est une peine *accessoire*. Les lois spéciales offrent de nombreux exemples de publication du jugement ordonnée, en matière correctionnelle ou de police, à titre de peine *complémentaire*. Elle peut aussi être ordonnée par les tribunaux sur la demande de la partie lésée à titre *de réparation civile*. Il n'y a pas de texte légal qui s'en explique formellement, mais la loi n'ayant point limité à des condamnations pécuniaires la réparation civile, la jurisprudence en a conclu, avec raison, que le juge pouvait faire consister cette réparation dans la publication du jugement.

La jurisprudence va plus loin, et par application de l'art. 1036 du Code de procédure civile, elle reconnaît aux tribunaux, tant civils que de répression, le droit d'ordonner d'office la publication de leur jugement à titre *de mesure d'ordre* « pour réparer le scandale public causé par la partie condamnée (1) ». Mais l'art. 1036 ne paraît pas donner aux juges un pouvoir aussi large. Il suppose que les tribunaux ont à réprimer des abus du droit de défense, pour lesquels ils prononcent des *injonctions*, *suppriment des écrits* ou les *déclarent* calomnieux. La publication qu'il autorise s'applique au jugement prononçant ces injonctions ou suppression d'écrits. C'est le complément de la répression. Elle ne peut donc être ordonnée qu'à deux conditions : 1° qu'il se soit produit un abus du droit de défense ; 2° qu'il ait donné lieu aux injonctions ou suppressions prévues par le texte (2).

Toutes les fois que les tribunaux sont autorisés à ordonner l'*impression et l'affiche* de leur jugement, on admet qu'ils peuvent remplacer l'affiche par l'*insertion* dans les journaux (3).

**389. II. Confiscation spéciale. — Caractères divers.** — La confiscation qui existe dans notre législation mérite le nom de *spéciale*, parce qu'au lieu de porter sur l'ensemble du patrimoine, comme la confiscation abolie par la Charte de 1814, elle ne porte que sur des objets individuellement déterminés. De plus elle ne frappe que des meubles. En effet, la confiscation d'un immeuble est prohibée par le sens usuel de l'expression *confiscation des biens*, employée dans la formule abolitive de la Charte de 1814.

La confiscation spéciale n'est pas toujours une *peine*. Quelquefois le législateur la prononce à titre de *réparation civile*, d'autres fois à titre de *mesure de police*. Aucun texte général n'a distingué ces trois caractères ; c'est une imperfection de nos lois. Cette distinction, très importante pour l'application de la confiscation, est œuvre de doctrine et de jurisprudence. — En tant que peine, la confiscation se rencontre dans les trois classes d'infractions (art. 11, 464, C. p.). C'est une peine complémentaire.

**390.** A quels signes reconnaîtra-t-on que la confiscation a tel ou tel caractère ? Il faut envisager en premier lieu son résultat final : l'*attribution de l'objet confisqué*. Si cet objet doit être remis à un particulier, la confiscation est une réparation civile ; s'il doit être attribué à l'État, c'est une peine ou une mesure de police. Pour distinguer maintenant la confiscation pénale de la confiscation mesure de police, il faut examiner *la raison d'être* de la confiscation. Porte-t-elle sur un objet dont l'existence ou la possession par un particulier est prohibée, c'est une mesure de police. S'applique-t-elle au contraire à un objet dont l'existence ou la possession par un particulier est licite, c'est une peine. Dans ce cas, en effet, la loi punit l'usage ou la provenance de la chose.

(1) Cass. 16 mai 1873 (S. 73, 1, 235) ; 23 mai 1874, B. n° 144. ORTOLAN, II, 1550.
(2) GARRAUD, 237, 3°.
(3) Cass. 14 juin 1854 (S. 54, 1, 611).

**391.** L'intérêt pratique de ces distinctions apparaîtra par la comparaison qui va suivre :

La confiscation *peine* suppose : 1° une condamnation pour une infraction ; — 2° un texte qui l'ordonne ou qui l'autorise expressément ; — 3° en matière correctionnelle elle peut être écartée par les circonstances atténuantes (controversé) ; — 4° elle est prescriptible ; — 5° elle ne peut être prononcée après le décès du prévenu, ni contre les personnes civilement responsables ; — 6° elle peut régulièrement être écartée par l'absence de toute faute imputable au propriétaire de l'objet à confisquer, quand un tiers est l'auteur du délit.

Les confiscations, *réparation civile* ou *mesure de police* : 1° peuvent être prononcées même en cas d'acquittement ; — 2° même après le décès du prévenu et contre les personnes civilement responsables ; — 3° elles ne sont point susceptibles d'être écartées par les circonstances atténuantes ; — 4° ni par le défaut d'intention ou d'élément moral chez le propriétaire de l'objet à confisquer.

La confiscation *réparation civile* a pour caractère particulier de se prescrire par 30 ans comme toutes les condamnations civiles (art. 642, C. i. c. et 2262, C. civ.).

La confiscation *mesure de police* se distingue des deux autres : 1° en ce qu'elle est indirectement ordonnée par la loi : il suffit, en effet, d'un texte qui prohibe l'existence de l'objet ou sa possession par un particulier, pour que le juge ait le devoir d'en prononcer la confiscation ; — 2 en ce qu'elle est imprescriptible.

**392.** Citons quelques exemples de ces trois sortes de confiscations. *a)* Les lois protectrices de la propriété industrielle, littéraire ou artistique édictent des confiscations à titre de réparation civile (L. 25 juillet, 1844, art. 49, s. *les Brevets d'invention ;* L. 23 juin 1857, art. 14, s. *les Marques de fabrique ;* L. 30 avril 1886, art. 5, s. *l'usurpation des médailles et récompenses industrielles ;* art. 425-429, C. p.). — *b)* La confiscation constitue une mesure de police lorsqu'elle porte sur des écrits, livres et gravures obscènes (art. 287 et 477, C. p.), sur des denrées alimentaires et boissons falsifiées par des mixtures nuisibles à la santé (L. 27 mars 1851, art. 5), sur des armes prohibées et des armes ou munitions de guerre, sur un approvisionnement de poudre supérieur à deux kilogrammes (art. 314, C. p.; L. 24 mai 1834, art. 4), sur toutes les marchandises dont l'État a le monopole, quand leur possession par des particuliers est irrégulière, etc ; — *c)* Enfin les art. 176, 180, 410 du Code pénal en prononçant la confiscation des marchandises dont certains fonctionnaires ont fait un commerce qui leur était interdit, des choses données à un fonctionnaire pour le corrompre, des enjeux et du mobilier des maisons de jeu, etc., visent des cas de confiscation purement pénale.

**393.** La confiscation mesure de police, étant toujours prononcée sans égard à la culpabilité ou à la non-culpabilité du détenteur ou du propriétaire de l'objet, est souvent appelée *réelle*, par opposition à la confiscation pénale qu'on qualifie de *personnelle*. Cette terminologie est incorrecte, car la confiscation purement pénale peut être réelle, comme on le verra à propos de la confiscation de l'instrument du délit.

**394. Conditions d'application.** — La confiscation, réparation civile, suit les mêmes règles que les « restitutions » (1). Les deux autres ont des règles communes : 1° elles doivent être autorisées par un texte de loi, *directement* s'il s'agit d'une confiscation pénale; *directement* ou *indirectement*, s'il s'agit d'une confiscation mesure de police. 2° Il faut que les objets à confisquer soient saisis, ou décrits dans un procès-verbal. La saisie est la mise d'un objet sous la main de la justice. Elle n'est pas nécessaire en général et peut être remplacée par une description dans un procès-verbal de constat. Mais cette description est indispensable. En effet le juge ne pourrait pas réaliser le transport de propriété que comporte la confiscation, si une description antérieure n'avait point individualisé l'objet, lequel est toujours une chose de genre.

— En outre des deux conditions précédentes, la confiscation *pénale* suppose : 1° la possibilité théorique d'une condamnation à une peine principale, puisqu'elle est peine complémentaire (2); 2° l'auteur du délit vivant au moment où la condamnation à la confiscation devient irrévocable (art. 2, C. i. c.). Mais, si la condamnation à la confiscation est devenue irrévocable du vivant du condamné, l'exécution de cette peine peut être poursuivie contre ses héritiers. Nous expliquerons ce point avec plus de détails à propos de l'amende.

**395. Objets qui peuvent être confisqués.** — Les art. 11 et 470 du Code pénal énumèrent les objets sur lesquels porte la confiscation, sans cependant obliger ni autoriser le juge à la prononcer dans tous les cas. C'est une sorte de programme que le législateur se trace à lui-même et qu'il appliquera d'une manière plus ou moins complète dans les textes relatifs aux diverses infractions. C'est donc à ces textes spéciaux qu'il faut se reporter pour savoir quels objets sont confiscables, et si leur confiscation est obligatoire ou facultative. Les art. 11 et 470 n'ont d'autre utilité que d'indiquer, suivant la nature de l'objet à confisquer, les personnes que la confiscation peut atteindre.

Avant de toucher à ce point expliquons la terminologie du Code. Les objets confiscables sont : le *corps*, le *produit* et l'*instrument* du délit. —

---

(1) V. *infrà*, 413 et s.
(2) En fait, la confiscation est prononcée sans la peine principale quand le délinquant est inconnu.

On appelle « corps du délit » (art. 11) ou « choses saisies en contravention » (art. 470), l'objet sur lequel le délit a été accompli et qui en est, pour ainsi dire, la preuve matérielle. Ce sont, par exemple : les armes prohibées dans le délit de vente ou de port d'armes prohibées (art. 314, C. p.), le gibier vendu ou transporté en temps prohibé (art. 12, § 4, L. 3 mai 1844), etc. — Le *produit du délit* est la somme ou la chose procurée par l'infraction. Tels sont les présents faits à un témoin ou à un fonctionnaire public pour les corrompre (art. 364, 180, C. p.), les recettes qu'un entrepreneur de spectacles a réalisées par des représentations illicites (art. 421, C. p.). — L'*instrument du délit* désigne « les choses qui ont servi ou qui ont été destinées à le commettre ». La clarté de cette définition dispense de commentaire. — La différence entre les trois catégories de choses sujettes à confiscation n'est pas toujours bien tranchée. Ainsi le *corps* et le *produit* du délit se confondent dans le délit de fabrication d'armes prohibées (art. 314, C. p.), dans celui de fabrication de marchandises en contrefaçon d'un brevet d'invention (art. 40, 49, L. 5 juillet 1844), dans celui de falsification de substances alimentaires ou médicamenteuses destinées à être vendues (art. 1, 5, L. 27 mars 1851), etc. Dans ces hypothèses, le bon sens, plus encore que la loi, indiquera qu'il faudra traiter la chose, dont la confiscation est ordonnée, tantôt comme *corps*, tantôt comme *produit* du délit. Cette appréciation sera nécessaire à cause d'une condition dont il va être parlé, et à laquelle la loi subordonne la confiscation dans les crimes et les délits.

**396. Personnes que la confiscation peut atteindre.** — En principe, la loi prescrit la confiscation sans distinguer si le prévenu, sur lequel la chose est saisie, en était ou non propriétaire ; la confiscation est *réelle :* elle atteint des tiers non poursuivis. Par exception, l'art. 11 du Code pénal admet une règle inverse pour la confiscation du *corps du délit* en matière criminelle et correctionnelle. L'art. 470 ne reproduit pas cette exception en matière de contravention. Le motif de cette distinction échappe à l'analyse. Il semble que le législateur n'ait songé qu'aux crimes et délits tendant à l'appropriation de la chose d'autrui (vol, escroquerie, abus de confiance, etc.). Alors en effet il est évident qu'il faut rendre le *corps du délit*, trouvé en la possession du prévenu, à son propriétaire ; sans quoi ce dernier se trouverait dépouillé par le fisc, après l'avoir été par le voleur. Mais la solution ne devrait-elle pas être la même pour l'*instrument* et pour le *produit* du délit dont le délinquant n'est pas propriétaire ? Pourquoi d'ailleurs admettre que la confiscation du corps du délit est personnelle en matière de crime et de délit et réelle en matière de contravention ? L'incohérence de cette disposition a tellement choqué certains auteurs qu'ils proposent de déplacer la phrase incidente : « *quand la propriété en appartient au condamné* » et de la reporter à la fin de l'art. 11. Avec cette correction ce texte signifierait que la confiscation est *personnelle*, pour les trois choses, en matière de crime et de délit, tandis qu'elle serait *réelle*, pour les trois choses, en matière de contravention. Mais ils ne sont pas plus avancés, car ils ne trouvent pas d'explication à cette différence. Nous sommes donc en présence d'une disposition peu justifiée, mais très claire ; il faut appliquer le texte à la lettre. Seulement les principes généraux sur l'élément moral permettent de corriger ce qu'aurait d'excessif, à l'égard du propriétaire de l'instrument du délit, la confiscation de cet objet, que l'auteur de l'infraction lui a peut-être soustrait pour la commettre. Toute peine suppose un délit et par conséquent une faute ou un dol. Nous admettrions donc le propriétaire de l'instrument du délit à prouver que ce n'est point par son dol ni par sa faute que cet objet s'est trouvé à la disposition de l'auteur de l'infraction.

**397. Effet de la confiscation.** — Le jugement qui prononce la confiscation transfère à l'État ou à la partie lésée la propriété de l'objet confisqué. Le juge ne pourrait pas autoriser le condamné à remplacer la remise en nature de cet objet par le paiement de sa valeur. Ce serait en effet ajouter à la confiscation une amende subsidiaire destinée à en tenir lieu. Les principes généraux disent assez que le juge ne peut ni se dispenser de prononcer la peine légale, ni en créer une nouvelle.

**398. Que deviennent les objets confisqués ?** Si leur existence est prohibée, ils sont détruits (art. 477, C. p. ; art. 16, § 1, L. 3 mai 1844 ; art. 41, § 1, L. 15 avril 1829, etc.). Si leur possession par des particuliers est simplement illicite, ils sont utilisés par l'État. On réintégrera, par exemple, dans les arsenaux les armes et munitions de guerre. — Dans toute autre hypothèse la partie qui obtient les objets confisqués est libre d'en disposer comme il lui plaît. L'État les fait vendre et le prix en est versé au trésor (art. 41, § 2, L. 15 avril 1829).

**399. III. Amende. — Diverses sortes d'amende. — Caractères de l'amende pénale.** — L'amende est indiquée comme une peine généralement appliquée en matière correctionnelle et de simple police par les art. 9 et 464 du Code pénal. Des textes isolés nous la montrent également appliquée en matière criminelle, par exemple : en matière de faux (art. 164), de concussion (art. 174), de corruption de fonctionnaires (art. 177, 181), etc.

Cette peine oblige le condamné à payer une certaine somme à l'État. Elle diffère de la confiscation en ce que celle-ci rend l'État propriétaire, tandis que l'amende le rend créancier.

Dans l'ancien Droit l'amende n'avait pas un caractère purement pénal. Elle servait à indemniser l'État « des frais qu'il était obligé de faire pour la poursuite des criminels » (1), en même temps qu'elle était un châtiment pour le coupable. Il faut arriver à la législation intermédiaire pour voir l'amende se distinguer nettement des frais de justice. C'est la loi du 18 germinal an VII qui prescrivit « la condamnation aux frais de tout individu condamné à une peine quelconque par un tribunal criminel, correctionnel ou de police ». Depuis lors l'amende en matière pénale a perdu son caractère de réparation civile.

L'amende est-elle une bonne peine ? — Elle a trois avantages évidents : elle est divisible, réparable, adéquate à la faute dans les délits qui ont pour mobile la cupidité. Mais on lui reproche de n'être ni exemplaire, ni réformatrice, ni égale. On peut répondre au premier de ces reproches, qu'elle n'est jamais la peine unique des infractions graves. Elle ne mérite pas le second, lorsqu'on l'applique aux délits inspirés par la cupidité. Quant au troisième, il est fondé et malheureusement sans remède ; car, si pour y remédier on essaie de proportionner l'amende à la fortune du délinquant, on tombe dans un autre inconvénient, celui des peines arbitraires.

L'amende est toujours une peine principale en matière de contravention ; elle est tantôt principale, tantôt complémentaire en matière de délit ; elle a toujours ce dernier caractère en matière de crime.

L'amende *pénale* doit être soigneusement distinguée de certaines sanctions pécuniaires attachées à la violation d'un droit ou d'un devoir par la convention des parties, ou par les lois civiles, fiscales et disciplinaires. On qualifie ces sanctions d'amendes, faute d'expression mieux appropriée ; mais voici les caractères distinctifs de l'amende pénale : — 1° elle est toujours édictée par une loi ou par un règlement fait par l'autorité administrative en vertu d'une délégation expresse du pouvoir législatif. Cela la distingue de la *clause pénale*, établie conventionnellement par les parties. — 2° Elle est toujours appliquée par les tribunaux après une déclaration préalable de la culpabilité du délinquant. En cela elle diffère de certaines amendes fiscales, celles d'enregistrement et de timbre, qui sont encourues de plein droit par le seul fait de la contravention et qui donnent lieu, non pas à une action tendant à les faire appliquer (art. 1er, C. i. c.), mais à une action en recouvrement. Une décision judiciaire intervient sans doute pour celles-ci, mais sur l'opposition des redevables à la *contrainte* délivrée contre eux. — 3° L'amende pénale est toujours prononcée à raison d'une *infraction*, c'est-à-dire d'un fait incriminé par une loi pénale. Cette particularité la distingue des amendes civiles et disciplinaires (2). Il ne suit pas de là que l'amende pénale soit toujours prononcée par un tribunal de répres-

(1) MUYART DE VOUGLANS, *Lois crim.*, p. 84.
(2) V. sur ces amendes : DALLOZ, *Rép.* v° *Peines,* n°s 735 et s.

sion. C'est là sans doute le cas le plus ordinaire, et un critérium à l'aide duquel on reconnaît généralement qu'une amende est pénale. Mais l'amende ne cesse pas d'être pénale parce qu'elle est prononcée par une juridiction civile, si elle réunit les caractères sus-énoncés. (Exemple : art. 409, C. p.)

**400. Particularités relatives à certaines amendes pénales.** — Toute peine étant établie dans un intérêt social, la partie lésée par l'infraction ne peut ni requérir l'amende, ni en profiter, et sa transaction avec le délinquant n'empêche ni de la prononcer, ni de la recouvrer. Il en serait différemment s'il s'agissait des réparations civiles. Pour ce motif, on controverse le caractère des amendes qui répriment les infractions aux lois sur les *douanes*, les *contributions indirectes* et les *octrois*. Ces amendes sont requises par l'administration figurant au procès comme partie civile ; elles sont recouvrées par elle ; la transaction de l'administration avec l'auteur de l'infraction met obstacle au jugement ou à l'exécution de la sentence ; elles sont susceptibles d'être prononcées non seulement contre les auteurs de l'infraction, mais encore contre les personnes civilement responsables : « Les propriétaires des marchandises seront *responsables civilement* du fait de leurs facteurs, agents, serviteurs ou domestiques, en ce qui concerne les droits, confiscations, *amendes*, et dépens », porte la loi du 6 août 1791, titre XIII, art. 20 (1). D'un autre côté cependant ces amendes fiscales présentent les caractères essentiels des amendes pénales. Quelle est donc leur nature ? (2). L'intérêt pratique de la question apparaîtra par les conséquences divergentes des systèmes proposés pour la résoudre.

**401. 1er *système*.** — La jurisprudence déclare que ces amendes « ont une nature mixte qui permet de les traiter tantôt comme des peines, tantôt comme des réparations civiles ». Voici la part qu'elle fait aux deux idées. — A) *Ces amendes ont d'abord le caractère de réparations civiles*. 1° Pour ce motif, toutes les personnes qui, d'après les principes généraux répondent du fait d'autrui (art. 1384, C. civ.), seront tenues des amendes de ce genre encourues par les individus placés sous leur surveillance. On étend ainsi la liste des personnes énumérées comme civilement responsables des amendes par la loi de 1791. — 2° On appliquera en cette matière le principe de la non-rétroactivité des lois dans toute sa rigueur, comme en matière civile, c'est-à-dire que si la loi nouvelle prononce une peine moins forte que l'ancienne, le prévenu ne jouira pas du bienfait de la loi nouvelle. — 3° Si plusieurs délits de douane sont

---

(1) Dispositions analogues : D. 4 germ. an II, tit. III, art. 8 ; D. 1er germ. an XIII, art. 35. — La loi du 28 avril 1816 sur les douanes, art. 56, tit. V, comprend aussi les amendes dans les *condamnations civiles*.

(2) La même question s'agite pour la *confiscation* en ces matières, quand elle ne présente pas le caractère de mesure de police.

relevés à la charge du même prévenu, il y aura lieu de lui infliger autant d'amendes qu'il aura commis d'infractions, parce que chaque infraction a causé un préjudice distinct qui doit être intégralement réparé : l'art. 365 du Code d'instruction criminelle qui prohibe le cumul des peines n'est pas applicable. — 4° Si le même délit de douane a été commis par plusieurs participants, il n'y aura lieu de prononcer qu'une seule amende, parce que la pluralité des délinquants n'a pas augmenté l'étendue du préjudice. — B) *Ces amendes ont en outre le caractère pénal.* On en conclut : 1° qu'elles ne peuvent être prononcées contre les héritiers de l'auteur du délit ou des personnes civilement responsables. — 2° Qu'elles sont susceptibles d'être recouvrées par la contrainte par corps, mais seulement contre l'auteur de l'infraction. — 3° Que si l'auteur du délit est une femme mariée, on n'a pas besoin pour la poursuivre de l'autorisation de son mari ou de justice (1).

**402.** 2e *système*. — « Ces amendes ont un caractère pénal, même lorsqu'elles atteignent des tiers improprement déclarés *civilement* responsables ». L'expression « *civilement* responsables » est employée, dit-on, comme synonyme de « *pécuniairement* responsables », parce qu'une responsabilité civile est toujours pécuniaire ; mais en réalité cette responsabilité est pénale : les maîtres et les commettants ont un défaut de surveillance à s'imputer, quand leurs agents commettent une infraction. La loi a pu ériger cette négligence en délit (2). — Cette explication ingénieuse trouve un appui dans d'autres textes où elle est universellement adoptée (arrêté 27 prairial an IX, s. les postes ; art. 45 et 46, C. for.). — Dans ce système il faudrait écarter les conséquences que la jurisprudence déduit, par interprétation, du caractère de réparation civile. — Mais ce second système a le tort de changer absolument le sens de l'expression « *civilement* responsables » employée par les lois qui suscitent la controverse. On peut admettre que le législateur ait voulu faire produire aux amendes de douane, de contributions indirectes et d'octroi certains effets des réparations civiles, sans cependant tomber dans les déductions arbitraires du prétendu caractère mixte que la jurisprudence leur attribue. C'est ce que fait le système suivant :

**403.** 3e *système*. — « Ces amendes ont un caractère pénal prépondérant ». — Donc, en dehors de certains effets des réparations civiles que les lois spéciales leur ont expressément attribués, elles ne produisent jamais que les effets des peines. On donne ainsi satisfaction aux textes, tout en maintenant le principe que l'amende, dans notre Droit moderne, a un caractère exclusivement pénal. Une loi récente a démontré l'exactitude de ce système, en étendant l'application de l'art. 463 du Code pénal sur les

(1) V. le résumé de cette jurisprud., D. 1868, 2, 99.
(2) *Sic :* Lainé, 432-436 ; Garraud, 228.

circonstances atténuantes aux délits et contraventions en matière de contributions indirectes (L. du Budget, 30 mars 1888, art. 42). Ce dernier système diffère du précédent dans ses conséquences pratiques en ce qu'il n'admet pas : 1° que la contrainte par corps puisse être exercée, pour l'amende, contre les personnes civilement responsables ; 2° que les héritiers de ces personnes puissent être condamnés à l'amende avec les auteurs du délit.

404. L'amende étant une peine, est en principe *individuelle;* c'est-à-dire que si plusieurs individus participent à la même infraction, il y aura lieu de prononcer contre chaque agent une amende distincte. On dit cependant que certaines amendes sont *collectives* ou *réelles* parce qu'une seule amende, dont le taux est déterminé eu égard au préjudice, semble devoir être prononcée contre tous les agents du délit. La jurisprudence explique ces amendes en les considérant comme des réparations civiles (1). Elles ont à nos yeux le caractère pénal. Leur taux est sans doute déterminé par l'étendue du préjudice ; mais rien n'empêche le juge d'atteindre ce taux en prononçant des *amendes* distinctes contre les divers condamnés, de manière que chacun soit puni suivant le degré de sa culpabilité. Cette répartition n'empêchera pas le trésor de recouvrer intégralement le total des amendes contre un seul des condamnés, à cause de la solidarité dont nous parlerons bientôt ; mais elle permettra à celui des condamnés qui aura fait l'avance de recourir contre les autres et elle fixera le taux de ce recours (2).

**405. L'amende peut-elle être recouvrée contre les héritiers ?** — (*Même question pour la confiscation*). — Toute peine étant personnelle, il semble que l'amende, pas plus que la confiscation, ne devrait atteindre les héritiers du coupable. Cependant on admet en général que, si le jugement rendu contre l'auteur de l'infraction est devenu irrévocable de son vivant, les peines pécuniaires peuvent être recouvrées contre ses héritiers. — L'État, dit-on, poursuit l'exécution d'un jugement qui l'a rendu créancier ou propriétaire. Le droit qu'il avait contre la personne est devenu, par l'effet de ce jugement, un droit contre le patrimoine ou sur un objet du patrimoine. Il s'est opéré une novation par changement de cause. — Les héritiers ne sont atteints qu'en apparence ; car ils n'avaient du vivant de leur auteur aucun droit à ses biens, et ils les recueillent théoriquement diminués de la propriété ou de la créance

---

(1) Cass. 19 août 1836 ; 4 déc. 1863.
(2) Voy. des exemples de ces amendes : art. 144, 192, 194, C. for.; art. 19, L. 28, av. 1816 s. les contrib. ind. ; art. 164, 172, 175, 406, C. p. On trouverait une autre source d'amendes collectives dans les délits commis par plusieurs agents d'une personne morale si l'on admettait, contrairement à notre opinion, qu'un être fictif peut délinquer. V. BLANCHE, I, 280.

acquise à l'État. — C'était d'ailleurs la solution de l'ancien Droit. Elle a été adoptée au Conseil d'État dans la discussion de l'art. 2 du Code d'instruction criminelle, et elle résulte *a contrario* des termes mêmes de cet article : s'il fait éteindre, en effet, l'action publique par la mort du prévenu, il vise uniquement l'action qui tend « *à l'application de la peine* » et non celle qui tend à *l'exécution* de la peine (1).

Ces deux derniers arguments ne permettent guère de douter que la solution généralement suivie ne soit conforme à la volonté du législateur ; mais elle n'en reste pas moins une anomalie. Si l'explication théorique qu'on en donne était fondée, les condamnations à des peines pécuniaires devraient être traitées, non seulement au point de vue spécial du recouvrement, mais à tous les points de vue, comme des condamnations civiles. On les soumet cependant aux règles de la prescription *des peines* (art. 635, 636, 639, C. i. c.), et non à celles de la prescription des condamnations civiles (art. 642, *ibid.*); on les inscrit au casier judiciaire ; on leur applique l'amnistie, la grâce, la réhabilitation. Comment expliquer toutes ces propositions, universellement admises, si la confiscation et l'amende n'avaient pas conservé, *après le jugement*, leur caractère pénal ? Le droit de les recouvrer contre les héritiers du condamné n'est donc qu'une réminiscence malheureuse du caractère mixte qu'elles avaient avant la loi du 13 germinal an VII ; c'est vainement qu'on a essayé de le justifier : un anachronisme se constate, mais ne se justifie pas (2).

**406. Taux de l'amende.** — Sauf en ce qui concerne l'amende de simple police, cette partie de la législation de l'amende manque de vue d'ensemble. En matière criminelle, cette peine étant peu usitée, la loi fixe un taux particulier pour chaque cas où elle l'édicte. — En matière correctionnelle, un texte, bizarrement placé au Code d'instruction criminelle (art. 179), indique son minimum habituel : 16 francs. — En matière de simple police, l'art. 466 du Code pénal fixe d'une manière générale le minimum à 1 franc et le maximum à 15 francs ; puis, pour les trois catégories de contraventions dont le Code pénal s'occupe, les art. 471, 475 et 479 fixent des amendes de 1 à 5 francs, de 6 à 10 francs, de 11 à 15 francs. Il résulte de l'ensemble de ces dispositions que dans la graduation des amendes il n'entre pas de fractions de franc.

Les lois spéciales offrent parfois des exemples d'amendes qui par leur minimum semblent être de simple police, et, par leur maximum, être correctionnelles. Telles sont par exemple les amendes de 5 à 30 francs, de 3 à 50 francs établies, par la loi du 30 mai 1851, s. *la police du roulage*, art. 4 et 9. Il ne faut pas hésiter à les qualifier de correctionnelles, même

(1) Blanche, I, 300 ; Chauveau et Hélie, I, 87. Locré XXV, p. 118.
(2) V. *infrà* ces diverses théories. Pour la réhabilitation, la question aurait pu faire doute avant la loi du 14 août 1885.

lorsque le juge n'applique que leur minimum. La loi en effet, lorsqu'elle fixe le maximum et le minimum d'une amende n'établit, qu'*une* peine ; or cette peine n'est certainement pas de simple police puisque son maximum dépasse 15 francs.

On trouve dans l'ensemble de notre législation des amendes fixes et plus souvent des amendes à maximum et minimum fixes, des amendes à maximum et minimum variables (art. 174, 175, C. p.), des amendes à minimum fixe et maximum variable (art. 164, 177, C. p.). Elles ne soulèvent pas de difficultés, la loi ayant déterminé la base du calcul à faire pour trouver la partie du taux laissée indécise. — Mais quel serait le *minimum* d'une amende dont la loi aurait simplement fixé le maximum ? Il faut distinguer : si le maximum est de 16 francs ou supérieur à 16 francs, c'est une peine correctionnelle, dont le minimum sera 16 francs (art. 179, C. i. c.). Si au contraire le maximum indiqué ne dépasse pas 15 francs, c'est une peine de simple police dont le minimum sera 1 franc (1). On voit que, dans le premier cas, l'amende fixée au maximum à 16 francs revient à une amende fixe, car l'on ne pourrait dépasser ce chiffre sans tomber dans l'arbitraire. — Il faudrait déterminer par un procédé analogue le *maximum* de l'amende dont la loi aurait simplement indiqué le minimum : supposons que ce minimum fut inférieur à 15 francs, la peine serait de simple police et par conséquent son maximum serait de 15 francs, par application de l'article 466 du Code pénal ; mais si le minimum indiqué était 15 francs ou plus, l'amende, en apparence divisible, serait une amende fixe. — Que décider enfin si le législateur, tout en établissant l'amende comme peine d'une infraction, avait omis absolument d'en fixer le taux ? Il faudrait rechercher à d'autres indices le caractère de l'infraction : s'il apparaissait que la loi a voulu punir une contravention, l'amende serait de 1 à 15 francs ; s'il apparaissait au contraire qu'elle a voulu réprimer un délit, et *à fortiori* un crime, la peine pécuniaire serait une amende fixe de 16 francs (2).

**407. Destination de l'amende.** — L'amende appartient à l'État, en matière criminelle et correctionnelle, à la commune « où la contravention a été commise », en matière de simple police (art. 467, C. p. et arg. de ce texte). L'État s'est relâché de son droit en ce qui touche les amendes correctionnelles : elles forment un fonds commun pour le département, applicable d'abord au remboursement des frais de poursuite tombés

---

(1) Lainé, 430 ; Garraud, 229. — Suivant d'autres auteurs, le minimum serait dans les deux cas 1 fr. Dalloz, *Rép.* v° *Peine*, 797. Ce système n'a pas de base juridique.

(2) *Sic* : Cass. 28 août 1832. *Ch. réun.* p. l'exercice illégal de la médecine sans s'attribuer aucun grade (art. 35, 36, L. 19 vent. an XI). *Contrà* : Dalloz, *loc. cit.*, 798.

en non-valeur en matière correctionnelle et de simple police. Le surplus est attribué pour un tiers aux enfants assistés, et, pour les deux autres tiers, aux communes les plus pauvres (1). Tel est le Droit commun. Mais il existe dans les lois spéciales des attributions exceptionnelles en vue d'encourager la répression. C'est ainsi que des primes prélevées sur le produit des amendes sont accordées aux agents verbalisateurs, en matière de chasse (L. 3 mai 1844, art. 10, 19), aux saisissants, en matière de douane (arrêté 9 fruct. an V), etc.

### 408. — TABLEAU GÉNÉRAL DES PEINES

#### I

#### PEINES PROPRES AUX CRIMES

A. *Principales.*

I. Échelle générale.
- Afflictives et infamantes
  1. Mort............... ⎫
  2. Travaux forcés à perpétuité. ⎬ Perpétuelles.
  3. Déportation dans une enceinte fortifiée....... ⎪
  4. Déportation simple..... ⎭
  5. Travaux forcés à temps... ⎫
  6. Détention........... ⎬ Temporaires.
  7. Réclusion........... ⎭
- Infamantes
  8. Bannissement....... temporaire.
  9. Dégradation civique .... perpétuelle.

II. Échelle des peines de Droit commun .........
  1. Mort.
  2. Travaux forcés à perpétuité.
  3. Travaux forcés à temps.
  4. Réclusion.

III. Échelle des peines politiques...............
  1. Déportation dans une enceinte fortifiée.
  2. Déportation simple.
  3. Détention.
  4. Bannissement.
  5. Dégradation civique.

B. *Accessoires.*

*A toutes les peines criminelles :* Dégradation civique.
*Aux peines afflictives :* ..... Interdiction légale.
*Aux peines afflict. perpétuelles :* Double incapacité de disposer et de recevoir à titre gratuit.

(1) Ord. 30 déc. 1823, art. 6 ; D. 14 sept. 1864 (Codes Trip. *Tarifs crim.*).

## II
### PEINES PROPRES AUX DÉLITS

1. Emprisonnement correctionnel......
   - Tantôt peine principale.
   - Tantôt peine complémentaire.

2. Interdiction des droits civils, civiques et de famille mentionnés en l'art. 42 du Code pénal.................
3. Réparation honorable...........
   - Peines complémentaires.

4. Incapacités spéciales............
   - Tantôt peines accessoires.
   - Tantôt peines complémentaires.

## III
### PEINES COMMUNES AUX CRIMES ET AUX DÉLITS

1. Interdiction de séjour............
   - Tantôt peine accessoire.
   - Tantôt peine complémentaire.
   - Tantôt peine accessoire et complémentaire.
   - Tantôt peine principale.

2. Relégation..................
   - Peine complémentaire.

## IV
### PEINES PROPRES AUX CONTRAVENTIONS

Emprisonnement de simple police.......
   - Peine complémentaire pour toutes les contraventions punies par le Code pénal s'il y a récidive.

## V
### PEINES COMMUNES AUX TROIS CLASSES D'INFRACTIONS

1. Amende..................
   - Tantôt peine principale.
   - Tantôt peine complémentaire.

2. Confiscation spéciale............
   - Peine complémentaire.

3. Publication du jugement ou de l'arrêt de condamnation................
   - Tantôt peine accessoire.
   - Tantôt peine complémentaire.

**409.** L'examen de ce tableau montre quelle solution nous donnons à certaines questions de classement assez controversées.

*1re Difficulté.* — La déportation dans une enceinte fortifiée doit-elle prendre rang, dans l'échelle générale, *après* ou *avant* la peine des travaux forcés à perpétuité ? — On a soutenu qu'elle devait passer *avant*, parce qu'elle tient lieu de la peine de mort, en matière politique. — L'intérêt pratique de la controverse apparaît dans trois hypothèses où il est utile de connaître la gravité respective des travaux forcés à perpétuité et de la déportation dans une enceinte fortifiée, savoir : le conflit des lois, le concours d'infractions et la récidive. — Quelque puissant que soit l'argument tiré de la fonction de la nouvelle peine, nous croyons qu'elle doit prendre rang dans l'échelle générale après les travaux forcés à perpétuité. L'on a vu en effet que l'évasion d'un déporté, suivie de retour en France, était punie des travaux forcés à perpétuité (art. 17, § 2, C. p.). L'art. 198, § 5, du Code pénal emploie aussi cette dernière peine pour réprimer un crime, habituellement puni de la déportation, quand l'agent doit subir une aggravation de peine à raison de sa qualité de fonctionnaire. Par ces deux textes le législateur montre qu'il considère les travaux forcés à perpétuité comme plus graves que la déportation. Ces textes sont, il est vrai, antérieurs à la création du second degré de déportation, mais, comme ils n'ont pas été modifiés lors de la revision du Code pénal en 1863, l'argument qu'on en tire a toute sa valeur. Le législateur de 1863 a d'ailleurs bien montré ce qu'il pensait du rang que la nouvelle peine politique occupe dans l'échelle générale des peines, puisqu'il l'énumère dans le nouvel article 463 immédiatement après les travaux forcés à perpétuité (1).

**410.** *2e Difficulté.* — La dégradation civique doit-elle figurer seulement dans l'échelle des peines politiques, ou bien faut-il la comprendre aussi dans l'échelle des peines de Droit commun ? Nous nous sommes décidé pour le premier parti, et nous avons exposé, *suprà* n° 286, les raisons qui doivent la faire considérer dans tous les cas comme une peine politique.

**411.** *3e Difficulté.* — Existe-t-il une échelle des peines correctionnelles ? — On l'a nié, sous prétexte que l'art. 9 du Code pénal ne contenait pas une énumération complète de ces peines. On a allégué aussi son inutilité, parce qu'on s'est borné à envisager l'effet de la récidive ou des circonstances atténuantes sur ces peines. A ces points de vue en effet l'échelle des peines correctionnelles n'a qu'un intérêt théorique, le législateur ayant tout réglé expressément ; mais on découvre son utilité dans les

---

(1) On pourrait objecter que l'art. 7 de l'art. 463 énumère la réclusion avant la détention ; mais c'est là une étourderie, imputable au législateur de 1832, qui n'infirme pas l'argument tiré de la réforme que le législateur de 1863 a fait subir aux premiers paragraphes de cet article.

théories du conflit des lois et du concours d'infractions. Quant au premier reproche, il pourrait être adressé à l'échelle des peines criminelles, car elle ne comprend, si l'on s'en tient au texte des art. 7 et 8 du Code pénal, ni la déportation dans une enceinte fortifiée, ni l'interdiction de séjour prononcée comme peine principale. Cela n'empêche pas d'utiliser l'échelle incomplète fournie par le législateur, toutes les fois qu'il est nécessaire de connaître la valeur respective de deux peines qui s'y trouvent énumérées.

**412.** Tel est l'ensemble des peines applicables dans notre législation actuelle. Avant d'étudier les conditions de leur application, il nous faut exposer la théorie des réparations civiles auxquelles peut donner lieu le dommage résultant de l'infraction. Ces réparations sont en effet, comme les peines, les conséquences du délit.

# CHAPITRE II

### ORGANISATION DES RÉPARATIONS CIVILES.

**413.** « Tout fait quelconque de l'homme, qui cause à autrui un dommage, oblige celui par la faute duquel il est arrivé à le réparer » (art. 1382, C. civ.). Ce principe s'applique aussi bien aux délits de Droit pénal qu'aux simples délits civils. L'*infraction*, qui cause à autrui un préjudice, donne lieu à la fois à la peine et à la réparation civile. Il semble au premier abord que le Droit pénal ne devrait pas s'occuper de cette dernière : n'a-t-elle pas en effet sa cause dans le délit ou le quasi-délit civil qui se cache sous l'infraction ? Mais en réalité le délit civil n'est qu'une pure abstraction. Le même fait matériel envisagé au point de vue social, donne lieu à l'application de la peine, et envisagé au point de vue du particulier qui en souffre, donne lieu à la réparation civile. La communauté d'origine des deux actions qu'il engendre a fait établir des règles communes à leur exercice, ainsi que des garanties et des voies de recouvrement communes aux condamnations pécuniaires que ces actions font obtenir. — La réparation civile comprend les restitutions, les dommages-intérêts et les frais.

**414.** I. Les *restitutions* (art. 10, C. p.) consistent dans le rétablissement de l'état de choses antérieur à l'infraction. Ce sera la remise à la victime du délit de l'objet ou de l'argent volé ou escroqué (art. 379, 405), la destruction des actes extorqués (art. 400), la reconstitution des actes altérés par un faux (art. 145 et s.), etc.

**415.** II. Les restitutions constituent la meilleure réparation civile ; mais c'est une réparation parfois incomplète et souvent impossible. Force est alors de recourir à une indemnité pécuniaire. Cette indemnité porte le nom de *dommages-intérêts* (art. 10, 51, C. p.). Notons les différences qui existent entre ces deux genres de réparations civiles : 1° Les restitutions constituent la réparation directe et nécessaire du dommage causé par l'infraction. Les dommages-intérêts en sont au contraire la réparation indirecte, complémentaire ou subsidiaire. — 2° Les pouvoirs du juge sont plus larges à l'égard des restitutions que des dommages-intérêts : il peut ordonner d'office les restitutions (art. 366, C. i. c.). Il ne peut au contraire accorder des dommages-intérêts à la partie lésée que « si elle le requiert » (art. 51, C. p.) ; celle-ci doit par conséquent intervenir au procès comme partie civile et conclure expressément à des dommages-intérêts. — 3° Les tribunaux d'exception, par exemple les conseils de guerre, ne peuvent ordonner que des restitutions, ils sont incompétents pour statuer sur une demande en dommages-intérêts (art. 55, C. J. M. A. T.). — 4° L'action par laquelle la victime du délit poursuit les restitutions est souvent une action réelle (*action en revendication*). Son action en dommages-intérêts est, dans tous les cas, une action personnelle. — 5° La contrainte par corps ne s'applique pas toujours au recouvrement des restitutions ; tandis qu'elle est toujours susceptible de s'appliquer à celui des dommages-intérêts.

**416.** L'art. 51 se termine par une disposition qui défend aux tribunaux d'ordonner, « même du consentement de la partie lésée, l'application à une œuvre quelconque » des condamnations civiles qu'ils prononcent. On a voulu empêcher ainsi les juges d'exagérer les dommages-intérêts en considération des œuvres de bienfaisance auxquelles on veut les appliquer, et la partie lésée de renoncer, par amour-propre, à une indemnité dont elle a besoin.

**417.** III. Tout procès, pénal ou civil, donne lieu à des dépenses que l'on qualifie de *dépens* ou de *frais*. Il ne faut pas confondre les *frais particuliers du procès* avec les *frais généraux de justice criminelle*. Ceux-ci sont relatifs à l'entretien des juridictions et à l'exécution des peines (1). C'est une dette de la société envers ses membres. Ces frais généraux sont nécessaires en prévision des délits qui pourront être commis. Personne n'en peut être déclaré responsable. Aussi, quand on envisage seulement ces frais généraux, on peut dire que « la justice est

---

(1) Il serait plus exact de distinguer à propos des peines les frais de leur *organisation* et ceux de leur *exécution*. Le raisonnement que nous faisons pour les frais du procès pénal s'applique à ces derniers et devrait par suite les faire classer au nombre des frais recouvrables. En fait l'État les recouvre indirectement par le travail des prisonniers.

gratuite ». — Les frais du procès pénal se rattachent au contraire à l'infraction qui y a donné lieu. Ils constituent un dommage distinct et spécial, que l'auteur du délit doit réparer. Ce sont les seuls dont nous devons nous occuper ici. — Ces frais comprennent les frais *de poursuite* et les frais *de défense*. Deux questions se posent : 1° Qui en fera l'avance ? — 2° Qui les supportera définitivement ?

418. Dans l'ancien Droit, quand la poursuite avait lieu à la seule requête du ministère public, les frais de poursuite se confondaient avec les frais généraux de justice criminelle. Il n'intervenait jamais de condamnation aux dépens. Les amendes et les confiscations étaient considérées comme destinées à indemniser l'État de toutes les dépenses qu'il faisait pour la justice criminelle. L'avance et le support définitif des frais de poursuite regardaient donc exclusivement l'État. Quant aux frais de défense, ils étaient avancés et supportés définitivement par l'accusé, à moins qu'il ne fût indigent. Dans ce cas, ils se confondaient avec les frais de poursuite que l'État prenait à sa charge. — S'il y avait partie civile en cause, le ministère public paraissait se désintéresser de la poursuite. C'était à la partie civile de faire l'avance des frais et de les recouvrer contre le condamné. La loi du 18 germinal an VII distingua les dépens des frais généraux de justice criminelle. « Tout jugement d'un tribunal criminel, correctionnel ou de police, portant condamnation à une peine quelconque, prononcera en même temps, au profit de la République, le remboursement des frais auxquels la poursuite et punition des crimes et délits aura donné lieu (art. 1er). Celle du 5 pluviôse an XIII accentua la réforme en ne tenant plus compte pour l'avance, du moins dans les procédures criminelles, de la présence de la partie civile. « En toute affaire *criminelle*, la partie publique... fera l'avance des frais d'instruction, expédition et signification des jugements, du remboursement desquels ceux qui se seront constitués parties civiles seront personnellement tenus, sauf, dans tous les cas, le recours des parties civiles contre les *prévenus* et *accusés* qui auraient été condamnés » (1) (art. 4, § 2). Ces deux principes forment la base de la législation actuelle, qui se compose principalement des art. 162, 194, et 368 du Code d'instruction criminelle et du décret du 18 juin 1811.

419. **Frais de poursuite.** — 1re HYPOTHÈSE : *Le ministère public poursuit seul.* — *a)* L'avance est faite par l'État. *b)* Le recouvrement a lieu sur le *condamné*. *c)* L'accusé acquitté n'est jamais condamné aux frais. Ces trois propositions résultent suffisamment des art. 162, 194 et

(1) Les expressions « *toute* affaire criminelle », « *prévenus* et *accusés* » démontrent qu'il s'agit ici du *grand* et du *petit* criminel, c'est-à-dire des poursuites pour crime et pour délit. L'opinion générale cependant n'applique cette loi qu'à la poursuite des crimes.

368 du Code d'instruction criminelle. Mais la rédaction de ces textes laisse subsister des doutes sur la situation de l'individu *absous*. Peut-il être condamné aux dépens ? C'est une question controversée que nous examinerons plus bas.

**420.** 2e HYPOTHÈSE : *Il y a partie civile en cause*. — *a*) L'*avance* est toujours faite par l'État, si la matière est criminelle. Dans les autres matières, il semble au contraire que l'avance soit toujours imposée à la partie civile. « En matière correctionnelle, porte l'art. 4, § 1, L. 5 pluviôse an XIII, ceux qui se constitueront parties civiles seront personnellement chargés des frais de poursuite, instruction et signification des jugements ». — « En matière de police simple ou correctionnelle, dit l'art. 160, D. 18 juin 1811, la partie civile, qui n'aura pas justifié de son indigence, sera tenue, avant toutes poursuites, de déposer au greffe ou entre les mains du receveur de l'enregistrement la somme présumée nécessaire pour les frais de la procédure ». Ces deux textes sont trop absolus. Pris à la lettre, ils permettraient à la partie civile d'entraver les poursuites du ministère public en retardant sa consignation. D'un autre côté ils gêneraient dans son exercice le droit absolu, reconnu à la partie lésée, de citer directement devant les tribunaux correctionnels et de simple police l'auteur du délit ou de la contravention, et son droit, non moins absolu, de se constituer partie civile, en tout état de cause, au cours de la poursuite intentée par le ministère public (art. 145, 182 et 67, C. i. c.). Aussi les dispositions précitées ont été restreintes à l'hypothèse unique où la partie lésée prenait l'*initiative d'une poursuite devant le juge d'instruction*. Mais quand elle procède par voie de citation directe devant les tribunaux correctionnels ou de police (1), ou par voie d'intervention (2), elle n'est tenue d'aucune consignation préalable. — La partie civile qui ne consigne pas fait uniquement l'avance de ses frais personnels (citation à prévenu, citations aux témoins qu'elle appelle, acte d'intervention, signification du jugement à sa requête, etc.). — L'obligation de faire l'avance s'apprécie en fait, d'après le caractère que l'infraction présente au début de la poursuite. Mais si ce caractère vient à se modifier, il pourra arriver que la partie civile aura consigné alors qu'elle n'était pas tenue de le faire. Dans ce cas, l'art. 367, § 3, C. i. c. ordonne que les frais consignés seront restitués si la partie civile n'est pas condamnée à les supporter définitivement.

**421.** *b*) L'État *recouvre* les frais avancés savoir : « 1° *En matière correctionnelle ou de simple police, non soumise au jury*,

(1) *Sic* : Cass. ch. réun. 4 mai 1833 ; Lyon, 27 janv. 1885 (*Gaz. des Trib.* 15 fév.). — *Contrà* : Cass. 14 juill. 1831 (Sir. 31, 1, 431).

(2) Cass. 3 juil. 1881 (Sir. 82, 1, 95) ; Cass. 22 janv. 1887 (*Gaz. du Palais*, 1888, n° du 15 juin).

contre le condamné et la partie civile, sans distinguer si celle-ci a triomphé ou succombé ». L'État a pour débiteurs, à tout événement, la partie civile, et de plus, s'il y a condamnation, le condamné. — 2° « *En matière criminelle non soumise au jury*, contre le condamné et contre la partie civile qui a succombé » (art. 157, D. 18 juin 1811 et art. 368, C. i. c.). Cette distinction bizarre est le résultat de deux changements de législation depuis 1808. Les textes primitifs du Code d'instruction criminelle appliquaient en toute matière cette règle aussi simple que logique : « la partie qui succombe est condamnée aux dépens » (art. 162, 194, 368). Le décret réglementaire du 18 juin 1811 déclara, au contraire, les parties civiles responsables, à tout événement, des dépens *envers l'État*. « Ceux qui se seront constitués parties civiles, porte l'art. 157, *soit qu'ils succombent ou non*, seront personnellement tenus des frais, sauf leur recours, etc. » C'était rendre la partie civile responsable de l'insolvabilité du condamné. Cette charge était lourde dans les procédures d'assises où les frais sont élevés. Aussi, pour ces matières, la réforme du Code pénal en 1832 rétablit le système primitif. Au texte ancien « l'accusé ou *la partie civile qui succombera* sera condamné aux frais envers l'État et envers l'autre partie » on ajouta : « Dans les affaires soumises au jury, *la partie civile qui n'aura pas succombé* ne sera jamais tenue des frais ». Il résulte de la combinaison de ces deux paragraphes que, dans toute procédure devant la Cour d'assises, la partie civile est condamnée aux frais seulement quand elle succombe. Observons que la nature de l'infraction est indifférente : dès que l'affaire est *soumise au jury* le paragraphe 2 de l'article 368 C. i. c. doit être appliqué (1). D'un autre côté, il est indifférent que la Cour juge avec ou sans le concours du jury : si elle juge seule, et c'est ce qui arrive pour l'accusé contumax et pour les crimes d'audience (art. 470, 507), le paragraphe 1er de l'art. 368, qui énonce la même règle que le paragraphe 2, reçoit application. Il eût été plus simple assurément de fondre ces deux paragraphes dans cette formule : « En toute matière criminelle ou soumise au jury, l'accusé, ou la partie civile qui succombera, sera condamné aux frais » ; mais, pour être délayée dans deux paragraphes, la pensée du législateur n'en est pas moins certaine ; on ne trouverait pas en effet l'application du paragraphe 1er, en ce qui touche la partie civile, si on ne la faisait pas dans l'hypothèse où la Cour d'assises juge sans le jury.

**422.** La condamnation aux *frais de poursuite* soulève plusieurs controverses.

1re *Question*. — « L'individu absous peut-il être condamné aux dé-

---

(1) Cass. 7 décembre 1837.

pens »? La jurisprudence présente sur cette question des solutions très divergentes, variant souvent suivant les cas d'absolution (1). Ces variations tiennent à deux causes. La première, c'est que la terminologie usuelle n'est pas en harmonie avec le sens théorique de ces deux expressions, *absolution* et *acquittement*. Théoriquement l'acquittement est « le renvoi de la poursuite à raison de la solution négative de la question de culpabilité ». Cela suppose, ou que le fait matériel n'est pas établi, — ou qu'il ne constitue pas une infraction, — ou que l'accusé n'en est pas l'auteur; — ou qu'il ne lui est pas imputable, — ou qu'il est justifié. L'absolution au contraire suppose théoriquement la culpabilité établie, et le coupable échappant à la peine par une raison étrangère à la solution de la question de culpabilité : c'est le renvoi de la poursuite motivé par une excuse absolutoire, — par la prescription de l'action publique, — par l'amnistie, — par la chose jugée (2). — Pratiquement, les expressions absolution et acquittement ne sont employées que dans la procédure devant la Cour d'assises. Toute sentence d'un tribunal correctionnel ou de police, qui prononce un renvoi de la poursuite, est qualifiée *jugement* ou *arrêt de relaxe*, quelles que soient les causes qui la motivent. De plus, on ne suit pas toujours exactement dans les matières criminelles la distinction théorique des sentences d'acquittement et d'absolution. Tout verdict du jury qui contient une déclaration *pure et simple* de non-culpabilité, donne lieu à une « ordonnance d'acquittement ». Tout verdict qui ne se borne pas à cette affirmation pure et simple de la non-culpabilité, nécessite un arrêt d'absolution (3). — Cette terminologie est vicieuse. Le législateur l'emploie, il est vrai, au point de vue de la procédure, c'est-à-dire pour déterminer la forme de la sentence et les voies de recours dont elle est susceptible ; mais elle ne doit point être suivie, précisément parce qu'elle est vicieuse, lorsqu'il s'agit de résoudre une question de fond, comme la question des dépens. C'est là une distinction que les arrêts cherchent à faire au milieu de nombreux tâtonnements. —
Une deuxième cause des variations de la jurisprudence est dans les faux principes auxquels elle a cherché à rattacher la condamnation aux dépens. Tantôt, s'inspirant de l'art. 1er de la loi du 18 germinal an VII, elle a considéré qu'une *condamnation à une peine* était nécessaire pour que l'accusé ou le prévenu pût être condamné aux frais. Tantôt elle a fait dépendre la condamnation aux dépens de la solution d'une *question de faute* : si l'on peut dire, par exemple, de l'individu absous ou relaxé

(1) V. les arrêts dans BLANCHE, I, 328, 332 et s.
(2) Ou bien encore par la règle du *non cumul des peines*, dans un système très suivi, qui enseigne que la poursuite pour l'infraction punie de la peine la moins grave doit aboutir à une simple déclaration de culpabilité sans peine prononcée.
(3) V. F. HÉLIE, VIII, 3798.

qu'il a commis une faute pouvant expliquer la poursuite, cette faute, bien qu'insuffisante pour le faire condamner à une peine, suffirait pour le faire condamner aux dépens (1). *Dedit locum inquirendi*, disent les arrêts.— Nous ne mentionnons que pour mémoire les stériles discussions de mots qui se sont élevées sur les art. 162, 194 et 398 : « La partie qui *succombera* sera condamnée aux frais ». — « Tout jugement de *condamnation* rendu *contre* le prévenu... le condamnera aux frais ». — « L'accusé... qui *succombera* sera condamné aux frais ». — Il faut écarter cette logomachie, car, si les expressions de la loi ont suscité la controverse à raison de leur peu de clarté, elles ne peuvent servir à la résoudre.

423. Des deux systèmes qui restent en présence, le second ne peut être adopté, parce qu'il méconnaît le caractère *accessoire* de la condamnation aux dépens. Cette condamnation ne va pas sans une principale. Il aboutit d'ailleurs à des contradictions choquantes : on admet, par exemple, que l'accusé absous parce que l'élément légal de l'infraction fait défaut, ne peut être condamné aux dépens (2). On admet au contraire que l'accusé absous parce que l'action publique est prescrite, peut y être condamné (3). Entre les deux situations il y a sans doute une différence; mais au point de vue *des frais de la poursuite*, ne doivent-elles pas être assimilées ? Dans les deux cas le ministère public n'a-t-il pas eu tort de poursuivre un fait qui ne pouvait être puni ? — *Autre contradiction :* on condamne aux frais le mineur de seize ans renvoyé de la poursuite comme ayant agi sans discernement; on n'admet pas au contraire la condamnation aux dépens de l'individu renvoyé de la poursuite pour démence au temps de l'action (4). Dans les deux cas cependant l'impunité de l'agent a la même cause, savoir : son défaut de raison morale au moment du délit. Comment donc cette impunité peut-elle aboutir à deux résultats si différents ? — Enfin si la théorie de la faute était exacte, on devrait l'appliquer non seulement à l'accusé *absous*, mais encore à l'accusé *acquitté*, toutes les fois qu'on peut dire de lui : *dedit locum inquirendi*. Or, on refuse absolument de condamner aux dépens, envers l'État, l'individu *acquitté*, lorsqu'il n'y a point partie civile en cause. Faisant l'application de cette idée, la Cour de cassation est allée jusqu'à admettre qu'un chasseur, qui avait simulé n'avoir point de permis de chasse et qui obtenait son relaxe en exhibant ce permis à l'audience, ne pouvait être condamné aux frais. Cependant dans ce cas la poursuite n'avait eu lieu que par sa faute (5).

(1) *Sic* : GARRAUD, 615, III.
(2) BLANCHE, I, 338, 339.
(3) BLANCHE, I, 341 et F. HÉLIE, *Prat. crim.* I, 500.
(4) BLANCHE, I, 342, 340.
(5) Cass. 13 fév. 1845 ; 6 mars 1846.

**424.** Le système, qui fait de la condamnation de l'accusé aux dépens la conséquence de la condamnation à une peine est exact, lorsque le ministère public et l'individu poursuivi sont seuls en présence dans le procès ; mais s'il y a partie civile en cause, il devient inexact si celle-ci obtient des dommages-intérêts contre l'accusé acquitté ou absous (1). Il y a dans cette hypothèse une condamnation *principale* qui a pour conséquence la condamnation *accessoire* aux dépens.

**425.** Tel est en effet le principe qui domine la condamnation aux frais. Elle est l'accessoire d'une condamnation principale. Peu importe d'ailleurs l'objet de celle-ci : elle peut être une condamnation à une peine, comme une condamnation à des dommages-intérêts. Dans les deux cas il est vrai de dire que l'accusé *succombe*, car la procédure instruite contre lui a pour résultat le succès de l'action publique ou de l'action civile *auxquelles elle est commune*. Il doit donc être condamné aux dépens. — Suivons dans ses détails l'application de ce troisième système.

**426.** *a*) « L'échec de l'action publique est motivé par l'absence d'un élément *essentiel* de l'infraction » (élément général ou spécial peu importe). — Quel que soit le nom que mérite la sentence au point de vue des règles de la procédure, qu'on l'appelle absolution ou acquittement, aucune condamnation aux frais ne peut intervenir, si le ministère public poursuit seul ; mais s'il y a partie civile en cause et qu'elle obtienne des dommages-intérêts, l'accusé devra nécessairement être condamné envers elle aux dépens. — La jurisprudence admet ce système pour la condamnation aux dépens envers l'État ; mais elle n'admet point que la cour d'assises, qui alloue des dommages-intérêts à la partie civile, soit *obligée* de lui accorder un recours contre l'accusé pour les frais dont elle est responsable envers le trésor. Elle *permet* seulement de lui allouer ces frais comme un supplément d'indemnité (2).

**427.** *b*) « L'échec de l'action publique est motivé par *l'amnistie*, la *prescription*, la *chose jugée* ». — On fera la même distinction : l'accusé renvoyé de la poursuite ne peut être condamné aux frais envers le trésor ; mais il doit l'être envers la partie civile, si elle obtient des dommages-intérêts. — La jurisprudence admet bien en principe la première de ces deux propositions ; mais s'il s'agit de la prescription, elle distingue suivant que le fait a conservé sa qualification primitive, ou a

---

(1) Observons que, par une raison de procédure, cette condamnation n'est possible que devant la Cour d'assises (art. 366).

(2) *Sic :* Cass. 1er déc. 1855 (Dal. 56, 1, 177) ; C. d'assises de la Seine, affaire *Clovis Hugues*, *Gaz. Trib.* 10 janv. 1885. La question n'est donc pratiquement intéressante que lorsque la Cour d'assises alloue à titre de dommages-intérêts une somme inférieure aux dépens.

changé de nature aux débats. Dans le premier cas, l'accusé n'est pas condamné aux frais, parce que le ministère public est en faute d'avoir introduit une poursuite qui devait nécessairement échouer. Dans le second, il y est condamné, parce qu'il doit s'imputer d'avoir commis un fait qui avait en apparence une gravité suffisante pour autoriser la poursuite au moment où elle a été intentée. « *Dedit locum inquirendi* » (1).

**428.** *c*) « L'action publique échoue parce que l'accusé a fait admettre une excuse absolutoire ». — On suivra encore la même règle : pas de condamnation aux frais, envers le trésor, de l'accusé absous ; mais condamnation nécessaire au profit de la partie civile qui obtient des dommages-intérêts. — Ici notre système est en désaccord complet avec la jurisprudence, parce que l'excuse laisse nécessairement subsister contre l'individu absous une faute qui, d'après la jurisprudence, justifie sa condamnation aux frais envers l'État (2). — Quant à sa condamnation aux frais envers la partie civile, la jurisprudence applique, dans ce cas et dans le précédent, la théorie que nous avons exposée sous le premier cas.

**429.** 2º *Question*. — « Qui doit supporter les frais des voies de recours ? » — Le Code d'instruction criminelle ne contient sur cette question générale que des solutions de détail : art. 176 et 211, pour l'appel des jugements du tribunal de simple police et du tribunal correctionnel ; — art. 187 pour l'opposition aux jugements et arrêts rendus par défaut par le tribunal correctionnel et la chambre des appels correctionnels (arg. art. 208) ; — art. 478 pour l'arrêt d'absolution ou la sentence d'acquittement rendus au profit d'un contumax qui a purgé sa contumace ; — art. 436 pour le pourvoi en cassation.

Deux de ces textes, ceux relatifs au défaut et à la contumace, font nettement l'application de la théorie de la faute. « Les frais de l'expédition, de la signification du jugement par défaut et de l'opposition *pourront* être laissés à la charge du prévenu » (art. 187). « Le contumax, qui après s'être représenté obtiendrait son renvoi de l'accusation, *sera toujours* condamné aux frais de sa contumace » (art. 478). Les mesures

---

(1) V. BLANCHE, I, 341.

(2) Certains auteurs qui ont voulu suivre la jurisprudence, mais avec quelques restrictions, disent : « L'individu absous est déclaré *moralement* coupable, cela suffit pour le rendre responsable des frais que le procès pénal a occasionnés » (*Sic : Garraud*, 616 *in fine*). — Nous répondrons qu'un fait *qui n'est que moralement coupable* est *légalement permis*, le Droit civil lui-même, et *a fortiori* le Droit criminel, ne le sanctionnent point. De plus, la loi du 14 juil. 1865, qui a réformé les art. 113 et s. C. i. c., dégage le cautionnement versé par l'inculpé pour obtenir sa liberté provisoire « en cas d'acquittement, *d'absolution* ou de renvoi des poursuites » (art. 123 *nouveau*). Or le cautionnement garantit le paiement des *frais* (art. 114). Comprendrait-on qu'il fût dégagé, au cas d'absolution, si l'accusé *absous* pouvait être condamné aux *frais* ?

de publicité, qui ont précédé l'arrêt que le contumax fait rétracter, expliquent la différence de rédaction des deux textes. Au fond, la disposition part du même principe, savoir que les frais de la voie de recours nécessitée par une non-comparution imputable à l'individu poursuivi, doivent être laissés à sa charge.

Faut-il résoudre avec le même principe toutes les questions de frais dans les voies de recours ? — L'affirmative ne ferait pas doute si la théorie de la faute était la base de la condamnation aux dépens. On déciderait en conséquence : 1° que le ministère public qui, sur son appel, n'obtient pas une aggravation de peine, est en faute, et par suite que les frais de cet appel ne doivent pas être mis à la charge du prévenu ; — 2° que le prévenu qui fait réduire en appel la peine ou la contrainte par corps doit être déchargé des frais de son appel, parce qu'il a eu raison d'appeler.

— Mais la théorie de la faute conduirait logiquement à condamner aux dépens le ministère public qui échoue dans son appel. Or c'est un principe, dont on verra plus bas le développement à propos des frais de défense, que le ministère public ne peut jamais être condamné aux dépens. Ce principe fait obstacle ici au fonctionnement régulier du système que nous avons combattu et achève sa réfutation. On est forcément obligé de se rattacher au *caractère accessoire* de la condamnation aux dépens et de décider, conformément à notre principe, que les frais d'appel restent toujours à la charge du prévenu qui n'obtient pas son relaxe, sans qu'on ait à rechercher de qui émane l'appel, ni si la condamnation prononcée en première instance a été adoucie ou aggravée. Du moment que cette condamnation est maintenue, même pour une faible partie, elle entraîne nécessairement la condamnation accessoire aux dépens (1).

**430.** 3e *Question.* — « Quand l'accusé renvoyé de l'accusation est condamné à des dommages-intérêts envers la partie civile, celle-ci doit-elle être condamnée aux dépens envers l'État ? ». — Non, selon nous, parce que la partie civile n'encourt pas de condamnation principale. C'est l'opinion généralement enseignée en doctrine, parce que la partie civile *triomphe* au point de vue de ses intérêts civils ; s'il y a échec, c'est uniquement pour l'action publique, c'est-à-dire pour le ministère public (arg. art. 368). La jurisprudence, au contraire, considère que la partie civile *succombe* et la condamne aux frais envers l'État, sauf à lui accor-

---

(1) Ces solutions ont été d'abord admises par la jurisprudence. Cass. 21 mai 1813 (B. 111), 22 août 1828 (B. 244), 15 oct. 1830 (B. 233) ; mais elle y a depuis apporté un tempérament : lorsque le jugement est *confirmé* sur l'appel relevé par le ministère public, le prévenu *qui n'a pas appelé* ne peut être condamné aux frais résultant de cette voie de recours. Cass. ch. r. 22 nov. 1828 (B. 310). C'est une décision de faveur. La jurisprudence de la chambre criminelle fondée par l'arrêt du 21 mai 1813 et maintenue par trois arrêts postérieurs : Cass. 31 déc. 1813 (B. 266), 4 sept. 1824 (B. 111), 24 sept. 1824 (B. 119) était plus juridique.

der, à titre de dommages-intérêts, un recours pour ces frais contre l'individu acquitté (1). Elle fait valoir que *l'action civile* proprement dite échoue, car l'acquittement effaçant le caractère pénal du fait, la condamnation à des dommages-intérêts qui intervient, ne porte pas sur l'action civile (art. 1er, C. i. c.), mais sur l'action née du délit civil (art. 1382, C. civ.) que la partie lésée est autorisée exceptionnellement à faire juger par la Cour d'assises (art. 366, C. i. c.). — Cette raison n'est que spécieuse : la procédure suivie devant la Cour d'assises est commune à toutes les actions privées que la partie lésée est autorisée à porter devant cette haute juridiction ; et, comme dans notre Droit moderne les actions sont innommées, le demandeur *triomphe* toutes les fois qu'il obtient l'objet de sa demande, quelle que soit d'ailleurs la cause pour laquelle elle est accueillie (2).

**431.** 4° *Question.* — « Lorsque plusieurs délits ou plusieurs inculpés ont été compris dans la même poursuite, et qu'il n'y a condamnation que sur un délit ou contre un prévenu, le condamné doit-il supporter tous les frais de la poursuite, ou seulement ceux qui ont été nécessaires pour établir sa culpabilité dans le délit retenu » ? — La difficulté doit se résoudre par une distinction entre les faits absolument distincts et indépendants les uns des autres, et les faits indivisibles ou connexes. Tous les actes de participation à la même infraction forment un tout indivisible; les frais, faits pour établir la culpabilité de chaque participant, sont par conséquent utiles aux autres, car ils démontrent la part de responsabilité pénale et civile qui incombe à chacun d'eux. Il est juste dès lors que le condamné les supporte tous. On dit en ce sens que l'indivisibilité des actes de participation entraîne l'indivisibilité des frais de la preuve. — Si les faits poursuivis constituent des délits distincts, mais *connexes*, il faut décider de même par identité de raison (3). Ce n'est que lorsque les faits non retenus constitueront des délits distincts, sans rapport de connexité avec l'infraction qui a motivé la condamnation, que le condamné devra être affranchi des frais relatifs à leur preuve.

**432. Frais de défense.** — La défense de l'individu poursuivi, soit pendant l'instruction préparatoire, soit pendant le procès devant la juridiction de jugement, présente des particularités qui la distinguent de la défense dans les procès purement civils, et qui exigent des règles spé-

---

(1) *Sic* : Cass. 1er déc. 1855. (Dal. 56, 1, 177), Cass. 5 déc. 1861, 13 fév. 1862, C. d'assises de la Seine. Aff. Clovis Hugues, *Gaz. Trib.* 10 janvier 1885, etc.

(2) Les auteurs qui donnent pour principe à la condamnation aux dépens la théorie de la faute adoptent notre solution en disant que la partie civile « n'a pas saisi la Cour d'assises ; qu'elle s'est bornée à associer une action bien fondée à une poursuite faite à tort par le ministère public ». *Sic* : GARRAUD, 617.

(3) Cass. 15 et 18 janv. 1875 (D. 75, 1, 284 ; 77, 1, 239) ; 4 août 1881 (D. 82, 1, 238).

ciales. L'inculpé est un défendeur forcé : il ne peut échapper à l'action publique par un acquiescement; il ne peut non plus éviter les frais souvent considérables que le ministère public et les juridictions croient utile de faire pour établir les conditions de l'infraction et le degré de sa culpabilité. De plus, sous peine d'entraver les poursuites, il était nécessaire d'affranchir, en principe, le ministère public des condamnations que, d'après le Droit commun, le défendeur acquitté peut obtenir contre le demandeur. Une bonne législation devrait pourvoir à la défense des individus poursuivis, mettre à la charge du trésor les frais nécessités par cette défense quand l'action publique échoue, accorder même une indemnité au prévenu relaxé, toutes les fois du moins qu'on ne peut lui imputer à faute le fait qui a motivé sa poursuite. Le Code d'instruction criminelle n'a pas rempli ce programme. Il a été complété sur certains points par d'autres lois.

La défense d'office n'est organisée, *pour tous les individus poursuivis*, qu'en matière criminelle et pour les délits qui peuvent entraîner la relégation (art. 294, C. I. c. ; art. 11, L. 27 mai 1885). Mais cette défense d'office se borne à la désignation d'un avocat, qui devra plaider pour l'accusé ou le prévenu sans avoir reçu provision pour ses honoraires. La citation et la taxe des témoins à décharge, les frais de recherche et de production des pièces que l'inculpé croit nécessaires à sa défense, doivent en principe être avancés par lui, à moins que la juridiction saisie de la cause n'ordonne la citation des témoins et l'apport des pièces qu'il indique. Les *indigents* sont mieux traités : ils ont droit à un défenseur d'office devant les tribunaux correctionnels « lorsqu'ils sont poursuivis à la requête du ministère public ou détenus préventivement ». Ce défenseur d'office et gratuit leur est désigné par les présidents des tribunaux correctionnels. Ces magistrats, ainsi que les présidents des Cours d'assises, « *pourront* » aussi, « même avant le jour fixé pour l'audience, ordonner l'assignation des témoins qui leur seront indiqués par l'accusé ou le prévenu indigent, dans le cas où la déclaration de ces témoins serait jugée utile pour la découverte de la vérité. — Pourront également être ordonnées d'office toutes productions et vérifications de pièces. — Les mesures ainsi prescrites seront exécutées à la requête du ministère public » (art. 29, 30, L. 22 janv. 1851). — Dans ces cas, les frais de défense ayant été avancés par le trésor se confondent avec les frais de poursuite. Mais, si l'individu poursuivi a été obligé de les avancer, ils restent toujours à sa charge quand le ministère public est seul en cause. On ne prononce pas en effet de condamnation aux frais contre le ministère public. Son action est présumée désintéressée. Ce n'est pas à dire que, si un officier du ministère public avait exercé des poursuites, *sachant qu'elles ne devaient pas aboutir*, l'individu injustement poursuivi ne pourrait lui demander des dommages-intérêts ; mais il ne pourrait obtenir cette indemnité par le jugement ou l'arrêt qui le renvoie de la poursuite ; il doit recourir à la procédure de *prise à partie* (art. 505-506, C. proc. civ.). S'il y a partie civile en cause, on revient à l'application des principes généraux. Les frais que l'accusé ou le prévenu avance pour sa défense sont compris dans la condamnation aux dépens prononcée contre la partie qui succombe. Le renvoi de la poursuite donne en outre le droit à l'individu injustement poursuivi de former contre la partie civile une demande en dommages-intérêts, sur laquelle statue la juridiction de répression qui vient de prononcer l'acquittement ou le relaxe (art. 366, 191, 159, C. i. c.). Cette indemnité est fixée à forfait à 150 francs, quand la partie civile échoue dans son pourvoi en cassation (art. 436, *ibid*).

**433. Comment sont encourus les dépens?** — Les dépens ne sont pas encourus de plein droit ; les Cours et tribunaux doivent condamner expressément telle ou telle partie à les supporter, et donner ainsi à la partie qui a gagné le procès le droit de recouvrer ses dépens personnels contre la partie qui a succombé. L'omission de la condamnation aux dépens aurait pour résultat de laisser définitivement à la charge de chaque partie les frais dont elle a fait l'avance. Ce résultat étant celui auquel on doit aboutir quand le ministère public est seul en cause et que l'action publique échoue, il est inutile dans ce cas de statuer sur les dépens.

Malgré les termes formels de l'art. 436 du Code d'instruction criminelle, la Cour de cassation s'est longtemps abstenue, en rejetant certains pourvois, de condamner le demandeur aux frais. En fait, les frais étaient toujours recouvrés contre la partie qui succombait. Depuis peu elle est revenue sur cette pratique (1)

## CHAPITRE III

### EXÉCUTION DES CONDAMNATIONS PÉNALES ET CIVILES PRONONCÉES PAR LES TRIBUNAUX RÉPRESSIFS.

**434.** Les règles générales, que nous allons exposer ici, sont pour la plupart des règles de compétence et de procédure qui sembleraient peut-être mieux à leur place dans la deuxième partie de cet ouvrage consacrée au Droit pénal sanctionnateur ; mais il nous a paru plus profitable

(1) Cass. 7 mai 1880 (*Sir*. 81, 1, 45) ; 14 mars 1885 (*Gaz. Trib*. 25 mars).

d'en traiter immédiatement après avoir exposé l'organisation détaillée de chaque peine, car elles la supposent très présente à la mémoire. Il rentre d'ailleurs parmi ces règles bon nombre de questions de fond, surtout dans les théories des voies et garanties de recouvrement, qui en font partie. Ces questions ont toujours trouvé place dans les Codes du droit déterminateur (v. art. 52-55, 467-469, C. p.; art. 2123, 2059-2070, 2204-2218, C. civ.). Nous examinerons successivement : 1° les règles générales de l'exécution des condamnations prononcées par les tribunaux répressifs; — 2° les voies et garanties de recouvrement des condamnations pécuniaires.

## SECTION I. — RÈGLES GÉNÉRALES.

**435. I. A quel moment l'exécution peut-elle être poursuivie?** — La solution de cette question n'intéresse que les condamnations à des peines corporelles ou pécuniaires; car les peines privatives de droits, auxquelles il faut assimiler l'interdiction de séjour, s'exécutent de plein droit, par une diminution de capacité qui atteint le condamné au moment où la condamnation devient irrévocable. Il y aura néanmoins quelques mesures à prendre pour assurer l'effet pratique de ces incapacités; nous les indiquerons ci-dessous en exposant les devoirs du ministère public quant à l'exécution des condamnations pénales. Nous avons dit précédemment quel était le point de départ de chacune de ces peines. A cette occasion nous avons dégagé un principe général, auquel il est rarement fait exception, savoir : qu'une condamnation pénale ne peut être exécutée avant d'être devenue irrévocable. Ce principe est formulé par les art. 173, 203 et 373 du Code d'instruction criminelle.

**436.** *a) Point de départ des peines privatives de la liberté.* — Si le condamné contre lequel doit être exécutée une peine privative de la liberté est *en état de détention préventive*, la question de savoir à quel moment l'exécution peut être poursuivie se confond avec celle du point de départ de la peine. Cette hypothèse étant très ordinaire en matière criminelle, l'art. 23 du Code pénal porte : « La durée des peines temporaires comptera du jour où la condamnation sera devenue irrévocable ». Mais si l'on suppose que le condamné à une peine criminelle temporaire est *en liberté* au moment où l'arrêt de condamnation devient irrévocable, par exemple parce qu'il se sera évadé depuis le prononcé de l'arrêt, la durée de sa peine comptera seulement du jour de son écrou (art. 608, 609, C. i. c.). — La règle est la même pour la peine d'emprisonnement, lorsque le condamné est en liberté; ce qui est fréquent en matière correctionnelle.

**437.** En cette matière, quel sera le point de départ de l'emprisonnement si le condamné est détenu préventivement au moment où la condamnation devient irrévocable ? Sous le Code pénal de 1810 il ne commençait qu'à ce moment (arg. art. 23, C. p.). Mais, lors de la revision de 1832, on a tempéré la rigueur de cette solution au profit du condamné qui a accepté tacitement sa condamnation en n'exerçant point de voie de recours, ou qui, ayant exercé une voie de recours, a réussi à faire réduire sa peine. Dans les deux cas, une partie de la détention préventive se trouve imputée sur l'emprisonnement. Tel est le sens général du nouvel art. 24 : « Néanmoins, à l'égard des condamnations à l'emprisonnement prononcées contre les individus en état de détention préalable, la durée de la peine, *si le condamné ne s'est pas pourvu,* comptera du jour du jugement ou de l'arrêt, nonobstant l'appel ou le pourvoi du ministère public, et quel que soit le résultat de cet appel ou de ce pourvoi. — Il en sera de même *dans les cas où la peine aura été réduite sur l'appel ou le pourvoi du condamné* » (1). La raison d'être de cette différence, entre l'emprisonnement et les peines criminelles temporaires, est la brièveté de la peine correctionnelle et l'analogie de son régime avec celui de la détention préventive. Pour bien faire saisir la portée de l'art. 24, distinguons trois hypothèses (2) :

1° *Il n'y a eu* NI *appel* NI *pourvoi du condamné.* — Ces voies de recours exercées par le ministère public, alors même qu'elles auraient pour résultat une aggravation de peine, ne retardent point l'exécution de l'emprisonnement. Elle est censée commencer à compter du jugement du tribunal correctionnel (art. 24, § 1).

2° *Il y a eu appel* ou *pourvoi du condamné* (3). — Si le résultat de l'exercice de la voie de recours est une diminution de peine, c'est à la date de la première décision que commencera l'emprisonnement. Dans le cas contraire, on revient au principe général que l'exécution de la peine commence seulement le jour où la condamnation est devenue irrévocable.

---

(1) Les codes belge et allemand ont appliqué à toutes les peines privatives de la liberté notre article 24, mais avec cette différence que, dans le premier de ces codes, l'imputation de toute la détention préventive sur la durée de la peine est *obligatoire* (art. 30), tandis qu'elle est simplement *facultative*, dans le second. C'est aussi entre ces deux systèmes que se partagent, avec quelques différences de détail, les autres législations européennes.

(2) V. A. CABAT, *Du calcul de la durée des peines à l'usage des Parquets* (Paris 1878).

(3) En supposant qu'un prévenu en état de détention préventive ait été condamné par défaut (*défaut faute de conclure*), et que sur *son opposition* il obtienne une réduction de peine, faut-il étendre à l'opposition ce que la loi dit de l'appel et du pourvoi ? — Non, car la disposition de l'article 24 est exceptionnelle ; *Sic* : CABAT, 17 (mais par une autre raison).

3° *Il y a eu successivement appel et pourvoi du condamné*. — Si l'appel *réussit* et que le pourvoi *échoue*, l'emprisonnement aura été exécuté depuis le jugement jusqu'à l'arrêt de la Cour d'appel, puis suspendu jusqu'au rejet du pourvoi. — Si à l'inverse l'appel ayant échoué, le pourvoi réussit, il faut s'attacher au résultat définitif et faire commencer l'emprisonnement à compter du jugement correctionnel (art. 24, § 2). Certains auteurs pensent au contraire, dans cette dernière hypothèse, que l'emprisonnement commence seulement du jour de l'arrêt de la Cour d'appel. Nous ne pouvons pas accepter cette solution aussi contraire au texte qu'à l'esprit de la loi.

**438.** Quel serait le point de départ de la peine si le condamné, qui a interjeté appel ou formé un pourvoi en cassation, se désistait de sa voie de recours ? — D'après la jurisprudence, le donné acte du désistement rétroagit et efface le *pourvoi*. La situation sera donc la même que si le condamné ne s'était pas pourvu. Il ne rétroagit pas au contraire s'il s'agit de *l'appel*. L'emprisonnement ne commencera donc qu'à la date de l'arrêt qui a donné acte (1). Cette distinction repose sur une considération d'équité : le délai d'appel étant beaucoup plus long que le délai du pourvoi, on a voulu permettre à celui qui s'est imprudemment pourvu de revenir sur sa décision. Juridiquement la solution devrait être la même dans les deux cas, et c'est celle que la jurisprudence adopte pour l'appel, qui est la bonne. Le condamné en effet qui exerce une voie de recours se maintient en état de détention préventive, et il ne peut imputer la durée de cette détention sur son emprisonnement qu'à la condition de réussir dans l'exercice de sa voie de recours ; or certes son désistement n'est pas un succès. Ce n'est donc qu'à partir de la décision qui constate ce désistement que devra commencer l'exécution de la peine.

**439.** Examinons de plus près l'hypothèse où le condamné est en liberté quand sa condamnation devient irrévocable. L'exécution de la peine commencera, avons-nous dit, à la date de son écrou ; mais n'y a-t-il pas à tenir compte du *lieu*, c'est-à-dire de l'établissement pénitencier où il aura été écroué ? — Non, pour les peines criminelles, car l'art. 23 place toujours leur point de départ dans leur irrévocabilité ; or, au moment où la peine devient irrévocable, le condamné, s'il est en état de détention préventive, se trouve toujours dans un établissement qui n'est pas affecté à l'exécution de sa peine. S'il est en liberté, on doit admettre par analogie que la durée de sa peine court du jour de son arrestation. La longueur des peines criminelles explique que la loi n'ait pas tenu compte du temps employé au transfèrement du condamné. Mais s'il s'agit de l'emprisonnement les mêmes raisons n'existent pas, et, en

(1) P. l'appel, v. Cass. 22 nov. 1855 ; — p. le pourvoi, cass. 26 mai 1853 ; Circ. min. intér. 6 juil. 1868 (D. 69, 3, 22).

l'absence de textes, il faut adopter une solution conforme aux principes. Or, l'art. 40, C. p. porte que le condamné à l'emprisonnement « sera renfermé dans *une* maison de correction ». Sans doute, il est d'usage de faire subir l'emprisonnement dans la maison de correction la plus rapprochée du lieu où a été prononcée la condamnation, parce qu'il appartient au procureur de la République de cet arrondissement d'en poursuivre l'exécution (art. 197 C. i. c.); mais ce n'est là qu'un usage qui ne détruit pas l'argument tiré de l'art. 40. Il faudra donc distinguer si, après son arrestation, le condamné a été écroué dans un lieu de dépôt, ou dans une maison de correction : le temps passé dans le premier genre de prisons ne comptera point ; le temps passé dans les secondes comptera au contraire pour l'exécution de la peine. ✗ Certains auteurs, s'inspirant du motif qui sert à expliquer la disposition de l'art. 24, distinguent suivant que l'éloignement du condamné du lieu où il doit subir sa peine peut, ou non, lui être imputé à faute. Mais cette distinction est peu juridique, car on ne doit point raisonner par analogie d'un texte exceptionnel. L'art. 24 prouverait au surplus que la question de régime est indifférente ; tout revient par conséquent à la question de local (1).

**440.** *b) Particularités relatives aux condamnations par contumace et à certaines condamnations correctionnelles par défaut.* — Les condamnations par contumace doivent être considérées, selon nous, comme affectées d'une condition résolutoire. L'événement *in conditione* est l'arrestation du contumax avant l'expiration du délai de la prescription de la peine, c'est-à-dire pendant les vingt années qui suivent la condamnation. Si l'on accepte cette idée (2), la révocabilité de la condamnation par contumace n'empêche pas le recouvrement des peines pécuniaires, des réparations civiles et des frais sur le patrimoine du condamné. Nous avons vu précédemment que les peines privatives de droits atteignaient aussi le contumax, savoir : la dégradation civique à compter de l'exécution par effigie, et la double incapacité de disposer et de recevoir à titre gratuit, cinq ans après cette exécution. Seules, les peines corporelles ne sont point susceptibles d'exécution, parce qu'elles supposent la présence du condamné sous la main de la justice, c'est-à-dire l'événement qui résout la condamnation.

L'opposition aux jugements par défaut, prononcés par les tribunaux

---

(1) *Sic* : Blanche, I, 175. Cass. 23 fév. 1833 (B. 74) ; 17 déc. 1850 (Dal. 50, 1, 343). Ce dernier arrêt est surtout remarquable : le condamné avait 15 jours d'emprisonnement à subir ; or il passa 15 jours au dépôt de la préfecture de police. Il fut décidé que la peine n'avait pas été subie. — *Contrà* : Lainé, 379 ; Garraud, *op. cit.* II, p. 45. Un des motifs de l'arrêt de 1850 paraît favoriser leur doctrine, mais il ne constitue pas la raison décisive.

(2) *Sic* : Garraud, *Questions pratiques sur la contumace*, Rev. crit., 1878, p. 379 et s. ; C. Dijon, 5 mai 1871 (*Dal.* 73, 1, 17).

correctionnels contre un prévenu *qui n'a pas reçu signification de la citation à personne*, est recevable « jusqu'à l'expiration des délais de la prescription de la peine..... s'il ne résulte pas d'actes d'exécution du jugement que le prévenu en a eu connaissance » (art. 187, C. i. c.). La situation de ces condamnés est analogue à celle du contumax : le jugement qui les frappe est susceptible d'exécution, quoiqu'il puisse être résolu par une opposition formée après l'expiration du délai ordinaire des voies de recours, dans les conditions prescrites par la loi.

**441. II. Par qui et comment l'exécution est-elle poursuivie.** — L'exécution des peines exige à la fois le concours du ministère public près le tribunal qui a prononcé la condamnation, et celui des agents de l'administration (art. 165, 177, 376, C. i. c.). Il appartient au ministère public de porter la condamnation à la connaissance de ces agents et de mettre, s'il y a lieu, le condamné à leur disposition. Il se fait délivrer à cet effet un extrait du jugement ou de l'arrêt de condamnation et le remet avec ses réquisitions aux gendarmes, au gardien-chef de la maison d'arrêt ou de justice, à l'exécuteur des arrêts criminels, aux employés de l'administration des finances, suivant les cas. — Il lui appartient également de veiller à ce que les incapacités qui ont atteint un condamné produisent leur effet pratique. Il adressera en conséquence l'extrait du jugement ou de l'arrêt de condamnation à l'autorité administrative pour faire rayer le condamné des listes électorales, ou des cadres de la légion d'honneur, pour faire fermer son école, pour l'empêcher d'obtenir un permis de chasse ou lui faire retirer celui dont il est porteur, etc.

La partie civile de son côté poursuit l'exécution des condamnations prononcées à son profit. C'est à ce titre que les régies des administrations fiscales poursuivent le recouvrement des amendes prononcées en ces matières spéciales, et dont elles sont comptables envers le trésor public (art. 158, D. 18 juin 1811).

**442.** L'exécution a lieu *réellement* ou *par effigie*. Le premier mode consiste à soumettre effectivement le condamné à la peine prononcée contre lui. Le second résulte de la publicité officiellement donnée à la condamnation par l'insertion d'un extrait de l'arrêt dans un journal du département du dernier domicile du condamné, et par trois affiches apposées : 1° à la porte de son dernier domicile ; 2° à celle de la maison commune du chef-lieu d'arrondissement où le crime a été commis ; 3° à celle du prétoire de la Cour d'assises (art. 472, C. i. c.). Ce mode d'exécution est employé pour les condamnations par contumace portant peine criminelle. Son nom lui vient de l'usage où l'on était, dans l'ancien Droit, d'exposer sur l'échafaud un tableau représentant le supplice du criminel condamné à mort par contumace. L'exécution par effigie des condamnations à d'autres peines consistait dans l'affichage par le bourreau d'un extrait du jugement de condamnation sur un poteau dressé au milieu d'une place publique. Ce second mode fut adopté par le Code d'instruction criminelle pour toutes les peines criminelles sans distinction. Il a été remplacé en 1850 par le mode actuel (L. 2 janv. 1850).

**443. III. Compétence pour les questions contentieuses soulevées par l'exécution des peines.** — Toute décision du ministère public ou de l'administration pénitentiaire, concernant l'exécution de la peine, soulève, si elle n'est pas acceptée par le condamné, un incident contentieux qui est de la compétence de l'autorité judiciaire. Mais à quel tribunal faudra-t-il s'adresser ? Par analogie de ce qui a lieu en matière civile (art. 472 et 554, C. proc. civ.), la jurisprudence décide qu'il faut porter le débat devant la juridiction qui a prononcé la condamnation, sauf, s'il y a urgence, à faire ordonner par le tribunal correctionnel du lieu de l'exécution des mesures provisoires (1). Certains auteurs ont proposé dans tous les cas le tribunal correctionnel (2) ; d'autres, le tribunal civil (3). On a soutenu enfin que pour les arrêts de Cour d'assises il fallait s'adresser, entre les sessions, à la Chambre d'accusation (4).

Il faut écarter cette dernière solution : on croit la justifier en disant que la Chambre d'accusation concentre tous les pouvoirs de la Cour d'appel en matière criminelle ; mais cela n'est exact qu'au point de vue de l'instruction (art. 9, C. i. c.). L'exécution des peines a d'ailleurs trop d'analogie avec l'application des peines, pour ne pas exiger, relativement aux questions contentieuses qu'elle soulève, les mêmes garanties d'un débat contradictoire, oral et public, qu'on accorde à celle-ci. Or ce débat n'existe pas devant la Chambre d'accusation. — Les auteurs, qui attribuent dans tous les cas compétence au tribunal correctionnel ou au tribunal civil du lieu de l'exécution, se décident par l'avantage qu'offre la proximité du tribunal. Ils objectent aussi que la Cour d'assises n'est pas permanente. Les partisans de la compétence du tribunal civil ajoutent que le tribunal correctionnel n'a pas la plénitude de juridiction. Ces deux objections sont peu sérieuses. La composition des tribunaux civils se modifie, et néanmoins les questions d'interprétation des jugements civils sont portées devant le tribunal qui les a rendus, bien que les juges ne soient plus les mêmes. Le tribunal correctionnel n'est qu'une section du tribunal civil, lorsqu'il n'est point constitué par le tribunal

---

(1) Cass. 28 fév. 1833 (Dalloz, *Rép.* v° *Peine*, 242) ; 27 juin 1845 (Dal. 45, 1, 288) ; 9 mars 1859 (*J. du Droit crim.* art. 6815) ; 9 juil. 1859 (B. 171) ; 9 janv. 1862 (B. 26).
(2) GARRAUD, *Précis*, 689.
(3) V. Réquisitoire de M. DUPIN (Dal. 50, 1, 343) ; TRÉBUTIEN, I, p. 279 ; VILLEY, p. 500 ; BERTAULD, p. 314.
(4) GARRAUD (*Précis*, 2ᵉ édit. p. 414, note) indique cette opinion en l'attribuant à la jurisprudence. Mais les arrêts qu'il cite n'ont pas trait à la question.

tout entier. Si l'on acceptait la compétence absolue du tribunal du lieu de l'exécution, il faudrait le préférer au tribunal civil, parce que c'est un tribunal de répression. Mais le premier système paraît être plus logique; c'est le seul d'ailleurs qui trouve un appui dans les textes.

**444.** Cependant il faut faire une réserve quant aux peines pécuniaires : leur transformation en dettes civiles, par l'effet de la condamnation, a pour conséquence de rendre les tribunaux civils compétents pour juger toutes les difficultés que soulève leur exécution. Ils sont *à fortiori* compétents pour tout ce qui concerne l'exécution des réparations civiles prononcées par les juridictions pénales.

### SECTION II. — VOIES ET GARANTIES DE RECOUVREMENT DES CONDAMNATIONS PÉCUNIAIRES.

**445.** La transformation des peines pécuniaires, par l'effet de la condamnation, en droits sur le patrimoine du condamné, a pour résultat de les assimiler en général, au point de vue du recouvrement, aux frais et aux réparations civiles. Il y a néanmoins des différences de détail, qui ressortiront de l'étude que nous allons faire. Ces voies et garanties de recouvrement sont : 1° la contrainte par corps, 2° la solidarité, 3° le privilège, 4° l'hypothèque.

### A. Contrainte par corps (1).

**446. I. Notions générales.** — L'incarcération du débiteur, pour le contraindre à payer sa dette, est une voie d'exécution que toutes les législations anciennes ont connue. Un moment supprimée par la législation intermédiaire (D. 17 mars 1791 ; D. 25 août 1792 ; D. 9 mars 1793), elle fut promptement rétablie, en matière pénale d'abord (D. 19 juil. 1791, tit. I, art. 26 et tit. II, art. 41); puis en matière civile et commerciale (L. 15 germin. an VI). Le Code civil (art. 2059-2070), et le Code pénal (art. 52, 53, 467, 469) la consacrèrent, et sa procédure fut organisée dans le Code de procédure au titre *de l'emprisonnement*. La législation de la contrainte par corps a été trois fois remaniée depuis cette époque par les lois du 15 avril 1832, du 13 décembre 1848 et du 22 juillet 1867. Cette dernière nous régit aujourd'hui. La contrainte par corps n'existe plus que pour les condamnations pécuniaires qui ont leur cause dans une infraction : amendes, réparations civiles et dépens. Son avantage sur les autres voies d'exécution, c'est d'être très prompte : elle force le débiteur à découvrir lui-même ses ressources et à faire usage de son crédit. On a

(1) BIBLIOGRAPHIE : DARBOIS, *T. de la contr. p. corps*, etc. (1880).

imprudemment nié son utilité en 1867. L'expérience l'a bientôt fait ressortir. L'art. 2 de la nouvelle loi avait rejeté la contrainte par corps pour les dépens dus à l'État. Il en résulta aussitôt une perte de 32 0/0 sur les frais recouvrables, et l'on fut obligé de la rétablir pour cet objet (L. 19 déc. 1871). Ce qu'on peut contester avec quelque raison, c'est sa légitimité. La liberté de l'homme n'est pas dans le commerce; il ne peut donc consentir à l'aliéner pour sanctionner plus efficacement ses obligations conventionnelles. Mais l'objection tombe lorsque le législateur attache cette sanction aux obligations nées d'un délit pénal. En cette matière la contrainte par corps est une rigueur nécessaire; car, sans elle, les insolvables jouiraient de l'impunité pour toutes les infractions punies simplement d'une amende. Elle se justifie par l'origine de la créance, quand elle est accordée pour les réparations civiles. On explique enfin qu'elle s'étende aux dépens, parce que les frais du procès ne sont que les conséquences de la mise en œuvre du droit; ils augmentent plutôt le chiffre de la créance à laquelle ils se rattachent qu'ils ne constituent une créance nouvelle.

447. Cette analyse nous conduit à reconnaître à la contrainte par corps un caractère mixte : c'est à la fois une épreuve de solvabilité et une peine. La loi fait elle-même la part des deux idées. Au premier aspect de la contrainte par corps se rattachent : 1° le droit accordé aux agents du trésor et à la partie civile de la requérir (art. 3, 4); 2° son extinction quand le débiteur trouve une caution (art. 11); 3° la persistance de la dette bien qu'elle soit subie; — au second aspect : 1° le droit de l'exercer contre les insolvables pour la moitié de sa durée (art. 10); 2° son application restreinte aux auteurs ou complices de l'infraction (art. 2, 4); 3° la défense de l'exercer plus d'une fois pour la même dette (art. 8, 12); 4° l'extension de la règle du *non-cumul*, du concours des délits à celui des contraintes (art. 365. C. i. c.; art. 12, L. 1867). — Il faut même dire, avec l'exposé des motifs de la loi nouvelle, que le caractère pénal est *prédominant*.

448. Conséquemment il faut décider : 1° que la contrainte par corps peut être exercée pour la moitié de sa durée contre un condamné dont l'insolvabilité est établie avant son incarcération (1); 2° que l'état de faillite ne suspend point son exercice (2); 3° que l'amnistie privé la par-

(1) *Sic* : Pratique constante des Parquets. Comp. la discussion qui eut lieu à ce sujet au Corps législatif (Séance du 29 mars), Dal. 67, 4, 86. — *Contrà* : CHAUVEAU et HÉLIE, I, 128 ; LAINÉ, 409.

(2) *Contrà* : C. Paris, 27 juin 1881. — Il ne faut pas confondre le droit qu'a le tribunal de commerce d'ordonner, en déclarant la faillite, le dépôt du failli à la maison d'arrêt pour dettes ou sa garde par un officier de police, un huissier ou un gendarme (art. 455, C. co.) avec la contrainte par corps que la partie civile ou le trésor peuvent avoir à exercer contre le failli. Il ne s'agit ici que de cette dernière.

tie civile de cette voie de recouvrement (1). — On a voulu éviter ces solutions en disant que la contrainte par corps avait exclusivement le caractère d'épreuve de solvabilité, quand elle était requise par la partie lésée. C'est oublier qu'elle a été abolie en matière civile, et que son extension aux réparations civiles a lieu moins en vue de l'intérêt privé, que pour compléter le châtiment (2).

**449.** Certaines législations étrangères ont un emprisonnement subsidiaire destiné à remplacer l'amende lorsqu'elle n'est pas payée dans le délai légal (3). La contrainte par corps n'a plus alors que le caractère d'épreuve de solvabilité. Cet emprisonnement subsidiaire existe dans nos Codes de justice militaire (art. 195, A. T. ; art. 251, A. M.).

**450. II. Créances recouvrables et condamnés contraignables par corps.** — La contrainte par corps s'applique au recouvrement des condamnations à une somme d'argent, ayant pour cause l'infraction, contre l'auteur ou le complice de cette infraction et après déclaration préalable de sa culpabilité par un tribunal de répression. — Reprenons chacun des termes de cette formule pour les commenter et expliquer en même temps les expressions parfois équivoques de la loi.

**451.** a) Il faut d'abord *une condamnation à une somme d'argent*. Les amendes, les dommages-intérêts et les frais dus, soit à l'État, soit à la partie civile, rentrent dans cette formule (art. 3, 4, 5, L. 1867 ; L. 19 déc. 1871) ; mais les textes (art. 52, C. p. ; art. 3, L. 1867) citent encore, comme recouvrables au moyen de la contrainte par corps les *restitutions*, qui ne le sont pas toujours, et omettent les *confiscations*, qui le sont quelquefois. Établissons le principe : la contrainte par corps suppose que l'objet de la dette est une somme d'argent. Sa durée, en effet, est calculée sur l'importance de la somme à recouvrer (art. 9). Elle est réduite de moitié sur la preuve de l'insolvabilité du contraignable (art. 10). Ces textes excluent la possibilité d'appliquer la contrainte par corps à l'obligation de payer une chose autre que de l'argent. Ce ne sera donc qu'à la condition que les restitutions et les confiscations porteront sur une somme d'argent, que la contrainte par corps leur sera applicable.

(1) Sic : C. Alger, 27 fév. 1882 (Sir. 83, 2, 17) ; DUTRUC, Com. de la loi s. la Presse, 460 ; LAIR, Rev. crit., 1883, p. 417. — Contrà : C. Paris, 30 mars 1882 (Sir. 82, 2, 158). — On suppose bien entendu que la partie lésée a obtenu ses dommages-intérêts par un jugement passé en force de chose jugée avant la loi d'amnistie, sinon la question ne ferait pas doute. Mais la préexistence de ce jugement fait naître la question de savoir, s'il faut respecter, ou non, le *droit acquis* à la contrainte par corps.

(2) Sic : Exposé des motifs, n° 24 (D. 67, 4, 81); GARRAUD, *Précis*, 2ᵉ édit. p. 853, note. — Contrà : DARBOIS, 59 ; GARRAUD, *Dr. pén. franç.*, II, p. 63.

(3) Sic : C. pén. belge, art. 40, 41 ; C. pén. allemand, art. 28, 29 ; C. pén. des Pays-Bas, art. 23, 34 ; C. inst. crim. autrichien, art. 7, 266.

**452.** Mais les tribunaux ne pourraient-ils pas tourner la difficulté en donnant une estimation aux objets confisqués ou à restituer ? Non, parce que l'art. 9 fixe la durée de la contrainte par corps d'après le taux des *condamnations*. Ce n'est donc qu'à la condition de *condamner* à payer l'estimation au lieu de la chose elle-même, que les tribunaux pourraient étendre la contrainte par corps aux restitutions et confiscations de choses. Or cette condamnation n'est pas toujours possible : elle suppose, pour les restitutions, la présence au procès et les conclusions conformes de la partie lésée, car elle transforme les restitutions en dommages-intérêts. Pour la confiscation, elle suppose un texte qui l'autorise expressément, car elle transforme la confiscation en amende ; or l'amende est une peine qui ne peut être prononcée sans texte (1).

**453.** Les lois de finances ont augmenté les amendes d'un quart par des décimes de guerre : l'individu condamné à 100 francs d'amende est tenu de payer 125 francs. Cette augmentation doit-elle être considérée comme un impôt, ou comme une partie de l'amende, susceptible par conséquent d'être recouvrée au moyen de la contrainte par corps ? — Ce second point de vue nous paraît exact. Sans doute, c'est dans un but fiscal qu'a été décrétée l'addition des décimes, mais le résultat de cette addition est une surélévation du taux de l'amende et non un changement dans sa nature ; la somme entière constitue l'amende. Décider le contraire serait prendre la raison qu'on prête à la loi pour la loi (2).

**454.** *b*) Toute condamnation à l'amende ou à des dommages-intérêts ne donne pas lieu à la contrainte par corps, il faut encore *que cette condamnation ait pour cause une infraction*. Cette voie de recouvrement n'existe en effet « qu'en matière criminelle, correctionnelle et de simple police » (art. 2). Les amendes d'enregistrement et de timbre, les amendes disciplinaires ou civiles, les dommages-intérêts prononcés pour un délit ou un quasi-délit civil, qui ne constitue pas en même temps une infraction à la loi pénale, n'en jouissent point.

**455.** *c*) La contrainte par corps peut être exercée seulement *contre les auteurs ou complices de l'infraction*. On ne saurait l'étendre aux autres débiteurs des condamnations prononcées contre le coupable, savoir : ses héritiers et les personnes civilement responsables. C'est là une conséquence du caractère pénal de la contrainte par corps et de son abolition en matière civile. Aussi ne faut-il pas entendre *in abstracto* les expressions « matière criminelle, correctionnelle ou de police ; — crime, délit ou contravention » employées par les art. 2, 3, 4, 5, mais *in concreto*, c'est-à-dire dans leur

---

(1) *Contrà :* Darbois, 136, 143. — Bien entendu, s'il s'agissait de la confiscation réparation civile, la règle serait la même que pour les restitutions.

(2) *Sic :* Cass., ch. réun., 16 janv. 1872. — *Contrà :* Naquet, *Rev. crit.*, 1872, p. 737 ; Garraud, *Dr. pén. franç.*, II, p. 68.

rapport avec l'individu condamné. Il y aura par exemple matière criminelle, si le condamné a été reconnu coupable d'un crime. A cette condition il sera contraignable. Mais si le crime a été reconnu à la charge d'un mineur, son père, bien que tenu des frais et des dommages-intérêts, ne sera point contraignable, parce que, à son égard, la matière est civile. Même raisonnement pour les *héritiers* et pour la *caution* dont nous parlerons bientôt.

**456.** On a soutenu le contraire relativement aux dépens dus à l'État : l'art. 174, D. 18 juin 1811, établit, dit-on, la contrainte par corps sans égard à la qualité du débiteur et uniquement à raison de l'objet de la dette. Or cet article, un instant abrogé par la loi de 1867 (art. 18), a été remis en vigueur par la loi du 19 décembre 1871. — Interpréter ainsi la loi de 1871, c'est la mettre en contradiction avec l'esprit général de la loi de 1867, c'est méconnaître le caractère pénal prédominant de la contrainte par corps. La loi de 1871 a rétabli la contrainte par corps pour les dépens dus à l'État, mais seulement contre l'agent du délit. Cette loi ayant été votée sans discussion, la pensée du législateur se trouve tout entière dans l'exposé des motifs et le rapport qui ont précédé le vote ; or ces deux documents ne parlent jamais que du *coupable*. Concluons que la loi de 1871 a étendu la contrainte par corps à un nouvel objet, mais n'a point modifié sa nature (1).

**457.** *d*) La contrainte par corps est encourue par l'individu *déclaré coupable d'une infraction*, mais il n'est pas nécessaire que cette déclaration de culpabilité ait été suivie d'une condamnation à une peine (arg. art. 5). Ainsi, l'accusé reconnu coupable de plusieurs crimes ou délits, encourt seulement la peine la plus forte, et dans l'usage on ne prononce que cette peine, tout en constatant la culpabilité de l'accusé pour les faits punis d'une peine inférieure. Cependant la contrainte par corps s'appliquera au recouvrement des réparations civiles ordonnées à raison de ces derniers faits. — Nous admettrons la même solution à l'égard de l'individu *absous* ou *relaxé*, quand l'absolution ou le relaxe sont fondés sur une cause qui laisse subsister l'infraction, telle que la chose jugée ou une excuse absolutoire (2). Mais si l'absolution ou le relaxe étaient motivés par l'absence d'un élément essentiel de l'infraction, le délit pénal disparaissant, il ne pourrait plus être question de contrainte par corps

(1) *Sic :* Cass. 25 mars 1881 (D. 81, 1, 391-392) ; Cass. 25 avril 1884 (D. 85, 1, 96). *Contrà :* DARBOIS.

(2) L'hypothèse de la chose jugée à laquelle nous faisons allusion, se produit quand la partie civile fait réformer, sur son appel, un jugement de relaxe dont le ministère public n'a pas appelé (art. 202, C. i. c.). Il y a dans ce cas reconnaissance de la culpabilité et condamnation à des réparations civiles, mais non peine prononcée. *Sic :* BLANCHE, I, 363 ; GARRAUD, *Dr. Pén. franç.* II, 42 ; — *Contrà :* DARBOIS, 100.

pour les condamnations pécuniaires prononcées à raison du délit civil qui peut rester. D'ailleurs, dans cette hypothèse, la sentence, considérée au point de vue pénal, est un acquittement au sens technique du mot ; or l'individu acquitté n'est point contraignable par corps.

**458.** *A fortiori* ne pourrait-on appliquer la contrainte par corps au recouvrement des condamnations pécuniaires prononcées contre la partie civile, soit au profit de l'accusé acquitté ou absous, soit au profit de l'État (art. 356, 366, 368, C. i. c.; 157, D. 18 juin 1811)? Ce n'est point en effet la juridiction qui rend la matière criminelle, correctionnelle ou de simple police ; c'est le fait à juger et la culpabilité du condamné par rapport à ce fait : or la partie civile n'est reconnue coupable que d'un délit civil (1).

**459.** *e)* La déclaration de culpabilité doit enfin *émaner d'un tribunal de répression*, et *précéder* les condamnations pécuniaires prononcées contre l'agent du délit (art. 5). Cette condition, un peu arbitraire, donne à la contrainte par corps un caractère pénal prédominant, même lorsqu'elle est exercée pour les réparations civiles. Supposons en effet que ces réparations aient été obtenues devant les tribunaux civils avant toute poursuite criminelle ; la condamnation de l'agent du délit par les tribunaux de répression, intervenant après coup, ne les rendra point recouvrables au moyen de la contrainte par corps. Si au contraire l'action civile a été jointe à l'action publique ou portée, après l'exercice de celle-ci, devant les tribunaux civils, les condamnations pécuniaires, qui interviendront sur cette action, jouiront de cette voie de recouvrement. Les réparations civiles deviennent dans cette seconde hypothèse une suite du châtiment (2). — En écrivant l'art. 5, le législateur voulait terminer une controverse ; mais il l'a mal comprise et il a dépassé le but. On discutait autrefois la question de savoir si les tribunaux civils pouvaient *prononcer la contrainte par corps* avant une déclaration préalable de la culpabilité par les tribunaux de répression. La négative triomphait en jurisprudence (3), et le législateur de 1867 voulait la consacrer. Mais pour cela il suffisait de dire que la contrainte par corps sanctionnerait les réparations civiles « à la condition que l'infraction et la culpabilité auraient été reconnues par la juridiction de répression ». Il n'était pas nécessaire d'exiger que la créance de dommages-intérêts *fût liquidée après cette constatation*. Autre chose est la créance, autre chose le titre qui donne droit à la contrainte par corps. Le jugement du tribunal civil constate

---

(1) *Sic* : Cass. 8 nov. 1878 (Dal. 79, 1, 387); 25 av. 1885 (*Sir.* 85, 1, 137); 25 janv. 1885 (D. 85, 1, 130).

(2) V. *Exposé des motifs*, n° 24.

(3) V. Cass. 18 nov. 1834 et DALLOZ, *Rép.* v° *Cont. p. c.*, 641 ; *Exposé des motifs*, n° 27.

la créance et en fixe le montant; celui du tribunal de répression donne le titre. Rationnellement il est indifférent que celui-ci ait précédé celui-là, car il faut les réunir tous les deux pour avoir droit à la contrainte par corps. Quoi qu'il en soit, le texte de l'art. 5 et l'exposé des motifs ne laissent pas de doute sur la nécessité de la double condition que nous venons d'examiner.

**460. III. Comment est encourue la contrainte par corps. — Sa durée.** — La contrainte par corps est encourue de plein droit pour un minimum légal, mais le juge peut élever sa durée jusqu'à un maximum déterminé par la loi. Elle joue le rôle d'une peine à la fois *accessoire et complémentaire*. La mission du juge n'est pas de la prononcer, mais de modifier sa durée s'il n'accepte pas le taux qu'elle aurait de plein droit. Justifions ce double caractère et déduisons ses conséquences :

*a)* Le principe, que la contrainte par corps est encourue de plein droit sans être prononcée, ressort des art. 52, 467, 469 du Code pénal qui en font l'accessoire légal des condamnations pécuniaires.

*b)* Du moment qu'elle était encourue de plein droit, elle devait l'être aussi pour une durée légale; mais on pouvait réserver aux tribunaux la faculté de modifier cette durée dans des limites fixées également par la loi. C'est ainsi qu'a procédé le législateur pour *l'interdiction de séjour* attachée aux peines criminelles temporaires (art. 46, §§ 2, 3 ; art. 47, § 1, C. p.) ; seulement il y a une différence dans l'application du procédé : tandis que l'interdiction de séjour se trouve légalement fixée au maximum et que le juge a sur elle un pouvoir d'atténuation ou de dispense, la contrainte par corps, au contraire, se trouve fixée de plein droit au minimum de sa durée légale, et le pouvoir du juge s'exerce en vue de son aggravation. Les art. 9 et 18, § 3 fixent en effet la durée de la contrainte d'après l'importance de la somme à recouvrer, et dans cette fixation ils indiquent d'abord le minimum pour lequel elle est encourue, puis le maximum auquel elle peut être portée. Si l'on combine ces textes avec le principe que la contrainte par corps est encourue de plein droit, il faut dire que si le juge n'use pas de la faculté d'élever la durée de la contrainte par corps, elle reste fixée au minimum. Le silence du jugement fait d'ailleurs supposer que le juge a approuvé la fixation de la durée au minimum (1).

**461.** Voici maintenant quelle est l'échelle progressive de la durée de la contrainte par corps. *En matière criminelle et correctionnelle*, elle est : « de *2 à 20 jours*, lorsque l'amende et les autres condamnations n'excèdent pas 50 francs ; — de *20 à 40 jours*, lorsqu'elles sont supérieures à 50 francs et qu'elles n'excèdent pas 100 francs ; — de *40 à 60*

(1) *Sic* : Pratique presque générale des Parquets ; *Inst. du minist. des finances*, 20 sep. 1875, art. 226 ; plusieurs arrêts de Cour d'appel ; DARBOIS, p. 75, note.

*jours*, lorsqu'elles sont supérieures à 100 francs et qu'elles n'excèdent pas 200 francs ; — de *2 mois à 4 mois*, lorsqu'elles sont supérieures à 200 francs et qu'elles n'excèdent pas 500 francs ; — de *4 mois à 8 mois*, lorsqu'elles sont supérieures à 500 francs et qu'elles n'excèdent pas 2000 francs ; — de *1 an à 2 ans*, lorsqu'elles s'élèvent à plus de 2000 francs, (art. 9, § 1). — *En matière de simple police*, de *2 jours* (1) *à 5 jours*, quelle que soit la somme (art. 9, § 1, 2ᵉ phrase et § 2, comb.). — *En matière forestière et de pêche fluviale*, de *8 jours à 6 mois*, quelle que soit aussi la somme (art. 18, § 3).

Le principe que la contrainte par corps est encourue de plein droit n'est pas contesté ; mais certains auteurs soutiennent que sa durée doit toujours être fixée par le juge, et par conséquent, s'il a omis cette fixation, qu'on devra revenir devant lui pour lui faire réparer cette omission. Il n'y a pas dans ce système de fixation de plein droit (2). — Si on leur objecte la chose jugée, ils répondent qu'elle n'existe pas sur la durée de la contrainte, puisque le juge a omis de statuer. — Cette réponse est un sophisme : la décision du juge sur ce point est implicite. Il pouvait élever la durée de la contrainte du minimum au maximum ; il ne l'a pas fait : c'est donc qu'il a accepté le minimum. — Le caractère pénal prédominant de la contrainte par corps recommande notre solution. Peut-on en effet ajouter une peine complémentaire facultative, une fois que la condamnation qui l'a omise est devenue irrévocable ? La négative est certaine. Eh bien ! l'élévation de la durée de la contrainte au-dessus du minimum légal est une peine de ce genre. L'oubli du juge doit profiter au condamné. Cet argument a dû frapper la Cour de cassation, car après avoir adopté, dans ses premiers arrêts, le système que nous critiquons, elle décide aujourd'hui qu'on devra, sans doute, revenir devant le juge pour lui faire compléter sa sentence, mais que le juge ne pourra pas prononcer plus que le *minimum* (3). Cette formalité nous paraît absolument inutile.

(1) On remarquera que le minimum de la contr. p. c. en matière de simple police est supérieur au minimum de l'emprisonnement dans la même matière. Cette anomalie a échappé au législateur ; mais on ne peut la corriger, car la loi est claire. *Sic* : Cass. 17 avril 1874.

(2) *Sic* : BLANCHE, I, 369 ; GARRAUD, *Dr. pén. franç.*, II, p. 69, etc. Le système abonde en inconvénients pratiques : dix ans, vingt ans après une condamnation, il faudra apprécier le taux de la contrainte par corps qu'il convenait d'appliquer. Mais les juges auront changé et il faudra examiner à nouveau l'affaire pour voir si le condamné était ou non digne d'intérêt. — De plus, ses partisans ne peuvent s'accorder ni sur l'*autorité* qui statuera, ni sur la *procédure* à suivre. On ne saurait surtout trop critiquer l'opinion de BLANCHE qui permet à la partie poursuivante de faire fixer la durée de la contrainte par corps sans débat contradictoire avec le condamné, sans même le prévenir de ce qu'elle trame contre lui.

(3) Cass. 31 mai 1872 ; 31 janv. 1873.

**462.** Pour déterminer la durée de la contrainte par corps, il faut additionner toutes les condamnations pécuniaires prononcées par le jugement, et appliquer à la somme totale le taux indiqué par les art. 9 et 18. On ne pourrait séparer soit les chefs de prévention, soit les diverses condamnations afférentes au même chef, pour dépasser le maximum de deux ans, de six mois ou de cinq jours, fixé par ces articles. — On ne pourrait pas non plus diviser entre les divers intéressés la contrainte prononcée à leur profit pour l'ensemble des condamnations. Le trésor et les personnes qui se sont portées parties civiles pour des délits distincts compris dans la même poursuite, peuvent invoquer, chacun pour le tout, la contrainte fixée par le jugement (1), mais aussi, une fois subie à la requête d'un des ayants droit, elle ne peut plus l'être à la requête des autres. C'est la situation des créanciers solidaires (art. 1197, C. civ.). Cela n'a point d'inconvénient à cause de la faculté accordée à tout créancier, porteur d'un titre autorisant l'exercice de la contrainte par corps, de *recommander* le contraignable déjà incarcéré sur la poursuite d'un autre créancier. Le détenu ne sera élargi qu'après avoir payé les deux dettes (V. *infrà*, n° 473).

**463.** Ce procédé de fixation exige que la liquidation des frais et des dommages-intérêts soit faite dans le jugement; sans cela le juge ne connaîtrait pas le taux de contrainte applicable et serait embarrassé pour fixer exactement sa durée. C'est pourquoi, lorsqu'il ordonne que les dommages-intérêts seront *fournis par état*, il peut renvoyer à une audience ultérieure la fixation de la durée de la contrainte par corps (2). Sauf cette hypothèse, la liquidation des condamnations pécuniaires est toujours possible au moment du jugement, et le vœu de la loi est qu'elle se fasse à ce moment; mais dans la pratique il est rare que les greffiers l'aient préparée (3). Le tribunal ignore donc au moment où il rend son jugement à quelle somme s'élèveront les dépens.

**464.** Pour éviter des lenteurs, l'usage s'est introduit de fixer, par avance, dans le jugement, la durée de la contrainte par corps *au maximum* ou *au minimum*, sans indiquer précisément le nombre de jours

---

(1) Le texte de l'art. 9 (lorsque *l'amende et les autres condamnations* n'excèdent pas... etc.) ne permet pas de mettre en doute cette solution. Elle est confirmée d'ailleurs par *l'exposé des motifs*, n° 31. Sic : Cass. 2 av. 1874 et le rapport de M. Barbier ; Cass. 13 mai 1882. — *Contrà* : Cass. 20 avril 1882 ; Garraud, *Dr. pén. franç.*, II, p. 67.

(2) Sic : Cass. 28 déc. 1872.

(3) On ne peut connaître d'avance les frais d'exécution de la contrainte par corps : signification du jugement, commandement, capture ; ils ne peuvent donc servir de base à la fixation de la durée de la contr. p. c. Cependant le détenu ne peut obtenir son élargissement avant le délai fixé, sans les rembourser. (Art. 798, C. Pr. ; Darbois, 205).

ou de mois que le juge prononce. Cette fixation est-elle légale ? — On l'a contesté sous prétexte qu'elle n'était point faite en connaissance de cause. — La critique est exagérée. Les débats ont donné en effet au juge tous les éléments de conviction : il sait s'il doit se montrer indulgent ou sévère. Sa décision est donc suffisamment éclairée, lorsque, sans connaître la somme à recouvrer, il applique le maximum ou le minimum de la contrainte par corps (1).

**465.** Y a-t-il lieu de fixer la durée de la contrainte par corps dans l'arrêt qui prononce contre le condamné une peine afflictive perpétuelle ? — La Cour de cassation résout négativement cette question par une jurisprudence constante. Elle affirme qu'il est contradictoire de prononcer une peine perpétuelle et en même temps la contrainte par corps, qui suppose, pour son exercice, un condamné ayant recouvré sa liberté. Elle ajoute qu'il n'appartient pas au juge de prévoir les éventualités qui pourraient faire cesser la peine perpétuelle. Dans ce système, la contrainte par corps serait toujours réduite, pour ces condamnés, au minimum de sa durée. Son caractère serait purement accessoire, exactement comme celui de l'interdiction de séjour attachée aux peines afflictives perpétuelles (art. 46, § 4, C. p.). — Cette jurisprudence s'est formée sur l'art. 40 de la loi de 1832, qui, loin de l'autoriser, fournit un argument à l'opinion contraire, et elle s'est maintenue depuis la loi de 1867 (2). Elle est généralement critiquée. Rien dans les textes, rien dans les principes n'autorise une exception au droit absolu des tribunaux de fixer, dans les limites du minimum au maximum, le taux de la contrainte par corps applicable au recouvrement des condamnations pécuniaires qu'ils prononcent. (Arg. art. 52, C. p., art. 3, 9, 13, L. 1867.) La Cour de cassation confond le *droit* avec l'*exercice du droit* : il y aurait contradiction à ordonner l'exercice de la contrainte par corps en même temps que l'exécution de la peine ; mais fixer la durée de la contrainte par corps, ce n'est pas en ordonner l'exercice ; la disposition de l'arrêt qui fait cette fixation est tacitement subordonnée à cette condition que l'exercice de la contrainte par corps deviendra possible. Cette condition tacite n'est-elle pas au fond de toutes les condamnations à une peine temporaire ? En prononçant, par exemple, dix ans de travaux forcés, ne suppose-t-on pas implicitement que le condamné vivra assez de temps pour les subir ? Pourquoi à l'inverse ne pourrait-on pas

---

(1) *Sic* : Garraud, *Dr. pén. franç.*, II, p. 69 ; Cass. 14 mars 1885 (*Gaz. Trib.* 25 mars). La question ne paraît pas avoir fait doute dans cette espèce. — *Contrà* : Lainé, 464 ; C. Paris, 2 fév. 1870 (Dal. 70, 2, 94).

(2) Voir les arrêts antérieurs à 1867 dans Blanche, I, 386, 387 ; — *junge* : trois arrêts en 1876, un en 1877, un en 1879, un en 1882, etc. (D. 77, 1, 406 ; 79, 5, 100 ; 82, 5, 129).

supposer l'extinction éventuelle de la peine perpétuelle, et fixer la durée de la contrainte par corps en vue de cette hypothèse ? S'il en est différemment en matière d'interdiction de séjour, c'est qu'un texte formel a retiré au juge le droit de statuer sur cette peine accessoire, afin que le condamné à une peine perpétuelle soit plus sévèrement traité, au point de vue de l'interdiction de séjour, que le condamné à une peine temporaire, et qu'il encoure toujours son maximum. Défendre au juge de statuer sur la durée de la contrainte par corps, c'est au contraire faire jouir le condamné à une peine perpétuelle de toute la faveur de la loi, puisque, à défaut de fixation par le juge, la contrainte par corps se trouve de plein droit fixée au minimum légal (1).

**466. IV. Causes d'extinction, de dispense, de suspension, de réduction.** — *a*) La contrainte par corps s'éteint par *voie de conséquence* ou *directement*. Elle s'éteint de la première manière quand disparaît la créance qu'elle garantit. Elle subit donc le contre-coup de toutes les causes d'extinction des obligations. Mais le paiement partiel de la dette ne diminuerait pas proportionnellement la durée de la contrainte par corps. C'est en effet, comme l'hypothèque, une garantie indivisible (2). Il suit de là que la prescription de l'amende laissera subsister la contrainte par corps, pour le recouvrement des réparations civiles et des dépens, telle qu'elle a été fixée par le jugement, sans aucune réduction.

**467.** L'extinction directe de la contrainte par corps se produit : 1° par le défaut de consignation d'aliments, lorsqu'elle est exercée par la partie civile (art. 7, 8) ; — 2° par l'acceptation volontaire ou forcée d'une caution (art. 11) ; — 3° par le consentement du créancier à l'élargissement de son débiteur.

Dans ces trois cas l'extinction est-elle définitive ? L'art. 8 le dit expressément pour l'élargissement motivé par le défaut de consignation d'aliments ; mais l'absence d'un texte aussi précis, pour les deux autres cas, fait qu'on discute si l'élargissement du débiteur a pu être valablement subordonné à la condition, expresse ou tacite, qu'il paierait sa dette. De

---

(1) *Sic* : BLANCHE, I, 388 ; SOURDAT, *T. de la responsab.* 208 bis. — *Contrà* : PONT, *Petits contrats*, II, 988 ; DARBOIS, 208. — Les auteurs qui admettent que les tribunaux peuvent statuer après s'être dessaisis de l'affaire sur la durée de la contrainte par corps qu'ils ont omis de prononcer, décident qu'on reviendra devant le juge, quand la peine perpétuelle aura cessé, pour lui demander cette fixation. V. GARRAUD, *Dr. pén. franç.* II, 43.

(2) Arg. art. 798 et 800, § 2, C. proc. civ. Ces textes exigent que « *les causes* » de l'emprisonnement, « *les sommes dues* » soient payées ou consignées, pour que le débiteur obtienne son élargissement. Ce ne serait pas remplir la condition légale de cette mesure que de payer *une partie* des causes de l'emprisonnement... *Une partie* des sommes dues.

telle sorte que le défaut de paiement au terme fixé effaçant la cause de son élargissement, permettrait de reprendre contre lui l'exercice de la contrainte par corps. — Nous ne croyons pas que ces réserves, expresses ou tacites, soient valables, à cause du caractère pénal prédominant de cette voie d'exécution. La contrainte par corps est offerte pour toute sa durée au créancier. Il peut en user ou y renoncer ; mais il ne peut pactiser sur elle. C'est pour ce motif que l'acceptation de la caution peut lui être judiciairement imposée. Dira-t-on dans ce cas qu'il a fait des réserves ? Il n'était pas libre de refuser. L'art. 11 confirme notre solution : ce texte détermine les conditions auxquelles on peut, après l'élargissement, incarcérer le débiteur *pour une autre dette*. Il suppose donc implicitement qu'une nouvelle incarcération est impossible *pour la même dette*. Or il ne distingue pas entre les causes qui ont motivé l'élargissement ; il vient même après l'art. 11 qui vise l'élargissement du débiteur qui a donné caution; par conséquent, même dans ce cas, l'élargissement est définitif (1).

**468.** *b*) Les *dispenses* sont absolues ou relatives : 1°) Les mineurs de seize ans « à l'époque des faits qui ont motivé la poursuite » n'encourent point la contrainte par corps (art. 13). — 2°). Elle ne peut être « *prononcée ou exercée* » contre le débiteur au profit de son conjoint, de ses ascendants ou descendants, et de certains collatéraux rapprochés ou alliés au même degré (art. 15).

**469.** *c*) Les causes de *suspension* apportent un obstacle momentané à l'exercice de la contrainte par corps : 1° elle ne peut être exercée simultanément contre le mari et la femme (art. 16). Ce sursis est légal et obligatoire. — 2° Les tribunaux *peuvent* accorder un sursis d'un an au plus au débiteur qui a des enfants mineurs ; mais ils doivent le faire dans le jugement de condamnation et non après coup (art. 17). Ce sursis est judiciaire et facultatif. — 3° L'état de démence du débiteur suspend aussi son incarcération (2). — 4° Le sauf-conduit, accordé au débiteur pour venir déposer en justice, empêche son arrestation pendant le temps qu'il indique (art. 782, C. pr. civ.).

**470.** *d*) La durée de la contrainte par corps est *réduite* à la moitié du temps fixé par le jugement ou par la loi, au profit des insolvables et des individus qui ont commencé leur soixantième année (art. 10, 14). L'insolvabilité et l'âge produisent distinctement leur effet, de telle sorte que si le condamné se trouve à la fois dans sa soixantième année et insolvable, la contrainte par corps est réduite au quart de sa durée primitive.

(1) *Contrà* : C. Paris, 19 juin 1888. (*La Loi*, 28 juin). — Voir sur la question : DARBOIS, 478 et s.
(2) V. *suprà*, n° 167.

Une réduction implicite résulte de la prohibition du cumul des contraintes par l'art. 12. On suppose que le même individu est sous le coup de deux jugements emportant contre lui la contrainte par corps: on n'ajoutera pas l'un à l'autre les deux temps de contrainte, mais on lui fera subir la plus longue. Si donc il a été emprisonné d'abord pour la plus courte, il ne pourra être incarcéré, après son élargissement, que pour l'excédent de la plus longue sur celle qu'il a subie. C'est la conséquence du principe du non-cumul des contraintes que prévoit expressément le texte. La même raison d'humanité, qui a fait établir le non-cumul des peines, a fait étendre cette règle du concours d'infractions au concours des contraintes par corps (1).

**471. V. Procédure d'exécution de la contrainte par corps.** — La loi de 1867 ne prévoit qu'un certain nombre de points de cette procédure. Elle doit être complétée par les dispositions des articles 780 à 805 du Code de procédure civile qui ne sont point incompatibles avec les nouvelles (art. 18). — Cette procédure d'exécution comprend quatre phases : 1° les formalités préalables à l'arrestation, 2° l'arrestation, 3° l'incarcération, 4° l'élargissement. A chacune d'elles correspondent des incidents contentieux qui sont de la compétence exclusive des tribunaux civils.

**472.** *a) Formalités préalables.* — Elles comprennent : le commandement, la demande d'incarcération et le réquisitoire d'arrestation.

Le commandement est un acte d'huissier par lequel on enjoint au débiteur de payer sa dette, sous peine d'y être contraint par un mode déterminé d'exécution ; ici, par la contrainte par corps. Le commandement invoque un titre exécutoire ; ici, le jugement. La signification du jugement doit avoir précédé le commandement. Si elle n'a pas été faite, le commandement porte en tête un extrait de ce jugement contenant le nom des parties et le dispositif (art. 3, §§ 1, 3).

La demande d'incarcération émane du percepteur, pour les condamnations envers l'État ; de la partie civile et des régies qui lui sont assimilées, pour les condamnations prononcées à leur profit. Elle est adressée au procureur de la République, s'il s'agit d'exécuter un jugement correctionnel ou de simple police ; au procureur général, si la condamnation émane d'une Cour d'appel ou d'une Cour d'assises (art. 197, 376, C. i. c. et arg. de ces textes).

(1) *Sic* : Exposé des motifs n° 34. Les instructions du ministère des finances et de la Chancellerie ont méconnu l'art. 12. Elles prescrivent en effet d'additionner les contraintes par corps prononcées par plusieurs jugements rendus contre le même individu pour les faire subir intégralement. (Instruct. 20 sept. 1875 ; lettre 25 janv. 1875, *Bull. off. du min. de la justice*, 1876, p. 186, 187). Ces instructions n'ont que la valeur d'une prétention élevée par l'administration contre le condamné. Il appartiendra à celui-ci de la combattre devant les tribunaux. — DARBOIS, 217.

Le ministère public ne peut refuser de déférer à cette demande lorsqu'elle est régulière. Il inscrit au pied de la requête l'ordre aux agents de la force publique et aux huissiers d'arrêter le débiteur et de le conduire à la maison d'arrêt. C'est le réquisitoire d'arrestation.

Le débiteur peut prévenir son arrestation en formant opposition au commandement.

**473.** *b) Arrestation.* — Elle ne peut avoir lieu que cinq jours au moins après le commandement (art. 3, § 1). Le débiteur ne peut être arrêté : avant le lever et après le coucher du soleil, — ni les jours de fête légale, — ni dans les édifices consacrés au culte, pendant les exercices religieux, — ni dans le lieu et pendant la tenue des séances des autorités constituées, — ni dans une maison quelconque, même dans son domicile, à moins qu'il n'ait été ainsi ordonné par le juge de paix du lieu, lequel juge de paix devra, dans ce cas, se transporter dans la maison avec l'officier ministériel ou déléguer un commissaire de police (art. 781, C. pr.).

Le débiteur qui proteste contre son arrestation a le droit de se faire conduire devant le président du tribunal civil, qui statue en référé sur sa réclamation. Il est prescrit à l'agent chargé de l'arrestation d'obéir à cette réquisition, sous peine de mille francs d'amende, sans préjudice des dommages-intérêts (art. 22, L. 1832).

Si le débiteur est en prison au moment où le créancier veut exécuter contre lui la contrainte par corps, l'arrestation est remplacée par la *recommandation*. On peut définir celle-ci : l'acte par lequel le créancier déclare au directeur ou gardien de la prison, dans laquelle son débiteur est détenu, qu'il s'oppose à son élargissement, parce qu'il entend le contraindre par corps (art. 792, C. pr.). La recommandation peut être faite immédiatement après le commandement (art. 3, § 5). — Elle peut donner lieu à un référé comme l'arrestation.

**474.** *c) Incarcération.* — Elle commence dès que le débiteur est écroué dans la prison où il doit subir la contrainte par corps (1). Cette prison est la maison d'arrêt de l'arrondissement où l'arrestation a été

---

(1) Les lois fiscales ordonnent quelquefois une *détention préventive* qui n'est autre chose que l'exercice anticipé de la *contrainte par corps*. Dans cette hypothèse la contrainte par corps commence avant le jugement qui en fixe la durée.—V. *p. la contrebande des tabacs*, L. 28 av. 1816, art. 222, 224, 225 ; L. 12 fév. 1835, art. 5 ; — *p. certaines fraudes aux droits d'octroi* : L. 29 mars 1832, art. 9 ; L. 24 mai 1834, art. 9 ; — *p. les atteintes au monopole de l'État, sur les cartes à jouer* : L. 28 av. 1816, art. 169, — *sur les poudres à feu* : L. 25 juin 1845, art. 25 ; — ou *au monopole de la Cie des allumettes chimiques*, concessionnaire des droits de l'État en cette matière : L. 28 janv. 1875, art. 8. — Il faut supposer que l'infraction n'est pas punie de l'emprisonnement, sinon cette incarcération aurait le caractère d'une véritable détention préventive.

faite (maison d'arrêt pour dettes, s'il en existe ; maison d'arrêt des prévenus ou inculpés, dans le cas contraire) (art. 788, C. pr.). — Si la contrainte par corps a lieu à la requête d'un particulier, le créancier doit remettre au gardien, au moment de l'écrou, une somme, à titre de *consignation d'aliments* pour trente jours au moins (art. 6, L. 1867; art. 791, 793, C. pr.).

L'incarcération peut donner lieu à une *demande en nullité de l'emprisonnement pour dette*, qui doit être portée devant le tribunal civil du lieu où le débiteur est détenu, si elle est fondée sur l'inobservation des formalités, et devant le tribunal civil du lieu de l'arrestation, si elle est fondée sur des moyens de fond (art. 794, 795, C. pr.).

475. *d) Élargissement*. — Il est de droit pour le débiteur, dès qu'il survient une cause d'extinction, de dispense, de suspension, ou de réduction de la contrainte par corps. Il est définitif ou provisoire, suivant les cas. L'annulation de l'incarcération pour inobservation des formalités, ajoute une nouvelle cause de suspension à celles précédemment exposées, car le débiteur ne peut être arrêté de nouveau qu'*un jour* au moins après sa sortie de prison (art. 797, C. pr.).

## B. — Solidarité.

476. I. Notions générales. — Lorsque plusieurs individus ont été condamnés pour la même infraction, la loi (1) les déclare débiteurs solidaires des amendes, restitutions, dommages-intérêts et frais. L'effet principal de la solidarité est de permettre au créancier de considérer chaque débiteur comme seul tenu de l'intégralité de la dette, et par conséquent de le poursuivre pour le tout. Elle rend le recouvrement plus facile et plus prompt. Elle protège en outre le créancier contre l'insolvabilité de ses débiteurs, en les rendant, pour ainsi dire, cautions les uns des autres. Il faudrait les supposer tous insolvables pour que le créancier ne fût pas payé. La solidarité est donc à la fois un moyen et une garantie de recouvrement. — Le débiteur, qui a payé en entier la dette solidaire, a son recours contre les autres, à concurrence de la part que chacun doit supporter dans la dette (art. 1200 et s., C. civ.) (2).

---

(1) La solidarité existe entre les divers condamnés sans que les juges l'aient déclarée dans le jugement de condamnation. BLANCHE, I, 428.

(2) Quelle sera cette part ? Ce sera la part virile; à moins que le jugement n'ait réparti inégalement la dette entre les condamnés. Cette répartition peut être tacite : elle résultera, par exemple, de la condamnation des prévenus à des amendes inégales ; ou bien, s'il s'agit des réparations civiles, de la condamnation d'un des prévenus à *sa part de dépens pour tous dommages-intérêts*. Dans ce dernier cas, la

La solidarité existe : 1° entre individus condamnés pour un même crime ou un même délit, quant aux *amendes, restitutions, dommages-intérêts* et *frais* (art. 55, C. p.) ; — 2° entre individus condamnés pour la même contravention, quant aux *frais* seulement (D. 18 juin 1811, art. 156). Dans la législation intermédiaire, elle existait aussi pour les *amendes de simple police* (D. 19 juil. 1791, tit. II, art. 42). On ne saurait l'étendre aujourd'hui ni à ces amendes, ni aux réparations civiles, dues à raison d'une contravention, que le législateur de 1810 paraît avoir oubliées, parce que la solidarité n'existe que dans les cas où elle a été établie par la loi ou par la convention des parties (art. 1202, C. civ.). Mais ne serait-il pas loisible au juge de donner au créancier action pour le tout contre chacun des condamnés, entre lesquels son jugement répartit les condamnations pécuniaires qui ne donnent pas lieu à la solidarité légale ? On l'admet dans une certaine mesure. Nous étudierons les conditions et les effets d'une condamnation de ce genre, qui porte, en doctrine, le nom d'*obligation in solidum*, après avoir exposé la solidarité légale telle qu'elle résulte des art. 52 du Code pénal et 156 du décret du 18 juin 1811, combinés avec les principes du Code civil.

Quelle est la raison d'être de la solidarité légale entre co-délinquants ? Pour les restitutions, les dommages-intérêts et les frais, elle se justifie par la perpétration en commun du délit et par la difficulté qu'il y a, *le plus souvent* (1), à déterminer la part que chacun y a prise. Pour l'amende elle n'est pas rationnelle : l'amende est une peine, comme l'emprisonnement ; or viendrait-il jamais à l'esprit de personne, quand deux individus ont été condamnés, chacun à tant de mois de prison, de faire subir toute la peine à l'un et rien à l'autre, sous prétexte qu'ils ont perpétré en commun le délit ? On a dit que la solidarité des amendes était une aggravation de la peine correspondant à l'aggravation de l'infraction par l'association (2). Mais si l'association doit produire une aggravation de peine, elle devrait être égale pour tous. La solidarité au contraire la fait uniquement porter sur celui que le choix du créancier force à faire l'avance. Cette disposition anormale ne se justifie pas, mais elle s'explique

---

partie lésée pourra réclamer tous les dommages-intérêts et tous les frais au prévenu ainsi condamné ; mais celui-ci aura recours contre les autres pour tout ce qu'il aura payé au delà de sa part contributoire dans les dépens : BLANCHE, I, 435 ; LAROMBIÈRE, *Oblig.* 1202, n° 23.

(1) GARRAUD, *Dr. pén. franç.*, II, 38, va évidemment trop loin lorsqu'il dit, qu'en l'absence de l'art. 55, on déclarerait chacun des auteurs d'un même crime *tenu pour le tout de réparer le préjudice*. Cela n'est exact que si le juge ne peut pas déterminer le dommage que chacun a causé individuellement. Comp. VILLEY, *Précis*, p. 506, et *infra* n° 481.

(2) *Sic* : BERTAULD, p. 285.

historiquement par le caractère de réparation civile qu'avait anciennement l'amende (1).

**477. II. Conditions.** — Pour exister, la solidarité légale, dont nous traitons, exige la réunion des conditions suivantes : 1° la pluralité des délinquants, — 2° une condamnation pour l'un des objets indiqués par la loi, — 3° l'unité d'infraction, — 4° l'unité d'objet.

*a*) La pluralité des délinquants est la condition même de l'hypothèse où l'on peut se demander si l'obligation est conjointe ou solidaire. Nous en parlerons uniquement pour noter que le degré de participation des co-délinquants est indifférent. La solidarité existe aussi bien entre coauteurs qu'entre auteur principal et complice.

**478.** *b*) La solidarité n'existe en second lieu que pour les objets *limitativement* énumérés par la loi, savoir : pour les amendes, les restitutions, les dommages-intérêts et les frais, *s'il s'agit d'un crime ou d'un délit*; pour les frais seulement, *s'il s'agit d'une contravention* (2). Nous avons indiqué plus haut la raison juridique de cette condition. Notons qu'il importe peu que la condamnation aux réparations civiles émane d'un tribunal civil ou d'un tribunal de répression, et que le fait ait été ou non l'objet d'une poursuite pénale ; c'est le caractère du fait qui motive la solidarité, et non la juridiction qui prononce la condamnation.

**479.** *c*) Il faut, en troisième lieu, que les divers condamnés l'aient été pour *une infraction* et que cette infraction soit *la même :* c'est là ce que nous appelons *l'unité d'infraction*.

Le *délit pénal* est le seul pour lequel le législateur établit la solidarité. Sa gravité explique le traitement plus sévère des débiteurs, et, par contre, la position plus favorable du créancier. — Il n'y aurait donc pas solidarité entre deux individus condamnés à des réparations civiles pour le même fait, dont l'un serait acquitté et l'autre condamné à une peine, parce qu'à l'égard du premier, le fait ne constitue qu'un simple délit civil (3). Mais l'individu *absous*, au sens technique du mot, est solidaire quant aux réparations civiles avec ses co-auteurs ou complices condamnés à une peine. L'absolution n'efface en effet ni l'infraction, ni la culpabilité.

(1) La solidarité des amendes a été supprimée en Belgique par le Code pénal de 1867 (art. 39, 50). En Allemagne elle n'existe que pour les dépens (C. proc. pénale de 1877, art. 498). En Autriche il n'y a même, quant aux frais, qu'une simple *obligation in solidum* (C. proc. crim., art. 389).

(2) Comment faut-il traiter à cet égard les *délits-contraventions*, c'est-à-dire les délits non intentionnels prévus par une loi spéciale ? — La C. de cass. les traite comme des délits ; cependant la question paraît faire difficulté en jurisprudence. (V. Cass. 5 déc. 1872, D. 72, 1, 432, et la note.)

(3) La solidarité réfléchira néanmoins contre la personne civilement responsable du délinquant, parce qu'elle est tenue des réparations civiles et des frais dans la même mesure que le délinquant lui-même.

Il ne suffirait pas d'un autre côté qu'il y eût condamnation de plusieurs délinquants envers la même personne ; il faut en effet que l'infraction soit *la même*. — Si les délits sont *distincts,* il ne peut intervenir de condamnation solidaire. Et cette circonstance, qu'on les aurait réunis dans la même poursuite, n'entraînerait pas la solidarité même pour les dépens (1). — Mais si des faits distincts qui, pris isolément, constitueraient chacun un délit, forment par leur réunion un *délit collectif,* il y aurait solidarité entre les divers individus condamnés pour ces faits distincts, parce qu'il y a juridiquement unité d'infraction. — Quant aux délits distincts mais *connexes*, ils ne peuvent engendrer la solidarité que pour les dépens et à la condition d'avoir été réunis dans la même poursuite : les frais sont en effet occasionnés par la recherche des circonstances de l'infraction. Or la connexité entre deux délits étant une de ces circonstances, tous les frais relatifs à la preuve de l'un s'appliquent, dans une certaine mesure, à la preuve de l'autre ; dès lors ils doivent être dus solidairement par les auteurs des deux délits (2).

**480.** *d)* Il faut enfin, pour qu'il y ait solidarité, que les condamnations prononcées contre chaque co-délinquant aient le même objet, c'est-à-dire qu'ils soient tous condamnés à l'amende, tous condamnés aux dommages-intérêts, tous condamnés aux frais. C'est en cela que consiste *l'unité d'objet.* — Cette condition ne ressort pas de l'art. 55, et beaucoup d'auteurs ne l'exigent point : dans leur opinion il y aurait solidarité entre deux co-délinquants condamnés, l'un à l'emprisonnement, l'autre à l'amende. De sorte que le premier serait exposé à subir non seulement la peine à laquelle il a été personnellement condamné, mais encore celle de son complice (3).

Ce résultat est choquant. Il se produit sans doute entre plusieurs individus condamnés à l'amende ; mais c'est une anomalie due à l'extension, non justifiée, de la solidarité aux amendes. Il ne faut pas l'aggraver en l'appliquant à une hypothèse que le législateur paraît ne pas avoir eu en vue. « *Quod contra rationem juris introductum est, non est producendum ad consequentias* ». Or les principes du Droit obligent à reconnaître la solidarité des amendes seulement entre les co-délinquants condamnés à cette peine : la solidarité, en effet, étant une modalité de l'obligation, suppose que l'obligation existe ; or l'obligation de payer l'amende n'a pas d'existence avant le jugement de condamnation : la circonstance que la loi punit de l'amende tel délit déterminé ne fait pas que

---

(1) V. Larombière, *Obligat.*, art. 1202, n° 19.
(2) La jurisprudence paraît assimiler aux délits collectifs les délits connexes. V. Cass. 1er juil. 1880 (S. 81, 1, 237). Blanche, II, 419-420.
(3) *Sic*: Garraud, *Dr. pén. franç.*, II, p. 59 ; Demolombe, *Traité des contrats*, III, n° 267.

les agents de ce délit en soient tenus; c'est le jugement seul qui crée cette obligation, et il ne la crée qu'à l'encontre des co-délinquants qu'il condamne à l'amende. Maintenant dans quelle mesure en sont-ils tenus? La doivent-ils conjointement ou solidairement? C'est à cette question que répond l'art. 55. Il suppose par conséquent plusieurs individus condamnés à l'amende. — Sa rédaction peu précise ne nous arrête point, parce qu'il a pour objet, non pas de modifier les règles générales de la solidarité, mais simplement d'indiquer un nouveau cas de solidarité légale. Or il est indispensable, pour qu'il y ait solidarité entre les débiteurs, que tous soient obligés « à une même chose » (art. 1200, C. civ.). — Très différente est la situation des co-délinquants au point de vue des réparations civiles et des frais. Ici l'obligation a une cause antérieure au jugement, savoir : le préjudice causé, les actes de la procédure. Le jugement, qui condamne à payer les réparations civiles ou les frais, constate seulement l'existence de la dette et la liquide : il est *déclaratif* d'une obligation que la loi rend solidaire. Celui qui condamne à l'amende, au contraire, *crée* l'obligation : il est *attributif* (1).

Est-il nécessaire que les co-délinquants aient été condamnés *par le même jugement* ? On l'a soutenu d'une manière absolue et nié de même (2). A notre avis, il faut distinguer entre les amendes et les réparations civiles d'un côté, et les frais de l'autre. La solidarité des premières a uniquement pour raison d'être la perpétration en commun de l'infraction. Il importe peu dès lors que les co-délinquants aient été reconnus coupables dans la même instance ou dans des instances séparées. La solidarité des dépens, au contraire, a pour cause non seulement l'unité de délit, mais encore l'unité de poursuite. Une instruction commune profite à tous les agents du délit contre qui elle est dirigée; il ne faut pas que le supplément de frais, occasionné par la poursuite séparée de l'un d'eux, puisse être exigé des autres; car il est en réalité, ou réputé être, le résultat d'une faute étrangère au délit et personnelle à l'agent qui a été poursuivi isolément (arg. art. 1205, C. civ.) (3).

**481. III. Effets.** — En dehors du droit pour le créancier de demander à chaque condamné le tout, et du droit pour le condamné qui a payé toute la dette, d'exercer son recours contre les autres, la solidarité légale des co-délinquants produit-elle tous les effets de la solidarité conventionnelle ? — C'est là une question de Droit civil que nous ne discuterons pas, mais qu'il faut signaler, pour marquer la différence de la solidarité légale établie par les art. 55 C. pén. et 56 D. 18 juin 1811, avec *l'obligation*

(1) *Sic :* RAUTER, I, 173.
(2) En sens divers : CHAUVEAU et HÉLIE, I, 190 ; GARRAUD, *Précis*, p. 790, note ; VILLEY, p. 507 ; BLANCHE, I, 430, 431.
(3) *Sic :* C. p. belge, art. 50 ; GARRAUD, *Dr. pén. franç.*, II, p. 59.

*in solidum* que le juge peut établir entre co-délinquants, pour d'autres objets. Les commentateurs les plus récents du Code civil admettent, avec raison, que la solidarité conventionnelle ou légale, peu importe, produit toujours les mêmes effets. Il faudra donc faire produire à la solidarité légale des co-délinquants toutes les conséquences du mandat que, dans la solidarité conventionnelle, les co-débiteurs sont censés s'être réciproquement donné pour se représenter vis-à-vis du créancier *ad perpetuendam et minuendam obligationem, non ad augendam*. La prescription interrompue contre l'un le sera pour tous; — la mise en demeure de l'un s'étendra aux autres; — la demande d'intérêts formée contre l'un les fera courir contre tous, etc. (art. 1205, 1206, 1207). — Dans une autre opinion on soutenait que ces effets n'étaient pas produits par la solidarité légale des co-délinquants; aussi la qualifiait-on d'*imparfaite*. Certains auteurs la confondaient même avec l'*obligation in solidum* (1) dont nous allons parler. En cela ils avaient tort, car si les effets de la solidarité imparfaite sont les mêmes que ceux de l'obligation *in solidum*, les conditions auxquelles est subordonnée l'existence de ces deux modalités sont différentes.

**482. IV. Obligation in solidum.** — Qu'est-ce donc que cette *obligation in solidum* ? — Lorsqu'un dommage a été causé en commun par plusieurs individus *et qu'il est impossible de déterminer la part de préjudice imputable à chacun d'eux*, l'équité veut que chaque participant puisse être considéré comme responsable de tout le dommage. L'action pour le tout est justifiée contre chacun; et si l'un paie intégralement le créancier, il aura son recours contre les autres. A ces deux points de vue les effets de l'obligation *in solidum* sont les mêmes que ceux de l'obligation solidaire. Mais cette obligation *in solidum* ne produira pas les effets de la solidarité dont le principe est le mandat réciproque des co-débiteurs dans leurs rapports avec le créancier. Observons aussi que la solidarité légale des co-délinquants existe, *alors même que le juge pourrait déterminer la part de préjudice que chacun a causé*. On ne pourrait au contraire établir l'obligation *in solidum* dans cette hypothèse.

A l'égard de quelles créances cette condamnation au tout peut-elle être admise ? Ce sera pour les réparations civiles en matière de contravention, ou en matière de délit purement civil. Mais on ne pourrait l'établir pour les amendes de simple police : le principe de la personnalité des peines s'y oppose.

(1) *Sic* : Blanche, I, 422, 423.

## C. — Hypothèque. — Privilège.

**Classement des condamnations pécuniaires par ordre de préférence**

**483.** L'hypothèque judiciaire (art. 2123, C. civ.) résulte de tout jugement qui déclare une personne créancière d'une autre. Elle appartient directement à l'État ou à la partie civile envers qui le délinquant a été condamné à l'amende, à des dommages-intérêts ou aux frais. Un privilège est accordé au trésor pour les frais de justice en matière pénale (L. 5 sept. 1807). Il passe par subrogation à la partie civile qui a payé ces frais dont elle est tenue, solidairement avec le condamné, envers l'État (art. 1251, 3° C. civ.). Le privilège et l'hypothèque assurent au créancier un droit de préférence dont le rang est déterminé par le Droit civil, quand il y a concours entre les condamnations pécuniaires, motivées par l'infraction, et des créances ayant une autre cause. Mais si la somme destinée au paiement des condamnations dérivant de l'infraction est insuffisante pour les payer intégralement, la loi pénale indique l'ordre de leur classement. En premier rang seront payés les *frais dus à l'État* (1); en second rang viendront les créances de la partie civile; en troisième, les amendes (art. 55, 468, C. p. et arg. de l'art. 114, C. i. c.). — Observons qu'il ne peut être question d'un concours entre le droit de propriété conféré par un jugement prononçant une confiscation ou une restitution en nature d'un corps certain et déterminé, et les privilèges qui grèvent cet objet mobilier. Les deux droits de préférence ne peuvent en effet se rencontrer, l'un portant sur la chose elle-même, l'autre sur son prix. Le trésor et la partie civile feront distraire de la saisie, à leur profit exclusif, les objets confisqués ou à restituer (art. 608, C. pr.).

(1) Déduction faite cependant des *frais de défense personnelle* qui ont un privilège préférable à celui du Trésor (L. 5 sept. 1809, art. 2).

# TITRE DEUXIÈME

## DE L'APPLICATION DES PEINES

**484.** Les tribunaux peuvent avoir à appliquer la peine : 1° à l'agent unique d'une seule infraction ; — 2° à plusieurs participants du même délit ; — 3° à l'agent unique de plusieurs infractions. Ces trois hypothèses feront l'objet de trois chapitres distincts. Dans chacune d'elles il faut résoudre un problème qui s'impose également au législateur et au juge, savoir : de proportionner la peine au délit, le châtiment à la faute. Ce problème est même la seule difficulté que présente la première hypothèse ; dans les autres il se complique des difficultés soulevées par les conditions mêmes de l'hypothèse, qu'il importe de dégager. Pour ce motif, nous placerons dans le premier chapitre l'étude complète et détaillée de la théorie des causes d'aggravation et d'atténuation, qui sert à résoudre le problème sus-énoncé, en réservant cependant certains détails relatifs à l'hypothèse où la même infraction a été commise par plusieurs participants ; ces détails feront l'objet du chapitre quatrième. Dans les deuxième et troisième chapitres, nous étudierons exclusivement les conditions de l'hypothèse où se présente le problème de l'application de la peine.

## CHAPITRE PREMIER

### DE L'APPLICATION DE LA PEINE A L'AGENT UNIQUE D'UNE SEULE INFRACTION.

**485.** Pour proportionner la peine au délit, il faut tenir compte de la gravité du fait en lui-même, ou *criminalité*, et de la situation particulière de l'agent, ou *culpabilité*. (Certains auteurs disent : *gravité objective* et *gravité subjective*). Mais les circonstances qui influent sur la criminalité ou sur la culpabilité sont tellement nombreuses et d'une nature si variable, qu'il est impossible au législateur de les prévoir toutes. Aussi la tâche de proportionner le châtiment à la faute se partage nécessairement entre le législateur et le juge. — L'ancien Droit se bornait en général à indiquer la peine, en laissant au juge le soin de l'aggraver ou de l'atténuer suivant les circonstances. Les inconvénients que présente l'arbitraire des peines ont déjà été signalés. — Le Code pénal contient un système plus compliqué : 1° la loi détermine d'abord la peine en vue de l'infraction dépouillée de toutes les circonstances qui peuvent l'aggraver ou l'atténuer ; puis il indique un certain nombre de causes d'aggravation ou d'atténuation, avec leur résultat précis. 2° Le juge peut profiter de la divisibilité de la plupart des peines pour en fixer le taux dans les limites du minimum au maximum, sans avoir à donner aucun motif de son indulgence ou de sa sévérité ; il peut en outre prononcer une peine inférieure à la peine légale, ou par sa nature ou par son degré, à la seule condition d'affirmer qu'il existe des circonstances atténuantes. — Il résulte de cet exposé que les causes d'aggravation et d'atténuation sont tantôt *légales*, tantôt *judiciaires* ; elles présentent aussi d'autres caractères que nous allons étudier.

### SECTION I. — DES CAUSES D'AGGRAVATION. — CIRCONSTANCES AGGRAVANTES. — CAUSES D'AGGRAVATION GÉNÉRALES.

**486.** Les causes d'aggravation sont légales ou judiciaires, — inhérentes à l'infraction ou attachées à la personne, — générales ou spéciales. *a) Légales* ou *judiciaires*. — C'est-à-dire déterminées par la loi ou par le juge. Ces dernières ne peuvent faire l'objet d'une étude particulière, parce que l'appréciation du juge, en ce qui les concerne, échappe à tout contrôle. Il peut les prendre : ou dans la *criminalité* du fait (étendue du dommage, nombre des victimes, moyens employés), ou dans la *culpabilité* de l'agent (antécédents judiciaires insuffisants pour le constituer en état de récidive légale, immoralité, mauvais instincts, mobile honteux ou cupide, etc.), ou enfin dans d'autres circonstances, telles que la nécessité de l'exemple suivant les temps et les lieux.

Les causes d'aggravation légales ont pour résultat, tantôt de modifier le *nom propre* de l'infraction, par exemple : le *meurtre* ou homicide volontaire devient, à raison de certaines circonstances, un *assassinat*, un *parricide*, un *infanticide* (art. 295, 296, 299, 300) ; — tantôt de modifier son *nom commun*, en transformant le délit en crime, ou la contravention en délit. Celles-ci opèrent *un déclassement* de l'infraction. Telles sont les violences, l'escalade, l'effraction, les fausses clefs employées pour commettre le vol, la qualité, chez le voleur, de domestique de la victime (art. 401 et 382, 384, 386, comb.). La récidive produit aussi quelquefois ce résultat (art. 200, C. p. ; art. 1, 2, L. 23 janv. 1873 s. l'ivresse publique). Le changement, opéré dans le nom propre ou commun de l'infraction par l'effet de la cause d'aggravation légale, n'a pas toute l'importance juridique qu'on a voulu lui donner (1), parce qu'il n'est qu'un effet réflexe de cette cause d'aggravation. C'est parce que le législateur constate un degré de plus dans la criminalité ou dans la culpabilité qu'il aggrave la peine. Qu'importe dès lors que l'infraction emprunte son nom propre à l'élément nouveau apporté par la circonstance aggravante, ou son nom commun à la nouvelle pénalité ? Dans les deux cas il y a une aggravation de peine motivée par une aggravation de la criminalité ou de la culpabilité, le fond du délit restant le même. Il suit de là, que dans les affaires soumises au jury, toutes les causes d'aggravation légales doivent faire l'objet d'une *question au jury*, parce qu'il doit donner son avis sur toutes les circonstances qui influent sur la criminalité et sur la culpabilité. En général cependant on admet qu'il n'est pas nécessaire de questionner le jury sur l'état de récidive; nous examinerons ultérieurement si cette exception est fondée.

487. *b) Inhérentes à l'infraction ou attachées à la personne.* — Les premières se rapportent aux éléments matériels de l'infraction ; elles en augmentent la criminalité. Le fait devient *plus grave*. Comme elles sont empruntées aux circonstances de fait dans lesquelles l'infraction a été commise, on les appelle aussi *intrinsèques* et *objectives*. Comme elles aggravent habituellement la peine, non seulement de celui des participants qui les a ajoutées à l'infraction, mais encore de ses co-auteurs ou complices, on les appelle *réelles*. — Les secondes se rattachent à la personne de l'agent, à sa qualité, à ses antécédents, à des faits psychiques essentiellement personnels. Elles augmentent la culpabilité. Le fait reste le même, mais l'agent est *plus coupable*. On les nomme aussi, pour ce motif, *extrinsèques*, c'est-à-dire prises en dehors du fait, *subjectives*, c'est-à-dire provenant d'un sujet de l'infraction. Apportées dans l'infraction par l'un des participants, elles sont incommunicables à ses co-auteurs ou complices : de là leur nom de *personnelles*. La terminologie que nous employons est préférable à ces diverses appellations, parce qu'elle fait pressentir l'utilité juridique qu'on peut retirer de cette distinction en deux classes des causes d'aggravation, dans l'hypothèse où il y a unité d'infraction et pluralité d'agents.

488. *c) Générales ou spéciales.* — Suivant qu'elles sont applicables à un groupe plus ou moins considérable d'infractions, ou applicables seulement à une infraction déterminée, les causes d'aggravation sont dites générales ou spéciales. Nous suivrons dans leur exposé cette dernière classification.

489. **I. Circonstances aggravantes.** — Les causes d'aggravation légales, qui sont spéciales à une infraction déterminée, portent le nom de

---

(1) V. *infrà*, n° 490.

*circonstances aggravantes*. Elles sont prises tantôt dans des faits qui ont précédé l'infraction (préméditation, guet-apens) ; tantôt dans des faits concomitants (qualité de l'agent ou de la victime, nombre des délinquants, mode d'exécution, temps et lieu du délit) ; tantôt dans des faits postérieurs (meurtre suivi d'un autre crime, suites ou résultats préjudiciables du délit) (1).

Les circonstances aggravantes doivent être soigneusement distinguées des *éléments constitutifs spéciaux* des infractions, qu'on appelle souvent *circonstances constitutives*. L'utilité pratique de la distinction apparaît au point de vue de la rédaction des questions à poser au jury. Tous les éléments constitutifs d'un crime peuvent être englobés dans une seule question. Il suffit en effet que le jury estime qu'un seul de ces éléments fait défaut, pour affirmer que l'accusé n'est pas coupable. Chaque circonstance aggravante au contraire exige la position d'une question spéciale. Quel est le principe de la distinction ? On s'accorde à reconnaître que les circonstances aggravantes sont des éléments accidentels de l'infraction, qui peuvent en être détachés, tandis que les éléments constitutifs sont des éléments essentiels, absolument inséparables. Par conséquent si la suppression d'une circonstance, sur laquelle repose l'incrimination légale, entraîne l'impunité du fait, cette circonstance est constitutive et non pas simplement aggravante.

**490.** Mais on ne s'accorde pas sur l'application du principe aux circonstances dont l'addition ou la suppression a simplement pour résultat d'*augmenter* ou de *diminuer* la pénalité. Un premier système enseigne que la circonstance est constitutive, lorsqu'elle modifie le *nom propre* de l'infraction. Tels seraient : la préméditation dans l'assassinat, le rapport de filiation dans le parricide, la qualité de la victime dans l'infanticide ; car toutes ces variétés de l'homicide volontaire portent un nom spécial, différant du nom technique de meurtre qu'on donne à l'homicide volontaire dépouillé des circonstances sus-mentionnées (art. 295, 296, 299, 300) (2). — D'après un second système la circonstance est constitutive, si elle modifie le *nom commun* de l'infraction ; si, par exemple, elle la transforme de délit en crime. Le rapport de domesticité entre le voleur et la victime, l'escalade, l'effraction, les fausses clefs seraient les circonstances constitutives du vol qualifié, parce que, ajoutées au vol simple, elles entraînent un déclassement de l'infraction (art. 384, 386 et 401, comb.). Au contraire, les circonstances de nuit, de pluralité d'agents, de maison habitée, prises isolément, ne faisant qu'augmenter la sévérité de

---

(1) Voir le tableau qu'en a dressé ORTOLAN, I, 1077 (note).
(2) La jurisprudence paraît adopter ce système. F. HÉLIE, *Prat. crim.* II, 503, 509, 719.

la peine criminelle attachée à un vol qualifié (art. 381, 385, 386), seraient des circonstances aggravantes (1).

**491.** Ces deux systèmes appliquent un critérium absolument factice. L'assassinat, le parricide, l'infanticide ne sont au fond que des homicides volontaires, plus sévèrement punis à raison d'une circonstance accidentelle. Il n'y a point de motif pour qualifier autrement cette circonstance que les circonstances accidentelles d'effraction, d'escalade, de nuit, de maison habitée, etc., qui peuvent s'ajouter au vol : dans les deux cas, selon nous, il y a circonstance aggravante. — Le second système veut employer, pour la distinction des éléments constitutifs et des circonstances aggravantes, le critérium de l'art. 1er du Code pénal, qui sert à distinguer les trois classes d'infractions. Mais un critérium ne peut servir qu'à l'objet spécial auquel il est destiné : il n'énonce pas en effet une vérité absolue. Ce second système établit d'ailleurs une distinction arbitraire entre des circonstances de même nature : l'effraction, l'escalade, les fausses clefs seraient des éléments constitutifs. La nuit, la pluralité d'agents, la maison habitée seraient au contraire des circonstances aggravantes. Mais on remarquera que toutes ces circonstances sont inhérentes à l'infraction ; objectives, qu'elles ont toutes une source commune, les conditions dans lesquelles a eu lieu la perpétration du crime ; enfin qu'elles ont toutes le même effet, une aggravation de la criminalité. Dès lors, comment admettre que leur nature puisse être différente ?

**492.** Un troisième système paraît préférable ; il distingue les éléments constitutifs des circonstances aggravantes, en recherchant si telle circonstance modifie ou non le fond de l'infraction. — Prenons le vol : il résulte de la définition légale (art. 379, C. p.) que trois conditions sont nécessaires pour qu'il y ait vol, savoir : la *soustraction*, la *chose d'autrui*, l'*intention frauduleuse*. Ce sont là ses éléments constitutifs : toute circonstance, qui viendra s'y ajouter, pourra augmenter la criminalité du fait ou la culpabilité de l'agent, mais ne changera point sa nature. On devra donc considérer comme des circonstances aggravantes toutes les circonstances accidentelles que le second système qualifie tantôt de circonstances aggravantes, tantôt d'éléments constitutifs. — Prenons le meurtre : il résulte de sa définition légale (art. 295, C. p.), qu'il exige deux conditions : 1º l'homicide, 2º l'intention de tuer. Voilà les éléments constitutifs. Si à ces conditions, qui se retrouvent nécessairement dans toutes les variétés de l'homicide volontaire, vient s'ajouter une circonstance accidentelle, telle que la préméditation ou le guet-apens, un rapport de filiation entre la victime et l'agent, la qualité d'enfant nouveau-né chez la victime, le crime sera plus sévèrement

---

(1) TRÉBUTIEN, II, p. 428 et s.

puni et changera même de nom ; mais il ne changera point de nature, son fond étant toujours le même. Les termes qu'emploie le législateur pour définir l'assassinat, le parricide, l'infanticide viennent à l'appui de cette démonstration : « tout *meurtre* commis avec préméditation ou guet-apens est qualifié assassinat » (art. 296). « Est qualifié parricide le *meurtre* des père et mère, etc. » (art. 299). « Est qualifié infanticide le *meurtre* d'un enfant nouveau-né » (art. 300). — A l'inverse, si l'on supprime un élément constitutif, le fait change de nature : sans la soustraction, l'appropriation injuste de la chose d'autrui pourra être punie comme escroquerie ou abus de confiance, mais ce ne sera plus le vol. Sans l'intention de donner la mort, l'homicide pourra constituer le crime prévu par l'art. 309, § 4 du Code pénal ou le délit puni par l'art. 319; mais il n'y aura pas meurtre. Le fond de l'infraction est modifié.

**493. II. Causes d'aggravation générales**. — Les causes d'aggravation légales, applicables à un groupe plus ou moins étendu d'infractions, sont : 1° *pour les crimes entraînant la peine des travaux forcés* : la circonstance d'avoir été commis dans une prison en vue de faire substituer la peine des travaux forcés à celle de la réclusion ou de l'emprisonnement (L. 25 déc. 1880) ; — 2° *pour les crimes et délits des fonctionnaires et officiers publics* : la circonstance que l'infraction est au nombre de celles que ce fonctionnaire était chargé de surveiller ou de réprimer (art. 198, C. p.) ; 3° *pour les infractions commises par un repris de justice* : l'état de récidive (art. 56-58, C. p.).

*a*). La première de ces causes d'aggravation a été introduite par une loi nouvelle dont nous avons indiqué l'utilité. C'est une loi de circonstance, destinée à disparaître si la réforme du Code pénal, actuellement à l'étude, aboutit à une refonte générale des peines privatives de la liberté. Le résultat de cette cause d'aggravation est de faire subir la peine des travaux forcés dans la prison même où le crime a été commis, avec faculté pour les Cours d'assises d'infliger l'emprisonnement cellulaire pendant un an au plus. Elle existe aux trois conditions suivantes : 1° que le crime ait été commis dans une prison ; 2° par un détenu subissant la peine de la réclusion ou de l'emprisonnement ; 3° pour se faire condamner aux travaux forcés à temps ou à perpétuité. Les deux premières conditions sont indiquées par le texte, la troisième résulte de son esprit. Cette cause d'aggravation doit faire l'objet d'une question au jury, comme les autres circonstances aggravantes spéciales (1).

**494**. *b*). La qualité de fonctionnaire ou d'officier public chez l'agent devient une cause d'aggravation dans tous « les crimes et délits qu'il

---

(1) Cass. 8 av. 1886 (*Gaz. Trib.* 18 av.). Cass. 14 janv. 1887 (*J. du Dr. crim.* 1887, p. 179).

était chargé de surveiller ou de réprimer, hors les cas où la loi règle spécialement la peine encourue par le fonctionnaire » (art. 198, C. p.). Les modifications que cette cause d'aggravation apporte à la peine ordinaire du crime ou du délit ne paraissent pas dériver d'un système bien défini. *En matière correctionnelle*, le coupable doit être condamné au maximum de la peine. *En matière criminelle*, tantôt on élève la peine d'un degré : c'est ainsi qu'on transforme la réclusion en travaux forcés à temps (§ 4); tantôt on substitue à la peine politique la peine de Droit commun correspondante : par exemple, les travaux forcés à perpétuité remplacent la déportation; les travaux forcés à temps remplacent la détention (§§ 5, 4); tantôt les deux modes d'aggravation se combinent : ainsi on substitue la réclusion au bannissement et à la dégradation civique (§ 3). Au delà des cas qui viennent d'être exprimés, la peine ordinaire est appliquée sans aggravation (§ 6). Le système de la loi est non seulement indécis et incomplet, mais encore, dans un cas, contradictoire. Ainsi on ne passe point de la détention à la déportation simple, parce que la substitution d'une peine perpétuelle à une peine temporaire serait une aggravation trop forte ; et cependant on passe des travaux forcés à temps aux travaux forcés à perpétuité. — Le texte ne s'explique pas non plus sur le genre de déportation qu'il a en vue. Il date de 1810, c'est donc à la déportation simple, la seule connue à cette époque, qu'il s'applique. Mais la loi du 8 juin 1850 a créé un second degré de déportation plus sévère que le premier. De là naît la question de savoir, si, lorsque le crime du fonctionnaire emporte la peine de la déportation simple, il faut prononcer la déportation dans une enceinte fortifiée, ou passer tout de suite aux travaux forcés à perpétuité ? La question à notre avis doit être résolue dans le premier sens. Nous l'expliquerons plus à fond à propos de l'aggravation résultant de la récidive dans la même hypothèse.

**495.** *c)*. La récidive est la cause d'aggravation la plus générale, car elle s'applique aux trois classes d'infractions. Dans son sens étymologique, le mot récidive signifie rechute : on appelait autrefois les récidivistes des *relaps* ; mais cette rechute ne constitue à proprement parler la récidive, que lorsqu'elle se produit après une condamnation irrévocable pour une première infraction. Sans cette condition, il y aurait simplement *concours d'infractions* (1). Nous étudierons cette seconde situation en traitant de l'application de la peine à l'agent unique de plusieurs délits. —

---

(1) Ces deux situations ont été souvent confondues par les jurisconsultes romains, voir notamment fr. 28, § 10. *de pœnis* ; fr. 8, *ad legem Jul. de vi* ; C. 3. *de episcopali audientia*. D'autres textes font cependant la distinction; voir : fr. 28, § 16 ; fr. 10, § 1, *de pœnis*. — Elle était admise d'ailleurs par nos anciens criminalistes ; comp. FARINACIUS, *Quest*. 18, n° 9.

Envisagée dans son rapport avec la seconde infraction, la récidive dénote une aggravation de culpabilité qu'il est juste de réprimer par une aggravation de peine. Ce point de vue est le seul auquel se soit placé le législateur de 1810. Le système en lui-même n'est pas mauvais ; mais l'imprévoyance de nos lois, qui ont négligé de s'occuper du reclassement des libérés, a fait naître un danger social de la répression même de la récidive. Plus fortes ont été les peines, plus nombreuses ont été les condamnations, et plus le libéré a de difficultés pour se faire accepter dans la société de la France continentale, trop dense et trop civilisée pour ne pas regarder aux antécédents d'un homme. Le défaut de reclassement des libérés est devenu un danger social auquel il a fallu parer. La loi du 27 mai 1885 a créé, dans ce but, la peine de la relégation et l'a appliquée à certaines récidives. Ce nouveau genre de répression de la récidive diffère du précédent en ce qu'il fait abstraction du châtiment que mérite l'agent dans la seconde infraction pour n'envisager que le danger social résultant du défaut ou de l'impossibilité de son reclassement. Il n'abroge pas d'ailleurs l'ancien système de répression, mais se combine avec lui ; la relégation s'ajoute dans certains cas à la peine ordinaire de l'infraction, aggravée à raison de l'état de récidive de l'agent ; dans d'autres cas elle réprime des récidives dont le législateur de 1810 ne s'était pas occupé.

SECTION II. — DE LA RÉCIDIVE PUNIE PAR LE CODE PÉNAL (1).

**496. I. Notions générales et théoriques.** — S'il suffisait d'établir l'ancienneté d'une institution pour démontrer sa légitimité, on pourrait invoquer à titre de précédents toutes les législations anciennes, pour légitimer l'aggravation de la peine à raison de la récidive (2). L'idée de justice, qui inspirait d'une manière exclusive ou prédominante les anciennes législations, commande cette aggravation. L'intérêt social, base de notre droit moderne, ne l'exige pas moins. La récidive dénote en effet chez certains criminels une persistance à enfreindre la loi pénale ; chez d'autres, un penchant à se laisser entraîner au mal par la passion ; chez d'autres enfin, une habitude d'imprévoyance ou de négligence. Il faut réagir énergiquement contre ces tendances et élever la peine du nouveau délit, parce que la rechute dans l'infraction malgré la condamnation antérieure, prouve que les moyens ordinaires sont impuissants. — On a objecté qu'on violait ainsi d'une manière détournée la règle, *non bis in*

(1) BIBLIOGRAPHIE : FERNEX DE MONTGEX, *Étude sur la récidive* (Chambéry, 1868) ; BERTAULD, *Rev. prat.*, t. V, p. 278 ; BAZOT, *De la récidive d'après la loi des 13 et 18 mai 1863* (Paris, 1864).
(2) HÉRODOTE, I, 13 ; VII, 194 ; — ARISTOTE, *Réthorique*, I, 14.

*idem* (1). C'est là une erreur : l'aggravation de peine ne réprime pas une seconde fois la première infraction qui est irrévocablement jugée ; elle réprime, dans la seconde infraction, une aggravation de la culpabilité, résultant du mépris de l'agent pour l'avertissement de la justice. — On a contesté que les récidivistes fussent plus coupables que les délinquants primaires. La récidive, a-t-on dit, démontre l'habitude ; or l'habitude facilite l'acte, diminue la liberté morale de l'agent et par suite sa responsabilité (2). Si l'objection était fondée, il faudrait dire que la récidive, loin d'être une cause d'aggravation, devrait être une cause d'atténuation ! L'habitude sur laquelle on discute, est supposée volontaire, sinon ce serait une *manie*; elle est donc punissable. — On objecte encore que la loi n'a pas à regarder aux antécédents d'un homme; qu'elle doit mesurer l'intérêt de la répression uniquement à la gravité du fait qu'elle incrimine. Mais cette objection tendrait à réduire le rôle du législateur dans la détermination des peines, à l'examen de la criminalité ; or il a le droit incontestable de s'occuper aussi de la culpabilité. De même, en effet, qu'en prévision d'une diminution de culpabilité il peut établir des excuses, de même aussi il peut prévoir des causes qui aggraveront la culpabilité et par suite la peine. La légitimité de l'aggravation légale à raison de la récidive est donc démontrée.

Le principe une fois admis, son application soulève plusieurs difficultés de détail.

**497.** 1ʳᵉ *Question :* « Doit-on punir seulement la récidive *spéciale*, ou punir aussi la récidive *générale* ? » — On appelle récidive spéciale la rechute dans le même genre d'infraction. Elle dénote ordinairement avec évidence l'aggravation de la culpabilité. C'est pourquoi les législations pénales des peuples les moins civilisés l'ont réprimée. Sa répression est « l'enfance de la pénalité ». On nomme récidive générale la rechute dans une infraction quelconque. L'aggravation de la culpabilité est moins saillante ; cependant on ne peut négliger le mépris qu'a fait l'agent de l'avertissement de la justice ; il est même possible de concevoir des hypothèses où la récidive générale sera certainement *plus coupable* que la récidive spéciale (3). On ne peut faire de réponse absolue. La répression de la récidive générale paraît mieux appropriée aux délits d'immoralité, et celle de la récidive spéciale aux délits de convention

---

(1) *Sic* : Carnot, p. 196, n° 1.
(2) *Sic* : Bourdon, *Rev. de législat.* 1856, p. 450 ; Tissot, I, 107-117.
(3) Haus (II, 878, *note*) cite le cas suivant : « Un voleur, à peine libéré, va trouver le témoin qui avait déposé contre lui et le blesse gravement. Un voleur, sorti de prison, signalé à la défiance des maîtres et des ouvriers, ne trouve du travail nulle part. Pour nourrir sa famille, plongée dans la misère, il va, la nuit, voler quelques provisions dans les champs. Lequel des deux est le plus coupable ? »

sociale. — Ce système fonctionne tant bien que mal dans notre Droit; pour les crimes et délits prévus par le code, qui sont presque tous des infractions d'immoralité, on trouve appliqué le système de la récidive générale. Pour les contraventions et les délits prévus par des lois en dehors du Code, on ne réprime que la récidive spéciale, probablement parce que la plupart de ces infractions rentrent dans la seconde classe (1).

**498.** *2° Question :* « Doit-on tenir compte de toute condamnation antérieure, ou seulement de celles qui présentent une certaine gravité ? » — De ces dernières seulement, lorsqu'on veut faire de la récidive une cause d'aggravation de la culpabilité de l'agent dans la seconde infraction. L'importance de l'avertissement judiciaire, résultant de la condamnation antérieure, est proportionné en effet à l'importance de cette condamnation. — Il en est ainsi dans notre Droit, quand fonctionne le système de la récidive générale : on exige que la condamnation antérieure ait non seulement une gravité *absolue* (qu'elle porte une peine criminelle, ou un emprisonnement de plus d'un an), mais encore, une gravité *relative* par rapport à la seconde infraction ; ainsi la récidive de délit à crime n'est pas punissable.

**499.** *3° Question :* « Faut-il exiger que la seconde infraction se produise dans un certain délai à compter de la condamnation antérieure ? » — Si la récidive augmentait la criminalité de la seconde infraction, on pourrait dire que cet élément, emprunté à la condamnation précédente, est susceptible de se prescrire, car les faits matériels s'affaiblissent et s'oublient avec le temps. Mais la récidive est une cause d'aggravation subjective ; elle dénote un surcroît de perversité déterminé par un fait psychologique, que la prescription ne peut atteindre. — Le législateur de 1810 a appliqué ces principes d'une façon assez judicieuse. Dans les crimes et les délits, il ne tient pas compte du délai qui sépare les deux termes de la récidive. Il exige au contraire que ces deux termes ne soient pas séparés par un intervalle de plus d'un an, s'il s'agit de contra-

(1) Il semble aussi qu'on devrait tenir compte du caractère politique ou non politique de l'infraction, surtout s'il s'agit d'un crime. Les peines criminelles politiques différant, en effet, des peines criminelles de Droit commun, la nature de l'avertissement qui résulte d'une première condamnation change suivant la nature de la peine prononcée. — Historiquement la théorie de la récidive spéciale apparaît bien avant celle de la récidive générale. L'aggravation croissante de la peine à mesure que s'accroît le nombre des récidives est la caractéristique de ce système. Une ordonnance du 9 mars 1310 prévoyait jusqu'à huit aggravations. La théorie de la récidive générale n'apparut que beaucoup plus tard : ord. d'août 1670, art. 12 ; décl. d'août 1701 et de mars 1724. Celle-ci surtout organise pour les crimes graves un système de répression presque aussi large que celui du Code pénal de 1810. Les écrits des jurisconsultes avaient favorisé d'ailleurs le développement de la nouvelle théorie. V. FARINACIUS, *Quæst.* 23, n° 32 ; MUYART DE VOUGLANS, *Lois crim.* II, ch. I, § 1, n° 8.

ventions. La raison de cette distinction vient probablement de l'importance plus grande de l'élément intellectuel dans la première classe d'infractions, que dans la seconde. Les contraventions empruntent toute leur gravité aux faits qui les constituent ; dès lors, l'avertissement résultant d'une condamnation pour contravention doit être susceptible de se prescrire, comme les faits matériels auxquels il se rattache (1).

500. 4e *Question :* « L'aggravation de la peine résultant de la récidive doit-elle être obligatoire, ou facultative ? » — L'aggravation obligatoire de la peine se comprend dans la récidive spéciale. Elle répond en effet à une aggravation de culpabilité que le législateur a pu apprécier exactement d'avance. Mais dans la récidive générale, ce système serait trop rigoureux. L'examen du législateur n'ayant porté que sur le premier terme de la récidive, il ne faut pas priver le prévenu de l'appréciation que peut faire le juge des circonstances qui atténuent sa culpabilité dans la seconde infraction. — Notre législation a suivi la solution la plus douce. En matière criminelle, elle admet la combinaison de la récidive avec les excuses et les circonstances atténuantes. En matière correctionnelle et de police, elle permet au juge d'écarter complètement, par les circonstances atténuantes, l'aggravation résultant de la récidive. C'est trop d'indulgence ; nous le démontrerons plus loin.

501. 5e *Question :* « Comment faut-il punir la récidive ? ». — La récidive, aggravant la culpabilité de l'agent sans toucher à la criminalité du fait, ne doit pas théoriquement modifier le genre de la peine applicable à l'infraction. La répression doit consister dans une aggravation du taux de cette peine, ou de son mode d'exécution (2). — Ce principe dégagé, seulement de nos jours, a peu à peu pénétré notre législation pénale. Le Code pénal de 1810 n'admettait pas qu'on passât d'une peine correction-

---

(1) La tendance générale des législations les plus récentes est d'exiger cette condition de temps, pour la répression de la récidive, quelle que soit l'infraction. Tantôt le point de départ de ce délai est la condamnation antérieure ; tantôt, ce qui est plus logique, l'expiration de la peine prononcée par cette condamnation. *Comp.* C. belge, art. 56, § 2 ; C. allemand, art. 245 ; C. des Pays-Bas, art. 421-423 ; projets de C. p. espagnol de 1884-85 ; C. italien, art. 80, etc.— La même condition de temps est souvent exigée dans nos lois spéciales, sans égard au caractère intentionnel ou non intentionnel de l'infraction : L. 5 juil. 1844, s. les brevets d'invention, art. 43 ; L. 23 juin 1857, s. les marques de fabrique, art. 11 ; L. 14 mars 1887, s. la répression des fraudes commises dans la vente de beurres, art. 5, 10 ; L. 4 fév. 1888, s. la répression des fraudes dans le commerce des engrais, art. 1, 2, 3. — D'autres lois récentes ne font pas mention de cette condition de temps ; L. 18 av. 1886, s. l'espionnage ; L. 30 av. 1886 s. l'usurpation des médailles et récompenses industrielles ; L. 14 août 1885 s. la fabrication et le commerce des armes et munitions, etc. L'incohérence de nos lois sur ce point est regrettable.

(2) *Sic* : Rossi, III, p. 114 ; Haus, II, 879. C. italien, art. 81, 82.

nelle à une peine criminelle (1); après la réforme de 1832, on n'a plus admis la gradation d'une peine afflictive temporaire à une peine afflictive perpétuelle, et jamais, sauf un cas, la gradation à la peine de mort; enfin, depuis la loi du 8 juin 1850 sur la déportation, on peut soutenir qu'on ne passe point d'une peine politique à une peine de Droit commun.

502. Le Code pénal contient deux théories de la récidive: l'une applicable aux crimes et aux délits, l'autre aux contraventions. Il existe aussi, soit dans le Code pénal, soit dans les lois spéciales des règles particulières à certains cas exceptionnels de récidive. Mais toutes ces dispositions ont cela de commun qu'elles envisagent la récidive comme une aggravation de la culpabilité de l'agent dans la seconde infraction. Aussi sont-elles soumises à un ensemble de règles communes que nous allons exposer; nous étudierons ensuite successivement les règles spéciales à chaque groupe.

503. II. **Conditions générales de la récidive.** — La récidive suppose une condamnation antérieure et une nouvelle infraction: ce sont là ses deux *termes*. Les conditions générales de la récidive s'appliquent à chacun d'eux.

504. A. **Conditions relatives au premier terme de la récidive.** — La condamnation qui le constitue doit être : *a*) antérieure à la nouvelle infraction, *b*) pénale, *c*) irrévocable, *d*) émanée d'un tribunal français.

*a*) *Antérieure à la nouvelle infraction*, et non pas seulement à sa poursuite ou à son jugement. — La loi voit, dans cette condamnation antérieure, un avertissement pour le condamné de ne pas commettre un nouveau délit; le mépris de cet avertissement aggrave sa culpabilité dans la seconde infraction. Il suit de là, que cet avertissement doit avoir précédé la nouvelle faute.

505. *b*) La condamnation doit être *pénale*.—Ainsi l'exige le texte même des art. 56, 57 et 58 : « Quiconque ayant été condamné à une peine... Les coupables condamnés *correctionnellement à un emprisonnement*, etc. ». L'avertissement judiciaire résulte de la peine appliquée : tout jugement ou arrêt qui se bornerait à constater la culpabilité matérielle ou même l'imputabilité pénale, sans prononcer de peine proprement dite, ne constituerait point le premier terme de la récidive, alors même qu'il aurait ordonné ou motivé certaines mesures de correction. Ni le mineur de seize ans envoyé dans une maison d'éducation correctionnelle, ni le fou placé d'office dans un établissement d'aliénés après son acquittement, ni l'individu renvoyé indemne par l'effet d'une excuse absolutoire, ne sont à considérer comme ayant le premier terme de la récidive (2).

(1) Sauf l'exception de l'art. 200 pour un cas de récidive spéciale.
(2) Il en serait de même, dans une théorie relative au non-cumul des peines, à laquelle nous avons déjà fait allusion, du jugement ou de l'arrêt qui se bornerait

**506.** *c)* La condamnation antérieure doit être *irrévocable*, c'est-à-dire passée en force de chose jugée, au moment où l'agent commet la seconde infraction. — On ne peut en effet l'obliger à tenir compte d'un jugement qu'il attaque ou qu'il peut attaquer. Ne sauraient donc constituer le premier terme de la récidive : 1° le jugement ou l'arrêt par défaut, tant que l'opposition est recevable ou n'est pas rejetée ; 2° le jugement susceptible d'appel, ou dont l'appel n'est pas jugé ; 3° l'arrêt ou le jugement susceptibles d'un pourvoi en cassation, ou frappés d'un pourvoi ; 4° l'arrêt de condamnation par contumace, tant que la prescription de la peine n'est pas acquise (1). Seule, la revision est une voie de recours dont l'éventualité n'empêche point la condamnation d'acquérir l'autorité de la chose jugée. — Il importe peu d'ailleurs que, postérieurement à la seconde infraction, le condamné ait échoué dans le recours qu'il exerçait contre sa condamnation antérieure : car, en supposant que la condamnation dût être considérée, par fiction, comme irrévocable à dater du jour où elle a été rendue, cet effet rétroactif ne peut modifier l'appréciation qu'en a faite l'agent au moment de commettre la seconde infraction. Cette appréciation en effet est *res facti ;* or les fictions n'opèrent que sur les *res juris*. — Il n'est pas utile non plus que la peine ait été subie (arg. '« Quiconque ayant été *condamné...* » art. 56, 57, 58). La loi voit l'avertissement dans la *condamnation* et non dans l'exécution de la peine (2). Il suit de là que ni la prescription de la peine, ni sa remise par voie de grâce n'empêchent la condamnation de compter comme premier terme de la récidive. Toutes les causes au contraire qui effacent la condamnation (l'amnistie, la revision, la réhabilitation) suppriment cette condamnation comme premier terme de la récidive.

**507.** *d)* Il faut enfin que la condamnation antérieure émane d'un *tribunal français*. — Cette condition, non formulée par les textes, est la conséquence du principe de la territorialité des lois pénales. Vainement l'on objecterait que depuis la loi du 27 juin 1866 (nouvel art. 5, C. i. c.), les jugements étrangers empêchant la poursuite en France des infractions commises par les Français hors de notre territoire, doivent,

---

à constater la culpabilité du prévenu ou de l'accusé quant au délit puni de la peine la moins grave, sans prononcer cette peine. Cass. 1ᵉʳ mars 1888 (*Gaz. des Trib.* 9 mars).

(1) *Sic* : Cass. 10 mai 1861 (D. 61, 1, 239) et la note. Ce qui pourrait faire doute pour les arrêts par contumace, c'est qu'ils produisent provisoirement la chose jugée au point de vue de l'exécution sur les biens.

(2) Quelques législations étrangères s'attachent au contraire à l'exécution de la peine. D'autres combinent les deux systèmes en réservant un châtiment plus sévère à celui qui enfreint de nouveau la loi pénale après avoir subi une première peine, qu'à celui qui l'enfreint après avoir simplement subi une première condamnation (voir s. la *quest.* GARRAUD, *Dr. pén. fr.* II, 189, note 5).

du moins pour les Français, servir de premier terme à la récidive. Cette disposition, répondrons-nous, est exceptionnelle et par conséquent ne peut servir de base à un argument d'analogie. L'extension de l'autorité des lois pénales françaises aux infractions commises hors du territoire, déroge au principe de la territorialité ; on a pu dès lors la subordonner à cette condition que le fait n'ait pas été jugé définitivement à l'étranger. Mais il ne faut pas induire de là que le jugement étranger pourra constituer en France un terme de la récidive. Les principes généraux sur l'interprétation des lois s'y opposent, et de plus cela aurait des inconvénients pratiques très graves quand les deux législations diffèrent sur le genre de répresssion (1).

508. Du moment que la condamnation émane d'un tribunal français, il importe peu que ce soit d'un tribunal ordinaire ou d'une juridiction d'exception : cela résulte de la réserve que l'art. 56, § 8 fait pour certaines condamnations émanées des conseils de guerre : « Toutefois l'individu, condamné par un tribunal militaire ou maritime, ne sera, en cas de crime ou délit postérieur, passible des peines de la récidive, qu'autant que la première condamnation aurait été prononcée pour des crimes ou délits punissables d'après les lois pénales ordinaires ».

509. On s'est demandé si le juge de la seconde infraction pouvait se livrer à un examen plus approfondi de la condamnation antérieure, vérifier, par exemple, si le tribunal français qui l'a prononcée était *régulièrement composé et compétent*, s'il *a appliqué la loi*, etc. Nous ne l'admettons pas : ce serait *reviser* cette condamnation qui a acquis l'autorité de la chose jugée. Or le juge de la seconde infraction n'est pas compétent pour faire cette revision, qui, d'ailleurs, est irrecevable au fond et en la forme (art. 443-447, C. i. c.). En effet, toutes les irrégularités, qui entachaient la condamnation antérieure, donnaient ouverture à des voies de recours ; quand on en est forclos, ou qu'on les a épuisées, le jugement de condamnation acquiert l'autorité de la chose jugée, et s'impose comme une vérité qui ne peut plus être discutée (2).

510. Mais le juge de la seconde infraction devrait examiner si la loi, que le juge du premier délit a appliquée, n'est pas actuellement abrogée ou modifiée. Il ne revise pas ainsi la condamnation antérieure, mais il apprécie sa valeur dans son rapport avec l'infraction actuelle. Or cette appréciation ne peut être faite que par lui, et selon la législation en vigueur au moment du jugement de l'infraction prétendue commise en récidive. Si à ce moment le fait qui a motivé la condamnation antérieure a cessé d'être punissable, il serait irrationnel de considérer cette condamnation comme une cause d'aggravation *légale* de la peine applicable

(1) Haus, II, 887, 888 ; Garraud, *loc. cit.*
(2) *Sic* : Blanche, I, 481. — *Contrà* : Cass., 30 déc. 1825 ; 16 sep. 1830.

à l'infraction actuelle : le législateur a reconnu en effet que l'incrimination était vicieuse, que le fait devait rester impuni, peut-être qu'il était licite, peut-être même honorable, et l'on voudrait qu'une condamnation motivée par ce fait, condamnation dont il réprouve le principe, aggravât, *à ses yeux*, la culpabilité de l'agent ! Cette solution, trop facilement acceptée par les criminalistes français, confine à l'absurde. La loi du 23 floréal an X prévoyait la question et la résolvait expressément dans notre sens ; on peut l'invoquer par analogie. — On objecte qu'une loi nouvelle, qui supprime ou réduit une peine, ne peut profiter à ceux qui ont été condamnés définitivement sous l'empire de la loi ancienne. L'objection serait fondée s'il s'agissait d'arrêter l'exécution de la condamnation antérieure, parce qu'on reviendrait alors sur une situation définitivement acquise ; mais il s'agit ici de faire produire à la condamnation antérieure un effet absolument nouveau, un effet qui suppose la comparaison de cette condamnation antérieure à la peine de l'infraction actuelle ; or cette comparaison ne peut se faire sans tenir compte du nouveau point de vue auquel la législation, en vigueur au moment du jugement de la seconde infraction, a envisagé le fait qui a motivé la condamnation antérieure (1). Les conséquences pratiques de notre système sont très importantes : 1° si le fait qui a motivé une condamnation antérieure à une peine criminelle, est puni d'un emprisonnement supérieur à un an, au moment du jugement de la seconde infraction, la première condamnation ne pourra servir de premier terme qu'à la récidive correctionnelle (2) ; — 2° si l'incrimination de ce fait a disparu, ou bien s'il est actuellement puni soit de l'amende, soit d'un emprisonnement non supérieur à un an, la condamnation antérieure, fût-elle à une peine criminelle, ne peut servir de premier terme même à la récidive correctionnelle. Il suffit pour le moment de formuler ces conséquences ; elles seront mieux comprises quand nous aurons exposé les conditions spéciales de la récidive en matière de crimes et de délits.

**511. B. Conditions relatives au second terme.** — Le deuxième terme de la récidive consiste dans une seconde infraction, — qui doit être indépendante de la première condamnation, — et de même nature que l'infraction primitive.

*a) Indépendante de la première condamnation.* — L'infraction à l'interdiction de séjour et l'évasion ne satisfont pas à cette condition, s'il n'y a d'autre condamnation antérieure que celle à l'exécution de laquelle le prévenu a tenté de se soustraire. Elles ne manifestent pas en effet l'in-

---

(1) *Sic* : Haus, II, 899, 900. — *Contrà* : Cass. 4 juillet 1828 (B. 199), et 19 août 1830 (S. 31, 1, 185) ; Blanche, I, 483 ; Garraud, 399 B.

(2) Cette conséquence est très importante après une loi de *correctionnalisation*, comme celle du 13 mai 1863, qui transforme des crimes en délits.

corrigibilité du coupable, mais seulement son désir d'éviter l'exécution de la peine qu'il subit. Il ne faut pas croire d'ailleurs que ces deux délits ne puissent être commis en récidive. Pour qu'il en soit ainsi, il suffit en effet de supposer que le coupable a encouru une condamnation antérieure, autre que celle qui a prononcé contre lui l'interdiction de séjour ou la peine privative de la liberté (1).

*b) De même nature que l'infraction primitive.* — La division tripartite des infractions en crimes, délits et contraventions est absolument factice ; en réalité, si l'on considère leurs éléments constitutifs, les infractions se divisent en deux classes : celles qui exigent l'intention, celles qui ne l'exigent point. La récidive étant une cause d'aggravation qui se rattache à l'élément interne, le législateur devait nécessairement établir deux théories différentes : l'une pour les infractions intentionnelles, l'autre pour les infractions non intentionnelles. Il l'a fait en édictant des règles communes à la récidive en matière de crimes et délits, infractions qui présentent habituellement le premier caractère (art. 56-58, C. p.), et des règles spéciales à la récidive en matière de contraventions, infractions habituellement non intentionnelles. Nous allons étudier en détail ces deux théories. Tenons seulement pour certain, d'après les principes généraux, qu'il n'y a point récidive punissable quand, après une condamnation pour crime ou délit, le condamné commet une contravention.

**512. III. Conditions spéciales de la récidive en matière de crimes et de délits.** — En cette matière la loi punit trois genres de récidive qu'on a l'habitude d'appeler : 1° récidive de crime à crime, 2° récidive de crime à délit, 3° récidive de délit à délit. Ces expressions, empruntées à l'ancien texte des art. 56, 57 et 58, ne sont plus en harmonie avec la rédaction que ces articles ont reçue lors des lois de révision de 1832 et de 1863. Ces réformes ont mieux précisé la nature de la condamnation qui sert de premier terme à la récidive ; l'usage maintient cependant les anciennes locutions, à raison de leur brièveté.

**513.** 1° *Récidive de crime à crime.* — Le premier terme de cette récidive est une condamnation antérieure « *à une peine afflictive ou infamante* » (art. 56, texte de 1832). Le Code pénal de 1810 disait une condamnation « *pour crime* », ce qui semblait faire reposer le principe de la récidive sur la qualification abstraite du fait qui avait motivé la condamnation précédente, et non sur la peine réellement prononcée. Mais, puisque cette condamnation est considérée par la loi comme un avertissement donné au coupable, il était logique de mesurer la portée de cet avertissement à la gravité de la peine prononcée. Aujourd'hui, plus de doute : le premier terme de la récidive est une condamnation antérieure à une *peine criminelle principale*.

(1) *Sic* : BLANCHE, I, 224 ; GARRAUD, 341 ; Cass. 4 déc. 1886 (D. 87, 1, 239).

Le second terme de cette récidive est une infraction « *punissable d'une peine afflictive ou infamante* ». L'art. 56 parcourt l'échelle générale des peines criminelles, en remontant de la plus faible à la plus forte, et il indique, pour chacune d'elles, l'aggravation qu'entraîne la récidive. Pour faire cette énumération le législateur emploie la formule suivante: si le second crime « *emporte* » telle peine, le coupable sera condamné à telle autre peine. Cette formule a suscité une grave controverse : à quel moment doit-on se placer pour dire que la nouvelle infraction *emporte* telle peine ? Faut-il envisager cette infraction *in abstracto*, c'est-à-dire dépouillée de toutes les circonstances qui peuvent augmenter ou diminuer la peine qui lui est normalement applicable ? Faut-il au contraire la considérer *in concreto*, avec toutes les causes d'aggravation et d'atténuation que l'on rencontre dans l'espèce, et dire que la peine, sur laquelle porte l'aggravation résultant de la récidive, est celle qui est déterminée par l'application de toutes ces causes d'aggravation et d'atténuation ? Telle est théoriquement l'étendue du problème. Pratiquement, il se restreint au conflit de la *récidive* avec les *excuses* et les *circonstances atténuantes :* dans quel ordre faut-il faire fonctionner cette cause d'aggravation et ces deux causes d'atténuation ? On trouvera plus bas sa solution (nos 596 et s.).

**514.** 2° *Récidive de crime à délit.* — Cette récidive est régie par l'art. 57. Son premier terme est une condamnation pour crime soit *à une peine afflictive ou infamante*, soit *à un emprisonnement supérieur à un an*. Le texte de l'art. 57, qui date de 1863, ne prévoit expressément que cette seconde hypothèse, et, à l'inverse, le texte primitif ne paraissait prévoir que la première. Tenons cependant pour certain qu'il s'applique aux deux. Cette interprétation était déjà donnée par la jurisprudence avant la réforme de 1863. Le changement de rédaction a eu pour but de mettre fin à toute controverse, et d'appliquer l'art. 57 aux deux cas. On peut ajouter que la formule actuelle : « Quiconque ayant été condamné pour crime à une peine supérieure à une année d'emprisonnement... » comprend implicitement l'hypothèse d'une condamnation à une peine criminelle ; car une peine criminelle est toujours *supérieure*, par sa nature, à l'emprisonnement qui n'est qu'une peine correctionnelle, quelle que soit sa durée.

Le second terme de cette récidive est « *un délit ou un crime qui devra n'être puni que de peines correctionnelles* ». La dernière partie de cette formule soulève la même controverse que celle suscitée par la formule de l'art. 56 : « *Un crime qui emporte...* » telle peine. Il nous suffit ici de la signaler.

**515.** 3° *Récidive de délit à délit.* — La condamnation antérieure, qui constitue le premier terme de cette récidive, est *une condamnation à un* *emprisonnement supérieur à un an.* Toute autre peine correctionnelle, la jugeât-on plus grave, par exemple la *relégation*, qui est perpétuelle, les *travaux publics*, qui dans l'échelle des peines militaires occupent un rang supérieur à l'emprisonnement, est insuffisante. La condamnation supérieure à un an d'emprisonnement est, d'après l'esprit et le texte de l'art. 58, une condamnation motivée par un délit (arg. « Les coupables condamnés *correctionnellement...* »). Si elle était motivée par un crime accidentellement puni de l'emprisonnement par l'effet d'une excuse ou des circonstances atténuantes (art. 67, 326, 463, C. p.), on rentrerait dans l'une des récidives auxquelles s'applique l'art. 57. L'observation n'a qu'une importance théorique, car les dispositions des art. 57 et 58, quant à la répression de la récidive, sont identiques.

Le second terme de la récidive de délit à délit est « *un délit ou un crime qui devra n'être puni que de peines correctionnelles* ». On retrouve donc ici la même difficulté qui a été signalée pour le second terme de la récidive de crime à délit.

**516. IV. Conditions spéciales de la récidive en matière de contraventions.** — On a vu, dans la théorie de la récidive en matière de crimes et de délits, que la loi tenait compte de la gravité relative de la première condamnation, comparée à la peine dont la seconde infraction est susceptible. Cette condition disparaît dans la théorie de la récidive en matière de contraventions ; en revanche on en exige d'autres. « Il y a récidive, porte l'art. 483 du Code pénal, dans tous les cas *prévus par le présent livre*, lorsqu'il a été rendu contre le contrevenant, *dans les douze mois précédents*, un premier jugement pour contravention de police *commis dans le ressort du même tribunal* ». Trois conditions résultent de ce texte.

**517.** 1° *Condition de temps.* — La condamnation antérieure, qui sert de premier terme à la récidive, ne doit pas être séparée de plus de douze mois de la contravention actuelle, son second terme. — On remarquera d'abord que la loi fait dépendre l'avertissement judiciaire qui aggrave la culpabilité de l'agent, non pas de la peine précédemment prononcée, mais du simple fait de sa condamnation antérieure. Il n'y a donc pas lieu de rechercher si la peine appliquée précédemment est plus ou moins grave que la peine applicable à la contravention actuelle. Quel sera maintenant le point de départ du délai d'un an ? Sera-ce le jour où la condamnation antérieure a été prononcée, ou bien celui où elle est devenue irrévocable ? Les principes généraux répondent que c'est cette dernière date. L'opinion contraire, soutenue par certains auteurs, se fonde sur le silence du texte pour l'interpréter de la manière la plus favorable au prévenu. Mais ces auteurs ne s'aperçoivent point qu'ils se contredisent, car ils interprètent, comme visant une condamnation irrévocable, ces expressions des art. 56, 57, 58 : « Quiconque ayant été *condamné*... Les coupables *condamnés*... » sur lesquelles on pourrait soulever la même controverse (1).

**518.** 2° *Condition de lieu*. — Les deux contraventions doivent avoir été commises dans le ressort du même tribunal de police, c'est-à-dire *dans le même canton*. La récidive dans les infractions de minime importance n'a qu'une gravité locale.

**519.** 3° *Condition d'incrimination*. — La contravention qui a motivé la condamnation antérieure et la contravention actuelle doivent être *prévues par le Code pénal*. La théorie de la récidive en cette matière n'est pas une théorie générale comme en matière de crimes et de délits. L'intention n'étant pas un élément essentiel des contraventions, leur incrimination dépend de raisons souvent très différentes. Le législateur de 1810 a pensé qu'il ne pouvait bien apprécier l'aggravation de culpabilité résultant de la récidive que pour les contraventions qu'il prévoyait expressément. A l'égard des contraventions prévues par les lois spéciales, la récidive n'est punissable que si elle est expressément incriminée par ces lois, et suivant les règles particulières qu'elles édictent. Ces règles particulières doivent d'ailleurs être complétées par les règles générales de la récidive. Quant aux contraventions prévues par le Code pénal, les trois conditions que nous venons d'énumérer paraissent être les seules conditions *spéciales* auxquelles est subordonnée la répression de la récidive. On a soutenu cependant qu'il en fallait une quatrième, savoir : « que les deux contraventions appartinssent à la même classe » ; c'est-à-dire qu'elles fussent prévues toutes deux ou par l'art. 471, ou par l'art. 475, ou par l'art. 479. Il n'y aurait point, par exemple, récidive punissable de condamnation antérieure pour contravention prévue par l'art. 471, à contravention prévue par l'art. 475. — Ce système organise trois théories de la récidive pour les contraventions prévues par le Code pénal, alors qu'il résulte clairement de l'art. 483 qu'il n'y en a qu'une seule. On objecte que la loi réprime en matière de contraventions la récidive spéciale. Cela est vrai pour la contravention prévue par l'art. 478, § 2, mais pas pour les autres. Ni les art. 474, 478, § 1, 482 qui posent le principe de la répression de la récidive, ni l'art. 483 qui indique ses conditions, n'exigent que les deux contraventions appartiennent à la même classe (2).

(1) *En notre sens* : GARRAUD, *Droit pénal français*, II, 191 ; — *Contrà* : CHAUVEAU et HÉLIE, VI, 2731.

(2) *En notre sens* : BLANCHE, VII, 525 ; GARRAUD, 340 ; Cass. 3 juin 1875 (D. 76, I, 334) ; — *Contrà* : ORTOLAN, I, 1228. — Il faut observer d'ailleurs que la contravention prévue par l'art. 478, 2° peut être prise en considération pour le premier comme pour le second terme de la récidive générale en matière de contraventions, bien qu'elle soit d'un autre côté l'objet d'une récidive spéciale.

**520. V. Peines de la récidive.** — La récidive, envisagée comme une circonstance aggravant la culpabilité de l'agent dans l'infraction actuelle, est réprimée par une aggravation de la peine qu'entraîne cette infraction. Elle ne fait pas l'objet d'une répression distincte. Le système d'aggravation varie, suivant que la peine à aggraver est criminelle, correctionnelle ou de simple police.

1° *Aggravation des peines criminelles.* — Elle se fait tantôt en remplaçant la peine ordinaire par celle du degré supérieur dans l'échelle à laquelle elle appartient, tantôt en élevant son taux. Le premier procédé est prescrit toutes les fois que la peine du degré supérieur est de même nature que celle qu'il faut aggraver, par exemple si elles sont toutes deux temporaires. On monte ainsi de la *dégradation civique* au bannissement, du *bannissement* à la détention, de la *réclusion* aux travaux forcés à temps (art. 56, §§ 1, 2, 3). On a recours au second procédé si la peine à aggraver est temporaire, et celle du degré supérieur, perpétuelle. C'est ainsi qu'on porte la *détention* et les *travaux forcés à temps* à leur maximum, avec faculté pour le juge de les élever jusqu'au double (*ibid.* §§ 4, 5). Enfin, comme il y a une différence de nature entre la peine de mort et les autres peines afflictives perpétuelles, on ne passe que dans un cas exceptionnel à la peine de mort : il ne suffit pas, en effet, que la peine à aggraver soit celle des *travaux forcés à perpétuité*, il faut encore que la condamnation antérieure ait été une condamnation à la même peine (*ibid.* § 7).

**521.** Dans l'énumération des peines afflictives et infamantes dont nous venons d'indiquer l'aggravation, nous avons laissé de côté *les deux déportations*. Leur aggravation est ainsi réglée par le paragraphe 6 de l'art. 56 : « Si le second crime emporte *la peine de la déportation*, il sera condamné aux travaux forcés à perpétuité ». Ce texte date d'une époque où la déportation *simple* était seule organisée dans notre législation. Depuis que la loi du 8 juin 1850 a créé un degré plus sévère de déportation, la question est de savoir : si le genre d'aggravation indiqué par le paragraphe 6 s'applique à la déportation simple ? — ou bien s'il doit être réservé pour la déportation dans une enceinte fortifiée ? — ou bien même s'il ne s'applique ni à l'une ni à l'autre ? Ces trois solutions ont leurs partisans. La jurisprudence n'a pas eu l'occasion de se prononcer.

*1ᵉʳ système.* — « Le paragraphe 6 s'applique aux deux déportations ». La loi du 8 juin 1850 n'a pas modifié, dit-on, l'aggravation de la déportation au cas de récidive, et cette réforme de l'art. 56, qui aurait pu être faite lors de la loi de revision du 13 mai 1863, ne l'a pas été. Il n'y a donc qu'une manière d'aggraver soit la déportation simple, soit la déportation dans une enceinte fortifiée : c'est de les remplacer par les travaux forcés à perpétuité (1).

*2e système.* — « Le paragraphe 6 s'applique seulement à la déportation dans une enceinte fortifiée ». — C'est, dit-on, faute d'une peine d'un degré supérieur dans l'échelle des peines politiques, que le Code de 1810 prescrivait le remplacement de la déportation simple par les travaux forcés à perpétuité. Depuis la loi du 8 juin 1850, ce degré existe. On invoque en outre, par analogie, l'effet des circonstances atténuantes sur la déportation dans une enceinte fortifiée. L'art. 2 de la loi du 8 juin 1850, devenu, sauf une légère modification, le paragraphe 4 de l'art. 463 du Code pénal en 1863, prescrit de descendre de la déportation dans une enceinte à la déportation simple. Or le système d'atténuation à raison des circonstances atténuantes est la contre-partie du système d'aggravation à raison de la récidive ; on abaisse ou on élève la peine dans l'échelle à laquelle elle appartient. Il faut donc, en cas de récidive monter de la déportation simple à la déportation dans une enceinte fortifiée et réserver les travaux forcés à perpétuité pour l'aggravation de cette dernière peine (2).

*3º système.* — « Les travaux forcés à perpétuité ne peuvent remplacer, au cas de récidive, ni la déportation simple, ni la déportation dans une enceinte fortifiée ». — Le paragraphe 6 de l'art. 56 a été implicitement modifié par la loi du 8 juin 1850 et par l'insertion de l'art. 2 de cette loi dans l'art. 463. La déportation dans une enceinte fortifiée doit être considérée comme virtuellement substituée aux travaux forcés à perpétuité dont il est question dans le paragraphe 6. Le second degré de déportation devient ainsi le mode d'aggravation de la déportation simple. Quant au second degré de déportation, il n'est lui-même susceptible d'aucune aggravation, et cela pour plusieurs raisons : la première, c'est que l'esprit général des réformes opérées en 1832 et en 1863 dans les art. 56 et 463 s'oppose à ce qu'on remplace une peine politique par une peine de Droit commun, lorsqu'il s'agit de l'aggraver ou de l'atténuer. La seconde, c'est que la déportation dans une enceinte ayant remplacé la peine de mort en matière politique, ne comporte, comme celle-ci, aucune aggravation. La troisième, c'est que la peine des travaux forcés à perpétuité n'a pu être édictée par le législateur de 1810 pour aggraver celle de la déportation dans un enceinte fortifiée, qu'il ne connaissait pas. Vainement on alléguerait qu'ayant été établis pour aggraver la déportation simple, les travaux forcés à perpétuité doivent *a fortiori* servir de mode d'aggravation à la déportation dans une enceinte fortifiée. Ce raisonnement, en effet, n'est pas recevable en matière pénale, où les lacunes

(1) *Sic* : Blanche, I, 488 ; Chauveau et Hélie, I, 202.
(2) *Sic* : Bertauld, p. 444 ; Garraud, 344. A, note.

et l'obscurité de la loi doivent toujours être interprétées en faveur de l'accusé. — Ce dernier système, assurément le plus juridique, mérite d'être adopté (1).

**522.** Dans l'exposé de l'organisation des peines, nous avons vu que le législateur avait parfois puni de la dégradation civique ou du bannissement, peines politiques, des crimes de Droit commun. Plusieurs de ces anomalies ont été corrigées par les lois de revision de 1832 et 1863. On peut cependant citer encore les crimes prévus par les articles 167, 177, 179, 183, 229, 263. Faut-il, dans ces hypothèses, lorsqu'il y a récidive, considérer la dégradation civique ou le bannissement comme formant exceptionnellement un dernier échelon de l'échelle des peines de Droit commun, et monter à la réclusion ? — Nous ne le pensons pas. L'aggravation à raison de la récidive se fait en tenant compte de la nature de la peine et non de celle de l'infraction. La solution contraire serait d'ailleurs trop rigoureuse ; elle violerait les principes d'interprétation en matière pénale.

**523.** On remarquera qu'en matière criminelle l'aggravation du chef de la récidive ne porte que sur les peines *afflictives* ou *infamantes*. Les peines complémentaires ne subissent aucune aggravation. Il en est ainsi même pour l'interdiction de séjour, prononcée seule à la suite d'une excuse, et jouant, exceptionnellement dans cette hypothèse, le rôle de peine principale. Quant aux peines accessoires, elles subissent par contre-coup les effets de la récidive, puisqu'elles suivent le sort de la peine principale dont elles sont les conséquences légales. Mais, depuis qu'on ne passe plus d'une peine temporaire à une peine perpétuelle, l'influence de la récidive est susceptible de se faire sentir seulement sur l'interdiction légale.

**524.** 2° *Aggravation des peines correctionnelles.* — Elle consiste à élever leur taux et à ajouter, aux peines ordinaires du délit, la peine complémentaire-obligatoire de l'interdiction de séjour pendant cinq à dix années (art. 57, 58). L'élévation de la peine à son maximum est obligatoire, de plus le juge a la faculté d'aller jusqu'au double. Cette aggravation s'applique à toutes les peines que prononce le juge (arg. *sera condamné...*), aux peines principales comme aux peines complémentaires; mais à l'égard de celles-ci l'observation n'a de l'importance que si la peine est complémentaire-obligatoire, car si elle est complémentaire-facultative, le juge, qui peut s'abstenir de la prononcer, peut, *a fortiori*, se dispenser de la porter à son maximum.

**525.** 3° *Aggravation des peines de simple police.* — Les contraventions de police prévues par le Code pénal sont toujours réprimées d'une amende et peuvent l'être parfois d'un emprisonnement (art. 471, 473, 475, 476, 479,

(1) *Sic* : MOLINIER, *Rev. crit.* I, p. 19.

480). La récidive rend l'emprisonnement *obligatoire*, et fixe son taux, savoir : à trois jours pour la première classe de contraventions, et à cinq jours pour les deux autres (art. 474, 478, 482).

### 526. Résumé des récidives punissables et non punissables d'après le Code pénal.

I. *Récidives punissables.*

Observation.

Le 1ᵉʳ terme est une condamnation à une peine afflictive ou infamante.

1° Récidive de crime puni de peine afflictive ou infamante — à crime puni de mêmes peines (art. 56).

2° Récidive de crime puni de peine afflictive ou infamante — à crime puni de peines correctionnelles (art. 57).

3° Récidive de crime puni de peine afflictive ou infamante — à délit (art. 57).

Observation.

Le 1ᵉʳ terme est une condamnation à un emprisonnement de plus d'un an.

4° Récidive de crime puni d'un emprisonnement de plus d'un an — à crime puni de peines correctionnelles (art. 57).

5° Récidive de crime puni d'un emprisonnement de plus d'un an — à délit (art. 57).

6° Récidive de délit puni d'un emprisonnement de plus d'un an — à délit (art. 58).

7° Récidive de délit puni d'un emprisonnement de plus d'un an — à crime puni de peines correctionnelles (art. 58).

II. *Récidives non punissables.*

1° Récidive de délit — à crime puni de peines criminelles.

2° Récidive de crime puni de peines correctionnelles — à crime puni de peines criminelles.

3° Récidive de crime puni de peine afflictive ou infamante, uniquement par les Codes de justice militaire, — à crime de Droit commun.

4° Récidive de crime puni de toute autre peine afflictive ou infamante que les trav. for. à perpétuité — à crime puni des trav. for. à perp.

5° Récidive de crime à crime, quand la peine applicable au second crime est la peine de mort ou *la déportation dans une enceinte fortifiée* (controversé).

6° Récidive de crime ou délit puni de peines correctionnelles *autres qu'un emprisonnement de plus d'un an* — à infraction passible de peines correctionnelles.

7° Récidive de crime ou délit — à contravention, — et réciproquement.

8° Récidive de contravention punie par le Code pénal — à contravention prévue par une loi spéciale, — et réciproquement.

**527. VI. Conditions et effets exceptionnels de certaines récidives. — Récidive spéciale.** — Le Code pénal réprime, en principe, la récidive générale. Il incrimine cependant deux récidives spéciales : 1° celle du délit de célébration du mariage religieux sans qu'il soit justifié de la célébration du mariage civil (art. 199, 200) ; 2° celle de la contravention de jeux de hasard sur la voie publique (art. 475, § 5 ; 178, § 2). Ces deux exceptions ne se justifient point. Aucune raison particulière ne commandait la répression de la récidive spéciale pour ces deux infractions plutôt que pour telle autre. On comprendrait, comme nous l'avons dit, la répression de la récidive générale dans les délits d'immoralité, et celle de la récidive spéciale dans les délits de convention sociale, mais non pour deux infractions seulement appartenant à cette dernière classe. En réprimant d'ailleurs ces deux cas de récidive spéciale, le législateur est tombé dans l'excès auquel aboutit presque toujours le système qu'il appliquait. Ainsi, il substitue des peines correctionnelles aux peines de police, dès la première récidive, pour la contravention prévue par l'art. 175, § 5, et des peines criminelles aux peines correctionnelles, à la seconde récidive, pour le délit prévu par l'art. 199. Ce déclassement de l'infraction, par l'effet de la récidive, est contraire aux principes. L'aggravation produite dans ces deux cas par la récidive spéciale se cumule avec l'aggravation résultant de l'état de récidive générale où il peut se trouver : les deux systèmes de répression se superposent, mais ne se remplacent point. Il s'ensuit une nouvelle exagération de la peine. — Dans quel ordre doivent fonctionner ces deux causes d'aggravation ? A notre avis, l'aggravation à raison de la récidive spéciale devrait être calculée avant celle résultant de la récidive générale.

Dans les lois en dehors du Code, tantôt le système de la récidive spéciale, organisé par ces lois, s'applique seul, tantôt il se cumule avec celui du Code ; il y en a même qui excluent toute aggravation à raison de la récidive.

### SECTION III. — DE LA RÉCIDIVE PUNIE PAR LA LOI DU 27 MAI 1885 (1).

**528.** Envisagée dans son rapport avec la seconde infraction, la condamnation antérieure devient une cause d'aggravation de peine motivée

---

(1) BIBLIOGRAPHIE : TOURNADE, *Loi sur les récidivistes* (Lois nouvelles, 1885) ; GARÇON, *Dans quels cas la relégation doit être prononcée* (J. du Dr. crim. 1885, p. 275 et s.) ; *notre Revue de jurisprudence* (La Loi, 22 mai 1886) ; JAMBOIS, *Code pratique de la relégation* (Paris, 1886) ; DEPEIGES, *Commentaire de la loi sur les récidivistes* (Paris, 1886) ; GARRAUD, *La relégation et l'interdiction de séjour* (Paris, 1886) ; BERTON, *Code de la relégation* (Paris, 1887).

par une aggravation de la culpabilité. Ce genre de répression de la récidive a été celui des législations anciennes et du Code pénal de 1810. Il n'a pas produit le résultat qu'on en attendait. La sévérité du châtiment n'a fait qu'augmenter le nombre des repris de justice ; et, à la veille de la loi du 27 mai 1885, les statistiques démontraient que près de la moitié des crimes et des délits étaient commis par des libérés (1). Les causes de ces récidives pouvaient être multiples ; cependant on ne devait pas se dissimuler que l'imprévoyance de nos lois, qui ont totalement négligé le reclassement des libérés, y avait une grande part. Deux devoirs s'imposaient en conséquence au législateur : 1° favoriser, à l'avenir, ce reclassement : il y a pourvu par la loi du 14 août 1885 sur la libération conditionnelle, le patronage et la réhabilitation que nous avons étudiée ; 2° prévenir le danger que font courir à la société de la France continentale les repris de justice non reclassés : c'est l'objet de la loi du 27 mai 1885 *sur les récidivistes*. Envisagée comme un obstacle au reclassement des libérés, la récidive méritait d'être incriminée au même titre que l'association de malfaiteurs, parce qu'elle engendre un péril égal. La peine de la relégation, édictée par la loi du 27 mai 1885, est parfaitement appropriée à cette situation. Son organisation nous est connue. Il faut étudier ici ses conditions d'application. Le nouvel aspect de la récidive entraînait l'abandon d'une condition exigée par le Code pénal : « la gravité relative de la condamnation antérieure eu égard à la peine applicable à la seconde infraction » (2). Il fallait uniquement se préoccuper du critérium auquel on reconnaîtrait que le condamné n'est ni reclassé, ni reclassable. Ce critérium a été cherché dans le *nombre* des condamnations antérieures, combiné avec la *nature des peines* prononcées et *des délits* qui les ont motivées. Une condition de temps s'imposait aussi, parce que le rapprochement des condamnations prouve que le reclassement n'est pas opéré. Les règles édictées par la loi du 27 mai 1887 *remplacent les conditions spéciales* de la récidive en matière de crimes et de délits, mais elles *n'excluent aucune des conditions générales de la récidive ;* la loi nouvelle n'y apporte que des modifications de détail. Il est bon de noter ces modifications avant d'entrer dans l'étude des conditions absolument nouvelles.

(1) Dans la période quinquennale de 1876 à 1880, les récidivistes avaient fourni 43 0/0 des accusés et 41 0/0 des prévenus. De plus, les statistiques officielles ont relevé spécialement les récidives des libérés des maisons centrales, commises *dans l'année de la libération et dans les deux années suivantes.* A la fin de 1880, 45 0/0 des libérés de ces maisons, élargis en 1878, avaient été repris. — (*Rapport s. l'administr. de la justice crim. en France de 1826 à 1880. J. off.* 16 et 17 août 1882).

(2) Art. 4 : « Seront relégués les récidivistes qui, *dans quelqu'ordre que ce soit*, etc.... auront encouru les condamnations énumérées à l'un des paragraphes suivants ».

**529. I. — Conditions d'application de la relégation. — A.** *Conditions de la récidive conservées ou modifiées par la loi du 27 mai 1885.*

*a)* La récidive est, comme dans la législation antérieure, un rapport à *deux termes*.

*b)* Le premier terme se compose tantôt d'une, *tantôt de plusieurs* condamnations antérieures, pénales, irrévocables, prononcées par des tribunaux français. La pluralité des condamnations, exigée dans certains cas pour former le premier terme, est une innovation.

*c)* Le second terme se compose d'une nouvelle *condamnation*. Le législateur de 1885 a remplacé l'infraction nouvelle par la condamnation qu'elle entraînait. Ce changement s'explique par le nouvel aspect de la récidive. Sans doute, le nombre et la nature des délits qu'a pu commettre un homme, mettent obstacle à son reclassement, mais cet obstacle n'existe qu'à partir du jour où l'individu a été condamné, et sa gravité est en proportion de la peine qui a été prononcée. Jusqu'alors le public a pu ignorer les délits et conserver des relations avec le coupable. Envisager l'infraction et non la condamnation qu'elle entraîne, c'eût été appliquer le système ancien, et punir la récidive comme une cause d'aggravation de la culpabilité, mais non comme un obstacle au reclassement.

*d)* La loi de 1885 punit la *récidive* ou un groupe de récidives. Le texte et les travaux préparatoires ne laissent pas place au doute. Ce serait donc méconnaître la lettre et l'esprit de la loi que de l'appliquer à la *réitération*. Il suit de là : 1° que toutes les condamnations *formant le premier terme de la récidive* doivent être irrévocables, avant la perpétration du dernier délit qui va entraîner la condamnation, formant le second terme ; — 2° que si le premier terme se compose de plusieurs condamnations, la seconde de ces condamnations doit avoir été prononcée pour un délit commis *après* que la *première est devenue irrévocable*, la troisième, pour un délit commis *après que la seconde est devenue définitive*, et ainsi de suite (1).

*e)* Pas plus que le Code pénal, la loi de 1885 n'exige, pour qu'il y ait récidive, que la peine soit subie. Aussi : « Les condamnations qui auront fait l'objet de *grâce, commutation ou réduction* de peine seront néanmoins comptées en vue de la relégation ». (art. 5). Il en serait de même des condamnations dont la peine est *prescrite*, parce que la grâce, sous ses diverses formes, et la prescription suppriment la peine sans toucher à la condamnation. La *réhabilitation*, l'*amnistie*, la *revision* empêchent au contraire la condamnation de compter pour la réhabilitation, parce qu'elles *effacent* la condamnation.

---

(1) *Sic* : GARRAUD, *Droit pénal français*, II, 205, note 13 ; — LOUIS SARRUT, D. 87, 1, 145 ; — Nos articles, dans *La Loi*, nos du 22 mai 1886, 4, 5 août 1888, — et Cass. (*Ch. réun.*) 26 fév. 1889.

La loi de 1885 fait une réserve analogue à celle de l'art. 56, § 8, du Code pénal, à l'égard des condamnations prononcées par les juridictions *spéciales et exceptionnelles*. « La relégation, porte l'art. 2, ne sera prononcée que par les cours et tribunaux *ordinaires*, comme conséquence des condamnations *encourues devant eux*..... Ces cours et tribunaux pourront toutefois tenir compte des condamnations prononcées par les tribunaux militaires et maritimes, *en dehors de l'état de siège ou de guerre, pour les crimes ou délits de Droit commun spécifiés à la présente loi* ». Il résulte de cette disposition : 1° qu'en principe, les condamnations émanées des tribunaux ordinaires comptent seules pour la relégation ; 2° que, par exception, les condamnations émanées des conseils de guerre, en dehors de l'état de siège ou de guerre, *peuvent* être comptées ; 3° que les condamnations émanées de toute autre juridiction spéciale et exceptionnelle, ou des conseils de guerre en dehors de l'hypothèse prévue au texte, ne peuvent faire nombre en vue de la relégation.

**530.** B. *Conditions spéciales et nouvelles résultant de la loi du 27 mai 1885.* — En outre des conditions générales de la récidive, maintenues avec ou sans modification et que nous venons d'exposer, l'application de la relégation exige cinq conditions spéciales et nouvelles, savoir : 1° Que le récidiviste ait 21 ans au moins et 60 ans au plus à l'expiration de sa peine ; — 2° Qu'il ait encouru un nombre déterminé de condamnations aux travaux forcés, à la réclusion ou à l'emprisonnement pour crimes et délits de Droit commun non connexes à des crimes ou délits politiques ; — 3° Que ces condamnations aient été prononcées dans un intervalle de dix ans, non compris la durée de toute peine subie ; — 4° Qu'elles constituent, réunies, un des cas de relégation prévus par la loi.

1° *Condition d'âge.* — « La relégation n'est pas applicable aux individus qui seront âgés de plus de 60 ans ou de moins de 21 ans à l'expiration de leur peine » (art. 6, § 1er). Elle est remplacée, pour les premiers, par la peine de l'interdiction de séjour à perpétuité, et, pour les seconds, par un envoi en correction jusqu'à leur majorité (art. 8.) (1). Pour déterminer la date de la libération, qui joue un si grand rôle dans l'application de la peine de la relégation, le juge devra tenir compte de la peine qu'il prononce et de celles que le condamné aurait à subir avant l'exécution de celle-ci. Il n'a point à prévoir l'éventualité de la grâce, ni la réduction de durée de l'emprisonnement par son exécution en cellule (L. 5 juin 1875, art. 4), ou par la libération conditionnelle (L. 14 août 1885

---

(1) Cet envoi en correction est destiné, dans l'esprit de la loi, à faciliter le reclassement que les condamnations encourues semblent rendre improbable. Il joue le même rôle que la relégation, sauf qu'il vise un reclassement dans la France continentale. Il ne doit donc pas s'exécuter par une *simple détention* dans une maison de correction.

art. 2). — Mais, dans le calcul de la durée de la peine, quel doit être le point de départ? Est-ce le moment où commencera, en fait, son exécution? ou bien le moment où, la condamnation étant devenue irrévocable, l'exécution sera possible? Ces deux solutions doivent être écartées, parce qu'il est impossible de prévoir à l'avance la date exacte de l'un ou de l'autre de ces événements. Or, il est évident qu'en imposant un calcul au juge, le législateur n'a pas voulu le charger de résoudre un problème insoluble. Il faut donc se rattacher au jour même où le juge prononce la relégation. On rend ainsi cette peine indépendante *de l'exercice même des voies de recours*, c'est-à-dire qu'on l'empêche d'être à la discrétion du ministère public ou du prévenu ; ce qu'il faut surtout éviter (1).

Les condamnations encourues par le mineur de 21 ans, quelque nombreuses qu'elles soient, ne peuvent lui faire encourir la relégation ; mais elles comptent pour l'application de cette peine, si, après sa majorité, il encourt une ou plusieurs condamnations nouvelles (art., 6 § 2). La situation est analogue à celle des récidivistes majeurs qui ont encouru des condamnations avant la loi nouvelle (art. 9).

**531.** 2° *Une certaine identité dans la nature des infractions et des peines.* — Les art. 3 et 4 exigent un nombre variable de condamnations aux *travaux forcés*, à la *réclusion* ou à l'*emprisonnement*, pour infractions de Droit commun, *non connexes à des infractions politiques*. On a voulu éviter par cette réserve que, sous un prétexte quelconque, on pût appliquer à des condamnés politiques, qui n'ont point mérité la déportation, une peine qui lui ressemble. Rien n'empêche d'ailleurs de poursuivre séparément les deux faits connexes.

Si l'infraction de Droit commun est indépendante de toute infraction politique, ou si elle a été poursuivie isolément, il faut qu'elle ait entraîné une des trois peines citées plus haut ; cela résulte de l'énumération des condamnations qui constituent les cas de relégation. — Les condamnations aux travaux forcés donnent lieu à deux remarques : 1° il faut observer qu'une condamnation aux travaux forcés peut bien entrer dans le premier terme de la récidive, mais ne peut figurer dans le second : s'il est défendu en effet de prononcer la relégation contre un individu qui aura plus de 60 ans à l'expiration de sa peine, *a fortiori* ne peut-on la prononcer contre un individu qu'on frappe d'une peine

(1) Voici le danger à craindre dans les deux premiers systèmes : un prévenu âgé de 20 ans a été condamné à onze mois d'emprisonnement et affranchi en conséquence de la relégation. Il dépendrait du ministère public, en faisant appel, d'obliger la Cour, qui rendrait son arrêt *un mois après le jugement*, à prononcer la relégation. — A l'inverse, si un prévenu âgé de 59 ans était condamné à onze mois d'emprisonnement et à la relégation, il lui suffirait de faire appel pour obliger la Cour, statuant sur l'appel *après le même délai*, à l'affranchir de la relégation.

perpétuelle (1). — 2° La résidence obligatoire dans la colonie pénale, après l'expiration de la peine, ne fait pas obstacle à ce qu'on prononce la relégation contre un condamné aux travaux forcés à temps : le régime de la peine accessoire et celui de la peine complémentaire se combinent (2).

**532.** 3° *Condition de délai*. — Pour être relégable, le récidiviste doit avoir encouru, *depuis moins de dix ans*, toutes les condamnations qui forment les deux termes de la récidive. La période décennale qui précède l'application de la relégation est un délai d'épreuve (3) pendant lequel l'accumulation des condamnations prouve le défaut de reclassement. Mais, pour que l'épreuve soit décisive, ce temps doit avoir été passé en liberté par le récidiviste. Aussi ce délai s'augmente « de la durée de toute peine subie » (art. 4). Trois condamnations, par exemple, à 4 mois d'emprisonnement, toutes intégralement subies, porteront le délai à 11 ans.— Pour calculer ce délai, il faut prendre la *condamnation* même qui prononce la relégation et remonter en arrière dix ans ou plus, suivant le cas.

**533.** Mais à quelle date faut-il compter soit la plus ancienne des condamnations, qui entre dans le premier terme de la récidive, soit la condamnation actuelle qui lui sert de second terme, et par laquelle le récidiviste est condamné à la relégation ? — On peut hésiter entre le jour où ces condamnations ont été *prononcées*, et celui où elles sont devenues *irrévocables*. Les principes semblent recommander cette seconde date (4). Mais d'un côté ce système rend difficile, pour le juge, le calcul du délai de dix ans, car les condamnations sont inscrites au casier judiciaire à la date du jour où elles ont été prononcées ; et d'un autre côté, il aboutit parfois à faire dépendre l'application de la relégation de l'exercice même des voies de recours. Supposons en effet que la plus ancienne des condamnations soit près de la limite du délai de dix ans, il suffira au relégable de faire appel de la condamnation actuelle pour placer la plus ancienne en dehors du délai d'épreuve et éviter la relégation. Aussi

---

(1) *Sic* : Garçon, *op. cit.*, n° 23 ; Garraud, *La relégation*, 5e ; Cass. 26 juin 1886, S. 86, 1, 396. — Mais en graciant le condamné aux travaux forcés à perpétuité, le gouvernement pourrait le soumettre à la relégation : c'est une commutation de peine.

(2) *Arg.* art. 4 : « Sans qu'il soit dérogé aux dispositions des §§ 1 et 2 de l'art. 6 de la loi du 30 mai 1854 ».

(3) On a présenté ce délai comme *une sorte de prescription* (*Sic* : Cass. 11 mars 1886 ; Tournade, p. 29 ; Depeiges, p. 33).— Nous avons réfuté cette idée erronée qui pourrait conduire à appliquer au délai de dix ans la théorie des causes de suspension de la prescription. Le délai est *préfixe*. Il ne comporte donc aucune autre prorogation que celle qu'indique l'art. 4 en ordonnant d'en déduire la durée de toute peine subie (V. *La Loi*, 22 mai 1886).

(4) *Sic* : Garçon, 5-8.

vaut-il mieux se rattacher à la date même où la condamnation a été prononcée, soit qu'il s'agisse de la plus ancienne des condamnations, soit qu'il s'agisse de la condamnation actuelle. Ce mode de calcul s'inspire de l'esprit de la loi. On a voulu imposer au juge un calcul à faire avec les éléments qui sont en sa possession : c'est-à-dire avec l'extrait du casier judiciaire et sa propre décision. L'obliger à compter la plus ancienne des condamnations à la date où elle est devenue définitive, c'est lui imposer de longues recherches, qui nuiraient à la prompte expédition des affaires. L'obliger à compter la condamnation par laquelle il prononce la relégation au jour où elle deviendra définitive, c'est le charger de résoudre un problème insoluble. Après tout, aucune raison juridique n'a déterminé le choix d'un délai de dix ans. Pourquoi vouloir déterminer par des considérations juridiques son commencement et sa fin ? Ce système a l'avantage d'empêcher que l'application de la relégation dépende de l'exercice même des voies de recours ; il évite, comme nous le disions dans une précédente question, de mettre cette peine à la discrétion du ministère public ou du prévenu (1).

**534.** Les *peines subies* dont la durée augmente le délai de dix ans sont les peines *privatives de la liberté*, même celles qui auraient été prononcées pour délits politiques : l'incarcération d'un condamné empêche en effet l'épreuve de son reclassement. Mais il ne faudrait pas déduire du délai la durée des peines simplement *restrictives de la liberté*, telles que le bannissement, l'interdiction de séjour, ou la résidence obligée : le reclassement peut en effet s'opérer là où le condamné a le droit de résider.

**535.** 4° *Condition relative aux cas de relégation.* — Les condamnations qui constituent les deux termes de la récidive doivent en outre former, par leur nombre, leur nature et leur taux, un des *quatre cas de relégation* énumérés par l'art. 4.

**536. II. Des cas de relégation. — Règles communes.** — Avant

---

(1) *Sic* : VILLEY, *Précis*, p. 552 ; note dans *Sirey* 1886, 1, 329. Ce système radical nous paraît être le seul qui mérite d'être adopté, si l'on écarte le précédent. En sens divers : TOURNADE (p. 27, 29) ; GARRAUD (*Dr. pén. franç.* 202). Quant à la jurisprudence, elle compte bien comme nous la plus ancienne condamnation à la date où elle a été prononcée, mais elle calcule le délai de dix ans à partir du *délit* qui la motive. (Cass. 11 mars, 28 mai, 10 juillet, 19 et 23 août 1886 ; 4, 19 fév. 1887 (S. 86, 1, 329-393 ; D. 87, 1, 233). Ce système a l'avantage de ne pas faire dépendre l'application de la relégation du plus ou moins de diligence que le ministère public et les juridictions mettront à poursuivre, instruire ou juger. Le nôtre n'évite que les inconvénients résultant de l'exercice des voies de recours, mais il est plus conforme au texte et à l'esprit de la loi. La plupart des auteurs qui ont écrit sur la matière ont réfuté l'interprétation de la jurisprudence : v. JAMBOIS, p. 36 ; TOURNADE, p. 27 ; BERTIN, p. 44 ; GARÇON, n° 6 ; GARRAUD, *Dr. pén. franç.* 204, note 10 ; et notre *Revue de jurisprud.*, *loc. cit.*, p. 498.

d'entrer dans l'analyse détaillée des cas de relégation, dégageons les règles qui leur sont communes :

*Première règle :* « L'ordre dans lequel ont été prononcées les condamnations constituant le cas de relégation est indifférent » (art. 4, 1re *phrase*). Par exemple, la condamnation la plus grave aurait été prononcée après la condamnation la moins grave, les deux n'en compteraient pas moins pour l'application de la nouvelle peine. Nous avons expliqué plus haut la raison d'être de cette dérogation aux règles ordinaires de la récidive.

537. *Deuxième règle :* « La relégation peut être prononcée en même temps que la dernière condamnation qui complète le groupe constitutif des cas de relégation ». Vainement l'on objecterait que la relégation n'est encourue qu'après un certain nombre de condamnations *définitives*, car la relégation ne sera définitivement encourue que lorsque l'arrêt ou le jugement sera devenu irrévocable au point de vue de la peine principale prononcée en même temps que la relégation. Elle aura bien alors sa base, dans un groupe de condamnations définitives. Le système contraire aurait pour résultat d'exiger toujours une condamnation en sus du nombre légal (1).

538. *Troisième règle :* « Le nombre des condamnations nécessaires pour chaque cas de relégation, n'est qu'un nombre minimum ; mais l'omission de cette peine complémentaire, lors de la dernière condamnation, ne peut être réparée que si la condamnation nouvelle est susceptible de remplacer l'une des précédentes dans le cas de relégation primitif, ou de former avec elles un autre cas de relégation ». L'oubli du juge profite toujours au condamné lorsqu'il s'agit d'une peine *complémentaire*, car une peine de ce genre n'est encourue que si le juge la prononce. Cette omission pourra être réparée, sans doute, lors d'une condamnation nouvelle, pourvu que celle-ci forme avec les précédentes un cas de relégation (2).

539. *Quatrième règle :* « Les condamnations pour *complicité* ou *tentative* comptent pour l'application de la relégation comme celles pour crime ou délit consommé ». Ce sont là, en effet, de simples *modalités* de l'infraction. Or, toutes les fois que dans le langage juridique on emploie cette expression : « Une condamnation pour *telle* infraction », on comprend la condamnation intervenue pour toutes ses modalités punissables.

540. **Premier cas de relégation** (art. 4, 1°). — Ce premier cas se compose de « *deux* condamnations aux travaux forcés ou à la réclusion », C'est un cas de relégation réservé aux grands criminels. Il se rapproche

---

(1) Cass. 26 mars 1886.
(2) C. Paris, 1er fév. 1887 (D. 87, 2, 197).

le plus des conditions de la récidive ordinaire par la composition de ses deux termes. Nous avons examiné plus haut, à propos de la *condition relative à la nature des infractions et des peines*, les deux seules difficultés qu'il soulève.

**541. Deuxième cas de relégation** (art. 4, 2º). — Il se compose de « *trois* condamnations, savoir : *une* aux travaux forcés ou à la réclusion, et *deux* à plus de trois mois d'emprisonnement, pour crime ou pour certains délits spécifiés ». Ici le premier terme de la récidive comprend deux condamnations. Ce cas soulève plusieurs difficultés.

**542.** On remarquera d'abord que nous complétons le texte en exigeant le même taux dans l'emprisonnement prononcé *pour crime*, que celui exigé expressément par l'article dans l'emprisonnement prononcé pour les délits spécifiés. L'article aurait pu être plus explicite, mais on a dit : « Il n'y a pas de condamnation pour faits qualifiés crimes, qui soit inférieure à un an de prison (1) ». Évidemment le rapporteur, qui donnait cette explication, pensait uniquement à l'effet des circonstances atténuantes (art. 463, §§ 6, 7). Mais l'admission d'une excuse permet de descendre parfois à six mois, et même, si l'excuse se combine avec les circonstances atténuantes, d'abaisser la peine jusqu'à *un jour* de prison (art. 326 et 463, § 9). L'effet de l'excuse n'a donc pas été prévu par le législateur. Aussi l'on se demande : « A quelle condition une condamnation à l'emprisonnement pour crime *excusé* peut être comptée en vue de la relégation ». Trois solutions sont possibles : *a*) admettre en compte cette condamnation, *quelle que soit la durée* de l'emprisonnement prononcé ; — *b*) ne la compter *dans aucun cas* ; — *c*) la compter *si elle est supérieure à 3 mois*. — Le premier système a pour lui le texte. Mais un texte en contradiction avec l'esprit de la loi doit être restrictivement interprété. — Le second système part d'un principe que nous croyons exact, savoir : « Que le crime excusé est un délit ». Ce principe posé, on raisonne ainsi : c'est un délit qui ne rentre point dans les délits spécifiés par l'art. 4 ; donc la relégation est inapplicable. — Mais ce raisonnement méconnaît le texte de l'art. 4 et son esprit, qui est d'attacher la relégation au *crime* passible d'emprisonnement. Reste à savoir quel taux exige *implicitement* le législateur dans les condamnations à l'emprisonnement pour crime. Ce taux nous paraît être le même que celui qu'il fixe pour les délits spécifiés ; car, s'il ne l'a pas indiqué, c'est qu'il le croyait toujours supérieur à celui-ci. Nous exigerons donc une condamnation *à plus de trois mois* (2).

(1) V. Séance du Sénat du 10 fév. 1885. *J. off.* Débats parlem. Sénat, p. 101.
(2) V. pour les deux premiers systèmes, GARÇON, 24-28 ; GARRAUD, *Dr. pénal franç.*, 210.

**543. Quels sont les délits spécifiés ?** — L'art. 4, § 2, en énumère sept : vol, — escroquerie, — abus de confiance, — outrage public à la pudeur, — excitation habituelle de mineurs à la débauche, — vagabondage et mendicité *qualifiés* (art. 277, 279, C. p.) (1). Cette énumération est essentiellement limitative.

**544. Troisième cas de relégation** (art. 4, 3°). — Il comprend : « *qua tre* condamnations à plus de trois mois d'emprisonnement pour crime ou pour les délits spécifiés au paragraphe 2 ». — Le premier terme de la récidive s'augmente d'une unité : il englobe trois condamnations. Ce cas de relégation, uniquement composé de récidives correctionnelles, est le plus fréquemment appliqué. Il soulève la même difficulté que nous avons étudiée pour le cas précédent ; aussi nous nous bornons à donner sa constitution dans une formule qui résume la solution que nous avons adoptée.

**545. Quatrième cas de relégation** (art. 4, 4°). — Ce cas est constitué par « *sept* condamnations à l'emprisonnement réparties en trois groupes ».

*a)* Le *premier groupe* comprend « *deux* ou *trois* condamnations prévues par le paragraphe précédent » (2). S'il y en a deux, *une seule* peut être aux travaux forcés ou à la réclusion ; sinon, on retomberait dans le premier cas. — S'il y en a trois, elles doivent être *toutes trois* à l'emprisonnement ; sinon on retomberait dans le deuxième cas. — Enfin il ne peut y en avoir *plus de trois* à l'emprisonnement ; sinon on retomberait dans le troisième cas. Cette formule « deux ou trois » est donc plus exacte que la formule « deux au moins » employée par le texte.

*b) Le second groupe* comprend « *deux* condamnations, supérieures à trois mois d'emprisonnement, pour vagabondage ou infraction à l'interdiction de séjour ». Il ne peut y entrer de condamnation pour vagabondage *qualifié*, à moins que le premier groupe ne contienne que deux condamnations à l'emprisonnement. Dans ce cas il peut y en entrer *une*. Toute autre combinaison ferait retomber dans le deuxième ou dans le troisième cas de relégation.

*c) Le troisième groupe* se compose de « deux ou trois condamnations, sans condition de taux pour infraction à l'interdiction de séjour ou vagabondage *simple*, ou non supérieures à trois mois pour vagabondage *qualifié* ». — Le texte, traitant pêle-mêle des condamnations du deuxième et du troisième groupe, ne précise pas quand elles doivent être motivées

---

(1) Cette énumération a soulevé plusieurs difficultés de détail que le cadre restreint de cet ouvrage ne nous permet pas d'examiner. M. Garçon en a fait une remarquable analyse. La jurisprudence a confirmé généralement ses solutions. — V. p. le délit de *grivellerie*, Cass. 5 juin et 9 juillet 1886 (S. 86, 1, 395).

(2) Il est vrai que le 4° de l'art. 4 ne renvoie qu' « aux deux §§ précédents » ; mais le 2° de l'art. renvoie au 1°.

par le vagabondage simple ou par le vagabondage qualifié ; mais ici on peut indifféremment admettre les unes et les autres si elles ne dépassent pas trois mois, parce qu'elles ne peuvent jamais former avec les précédentes un des trois cas de relégation déjà expliqués. La composition du troisième groupe varie suivant la composition du premier ; il comprend deux condamnations s'il y en a trois dans le premier, et trois, si le premier en contient deux.

**546.** Ce dernier cas de relégation est réservé aux *vagabonds*. Les condamnations pour vagabondage ou pour infraction à l'interdiction de séjour, délit qui se rapproche du précédent et qui en est souvent la conséquence, sont le signe caractéristique de la récidive que le législateur entend réprimer. Ce serait donc méconnaître à la fois et le *texte* et l'*esprit* de la loi, que d'admettre, par argument *a fortiori*, qu'elles peuvent être remplacées par des condamnations ayant un autre titre et empruntées aux paragraphes précédents. La question cependant est controversée (1).

**547.** Le texte ne disant point *expressément* que les condamnations, qui constituent le troisième groupe, doivent être à l'emprisonnement, certains auteurs en ont conclu qu'elles pouvaient être des condamnations à l'amende. C'est là une erreur. Le législateur d'abord n'a pu supposer qu'on condamnerait un vagabond à l'amende. Puis, l'ensemble de l'article présente la relégation comme le complément de peines privatives de la liberté. Enfin le texte dit *implicitement* ce qu'on lui reproche de n'avoir point dit expressément. En précisant en effet, que, par exception, deux des condamnations prises en dehors du premier groupe doivent être *supérieures à trois mois d'emprisonnement*, le législateur montre qu'il raisonne sur des condamnations *à l'emprisonnement*. L'exception révèle la règle (2).

**548.** Pour ce cas de relégation, le premier terme de la récidive se compose de six condamnations se répartissant en trois groupes, de manière à laisser l'un d'eux incomplet. Le second terme est une septième condamnation qui viendra compléter le groupe resté incomplet.

---

(1) *Sic* : Garçon, 59-62 ; Jambois, p. 28 ; Garraud, *Dr. pén. franç.* 212 ; Villey, *Précis*, p. 556; Notre *Revue de jurisp.*, *loc. cit.* p. 479; — C. Paris, 8, 10, 12 avril 1886; C. Orléans, 9 fév. 1886 ; C. Bourges, 21 janv. 1886. — *Contrà* : Cass. 13 mars, 25 juin 1886 (S. 86, 1, 333-393), 11 mars 1887; D. 87, 1, 413. — On est arrivé dans le système de la jurisprudence à reléguer un individu qui avait une seule condamnation pour vagabondage et six condamnations pour vol.

(2) *Sic* : Tournade, p. 41. *Contrà* : Garçon, 67 ; Garraud, *Dr. pén. franç.* 212.

**549. Tableau synoptique des quatre cas de relégation (1).**

| PREMIER CAS<br>2 condamnations | DEUXIÈME CAS<br>3 condamnat⁸ dont | TROISIÈME CAS<br>4 condamnations | QUATRIÈME CAS<br>7 condamnations dont |
|---|---|---|---|
| Aux travaux forcés ou à la réclusion.<br><br>2 à plus de 3 mois d'emprisonn pour :<br>Crime excusé ou atténué.<br>Vol.<br>Escroquerie.<br>Abus de confiance.<br>Outrage public à la pudeur.<br>Excitation à la débauche.<br>Vagabondage ou mendicité....<br>qualifiés art. 277, 279 C. p. | une pour :<br>aux T. F. ou à la réclusion.<br>Crime excusé ou atténué.<br>Vol.<br>Escroquerie.<br>Abus de confiance.<br>Outrage public à la pudeur.<br>Excitation à la débauche.<br>Vagabondage ou mendicité....<br>qualifiés art. 277, 279 C. p. | à plus de 3 mois d'emprisonn. pour :<br>Crime excusé ou atténué.<br>Vol.<br>Escroquerie.<br>Abus de confiance.<br>Outrage public à la pudeur.<br>Excitation à la débauche.<br>Vagabondage ou mendicité....<br>qualifiés art. 277, 279 C. p. | **A**<br>une aux T. F. ou à la réclusion.<br>et avec elle une ou sans elle deux ou trois<br>à plus de 3 mois d'emprisonn. pour :<br>Crime excusé ou atténué.<br>Vol.<br>Escroquerie.<br>Abus de confiance.<br>Outrage public à la pudeur.<br>Excitation à la débauche.<br>Vagabondage ou mendicité....<br>qualifiés art. 277, 279 C. p.<br><br>**B**<br>deux à plus de 3 mois d'emprison. pour : } Vagabondage *simple*(2) ou infract. à l'int.deséj.<br><br>**C**<br>trois ou deux à l'empris. sans condit. de taux pr: ou non supérieures à 3 m. pr vagabondage qualifié. } Vagabond. simple ou infraction à l'int. de séj. |

**550. III. Disposition transitoire.** — (Art. 9). Sous peine de retarder beaucoup trop l'application de la nouvelle loi, il convenait de tenir compte des condamnations encourues par les récidivistes antérieurement

---

(1) Dans le tableau dressé par M. JAMBOIS, p. 11, et reproduit par M. GARRAUD, *Dr. pén. franç.* 213, on relève une confusion entre le 4ᵉ et le 3ᵉ cas de relégation, faute par ces auteurs d'avoir précisé que les condamnations du 2ᵉ groupe ne peuvent être que des condamnations à plus de trois mois pour vagabondage simple. Il y a aussi entre leur tableau et le nôtre des différences matérielles qui résultent de nos divergences sur certaines questions controversées.

(2) Cependant l'*une* de ces condamnations pourrait être pour vagabondage qualifié, si le premier groupe n'était composé que de *deux* condamnations à plus de trois mois d'emprisonnement pour délits spécifiés.

à sa promulgation (1). Néanmoins il ne fallait pas sacrifier absolument le principe de la non-rétroactivité. Le législateur a donné satisfaction aux deux intérêts en présence en décidant : 1° que les condamnations antérieures à la loi nouvelle *compteraient* pour l'application de la relégation ; 2° qu'*elles ne suffiraient jamais à elles seules* pour la faire appliquer. Cette seconde situation mérite quelques explications. On suppose qu'un récidiviste a encouru, sous l'ancienne législation, les condamnations qui constituent un cas de relégation. Il n'y sera soumis, dit le texte, « qu'en cas de condamnation nouvelle *dans les conditions ci-dessus prescrites* ». Sur ce texte a surgi la question de savoir : « Quels doivent être, pour cette condamnation nouvelle, le *titre de la prévention*, la *nature* et le *taux de la peine ?* » La distinction, que nous avons faite, des deux termes de la récidive pour chaque cas de relégation, nous permet de résoudre scientifiquement cette question controversée. Le législateur suppose que le cas de relégation où se trouve le récidiviste est *incomplet d'une unité*. Cette dernière unité, qui constitue le *second terme de la récidive*, doit être acquise sous la loi nouvelle. Il faut, en conséquence, que la condamnation, encourue sous la loi nouvelle, soit susceptible, par le titre de la prévention, la nature et le taux de la peine, de remplacer une des condamnations exigées pour le cas de relégation qu'on examine, ou de former avec elles un nouveau cas de relégation. Par exemple, un récidiviste qui compte quatre condamnations antérieures à plus de trois mois d'emprisonnement pour délits spécifiés au paragraphe 2 sera relégable, si, sous la loi nouvelle, il encourt une condamnation du même genre ou une condamnation à la réclusion (*3ᵉ ou 2ᵉ cas de relégation*) ; mais il ne serait pas relégable s'il encourait une condamnation pour vagabondage *simple*, ou tout autre délit *non spécifié* au paragraphe 2 (2).

**551. IV. Règles de compétence et de procédure.** — La loi du 27 mai 1885 a apporté quelques dérogations aux règles de la compétence et de la procédure. Elles constituent des garanties pour l'application de la nouvelle peine. Elles ont trait aux points suivants :

1° *Tribunaux compétents.* (Art. 2) : « La relégation ne sera prononcée que par les cours et tribunaux ordinaires... à l'exclusion de toutes juridictions spéciales et exceptionnelles ». Néanmoins : « en Al-

---

(1) La promulgation de la loi du 27 mai 1885 n'a été complète qu'après celle du *décret réglementaire* du 26 nov. suivant, inséré au *Journal officiel* du 27 nov. 1885.
(2) V. nos deux *notes* dans *La Loi*, nᵒˢ du 10 fév. et du 10 mars 1886 et notre *Revue de jurisprud., loc. cit.* p. 477. Comp. : Cass. 13 mars 1886 (*Thurot*) ; 16 avril 1886, (*Le Berre*) ; 22 avril 1886 (*Castaouet*) etc. (V. *Pandectes périodiques*, 1886, 1, 105 ; et 2,118). — *Junge* : GARRAUD, *Dr. pén. franc.* II, 215 ; VILLEY, p. 563, 564. — La rétroactivité de la loi du 27 mai 1885 soulève d'autres questions de détail sur lesquelles on pourra consulter notre *Revue de jurisprudence* et les ouvrages spéciaux.

géric, les conseils de guerre prononceront la relégation contre les indigènes des territoires de commandement qui auront encouru, pour crimes ou délits de Droit commun, les condamnations prévues par l'art. 4 ci-dessus ». (Art. 20).

**552.** 2° *Prohibition de la procédure des flagrants délits.* — (Art. 11, § 1). La loi du 20 mai 1863 a organisé une procédure rapide pour instruire et juger les flagrants délits correctionnels. *a*) L'instruction préparatoire est rudimentaire. *b*) Elle est faite par le ministère public. *c*) La détention préventive est de courte durée ; mais elle résulte d'un mandat de dépôt décerné par le procureur de la République. *d*) Le délai de la citation devant le tribunal correctionnel est abrégé. Il peut même y avoir conduite immédiate du prévenu à la barre du tribunal, sans citation préalable. — Quelle est l'étendue de la prohibition de cette procédure ? A prendre l'art. 11, il semble qu'elle soit absolue. « Il ne pourra jamais être procédé dans les formes édictées par la loi du 20 mai 1863 » (1).

Cette prohibition absolue a de grands inconvénients pratiques : elle oblige d'abord à saisir le juge d'instruction, c'est-à-dire à ajouter des lenteurs et des frais sans augmenter les garanties de la liberté individuelle, sans apporter plus de certitude dans la recherche des antécédents. De plus, elle rend légalement impossible la conduite du prévenu en état d'arrestation devant le juge d'instruction compétent après le jugement qui annule le mandat de dépôt, en vertu duquel il était détenu. Cet inconvénient est surtout sensible lorsque l'annulation de la procédure a lieu en appel.

Pour y répondre, un *second système* restreint les effets de l'annulation *aux actes qui ont saisi le tribunal*. Il laisse ainsi subsister le mandat de dépôt décerné par le procureur de la République (2). — Mais ce système doit être écarté, car, si toutes les formes de la loi du 20 mai 1863 sont proscrites, le mandat de dépôt, décerné conformément à cette loi, ne peut être maintenu. — Un *troisième système*, s'inspirant des travaux préparatoires, réduit la prohibition édictée par l'art. 11 à *l'abréviation des délais de la citation*. La disposition de l'art. 11 résulte en effet d'un amendement accepté, sans discussion, sur les explications de son auteur, qui ne lui donnait point une autre portée (3). Avec ce système, la découverte des condamnations antérieures, qui doivent entraîner la relégation du prévenu, aura pour unique effet de faire renvoyer la cause à une audience ultérieure, séparée de l'audience habituelle par le délai

---

(1) *Sic* : Cass. 18 mars 1886 (*Pand. périod.* 1886, 1, 112) ; Jambois, p. 80 ; Tournade, p. 70 ; Garraud, *Dr. pén. franc.*, 220.

(2) *Sic* : C. Bordeaux, 13 janv. 1886 (S. 86, 2, 65). — *Contrà* : Cass. 10 juin, 15 juillet (*St-Sever*), 1886, etc. (*Pandect. périod.* 86, 1, 133-142-189).

(3) *Amendement Jullien*, Chambre, séance du 28 juin 1883.

ordinaire de la citation (3 jours francs). Ce système maintient non seulement le mandat de dépôt, mais encore la saisine du tribunal (1).

**553.** 3º *Nomination d'un défenseur d'office* — (art. 11, § 2). La gravité de la peine de la relégation et surtout les difficultés que peut soulever l'étude des antécédents, ont motivé l'extension à notre matière de la défense d'office organisée seulement en matière criminelle; mais le législateur a oublié de dire *par qui* serait nommé le défenseur d'office, et *quel délai lui serait accordé pour l'étude du dossier.* — Nous pensons qu'il faut appliquer par analogie l'art. 294 du Code d'instruction criminelle. Le défenseur d'office sera désigné par le président du Tribunal correctionnel ou de la Chambre des appels devant laquelle comparaît le relégable. Le *délai* pour préparer la défense devra être celui de la citation, c'est-à-dire trois jours francs. Cette désignation est inutile quand le prévenu comparaît assisté d'un défenseur de son choix, et aussi lorsqu'il est jugé par défaut (2).

**554.** 4º *Rédaction du jugement ou arrêt prononçant la relégation* — (art. 10, § 2). On doit viser expressément, dans la rédaction des jugements et arrêts prononçant la relégation, les condamnations antérieures par suite desquelles cette peine est applicable. Ce visa est exigé pour obliger le juge à ne pas prononcer la relégation à la légère, et pour faciliter le contrôle de la Cour de cassation. Il constitue *les motifs* de la condamnation à la relégation. — *Viser* les condamnations, c'est les préciser *une à une*, par leur *date*, l'*indication de la juridiction*, la *nature du délit*, la *nature et la durée de la peine*. Le visa doit porter non seulement sur les condamnations qui comptent pour la relégation, mais encore sur celles dont la peine subie doit être déduite du délai de dix ans (3).

SECTION IV. — PREUVE DE LA RÉCIDIVE.

**555. I. Quand doit-elle être faite ?** — La répression de la récidive consiste dans une aggravation de la peine applicable à la dernière infrac-

(1) *En notre sens*: DEPEIGES, 4. Pour arriver au même résultat que nous, lorsque l'irrégularité de la procédure se découvre en appel, la Cour de cassation admet que la Cour d'appel peut *évoquer le fond.* Mais l'évocation en cette hypothèse est absolument illégale. *Sic*: notre *Revue de jurisprud.* p. 478 ; GARRAUD, *Dr. pén. franç.* II, 220. — *Contrà*: JAY, note (S. 86, 2, 65); Cass. 2 juil. 23 juil. 1886.

(2) Voir: SAUVEL, *De la nomination d'un avocat d'office au prévenu en matière de relégation.* (J. du Dr. crim. art. 11639). Cette désignation est nécessaire même dans les cas où la relégation devrait être remplacée, à raison de l'âge du prévenu, soit par l'envoi en correction, soit par l'interdiction perpétuelle de séjour. Cass. 25 mars 1887.

(3) Cass. 18 mars, 10 juillet 1886 ; GARRAUD, *Dr. pén. franç.* II, 217.

tion, ou dans l'addition, à cette peine, d'une pénalité complémentaire. Il suit de là que la preuve de l'état de récidive est recevable, tant que la condamnation pour la dernière infraction n'a point acquis l'autorité de la chose jugée à l'égard du ministère public. L'exercice des voies de recours pourra ainsi permettre d'examiner l'état de récidive d'un condamné dont n'aurait pas tenu compte la décision attaquée.

**556. II. Devant qui doit-elle être faite ?** — Il faut, selon nous, résoudre cette question par une distinction entre la récidive du Code pénal et la récidive punie de la relégation. La première a pour principe une aggravation de culpabilité. Il appartient donc au juge de la culpabilité de la constater. La seconde est un état de l'infracteur où la culpabilité de l'agent ne joue aucun rôle, mais qui doit motiver contre lui une peine complémentaire. Dès lors c'est au juge qui applique la peine d'en vérifier l'existence. L'intérêt pratique de cette distinction apparaît devant la Cour d'assises. La question de la récidive doit-elle être posée au jury qui est chargé de résoudre la question de culpabilité, ou doit-elle être résolue par la Cour chargée d'appliquer la peine ? Il n'est pas douteux que la Cour doive constater seule, sans le concours du jury, que les conditions de la relégation sont réunies ; mais doit-on décider de même pour l'état de récidive d'après le Code pénal ? — L'opinion générale est en faveur de l'assimilation.

*a)* « Il n'y a pas de texte, dit-on, qui prescrive de poser au jury une question sur l'état de récidive ». — Pas de texte qui vise spécialement la récidive, soit ; mais il n'y en a pas non plus pour telle ou telle circonstance aggravante déterminée, par exemple : la nuit, la maison habitée, les qualités de fonctionnaire, de domestique, etc. ; en revanche il y a des textes généraux qui prescrivent de questionner le jury « *sur toutes les circonstances qui peuvent aggraver la peine* » (art. 241, 327, 338, C. i. c. ; art. 1ᵉʳ, L. 13 mai 1836). Or cette formule, ou son équivalent, « sur toutes les circonstances aggravantes » comprend dans sa généralité toutes les causes d'aggravation. Les deux lois qui ont régi la procédure devant le jury, avant le Code d'instruction criminelle, confirment cette interprétation ; elles ordonnaient de poser au jury des questions sur « *toutes* les circonstances indépendantes les unes des autres, sans qu'il soit nécessaire de commencer par les moins aggravantes » ; puis, énumérant des circonstances d'une manière purement énonciative, elles désignaient nominativement *la récidive* (1). Le Code d'instruction criminelle a supprimé cette énumération qui paraissait inutile ; mais il a employé une formule générale qui englobe toutes les circonstances énumérées à titre d'exemple par les deux lois antérieures.

(1) L. 16 sept. 1791, part. II, tit. 7, art. 27 ; C. 3 brum., an IV, art. 375.

*b*) « L'état de récidive, objecte-t-on, n'est pas, comme les circonstances aggravantes, une circonstance *de l'infraction;* c'est un *état de l'infracteur* qui influe directement sur la peine ». — Législativement, l'objection a de la valeur ; elle a même inspiré, en 1885, le nouveau système de répression de la récidive ; mais ce n'est point l'idée du Code. Punir en effet la récidive d'une aggravation de peine quand on réprime la seconde infraction, c'est la considérer comme une circonstance aggravante de cette infraction. Si l'on veut, au contraire, l'envisager comme un état de l'infracteur agissant directement sur la peine, il faut l'ériger en délit spécial, ou tout au moins lui appliquer une peine distincte de celle de l'infraction qui constitue son second terme.

*c*) On dit encore : « La récidive est légalement constatée par la production de l'expédition authentique de l'arrêt de condamnation. Il serait absurde d'exposer la foi de cet acte aux incertitudes d'une délibération du jury, de mettre en problème une vérité irréfragable ». — L'art. 342 du Code d'instruction criminelle répond à cette objection. L'authenticité d'un acte n'est pas une raison pour ne pas soumettre au jury le fait que cet acte constate. Juge de la criminalité et de la culpabilité, le jury doit en apprécier toutes les circonstances, et précisément l'art. 342 trace leur devoir aux jurés en présence d'un acte qui, produit devant une autre juridiction, ferait foi jusqu'à inscription de faux ou jusqu'à preuve contraire. Aussi personne ne conteste que le jury ne soit juge de l'*âge*, de la *filiation*, du *mariage* de l'accusé, bien que ces faits soient attestés par des actes authentiques dans les accusations d'attentat à la pudeur, de viol, de parricide, de bigamie, ou si l'accusé allègue sa minorité de seize ans au moment du crime (1). Pourquoi donc, s'il s'agit de constater la récidive, l'authenticité de l'acte ferait-elle obstacle à la position d'une question au jury ?

*d*) Enfin on fait valoir cette considération : « Les causes d'aggravation spéciales, empruntées à la personne de l'agent, ont un caractère *mixte*, que n'a point la récidive. Elles réfléchissent sur l'infraction, en augmentent la criminalité, font en quelque sorte partie du fait, et dès lors doivent être soumises au jury. La récidive au contraire est absolument *extrinsèque* à l'infraction ». — Nous réfuterons plus tard, en traitant des peines de la complicité, ce prétendu caractère mixte. Constatons seulement ici que la conclusion qu'on en tire conduit à considérer la récidive comme un *état de l'infracteur*, absolument étranger à la seconde infraction. On retombe par conséquent dans le premier argument qui a été réfuté (2).

(1) Cass. 1er oct. 1834 ; 1er mars 1838 ; 4 mai 1839 ; 26 sept. 1856 ; 12 août 1880.
(2) *En notre sens* : CARNOT, s. l'art. 337 C. i. c. ; HAUS, II, 883. La jurisprudence sur cette question est passée par trois phases : elle a d'abord décidé que

**557. III. Par qui doit-elle être faite? — Éléments et moyens de preuve.** — La preuve de la récidive doit être faite en principe par le ministère public, comme celle des autres éléments de la culpabilité. Mais il appartient aussi aux juridictions de la rechercher d'office en vertu du principe que nous exposerons plus tard, savoir : qu'il n'appartient pas au ministère public d'arrêter par son abstention l'exercice de l'action publique devant la juridiction qui en est régulièrement saisie.

La preuve de la récidive comprend : 1° celle de la condamnation antérieure, 2° celle de l'identité du prévenu avec l'individu précédemment condamné. Cette dernière preuve est rejetée sur l'accusé : c'est à lui en effet de combattre la présomption qui s'induit d'une condamnation inscrite sous son nom. La reconnaissance de l'identité se fait par la procédure décrite dans les art. 518 à 520 du Code d'instruction criminelle. Elle ne doit être ordonnée que si les dénégations de l'accusé sont appuyées de quelques faits qui les rendent vraisemblables.

**558.** La preuve de la condamnation antérieure peut se faire par la production de *l'expédition authentique* de l'arrêt ou du jugement de condamnation, par *l'extrait du casier*, les *témoignages*, les *présomptions*, *l'aveu*. Examinons la valeur de ces moyens de preuve.

L'expédition de l'arrêt ou du jugement de condamnation est une preuve légale, excepté cependant devant le jury (art. 342, § 4, C. i. c.). On n'y a ordinairement recours que s'il s'élève une contestation sur les condamnations portées au casier.

On appelle *extrait du casier* le relevé des extraits de jugements de condamnation, concernant le même individu, déposés au casier judiciaire. Ceci nécessite quelques explications. Pour faciliter la recherche des antécédents, les art. 600 et 601 du Code d'instruction criminelle avaient prescrit de tenir, au greffe des tribunaux correctionnels et des Cours d'assises, un registre dont on devait envoyer, tous les trimestres, deux copies, l'une au ministère de la justice, l'autre à celui de la police. C'était l'institution des *sommiers judiciaires*. Son utilité fut de courte durée. Bientôt en effet l'amoncellement des documents dans le même dépôt et la similitude des noms rendirent impossible l'extraction de ces registres, en temps opportun, des renseignements individuels que les parquets demandaient. Après quelques tâtonnements, on conçut l'idée de décentraliser ces documents pour les localiser au greffe du tribunal de l'arrondissement natal de chaque condamné. C'était le moyen de rendre les re-

---

la question de la récidive *devait être posée au jury* : Cass. 5 av. 1793; 13 mess. an IV; 11 niv. an VI; 15 pluv. an VIII; (D. *Rép.* V° *Peine*, 245, 6°; V° *Inst. crim.* 2600, 2601); — puis, *qu'elle pouvait être posée au jury* : Cass. 10 mai 1809 (D. *Rép.* V° *inst. crim.* 2601). — Enfin *qu'elle ne devait pas être posée au jury* : Cass. 11 juin 1812; 3 janv. 1828; 18 juin 1829 (D. *Ibid*, 2600; V° *Peine* 807).

cherches plus faciles et plus promptes par la division du travail. Des circulaires ministérielles, notamment celles du 6 novembre 1850 et du 30 août 1855, réalisèrent cette idée en instituant les *casiers judiciaires*. Dans une armoire fermée, divisée en autant de cases qu'il y a de lettres de l'alphabet, on dépose un dossier spécial pour chaque condamné, sous la lettre initiale de son nom. Ce dossier contient les extraits de tous les jugements qui le concernent. Les greffiers rédigent ces extraits au fur et à mesure des condamnations ; les magistrats des parquets les vérifient et les envoient au casier de l'arrondissement natal du condamné, et s'il est inconnu, ou si le condamné est né à l'étranger, au casier central, tenu au ministère de la justice. Dans la pratique on donne le nom de *bulletins n° 1* à ces extraits de jugement. — Veut-on maintenant connaître les antécédents judiciaires d'un individu ? Il faut s'adresser au greffier dépositaire des bulletins n° 1, qui dresse un état récapitulatif de tous les extraits de condamnations déposés au casier sous le nom de cet individu : c'est l'*extrait du casier* ou *bulletin n° 2*. Souvent il arrive qu'on ne trouve rien au casier ; alors le greffier complète la recherche des antécédents par celle de l'acte de naissance (art. 43, C. c.); et, au cas où l'acte de naissance ne serait pas retrouvé, il inscrit sur le bulletin n° 2 : *pas d'acte de naissance applicable*. Cette mention indique au ministère public que l'individu poursuivi a probablement pris un faux nom. Ce magistrat avisera en conséquence pour découvrir par ailleurs l'identité et les antécédents de l'inculpé.

**559.** Quelle est la *force probante* de l'extrait du casier ? — Cet extrait est la copie de l'extrait d'un acte authentique, c'est-à-dire une copie qui ne réunit point les conditions exigées par les art. 1334 et suivants du Code civil pour faire foi en justice. L'extrait du casier n'a donc que la valeur d'un simple renseignement. Il sert à faciliter la recherche des antécédents, mais il ne les prouve pas par lui-même. Aussi la jurisprudence la plus récente lui dénie-t-elle toute force probante dès qu'il est contesté. Elle va même plus loin, car elle exige, à peine de nullité, que le prévenu ait été mis en demeure de reconnaître l'existence des condamnations qui y sont portées. Mais cette décision paraît se rattacher à un autre ordre d'idée : la nécessité d'assurer la liberté de défense (1).

(1) Cass. 4 et 17 février 1887, 11 mars 1887 (D. 87, 1, 283-413) ; 23 février 1888 (*Gaz. Trib.* 27 fév.). Ces arrêts ont été rendus en matière de relégation. Lorsqu'il s'agit de la récidive punie par le Code pénal, la Cour de cassation n'exige point que le prévenu ait expressément reconnu les condamnations inscrites à son casier. Cass. 6 mars 1874 (D. 74, 1, 277); 10 avril 1880 (S. 81, 1, 91) ; 21 sept. 1882 (D. 82, 1, 488). La distinction qui résulte de ces deux séries d'arrêt n'a rien de juridique. Quelles que soient en effet les conséquences qu'on se propose de tirer de l'état de récidive, la preuve de cet état ne peut varier. Il vaut donc mieux voir dans les arrêts de 1887 et 1888 un changement de jurisprudence, favorisé d'ailleurs par quelques

**560.** Le casier judiciaire n'a été institué qu'en vue de la récidive criminelle ou correctionnelle (1). En matière de contravention il était inutile, à cause des conditions de *lieu* et de *temps*. Puisque la récidive n'est punissable que si le contrevenant a été condamné dans les douze mois précédents pour contravention de police, commise dans le même canton, le greffier du tribunal de simple police trouvera aisément dans ses archives la condamnation antérieure.

**561.** Les témoignages, les simples présomptions, l'aveu, même isolé, du prévenu peuvent remplacer la production de l'expédition du jugement ou de l'arrêt de condamnation. On pourra entendre comme témoins les gardiens de la prison où le condamné a subi sa peine, invoquer les mentions du registre d'écrou, etc. Tous les moyens de preuve sont en effet recevables, car il s'agit de prouver un fait (2).

SECTION V. — DES CAUSES D'ATTÉNUATION.

### I. — Notions générales. — Causes d'atténuation proprement dites. — Causes d'exemption. — Causes de mitigation des peines.

**562.** I. L'expression *causes d'atténuation*, prise dans son sens le plus large, comprend toutes les causes qui modifient, dans un sens favorable à l'individu reconnu coupable d'une infraction, la peine ordinaire de cette infraction. Dans cette première acception elle désigne : 1° les *excuses atténuantes* et les *circonstances atténuantes* qui sont les causes d'atténuation proprement dites ; 2° les *causes d'exemption de peine*, qu'on appelle aussi *excuses absolutoires* ou *péremptoires* ; 3° les causes de *mitigation de peine*. Cette importante matière, qui devrait faire l'objet de vues d'ensemble et d'une série de dispositions bien ordonnées dans

---

précédents. Comp. Cass. 4 février 1860 (D. 61, 1, 93) ; 7 juillet 1876 (D. 76, 1, 94).

(1) On dépose au casier : 1° tout jugement ou arrêt contradictoire ou par défaut, *en matière correctionnelle*, devenu définitif ; — 2° tout arrêt *criminel* par contumace ou par défaut rendu par les Cours d'assises ; — 3° toute décision émanant des *Tribunaux militaires* ou *maritimes*, définitive ; — 4° tout jugement *déclaratif de faillite*, également définitif ; — 5° certaines *mesures disciplinaires* appliquées aux avocats et aux officiers ministériels et publics ; — 6° les condamnations prononcées par la Haute Cour de justice ; — 7° toute *réhabilitation criminelle, correctionnelle* ou *commerciale*. V. DESPATYS, *Tr. théor. et pratique du casier judic.* etc. (1870) ; LE POITTEVIN, *Tr. des casiers judic.* (1880).

(2) Ainsi l'a décidé la Cour de cassation après avoir longtemps hésité sur l'aveu isolé : Cass. 10 avril 1880 (S. 81, 1, 91). — Comp. : Cass. 18 août 1853 (B. 413) ; 1er avril 1858 (B. 115) ; 9 août 1855 (B. 281) ; F. HÉLIE, *Tr. de l'inst. crim.* VIII, 4001.

la partie générale du Code pénal, n'y est même pas indiquée. Un texte assez général, mais ne visant par ses termes que les crimes et les délits, l'art. 0, C. p., pose le principe que les *excuses* et les *causes de mitigation* de peine ne peuvent être étendues d'un cas à un autre, et encore moins créées de toutes pièces par interprétation. L'indication d'un maximum et d'un minimum pour le taux de la peine ordinaire de l'infraction, et les art. 463 et 483, C. p. nous révèlent deux catégories de causes d'atténuation judiciaires : les unes innommées, les autres qualifiées de circonstances atténuantes. Enfin la comparaison de divers textes : art. 67, 324 à 326 ; — 100, 101, 138, 144, 213, 271, 380, etc. montrent que les excuses se divisent en deux classes, savoir : les *atténuantes* et les *absolutoires*.

II. Dans un sens plus restreint, les causes d'atténuation ne comprennent que les excuses atténuantes et les circonstances atténuantes. Ces deux causes d'atténuation seront, de notre part, l'objet d'une étude plus approfondie, parce que leur généralité les fait rentrer dans le cadre de cet ouvrage. — Les *excuses atténuantes* sont « des circonstances de fait limitativement prévues par le législateur, et considérées par lui comme ayant un caractère atténuant dans un groupe plus ou moins étendu d'infractions ». Le rôle du juge se borne à constater si la preuve de leur existence est ou non rapportée. — Les *circonstances atténuantes*, sont « toutes les circonstances de fait dont le juge est libre d'apprécier la valeur concrète ». Son rôle ne se borne pas à constater leur existence ; il peut leur refuser ou leur reconnaître un caractère atténuant. Étant souverain en cette matière, on ne lui demande pas de motiver sa décision. Seulement, comme les circonstances atténuantes proprement dites produisent cet effet considérable de changer la peine, on exige que le juge *affirme expressément* leur existence. En cela elles diffèrent des causes d'atténuation judiciaires que nous avons qualifiées d'*innommées*, et par lesquelles le juge se décide à fixer la peine à un taux inférieur au maximum. Cette fixation n'a besoin d'aucune explication.

III. Les *excuses absolutoires* sont « des circonstances de fait, définies par le législateur, qui assurent l'impunité à un individu judiciairement reconnu coupable d'une infraction ». Par leur raison d'être, elles diffèrent absolument des causes d'atténuation. Celles-ci résultent d'un état de fait qui diminue la culpabilité de l'agent au moment où il commet l'infraction ; celles-là sont motivées par des circonstances postérieures à la perpétration du délit et qui rendent son impunité préférable à sa répression. Ces causes d'exemption de peine ressemblent beaucoup moins à des *excuses* qu'à certaines fins de non-recevoir contre l'action publique qu'on appelle *exceptions péremptoires*, parce qu'elles repoussent d'une manière définitive et permanente l'action publique ; comme, par exemple, la prescription, l'amnistie, le défaut d'extradition dans l'hypothèse de l'art. 7, C. i. c. Aussi, quelque qualificatif qu'on ajoute au mot excuses pour les caractériser, qu'on les appelle *excuses absolutoires* ou *péremptoires* (1), l'expression éveille une idée inexacte qu'on éviterait en les nommant simplement *causes d'exemption de peines*. — Leur résultat, d'un autre côté, ne se confond point avec celui des exceptions péremptoires. Ces fins de non-recevoir empêchent d'entrer dans l'examen de l'affaire, et par conséquent, si elles sont découvertes au début de la procédure, elles arrêtent la poursuite et laissent indécise l'existence de l'infraction et de la culpabilité. Les excuses absolutoires supposent au contraire l'infraction et la culpabilité prouvées. Aussi elles n'arrêtent point la poursuite tant que ces deux points ne sont pas établis.

IV. Les *causes de mitigation* des peines sont motivées par la relation de l'état physique de la personne du condamné avec le régime de la peine encourue. Aussi leur appréciation appartient exclusivement, en Cour d'assises, aux magistrats chargés d'appliquer la peine ; elles ne sont pas soumises au jury. Le *sexe*, la *vieillesse*, la *minorité de 21 ans*, constituent ces causes de mitigation. Nous les avons exposées à propos de l'organisation des peines et particulièrement des travaux forcés, de la déportation et de la relégation. Il suffira de s'y reporter.

V. Les causes d'atténuation *sensu lato*, prises dans leur ensemble, présentent les mêmes caractères que les causes d'aggravation ; elles sont : légales ou judiciaires, réelles ou personnelles, générales ou spéciales.

## II. — Excuses absolutoires.

563. L'étude détaillée de ces excuses rentre dans la partie spéciale du Code pénal, et par conséquent ne doit pas trouver place ici ; mais nous devons faire connaître leurs *causes* et leurs *effets*.

I. Les *causes* d'excuses absolutoires sont très variables. 1° Les unes se rattachent à l'idée *d'un service rendu à la société*. C'est ainsi qu'on accorde l'impunité aux révélateurs dans les crimes attentatoires à la sûreté, au crédit ou au monopole de l'État (art. 108, 138, 144, C. p. ; 4, L. 4 germin. an II, tit. IV, *Douanes*) ; ou qu'on récompense ceux qui se sont retirés, au premier avertissement de l'autorité, des bandes ou attroupements en cas de sédition ou de rébellion (art. 100, 213, C. p.) ; —
2° D'autres tiennent à cet idée que *le mal du délit a été réparé ou arrêté*. Telle est l'excuse établie par l'art. 247, C. p. en faveur des gardiens coupables d'avoir laissé évader par négligence les détenus, quand l'évadé est repris dans un certain délai. Telle est aussi l'excuse au profit des coupables d'une détention ou séquestration illégale, quand ils mettent

(1) Cette dernière qualification leur a été donnée par Riboud, rapporteur au Corps législatif. Locré, t. XIX, p. 282.

fin eux-mêmes à cette détention avant un certain délai (art. 342,343).

— 3° D'autres sont inspirées par le *désir de maintenir l'obéissance et la prompte exécution des ordres dans la hiérarchie administrative* (art. 114, 190). — 4° D'autres viennent de *certaines relations de parenté ou d'alliance* (art. 248, 380).

**564.** II. L'*effet* des excuses absolutoires consiste matériellement dans une exemption de peine. Cette exemption porte toujours sur la peine principale. Elle n'écarte pas toujours la peine accessoire de l'interdiction de séjour, mais elle en abrège la durée et la rend facultative. Parfois même cette peine facultative devient la seule peine de l'infraction (art. 100, 108, 138, 144, 213, 271). — Juridiquement, l'excuse absolutoire suppose l'infraction et la culpabilité établies (1). En cela elle diffère absolument des *faits justificatifs* et des *causes de non-imputabilité*, quoique au point de vue du résultat matériel l'effet soit le même. Nous allons les comparer (2).

*a)* Le renvoi de la poursuite, motivé par ces trois causes d'impunité *n'a point la même raison d'être :* les faits justificatifs effacent l'infraction ; les causes de non-imputabilité effacent la culpabilité. Ces deux premières causes d'impunité n'agissent pas directement sur la peine; elles ne l'écartent que par voie de conséquence. L'effet de l'excuse absolutoire se produit au contraire directement sur la peine.

*b)* La *responsabilité civile* disparaît absolument quand il y a fait justificatif. Elle n'est souvent que déplacée et reportée sur les personnes civilement responsables de l'auteur du délit, s'il y a cause de non-imputabilité. Elle persiste toujours et reste à la charge du délinquant, au cas d'excuse absolutoire.

*c)* La *nature de la décision* qui accueille ces trois causes d'impunité est différente. Les deux premières entraînent un *acquittement*, au sens technique du mot. L'excuse absolutoire donne lieu à une *absolution*.

*d)* En Cour d'assises les excuses absolutoires doivent faire l'objet d'une *question au jury* (art. 339, C. i. c.). Cette question n'est pas prescrite pour les faits justificatifs ni pour les causes de non-imputabilité.

*e)* Enfin on peut constater que dans notre législation les causes de

---

(1) Faut-il en conclure que les excuses absolutoires ne pourront être accueillies par les juridictions d'instruction ? — *Non,* si l'excuse absolutoire écarte à la fois la peine principale et la peine complémentaire de l'infraction. A quoi bon, en effet, ordonner un renvoi devant la juridiction du jugement s'il doit aboutir à une déclaration platonique de culpabilité ? *Oui,* dans le cas contraire. — *Sic :* GARRAUD, *Dr*. *pén. franç.* II, 130, *C*, et la pratique sur l'art. 380 du Code pénal. — *Contrà :* BLANCHE, II, 609 ; DESJARDIN, *Rev. crit.* 1881, p. 177.

(2) V. *suprà,* n° 186, la comparaison des faits justificatifs avec les causes de non-imputabilité.

non-imputabilité et les excuses absolutoires sont généralement des moyens de défense *personnels*, incommunicables ; tandis que les faits justificatifs sont des exceptions *réelles*, communicables aux codélinquants.

**565.** L'effet juridique des excuses absolutoires étant connu, il importe d'examiner ici une question controversée que nous avons laissée intentionnellement de côté, en traitant *de la condition du mineur de seize ans*; c'est celle de savoir « si le défaut de discernement chez le mineur de seize ans est une cause de non-imputabilité ou une excuse absolutoire ? » Trois opinions se sont fait jour.

*Premier système :* « C'est une excuse absolutoire ». — *a*) On ne questionne pas en effet le jury sur les causes de non-imputabilité ; on lui soumet au contraire la question d'excuse : or la loi prescrit la position d'une question spéciale de discernement (art. 339, 340, C. i. c.). — *b*) Les juridictions d'instruction peuvent motiver une décision de non-lieu par une cause de non-imputabilité ; elles ne peuvent point la fonder sur une excuse absolutoire : or la minorité de seize ans, bien qu'établie, motive toujours un renvoi devant la juridiction du jugement. C'est donc une excuse absolutoire (1).

Nous repoussons cettte manière de voir. Le discernement, ou raison morale, est en effet la partie de l'intelligence sans laquelle il n'y a pas d'imputabilité. Or, sans imputabilité, pas de culpabilité. Comment dès lors confondre le défaut de discernement avec l'excuse absolutoire ? Celle-ci suppose la culpabilité ; celui-là l'écarte. — La nécessité d'un renvoi devant la juridiction du jugement s'explique par la mesure qui peut être prise après l'acquittement du mineur (art. 66, C. p.). — Quant à l'argument de texte, il trouvera plus bas sa réfutation.

**566.** 2e *système :* « Le défaut de discernement a un caractère mixte. Il tient à la fois de la cause de non-imputabilité et de l'excuse absolutoire ». — L'art. 66 du Code pénal dit en effet que le mineur sera *acquitté*. Or cette expression ne s'applique qu'au renvoi de la poursuite motivé par la solution négative de la question de culpabilité. Mais ce texte n'emploie point, pour caractériser la situation juridique du mineur, la formule énergique à laquelle on reconnaît la cause de non-imputabilité : « Il n'y a ni crime, ni délit » (art. 64). Cette différence de rédaction est l'indice d'une différence. Partant de ce raisonnement, ce système adopte tantôt les conséquences du système de l'excuse absolutoire, tantôt celles du système de la cause de non-imputabilité, qui va être exposé (2). — Nous repoussons encore ce système, qui d'ailleurs n'arrive à rien de précis. — La différence de rédaction entre les art. 66 et 64

(1) Blanche, I, 342 ; II, 336.
(2) *Sic;* Lainé, 225 ; Garraud, *Précis*, 124, B.

s'explique par les conséquences différentes que peut entraîner la solution de la question de discernement. Est-elle en effet résolue négativement? La minorité de seize ans devient une cause de non-imputabilité. L'est-elle affirmativement ? Elle constitue une excuse atténuante. On devait donc poser la question de discernement au jury, puisque sa solution affirmative reconnaît implicitement l'existence d'une excuse. Ainsi se trouve écarté l'argument tiré des art. 339 et 340 C. i. c., dont se prévalent également les deux premiers systèmes. Mais, objecte-t-on, « la question de discernement ne peut se poser que si l'on a résolu affirmativement la question de culpabilité ; or il est contradictoire d'affirmer que le mineur est coupable et puis de déclarer qu'il est moralement irresponsable ».— Cette objection repose sur une équivoque. Le mot *coupable* n'a pas la même signification, dans la réponse affirmative du jury, quand l'accusé est majeur que lorsqu'il est mineur. Dire d'un majeur qu'il est coupable, c'est affirmer à la fois qu'il est l'auteur matériel du fait et que ce fait lui est imputable. Le majeur en effet est présumé avoir agi librement et dans la plénitude de sa raison. Un verdict de culpabilité résout implicitement contre lui la question d'imputabilité. Pour le mineur, au contraire, la non-imputabilité étant présumée, dire qu'il est coupable, c'est affirmer seulement sa culpabilité *matérielle*. Sa responsabilité morale devra faire l'objet d'une affirmation expresse et distincte. Il n'existe donc aucune contradiction entre le verdict affirmatif sur la culpabilité du mineur et le verdict négatif sur la question de discernement.

**567.** 3e *système* : « Le défaut de discernement est une cause de non-imputabilité ». Nous avons admis ce système, sans le discuter, dans l'exposé de la condition du mineur de seize ans. Il faut, en effet, le préférer car c'est le seul qui soit à la fois conforme aux principes, et au texte de l'art. 66 qui prescrit l'acquittement du mineur. Sans doute cet acquittement présente des différences avec celui d'un majeur ; mais ces différences, qui toutes résultent de textes formels, s'expliquent sans avoir recours à l'idée d'une excuse absolutoire. Il faut donc se garder de créer *par interprétation* de nouvelles différences, en appliquant les règles de l'excuse absolutoire à cette cause d'impunité. Voici d'ailleurs à quoi se réduit l'intérêt pratique de la controverse : le mineur, renvoyé de la poursuite pour défaut de discernement, doit-il être condamné aux frais ? Non, même en supposant qu'une telle condamnation puisse intervenir contre un individu *absous*, car le mineur est *acquitté* (1).

---

(1) *Contrà* : Cass. 10 février 1876 (D. 76, 1, 445).

### III. — Excuses atténuantes.

**568. I. Causes d'excuses atténuantes.** — Parmi les causes d'excuses atténuantes, la plus générale est la *minorité de seize ans*, quand le mineur est déclaré avoir agi avec discernement (art. 67, 69, C. p.). Elle atténue la peine de tous les crimes et délits. — Puis vient l'excuse de la *provocation*, qui s'applique à certains crimes ou délits contre les personnes, commis en réagissant contre une agression du même genre, savoir : le meurtre, les coups et blessures, la castration (art. 321-326, C. p.) (1). — Il faut encore ranger, à notre avis du moins, dans les excuses atténuantes, les excuses *à demi absolutoires* qui réduisent la peine de l'infraction à une interdiction de séjour facultative.

**569. II. Effets.** — Les excuses de la minorité et de la provocation, dont nous nous occuperons exclusivement désormais, produisent, *au point de vue matériel*, un effet analogue, sauf quelques différences de détail. *En matière criminelle*, un emprisonnement correctionnel, plus ou moins long, est substitué à la peine principale, avec addition de la peine complémentaire facultative de l'interdiction de séjour pendant 5 à 10 ans (art. 326, §§ 2, 3, 4; art. 67, §§ 2, 3, 4). Par suite, toutes les peines *accessoires* à la peine criminelle se trouvent écartées ; mais les peines *complémentaires*, telles que l'amende, la confiscation, la relégation, doivent être prononcées. — Les différences de détail entre l'excuse de la minorité et celle de la provocation consistent *dans la durée de l'emprisonnement*. Pour la provocation, il est d'un à cinq ans, lorsque la peine écartée est afflictive perpétuelle ; — de six mois à deux ans, dans toute autre hypothèse. Pour la minorité, il est de dix à vingt ans, si la peine est afflictive perpétuelle. — Il est « égal au tiers au moins et à la moitié au plus de celui pour lequel (le mineur) aurait pu être condamné » si la peine est afflictive temporaire. Cette formule oblige le juge à se demander d'abord quel taux il donnerait à la peine si l'accusé était majeur de seize ans, puis à opérer la réduction indiquée par la loi. S'il eût appliqué au majeur le *minimum*, il infligera au mineur une peine variant entre le tiers et la moitié de ce minimum. — Enfin l'emprisonnement est d'un an à cinq ans si la peine écartée est simplement infamante (2). — *En matière correctionnelle*, le taux de toutes les

---

(1) En matière d'*injure*, publique ou non publique, proférée contre les particuliers, la provocation est aussi une excuse absolutoire (art. 471, § 11, C. p.; art. 33, L. 29 juillet 1881 *s. la presse*).

(2) Deux autres différences moins importantes existent entre la minorité et la provocation, une au point de vue de l'*interdiction de séjour* : l'emprisonnement qui remplace les peines infamantes n'entraîne point contre le mineur l'inter-

peines est réduit de moitié, par l'effet de l'excuse de la minorité. L'emprisonnement seul est réduit, par l'effet de l'excuse de la provocation, à un minimum de six jours et un maximum de six mois. Voilà l'effet matériel de l'excuse atténuante. — Quel est maintenant son *effet juridique ?* En transformant la peine criminelle en peine correctionnelle, change-t-elle aussi la nature de l'infraction ? « Le crime excusé est-il un délit ? ».

**570.** L'intérêt pratique de cette question est considérable :

1° Supposons qu'on adopte l'affirmative : le délai de la *prescription de l'action* sera de trois ans au lieu de dix ans ; par conséquent le verdict du jury qui reconnaîtra l'existence de l'excuse entraînera l'absolution de l'accusé, si la poursuite a été commencée plus de trois ans après la perpétration du fait (art. 637, 638, C. i. c.).

2° Supposons qu'on adopte la négative : la *prescription de la peine* durera 20 ans, bien qu'il s'agisse d'un emprisonnement, puisque « les peines portées par les arrêts ou jugements rendus *en matière criminelle* » se prescrivent par vingt années. Elle durerait 5 ans dans l'opinion contraire (art. 635, 636, *ibid.*).

3° Le jury conserve le droit d'accorder des *circonstances atténuantes* si le fait reste crime. Il perd ce droit si le fait devient délit (art. 541, *ibid.*, et 463, C. p.).

4° L'amende, peine complémentaire du crime, sur laquelle l'excuse ne produit point d'effet direct, deviendra, si l'on adopte l'affirmative, la peine complémentaire d'un délit ; par suite, *en cas de récidive*, elle devra être élevée au maximum et pourra être portée jusqu'au double (art. 57, 58, C. p.).

5° Enfin dans l'hypothèse du *concours d'infractions* entre le crime excusé et un délit, on peut soutenir que les peines correctionnelles du délit sont absorbées par celles du crime excusé, si le fait reste crime, alors même que l'emprisonnement encouru pour le délit serait supérieur à celui qu'on peut appliquer après l'admission de l'excuse. Car, pour déterminer la gravité respective de deux peines, il faut considérer leur nature avant de considérer leur taux.

**571.** 1er *Système :* — « Le crime excusé reste un crime ». — *a*) Aucun texte n'indique, dit-on, le déclassement de l'infraction ; bien mieux, la rubrique sous laquelle sont placés les art. 321 et suivants, parle de *crimes excusables*. — *b*) Si l'on admettait que l'*excuse atténuante* produit cet effet juridique, il faudrait en dire autant des *circonstances atténuantes*. Or personne ne l'admet. — *c*) L'infraction n'est pas

diction de séjour (art. 67, §§ 4, 5) ; il entraîne au contraire pour l'individu provoqué (art. 326, § 4). L'autre, au point de vue de la *relégation* : cette peine complémentaire n'est pas prononcée contre le mineur qui n'aurait pas atteint sa vingt et unième année à l'expiration de la peine principale (art. 6, L. 27 mai 1885).

déclassée, parce que l'excuse ne modifie que la peine. Or ce qui sert au législateur à qualifier une infraction, c'est la gravité sociale du fait et non la peine qu'il applique. — *d*) L'excuse n'a trait qu'à la criminalité subjective; la gravité sociale du fait, la gravité objective, reste la même (1).

Nous rejetons ce système. *a*) Il est inexact de dire qu'il n'y a pas de texte indiquant le déclassement de l'infraction par le résultat de l'excuse. En effet, puisque l'abaissement de la peine qu'elle produit est l'œuvre exclusive de LA LOI, puisque l'excuse est une *hypothèse spéciale* où LA LOI punit moins sévèrement l'infraction que dans l'*hypothèse ordinaire*, pourquoi ne pas voir le texte, qui détermine la nature juridique du crime excusé, dans l'art. 1ᵉʳ § 2, C. p. ? « L'infraction que LES LOIS punissent de peines correctionnelles est un délit ». Vainement l'on argumente de cette expression « *crime excusable* ». D'abord, ce n'est qu'un argument de rubrique; or les rubriques du Code n'ont point été l'objet d'une discussion, ni d'un vote. Puis, parler d'un crime *excusable*, c'est se placer avant l'admission de l'excuse, et par conséquent ne rien décider sur la nature du crime *excusé*. — *b*) On ne peut raisonner par analogie de l'effet des circonstances atténuantes à celui de l'excuse. Le juge ayant mission de *définir* les circonstances atténuantes, la transformation de la peine est son œuvre; tandis que dans l'excuse, la transformation de la peine est uniquement l'œuvre de la loi. — *c*) Le troisième argument n'a aucune portée. Le jurisconsulte n'a point à refaire l'œuvre du législateur. Ce qui lui révèle la gravité légale d'un fait et sa qualification, c'est la peine que la loi y attache, soit dans l'hypothèse ordinaire, soit dans un cas particulier. — *d*) Le quatrième argument suppose que le législateur détermine la peine, dans l'hypothèse ordinaire, en considérant uniquement la *gravité objective*, c'est-à-dire la criminalité du fait, et qu'il l'atténue par l'excuse, en considérant uniquement sa *gravité subjective*, c'est-à-dire la culpabilité de l'agent. C'est là une double erreur. L'incrimination, dans l'hypothèse ordinaire comme dans l'hypothèse de l'excuse, dépend à la fois des éléments matériels et moraux de l'infraction.

**572.** *2ᵉ Système :* « Le crime excusé est un délit ». — C'est à cette solution qu'on doit logiquement aboutir par l'application des principes et des textes. La *nature* de l'excuse et l'art. 1ᵉʳ du Code pénal ont fourni, pour la réfutation du premier système, des arguments qu'il est inutile de répéter. — Les art. 57 et 58, C. p., réformés en 1863 en fournissent un nouveau et des plus puissants. Le crime *qui devra n'être puni que de peines correctionnelles*, dont parlent ces textes, est certaine-

---

(1) *Sic* : BERTAULD, XVIIᵉ leçon, p. 390 ; MOLINIER, *Rev. crit.*, 1851, p. 425 ; VILLEY, p. 513.

ment le crime excusé; or ce crime est, au point de vue de la récidive, traité comme un délit. Voilà une appréciation qui révèle le principe.

— Enfin un argument d'analogie recommande cette solution : personne n'hésite à qualifier crime l'infraction dont la peine est transformée de correctionnelle en criminelle par l'effet d'une *cause d'aggravation légale;* pourquoi hésiterait-on à qualifier délit l'infraction dont la peine est transformée de criminelle en correctionnelle par l'effet d'une *cause d'atténuation légale ?* Pour bien faire ressortir la rigueur de cette analogie, il suffit de comparer une cause d'aggravation *subjective* produisant ce résultat, telle que la qualité de domestique dans le vol (art. 386, § 9), ou la récidive dans l'hypothèse de l'art. 200, § 3, à l'excuse atténuante (1).

573. Un *3e système* distingue entre l'excuse de la minorité et celle de la provocation. La première transformerait le crime en délit, la seconde lui laisserait le caractère de crime. — Ce troisième système reproduit le premier, en y apportant toutefois une exception pour l'excuse de la minorité. Cette exception se fonde sur la compétence attribuée aux tribunaux correctionnels pour juger les crimes des mineurs (L. 25 juin 1824, *nouvel art.* 68, C. p.). Ainsi, un changement de juridiction modifierait la nature de l'infraction! Piètre argument! car si on le serrait de près, il faudrait dire que le crime du mineur reste crime toutes les fois qu'il est jugé par la Cour d'assises; et ces cas sont nombreux. Sans doute les Cours d'assises n'ont pas été instituées, en principe, pour juger les délits, mais elles ont, comme nous l'expliquerons plus tard, la plénitude de juridiction : elles peuvent juger l'infraction qui leur est soumise à quelque degré qu'elle tombe. De ce que la Cour d'assises juge le crime excusé par la provocation, il ne faut donc pas conclure que ce fait a conservé le caractère de crime, pas plus qu'il ne faut conclure de la compétence attribuée, *dans certains cas,* aux tribunaux correctionnels pour juger le crime du mineur de seize ans, que ce fait est devenu délit. Il y a dans les deux hypothèses une exception aux règles habituelles de la compétence qui s'explique par des raisons absolument étrangères à la nature de l'infraction (2).

(1) Sic : GARRAUD, *Dr. pén. franç.* II, 143.

(2) La Cour de cassation adopte ce système mixte ; mais sa jurisprudence est pleine de choquantes contradictions. Ainsi pour la PROVOCATION, elle décide que l'admission de l'excuse ne change pas la durée de la prescription ; ce qui suppose que le fait reste *crime* : Cass. 17 janv. 1833 ; 10 déc. 1869 (motifs de l'arrêt); — mais en même temps, elle retire au jury le droit d'accorder les circonstances atténuantes, ce qui suppose que le fait devient *délit* : Cass. 22 juil. 1852 ; 20 juin 1867. — Pour l'excuse de la MINORITÉ, elle décide que l'admission de l'excuse modifie la durée de la prescription, parce que le fait devient *délit* : Cass. 25 août 1864, 10 déc. 1869 ; 12 août 1880 ; — mais elle conserve au jury le droit d'accorder les circonstances atténuantes ; ce qui ne peut s'expliquer qu'en disant que le fait reste *crime* : Cass. 1er août 1866. Un peu plus de logique serait désirable.

**574. III. Particularités de l'excuse de la minorité.** — L'art. 69 du Code pénal a donné lieu à plusieurs difficultés de détail.

*a)* En matière correctionnelle, est-il exact de dire, comme nous l'avons affirmé, que l'excuse de la minorité réduit le taux de *toutes* les peines ? On l'a contesté pour la confiscation et pour l'interdiction des droits mentionnés en l'art. 42 du Code pénal. Ces peines, a-t-on dit, sont matériellement irréductibles; de plus ce sont des peines complémentaires, qui ont un but spécial et distinct des peines qui constituent le châtiment direct du délit (1). — *Réfutation :* La prétendue irréductibilité n'existe que pour la confiscation portant sur un objet impartageable. Quant à l'interdiction de certains droits, elle est toujours réductible dans sa durée. D'ailleurs la distinction qu'on établit entre les peines principales et complémentaires est tout à fait arbitraire, en présence de l'art. 69 du Code pénal qui exige la réduction de *la peine qui sera prononcée*, c'est-à-dire de l'ensemble des peines que le juge prononce.

**575.** *b)* En matière correctionnelle, l'excuse de la minorité permet-elle seulement d'abaisser la peine jusqu'à la moitié du minimum fixé pour le délit, ou bien permet-elle de descendre au minimum des peines correctionnelles ? *Exemple :* un délit est passible, au minimum, de 1 an d'emprisonnement et de 50 francs d'amende. Les juges devront-ils prononcer six mois et 25 francs ? Ou bien pourront-ils descendre jusqu'à 6 jours et 16 francs ? — Cette dernière solution prévaut dans la pratique, et avec raison. L'art. 69 ne fixe en effet que le maximum de la peine correctionnelle applicable au mineur. Quant au minimum de cette nouvelle peine, ce n'est pas celui de l'ancienne, réduit de moitié, mais le minimum habituel des peines correctionnelles, par application des dispositions générales des art. 179, C. i. c., 40 § 2, 465, 466, C. p. (2).

**576.** *c)* En matière correctionnelle, l'excuse de la minorité permet-elle de prononcer la moitié du minimum, lorsque par suite de cette réduction l'emprisonnement ou l'amende vont tomber au-dessous du minimum habituel des peines correctionnelles ? *Exemple :* Le minimum de la peine d'un délit est 6 jours d'emprisonnement et 16 francs d'amende. Les juges pourront-ils infliger 3 jours et 8 francs ? — On en a douté parce qu'on s'est figuré que la peine réduite à ce taux serait une peine de simple police. C'est là une erreur, le taux de 6 jours ou de 16 francs ne constituent que le minimum ordinaire de l'emprisonnement ou de l'amende en matière correctionnelle. D'ailleurs, pour décider si ces deux peines sont correctionnelles, il faut uniquement considérer leur maximum et voir s'il dépasse le maximum des peines de police. Il n'y a donc

---

(1) GARRAUD, *Précis*, 2ᵉ édit. 265 bis.
(2) Cass. 3 fév. 1849 (B. 28).

pas de motif sérieux pour ne pas appliquer à la lettre l'article 69 (1).

**577. IV. Particularités de l'excuse de la provocation.** — La provocation résulte de certains crimes ou délits dirigés contre les personnes qui appellent des représailles immédiates. La loi tient compte de l'injustice de l'agression pour excuser ces représailles lorsquelles ont été exercées dans le feu de la colère ou de l'indignation. Les mêmes faits qui constitueraient une personne en légitime défense, motivent à son profit l'excuse de la provocation, si les conditions de la légitime défense ont été incomplètes ou insuffisamment remplies, ou s'il y a eu excès dans la défense.

Étudions quelques particularités de cette excuse :

**578.** *a*) L'excuse de la provocation est-elle générale ; peut-elle être invoquée pour excuser les coups portés à un agent de l'autorité agissant dans l'exercice de ses fonctions ? — La négative est admise en jurisprudence sous prétexte : 1° que les art. 321 et suivants, à raison de la place qu'ils occupent dans le Code, n'excusent que les crimes et délits commis contre les particuliers ; 2° que les agents de l'autorité doivent être présumés ne faire, dans l'exercice de leurs fonctions, que juste ce que la loi permet. — Nous avons déjà réfuté cet argument de rubrique, à propos de la légitime défense, et nous avons démontré que l'illégalité *évidente* et *intolérable* de l'acte autorisait le fait justificatif. Sous la même réserve il faudra admettre l'excuse de la provocation (2).

**579.** La loi n'écarte que dans deux cas l'excuse de la provocation à raison de la qualité de l'agresseur : l'un est le parricide, l'autre, le meurtre d'un époux par son conjoint. Art. 323 : « Le parricide n'est jamais excusable ». — Art. 324, § 1 : « Le meurtre commis par l'époux sur l'épouse, ou par celle-ci sur son époux n'est pas excusable, si la vie de l'époux ou de l'épouse qui a commis le meurtre n'a pas été mise en péril dans le moment même où le meurtre a eu lieu ». Ces exceptions doivent être restreintes à leurs termes : 1° Elles ne visent que le *meurtre* ; par conséquent restent excusables les *coups et blessures*, quelles qu'en aient été les suites. — 2° Elles n'excluent pas la légitime défense. L'art. 324 le dit expressément à propos du meurtre du conjoint ; mais c'était inutile, car la provocation et la légitime défense sont deux situations qui n'ont rien

---

(1) Cass. 9 av. 1875 (D. 77, 1,508). L'intérêt pratique de ces deux dernières questions n'apparaît que devant la Cour de cassation et lorsque l'arrêt ou le jugement, objet du pourvoi, a réduit la peine au taux contesté, sans déclarer l'existence de circonstances atténuantes. En appliquant en effet l'art. 463 du Code pénal, les juges ont toujours le moyen d'éviter la difficulté.

(2) *Sic* : CARNOT, I, p. 564 ; CHAUVEAU et HÉLIE, III, 1281 ; TRÉBUTIEN, I, p. 160 ; VILLEY, p. 512 ; GARRAUD, *Précis*, 256 ; *Dr. pén. franç.*, II, 136 ; HAUS, II, 833, etc. — *Contrà* : Cass., 13 mars 1817 ; 8 avril 1826 ; 30 avril 1847 ; BLANCHE, IV, 131.

de semblable (1). — 3° L'exception, relative au parricide, s'applique seulement aux deux cas de provocation prévus par les art. 321 et 322. L'esprit de la loi aussi bien que la place matérielle de l'art. 323 qui formule l'exception commandent cette solution. Le parricide reste donc excusable si l'agent est mineur de seize ans, ou s'il y a provocation par flagrant délit d'adultère (art. 324).

**580.** *b) Causes de provocation.* — Elles sont au nombre de quatre : 1°) Les coups et violences graves envers les personnes (art. 321) ; — 2°) l'escalade ou l'effraction, *pendant le jour*, des clôtures, murs et entrée d'une maison ou d'un appartement habité ou de leurs dépendances (art. 322) ; — 3°) le flagrant délit d'adultère de la femme dans la maison conjugale (art. 324) ; — 4°) un outrage violent à la pudeur, pour le crime de castration (art. 325). — Les deux dernières causes méritent seules quelques explications.

Le mari ne peut invoquer l'excuse, s'il était lui-même convaincu d'avoir entretenu une concubine dans la maison conjugale. Telle est la portée du renvoi que fait l'art. 324 à l'art. 336. — De plus, cette excuse n'est établie qu'à son profit. La femme qui tuerait son mari surpris dans une situation semblable ne pourrait s'en prévaloir, car les excuses sont de droit étroit (art. 65).

La castration est *excusée*, lorsqu'elle est infligée comme représaille immédiate d'un outrage violent à la pudeur. Mais elle serait *justifiée*, si elle avait été accomplie en repoussant la perpétration d'un crime de cette nature. Ce serait en effet, dans ce cas, un acte de légitime défense.

**581.** *c)* L'excuse de la provocation est-elle *réelle* ou *personnelle ?* — On dit généralement, en doctrine, qu'elle est réelle dans les trois cas de provocation prévus par les art. 321, 322 et 325, et personnelle dans l'hypothèse de l'art. 324. Les premiers cas de provocation sont en effet des dégénérescences de la légitime défense et constituent comme elle une exception réelle. L'adultère au contraire étant un délit *privé*, un délit *entre les époux*, comme on l'a qualifié dans les travaux préparatoires, n'est susceptible de provoquer que le mari outragé. A notre avis, l'excuse de la provocation est toujours personnelle. Il n'en peut être autrement, puisqu'elle est empruntée à un fait psychologique. Mais certains événements sont susceptibles d'exciter la même indignation, le même désir de vengeance chez tous les individus qui en sont témoins. Dans ces hypothèses, l'excuse semble être *réelle*, parce que chaque participant au crime commis en représaille du fait de provocation, peut l'invoquer ; mais, en réalité, elle ne se comunique point d'un participant à l'autre, et

(1) *Sic :* ORTOLAN, I, 447, 1106 ; GARRAUD, *op. et loc. cit.* — *Contrà :* MORIN, v° *Provocation* et v° *Légit. défense.*

chacun l'invoque de son propre chef. Elle est donc personnelle. L'intérêt pratique de cette observation apparaîtra pour les questions à poser au jury.

### IV. — Circonstances atténuantes.

**582. I. Notions générales.** — Le système des circonstances atténuantes consiste à donner au juge la faculté d'infliger au coupable une peine déterminée par la loi, mais plus douce que la peine ordinaire de l'infraction, à raison de circonstances ne relevant que de son appréciation souveraine. — Cette institution présente une utilité évidente quand la peine est fixe; cependant elle n'est point inutile, même avec les peines divisibles. Le législateur ne peut en effet prévoir, *a priori*, tout ce qui pourra diminuer la *criminalité* de l'infraction ou la *culpabilité* de l'agent. Il est bon par conséquent de laisser aux tribunaux un pouvoir d'atténuation plus considérable que celui qui consiste dans l'abaissement de la peine au minimum. Mais, dans l'organisation pratique des circonstances atténuantes, le législateur français n'a pas seulement permis au juge de puiser ces circonstances dans les *éléments de fait* du procès pénal; il l'a autorisé encore à les employer : 1º pour rectifier des incriminations qu'il jugerait trop rigoureuses, telles par exemple que l'assimilation de la tentative à l'infraction consommée, de la complicité à la participation principale ; 2º pour écarter l'application d'une peine qu'il ne croirait plus d'accord avec les mœurs, comme la peine de mort (1). Les circonstances atténuantes sont ainsi détournées de leur véritable objet qui consiste, tout en tenant pour juste l'incrimination et la peine légales, à corriger la sévérité de la peine en considération du fait et de l'individu à juger. On transforme les tribunaux en législateurs, puisqu'on les convie à préparer, par l'admission des circonstances atténuantes d'une manière constante dans certaines hypothèses, la réforme de la législation pénale.

**583.** Du principe que le juge est souverain dans la constatation des circonstances atténuantes découlent les conséquences suivantes :

*a)* Il n'a point à *motiver* sa déclaration ; il lui suffit d'affirmer « qu'il existe des circonstances atténuantes ». — *b)* Il peut les prendre où il lui plaît ; aucun principe ne limite la liberté de ses recherches (2). *c)* L'atté-

---

(1) V. l'exposé des motifs et le rapport de M. Dumon à la Chambre des députés, lors de la réforme du Code pénal en 1832.

(2) La réforme de l'art. 463, C. p., en 1832, a virtuellement abrogé le § 5 de l'art. 342, C. i. c., qui défendait au jury de se préoccuper de la peine, et, par contre coup, elle a autorisé la lecture et la discussion de la loi pénale devant le jury. BEUDANT, *De l'indication de la loi pénale dans la discussion devant le jury* (1861).

nuation de la peine par l'effet des circonstances atténuantes est *judiciaire*; dès lors elle ne modifie point la qualification que mérite le fait, d'après la peine qui lui est applicable en l'absence de ces circonstances.

**584.** Le système des circonstances atténuantes n'existait, dans le Code pénal de 1810, qu'en matière correctionnelle et à la condition que le préjudice n'excédât pas 25 francs. Succédant au Code pénal de 1791, où toutes les peines criminelles étaient fixes, le Code de 1810 réalisait, disait-on, un progrès suffisant en matière criminelle, en rétablissant la divisibilité des peines temporaires (1). Cette trop grande rigueur motiva des acquittements, à la suite desquels la loi du 25 juin 1824 introduisit au grand criminel le système des circonstances atténuantes. Mais elle fit des restrictions pour certains crimes et pour certains accusés. De plus, la faculté de déclarer des circonstances atténuantes était attribuée, non pas au jury, mais aux magistrats de la Cour d'assises. Les acquittements continuèrent, car le jury entendait rester maître de la situation. Il le devint en 1832 : on lui accorda le droit de reconnaître les circonstances atténuantes. Cependant on ne réduisit pas les magistrats de la Cour d'assises à exécuter seulement sa décision ; on créa en effet deux degrés d'abaissement de la peine : l'un obligatoire, l'autre facultatif. Par le premier la Cour exécute la décision du jury. Par le second elle abaisse la peine de sa propre autorité ; *elle accorde elle-même des circonstances atténuantes*. La réforme de 1832 élargit en outre le système des circonstances atténuantes en matière correctionnelle, et l'appliqua avec sa nouvelle étendue aux matières de simple police (art. 483, C. p.). Cette loi de 1832 constitue le fond de législation qui nous régit. Il y a eu, en 1863, une réforme tendant à limiter les pouvoirs d'atténuation du juge correctionnel; mais elle a été effacée par le décret du 27 novembre 1870. En 1888 une loi a complété sur un point de détail l'application des circonstances atténuantes en matière correctionnelle et de simple police. — Malgré sa généralisation, la théorie des circonstances atténuantes n'est pas absolue ; nous verrons en effet que son application est restreinte, en principe, aux délits et contraventions prévus par le Code pénal.

**585.** De nombreuses critiques ont été dirigées contre notre législation sur les circonstances atténuantes. — 1° Les unes viennent des ennemis absolus de cette théorie qui tend, dit-on, à rétablir les peines arbitraires. — En supposant l'objection fondée, il faut observer que l'arbitraire

---

(1) Dans la législation intermédiaire, le système des circonstances atténuantes existait à l'état d'exception pour certains crimes politiques (L. 27 germinal an VII), et la jurisprudence essayait de le généraliser à toutes les matières criminelles, en équivoquant sur l'expression *excuse*, employée par l'art. 646 du Code de l'an IV. (ORTOLAN, I, 1115.)

22

qu'on rétablit, c'est l'arbitraire dans l'indulgence et non l'arbitraire dans la sévérité. L'inconvénient est beaucoup moins grave. Il peut d'ailleurs être évité en fixant une limite à l'atténuation du juge. Cette limite existe dans notre législation, mais seulement pour les peines criminelles. En matière correctionnelle, la réforme de 1863 avait eu précisément pour objet d'empêcher une atténuation excessive de la peine. Elle limitait l'abaissement au minimum ordinaire des peines correctionnelles, *six jours* et *seize francs*, lorsque le minimum de la peine applicable, abstraction faite des circonstances atténuantes, n'était pas inférieur *à un an* et *à cinq cents francs*. Il est regrettable que cette disposition additionnelle de l'art. 463 ait été abrogée. L'atténuation de la peine, par l'effet des circonstances atténuantes, étant purement judiciaire, n'entraîne point un déclassement de l'infraction ; dès lors il serait logique de fixer, comme limite extrême de l'abaissement pour toutes les peines correctionnelles, le minimum ordinaire de *six jours* et de *seize francs* (1). — 2° Les autres critiques viennent des ennemis du jury : *a*) On a proposé d'accorder aux magistrats de la Cour d'assises le droit exclusif de déclarer les circonstances atténuantes. C'est le système du Code de procédure pénale autrichien (1873). Il a été expérimenté en France, de 1824 à 1832, et n'a point réussi. — *b*) D'autres proposent d'exiger que le juge, quel qu'il soit, motive sa déclaration. C'est contraire, pour le jury, au système de l'intime conviction qui affranchit son verdict de tout motif. C'est contraire aussi à la nature indéfinissable des circonstances atténuantes. Ce système, suivi par la législation autrichienne, aboutit à des motifs tels que ceux-ci : *antécédents, jeunesse, repentir*, qui deviennent promptement des clauses de style. — *c*) On propose encore d'autoriser les juridictions d'instruction à reconnaître les circonstances atténuantes pour correctionnaliser un crime. C'est un expédient inventé pour déférer aux tribunaux correctionnels des crimes que le jury refuserait de réprimer, parce que, même après une déclaration de circonstances atténuantes, la peine se trouve hors de toute proportion avec la gravité du fait. Ce système suivi en Belgique est irrationnel. Les juridictions d'instruction n'ont pas mission d'apprécier *le degré* de la culpabilité du prévenu ; elles examinent seulement si cette culpabilité est suffisamment établie pour motiver un renvoi devant la juridiction de jugement compétente. — *d*) Enfin on s'est efforcé de rendre moins fréquentes les déclarations des circonstances atténuantes par le jury, en exigeant une majorité plus forte pour le verdict qui les accorde que pour un verdict négatif sur la question de culpabilité. On empêche ainsi le jury d'énerver la répression. Ce tempérament existe dans notre législation.

**586. II. Pour quelles infractions et par qui peuvent-elles être dé-**

(1) ORTOLAN, II, 1660 ; MOLINIER, *Rec. de l'Acad. de législat.*, t. XI, p. 139-192 ; GARRAUD, *Dr. pén. franç.*, II, 156. Comp. C. italien, art. 59.

clarées ? — La théorie des circonstances atténuantes organisée dans les art. 463 et 483, C. p. est une théorie *générale* en matière criminelle : elle s'applique à tous les crimes prévus soit par le Code pénal, soit par une loi spéciale. Elle est *spéciale* au contraire en matière correctionnelle et de police : elle n'est point applicable aux infractions de cette nature autres que celles prévues par le Code pénal, s'il n'y a dans la loi spéciale un texte exprès qui l'autorise. Les délits et contraventions incriminés par les lois en dehors du Code étant pour la plupart de simples délits de convention sociale, que des raisons d'utilité et souvent un intérêt fiscal ont fait punir de peines sévères, on a craint en ces matières l'indulgence du juge (1).

C'est également pour ce motif que, dans les codes de l'armée de terre et de l'armée de mer, le crime ou le délit militaire, commis par un militaire, est toujours puni sans atténuation, tandis que s'il s'agit de faits incriminés à la fois par la loi spéciale et par le Droit commun, plusieurs dispositions de ce code autorisent l'application de l'art. 463 (2).

587. Par qui maintenant les circonstances atténuantes devront-elles être déclarées ? — La question ne présente de l'intérêt qu'en Cour d'assises parce que la mission du juge se partage, dans cette juridiction, entre les magistrats et le jury : celui-ci, chargé de déclarer la culpabilité ; ceux-là, chargés d'appliquer la peine. Logiquement les circonstances atténuantes pouvant être prises *partout*, il appartient aussi bien à la Cour qu'au jury de les déclarer. Aussi en 1832 n'a-t-on pas retiré aux magistrats de la Cour d'assises le droit de participer à la déclaration des circonstances atténuantes ; seulement on a donné au jury l'*initiative* de cette déclaration. Si le jury n'accorde pas de circonstances atténuantes, la Cour ne peut en accorder. S'il en accorde, la Cour peut se borner à exécuter sa décision en abaissant la peine d'un degré, ou s'associer à son indulgence en abaissant la peine d'un second degré. Les textes qui indiquent le mécanisme de ce système supposent implicitement que la Cour juge *un crime avec le concours du jury*. Mais, comme cette proposition n'est pas expressément formulée, leur rédaction a donné naissance à deux controverses.

588. 1ʳᵉ *Question :* « La Cour d'assises, jugeant un contumax *sans le*

---

(1) L'esprit public est peu favorable à ces restrictions. La loi des finances du 30 mars 1888, art. 42, étend l'art. 463, C. p. « aux délits et contraventions prévues par les lois sur les contributions indirectes ». La jurisprudence refuse d'étendre cette disposition aux infractions en matière d'*octroi :* Cass. 22 déc. 1888, S. 89, 1, 237.

(2) Mais la loi sur le recrutement, du 15 juillet 1889, a étendu largement le système des circonstances atténuantes aux infractions militaires commises par des hommes de la *réserve de l'armée active* et par ceux de l'*armée territoriale ou de sa réserve*. Art. 52, 79, 80.

*concours du jury*, peut-elle lui accorder des circonstances atténuantes?,

La *négative* triomphe en jurisprudence sous prétexte : 1° que les magistrats de la Cour d'assises ne peuvent prendre l'initiative de la déclaration des circonstances atténuantes ; — 2° que l'existence de ces circonstances doit être reconnue après un débat oral, qui n'a pas lieu dans la procédure par contumace ; — 3° que le contumax n'est pas digne d'indulgence (1).

L'*affirmative* au contraire est justement suivie en doctrine. Le premier des arguments du système opposé tombe devant cette observation que la distribution des rôles entre le jury et la Cour suppose implicitement que la Cour juge une affaire criminelle *avec le concours du jury*. Conclure du rôle secondaire attribué aux magistrats dans cette hypothèse, qu'ils ne peuvent prendre l'initiative de la déclaration des circonstances atténuantes lorsqu'ils jugent seuls un contumax, c'est leur refuser également ce droit lorsqu'ils jugent, *sans le concours du jury*, un crime d'audience ; c'est le refuser aussi à la Cour de cassation et à la Cour d'appel dans la même hypothèse (art. 507-508, C. i. c.) ; c'est le refuser au Sénat constitué en Cour de justice (art. 12, L. const. 16 juill. 1875) ; c'est enfin le refuser aux conseils de guerre remplaçant les tribunaux ordinaires dans l'état de siège. Or la pratique permet sans difficulté à n'importe laquelle de ces juridictions d'appliquer l'art. 463. La contradiction est manifeste, puisque dans toutes ces hypothèses il n'y a point de jury. Pour les conseils de guerre dans l'état de siège, l'art. 198, C. J. M. A. T. consacre même expressément notre opinion et fournit en sa faveur un puissant argument d'analogie. — La rédaction de l'art. 463, C. p. s'explique historiquement. Sa réforme en 1832 avait principalement pour objet, dans les matières criminelles, de conférer au jury un pouvoir qu'il n'avait pas. C'est ce qui fait qu'on a prévu seulement l'hypothèse ordinaire ; l'attention ne s'est pas arrêtée sur les cas exceptionnels où le jury n'intervient pas. L'argument de texte n'est donc pas une raison pour limiter les pouvoirs des magistrats de la Cour d'assises lorsqu'ils composent à eux seuls toute la juridiction. — Les principes d'ailleurs exigent qu'*une règle de fond*, comme celle des circonstances atténuantes, ne puisse être écartée par un changement fortuit de juridiction. — La prétendue nécessité d'un débat oral préalable ne résulte ni des textes, ni des principes. Admettons un instant que l'objection soit fondée : pour qu'il y ait débat oral facilitant la déclaration des circonstances atténuantes, il faudra qu'il ait porté ou sur la criminalité du fait, ou sur la culpabilité de l'agent, ou sur la trop grande sévérité de la peine. Mais il peut arriver que l'accusé se soit borné à plaider un *alibi*. Peut-on dire

---

(1) Cass. 4 mars 1842 ; 14 sept. 1848. BLANCHE, VI, 674.

dans ce cas qu'il y ait eu débat oral sur les circonstances atténuantes ? Non, et cependant on ne refuse pas au jury, ni à la Cour le droit de les déclarer. — Enfin l'argument tiré de l'indignité du contumax suppose que les circonstances atténuantes sont accordées uniquement en vue d'une diminution de culpabilité. C'est là une erreur. Elles servent aussi, dans notre législation, à corriger, en fait, des incriminations et des pénalités vicieuses. Or quelque indigne d'indulgence que soit un contumax, le juge a le devoir de mesurer la peine à la gravité réelle du fait et non à sa gravité abstraite ; il a aussi le droit de faire connaître, par une déclaration de circonstances atténuantes, le jugement qu'il porte sur la valeur même de la loi. La jurisprudence n'évite pas les contradictions en restreignant sa thèse au contumax. Elle admet en effet, qu'un tribunal correctionnel peut accorder des circonstances atténuantes au prévenu *défaillant*. Elle sacrifie dans ce cas l'argument tiré de l'indignité de l'accusé qui se soustrait à l'action de la justice, et celui tiré de la nécessité d'un débat oral (1). Bien mieux, elle admet que la Cour d'assises jugeant un contumax peut accueillir une excuse et, à cette condition, lui accorder des circonstances atténuantes (2).

**589.** *2º Question :* « Auquel des deux éléments de la Cour d'assises appartient-il de déclarer les circonstances atténuantes pour les délits déférés au jury ? » — Observons d'abord que le jury peut être appelé de trois manières à se prononcer sur l'existence d'un délit : 1º lorsqu'il transforme un crime en délit en écartant les circonstances aggravantes ou en accueillant une excuse ; — 2º lorsqu'il statue sur un délit qui lui a été déféré par l'arrêt de mise en accusation comme délit connexe ; — 3º lorsqu'il juge un délit de presse. Dans toutes ces hypothèses, le jury déclare la culpabilité et la Cour applique la peine ; mais le pouvoir de déclarer les circonstances atténuantes se partage-t-il entre les deux éléments de la Cour d'assises, comme s'il s'agissait d'un crime ? — La *négative* est généralement enseignée, et l'on réserve à la Cour le droit exclusif de statuer sur l'existence de ces circonstances. Nous acceptons cette solution, sauf pour les délits de presse. Et d'abord, l'art. 341, C. i. c. prouve qu'en règle générale le jury ne participe à la déclaration des circonstances atténuantes que si la matière est criminelle. Or, bien que contraire aux principes, l'argument de texte est ici prépondérant, parce qu'il est confirmé par les travaux préparatoires. La loi du 8 octobre 1830 avait déféré au jury les délits politiques ; lorsqu'en 1832 on généralisa le système des circonstances atténuantes, on craignit pour ce genre d'infractions la trop grande indulgence du jury. Aussi l'on admit le jury à

---

(1) Cass. 1ᵉʳ déc. 1842, 10 avril 1844.
(2) Cass. 29 juil. 1843, BLANCHE VII, 703. *En notre sens :* CH. BERRIAT-SAINT-PRIX, *Rev. de législ.* 1842, t. 9, p. 522 et tous les auteurs.

déclarer les circonstances atténuantes « en toute matière *criminelle*, après avoir rejeté un amendement qui proposait de substituer à ces mots : « en toute matière *soumise au jury* ». Il est vrai qu'en interprétant rigoureusement le texte par les motifs qui ont inspiré sa rédaction, ce serait uniquement pour les délits politiques que le jury n'aurait pas le droit de déclarer les circonstances atténuantes. On comprend néanmoins qu'en vue de poser une règle uniforme le législateur ait étendu une exception en dehors de l'hypothèse à laquelle s'appliquait la raison qui l'a fait admettre. Tel fut le sentiment général au lendemain de la loi du 28 avril 1832. Il faut cependant, à notre avis, faire exception pour les délits de presse. L'art. 64 de la loi du 29 juillet 1881, éclairé par les travaux préparatoires, suppose d'une manière indubitable la participation du jury à la déclaration des circonstances atténuantes, car il distingue, comme le fait l'art. 463, C. p. en matière criminelle, le degré d'atténuation produit par l'indulgence du jury de celui qui peut résulter de l'indulgence de la Cour. Nous l'expliquerons avec plus de détails ci-dessous (1).

**590. III. Système d'atténuation.** — Théoriquement que doit-il être ? S'il était vrai, comme on l'a écrit, que les circonstances atténuantes dénotent seulement une diminution de culpabilité, il faudrait dire que l'atténuation devrait uniquement porter sur le *taux* de la peine. Mais, comme elles sont indéfinissables et qu'elles se prennent partout, l'atténuation peut se traduire aussi bien par un changement dans la *nature* de la peine. Le devoir du législateur se borne à fixer une limite à l'indulgence du juge. Permettra-t-il de substituer une peine correctionnelle à une peine criminelle ? Pourquoi non ? Mais il faut observer que cette transformation étant purement *judiciaire*, la nature de l'infraction ne s'en trouvera point changée. — Notre législation doit être interprétée à l'aide de ces principes. Pour comprendre le système d'atténuation qu'elle organise, il importe de distinguer suivant le genre des peines qu'il s'agit d'atténuer.

**591. A. Atténuation des peines criminelles.** — L'art. 463, C. p. ne s'est occupé que des peines *principales* en matière criminelle. Il crée deux degrés d'atténuation, l'un *obligatoire* pour les magistrats de la Cour d'assises, parce qu'il constitue l'exécution du verdict du jury ; l'autre *facultatif*, parce qu'il représente la part que ces magistrats sont libres de prendre à la déclaration des circonstances atténuantes. Ce double abaissement se produit dans l'échelle à laquelle la peine appartient. Telle est la règle. Elle s'applique sans exception aux peines suivantes : 1° la mort, 2° les travaux forcés à perpétuité, 3° la déportation dans une enceinte forti-

---

(1) C'était également la solution donnée par l'art. 23 de la loi sur la presse du 27 juillet 1849.

fiée, 4° la déportation simple (art. 463, §§ 2, 3, 4, 5) (1). Mais ce procédé ne peut être indéfiniment suivi ; on ne peut l'appliquer notamment aux peines qui se trouvent au dernier ou même à l'avant-dernier échelon de chaque échelle. D'un autre côté il existe plus d'affinité entre les peines afflictives et l'emprisonnement de longue durée qu'entre ces peines et les peines infamantes. Il fallait enfin tenir compte de la surélévation du taux de la peine que produit la récidive. Pour toutes ces raisons, le Code a apporté à son système quatre exceptions qui ne sont pas toutes également justifiées.

1<sup>re</sup> *Exception* (art. 463, §§ 6, 7) : Les peines correctionnelles de l'art. 401 (c'est-à-dire un emprisonnement d'un an à cinq ans, une amende de 16 à 500 francs, plus les peines complémentaires facultatives de l'interdiction de certains droits civiques, civils et de famille et de l'interdiction de séjour (pendant 5 à 10 années), servent de second degré d'atténuation aux *travaux forcés à temps*, et de seul et unique degré d'atténuation à la *réclusion* et à la *dégradation civique*. Cette exception se justifie par le premier motif que nous avons indiqué.

2<sup>e</sup> *Exception* (art. 463, § 7) : Les peines correctionnelles de l'art. 401 servent encore de seul et unique degré d'atténuation au *bannissement* et à la *détention*, quoiqu'il fût possible de descendre d'un ou de deux degrés dans l'échelle des peines politiques. Cette exception s'explique par le second motif (2).

3<sup>e</sup> *Exception* (art 463, § 8) : « Dans le cas où le Code prononce le maximum d'une peine afflictive » (c'est l'hypothèse de la récidive quand la peine normale est la plus élevée des peines afflictives temporaires), le premier degré d'atténuation est le minimum de la peine ; le second, la peine inférieure. Cette exception trouve son explication dans le troisième motif.

4<sup>e</sup> *Exception* (art. 463, § 4) : Pour deux crimes politiques très graves (art. 96, 97, C. p.), il n'y a qu'un degré d'atténuation, celui que produit nécessairement le verdict du jury ; le pouvoir d'atténuation attribué aux magistrats de la Cour est supprimé. Cette exception ne se justifie pas.

Comme on le voit, les peines de l'art. 401 sont destinées à remplacer les travaux forcés à temps, la détention, la réclusion, le bannissement

| (1) Peines à abaisser | 1<sup>er</sup> degré | 2<sup>e</sup> degré |
|---|---|---|
| Mort | Travaux forcés à perpét. | Travaux forcés à temps |
| Travaux forc. à perp. | Travaux forcés à temps | Réclusion |
| Déport. dans une enc. | Déportation simple | Détention |
| Déportation simple | Détention | Bannissement. |

(2) Ainsi le bannissement est considéré comme *suffisant* pour remplacer la déportation simple et comme *insuffisant* pour remplacer la détention, peine moins grave. Ce résultat, choquant en apparence, s'explique par l'affinité des deux premières peines.

et la dégradation civique. Ces cinq peines criminelles étant de gravité différente, il était logique de fixer un taux différent pour l'emprisonnement qui les remplace. L'art. 463, §§ 6, 7, a fait l'application de cette idée en fixant à *deux ans* le minimum de l'emprisonnement qui peut être substitué aux *travaux forcés à temps*. Dans les autres cas il conserve le minimum d'un an fixé par l'art. 401.

On peut critiquer le législateur de n'avoir pas aussi limité à deux années le minimum de l'emprisonnement qui remplace la *détention*, puisque cette peine est, dans l'échelle politique, la peine correspondant aux travaux forcés à temps, dans l'échelle de Droit commun (1).

**592. B. Atténuation des peines correctionnelles** (art. 463, § 9). — Le procédé d'atténuation des peines afflictives ou infamantes ne pouvait être appliqué aux peines correctionnelles, d'abord parce que devant les tribunaux correctionnels la mission du juge n'est point dédoublée, et en second lieu parce que les peines usuelles en matière correctionnelle sont seulement au nombre de deux : l'emprisonnement et l'amende. Il fallait donc simplifier le système d'atténuation. L'art. 463 ne s'occupe expressément que de l'atténuation de ces deux peines. 1º Il permet d'abaisser l'emprisonnement et l'amende au minimum des peines de simple police : c'est-à-dire de prononcer *un jour* de prison et *un franc* d'amende. — 2º Si le délit est puni à la fois de ces deux peines, il autorise le juge à écarter l'emprisonnement et à prononcer simplement l'amende, même en la réduisant aux proportions précitées ; — 3º enfin, quand le délit n'est puni que de l'emprisonnement, il permet de substituer à l'emprisonnement une amende de 1 à 3.000 fr. (art. 463, § 9 et § 10 ajoutés par L. 28 oct. 1888, comb.). On discutait quel était ce maximum avant la loi de 1888. La jurisprudence le fixait à 16 fr., c'est-à-dire au minimum

---

(1) Il est question *d'ajouter* au système d'atténuation des peines afflictives ou infamantes que nous venons d'exposer, un nouveau degré d'atténuation résultant d'une déclaration de *circonstances* très *atténuantes*. Par ce moyen, le jury pourrait contraindre la Cour à réduire toutes les peines criminelles à un emprisonnement de 3 mois à 2 ans. Une proposition de loi en ce sens a été présentée au Sénat le 4 mai 1885, et prise en considération le 15 décembre suivant. Après discussion (séance du 6 août 1886), elle a été soumise à l'examen de l'autorité judiciaire. Mais le résultat de l'enquête n'a pas été favorable. On a dit que ce nouveau degré d'atténuation énerverait la répression ; qu'il ne produirait pas d'ailleurs le résultat qu'on en attend : car il y aura toujours pour le jury, dans certaines affaires, *des circonstances qui absolvent*. Le meilleur expédient pour remédier aux acquittements systématiques du jury en certaines matières est de correctionnaliser, comme on l'a fait d'autres fois, les crimes auxquels ils s'appliquent. Quoi qu'il en soit, la proposition a été renvoyée à la commission extra-parlementaire chargée de préparer la revision du Code pénal (D.1889, 4, 3. Note sous la loi du 28 oct. 1888). V. pour la critique du projet : *l'avis de la Cour de cass.* (*Gaz. Trib.*, 20 mai 1887) et Bertheau (*La Loi*, 24 mars 1886).

des peines correctionnelles, ne pouvant aller au delà sans tomber dans l'arbitraire (1). L'innovation de la loi de 1888 est bonne en elle-même, mais elle est trop restreinte, et, dans son application, elle peut conduire à un résultat choquant. Supposons en effet un délit puni de 6 jours à 2 ans d'emprisonnement et de 16 à 200 fr. d'amende : le tribunal, décidé à écarter la prison, ne pourra prononcer plus de 200 fr. d'amende (*Exemple*, art. 311, C. p.). S'il s'agit au contraire d'un délit moins grave, mais puni uniquement de l'emprisonnement, par exemple le délit prévu par l'art. 314, § 1, C. p. (empris. 6 jours à 6 mois), le tribunal pourra porter l'amende à 3,000 fr. Il aurait fallu permettre au juge d'élever l'amende à 3,000 fr., aussi bien lorsqu'il la prononce seule que lorsqu'il la substitue à l'emprisonnement (2).

**593. C. Atténuation des peines de simple police.** — C'est le même système d'atténuation qu'en matière correctionnelle (art. 483), mais seulement l'amende qui remplace l'emprisonnement aura ici un maximum de 15 francs (arg. art. 466, C. p.) (3).

**594.** *Questions controversées.* — *a)* L'art. 463 passant complètement sous silence, du moins en matière criminelle, les peines *accessoires* et *complémentaires* (4), on s'est demandé quel était à leur égard l'effet des circonstances atténuantes ?

La question ne pouvait faire difficulté pour les peines *accessoires* : le juge, n'ayant pas le droit de les *appliquer*, n'a pas celui de les atténuer. Mais, en écartant par les circonstances atténuantes la peine principale dont elles sont les conséquences légales, il les écarte virtuellement. Au-

(1) Blanche, VI, 706.
(2) Ce paragraphe additionnel formait l'art. 2 de la proposition Bozérian sur les *circonstances très atténuantes*. Les deux dispositions n'avaient aucun rapport entre elles. L'art. 2 fut voté sans discussion au Sénat, puis à la Chambre. Toute l'attention s'était portée sur l'art. 1. C'est donc une innovation irréfléchie.
(3) Cela ne faisait aucun doute avant la loi du 28 octobre 1888. Aujourd'hui, l'argument de texte conduirait à décider que l'amende de 3,000 fr. peut être substituée à un emprisonnement de simple police (art 463, § 10, et 483, § 2, comb.). Mais on ne doit pas s'y arrêter. Le bon sens dit assez que le juge ne peut pas, sous prétexte d'indulgence, remplacer une peine de simple police par une peine correctionnelle, c'est-à-dire aggraver au lieu d'atténuer. Le législateur de 1888 ne voulait innover que pour les matières correctionnelles ; il n'a pas songé, et c'est là un reproche à lui faire, que son innovation allait être étendue par l'art. 483 aux matières de simple police. On doit préférer l'esprit de la loi à son texte.
(4) M. Garraud (*Précis*, 272 ; *Dr. Pén. franç.* II. 159) ajoute : les peines *additionnées*, pour désigner par cette appréciation, qu'il oppose aux deux autres, l'amende peine *complémentaire obligatoire* en matière criminelle. Nous ne voyons pas l'utilité de cette nouvelle classification. D'ailleurs la terminologie de M. Garraud n'est pas toujours sûre. Ainsi il démontre très judicieusement que la relégation est une peine *complémentaire obligatoire*, puis il l'appelle peine *accessoire* (Comp. *Dr. pén. franç.* I, 297 et II, 159).

cune difficulté ne peut surgir non plus quant aux peines *complémentaires facultatives*, puisque le juge est libre de les prononcer ou de les écarter sans donner de raison, mais une difficulté sérieuse s'élève pour les peines *complémentaires obligatoires*. Selon nous, il faut distinguer; en matière criminelle l'atténuation de ces peines est impossible; au contraire en matière correctionnelle elle est possible, réserve faite cependant de la relégation. La première de ces propositions est généralement acceptée (1). Elle s'appuie sur l'esprit de l'art. 463 qui ne comprend aucune peine complémentaire dans l'exposé du système d'atténuation des peines criminelles. Une raison inverse justifie la seconde proposition. L'emprisonnement et l'amende sont en effet tantôt des peines principales, tantôt des peines complémentaires; or l'art. 463 admet leur atténuation « dans tous les cas ». On raisonne par analogie de ce texte pour les peines simplement complémentaires. Puis, examinant chacune de ces peines, on ajoute à la raison qui leur est commune quelque motif particulier pour les écarter. Cependant on fait en général une réserve pour la *confiscation spéciale*. Mais cette réserve provient d'une confusion : la confiscation, *mesure de police*, ou *réparation civile* n'est certainement pas influencée par une déclaration de circonstances atténuantes ; mais il n'y a aucune raison de refuser aux tribunaux le droit de réduire ou d'écarter une confiscation purement *pénale*. On dit bien que « l'art. 463 permet de *transformer* la peine correctionnelle en peine de simple police ; or la confiscation n'est pas incompatible avec des peines de simple police », tandis que l'interdiction de séjour ou celle des droits mentionnés en l'art. 42 du Code pénal sont écartées par la substitution d'une peine de police à une peine correctionnelle. Mais la prémisse de ce raisonnement est fausse; l'emprisonnement et l'amende applicables au délit, dont on abaisse le minimum à un jour ou à un franc, ne sont pas des peines de police, puisque leur maximum dépasse cinq jours et seize francs. Ce n'est donc point par une prétendue inconciliabilité de la peine complémentaire obligatoire avec la peine principale prononcée après l'admission des circonstances atténuantes que la question doit être résolue. L'argument général, qui permet d'écarter toutes les peines complémentaires obligatoires en matière correctionnelle, reste donc sans réfutation.

Il faut admettre cependant une exception pour la *relégation*. Cette peine s'applique à un état de l'infracteur que le législateur apprécie souverainement et que le juge doit se borner à constater. Néanmoins cette peine peut subir *indirectement* l'effet des circonstances atténuantes : comme elle est le complément obligatoire d'autres peines, il suffit qu'une déclaration de circonstances atténuantes écarte ces peines pour écarter aussi la relégation par voie de conséquence.

(1) Cass. 23 sept. 1880 (S., 81, 1, 390).

En résumé l'on voit qu'il appartient à l'interprète de combler la lacune que le législateur a laissée dans la théorie des circonstances atténuantes pour les peines accessoires ou complémentaires. On comprendrait à l'égard de ces dernières un système de législation qui, sans permettre de les écarter absolument, autoriserait à en réduire le taux. Elles ont en effet ordinairement un rapport plus direct avec le genre de l'infraction que la peine principale : si on les supprime, l'infraction ne paraît plus avoir la répression qui lui convient. Cet aperçu a été exploité par la jurisprudence pour soustraire les peines complémentaires à l'application de certaines théories pénales ; mais bien qu'il soit fondé théoriquement, il paraît avoir été ignoré du législateur. Il ne faut donc pas en tenir compte, ni dans la théorie actuelle, ni dans d'autres. Ce serait prendre la raison qu'on prête à la loi pour la loi.

595. *b*) « En matière correctionnelle l'abaissement de la peine reste-t-il facultatif pour le juge après une déclaration de circonstances atténuantes ? » — La majeure partie des auteurs et la jurisprudence admettent que l'atténuation est facultative, parce qu'ils appliquent à la lettre cette phrase de l'art. 463, § 9 : ¿ Si les circonstances paraissent atténuantes, les tribunaux correctionnels *sont autorisés*... à réduire l'emprisonnement... ». Il n'y aurait donc pas contradiction à déclarer qu'il existe des circonstances atténuantes, et à appliquer en même temps une peine non inférieure au minimum fixé pour le délit (1).

Ce système, disent d'autres auteurs, est anti-juridique. Pas n'est besoin en effet d'une déclaration de circonstances atténuantes pour prononcer une peine variant du maximum au minimum. — Il résulte d'ailleurs de l'exposé des motifs du Code pénal qu'une déclaration de circonstances atténuantes signifie, qu'aux yeux du juge, « le minimum de la peine est trop élevé ». Est-il possible que le législateur, après avoir expliqué la portée d'une telle déclaration, l'ait laissée sans effet légal ? On se croit lié par le texte ; mais le texte a été mal compris. Il établit en effet deux degrés d'abaissement, l'un nécessaire, l'autre facultatif : le premier est le minimum ordinaire de l'emprisonnement et de l'amende en matière correctionnelle (6 jours, 16 francs) ; il existe toutes les fois que la loi fixe un minimum supérieur pour le délit poursuivi : le second est le taux de l'emprisonnement et de l'amende en matière de simple police ; or c'est le second seul que le texte vise expressément et rend facultatif en ces termes : « Si les circonstances paraissent atténuantes, les tribunaux correctionnels sont autorisés... à réduire l'emprisonnement *même au-dessous de 6 jours* et l'amende *même au-dessous de seize francs*... ». Donc, dit-on, l'article

(1) *Sic* : Blanche, VI, 698, 699 et les arrêts qu'il cite. *Junge* : Cass. 10 août 1877 ; — Chauveau et Hélie, VI, 2702 ; Trébutien, 2ᵉ édit. I, 613 ; Garraud, *Dr. pén. franç.* II, 156.

prouve *a contrario* que l'abaissement à six jours et à seize francs est obligatoire (1).

Ce système ingénieux a pour objectif d'appliquer aux peines correctionnelles l'abaissement à deux degrés, que les premiers paragraphes de l'art. 463 établissent en matière criminelle. Mais ce parallélisme n'a pas sa raison d'être, puisque dans les tribunaux correctionnels la mission du juge ne se dédouble pas comme en Cour d'assises. De plus, le fonctionnement de ce système n'est possible qu'à l'égard des délits pour lesquels le minimum de l'emprisonnement et de l'amende est fixé au-dessus de six jours et de seize francs. Enfin on ne voit pas comment il pourrait fonctionner pour les contraventions prévues par le Code pénal; or si le législateur a voulu appliquer aux peines correctionnelles les deux degrés d'atténuation, il n'y a pas à douter qu'il ait également voulu l'établir pour les peines de simple police, puisque l'art. 483 renvoie purement et simplement à l'art. 463. Il est donc préférable de s'en tenir au premier système, qui, s'il n'est point à l'abri de toute critique, rend la disposition de l'art. 463, § 9 susceptible de s'appliquer *sans exception* à tous les délits et contraventions. En cela il est conforme à l'intention du législateur de 1832, qui a été certainement d'établir une règle uniforme et absolue pour ces deux matières. — Il a été de plus implicitement accepté comme exact par le législateur de 1881. L'art. 64 de la loi sur la presse a en effet pour objet d'y déroger : « L'art. 463 du Code pénal, porte ce texte, est applicable *dans tous les cas prévus par la présente loi*. Lorsqu'il y aura lieu de faire cette application, la peine prononcée ne pourra excéder la moitié de la peine édictée par la loi ». Or *il y a lieu de faire application* de l'art. 463, comme l'a expliqué le rapporteur de la loi, lorsque le jury a déclaré l'existence des circonstances atténuantes. On a voulu obliger la Cour à tenir compte de son verdict sur ce point, même lorsqu'il s'agissait d'un délit (2). On peut conclure *a contrario* de cette réforme, qu'en règle ordinaire, une déclaration de circonstances atténuantes n'oblige pas le juge correctionnel ou de police à descendre au-dessous du minimum.

SECTION VI. — CONCOURS DES CAUSES D'AGGRAVATION ET D'ATTÉNUATION.

**596.** Il est possible que, pour le même crime et à l'égard du même accusé, concourent à la fois des causes d'aggravation et d'atténuation; elles ne sont pas en effet exclusives les unes des autres : les art. 344,

---

(1) *Sic :* Haus, II, 846, note 6 ; Desjardin, *Rev. crit.* 1886, t. XV, p. 6 et 7. Comp. Locré, t. XXXI, p. 163.

(2) Débats parlem. Chambre, Séance du 1er fév. 1881.

C. i. c. et 463, C. p. le disent même expressément pour la récidive et les circonstances atténuantes ; et les art. 57, 58, C. p. règlent, comme nous le démontrerons plus bas, le conflit des excuses avec la récidive. La question est donc de savoir dans quel ordre ces diverses causes d'aggravation et d'atténuation doivent produire leur effet sur la peine. Trois concours principaux ont été réglés d'une manière uniforme par la doctrine et la jurisprudence. Trois autres donnent encore lieu à des controverses.

### A. — Concours dont le règlement n'est pas contesté.

**597. Concours entre les circonstances aggravantes d'un côté et la récidive ou les causes d'atténuation de l'autre.** — Les circonstances aggravantes passent les premières. — Cela ne pouvait faire doute d'abord pour les circonstances aggravantes *objectives*. Il est rationnel en effet de déterminer en premier lieu la criminalité du fait. *Prius de re quam de reo inquirendum*. Quant aux circonstances aggravantes *subjectives*, leur examen vient immédiatement après, parce qu'elles sont spéciales au délit, empruntées à *l'hypothèse* où l'infraction a été commise. Elles rentrent dès lors dans l'ordre des circonstances qu'on examine. Puis viendra l'examen, ou de la récidive, ou des causes d'atténuation.

**598. Concours de la récidive avec les excuses.** — Les excuses passent les premières. — Les art. 57 et 58, C. p., font eux-mêmes ce classement pour la récidive de *crime à délit* ou de *délit à délit*. Ils supposent en effet que le second terme de la récidive est « un crime qui devra n'être puni que de peines correctionnelles », c'est-à-dire que l'excuse a fonctionné, et ils ordonnent l'aggravation de ces peines à raison de la récidive. Il n'y aurait aucun motif de procéder autrement dans l'hypothèse de l'art. 56. Les expressions qui y sont employées pour désigner le second terme de la récidive : « un second crime *emportant*... si le second crime *emporte* » s'appliquent donc au crime *non excusé*. Elles démontrent par elles-mêmes que l'excuse fonctionne avant la récidive, et que si elle existe pour le crime qui sert de second terme, elle écarte l'application de l'art. 56. — De plus, pour les excuses autres que la minorité, on peut invoquer la raison qui fait attribuer le premier rang aux circonstances aggravantes, savoir : qu'elles sont empruntées à *l'hypothèse* où l'infraction a été commise.

**599. Concours des causes d'atténuation générales (minorité ou circonstances atténuantes) avec les excuses spéciales.** — Les excuses spéciales passent les premières, toujours pour la raison particulière que nous venons de rappeler.

En résumé l'on voit que, pour ces trois conflits sur le règlement desquels on s'accorde, deux principes déterminent le classement :

*a)* Les causes d'aggravation ou d'atténuation spéciales produisent leur effet avant les générales.

*b)* Si les causes d'aggravation et d'atténuation sont de même nature, l'on aggrave avant d'atténuer.

### B. — Concours sur le règlement desquels il y a controverse.

**600. Concours de la récidive et des circonstances atténuantes.** — Faut-il calculer l'aggravation à raison de la récidive avant ou après l'atténuation résultant des circonstances atténuantes ? — *Intérêt pratique de la question* : si la peine est afflictive perpétuelle, la question n'intéresse que l'application de l'art. 56. Si elle est afflictive temporaire ou infamante, elle met en jeu l'application des articles 56, 57 et 58. Attachons-nous à cette seconde hypothèse, qui par ses complications est la plus intéressante, et distinguons trois cas.

1er cas : « Un individu, condamné antérieurement à une peine afflictive ou infamante commet un second crime puni des travaux forcés à temps ». — *a) On aggrave avant d'atténuer :* la Cour d'assises aura le choix entre 5 ans de travaux forcés (*abaissement obligatoire*) et 5 à 10 ans de réclusion (*abaissement facultatif*, art. 56, § 5 ; 463, § 8). — *b) On atténue avant d'aggraver :* la Cour aura le choix entre 5 à 20 ans de travaux forcés (*abaissement obligatoire*, art. 463, § 6 ; 56, § 3) et 5 à 10 ans d'emprisonnement, plus les autres peines de l'art. 401 (*abaissement facultatif*, art. 463, § 6 et 57). Dans ce premier cas l'intérêt de l'accusé est de voir atténuer avant d'aggraver, s'il mérite beaucoup d'indulgence.

2e cas : « Un individu condamné antérieurement à une peine afflictive ou infamante commet un second crime puni de la réclusion ». — *a) On aggrave avant d'atténuer :* la Cour a le choix entre 5 à 10 ans de réclusion (*abaissement obligatoire*), et 2 à 5 ans d'emprisonnement, plus les autres peines de l'art. 401 (*abaissement facultatif*, art. 56, § 3 ; 463, § 6). — *b) On atténue avant d'aggraver :* la Cour prononcera au moins le maximum des peines de l'art. 401, c'est-à-dire 5 ans d'emprisonnement, et elle aura la faculté de les porter au double (art. 463, § 7 et 57). Dans ce second cas l'intérêt de l'accusé est de voir aggraver avant d'atténuer, toujours s'il est digne de beaucoup d'indulgence.

3e cas : « Un individu, condamné antérieurement à un emprisonnement de plus d'une année, commet un crime puni de la réclusion ». — *a) On aggrave avant d'atténuer :* il n'y point de récidive punissable. La Cour applique les peines de l'art. 401 : 1 an à 5 ans d'emprisonnement, etc. (art. 463 § 7). — *On atténue avant d'aggraver :* il y aura récidive correctionnelle. La Cour devra nécessairement prononcer le maximum des peines de l'art. 401 : 5 ans d'emprisonnement, etc., et aura la faculté de les élever jusqu'au double (art. 463, § 7 ; 57 ; 58). Dans ce cas l'intérêt de l'accusé est de voir aggraver avant d'atténuer, quelles que soient les dispositions des magistrats. L'intérêt pratique de la controverse étant ainsi dégagé, entrons dans son examen.

**601.** *1ᵉʳ Système* : « L'atténuation à raison des circonstances atténuantes doit précéder l'aggravation à raison de la récidive ». — *a*) La formule des art. 57 et 58 : « un crime qui devra n'être puni que de peines correctionnelles » s'applique aussi bien au crime atténué par l'effet des circonstances atténuantes que par l'effet de l'excuse. Or le texte montre que le calcul de la récidive a lieu après cette atténuation. — *b*) La récidive est une cause d'aggravation motivée par les antécédents du condamné ; c'est un élément absolument étranger au délit. Il semble donc que cette aggravation doive se produire en dernier lieu. — *c*) Enfin dans la discussion de la loi de revision du 13 mai 1863, ce classement a été formellement admis par le commissaire du gouvernement, M. Lacaze, dans sa réponse à M. Picard (1).

**602.** *2ᵉ Système* : « L'effet de la récidive doit être calculé avant celui des circonstances atténuantes ». Le principe que, dans notre législation, les circonstances atténuantes n'ont pas de causes déterminées, conduit nécessairement à les considérer comme le dernier moyen à employer pour proportionner la peine au délit. — Les travaux préparatoires de la loi de revision de 1832 les montrent même comme étant destinées à atténuer la rigueur des peines de la récidive : cela suppose bien qu'elles fonctionnent après elle. — Les arguments de texte sont plus nombreux et plus concluants en faveur de cette opinion. L'examen du jury porte toujours en dernier lieu sur les circonstances atténuantes (art. 341, C. i. c.); donc, en supposant qu'une question lui soit posée sur l'état de récidive, l'ordre même dans lequel il examinera la récidive et les circonstances atténuantes indique l'ordre de leur classement. L'art. 463, § 1 dit que l'effet des circonstances atténuantes est de modifier « les peines prononcées par la loi ». Or les peines prononcées par la loi sont non seulement celles que la loi attache à l'infraction pour l'hypothèse ordinaire, mais encore celles qui sont le résultat d'une cause d'aggravation légale, comme la récidive. Enfin l'avant-dernier paragraphe ajouté en 1863 à l'article 463, et que le décret du 27 novembre 1870 a supprimé, faisait expressément fonctionner la récidive avant les circonstances atténuantes *en matière correctionnelle*. Il n'y a aucune raison pour ne pas adopter le même mode de fonctionnement *en matière criminelle*. — Que peut, en présence de ce texte, l'avis contraire du commissaire du gouvernement ? Son

---

(1) V. Chauveau et Hélie, *supplément* t. VI, n° 2602.

opinion personnelle n'a point passé dans la loi. Quant à l'abrogation du paragraphe de l'art. 463 qui fournit ce puissant argument, elle n'en diminue point la valeur, car elle a eu uniquement pour but de supprimer la limite que ce paragraphe imposait à l'indulgence du juge (1).

**603. Concours de la minorité de seize ans avec les circonstances atténuantes.** — Il s'agit de savoir s'il faut distinguer la minorité de seize ans des excuses spéciales, lesquelles passent toujours avant les circonstances atténuantes, et la faire venir en dernier lieu. — Certains auteurs confondent cette question avec la suivante : « Par qui, en Cour d'assises, les circonstances atténuantes doivent-elles être accordées au mineur. » ? Ceux qui reconnaissent ce droit au jury placent l'effet des circonstances atténuantes avant celui de la minorité ; ceux au contraire qui l'attribuent exclusivement aux magistrats de la Cour d'assises en concluent que la minorité de seize ans doit produire son effet avant les circonstances atténuantes (2). — Mais il faut éviter cette confusion. Qu'importe en effet par qui auront été déclarées les circonstances atténuantes ; on aura toujours à examiner si l'atténuation qui en résulte doit passer avant ou après celle de la minorité. L'ordre matériel dans lequel sont intervenues les déclarations relatives à l'existence de ces deux causes d'atténuation n'est pas une raison décisive pour dire que leur effet se produira dans un ordre identique. — La controverse, débarrassée de cette équivoque, a donné lieu a deux systèmes :

**604. 1er Système :** « Les circonstances atténuantes passent avant la minorité ». — On croit trouver cet ordre virtuellement indiqué par les art. 67 et 69, C. p. — La minorité de seize ans, ajoute-t-on, n'est pas une excuse empruntée à l'*hypothèse* de l'infraction ; elle a une généralité qui prouve que son effet doit se produire sur la peine qui serait appliquée

---

(1) *Sic :* LABBÉ, note, S. 64, 2, 41, et *Rev. crit.*, t. XXIV, p. 298 ; ORTOLAN, II, 1666 ; VILLEY, *Précis*, p. 530 et s. ; GARRAUD, *Précis*, p. 274 et s. La Cour de cassation n'a jamais hésité à faire passer la récidive avant les circonstances atténuantes, quand l'application de l'art. 56 était seule en jeu. Cass. 31 janv. 1845, 24 mars 1854 ; 24 janv. 1867 ; 4 juin 1869 ; 18 sept. 1873. Mais, en présence de la nouvelle rédaction donnée aux art. 57 et 58 en 1863, elle adopta d'abord le 1er système pour l'application de ces articles : Cass. 26 mars et 15 sept. 1864. Néanmoins elle est assez vite revenue sur cette jurisprudence, et elle suit aujourd'hui le second système, sans distinguer s'il s'agit d'appliquer les art. 57 et 58 ou l'art. 56. Cass. 5 avril 1866 ; 6 nov. 1879 ; 29 avril et 29 juil. 1880 ; 3 juillet 1884. Voir d'autres systèmes faciles à réfuter, parce qu'ils sont incomplets, ou qu'ils violent des principes sur lesquels on ne discute plus, dans : 1° PELLERIN, *Comm. de la loi de 1863*, p. 284 ; 2° BAZOT, *De la récidive*, *Rev. prat.*, t. 17, p. 55 ; 3° MORIN, *J. du Dr. crim.*, t. 36, p. 65 et CHAUVEAU et HÉLIE, t. VI, supplément, n° 2603.

(2) V. cette confusion dans CHAUVEAU et HÉLIE, I, 338 ; F. HÉLIE, *Prat. crim.*, II, 125 ; Cass. 2 avril 1864 ; 10 août 1866 ; 5 mai 1887.

au majeur, après le fonctionnement de toutes les causes d'aggravation et d'atténuation (1).

**605.** 2° *Système:* « La minorité passe avant les circonstances atténuantes ». — On répond d'abord à l'argument de texte. Le système contraire prétend trouver dans ces expressions des art. 67 et 69 « *le temps pour lequel..... la peine à laquelle il aurait pu être condamné* » la preuve que le juge doit déterminer d'abord la peine qu'il appliquerait à un majeur en tenant compte de toutes les causes d'aggravation et d'atténuation, puis faire fonctionner l'excuse de la minorité. — Mais si cet argument peut être invoqué pour faire passer avant la minorité l'atténuation résultant des excuses, on ne peut, sans commettre un anachronisme, l'appliquer aux circonstances atténuantes. Celles-ci, en effet, n'existaient pas en matière criminelle dans le Code pénal de 1810 ; comment donc les expressions de l'art. 67, qui datent de 1810, pourraient-elles faire allusion à l'atténuation qui en résulte ? — L'argument tiré de la généralité de l'excuse de la minorité peut être combattu par la généralité des circonstances atténuantes. Il s'agit de savoir quelle est la plus générale de ces deux causes d'atténuation. Or il semble que ce soient les circonstances atténuantes. Elles existent en effet en toutes matières ; la minorité au contraire n'est pas une excuse pour les contraventions. Les pouvoirs du juge sont plus larges quand il s'agit des circonstances atténuantes : il lui suffit d'affirmer qu'elles existent ; il est obligé au contraire de motiver sa décision quand l'âge du mineur est contesté. — Enfin le rapport de M. Dumon, si souvent invoqué en cette matière, donne une raison décisive pour faire passer toujours en dernier lieu l'atténuation résultant des circonstances atténuantes : celles-ci, en effet, ont été présentées comme *le dernier moyen* offert au juge d'abaisser une pénalité qu'il trouve trop sévère (2).

**606.** « **Concours de la minorité de seize ans, de la récidive et des circonstances atténuantes.** » — Ce concours doit être réglé dans l'ordre même où nous venons d'énumérer ces trois causes d'atténuation et d'aggravation (3). Il n'a guère été examiné, et la jurisprudence, si elle avait un jour à le régler, serait bien en peine de mettre d'accord sa décision avec ses solutions précédentes. Elle admet, en effet : 1° que la minorité passe avant la récidive ; — 2° que la récidive passe avant les circonstances atténuantes ; — 3° que les circonstances atténuantes passent avant la minorité. Comment combiner ces trois solutions dans le concours actuel ? Dira-t-on, comme nous : *minorité, récidive, circons-*

---

(1) *Sic :* Blanche, 325; VI, 693 ; Garraud, *Précis* (1re édit.), 567.
(2) *Sic :* Ortolan, II, 1666 ; Bertauld (4° édit. p. 417); Garraud, *Précis,* 3° édit. 275; Villey, *Précis,* p. 522.
(3) *Sic :* Garraud, *Précis,* 275 ; *Dr. pénal franç.* II, 163, 164.

tances atténuantes ? On viole la troisième solution. — Dira-t-on : *circonstances atténuantes*, [*minorité, récidive* ? On viole la seconde. — Dira-t-on enfin : *récidive, minorité, circonstances atténuantes* ? On viole à la fois la première et la troisième. Les faux principes finissent toujours par aboutir à des difficultés insolubles.

En résumé la règle, qui préside à ces classements controversés, est la suivante : Dans le concours des causes d'aggravation et d'atténuation générales, celles qui ont le caractère de généralité le plus marqué passent les dernières.

# CHAPITRE II

## DE L'APPLICATION DE LA PEINE QUAND IL Y A PLURALITÉ D'AGENTS ET UNITÉ DE DÉLIT

### SECTION I. — THÉORIE DE LA PARTICIPATION CRIMINELLE.

607. Quand plusieurs individus ont pris part à la même infraction, leur rôle peut avoir été très différent. Ceux-ci n'ont participé, par exemple, qu'aux actes internes : au projet, à la résolution. Ceux-là ont accompli en outre des actes externes : actes préparatoires, actes d'exécution. Le rôle des uns a pu être principal ; celui des autres secondaire. Pour résoudre le problème de l'application de la peine aux divers agents du délit, trois questions législatives se posent :

1° Quelles distinctions faut-il établir *a priori* entre les divers agents de l'infraction ?

2° Dans quel genre de délits ces distinctions doivent-elles être faites ?

3° Quelles sont les peines applicables suivant le degré de la participation ?

608. *a*) Le droit abstrait et le droit positif s'accordent pour diviser les agents du délit en deux classes : l'une comprenant ceux qui ont joué un rôle principal (*auteur et coauteurs*) ; l'autre comprenant ceux dont le rôle a été simplement secondaire (*complices*). Mais on n'est plus d'accord quand il s'agit de déterminer le critérium auquel on reconnaîtra le rôle principal et le rôle secondaire.

En droit abstrait, Rossi (1) a soutenu qu'il y avait un auteur *intellectuel* et un auteur *matériel*, lorsque deux individus avaient joué le

(1) *Op. cit.* II, ch. 34, p. 184 et s.

rôle principal, l'un dans les actes internes, l'autre dans les actes externes. Dans ce système, le provocateur qui n'aurait en rien participé aux actes externes devrait être qualifié d'auteur. — D'après le Code pénal, la distinction de l'auteur principal et du complice a lieu uniquement dans la participation aux actes matériels. Quelque prépondérant qu'ait été le rôle d'un agent dans les actes internes, cet agent n'est qu'un complice. Le droit positif ne reconnaît pas l'auteur intellectuel.
— De ces deux théories quelle est la plus juridique ?

En général c'est celle du Code (1). — Assimiler en effet l'agent qui a provoqué au crime à celui qui l'a exécuté, c'est méconnaître la différence toujours signalée entre la justice absolue et la justice sociale. — D'un autre côté l'auteur des actes d'exécution n'est pas simplement un bras qui exécute. S'il n'a pas le premier projeté et résolu le crime, il s'est associé au projet ou à la résolution d'un autre, et, de plus, il l'a exécutée. Son rôle est principal parce qu'il y a eu de sa part des actes internes et des actes externes, tandis que de la part du provocateur il n'y a eu que les premiers. Si sa participation paraît moins intense à certain point de vue, elle a été plus étendue. — Il faut reconnaître cependant que la distinction de Rossi est exacte quand l'auteur matériel est un être dépourvu de raison, un enfant, un fou, poussé au crime par un homme raisonnable. Dans cette hypothèse le rôle principal est joué par l'auteur intellectuel, parce que l'auteur matériel disparaît, grâce à la cause de non-responsabilité dont il jouit ; mais lorsque ce dernier a conscience de ses actes son rôle efface toujours celui du provocateur.

**609.** *b)* La distinction des auteurs et des complices semble au premier abord ne pouvoir être faite que dans les infractions intentionnelles et préméditées, car elle suppose une entente préalable entre les coparticipants et une distribution des rôles. Cependant le Code formule les règles de la complicité d'une manière absolue pour tous les crimes et délits. Il appartient à la doctrine de déterminer les différences de détail que comporte l'application de ces règles aux crimes et délits non intentionnels ou non prémédités. — Dans les contraventions notre législation ne punit pas en général la participation accessoire. La raison, sur laquelle nous reviendrons, n'est pas le caractère d'infractions non intentionnelles qu'ont la plupart des contraventions, c'est leur peu de gravité.

**610.** *c)* En théorie, l'opinion générale est que la peine de la complicité doit être fixée par la loi, et qu'elle doit être inférieure d'un degré à celle

---

(1) *Sic :* BERTAULD, p. 207 ; RAUTER, I, p. 110 ; CARMIGNANI, *Theoria delle legi della sicureza sociale,* II, p. 365 et s. — *Contra* : C. allemand (art. 48) ; C. russe (art. 117) ; C. hollandais (art. 47) ; projet de C. espagnol ; C. italien art. (art. 63). Mais ces Codes étrangers n'acceptent le système de Rossi qu'avec certaines restrictions.

de la participation principale. Il en est ainsi dans la plupart des législations modernes (1). Notre Code pénal au contraire pose en principe l'égalité de traitement entre l'auteur principal et le complice (art. 59). Par exception, il punit la complicité d'une peine plus douce (art. 63, 267, 268, etc.); parfois il la réprime plus sévèrement que le délit (art. 441). — Cette égalité de traitement a été vivement critiquée. Elle est *injuste*, car le complice est généralement moins coupable que l'auteur principal. Elle est *impolitique*, parce qu'elle supprime les difficultés qui pourraient surgir entre les coparticipants sur la distribution des rôles, difficultés qui peuvent les faire renoncer au délit projeté. Elle est *contraire au droit rationnel* : une différence existe en effet *a priori* dans la gravité sociale des actes de participation principale et de participation accessoire ; elle doit dès lors se retrouver dans la peine qui les réprime. — Depuis 1832, la théorie des circonstances atténuantes largement appliquée remédie, en fait, à l'incorrection de la loi ; mais elle ne la met point à l'abri de la critique, car toute différence, qui existe *a priori* dans la criminalité ou la culpabilité, doit se traduire par une différence dans la peine.

**611.** Le Code pénal, laissant de côté les coauteurs, s'est attaché à déterminer la condition des complices. Les règles qui leur sont applicables se dégageront implicitement de l'étude que nous allons faire de la théorie de la complicité. Que la participation soit principale ou accessoire, elle a toujours en effet un fonds commun. — Avant d'entrer dans les détails, il importe de dégager l'idée générale qui domine la matière et qui doit servir à son interprétation. Cette idée générale est que les actes de complicité empruntent leur criminalité au fait principal auquel ils se rattachent. Ce sont en effet, ou des actes préparatoires sans signification précise, ou des actes d'exécution accessoires qui ne constituent pas le fait même du délit, ou des actes postérieurs qui tendent à cacher soit le produit de l'infraction, soit les coupables. Isolés, ces faits pourraient être incriminés comme délits spéciaux, et parfois ils le sont ; mais quand le fait principal a été accompli, il s'établit un tel rapport d'indivisibilité entre les actes de participation principale et accessoire, que la criminalité des premiers réfléchit sur les seconds. Ce principe a servi de guide au législateur pour déterminer les conditions de la complicité punissable et les peines de la complicité.

(1) C. belge (art. 69) ; — C. allemand (art. 48, 49) ; — C. espagnol (art. 63, 64) ; — C. des Pays-Bas (art. 49) ; — Projets de C. espagnol, 1884-1885 ; C. italien (art. 64), etc., etc. Le C. russe gradue avec le plus grand soin la peine des complices, parce qu'il n'admet pas les circonstances atténuantes. — Dans ces législations étrangères, la complicité et la tentative entraînent en général une égale diminution de peine. Il y a en effet diminution de la culpabilité dans un cas, et dans l'autre, diminution de la criminalité.

SECTION II. — CONDITIONS DE LA COMPLICITÉ PUNISSABLE.

On peut les résumer dans cette formule : « Il faut avoir participé à un fait principal punissable, — qualifié crime ou délit, — sciemment, — et de la manière accessoire définie par la loi ».

**612. 1re CONDITION : *Un fait principal punissable*.** — Le fait de participation accessoire, sans criminalité propre, devient criminel dès qu'il se rattache à un fait principal punissable. — A l'inverse, il reste impuni, si le fait principal n'est *pas* ou n'est *plus* susceptible d'être puni. C'est pour ce motif qu'échappent à toute répression la complicité du suicide, celle du meurtre ou des blessures accomplis en état de légitime défense, celle d'une infraction couverte par la prescription ou par une amnistie.

**613.** Cette première condition reçoit encore des applications intéressantes quand le fait de complicité a été accompli en France et le crime à l'étranger, — ou réciproquement. Voici les principales :

*a)* La poursuite devant les tribunaux français du fait de complicité, commis en France, est-elle soumise aux conditions exigées par les art. 5 et 7, C. i. c., quand le fait principal a été perpétré à l'étranger ? — Non, car les faits de complicité ayant une criminalité d'emprunt, il faut examiner à quelles conditions l'action publique est recevable contre le fait principal (1).

*b)* A l'inverse, si le crime a été commis en France et l'acte de complicité à l'étranger, la poursuite du complice est-elle possible devant nos tribunaux, sans tenir compte des dispositions des art. 5 et 7 ? — D'après les principes il faudrait répondre oui d'une manière absolue ; mais le texte de l'art. 7 oblige à répondre non, *quand le complice est un étranger* (2).

*c)* Si le crime et le fait de complicité ont été commis hors du territoire français, et que l'auteur principal soit un étranger tandis que le complice est un français, à quelles conditions la poursuite de ce Français sera-t-elle possible en France ? — Aux conditions prescrites par l'art. 7 pour les crimes commis par des étrangers (3).

(1) Cass. 20 av., et 8 nov. 1883.
(2) *Nec obstat* : Cass. 24 fév. 1888 (S. 85, 1, 95). — Cet arrêt, cité comme contraire à notre solution, vise une hypothèse où le fait de complicité (la fourniture de l'instrument du délit), commencé à l'étranger, s'était continué en France.
(3) Mais à l'inverse, si l'auteur principal était un Français et le complice un étranger, il ne faudrait pas croire que ce dernier pût être poursuivi en France dans les mêmes conditions que le Français, c'est-à-dire conformément à l'art. 5, C. i. c. La logique le voudrait sans doute, mais l'extension que la loi française reçoit au delà de la frontière n'est pas *uniquement* déterminée par la nature des

**614.** Dans les délits d'habitude la nécessité d'un fait principal punissable conduit à exiger l'habitude chez l'auteur principal. Ainsi un notaire passe plusieurs actes de prêts usuraires pour le compte de créanciers différents : si l'habitude d'usure n'est relevée chez aucun de ces créanciers, cette habitude, bien qu'elle existe dans l'acte de complicité, c'est-à-dire chez le notaire, reste impunie, parce que l'acte de participation accessoire ne se rattache point à un fait principal punissable.

**615.** Toujours par application de la même idée il faut exiger que l'exécution du fait principal ait atteint le degré où elle devient punissable pour que la complicité puisse être incriminée. Il peut y avoir, par exemple, complicité d'un crime *consommé*, *manqué* ou même simplement *tenté*, pourvu que la tentative soit punissable ; c'est ainsi que le désistement dans l'exécution du fait principal rend le fait secondaire non punissable, alors même que le complice aurait fait tous ses efforts pour empêcher l'auteur principal de se désister.

**616.** Mais le complice pourrait-il s'assurer l'impunité par son propre désistement quand l'auteur principal accomplit le délit ? — Il est certain qu'un simple repentir ne suffirait point. Les regrets les plus sincères ne peuvent empêcher l'acte de complicité d'avoir facilité le délit. Mais si le complice s'emploie activement et réussit à détruire l'effet de son acte de complicité, sa participation accessoire disparaissant, l'immunité lui est assurée. *Exemple :* Pierre a promis de l'argent à Paul pour assassiner Jacques ; il lui a remis une arme pour commettre le crime. Plus tard il déconseille le crime et retire sa promesse ; il reprend l'arme qu'il avait fournie : son acte de participation accessoire est effacé. En dehors de cette hypothèse son désistement n'a point d'effet. — Le résultat si différent du désistement de l'auteur principal et de celui du complice est souvent exprimé par cette formule : « La *tentative de complicité* reste impunie, tandis que la *complicité de la tentative* est punissable ». Il y

infractions ; elle l'est aussi par la nationalité du délinquant. — De cette observation certains auteurs ont conclu, dans l'hypothèse prévue au texte, que le *Français*, complice, pourrait être poursuivi, tandis que l'*étranger*, *auteur principal*, ne pourrait l'être. Sic : GARRAUD, *Précis*, 87, note 1. Cette solution nous paraît inexacte. L'art. 5, à la différence de l'art. 7, ne fait aucune allusion à la complicité. Or, comme toute extension de la loi française au delà des frontières est exceptionnelle, il faut entendre sa disposition de la façon la plus restrictive, c'est-à-dire en la restreignant à l'hypothèse où le Français a commis l'infraction comme auteur principal. — La loi belge du 19 av. 1878 (*Titre préliminaire du Code de proc. pénale*) offre, à la différence de la nôtre, un ensemble de dispositions parfaitement harmonieux. L'extension de la loi belge aux infractions commises hors du territoire est déterminée par la nature des délits. Pour les crimes contre la sûreté ou le crédit de l'État belge, la nationalité de l'agent est indifférente. Pour les autres il est nécessaire qu'un Belge y ait participé ; mais l'étranger coauteur ou complice du Belge peut être poursuivi (art. 6-11).

a tentative de complicité lorsque les actes de l'auxiliaire tendant à pousser au crime ou à faciliter son exécution n'ont pas été suivis d'effet. L'agent qui devait jouer le rôle principal n'aura, par exemple, ni commis, ni tenté le crime, ou bien il l'aura accompli sans profiter de l'acte de complicité : il aura négligé les instructions qu'il avait reçues ; il se sera servi d'une autre arme que celle qu'on lui avait remise. Que reste-t-il ? Ou bien un fait accessoire destiné à se rattacher à un fait principal qui ne s'est pas produit, ou bien un fait sans relation avec l'infraction commise. La tentative de complicité n'est donc pas punissable comme un *commencement de l'infraction* à laquelle on voulait s'associer; mais on peut l'incriminer comme *délit spécial*. On verra ci-après des provocations *non suivies d'effet*, c'est-à-dire des tentatives de complicité, érigées en délits spéciaux à raison de leur gravité exceptionnelle. — On comprend au contraire *que la complicité de la tentative* soit punissable quand la tentative est susceptible d'être incriminée, et c'est uniquement dans cette hypothèse que naît la question de savoir si le complice peut s'assurer l'impunité par son désistement (1).

**617.** 2º CONDITION : *Un fait principal qualifié crime ou délit.* — Cette seconde condition résulte du texte des art. 59 et 60 du Code pénal, qui font de la complicité une théorie générale en matière de *crimes* et de *délits*, et de l'absence de toute disposition analogue pour les *contraventions*. En cette dernière matière, la complicité n'est incriminée que par exception. (*Exemple :* art. 479, 8º). Quel est le motif de la différence ? A notre avis, c'est le peu de gravité des contraventions. Pour ces infractions de minime importance, on a pensé qu'il suffisait d'incriminer les actes de participation principale. — Certains auteurs ont donné une autre explication : « La complicité, disent-ils, suppose un concert frauduleux préalable et par conséquent une infraction intentionnelle, telle qu'un crime ou un délit. Les contraventions repoussent la théorie de la complicité, parce que l'intention n'est pas un de leurs éléments constitutifs ». — Cette explication est peu satisfaisante, car le Code pénal contient environ vingt-huit délits non intentionnels (2), auxquels on ne pourrait refuser d'appliquer la théorie de la complicité sans restreindre arbitrairement la portée des art. 59 et 60, dont la disposition est absolue. De plus elle est dangereuse : elle a fait distinguer arbitrairement en délits et contraventions des infractions punies de peines correctionnelles par les lois spéciales ; on a qualifié délits celles de ces infractions qui sont intentionnelles et on leur a appliqué la théorie de la complicité ; on a qualifié au contraire contraventions celles qui sont non in-

---

(1) Comp. ORTOLAN, II, 1290, 1291.
(2) PERROT DE CHEZELLES, *Rev. crit.*, XIV, p. 70.

tentionnelles et on a refusé d'en punir les complices (1). Nous avons critiqué cette distinction contraire au texte absolu de l'art. 1er du Code pénal : « L'infraction que *les lois* punissent des peines correctionnelles est un délit ». — Reste à savoir quelles différences de détail comportera l'application de la théorie de la complicité dans les infractions non intentionnelles : nous les indiquerons en expliquant la troisième et la quatrième condition.

**618.** Les infractions non préméditées semblent aussi exclure la complicité à raison de la nécessité du concert frauduleux préalable. Cependant ce concert peut résulter d'une adhésion instantanée à la résolution de l'auteur principal. *Exemple :* Un homme est provoqué. Il frappe le provocateur, que d'autres personnes maintiennent pour lui permettre de le frapper. Dans cette espèce il n'y a préméditation ni de l'auteur principal, ni des complices.

On pourrait supposer aussi que l'auteur principal ayant prémédité le crime a été aidé dans l'exécution par des complices qui ont adhéré instantanément à sa résolution criminelle au moment où il l'exécutait. Il y aurait alors des complices sans préméditation d'une infraction préméditée. L'absence de préméditation n'est donc pas incompatible avec la complicité (2).

**619.** 3e CONDITION : *Le concert préalable.* — Le Code emploie les expressions, *sciemment, avec connaissance,* ou d'autres expressions analogues pour marquer que le complice a dû s'associer à l'élément interne qui rend le fait imputable à l'auteur principal. Il faudra donc exiger chez le complice la participation à l'intention ou seulement à l'élément moral, suivant la nature du crime ou du délit. Il est évident en effet que les conditions de l'imputabilité ne changent point à raison de cette circonstance qu'il y a plusieurs codélinquants au lieu d'un seul, ou à raison de celle-ci, que la participation des uns a été principale, tandis que

---

(1) *Sic :* BLANCHE, II, 70. — La jurisprudence a commencé par considérer comme des contraventions, au point de vue de la théorie de la complicité, toutes les infractions punies de peines correctionnelles par les lois spéciales (v. Dalloz, C. p. annoté, art. 59-60, nos 36 à 53). — Très vivement critiquée dans une note de M. Villey sous un arrêt de la C. de cass. du 11 fév. 1876 (*J. Pal.*, 1876, p. 547), elle a adopté la distinction de BLANCHE (v. Cass. 23 juin 1883. *Bontoux*). — Enfin dans des arrêts plus récents : Cass. 23 fév. 1884 (D. 86, 1, 147) ; Cass. 28 fév. 1885, (D. 85, 1, 329) elle paraît se ranger à l'opinion généralement suivie en doctrine. On lit en effet dans l'un de ces arrêts que « *toute* infraction punie de peines correctionnelles, même par une loi spéciale, est un *délit* et comporte l'application des règles de la complicité ». S. les variations de la jurisprudence, voir DESJARDIN, *Rev. crit.*, 1885, p. 81 à 91.

(2) Il faut conclure de là que la question de préméditation doit être posée au jury distinctement pour le complice et pour l'auteur principal. — *Contra :* Cass. 30 mai 1879 (S. 80, 1, 481).

celle des autres était accessoire. Dans les délits non intentionnels la négligence ou l'imprudence devront être communes à l'auteur principal et au complice, car il est nécessaire que l'un et l'autre aient pu exercer leur faculté de vouloir relativement à cette négligence ou à cette imprudence qui sont le fond du délit.

620. 4º CONDITION : *Un fait de complicité.* — Il faut avoir participé *de la manière accessoire définie par la loi.* Le législateur aurait pu laisser au juge le soin de déterminer les actes de participation punissables. Il a préféré les définir lui-même. Ce système est plus conforme à l'esprit général de notre Droit où l'arbitraire est banni de la détermination des infractions et des peines. Cette quatrième condition donne lieu à la théorie des faits de complicité (1).

SECTION III. — FAITS DE COMPLICITÉ.

621. Les art. 60, 61 et 62 énumèrent cinq faits de complicité, savoir : 1º La *provocation* au délit par certains moyens déterminés. — 2º Les *instructions* données pour le commettre. — 3º La *fourniture de l'instrument du délit.* — 4º L'*aide et l'assistance* dans les faits qui ont préparé, facilité ou consommé l'action. — 5º Le *recel.*
Ces faits ou modes de complicité ont pour caractère commun de constituer des faits *positifs*. Une abstention, quelque blâmable qu'elle soit au point de vue de la morale, ne constitue point un fait de complicité. On verrait, par exemple, commettre un crime qu'on pourrait empêcher et l'on s'abstiendrait d'intervenir ; on n'en sera point réputé complice. Il existe cependant une exception : l'art. 616, C. i. c. punit, comme complices de détention arbitraire, certains officiers de police judiciaire qui se sont abstenus de faire mettre en liberté une personne illégalement détenue. Rien ne justifie cette exception ; l'abstention dont il s'agit est une violation du devoir professionnel ; elle aurait dû être incriminée comme délit spécial.

622. **I. Complicité par provocation.** — La provocation, fait de complicité, n'est pas un simple conseil, ni un simple mandat. Elle doit se manifester par « dons, promesses, menaces, abus d'autorité ou de pouvoir, machinations ou artifices coupables » (art. 60). — Le mandat émané d'un particulier, investi d'une autorité légale ou de fait sur une autre personne, comme le père sur l'enfant, le maître sur le domestique, le magnétiseur sur l'hypnotisé, constitue un abus d'autorité. S'il émane

---

(1) La complicité du crime de banqueroute frauduleuse est soumise à des règles particulières relativement à cette quatrième condition (art. 593, 594, C. com.).

d'un fonctionnaire civil ou militaire ou d'un ministre du culte, il y a abus de pouvoir.

Le conseil, auquel s'ajoutent les dons, promesses ou menaces, est le *consilium vestitum* des anciens criminalistes, qu'ils appelaient ainsi par opposition au *consilium nudum*. Ce dernier ne constituait point un fait de complicité (1).

Les machinations ou artifices coupables sont des fraudes ou des ruses qui ont pour résultat de faire naître dans l'esprit de l'agent une erreur qui sera une des causes déterminantes du crime.

623. La provocation doit être *directe*. L'art. 60 ne le dit pas expressément, mais cela résulte de son interprétation. Et d'abord, la provocation par dons, menaces, promesses, abus d'autorité ou de pouvoir est nécessairement directe : il y a en effet un conseil ou un ordre d'accomplir le crime, conseil ou ordre aggravé par des circonstances accessoires. Le doute pourrait naître à l'égard des machinations ou artifices coupables. On peut, par exemple, connaissant le caractère vindicatif et violent d'une personne, faire naître dans son esprit des sentiments de haine ou de jalousie contre une autre personne, puis l'exciter en termes généraux à se venger de ses ennemis. Cette provocation est trop vague pour qu'on puisse dire qu'elle est la cause déterminante du crime. Il n'y a en réalité que des *insinuations* ; or comment pourrait-on les incriminer comme fait de complicité, quand le conseil direct, mais dépouillé de toute circonstance aggravante, n'est pas punissable? — Le Code belge a introduit le mot *directement* dans son art. 66 correspondant à notre art. 60, mais, comme on l'a fait judicieusement observer, il n'y a dans la loi belge que l'expression d'une idée implicitement contenue dans la nôtre (2).

624. La provocation réprimée comme fait de complicité par l'art. 60 du Code pénal est *individuelle*, c'est-à-dire adressée à un individu déterminé. La loi sur la presse réprime la provocation *collective*, c'est-à-dire adressée au public, pourvu qu'elle se produise par certains moyens déterminés de publicité : « *discours*, *cris* ou *menaces* proférés dans des lieux ou réunions publics, — *écrits*, *imprimés* vendus ou distribués, mis en vente ou exposés dans des lieux ou réunions publics, — *placards*, *affiches* exposés aux regards du public ». Celui qui aura *directement* provoqué, par l'un de ces moyens, à commettre un crime ou un délit sera puni comme complice, si la provocation *a été suivie d'effet* (art. 23,

(1) Comp. fr. 36, fr. 50 § 3, *de furtis*, 47, 2. — La loi du 28 avril 1816 sur les douanes punit comme fait de complicité la provocation à l'aide de promesses d'un genre particulier : celle qui se manifeste par l'assurance contre les chances du délit de contrebande (art. 53).

(2) V. conclusions de M. l'av. gén. Rousselier dans l'affaire Cyvoct. Cass. 11 janv. 1884.

L. 29 juill. 1881), c'est-à-dire, comme l'explique le dernier alinéa du même article, si le crime auquel on a provoqué a été commis, ou a été tout au moins l'objet d'une tentative punissable. Cette provocation est beaucoup plus large que celle prévue par l'art. 60, C. p. : le simple conseil de commettre le crime devient un fait de complicité s'il se produit avec la publicité voulue, par exemple les cris : *A mort ! Tuez-le !* proférés dans la rue, contre un homme qu'une foule poursuit, constituent une provocation punissable. — Comme les discours pouvaient contenir de simples insinuations, l'art. 23 dit expressément que la provocation doit être *directe* (1).

Si la provocation n'a pas été *suivie d'effet*, l'art. 24 l'incrimine à titre de délit spécial lorsqu'il s'agit d'une provocation à certains crimes très graves. La peine est correctionnelle.

**625.** La proposition, non agréée, de former un complot, punie par l'art. 89, auquel renvoie le dernier alinéa de l'art. 60, C. p., la tentative de corruption de fonctionnaires (art. 179, C. p.) sont encore des provocations, non suivies d'effet, incriminées et punies comme délits spéciaux.

**626.** Pour constituer le fait de complicité, la provocation individuelle ou collective n'a pas besoin d'avoir donné naissance à la résolution criminelle de l'agent ; elle est punissable alors même qu'elle aurait eu seulement pour résultat de corroborer un projet déjà formé. Il y a cependant entre ces deux situations une nuance dont le juge tiendra compte pour l'application de la peine.

**627.** La complicité par provocation est possible dans les délits non intentionnels. Il suffit de supposer en effet une provocation à l'acte d'imprudence qui a eu pour conséquence le délit. Un maître, par exemple, donne à son cocher l'ordre de presser ses chevaux dans une rue fréquentée. Cette allure rapide est, à raison du lieu, une imprudence que la loi punit lorsqu'elle a eu pour résultat un homicide ou des blessures involontaires (art. 319, 320, C. p.). Le maître sera considéré comme complice de ces délits qu'il a provoqués par abus d'autorité (2).

**628. II. Complicité par instructions.** — Les instructions données pour commettre le crime sont plus que des renseignements ; on peut les définir : « des renseignements donnés en connaissance du but auquel ils doivent servir » (3). Cette condition est la conséquence du concert frau-

---

(1) *Sic* : C. Paris, ch. d'accusation, 9 fév. 1883. (*Manifeste du prince Napoléon.*)
(2) Comp. Cass. 8 sept. 1831.
(3) Il est donc inutile d'expliquer dans la question posée au jury que le complice, accusé d'avoir donné des instructions pour commettre le crime, *savait qu'elles devaient y servir*, ou qu'il les a données *dans le dessein de faciliter son exécution.* Cass. 12 août 1872.

duleux qui s'établit entre les coparticipants. L'objet des instructions varie suivant la nature des délits. Dans les infractions intentionnelles, elles portent sur l'exécution du crime projeté. Dans les délits non intentionnels, elles sont relatives à l'acte d'imprudence ou à la négligence qui cause le délit. *Exemples:* un domestique révèle étourdiment à des individus, dont il ignore le projet criminel, le lieu où son maître cache son argent, le moyen de pénétrer dans la maison, le moment propice pour commettre le vol. A la suite de ces renseignements le vol est commis. Le domestique ne peut être incriminé comme complice, bien qu'il ait une imprudence à se reprocher, parce que le vol est un délit intentionnel : il ne s'est pas associé en effet à l'intention des voleurs. — Supposons à l'inverse un délit non intentionnel, tel qu'un homicide involontaire causé par la manœuvre imprudente d'une machine : l'ingénieur-constructeur qui a indiqué cette manœuvre sera complice par instructions de l'homicide involontaire commis par l'usinier, parce qu'il a voulu comme ce dernier l'acte imprudent qui fait le fond du délit.

**629. III. Complicité par fourniture de l'instrument du délit.** — On appelle instrument du délit tout moyen *matériel* de le commettre. L'art. 60, § 2 oppose l'instrument du délit aux instructions qui constituent des moyens immatériels. Les armes dans l'homicide, les outils dans le vol, le manuscrit de l'écrivain dans les délits de presse constituent l'instrument du délit. — La fourniture d'un objet matériel n'ayant par elle-même aucune signification précise, l'art. 60, alinéa 2 exige qu'elle ait été faite *sachant que cet objet devait servir au délit.* Cette condition devra être exprimée dans la question à poser au jury.

Ce troisième mode de complicité est-il possible dans les infractions non intentionnelles ? Nous n'hésitons pas à le croire. Il suffit de supposer que celui qui a fourni l'instrument du délit est en faute de n'avoir pas prévu l'usage imprudent qui en serait fait. Tel serait, par exemple, le loueur de chevaux qui aurait confié un cheval trop vif à un individu qu'il savait incapable de le maîtriser. Il sera complice de l'homicide ou des blessures involontaires imputables au cavalier.

**630. IV. Complicité par aide ou assistance.** — Ce fait de complicité n'existe qu'à deux conditions : 1º il faut qu'il y ait eu aide ou assistance dans les faits qui ont *préparé, facilité* ou *consommé* l'action ; — 2º il faut que l'aide ou l'assistance aient été fournies, *avec connaissance* (art. 60, § 3).

**631.** On comprend aisément que le participant qui n'a fait que préparer ou faciliter le crime soit un complice : son rôle est évidemment accessoire ; mais il paraît moins facile de distinguer le coauteur du complice dans les faits qui ont consommé l'action. Certains auteurs et la jurisprudence vont jusqu'à nier que la distinction soit possible. Tous ceux qui ont pris part aux faits qui ont consommé l'action seraient des coauteurs (1).

Cette opinion corrige arbitrairement le texte de l'art. 60. Elle est le résultat d'une mauvaise définition de la complicité. On a dit que la complicité était une participation *indirecte ;* dès lors on a été conduit à considérer comme coauteurs tous les participants aux faits qui ont consommé l'action parce que leur participation est directe. — Mais cette définition est inexacte. Le complice est un auxiliaire ; son rôle est *secondaire, accessoire.* On peut le rencontrer même dans la consommation de l'infraction. Supposons, par exemple, un vol commis par deux individus : celui qui appréhende l'objet est l'auteur principal ; celui qui reçoit cet objet des mains du premier et l'emporte est le complice. S'il s'agit d'un assassinat, celui qui frappe la victime joue le rôle principal ; celui qui la tient pour permettre à l'autre de la frapper joue le rôle secondaire. Le critérium auquel on reconnaîtra le complice, c'est qu'il n'accomplit pas le fait constitutif du délit (2). — L'intérêt pratique de la distinction apparaît d'abord au point de vue de la qualification légale du fait et des peines qui en dérivent, quand la qualification est déterminée par la personne de l'agent. Supposons qu'un tiers ait coopéré accessoirement à la consommation de l'homicide qu'une personne accomplit sur elle-même : il importe de dire que ce tiers n'est qu'un complice, car la complicité du suicide n'est pas punissable. Si on le considérait comme un coauteur, il y aurait suicide d'un côté, et de l'autre meurtre ou assassinat. — Supposons qu'un fils ait tenu son père pendant qu'un étranger le frappait : il n'y aura point, selon nous, parricide de la part du fils, et meurtre de la part de l'étranger, mais seulement ce dernier crime, parce que le rôle du fils dans les faits de consommation n'a été qu'accessoire. Enfin dans les contraventions où la complicité n'est pas punissable, la distinction des coauteurs et des complices dans les faits qui ont consommé l'action est de la dernière importance.

Ce mode de complicité est-il possible dans les infractions non intentionnelles ? — Nous ne voyons point d'où pourrait venir le doute :

(1) V. BLANCHE, II, 20 et les arrêts qu'il cite.
(2) M. GARRAUD (*Dr. pén. franc.,* II, 259) fait une concession beaucoup trop large au système de la jurisprudence, en reconnaissant que « les actes qui qualifient la tentative punissable, sont, dans leur essence, des actes de coauteurs ». Est-il possible en effet de considérer comme un coauteur celui qui, dans le vol avec escalade, n'a fait qu'approcher l'échelle ? L'escalade, dit-on, fait partie du vol. Sans doute, mais comme circonstance aggravante. L'escalade n'est donc pas le fait principal qui donne à celui qui l'accomplit la qualité de coauteur. Cela démontre qu'il est inutile de chercher à concilier, comme l'a fait notre savant collègue, les deux définitions qu'on a données de la complicité : participation *accessoire*, participation *indirecte.* Il faut choisir entre les deux.

l'aide où l'assistance s'appliquera à l'acte imprudent qui constitue le fond du délit. Tous ceux qui ont participé à cet acte commettent le délit d'imprudence que la loi punit, et ils seront coauteurs ou complices suivant le degré de leur coopération.

**632. V. Complicité par recel.** — Le recel est l'acte par lequel un tiers soustrait aux recherches de la justice la personne du coupable ou les choses provenant du crime ou du délit. Il est difficile d'expliquer théoriquement comment le recel peut constituer un acte de complicité : on ne participe pas à une infraction déjà consommée. Cependant si le recel avait été convenu d'avance, le service que le recéleur rend à l'agent du délit est de nature à le pousser à l'accomplir. Le recel joue, dans ce cas, le rôle d'une provocation au crime. Mais, s'il n'a pas été convenu d'avance, ou si l'on ne peut supposer cette convention à raison de l'habitude du recéleur, le recel ne peut être incriminé qu'à titre de délit spécial. Cette distinction, indiquée par le droit abstrait, se rencontre dans plusieurs Codes étrangers (1). Mais elle n'a pas été aperçue du législateur français.

On distingue le recel des personnes et le recel des choses. Le recel des personnes peut porter sur des personnes vivantes ou sur des cadavres.

**633.** *a*) **Recel des personnes.** — Le recel des personnes vivantes est puni comme fait de complicité par l'art. 61, C. p. dans une hypothèse rigoureusement déterminée. Cette complicité n'existe que si les cinq conditions suivantes se trouvent réunies : — 1° Il faut d'abord que le recel porte sur *des malfaiteurs exerçant des brigandages ou des violences contre la sûreté de l'État, la paix publique, les personnes ou les propriétés*. Cette formule vise les crimes les plus graves ; elle exclue naturellement les vols simples prévus par l'art. 401. — 2° Il faut que le recéleur leur ait fourni logement, lieu de retraite ou de réunion, c'est à dire un *asile*. Le fait d'avoir fourni des aliments ne suffirait pas. — 3° Le recéleur doit avoir eu connaissance de la *conduite criminelle* des malfaiteurs pendant qu'il leur fournissait asile. — 4° L'*habitude* des brigandages et des violences spécifiés par le texte doit se rencontrer chez les malfaiteurs, et celle du recel chez le recéleur. — 5° Il faut que le crime soit un de ceux qui rentraient dans les vues des malfaiteurs lors-

---

(1) Le C. allemand distingue le recel dans l'intérêt de l'auteur ou du complice et le recel dans l'intérêt du recéleur. Le premier prend le nom d'*assistance subséquente*. C'est à propos de ce recel qu'est faite la distinction indiquée au texte (art. 257, 259). On trouve aussi cette distinction dans le C. hongrois (art. 69). Ces législations n'ont point osé incriminer le recel comme fait de complicité à raison de l'habitude du recéleur ; elles se sont contentées de faire de l'habitude une circonstance aggravante du recel, délit spécial : *Comp.* C. allemand, art. 261 ; C. hongrois, art. 372 ; C. des Pays-Bas, art. 417 ; C. italien, art. 421. Dans ce dernier, d'ailleurs, le recel n'est jamais un acte de complicité.

que le recéleur leur a fourni asile. Si, par exemple, les malfaiteurs hébergés se tuaient ou se volaient entre eux, le logeur ne serait pas réputé complice de ces crimes inattendus. Cette cinquième condition résulte de l'esprit de la loi.

Le recel prévu par l'art. 61 est une complicité *présumée* et *générale*. Du fait que le logeur connaissait la conduite criminelle des malfaiteurs et que néanmoins il leur fournissait habituellement asile, la loi induit que l'asile a été fourni en vue de favoriser l'exécution des crimes projetés. Cette complicité repose donc sur une présomption légale. De plus, elle est générale, car elle s'applique à tous les crimes que les malfaiteurs pourront commettre, même à l'insu du logeur. — Par ces deux caractères le recel dont s'occupe l'art. 61 est exceptionnel. Il faut donc exiger rigoureusement la réunion de toutes les conditions exigées par le texte.

634. Le recel des personnes vivantes est puni comme délit spécial quand il porte sur des insoumis (L. 15 juillet 1889, art. 74); — sur des espions (art. 83, C. p.; L. 18 avr. 1886, art. 9) (1); — sur un individu qui a commis un crime emportant peine afflictive (art. 248); — sur des malfaiteurs associés et organisés en bandes (art. 268).

Le recel du cadavre d'une personne homicidée ou morte des suites de ses blessures est réprimé à titre de délit spécial (art. 359).

635. *b*) **Recel des choses**. — Le recel des choses est incriminé comme *fait de complicité* par l'art. 62 s'il réunit les quatre conditions suivantes : 1° il faut qu'il porte d'abord sur des choses *enlevées, détournées, obtenues* à l'aide d'un crime ou d'un délit. Ces trois expressions semblent viser plus particulièrement le vol, l'abus de confiance et l'escroquerie qui sont les délits par lesquels on s'approprie habituellement la chose d'autrui; cependant, la formule de la loi est assez large pour comprendre tous les délits, contre les personnes ou les propriétés, qui auraient eu pour résultat de faire tomber la chose d'autrui aux mains du délinquant (2).

2° Il faut en second lieu que la chose ait été *reçue* par le recéleur. Peu importe qu'il ait agi dans son intérêt personnel ou dans celui de l'auteur du délit. Peu importe ce qu'il en fait : il y a recel par exemple quand il l'a fait disparaître en la mangeant avec le voleur (3). Enfin il n'est pas nécessaire qu'il l'ait cachée : c'est la détention qui fait le recel.

3° En troisième lieu le recéleur doit avoir agi *sciemment*, c'est-à-dire

---

(1) L'art. 83, C. p. punit le recel des espions en temps de guerre; l'art. 9, L. 18 avril 1886, reçoit son application en temps de paix.
(2) Le Code pénal de 1791, 2° part., tit. III, art. 3, ne visait que le recel des choses volées; mais l'exposé des motifs du Code pénal de 1810 explique le changement de rédaction par l'intention de donner à l'art. 62 la portée d'application indiquée au texte.
(3) Cass. 24 déc. 1869 (D. 70, 1, 382); Cass. 16 déc. 1871 (S. 72, 1, 254).

de mauvaise foi, en connaissance de la provenance frauduleuse de l'objet. A quel moment sa mauvaise foi est-elle exigée ? — Au moment de la prise de possession ; c'est en effet une règle de droit que le caractère de possession s'apprécie au jour où elle a commencé. L'art. 63, alinéa 2 démontre en outre que cette règle est applicable à la détention du recéleur puisque celui-ci ne souffre, dans certains cas, de l'aggravation de peine résultant des circonstances aggravantes de l'infraction, que lorsqu'il en a eu connaissance *au temps du recélé*, ce qui signifie évidemment : au moment de la réception des objets. Dans une opinion plus rigoureuse on soutient que la mauvaise foi survenue après coup suffit pour rendre le recel punissable. On argumente de l'art. 1938 du Code civil qui oblige le dépositaire, aussitôt qu'il apprend que la chose a été volée et qu'il connaît le propriétaire, à prévenir ce dernier avant de rendre la chose au déposant, sous peine d'engager sa responsabilité. — Mais le manquement à cette obligation ne constitue qu'un délit civil ; transformer ce manquement en *recel* punissable, c'est créer un délit par interprétation (1).

4º Enfin il est nécessaire que le recéleur ait eu l'intention de priver de la chose le propriétaire. Cet élément intellectuel, qui ne se confond pas avec la mauvaise foi, sera prouvé d'une manière indirecte lorsqu'on aura établi que le recel a eu lieu dans l'intérêt du recéleur, ou dans celui de l'auteur du délit. (Comp. art. 380, al. 2, C. p.)

**636.** La complicité par recel des choses a soulevé, dans la pratique, plusieurs difficultés de détail. On s'est demandé notamment s'il fallait étendre au recel des choses l'excuse que l'art. 248, C. p. établit au profit de certains parents et alliés pour le recel des personnes ? — La réponse est dans l'art. 65, C. p. : « nul crime ou délit ne peut être excusé que dans les cas où la loi déclare le fait excusable ». Ce texte exclue toute extension d'une excuse par voie d'analogie.

On s'est demandé également si les personnes qui cohabitent avec l'auteur du délit doivent être considérées comme complices par recel, lorsqu'elles supportent qu'il enferme dans le logement commun les objets dont la provenance délictueuse leur est connue ? — La question se présente ordinairement pour les conjoints et les concubins. L'ancien Droit distinguait d'après la légitimité ou l'illégitimité de la cohabitation : le concubin était traité comme un complice. Il est plus juridique de rechercher si les quatre conditions du recel punissable, et notamment la dernière, sont remplies. On ne peut en effet relever *a priori* contre la *personne* qui cohabite avec le voleur qu'une *abstention* ; pour transformer

(1) En notre sens : CHAUVEAU et HÉLIE, I, 213 ; TRÉBUTIEN, I, p. 188 ; GARRAUD, *Précis*, 317 ; — *en sens contraire* : LE SELLYER, *Tr. de la crim.*, II, 413 ; BLANCHE, II, 154 ; Cass. 10 août 1878.

cette abstention en *fait positif* de complicité, il est nécessaire que les circonstances de la cause lui donnent ce caractère (1).

**637.** Le recel des choses apparaît comme *délit spécial* dans l'art. 380 du Code pénal, suivant l'interprétation qu'on en donne. Disons d'abord que l'art. 380, écrit sous la section *vols*, dispose que les soustractions commises par certains proches parents ou alliés de la victime *ne pourront donner lieu qu'à des réparations civiles*. Puis il ajoute : « A l'égard de tous autres individus qui auraient recelé ou appliqué à leur profit tout ou partie des objets *volés*, ils seront punis comme coupables de vol ». — Si l'on explique l'immunité pénale accordée aux parents et alliés par l'idée de la *copropriété de famille*, ces soustractions ne constituent pas des vols. Dès lors il faut admettre les propositions suivantes qui découlent logiquement de cette explication : 1° le recel des choses, dans l'hypothèse prévue par l'art. 380, C. p., est un délit spécial ; — 2° le père recéleur sera puni des peines du vol simple, bien que la soustraction commise par le fils ait été accompagnée de circonstances aggravantes ; — 3° les autres complices ne seront point punissables ; — 4° ces soustractions ne constitueront pas la circonstance aggravante du meurtre prévue par l'art. 304, C. p. ; — 5° l'immunité pénale de l'art. 380 devra être étendue aux vols entre communistes et entre associés.

Mais on peut expliquer l'art. 380 par une *raison de convenance* : on a voulu éviter le scandale d'une poursuite criminelle exercée contre un parent ou un allié très rapproché pour un délit qui ne lèse qu'un intérêt pécuniaire. Avec ce motif on verra dans l'immunité pénale édictée par l'art. 380 une *excuse absolutoire*. Dès lors on aboutira à cinq conséquences opposées. Cette seconde interprétation paraît préférable. La copropriété de famille n'existe point dans notre Droit ; une phrase de l'exposé des motifs peut bien être invoquée à l'appui de cette idée, mais la raison de convenance s'y trouve développée avec plus de détails : elle paraît avoir été le motif déterminant de la disposition. — D'ailleurs, le § 2 de l'art. 380 parle d'*objets volés ;* c'est donc que le législateur considère ces soustractions comme des vols pour lesquels il établit au profit de certains parents et alliés une excuse absolutoire.

Certains auteurs expliquent encore l'art. 380 en disant qu'il établit, par raison de convenance, *une fin de non-recevoir de l'action publique* d'un caractère tout personnel, au profit des parents et alliés qu'il énumère. Ce serait une sorte d'immunité pénale analogue à celle des ambassadeurs. — Ce système ne se distingue pas pratiquement du précédent, si l'on admet, avec nous, que les excuses absolutoires peuvent être

(1) *Sic :* Chauveau et Hélie, I, 214 ; Haus, I, 599 ; Garraud, *Précis*, 317 ; Trébutien, I, p. 190 ; Cass., 15 mai 1821. — *Contra* : Blanche, II, 149, qui cite à tort cet arrêt en faveur de son opinion.

accueillies par les juridictions d'instruction ; mais le système de l'excuse absolutoire est plus conforme à l'esprit du Code pénal, où il n'est question nulle part de ces sortes de fin de non-recevoir (1).

**638. Jurisprudence en matière de faits de complicité.** — La jurisprudence relative aux faits de complicité est très arbitraire : 1° Elle n'admet pas la complicité par aide ou assistance dans les faits qui ont consommé l'action (2). — 2° Elle ne fait qu'un seul mode de complicité, qu'elle appelle *complicité par coopération*, de tous les autres faits de complicité énumérés par l'art. 60. Conséquemment, elle permet de réunir dans la même question posée au jury plusieurs de ces faits de complicité (3). — 3° Elle considère le recel comme un délit spécial, qu'elle appelle *le crime de recelé*, et par suite elle déclare entachée de complexité la question au jury qui réunirait le recel aux faits de complicité énumérés par l'art. 60 (4).

### SECTION IV. — PEINES DE LA COMPLICITÉ.

**639.** « Les complices d'un crime ou d'un délit seront punis de la même peine que les auteurs mêmes de ce crime ou de ce délit, sauf les cas où la loi en aurait disposé autrement » (art 59, C. p.). En formulant une disposition en apparence très simple, le législateur croyait probablement résoudre d'un mot tous les problèmes que soulève l'application de la peine aux coparticipants. Mais il ne suffit pas de fermer les yeux sur les difficultés pour les supprimer : l'application littérale de l'art. 59 conduirait à un résultat inique et absurde, contre lequel le législateur nous a lui-même mis en garde par l'organe de son rapporteur. — Il importe de fixer d'abord le sens de l'art. 59 ; nous étudierons ensuite ses détails d'application.

---

(1) V. p. le premier système : CHAUVEAU ET HÉLIE, V, 1750-1759 et sur ses trois premières conséquences : Cass. 8 oct. 1818 ; 15 avril 1825 ; 1ᵉʳ oct. 1840 ; 2 janv. 1877 ; Toulouse, 27 av. 1877. — Pour le second : TRÉBUTIEN, I, p. 193 et sur sa quatrième conséquence. Cass. 21 déc. 1837 ; Cass. (ch. ré.) 25 mars 1845. — P. le troisième : HAUS, I, 569. C'est également celui auquel se rallie en dernière analyse M. GARRAUD, *Précis*, n° 321, après avoir précédemment classé l'art. 330 parmi les excuses absolutoires (n°ˢ 261, 264).

(2) V. les arrêts dans BLANCHE, II, 20 et dans F. HÉLIE, *Prat. crim.*, II, 88,

(3) V. les arrêts dans BLANCHE, II, 74, 78, 86, 711.

(4) V. les arrêts cités p. BLANCHE, II, 117. Cependant deux arrêts plus récents ont considéré le recel comme un mode de complicité. (Cass. 26 juin 1873 ; 20 avril 1888.) Le premier décide que la prescription court au profit du recéleur, non pas du jour du recel, mais du jour du crime. Le second déclare le recel accompli en France non punissable, quand le crime échappe à la répression parce qu'il a été commis hors du territoire français par un étranger.

Ce texte ne signifie point qu'une peine *unique* sera prononcée contre tous les participants, puis répartis entre eux. Il ne dit pas en effet: « seront punis *d'une seule et même* peine ». Une peine unique se comprendrait si le châtiment avait le caractère d'une réparation civile calculée d'après l'étendue du préjudice causé par l'infraction ; mais les peines, sauf de rares exceptions, sont individuelles, calculées sur le degré de la culpabilité personnelle de chaque agent, distinctes pour chacun d'eux.

**640.** Il est donc nécessaire de prononcer une peine contre chaque coparticipant. Mais ces peines doivent-elles être *exactement pareilles* ? Est-ce là le sens de ces mots : *la même peine ?* — Littéralement le texte a cette signification ; il paraît viser *la peine appliquée par le juge* à l'auteur principal, et ordonner que le complice subira le même traitement. Cette interprétation supprimerait toute difficulté ; mais elle est inacceptable. Elle forcerait à traiter le participant le moins coupable aussi rigoureusement que le plus coupable. Riboud, rapporteur de la loi au Corps législatif, l'a repoussée. Il a dit expressément que le juge pouvait prononcer des peines différentes contre l'auteur et contre le complice, en usant soit de la divisibilité des peines, soit des circonstances atténuantes (1).

**641.** Puisque la peine appliquée aux divers agents du délit peut varier selon le degré de leur culpabilité, l'art. 59 doit signifier que la peine *déterminée d'après la criminalité de l'acte de participation* est la même, sans qu'on ait à distinguer si cet acte de participation est principal ou accessoire. La rédaction de l'art. 59 contient une métonymie : les mots *complices, auteurs*, ont été employés pour ceux de *complicité* et de *crime*. Il faut le lire comme s'il portait : « La complicité d'un crime ou d'un délit sera punie de la même peine que ce crime ou que ce délit ». Cette assimilation dans le châtiment a paru être la conséquence logique du principe que la complicité n'a qu'une criminalité d'emprunt. Il faut se garder d'exagérer la portée de cette disposition sous peine de tomber dans l'erreur. Certainement, si l'on tient compte de la *criminalité* de son acte, le complice encourt la même peine que l'auteur principal ; mais la peine peut être différente en tenant compte de la *culpabilité* personnelle de chaque agent.

**642.** Une troisième interprétation de l'art. 59 a été proposée ; on le lit de la manière suivante : « les complices d'un crime ou d'un délit seront punis de la même peine que *s'ils étaient eux-mêmes* les auteurs de ce crime ou de ce délit ». — Avec cette correction, le texte laisserait absolument de côté la détermination de la peine d'après la criminalité

---

(1) V. Rapport de Riboud, n° 12, Dalloz, *Rép.* v° *Complicité*, p. 450.

des faits de participation, et s'occuperait uniquement de la déterminer d'après la culpabilité respective de chaque agent. Cette lecture s'écarte beaucoup trop du sens évident de l'art. 59 pour pouvoir être admise. Il est clair en effet que le texte, en visant le complice et l'auteur, compare deux personnes différentes et non pas le complice à lui-même pour le cas où il serait l'auteur principal. — En Droit abstrait cependant, il faut reconnaître que punir le complice comme s'il était lui-même l'auteur de l'infraction est de bonne justice, surtout si l'on corrige la rigueur de la répression en abaissant la peine d'un degré à raison de la criminalité inférieure qu'a toujours un acte de participation accessoire comparé à un acte de participation principale. Ce système, avec ce correctif, a été adopté par plusieurs codes étrangers modernes (1).

**643.** En résumé, il faut s'en tenir à la seconde lecture : « La complicité d'un crime ou d'un délit sera punie de la même peine que ce crime ou que ce délit ». — L'application de cette disposition ne soulève aucune difficulté si l'on se trouve en présence d'une infraction simple, c'est-à-dire réduite à ses éléments constitutifs : il sera vrai de dire dans ce cas que le complice et l'auteur principal encourent *légalement* la même peine (2). Mais que va devenir le principe de l'assimilation quand l'infraction se complique de causes d'aggravation, d'atténuation ou d'impunité, non pas judiciaires, mais légales ? La peine de l'infraction va-t-elle se trouver modifiée à l'égard de tous les participants, ou seulement à l'égard de celui par le fait ou dans la personne de qui ces causes d'aggravation, d'atténuation ou d'impunité se sont produites ? Il faut résoudre la question en appliquant un principe déjà connu : toute cause d'aggravation, d'atténuation et d'impunité, qui ne s'explique point par une raison personnelle à l'agent qui l'apporte dans le délit, est inhérente à l'infraction, augmente, diminue, efface sa *criminalité*, et par conséquent nuit ou profite à tous les participants. A l'inverse, si elle s'explique par un motif personnel à cet agent, elle ne produit d'effet que pour lui ; car elle n'influe que sur sa *culpabilité.*

**644. I. Causes d'aggravation. — A. Circonstances aggravantes empruntées aux éléments matériels de l'infraction.** — Ces circonstances augmentent la criminalité de l'infraction ; par suite elles aggra-

(1) C. belge (art. 69); C. portugais (art. 47); C. espagnol de 1870 (art. 69) et Projets de 1884-1885 ; C. allemand (art. 50) ; C. hongrois (art. 74) ; C. des Pays-Bas (art. 50); projet de C. russe (V. DARESTE, *Bull. de la Soc. de législ. comp.* 1883 ; DESJARDIN, *Rev. crit.*, 1884).

(2) L'art. 59 réserve les cas où la loi en aurait disposé autrement. On peut citer comme exemples, l'art. 63, al. 1 qui porte que la peine de mort ne sera jamais appliquée aux receleurs ; les art. 267, 268, relatifs à l'association de malfaiteurs qui punissent les auteurs principaux des travaux forcés à temps, et les complices, de la réclusion.

vent les peines de tous les participants. — Telles sont les circonstances de nuit, de maison habitée, d'escalade, d'effraction, de fausses clefs, de violences et de réunion dans le vol ; — de tortures corporelles dans la séquestration, etc. Le coauteur et le complice subiront l'effet de ces circonstances aggravantes, bien qu'ils n'y aient point participé, sans qu'on ait à rechercher s'ils les ont connues ou ignorées. On doit présumer en effet qu'ils ont consenti d'avance à l'emploi de tous les moyens propres à réaliser le crime qu'ils avaient concerté. — L'art. 63, al. 2, C. p., implique cette présomption : il exige en effet mais par exception, pour l'application aux receleurs des peines des travaux forcés à perpétuité et de la déportation, qu'ils aient connu, au temps du recélé, les circonstances entraînant l'aggravation de peine. Par cela même il démontre qu'en thèse ordinaire cette preuve n'est pas nécessaire (1).

**645.** Nous admettrions cependant que les coauteurs ou complices restés étrangers à la circonstance aggravante ne doivent point en subir les conséquences, si cette circonstance n'a pu entrer dans leurs prévisions, — ou bien si l'ayant prévue ils l'ont expressément exclue : par exemple, s'ils n'ont consenti à prendre part au crime qu'à la condition que le moyen, constituant une circonstance aggravante inhérente à l'infraction, ne serait pas employé (2). Ces restrictions sont commandées par l'application des principes généraux sur l'imputabilité. L'ignorance portant sur une circonstance matérielle de l'infraction supprime, relativement à celui qui l'a ignorée, l'imputabilité de cette circonstance. Sans doute, en présence de crimes concertés, la loi a pu présumer que toutes les circonstances de l'exécution auront été prévues et voulues par les divers participants ; mais il n'y a pas en droit pénal de présomption irréfragable de culpabilité : or prouver qu'il était impossible de prévoir ces circonstances aggravantes, ou qu'on les a prévues pour les exclure, c'est combattre la présomption légale par la preuve contraire (3).

**646. B. Causes d'aggravation prises dans la personne d'un des participants.** — Rentrent dans cette seconde classe : la récidive, les qualités de fonctionnaire, d'officier public, de domestique, d'ascendant ou de descendant de la victime, la préméditation.

Leur application aux coparticipants donne lieu à une grande controverse.

1er *Système* : — Ces causes d'aggravation, à raison même de leur origine, ne doivent exercer leur influence que sur la peine applicable à

---

(1) *Sic* : Cass., 23 mai 1877 (S., 81, 1, 141) et les arrêts cités par BLANCHE, II, 11 à 15.

(2) BERTAULD, p. 509 ; HAUS, I, 571 ; GARRAUD, *Précis*, n° 322, p. 351.

(3) *Sic* : C. hongrois (art. 73) ; C. des Pays-Bas (art. 47-49) ; C. italien (art. 66); Projets de C. espagnol, etc.

celui des participants dans la personne de qui elles se trouvent. Prises en dehors de l'infraction, elles ne modifient point sa criminalité; elles sanctionnent toutes, au contraire, un devoir personnel à l'un des agents, et par conséquent elles n'aggravent que sa culpabilité. Comment pourrait-on les étendre aux autres participants ; la culpabilité n'est-elle pas personnelle ? — Tel est le système soutenu par beaucoup d'auteurs (1), et qui nous paraît devoir être suivi. Il a reçu deux applications dans les codes de justice militaire (art. 196, A. T.; art. 353, A. M.). Les complices non militaires d'infractions militaires ne subissent, sauf exception, que les peines de Droit commun. C'est qu'en effet les devoirs militaires ne s'imposant point aux personnes étrangères à l'armée, leur violation ne devient pas pour elles une circonstance aggravante. — Les conséquences de ce système sont :

*a)* Que si les causes d'aggravation dont il s'agit se rencontrent dans un coauteur, elles élèveront la peine applicable à ce coauteur, mais non celles des autres.

*b)* Que si elles se rencontrent dans l'auteur principal, elles aggraveront sa peine, sans toucher à celle du complice.

Mais il ne faut pas pousser plus loin et dire que le complice souffrira des causes d'aggravation qui se rencontrent dans sa personne. Cette proposition est vraie seulement pour son état de récidive. Les circonstances aggravantes personnelles au complice, (qualité de fonctionnaire, de domestique, etc.) n'ont aucune influence ni sur le sort de l'auteur principal, ni sur le sort du complice. — A première vue cependant, il semble que l'effet de la récidive et des circonstances aggravantes résultant de qualités personnelles devrait être le même : si elles entraînent un surcroit de peine, ne peut-on pas dire dans les deux cas que c'est pour sanctionner le *devoir personnel* de respecter la loi pénale, lequel s'imposait plus strictement au complice qu'à l'auteur principal? Mais à y regarder de plus près, on voit que dans la récidive ce devoir personnel est sans application spéciale à l'infraction commise, tandis que dans les qualités de fonctionnaire, de domestique, etc., il se lie intimement à l'infraction. Traiter le fils, complice du meurtre de son père, comme un parricide; traiter le domestique, complice d'un vol commis par un étranger au préjudice de son maître, comme complice d'un vol domestique, ce serait punir le complice, *comme s'il était lui-même l'auteur du crime ou du délit*. On arriverait ainsi à appliquer la peine du meurtre ou de l'assassinat au complice du suicide ! — Telle n'est pas certainement la portée de l'art. 59. Le caractère accessoire de la participation du complice

(1) *Sic* : CHAUVEAU et HÉLIE, I, 209 ; HAUS, I, 585; VILLEY, p. 171 ; GARRAUD, *Précis*, n° 322, p. 352-353. Comp. C. allemand (art. 50); C. de Genève (art. 47); Projets de C. espagnol.

oblige le juge à donner au fait une qualification unique, et à prendre cette qualification dans la personne de l'auteur principal. Cette règle annihile la circonstance aggravante qui se rencontre dans la personne du complice. — Sous une autre forme on peut dire qu'en faisant de certaines qualités, chez l'agent, des circonstances aggravantes, le législateur avait en vue l'hypothèse où cet agent commettait le délit comme auteur principal, et non celle où il y participait comme complice. On peut argumenter en ce sens du procédé suivi par le législateur dans l'énumération des crimes et délits et des peines qu'ils entraînent. Il procède toujours comme si le crime émanait d'un seul agent. Or on ne peut comparer à un complice cet agent unique qui accomplit nécessairement le fait principal de l'infraction (1).

**647.** 2° *système* : — Certains auteurs et la jurisprudence, tout en acceptant les autres solutions du précédent système, soutiennent que les circonstances aggravantes personnelles, autres que la récidive, se communiquent de l'auteur principal au complice, et d'un coauteur à un autre coauteur (2). Dans ce système mal équilibré on arrive aux conclusions suivantes :

*a*) Chaque coauteur ou complice subit l'aggravation résultant de son état de récidive, mais ne souffre point de l'état de récidive des autres.

*b*) Tout participant principal subit l'aggravation résultant des circonstances aggravantes personnelles qui se trouvent dans sa personne.

*c*) Ces circonstances, lorsqu'elles se rencontrent dans la personne du complice, ne produisent aucun effet.

*d*) Les circonstances aggravantes, personnelles à un participant principal, se communiquent à tous les autres participants principaux ou accessoires.

Cette quatrième proposition, qui est la caractéristique de ce système, nous paraît absolument erronée. On dit que les circonstances aggravantes personnelles à l'auteur principal réfléchissent sur l'infraction, en augmentent *la criminalité :* il serait plus grave de s'associer à un parricide, à un vol domestique, que de prendre part à un meurtre ou à un

(1) *Sic* : BERTAULD, p. 514 ; ORTOLAN, I, 1304 ; BLANCHE, II, p. 36-43 ; GARRAUD, *Précis.*, n° 322 ; Cass. 5 octobre 1871 (S., 72, 1, 255). — *Contrà* : CHAUVEAU et HÉLIE, I, 210, p. 352.

(2) *Sic :* BLANCHE, II, 61-66 ; Cass. 9 juin 1848, 23 août 1877 et la note de M. VILLEY (J. *Pal.*, 84, 1, 851). — Comp. ORTOLAN, I, 1285, 1286 ; TRÉBUTIEN, I, p. 198 ; mais ces auteurs ne donnent point à ce système erroné une complète approbation. Ortolan ne l'admet qu'en vue d'une législation qui établirait pour la complicité une peine inférieure à celle du crime. Trébutien, qui discute sur le terrain du droit positif, élude la question en transformant plusieurs circonstances aggravantes personnelles en *éléments constitutifs* empruntés à la personne de l'auteur principal.

vol simple. — C'est une erreur, ou plutôt une confusion entre la criminalité et la culpabilité. L'acte est le même, mais l'un des agents est plus coupable, parce qu'il viole un devoir personnel. Il n'y a pas de justice à punir de la peine applicable au fils parricide, au domestique infidèle, l'étranger complice d'un parricide ou d'un vol domestique; la culpabilité n'est pas égale. — D'ailleurs, s'il est vrai que les circonstances aggravantes, personnelles à l'auteur principal ou à un coauteur, augmentent la criminalité de l'infraction, pourquoi n'admet-on pas que, personnelles au complice, elles produisent le même effet? Distingue-t-on, à l'égard des circonstances aggravantes prises dans les éléments matériels, de qui elles viennent? Dans ce système les circonstances aggravantes personnelles ne seraient ni absolument subjectives, ni absolument objectives! Il est vrai que ces circonstances influent sur *le titre* de l'infraction, parce que le titre de l'infraction se détermine en considérant l'agent qui a joué le rôle principal; mais conclure de là que les circonstances aggravantes personnelles à cet agent se répercutent sur le complice, c'est lire l'art. 59 comme s'il portait : « Le complice sera puni exactement de la même peine que celle qui sera appliquée à l'auteur principal ».

648. Le système que nous critiquons fait surgir de nouvelles difficultés : *a*) La circonstance aggravante, personnelle à l'auteur principal, doit-elle être reconnue contradictoirement avec lui pour être étendue au complice ? *b*) Le complice ne doit-il pas être admis à prouver qu'il a ignoré la qualité de l'auteur principal qui fait la circonstance aggravante? Nos adversaires ne s'accordent pas sur ces questions.

649. Nous avons discuté le système de la jurisprudence en envisageant son application dans les rapports de l'auteur principal et du complice ; il est curieux de voir au prix de quels efforts d'argumentation on arrive à l'étendre aux coauteurs. Qu'on laisse à toutes les circonstances aggravantes personnelles spéciales leur caractère de circonstances aggravantes, ou qu'on transforme certaines d'entre elles en éléments constitutifs, on se heurte à cette objection, que le titre de l'infraction se prend dans la personne de l'auteur principal. Donc s'il y a deux auteurs principaux, c'est-à-dire deux coauteurs, l'infraction aura deux titres différents. Le meurtre du père sera un parricide pour le fils, et un simple meurtre pour son coauteur. Le vol au préjudice du maître sera un vol qualifié pour le coauteur domestique, et un vol simple pour le coauteur étranger. — La jurisprudence accepte théoriquement cette double qualification; mais en rapprochant le traitement, qui va en résulter pour le coauteur, du traitement qu'elle fait subir au complice, elle s'aperçoit qu'elle punirait l'étranger, coauteur d'un parricide ou d'un vol domestique, moins sévèrement que s'il en était complice. Et en effet : *coauteur*, il encourrait les peines

du meurtre et du vol simple; *complice*, celles du parricide et du vol domestique. Pour éviter ce résultat choquant, elle s'imagine dire : « le coauteur aide nécessairement l'autre coupable dans les faits qui consomment l'action et devient par la force des choses un complice ». C'est là une nouvelle erreur et même un non-sens : car l'acte de participation accompli par l'étranger ne peut pas être en même temps *principal* et *accessoire* ; c'est l'un ou l'autre. Peut-être, dira-t-on, que la forme donnée par la Cour suprême à son objection est seule fautive et qu'il faut la formuler ainsi : « Le coauteur mérite *a fortiori* la peine du complice ». — A cela on peut répondre qu'on ne crée pas des peines par interprétation (1).

**650. II. Causes d'impunité.** — Nous réunissons sous cette expression les faits justificatifs, — les causes de non-imputabilité, — les excuses absolutoires, — certaines fins de non-recevoir temporaires ou perpétuelles contre l'action publique.

Ici le principe qui domine la matière reçoit une application absolue : ces causes d'impunité profitent à un seul agent ou se communiquent à tous, suivant qu'elles sont inhérentes à la personne ou inhérentes à l'infraction. Personne ne soutient que certaines d'entre elles aient un caractère mixte. Et de plus, à la différence des circonstances aggravantes personnelles, les causes d'impunité personnelles au complice produisent effet quant à lui. — Les *faits justificatifs* profiteront par conséquent à tous les participants, parce qu'ils s'attaquent à la criminalité du fait. — A l'inverse, les *causes de non-imputabilité* et les *excuses absolutoires* pourront être invoquées seulement par l'agent chez lequel elles se trouvent, parce qu'elles s'attaquent à la culpabilité ou parce qu'elles se justifient par une raison toute personnelle. — Quant aux *fins de non-recevoir contre l'action publique* elles sont tantôt communicables, tantôt incommunicables suivant leur raison d'être : *a*) Si ces fins de non-recevoir ont été établies en considération d'une qualité ou de la situation personnelle d'un délinquant, elles sont inhérentes à sa personne, incommunicables. Telles sont : l'immunité des agents diplomatiques, — la chose jugée motivée par la non-culpabilité de l'agent poursuivi, — le refus d'autorisation de poursuites d'un sénateur ou d'un député, — la démence. — *b*) Si ces fins de non-recevoir tiennent à une autre cause, elles sont inhérentes à l'infraction, communicables. Telles sont : l'amnistie, — la prescription, — la chose jugée motivée par l'inexistence du délit, — les questions préjudicielles, — le défaut de plainte, etc.

**651. III. Excuses atténuantes.** — Les coparticipants profitent-ils de l'excuse atténuante établie au profit de l'un d'eux ? — On résout généralement la question à l'aide du même principe. Mais nous avons fait

---

(1) *Sic :* Haus, I, 509, note 3. — *Contrà :* Cass. 9 juin 1848.

observer *suprà* n° 581 que toutes les excuses atténuantes étaient *personnelles*, bien que celle de la provocation puisse être invoquée par chaque agent, parce qu'elle naît en sa personne sous l'influence du même événement qui la fait naître chez ses codélinquants. Cela dit sur le sens qu'il faut donner à l'expression *excuse réelle* souvent employée pour la provocation, il faut la considérer comme communicable dans les cas prévus par les art. 321, 322 et 325, et incommunicable dans l'hypothèse de l'art. 324, § 2 (1).

# CHAPITRE III

### DE L'APPLICATION DE LA PEINE A L'AGENT UNIQUE DE PLUSIEURS INFRACTIONS.

### Théorie du concours d'infractions et du non-cumul des peines.

**652. L'hypothèse.** — Quand le même agent a commis plusieurs infractions avant d'avoir été condamné irrévocablement pour l'une d'elles, on dit qu'il y a *concours* ou *cumul d'infractions*, ou bien *réitération*. Ces expressions sont synonymes. La dernière est assez mal choisie ; il vaut mieux l'éviter : elle éveille en effet l'idée de deux infractions *semblables*, deux vols, deux meurtres, par exemple. Mais le concours de délits existe alors même que les infractions seraient différentes.

**653.** L'hypothèse du concours d'infractions ne doit pas être confondue avec celle de la récidive. Dans l'un et l'autre cas on voit un individu ayant commis plusieurs délits, deux au moins. Mais il n'y a récidive que si une condamnation irrévocable est intervenue sur le premier délit avant que le second fût commis. Le concours d'infractions suppose au contraire que le premier délit n'a pas été poursuivi, ou tout au moins qu'une condamnation irrévocable n'est pas intervenue quand le second s'accomplit. Ainsi un prévenu outrage les magistrats qui viennent de le condamner : il n'y a point récidive, mais concours entre l'outrage et le délit qui a fait l'objet de sa condamnation, car les voies de recours étaient encore ouvertes contre cette condamnation quand l'outrage a été commis (2).

(1) *Sic :* BERTAULD, p. 515 ; HAUS, I, 575. — La jurisprudence est hésitante sur le caractère de l'excuse de la provocation. Elle la déclare incommunicable s'il s'agit de coauteurs : Cass. 19 janv. 1838 ; communicable au contraire de l'auteur principal au complice : Cass. 12 oct. 1882 (*J. Pal.* 84, 1, 850, et la note).
(2) *Sic :* Cass. 22 juillet 1880 (*J. Pal.* 80, 1, 182).

**654.** Il ne faut pas confondre non plus le concours d'infractions avec les délits *collectifs* commis par un seul et même agent. Dans ces délits, comme dans le concours d'infractions, on trouve plusieurs faits matériels distincts à la charge du même prévenu, mais tous ces faits ne constituent qu'une infraction, soit parce qu'ils révèlent une habitude que la loi punit (*délits d'habitude*), soit parce qu'ils constituent l'exécution d'une seule et même résolution criminelle (*délits collectifs par l'unité de résolution et de but*).

**655. Droit abstrait.** — L'influence du cumul des délits sur la peine applicable à l'agent est théoriquement inférieure à celle de la récidive. Dans les deux cas on remarque une tendance à violer la loi pénale, mais l'avertissement de la justice, qui aggrave la culpabilité du récidiviste, manque dans le concours d'infractions. Cette situation mérite donc d'être traitée avec plus d'indulgence. Les législations anciennes et modernes nous montrent trois systèmes fonctionnant côte à côte sans s'exclure, et parfois se combinant.

Le premier est celui de l'*addition*. A chaque délit, sa peine. — Ce système paraît conforme à l'idée de justice absolue, parce qu'il établit une réparation adéquate à la faute. Mais il est impraticable si les deux peines sont perpétuelles; il est inhumain pour les autres. L'addition indéfinie des amendes aboutirait pratiquement à la confiscation générale des biens; celle des peines privatives de la liberté transformerait, en fait, les peines temporaires en peines perpétuelles. D'un autre côté, si l'on comprend qu'il soit matériellement possible de faire exécuter une peine perpétuelle après une peine temporaire, l'humanité recommande de ne pas le faire. Admettrait-on, par exemple, l'exécution d'un condamné à mort après dix ans de réclusion? Enfin la justice absolue, qui a fait le fond des législations pénales anciennes, n'est plus l'idéal de nos lois; la peine est suffisante si elle assure la défense de la société. Ce n'est qu'à l'égard des peines peu importantes que le système de l'addition peut être suivi. Dans toute autre hypothèse il convient de lui préférer un second système : celui de l'*aggravation*. — Ce système répond en effet à l'augmentation de la culpabilité de l'agent et du danger social par le nombre des infractions. L'aggravation ne doit pas être aussi sévère que pour la récidive, parce que la culpabilité est moindre; on ne changera point la nature ni le degré de la peine la plus grave; on se contentera de l'appliquer en élevant son maximum. Ce genre de répression compte aujourd'hui le plus d'adhérents (1). — Il existe un troisième système qui ne fait point du concours d'infractions une cause d'aggravation

(1) *Comp.*: ORTOLAN, I, 1157; VILLEY, p. 151; GARRAUD, 326; HAUS, II, 910; — C. belge, art. 60, 61, 62; C. allemand, art. 74; C. italien, art. 67 et s. Projets de C. p. espagnol de 1884-1885, *Rev. de Dr. intern.*, 1885, p. 588.

*légale* de la peine. L'application de la plus grave des peines encourues constitue aux yeux du législateur une répression suffisante de tous les délits concurrents. Il laisse au juge le soin de profiter de la divisibilité de la plupart des peines pour châtier l'agent coupable de plusieurs infractions plus sévèrement que celui qui en est encore à sa première faute. Ce système, appelé système de l'*absorption* ou du *non-cumul* des peines, n'est pas suffisamment répressif. L'agent n'a aucun intérêt à s'arrêter dans l'accumulation de ses délits, s'il sait qu'on ne dépassera jamais contre lui le maximum de la peine la plus forte. Ce système marque en outre une défaillance du législateur en présence d'un problème difficile à résoudre.

**656. Précédents historiques.** — Le Droit romain suivit le système de l'addition pour les délits privés (1), parce qu'il est tout à fait conforme à l'idée d'indemnité qui prédomine en cette matière ; mais à l'égard des vrais délits de droit pénal, le système de l'aggravation fut souvent préféré à celui de l'addition (2).

L'ancien Droit français pratiqua surtout ce dernier. Les principes d'expiation et d'intimidation, dont s'inspirait la loi pénale, devaient y conduire. On déclarait cependant certaines peines incompatibles. Le fouet, par exemple, ne pouvait être cumulé avec la peine de mort ou des galères (3).

Les idées d'humanité qui pénétrèrent en 1789 notre législation pénale amenèrent, par réaction contre la gémination des peines dont avait abusé l'ancienne jurisprudence, le triomphe de la règle du non-cumul. Cependant le législateur de l'époque intermédiaire, confondant le fond et la forme, écrivit cette règle dans les lois sur la procédure (Loi du 27 sept. 1791, 2° part. tit. 7, art. 40 ; Code du 3 brum. an IV, art. 446). Elle est passée de là dans le Code d'instruction criminelle, art. 365, où elle n'est certainement pas à sa place, car le concours de délit est une modalité de l'infraction, et fait partie, à ce titre, du droit pénal déterminateur.

Dans les lois spéciales, on trouve quelquefois le système de l'absorption combiné avec celui de l'addition : le premier appliqué aux délits antérieurs au premier acte de poursuite, le second appliqué aux délits commis depuis cette époque. Nous expliquerons ultérieurement le motif judicieux de cette combinaison. — D'autres fois on a adopté le système de l'aggravation.

**657. 4° Caractère de la règle du non-cumul. — Principe d'inter-**

---

(1) Fr. 2, *de privat. delictis* (47, 1).
(2) Fr. § 5, *de accusat.* (48, 2) ; fr. 1, § 5, *nihil innovari appellatione* (49, 7) ; fr. 5, § 2, *de re militari* (49, 16).
(3) Jousse : *Traité de la Just. crim.* II, 280-288 ; Loysel, *Max. cout.*, liv. 6, tit. 2, max. 38 ; et certaines coutumes (*Cout. général de Richebourg*, III, p. 906).

**prétation.** — La règle du non-cumul des peines au cas de concours d'infractions détermine la peine applicable à l'agent dans un cas où sa culpabilité paraît aggravée par une circonstance particulière. Il faut donc lui reconnaître le caractère de règle de fond, et généraliser son application en dehors de l'hypothèse pour laquelle la loi la formule. La doctrine et la jurisprudence se sont prononcées, après quelques hésitations, pour cette généralisation. C'est dans cet esprit qu'il faudra interpréter l'art. 365, en tenant compte cependant des matières pour lesquelles la règle a été posée.

**658. Concours idéal; concours réel.** — Le concours d'infractions dont nous avons parlé jusqu'ici, le seul d'ailleurs dont s'occupe l'art. 365, est celui qui s'établit entre infractions résultant de faits matériels distincts et indépendants l'un de l'autre. On l'appelle *concours réel, formel, matériel, successif*. Mais il est un autre concours qui s'établit entre infractions résultant de la violation simultanée de plusieurs lois pénales par le même fait matériel. Par exemple : à l'aide d'un faux titre de créance un individu se fait payer une somme d'argent par le prétendu débiteur ; il y a, suivant la manière dont on envisage le fait, usage de faux ou escroquerie. On appelle ce genre de cumul de délits *concours idéal* ou *intellectuel*. On doit lui appliquer d'une manière absolue la règle du non-cumul des peines, quel que soit d'ailleurs le système adopté pour régler le concours successif. On ne peut en effet punir deux fois comme délit un fait matériel unique, accompli en exécution d'une seule résolution criminelle. Ce fait unique prend sa qualification dans l'infraction la plus grave, et doit être puni de la peine qui y est attachée. Cette solution, sur laquelle tout le monde est d'accord, se trouve implicitement confirmée par l'exception qu'y apporte l'art. 4 de la loi du 19 déc. 1850 à propos du concours idéal de l'usure et de l'escroquerie. Ce texte attache aux faits les peines de l'escroquerie (délit le plus grave), sauf cependant l'amende, qu'il remplace par l'amende spéciale de l'usure (1).

### I. INFRACTIONS DONT LE CONCOURS RÉEL DONNE LIEU AU NON-CUMUL DES PEINES.

**659.** La loi n'a établi la règle du non-cumul des peines que pour le concours des *crimes* et des *délits* (art. 365). Elle n'exige ni que les infractions soient les mêmes, ni qu'elles soient de même nature. Un crime peut concourir avec un autre crime ou avec un délit. Deux délits peuvent concourir entre eux.

(1) C'est là une exception qui ne pourrait être étendue au concours idéal de l'usure avec un autre délit, par exemple avec l'abus des besoins et faiblesses des mineurs (art. 406. C. p.) ou avec la tenue de maison de prêt sur gage (art. 411) Sic : VILLEY, J. du Palais, 1881, 1, 788. — *Contrà* : Cass. 14 mai 1880 ; 28 janv. 1887.

Cette dernière combinaison fera surgir le plus souvent le concours d'infractions devant les tribunaux correctionnels : la règle du non-cumul des peines recevra-t-elle son application devant cette juridiction? La négative a été d'abord suivie en jurisprudence. On invoquait la place qu'occupe l'art. 365 dans le Code d'instruction criminelle, au titre « des affaires qui doivent être soumises au jury ». C'était confondre la *règle* du non-cumul avec l'*hypothèse* où l'art. 365 l'applique. Une règle de fond tient à la matière ; elle doit recevoir son application devant toutes les juridictions appelées à juger les mêmes faits. Une jurisprudence plus récente et presque tous les auteurs se sont prononcés, avec raison, dans ce dernier sens (1).

660. Le concours d'une contravention soit avec une autre contravention, soit avec un crime ou un délit, ne donne pas lieu à l'application de l'art. 365. Le texte ne vise en effet que les crimes et les délits ; or son silence à l'égard de la troisième classe d'infractions est significatif, car la Cour d'assises peut être appelée à juger une contravention tout aussi bien qu'un délit, quoiqu'elle soit la juridiction ordinaire des crimes. Appliquer la règle du non-cumul au concours des contraventions serait transporter cette règle *à une autre matière* et non *à une autre hypothèse*. Le système de l'addition n'a pas d'ailleurs d'inconvénients pour les peines de simple police à cause de leur peu de gravité (2).

661. La règle du non-cumul reçoit-elle application dans le concours d'infractions punies de peines correctionnelles par les lois spéciales ? — L'affirmative ne peut faire doute, si l'on décide avec nous que ces infractions constituent des *délits* (arg. art. 1er, C. p.). — Une opinion diamétralement opposée repousse toute application de l'art. 365 dans les lois spéciales. Mais elle se heurte au texte de l'art. 365 qui distingue d'après la nature des infractions, et non d'après la nature des lois qui les répriment. — Une troisième opinion propose d'appliquer l'art. 365 aux infractions punies de peines correctionnelles par des lois postérieures au Code pénal, et de laisser au contraire sous l'ancien système de l'addition les infractions de cette nature, prévues par des lois antérieures. On tire argument de l'art. 484 du Code pénal qui a maintenu les lois et règlements antérieurs, relativement aux matières spéciales qu'il n'a point réglées. L'argument est sans valeur puisqu'il s'agit d'une

---

(1) *Sic* : Cass., 13 déc. 1832 ; 22 fév. 1877. — *Contrà* : Cass., 15 juin 1821 ; 14 nov. 1832.
(2) *Sic:* Ortolan, I, 1172 ; Bertauld, p. 338 ; Trébutien, I, p. 326 ; Garraud, 329, etc. — *Contrà* : Chauveau et Hélie, VI, 2470. — La jurisprudence a varié : de 1835 à 1852 elle a décidé que l'art. 365 s'appliquait même aux contraventions ; depuis un arrêt du 7 juin 1842 (ch. ré.) elle a adopté l'opinion contraire. Comp. Cass., 29 mars 1878.

disposition écrite, non dans le Code pénal, mais dans le Code d'instruction criminelle. — Enfin on a proposé d'appliquer ou d'écarter la règle du non-cumul, suivant que ces infractions étaient intentionnelles ou non-intentionnelles. Nous avons repoussé cette distinction qui, si elle devait servir de *critérium* pour l'application des règles de fond aux infractions punies de peines correctionnelles, devrait s'appliquer même aux délits non-intentionnels prévus par le Code (1).

662. En résumé la règle est générale : le concours des crimes et des délits, quelle que soit la loi qui les punit, quels que soient leurs éléments constitutifs, donne lieu au non-cumul des peines. On ne doit admettre d'autres exceptions que celles qui résultent de textes formels. Nous citerons comme exemples: le concours de l'évasion des détenus avec le crime ou le délit qui faisait l'objet de leur détention préventive (art. 245, C. p.), la rébellion des mêmes individus (art. 220), le concours du meurtre avec un autre crime ou avec un délit ayant entre eux un certain rapport de temps ou de causalité (art. 304, C. p.), etc... Dans ce dernier cas le concours d'infractions devient une circonstance aggravante. — Les lois spéciales ont souvent combiné d'une façon judicieuse le système de l'absorption et celui de l'addition relativement à des délits très profitables au délinquant, et pour lesquels la détention préventive n'est pas possible ou n'est pas usitée. Les peines applicables aux infractions antérieures au premier acte de poursuite subissent la règle du non-cumul, tandis que celles des infractions postérieures au premier acte de poursuite se cumulent. On évite ainsi que le délinquant multiplie ses délits dès qu'il se voit découvert, sachant qu'on ne pourra dépasser contre lui le maximum de la peine. C'est le système suivi en matière de délits de chasse, de contrefaçon industrielle, de délits électoraux, de contraventions à la police des chemins de fer (2). — D'autres fois le législateur a

---

(1) La jurisprudence a passé successivement par les cinq phases indiquées au texte. 1° Elle a d'abord décidé que l'art. 365, C. i. c., ne pouvait être appliqué aux infractions punies de peines correctionnelles par les lois spéciales : Cass., 3 janv. 1856 ; — 2° puis elle a distingué les lois spéciales antérieures au Code pénal et les lois postérieures : Cass. 3 mai 1866 ; — 3° puis elle a appliqué l'art. 365 dans toutes ces lois sans distinction : Cass. 28 janv. 1876 ; 16 nov., 1er déc. 1877 ; — 4° puis elle a distingué les infractions intentionnelles des infractions non-intentionnelles : Cass., 27 janv. 1883 ; — 5° enfin elle parait avoir renoncé à cette distinction pour se ranger à l'opinion que nous enseignons : Cass., 13 juil. 1884 (S. 86, 1, 234) ; Cass., 22 av. 1887 (S. 88, 1, 597).

(2) Voy.; L. 3 mai 1844 sur la police de la chasse, art. 17 ; L. 5 juillet 1844, sur les brevets d'invention, art. 42 ; L. 15 juillet 1845, sur la police des chemins de fer, art. 27 ; D. 2 fév. 1852, sur les élections, art. 49 ; L. 28 juin 1857, sur les marques de fabrique, art. 10. — Ce mode de répression du concours d'infractions avait été introduit d'abord dans la législation de la Presse (L. 9 sept. 1835, art. 12 ;

admis l'addition des amendes jusqu'à un certain chiffre, c'est-à-dire le système de l'aggravation. Il en est ainsi pour les délits prévus par la loi sur le travail des enfants et des filles mineures employés dans l'industrie (L. 19 mai 1874, art. 25, 26).

## II. PEINES AUXQUELLES S'APPLIQUE LA RÈGLE DU NON-CUMUL.

**663.** L'art. 365 formule la règle du non-cumul des peines en considération des infractions qu'elles répriment, et sans y apporter aucune restriction à raison du caractère de ces peines. Il faut conclure de là que toutes les peines criminelles et correctionnelles subissent la règle du non-cumul, sans distinguer les peines principales des peines accessoires ou complémentaires. — On a soulevé des difficultés à l'égard de ces deux dernières. La règle du non-cumul ne concernerait, d'après l'opinion générale, que les peines principales (1).

**664.** Cependant on est bien obligé d'admettre que les peines *accessoires* subissent *indirectement* la règle du non-cumul. Elles sont en effet les conséquences légales d'une peine principale. Or si le juge écarte celle-ci en appliquant l'art. 365, il écarte implicitement celles-là. Il est plus exact de dire qu'il est oiseux de se poser la question du non-cumul pour les peines accessoires, que d'affirmer qu'elles font exception à cette règle.

**665.** La difficulté est plus sérieuse pour les peines *complémentaires*.

1er *système :* — On soutient qu'elles se cumulent avec la peine principale qui remplace celle dont elles sont le complément. — Elles sont, dit-on, *accessoires à l'infraction* plutôt qu'à la peine principale. Or si la peine principale de l'infraction la plus grave absorbe celle de l'infraction la plus faible, cette infraction persiste à la charge du prévenu. Ces peines, ajoute-t-on, ont été considérées par le législateur comme le moyen le plus efficace de réprimer l'infraction. Elles sont en rapport avec sa nature : ce sont des mesures de protection sociale plus encore que des peines, et l'on ne comprendrait pas que la société fût privée du bénéfice qu'elles sont appelées à lui procurer, parce que le coupable aura commis un autre délit. — Enfin la règle du non-cumul suppose une appréciation exacte de la gravité respective des deux peines : ici le moyen

L. 16 juillet 1850, art. 9). Aujourd'hui les délits de presse comportent l'application pure et simple de la règle du non-cumul (L. 29 juill. 1881, art. 63).
(1) Voy. : ORTOLAN, II, 1644 ; BLANCHE, I, 201, 206 ; BERTAULD, p. 339 et 341 ; TRÉBUTIEN, I, p. 322, 323 ; VILLEY, p. 156 ; GARRAUD, 331. — Cependant, par une contradiction bien remarquable, la Cour de cassation, qui admet le cumul des peines complémentaires correctionnelles, applique au contraire la règle du non-cumul à l'amende, peine complémentaire criminelle. Cass. 30 juin 1881 (B. 165) ; — Cass. 12 mai 1881 (B. 121) ; Cass. 11 janv. 1883 (B. 11) ; Cass. 26 janv. 1888 (*Gaz. Trib.* 30 janv.).

manque pour reconnaître cette gravité relative ; on est sans *critérium*, vu que les peines complémentaires ne sont point mentionnées dans l'échelle des peines criminelles et correctionnelles.

**666.** 2º *système :* — Nous repoussons cette opinion parce qu'elle apporte une restriction arbitraire à l'application de l'art. 365. Tous les arguments sur lesquels elle se fonde sont ou des pétitions de principe, ou des considérations sans valeur au point de vue de l'interprétation juridique. — Et d'abord, que veut-on dire quand on affirme sentencieusement que ces peines sont *accessoires à l'infraction* ? Cela peut signifier ou bien que ces peines sont attachées à l'infraction, qu'elles en sont les conséquences, ou bien qu'elles paraissent les mieux appropriées à la nature des faits qu'il s'agit de réprimer. La première de ces propositions est une banalité : toutes les peines sont en effet les conséquences de l'infraction. La seconde tend à établir, entre les peines spéciales à un petit groupe d'infractions et celles relatives à un groupe plus étendu, une différence injustifiable. Peut-on supposer en effet que le législateur édicte une pénalité qu'il ne croirait pas en rapport avec le fait qu'il incrimine ? Où s'arrêtera-t-on si l'on se met ainsi à rechercher quelles peines paraissent plus ou moins appropriées à l'infraction ? N'existe-t-il pas, par exemple, une différence profonde entre un crime politique et un crime de Droit commun ? Les peines qui les répriment ne sont-elles point, chacunes de leur côté, appropriées au fait incriminé ? Faudra-t-il donc cumuler, sous ce prétexte, la peine politique et la peine de Droit commun, la réclusion et la déportation, par exemple ? Cet argument se réfute donc par ses conséquences. — On insiste en disant que les peines complémentaires sont des mesures de protection sociale plus encore que des peines. — Nous avons combattu précédemment cette opinion à propos de l'interdiction de séjour. Toutes les peines sont des mesures de protection sociale quand on considère la raison qui les a fait établir ; mais, si l'on envisage les conditions dans lesquelles elles sont appliquées, on voit tout de suite la différence qu'il faut faire entre les mesures de police préventive et les peines proprement dites. — Quant à l'absence de critérium pour déterminer la valeur relative des peines complémentaires, ce n'est là qu'un argument d'inconvénient. La difficulté n'est pas insoluble, et l'on est bien obligé de la résoudre pour appliquer l'art. 4, C. p., quand une loi nouvelle vient substituer une peine complémentaire à une autre peine complémentaire. — Ce critérium existe d'ailleurs pour *l'interdiction de certains droits civiques, civils et de famille,* puisqu'elle est énumérée dans l'échelle des peines correctionnelles (art. 9). Quant aux autres, on peut dire, en se fondant sur leur caractère de peines *complémentaires,* que leur gravité ne dépasse jamais celle de la peine principale à laquelle elles sont attachées. Donc, si cette peine est écartée, elles le sont elles-mêmes *a fortiori*.

Notre système aboutit à traiter, au point de vue du non-cumul, les peines complémentaires comme les peines accessoires. Il comporte cependant une exception pour la *relégation*. Cette peine en effet ne peut être considérée comme une des peines du délit entraînant la condamnation qui la motive ; elle n'est donc pas absorbée avec les peines de ce délit par l'application d'une peine plus grave.

Il faut observer, en outre, que la publication du jugement et la confiscation échappent à la règle du non-cumul quand elles n'ont pas un caractère pénal. La jurisprudence en affranchit, pour le même motif, les amendes en matière de douanes, de contributions indirectes, d'octroi et de forêts (1). Mais nous avons démontré que le caractère prédominant de ces amendes était pénal ; il faut dont leur appliquer la règle du non-cumul, en l'absence d'un texte exprès qui y déroge.

667. La jurisprudence admet aussi le non-cumul de certaines peines complémentaires, sous prétexte qu'elles sont *incompatibles*. Elle décide, par exemple, que la relégation est incompatible avec l'interdiction de séjour : « attendu que la relégation étant une peine perpétuelle à subir » hors de France, il n'y a pas lieu de statuer sur l'interdiction de rési- » dence en certains lieux *de France* » (2). — Elle devrait décider, pour le même motif, qu'il est inutile de prononcer l'interdiction des droits mentionnés en l'art. 42 du Code pénal, lorsqu'on prononce une peine criminelle, car la dégradation civique, qui est l'accessoire de celle-ci, rend inutile celle-là. — Cette jurisprudence est bien imprudente : supposons que le relégué obtienne une dispense définitive de la relégation pour cause d'infirmités (art. 18, L. 27 mai 1885; art. 11, D. 26 nov. 1885) ; il se trouvera affranchi de l'interdiction de séjour, parce qu'il est impossible de le soumettre administrativement à cette peine, et que, d'un autre côté, les tribunaux ont perdu le droit de la lui infliger, par la fin qu'ils ont donnée à l'affaire. L'incompatibilité alléguée existe sans doute au point de vue de l'exécution ; mais on ne voit point pour quel motif on ne prononcerait pas en même temps la relégation et l'interdiction de séjour, en subordonnant l'exécution de cette dernière peine à l'inexécution de l'autre. — Quant à l'interdiction des droits mentionnés en l'art. 42, si l'on admet son cumul comme peine complémentaire, il est utile de la prononcer pour éviter que le condamné s'en trouve affranchi lorsqu'une amnistie vient effacer la condamnation à la peine criminelle. Son incompatibilité avec la dégradation civique n'existant d'ailleurs qu'au point de vue de

(1) Cass. 28 janvier 1876 ; 21 nov. 1878.
(2) *Sic* : Cass. 8 avril 1886 (*Pand. Fr.* 86, 1, 110).

l'exécution, on pourrait recourir au procédé que nous avons indiqué pour la rendre efficace.

### III. EFFET DU NON-CUMUL DES PEINES.

**668.** L'art. 365 indique par cette formule : « la peine la plus forte (1) sera *seule prononcée* », l'effet du non-cumul des peines. Quel est le sens de cette disposition ? Oblige-t-elle le juge à passer absolument sous silence la peine la plus faible, et à fixer seulement la durée ou le taux de la plus forte des peines encourues par le condamné ? — Ou bien signifie-t-elle que le juge appliquera à chaque infraction la peine qu'elle mérite, puis ordonnera que la plus forte des peines prononcées sera seule subie ? — En pratique la première interprétation est généralement suivie lorsque les délits concurrents sont compris dans la même poursuite. On suit au contraire la seconde quand chacun de ces délits est l'objet d'une poursuite séparée (2). Ce dernier procédé est préférable, et nous croyons qu'il doit être suivi dans les deux cas, malgré les termes en apparence contraires de l'art. 365.

**669.** Montrons d'abord l'intérêt pratique de la question. Il apparaît en premier lieu *au point de vue de l'amnistie*. Deux crimes, par exemple, sont compris dans la même poursuite ; l'un entraîne la détention, l'autre la réclusion. Le juge prononce seulement la détention. Qu'il survienne plus tard une amnistie pour le fait politique, le condamné jouira de l'impunité quant au crime de Droit commun dont cependant il a été reconnu coupable (3). — On a proposé de ressaisir la Cour d'assises pour lui faire prononcer la réclusion (4) ; mais ce procédé viole la chose jugée. Le juge a perdu le droit de statuer. L'omission de la peine la plus faible profite au condamné, tout comme lui profiterait l'omission d'une peine complémentaire. Dans tous les cas il paraît impossible de ressaisir le juge si, depuis la condamnation, le temps nécessaire pour la prescription du délit le moins grave s'est écoulé.

L'intérêt pratique de la question apparaît en second lieu *au point de vue de la récidive*. Supposons que, dans l'espèce précitée, l'amnistie vienne effacer la condamnation à la détention ; l'amnistié n'aura point le premier terme de la récidive. *Autre exemple :* un délit militaire, puni des travaux publics, concourt avec un délit de Droit commun, puni de l'emprisonnement ; si la première de ces peines est seule prononcée, parce qu'elle est la plus forte, cette condamnation ne comptera point pour la

---

(1) V. *suprà*, n° 70, à quels signes on reconnaît la plus forte peine.
(2) GARRAUD, 333 ; DE NEYREMAND, *Journ. du Dr. crim.*, 1879, p. 313 et s.
(3) GARRAUD, p. 418, note 2 (2ᵉ édit.). — Comp. : Paris, 7 juin 1851 (D. 52, 2, 81).
(4) LAIR, *Rev. pratique*, t. X, p. 27.

récidive, bien que, dans l'opinion du conseil de guerre, le condamné méritât plus d'un an d'emprisonnement pour le délit de Droit commun (1). Même intérêt pratique *au point de vue de la relégation*. Dans les deux espèces que nous avons prises comme exemple, la condamnation restreinte à la peine la plus forte comptera-t-elle pour l'application de la relégation ? Évidemment non (art. 3, 4, L. 27 mai 1885) ; et cependant si l'on avait prononcé la réclusion et l'emprisonnement, puis déclaré que ces peines seraient absorbées, la condamnation compterait. On pourrait multiplier les exemples de ce genre.

670. La pratique admet couramment que si les infractions concurrentes, comprises dans la même poursuite, entraînent le même genre de peine avec une simple différence dans le taux, deux peines d'emprisonnement par exemple, il est loisible au tribunal d'indiquer dans son jugement quelle est la durée de l'emprisonnement qu'il prononce pour chaque délit. S'il omet de faire cette répartition, la peine qu'il prononce s'applique *d'une manière indivisible* à chaque infraction dont le prévenu a été reconnu coupable. Mais si les peines des infractions concurrentes diffèrent par leur nature ou par leur degré, on ne prononce jamais que la peine la plus grave. On ne condamnera point, par exemple, à cinq années de détention et à cinq ans de réclusion, en ajoutant que la première de ces peines sera seule subie (2).

Ce système mixte ne peut s'expliquer scientifiquement : la peine la plus forte est non seulement celle qui est supérieure à l'autre par sa nature ou par son degré, mais encore celle qui ne lui est supérieure que par son taux. Il faut nécessairement choisir entre les deux systèmes radicaux, c. a. d. ne prononcer jamais que la plus forte peine, ou prononcer toujours les deux peines, en ajoutant que la plus forte sera seule subie. Si l'on admet ce second procédé quand les délits concurrents font l'objet de poursuites séparées, il n'y a pas de raison pour ne point s'y conformer lorsque ces mêmes délits sont réunis dans une seule poursuite. Un accident de la procédure ne peut modifier en effet la portée d'une règle de fond. — Supposons qu'on ne prononce que la peine la plus forte ; qu'arrivera-t-il lorsque les poursuites auront été divisées et que l'infraction punie de la peine la plus grave aura été poursuivie la première ? Il fau-

(1) C. Douai, 18 juillet 1871 (D. 74, 5, 419) ; C. Alger, 5 juillet 1877 (D. 78, 5, 394). — Cass. 1er mars 1888 (*Gaz. Trib.* 9 mars).

(2) V. en faveur du premier procédé : Cass. 24 av. 1859 (*Annales pr. ind.* 59, 161) ; Cass. 9 nov. 1878 (D. 79, 1, 388) ; — en faveur du second : Cass. 27 mai ; 10, 25, 26 juin 1886. — L'idée que la peine unique s'appliquait d'une manière indivisible aux délits concurrents a été admise par la Cour de cassation pour favoriser l'application de la relégation ; mais elle rencontre une certaine opposition de la part des Cours d'appel. V. les notes sur les arrêts précités, *Pand. Franç.* 1886, 1, 138, et notre *Revue de jurisprud. La Loi,* 22 mai 1886.

drait dire que la seconde poursuite aboutira simplement à une déclaration de culpabilité, sans peine prononcée. Or ce résultat, nous le verrons bientôt, est généralement repoussé. Cette inconséquence des auteurs et de la jurisprudence condamne leur système. — L'utilité pratique de la condamnation aux deux peines recommande le second procédé ; et, quoi qu'on dise, il n'est pas contraire au sens de l'art. 365. Cette disposition est nouvelle et sans précédents dans la législation antérieure. La loi des 16-29 septembre 1791, et le Code du 3 brumaire an IV n'avaient prévu que la poursuite séparée des délits concurrents. De plus, la loi de 1791 semblait faire du *non-cumul* une règle de *l'exécution* des peines. L'art. 365 du Code d'instruction criminelle a eu un double objet : 1° prévoir le concours de délits dans la même poursuite ; 2° faire de la règle du *non-cumul* une règle de l'*application* des peines, c'est-à-dire une règle qui s'impose aux tribunaux et non au ministère public. C'est pour cela que le texte porte : « En cas de conviction de plusieurs crimes ou délits, la peine la plus forte sera seule *prononcée* ». Mais si l'art. 365 modifie l'autorité chargée de faire respecter la règle du non-cumul, il ne modifie point le procédé suivi dans la législation intermédiaire pour appliquer la peine à l'accusé reconnu coupable de deux délits concurrents. Aujourd'hui, comme sous la loi de 1791, les deux peines doivent être prononcées ; seulement c'est à la juridiction de jugement, et non au ministère public, d'ordonner que la plus forte sera seule subie (1). Le législateur de 1808 a envisagé, peut-on dire, le résultat pratique de la condamnation : il sous-entend dans l'art. 365 le mot *efficacement*. Or cette formule : « la peine la plus forte sera seule *efficacement* prononcée », exprime bien cette idée que le juge, à qui s'impose désormais la règle du non-cumul, doit *condamner à subir* seulement la peine la plus forte (2).

### IV. DÉTAILS D'APPLICATION QUAND LES INFRACTIONS CONCURRENTES SONT L'OBJET DE POURSUITES SÉPARÉES.

Il convient d'examiner ces détails d'application dans les trois hypothèses suivantes :

**671.** 1re HYPOTHÈSE : *La peine la plus grave a été prononcée sur la*

---

(1) Comp. art. 40, L. 16-29 sept. 1791, 2e part., tit. 8 et art. 365, C. i. c.
(2) Certaines personnes trouvent qu'il serait oiseux et même contradictoire de prononcer la peine la plus faible, quand la plus forte est perpétuelle ; mais l'éventualité de la grâce ou de l'amnistie et les conditions d'application de la relégation prouvent l'intérêt qu'il y a à agir ainsi. La haute Cour de justice allemande (*Tribunal de l'empire siégeant à Leipzig*) n'a pas craint d'encourir le reproche d'inconséquence en condamnant, le 22 décembre 1884, Reinsdorff, à mort et à 15 ans de réclusion.

*première poursuite*. — La seconde poursuite ne peut aboutir à une condamnation efficace. Cela est évident si les premiers juges ont prononcé le maximum de la peine la plus grave. Voici, par exemple, deux crimes entraînant, l'un, les travaux forcés à temps, l'autre, la réclusion. Le coupable a été condamné sur la première poursuite à 20 ans de travaux forcés. Il est clair que la peine de la réclusion que prononcera la seconde Cour d'assises n'ajoutera rien à la première.

Mais ce résultat s'imposerait-il si les premiers juges n'avaient pas atteint le maximum; si, par exemple, ils n'avaient prononcé que 15 ans de travaux forcés? La seconde Cour d'assises pourrait-elle ajouter à la peine de la réclusion les 5 ans de travaux forcés que les premiers juges ont laissés disponibles? — S'ils avaient ce droit, ce serait un moyen de rendre efficace la seconde condamnation; et il semble que cela soit très juste, car si les premiers juges avaient connu le second crime, ils se seraient montrés plus sévères. — Mais cette considération est sans valeur : la *chose jugée* empêche d'accueillir la solution qu'elle recommande. Il y a un disponible sans doute, mais sur la peine applicable au premier crime; or ce crime étant définitivement jugé, le coupable ne peut voir aggraver la peine prononcée de ce chef contre lui (1).

672. 2ᵉ HYPOTHÈSE: *La peine la moins grave a été prononcée sur la première poursuite*. — La seconde poursuite aboutit alors à une condamnation efficace. Les seconds juges devront dire que la peine qu'ils prononcent dispensera d'exécuter la peine précédemment prononcée. — Cette idée est exprimée en pratique de deux manières différentes : tantôt les seconds juges disent que la peine actuellement prononcée absorbera la condamnation précédente; tantôt ils déclarent que la première condamnation se confondra avec la condamnation actuelle.

673. 3ᵉ HYPOTHÈSE : *La peine applicable aux deux infractions concurrentes poursuivies séparément est la même*. — Il s'agit, par exemple, de deux crimes entraînant les travaux forcés à temps, ou bien de deux crimes entraînant la réclusion. Dans ce cas, la seconde poursuite aboutira à une condamnation efficace si les premiers juges n'ont pas atteint le maximum. Supposons que le premier arrêt ait infligé six ans de réclusion, le second arrêt pourra élever la peine à dix années : on prononcera, par exemple, quatre ans de réclusion, en déclarant qu'ils s'ajouteront aux six ans déjà prononcés; ou bien on prononcera dix années de réclusion, en ordonnant que la présente condamnation absorbera la précédente.

On a contesté la légalité de cette solution en critiquant successivement ces deux procédés. Le premier, dit-on, viole l'art. 21 du Code pénal qui

(1) Cass. 8 nov. 1824 ; 27 janv. 1881 ; BERTAULD, p. 301, 302 ; GARRAUD, 334.

fixe à cinq ans le minimum de la réclusion. Le second empiète sur les droits du ministère public qui a mission de faire exécuter les jugements (arg. art. 165 et 197, C. i. c.) (1). — Ce sont là des sophismes : la violation de l'art. 21 du Code pénal n'est qu'apparente. Le premier procédé est une manière d'indiquer le résultat pratique d'une seconde condamnation qui atteint le maximum et se combine avec la condamnation précédente. La critique du second procédé part de cette idée que la règle du non-cumul est une règle de l'*exécution* des peines. Nous démontrerons bientôt que c'est au contraire une règle de leur *application*, dont le juge a par conséquent le devoir de se préoccuper.

674. Dans l'examen des difficultés qui précèdent, nous avons supposé : 1° que la seconde poursuite était possible quoiqu'elle ne dût pas entraîner une condamnation pénale efficace ; 2° que, dans cette hypothèse, la seconde poursuite devait aboutir non pas à une simple déclaration de culpabilité, mais à l'application d'une peine, sauf à déclarer cette peine confondue avec la précédente. Ces deux points sont controversés : certains auteurs soutiennent que, si la poursuite du second fait ne doit point aboutir à une condamnation pénale efficace, cette poursuite est impossible. L'*épuisement de la pénalité* par la première condamnation devient, dans ce système, une cause d'extinction de l'action publique relativement au second fait (2). — D'autres auteurs considèrent la seconde poursuite comme possible ; mais à la condition qu'elle n'aboutira, au point de vue pénal, qu'à une déclaration de culpabilité. Les seconds juges déclareront le prévenu coupable, le condamneront aux frais envers l'État, et s'il y a lieu, aux frais et à des réparations envers la partie civile, sans prononcer aucune peine (3).

675. Ces deux systèmes ont leur point de départ dans l'interprétation vulgairement donnée à l'art. 365. S'il est vrai que ce texte défende au juge de prononcer la peine la plus faible, la seconde poursuite aboutira seulement à une déclaration de culpabilité : c'est pour ce motif que le premier système déclare cette poursuite irrecevable. L'action publique, disent ses partisans, a pour objet *l'application de la peine* (art. 1, 2, C. i. c.) ; s'il est certain qu'elle ne doit pas atteindre ce résultat, elle est éteinte. — L'action publique, répondent les partisans du second système,

(1) DE MOLÈNES, *De l'humanité dans les lois criminelles*, p. 163, 178.
(2) MANGIN, *Traité de l'act. pub. et de l'act. civ.*, II, 457, 458 ; LE SELLYER, *Traité de l'act. pub. et de l'act. priv.*, I, 356 ; COLLET, *Rev. crit.*, 1867, p. 385 ; THIERRET, *Rev. de législ.*, t. XIII, p. 483. Bien que cette controverse se rattache à la théorie de l'action publique, il nous a paru utile de la rapprocher de l'exposé de la règle du non-cumul qui lui sert de base. Ce rapprochement la fera mieux comprendre et évitera des redites.
(3) DE NEYREMAND, *loc. cit.*, p. 313, et les arrêts qu'il cite ; F. HÉLIE, II, 1092 et suiv.

a deux objets : la déclaration de culpabilité et l'application de la peine; l'épuisement de la pénalité ne supprime que le dernier ; l'exercice de l'action publique reste donc possible à raison du premier. Ils font valoir en outre l'intérêt pratique que présente la seconde poursuite : 1° pour la partie lésée, à qui elle conserve la faculté de porter son action civile devant les tribunaux de répression ; 2° pour l'inculpé, à qui elle donne le moyen de se justifier d'une accusation quelquefois plus infamante que celle qui a entraîné contre lui la peine la plus grave.

S'il fallait choisir entre ces deux systèmes, il vaudrait mieux adopter le dernier ; mais nous croyons qu'on doit les rejeter tous les deux, car leur point de départ est faux. On croit trouver la justification du premier système dans les art. 361 et 379 C. i. c. D'après ces textes, lorsqu'une infraction concurrente a été découverte au cours des débats devant la Cour d'assises, sa poursuite doit être ordonnée s'il y a *acquittement*, ou si le nouveau fait doit amener une condamnation *plus grave*. Quel est le motif de cette disposition ? C'est, dit-on, que la seconde poursuite aboutira à une condamnation efficace. Donc, dans le cas contraire, une seconde poursuite n'est pas licite. — Cet argument n'est que spécieux. On fonde tout un raisonnement, non point sur la disposition des art. 361 et 379, mais sur l'explication qu'on en donne. Or cette explication dénature le sens de ces textes. L'art. 361 prescrit une mesure à prendre contre l'accusé *acquitté*, que le ministère public se propose de poursuivre à raison d'un fait nouveau, révélé au cours des débats. Rien n'indique que, s'il avait été *condamné*, il n'aurait pas pu être poursuivi à raison de ce fait nouveau. Rien n'indique non plus que le crime qui était l'objet de la première poursuite fut plus ou moins grave que l'infraction qui s'est révélée au cours des débats. L'art. 361 laisse donc entière la question de savoir si la poursuite du délit le moins grave est possible après la condamnation intervenue sur le délit le plus grave. — Quant à l'art. 379, il suppose un crime découvert au cours des débats qui ont été suivis d'une condamnation, et il a pour objet *d'enlever au ministère public la faculté de ne pas le poursuivre :* 1° si ce fait nouveau est plus grave que celui qui a motivé la condamnation ; 2° si, pour ce fait, le condamné a des complices en état d'arrestation. Il est absolument divinatoire d'induire de ce texte qu'après une première poursuite suivie de condamnation, le ministère public *n'a plus la faculté de poursuivre un fait moins grave* révélé au cours des débats. Le véritable argument *a contrario* à tirer de l'art. 379, c'est que, *en dehors des deux hypothèses qu'il prévoit, le ministère public est libre d'exercer ou de ne pas exercer de poursuites* (1). Concluons que, malgré la condamnation encourue pour un

(1) L'origine historique de l'art. 379 démontre au surplus la légalité de la seconde poursuite et d'une condamnation pénale sur cette seconde poursuite, quelle

délit concurrent, la poursuite à raison d'un autre délit concurrent est licite, et qu'elle doit entraîner l'application de la peine de ce délit, alors même que cette peine serait inférieure à celle précédemment prononcée, sauf, bien entendu, à la déclarer confondue avec celle-ci (1).

### V. SANCTION DE LA RÈGLE DU NON-CUMUL

**676. Quelle est l'autorité chargée de faire respecter la règle de non cumul ?** — La réponse à cette question dépend du caractère qu'on attribue à cette règle : si on en fait une règle de *l'application* des peines, c'est aux tribunaux qu'il appartient de l'observer ; si on en fait une règle de *l'exécution* des peines, son observation regarde le ministère

que soit d'ailleurs la gravité respective des deux infractions concurrentes. L'art. 40 de la loi du 16 sept. 1791 (2ᵉ part. tit. 8) était ainsi conçu : « Si l'accusé est déclaré convaincu du fait porté dans l'acte d'accusation, *il pourra encore être poursuivi pour raison du nouveau fait ;* mais s'il est déclaré convaincu du second délit, *il n'en subira la peine* qu'autant qu'elle serait plus forte que celle du premier ; auquel cas il sera sursis à l'exécution du jugement ». — L'art. 446 du Code du 3 brum. an IV n'a modifié cette disposition que pour retirer aux magistrats, lorsque le fait découvert au cours des débats est plus grave que le premier, la liberté de ne pas poursuivre ce fait : « Lorsque pendant les débats qui ont précédé le jugement de condamnation l'accusé a été inculpé... sur d'autres faits que ceux portés dans l'acte d'accusation, LE TRIBUNAL CRIMINEL *ordonne qu'il sera poursuivi à raison de ces nouveaux faits...*, mais seulement dans le cas où ces nouveaux faits méritent *une peine plus forte* que les premiers. — Dans ce cas le TRIBUNAL surseoit à l'exécution de la première peine, jusqu'après le jugement sur les nouveaux faits ». — Il suffit de rapprocher de ce texte l'art. 379, C. i. c. pour voir que le législateur de 1808 l'a textuellement reproduit, en ajoutant toutefois un nouveau cas où le ministère public perdra sa liberté d'appréciation pour la seconde poursuite, et en changeant l'autorité chargée d'ordonner le sursis : « Lorsque, pendant les débats qui auront précédé l'arrêt de condamnation, l'accusé aura été inculpé... d'autres crimes que ceux dont il était accusé, si ces crimes nouvellement manifestés méritent une peine plus grave que les premiers, *ou si l'accusé a des complices en état d'arrestation*, la Cour ordonnera qu'il sera poursuivi à raison de ces nouveaux faits... Dans ces deux cas *le procureur général* surseoira à l'exécution de l'arrêt qui a prononcé la première condamnation, jusqu'à ce qu'il ait été statué sur le second procès ». — Il résulte du rapprochement de ces trois textes que le principe formulé par la loi de 1791 n'a pas été modifié par les dispositions de détail des Codes de l'an IV et de 1808.

(1) La jurisprudence a adopté successivement les trois systèmes : elle a commencé par décider qu'après l'application de la peine la plus grave, la poursuite des délits concurrents était impossible : Cass. 15 oct. 1825, 14 juill. 1832. — Puis, par une série d'arrêts, rapportés par M. de Neyremand, *loc. cit.*, elle a déclaré que la seconde poursuite était possible, mais ne devait pas aboutir à une condamnation pénale. — Aujourd'hui elle s'est rangée à notre système : Cass. 13 février, 29 juillet, 23 décembre 1880. — En notre sens : ORTOLAN, II, 1818 et s. ; BERTAULD, p. 332, 333 ; GARRAUD, *Précis*, 437 ; HAUS, II, 925, 1267.

public. — Les deux systèmes aboutissent au même résultat dès qu'il surgit un incident contentieux entre le ministère public et le condamné sur l'exécution des deux peines. Si en effet le ministère public élève la prétention de faire subir les deux peines l'une après l'autre, et que le condamné soutienne qu'elles doivent être confondues, l'incident viendra nécessairement devant les tribunaux. Mais la divergence entre les deux systèmes apparaît lorsque le condamné n'élève aucune réclamation. L'officier du ministère public qui estime que la règle du non-cumul a été violée, pourra-t-il, de sa propre autorité, dispenser le condamné de subir la peine qui aurait dû être absorbée ? — La négative nous paraît certaine : l'art. 365 s'adresse au juge : « ...la peine la plus forte sera seule *prononcée* ». Il formule une règle de *l'application* des peines. Au juge donc il appartient d'ordonner que telle condamnation ne sera pas exécutée. — Les principes confirment l'argument de texte : le ministère public est l'agent du tribunal lorsqu'il poursuit l'exécution d'un jugement. Sans doute il tient sa qualité de la loi, mais la loi ne lui donne point le pouvoir d'interpréter, ni de corriger le jugement dont l'exécution lui est confiée. Il doit, si le sens est douteux, demander au tribunal de le préciser. A cet effet, il se conformera aux règles précédemment exposées pour le règlement des questions contentieuses soulevées par l'exécution des peines. Il doit, si le sens est certain, exécuter la sentence, quelque opinion qu'il ait sur le bien ou le mal fondé de la décision. Le seul moyen auquel il puisse recourir pour empêcher l'exécution de la peine qu'un jugement passé en force de chose jugée a cumulée contrairement à son avis, est de former d'office un recours en grâce. Reconnaître au ministère public le droit de décider de sa propre autorité qu'une peine prononcée ne sera pas subie, c'est transporter aux officiers des parquets le droit de grâce, que la Constitution réserve au chef de l'État (1).

Tels sont les devoirs du ministère public en présence d'une condamnation contenant une violation évidente ou douteuse de la règle du non-cumul ; reste à déterminer maintenant dans quels cas la violation doit être considérée comme évidente ; dans quels autres, comme douteuse. — La violation de la règle du non-cumul est évidente, lorsque les deux peines, qui auraient dû être confondues, ont été prononcées *par le même arrêt*, soit que les juges aient ordonné qu'elles se cumuleraient, soit qu'ils aient omis de déclarer qu'elles seraient confondues. — Elle est encore évidente, lorsque ces peines ont été prononcées par deux arrêts distincts qui ordonnent expressément leur cumul. — Elle est douteuse, lorsque les deux peines, qui auraient dû être confondues, résultent de

(1) *Sic* : BERTAULD, p. 310 et s. ; VILLEY, p. 158 ; GARRAUD, 335 ; Cass. 22 juillet 1880 et la note. — *Contra* : LE SELLYER, *Tr. de la criminalité*, I, 260 ; Circul. min. de l'intérieur 12 nov. 1867 (D. 68, 3, 20).

deux arrêts distincts et que rien n'indique que les juges aient voulu les cumuler ou les confondre. Entrons dans quelques détails sur cette dernière hypothèse :

677. 1er cas : *Les deux peines prononcées par deux arrêts distincts ne pouvaient être cumulées pour le tout, mais elles pouvaient l'être pour partie.* Ce sont, par exemple, deux peines de quinze ans de travaux forcés. On peut supposer : ou que les seconds juges ont voulu confondre la seconde peine avec la première et ne prononcer en tout que 15 ans ; — ou qu'ils ont voulu ajouter un supplément de 5 années à la première, de manière à parfaire le maximum de 20 ans ; — ou bien enfin, qu'oublieux de la règle du non-cumul, ils ont voulu ordonner que les deux condamnations à 15 ans de travaux forcés seraient subies. — Cette hypothèse soulève à la fois une question d'interprétation du second arrêt de condamnation et la question de compétence quant à la sanction de la règle du non-cumul. Le ministère public, même en l'absence de toute contestation de la part de l'accusé, ne peut résoudre la difficulté : il s'adressera à la Cour d'assises qui a rendu le *second* arrêt et lui demandera de l'interpréter. C'est en effet aux juges saisis de la seconde poursuite que s'imposait la règle du non-cumul.

678. 2° cas : *Les deux peines prononcées par arrêts distincts ne pouvaient être cumulées, ni pour le tout, ni pour partie.* L'une, par exemple, est criminelle, l'autre, correctionnelle ; ou bien il s'agit de deux peines d'emprisonnement dont la plus grave atteint son maximum. Dans cette hypothèse, la Cour de cassation a fait de la règle du non-cumul une règle de l'exécution des peines. Elle dit que la question de savoir si le condamné doit subir la seconde peine ne pourra être soulevée par lui que lorsque le ministère public voudra la lui faire subir (1).

679. 3e cas : — *Les deux peines prononcées par arrêts distincts pourraient être cumulées pour le tout sans que l'art. 365 fût violé ; mais le second juge n'a point dit s'il voulait ajouter la peine qu'il prononçait à la première, ou la confondre avec elle.* Il s'agit, par exemple, de deux condamnations à 10 ans de travaux forcés. — Cette hypothèse soulève seulement une question d'interprétation du second arrêt, qui devra être soumise par le ministère public à la juridiction compétente, même en l'absence de toute contestation de la part du condamné. — Mais à quel moment le ministère public devra-t-il provoquer cette interprétation ? Suivant la Cour de cassation, ce serait au moment de faire exécuter la seconde peine (2). Pourquoi pas plutôt ? Nous n'en voyons point la raison. Il n'y a même que des inconvénients à attendre.

---

(1) Cass. 15 juin 1877 (D. 77, 1, 404).
(2) Cass. 23 déc. 1880 (D. 81, 1, 278).

# TITRE TROISIÈME

## DE L'EXTINCTION DES PEINES

**680.** Les peines s'éteignent normalement par leur exécution. Leurs causes d'extinction exceptionnelles sont : 1° le Décès du condamné ; 2° la Prescription, 3° l'Amnistie, 4° la Grâce, 5° la Réhabilitation.

Le *décès* du condamné met fin à l'exécution des peines corporelles ; mais les peines pécuniaires peuvent être recouvrées contre les héritiers (v. *suprà* n° 405).

La *prescription* éteint la peine ; il serait donc logique d'en traiter ici ; mais comme elle éteint aussi l'action, c'est-à-dire le droit de poursuivre la condamnation de l'auteur présumé de l'infraction, et qu'il importe de faire des rapprochements entre ces deux branches de la prescription pénale, nous renvoyons son étude au moment où nous traiterons de *l'extinction de l'action publique et de l'action civile*. — Il ne nous reste par conséquent à traiter que de l'amnistie, de la grâce et de la réhabilitation. Ces trois causes d'extinction des peines ont certains points communs qu'il importe d'abord de dégager. Nous étudierons ensuite leurs règles propres.

## CHAPITRE PREMIER

### CARACTÈRES GÉNÉRAUX DE L'AMNISTIE, DE LA GRACE ET DE LA RÉHABILITATION. — PRÉCÉDENTS HISTORIQUES.

**681.** Il appartient au pouvoir social, pour des motifs d'intérêt général ou d'humanité, de jeter l'oubli sur une infraction, de renoncer à l'exécution d'une condamnation pénale, d'effacer, au profit d'un condamné qui a subi sa peine et qui s'est amendé, les déchéances de droits et les conséquences que pourrait avoir dans l'avenir, au point de vue pénal, la condamnation exécutée. Au premier cas, il proclame une amnistie ; au second, il accorde une grâce ; au troisième, il constate une réhabilitation. L'amnistie, la grâce et la réhabilitation sont à la fois des actes de souveraineté et de clémence.

L'*amnistie* ne justifie point les faits auxquels elle s'applique, mais elle efface toutes leurs conséquences pénales. Si donc les faits amnistiés n'ont pas encore été suivis d'une condamnation irrévocable, l'action publique est éteinte. Si au contraire une condamnation irrévocable est intervenue, elle est réputée non avenue, et, par suite, la peine est éteinte. — Ce qui caractérise l'amnistie, c'est sa généralité. Elle s'applique à un genre d'infraction déterminé, quels qu'en soient les auteurs. Ce serait en fausser l'esprit que de la rendre individuelle. C'est une mesure politique prise dans un but d'apaisement. Elle suppose des troubles, plusieurs personnes compromises dans les mêmes événements, puis l'ordre rétabli, le pouvoir social n'ayant plus rien à craindre de ses ennemis ; alors l'oubli jeté sur le passé fait cesser les rancunes et concilie les esprits. Telle est la cause ordinaire des amnisties. Elles se justifient par l'inutilité de la répression. Quelquefois les amnisties sont accordées pour fêter un événement heureux ou un anniversaire. Celles-ci n'ont point de raison d'être.

La *grâce* consiste dans la remise de l'exécution de la peine. Elle suppose une condamnation irrévocable et une peine corporelle ou pécuniaire. Elle consiste dans une *remise*, dans une *réduction*, ou dans une *commutation* de peine. Le caractère propre de la grâce, c'est d'être une mesure de pure clémence et une mesure individuelle. Le droit de grâce, que la tradition historique fait considérer comme un attribut de la souveraineté, a perdu par son organisation pratique tout caractère arbitraire, et tend de plus en plus à devenir un droit bureaucratique, fonctionnant régulièrement comme moyen moralisateur au profit des condamnés qui exécutent une peine privative de la liberté. C'est à ce point de vue une institution complémentaire du régime pénitentiaire. Il sert encore à maintenir l'égalité de la répression pour le même genre de crime entre les divers tribunaux ; c'est enfin un palliatif des erreurs judiciaires qui ne seraient point susceptibles d'être réparées par la procédure de la revision.

La *réhabilitation* est la constatation officielle de l'amendement et du reclassement d'un condamné libéré. Elle fait cesser pour l'avenir toutes les conséquences pénales de la condamnation : elle l'empêche donc de constituer le premier terme de la récidive et met fin aux incapacités qu'elle avait entraînées. C'est le couronnement des institutions complémentaires du régime pénitentiaire. Étant uniquement motivée par le mérite du condamné, il va sans dire qu'elle constitue une mesure essentiellement individuelle.

682. Bien qu'étant, avant leur obtention, des mesures de faveur, l'amnistie, la grâce et la réhabilitation, une fois accordées, présentent ce caractère commun d'être irrévocables. Aussi a-t-il fallu des textes formels pour permettre au gouvernement de revenir sur certaines remises

gracieuses (L. 25 mars 1873, art. 15; L. 23 janv. 1874, art. 48. C. p.) Cependant il pourrait y avoir intérêt à ne faire remise de la capacité perdue qu'en vue de permettre au condamné d'accomplir un acte déterminé, par exemple, de doter ses enfants. Rien n'empêche, à notre avis, le chef de l'État d'accorder une remise restreinte à ces termes ; mais si le décret ne contient pas de réserve la remise accordée est absolue.

683. Unies par certains caractères communs, l'amnistie, la grâce et la réhabilitation le sont aussi par les précédents historiques. Dans notre ancienne jurisprudence elles émanaient directement du roi. L'amnistie était accordée par édit, sous le nom d'*abolition générale*, aux villes ou aux provinces dont on avait réprimé l'insurrection (1). — La grâce l'était par lettres patentes qu'on appelait suivant les cas : *lettres d'abolition individuelle, lettres de pardon, lettres de commutation de peine* (Ord. 1670, tit. 16). Les premières intervenaient quelquefois avant la sentence ; la grâce avait alors le caractère d'une amnistie individuelle. — Enfin le souverain accordait des *lettres de réhabilitation* pour relever de la mort civile et de l'infamie (2) Par ces mesures se manifestait l'exercice de la *justice retenue :* on disait que le roi, dépositaire de la toute-puissance, avait délégué aux tribunaux le soin de rendre la justice, tout en conservant le droit d'intervenir quand bon lui semblerait (3).

La Révolution française, ayant supprimé la justice retenue, rendit nécessaire une nouvelle organisation de ces trois institutions. La grâce disparut, abolie par le Code pénal de 1791 (1re part. tit. VI, art. 13) « pour tous crimes poursuivis par voie de jurés ». L'amnistie au contraire et la réhabilitation furent maintenues. Les assemblées révolutionnaires ont voté plusieurs lois d'amnistie ; et le Code pénal de 1791 donna une grande extension à la réhabilitation. Le caractère temporaire de toutes les peines impliquait, croyait-on, l'abolition de la grâce et le développement donné à la réhabilitation. C'était là une erreur que l'expérience condamna bientôt. La grâce fut rétablie d'abord pour les délits politiques (D. 23 nivôse an III), puis en toutes matières (sén.-cons. 16 therm. an X, art. 86). Quant aux peines perpétuelles, elles reparurent avec le Code pénal de 1810.

Les lois postérieures se sont bornées à placer l'amnistie, tantôt dans

---

(1) Le mot amnistie est d'origine grecque (α *privatif et* μνὰσθαι *ou* μνηστίς : sans *mémoire*, sans souvenir). Valère Maxime (lib. IV, C. I, n° 4) rapporte que le premier acte d'amnistie fut voté par les Athéniens sur la proposition de Trasybule après l'expulsion des trente tyrans. Le mot *abolition* est d'origine romaine.

(2) Il y avait aussi des *lettres de rémission*, que certains auteurs présentent à tort comme une variété des lettres de grâce. Ces lettres avaient pour objet de permettre à une personne accusée d'homicide volontaire d'opposer l'exception de légitime défense. C'était une mesure purement fiscale.

(3) MUYART DE VOUGLANS, *Institut.* p. 103.

les attributions du pouvoir exécutif, tantôt dans celles du pouvoir législatif. Elles ont étendu la grâce à certaines peines privatives de droits. La réhabilitation a été l'objet de modifications plus profondes : elle n'avait été admise dans le Code d'instruction criminelle qu'après une vive opposition. Sous le Code de 1791 les municipalités l'accordaient ; les tribunaux n'intervenaient que pour la solenniser. Le rôle prépondérant des municipalités, comparé à celui de l'autorité judiciaire, n'était plus en harmonie avec l'organisation politique de la France. On attribua au chef de l'État le droit d'accorder la réhabilitation ; les municipalités et l'autorité judiciaire n'intervinrent plus que pour donner des certificats et des avis ; on associa aussi à l'instruction de la cause un représentant direct du pouvoir central, le sous-préfet. Rendue difficile à obtenir par une longue procédure, la réhabilitation n'avait d'ailleurs qu'un champ d'application assez restreint: elle supposait une condamnation à une peine afflictive ou infamante. Deux réformes l'ont étendue aux peines correctionnelles (D. 18 avr. 1848 ; L. 3 juill. 1852), et à la destitution des officiers publics et ministériels (L. 19 mars 1864). Sa procédure a subi aussi quelques modifications. Mais la réforme la plus considérable a été accomplie par la loi du 14 août 1885. Cette loi fait rentrer l'octroi ou le refus de la réhabilitation dans les attributions de l'autorité judiciaire. Elle la rend plus facile à obtenir. Enfin elle élargit ses effets. Cette dernière réforme a été inspirée par le désir de faire fonctionner régulièrement la réhabilitation, en tant qu'institution complémentaire du régime pénitentiaire.

# CHAPITRE II

## DE L'AMNISTIE.

**684. Autorité qui accorde l'amnistie.** — L'amnistie, d'après notre Constitution actuelle, ne peut être accordée que par une *loi* (L. const. 25 fév. 1875, art. 3). Il en était ainsi sous la loi du 17 juin 1871 et sous la Constitution de 1848. Elle était au contraire accordée par *décret* ou *ordonnance* sous le sénatus-consulte du 16 therm. an X, les Chartes de 1814 et de 1830 et le sénatus-consulte du 25 décembre 1852. Ces deux systèmes ont leurs avantages et leurs inconvénients : reconnaître au pouvoir législatif le droit de proclamer une amnistie est logique, puisqu'il s'agit de suspendre l'effet de la loi dans un cas particulier. Mais les discussions auxquelles donnent lieu l'élaboration d'une loi sont de nature à raviver les passions qu'on se propose de calmer. Il paraît donc plus utile de laisser au pouvoir exécutif le soin de prendre vite, quand le moment paraît opportun, cette mesure d'apaisement. Mais n'est-ce pas lui permettre de sortir de ses attributions ?

**685. Étendue de l'amnistie.** — L'amnistie n'a d'autres limites que celles qui lui sont assignées par la loi qui la proclame. On ne peut formuler en cette matière que des principes que le législateur est libre de suivre ou de négliger. En règle, les restrictions que comporte une loi d'amnistie ne doivent pas avoir de caractère personnel : on peut, par exemple, excepter de l'amnistie tous les individus coupables d'un certain genre de délit, mais non amnistier pour le même genre de délit certains coupables et exclure les autres de l'amnistie. L'art. 70 de la loi sur la Presse du 29 juillet 1881 donne l'exemple d'une restriction conforme aux principes : « Amnistie est accordée pour tous les délits commis antérieurement au 16 février 1881, par la voie de la presse ou autres moyens de publication, *sauf l'outrage aux bonnes mœurs....* etc. ».

Le législateur peut-il mettre des conditions à l'amnistie ? Oui, pourvu qu'elles n'aient point de caractère pénal, car il n'a pas le pouvoir d'infliger une peine (1).

**686. Effets de l'amnistie.** — En général l'amnistie ne produit d'effets qu'au point de vue pénal : elle efface toutes les conséquences pénales de l'infraction. Par suite, l'action publique s'éteint ; la peine ne peut plus être exécutée ; les incapacités sont effacées ; la condamnation est réputée non avenue ; elle cesse en conséquence de servir de premier terme à la récidive, et le bulletin n° 1 qui la constate doit être retiré du casier judiciaire. — A l'inverse, au point de vue civil, l'amnistie ne produit en général aucun effet : l'action civile persiste, les droits acquis aux tiers par l'effet de la condamnation sont maintenus. Mais il pourrait arriver que dans l'intérêt général le législateur crût devoir anéantir ces droits acquis. Il y aurait, dans ce cas, une sorte d'expropriation pour cause d'utilité publique, et il serait équitable que l'État se chargeât d'indemniser les tiers du préjudice qu'il leur cause (2). — Il appartient d'ailleurs à l'autorité judiciaire d'interpréter et d'appliquer les lois d'amnistie comme les autres lois.

**687.** L'amnistie empêche-t-elle le recouvrement des amendes et des frais (3) dus au trésor ? Oblige-t-elle le trésor à restituer les amendes et les frais qui lui ont été payés ? La difficulté naît de la prétendue trans-

(1) *Sic* : Cass. 1er mai 1837 (motifs de l'arrêt).

(2) On peut voir des exemples d'amnistie de ce genre dans la loi du 22 août 1792 et dans le sén.-cons. du 16 flor. an X.

(3) La question serait la même pour la confiscation quand elle a exclusivement le caractère de peine.

formation des amendes en dettes du patrimoine par le jugement qui les prononce, et du caractère de réparations civiles des frais. Il semble dès lors qu'on doive les traiter comme les réparations civiles proprement dites sur lesquelles l'amnistie est sans effet. Mais si l'on observe que l'amende et les frais de l'action publique ont pour cause unique l'*infraction*, tandis que les réparations civiles ont pour cause le *délit civil* caché sous l'infraction, on comprend que l'amnistie, en supprimant toutes les conséquences que le fait produit *en tant qu'infraction*, supprime la cause de l'amende et des frais dus à l'État, et efface rétroactivement le titre de leur perception. Il faut donc admettre que les amendes et les frais ne peuvent pas être recouvrés après l'amnistie et que, s'ils ont été payés, ils peuvent être répétés par les intéressés comme un paiement fait sans cause (1).

688. L'action disciplinaire a une telle analogie avec l'action publique qu'on doit admettre que l'amnistie rend au condamné les fonctions et les distinctions honorifiques dont il a été privé à raison de sa condamnation pour le fait amnistié, réserve faite des droits acquis aux tiers, ainsi que du droit incontestable pour le gouvernement de maintenir la destitution d'un fonctionnaire amovible. L'individu amnistié recouvrera donc ses décorations à tout événement ; car ce ne sont point ses décorations qui ont pu être attribuées à un autre ; un maire destitué reprendra ses fonctions, si l'on n'a point procédé à l'élection de son remplaçant ; il en sera de même d'un juge destitué, que le gouvernement n'a pas encore remplacé. A l'inverse, un magistrat du ministère public, un préfet, ne pourront reprendre leurs fonctions qu'avec l'agrément du gouvernement. — On a voulu faire en cette matière une distinction : on admet bien notre solution si la peine disciplinaire a été encourue de plein droit, ou prononcée, sans examen, sur le vu du jugement de condamnation pour le délit amnistié ; mais on soutient au contraire que cette peine doit être maintenue, malgré l'amnistie, si la décision qui la prononce a été rendue après examen du fait par la juridiction disciplinaire. Nous repoussons cette distinction, parce qu'en pratique il suffirait d'un simple motif inséré avant le dispositif de la sentence disciplinaire

(1) *Sic :* Haus, II, 994 ; Garraud, *Tr. de Dr. pénal franç.*, II, 84. — *Contrà* : Dalloz, *Rép.* v° amnistie, n° 150. La question est peu étudiée. On admet généralement en pratique que les amendes ne peuvent plus être *recouvrées* après l'amnistie. Le Conseil d'État a étendu récemment la même solution aux frais. *Cons. d'Ét.* 7 mai 1880. (D. 81, 3, 7). — On soutient au contraire que des règles de comptabilité s'opposent à la *restitution* des amendes et des frais légalement recouvrés à l'origine. Cette prétention a été combattue par M. Batbie, rapporteur au Sénat de la loi d'amnistie du 2 avril 1878 (D. 78, 4, 20). — *Question subsidiaire* : L'amnistie supprime-t-elle la *contrainte par corps* pour le recouvrement des condamnations pécuniaires qu'elle laisse subsister ? V. *suprà*, n° 448.

pour paralyser l'effet de l'amnistie. Ce motif deviendrait bientôt de style, avec la tendance qu'ont les juridictions disciplinaires à envisager les faits d'une manière plus étroite que le législateur. Il ne faut pas qu'une différence aussi profonde dans les effets de l'amnistie puisse être la conséquence d'une question de mots (1).

## CHAPITRE III

### DE LA GRACE.

**689. Autorité qui accorde la grâce.** — Le droit de grâce appartient au Président de la République, et il l'exerce sans contrôle (art. 3, L. const. 25 fév. 1875) (2). La procédure des recours en grâce n'est assujettie à aucune forme légale. En fait, des circulaires ministérielles ont établi certains usages dont la violation peut faire écarter par les bureaux un recours en grâce qui ne serait pas directement adressé au Président de la République ; mais celui-ci a toujours la faculté d'accorder une grâce sans instruction préalable. Ces usages n'ont donc rigoureusement rien d'obligatoire. En voici le résumé : 1º la grâce n'est pas accordée d'office ; on attend une demande du condamné, ou bien une proposition des magistrats ou de l'administration pénitentiaire ; — 2º l'affaire est instruite dans la forme administrative par les soins de la direction des affaires criminelles et des grâces, qui dépend du ministère de la justice ; — 3º si la peine est temporaire, on n'accueille le recours que lorsque la moitié de la peine est subie, et il est tenu compte de la conduite du détenu dans la prison. Si la peine est pécuniaire, on exige que le condamné ait payé les frais ou justifié de son indigence ; — 4º le Président de la République ratifie sans examen les propositions des bureaux ; — 5º le décret qui accorde la grâce est exécuté par le parquet, qui veille à ce que mention en soit faite en marge de l'arrêt ou du jugement de condamnation. — Ces règles ordinaires sont modifiées s'il s'agit d'un condamné à mort : 1º on n'exige point de demande ; — 2º le Président de la République statue par lui-même, sur la proposition du ministre de la justice, et après examen du dossier ; — 3º la grâce est accordée par *lettres patentes* soumises à l'entérinement de la Cour d'appel, en au-

(1) V. sur ces questions : *Cons. d'État*, 13 mai 1881 (D. 82, 3, 97) ; GARRAUD, *Tr. de Dr. pén. franç.*, II, 85.
(2) Ce contrôle a existé sous certaines de nos constitutions. V. Sén.-cons. 16 therm. an X.; Constitut. du 4 nov. 1848 ; L. 17 juin 1871.

dience solennelle (1). Cette formalité n'a d'ailleurs aucune importance ; car les Cours d'appel ne peuvent, comme les anciens Parlements, refuser d'enregistrer la grâce et adresser des remontrances au chef de l'État, ni prononcer une peine contre l'individu gracié.

**690. A quel moment peut légalement intervenir la grâce ?** — Il faut et il suffit que la condamnation soit devenue irrévocable. La grâce ne pourrait intervenir avant, sans rétablir dans notre Droit moderne les *lettres d'abolition individuelle* qui ont disparu avec la justice retenue. Il suit de là que la grâce ne peut s'appliquer au contumax ; car, tant que dure la prescription de la peine, sa condamnation n'est pas irrévocable, et, une fois la prescription accomplie, il ne peut pas être question de renoncer au droit d'exécution qui n'existe plus.

**691. Étendue de la grâce.** — La grâce peut être totale ou partielle. La première porte le nom de *remise* ; la seconde, de *réduction* ou de *commutation* de peine (L. 23 janv. 1874, art. 46, 48, C. p.). La situation du condamné ne peut jamais être aggravée sous prétexte de commutation de peine ou de condition mise à sa grâce (2).

**692.** Bien que le droit de grâce soit attribué sans aucune restriction au Président de la République, il est des peines sur lesquelles il ne peut l'exercer : ce sont les peines privatives de droits. Aussi a-t-il fallu des textes formels pour autoriser dans certains cas, que nous considérons comme exceptionnels, la remise gracieuse de ces peines. Dans toute autre hypothèse, il faut décider que la grâce ne les atteint pas. On ne trouverait pas en effet le moment précis où la grâce pourrait intervenir : les peines privatives de droits opèrent une diminution de capacité qui s'ac-

(1) D. 6 juil. 1810, art. 20 ; Circ. min. 24 août 1831.
(2) Si le condamné prétend que sa situation a été aggravée par la décision gracieuse, a-t-il un recours, et quel est ce recours ? Les uns, s'attachant *au principe en vertu duquel la grâce est accordée*, présentent les conditions qui sont imposées comme un acte de souveraineté qui peut être critiqué pour inconstitutionnalité devant les Chambres, si ces conditions violent les règles de notre Droit public. D'autres, partis de la même idée, admettent un recours pour excès de pouvoir devant le Conseil d'État. — D'autres enfin, s'attachant *au résultat de ces conditions*, y voient la prétention, élevée par le chef du pouvoir exécutif, de faire subir au condamné une peine différente de celle qui a été prononcée, ou d'en modifier le régime. Cette prétention, lorsque le condamné refuse de s'y soumettre, fait naître une question contentieuse sur l'exécution de la peine, qui rentre dans la compétence de l'autorité judiciaire. Cette dernière manière de voir nous paraît être la plus exacte. Qu'on dise que la grâce est un acte de souveraineté pour expliquer que le chef du pouvoir exécutif puisse dispenser de l'exécution des peines prononcées par l'autorité judiciaire, cela est bon ; mais tout autre est le caractère de l'acte par lequel, *après cette dispense*, il prétend porter atteinte aux biens, aux droits ou à la liberté des particuliers. Cet acte lèse en effet des intérêts qui sont sous la protection des tribunaux ordinaires. En sens divers : VILLEY, p. 545 ; — GARRAUD, *Dr. pén. franç.* II, 192.

complit juste au moment où la condamnation devient irrévocable. Or la grâce ne peut intervenir ni avant cet instant, parce que la condamnation n'est pas encore définitive ; ni après, parce qu'elle est complètement exécutée. Il ne faut pas confondre en effet l'incapacité, qui est l'exécution de la condamnation, avec les conséquences de cette incapacité, c'est-à-dire les actes qu'elle empêchera, les mesures matérielles qu'elle autorisera à prendre. — Étendre la grâce aux peines privatives de droits, ce serait en second lieu rendre inutile la procédure de la réhabilitation qui a précisément pour objet d'en relever le condamné. — Enfin cette remise touche à la capacité des personnes. Or les questions de capacité sont de la compétence exclusive des tribunaux judiciaires. C'est pour ce motif que les textes du Code d'instruction criminelle et des lois postérieures ne permettaient au chef de l'État d'accorder une réhabilitation que sur l'avis *conforme* de la Cour d'appel ; c'est encore pour ce motif que la loi du 14 août 1885 a confié à la Cour d'appel le soin de statuer définitivement sur les demandes en réhabilitation (1).

**693.** Dans une opinion radicalement opposée on argumente de la généralité des termes par lesquels la constitution confère le droit de grâce au Président de la République, ainsi que des nombreuses lois qui ont admis la remise gracieuse des incapacités dans certains cas déterminés (2), pour soutenir que les peines privatives de droits peuvent régulièrement être remises par voie de grâce. — Mais il est facile de répondre que la constitution n'organise point l'exercice du droit de grâce ; elle se borne à désigner l'autorité qui graciera. Quant aux textes qu'on invoque, ils auraient été inutiles si la grâce se fût appliquée normalement aux peines privatives de droits ; ils sont donc exceptionnels.

**694.** La Chancellerie paraît suivre un système éclectique : s'agit-il d'une peine privative de droits *prononcée* par le juge comme peine principale ou complémentaire, on considère que sa remise par voie gracieuse est possible. S'agit-il au contraire d'une peine privative de droits *résultant virtuellement de la condamnation à une autre peine*, c'est-à-dire d'une peine accessoire, on fait une distinction : sa remise par voie de grâce est possible si la grâce intervient avant que l'exécution de la peine principale a commencé ; elle est impossible si la décision gracieuse intervient au cours de l'exécution de cette peine. — Toutes ces distinctions sont arbitraires et peu juridiques. Qu'importe d'abord de quelle manière la peine privative de droits ait été encourue, qu'elle le soit vir-

---

(1) *Sic* : AUBRY et RAU, I, 336 ; DEMOLOMBE, I, 235 ; ORTOLAN, II, 1923 ; BERTAULD, p. 464 ; GARRAUD, *Précis*, 283 ; Av. CONS. D'ÉTAT, 8 janv. 1823 (DUVERGIER, tome 24, p. 227).

(2) V. L. 30 mai 1854, art. 12 ; L. 31 mai 1854, art. 4 ; L. 25 mars 1873, art. 16 ; L. 23 janv. 1874 (nouvel art. 48, C. p.) ; L. 27 mai 1885, art. 17.

tuellement par l'effet de la condamnation à une autre peine, ou qu'elle le soit par une sentence directe, elle s'exécute dans les deux cas de la même manière, c'est-à-dire qu'elle diminue de plein droit la capacité du condamné au moment où la condamnation devient irrévocable ; dès lors on ne voit point quand pourrait intervenir la grâce. Quant à la sous-distinction qu'on fait relativement aux incapacités encourues à titre de peines accessoires, c'est un vieux souvenir des effets de la grâce sur la mort civile qui n'a plus de raison d'être. La mort civile était encourue à compter du jour de l'exécution réelle ou par effigie (art. 26, C. civ.). Donc si une grâce, commuant une peine perpétuelle en peine temporaire, intervenait avant que l'exécution de la peine perpétuelle eût commencé, elle rendait cette exécution impossible et écartait par voie de conséquence la mort civile. Que si au contraire elle intervenait après ce moment, la mort civile avait été encourue et la grâce n'agissait point sur elle. Mais aujourd'hui toutes les incapacités qui ont le caractère de peines accessoires sont encourues au moment où la condamnation contradictoire devient définitive (art. 3, L. 31 mai 1854 ; art. 28, C. p.). Donc pour ces incapacités, comme pour les peines privatives de droits que le juge prononce, on ne peut trouver le moment où pourrait utilement se placer la grâce. Avant que la condamnation soit devenue irrévocable, c'est trop tôt. Après, c'est trop tard : l'incapacité est encourue ; l'exécution de la condamnation est complète, la grâce n'a plus rien à faire.

695. On doit accepter cependant la solution de la chancellerie pour l'interdiction légale. Cette peine accessoire, ayant pour unique objet d'assurer l'exécution d'une peine afflictive, ne peut subsister seule, s'il est fait remise de la peine principale, ni devenir l'accessoire d'une peine simplement infamante ou correctionnelle, s'il y a commutation en ce genre de peine.

696. **Effets de la grâce.** — La grâce arrête simplement l'exécution de la peine. Elle laisse subsister la condamnation avec toutes ses conséquences au point de vue pénal, civil et disciplinaire. Cette condamnation pourra donc servir de premier terme à la récidive, et le bulletin n° 1 qui la constate devra être maintenu au casier judiciaire.

697. On a agité la question de savoir si la grâce et l'amnistie avaient besoin d'être acceptées. En fait, on ne comprendrait guère comment le condamné pourrait contraindre l'administration à exécuter contre lui la peine que celle-ci refuse d'exécuter. Le droit ici confirme le fait : la grâce et l'amnistie ne sont pas offertes, mais imposées ; le pouvoir social renonce d'une manière plus ou moins large au droit de punir ; il ne doit compte à personne de son acte. Que décider cependant si l'amnistie intervenait quand les poursuites sont commencées ? La loi d'amnistie ne violerait-elle pas un droit acquis si on l'appliquait au fait poursuivi ? Le

prévenu n'est-il pas fondé à dire : « vous pouviez ne pas me poursuivre, mais une fois la poursuite entamée il est injuste de m'empêcher de me justifier ? » — Ce raisonnement repose sur un intérêt, mais non sur un droit : l'action publique n'appartient pas à l'inculpé ; or ce serait lui permettre d'en disposer que de lui reconnaître le droit d'exiger des magistrats la continuation des poursuites (1).

**698. Du droit de grâce il faut rapprocher** : le droit du mari de reprendre sa femme condamnée à l'emprisonnement pour adultère (art. 337, C. p.) et les transactions des administrations fiscales, intervenues après condamnation, pour les peines pécuniaires (art. 159, C. for. ; art. 15, L. 21 juin 1873).

## CHAPITRE IV

### DE LA RÉHABILITATION (2)

**699. Autorité qui accorde la réhabilitation.** — La loi du 14 août 1885 a retiré au Chef de l'État le droit de statuer sur les demandes en réhabilitation. Ce droit appartient aujourd'hui à la Chambre d'accusation qui, précédemment, émettait un simple avis (3). Cette juridiction a un pouvoir souverain d'appréciation : elle peut, si les conditions légales

(1) Pour la grâce, la question a été discutée par M. de Peyronnet, ministre de Charles X, gracié par Louis-Philippe (*Pensées d'un prisonnier*, p. 146). Pour l'amnistie, la Cour de cassation a d'abord admis le raisonnement d'un prévenu qui refusait l'amnistie intervenue après le commencement des poursuites : Cass. 25 nov. 1826 ; mais elle est revenue plus tard sur sa jurisprudence : Cass. 10 juin 1831, 22 janv. et 12 mai 1870.

(2) Bibliographie : BILLECOCQ, *De la réhabilitation en matière criminelle, correctionnelle et disciplinaire* (Paris, 2ᵉ édit. 1886) ; SARRAUTE, *Traité théorique et pratique de la réhabilitation des condamnés* (Paris, 1884) ; BRÉGEAULT et DELAGARDE, *Traité théorique et pratique de la réhabilitation des condamnés* (Paris, 1887) ; H. PRUDHOMME, *De la réhabilitation.* (*La France judiciaire*, 1886, p. 249 et s.).

(3) M. GARRAUD : *Dr. pén. franç.* II, 99, présente la loi du 14 août 1885 comme ayant démembré, par cette innovation, les attributs du pouvoir exécutif en matière de *grâce* et comme susceptible d'être arguée d'*inconstitutionnalité*. Mais on ne voit pas, 1° comment une loi sur la réhabilitation aurait pu démembrer le droit de grâce, puisque le champ d'application des deux institutions est différent ; et 2° comment une loi qui retire au chef du pouvoir exécutif une compétence qui ne lui avait été ni accordée, ni reconnue par la Constitution, mais qu'il tenait d'une loi ordinaire (le Code d'instruction criminelle), pourrait être taxée d'inconstitutionnalité.

sont remplies, accorder la réhabilitation malgré les avis défavorables des autorités consultées pour l'instruction de la demande ; elle peut, dans la même hypothèse, la refuser, malgré leurs avis favorables. Ce qui excéderait ses pouvoirs, ce serait de dispenser des formalités légales en dehors des cas où elle est autorisée à le faire, ou d'en ajouter d'autres. Le pouvoir souverain de la Cour résulte surtout de cette raison pratique qu'elle statue sur un point de fait, savoir, si l'impétrant est ou non digne d'être réhabilité ; les avis des autorités que l'on consulte cesseraient d'être des avis pour devenir des ordres si la Cour était obligée de s'y conformer (1).

**700. Quels condamnés peuvent être réhabilités ?** — La réhabilitation peut être accordée à tout condamné à une peine criminelle ou correctionnelle. L'ancien art. 634 déclarait indignes d'être réhabilités deux catégories de récidivistes ; ces exceptions ont disparu, la loi nouvelle s'est bornée à rendre plus sévères, dans ces deux cas, les conditions de recevabilité de la demande. — La réhabilitation a été étendue aux greffiers, notaires et officiers ministériels destitués par mesure disciplinaire (L. 19 mars 1864). Ils l'obtiennent dans les mêmes conditions que les condamnés correctionnels. — On controversait autrefois la question de savoir si la réhabilitation pouvait être demandée pour toute condamnation à une peine correctionnelle, ou seulement pour celles qui entraînaient des incapacités. Le but même de la réhabilitation, qui était de faire « cesser... *les incapacités* résultant de la condamnation » (anc. art. 634), favorisait la seconde solution. La première cependant était suivie en jurisprudence. Elle ne peut plus faire doute aujourd'hui, car le nouvel art. 634 ajoute aux effets de la réhabilitation celui *d'effacer la condamnation* (2).

**701.** Est-il nécessaire que le condamné soit vivant, ou bien la réhabilitation peut-elle être accordée à sa mémoire ? Avant la loi nouvelle on ne doutait pas que l'existence du condamné fût une condition essentielle pour que la réhabilitation pût être accordée. Après le décès du condamné, elle aurait été inutile puisqu'elle avait pour objet de faire cesser dans l'avenir les incapacités qui l'atteignaient. De plus, un

---

(1) Il faut donc se garder de prendre au pied de la lettre cette phrase à effet du rapporteur, M. Gomot : « La réhabilitation cesse d'être une faveur pour devenir un droit ». En réalité, rien n'est changé dans les pouvoirs de l'autorité qui statue ; on a simplement changé cette autorité. Avant la réforme opérée par la loi nouvelle, le Président de la République lui-même n'aurait pas pu réhabiliter un condamné qui n'était point dans les conditions légales pour obtenir sa réhabilitation. Restait à savoir de quel recours son décret illégal était susceptible. (Voir la même question pour la grâce irrégulièrement accordée, suprà n° 691, note).

(2) *Sic* : Cass. 29 av. 1865 ; *junge* : *rapp.* Gomot, Chambre des députés, J<sup>al</sup> du *Palais*, 1885, *Lois*, p. 1405.

amendement présenté dans les travaux préparatoires de la loi de 1852, en vue d'autoriser la réhabilitation de la mémoire du condamné, avait été repoussé (1). Cette solution nous paraît devoir être maintenue sous la loi nouvelle, bien que les effets de la réhabilitation aient été élargis. La mémoire, survivant à l'individu et héritant de ses droits, est une fiction qu'on ne peut admettre sans texte; or ce texte n'existe pas pour la réhabilitation. Réhabiliter la mémoire, ce serait en réalité réhabiliter les héritiers du condamné; la loi n'admet pas ce genre de réhabilitation. D'ailleurs, toute la procédure de la réhabilitation suppose la présence du condamné; et son résultat, bien que pouvant être poursuivi dans un intérêt purement moral, a été présenté, dans les textes et dans les travaux préparatoires, comme s'appliquant uniquement à un condamné vivant (2).

**702. Conditions de recevabilité de la demande.** — Quatre conditions sont nécessaires pour rendre la demande recevable :

1° « La peine privative de la liberté doit avoir été subie ou remise par voie de grâce » (art. 619). La réhabilitation est en effet une récompense accordée au condamné qui a expié sa faute et qui s'est reclassé. Elle ne pourrait être obtenue par celui qui a prescrit sa peine : on ne récompense pas l'individu qui n'a cessé d'être en état de rébellion contre la loi. Cependant l'esprit de l'art. 619 commande une exception au profit du condamné qui a ignoré sa condamnation et qui, par suite de cette ignorance, a laissé s'accomplir la prescription de la peine (3).

**703.** 2° « Le condamné doit être libéré des condamnations pécuniaires ou de la contrainte par corps » (art. 623). Il est à remarquer que l'exécution de la contrainte par corps tient lieu ici de paiement. Le texte indique comme mode de libération, tant de la créance que de la voie du recouvrement, le *paiement*, la *remise* et la *prescription* ; mais cette énumération n'est pas limitative ; il n'y aurait en effet aucune bonne raison de repousser l'impétrant qui prouverait qu'il est libéré par la novation ou la compensation. Spécialement quant à la contrainte par corps, l'art. 623 exige que le temps *déterminé par la loi*, et non celui déterminé par le juge, ait été subi, afin de bien marquer sans doute que le condamné profitera des causes de réduction et de dispense

(1) V. amendement de M. de BEAUVERGER rejeté sur les observations de MM. O'QUIN et ROUHER (D. 1852, 4, 168).
(2) Sic : PRUDHOMME, loc. cit., n° 25. — Contrà : GARRAUD, Dr. pén. franç. II, 97.
(3) Sic : C. Orléans, 14 av. 1886 (S. 86, 2, 212) pour un condamné correctionnel jugé par défaut. Faudrait-il admettre la même solution pour le contumax ? Nous le pensons. Les mesures de publicité dont est entourée la condamnation par contumace rendent, sans doute, peu vraisemblable l'ignorance alléguée par le condamné ; mais ce n'est là qu'une présomption de fait qui doit tomber devant la preuve contraire, pour laquelle on devra évidemment se montrer sévère.

survenues depuis le jugement. — Avant la loi de 1885 on n'admettait pas que l'impétrant pût invoquer la prescription pour se dispenser d'acquitter les frais et les dommages-intérêts ; ce moyen peu délicat semblait exclu par cette idée que la réhabilitation est une récompense accordée à un condamné redevenu digne de la considération et de l'estime de ses concitoyens. Le législateur de 1885 a accueilli ce mode de libération par suite d'une erreur de droit, que personne n'a relevée (1). — Quoi qu'il en soit, il ne faudrait pas reconnaître à la Chambre d'accusation, à raison de son pouvoir souverain d'appréciation, le droit d'imposer à l'impétrant le paiement des créances prescrites pour se rendre digne d'être réhabilité : ce serait tourner la loi.

Malgré les termes généraux des paragraphes 1er et 2 de l'art. 623, la prescription n'est pas susceptible d'être invoquée pour l'*amende*, ni pour les confiscations qui ont un caractère pénal. Le condamné qui a prescrit sa peine ne peut en effet être réhabilité (arg. art. 619).

**704.** Aux frais et aux dommages-intérêts, qui sont les deux chefs habituels des réparations civiles, s'ajoute, en cas de condamnation pour banqueroute frauduleuse, « le passif de la faillite en capital, intérêts et frais ». Ce nouveau chef des réparations civiles comporte les mêmes modes de recouvrement que les précédents (§ 3).

**705.** Si le demandeur justifie qu'il est hors d'état de se libérer des *frais de justice*, la Chambre d'accusation peut lui accorder la réhabilitation dans le cas même où ces frais n'auraient pas été payés ou ne l'auraient été qu'en partie (§ 4). Cette disposition de la loi nouvelle a pour objet d'empêcher la partie lésée de rendre irrecevable la demande en réhabilitation formée par un indigent. Elle aurait pu en effet lui refuser la remise soit de sa dette, soit de la contrainte par corps et arrêter ainsi sa demande. Cette disposition est surtout utile vis-à-vis du trésor qui ne peut faire aucune remise, et qui, par intérêt ou par humanité, refuse d'exercer la contrainte par corps contre un insolvable. On était juridiquement enfermé dans une impasse, dont la grâce elle-même n'aurait pas permis de sortir, car elle ne s'applique pas aux frais de justice.

**706.** En cas de condamnation solidaire l'impétrant peut se contenter

(1) La prescription, a-t-on dit, a un caractère absolu et d'ordre public. Il n'est plus possible au condamné de payer... (S'il ne pouvait l'invoquer) il en résulterait pour lui l'impossibilité de se faire réhabiliter (Disc. de M. Mazeron, Chambre, séance du 18 mai 1885. *J. Pal.*, *loc. cit.*, p. 1414). Ce raisonnement serait juste si la prescription applicable aux condamnations à des dommages-intérêts et aux frais était la prescription criminelle ; mais ces créances sont précisément soumises à la prescription civile (art. 642, C. i. c.). Or, en Droit civil, la dette persiste, bien que le délai fixé pour la prescription soit écoulé, tant qu'elle n'est pas invoquée par le créancier (art. 2223, C. c.). Aucun obstacle légal n'empêchait donc un paiement qu'on a fort inexactement considéré comme impossible.

de payer sa part contributive « des frais de justice, des dommages-intérêts et du passif de la faillite ». Cette part est déterminée par la Chambre d'accusation, si elle ne l'a pas été dans le jugement ou l'arrêt de condamnation (§ 5). On a prévu le cas où la partie lésée refuserait de recevoir et celui où elle ne pourrait être retrouvée : dans ces deux hypothèses le demandeur doit déposer à la caisse des dépôts et consignations, la somme qu'il est obligé de payer pour rendre sa demande recevable. Elle y reste pendant cinq ans à la disposition de la partie lésée. Passé ce délai, elle est restituée au déposant sur sa simple demande (§ 6).

707. Toutes les dispositions de l'art. 623 relatives aux réparations civiles sont écrites en vue de l'hypothèse où ces réparations ont été déterminées contradictoirement avec la partie lésée avant la demande en réhabilitation. Que décider dans l'hypothèse inverse ? Antérieurement à la loi du 14 août 1885 quelques praticiens conseillaient aux Parquets d'arbitrer la réparation qui était due et d'imposer à l'impétrant l'obligation de l'offrir à la partie lésée, ou bien si celle-ci ne pouvait être retrouvée ou refusait de recevoir, d'en faire un emploi charitable. Un amendement a été présenté pour abolir cet usage, mais il a été écarté. Certains auteurs concluent de son rejet que l'usage en question a été maintenu. Nous pensons au contraire qu'il a été aboli. L'amendement en effet a été écarté comme inutile : du moment que la loi précise les conditions de recevabilité de la demande, comment serait-il licite d'en ajouter de nouvelles ? La réhabilitation cesserait d'être un *droit* pour devenir une *faveur;* l'esprit de la loi nouvelle serait violé. L'emploi charitable de la réparation rétablirait d'ailleurs la peine de l'*aumône* justement écartée par notre droit moderne (1).

708. 3° « Un délai d'épreuve doit avoir précédé la demande ». — Ce délai varie suivant la nature de la peine et les antécédents du condamné. Il est de cinq ans pour les peines criminelles et de trois ans pour les peines correctionnelles, s'il s'agit d'un condamné primaire. Il est de six ans pour les récidivistes qui n'ont jamais été condamnés qu'à des peines correctionnelles, et pour les réhabilités qui demandent une seconde réhabilitation après avoir encouru depuis la première *une seule* condamnation correctionnelle. Il est de dix ans pour les récidivistes condamnés à des peines criminelles, et pour les réhabilités qui ont encouru depuis leur réhabilitation une peine criminelle ou plusieurs condamnations à des peines correctionnelles (art. 620 et 634).

709. Ce délai court du jour où le condamné a été *libéré* de sa peine, soit par l'exécution complète, soit par la grâce. Il n'est fait exception à cette règle que pour la dégradation civique et l'interdiction de séjour pro-

(1) *Sic* : LELOIR, *La France jud.*, 1885-86, I, p. 132. — *Contrà* : GARRAUD, *Dr. pén. franç.*, II, 98 ; PRUDHOMME, *op. cit.*, n° 25.

noncées comme peines principales (art. 620). Cette distinction prête à la critique, car le reclassement s'opère au profit du condamné qui vit dans la société, alors même qu'il serait en cours de peine. Partant de cette idée, on aurait dû faire courir le délai d'épreuve pour les condamnés à une peine privative de la liberté à compter de la *libération conditionnelle* (L. 14 août 1885, art. 2), et à compter du jour où la condamnation est devenue irrévocable, pour les condamnés à l'amende. Mais ce n'est point l'idée du législateur ; aussi faut-il décider que le délai d'épreuve ne commence utilement qu'après la libération définitive et après le paiement de l'amende (1).

710. 4° « Certaines conditions de résidence pendant le délai d'épreuve ». — Le temps de l'épreuve doit avoir été passé tout entier dans le même arrondissement, et ses deux dernières années, dans la même commune (art. 621, § 1, 2). Sans ces conditions de résidence il serait impossible de constater le reclassement. Mais ces conditions ne sont point rigoureusement exigées : 1° des condamnés qui ont passé tout ou partie de ce temps sous les drapeaux ; — 2° de ceux que leur profession oblige à des déplacements inconciliables avec une résidence fixe. La Chambre d'accusation qui statue sur la demande peut les affranchir de la quatrième condition s'ils justifient, les premiers, d'attestations satisfaisantes de leurs chefs militaires, les seconds, de certificats de leurs patrons ou chefs d'administration constatant leur bonne conduite. (*Ibid.* §§ 3, 4.)

711. IV. Procédure. — La procédure de la réhabilitation comprend deux parties : 1° l'instruction de la demande ; 2° la décision de la Cour d'appel.

1° L'instruction de la demande est confiée au procureur de la République de l'arrondissement où l'impétrant est domicilié. L'intéressé dépose une demande, écrite sur papier timbré, dans laquelle il indique la date de sa condamnation et tous les lieux où il a résidé depuis sa libération (art. 622). Il y joint les quittances attestant le paiement des condamnations pécuniaires ou les pièces justifiant les causes qu'il invoque pour s'en dispenser (art. 623). — Sur cette demande, le procureur de la République provoque les attestations des maires des communes, les avis des juges de paix des cantons et ceux des sous-préfets des arrondissements où l'impétrant a résidé (art. 624). Les attestations demandées aux maires sont à la fois

---

(1) *Sic* : GARRAUD, *Précis*, 201. Mais la résidence obligée dans la colonie pénale, après l'expiration de la peine des travaux forcés, n'empêche pas le délai de courir. Cette remarque, qui n'est qu'une application judicieuse des principes, est exprimée par la formule obscure de l'art. 11 de la loi du 14 août 1885 : « La présente loi est applicable aux colonies, sous réserve des dispositions des lois ou règlements spéciaux relatifs à l'exécution de la peine des travaux forcés ». V. Discours de M. BÉRANGER, Sénat, séance du 1er av. 1885 (*J. Pal.*, *loc. cit.*, p. 1421).

des *certificats* sur l'époque et la durée de la résidence dans la commune, la conduite, les moyens d'existence du condamné, et des *avis* sur le mérite de sa demande. Autrefois le certificat était demandé au Conseil municipal et l'avis au maire. La loi nouvelle a voulu éviter une publicité fâcheuse pour l'impétrant en supprimant l'intervention du Conseil municipal; elle a chargé en conséquence le maire de délivrer le certificat. Il n'y est plus question de l'avis, cependant il n'est pas probable qu'on ait voulu le supprimer ; c'est d'ailleurs la conclusion que l'officier qui délivre le certificat tire des constatations qu'il contient. — Si le demandeur prétend avoir été en situation d'invoquer la dispense de la résidence pendant le délai d'épreuve, le procureur de la République provoque les *attestations* des chefs militaires et les *certificats* des patrons dont il a été parlé (art. 621, § 4). On n'a pas voulu charger le condamné de procurer ces pièces afin d'assurer leur sincérité.

Le procureur de la République complète le dossier par : 1º une expédition de l'arrêt ou du jugement de condamnation ; 2º un extrait des lieux de détention où la peine privative de la liberté a été subie, constatant quelle a été la conduite du condamné, et il transmet le tout, avec son avis, au procureur général (art. 625).

**712.** 2º La Cour est saisie par le dépôt du dossier fait à son greffe (art. 626). La section qui statue est la Chambre d'accusation. L'affaire doit y être rapportée dans les deux mois du dépôt (art. 627, § 1). Autrefois la décision intervenait sur les conclusions écrites du procureur général, sans que l'impétrant fût appelé à soutenir sa demande. La loi nouvelle a introduit un débat oral et contradictoire entre le procureur général et la partie ou son Conseil (art. 628); mais l'audience reste secrète : la publicité aurait pu être préjudiciable à l'impétrant. — La Cour peut rendre trois sortes de décisions : ordonner un supplément d'information, rejeter la demande, l'accueillir. Le supplément d'information ne doit pas retarder la décision définitive pendant plus de six mois (art. 627, § 2). Le rejet de la demande empêche le condamné de la renouveler avant deux années (art. 629). Son admission est suivie de l'exécution de l'arrêt de réhabilitation. A cet effet, « un extrait de l'arrêt est adressé par le procureur général à la Cour ou au tribunal qui a prononcé la condamnation, pour être transcrit en marge de la minute de l'arrêt ou du jugement. Mention en est faite au casier judiciaire. Les extraits délivrés *aux parties* ne doivent plus relever la condamnation. Le réhabilité peut se faire délivrer sans frais une expédition de la réhabilitation et un extrait du casier judiciaire purgé de la condamnation » (art. 633).

**713.** La loi ne dit point si l'arrêt de la Cour peut être attaqué par une voie de recours. Les principes généraux doivent le faire considérer comme susceptible d'un pourvoi en cassation, pour violation, fausse interprétation ou fausse application de la loi. — Si le demandeur n'a pas comparu devant la Chambre d'accusation, pourrait-il recourir à la voie de l'opposition ? Nous ne le pensons point parce que le débat contradictoire introduit par la loi nouvelle n'est pas de l'essence de la procédure.

**714. Effets.** — « La réhabilitation efface la condamnation et fait cesser pour l'avenir toutes les incapacités qui en résultaient » (art. 634). L'ancien texte ne contenait que le second membre de phrase relatif aux incapacités. Le législateur de 1885 a voulu élargir les effets de la réhabilitation ; mais, en déclarant la condamnation effacée, il ne se place qu'au point de vue pénal. Cette condamnation ne pourra plus servir par exemple de premier terme à la récidive. Au point de vue civil elle persiste, et par conséquent la partie lésée, dont l'indemnité n'aurait pas été déterminée contradictoirement avant la réhabilitation, pourrait invoquer la chose jugée résultant de cette condamnation sur les questions communes à l'action civile et à l'action publique.

**715.** La réhabilitation ne fait cesser les incapacités que pour l'avenir. Elle ne rend donc pas au condamné les décorations dont il a été privé par mesure disciplinaire ; elle lui rend seulement l'aptitude à être décoré (1). — Il faut noter que l'arrêt de réhabilitation fait cesser les incapacités seulement à partir du jour où il a été rendu et non à partir de la demande, il est en effet, de sa nature, attributif de droits.

**716.** Bien que la condamnation ne puisse servir, après la réhabilitation, de premier terme à la récidive, le bulletin n° 1 reste au casier. Il peut être utile en effet au cas où le réhabilité, ayant subi une nouvelle condamnation, formerait plus tard une seconde demande en réhabilitation. Mais il semble résulter *a contrario* de l'art. 633, § 1 *in fine* que le ministère public peut, dans toute circonstance où il a intérêt à faire connaître les antécédents du réhabilité, exiger que la condamnation qui a fait l'objet de la réhabilitation soit portée sur les bulletins n° 2 qu'on lui délivre. Il a même été dit, dans la discussion au Sénat, qu'il pourrait la faire connaître discrètement au tribunal chargé de juger le réhabilité poursuivi pour une nouvelle infraction (2). Cette solution mettrait en opposition l'art. 633 avec l'art. 634. Si la condamnation est effacée au point de vue pénal, on ne doit pouvoir l'invoquer ni comme cause d'aggravation légale, ni comme fait de moralité. De plus, cette communication faite secrètement au juge serait contraire aux principes de notre Droit public, qui veulent qu'en matière pénale le débat soit public, oral et contradictoire devant les juridictions de jugement.

(1) *Sic* : PRUDHOMME, *op. cit.*, 20.
(2) Séance du 22 mars 1884, réponse du rapporteur à M. Humbert (*J. Pal.*, *loc. cit.*, p. 1420).

**717.** La réhabilitation peut-elle être partielle, c'est-à-dire demandée et accordée seulement pour une seule des condamnations encourues par l'impétrant ? — La jurisprudence s'est prononcée, avec raison, pour la négative (1). La réhabilitation est en effet « la constatation judiciaire de la régénération morale du condamné et sa restauration dans son premier état » ; il est conforme à sa nature qu'elle ne puisse être fractionnée.

**718.** Le Code de commerce a organisé une *réhabilitation commerciale* pour les faillis. Il en exclut les faillis condamnés pour banqueroute frauduleuse, vol, abus de confiance et pour certains délits civils (art. 612, C. com.). L'art. 634 du Code d'instruction criminelle nous prévient que la réhabilitation pénale ne rend pas ces individus aptes à la réhabilitation commerciale.

**719. Comparaison de l'amnistie, de la grâce et de la réhabilitation.** — Il est bon, après avoir étudié les particularités de ces trois institutions, de les réunir de nouveau, comme nous avons fait en commençant, afin de mieux fixer, par leur comparaison, leurs ressemblances et leurs différences.

A. *Ressemblances.* — 1° Elles constituent des actes à la fois de souveraineté et de clémence. — 2° Dans l'ancien Droit elles émanaient directement du roi et étaient accordées en vertu de la justice retenue. — 3° Mesures de faveur avant leur obtention, elles constituent, une fois obtenues, un droit irrévocable, sauf de rares exceptions pour la grâce.

B. *Différences.* — Elles diffèrent : 1° *par leur raison d'être :* l'amnistie est une mesure dictée par des motifs politiques ; la grâce l'est par l'humanité ; la réhabilitation par l'équité. — 2° *Par leur caractère :* l'amnistie est une mesure collective ; la grâce et la réhabilitation sont individuelles. — 3° *Par l'autorité qui les accorde :* l'amnistie émane du pouvoir législatif ; la grâce, du chef du pouvoir exécutif ; la réhabilitation, de l'autorité judiciaire. — 4° *Par le moment où elles interviennent :* l'amnistie peut intervenir avant comme après la condamnation ; la grâce intervient après que la condamnation est devenue irrévocable ; la réhabilitation, après l'expiration de la peine. — 5° *Par leurs effets :* l'amnistie réagit sur l'infraction ; la réhabilitation efface la condamnation ; la grâce arrête l'exécution de la peine.

---

(1) C. Orléans, 19 juillet 1887, *J. du min. pub.*, 1887, p. 191.

# DEUXIÈME PARTIE

## DROIT PÉNAL SANCTIONNATEUR
### (CODE D'INSTRUCTION CRIMINELLE)

I. — LES ACTIONS
II. — LES JURIDICTIONS ET LA PROCÉDURE

# INTRODUCTION HISTORIQUE

**720.** Dans l'étude du droit pénal *déterminateur* nous avons demandé à la philosophie d'abord, à l'histoire ensuite, les notions indispensables pour nous permettre d'apprécier, au fur et à mesure de son exposé, la valeur de notre législation actuelle. Dans celle du Droit pénal sanctionnateur la philosophie est d'un faible secours. Deux grands intérêts sont en présence : celui de la société qui recherche le coupable, celui de l'accusé qui se défend. Le but à atteindre est la conciliation de ces deux intérêts. Le Droit abstrait peut bien le signaler ; il peut encore se prononcer sur la distinction fondamentale des deux actions qui naissent de l'infraction, l'action publique et l'action civile ; mais l'organisation des juridictions et la procédure pénale lui échappent. Elles sont en effet trop intimement liées à l'organisation politique de l'État pour ne pas varier avec elle. Les notions théoriques en cette matière se réduisent nécessairement à l'exposé des précédentes historiques et à une étude de législation comparée.

**721.** Les programmes universitaires ont fait au Code d'instruction criminelle une place trop exiguë pour que nous puissions étendre cette étude au delà des législations qui ont immédiatement précédé l'organisation actuelle du Droit pénal sanctionnateur et qui lui ont fourni la plupart de ses éléments. Nous examinerons en premier lieu *l'état du Droit pénal sanctionnateur à la veille de la Révolution française* ; nous verrons ensuite *les réformes opérées par la législation intermédiaire* ; nous analyserons enfin sommairement les *modifications apportées par le Code d'instruction criminelle et les lois postérieures.*

## I. — ÉTAT DU DROIT PÉNAL SANCTIONNATEUR A LA VEILLE DE LA RÉVOLUTION FRANÇAISE (1).

**722.** L'ordonnance criminelle de 1670 était le Code de procédure pénale qui régissait la France à la veille de la Révolution de 1789. Cette ordonnance avait complété et définitivement réalisé dans tout le royaume

---

(1) Bibliographie: Du Boys, *Histoire de la proc. crim. en France* (1874) ; Esmein, *Histoire de la proc. crim. en France* (1882).

l'unification des règles de la matière que les ordonnances de 1498 et de 1539 avaient entreprise, sans toutefois réussir à étouffer partout les pratiques contraires. L'ordonnance de 1670 n'organisa point les juridictions ; elles s'étaient formées pendant la période de transition qui s'était écoulée depuis le XIIIᵉ siècle. Elle s'occupa seulement de leur compétence, des actions qui tendent à la répression du délit et surtout de la procédure. Elle a fourni à notre Droit moderne la procédure de l'instruction préparatoire.

**723. Organisation et compétence des juridictions.** — Au point de vue de l'autorité au nom de laquelle se rend la justice, les juridictions se divisaient en *laïques* et *ecclésiastiques*, et les premières en juridictions ou *justices royales, seigneuriales* et *municipales*. Au point de vue de la gravité des infractions dont elles pouvaient connaître, on distinguait les *hautes*, les *moyennes* et les *basses justices*. — A l'époque où nous nous plaçons, l'existence des juridictions *seigneuriales*, *municipales* et *ecclésiastiques* n'est guère plus que théorique : une série d'empiétements avait dépouillé les juges seigneuriaux et les juges d'église au profit des juges royaux (1). Quant aux communes, elles ont perdu leur souveraineté en se soumettant au pouvoir royal, et leurs justices ne fonctionnent que sous la présidence d'un *prévôt* nommé par le roi. L'organisation des juridictions royales mérite seule d'arrêter notre attention.

Ces juridictions étaient les unes *ordinaires*, les autres *d'exception*. Les *prévôts*, les *lieutenants criminels* (2) et les *présidiaux* constituaient les juridictions ordinaires de première instance. Ceux-ci étaient des tribunaux de neuf membres, dont faisait partie le lieutenant criminel, chargé des fonctions de juge d'instruction. Ils étaient établis dans les principaux bailliages ou sénéchaussées. Ailleurs, le lieutenant criminel jugeait seul. Une chambre du *Parlement*, à Paris, la *Tournelle*, constituait le juge d'appel. — De nombreuses juridictions d'exception s'ajoutaient aux juridictions ordinaires. Leur compétence était déterminée

(1) Les plus remarquables furent l'institution des *cas royaux*, des *cas privilégiés* et des *délits communs*. Dès le XIIIᵉ siècle, les infractions les plus graves sont considérées comme menaçant les intérêts généraux dont le roi a la garde. Leur poursuite est en conséquence réservée à ses juges. La liste de ces *cas royaux*, ainsi qu'on les appelait, n'était jamais close et les ordonnances qui les énuméraient se terminaient par cette formule, destinée à encourager de nouveaux empiètements : « et autres cas touchant au droit royal ». — Les *cas privilégiés* étaient les cas royaux appliqués aux juridictions ecclésiastiques ; on leur enleva ainsi la connaissance des crimes des clercs. — Les *délits communs* étaient des crimes contre la foi que les rois réprimèrent afin de permettre aux juges royaux de s'immiscer dans leur jugement.

(2) Sous-entendu, des *baillis* et *sénéchaux*. Ceux-ci furent à l'origine des juges royaux, puis leur titre devint purement honorifique, et leurs fonctions passèrent aux *lieutenants* qu'ils s'étaient donnés.

tantôt uniquement par la nature des infractions (douanes, monnaies, eaux et forêts, délits des marchands relatifs à leur commerce, etc.), tantôt à la fois par la nature des infractions et la qualité des prévenus (1). Parmi ces dernières il faut citer les *prévôts des maréchaux* et leurs lieutenants (*lieutenants criminels de robe courte, vice-baillis, vice-sénéchaux*) qui jugeaient sommairement les vagabonds, repris de justice, traînards des armées, voleurs de grand chemin. — Il y avait aussi des juridictions ordinaires qui devenaient, *honoris causa*, pour certaines personnes, des juridictions d'exception. Telles étaient : 1° le Parlement de Paris, transformé en *cour des Pairs* par l'adjonction des pairs de France, qui avait compétence pour juger les grands dignitaires du royaume ; 2° la grand'Chambre de chaque parlement qui remplaçait les autres juridictions pour les membres de l'ordre judiciaire.

Enfin au-dessus de toutes les juridictions était le roi, qui, en vertu du principe de la *justice retenue*, pouvait réformer toutes les sentences, dessaisir d'un procès les autres juridictions pour le faire juger par des commissaires spécialement nommés à cet effet, arrêter même complètement le cours de la justice (*Recours au Conseil, Droit d'évocation, Lettres d'abolition*). Le recours au Conseil s'exerçait même contre les sentences des cours souveraines, quand, laissant de côté le point de fait, il se fondait uniquement sur la violation de la loi. Dans cette fonction il est l'origine du pourvoi en cassation.

**724. Actions et procédure.** — *A.* En France, la poursuite des infractions s'est présentée historiquement sous trois formes : d'abord, la victime ou ses héritiers ont poursuivi, dans leur propre intérêt, la répression du délit : c'est le système de l'*accusation privée*. Puis le juge s'est saisi lui-même de la connaissance des crimes les plus graves et les a poursuivis dans l'intérêt général : c'est la *poursuite d'office*. Enfin un corps de fonctionnaires a été institué pour rechercher les infractions, en saisir le juge et en requérir la répression. C'est le système de l'*accusation publique*, et ce corps de fonctionnaires est le *ministère public*. Ces trois formes de l'action qui tend à la répression du délit se sont succédé sans s'exclure. Seulement la dernière a empiété sur les deux autres, a réduit leurs cas d'application et a fini même par changer le caractère de l'une d'elles : l'action de la partie privée est devenue ainsi une simple demande en dommages-intérêts pour la réparation du préjudice causé par le délit ; on l'a appelée l'*action civile*. Tandis que l'action du juge et celle du ministère public ont continué de tendre à l'application de la peine et se sont confondues sous le nom d'*action publique*.

**725.** Arrêtons-nous un instant sur l'institution du ministère public,

---

(1) MUYART DE VOUGLANS, *Inst. crim.*, p. 158, 159.

qui a favorisé le développement des juridictions royales par les empiètements incessants de ses officiers, et qui distingue de la manière la plus frappante la justice pénale de la justice civile. Aucun coutumier du XIIIe siècle ne fait mention des *procureurs du roi*. Cependant, en 1302, Philippe le Bel réglemente leurs fonctions dans des termes qui permettent de supposer qu'ils existaient déjà depuis longtemps. Il est probable qu'à l'origine les *procureurs du roi* ou *des seigneurs* furent simplement des hommes d'affaires chargés de surveiller la poursuite des délits, pour assurer le recouvrement des confiscations et amendes qui alimentaient le Trésor. De là l'expression de *fiscal* ou *procureur fiscal*, employée surtout dans les justices seigneuriales pour les désigner. Ils ne jouaient alors au procès que le rôle de partie jointe. Mais à mesure que s'accrut la liste des délits publics et surtout grâce à l'usage de plus en plus fréquent de la procédure inquisitoriale, ils devinrent partie principale. Leur rôle fut en effet de dénoncer les délits et de provoquer l'enquête, en se constituant partie au procès pour surveiller et seconder le juge dans la poursuite (*inquisitio cum promovente*).

A l'époque où nous nous plaçons, la partie lésée ne procède pas autrement. L'ordonnance de 1670 a bien conservé l'ancienne accusation privée (*accusation par partie formée*); mais elle n'est pas pratiquée. Le plaignant se borne à porter le fait à la connaissance du juge, et, s'il désire figurer comme partie au procès, c'est uniquement en qualité de *partie civile*, pour demander la réparation pécuniaire du préjudice qu'il a éprouvé. L'ordonnance distingue nettement la *dénonciation*, qui émane d'un tiers, la *plainte* et la *constitution de partie civile*, qui émanent d'un particulier lésé par l'infraction. Dans les délits privés le rôle de la victime est prépondérant, car l'action publique ne peut commencer sans sa plainte, et elle est arrêtée par son désistement.

Le juge se saisit d'office dans le cas de *flagrant délit* et même de *commune renommée*.

**726.** — *B*. La *procédure* est dite *ordinaire* lorsque l'action criminelle est intentée comme un procès civil, c'est-à-dire portée directement en audience publique devant la juridiction de jugement, instruite et plaidée contradictoirement par la partie poursuivante et l'individu poursuivi. Elle est alors *accusatoire*, *contradictoire*, *publique*, *orale*, et elle comporte l'assistance d'un défenseur. Cette forme n'est suivie que si le délit est léger.

Tout crime donne lieu à la procédure *inquisitoire* qui présente des caractères tout opposés. Elle se divise en deux phases. La première comprend l'*information*, les *décrets*, l'*interrogatoire* et le *règlement de la procédure*. Ce règlement consiste à décider si le procès continuera à être instruit inquisitorialement ou s'il prendra la voie de la procédure ordinaire. Dans le premier cas, on règle le procès *à l'extraordinaire ;* dans le second, on le *civilise,* c'est-à-dire qu'on le ramène à la forme des procès civils. Si l'on prend le premier parti, la procédure inquisitoriale a une seconde phase dont les principaux actes sont : les *recolements, confrontations* et *accarements,* un *interrogatoire* devant le tribunal au complet, enfin la *sentence* précédée souvent de *l'admission de l'inculpé à ses faits justificatifs* ou de la *question.* Reprenons, avec quelques détails, les actes de cette procédure.

**727.** L'*information* est une enquête secrète, écrite, non contradictoire, faite par le juge d'instruction saisi de l'affaire, dans le but de réunir la preuve du délit et de la culpabilité. Il s'y ajoute parfois des *monitoires,* sortes de publications faites au prône de la messe pour inviter les personnes qui connaîtraient les auteurs ou complices du crime à les dénoncer.

Les *décrets* sont les ordres du juge d'instruction concernant la personne de l'inculpé. Ils étaient de trois sortes : le décret *d'assigner pour être ouï,* celui *d'ajournement personnel* et celui de *prise de corps.* Le premier était une simple assignation à comparaître. Le second avait le même objet, mais il emportait de plus contre l'inculpé l'interdiction provisoire d'exercer toute fonction publique. Le troisième servait à le constituer en *détention préventive.* L'inculpé pouvait obtenir, après l'interrogatoire, la *liberté provisoire ;* mais la détention préventive était nécessairement reprise à partir du règlement à l'extraordinaire.

L'*interrogatoire* se faisait, comme tous les actes de cette procédure, sans contradiction et en secret. L'inculpé prêtait serment de dire la vérité.

Avant de procéder au *règlement de la procédure* le juge communiquait le dossier aux parties poursuivantes pour prendre leurs conclusions sur la suite à donner au procès. Si le fait ne méritait qu'une peine infamante ou correctionnelle, on civilisait le procès. S'il paraissait devoir entraîner une peine afflictive, on réglait l'affaire à l'extraordinaire.

**728.** Le juge d'instruction entendait alors une seconde fois les témoins (*recolement*) ; il les présentait à l'inculpé pour leur faire répéter leur déposition et provoquer les réponses de ce dernier (*confrontation*). Le témoin qui avait maintenu sa première déposition lors du recolement, et qui n'y persistait pas lors de la confrontation, encourait les peines du faux témoignage. Le juge mettait aussi en présence les inculpés du même crime pour relever leurs contradictions (*accarement, affrontation*). Puis le procès était dit *instruit.* On le communiquait de nouveau aux parties poursuivantes pour prendre leurs conclusions quant à l'application de la peine et aux réparations civiles. Elles devaient être données par écrit et déposées au greffe ; celles du ministère public, sous pli cacheté. Le dossier passait alors aux mains du juge rapporteur chargé d'exposer les résultats de l'instruction préparatoire au tribunal assemblé. Habituellement, le lieutenant criminel qui avait fait l'instruction était chargé de ce soin. La visite du procès avait lieu à huis-clos, en dehors de la présence de toutes les parties en cause. Cet examen était suivi de l'ouverture du pli cacheté contenant les conclusions du ministère public. Puis venait l'interrogatoire. Il avait lieu sur la *sellette*, siège d'infamie, si le ministère public concluait à une peine afflictive, derrière le barreau, dans le cas contraire. Ce moment était solennel, car c'était la seule fois que le tribunal voyait l'individu qu'il allait juger. C'était aussi pour l'inculpé la seule occasion qu'il pouvait saisir de formuler « ses défenses et justifications ». Si l'inculpé n'avouait pas son crime le tribunal rendait un interlocutoire et décidait, suivant l'état des charges, qu'il serait soumis à la *question*, ou admis à faire la preuve de *ses faits justificatifs*.

729. La torture, ou *question*, se divise, au point de vue de l'intensité des tourments, en *ordinaire* et *extraordinaire*, et, au point de vue du but poursuivi, en *préparatoire* et *préalable*. La question préalable est appliquée au condamné à mort, avant l'exécution, afin d'obtenir ses dernières révélations. La question préparatoire au contraire est celle à laquelle on soumet un accusé ; nous ne parlons que de celle-ci. Elle pouvait être ordonnée *avec* ou *sans réserve des preuves*. L'inculpé qui subissait cette dernière sans confesser son crime purgeait l'accusation et était rendu à la liberté. Aussi la classait-on parmi les peines afflictives. Le plus souvent les preuves étaient réservées ; mais si la question n'amenait pas l'aveu, ces preuves ne pouvaient étayer une condamnation à mort. La question préparatoire n'était possible qu'à trois conditions : il fallait que le crime fût constant, qu'il méritât peine capitale et qu'il existât des *demi-preuves* de la culpabilité de l'accusé.

730. L'*admission de l'inculpé à ses faits justificatifs* se rattache aux *preuves légales*, les seules qui fussent admises pour établir la culpabilité dans la procédure inquisitoriale. Les tribunaux qui n'assistent pas aux dépositions des témoins, à leur confrontation avec l'accusé, et qui lisent seulement la pâle relation qu'en fait un juge, ne peuvent ressentir ces impressions indéfinissables qui déterminent la conviction. Ils sont dès lors fatalement amenés à apprécier la force probante de telle ou telle preuve d'après des règles formulées d'avance par la loi ou par la doctrine, et non d'après leur rapport avec les faits du procès. Ils apprécient leur valeur *in abstracto*, et non *in concreto*. Avec ce système, la perte ou le gain du procès dépend de la question de savoir si la preuve tarifée d'avance est ou non rapportée. C'est en cela que consiste le système des preuves légales. Dans notre ancien Droit il était œuvre de doctrine et de

jurisprudence; l'ordonnance de 1670 ne le formulait point, mais elle le supposait admis. La théorie des preuves légales n'a trait qu'à la *force probante*; elle est indépendante des *moyens* par lesquels la preuve est rapportée. Ces moyens ou *modes* de preuve sont : les témoignages, les écrits, les présomptions, l'aveu. Au point de vue de la force probante, on divise les preuves en trois classes : les preuves complètes, les indices prochains, les indices éloignés. — La *preuve complète* était exigée pour prononcer la peine capitale. Elle résultait de témoignages ou d'écrits dont les conditions étaient rigoureusement déterminées, et de certaines présomptions que l'on qualifiait d'invincibles. Quant à l'aveu, les auteurs n'étaient point d'accord. Jousse le considérait comme la preuve par excellence et la plus complète. Mais dans l'opinion générale on faisait une distinction. S'agissait-il d'un crime emportant la peine de mort, l'aveu isolé ne suffisait point pour faire prononcer cette condamnation ; mais il faisait preuve suffisante pour prononcer une peine moindre (1). — Les *indices prochains*, ou demi-preuves, autorisaient l'emploi de la torture pour obtenir l'aveu, avec lequel ils formaient la preuve complète. Ils permettaient aussi de prononcer une autre peine que la mort. D'ailleurs, en ordonnant la question, le juge donnait à toutes les preuves antérieurement recueillies le caractère de demi-preuves. Il n'aurait pu en effet, sans se contredire, considérer après coup comme complètes des preuves qu'il avait jugées incomplètes, puisqu'il avait essayé de les corroborer en recherchant l'aveu. Un témoin *de visu*, mais unique, un écrit sous seing privé non reconnu de l'accusé, des témoins qui ne relevaient que des charges, l'aveu isolé en matière capitale, etc., constituaient cette seconde classe de preuves. — Les *indices éloignés* étaient moins encore. Ils autorisaient le juge à prononcer des peines pécuniaires ou un plus ample informé, ou à civiliser le procès.

La théorie des preuves légales avait cette autre conséquence, qu'une fois la preuve rapportée, il n'était plus permis à l'inculpé de la combattre par de simples dénégations; il ne pouvait faire appel à la conviction du juge en démontrant l'invraisemblance de l'accusation, en produisant des témoins à décharge qui auraient démenti les faits affirmés par des témoins non reprochés, recolés et confrontés. Sa défense ne peut se produire sous cette forme négative. Il faut qu'il affirme des faits *positifs* de nature à détruire les faits établis ou à supprimer leur criminalité. C'est là ce qu'on appelle, à cette époque, les *faits justificatifs*. Tels sont l'alibi, la représentation de la personne qu'on croyait morte, la démence, la contrainte, la légitime défense, etc. Parmi les faits allégués, le tribunal choisit ceux qui lui paraissent susceptibles d'ébranler les preuves recueillies

(1) Sic : Louet, lettre C, n° 34 ; Muyart de Vouglans, p. 339 ; Roussaud de Lacombe, p. 372 ; Serpillon, p. 1012. — *Contrà* : Jousse, p. 434.

et en ordonne la preuve. Les témoins indiqués par l'inculpé sont assignés à la requête du procureur du roi et entendus par le juge d'instruction hors de la présence de toutes parties.

**731.** Le dossier revient alors devant le tribunal qui va prononcer la sentence. Celle-ci pouvait être une *condamnation*, une *absolution* ou un *plus ample informé*.

Pour la condamnation, le partage des voix profitait à l'accusé. La simple majorité suffisait pour l'avis le plus sévère, si la sentence était à charge d'appel ; mais si le jugement était en dernier ressort, une majorité de deux voix était exigée.

Il y avait deux sortes de sentences d'absolution : la *mise hors cours* et le *congé* ou *décharge de l'accusation*. — La première laissait entendre que l'accusation n'était pas dépourvue de tout fondement. Cette sentence empêchait l'accusé d'obtenir des dommages-intérêts contre la partie civile. Le congé attestait au contraire l'innocence de l'accusé. Il était ordinairement accompagné d'une condamnation à des dommages-intérêts contre la partie civile.

Entre une absolution ou une condamnation immédiates, un troisième parti s'offrait au juge, c'était *le plus ample informé*. Cette décision supposait qu'il n'y avait point de preuve suffisante pour la condamnation de l'accusé, et que la qualité du crime ou de la preuve ne permettait pas non plus d'ordonner la question préparatoire. Le plus ample informé était un jugement interlocutoire, susceptible de se transformer en absolution s'il ne survenait pas de nouvelles preuves pendant le délai fixé par le juge. Il n'excluait pas l'application de peines légères. Les juges pouvaient élargir l'accusé ou le maintenir en prison jusqu'à l'expiration du délai. Dans les crimes énormes, le plus ample informé pouvait être *indéfini* et placer perpétuellement l'accusé sous la menace d'une nouvelle poursuite. C'est par ces sortes d'arrêts que certains crimes devenaient imprescriptibles. Aucun de ces jugements n'était motivé. Les juges inférieurs devaient seulement énoncer la cause de la condamnation. Les parlements se contentaient de cette formule vague : « l'accusé est condamné pour les cas résultant du procès ».

Les condamnés à mort devaient être exécutés le jour même. Seulement on différait l'exécution des femmes enceintes jusqu'après leur accouchement.

**732. La procédure inquisitoriale et l'esprit public au XVIIe siècle. — La procédure anglaise.** — Quand on examine avec nos idées modernes les odieuses rigueurs de cette procédure inquisitoriale, qui supprime toutes les garanties de la défense pour découvrir plus facilement les preuves d'une culpabilité dont on est convaincu d'avance, on est tenté de se demander comment elle a pu être tolérée pendant près de trois siècles par l'opinion publique. C'est que les ordonnances de 1498, 1579 et 1670 réalisaient deux grands progrès : elles établissaient l'uniformité de législation, elles organisaient en outre une procédure rapide et sûre pour arriver à la répression. Sans doute pour atteindre ce dernier résultat elles sacrifiaient les droits de l'individu ; mais la satisfaction qu'elles donnaient à l'intérêt général fit longtemps accepter ce sacrifice. Seuls quelques esprits d'élite, comme Ayrault et Dumoulin, avaient fait entendre des protestations au nom de l'humanité. Mais ils devançaient leur temps. Il faut attendre les écrits des philosophes du XVIIIe siècle pour voir se produire contre la procédure inquisitoriale une réaction qui amena sa ruine avec le triomphe de la Révolution française. Montesquieu, Beccaria, Voltaire surtout, furent les promoteurs de la réforme (1). L'exemple d'un peuple voisin était d'ailleurs d'un enseignement remarquable. L'Angleterre, grâce à sa situation topographique, avait échappé à l'invasion de la procédure inquisitoriale qui avait pénétré toutes les législations du continent. Elle avait conservé la procédure accusatoire et l'avait perfectionnée à ce point que la procédure anglaise était devenue un type nouveau qu'il importe de connaître, car il fut l'objectif des philosophes du XVIIIe siècle, avant d'être adopté, presque sans changement, par les lois de la Révolution.

733. Le Droit anglais connaissait la procédure accusatoire sous deux formes. La première (*appeal*) était l'*accusation privée*, empruntée au Droit germanique et aux coutumes féodales. La seconde, qualifiée de jugement par le pays (*inquest of the country*), était l'œuvre originale de cette législation. Elle rappelle l'*accusation populaire* du Droit romain. Le premier venu peut se porter accusateur ; il n'est pas nécessaire d'être lésé. Cette procédure comportait trois phases : au début, un interrogatoire précédé ou suivi d'une instruction préparatoire très rudimentaire. Cet interrogatoire était fait par l'accusateur devant le juge de paix, principal officier de police judiciaire, qui délivrait à cet effet un ordre d'arrestation. Ce magistrat était tenu d'avertir l'accusé qu'il n'était pas obligé de répondre et de bien peser ses réponses parce qu'elles feront preuve contre lui. Cette première phase de la procédure pouvait être secrète. Si les preuves paraissaient tout à fait insuffisantes, le prisonnier était mis en liberté et déchargé de la poursuite. Si au contraire elles étaient sérieuses, on le maintenait en état d'arrestation, ou on le

---

(1) MONTESQUIEU, *L'esprit des lois*, liv. VI, ch. 2, 3, 8, 17, 22 ; liv. XII, ch. 22 ; — BECCARIA, *Traité des délits et des peines*, ch. 6, 7, 8, 9, 10, 11 ; VOLTAIRE : l'*A. B. C.* ; *Mémoire p. Calas* ; *Relation de la mort du Chevalier de la Barre* ; *La méprise d'Arras* ; *Histoire d'Élisabeth Canning* ; *Procès criminel du sieur Montbailly et de sa femme* ; *Commentaire sur le Traité des délits et des peines de Beccaria* ; *Traité de la tolérance* ; *Prix de la justice et de l'humanité*.

mettait en liberté sous caution jusqu'au jugement. — La seconde phase était la mise en accusation par le *grand jury*. Les officiers de la couronne dressaient un acte d'accusation (*indictment*) et le présentaient, au nom du roi, mais à la requête des particuliers, à un jury composé de 12 à 23 notables (*freeholders*). Ce jury décidait souverainement s'il y avait lieu, ou non, d'autoriser la poursuite, et il inscrivait son verdict au dos de l'*indictment* (*a true bill*, ou *not found*). — La mise en accusation une fois prononcée, on procédait au débat devant le *petit jury* ou *jury de jugement*. C'était la troisième phase. Le petit jury était composé de 12 notables tirés au sort. Les récusations étaient admises.

L'audition des témoins pour et contre avait lieu contradictoirement entre l'accusateur et l'accusé. La défense était libre. Après les plaidoiries, les jurés recevaient du président les instructions nécessaires et toutes les explications qu'ils demandaient pour former régulièrement leur verdict, et ils se retiraient pour délibérer. L'unanimité dans un sens ou dans l'autre était exigée pour que le verdict fût valable. On avait recours à un moyen indirect de contrainte, l'occlusion des portes, pour forcer les jurés à se mettre d'accord. — Le verdict rendu, le magistrat n'avait plus qu'à y conformer sa sentence ; une seule voie de recours était ouverte contre la décision, le pourvoi en cassation (*Writ of error*) pour fausse application de la peine ou omission d'une formalité essentielle.

La partie faible de cette procédure libérale était l'organisation de la poursuite et l'instruction préparatoire.

**734.** Dans les dernières années de la monarchie le grand mouvement d'opinion déterminé par les écrits des philosophes poussa la royauté à introduire dans notre procédure criminelle des réformes excellentes en elles-mêmes, mais insuffisantes pour satisfaire l'opinion publique, savoir : l'abolition de la question préparatoire (Décl. 24 août 1780), puis de la question préalable et de l'usage de la sellette (Édit, 1er mai 1788). — Le même édit ordonnait que les sentences seraient motivées, qu'une majorité de trois voix serait nécessaire pour la condamnation à mort, et qu'il serait sursis pendant un mois à l'exécution, afin de donner au roi le temps d'examiner s'il devait gracier le condamné. — Cet édit arrivait trop tard. Il rencontra une grande opposition dans les parlements et ne fut pas appliqué.

## II. — DROIT INTERMÉDIAIRE

**735. Juridictions.** — La législation intermédiaire comprend toutes les lois promulguées depuis 1789 jusqu'au 1er janvier 1811, date où sont entrés en vigueur le Code d'instruction criminelle et la loi organique du

20 avril 1810. Elle a fourni à notre Droit moderne les principaux éléments de ses juridictions et la procédure du jugement.

Une des premières œuvres de la Révolution fut la réforme judiciaire. La loi du 4 août 1789 supprima les justices seigneuriales. Celles des 16-24 août 1790, 10-15 mai, 19-22 juillet, 16-29 septembre 1791 créèrent les *tribunaux de police municipale et de police correctionnelle*, et les *tribunaux criminels*. Une *haute cour* de justice compléta cette organisation des juridictions pénales (1). Ce qui la caractérise, c'est la séparation absolue de la justice criminelle et de la justice civile. Chacune a une organisation à part et un personnel tout à fait distinct. Le motif de cette séparation fut le désir d'amoindrir l'autorité des nouveaux corps judiciaires pour éviter les abus dont la toute-puissance des parlements avait été la cause. Au-dessus des juridictions judiciaires de tout ordre était le *tribunal de cassation*, chargé de maintenir l'unité de jurisprudence au point de vue de l'interprétation de la loi. Cette organisation a persisté pendant toute la période intermédiaire.

**736. Procédure.** — Les cahiers des États-Généraux demandaient tous : 1º la suppression des abus criants de l'ancienne procédure ; 2º l'établissement de la procédure par jurés. C'est ainsi que procéda la Constituante. — Un décret du 8 octobre 1789 réforma profondément l'instruction préparatoire. Ces réformes ne devaient être que transitoires, mais elles présentaient un ensemble si harmonieux que, lors de la rédaction du Code d'instruction criminelle, certains esprits auraient voulu revenir à cette première loi de la Révolution, et aujourd'hui que le législateur s'occupe de réformer l'instruction préparatoire organisée par le Code de 1808, on peut encore lui faire d'utiles emprunts. — La procédure commence par une information secrète. Lorsqu'on cherche les preuves, il est opportun et presque nécessaire de ne pas donner l'éveil aux intéressés. Mais le juge d'instruction n'agit plus seul et sans contrôle. On lui donne des *adjoints*. Ce sont des citoyens désignés par les municipalités. Ils prêtent serment de garder un secret inviolable sur les actes auxquels ils vont assister. Ils sont tenus de faire au juge toutes les observations, tant à charge qu'à décharge, qu'ils croient utiles. Ils remplacent le public et le conseil de l'accusé. — Aussitôt après l'arrestation de l'inculpé, la procédure devient publique et contradictoire. L'assistance d'un

(1) Cette juridiction exceptionnelle, déterminée par l'importance des accusés et des crimes, s'est maintenue dans notre Droit moderne. Sous les chartes de 1814 et de 1830, c'était la Chambre des pairs qui était ainsi constituée en Cour criminelle. Sous les constitutions de 1848 et de 1852, elle était composée de conseillers à la Cour de cassation et de jurés pris parmi les membres des conseils généraux. Un instant supprimée par le décret du 4 nov. 1870, elle a reparu avec la loi constitutionnelle du 16 juil. 1875, art. 12. Elle est composée du Sénat. La loi du 10 avril 1889 a organisé sa procédure.

défenseur est obligatoire. Toutes les pièces recueillies dans l'information précédente sont communiquées. Le défenseur assiste aux recolements et aux confrontations, mais sans pouvoir parler au nom de l'accusé, ni lui suggérer des déclarations ou des réponses. — Devant la juridiction de jugement les réformes sont moins profondes, le procès continue à être jugé sur les pièces, mais le défenseur de l'accusé peut plaider sa cause et il a la parole le dernier.

**737.** La loi du 16-29 septembre 1761 organisa la procédure par jurés. Elle se divise en trois phases : instruction sommaire devant l'officier de police judiciaire du canton ; débat secret au chef-lieu du district devant le jury d'accusation ; puis, si l'accusation est admise, débat public devant le tribunal criminel au chef-lieu du département. Le *juge de paix* était le magistrat de sûreté par excellence. Il procédait aux premiers actes de l'information et à l'arrestation de l'inculpé. L'affaire passait de ses mains au *directeur du jury d'accusation*. Ce magistrat était un des membres du tribunal de district désigné à tour de rôle. Il pouvait compléter l'instruction ; et, quand il la jugeait complète, il rédigeait l'acte d'accusation de concert avec le plaignant ou le dénonciateur civique. Cet acte, revêtu du visa du *commissaire du roi* (plus tard, commissaire *du pouvoir exécutif*), était soumis avec le dossier au *jury d'accusation*, composé de huit citoyens tirés au sort. Ce jury procède à huis-clos, lit les pièces, entend le plaignant, le dénonciateur civique et les témoins qu'ils produisent, mais non l'inculpé. Si l'accusation est admise, l'affaire passe au tribunal criminel composé : 1º de douze jurés statuant sur *le fait*. Ils sont tirés au sort en présence de l'accusateur et de l'accusé qui peuvent exercer des récusations ; 2º d'un président et de trois juges statuant sur l'application de la peine. Auprès de ce tribunal les fonctions du ministère public sont dédoublées. Le commissaire du roi prend les réquisitions ; l'accusateur public développe les moyens de l'accusation. La procédure est orale et publique ; la publicité s'étend même au vote des jurés et des juges. — Les jugements du tribunal criminel étaient sans appel, mais un pourvoi en Cassation, pour violation de la loi, était possible. Ils étaient aussi *définitifs*, car la constitution de 1791 avait aboli les arrêts de *plus ample informé*.

**738.** Les tribunaux de police correctionnelle ou municipale furent composés chacun de trois membres ; juges de paix ou assesseurs, dans les premiers ; officiers municipaux, dans les seconds. L'organisation du droit de poursuite et la procédure à suivre devant ces tribunaux sont passées presque sans changement dans notre Droit moderne, après avoir été complétées sur certains points de détail par le Code du 3 brumaire an IV.

**739.** Ce Code, conçu dans le même esprit que la loi de 1791, constituait cependant un retour à la tradition. Ses premiers articles font revivre la distinction fondamentale de l'action publique et de l'action civile qui s'était un peu obscurcie. Le mandat de comparution, simple assignation de l'accusé, s'ajoute aux mandats d'amener et d'arrêt. — Le directeur du jury, qui n'était jusque-là qu'un juge d'instruction du second degré, reçoit dans certains cas le droit de se saisir directement des crimes qui viennent à sa connaissance. — La liste des officiers de police judiciaire s'augmente. Sous la loi de 1791 elle ne comprenait que les juges de paix et les officiers de gendarmerie. Le Code de brumaire y ajoute les commissaires de police, les gardes champêtres et forestiers.

Le Code de l'an IV était un chef-d'œuvre de théorie qui se trouva défectueux dans la pratique. Les formalités y étaient protectrices, mais trop multipliées et trop minutieuses. Il fut cause de nombreuses erreurs du jury. Une réaction se produisit, autant contre cette institution que contre la nouvelle procédure criminelle, et ce fut sous l'empire de cette réaction que parurent les lois du *Consulat*.

**740.** La constitution de l'an VIII rendit au gouvernement le droit de nommer la plupart des magistrats de l'ordre judiciaire, et fit cesser la décomposition des fonctions du ministère public devant le tribunal criminel. Le nouveau magistrat prit le nom de *commissaire du gouvernement*.

La loi du 7 pluviôse an IX lui rendit la poursuite. Elle créa dans chaque arrondissement un *substitut du commissaire du gouvernement*, nommé, comme lui, par le Premier Consul et révocable. Il a mission de rechercher et de poursuivre les crimes et les délits. Tous les officiers de police judiciaire, à part le directeur du jury, lui sont subordonnés. Plus tard, ces substituts changeront de nom, et deviendront les *procureurs impériaux, du roi* ou *de la République;* mais leurs attributions ne seront pas modifiées. Tout individu arrêté est conduit devant eux. Ils le font détenir provisoirement au moyen d'un nouveau mandat appelé *de dépôt*, et à la condition de saisir le directeur du jury dans les 24 heures.

L'arrestation du prévenu ne fait plus cesser le secret de l'instruction préparatoire. Les témoins doivent être entendus séparément et hors de sa présence. — L'interrogatoire n'est plus précédé de la communication des charges; mais elle a lieu immédiatement après, et le prévenu peut demander d'être interrogé de nouveau. — Devant le jury d'accusation la procédure écrite est substituée à la procédure orale. — Pour réprimer le brigandage le Premier Consul organisa des colonnes mobiles suivies de commissions militaires chargées de juger les individus qu'elles arrêtaient. La loi du 18 pluv. an IX substitua bientôt à ces commissions des tribunaux criminels spéciaux, dont la compétence rappelle celle des anciennes cours prévôtales. Ils jugeaient comme elles sans appel, ni pourvoi en cassation.

Le Tribunat fit une opposition très vive à cette restauration d'une des institutions les plus décriées de l'ancien régime. Le rétablissement de la procédure écrite et secrète dans l'instruction préparatoire souleva moins d'objections. L'opinion publique était déjà prête à accepter, comme une transaction entre les principes anciens et les nouveaux, une procédure criminelle qui emprunterait les règles de l'instruction préparatoire à l'ordonnance de 1670 et celles du jugement aux lois de la Révolution.

## III. — CODE D'INSTRUCTION CRIMINELLE ET LÉGISLATION POSTÉRIEURE

**741. Élaboration du Code d'instruction criminelle.** — Nous avons dit précédemment comment un arrêté des consuls du 7 germinal an IX chargea une commission de jurisconsultes d'élaborer un projet de Code criminel qui devait comprendre l'ensemble de la législation pénale ; comment ce projet composé de 1169 articles fut discuté au Conseil d'État, du 5 juin 1804 au 20 décembre suivant ; comment l'élaboration législative s'arrêta pendant quatre ans ; puis lorsqu'elle fut reprise, comment on divisa les articles du projet en deux groupes qui formèrent le Code d'instruction criminelle de 1808 et le Code pénal de 1810 ; comment enfin ces deux Codes entrèrent en vigueur le 1er janvier 1811, après la loi organique de l'ordre judiciaire du 20 avril 1810. — La cause qui motiva cet arrêt de quatre années dans l'élaboration de la loi fut la question du jury. Une vaste enquête avait été ouverte parmi les corps judiciaires. Elle révéla, surtout dans les hautes sphères, une grande hostilité contre cette institution. Néanmoins, tout en attaquant la nouvelle procédure, il y eut des principes sur lesquels on resta d'accord : la publicité, l'oralité du débat, l'assistance d'un conseil furent considérées comme des progrès définitivement acquis. On ne discuta plus que sur le moment précis où la publicité deviendrait nécessaire et où le défenseur pourrait intervenir. La division des opinions sur l'institution du jury avait fait suspendre l'élaboration du Code criminel. Quand la discussion fut reprise, on se décida à remplacer le jury d'accusation par une Chambre de la Cour d'appel ; mais on maintint le jury de jugement.

La suppression du jury d'accusation contribuait par son résultat à la réalisation d'une réforme poursuivie déjà depuis plusieurs années : la réunion, au point de vue [du personnel, de la justice criminelle et de la justice civile. C'était chose faite pour les tribunaux de police correctionnelle et municipale depuis les lois du 27 vent. an VIII et du 29 vent. an IX. La mise en accusation, confiée à une Chambre de la Cour d'appel, rentrait donc dans ce programme. Le tribunal criminel faisait seul exception à la règle. Mais on modifia profondément son organisation. Au tribunal permanent furent substituées des assises trimestrielles présidées par un conseiller de la Cour d'appel siégeant avec des assesseurs. Cette organisation, qui s'est maintenue, était bonne : le siège de la juridiction n'était pas changé et on augmentait son prestige en la faisant présider par un magistrat d'un rang élevé.

**742. Réformes opérées par le Code d'instruction criminelle et par les lois postérieures.** — Ces réformes sont de deux sortes, les unes portent sur le jugement, les autres sur l'instruction préparatoire. Nous citerons les principales.

A. *Procédure du jugement.* — L'organisation des juridictions est restée en dehors du Code d'instruction criminelle qui se borne à déterminer leur compétence et leur procédure. Cependant ce Code organisait deux juridictions : l'une criminelle et d'exception, *les cours spéciales* (art. 583-599), l'autre de simple police et de Droit commun, le *tribunal de police des maires* (art. 166-171). Elles ont disparu depuis (Charte 1814, art. 62 (1) ; L. 27 janv. 1873, art. 2).

La composition du jury, que le Code d'instruction criminelle abandonnait complètement aux préfets et au ministre de l'intérieur, a été l'objet de plusieurs réformes successives (art. 381 et s., C. i. c. ; L. 2 mai 1827 ; L. 2 juillet 1828 ; L. 19 avril 1831 ; D. 7 août 1848 ; L. 4 juin 1853 ; D. 14 oct. 1870 ; L. 21 nov. 1872). Il ne faut pas s'étonner de ces changements : la composition du jury est trop intimement liée à l'organisation politique du pays pour ne pas ressentir le contre-coup de toutes les modifications qu'elle éprouve.

D'autres réformes ont porté sur la manière de formuler les questions à poser au jury (L. 9 sept. 1835 ; L. 13 mai 1836) ; — sur le nombre de voix auquel la décision doit être prise (L. 4 mars 1831 ; L. 9 mars 1835 ; D. 6 mars 1848 ; D. 11 oct. 1848 ; L. 10 juin 1853) ; — sur le mode de votation (L. 9 sept. 1835 ; L. 13 mai 1836).

Une dernière réforme, la suppression du résumé du président après les plaidoiries (L. 19 juin 1881), complète la liste des modifications qu'a subies la procédure du jugement devant la Cour d'assises, du moins quand elle est contradictoire. Dans la procédure par contumace les magistrats de la Cour d'assises jugent sans le concours du jury.

Pour les tribunaux correctionnels il faut noter la loi du 13 juin 1856

---

(1) L'art. 63 réservait au pouvoir législatif le droit de créer des cours prévôtales *si leur rétablissement était jugé nécessaire*. Ces nouveaux tribunaux d'exception furent créés par la loi du 20 déc. 1815, mais leur existence ne fut que temporaire ; elle prit fin avec la session législative où la loi avait été votée. La Charte de 1830, art. 53, 54, prohiba leur rétablissement. Nul n'a pu être depuis légalement distrait de ses juges naturels.

qui a centralisé à la Cour les appels de tous les tribunaux du ressort. Les voies de recours contre les sentences des juridictions de jugement ont été l'objet de réformes libérales. La *revision* a été admise dans des cas nouveaux et à des conditions plus faciles (L. 29 juin 1867). Le *pourvoi en cassation* a été affranchi de l'obligation rigoureuse de *se mettre en état*, c'est-à-dire de se constituer prisonnier, pour les condamnés à l'emprisonnement dont la peine ne dépasse pas 6 mois (L. 28 juin 1877). Le délai de l'opposition aux jugements par défaut en matière correctionnelle a été prorogé au profit des prévenus qui n'ont pas été touchés par la citation (L. 27 juin 1866).

**743. B.** *Procédure de l'instruction préparatoire.* — Cette procédure a été empruntée presque exclusivement à l'ordonnance de 1670. Elle porte aussi la trace de son origine. Elle est écrite, secrète, non contradictoire et n'autorise point l'assistance d'un défenseur. Elle a subi plusieurs réformes de détail. La loi du 17 juillet 1856 a supprimé *la Chambre du Conseil*, comme juridiction d'instruction du premier degré, et transporté ses attributions au juge d'instruction. En même temps elle a précisé les conditions d'exercice de l'opposition aux ordonnances rendues par ce magistrat. — Deux lois ont réglé à nouveau la détention préventive et la liberté provisoire (L. 4 av. 1855 ; L. 14 juil. 1865). — Une loi du 20 mai 1863 a abrégé l'instruction des flagrants délits correctionnels en supprimant l'intervention du juge d'instruction.

**744.** Actuellement on élabore une revision complète de l'instruction préparatoire. Un projet de loi, présenté au Sénat le 27 novembre 1879, a subi depuis lors une partie des épreuves parlementaires. L'idée générale est de relever les droits de la défense, complètement sacrifiés par le Code d'instruction criminelle. Rendre l'instruction contradictoire, sans nuire au secret qui est nécessaire à la recherche des preuves ; permettre à la défense de la suivre pas à pas, de requérir des actes d'instruction, de contrôler les expertises, d'exercer en un mot une surveillance qui, d'après le Code d'instruction criminelle, est le privilège exclusif du ministère public ; créer un tribunal indépendant du juge d'instruction pour vider les conflits qui peuvent s'élever entre le magistrat et les parties en cause, et pour cela rétablir, avec des attributions plus étendues, la Chambre du Conseil ; prémunir enfin l'inculpé en détention préventive contre l'abus de cette mesure, tel est à grands traits le programme que des esprits libéraux avaient conçu et que le projet du gouvernement a formulé. Ce projet n'a pas trouvé auprès du Sénat l'accueil qu'il méritait. Les réformes les plus équitables ont été écartées, notamment l'égalité qu'on voulait établir entre l'accusation et la défense. De plus on a exagéré le droit de poursuite du ministère public aux dépens des droits traditionnels de la partie civile et des juridictions. Cette prépondérance accordée aux agents directs et révocables du gouvernement font de la nouvelle procédure une arme pour le despotisme. La commission de la Chambre des députés l'a compris et, rejetant le projet voté par le Sénat, elle est revenue, à peu de chose près, au projet primitif. Il est à désirer que le texte qu'elle propose soit promptement voté (1).

(1) V. Guillot, *Le nouveau Code d'inst. crim.* Paris, 1884, et le rapport de M. Bovier-Lapierre, J. off. 4, 6, 10, 12 à 16 juin 1887 (Chambre, sess. ord. 1887, Annexes, p. 103 et s.)

# TITRE PREMIER

## DES ACTIONS QUI NAISSENT DE L'INFRACTION

**745. I. Action publique, action civile.** — Le Droit pénal sanctionnateur organise les actions qui ont pour *but* ou pour *résultat* de faire appliquer la peine à l'auteur de l'infraction. Il y en a deux : 1° l'action publique, qui tend directement à cette application ; 2° l'action civile qui la procure par occasion. Il convient de les étudier d'abord dans leur principe, ce sera l'objet de ce titre. Au titre suivant nous étudierons leur fonctionnement. Avant d'entrer en matière, une comparaison sommaire des deux actions fera comprendre l'importance de leur distinction.

**746. II. Caractères distinctifs de l'action publique et de l'action civile.** — Ces actions diffèrent :

1° *Quant à leur cause efficiente :* — Leur fait générateur est sans doute l'infraction, mais l'infraction envisagée à deux points de vue différents : l'action publique naît du trouble social causé par le délit. L'action civile naît du préjudice qui en résulte pour un particulier. Cela explique que toute infraction ne donne pas naissance à l'action civile.

2° *Quant à leur objet :* — L'action publique tend à l'application de la peine. L'action civile tend à des restitutions ou à des dommages-intérêts. Mais, comme elle ne peut atteindre ce résultat qu'à la condition que le tribunal de répression statue en même temps sur l'action publique (art. 3, C. i. c.), elle procure par occasion l'application de la peine.

3° *Quant aux personnes qui les exercent :* — L'action publique appartient à la société ; son exercice est confié au ministère public. L'action civile appartient aux particuliers lésés par l'infraction, au point de vue de sa propriété comme de son exercice.

4° *Quant aux personnes contre qui elles sont exercées :* — L'action publique peut être dirigée seulement contre les auteurs ou complices de l'infraction. L'action civile peut être exercée en outre contre leurs héritiers et contre les personnes que la loi déclare civilement responsables du fait d'autrui.

Nous rencontrerons encore d'autres différences, quant aux *modes d'extinction* des deux actions et quant à la *compétence*.

# CHAPITRE PREMIER.

## DES SUJETS ACTIF ET PASSIF DES ACTIONS PUBLIQUE ET CIVILE.

### SECTION PREMIÈRE. — DU SUJET ACTIF DE L'ACTION PUBLIQUE.

### I. Participation du ministère public, des administrations publiques, des particuliers et des juridictions à l'exercice de l'action publique.

**747.** L'art. 1er, C. i. c., porte : « L'action pour l'application de la peine n'appartient qu'aux fonctionnaires auxquels elle est confiée par la loi ». Ces fonctionnaires sont les magistrats du ministère public ; mais l'article est mal rédigé. Pour se rendre compte des droits que le ministère public, les particuliers et les tribunaux ont sur l'action publique, il faut distinguer la *disposition*, l'*exercice* et l'*impulsion*.

Le ministère public, d'après le texte, aurait la *disposition* de l'action publique : elle lui *appartient*. C'est là une erreur. L'action publique appartient à la société. Elle en *dispose* lorsqu'elle proclame une amnistie, ou lorsqu'elle édicte une prescription. La délégation des magistrats du ministère public porte sur l'*exercice* de l'action, et non sur l'action elle-même. Le Code de brumaire an IV disait en très bons termes : « L'action publique... *appartient* essentiellement au peuple. Elle est *exercée* en son nom par des fonctionnaires spécialement établis à cet effet » (art. 5). L'art. 1er, C. i. c., a la même portée, sauf cette observation, que sous la loi de brumaire la délégation était directe, le peuple nommant directement les magistrats, tandis qu'aujourd'hui elle est indirecte, parce qu'elle est faite par le gouvernement issu lui-même, plus ou moins directement, du suffrage populaire (1). Le ministère public, n'ayant point la disposition de l'action publique, ne peut y *renoncer*. Cela ne signifie point qu'il soit obligé de poursuivre toutes les infractions même les plus insignifiantes, même les plus douteuses : il a en effet un pouvoir d'appréciation ; mais cela signifie qu'il n'est point lié par la promesse qu'il ferait de ne pas poursuivre. Par exemple, son acquiesce-

---

(1) LE SELLYER (*Act. pub. et priv.*, I, 70) est le seul auteur qui soutienne que la rédaction de l'art. 1er, C. i. c., est intentionnelle. Il en tire cette conséquence, que le ministère public est maître absolu de l'action publique, et par suite que les particuliers lésés par l'infraction ne peuvent en saisir une juridiction pénale sans son consentement. Pour la réfutation de cette proportion, V. *infrà*, n° 764.

ment à un jugement de relaxe ne l'empêcherait point d'en relever appel. Il ne peut non plus, pour le même motif, *transiger* sur l'action publique, c'est-à-dire convenir avec le délinquant qu'il ne le poursuivra point, si ce dernier indemnise la victime de l'infraction, fait une aumône ou s'impose tout autre sacrifice (1). — Le ministère public peut au contraire *exercer* l'action publique. L'*exercice* comprend : tous les actes qui tendent à saisir de l'action les juridictions compétentes ; — la réquisition devant ces juridictions de toutes les mesures utiles à l'instruction de l'affaire ; — la réquisition de la peine applicable au prévenu ; — l'exercice des voies de recours.

748. Le ministère public n'a point le monopole de l'exercice de l'action publique. Pour les délits forestiers et les infractions à certaines lois fiscales sanctionnées par une peine, les administrations exercent l'action publique concurremment avec lui et quelquefois même par préférence à lui.

749. Les particuliers lésés par l'infraction ont aussi le droit de saisir de l'action publique les juridictions de répression, afin de mettre ces juridictions à même de statuer sur leur action civile, qu'ils peuvent poursuivre « en même temps et devant les mêmes juges que l'action publique » (art. 3, C. i. c.). Mais en général ils ne peuvent faire un second acte d'exercice de l'action publique. Aussi, pour qualifier leur droit sur cette action, on dit qu'ils ont un droit d'*impulsion*.

750. Enfin les juridictions pénales ont la faculté, tantôt de se saisir elles-mêmes d'une infraction de leur compétence (*poursuite d'office*) ; — tantôt de saisir de la poursuite une autre juridiction (*droit d'impulsion*). Or l'action publique une fois intentée devant une juridiction pénale s'exerce par le fait de cette juridiction sans que le ministère public, qui désapprouverait la poursuite, puisse arrêter sa marche.

Cette participation du ministère public, des particuliers, des juridictions à l'exercice de l'action publique s'explique historiquement par les phases diverses qu'a traversées le droit de poursuite. Elle constitue une des plus belles conceptions de notre procédure criminelle, car elle est la garantie la plus sûre que le crime ne restera pas impuni.

---

(1) On dit encore que le ministère public ne peut pas se *désister* de l'action publique, c'est-à-dire y renoncer après l'avoir intentée. (*Comp.* Garraud, *Précis*, 372), mais cette proportion n'ajoute rien à celle qui déclare nulle sa *renonciation*. De plus elle donne une fausse idée du désistement en le présentant comme éteignant l'*action*, tandis qu'il n'éteint que l'*instance* (V. *infrà* n° 851). Sans doute le ministère public ne peut pas plus éteindre l'instance que l'action elle-même, mais son impuissance, quant à l'extinction de l'instance, est l'effet de la participation des juridictions pénales à l'exercice de l'action publique et non du défaut de la faculté d'en disposer.

## II. — Droit du ministère public.

**751. Organisation du ministère public.** — Auprès de chaque juridiction pénale il y a un groupe de fonctionnaires chargés des fonctions du ministère public. Ce groupe s'appelle le *Parquet*.

Pour le tribunal de simple police, l'art. 144 du Code d'instruction criminelle, réformé par la loi du 27 janvier 1873, distingue deux classes d'officiers du ministère public : 1° ceux que la loi investit directement de ces fonctions ; — 2° ceux que le procureur général peut désigner. Les premiers sont : le commissaire de police du chef-lieu de canton, et, en cas d'empêchement ou à défaut, les maire, adjoints et conseillers municipaux, dans l'ordre du tableau, dudit chef-lieu. Les seconds peuvent être un des commissaires de police du chef-lieu de canton, s'il y en a plusieurs, et à défaut de commissaire de police au chef-lieu, un commissaire de police résidant dans une autre localité du canton, un suppléant du juge de paix, un maire ou un adjoint de n'importe quelle commune du canton, y compris le chef-lieu. Le procureur général peut choisir qui il lui plaît dans ces trois classes de fonctionnaires ou de dignitaires, sans être obligé de préférer ceux de la première à ceux de la seconde, et ceux de la seconde à ceux de la troisième. — Supposons la désignation faite par le procureur général, le parquet du tribunal de police sera ainsi composé : 1° le commissaire ou l'un des commissaires du chef-lieu ; 2° le membre désigné par le procureur général à défaut de commissaire de police au chef-lieu ; 3° les maire, adjoints et conseillers municipaux du chef-lieu. Cette organisation, établie par la loi du 27 janv. 1873, a pour but de permettre au procureur général d'écarter des fonctions du ministère public les maire et adjoints du chef-lieu de canton qui, ayant cessé d'être nommés par le gouvernement, ne peuvent être acceptés qu'après examen pour remplir les fonctions du ministère public.

Auprès du tribunal correctionnel il y a le Parquet du tribunal de première instance, composé régulièrement d'un *procureur de la République*, avec ou sans *substituts* (1). Le procureur de la République peut y attacher d'une manière permanente un juge-suppléant du tribunal (L. 10 déc. 1830, art. 3) ; et le procureur général peut y déléguer temporairement un substitut ou un juge-suppléant d'un autre tribunal du ressort de la Cour d'appel (L. 30 août 1883, art. 6). En cas d'empêchement momentané, ces magistrats sont remplacés par l'un des juges du siège, titulaire ou suppléant, désigné par le tribunal (art. 26, C. i. c. ; D. 18 août 1810, art. 20). La Cour d'appel, dont la chambre *des appels correctionnels* et celle

---

(1) V. le tableau B, annexé à la loi du 30 août 1883.

*des mises en accusation* constituent des juridictions pénales, a un parquet composé d'un *procureur général*, d'*avocats généraux* et de *substituts*. — La Cour d'assises, qui est une dépendance de la Cour d'appel, a le même parquet dans les départements où siège la Cour d'appel (art. 252, C. i. c.). Dans les autres départements son parquet habituel est celui du tribunal du chef-lieu (art. 253, C. i. c.) ; mais le procureur général a le droit d'y venir porter la parole ou d'y déléguer un membre du parquet de la Cour d'appel (art. 271, 284, 265, C. i. c.; L. 20 av. 1810, art. 47 ; D. 6 juil. 1810, art. 42) (1).

Enfin à la Cour de cassation, qui complète la hiérarchie des tribunaux judiciaires, le parquet comprend un procureur général et des avocats généraux.

**752. Prérogatives et caractères du ministère public.** — Pour faciliter au ministère public l'accomplissement de sa haute mission sociale, la tradition et la loi lui ont reconnu trois prérogatives : l'*indépendance*, l'*irresponsabilité* et l'*irrécusabilité*, et deux caractères : l'*unité* et l'*indivisibilité*. Les prérogatives protègent le ministère public contre la juridiction dont il fait partie et contre les individus qu'il poursuit. Les caractères rendent la justice pénale uniforme dans toute la France et accélèrent sa marche.

**753. 1° *Indépendance*.** — Le ministère public est indépendant de la juridiction dont il est membre. Il ne peut recevoir d'elle ni injonction, ni blâme. Ce caractère est intimement lié à l'origine historique de l'institution. Les procureurs fiscaux postulaient autrefois près des juridictions pénales ; ils enlevèrent par leurs empiétements le droit de poursuite aux magistrats qui jugent. Devenus membres de la juridiction, ils ont continué d'exercer l'action publique en vertu d'une prérogative personnelle. La juridiction n'a donc point à critiquer l'usage qu'ils font de leur droit. L'indépendance augmente le prestige du ministère public et favorise en même temps la répression ; mais elle peut avoir des abus : la faculté d'exercer librement l'action publique ne doit pas autoriser des poursuites vexatoires inspirées par des rancunes personnelles. La faculté de s'abstenir ne doit pas dégénérer en acte de favoritisme, ni en déni de justice. La surveillance des supérieurs hiérarchiques et la procédure de *prise à partie* (art. 505-516, C. proc.) (2) parent au premier de ces dangers. Le

---

(1) Le Code d'instruction criminelle instituait un magistrat spécial chargé des fonctions du ministère public près la Cour d'assises dans les chefs-lieux de départements qui n'étaient pas siège de Cour d'appel. C'était un substitut du procureur général qui prenait le titre de « *procureur impérial criminel* » (art. 253, 284 et s., C. i. c.). La loi du 25 décembre 1815 supprima cette fonction.

(2) Cette procédure semble, d'après ces textes, n'avoir été organisée que pour les *juges* ; mais ce mot est synonyme de *membre de la juridiction*. D'ailleurs les

second est conjuré par la surveillance des Cours d'appel et par la participation des particuliers et des juridictions à l'exercice de l'action publique. Il importe de donner ici un aperçu des moyens par lesquels se manifestent cette surveillance et cette participation, instituées pour remédier aux défaillances des magistrats du parquet : — 1° le procureur général, chef hiérarchique des officiers de police judiciaire du ressort de la Cour d'appel, est placé sous la surveillance de cette Cour qui peut lui enjoindre de poursuivre (L. 20 av. 1810, art. 11) ; — 2° les particuliers lésés ont la faculté de donner à l'action publique l'impulsion que néglige ou refuse de lui donner le ministère public. Ils le font en citant l'auteur de l'infraction devant les tribunaux correctionnels ou de police, ou en se constituant *partie civile* dans une plainte adressée au juge d'instruction (art. 145, 182 et 63, C. i. c.) ; — 3° ce magistrat, qui constitue à lui seul la juridiction d'instruction du premier degré, peut se saisir d'office des *crimes flagrants*. Et la Chambre d'accusation, qui constitue la juridiction d'instruction du second degré, peut « instruire ou faire instruire » d'office sur tous les *crimes et délits qui lui sont révélés par une procédure dont elle est saisie* (art. 59, 235, C. i. c.) ; — 4° les juridictions de jugement sont investies d'un droit d'impulsion analogue à celui des particuliers pour les *crimes et délits qui se découvrent au cours des débats* (art. 160, 182, 193, 214, 361, 379, 494, C. i. c.) ; — 5° si une infraction *se commet* à leur audience, tantôt elles s'en saisissent d'office et la jugent séance tenante, tantôt elles en saisissent le juge compétent (art. 181, 504-509, C. i. c.) ; — 6° enfin, il ne dépend pas du ministère public d'arrêter une poursuite commencée avec ou sans sa participation : la juridiction d'instruction ou de jugement rendra malgré lui sa décision sur le fond après avoir instruit le procès. Il pourra sans doute négliger de porter à la connaissance de la juridiction de jugement une affaire renvoyée à celle-ci par la juridiction d'instruction ou par toute autre juridiction compétente pour l'en saisir ; il arrêtera ainsi *en fait* l'action publique au milieu de son exercice ; mais, s'il y a partie civile en cause, cette obstruction ne sera pas de longue durée ; une simple menace de *prise à partie pour déni de justice* en aura certainement raison. Nous reviendrons plus tard en détail sur tous ces points.

**754.** 2° *Irresponsabilité*. — Cette seconde prérogative protège le ministère public contre les individus qu'il poursuit. Ceux-ci, quand l'action publique échoue, ne peuvent obtenir contre lui ni leurs dépens, ni des dommages-intérêts. Ils pourraient cependant, au cas de poursuite vexatoire, prendre à partie l'officier du ministère public qui les auraient ma-

---

art. 112, 271, 358, 483 et 486 comb., C. i. c., disent expressément ou implicitement que la prise à partie est possible contre le ministère public.

licieusement poursuivis et le faire condamner à leur payer une indemnité (1).

**755.** 3° *Irrécusabilité.* — Si l'on avait permis au prévenu de récuser l'officier du ministère public qui le poursuit, on aurait compromis souvent le succès de l'action publique en la faisant exercer par des suppléants d'occasion moins capables ou moins zélés que les officiers titulaires. Aussi l'art. 381 C. proc. civ. a posé le principe que le ministère public n'est pas récusable lorsqu'il est *partie principale*. Or, devant les tribunaux de répression, il a toujours cette qualité. La distinction a sa raison d'être indépendamment de son utilité. Partie jointe, le ministère public donne un avis qui, *a priori*, doit paraître désintéressé. Le tribunal peut donc être enclin à le suivre. Partie principale, c'est un plaideur ordinaire. On ne récuse pas un adversaire (2).

Telles sont les trois prérogatives du ministère public. Quant à ses deux caractères, *l'unité* et *l'indivisibilité*, ils ont été présentés dans les travaux préparatoires de la loi du 20 avril 1810 comme ayant deux objets distincts (3). Néanmoins certains auteurs les confondent ; d'autres, après les avoir distingués théoriquement, leur attribuent les mêmes effets (4). Il importe, croyons-nous, de les distinguer même dans leurs effets, ne serait-ce qu'au point de vue de la netteté des idées.

**756.** 4° *Unité.* — Quand on dit que le ministère public est UN, on fait allusion à *l'unité dans la direction*. Le ministère public est un corps de fonctionnaires reliés hiérarchiquement les uns aux autres, bien qu'ayant souvent un pouvoir propre, *subordonnés* mais non *délégués*. Comme subordonnés ils doivent obéir. L'art. 274, C. i. c. en donne un exemple : « Le procureur général, soit d'office, soit par les ORDRES du ministre de la justice, CHARGE le procureur de la République de poursuivre les délits dont il a connaissance ». Mais, investis d'un pouvoir propre pour la poursuite des infractions (art. 274, 22, 9 et s., C. i. c.), ils peuvent agir sans avoir reçu de leurs supérieurs l'ordre de poursuivre, et même après avoir reçu l'ordre de s'abstenir. La désobéissance à un ordre d'abstention est un devoir pour l'inférieur, s'il juge la poursuite utile. Sans doute il pourra payer de sa place cette désobéissance qui détruit l'unité dans la direction, mais là n'est pas la question : l'action publique aura été régulièrement engagée par le magistrat investi du pouvoir

---

(1) La jurisprudence étend l'irresponsabilité du ministère public à tous les officiers de police judiciaire, même les plus infimes, et elle décide qu'on ne peut leur demander des dommages-intérêts à raison des actes de leur fonction sans recourir à la procédure de prise à partie. *Sic :* Cass. 28 mai 1879, 4 mai 1880 ; C. Nancy, 25 janv. 1884 (D. 85, 2, 63).

(2) *Sic :* F. HÉLIE, II, 592, 593 ; — V. cepend. GARRAUD, *Précis*, 378.

(3) V. LOCRÉ, XXV, p. 655, 669 ; XXIV, p. 490.

(4) V. dans le premier sens : ORTOLAN, II, 2035 ; dans le second : VILLEY, p. 386.

propre, et elle suivra son cours bien qu'il ait été désavoué par ses supérieurs.

Jusqu'où va le devoir d'obéissance dans la hiérarchie du ministère public ? Il est de tradition que « la plume est serve et la parole libre ». Cette règle a été formulée à l'époque où le ministère public se composait de *procureurs* qui tenaient la plume, et d'*avocats* qui portaient la parole. Le dernier vestige de cette division a disparu par la réunion des fonctions d'*accusateur public* à celles de *commissaire du gouvernement* (Const. 22 frim. an VIII, art. 63). Néanmoins la règle traditionnelle a été maintenue (1). Tenir la plume, c'est faire un acte de procédure, et par exemple : requérir une information, un mandat, un acte d'instruction quelconque, un renvoi de la juridiction d'instruction devant la juridiction de jugement, un *non-lieu* ; c'est encore citer le prévenu devant le tribunal correctionnel ou de police. L'inférieur qui reçoit ces ordres doit obéir : la plume est serve ! Mais, à l'audience, le magistrat du ministère public ne relève plus que de sa conscience; il peut donc, après avoir poursuivi pour obéir aux ordres de son supérieur, signaler au tribunal l'injustice de la poursuite et conclure au relaxe de l'individu qu'il a été forcé de traduire devant lui : la parole est libre ! L'indépendance de la parole est une garantie pour les justiciables, comme la combinaison de l'obéissance et du pouvoir propre est une garantie pour la société.

**757.** A quels supérieurs les membres des divers parquets sont-ils subordonnés ? — On peut formuler la réponse à cette question en quatre règles :

1re *règle :* « Tous les membres du ministère public relèvent du Ministre de la justice qui exerce sur eux un droit d'*impulsion* et de *surveillance* et un *pouvoir disciplinaire* » (L. 25 av. 1791, art. 5 ; sén.-cons. 16 therm. an X, art. 81 ; L. 20 av. 1818, art. 60, 61 et arg. de ces textes). Le ministre n'exerce pas l'action publique, mais il la fait exercer en ordonnant des poursuites : c'est en cela que consiste son droit d'impulsion sur le ministère public. De plus il se fait rendre compte de la manière dont elle est exercée : c'est là son droit de surveillance. Enfin il a un pouvoir de discipline pour réprimer les écarts de conduite, les abus du pouvoir propre, l'insubordination qui nuirait à l'unité de direction. Ce pouvoir peut aller jusqu'à la révocation, laquelle est prononcée par décret, sur la proposition du ministre.

**758.** 2° *règle :* « Tous les membres du ministère public dans le ressort d'une Cour d'appel relèvent du procureur général, et dans l'arrondissement, du procureur de la République ». Le procureur général a aussi un droit d'impulsion et de surveillance et un pouvoir disciplinaire sur

(1) V. Locré, XXIV, p. 406.

ses subordonnés ; mais ce dernier est moins étendu (L. 20 av. 1810, art. 60). Ses droits sont de même nature que ceux du ministre, parce que, suivant l'expression de Treilhard, il est l'*œil du gouvernement dans le ressort*. — De plus que le ministre il a mission d'exercer l'action publique en matière de *crimes* et de *délits* (art. 135, 202, 271 et 413, etc., C. i. c.). — Pour la poursuite des contraventions, il n'a pas d'autres droits que le ministre.

Le procureur de la République a sur les officiers du ministère public près les tribunaux de simple police un droit d'impulsion et de surveillance pour assurer la répression des contraventions *régulièrement constatées* (1). Comme membre de la juridiction d'appel des tribunaux de police, il a en outre la mission légale de faire certains actes d'exercice de l'action publique en cette matière.

759. *3º Règle :* « La Cour d'appel exerce, en matière de crimes et de délits, un droit d'impulsion et de surveillance sur le procureur général ». La loi du 20 avril 1810, art. 11, donne à la Cour d'appel, toutes chambres réunies, le droit d'*enjoindre* au procureur général de poursuivre les crimes et délits qui lui sont dénoncés par un de ses membres, et de se faire *rendre compte* des poursuites qui seraient commencées. L'action publique n'est pas mise en mouvement par cette injonction. C'est un simple stimulant pour le ministère public et un appui moral. « Il faut, a-t-on
» dit, si le ministère public néglige ses devoirs, que la Cour criminelle
» puisse le mander et lui ordonner de poursuivre... Il s'agit de former
» de grands corps judiciaires, forts de la considération que donne la
» science civile, forts de leur nombre, au-dessus des craintes et des con-
» sidérations politiques, qui fassent pâlir les coupables, quels qu'ils
» soient, et qui communiquent leur énergie au ministère public » (2). Il pourra arriver que, d'accord avec le ministre, le procureur général mé-

---

(1) Mais ni le procureur général ni le procureur de la République ne peuvent donner des ordres aux commissaires de police pour faire *constater* les contraventions. Cela regarde le maire. Leur droit d'impulsion et de surveillance ne se manifeste qu'après qu'un procès-verbal a été dressé. Ils doivent empêcher l'*escamotage* des procès-verbaux.— V. s. le droit d'impulsion et de surveillance du procureur général et du procureur de la République les art. 144, 167, 178, 249, C. i. c.

(2) NAPOLÉON, au Cons. d'État, 1er brum. an XIII. — Certains auteurs reconnaissent à tort à la Cour d'appel, chambres réunies, le droit de saisir du crime ou du délit la chambre d'accusation. *Sic :* F. HÉLIE, V, 2167, 2169. — Le texte de l'art. 11, aussi bien que les travaux préparatoires (*Rapport de* NOAILLES : LOCRÉ, t. 25, p. 658) prouvent que le droit d'impulsion de la Cour s'exerce, non point sur l'action publique, mais sur le ministère public. — Le projet de réforme de la commission de la Chambre (art. 230) consacre législativement le système de ces auteurs qui est en effet bien préférable à celui du Code de 1810, comme on peut le voir par l'inconvénient que nous signalons à la fin de ce numéro.

prise l'ordre de poursuivre qu'il a reçu de la Cour. A cette situation extrême il n'y aurait d'autre remède que le renversement du ministère par les représentants du pays.

**760.** *4e Règle:* « Les procureurs généraux sont sous la surveillance du procureur général près la Cour de cassation au point de vue de l'interprétation de la loi. » — Le principe de cette surveillance a été posé par l'art. 84 du sén.-cons. du 16 therm. an X, mais elle n'a point été organisée. Le ministère public près la Cour de cassation n'étant, sauf des cas exceptionnels (1), que partie jointe, la surveillance du procureur général peut s'exercer seulement à l'occasion des affaires déférées par des pourvois à la Cour de cassation. Si dans ces procédures il remarque qu'une fausse interprétation a été donnée à la loi par les procureurs généraux près les Cours d'appel, il peut leur adresser des circulaires pour redresser leur erreur. Cette surveillance n'est plus exercée de nos jours. L'abondance des recueils de jurisprudence, où l'on publie souvent en outre des arrêts de cassation les conclusions du ministère public, l'a rendue inutile.

**761.** 5° *Indivisibilité.* — Nous avons vu qu'auprès de chaque juridiction les fonctions du ministère public peuvent être remplies par plusieurs magistrats différents ; mais, à la pluralité des membres, correspond l'*indivisibilité de la fonction.* Chaque membre d'un parquet est apte à faire tous les actes que le chef du parquet a le pouvoir de faire. Cette aptitude n'implique pas le pouvoir propre. Ce pouvoir n'appartient qu'au chef du parquet (art. 22, 271, C. i. c.). Les avocats généraux et les substituts sont de simples délégués (L. 20 av. 1810, art. 47; D. 6 juil. 1810, art. 42; Ord. 15 janv. 1826, art. 46). — La question est controversée pour les substituts du procureur de la République : on soutient qu'ils ont le pouvoir propre, en vertu des art. 9, C. i. c. et 43, L. 20 av. 1810. Mais ces textes ne sont pas suffisamment explicites, et ils seraient d'ailleurs contredits par l'art. 22, C. i. c., qui accorde le pouvoir propre au procureur de la République, combiné avec l'art. 26 qui l'accorde « en cas d'empêchement, au substitut le plus ancien ». D'après certains auteurs cette controverse est sans intérêt ; car, disent-ils, « si le procureur de la République est présent, sa volonté est la règle, et, s'il est absent ou empêché, son substitut peut faire tous les actes à sa place (2) ». L'objection repose sur une pétition de principe. Il est faux de dire que si les substituts *ont un pouvoir propre,* la volonté du procureur de la République ou du substitut le plus ancien *est la règle.* Si ceux-ci ne veulent pas agir, les autres pourront faire un acte de poursuite malgré leur opposi-

---

(1) V. art. 441, 442, 444, 486, 491, 532, 542, C. i. c.
(2) *Sic :* VILLEY, p. 184 ; GARRAUD, 376, *in fine.*

tion. Ils auront les uns à l'égard des autres la même situation que le procureur de la République a vis-à-vis du procureur général. Aussi certains auteurs, partisans du système que nous critiquons, admettent que sur le refus du procureur de la République de faire un acte, on peut s'adresser à son substitut. Ils sont logiques dans les déductions d'un principe erroné.

**762.** La délégation n'empêche point l'indépendance de la parole. L'hypothèse où les avocats généraux différeraient d'avis avec le procureur général est prévue par les art. 46 à 49, D. 6 juil. 1810. Le procureur général doit laisser parler l'avocat général selon sa conscience, ou porter lui-même la parole. Il peut aussi faire soutenir son opinion par un autre avocat général qui la partage, en l'attachant à la Chambre où l'affaire est pendante (art. 44, *ibid.*). Ces dispositions doivent être appliquées, par analogie, aux substituts du procureur général et du procureur de la République.

### III. Droit des administrations publiques.

**763.** Certaines administrations publiques sont chargées de poursuivre les infractions qui lèsent les intérêts placés sous leur surveillance. Telles sont les administrations des *forêts*, des *douanes* et des *contributions indirectes*. Leur droit sur l'action publique est plus étendu que celui du ministère public, car elles peuvent en disposer par une transaction. Trois questions sont à examiner pour chacune de ces administrations : 1° Leur droit de poursuite exclut-il celui du ministère public ou s'exerce-t-il concurremment avec lui ? — 2° N'y a-t-il pas des cas où le ministère public peut poursuivre à l'exclusion de l'administration ? — 3° quel est l'effet de la transaction dans ces hypothèses ?

L'administration forestière puise, dans les art. 19, 182, 202, C. i. c., 159, 183, 184, C. f., le droit de poursuivre *concurremment* avec le ministère public les contraventions et délits forestiers, quelle que soit la peine applicable. Ces textes répondent aux deux premières questions. Quant aux effets de la transaction, l'art. 159, C. f., modifié par la loi du 18 juin 1859, distingue : si elle intervient *avant jugement*, elle éteint l'action publique alors même que le délit entraînerait l'emprisonnement ; *après jugement*, au contraire, elle ne peut éteindre que la peine pécuniaire.

En matière de contributions indirectes (1) et de douanes, l'administration exerce l'action publique au point de vue des amendes et des confiscations : elle les requiert ; elle peut interjeter appel pour les faire

(1) Les *octrois*, qui sont une branche des contributions indirectes, sont soumis en général aux mêmes règles.

prononcer ou en faire augmenter le chiffre. Mais ce droit exclut-il, quant à ces peines pécuniaires, la poursuite par le ministère public ?
L'affirmative n'est guère contestée s'il s'agit des contributions indirectes. Elle a été admise comme chose décidée par le rapporteur de la loi du 21 juin 1873 (1). Pour les douanes, les textes établissent ce droit exclusif de l'administration quant aux infractions passibles simplement de *peines pécuniaires de la compétence du juge de paix*. Mais à l'égard de celles qui entraînent, *en outre* des confiscations et amendes, l'*emprisonnement correctionnel ou des peines afflictives*, on pourrait soutenir que les lois du 28 avril 1816 et du 21 avril 1818 ont rendu au ministère public le droit de requérir *toutes* les peines applicables à l'infraction, aussi bien les peines pécuniaires que les peines corporelles (2). De telle sorte que l'administration aurait pour les amendes applicables aux crimes et aux délits punis de peines corporelles un droit simplement parallèle à celui du ministère public. La tendance générale est cependant d'admettre le droit exclusif de l'administration, à cause du prétendu caractère de réparations civiles de ces confiscations et amendes (3).

Quant à la transaction intervenue avec l'administration des contributions indirectes ou des douanes, elle éteint en général l'action publique, tant au point de vue de l'application de la peine que de son exécution, et quelle que soit la peine : c'est-à-dire qu'elle empêche de prononcer l'amende et l'emprisonnement, si elle a lieu avant jugement, et qu'elle en fait remise, si elle a lieu après (4). Mais il faut pour cela que la peine corporelle soit motivée uniquement par la fraude aux lois fiscales et non par un délit de droit commun connexe au fait de fraude. Exceptionnellement pour certains délits de contributions indirec-

(1) Ce rapport sert de commentaire à l'art. 15 de cette loi. (S. *Lois* annotées, 1873, p. 421). — Comp. Cass. 2 juil. 1878 (D. 79, 1, 381 et la note) ; 10 juin 1882 (S. 84, 1, 246) ; 14 nov. 1883 (S. 85, 1, 419) ; 12 déc. 1885 (S. 87, 1, 80). — *Contrà* : F. Hélie, I, 505.

(2) Ces deux lois abolirent les cours prévôtales auxquelles étaient déférées ces infractions, pour rétablir à leur égard la compétence des tribunaux correctionnels et des Cours d'assises. Ce retour au Droit commun, quant à la compétence, n'implique-t-il pas un changement analogue quant au fond du droit, c'est-à-dire quant à la poursuite par le ministère public ? Et ce retour au Droit commun, en se combinant avec la faculté qu'a l'administration de requérir les peines pécuniaires, ne produit-il pas ce droit parallèle que nous indiquons au texte ? — V. en sens divers : F. Hélie, I, 507 ; Dalloz, *Rép.* v° Douanes, 869 et s.

(3) C. Nancy, 27 fév. 1878 (D. 79, 2, 46).

(4) V. sur le droit de transaction de l'administration des Douanes : *Arrêté*, 14 fruct. an X ; Ord. 27 nov. 1816, art. 9 ; Ord. 30 janv. 1822, art. 10. (Dalloz, *op. et V° cit.*, 1012). Sur celui de l'administration des contributions indirectes : *Arrêté*, 15 germ. an XII, art. 23 ; D. 16 mars 1813, art. 6 ; Ord. 3 janv. 1821, art. 10 ; L. 21 juin 1873, art. 15 et s.

tes passibles d'emprisonnement et d'amende, la transaction n'est autorisée qu'*après jugement* et seulement *sur le montant des condamnations pécuniaires* (L. 21 juin 1873, art. 15). Cette distinction judicieuse mériterait d'être généralisée.

## IV. Droit des particuliers et des tribunaux.

**764.** Le droit de donner l'*impulsion* à l'action publique n'appartient, sauf une seule exception, qu'aux particuliers lésés par l'infraction. Les autres peuvent *dénoncer* le fait ; mais la dénonciation n'a pas d'effet sur l'action publique, c'est un simple stimulant pour le ministère public. Lorsque cette dénonciation émane de la victime du délit, elle prend le nom de *plainte ;* mais ce n'est pas encore là l'usage du droit d'impulsion sur l'action publique. Cette impulsion se manifeste seulement par la *constitution de partie civile*, ajoutée à une plainte adressée au juge d'instruction, ou résultant d'une citation du prévenu devant la juridiction de jugement. La constitution de partie civile, sous quelque forme qu'elle se manifeste, saisit de l'action civile la juridiction pénale devant laquelle elle a lieu (1) (art. 145, 182, 183, 63, 64, 66, C. i. c. comb.), et elle porte en même temps devant elle l'action publique, car les juridictions pénales doivent être saisies de celle-ci pour pouvoir statuer sur celle-là (art. 3, C. i. c.). Aussi les textes qui reconnaissent *sans restriction* à la victime du délit le droit de se constituer partie civile devant une juridiction d'instruction ou de jugement, lui donnent implicitement le droit de saisir cette juridiction de l'action publique, sans quoi leur disposition cesserait d'être *absolue* et ne s'appliquerait que si le ministère public poursuivait de son côté. Les particuliers font donc le premier acte d'exercice de l'action publique ; ils en saisissent la juridiction pénale. Pour ce motif, on qualifie leur participation à son exercice de *droit d'impulsion*, ou de *droit de mise en mouvement.* — Un second acte d'exercice leur était inutile, puisqu'aussitôt saisie la juridiction pénale peut statuer sur l'action publique, dans la mesure de sa compé-

---

(1) Des auteurs ont soutenu que la constitution de partie civile saisissait les juridictions d'instruction seulement de l'*action publique*, parce que ces juridictions ne peuvent statuer sur le fond du droit (*Sic* : CURET, *Du conflit en mat. crim., France judic.*, 1881, p. 385-396). C'est là une erreur ou plutôt une confusion. La partie civile ne demande au juge d'instruction rien de plus, rien de moins que le ministère public, savoir de qualifier le fait et d'en saisir, s'il y a lieu, la juridiction de jugement. Les décisions des juridictions d'instruction s'appliquent nécessairement aux deux actions, parce qu'elles résolvent des questions qui leur sont communes. *Sic* : TRÉBUTIEN, II, p. 38 et s. ; F. HÉLIE, *Ins. crim.* I, 520. Cependant ce dernier auteur paraît avoir eu quelques hésitations sur ce point : v. notamment *op. cit.*, V. 2295.

tence, malgré l'abstention du ministère public ; aussi le leur a-t-on refusé (1).

Il est un cas exceptionnel où le droit d'impulsion sur l'action publique appartient à des particuliers non lésés par l'infraction. L'art. 123 de la loi électorale du 15 mars 1849, non abrogé par les lois postérieures, admet la poursuite des crimes et délits électoraux par les électeurs du collège électoral où ils ont été commis (2). C'est là un véritable cas *d'accusation populaire*, car l'intérêt général est le seul mobile de cette action. Aussi le texte a-t-il soin de dire que « le défaut d'action (*des électeurs*) ne portera aucun préjudice à l'action *publique* (c'est-à-dire à la poursuite par le ministère public).

**765.** Nous ne traiterons pas ici du droit des tribunaux sur l'action publique, cela nécessiterait un long résumé de plusieurs parties de la procédure pénale et nous nous exposerions à des redites ; il suffit de noter qu'il se manifeste : 1º par la nécessité pour les juridictions pénales de statuer sur l'action publique, dès qu'elles en sont saisies, malgré tout désistement du ministère public et de la partie civile ; — 2º par le droit qu'ont les tribunaux de répression de se saisir d'office de certaines infractions de leur compétence ; — et 3º pour certaines autres, par le droit d'en saisir la juridiction compétente.

## SECTION II. — DU SUJET PASSIF DE L'ACTION PUBLIQUE.

**766.** L'action publique peut être dirigée, au point de vue de la peine et des frais, contre les *auteurs* et *complices* de l'infraction ; au point de vue des frais, elle peut atteindre encore les *personnes civilement responsables* des agents du délit (art. 194, C. i. c. et arg. de ce texte). On oublie souvent de citer ces personnes parmi les sujets passifs de l'action publique. Elles sont ses défendeurs accessoires ; car il ne faudrait pas croire qu'en poursuivant leur condamnation aux frais on exerce contre elles l'action civile. Cette action en effet a pour objet la réparation du dommage causé par l'infraction ; or la condamnation aux dépens dans le jugement rendu sur l'action publique répare, non pas le préjudice causé par le délit, mais celui causé par l'exercice de l'action publique. C'est

---

(1) Cette règle reçoit exception pour les recours que la partie civile est autorisée à exercer contre les ordonnances ou arrêts des juridictions d'instruction (art. 135, 539). De quoi lui servirait en effet de pouvoir faire réformer ou casser ces décisions, si la voie de recours ne devait pas aboutir à un renvoi des *deux* actions devant la juridiction de jugement, puisque cette juridiction ne peut être saisie valablement de l'action civile sans l'être en même temps de l'action publique (art. 3) ?

(2) Cass. 16 mars 1878 (D. 78, 1, 142).

donc bien l'action publique qui est dirigée *quant aux frais* contre les personnes civilement responsables. Seulement s'il y a partie civile en cause la qualité de défendeurs accessoires à l'action publique n'apparaît pas nettement chez ces personnes, parce que les frais de la procédure étant communs aux deux actions, elles se trouvent avoir la qualité de défendeurs accessoires à l'une et à l'autre.

La mise en cause des personnes civilement responsables est une application de la *théorie de l'intervention* que le Code d'instruction criminelle a passé sous silence. Nous saisissons cette occasion de l'exposer dans son entier.

**767. Théorie de l'intervention. — Personnes qui peuvent intervenir ou être appelées en cause.** — On peut définir l'intervention : l'introduction d'un nouveau demandeur ou d'un nouveau défendeur dans une instance liée entre deux parties. Elle est *volontaire* ou *forcée* ; celle-ci est souvent qualifiée d'*appel en cause*.

L'intervention ne reçoit pas en Droit pénal toutes les applications qu'elle comporte en Droit civil, où elle n'est fondée que sur l'intérêt (art. 339, 341, C. proc.).

1° *Du nouveau demandeur.* — Si l'on recherche qui peut devenir dans le procès pénal l'auxiliaire du ministère public contre le prévenu, et quel est le caractère de cette intervention, on ne trouve que la *partie civile*, et l'on remarque que son intervention est nécessairement *volontaire*. Tout tiers non lésé par l'infraction qui voudrait poursuivre le prévenu, agirait dans un intérêt social et usurperait les fonctions du ministère public. D'un autre côté on ne comprendrait pas l'intervention forcée de la partie civile. Le ministère public est sans intérêt, et le prévenu est sans droit pour l'appeler en cause. Ce n'est pas que ce dernier ne puisse être intéressé à voir statuer dans une seule et même instance sur l'action publique et sur l'action civile, mais il n'a pas le droit d'enlever à la personne lésée la faculté de porter son action devant la juridiction civile, ni celle de l'exercer quand elle le jugera convenable.

2° *Du nouveau défendeur.* — Le tiers, qui dans le procès pénal peut devenir l'auxiliaire du prévenu contre la partie poursuivante, doit être un individu en position d'être condamné pour le délit qui fait l'objet de la poursuite ; sinon il ne serait pas apte à jouer le rôle de nouveau défendeur. Ce sera un coauteur, ou un complice, ou la personne civilement responsable. Mais on ne comprendrait pas l'intervention d'un ami, d'un parent, qui pour défendre le prévenu demanderait à devenir partie au procès. Cette intervention est inutile, car les arguments que l'intervenant voudrait fournir en faveur du prévenu seront développés par l'avocat, ou par l'intervenant lui-même, s'il se fait appeler comme témoin à décharge, ou autoriser par le président à présenter la défense de son protégé. Devrait-on admettre l'intervention d'un tiers qui a commis un délit semblable à celui qui est actuellement poursuivi ? — *Exemple* : un négociant qui a vendu du vin plâtré ou fuchsiné est poursuivi en vertu de la loi du 27 mars 1851. Un autre négociant, qui lui aussi a vendu du vin plâtré ou fuchsiné, peut-il intervenir pour démontrer que ce mélange est licite ? Son intérêt est évident : il veut empêcher de se former un préjugé qu'il aurait plus tard de la peine à détruire. Mais son intervention est irrecevable, car il n'a point participé au délit actuellement poursuivi. C'est un délit différent qu'il a commis. Or l'intervention suppose que la cause est la même; elle consiste seulement dans l'addition d'une nouvelle partie (1).

L'intervention du nouveau défendeur peut être volontaire ou forcée.

**768. De qui peut émaner l'appel en cause ?** — Les juridictions d'instruction ont le droit d'étendre d'office la poursuite à tous les individus qui ont participé à l'infraction dont elles sont saisies. L'instruction préparatoire a lieu *in rem*, sur le crime, et non pas simplement sur la culpabilité des individus désignés au juge d'instruction par le ministère public ou par la partie civile (art. 8, 47, C. i. c.). L'extension des poursuites à d'autres individus est une *mise en cause d'office*. — L'*appel en cause* émane aussi régulièrement d'une des parties au procès. Il peut être fait par la partie poursuivante (ministère public ou partie civile); c'est un moyen pour eux d'exercer des poursuites contre un nouveau défendeur. — Mais peut-il émaner du *prévenu*, et d'un autre côté la mise en cause d'office peut-elle être ordonnée par une juridiction *de jugement* ? Nous répondons négativement à ces deux questions. Quel but pourrait en effet poursuivre le prévenu ? Se faire défendre par le tiers qu'il appelle en cause ? Mais il obtiendra aussi ce résultat en appelant le tiers comme témoin; il n'est pas utile de le rendre partie au procès. — Le faire condamner à une peine ? Mais le prévenu ne peut ni exercer, ni mettre en mouvement l'action publique. — Se faire indemniser par l'intervenant des condamnations qu'il va encourir lui-même ? Mais cette garantie n'est pas due, et, eût-elle été promise, l'obligation serait entachée d'une nullité d'ordre public. — Quant aux juridictions de jugement, elles ne peuvent étendre les poursuites à des coauteurs ou complices qui ne sont pas traduits devant elles. Elles sont chargées seulement de punir les individus que leur « livre » la partie poursuivante (art. 8, 145, 182, 271, 361, 379). L'instruction définitive, qu'elles font, a lieu *in personam*. De quelle utilité d'ailleurs serait cette mise en cause qui, si elle n'est pas acceptée par le ministère public ou la partie civile, ne saurait aboutir à une condamnation ? Ce serait, dit-on, de faciliter l'instruction

---

(1) *Comp.* Jousse, III, p. 86.

du procès par le concours de l'intervenant. Mais, ce concours, le tribunal peut l'obtenir en faisant comparaître comme témoin le tiers dont le témoignage paraît nécessaire, si c'est une personne physique, et en consultant ses titres, si c'est une personne morale (1).

**769. Formes de l'intervention.** — L'intervention volontaire se réalise par une déclaration qui n'est assujettie à aucune forme spéciale. Des conclusions prises par l'intervenant dans le sens de la condamnation ou du relaxe suffisent. L'art. 67, C. i. c. qualifie cette déclaration d'*acte subséquent* lorsqu'il s'agit de la partie civile, parce qu'il suppose que la victime du délit a commencé par déposer une plainte avant de se rendre partie au procès ; mais il n'était pas dans l'intention du législateur de refuser à ceux qui n'ont pas porté plainte le droit de se constituer partie civile (2).

Pour *l'appel en cause* il faut recourir aux actes de procédure susceptibles de saisir la juridiction contre le nouveau défendeur. La citation est en général nécessaire et suffisante. Devant la Cour d'assises ce moyen n'est possible que pour les délits de presse ; en toute autre matière, il faut un *arrêt de renvoi* rendu par la Chambre d'accusation. On devra donc suivre la filière de l'instruction préparatoire à deux degrés pour mettre un nouveau coauteur ou complice en situation d'être appelé en cause devant cette juridiction. La mise en cause se réalisera alors par la jonction des *actes d'accusation* (art. 307, C. i. c). L'appel en cause des personnes civilement responsables a lieu devant toutes les juridictions de jugement au moyen d'une citation.

**770. Effets de l'intervention.** — L'effet direct et immédiat de l'intervention est de rendre l'intervenant partie au procès. Il pourra donc encourir ou voir prononcer à son profit une condamnation. Mais cette condamnation est-elle toujours possible ? Elle l'est certainement quand il s'agit de l'intervention volontaire de la partie civile ou de l'appel en cause d'un nouveau prévenu par la partie civile ou par le ministère public. L'acte qui réalise en effet l'intervention saisit en outre le tribunal de l'action publique et de l'action civile quant à l'intervenant, et rend

---

(1) Des opinions très diverses se sont produites sur l'intervention en matière pénale. Les uns repoussent toute autre intervention que celle de la partie civile (VENTE, *Rev. crit.*, 1852, p. 676).— D'autres distinguent suivant que la poursuite est intentée par le ministère public ou par la partie civile ; et dans ce dernier cas ils admettent l'intervention d'une manière aussi large que dans la procédure civile. (DALLOZ, *Rép.* v° *Intervention*, n° 167). — La jurisprudence n'a point de système bien défini : elle admet l'intervention de tout individu qui, à un titre quelconque, peut être condamné *en même temps* ou *à la place* du prévenu. Elle admet son intervention volontaire, son appel en cause, même par le prévenu, et sa mise en cause d'office par le tribunal. V. F. HÉLIE, *Prat. crim.* I, 275, 276,

(2) *Sic* : Cass. 16 oct. 1812 ; F. HÉLIE, VI, 1713.

possible dès lors une condamnation à son profit ou contre lui. Mais l'intervention volontaire d'un tiers en faveur du prévenu ne produit pas ce résultat. Il ne dépend pas en effet d'une personne de se faire poursuivre. L'acte qui réalise l'intervention ne saisit pas le tribunal de l'action publique ni de l'action civile contre l'intervenant. Il faudra donc que l'intervention soit acceptée par l'une des parties poursuivantes pour que la condamnation de l'intervenant soit possible. Cette acceptation, jointe à la déclaration d'intervention, équivaut à une *comparution volonaire* (1).

SECTION III. — DU SUJET ACTIF DE L'ACTION CIVILE.

**771. Objet précis de l'action civile.** — Il importe de préciser d'abord quelle action on entend désigner par cette expression, *action civile*. Au sens large, elle est synonyme d'*action privée*. Mais toutes les actions privées qui se rattachent à l'infraction ne sont pas l'action civile au sens strict du mot. Ainsi l'assassinat d'une personne par son héritier présomptif donne lieu à l'action en exclusion de la succession pour ingratitude. Les coups et blessures portés au donateur ou au testateur peuvent motiver l'action en révocation d'une donation ou en déchéance d'un legs pour le même motif. L'adultère peut être le principe d'une demande en séparation de corps, en divorce, ou en désaveu de paternité, etc. Ces actions privées ont avec le délit un rapport moins direct que l'action civile. Leur *cause* est dans un manquement à des devoirs. L'infraction a été simplement l'*occasion* de ce manquement. Elles ne naissent pas non plus de toute infraction. — Il y a au contraire une action privée, conséquence nécessaire de toute infraction portant préjudice à un particulier : c'est le délit, envisagé par son côté préjudiciable, qui lui donne naissance, qui est sa *cause efficiente;* celle-ci est, au sens strict et usuel du mot, l'action civile. L'art. 1er, C. i. c., la définit : « L'action en réparation du dommage causé par un crime, par un délit, ou par une contravention. » Mais le *délit civil* peut, comme l'*infraction*, donner naissance à une action « en réparation du dommage » (art. 1382, C. civ.), laquelle ressemble à l'action civile par son but comme par son origine. (On peut dire en effet que l'infraction n'engendre l'action civile qu'à la condition de contenir un délit civil). Cependant, comme elle en diffère à plusieurs points de vue, nous la désignerons toujours sous le nom d'*action en dommages-intérêts*. Notons en passant leurs principales différences pour faire comprendre l'utilité de les distinguer.

(1) *Sic* : GARRAUD, *Précis* (8e édit.), 881. — Voir sur les conditions de la comparution volontaire : Cass. 4 mars 1848 (B. 51) ; 23 nov. 1837 (B. 408).

Elles diffèrent : 1° au point de vue de la *compétence :* l'action en dommages-intérêts ne peut être portée que devant les tribunaux civils. L'action civile peut de plus être portée devant les tribunaux de répression (art. 3, C. i. c.). — 2° L'action en dommages-intérêts fait reconnaître et liquider une créance dépourvue de toute garantie ; la victime du délit civil est un simple créancier chirographaire (1). L'action civile aboutit à une condamnation garantie par la solidarité légale et la contrainte par corps. — 3° L'action en dommages-intérêts se prescrit par 30 ans (art. 2262, C. civ.). L'action civile est soumise à la même prescription que l'action publique (art. 2, 637, 638, 640, C. i. c.).

**772. Droits du titulaire de l'action civile.** — Quand on se demande quel est le sujet actif de l'action civile, la question est complexe : elle comprend la détermination du titulaire de l'action, puis celle de sa capacité pour l'exercer. Ce second côté de la question mérite un simple renvoi au Code civil, car aucune modification n'est apportée par le Code d'instruction criminelle aux dispositions qu'il contient sur l'exercice des actions appartenant à des incapables. L'art. 1er, § 2, C. i. c. résout au contraire le premier point en ces termes : « L'action en réparation du dommage causé par un crime, par un délit ou par une contravention *peut être exercée* par tous ceux qui ont souffert de ce dommage. » Cet article est mal rédigé ; il est visible en effet qu'une transposition accidentelle de mots s'est produite entre le premier et le second paragraphe. L'expression *peut être exercée*, ne marque pas toute l'étendue du droit de la victime du délit sur l'action civile ; de même que l'expression *appartient*, dans le premier paragraphe, donne une idée exagérée des droits du ministère public sur l'action publique. Il faut lire le texte comme s'il portait : « L'action pour l'application des peines *ne peut être exercée* que par les magistrats auxquels elle est confiée par la loi. L'action en réparation du dommage causé par un crime, par un délit ou par une contravention, *appartient* à tous ceux qui ont souffert de ce dommage. » (Comp. C. brum. an IV, art. 6). La personne lésée par l'infraction est en effet créancière de la réparation. Titulaire de la créance, elle l'est aussi de l'action qui tend à la faire reconnaître et liquider. Elle a donc non seulement l'*exercice*, mais encore la *disposition* de l'action civile. Par suite, elle peut *céder* son action (art. 1689 et s., C. civ.), y *renoncer* (art. 1282 et s.), *transiger* sur elle (art. 2044) (2). Ses créanciers

(1) Réserve faite cependant du cas où il peut y avoir obligation *in solidum*. V. *suprà*, n° 482.

(2) La transaction sur l'action civile née d'un faux ne peut être *exécutée* qu'après avoir été homologuée en justice et communiquée préalablement au ministère public (art. 249, C. proc.) ; mais elle est parfaite sans cette homologation qui a seulement pour but de mettre le ministère public en mesure d'exercer des poursuites.

ont le droit de l'exercer si elle néglige de le faire (art. 1166). Enfin cette action passe avec son patrimoine à ses héritiers (art. 724). Ces deux dernières propositions comportent des exceptions.

*a*) L'art. 1166 refuse aux créanciers l'exercice des actions qui sont « exclusivement attachées à la personne ». Et dans l'opinion générale l'action civile aurait ce caractère lorsqu'elle naît d'un délit dirigé contre la personne (1). Mais il nous paraît plus exact de dire que l'action civile est toujours susceptible d'être exercée par les créanciers pour faire réparer un *préjudice pécuniaire*, et ne l'est jamais pour faire réparer un *dommage moral*. Dans ce système les créanciers ont le droit d'exercer l'action civile, même pour les délits dirigés contre la personne de leur débiteur, à la condition de justifier que le délit lui cause un préjudice pécuniaire.

*b*) L'action civile est intransmissible quand le fond du délit est une *injure* que le silence gardé par la victime jusqu'à sa mort doit faire réputer pardonnée. Cette exception, admise en Droit romain pour l'action *injuriarum* (*Inst. Just.* IV, XII, § 1), est devenue traditionnelle. Les auteurs l'appliquent en matière de diffamation, d'injure et d'adultère (2).

**773. Qui peut intenter l'action civile ?** — L'art. 1er, C. i. c. accorde l'action civile aux personnes « qui ont souffert du dommage causé par l'infraction ». Les principes généraux exigent en outre que ce dommage soit actuel et direct. Quatre conditions sont par conséquent nécessaires et suffisantes pour intenter l'action civile :

*1re condition :* « Avoir éprouvé un dommage ». — Peu importe la nature de ce dommage ; la loi ne précise rien : il peut être *matériel*, c'est-à-dire atteindre les biens ou la personne physique ; il peut être *moral*, c'est-à-dire léser l'honneur, la réputation, la considération. La difficulté d'apprécier, dans ce dernier cas, la nature et le taux de la réparation ne doit pas arrêter. La publication du jugement est toujours susceptible d'être ordonnée à titre de réparation civile ; c'est même la seule qu'on devrait prononcer lorsque l'atteinte à l'honneur ne paraît pas avoir causé de préjudice à des intérêts pécuniaires (3).

**774. 2e condition :** « Le dommage doit *résulter de l'infraction* ». — Pour ce motif les délits d'habitude n'engendrent point l'action civile. Ils donnent lieu simplement à l'action en dommages-intérêts. On peut

---

(1) *Sic :* SOURDAT, *Responsabilité*, I, 73 et s.
(2) Pour la *diffamation* et *l'injure*, v. CHASSAN, II, 1195 ; BARBIER, *Code expliqué de la presse*, II, 864. La loi du 29 juil. 1881 (art. 60) ne résout pas la question, comme paraît le croire M. GARRAUD (*Précis*, 390, B.), car si l'action est transmissible, le droit de porter plainte passe avec elle aux héritiers. — Pour l'adultère, v. *infrà*, n° 789, Comp. *Inst. Just.* IV, XII, § 1.
(3) *Sic :* HAUS, II, 1368.

être lésé en effet par des prêts usuraires, mais on ne l'est point par l'habitude qu'a l'agent de prêter à usure. — Et il importe peu que la série des faits constitutifs de l'habitude aient été accomplis au préjudice de la même personne ou de personnes différentes : le délit résulte, en effet, de l'habitude chez le délinquant (1).

**775.** *3° condition :* « Le dommage doit être *actuel* ». — Mais il n'est pas nécessaire qu'il se traduise par une perte actuelle d'argent ; la perte d'un droit suffit. Ainsi on fait une différence entre le père et le cousin de la personne assassinée : celui-ci n'a l'action civile que s'il était assisté, en fait, par la victime à l'époque du crime. Celui-là au contraire étant au nombre des ayants droit à la pension alimentaire (art. 205, et s., C. civ.), aura l'action civile, alors même qu'au temps du crime il ne serait pas assisté. Il perd un droit en perdant son fils. Bien entendu nous ne parlons ici que de l'action civile que le père ou le cousin peuvent exercer de leur propre chef, en se disant personnellement lésés par l'infraction ; nous examinerons plus bas s'ils ne pourraient pas exercer l'action civile appartenant au défunt, en leur qualité d'héritiers.

**776.** *4° condition :* « Le dommage doit être la conséquence *directe* de l'infraction ». — Ainsi la personne sur laquelle se sont égarées les recherches de la justice ne peut réclamer des dommages-intérêts à l'auteur du délit. — Il n'est pas d'ailleurs nécessaire que l'auteur de l'infraction ait eu l'intention d'atteindre celui qui en souffre. Les délits dirigés contre la chose publique ou contre un tiers, du moment que nous en éprouvons un préjudice, donnent lieu à notre profit à l'action civile, tout comme les délits dirigés contre nous-mêmes. Le mari par exemple est généralement atteint par tous les délits qui diminuent le patrimoine de sa femme ; il est même souvent lésé par ceux qui atteignent son honneur. Les créanciers, qui n'ont d'autre sûreté que l'industrie de leur débiteur, sont personnellement atteints par l'infraction qui cause sa mort ou qui le rend impropre à exercer son industrie. Ils peuvent intenter l'action civile de leur propre chef, comme aussi, dans notre opinion, du chef de leur débiteur en exerçant ses droits (art. 1166) (2).

**777. Questions controversées.** — *1re Question :* « Le délit de concurrence illicite donne-t-il naissance à l'action civile, et qui peut l'exercer ? » — Il y a des professions monopolisées qui sont accessibles seulement aux personnes ayant justifié de leur aptitude et de leur capacité. L'exercice illégal de ces professions constitue la *concurrence illicite* : infraction dont la peine varie suivant les lois spéciales qui ont organisé ces monopoles. Tel est par exemple l'exercice illégal de la médecine (L. 19 vent. an XI) ou de la pharmacie (Arr. Parlem. 23 juil. 1748). Ce

---

(1) Cass., ch. réun. 21 juil. 1841 ; Cass. 8 juil. 1881 (D. 82, 1, 41).
(2) Voir *infrà*, 3° question.

délit donne-t-il lieu à l'action civile, et qui peut l'exercer ? Un point certain, c'est que la collectivité (1) n'ayant point d'existence légale, puisqu'elle n'est pas une personne morale, ne peut être lésée. Seuls les membres de la collectivité, qui exercent leur profession, chacun dans un intérêt personnel, peuvent se plaindre d'un détournement de clientèle. La nature toute spéciale de ce préjudice rend difficile sa constatation. Pour nous, c'est une question de fait. Dans une petite ville, l'exercice illégal de la médecine ou de la pharmacie causera un préjudice appréciable aux médecins et pharmaciens qui y sont établis ; nous leur accorderons par conséquent l'action civile. Dans une grande ville, le préjudice étant problématique, nous la leur refuserons. A fortiori refuserions nous cette action aux pharmaciens d'une ville pour le délit commis dans une autre ville, à moins que le plaignant ne soit le fournisseur des pharmaciens diplômés établis dans la ville où le délit a été commis (2). — La jurisprudence accorde sans restriction l'action civile à tous les membres de la collectivité, quelque éloignée que soit du lieu du délit la localité qu'ils habitent (3). C'est une exagération qui tend à créer un nouveau cas d'accusation populaire. — Certains auteurs soutiennent que ce délit n'engendre jamais l'action civile. Le préjudice, d'après eux, n'existe pas. Qui peut se flatter en effet de conserver une clientèle ? Rien ne prouve que les personnes qui se sont adressées au concurrent sans diplôme seraient venues trouver le plaignant (4). — Nous répondons qu'il y avait une chance dont la valeur est appréciable dans les petites localités. La loi sur les syndicats professionnels (L. 21 mars 1884) paraît d'ailleurs fournir le moyen de résoudre dans tous les cas la difficulté. En groupant les intérêts d'un grand nombre de personnes qui exercent dans une grande ville ou dans une région de la France la même profession monopolisée, les associations professionnelles rendent le préjudice appréciable, et si l'action civile n'appartient pas individuellement à chaque membre syndiqué, elle appartient du moins au syndicat qui constitue une personne morale (5). Il y a lieu d'observer seulement que la loi du 21 mars 1884

---

(1) On l'appelle par habitude la *corporation*, quoique les corporations soient abolies (D. 2-15 mars 1791).
(2) GARRAUD, *Précis*, 390, A.
(3) TRÉBUTIEN, II, p, 26 ; LE SELLYER, *Act. pub. et priv.*, I, 269. Cass. ch. réun., 15 juin 1833 ; Lyon, 21 déc. 1883 (S. 85, 2, 41 et la note).
(4) F. HÉLIE, *Inst. crim.*, I, 564 ; HOFFMAN, *Quest. préj.*, I, 33 ; HAUS, II, 1061.
(5) *Sic :* Paris, 20 janv. 1886 (*Gaz. trib.* 26 janv.). — *Contrà :* Aix, 26 janv. 1887, sur la consultation de M. WALDECK-ROUSSEAU (*Rec. de proc. civ.*, 1887, p. 49 et s.). Pour refuser aux syndicats professionnels le droit d'intenter l'action civile, on dit: « qu'ils ne peuvent pas exercer une action qui se trouve dans le patrimoine de « chacun de leurs membres, parce qu'ils personnifient des intérêts qui, n'étant le

ne s'applique point aux professions libérales (art. 3) : elle peut être invoquée par les pharmaciens, parce qu'ils sont commerçants, mais non par les médecins (1).

**778.** *2e Question :* « Les diffamations et injures dirigées contre l'armée, les corps constitués et les administrations publiques, donnent-elles lieu à l'action civile ? » — Ces collectivités sont protégées par une sanction pénale contre la diffamation et l'injure (art. 30, 33, L. s. la Presse). Il s'agit de savoir si une sanction civile correspond à la sanction pénale. La négative nous paraît certaine. A qui appartiendrait en effet l'action civile, puisque ces collectivités n'ont pas de patrimoine ? Distribuerait-on les dommages-intérêts entre tous les membres de la collectivité ? Mais aucun n'a éprouvé personnellement de préjudice ; c'est l'honneur du corps qui a souffert ; or cet honneur n'intéressant que la chose publique, dont le corps fait partie, c'est par la sanction pénale, poursuivie dans l'intérêt social, que l'infraction se trouve entièrement réparée (2).

**779.** *3e Question :* « L'infraction qui a causé la mort de la victime donne-t-elle naissance à l'action civile, et à quel titre ses héritiers l'exercent-ils ? » — Il est certain que si les héritiers étaient personnellement lésés par la mort de leur auteur, ils auraient action de leur propre chef ; mais le cas sera rare, car généralement les héritiers auront gagné à cette mort, qui les fait hériter plus tôt : s'ils sont lésés, c'est uniquement dans leur affection. — Cet intérêt d'affection avait paru suffisant dans l'ancien Droit pour accorder l'action civile aux parents très rapprochés et au conjoint survivant : on disait qu'ils agissaient *propter causam doloris*. Quant aux autres parents, ils n'avaient l'action civile qu'à la condition d'être héritiers, c'est-à-dire qu'ils étaient réputés l'avoir recueillie du défunt et qu'ils l'exerçaient du chef de ce dernier. La jurisprudence et certains auteurs modernes font encore cette distinction (3). —

---

« patrimoine d'aucun des sociétaires, ne peuvent être exercés par aucun d'eux ». — Mais c'est précisément pour cette raison, qu'on accorde au syndicat l'action civile du délit de concurrence illicite lorsqu'il est impossible d'apprécier le préjudice qu'en éprouve personnellement chacun des membres syndiqués. Dira-t-on que dans cette hypothèse « l'action existe en germe dans le patrimoine de chacun ». C'est pure subtilité. On ne peut soutenir en effet qu'il y ait incertitude seulement sur le chiffre du préjudice, lorsque cette incertitude est telle que la lésion elle-même est incertaine. En droit, *presque rien* doit être assimilé à *rien*. Or s'il n'y a pas de lésion, il n'y a point d'action civile.

(1) Cass. 27 juin 1885 ; Paris, 20 janv. 1886.

(2) *Sic* : GARRAUD, *France judic.*, VII, 1, 350. — *Contrà* : BARBIER, *Code de la presse*, II, 471. Mais cet auteur est obligé de convenir que l'action civile de ces collectivités pourra aboutir seulement à la *publication du jugement* à titre de réparation civile.

(3) F. HÉLIE, *Inst. crim.*, I, 557 ; LE SELLYER, *op. cit.*, I, 263 ; Cass. franç., 21 mai 1881, (D. 82, 1, 391) ; Cass. belge, 17 mars 1881, (S. 81, 4, 9 et la note).

D'autres auteurs soutiennent que les infractions de cette nature n'engendrent point l'action civile : elle ne naît pas en effet directement au profit des héritiers, parce qu'ils ne sont point lésés, et ils ne peuvent l'exercer du chef de leur auteur, puisque, le crime ayant causé sa mort, elle n'a pu lui appartenir et par conséquent leur être transmise (1). — Enfin une partie de la doctrine enseigne que cette action fait partie de la succession et passe à ce titre aux héritiers et autres successeurs universels. C'est à cette opinion que nous nous rallions (2). Il est certain en effet que rien ne peut compenser l'affection qu'on avait pour une personne. L'affection est un sentiment, ce n'est pas un bien dont la perte puisse être qualifiée de *dommage* (art. 1er, C. i. c.). Les atteintes à l'honneur, à la considération, à la réputation font éprouver un préjudice moral, d'une évaluation difficile sans doute, mais non impossible. L'affection au contraire répugne à toute évaluation. Il faut donc rejeter la prétention des héritiers qui voudraient exercer l'action civile de leur propre chef, *propter causam doloris*. Mais l'ont-ils du chef du défunt, en leur seule qualité d'héritiers ? Assurément, si elle leur a été transmise. Toute la difficulté est d'expliquer cette transmission.

Notons d'abord que le préjudice causé à la personne physique par la perte de la vie est absolument irréparable : de ce chef les héritiers n'ont le droit de rien réclamer. Mais ils peuvent du moins demander compte du dommage que la mort de leur auteur cause à son patrimoine, à la condition de prouver l'*existence* de ce préjudice *et son étendue*. — Certains auteurs affirment que la mort d'un individu cause toujours un préjudice à sa fortune. C'est là une supposition gratuite. Mais si les héritiers prouvent que le patrimoine était en voie de développement, que le défunt faisait des économies, qu'il était engagé dans des entreprises desquelles il pouvait espérer la fortune, qu'il aurait probablement recueilli certains héritages s'il ne fût pas mort prématurément, la preuve du préjudice causé au patrimoine sera faite et l'action civile, née au profit du patrimoine qui représente la personne, passera à ceux qui le recueillent, proportionnellement à la part héréditaire de chacun (3).

**780.** *4e Question :* « A quelles conditions la diffamation envers les morts est-elle un délit ? — Envers qui est-il commis ? — A quel titre les héritiers exercent-ils l'action civile ? » — C'était autrefois une ques-

---

(1) Villey, p. 196 : Trébutien, II, p. 29, 30.

(2) *Sic :* Haus, 1, 1373 ; Garraud, *Précis*, 390, B.

(3) Telle paraît être la jurisprudence pour les héritiers autres que les proches parents : Bourges, 19 déc. 1872 (S. 74, 2, 71) ; Besançon, 1er déc. 1880 (S. 81, 2, 20) ; Tribunal de la Seine, 9 janv. 1879 (S. 81, 2, 21). — En ce sens aussi mais avec l'extension que nous critiquons : Labbé, note sur le jugement précité ; Garraud, *Précis*, p. 426.

tion célèbre que celle de savoir si la diffamation envers les morts était un délit en elle-même et abstraction faite de toute atteinte à l'honneur des héritiers. Pour l'affirmative on disait : c'est un délit envers la personne décédée ; la mémoire survit à la personne physique et la représente. La loi admet cette fiction dans la procédure de la revision après la mort, puisqu'elle prescrit de nommer un curateur à la mémoire (art. 446, C. i. c.) ; par analogie, il faut considérer les héritiers comme les curateurs légitimes à la mémoire de leur auteur, quand ils poursuivent la diffamation dirigée contre lui après sa mort (1). — On répondait, avec raison selon nous, qu'on ne doit pas élargir les délits : l'art. 367, C. p., qui réprimait la calomnie, avait sans doute été remplacée par la loi de 1819 punissant la diffamation, mais la répression de ce délit devait avoir lieu dans la même hypothèse. Or l'article 367 supposait que la calomnie était dirigée contre une personne vivante. On faisait valoir en outre les droits de l'histoire (2). — L'art. 34 de la loi du 29 juillet 1881 a mis fin à cette controverse. Aujourd'hui la diffamation et l'injure envers les morts ne constituent des délits que si l'agent *voulait atteindre et a atteint* les héritiers. La fiction de la mémoire survivant à la personne physique a été rejetée. Ce qu'on punit sous le nom de diffamation et d'injure envers les morts, c'est la diffamation et l'injure *indirectes* envers les héritiers. Mais l'art. 34 établit au profit des héritiers une faveur dont ne jouissent pas, d'après le Droit commun, les personnes qui poursuivent une diffamation indirecte. Régulièrement en effet ils devraient prouver deux choses : *l'intention* et le *résultat ;* par exception, l'art. 34 les dispense de la preuve du résultat : il les présume atteints par la diffamation dirigée contre leur auteur ; ils n'ont plus dès lors à prouver qu'une chose, savoir : que le diffamateur avait l'intention de les atteindre. Le système de la loi de 1881 revient à mettre à la charge du diffamateur la preuve que le résultat n'a pas été atteint, et celle de l'intention à la charge de l'héritier.

Mais que faut-il entendre ici par *héritier ?* Toute présomption constituant une exception au Droit commun doit être appliquée de la manière la plus restrictive. Il faut donc interpréter cette expression comme désignant seulement *l'héritier légitime qui recueille la succession.* Par suite restent soumis au droit commun : l'héritier légitime du premier degré qui a renoncé, — les héritiers qui ne viennent pas en rang utile pour succéder, — les successeurs irréguliers, — les légataires universels et à titre universel.

(1) V. la célèbre affaire Dupanloup, Cass., 24 mai 1860. *Junge :* Cass., 12 nov. 1867 ; 5 juin 1869.
(2) « Primam historiæ legem, ne quid falsi dicere audeat ; deinde ne quid veri non audeat ». Cicéron, *De orat.*, 2. 15.

En résumé, voici quelle est la situation faite aux parents du défunt dont la mémoire est diffamée : 1° *les parents non héritiers* doivent prouver qu'ils ont été atteints personnellement par la diffamation ou l'injure ; et que le délinquant avait l'intention de les atteindre ; — 2° *les parents héritiers* n'ont à faire que cette dernière preuve. — Mais tous sans exception pourraient relever le quasi-délit civil (art. 1382, 1383, C. c.), s'ils démontraient que l'agent les a atteints sans intention. Dans ce dernier cas les parents héritiers jouiraient-ils de la présomption édictée à leur profit par l'article 34 ? Non, évidemment, car on est en dehors de l'hypothèse pour laquelle elle a été établie : ils devraient donc rapporter la preuve du résultat (1).

SECTION IV. — DU SUJET PASSIF DE L'ACTION CIVILE.

**781.** Pour dire contre qui l'action civile doit être dirigée, il faut déterminer d'abord la personne qui est tenue de réparer le dommage, puis la capacité qui lui est nécessaire pour défendre au procès qui lui est fait. Seule, la première de ces questions touche au Droit pénal, et nous ne parlerions pas de la seconde, si l'on n'avait cru trouver sa solution dans l'art. 2, C. i. c.

**782. I. Qui doit réparer le dommage ?** — Cette obligation pèse : 1° sur les agents de l'infraction ; — 2° sur les personnes civilement responsables ; — 3° sur les héritiers des uns et des autres.

Les explications que nous avons données plus haut sur les causes de non-imputabilité, les faits justificatifs et la solidarité, nous dispensent d'exposer à quelles conditions et dans quelle mesure les agents de l'infraction sont tenus des réparations civiles. Il est inutile aussi d'expliquer la transmission aux héritiers de l'obligation de réparer le dommage. C'est là une question de Droit civil. Nous indiquerons seulement quelles sont les personnes civilement responsables, et quelle est l'étendue de leur responsabilité.

**783.** — *A.* — Le texte général qui contient l'énumération des personnes civilement responsables est l'art. 1384, C. civ. ; il cite les père et mère, les maîtres et les commettants, les instituteurs et les artisans, chacun dans des conditions qu'il précise. On remarquera sa disposition finale : elle permet aux père et mère, instituteurs et artisans de s'affranchir de la responsabilité en prouvant qu'ils n'ont pu empêcher le fait qui y donne lieu. Mais ce moyen de défense n'est pas susceptible d'être invoqué par les maîtres et commettants ; ils ne peuvent décliner la responsabilité des

---

(1) Cass. 27 mai 1881 (S. 83, 1, 41). — V. sur la matière : GARRAUD, *De la responsabilité civile en matière de délits de presse* (*France jud.*, VII, 1, 854).

actes de leurs domestiques ou préposés. — D'autres textes établissent des cas de responsabilité spéciale. Les art. 1952 à 1954, C. civ., rendent les hôteliers et aubergistes responsables civilement du vol des effets apportés chez eux par un voyageur. — L'article 73, C. p., étend leur responsabilité à tous les *crimes* et *délits* commis par les individus qu'ils hébergent, si dans les 24 heures de leur arrivée ils n'ont pas inscrit leurs noms sur leur registre. (Cette négligence constitue en outre une contravention, art. 475, 2º, C. p.). — Le mari est déclaré responsable des délits ruraux et forestiers et des délits de pêche de sa femme (L. 28 sept.-16 oct. 1791, tit. II, art. 7; art. 206, C. f.; L. 28 av. 1829, art. 74). — Les greffiers le sont des crimes et délits commis par leurs commis-greffiers dans l'exercice de leurs fonctions (D. 6 juil. 1810, art. 59; D. 18 août 1810, art. 27). — Les communes répondent des délits commis à force ouverte sur leur territoire par des attroupements ou rassemblements qu'elles auraient pu empêcher, quand elles ne sont pas en mesure d'en désigner les auteurs (L. 5 av. 1884, art. 106-108). — Les propriétaires de journaux ou écrits périodiques sont responsables des délits commis par la voie de la presse (L. 29 juil. 1881, art. 44), etc., etc.

Il importe d'observer que la responsabilité du fait d'autrui déroge au Droit commun; par conséquent toute énumération en cette matière est limitative, aussi bien quant aux personnes que relativement aux condamnations qui en sont l'objet. (1).

**784. *B*.** — A défaut de texte augmentant ou diminuant son étendue, la responsabilité du fait d'autrui comprend les restitutions, les dommages-intérêts et les frais (art. 73, C. p. et arg. de ce texte). Mais elle ne comprend point l'amende. Parfois cependant les lois fiscales l'y étendent. Leur disposition est doublement exceptionnelle, d'abord à raison du principe que nous venons de formuler, et ensuite à raison du caractère pénal prédominant que nous avons reconnu à ces amendes.

**785. Quelle capacité doit avoir la personne tenue du dommage pour défendre à l action civile?** — L'art. 2, C. i. c., porte que l'action civile peut être exercée contre le prévenu et contre « *ses représentants* ». On a pu croire que la question était résolue par ce texte en l'interprétant de la manière suivante : « L'action civile peut être exercée contre le prévenu (s'il est capable) et contre ses *représentants* (s'il est incapable) ». Mais tel n'était pas le sens de l'article correspondant du Code du 3 brumaire an IV (art. 7) : « L'action publique s'éteint par la mort du coupable. L'action civile peut être exercée contre ses héritiers ». Il contenait une antithèse entre les deux actions au point de vue de la *transmissibilité.* Il est probable qu'on a voulu la reproduire dans les deux

---

(1) Rouen, 18 nov. 1878 (S. 80, 2, 316).

premiers paragraphes de l'art. 2, C. i. c. Le mot *représentants* est donc synonyme d'héritiers ; il ne résout pas la question de capacité. — Cette question, de pur droit civil, soulève une controverse dont nous nous bornerons à poser les termes en indiquant la solution qui serait préférable. Il faut examiner d'abord la difficulté relativement à la femme mariée, pour laquelle il y a un texte, et se demander ensuite si la solution qu'on adopte doit être étendue aux autres incapables. L'art. 216 C. civ. dispense la femme mariée de l'autorisation maritale lorsqu'elle est « poursuivie en matière criminelle (1) et de police ». Ce texte ne vise-t-il que l'action publique, ou vise-t-il aussi l'action civile portée devant un tribunal de répression ? La jurisprudence l'applique aux deux. Elle admet, en conséquence, que la femme poursuivie devant une juridiction pénale, soit par le ministère public, soit par la partie civile, n'a pas besoin d'autorisation pour ester en justice. C'était l'opinion de Jousse (2) ; la solution se recommande donc par la tradition. Cette solution une fois admise, on la transporte au mineur et à l'interdit. — Il nous paraît difficile d'admettre cette interprétation, et nous croyons que l'art. 216 doit être restreint à l'action publique. La tradition n'a plus d'autorité, parce que le rôle de la partie civile s'est modifié : elle poursuit en vue de ses intérêts civils seulement. Aucune bonne raison d'ailleurs ne justifie cette prétendue influence d'un changement de juridiction sur la capacité de la femme : incapable de défendre, sans autorisation, à l'action civile portée devant un tribunal civil, elle deviendrait capable d'y défendre devant un tribunal de répression ! Ceux qui prônent ce système paraissent avoir confondu la défense que la femme oppose à l'action publique, mise en mouvement par la citation de la partie civile, et la défense proprement dite qu'elle oppose à l'action civile. La femme peut bien soutenir, sans autorisation, que le fait matériel n'existe pas, ou qu'elle n'en est pas l'auteur. Et si elle triomphe sur l'un ou l'autre de ces points, elle aura défendu, sans autorisation, à l'action civile ; mais pourquoi ? C'est parce que ces questions étant communes aux deux actions, la défense qu'elle propose sur l'action publique s'étend virtuellement à l'action civile. — Elle pourra encore démontrer, en vue d'obtenir des circonstances atténuantes, que le préjudice est minime, et proposer ainsi une défense qui lui profitera pour sa condamnation envers la partie civile ; mais pourrait-elle, sans autorisation, faire un acte de défense exclusivement dirigé contre l'action civile, par exemple, relever appel de la condamnation qu'elle a encourue sur cette action ? Nous ne le pensons pas. — En résumé, la controverse

(1) Cette expression comprend dans le style de l'époque les crimes et les délits (le *grand* et le *petit criminel*).
(2) Com. s. l'Ord. Préamb. p. 18.

a moins d'intérêt pratique qu'on le croirait tout d'abord, parce que le droit d'impulsion des particuliers sur l'action publique oblige le prévenu à présenter, sans le concours de ses représentants légaux, des moyens de défense à cette action qui détruiront le principe ou qui modifieront l'étendue de sa condamnation envers la partie civile. Cette remarque ne paraît pas, jusqu'à présent, avoir été faite (1).

# CHAPITRE II

### DE L'EXERCICE DES ACTIONS PUBLIQUE ET CIVILE.

**786.** Le principe qui domine l'exercice de l'action publique et de l'action civile, c'est l'indépendance des deux actions. Quoique nées du même fait et soumises souvent aux mêmes règles, elles ne dépendent point en général l'une de l'autre. Ainsi l'action civile peut s'exercer *séparément* devant les tribunaux civils pendant que l'action publique reste inactive (art. 3, C. i. c.). Ainsi encore l'une des actions peut s'éteindre en laissant subsister l'autre (*Ex.* : art. 2, §§ 1, 2 ; art. 4, C. i. c. ; art. 2046, C. c.). — Cette indépendance existe également dans les rapports de l'action publique et de l'action civile avec toute autre action. Ainsi la poursuite du délit devant la juridiction de répression ne sera point arrêtée par la nécessité de juger au préalable une question qui sort de la compétence habituelle de ces juridictions : par exemple, la question de propriété mobilière dans le vol, la question de contrat dans l'abus de confiance (art. 379, 406-408, C. p.). — Il ne faut pas confondre l'indépendance de l'action publique avec celle du ministère public. Nous avons étudié plus haut la limite de celle-ci. Les obstacles dont nous allons parler maintenant se dressent devant l'action publique. Ces obstacles sont : 1° la démence de l'inculpé ; 2° le défaut de plainte de la partie lésée ou de dénonciation par l'autorité compétente ; 3° la garantie constitutionnelle ; 4° le défaut d'extradition préalable ; 5° les questions préjudicielles. Le second de ces obstacles a amené la confusion que nous signalons. Du moment en effet que la poursuite du délit dépend de la volonté de la partie lésée, l'indépendance du ministère public semble être atteinte, puisque son droit de poursuite est paralysé tandis que le droit d'impulsion des particuliers lésés reste libre. Mais ce n'est là qu'une apparence, due à la nature même de l'obstacle. Si le droit, d'impulsion reste libre, c'est qu'il se manifeste

(1) V. l'exposé des divers systèmes présentés sur la question dans GARRAUD, *Précis*, 896 note.

dans ces hypothèses par l'acte même qui rend la liberté à l'action publique, savoir : la citation « qui tient lieu de plainte » ou la *plainte* portant constitution de partie civile (art. 183 et 63, C. i. c.). L'indépendance du ministère public n'est pas supprimée, car il a la faculté de s'abstenir de poursuivre malgré le dépôt d'une plainte simple, et de conclure quand la partie civile use de son droit d'impulsion. L'action publique s'exercera sans sa participation, voilà tout (1).

SECTION I. — DE L'EXERCICE DE L'ACTION PUBLIQUE.

**787.** Nous venons d'énumérer les obstacles qui peuvent arrêter l'action publique ; ils constituent autant de causes de suspension de son exercice. L'obstacle une fois levé, l'indépendance de l'action publique reparait : elle *peut* s'exercer. Nous ne parlerons pas ici de la démence de l'inculpé dont nous avons examiné le rôle dans tout le Droit pénal à propos des causes de non-imputabilité ; notre examen se bornera donc aux autres obstacles. Faisons, au préalable, une observation qui leur est commune : toutes les fois que l'action publique est arrêtée, l'action civile portée devant les tribunaux de répression l'est également ; ces tribunaux ne peuvent en effet juger celle-ci sans celle-là. Les obstacles à l'action publique sont donc des obstacles à ce qu'on appelait autrefois l'*action criminelle*, c'est-à-dire à la poursuite du délinquant devant la juridiction pénale, soit par le ministère public, soit par la partie civile.

### I. Cas où la poursuite est subordonnée à une plainte ou à une dénonciation préalables.

**788.** Dans ces hypothèses la répression du délit est laissée à la discrétion de la partie lésée. Ces cas étaient fréquents dans l'ancien Droit, car ils comprenaient presque tous les délits correctionnels actuels. La victime du délit avait à leur égard la disposition de l'action publique : non seulement la poursuite était subordonnée à sa plainte, mais encore elle pouvait être arrêtée par son désistement. C'était là la théorie des délits privés. Il en existe encore trois dans notre Droit moderne : l'adultère, la diffamation et l'injure envers les particuliers, les délits de contributions indirectes, d'octroi et de douane punis simplement de peines pécuniaires. Régulièrement le droit de paralyser l'action publique par le défaut de plainte ne va pas jusqu'à pouvoir l'arrêter par le désistement. On ne saurait conclure de l'un à l'autre, parce que l'obstacle résultant de la

(1) F. HÉLIE, *Ins. crim.*, II, 567.

nécessité d'une plainte faisant exception au droit de poursuite d'office du ministère public qui est le Droit commun, il faut se garder d'aggraver cette exception (1).

Examinons les particularités de l'action publique pour certains délits de l'une et de l'autre classe.

**789. A. De l'exercice de l'action publique dans les délits privés.** — 1° *De l'adultère*. — Il est peu de délits qui aient été l'objet d'appréciations aussi diverses, et il n'existe aucune uniformité dans les législations. Le jurisconsulte doit faire abstraction de ses sentiments personnels, et sous peine de s'égarer, il doit envisager l'adultère comme l'a fait le législateur de 1810. A cette époque on sortait d'une période où l'adultère n'avait été frappé que de peines civiles (2). Le législateur, tout en l'érigeant en infraction, crut suffisant d'en faire un délit privé, un délit « *entre les époux* » pour employer l'expression plus énergique de l'orateur du gouvernement. Cette idée conduit aux conséquences suivantes : 1° L'adultère ne peut être poursuivi que sur la plainte du conjoint offensé (art. 336, 339, C. p.). — 2° Le désistement du plaignant arrête la poursuite (3). — 3° La mort du plaignant produit le même résultat (4). — 4° Le délit d'un

(1) V. cependant Rauter, p. 297 et la loi belge du 17 av. 1878, art. 2, pour le cas où le désistement intervient avant tout acte de poursuite.

(2) Bien que le droit canonique assimilât l'adultère du mari à celui de la femme (V. Walter, *Manuel du dr. ecclés*. § 314), celui-ci seul parait avoir été puni dans notre ancienne jurisprudence. Serpillon, *C. crim*. I, p. 113, en donne cette raison très juste, savoir, qu'au point de vue social, l'infidélité de la femme a des suites plus graves que celle du mari. — Dans le droit intermédiaire l'adultère ne fut l'objet d'aucune répression spéciale. La loi du 20-25 sept. 1792, art. 5, enlevait seulement à la femme, dont le dérèglement de mœurs notoire avait causé le divorce, ses droits dans la communauté ou dans la société d'acquêts. Le Code civil (art. 298, 308) prononça contre la femme, dans la même hypothèse, la peine de 3 mois à 2 ans d'emprisonnement. Le Code pénal s'appropria cette répression (art. 337), et de plus il inaugura la répression de l'adultère du mari, auquel il n'appliqua qu'une amende (art. 339). Cette inégalité dans la sanction du devoir de fidélité qui s'impose aussi impérieusement à l'un qu'à l'autre des époux, s'explique par le motif que donnait Serpillon. Cette considération explique aussi que des faits isolés d'adultère soient punissables chez la femme, tandis que, pour le mari, il faut qu'il y ait entretien d'une concubine dans la maison conjugale (Comp. art. 337 et 339). La loi du 27 juil. 1884 a effacé toute distinction entre les époux pour l'adultère considéré comme cause de séparation de corps ou de divorce ; mais elle n'a rien changé aux conditions d'incrimination de l'adultère du mari au point de vue pénal.

(3) Arg. *a fortiori* de l'art. 272, C. civ. — Il n'est pas nécessaire que la vie commune soit reprise, Cass. 30 juil. 1885. L'époque de la procédure dans laquelle se produit le désistement importe peu, pourvu qu'il intervienne avant que le jugement ait acquis l'autorité de la chose jugée. Dijon, 30 mai 1877 (D. 79, 2, 216).

(4) La jurisprudence admet l'extinction de la poursuite, à l'égard du complice, par le décès de l'époux coupable : Cass. 8 mars 1850, 8 juin 1872 ; mais elle n'admet pas son extinction par le décès du plaignant : Cass. 28 août 1848, 6 juin 1863.

des époux compense le délit de l'autre, et aucun ne peut être puni (art. 336) (1). — 5° La connivence du plaignant à l'adultère de son conjoint rend sa plainte irrecevable (2). — 6° La plainte ne peut émaner que de l'époux outragé ; son représentant légal est sans qualité pour la déposer (3). — 7° Le divorce, détruisant la qualité d'époux, rend inutile la répression : désormais la plainte est irrecevable et la poursuite commencée est éteinte (4). Toutes ces solutions sont repoussées par les Codes étrangers qui ont fait de l'adultère un délit social, notamment par le Code belge (5). Cela démontre leur exactitude, car pour arriver à des solutions contraires il a fallu partir d'un principe entièrement différent de celui qui les domine. — 8° On peut enfin rattacher à la même idée le droit de grâce du mari envers la femme condamnée à l'emprisonnement (art. 337, § 2).

Faut-il permettre au mari de remettre aussi l'amende à la femme ? Faut-il, par analogie, donner à la femme le droit de gracier le mari ? La solution affirmative de ces deux questions serait une conséquence logique du principe que l'adultère est un délit entre les époux.

**790.** 2° *De la diffamation et de l'injure envers les particuliers.* — « Toute allégation ou imputation d'une faute qui porte atteinte à l'honneur ou à la considération... est une diffamation. Toute expression outrageante, terme de mépris ou invective qui ne renferme l'imputation d'aucun fait est une injure » ( art. 29, *L. s. la Presse*). La publicité est

(1) « Paria delicta mutua pensatione dissolvuntur ». Cette compensation admise par le Droit romain, les anciens auteurs et les spécialistes qui ont écrit sur la matière (comp. : fr. 39 solut. matrim. ; FARINACIUS, *Quæst.* 142, n°s 39, 43 ; DAMHOUDER, *Praxis*, n° 40 ; JOUSSE, *Just. crim.* III, 226 ; BÉDEL, *De l'adultère*, n° 21) est critiquée par les auteurs qui s'efforcent de transformer l'adultère en délit social.

(2) « Volenti non fit injuria ». L'ancienne jurisprudence autorisait dans ce cas la poursuite par le ministère public. Cette disposition fut reproduite dans les travaux préparatoires ; mais on l'écarta par application du principe que l'adultère est un délit entre les époux. Presque tous les auteurs admettent en conséquence que cette fin de non-recevoir est opposable au ministère public comme au mari. Sic : LE SELLYER, *Act. pub. et priv.* I, 199 et la note ; Caen, 1er fév. 1855 (D. 56, 2, 289). — *Contrà* : Caen, 29 nov. 1855 (D. 56, 2, 290) ; Besançon, 24 juil. 1889 (*Gaz. trib.* 31 juil.).

(3) *Sic* : BEDEL, *op. cit.*, 9 ; F. HÉLIE, *Inst. crim.*, II, 777.

(4) Aussi le Code civil et la loi de 1884 sur le divorce arrêtaient l'action en divorce fondée sur des faits donnant lieu à une poursuite criminelle jusqu'après la décision de la juridiction répressive (art. 235). Cette disposition a disparu avec la nouvelle rédaction qu'a reçue ce texte par la loi du 18 avril 1886. — *Contrà* : Trib. Seine, 3 mai 1885 (*France jud.* 1885, p. 29).

(5) Comp. HAUS, II, 1162 et s. — Beaucoup d'auteurs français demandent cette réforme, mais l'opinion publique ne s'y montre pas favorable. Rien n'a changé depuis le rapport de MONSEIGNAT au Corps législatif : « L'opinion semble excuser ce que la loi doit punir ; une espèce d'intérêt accompagne le coupable ; les railleries poursuivent la victime ».

une circonstance aggravante de la diffamation et de l'injure ; *publiques*, elles constituent des délits ; *non publiques*, des contraventions (art. 33 et arg. de ce texte) (1). La diffamation et l'injure envers les particuliers sont des délits privés : la poursuite ne peut commencer sans la plainte, et elle est arrêtée par le désistement (art. 60, §§ 1, 3 et arg. de ces textes) (2). Nous avons traité ci-dessus des délits de contributions indirectes, d'octroi et de douane auxquels la jurisprudence reconnaît le caractère de délits privés : il nous suffit de renvoyer aux explications que nous avons données.

**791. B. Cas où l'action publique ne peut commencer sans une plainte, mais où elle ne peut être arrêtée par le désistement du plaignant.** — Les délits de cette seconde classe sont beaucoup plus nombreux que ceux de la précédente. Voici les principaux :

1° *Les délits de diffamation ou d'injure envers l'armée, les corps constitués et les personnes chargées d'un service ou d'un mandat public.* (V. leur énumération dans les art. 30 et 31, L. s. la Presse.) — La loi exige la plainte de la personne ou du corps diffamé. Mais, pour pouvoir formuler cette plainte, le corps doit avoir le droit de se réunir en assemblée générale. Aussi, pour les corps qui n'ont pas ce droit, la loi exige la plainte du chef de corps ou du ministre dont il relève. Pour la diffamation envers les citoyens chargés d'un service ou d'un mandat public autres que les témoins et les jurés, la plainte du ministre peut remplacer celle de la victime du délit. C'est là une mesure très sage destinée à faire la lumière sur des faits que les fonctionnaires pourraient avoir intérêt à tenir cachés (art. 47, §§ 1-4.)

2° *L'outrage et l'offense envers les agents diplomatiques et chefs d'États étrangers.* — La loi n'a pas défini l'outrage. Il comprend des faits indéterminés, laissés à l'appréciation du juge, qui pourraient ne pas rentrer dans la définition de la diffamation et de l'injure. Il se caractérise par son but et par son résultat. Nous le définirons : « tout fait offensant pour une personne revêtue d'un caractère public, qui a pour but de diminuer, et qui diminue le respect dû à cette personne à raison de ses fonctions ou de sa qualité ». L'outrage vise le fonctionnaire, le dignitaire, plutôt que l'individu. — Adressé à un souverain, l'outrage prend le nom d'*offense* (3). L'offense envers le Président de la République française

---

(1) Comp. s. la diffamation non publique : Cass. 2 juil. 1856. — On distinguait autrefois l'injure, qui contenait l'imputation d'un *vice* déterminé, du simple terme de mépris ou invective. Cette distinction a disparu dans la loi de 1881.

(2) Le caractère de délits privés, reconnu à l'adultère, à la diffamation et à l'injure envers les simples particuliers, modifie aussi, comme on le verra plus bas, les règles ordinaires de l'*appel* et du *pourvoi en cassation*. V. Cass. 5 août 1841, 31 août 1855 ; F. Hélie, II, 760-767.

(3) C'est pour ce motif qu'on a substitué le mot *offense* au mot *outrage* qui se

est toujours un délit public (art. 26 et 47, L. s. la Presse). Il en est de même des outrages envers les fonctionnaires et hommes publics de l'État français, sauf exception pour les outrages, présentant les caractères de la diffamation ou de l'injure, qui se produisent avec la publicité voulue et envers les personnages protégés par cette loi, à l'occasion de l'exercice de leurs fonctions et en dehors de leur exercice (art. 23, 31, 33). Ceux-là sont poursuivis sur la plainte du fonctionnaire ou du ministre dont il relève (1).

L'outrage envers les agents diplomatiques accrédités près du gouvernement français, et l'offense envers les chefs d'États étrangers sont au contraire, dans tous les cas, des délits susceptibles de n'être poursuivis que sur la plainte de la personne offensée. L'art. 47, 5° qualifie cette plainte de *demande*. Elle est adressée au ministre des affaires étrangères et par celui-ci au ministre de la justice qui la transmet au ministère public. Les agents diplomatiques et souverains étrangers pourraient aussi prendre l'initiative des poursuites en se *constituant partie civile*, suivant la forme ordinaire.

3° *Les délits correctionnels commis par un Français à l'étranger.* — Les conditions d'incrimination de ces délits ont été indiquées ci-dessus (2). Leur poursuite en France est subordonnée à la *plainte* de la partie lésée ou à la *dénonciation officielle* du délit par l'autorité du pays où il a été commis. Il y a de plus cette particularité, que la poursuite doit être intentée à la requête du ministère public. Cela n'exclut pas, avons-nous dit, la constitution de partie civile incidente.

4° *Le délit de chasse sur le terrain d'autrui sans le consentement du propriétaire, quand il est dépouillé de récoltes et ne forme pas un enclos attenant à une habitation.* — (Art. 26, L. 3 mai 1844.) L'intérêt privé est seul en jeu dans cette hypothèse, car on suppose que la chasse est ouverte et que le chasseur est nanti d'un permis (3).

---

trouvait dans le projet de loi primitif. — V. les observat. échangées sur les art. 26 et 36 (S. 82, 4, 215 et 220).

(1) A tous les autres il faut appliquer les art. 222 et s., C. p., non abrogés par la loi sur la Presse. L'intérêt de la distinction apparaît non seulement au point de vue du droit de poursuite, mais encore pour la *compétence*, la *prescription*, les *éléments constitutifs du délit*. V. s. la distinction : BARBIER, *Code de la Presse*, II, 522 et s. 600, 609, 610, 618, 619, 625, 626.

(2) *Suprà*, n° 91 et s.

(3) On discute la question de savoir s'il faut également subordonner au dépôt d'une plainte la poursuite des délits de pêche dans les eaux d'autrui quand « toutes les autres conditions légales sont remplies ». L'*affirmative* invoque les travaux préparatoires. Sic : MANGIN, I, 159. GARRAUD, *Précis*, 417 ; VILLEY, p. 212. La *négative* invoque le principe général de l'indépendance de l'action publique, et l'absence de tout texte venant le restreindre. Sic : ORTOLAN, II, 1785 ; LE SELLYER, *Act. pub. et priv.* I, 191 ; F. HÉLIE, *Inst. crim.* II, 818.

5° *La contrefaçon des inventions brevetées.* — (L. 5 juil. 1844, art. 45). La raison qui a fait exiger la plainte du titulaire du brevet est purement pratique. Il serait difficile au ministère public d'exposer en quoi consiste la contrefaçon. Aussi ne trouve-t-on pas de disposition analogue pour la poursuite des contrefaçons qu'on découvre facilement sans connaissances techniques (*contrefaçon des dessins et modèles de fabrique, des marques de fabrique nominales et emblématiques, des œuvres littéraires et artistiques*).

**792. C. Règles communes aux deux classes de délits dont la poursuite exige une plainte préalable.** — 1° En subordonnant la poursuite de l'action publique à une plainte ou à une dénonciation préalable, la loi n'exige point que la victime du délit devienne partie au procès. Elle n'a donc pas besoin de se constituer partie civile.

2° La dénonciation et la plainte ne peuvent limiter les poursuites du ministère public à tel ou tel participant du délit, elles portent en effet sur le délit lui-même. Aussi faut-il considérer comme non avenue toute limitation de ce genre, et le ministère public comme pleinement investi de l'action publique par une plainte ainsi limitée : *utile per inutile non vitiatur*.

3° La dénonciation et la plainte rendent au ministère public la faculté de poursuivre, mais elles ne l'obligent pas à le faire. Il pourra donc, usant de son pouvoir d'appréciation, rester dans l'inaction. La partie lésée, qui veut la répression du délit, sera alors obligée de se constituer partie civile.

4° La dénonciation et la plainte, auxquelles l'exercice de l'action publique est subordonné, sont des *actes de procédure*, elles doivent donc être régulières en la forme, c'est-à-dire rédigées suivant les prescriptions des art. 31 et 65, C. i. c. et remises au procureur de la République, à ses auxiliaires ou au juge d'instruction (art. 30, 48, 50, 53, 63, *ibid.*). — Cette règle, niée par quelques auteurs, nous paraît très juridique : d'un côté, en effet il est impossible d'assimiler le cas où la plainte sert de simple renseignement au ministère public, à celui où elle lui rend la liberté d'agir ; et d'un autre côté les règles du Code d'instruction criminelle, qui tendent à donner aux plaintes un caractère de *personnalité*, de *spontanéité* et d'*authenticité*, n'auraient pas de raison d'être, si elles n'avaient pas de sanction dans l'hypothèse qui nous occupe (1).

(1) *Sic* : F. Hélie, *Inst. crim.*, II, 751 et s. ; Trébutien, II, p. 55 ; Haus, II, 1158, 1159 ; Villey, p. 213 ; Garraud, *Précis*, 413. — *Contrà* : Le Sellyer, *op. cit.*, I, 244. — Cette seconde opinion est celle de la Cour de cassation en matière de diffamation : V. les arrêts cités p. Le Sellyer ; *junge* : Cass. 20 juin 1873 (S. 73, 1, 488) ; 29 mai 1886 (*Gaz. trib.*, 7-8 juin) ; et celle de certaines cours d'appel dans d'autres hypothèses : *Comp.* : En matière de chasse, Caen, 5 janv. 1871 (D. 72, 1, 170) ; en matière d'adultère, Dijon, 30 juin 1858 (*J. du droit crim.*, art. 1024).

## II. — Cas où la poursuite est subordonnée à une autorisation préalable.

**793.** L'exercice de l'action publique peut rencontrer un obstacle dans une qualité du délinquant qui oblige d'obtenir l'autorisation de le poursuivre. Avant le décret du 19 septembre 1870, on reconnaissait généralement trois cas de ce genre. Ils constituaient ce qu'on appelait la garantie politique, la garantie administrative et la garantie religieuse. Ce décret a abrogé la garantie administrative. La garantie religieuse, qu'on ne créait que par interprétation, est depuis fort discutée. Il n'y a de certaine que la garantie politique.

**I. Garantie politique.** — « Aucun membre de l'une ou de l'autre Chambre ne peut, *pendant la durée de la session, être poursuivi* ou *arrêté* en matière *criminelle* ou *correctionnelle*, qu'avec l'autorisation de la Chambre dont il fait partie, *sauf le cas de flagrant délit*. — La *détention* ou la poursuite d'un membre de l'une ou de l'autre Chambre est *suspendue*, pendant la session et pour toute sa durée, si la Chambre le requiert » (art. 14, L. const. 16 juill. 1875). Cette garantie nous vient de l'Angleterre. On n'a pas voulu qu'il fût permis d'enlever à leur banc les membres d'une Chambre pour changer la majorité. Ce motif détermine ses conditions d'application et ses effets.

a) *Elle ne s'applique d'abord qu'en matière criminelle et correctionnelle* ; — parce qu'en ces matières il peut y avoir arrestation et détention préventive, ainsi qu'obligation de comparaître en personne devant les juridictions pénales. — Pour les contraventions elle n'existe point par le motif contraire. Sans doute l'exercice du mandat de sénateur ou de député pourrait être entravé par l'exécution de l'emprisonnement de simple police ; mais cette peine est facultative et rarement applicable ; on n'a pas cru devoir s'en préoccuper.

b) *Elle n'existe que pendant la durée de la session.* — C'est alors seulement que la poursuite et l'arrestation d'un membre du parlement pourrait nuire à l'exercice de son mandat. Hors session, les sénateurs et députés sont soumis au Droit commun ; mais la Chambre dont ils font partie peut, aussitôt la session commencée, exiger leur élargissement et la suspension des poursuites.

c) *Elle n'empêche point tout exercice de l'action publique*, mais seulement *les actes d'instruction ou de poursuite qui exigent la présence de l'inculpé*. — Les mandats, les interrogatoires, les perquisitions chez l'inculpé, sa citation devant le tribunal correctionnel rentrent dans cette catégorie. Restent possibles au contraire : l'audition des témoins, les expertises, les perquisitions et procès-verbaux de constat partout ailleurs qu'au domicile de l'inculpé.

La garantie politique n'existe point au cas de *flagrant délit*, et elle cesse quand l'autorisation de poursuivre est accordée. Le flagrant délit doit s'entendre en cette matière du délit qui se commet actuellement ou qui vient de se commettre (art. 41, § 1, C. i. c. ; 121, C. p.). Il rend possible l'*arrestation* et la *poursuite* (1).

Quand l'autorisation de poursuivre est demandée, la discussion ne doit pas porter sur le fondement des charges, car l'autorisation deviendrait ainsi un préjugé fâcheux pour l'inculpé. La Chambre doit seulement s'assurer si la poursuite n'a pas pour objet d'empêcher l'exercice du mandat du député ou d'attenter à sa propre dignité (2).

La garantie politique couvre les membres des deux Chambres à partir de leur élection, et non pas seulement à partir de la vérification des pouvoirs. Ainsi le décidait la Constitution du 5 fruct. an III (art. 119). Ainsi le veulent aussi les principes du Droit : l'erreur, la fraude, la violence, qui entachent une élection, rendent le mandat *annulable*, mais elles ne le suppriment point de plein droit. Or un mandat annulable produit, tant qu'il n'est pas annulé, tous les effets d'un mandat valable. Provision est due au titre. L'opinion contraire aurait en outre les plus graves inconvénients au cas d'élections générales (3).

La sanction de la garantie politique est dans l'art. 121, C. p., qui punit de la *dégradation civique :* « Tout officier de police judiciaire, tous procureurs généraux ou de la République, tous substituts, tous juges, qui auront provoqué, donné ou signé un jugement, une ordonnance ou un mandat tendant à la poursuite personnelle ou accusation.... d'un membre *du Sénat*, de la Chambre des députés..., ou qui, hors les cas de flagrant délit ou de clameur publique, auront, sans les mêmes autorisations, donné ou signé l'ordre ou le mandat de..... les saisir ou arrêter ».

**794. II. Garantie administrative.** — Nous n'en parlerons, puisqu'elle a été supprimée, que pour déterminer la portée de sa suppression. L'art. 75 de la Constitution de l'an VIII défendait de poursuivre les agents du gouvernement, pour des faits relatifs à leurs fonctions, sans une autorisation préalable du Conseil d'État. C'était la garantie admi-

---

(1) Sous la Constitution du 4 nov. 1848, art. 37, le flagrant délit autorisait seulement l'*arrestation* ; mais le texte de l'art. 14 de la loi constitutionnelle du 16 juillet 1875 ne permet pas de douter qu'il n'autorise aussi la poursuite. *Sic :* Poitiers, 1er juillet 1883, affaire *Baudry d'Asson* (*Le Temps*, 2 juil.).

(2) V. la judicieuse observation de M. *Hérisson* dans son rapport sur la demande en poursuite de M. Veil-Picard contre M. Wilson (*Chambre*, 6 déc. 1888).

(3) *Sic :* HAUS, II, 1150. — *Contrà :* Cass. 10 avril 1847. En pratique, les membres des deux Chambres jouissent de leur permis de circulation sur les chemins de fer avant toute vérification de pouvoirs. On leur reconnaît donc l'exercice d'une prérogative attachée à une qualité susceptible d'être annulée.

nistrative. Elle se combinait avec le principe de la séparation des pouvoirs, qui défend aux tribunaux judiciaires de connaître des actes administratifs (L. 14 déc. 1789, art. 61 ; L. 16 août 1790, art. 13 ; L. 7 oct. 1790, art. 1er). En autorisant les poursuites, le gouvernement désavouait l'acte et le fonctionnaire. Le procès était porté devant les tribunaux ordinaires, et l'Ord. du 1er juin 1828 (art. 1, 2) défendait d'élever le *conflit d'attributions*, c'est-à-dire de revendiquer la connaissance de l'affaire pour les tribunaux administratifs, d'une manière absolue en matière criminelle et généralement, sauf deux cas, en matière correctionnelle (1). Les fonctionnaires protégés par cette garantie étaient ceux de l'administration active : préfets, sous-préfets, commissaires de police, etc. : trente fonctionnaires environ. Elle ne s'étendait pas aux membres de l'ordre judiciaire, ni à l'armée, ni au clergé. Cette garantie empêchait toute poursuite devant les tribunaux judiciaires, aussi bien devant les juridictions civiles que devant les juridictions de répression. Elle avait beaucoup d'adversaires. Elle fut supprimée par le décret du 19 sep. 1870.

**795.** Quelle est la portée de cette suppression ? La garantie administrative ne concernait que les faits *relatifs aux fonctions*. Ce caractère est facile à démêler si l'acte, qu'on prétend être un délit du fonctionnaire, a été accompli par lui *en dehors de l'exercice de ses fonctions*. Par exemple, un sous-préfet qui va à la chasse n'est certainement pas dans l'exercice de ses fonctions, et par conséquent s'il a violé le droit du propriétaire ou du fermier du droit de chasse, son délit n'a rien de relatif à ses fonctions. De même il est visible qu'un fonctionnaire, qui refuse de faire acte de ses fonctions lorsqu'il en est requis, se rend coupable d'un fait négatif relatif à ses fonctions. Dans ce dernier cas, comme dans celui où le délit résulterait d'un acte accompli *dans l'exercice des fonctions*, surgit la question de savoir : si le délit du fonctionnaire forme avec l'acte admininistratif un tout indivisible, ou s'il lui est simplement connexe. L'intérêt pratique est considérable, car dans le premier cas la compétence est administrative, tandis que dans le second elle est judiciaire pour le délit et administrative pour l'acte qui s'y rattache. Mais qui décidera s'il y a entre l'acte administratif et le délit indivisibilité ou connexité ? Voilà la difficulté : une première jurisprudence attribuait à l'autorité judiciaire le droit de la résoudre. Dans ce système l'abrogation de la garantie administrative avait pour conséquence une abrogation implicite du principe de la séparation des pouvoirs, dans la mesure nécessaire à l'autorité judiciaire pour apprécier la responsabilité du fonctionnaire

(1) Ces deux cas sont : 1° celui où la connaissance du délit est exceptionnellement de la compétence des tribunaux administratifs ; 2° celui où sa répression soulève une question préjudicielle administrative. Dans ce second cas le conflit ne pouvait être élevé que sur la question préjudicielle.

poursuivi (1). Mais bientôt la jurisprudence a changé et elle a décidé que le décret de 1870 supprime simplement l'autorisation nécessaire pour poursuivre ce fonctionnaire, sans toucher au principe de la séparation des pouvoirs. L'administration conserve donc la faculté, une fois la poursuite entamée, de l'arrêter brusquement en élevant le conflit. L'ordonnance de 1828 est implicitement abrogée (1). C'est logique, dit-on, car l'administration n'a pas été mise à même de désavouer l'acte. Cependant il semble que ce résultat n'ait pas été prévu par les auteurs du décret de 1870 ; aussi le système qu'avait suivi en premier lieu la jurisprudence, compte beaucoup de partisans (3). Tant que le conflit n'est pas élevé, le Droit commun régit les fonctionnaires pour les actes relatifs à leurs fonctions, le ministère public et la partie civile peuvent les poursuivre, l'instruction et le jugement suivent leur cours normal. L'art. 129, C. p. qui sanctionnait la garantie administrative a disparu avec elle. Mais dès que l'arrêté de conflit est notifié, les autorités judiciaires doivent suspendre toute procédure et élargir l'inculpé s'il est arrêté, sous peine d'encourir, suivant les cas, la dégradation civique ou une amende. Les art. 127 et 128, C. p., qui sanctionnent le principe de la séparation des pouvoirs, sont encore en vigueur (4).

**796. III. Garantie religieuse**. — On entend formuler par cette garantie le droit qu'auraient les ministres des cultes reconnus de n'être poursuivis, à raison des délits commis par eux dans l'exercice de leur

---

(1) *Sic* : *Cons. d'Ét.*, 7 mai 1871 (D. 72, 3, 17) et Cass. 25 janv. 1873 (D. 73, 1, 289), affaire *Engelhard*.

(2) Cette jurisprudence est apparue en 1873. Elle s'est accentuée en 1877 et 1878 dans l'affaire du *Bulletin des communes*, et en 1880 et 1881 dans les poursuites dirigées contre les fonctionnaires qui avaient exécuté les décrets du 19 mars contre les congrégations religieuses non autorisées. V. Cass. 9 déc. 1880 ; *Trib. conflits*, 5, 13, 17, 20 nov., 22 déc. 1880 ; 12, 19, 26 fév., 12 mars, 2 avril 1881. Le Tribunal des conflits considère que l'ordonnance de 1828 est encore en vigueur parce qu'il en restreint l'application au cas où le ministère public aurait pris l'initiative des poursuites, ou du moins aurait fait un acte d'exercice de l'action publique. Statuant en effet sur des affaires où les Parquets s'étaient abstenus, il a prétendu que les juridictions pénales étaient saisies seulement de l'action civile. Nous avons réfuté cette erreur, *supra* n° 764.

(3) *Sic* : Garraud, *Précis*, 410, B ; Molinier, *Rec. de l'Acad. de législat.*, t. IX, 1870, p. 400) ; Corentin-Guyho (*Rev. prat.*, 1873, t. XXXVI, p. 439) ; Bernard (*Rev. crit.*, 1877, p. 17, 29, 474) ; De Saint-Girons, *Essai sur la séparat. des pouvoirs* (Paris, 1881), p. 412 et s. ; A. Rendu (*France judic.*, t. V, p. 487). — L'abolition de la garantie administrative aboutit en effet avec la jurisprudence actuelle, à un résultat bien minime : autrefois, c'était la *qualité du prévenu* qui arrêtait la poursuite ; aujourd'hui, c'est la *qualification d'acte administratif* que le préfet peut donner arbitrairement au délit.

(4) Cette éventualité ne se présente pas pour ceux qui pensent que l'ordonnance de 1828 n'est pas abrogée.

sacerdoce, qu'après une déclaration préalable d'abus, par le Conseil d'État.

L'*appel comme d'abus* est une vieille procédure, maintenue par le concordat du 18 germin. an X dans les rapports de l'État avec les ministres des cultes. Elle a pour but de faire décider s'il y a abus de la part du clergé dans les actes du sacerdoce qui contreviennent aux lois et règlements de l'autorité civile, ou abus de la part de l'autorité civile dans ceux de ses actes que l'autorité religieuse prétend être contraires au libre exercice du culte. La question est de savoir si cette procédure est le préalable obligé de la poursuite des ecclésiastiques pour les délits commis dans l'exercice du sacerdoce. Trois systèmes bien tranchés ont été produits.

**797.** L'affirmative a été soutenue d'une manière absolue : quel que soit le rapport qui rattache l'infraction à l'acte du sacerdoce. Qu'elle soit *indivisible* ou *connexe* avec cet acte, peu importe, sa poursuite, dans ce système, ne peut avoir lieu sans une déclaration d'abus préalable. — On argumente : 1° de l'art. 6 de la loi du 18 germinal an X, qui met au nombre des cas d'abus : « la contravention aux lois et règlements de la République.... toute entreprise ou tout procédé qui dans l'exercice du culte peut compromettre l'honneur des citoyens,.... dégénérer contre eux en.... injure ou scandale public » ; — 2° d'une observation de Cambacérès dans la discussion, au Conseil d'État, des art. 204-206 du Code pénal.

**798.** Dans un sens diamétralement opposé, on dit que les cas d'abus visent l'excès de pouvoir mais non des délits caractérisés. Dans l'ancien Droit, l'appel comme d'abus réprimait les empiétements des officialités sur les juridictions laïques, ou réciproquement les empiétements de celles-ci sur celles-là ; il ne visait point les actes individuels des ecclésiastiques et par conséquent leurs délits. Après l'abolition des officialités l'abus s'est *individualisé*, en ce sens qu'il s'est appliqué aux actes individuels des membres du clergé, mais il n'a point changé de nature, c'est toujours l'excès de pouvoir et non les délits caractérisés qui constituent les cas d'abus. — Ces principes auraient-ils été modifiés dans la discussion, au Conseil d'État, des art. 204-206, C. p. ? Non, dit-on, car s'il y a eu une observation de Cambacérès qui favoriserait l'affirmative, elle a été réfutée par Berlier, et on s'est séparé sans conclure. On proposait de faire juger les délits des ecclésiastiques par une commission du Conseil d'État : « c'est inutile, dit Cambacérès, l'affaire vient nécessairement au Conseil d'État, puisque c'est ce Conseil qui autorise la mise en jugement ». Cette observation reposait sur une double erreur. De deux choses l'une en effet, ou bien Cambacérès, considérant les ecclésiastiques comme des fonctionnaires, supposait que leur mise en jugement devait être autorisée par le Conseil d'État, en vertu de l'art. 75 de la constitution de l'an VIII ; — ou bien il supposait que l'appel comme d'abus aboutissait à une mise en jugement. La première de ces deux idées fut réfutée par Berlier (1). Quant à la seconde, quoiqu'elle n'ait pas été l'objet d'une discussion, elle n'en est pas moins fausse : la déclaration d'abus n'aboutit pas à une mise en jugement, car le *renvoi aux autorités compétentes*, prescrit par l'art. 8, n'est qu'une formule banale qui signifie simplement que le Conseil d'État se déclare incompétent pour juger l'acte qui lui est déféré.

799. Dans une troisième opinion, qui nous paraît préférable, on distingue suivant que le délit forme avec l'acte du culte un tout *indivisible*, ou lui est simplement *connexe*. Au premier cas, la poursuite de l'infraction ne peut avoir lieu sans une déclaration préalable d'abus. Au second cas elle est libre de tout obstacle. S'il y a en effet indivisibilité, il devient nécessaire d'apprécier l'acte du sacerdoce ; or cette appréciation rentre dans la police des cultes qui appartient au gouvernement. Comprendrait-on que Napoléon I$^{er}$, qui rédifiait la religion pour en faire un moyen de gouvernement, eût livré aux tribunaux la libre poursuite des ecclésiastiques ? La garantie administrative et la garantie religieuse partaient du même principe. Sans doute les ministres des cultes ne sont pas des fonctionnaires, et c'est à ce point de vue seulement que Berlier critiqua l'opinion de Cambacérès ; mais leur mise en jugement pour des délits qui, à raison de leur indivisibilité avec l'acte du sacerdoce, entraîneraient l'appréciation de cet acte, n'en doit pas moins être suspendue jusqu'à ce que cette appréciation ait été faite par l'autorité administrative. Ce point laissé dans l'ombre par Berlier ressort suffisamment de l'art. 6 qui met au nombre des cas d'abus : « l'*usurpation* ou l'*excès de pouvoir*, la *contravention aux lois et règlements*... tout procédé, etc. » confondant ainsi le délit et l'abus, évidemment dans l'hypothèse où cette confusion est inévitable, c'est-à-dire quand l'infraction et l'acte du culte sont indivisibles. — Que si au contraire le délit est distinct de l'acte du sacerdoce, s'il lui est simplement connexe, sa poursuite ne devant entraîner aucune appréciation de l'acte du culte, il n'y a plus de raison de déroger au principe de l'indépendance de l'action publique. Le ministère public comme la partie civile pourront donc poursuivre le délit connexe sans déclaration d'abus préalable (2). — Comme exemples d'infractions *indi-*

---

(1) Locré, t. XXX, p. 179.

(2) V. en sens divers : Mangin, 254 et s. ; F. Hélie, *Instr. crim.* II, 945-959 ; — La C. cass. suit actuellement le 3$^e$ système. V. p. les cas où le délit est indivisible avec l'acte du culte : Cass. 25 déc. 1835, 29 déc. 1842, 23 juin 1863, 11 août 1881, 19 avril 1883, 15 déc. 1888 (*Gaz. trib.*, 4 janv. 1889) et p. le cas où il est connexe : Cass. 16 avril 1880 (D. 80, 1, 235), 2 juin 1888 (*Gaz. trib.*, 7 juin). Jusqu'à ces derniers arrêts, la C. de cass. faisait, quant aux délits connexes, une distinction peu juridique : le délit était-il susceptible d'être poursuivi par le

*visibles* avec l'acte du culte on peut citer : les critiques, censures ou provocations dirigées contre l'autorité publique dans un écrit pastoral (art. 204, 206, C. p.), la célébration du mariage religieux avant le mariage civil (art. 199, C. p.), la contravention à un arrêté municipal qui interdit les processions sur la voie publique, l'emploi pour une cérémonie du culte d'une société musicale dissoute par un arrêté municipal, etc. (art. 471, 150, C. p.). Et comme infractions *connexes* : dans une procession sur la voie publique, les violences exercées par un des officiants sur un spectateur qui ne s'était pas découvert (art. 311, C. p.) ; la diffamation, l'injure, l'outrage ou l'offense dans un sermon, etc.

**800. IV. Immunités de juridiction.** — Des cas où l'exercice de l'action publique est suspendu par la nécessité d'obtenir une autorisation préalable, il est bon de rapprocher l'obstacle qu'il peut rencontrer dans les immunités de juridiction. Nous avons vu que le Président de la République, dans tous les cas, et les ministres, pour les infractions par eux commises dans l'exercice de leurs fonctions, ne pouvaient être accusés que par la Chambre des députés et jugés que par le Sénat (art. 12, L. const. 16 juil. 1875). Cette immunité de juridiction a pour résultat de dépouiller le ministère public, les particuliers et les tribunaux du droit d'exercice et du droit d'impulsion quant à l'action publique. Si la Chambre des députés n'accuse pas, les particuliers lésés par l'infraction ne peuvent saisir de l'action civile que les tribunaux civils. — Les membres de l'ordre judiciaire et certains hauts fonctionnaires ou dignitaires jouissent d'une immunité de juridiction analogue. (Art. 479 et s. C. i. c. ; L. 20 av. 1810, art. 10) (1). On l'appelle quelquefois la *garantie judiciaire*. Elle consiste : *pour les délits*, 1° à remplacer les tribunaux correctionnels par la 1re Chambre de la Cour d'appel ; 2° à supprimer l'instruction préparatoire ; 3° à réserver exclusivement au procureur général le droit de mettre en mouvement l'action publique. — *Pour les crimes*, à confier la poursuite et l'instruction à des magistrats d'un rang plus élevé. Dans le premier cas, les particuliers lésés par l'infraction

ministère public sans la plainte du particulier lésé ? l'action publique pouvait être exercée par le ministère public sans déclaration d'abus préalable ; mais elle ne pouvait recevoir son impulsion de la partie civile. — S'agissait-il au contraire d'une infraction dont la poursuite est subordonnée au dépôt d'une plainte ? Ni le ministère public, ni la partie civile ne pouvaient commencer la poursuite, sans avoir fait au préalable déclarer l'abus. *Sic :* Dalloz, v° *culte* ; Cass. 10 août 1861, 8 mars 1869.

(1) L'art. 160. D. 15 nov. 1811, *permet* aux Cours d'appel, sur la réquisition du procureur général, d'étendre la garantie judiciaire aux *membres de l'Université* et aux *étudiants*. Ce texte reçoit sans difficulté son application pour les *délits*, parce qu'il renvoie à l'art. 479, C. i. c. ; mais pour les *crimes* revient-on au Droit commun, ou faut-il sous-entendre un renvoi à l'art. 480 ? Nous admettrions volontiers cette dernière solution.

perdent leur droit d'impulsion sur l'action publique; mais ils conservent celui de se porter partie civile dès que l'action publique est exercée par le procureur général. Dans le second, rien n'est changé à leur droit d'impulsion, seulement la juridiction devant laquelle ils doivent se constituer partie civile est différente.

### III. Cas où la poursuite est subordonnée à une extradition préalable.

**801. Théorie de l'extradition** (1). — L'hypothèse où l'exercice de l'action publique est subordonnée à une extradition préalable est prévue par l'art. 7 du Code d'instruction criminelle. Il s'agit d'un crime attentatoire à la sûreté de l'État ou au *crédit* de la France (contrefaçon du sceau de l'État, de monnaies nationales ayant cours, de papiers nationaux, de billets de banque), commis, hors du territoire français, par un étranger. Ce crime peut être poursuivi et jugé en France si le coupable est arrêté sur notre sol ou si le gouvernement obtient son *extradition*. C'est là une application de la théorie de l'extradition qu'il importe d'exposer dans tout son ensemble.

**802. Notions générales et historiques. — Législation comparée.** — Cette matière fait partie du *Droit international public* : elle met en effet deux nations en rapport à l'occasion d'un malfaiteur, justiciable d'un État qui s'est réfugié sur le territoire d'un autre État. Aussi n'existe-t-il pas sur la matière de loi proprement dite, mais seulement des usages et des traités. — On appelle *État requérant* celui qui demande l'extradition de son justiciable, et *pays de refuge* ou *État requis* celui sur le territoire duquel il est venu se réfugier et à qui la demande d'extradition est adressée. Par conséquent, l'extradition peut être définie : « l'acte par lequel le pays de refuge livre à l'État requérant un justiciable de celui-ci, pour le faire juger ou pour lui faire subir sa peine ».

L'extradition a sa raison d'être dans l'utilité réciproque qu'elle présente pour les deux États. Elle se trouve limitée par cette utilité même. Elle entretient les bons rapports entre les nations en constituant entre elles une assurance mutuelle contre le crime.

**803.** Telle que nous la concevons, c'est une théorie moderne encore en voie d'élaboration. Grotius, il est vrai, a cru en trouver des exemples dans l'antiquité (Samson livré aux Philistins; des Athéniens livrés à Philippe); mais on ne peut voir, dans ces faits, des applica-

---

(1) BIBLIOGRAPHIE : BILLOT, *Tr. de l'extradition*, 1874 ; P. BERNARD, *Tr. théor et prat. de l'extradition* 1882 ; WEISS, *Étude s. les condit. de l'extradition*, Th. Doct., Paris 1880 ; DELOUME, *Principes génér. de dr. internat. en matière criminelle*, Paris, 1882.

tions de l'extradition, parce qu'ils dérogent à deux règles fondamentales de la matière, savoir : qu'un État ne livre point ses nationaux et surtout que l'extradition, ne s'applique pas aux crimes politiques. Au moyen âge le droit d'asile était largement pratiqué. Mais à mesure que les rapports internationaux sont devenus plus fréquents et les voies de communication plus rapides, les États ont compris qu'ils avaient intérêt à se protéger mutuellement entre les malfaiteurs qui, après avoir commis un crime dans un pays, se hâtaient de passer la frontière. Aujourd'hui le droit d'asile n'est plus pratiqué que pour les crimes et délits politiques et pour les infractions de Droit commun de minime importance.

**804.** L'extradition est un acte de souveraineté qui rentre par sa nature dans les attributions du pouvoir exécutif. Les traités qui s'y rapportent sont donc valables dès qu'ils ont été signés par le Président de la République et contresignés par un ministre (art. 3, § 5, L. cons. 25 fév. 1875; art. 8, L. cons. 16 juil. 1875) ; cependant il est d'usage de ne les considérer comme définitifs qu'après qu'ils ont été votés par les Chambres (1).

**805.** S'il n'existe pas de traité, ou si l'extradition est demandée pour un cas non prévu au traité, elle est *facultative ;* si au contraire elle est réclamée pour un cas prévu au traité, elle est *obligatoire :* le refus du pays de refuge serait un *casus belli.* Il ne faut confondre l'extradition facultative avec l'extradition *volontaire :* celle-ci suppose que le justiciable de l'État requérant, arrêté dans le pays de refuge, consent à être livré. Cette remise du justiciable est un acte matériel sans conséquence juridique : l'extradé volontaire est réputé s'être livré spontanément à l'autorité du pays requérant ; rien ne limite contre lui l'exercice de l'action publique (2). Très différente est la situation de l'extradé qui s'oppose à son extradition : sa remise a lieu en exécution d'un contrat qui intervient entre l'État requérant et l'État requis ; ce fait juridique limite l'exercice de l'action publique contre l'extradé aux infractions que les deux États ont eu en vue (art. 1163, C. civ.). Nous ne parlerons que de cette dernière.

**806.** Depuis 1833 la France a conclu plusieurs traités d'extradition qui ont été presque tous renouvelés dans ces dernières années (3) ; nous en extrairons les règles que nous allons exposer. Certains États (l'Angleterre, les États-Unis, la Belgique, la Hollande) ont ce qu'on appelle une loi *intérieure d'extradition.* Les traités qu'on fait avec eux doi-

---

(1) *Sic* : op. du rapport. D. 75, 4, 115.
(2) Bard, *Précis de droit intern.,* p. 107 ; Cass. 4 et 25 juill. 1867 (S. 67, 1, 409).
(3) V. notamment : Tr. avec la Belgique, *J. off.* 30 janv., 21 mars, 7 avril 1875 ; — Tr. avec le Luxembourg, *J. off.* 13, 16 janv. 1876 ; — Tr. avec le Pérou, *J. off.* 26 janv. 1876 ; — Tr. avec le Danemark, *J. off.* 26 juin 1877, 5 av. 1878 ; — Tr. avec l'Angleterre, *J. off.* 10 av. 1878 ; — Tr. avec l'Espagne, *J. off.* 7 juill. 1878.

vent prendre nécessairement pour base cette législation intérieure. C'est un programme qui trace la limite extrême des concessions que le pouvoir exécutif de ces États peut faire, en matière d'extradition, aux autres États. Il a été question d'établir en France cette législation intérieure ; un projet de loi fut présenté par le gouvernement en 1878 et voté par le Sénat en 1879 (1). Il déterminait : 1° les personnes et les délits pour lesquels le gouvernement pouvait promettre l'extradition par les traités à venir ; — 2° les pouvoirs du gouvernement pour l'extradition facultative ; — 3° la procédure de l'extradition. Il est regrettable que ce projet ait été abandonné. Il était de nature à éviter des difficultés dans les rapports de la France avec les autres nations. Un gouvernement, qui invoque sa loi intérieure pour refuser de comprendre certains faits dans un traité d'extradition ou pour refuser l'extradition facultative, ne doit pas craindre de blesser par son refus l'État requérant. De plus ces lois intérieures sont autant d'appoints pour la législation internationale en cette matière. Elles contribuent à unifier le droit et à supprimer l'arbitraire (2).

**807. Conditions.** — Les conditions de l'extradition sont relatives aux *faits* et aux *personnes*.

A. — Les faits sont toujours de *nature grave*. Autrefois l'extradition n'était accordée que pour les crimes. Depuis que la loi de revision de 1863 a correctionnalisé plusieurs crimes, ces nouveaux délits ont été mis au nombre des cas d'extradition par les traités postérieurs. — Ils constituent en outre des infractions de *Droit commun*. Les crimes et délits politiques ne soulèvent pas en effet une réprobation universelle, parce qu'ils ne blessent pas la morale. De plus le pays de refuge n'a pas d'intérêt à les réprimer. Enfin il est à craindre que leur répression dans l'État requérant ne dégénère en vengeance. La question devient délicate pour les délits *mixtes* et les délits *connexes*. Nous avons indiqué plus haut le caractère qu'il fallait théoriquement leur attribuer. Dans les traités d'extradition ils sont généralement assimilés aux infractions purement politiques. On a fait parfois une exception pour l'assassinat du chef de

---

(1) V. l'exposé des motifs, *J. off.* 16 mai 1878 ; le rapport, *J. off.* 16, 17 janv. 1879 ; la 1re délibération, *J. off.* 17, 19, 28 mars 1879 ; la 2e délibération, *J. off.* 4, 5 av. 1879.

(2) Une loi intérieure d'extradition aurait certainement évité en 1880 la difficulté que souleva la demande d'extradition de *Hartman*. La Russie réclamait son justiciable sous l'inculpation d'un crime *mixte*. Au lieu d'examiner si l'extradition devait ou non être accordée, le gouvernement d'alors préféra éluder la demande par un moyen de procédure qui mécontenta tout le monde. Hartman, qui avait pris le nom de Mayer, niait son identité. On fit semblant de croire à la sincérité de ses dénégations et l'on facilita son départ pour l'Angleterre, sans donner à la Russie le temps de faire la preuve de son identité.

l'État (1); mais, quelque larges que soient les termes des traités, il faut, d'après les principes, restreindre cette exception au cas où dans ce crime mixte l'élément de droit commun l'emporte sur l'élément politique. — Ne donnent pas lieu non plus à l'extradition les *délits militaires* tels que la désertion ou l'insoumission. Cette exception se justifie par des motifs analogues à ceux qui ont fait exclure de l'extradition les infractions politiques. On admet cependant l'extradition des matelots déserteurs, parce que l'intérêt réciproque des nations maritimes est d'empêcher qu'un navire soit brusquement abandonné par son équipage dans un port étranger. On a même rendu les formes de cette extradition plus expéditives. — La désertion est souvent connexe à un crime de Droit commun, tel que le vol ou le meurtre. Qui décidera si l'extradition doit ou non être accordée? L'absence d'un juge supérieur à l'État requérant et à l'État requis fait que cette question, comme toutes celles qui touchent à l'interprétation des traités, ne peut être théoriquement résolue que d'un commun accord par l'État requérant et le pays de refuge. Mais, pour éviter tout conflit, les traités donnent à ce dernier le droit de prendre la décision. — Il peut arriver aussi que la prescription étant plus courte dans l'État requis que dans l'État requérant, le malfaiteur serait assuré de l'impunité si l'on supposait qu'il a commis le crime ou qu'il a été condamné dans le pays de refuge. Dans ce cas l'extradition n'est pas accordée parce que l'État requis n'a pas d'intérêt à la répression.

**808.** *B.* — Au point de vue des personnes, deux règles ressortent des traités, savoir : 1° qu'un État ne livre pas ses nationaux ; — 2° qu'un État ne livre pas ses justiciables.

1° *Un État ne livre pas ses nationaux.* — Ce principe a été inséré dans les traités d'extradition depuis 1830. On le trouve formulé comme un principe de Droit public coutumier dans une circulaire ministérielle du 5 avril 1841, dans l'exposé des motifs de la loi du 27 juin 1866 (art. 5, C. i. c.), et dans l'art. 3 du projet de loi intérieure voté par le Sénat en 1879. Ce principe, aujourd'hui, est très critiqué par les auteurs de Droit international. Ils partent de cette idée que le juge naturel est celui du territoire sur lequel l'infraction a été commise (*forum delicti commissi*), quelle que soit la nationalité de l'agent. Ils ajoutent que si la justice du pays de refuge nous paraît bonne pour un étranger, il n'y a pas de raison pour ne point la croire suffisante pour un Français (2). — La distinction généralement acceptée peut cependant se justifier. Avant d'accorder l'extradition, l'État requis doit se préoccuper non seulement des lois criminelles de l'État requérant, mais encore de l'impartialité de ses juges. Or s'il peut apprécier *in abstracto* le premier point, il ne peut sainement

(1) V. convent. avec la Belgique, 22 sept. 1856 et traités postérieurs.
(2) D'OLIVI, *Rev. génér.*, 1886 et les auteurs qu'il cite.

juger le second que pour ses nationaux. Nous convenons que si dans un traité l'extradition des nationaux avait été stipulée, l'État requis n'aurait plus le droit de la refuser par crainte de la partialité du juge; mais c'est précisément pour éviter cette conséquence qu'il est bon de ne pas accorder, dans les traités, l'extradition des nationaux : les sentiments d'une nation envers une autre sont sujets en effet à trop de variations, pour qu'on puisse engager ainsi l'avenir. De là faut-il conclure que cette extradition est contraire aux principes du droit public? Nous ne le croyons pas ; mais il faut qu'elle soit essentiellement facultative.

809. Le droit de refuser l'extradition d'un national a pour correctif son jugement dans son pays d'origine. Il ne faut pas en effet que la protection qu'un État accorde à ses nationaux ait pour résultat de leur assurer l'impunité. Il leur doit seulement des juges impartiaux. Ce système fonctionne assez régulièrement en France depuis la loi du 27 juin 1866. Cependant il y a des lacunes. Nous en avons signalé une en étudiant les conditions d'application de nos lois pénales françaises aux infractions commises par des Français à l'étranger (1). En voici une autre : un étranger, qui a commis une infraction hors du territoire de la France, devient Français avant d'avoir été jugé ou d'avoir subi sa peine. Faudra-t-il le livrer à l'État dont il était justiciable avant son changement de nationalité, ou bien devra-t-il être jugé et emprisonné en France ? L'acquisition de la nationalité française doit-elle rétroagir et le faire considérer comme ayant été Français au jour du crime, ou comme ayant été jugé par un tribunal français ? — Les traités qui ont prévu la difficulté adoptent tantôt la première solution, tantôt la seconde (2). Mais que décider dans le silence du traité ? L'opinion générale est pour l'extradition de ce nouveau Français. On considère la naturalisation comme non avenue, parce qu'elle a eu lieu, dit-on, en *fraude de la loi* (3). —Nous sommes aussi d'avis qu'il faut accorder l'extradition, sauf à justifier cette solution par une meilleure raison. La fraude à la loi est en effet, dans certains cas, une supposition gratuite. Admettra-t-on, par exemple, qu'une femme

---

(1) V. *Suprà*, n° 98.

(2) V. dans le 1er sens: T° d'extrad. entre la France et l'Angleterre, 14 août 1876, art. 2 ; — T° d'extrad. entre l'Italie et le Brésil, 12 nov. 1872, art. 2 ; — T° d'extrad. entre l'Italie et l'Angleterre, 5 fév. 1873, art. 4. — Et dans le 2e sens : C. p. allemand, art. 4 ; L. belge, s. l'extrad., 5 mars 1874, art. 10; C. p. des Pays-Bas, art. 5 ; Proj. C. p. espagnol (1884-1885) art. 9, 10. — *Rev. du Dr. intern.* 1885, p. 565. Généralement dans ce second système on applique au coupable la loi la plus douce entre celle du pays où l'infraction a été commise et celle du pays de refuge.

(3) V. Renault, *Ét. s. l'extrad. en Angleterre*, Paris, 1879, p. 403 ; Deloume, *op. cit.*, p. 406 ; Garraud, *Dr. pén. franc.*, 172, *in fine*. — Comp. en sens divers; Bernard; *op. cit.*, 2e part., p. 102 ; Dalloz, *Rép.*, V. T° *internat.*, 282 et s.

étrangère, qui devient française par son mariage, commet une fraude à la loi si le mariage est sérieux, s'il a été suivi de cohabitation, s'il a donné des enfants ? Dira-t-on qu'il a été contracté dans le but de soustraire un coupable à la justice ? Mais ce n'est là jamais le but essentiel du mariage, et pour faire une telle supposition il faudrait qu'il s'agit d'une pure cérémonie suivie de séparation immédiate et convenue d'avance. — D'un autre côté il est impossible de faire rétroagir, au point de vue pénal, une acquisition de nationalité qui, au point de vue civil, ne produit d'effet que dans l'avenir. On est donc obligé d'en arriver à l'extradition d'un individu qui certainement est français. Mais comment la justifier ? On le peut, en disant que l'extradition *facultative* des nationaux n'est pas contraire aux principes de notre Droit public, et qu'il faut y avoir recours toutes les fois que le refus de l'extradition assurerait l'impunité au coupable. Un décret du 23 octobre 1811 admettait la possibilité d'extrader les Français dans cette hypothèse. On a dit qu'il avait été abrogé par la désuétude et par ce principe de Droit public moderne : *Nul ne peut être distrait de ses juges naturels* (1). C'est là une double erreur. La désuétude d'abord n'abroge pas les lois. C'est du moins l'opinion générale. Et, en supposant qu'il fallût décider le contraire, on peut dire qu'elle n'existe point : on cite en effet des extraditions de Français, accordées par la France postérieurement même à l'insertion dans la Charte de 1814 (art. 63) du principe qui les prohiberait (2). Que veut dire enfin ce principe ? C'est qu'en France il n'y aura plus de tribunaux d'exception. Il visait l'abolition des *cours spéciales* (art. 553-599, C. i. c.). L'invoquer pour revendiquer au profit des tribunaux français le jugement d'un national qui a commis une infraction à l'étranger, c'est en fausser le sens ; car, les lois pénales étant territoriales, le juge naturel est celui du pays où l'infraction a été commise (3).

810. *B*) Si, conformément à notre opinion, on admet l'extradition facultative des nationaux du pays de refuge quand le refus de l'extradition aboutirait à leur impunité, il n'existe plus qu'une règle qui limite l'extradition pour les personnes ; c'est la seconde : « *Un État ne livre pas ses justiciables* ». Cette règle tend généralement à faire préférer le *forum delicti* à tous les autres. Elle permet en outre au pays de refuge, dont la loi pénale n'est pas absolument territoriale, de retenir le jugement de ses nationaux et des étrangers dont l'extradition est demandée.

(1) V. Charte 1814, art. 63 ; Charte 1830, art. 64 ; Trav. préparat. de la loi 1866, exposé des motifs, n° 5 (D. 1866, 4, 75).
(2) V. D. 20 déc. 1812 ; D. 25 fév. 1813 ; Ord. 13 déc. 1820.
(3) Il est à remarquer que les États dont la loi pénale est absolument territoriale s'engagent en général à livrer leurs nationaux. — V. HEURTEAU, *Bull. Soc. législ. comp.*, 1880, p. 192.

lorsqu'il peut les juger. C'est en vertu de cette seconde règle que la France refusera l'extradition : 1° de tout individu, sans distinction de nationalité, qui a commis une infraction en France (art. 3, C. civ.) ; — 2° d'un Français qui a commis à l'étranger une infraction susceptible d'être poursuivie devant les tribunaux français (L. 27 juin 1866) ; — 3° d'un étranger qui a commis hors du territoire français un crime attentatoire à la sûreté de l'État ou au crédit de la France (art. 7, C. i. c.).

**811. Procédure.** — La demande d'extradition, adressée par le Gouvernement de l'État requérant, suit la voie diplomatique. La procédure à laquelle elle donne lieu dans le pays requis comprend deux phases distinctes : l'arrestation du réfugié, la décision à intervenir sur la demande. Ces deux points ne sont pas réglés d'une manière uniforme dans les divers États. — 1° Dans le système le plus communément suivi, la procédure de l'extradition est l'œuvre exclusive de l'autorité administrative. Un acte du pouvoir exécutif (*Décret*) admet provisoirement la demande après examen de la qualification donnée au fait. Cet examen est de pure forme : on recherche seulement si la qualification est une de celles prévues au traité, et non si elle s'applique au fait exposé. L'ordre d'arrestation est aussitôt donné. Puis un délai moral est accordé à l'État requérant pour produire les pièces prescrites par le traité. En général, le mandat d'arrêt est seul exigé. Certains traités exigent l'arrêt de mise en accusation. Le contrôle de l'État requis ne porte encore que sur la forme extérieure des pièces. Ce système a été suivi en France jusqu'en 1875. A cette époque, une circulaire des Ministres de la justice et de l'intérieur (Circ. 12 oct. 1875) a prescrit l'interrogatoire du réfugié par le procureur de la République dès qu'il est arrêté, et a remis le soin de statuer au Garde des sceaux, après avis du procureur de la République et du procureur général. L'examen de la demande est sorti ainsi des attributions du ministère de l'intérieur pour entrer dans celles du ministère de la justice ; mais c'est toujours une œuvre administrative. La décision du Garde des sceaux affecte la forme d'un décret qui devient complet par la signature du Président de la République. — 2° En regard de ce système est le système anglais, qui fait de l'extradition l'œuvre exclusive de l'autorité judiciaire. Le gouvernement n'intervient que pour exécuter la décision. En Angleterre, il est de principe qu'une personne ne peut être arrêtée qu'en vertu d'un mandat délivré par un magistrat anglais, après enquête. Le juge anglais entre dans l'examen du fait pour lequel l'extradition est réclamée, et il ne délivre le mandat d'arrestation que si, en supposant le fait commis ou le jugement rendu en Angleterre, l'arrestation serait conforme aux lois de son pays. Il y a peu d'années encore, le magistrat anglais élevait la prétention de refaire l'enquête faite dans l'État requérant. Puis, il se contenta d'entendre l'officier de police judiciaire qui avait recueilli les témoignages. Enfin, depuis 1870, la loi intérieure d'extradition l'a autorisé à ajouter foi aux enquêtes des magistrats étrangers pourvu que leur signature, apposée au bas des procès-verbaux, soit légalisée par le sceau d'un ministre de leur pays. — 3° Entre ces deux systèmes absolus se place un système mixte, suivi en Belgique, qui, tout en laissant au gouvernement le soin de prendre la décision, charge l'autorité judiciaire de la préparer. L'arrestation provisoire du réfugié précède l'examen de la demande et a lieu administrativement. Puis un débat public et contradictoire s'ouvre devant les tribunaux, entre le ministère public et le réfugié, sur la demande d'extradition. L'autorité judiciaire émet un avis qui ne lie point le gouvernement. Ce système était celui du projet de loi voté par le Sénat en 1879. Le débat sur la demande d'extradition aurait eu lieu devant la Chambre d'accusation. Ce système mixte paraît bien supérieur aux deux autres. Le premier n'est pas suffisamment protecteur de la liberté individuelle. Le second entre dans l'examen de charges qui n'intéressent que le pays requérant. Le troisième confie aux tribunaux, juges habituels de toutes les questions qui touchent à la liberté individuelle, le soin d'examiner au fond et en la forme la demande d'extradition, et en même temps il réserve au gouvernement le droit de prendre la décision. Or cela est logique : d'un côté, parce que l'extradition facultative est souvent de bonne politique, et de l'autre, parce que les réfugiés qu'on peut extrader sont généralement des étrangers, que le gouvernement pourrait expulser par simple mesure administrative.

Il peut arriver que plusieurs États demandent en même temps l'extradition du même individu ; comment faut-il procéder ? — Si parmi les États requérants se trouve le pays d'origine, on le préfère aux autres. En pratique même, on provoque officieusement sa demande, et si elle se produit avant que l'extradition ait été consommée, il obtient la préférence. — Au cas où le pays d'origine ne réclame point le réfugié, l'extradition est accordée à celui des États requérants qui, le premier, a formé sa demande, en réservant que l'extradé sera livré aux autres États requérants, après avoir été jugé, ou après avoir subi sa peine.

**812. Effets.** — *a)* L'extradition met l'extradé à la disposition de l'État requérant, non pas d'une manière absolue, mais en vertu d'une convention qui limite l'exercice du droit de punir aux faits pour lesquels elle a été requise. L'autorité judiciaire chargée d'appliquer cette convention doit déclarer irrecevable toute action et toute voie d'exécution, pour infractions ou jugements non mentionnés dans la demande d'extradition. S'il s'agit d'un inculpé, on admet cependant qu'il peut être jugé pour des infractions qui sont les dégénérescences de la qualification primitive, parce qu'elles ont dû entrer dans les prévisions de l'État requis.

Et il importerait peu que le traité n'autorisât point l'extradition pour le fait matériel avec sa qualification nouvelle, car l'État requis aurait dû faire des réserves ; l'extradition dans ce cas est maintenue comme extradition facultative (1). Mais nous n'admettrions pas qu'on pût la maintenir si la loi intérieure du pays de refuge n'autorisait point l'extradition facultative pour le fait ainsi qualifié : le droit des gens s'oppose à ce qu'un État encourage les attentats d'un gouvernement contre les lois de son pays. Les sociétés modernes placent les lois au-dessus de ceux qui les appliquent.

*b*) L'extradé ne peut certainement se plaindre d'avoir été livré pour un cas non prévu au traité si l'extradition facultative était permise ; mais il peut prétendre que le pays de refuge n'a point voulu l'extrader pour l'infraction qui fait l'objet du procès. Il y a lieu alors d'interpréter l'acte d'extradition. Cette interprétation n'appartient pas à l'autorité judiciaire, car les actes d'extradition sont des actes administratifs. Théoriquement elle devrait être faite d'un commun accord par les deux États ; mais pratiquement le dernier mot reste à l'État requérant qui tient l'extradé.

*c*) L'extradé pourrait-il consentir à être jugé sur d'autres faits que ceux pour lesquels il a été livré ? On l'admet, pourvu que son consentement soit libre. Théoriquement la solution est bonne ; mais, en fait, l'extradé est en état de détention préventive lorsqu'on lui demande ce consentement, et cette détention préventive n'a d'autre limite que la prescription de l'action ou de la peine, suivant qu'il a été condamné contradictoirement ou par contumace. Peut-on dire que dans ces circonstances son consentement soit libre ? Ne faudrait-il pas au moins que l'inculpé fût averti, avant de consentir, que, s'il refuse, il sera immédiatement rendu à l'autorité du pays de refuge (2) ?

### IV. Cas où la poursuite est subordonnée au jugement préalable d'une question préjudicielle.

**813.** Le quatrième obstacle à l'exercice de l'action publique est celui qui résulte de la nécessité de faire juger par l'autorité compétente une *question préjudicielle*. On appelle ainsi une question dont l'examen est nécessaire pour établir l'infraction, mais que la juridiction de répression ne peut résoudre incidemment. Elle nécessite une instance séparée,

---

(1) Cass. 10 déc. 1858 (S. 59, 1, 632) ; 31 mai 1877 (S. 78, 1, 233) ; 2 août 1888 (S. 85, 1, 509) ; GARRAUD, *Dr. pén. franç.*, I, 175 et les auteurs qu'il cite.
(2) V. s. la question : Cass. 4 juil. 1867 ; 31 mai 1877 ; HAUS, II, 966 ; GARRAUD, I, 174, B ; DESJARDIN, *Bul. Soc. de législ. comp.*, 1877, p. 126.

et elle suspend l'exercice ou le jugement de l'action publique jusqu'à sa solution.

**814. Questions préjudicielles et questions préalables.** — Il importe d'abord d'éviter une confusion entre les questions *préjudicielles* et les questions *préalables*. Très souvent la poursuite d'une infraction soulève deux questions dont l'une doit être résolue avant tout examen de l'autre ? Y a-t-il question préjudicielle ou question préalable ? Cela dépend de la manière dont la question est résolue. Si sa solution appartient à la juridiction pénale saisie de l'infraction, et doit être donnée incidemment dans la même instance, il y a question préalable. Si au contraire une autre juridiction doit en être saisie, ou bien s'il est nécessaire d'intenter une action distincte et spéciale devant la même juridiction, il y a question préjudicielle, parce qu'il y a lieu à deux instances dont l'une doit intervenir avant l'autre (*præjudicium*). La dualité des instances explique la terminologie et donne un critérium facile à appliquer. Voici un autre critérium qui peut encore servir à distinguer les deux classes de questions : la question préjudicielle se rattache à un élément de l'infraction ; la préalable peut n'avoir trait qu'à la recevabilité de l'action publique. Les questions préjudicielles diffèrent donc des questions préalables : — 1° en ce qu'elles portent toujours sur le fond du procès pénal, tandis que les autres portent soit sur le fond, soit sur la forme ; — 2° en ce qu'elles exigent une instance distincte et principale, tandis que les autres sont résolues incidemment.

L'obstacle que les questions préjudicielles apportent à l'exercice de l'action publique n'est pas toujours de la même nature. Les unes en effet l'empêchent de commencer ; les juridictions ne peuvent être saisies : on les appelle *questions préjudicielles à la mise en mouvement de l'action publique* ou plus brièvement, *questions préjudicielles à l'action*, ou même simplement *questions préjudicielles*. Les autres n'empêchent pas de saisir le juge de répression, mais elles mettent obstacle à son jugement ; l'action publique peut commencer, mais elle ne peut pas aboutir : on les appelle *questions préjudicielles au jugement* ou *exceptions préjudicielles*.

**815. Caractère des questions préjudicielles. — Principe d'interprétation.** — Les questions et exceptions préjudicielles dérogent aux règles ordinaires de la compétence. Il est de principe en effet que tout tribunal, saisi d'une question principale de sa compétence, a qualité pour juger toutes les questions accessoires qui s'y rattachent, alors même qu'il serait incompétent pour ces dernières si elles lui étaient proposées séparément. « Le juge de l'action est également celui de l'exception ». Ce principe très ancien (1) a été admis par raison d'utilité publique : les pro-

(1) C. 1, 3, *de ordine jud.*, cod. Just., 3, 8.

cès seraient interminables et coûteux, si le juge devait s'arrêter lorsqu'il rencontre une question secondaire qui sort de sa compétence. On n'hésite pas à maintenir ce principe par la tradition dans notre Droit moderne : il faut donc un texte formel pour y déroger. De là ce corollaire : « Pas de questions préjudicielles sans texte ». Conséquemment, on ne peut étendre par analogie les textes qui les formulent. Telle est la règle d'interprétation à suivre dans cette matière.

**816. Division des questions préjudicielles.** — D'après la nature de l'intérêt qui est en jeu, les questions préjudicielles se divisent en *pénales, disciplinaires, administratives* et *civiles*. — D'après leur effet sur l'action publique, elles sont préjudicielles à *l'action* ou préjudicielles *au jugement*. Ces dernières sont les plus nombreuses. On ne trouve en effet de questions préjudicielles à l'action que parmi les questions civiles.

**817. Questions préjudicielles pénales.** — Toutes ces questions sont préjudicielles au jugement. On en trouve un exemple dans le délit de *dénonciation calomnieuse*, lorsque le fait dénoncé est une infraction (art. 373, C. p.) (1). Les éléments de ce délit sont : 1° la fausseté du fait imputé ou de l'imputation, 2° la mauvaise foi. Le jugement du second point appartient certainement au tribunal correctionnel saisi de la poursuite en dénonciation calomnieuse. Mais avant d'y procéder il faut que le premier point ait été établi dans une poursuite spécialement dirigée contre l'individu dénoncé, soit par le ministère public, soit par la prétendue victime du délit. Cette question préjudicielle résulte de l'art. 372, C. p. qui porte : « Lorsque les faits imputés seront punissables suivant la loi, et que l'auteur de l'imputation les aura dénoncés, il sera, durant l'instruction sur les faits, *sursis à la poursuite et au jugement du délit de calomnie* ». Ce texte, malgré la suppression du délit de calomnie (L. 17 mai 1819), est resté en vigueur pour la dénonciation calomnieuse, parce qu'elle faisait partie des dispositions du Code pénal sur la calomnie. Sa raison d'être est que : 1° l'examen de la question incidente aurait retardé l'expédition des affaires correctionnelles, en greffant ainsi un procès pénal sur un autre ; 2° que cet examen aurait pu amener le tribunal correctionnel à résoudre incidemment une question beaucoup plus grave que celle du délit de dénonciation calomnieuse pour lequel il a compétence. Ce sont là d'ailleurs les deux raisons qui expliquent la plupart des questions préjudicielles.

Par qui et comment sera résolue la question préjudicielle pénale dont

---

(1) Le mot dénonciation n'est pas pris ici dans son sens technique, il comprend la *dénonciation proprement dite*, qui est l'œuvre d'un tiers désintéressé et *la plainte*, qui est l'œuvre d'une personne ayant souffert du délit. Cass. 14 mai 1869 (D. 70, 1, 487).

nous parlons? Sa nature même exige que la solution émane d'une juridiction de répression, soit d'instruction, soit de jugement, car toutes ont mission de statuer sur l'infraction et sur la culpabilité. Mais, pour saisir cette juridiction du fait dénoncé, il faut que le ministère public ou la prétendue victime du fait dénoncé s'y prête. Ni le dénonciateur, s'il n'est pas en même temps un *plaignant*, ni l'individu dénoncé n'ont le droit de mettre en mouvement l'action publique, et ils peuvent se heurter à un refus de poursuite de la part de ceux-là qui pourraient agir. Dans cette hypothèse, il ne reste, en général, à la personne qui se prétend calomnieusement dénoncée, que l'action en diffamation. Par exception, le refus de poursuite, émané du ministère public, devrait être considéré comme équivalent à une ordonnance de non-lieu, si la personne dénoncée était au nombre de celles, qu'aux termes de l'art. 479, C. i. c., le ministère public peut seul poursuivre.

818. — **Questions préjudicielles disciplinaires.** — Le même délit de dénonciation calomnieuse et les mêmes textes (art. 372, 373, C. p.) fourniront un exemple d'une question de ce genre, si l'on suppose que le fait dénoncé était seulement susceptible d'une répression disciplinaire. La fausseté du fait ou de l'imputation devra être déclarée par l'autorité disciplinaire; la mauvaise foi, par le tribunal correctionnel. La décision de l'autorité disciplinaire n'est, en général, assujettie à aucune forme particulière. Il faut et il suffit qu'elle présente le caractère d'une décision officielle. On exige qu'elle soit écrite, expresse, prise par le fonctionnaire investi de l'autorité disciplinaire et agissant en cette qualité.

819. — **Questions préjudicielles administratives.** — Elles sont toutes, comme les précédentes, préjudicielles au jugement. L'autorité administrative est exclusivement compétente pour interpréter les actes administratifs. Cette interprétation lui a été réservée soit par des textes spéciaux, soit par les textes généraux qui ont formulé le principe de la séparation des pouvoirs. Les questions préjudicielles résultant de ce principe sont très nombreuses. Par exemple dans la poursuite de détournements de deniers publics imputés à un comptable (art. 169-172, C. p.), la question de savoir s'il y a *délit* rentre dans cette catégorie; de même, dans la poursuite d'une contravention de petite voirie, la question d'alignement.

820. **Questions préjudicielles civiles.** — Les unes sont préjudicielles à l'action, les autres préjudicielles au jugement.

A. QUESTIONS DE DROIT CIVIL PRÉJUDICIELLES A L'ACTION. — L'art. 327, C. civ. en établit une : c'est la question de *filiation* dans la poursuite du *délit de suppression d'état* (1). Il nous faut examiner : 1° ce qu'on en-

---

(1) Art. 327 : « L'action criminelle contre un délit de suppression d'état (d'en-

tend par le délit de suppression d'état ; — 2° pourquoi la question de filiation est préjudicielle à la poursuite de ce délit ; — 3° quels sont les effets de la question préjudicielle sur l'action publique ; — 4° s'il y a d'autres questions préjudicielles à l'action publique que la question de filiation dans l'hypothèse du délit de suppression d'état.

**821.** 1° *Qu'est-ce que le délit de suppression d'état ?* — Cette expression est à la fois abrégée et générique. Elle est *abrégée*, car on ne supprime pas l'état d'une personne. L'état résulte de faits accomplis qu'il est impossible d'effacer. Ce qu'on peut supprimer, c'est la preuve de ces faits. Correctement, il faudrait dire : délit de suppression de la preuve de l'état ; par abréviation, l'on dit : délit de suppression d'état. — Elle est *générique,* car il n'y a pas dans nos lois pénales un délit particulier de suppression d'état. C'est une catégorie d'infractions désignées par leur résultat. Il s'y rencontre des crimes et des délits. Remarquons que l'art. 327 ne vise point tous les éléments de l'état d'une personne, par exemple sa *nationalité*, son *mariage ;* il ne s'occupe que de sa *filiation*. Ainsi le prouvent la place qu'il occupe dans le Code, et la suite des idées entre les textes qui le précèdent et ceux qui le suivent. Ce sont donc les infractions qui ont pour résultat de supprimer la preuve de la filiation qui mériteront la qualification générique de *délit de suppression d'état.*

Quelles sont ces infractions ? Les modes de preuve de la filiation légitime différant de ceux de la filiation naturelle, la question doit être examinée séparément pour chacune de ces filiations. Avant d'entrer dans son examen, observons que le délit de suppression d'état se caractérise par le *résultat atteint* et non par le *but poursuivi*. De là deux conséquences : 1° l'intention de l'agent est indifférente ; 2° la tentative et le crime manqué ne pourront jamais constituer le délit de suppression d'état.

**822.** *a*) La filiation légitime se prouve par l'acte de naissance, par la possession d'état et par témoins (art. 319, 320, 323, C. civ.). Le délit de suppression d'état ne peut s'attaquer qu'aux deux premiers modes de preuves, parce que seuls ils constituent des preuves légales sur lesquelles l'enfant a le droit de compter. La preuve testimoniale est une preuve de conviction abandonnée à l'appréciation du juge qui peut la rejeter comme incomplète ou incertaine, qui peut la suppléer et la contredire par de simples présomptions (art. 1353). De plus, elle est exceptionnelle en cette matière, et non-recevable *de plano* (art. 323). Pour ces motifs, le délit de suppression d'état ne peut porter sur la preuve testimoniale de la filiation. Que supprimerait-on, d'ailleurs ? Un témoin.

*fant*) ne pourra commencer qu'après le jugement définitif sur la question d'état (*d'enfant*) ».

Mais cette suppression ne fait pas perdre tous les avantages de la preuve testimoniale. — Le délit de suppression d'état d'enfant légitime comprendra donc toutes les infractions qui ont pour résultat *d'empêcher* l'enfant *d'acquérir* la preuve de sa filiation légitime, soit par l'acte de naissance, soit par la possession d'état, ou qui *détruiront* cette preuve quand elle est acquise.

Il faut observer, d'ailleurs, qu'il ne suffit point que l'infraction ait fait disparaître l'une de ces deux preuves, si l'autre subsiste et peut servir. Il n'y a en effet suppression d'état que si l'enfant ne peut invoquer, par suite du délit ou de circonstances qui se combinent avec le délit, aucune preuve légale de sa filiation. *Exemples :* 1° un faux commis dans l'acte de naissance donne à l'enfant une filiation contraire à la véritable : il était fils de *Primus* et de *Prima* ; on l'a inscrit comme fils de *Secundus* et de *Secunda*. Ce crime entraîne la suppression d'état, alors même que l'enfant aurait en fait sa possession d'état véritable, parce qu'il ne peut invoquer cette seconde preuve, contredite qu'elle est par la première (1). — 2° A l'inverse, un faux détruit dans l'acte de naissance la preuve de la filiation véritable, mais n'attribue point à l'enfant une autre filiation : on aura inscrit l'enfant légitime comme fils de père et mère inconnus. Le crime dans ce cas ne produira la suppression d'état que si d'autres circonstances ont empêché l'enfant d'acquérir la possession d'état à laquelle il a droit, parce que dans cette hypothèse la possession d'état, n'étant plus contredite ici par l'acte de naissance, fait preuve de la filiation. — 3° Il en est de même de l'inscription de l'acte de naissance sur une feuille volante (art. 192, C. p.). L'acte ne fait plus preuve de la filiation, puisqu'il n'est pas « inscrit sur les registres de l'état civil » (art. 319, C. civ.) ; mais il ne prouve pas non plus une filiation fausse ; il ne contredit point la preuve que l'enfant pourrait puiser dans sa possession d'état. Il faut donc que celle-ci ait été elle-même altérée pour que la suppression d'état existe. — 4° Enfin tous les crimes qui s'attaquent directement à la possession d'état, l'*enlèvement*, le *recélé* ou la *suppression* d'enfant, la *substitution* d'un enfant à un autre, la *supposition* d'un enfant à une femme qui n'est pas accouchée (art. 345, C. p.) (2), tous ces crimes ne produisent la suppression d'état que si

---

(1) *Arg. :* art. 319 et 320 comb. « La filiation des enfants légitimes se prouve par les actes de naissance..... *à défaut de ce titre,* la possession constante de l'état d'enfant légitime suffit.

(2) La supposition d'enfant ou de part (*partus*) doit réunir deux conditions pour produire la suppression d'état : 1° elle doit porter sur un être réel et non sur un être imaginaire ; — 2° elle doit être accompagnée de l'introduction matérielle de l'enfant dans la famille à laquelle il n'appartient pas. La supposition d'un enfant qui n'a jamais existé est une fraude assez usitée pour révoquer les donations (art. 953, C. civ.). Mais il faut que l'enfant supposé existe réellement pour que sa

l'enfant n'a point dans son acte de naissance la preuve de sa véritable filiation. La possession d'état est en effet une preuve subsidiaire qu'on peut invoquer seulement quand la preuve principale fournie par l'acte de naissance fait défaut.

823 *b*) L'enfant naturel n'a d'autre preuve légale de sa filiation que l'*acte de reconnaissance*. Toute infraction, qui aura pour résultat de l'empêcher d'acquérir ce titre ou de l'en priver une fois acquis, constituera la suppression d'état. Étant donné le caractère exceptionnel de l'art. 327, C. civ., on pourrait hésiter à l'étendre au délit de suppression d'état d'enfant naturel, parce qu'il est écrit dans un chapitre intitulé : « Des preuves de la filiation des enfants *légitimes* ». Mais il faut remarquer qu'à partir de l'art. 326 le législateur ne s'occupe plus de ce sujet ; il édicte des règles de *compétence*, de *prescription*, de *transmissibilité* pour l'action en réclamation d'état d'enfant, et il n'y aurait aucune bonne raison de les considérer comme spéciales à la filiation légitime (1).

824. 2° *Motifs de cette question préjudicielle.* — Deux motifs ont été donnés dans les travaux préparatoires (2) pour expliquer que la question de filiation devait être préjudicielle à la mise en mouvement de l'action publique dans le délit de suppression d'état, savoir : 1°) qu'il fallait empêcher de faire *de plano*, devant la juridiction criminelle, la preuve testimoniale de la filiation ; — 2°) qu'il fallait empêcher de se former un préjugé sur la question de filiation, parce que dans le délit de suppression d'état cette question avait plus d'importance que la question pénale. Le premier de ces motifs est sans valeur : les règles de la preuve tiennent à la matière ; elles ne sont point modifiées par un changement de juridiction. On aurait supprimé la question préjudicielle, que devant les juridictions pénales comme devant les tribunaux civils, la preuve testimoniale de la filiation aurait été soumise aux mêmes conditions de recevabilité (3). Le second motif aurait pu décider le législateur à rendre la question de filiation préjudicielle *au jugement*, et cela suffisait pour sauvegarder l'intérêt qu'on avait en vue ; il était absolument inutile d'en faire une question préjudicielle à l'*action*. La difficulté qu'on a à trouver une explication raisonnable de l'art. 327 commande son interprétation la plus restrictive.

825. 3° *Effets de cette question préjudicielle.* — L'obstacle qu'elle supposition puisse produire la suppression d'état. Le néant, en effet, n'a pas d'état ! — L'introduction matérielle de l'enfant dans la famille à laquelle il n'appartient pas consomme la suppression d'état, parce qu'elle donne à cet enfant une possession d'état contraire à la véritable.

(1) *Sic :* Cass. 29 mai 1873.
(2) V. Locré, VI, p. 161, 162, 203, 308.
(3) L'erreur que nous signalons était courante dans l'ancienne jurisprudence, — V. Denizart, VIII, p. 23.

apporte à l'action publique est absolu : il arrête son *exercice* par le ministère public, comme son *impulsion* par la partie civile. C'est là ce qu'exprime l'art. 327 en ces termes : « *L'action criminelle*..... ne pourra commencer ». L'action criminelle n'est pas seulement l'action publique, c'est encore l'action civile portée devant les juridictions pénales ; en d'autres termes toute action qui aura pour but ou pour résultat de procurer l'application de la peine. Tel était en effet le sens de cette expression dans l'ancien Droit (1) ; et il faut convenir qu'à l'époque de la rédaction du Code civil, l'action de la partie lésée devant les juridictions pénales méritait bien cette qualification, parce que la partie civile participait plus largement qu'aujourd'hui à l'exercice de l'action publique (C. 3 brum. an IV, art. 226, 227). Merlin cependant a soutenu que l'art. 327 n'avait pas pour effet d'empêcher la poursuite du délit par le ministère public. La raison qui le décide, c'est qu'il y aurait scandale à laisser le délit de suppression d'état impuni, si la partie lésée, qui seule a qualité pour intenter l'action en réclamation d'état, gardait le silence. Cette considération est inopérante : il y avait en effet dans le projet du Code civil trois articles (art. 18, 19, 20) qui permettaient au ministère public, sous certaines conditions, d'intenter l'action criminelle pour la répression du délit de suppression d'état, avant que la question de filiation eût été décidée par les tribunaux civils. Ces articles n'ont pas été votés, et par suite la prohibition de l'art. 327 est restée absolue (2). — Mais la proposition de Merlin est exacte quand la preuve de l'infraction, d'où résulte la suppression d'état, peut se faire sans que la question de filiation soit agitée. Le ministère public pourra par exemple poursuivre librement la destruction totale ou partielle des registres de l'état civil, le défaut de déclaration de naissance, l'inscription de l'acte sur une feuille volante, ainsi que tous les crimes qui constituent à la fois un attentat contre la personne physique de l'enfant et une atteinte à son état civil. L'action de la partie lésée sera au contraire arrêtée par la question préjudicielle parce que, n'ayant intérêt à poursuivre ces délits que pour faire reconstituer la preuve légale de la filiation, elle est obligée d'établir cette filiation par témoins, par présomptions, par écrits autres que l'acte de naissance ou de reconnaissance ; or c'est précisément là ce que le législateur a voulu éviter.

L'art. 327 ne visant que *l'action criminelle*, l'exercice de l'action civile reste libre devant les tribunaux civils. Sans doute la question de filiation devra être résolue avant de statuer sur la réparation du préjudice causé par l'infraction ; mais ce ne sera qu'une question préalable,

---

(1) Ord. s. la proc. civile de 1667, tit. XVIII, art. 2 ; comp. JOUSSE, *Just. crim.*, III, 4, 5, 21, 22.

(2) *Sic :* Op. générale et Cass. 30 nov. 1876 (D. 77, 1, 459).

jugée par le tribunal saisi de l'action civile et dans la même instance.
Supposons l'action criminelle intentée, quel sera l'effet de la question préjudicielle sur la procédure ? L'art. 327 frappe la juridiction pénale d'une incompétence absolue jusqu'après le jugement définitif de la question d'état. Cette juridiction devra donc se dessaisir d'office, en déclarant son incompétence, et le prévenu, s'il est arrêté, sera remis en liberté par les soins du ministère public (1).

**826.** 4° *Existe-t-il d'autres questions préjudicielles à l'action ?* — Le principe d'interprétation restrictive que nous avons dégagé défend toute extension de l'art. 327, soit à une autre question, soit à une autre hypothèse. Ainsi les autres questions d'état, c'est-à-dire celle de *nationalité*, celle de *mariage*, et même la *question de filiation dans une autre hypothèse que la poursuite du délit de suppression d'état*, par exemple dans celle du parricide, ne seront point préjudicielles à l'action (2). — Une controverse existe, en doctrine, pour la question de faillite, dans la poursuite de la banqueroute. Quelques explications préalables sont nécessaires. La *faillite* est l'état d'un commerçant qui cesse ses paiements (art. 437, C. co.) Elle donne lieu à une procédure de liquidation qui commence par un jugement de *déclaration de faillite*, rendu par le tribunal de commerce. Le délit ou le crime de banqueroute sont imputables au commerçant failli qui a consommé sa ruine par certaines imprudences ou négligences, ou par certaines fraudes énumérées par la loi. Les éléments de cette infraction sont indiqués par le Code de commerce (art. 585, 586, 591), et la peine par le Code pénal (art. 402). Voici maintenant la difficulté : on se demande si la poursuite de la banqueroute peut commencer avant la déclaration de faillite par le tribunal de commerce ? Cela revient à fixer le sens de cette expression des articles 585, 586, 591, C. com. : « tout commerçant failli ». Vise-t-elle la cessation de paiement que toute juridiction peut constater incidemment, en vue d'en tirer des conséquences pour le procès dont elle est saisie ? Ou bien vise-t-elle la déclaration de faillite, premier acte de la procédure de liquidation, qui est de la compétence exclusive du tribunal de commerce ? Si on lui donne ce dernier sens, la question de faillite sera préjudicielle à l'action publique dans la poursuite du crime ou délit de banqueroute. Mais le premier sens est plus naturel. Pour éviter d'ail-

---

(1). Cass. 22 juin 1820.

(2) Un arrêt, dépourvu de motifs, a déclaré la question de filiation préjudicielle à l'action dans la poursuite, *devant le conseil de guerre*, du droit d'exemption frauduleuse du service militaire. Cass. 5 déc. 1885 (*Gaz. Trib.* 13 déc.). Mais, en supposant que la juridiction pénale d'exception soit radicalement incompétente pour juger une *question d'état* comme question préalable, il n'était pas nécessaire de décider que la question de filiation était préjudicielle *à l'action*, il suffisait de la déclarer préjudicielle *au jugement* de l'action publique.

leurs une discussion philologique, admettons que l'expression, *tout commerçant failli*, soit équivoque, douteuse : on ne peut en induire l'institution d'une question préjudicielle, parce que le caractère exceptionnel de ces questions fait qu'elles ne peuvent résulter que de textes clairs et formels (1).

**827. B) Questions de Droit civil préjudicielles au jugement.** — Aucun article du Code civil ne s'occupe de ces questions. Aussi, peu de temps après sa promulgation, il s'éleva des difficultés dans la pratique. Pour y mettre un terme, la Cour de cassation approuva une sorte de consultation, rédigée par le président Barris, qui prépara une réforme législative. Elle est connue sous le nom de *Note secrète du 5 nov. 1813* (2). La réforme a été accomplie en 1827 par le Code forestier, dont l'art. 182 rend préjudicielles au jugement les questions de *propriété immobilière* et de *droits réels immobiliers*. Deux ans plus tard, la loi du 15 avril 1829 sur la pêche fluviale répétait cette disposition dans son art. 59. La raison d'être de ces questions préjudicielles est double : c'est, en premier lieu, l'importance que le législateur français a toujours attachée à la propriété foncière ; et, en second lieu, la longueur habituelle des procès en cette matière ; la nécessité de juger ces questions incidemment aurait retardé l'expédition des autres affaires correctionnelles.

**828.** 1° A *quelles conditions la question préjudicielle arrête-t-elle le jugement ?* — L'art. 182 (C. for.) en implique quatre :

*a)* Le prévenu doit « exciper » du droit réel. Le tribunal ne peut soulever la question d'office. C'est pour ce motif que le texte qualifie, avec raison, ces questions *d'exceptions préjudicielles*.

*b)* Il faut que la prétention du prévenu ait une certaine vraisemblance : qu'elle soit fondée sur un *titre apparent* ou sur des *faits de possession équivalents* à titre (3).

*c)* Il faut que ce titre ou ces faits de possession soient *personnels* au prévenu, c'est-à-dire qu'ils lui appartiennent, qu'il ait le droit de s'en prévaloir. Tel est le sens de ce mot « personnels », assez mal choisi du reste, puisque le prévenu peut invoquer non seulement le titre et

---

(1) *Sic* : Cass. 30 nov. 1876 (D. 77, 1, 159) ; 10 août 1878 (S. 79, 1, 481) ; 23 déc. 1880 (S. 82, 1, 435) ; 5 déc. 1885 (D. 87, 1, 53). THALER, *De la faillite des agents de change* (1883), n° 51 ; GARRAUD, *Précis* (4e édit.), 483 ; — *Contrà* : HOFFMAN, *op. cit.* II, 314 et s. ; TRÉBUTIEN, II, p. 68 et s. ; VILLEY, p. 222 ; GARRAUD, *Précis*, (1re édit.) 759.

(2) Elle est rapportée dans MANGIN, I, 240 ; LE SELLYER, *Compétence*, II, 623 ; HOFFMAN, I, p. 353.

(3) C'est-à-dire soit sur la prescription, soit sur la possession annale. Cass. 22 mai 1863 (S. 63, 1, 455).

les faits de possession qui émanent de lui-même, mais encore ceux qui émanent de son auteur (1).

*d*) Il faut enfin que le *droit allégué soit de nature à ôter au fait incriminé le caractère d'infraction*. Il serait inutile de surseoir au jugement si le droit allégué ne devait point innocenter complètement le prévenu. L'exception préjudicielle n'est pas nécessaire pour faire valoir un droit qui atténuerait simplement la culpabilité de l'agent. Le juge en effet est souverain au point de vue des circonstances atténuantes. Il peut apprécier sans inconvénient toutes les causes d'où l'on prétend les faire résulter, même lorsqu'elles sortent de sa compétence, puisqu'il n'a pas à faire connaître les raisons qui déterminent son indulgence.

Bien que les conditions de recevabilité de l'exception préjudicielle soient réunies, le tribunal n'est pas tenu de l'accueillir s'il doit relaxer le prévenu pour une autre cause. L'exception préjudicielle est un suprême moyen de défense qui fait dépendre le relaxe uniquement du droit allégué (2).

**829.** 2° *Effets de l'exception accueillie*. — L'exception préjudicielle constitue à la fois une défense au fond et un moyen dilatoire. Une défense au fond, car si le droit allégué existe, l'élément injuste du fait incriminé disparaît et le relaxe s'impose. Un moyen dilatoire, car l'admission de l'exception emporte un sursis au jugement de l'action criminelle pendant le temps nécessaire pour faire juger la question préjudicielle.

Le tribunal de répression fixe « un bref délai dans lequel la partie qui a soulevé la question préjudicielle devra saisir les juges compétents de la connaissance du litige » (art. 182, § 2). Ainsi c'est au prévenu qu'est imposée l'obligation d'intenter, devant le tribunal civil, le procès sur la question préjudicielle, de jouer le rôle de demandeur et par conséquent de prouver le droit qu'il invoque. Cette décision est rigoureuse, si le plaignant est un homme de mauvaise foi, qui a imaginé le procès correctionnel pour intervertir les rôles que le prévenu et lui devaient jouer, dans le procès civil, sur la question de propriété. Des législations étrangères ont permis aux juges de répression de déjouer ce calcul en désignant, suivant

---

(1) L'art. 182 contient une métonymie : le *titre produit*, les *faits articulés* sont présentés comme ôtant au fait incriminé le caractère d'infraction, tandis qu'en réalité c'est le *droit réel* prouvé par ce titre ou par ces faits qui produit ce résultat. — Le prévenu pourrait-il, sans invoquer un droit *personnel*, se borner à nier que le plaignant soit propriétaire ? Cette défense est possible contre les poursuites dirigées par la partie civile et même contre celles intentées par le ministère public quand l'action publique est subordonnée à la plainte. Mais ce n'est point une exception préjudicielle. C'est une fin de non-recevoir tirée d'un défaut de qualité chez le plaignant.

(2) Haus, II, 1247.

les circonstances, quel est du prévenu ou du plaignant celui qui devra faire juger la question préjudicielle (1).

Quand le délai fixé est expiré, quatre situations peuvent se présenter : *a*) Le tribunal civil a reconnu l'existence du droit allégué. Le tribunal correctionnel doit alors relaxer. — *b*) Le tribunal civil a rejeté la prétention du prévenu. Le procès correctionnel reprend son cours comme si l'exception préjudicielle n'avait pas été soulevée. Il pourra y avoir relaxe, mais pour une autre cause. — *c*) Le tribunal civil n'a pas été saisi de la question préjudicielle. Le résultat est le même, le prévenu étant censé avoir renoncé à son exception. — *d*) Le tribunal civil a été saisi, mais il n'a pas encore statué. Le prévenu obtiendra du tribunal correctionnel une prolongation de sursis « en justifiant de ses diligences. Sinon il sera passé outre. Toutefois, en cas de condamnation, il sera sursis à l'exécution du jugement sous le rapport de l'emprisonnement, s'il était prononcé, et le montant des amendes, restitutions et dommages-intérêts sera versé à la caisse des dépôts et consignations, pour être remis à qui il sera ordonné par le tribunal qui statuera sur le fond du droit » (art. 182, § 2). Ce sursis à l'exécution n'est pas perpétuel ; il ne s'étend même pas jusqu'au moment où la demande introduite devant le tribunal civil sera éteinte par la péremption d'instance. Après un délai moral, il dépendra du plaignant et du ministère public de faire auprès du tribunal civil saisi de la question préjudicielle les diligences nécessaires pour obtenir un jugement de défaut qui rejettera la prétention du prévenu, et en vertu duquel ils poursuivront l'exécution des condamnations prononcées par le tribunal correctionnel (2).

*Observation :* Tout ce qui vient d'être dit sur la recevabilité et les effets

---

(1) Sic : L. belge, 17 av. 1878, art. 19.

(2) On a proposé de passer outre à l'exécution de l'*emprisonnement* sans poursuivre un jugement de défaut devant le tribunal civil, sauf, si le condamné résistait à l'exécution, à revenir devant le tribunal correctionnel pour faire statuer sur cet incident contentieux. Sic : Dalloz, *Rép.* v° *Quest. préjud.* 194. — Mais cette procédure est contraire à l'esprit de l'art. 182 lequel suppose que le tribunal civil statuera nécessairement sur la question préjudicielle pour ordonner la remise des *amendes* et autres condamnations pécuniaires. Or si au point de vue de ces condamnations on est obligé de suivre la marche que nous indiquons, on ne voit point pourquoi on ne la suivrait pas en ce qui touche l'emprisonnement. La solution de la question préjudicielle n'est pas en effet un *incident de l'exécution* pour lequel il y aurait, au point de vue de la compétence, une différence entre les condamnations pécuniaires et celles à l'emprisonnement ; c'est la condition à laquelle est subordonnée la condamnation. — Le ministère public, qui n'était que partie jointe dans le procès sur la question préjudicielle, interviendra comme partie principale, s'agissant d'un objet d'ordre public, pour faire lever l'obstacle à l'exécution de la condamnation pénale.

des exceptions préjudicielles civiles s'applique aussi aux exceptions préjudicielles *pénales, disciplinaires* et *administratives*.

830. 3º *Existe-t-il d'autres questions civiles préjudicielles au jugement ?* — Malgré le principe d'interprétation restrictive qui domine cette matière, il faut admettre que les questions de propriété immobilière et de droits réels immobiliers sont préjudicielles au jugement non seulement des délits forestiers et de pêche fluviale, mais encore de toute autre infraction. Les raisons qui ont fait établir ces questions préjudicielles tiennent en effet aux intérêts qu'elles mettent en jeu et non aux hypothèses en vue desquelles ont statué les lois de 1827 et de 1829. Ces deux lois n'ont fait d'ailleurs qu'appliquer la note secrète de 1813 qui déclarait ces questions préjudicielles dans la poursuite de toute espèce d'infractions (1).

Cette classe de questions étant mise de côté, toute autre question de Droit civil, qu'il serait nécessaire de résoudre pour établir les éléments de l'infraction, ne constitue qu'une question préalable. Ainsi la *question de propriété mobilière* (2) dans le vol, les *questions de contrat* dans l'abus de confiance doivent être tranchées par le juge de répression. La note secrète, tout en indiquant cette solution, fait observer avec raison que les conditions de recevabilité de la preuve testimoniale sont les mêmes en ces matières devant les tribunaux répressifs que devant la juridiction civile. Ces deux solutions sont généralement acceptées. Restent les questions relatives aux divers éléments de l'état des personnes pour lesquelles il y a controverse.

831. *a)* « La *question de filiation* qui surgit au cours d'un procès pénal sur n'importe quel délit, autre que celui de suppression d'état, est-elle préjudicielle au jugement » ? — Il est certain d'abord que cette question est simplement préalable quand elle surgit à l'égard d'un *témoin* qu'on veut reprocher, ou de la *partie civile* à qui l'on conteste sa qualité. Dans ces cas en effet elle ne touche point aux éléments de l'infraction ; on se trouve par conséquent en dehors de l'hypothèse où l'on peut se demander si une question peut être préjudicielle (3). — Mais si

(1) *Sic* : VILLEY, p. 225, GARRAUD, 485 (implicitement). Cass. 15 janv. 1879 (D. 79, 1, 104) ; 22 juil. 1882 (D. 83, 1, 182) ; 26 av. 1883 (S. 85, 1, 510). *Contra* : DALLOZ, *Rép*, vº *Quest. Préj.* 195 et les auteurs qu'il cite.

(2) Les questions de propriété d'un brevet d'invention ou d'une marque de fabrique, qui sont des questions de propriété mobilière, forment une classe à part : les tribunaux civils ont compétence exclusive pour les résoudre d'une manière *définitive* ; mais si elles se présentent au cours d'une poursuite pénale pour délit de contrefaçon, le tribunal correctionnel statue sur l'incident, sans que son jugement puisse produire la chose jugée autrement que pour le délit qu'il a jugé. L. 5 juil. 1844, art. 46 ; L. 23 juin 1857, art. 16. Cass. 28 janv. 1881 (B. 22).

(3) Comp : HOFFMAN, II, 523 ; BERTAULD, 115 ; LE SELLYER, *Compétence*, II, 663 ; VILLEY, p. 230.

cette question surgit à propos de l'accusé, alors des auteurs admettent qu'elle est préjudicielle au jugement (1). Par exemple, dans la poursuite du viol ou du parricide, la question de filiation entre l'agent et la victime devrait, si elle est contestée, motiver un renvoi à fins civiles. Laissons de côté les considérations qu'on fait valoir de part et d'autre ; elles n'ont aucune valeur au point de vue de l'interprétation juridique, puisque la règle que nous avons déduite du caractère exceptionnel des questions préjudicielles est celle-ci : « Pas de question préjudicielle sans texte » ! — Le nœud de la difficulté est dans les art. 326 et 327 du Code civil : ces textes contiennent-ils deux dérogations au Droit commun, ou bien sont-ils l'expression d'une pensée unique ? Les auteurs que nous critiquons voient, dans l'art. 326, une disposition qui rend les tribunaux civils exclusivement compétents pour juger la question de filiation, de quelle manière qu'elle se présente ; et, dans l'art. 327, une seconde disposition qui restreint encore plus la compétence des tribunaux répressifs, en rendant cette question préjudicielle à l'action publique dans le délit de suppression d'état. — Mais si l'on consulte les travaux préparatoires sur ces articles, on voit qu'une seule préoccupation a dicté leur disposition, savoir, d'empêcher que la question de filiation soit jugée par les juges de répression dans le délit de suppression d'état. L'art. 326 apparaît dès lors comme une conséquence naturelle de l'art. 327 : il indique les tribunaux devant lesquels sera portée la question préjudicielle dans l'hypothèse prévue par l'article suivant. Le principe d'interprétation restrictive qui nous sert de guide en cette matière doit faire préférer cette seconde interprétation, qui restreint la portée de textes dérogatoires au Droit commun, à la première, qui l'étend. C'était la solution de la note secrète de 1813 (2).

**832.** b) *Quid des questions de nationalité?* La note secrète ne s'en occupe point, et aucun texte de nos lois pénales n'y fait allusion. Pour soutenir qu'elles sont préjudicielles au jugement, il faudrait voir deux dispositions distinctes dans les art. 326 et 327, et donner au premier de ces textes une portée encore plus considérable que ne le fait l'opinion que nous avons critiquée dans la controverse précédente. Ce ne seraient pas seulement les questions de filiation, mais encore toutes les questions d'état qui seraient préjudicielles au jugement de l'action publique. — Cette interprétation extensive de l'art. 326 est *a fortiori* réfutée par les observations que nous avons présentées sur l'interprétation précédente. De plus, dans la loi relative à l'organisation municipale (L. 5 mars 1855, art. 47 ; L. 5 avril 1884, art. 39), on trouve un texte érigeant en questions

---

(1) Trébutien, p. 100 ; Hoffman, II, 514 et s. ; Villey, p. 229 et s.
(2) *Sic* : op. générale ; note secrète 1813, n° 9 ; Le Sellyer, *Compét.* II, 663 ; Garraud, *Précis*, 487, I. Cass. 6 mars 1879. (D. 79, 1, 316).

préjudicielles toutes les questions d'état soulevées dans la vérification des élections devant les conseils de préfecture. De quelle utilité serait cette disposition si l'art. 326 du Code civil avait posé en principe absolu que ces questions seraient préjudicielles en toutes circonstances et devant toutes juridictions (1) ?

833. *c) Quid de la question de mariage ?* — Le mariage peut être discuté, d'une manière principale, dans le *délit de suppression d'état d'époux*, et incidemment dans l'*adultère*, la *bigamie* (2). — Le Code civil n'emploie point l'expression de délit de suppression d'état d'époux, mais elle est autorisée par l'art. 327, et les art. 198 à 200 s'y rapportent. Les infractions qui constituent ce délit sont celles qui s'attaquent à l'acte de mariage, preuve légale et ordinaire du mariage (3). Trois sortes d'infractions peuvent avoir détruit ou empêché d'acquérir la preuve résultant de ce titre : 1° le faux, 2° l'inscription de l'acte sur une feuille volante, 3° l'enlèvement ou la destruction des registres de l'état civil. — Dans ce dernier cas rien n'est changé au Droit commun : le rétablissement de l'acte de mariage est une *restitution* que les tribunaux de répression ordonnent d'office, que la partie lésée peut poursuivre à son choix devant la juridiction pénale saisie de l'infraction, ou devant les tribunaux civils, et pour laquelle la preuve testimoniale du mariage est reçue devant les deux ordres de juridiction (art. 46, C. civ.). — Dans les deux autres cas le Droit commun est modifié : la preuve du mariage ne peut se faire que par « le résultat d'une procédure criminelle » statuant sur l'infraction. L'inscription du jugement de la juridiction de répression remplacera l'acte de mariage (art. 198). Mais cet article, malgré ses termes absolus, n'est pas toujours applicable. Il suppose implicitement deux choses : 1° que l'auteur de l'infraction est vivant ; 2° que l'action publique peut être exercée contre lui. — Après tout événement qui rend impossible la répression du délit pénal, on revient au Droit commun. Seulement l'action en rétablissement de la preuve du mariage doit être « dirigée au civil par le ministère public, en présence des parties intéressées et sur leur dénonciation » (art. 200). Quoi qu'il en soit de ces détails, il résulte de ces

---

(1) Deux arrêts totalement dépourvus de motifs ont décidé que la question de nationalité était préjudicielle au jugement dans la poursuite des délits d'insoumission ou de désertion, *devant le Conseil de guerre*. Cass. 25 juin, 30 juill. 1885 (D. 86, 1, 479). — A l'inverse, un arrêt considère cette question comme préalable *devant le tribunal correctionnel*. Cass. 7 déc. 1883 (D. 84, 1, 211).

(2) Nous ne parlons plus de l'hypothèse où la question de mariage est soulevée à l'occasion d'un témoin ou de la partie civile. Tout le monde est d'accord pour en faire dans ce cas une simple question préalable.

(3) La possession d'état ne peut en effet être invoquée que par les enfants et après le décès de leurs père et mère, dans des conditions qui ne peuvent pas faire surgir la question préjudicielle (art. 195, 197).

textes que la question de mariage n'est jamais qu'une question préalable dans le délit de suppression d'état. Faut-il en faire une question préjudicielle quand elle se présente incidemment ? La difficulté a surgi en jurisprudence pour la bigamie et pour l'adultère (1).

**834.** 1° *Bigamie.* Est bigame, celui qui contracte un second mariage avant la dissolution du premier (art. 340, C. p.). Ce crime se compose de deux éléments : un premier mariage existant et valable ; puis un second mariage existant, et auquel il ne manque pour sa validité que d'avoir été contracté par deux personnes libres de toute union antérieure. Supposons que l'accusé conteste l'existence ou la validité du premier ou du second mariage ; qui jugera ? La jurisprudence distingue : la question du premier mariage devra être portée devant les tribunaux civils, et pendant ce temps la Cour d'assises sursoira : c'est une question préjudicielle au jugement. La question du second mariage sera, au contraire, soumise au jury : c'est une question préalable (2). — Un second système déclare préjudicielle la question d'existence ou de validité des deux mariages. — Un troisième système la considère, dans les deux cas, comme préalable, et par conséquent comme devant être soumise au jury, parce qu'en cette matière le fait est intimement lié au droit. Ce dernier système est le nôtre, car aucun texte ne limite, pour la question de mariage, le principe que le juge de l'action est aussi celui de l'exception. Bien mieux, l'art. 198, C. civ. suppose l'application de ce principe à cette question, puisqu'il reconnaît au jugement qui termine la procédure criminelle la vertu de remplacer l'acte de mariage. — La jurisprudence croit trouver, dans l'art. 189, C. civ., le texte qui rend préjudicielle la question du premier mariage. Elle fait valoir ensuite cette considération que le crime de bigamie consiste dans le second mariage et non dans le premier. Son premier argument repose sur une équivoque. L'art. 189 vise une demande en nullité du second mariage, formée par le conjoint de l'époux bigame, et à laquelle on oppose la nullité de la première union : il décide « que la validité ou la nullité de ce (premier) mariage doit être jugée *préalablement* ». On en conclut : 1° que la question du premier mariage est *préjudicielle* au jugement de la demande en nullité du second, devant le tribunal civil ; 2° qu'il doit en être de même devant la Cour d'assises. Il suffit d'observer la confusion de terminologie qui sert

(1) Elle pourrait être soulevée à propos de l'excuse absolutoire dans le vol et dans le recel des criminels (art. 380, 248, C. p.).

(2) V. les nombreux arrêts cités par Hoffman, II, 473 ; Mangin, I, 193 ; Le Sellyer, *op. cit.*, II, 678, 679 ; Dalloz, *Rép.* V. *Bigamie*, 33 et s. Rennes, 23 janv. 1879 (S. 81, 2, 129). — La note de 1813 (n° 8) donnait aussi cette solution, mais en faisant une distinction antijuridique entre les nullités absolues et les nullités relatives, que la jurisprudence et tous les auteurs sont d'accord pour écarter.

de base à cet argument pour détruire toute sa portée. *Préalablement* n'a jamais signifié *préjudiciellement*. On objectera peut-être que toutes les questions préjudicielles civiles deviennent devant les tribunaux civils des questions préalables. Sans doute ! Mais un texte qui déclare qu'une question de mariage soulevée incidemment au cours d'un procès CIVIL est *préalable* à la question principale du procès, ne permet pas de décider que cette question surgissant dans un procès PÉNAL est *préjudicielle*, à moins de faire un raisonnement plein d'incohérence. Quant à dire que la bigamie consiste dans le second mariage, c'est encore une équivoque. Le second mariage fait bien le crime, mais il ne le constitue pas à lui tout seul. Qui dit bigamie, dit deux mariages. Le premier comme le second sont les éléments du crime. Si donc leur existence ou leur validité sont contestées, il faut soumettre cette question de droit civil pour chacun d'eux au jury ou la réserver pour chacun d'eux au tribunal civil. — Les partisans du second système acceptent ce raisonnement, mais ils font de la question soulevée pour le premier comme pour le second mariage une question préjudicielle, parce qu'ils hésitent à soumettre au jury cette question de droit civil, qu'il n'est peut-être pas apte à résoudre (1). Nous répondrons que cette considération est purement législative. Si l'on accepte le principe que le juge de l'action est aussi celui de l'exception, il faut savoir se résigner à accepter ses conséquences. Le raisonnement qu'on fait pour le jury à l'occasion des questions de Droit civil, on pourrait le faire pour les tribunaux à l'occasion de toutes les questions d'industrie et de médecine qui leur sont soumises. Il n'y a donc de vrai, au point de vue de l'interprétation doctrinale, que notre système, parce qu'il applique purement et simplement un principe virtuellement contenu dans nos lois et accepté de nos adversaires, mais auquel ils veulent apporter une restriction arbitraire (2).

**835.** 2º *Adultère*. Une des raisons qui détermine la jurisprudence à considérer la question du premier mariage comme préjudicielle au jugement du crime de bigamie, la détermine aussi à attribuer ce caractère à la question d'existence ou de validité du mariage, soulevée dans la poursuite du délit d'adultère (3). Le mariage, dit-on, n'est qu'un élément extrinsèque de l'infraction. Nous écartons ce raisonnement par le même motif que précédemment. Un premier mariage existant et valable est la condition sans laquelle le mot adultère n'a plus de sens. Vouloir enlever au tribunal correctionnel la connaissance de cet élément de l'infraction,

---

(1) *Sic :* MERLIN, *Rép. V. Bigamie*, nº 2 ; CARNOT, I, p. 23 et 84 ; TRÉBUTIEN, II, p. 96 ; VILLEY, p. 233.

(2) *Sic :* BONNIER, *Des preuves*, nº 157 ; DEMOLOMBE, *Paternité*, nº 276 ; BERTAULD, *Questions préj.*, 86 ; GARRAUD, *Précis*, 487, II, B.

(3) Cass. 13 avril 1867.

c'est restreindre arbitrairement son droit, sans texte qui autorise cette restriction.

**836.** En résumé, parmi les questions civiles, une *seule question* et dans une *hypothèse unique* est préjudicielle à la mise en mouvement de l'action publique : c'est la question de filiation dans le délit de suppression d'état. — Une seule classe de questions est préjudicielle au jugement de l'action publique : ce sont les questions de propriété immobilière et de droits réels immobiliers.

SECTION II. — DE L'EXERCICE DE L'ACTION CIVILE.

### I. Double compétence des juridictions pénale et civile quant à l'action civile. — Droit d'option.

**837.** Deux principes dominent l'exercice de l'action civile : 1° celui de la double compétence pour cette action des tribunaux civils et des juridictions pénales ; — 2° celui du droit d'option de la partie lésée entre ces deux ordres de juridictions. L'infraction est la source de l'action publique comme de l'action civile : c'est le délit, envisagé à deux points de vue différents, qui leur donne naissance. Cette communauté d'origine engendre entre elles de nombreux points de contact. Leur jugement notamment soulève deux questions communes : l'infraction existe-t-elle ? — L'inculpé en est-il l'auteur ? Après la solution affirmative de ces deux questions, viendront les questions de responsabilité pénale et de responsabilité civile. Puisqu'il y a deux questions communes à résoudre, on comprend qu'il y ait utilité pratique à réunir les deux actions dans la même instance. C'est un moyen d'éviter la contrariété des décisions et de diminuer les frais : aussi, sans retirer à l'action civile la compétence des tribunaux civils à laquelle elle a droit normalement, le Code a permis de l'intenter devant les tribunaux de répression. Art. 3 : « L'action civile peut être poursuivie *en même temps et devant les mêmes juges* que l'action publique. — Elle peut aussi l'être *séparément*... (1) ». Et la suite du texte prouve que le législateur sous-entend : « devant les tribunaux civils ».

**838.** La compétence des juridictions pénales quant à l'action civile est accessoire et facultative.

---

(1) Il ne s'agit ici que des juridictions de répression de *Droit commun*. Les tribunaux d'exception peuvent seulement ordonner d'office les restitutions : v. pour les Conseils de guerre, art. 53, 54, C. J. M. A. T.; art. 74, 75, C. J. M. A. M.; et pour les Conseils de préfecture, av. Cons. d'État, 20 nov. 1809. — *Sic* : F. Hélie, *Inst. crim.* I, 462.

*a) Accessoire :* Elle n'existe en effet qu'à la condition que les tribunaux répressifs soient saisis *en même temps* de l'action publique. De là plusieurs conséquences :

**839.** 1° « Les juridictions pénales ne peuvent en principe prononcer sur l'action civile quand elles ne relèvent aucun délit pénal » (1). A vrai dire, ce n'est plus l'*action civile*, mais l'*action en dommages-intérêts* qui se trouve intentée contre le prévenu ; or l'art. 3 n'établit la compétence des juridictions pénales que pour l'action civile. Par exception, la Cour d'assises conserve le droit de statuer sans relever de délit pénal sur la demande en dommages-intérêts (art. 358, 366, C. i. c.). Une raison d'utilité pratique l'a emporté sur les principes : on a voulu utiliser la procédure longue et coûteuse qui a été faite pour préparer le jugement de l'accusé par cette haute juridiction.

**840.** 2° « Les personnes civilement responsables ne peuvent être jugées par les tribunaux de répression, que si l'auteur du délit est en même temps poursuivi ». — En effet, contre les personnes civilement responsables, il n'y a jamais d'exercé que l'action civile. Or cette action ne peut être portée isolément devant une juridiction pénale.

**841.** 3° « Après l'extinction de l'action publique, l'action civile devient régulièrement de la compétence exclusive des tribunaux civils ». — Cette règle s'applique sans difficulté lorsque l'action publique s'éteint avant que l'action civile ait été portée devant la juridiction pénale ; mais *quid* dans le cas contraire ? Ne faut-il pas admettre qu'à un moment donné la compétence des juridictions de répression est définitivement acquise à l'action civile, et qu'elles en restent saisies malgré l'extinction de l'action publique ? La question est controversée. — Quels sont d'abord les événements qui éteignent l'action publique en laissant subsister l'action civile ? Ce sont : 1° le décès de l'inculpé ; 2° l'amnistie ; 3° l'abrogation de l'incrimination par une loi nouvelle ; 4° la chose jugée. Un premier point paraît être hors de toute controverse, c'est que : si l'action publique s'éteint quand l'affaire est encore pendante devant les juridictions d'instruction, la compétence des tribunaux répressifs est nécessairement perdue pour l'action civile. Ces juridictions en effet ne sont pas instituées pour prononcer sur le fond du procès. Elles ne peuvent que saisir les juridictions de jugement. Or cette saisine est rendue impossible dès que l'action publique est éteinte, à raison du caractère accessoire de la compétence des tribunaux répressifs relativement à l'action civile. — Mais la difficulté devient sérieuse quand

---

(1) Mais il n'est pas nécessaire que la juridiction pénale prononce une peine ; il suffit qu'elle ait le droit d'affirmer l'existence de l'infraction et la culpabilité. Par exemple, au cas d'excuse absolutoire, elle statue sur l'action civile sans prononcer de peine. Il en est de même, quand elle statue sur l'action civile dont elle est restée valablement saisie malgré l'extinction de l'action publique.

l'extinction de l'action publique se produit devant une juridiction de jugement saisie des deux actions. Trois systèmes divisent encore les auteurs et la jurisprudence.

*1er Système* : « A quelque phase de la procédure que se produise l'extinction de l'action publique, les tribunaux répressifs perdent le droit de statuer sur l'action civile. On ne doit admettre d'autre exception à cette règle que celle que les art. 202 et 413, C. i. c. y apportent relativement à l'extinction par la chose jugée ». — Il faut, dans ce système, que les deux actions coexistent jusqu'à la fin du procès pour que l'action civile puisse être jugée par les tribunaux de répression. On argumente *a contrario* des art. 202 et 413, que l'on considère comme exceptionnels (1).

*2e Système :* « Dès que la juridiction de jugement a été saisie des deux actions, sa compétence est définitivement acquise à l'action civile ». — Dans ce système, il suffit que l'action publique existe au moment ou l'on saisit une juridiction de jugement de l'action civile, pour que désormais celle-ci vive de sa vie propre, et puisse être jugée par les juridictions pénales malgré les événements postérieurs qui supprimeraient l'action publique. — On fait observer que le principe de la compétence accessoire des juridictions de répression quant à l'action civile (art. 3, C. i. c.), a reçu satisfaction par la coexistence des deux actions au moment de la saisine. Les art. 202 et 413 sont exceptionnels en ce sens que, pour l'extinction par la chose jugée, ils subordonnent la persistance de la compétence des tribunaux répressifs à la condition qu'il ait été rendu une décision susceptible d'appel ou de pourvoi en cassation ; mais c'est là, dit-on, une condition nécessitée par l'hypothèse même où statuaient ces textes (2).

*3e Système :* « La compétence de la juridiction pénale est acquise à l'action civile dès qu'il a été rendu un jugement sur le fond du procès ». — Ce système voit dans les art. 202 et 413 les applications d'un principe d'équité auquel il faut donner toute son étendue. Les jugements sur le fond sont des décisions qui modifient la situation des parties en cause, alors même que ces jugements ne produiraient pas la chose jugée. Il en résulte un préjugé sur la question du procès ; les choses ne sont plus entières. L'équité veut que le procès se termine par l'exercice des voies de recours dans l'ordre des juridictions pénales devant lesquelles il a commencé.

(1) *Sic :* LEGRAVEREND, I, p. 67 ; Paris, 13 juin 1872 (S. 72, 2, 96) ; Rouen, 1er fév. 1872 (S. 72, 1, 230) ; Cass. 3 août 1883, B. 201.

(2) *Sic :* CARNOT, I, p. 63 ; Lyon, 15 août 1880 (S, 81, 2, 75) ; Bourges, 24 nov. 1881 (S. 82, 1, 79) ; Cass. 16 mars 1882 (B. 75) ; 17 mars 1882 (B. 78) ; 3 août 1883 (D. 84, 1, 382).

Le premier système, en traitant différemment l'effet de l'extinction de l'action publique, d'un côté par la chose jugée, et de l'autre par le décès, l'amnistie ou l'abrogation de l'incrimination, établit une différence injustifiable entre des situations juridiquement semblables. Il méconnaît en outre le principe d'équité qui a inspiré les dispositions des art. 202 et 413. Enfin il a cet inconvénient pratique de rendre inutile toute la procédure qui a été faite avant l'événement qui supprime l'action publique.

Le second système méconnaît l'esprit des art. 202 et 413 en prenant pour les *conditions de l'hypothèse* où statuent ces textes, une condition qui est *la raison d'être de leur disposition*. C'est en effet parce qu'il y a eu jugement sur le fond qu'il y aurait iniquité à ne plus maintenir au profit de l'action civile la compétence des juridictions de répression. Cette condition doit donc, *en toute hypothèse*, limiter la règle, qu' « après l'extinction de l'action publique, l'action civile devient de la compétence exclusive des tribunaux civils » (1).

**842.** *b) Facultative :* La compétence des juridictions de répression est un avantage offert à la partie lésée ; elle peut y renoncer et choisir de préférence les tribunaux civils. En cela consiste son *droit d'option*, corollaire obligé du principe de la double compétence. Ce droit a une limite qu'il nous faut étudier.

**843. Limite de l'option. Règle : « una via electa ».** — La partie lésée a le droit de choisir entre les deux ordres de juridictions, mais elle ne peut choisir qu'*une fois* : elle ne peut revenir de la voie qu'elle a prise à celle qu'elle aurait pu prendre. Tel est, pour tout esprit non prévenu, le sens d'une règle traditionnelle qui limite l'option de la partie lésée et qu'on formule en ces termes : « *una via electa, non datur regressus ad alteram* ». L'origine de cette règle est dans le Droit romain, où elle se trouve appliquée aux délits privés (2). Nos anciens auteurs l'étendirent aux délits publics (3). Dans la législation actuelle un seul texte paraît s'y rapporter : c'est l'art. 5 de la loi du 25 mai 1838 sur la compétence des juges de paix ainsi conçu : « Les juges de paix connaissent..... 5° des actions civiles pour diffamation verbale et pour injures publiques ou non publiques, verbales ou par écrit, autrement que par la voie de la presse, des mêmes actions pour rixes et voies de fait ; *le tout lorsque les parties ne se sont pas pourvues par la voie criminelle* ». Faut-il voir

---

(1) *Sic :* Mangin, II, 282 ; Le Sellyer, *Compétence*, II, 1184 ; Trébutien, II, p. 42 ; Hoffman, *Quest. préj.* 55 et s. ; Garraud, *Précis* (2ᵉ édit.), 399 ; Villey, p. 242 ; Lair, *Rev. crit.*, 1883, p. 416 ; Desjardin, *ibid.*, p. 97. Cass. 18 nov. 1841 ; 10 mai 1872 (B. 110).

(2) *Inst. Just.*, § 16, *De obligat. quæ ex delicto*, 4, 1 ; C. 22, *de furtis*.

(3) Jousse, III, p. 11 et s.

dans ce texte une application normale d'un principe non formulé, qu'on doit étendre par analogie ? Faut-il au contraire considérer cette disposition comme tout à fait exceptionnelle, et en conclure que la règle *una via* n'est pas reçue dans notre Droit moderne ? Faut-il dire enfin que cette règle existe, mais qu'elle ne défend en principe que le retour de la voie civile à la voie criminelle, et que l'art. 5 précité est exceptionnel lorsqu'il défend le retour de celle-ci à celle-là ?

Le second de ces systèmes n'a point de partisans. La règle *una via* est fondée en équité et en droit : l'équité s'oppose à ce qu'un demandeur renonce à la juridiction qu'il avait choisie lorsqu'il pressent qu'il va y perdre son procès. Le Droit dit qu'une demande introduite devant une juridiction quelconque forme, à un moment donné, un quasi-contrat judiciaire qui ne peut être rompu par la volonté unilatérale de l'une des parties. Enfin la règle est traditionnelle ; il ne peut être question de l'écarter mais seulement d'en déterminer l'application.

Le troisième système est celui de la jurisprudence (1). Il fonde sa distinction sur cette idée que la règle *una via*... est une faveur pour le prévenu. Or, dit-on, le retour de la voie criminelle à la voie civile est toujours un bienfait pour lui. Empêcher ce retour par la règle *una via*... ce serait aller contre l'esprit de la règle. — En supposant que ce système fût exact, le droit d'abandonner la voie criminelle pour la voie civile devrait être exercé dans les 24 heures qui suivent la constitution de partie civile, car, nous allons le voir, ce retour doit être précédé d'un désistement qui ne peut se produire que dans ce délai (art. 66, C. i. c.).

Mais il faut aller plus loin et dire que, même dans ces étroites limites, le retour n'est pas possible. La règle *una via*... est absolue, elle empêche tout retour d'une voie à l'autre. Puisqu'elle est traditionnelle, les précédents sont bons à consulter : or l'ancien Droit l'admettait avec cette largeur d'application. Ce fut aussi la portée que lui donna la pratique aussitôt après la promulgation du Code d'instruction criminelle (2). — La raison qu'on a invoquée plus tard pour la restreindre au passage de la voie civile à la voie criminelle n'est qu'une considération abstraite, presque toujours démentie par les faits : il est très probable en effet que si le demandeur renonce aux avantages que lui offre la voie criminelle, c'est qu'il pressent la perte de son procès devant la juridiction qu'il a saisie. Est-il juste de priver le prévenu du bénéfice de cette situation ? —

Le seul texte, d'ailleurs, qui applique la règle *una via*... dans notre Droit moderne (L. 25 mai 1838, art. 5) empêche le retour de la voie crimi-

---

(1) V. Cass. 21 nov. 1825 ; Paris, 5 déc. 1874 (S. 75. 2. 169) ; Montpellier, 10 mai 1875 (S. 75. 2. 328) ; F. Hélie, *Prat. crim.*, I, 15.

(2) V. *Ord.* 1667 t. XVIII, art. 2 ; Denisart, X, p. 108 ; note du président Barris, dans Merlin, *Rép.* V° *Délit*, § 1. — Cass. 29 mai 1811 (D. 68, 1, 42).

nelle à la voie civile. Or sa rédaction n'indique pas une disposition exceptionnelle, car la phrase « *le tout*, etc... » arrive incidemment, comme l'énoncé d'une proposition qui découle normalement des principes. — Enfin, il est à remarquer qu'il n'était nullement nécessaire de formuler dans un texte précis la défense de revenir de la voie civile à la voie criminelle, tandis au contraire qu'il était nécessaire de défendre expressément le retour de celle-ci à celle-là. Et en effet la règle *una via*... suppose pour son application que le demandeur s'est désisté de la demande qu'il avait introduite devant la juridiction choisie par lui en premier lieu ; sinon, devant la seconde juridiction, on lui opposerait simplement la *litispendance*. Or pour que le désistement soit valable devant les tribunaux civils, il faut qu'il soit *accepté* par l'adversaire (art. 403, C. pr.). On pouvait donc se dispenser d'exprimer que la règle *una via*... empêchait le retour de la voie civile à la voie criminelle, puisqu'il dépend du défendeur d'empêcher ce retour en refusant d'accepter le désistement du demandeur. — Devant les juridictions pénales, au contraire, le désistement est valable dès qu'il est *signifié* (art. 66, C. i. c.). On comprend dès lors qu'un texte fût nécessaire pour défendre un retour de la voie criminelle à la voie civile, retour que le prévenu n'avait pas le moyen d'empêcher. C'est pourquoi, si l'on veut voir dans l'art. 5, § 5 de la loi du 21 mai 1838 la formule de la règle *una via*..., il faut l'appliquer même dans l'hypothèse que ne prévoit pas le texte (1).

**844.** La règle *una via*... marque donc la limite de l'option entre la voie criminelle et la voie civile. Certains auteurs et certains arrêts l'ont invoquée aussi pour marquer l'irrévocabilité de l'option entre deux juridictions pénales, l'une d'instruction, l'autre de jugement. Ainsi ce serait à raison de cette règle que ni le ministère public, ni la partie civile ne pourraient se désister de la poursuite introduite devant le juge d'instruction, pour citer directement le prévenu devant le tribunal correctionnel, et réciproquement (2). Mais ces solutions, bien qu'exactes au fond, ne sont point des applications de la règle *una via*... Elles dérivent de deux autres principes, savoir : 1° qu'une juridiction pénale ne peut être dessaisie de l'action publique par les parties poursuivantes ; 2° que l'action civile portée devant les juridictions pénales doit être intentée « en même temps et devant les mêmes juges » que l'action publique (art. 3, C. i. c.). Il ne dépendrait pas en effet du prévenu de valider, par son

(1) *Sic* : TRÉBUTIEN, II, p. 35 et s. ; HAUS, II, 1379 et s. ; HOFFMAN, II, 113 et s. ; GARRAUD, *Précis*, 425 ; VILLEY, p. 245.

(2) Il importe peu d'ailleurs que la juridiction saisie en premier lieu l'ait été par le ministère public ou par la partie civile. Le choix fait par l'un, dit-on, consomme le choix de l'autre. — F. HÉLIE, *Inst. crim.* VI, 2815 ; DALLOZ, V° *Inst. crim.* 787-789. Cass. 18 juin 1812 (D. 49, 2, 39). Trib. corr. Seine, 9 juin 1886 (*Gaz. trib.* 12 juin).

consentement, la saisine de la juridiction pénale saisie en second lieu; tandis qu'il est libre d'opposer ou de ne pas opposer l'exception tirée de la règle *una via*...

**845. Conditions d'application de la règle : una via...** — La règle *una via*... suppose trois conditions pour être applicable. Il faut : 1° que le choix ait été possible entre la voie civile et la voie criminelle au moment où la première juridiction a été saisie ; — 2° qu'il ait été fait en connaissance de cause ; — 3° que le prévenu l'oppose, sous forme d'exception, *in limine litis*.

La première condition n'est pas remplie, lorsque la voie qu'on a prise était seule ouverte au moment où on l'a prise ; ou bien lorsque la juridiction saisie en premier lieu était incompétente (1). — La seconde condition n'est pas remplie lorsque, au moment où la partie lésée a saisi le tribunal civil, le fait ne présentait pas le caractère de délit pénal (2). — Enfin la règle *una via*..., étant fondée sur un motif d'utilité privée, ne peut motiver un dessaisissement prononcé d'office et à toute phase de la procédure : elle ne constitue qu'une *exception* opposable au début du procès (3).

**846.** L'exception tirée de la règle *una via*... ne doit point être confondue avec l'exception de *litispendance*. Celle-ci suppose deux tribunaux saisis en même temps du même procès. Celle-là suppose au contraire un abandon de la poursuite engagée devant un premier tribunal, pour recommencer le procès devant une autre juridiction. La litispendance peut être opposée, du moins en principe (4), aussi bien devant la juridiction saisie en premier lieu que devant la seconde. La règle *una via*... au contraire ne peut être invoquée que devant la juridiction saisie en second lieu.

**847. Cas où la voie civile est seule ouverte.** — Il est des cas, avons-nous dit, où la règle *una via*... n'empêche pas le retour d'une voie à l'autre, parce qu'il n'y a pas eu option, une seule voie étant ouverte au moment où l'on a saisi la juridiction qu'on veut plus tard abandonner. La *voie civile*, par exemple, est seule ouverte quand l'action publique est éteinte ou épuisée avant tout exercice de l'action civile. — Le décès du coupable, l'amnistie, l'abrogation de l'incrimination éteignent l'action publique en laissant subsister l'action civile. Mais cette action perd nécessairement la compétence des juridictions

---

(1) *Sic* : C. Agen, 4 mars 1874 (D. 75, 2, 33).
(2) *Sic* : *Inst. Just. loc. cit.* ; note précitée du président Barris. — C'est dans cette hypothèse que statue également l'art. 250, C. pr.
(3) Arg. d'analogie, art. 169, C. pr.
(4) On verra plus bas qu'à raison de la règle *le criminel tient le civil en état*, l'examen de l'exception de litispendance revient à la juridiction répressive.

de répression, parce qu'elles ne peuvent plus être saisies de l'action publique. — L'épuisement de l'action publique par *la chose jugée* produit le même résultat, pour la même raison. — Sans que l'action publique soit éteinte, ni épuisée, l'action civile peut encore être privée de la compétence des juridictions pénales, parce que l'intervention de la partie civile est irrecevable comme tardive. — Enfin, dans tous les cas où les particuliers sont dépouillés du droit d'impulsion sur l'action publique, la voie civile est leur seule ressource, tant que l'action publique n'est pas exercée par qui de droit. On sait que la garantie politique et les immunités de juridiction (1) produisent ce résultat. Il en serait de même en matière de crime, tant que le ministère public n'agit point, pour ceux qui soutiennent que les simples particuliers ne peuvent pas saisir le juge d'instruction.

**848. Cas où la voie criminelle est seule ouverte.** — L'art. 46, L. 29 juill. 1881, met hors de toute controverse un cas de ce genre. C'est l'hypothèse de la diffamation envers les hommes publics et les corps constitués, énumérés ou définis par les art. 30 et 31. Ces personnes et ces collectivités relevant plus particulièrement de l'opinion publique, on n'a pas voulu qu'elles puissent soumettre leurs griefs à d'autres juges qu'au jury, qui en est le représentant direct.

## II. Exercice de l'action civile devant la juridiction pénale.

**849.** L'exercice de l'action civile devant la juridiction pénale se manifeste principalement par l'acte qui en saisit la juridiction. Cet acte est une *citation directe* ou une *constitution de partie civile* proprement dite. La citation directe n'est en usage que devant les juridictions de jugement et particulièrement devant les tribunaux correctionnels et de police, parce qu'elle sert en même temps au particulier lésé à les saisir de l'action publique. En Cour d'assises, elle n'est employée que pour mettre en cause les personnes civilement responsables. A l'égard de

---

(1) A propos de l'immunité de juridiction établie par l'art. 379, C. i. c., certaines personnes refusent même la voie civile aux particuliers lésés par le délit, tant que le ministère public ne poursuit pas. Sic : Cardot, *Act. civ. contre les magistrats* (*Rev. crit.* 1867, p. 257) ; Merville (*Rev. prat.*, t. IX, p. 281). Paris, 31 janv. 1860 (S. 60, 2, 307) ; Cass. 16 déc. 1867 (*J. du droit crim.* art. 8550). — De cette thèse il faut rapprocher l'opinion émise par le ministre de la justice (M. *Humbert*), à la Chambre des députés, le 4 mai 1882, sur l'effet de l'immunité de juridiction des ministres. Il y a là une théorie de gouvernement qui tend à subordonner à l'assentiment du pouvoir exécutif la responsabilité civile des fonctionnaires de tout ordre. On rétablit et on généralise, la garantie administrative abrogée par le décret du 19 sept. 1870. Ce système ne nous paraît pas être celui de nos lois et il n'est pas à désirer qu'on l'y introduise.

l'accusé elle est inutile, parce que cette haute juridiction devant nécessairement être saisie de l'action publique par un arrêt de la chambre d'accusation, elle ne vaudrait que comme acte d'intervention. Or il est plus simple d'intervenir en déposant des conclusions.

**850. De la constitution de partie civile.** — *a) Ses formes*. — On entend, par constitution de partie civile, l'acte par lequel le particulier lésé se déclare partie au procès pénal pour faire statuer sur sa demande en réparations civiles. Elle est virtuelle dans la citation directe. Elle est *expresse ou tacite* dans la *plainte* et dans l'*acte subséquent*. On peut dire en effet formellement qu'on se porte partie civile, ou implicitement le faire supposer en demandant des dommages-intérêts. La *plainte* est une dénonciation du délit faite à l'autorité compétente par la personne qui en a éprouvé un dommage. Elle ne rend pas le plaignant partie au procès si elle ne contient pas une constitution de partie civile (art. 66, C. i. c.) (1). L'*acte subséquent* est un acte de conclusions en dommages-intérêts qu'on suppose déposé par une personne ayant précédemment porté plainte. Mais cette observation, qui explique la terminologie, est purement de fait, et il n'en faut pas conclure que la victime du délit ne pourrait point intervenir comme partie civile dans une poursuite dont le ministère public aurait pris l'initiative (2). En effet la constitution de partie civile est recevable « en tout état de cause jusqu'à la clôture des débats » (art. 67), c'est-à-dire jusqu'à l'ordonnance, l'arrêt ou le jugement par lequel la juridiction se dessaisit de l'affaire, excepté cependant en Cour d'assises où la clôture des débats fait l'objet d'une déclaration solennelle du président aussitôt après les plaidoiries (art. 335) (3). Il suit de là que la constitution de partie civile ne peut avoir lieu en appel. Cette intervention tardive aurait d'ailleurs pour inconvénient de priver l'inculpé du premier degré de juridiction sur la demande de réparations civiles (4).

**851.** *b) Ses effets*. — Par sa constitution de partie civile, la personne qui se prétend lésée devient partie au procès pénal ; de là plusieurs conséquences : 1°) tous les actes importants de la procédure doivent lui être signifiés, pourvu toutefois qu'elle ait son domicile réel ou élu dans la commune où se fait l'instruction (art. 68) ; — 2°) son témoignage

---

(1) Sous la législation intermédiaire tout plaignant était réputé partie civile. Le Code d'instruction criminelle a rétabli la présomption inverse qui était celle de l'Ord. de 1670, tit. III, art. 5.

(2) Le Sellyer, *Act. pub. et priv.*, I, 292.

(3) La *mise en délibéré* de l'affaire, devant les autres juridictions, ne clôt point les débats, mais le commencement de la lecture du jugement ou de l'arrêt produit ce résultat ; il n'est pas nécessaire que cette lecture soit achevée. Cass. 17 janvier 1868 (D., 68, 1, 359) ; 28 mai 1870 (D. 70, 1, 313).

(4) *Sic* : F. Hélie, VI, 2997 et les arrêts qu'il cite. *Junge* : Paris, 29 mars 1856 ; Cass. 6 mars 1360, 16 juin 1860 (*Ann. de la prop. ind.*, 56, 137 ; 60, 267).

cesse d'être recevable (arg. art. 317), et par suite il doit être tenu pour non avenu, quand elle s'est constituée partie civile après avoir déposé ; — 3°) elle devient responsable des dépens envers l'État et l'on peut même exiger d'elle une consignation dans les conditions que nous avons indiquées ci-dessus (1) ; — 4°) elle s'expose enfin à être condamnée à des dommages-intérêts envers le prévenu acquitté (art. 159, 191, 366).

**852. Du désistement de la partie civile.** — La constitution de partie civile peut avoir été une imprudence. Il est loisible au plaignant d'en prévenir les conséquences par son désistement. Ce désistement n'est soumis à aucune forme spéciale, mais il doit être signifié au ministère public et au prévenu (art. 66). Il n'est valable qu'à la condition d'intervenir avant le jugement et dans les 24 heures de la constitution de partie civile (art. 66, 67). Son effet est d'anéantir la *constitution de partie civile*, c'est-à-dire d'éliminer le plaignant du procès. Par suite celui-ci se trouve affranchi de tous les frais ultérieurs, mais il reste tenu des frais déjà faits et des dommages-intérêts envers le prévenu relaxé (art. 66). Le désistement ne détruit pas les effets de la *plainte*, sauf pour les délits privés. Le ministère public pourra donc poursuivre, malgré le désistement, lorsque la loi a simplement subordonné l'exercice de l'action publique au dépôt d'une plainte (2). Le désistement ne porte enfin que sur l'*instance* (arg. art. 403, C. pr. civ.) ; mais sa combinaison avec la règle *una via electa*, entendue comme nous l'avons fait dans un sens absolu, peut produire l'extinction de l'*action*. Supposons, en effet, qu'on se désiste devant la juridiction de jugement, l'action civile sera perdue, puisque, d'un côté, l'instance engagée devant la juridiction de répression à laquelle on a renoncé ne peut être renouvelée, l'action publique étant épuisée, et que d'un autre côté l'action civile ne peut être portée devant les tribunaux civils, à raison de la règle *una via*. Supposons au contraire qu'on se soit désisté devant une juridiction d'instruction. Rien n'est compromis, car si l'instruction se termine par un renvoi devant la juridiction de jugement, la constitution de partie civile pourra être renouvelée dans

---

(1) Art. 157, 160, D. 18 juin 1811, v° *suprà*, n° 420.

(2) *Sic :* GARRAUD, *Précis*, 430. — *Contrà* : BOITARD, 593. Cet auteur attribue l'extinction de l'action au désistement même. Dans l'ancien Droit, MUYART, *Inst. du Dr. crim.* p. 65, enseignait que le désistement éteignait l'action. JOUSSE, *Inst. crim.* III, p. 79, admettait qu'on pouvait, par des réserves expresses, limiter son effet extinctif à l'instance ; et cette opinion a été reproduite par MERLIN, *Rép.* v° *Partie civ.* 3 ; LEGRAVEREND, I, 201 ; BOURGUIGNON, I, 78, 201. Mais des réserves ne peuvent donner, à celui qui les fait, un droit qu'il n'a point ; elles ne peuvent *augmenter* les effets de l'acte qu'on accomplit. Il faudrait commencer par démontrer que le désistement a, par lui-même et sans le secours de la règle *una via*, pour effet de détruire l'*action*, avant de soutenir que les réserves peuvent réduire son effet extinctif à l'*instance*.

cette seconde instance ; — et si elle se termine par un non-lieu, cette constitution pourra encore se renouveler dans la *reprise de l'instruction sur charges nouvelles ;* aucun obstacle, dans les deux cas, ne viendra de la règle *una via electa.*

### III. Exercice de l'action civile devant la juridiction civile.

**853. Règle :** « **le criminel tient le civil en état** ». — Le rapport qui existe entre l'action publique et l'action civile se fait sentir parfois dans l'exercice de celle-ci devant les tribunaux civils. Distinguons trois hypothèses :

1re *Hypothèse :* « L'exercice de l'action civile s'est terminé devant les tribunaux civils avant que l'action publique ait été intentée ». — Dans ce cas l'action civile a été exercée suivant le Droit commun des autres actions privées. On pourrait se demander si les tribunaux de répression doivent tenir compte de la décision des juges civils sur les deux questions communes à l'action publique et à l'action civile : l'infraction existe-t-elle ? l'accusé en est-il l'auteur ? Mais il n'y a point entre les deux actions les conditions exigées par l'art. 1351 du Code civil pour produire la chose jugée. Aussi la juridiction pénale reste-t-elle libre d'apprécier le fait d'une manière absolument différente.

2e *Hypothèse :* « L'exercice de l'action civile a commencé devant les tribunaux civils après le jugement définitif de l'action publique ». — Dans ce cas l'action civile suit encore pour son exercice le Droit commun des actions privées; mais on peut se demander si les juges civils doivent tenir compte de la décision des tribunaux de répression sur les deux questions communes? L'affirmative est généralement admise. C'est le principe jurisprudentiel de l'influence de la chose jugée au criminel sur le civil qu'on formule quelquefois en ces termes : « *Le criminel emporte le civil* ». Nous l'examinerons plus tard dans la théorie de la chose jugée.

3e *Hypothèse :* « L'action civile est exercée devant les tribunaux civils pendant que l'action publique est portée devant les tribunaux de répression ». — Alors se produit l'influence de l'exercice de l'action publique sur l'exercice de l'action civile. Celle-ci « est suspendue tant qu'il n'a pas été prononcé définitivement sur l'action publique » (art. 3, § 2, C. i. c.). *Le criminel,* dit-on, *tient le civil en état.*

**854.** Quel est le motif de cette suspension ? A-t-on voulu prévenir l'influence que le jugement civil pouvait avoir sur la décision de la juridiction répressive ? A-t-on voulu favoriser l'influence de la chose jugée au criminel sur le civil ? — Avec le premier de ces motifs la règle de l'art. 3 se rattache à la théorie des questions préjudicielles ; elle en est, pour ainsi dire, la contre-partie. Dès que l'action publique est intentée, là question de responsabilité pénale devient plus importante que la question de responsabilité civile, et il convient d'éviter le préjugé fâcheux qui résulterait du jugement de celle-ci avant le jugement de celle-là. Voilà pourquoi l'exercice de l'action publique impose à l'action civile portée devant les tribunaux civils un sursis analogue à celui que les questions préjudicielles apportent à l'action publique (1). — Avec le second motif la règle *le criminel...* emprunte son explication à la théorie de la chose jugée, et elle apparaît comme une conséquence du principe jurisprudentiel de l'influence de la chose jugée du criminel sur le civil. Il n'est pas d'ailleurs indifférent de rattacher la règle *le criminel...* au premier ou au second de ces motifs, comme on va le voir dans la question suivante :

**855. A quelles actions privées s'applique-t-elle ?** — Deux points sont hors de controverse savoir : 1° que la règle s'applique à l'action civile *tout entière*, à ses deux chefs ; — 2° qu'elle s'applique quelle que soit la personne contre qui l'action civile est dirigée. L'art. 3 suspend en effet l'exercice de l'action sans aucune restriction. Ainsi, une demande en restitution des choses détournées ou obtenues à l'aide d'un délit sera arrêtée devant les tribunaux civils, parce que les restitutions sont un chef de l'action civile, bien qu'il ne soit point nécessaire de se constituer partie civile pour les obtenir devant les tribunaux répressifs. Ainsi encore, la poursuite des personnes civilement responsables est arrêtée devant les tribunaux civils par l'action publique exercée contre l'agent du délit devant les tribunaux de répression.

**856. Point controversé :** La règle *le criminel...* s'applique-t-elle à d'autres actions privées qu'à l'action civile ? Le texte sans doute ne parle que de celle-ci, mais ne doit-on pas l'étendre à toutes les actions où s'agite la question du délit ? La difficulté ne peut être résolue qu'en prenant parti sur le motif qui a inspiré la disposition de l'art. 3. Si l'on admet qu'elle a été écrite pour favoriser l'influence du criminel sur le civil, il faut la généraliser. Si l'on admet au contraire qu'elle a eu pour but de protéger le débat criminel contre le préjugé que pourrait faire naître une décision antérieure des tribunaux civils, il faut la restreindre à l'action civile, par application du principe d'interpréta-

---

(1) Il y a cependant des différences de détail entre l'effet des questions préjudicielles et celui de la règle : le criminel tient le civil en état. 1°) Les questions préjudicielles au jugement n'ont point un caractère d'ordre public : le prévenu doit en exciper. La règle *le criminel,..* a un caractère d'ordre public : elle peut être soulevée d'office. 2°) Les questions préjudicielles, qui laissent le juge de répression saisi de la poursuite, n'arrêtent que le *jugement ;* et celles qui arrêtent l'*exercice* de l'action publique le dessaisissent de la poursuite. La règle *le criminel...* laisse le juge civil saisi de l'action civile, et elle arrête cependant aussi bien l'exercice de cette action que son jugement.

tion restrictive qui domine la théorie des questions préjudicielles à laquelle on la rattache. Nous préférons cette dernière solution. Le législateur n'ayant point indiqué dans les travaux préparatoires la raison d'être de la règle *le criminel...*, il vaut mieux s'en tenir au texte qui parle seulement de l'action civile. L'étendre à d'autres actions, c'est prendre le motif qu'on prête arbitrairement à la loi pour la loi. D'ailleurs cette règle était formulée dans les mêmes termes par l'art. 8 du Code du 3 brum. an IV : or, si elle s'étendait à toutes les actions privées qui naissent à l'occasion de l'infraction, l'art. 235, C. civ., rédigé sous l'empire de ce Code, l'aurait bien inutilement étendue à l'action en divorce fondée sur un fait qui donne lieu à *une poursuite criminelle* (1).

857. La règle *le criminel...* a un caractère d'ordre public. Les tribunaux civils doivent en conséquence surseoir d'office, dès qu'ils apprennent que l'action publique est intentée. Mais à *quel moment peut-on dire que l'action publique est intentée ?* Il faut répondre, avec les principes généraux : « Dès que cette action a reçu son impulsion des personnes ou des autorités qui ont le droit de la mettre en mouvement » (2). Si cette impulsion émane de la partie lésée, la règle *le criminel...* se combinera avec l'exception de *litispendance* ou avec celle tirée de la règle *una via*...

858. Le sursis d'office qu'elle impose aura pour effet de transporter l'examen de l'exception de litispendance du tribunal civil au tribunal de répression. Et, si nous supposons le tribunal civil saisi en second lieu par la partie civile qui s'est désistée de sa poursuite devant la juridiction de répression, ce sursis retardera l'examen par le tribunal civil de l'exception tirée de la règle *una via..* jusqu'au moment où le tribunal de répression aura statué sur le désistement de la partie civile et sur l'action publique.

859. L'exercice de l'action civile reprend son libre cours devant les tribunaux civils « lorsqu'il a été prononcé définitivement sur l'action publique » (art. 3), c'est-à-dire lorsque le procès pénal est terminé par

(1) Cette disposition de l'art. 235, maintenue par la loi du 27 juillet 1884, a disparu, sans qu'on ait donné d'explication à ce sujet, dans le remaniement de ce texte par la loi sur la procédure du divorce du 18 avril 1886. Pour savoir aujourd'hui si la demande en divorce, fondée sur une infraction reprochée par le demandeur à son conjoint, est arrêtée par la règle *le criminel...*, on est obligé de fixer la portée de cette règle d'après les principes. — *Sic :* Cass. 22 juin 1850; 16 août 1851 ; 7 mai, 6 août 1852 (*Pal.*, 52, 2, 385 et la note de F. Hélie). Comp. Cass., 4 janvier 1880 (*Pal.*, 81, 1, 80) sur l'action disciplinaire. — *Contra* : GARRAUD, *Précis*, 433.

(2) Pour soutenir avec un arrêt de Bourges du 4 mars 1873 (S. 74, 2, 31), que la poursuite pénale doit avoir été intentée par le ministère public, il faudrait admettre que les tribunaux de répression ne sont saisis de l'action publique que par les conclusions du ministère public.

une sentence passée en force de chose jugée. A ce point de vue, il importe peu que l'autorité de la chose jugée attachée à la sentence soit définitive ou simplement provisoire. Certaines condamnations par défaut (art. 187, C. i. c.), les condamnations par contumace, les arrêts et ordonnances de non-lieu ne produisent que provisoirement la chose jugée, parce que le défaut ou la contumace peuvent être purgés, et que l'instruction préparatoire peut être reprise sur charges nouvelles ; néanmoins, dès que les délais ordinaires des voies de recours sont expirés, il faut considérer le procès pénal comme terminé et lever le sursis imposé à l'action civile, sous peine d'aboutir à un déni de justice. Ces sentences en effet ne deviennent irrévocables que par la prescription de l'action publique ; or l'action civile se prescrivant dans le même délai, s'il fallait attendre leur irrévocabilité, l'action civile se trouverait éteinte le jour où il serait permis de l'exercer. En outre de cette considération, on peut justifier juridiquement l'assimilation quant aux effets des deux sortes de sentence, en disant que celles qui produisent provisoirement la chose jugée sont affectées d'une condition résolutoire, et que, suivant les principes, elles produisent *pendente conditione* tous les effets d'un droit pur et simple (1).

# CHAPITRE III

DE L'EXTINCTION DE L'ACTION PUBLIQUE ET DE L'ACTION CIVILE.

SECTION I. — CAUSES DIVERSES D'EXTINCTION.

860. Il y a des causes d'extinction communes aux deux actions ; il y en a de spéciales à chacune d'elles.

861. **Causes d'extinction communes.** — *a*) La *chose jugée* est le résultat auquel aboutit l'exercice d'une action quelconque. C'est une cause d'extinction commune à l'action publique et à l'action civile. Nous n'en traiterons pas ici, parce que son exposé nécessite la connaissance préalable des diverses décisions que peuvent rendre les juridictions répressives. Mais au fur et à mesure que nous étudierons ces décisions, nous dirons à quelles conditions et dans quelle mesure elles produisent l'autorité de la chose jugée.

*b*) La *prescription* est l'extinction d'une action par son défaut d'exercice pendant un laps de temps déterminé par la loi. Nous allons traiter

---

(1) Comp. BIDART, *Étude sur la chose jugée* (Th. doct. Paris, 1865, p. 206).

en détail de cette cause d'extinction qui est à ce point commune aux deux actions publique et civile, qu'elle se produit pour chacune d'elles exactement dans les mêmes conditions.

*c*), *d*) La *transaction* et l'*amnistie*, dont nous avons déjà traité, peuvent aussi être classées parmi les causes d'extinction communes, quoique la première soit exceptionnelle pour l'action publique (elle ne l'éteint qu'en matière de délits privés), et que la seconde soit exceptionnelle pour l'action civile, puisqu'il faut qu'elle y ait été étendue expressément par le législateur.

**862. Causes d'extinction spéciales à l'action publique.** — Le *décès de l'agent du délit* et, suivant quelques auteurs, l'*épuisement de la pénalité* sont des causes d'extinction spéciales à l'action publique.

*a*) La première produit l'extinction de cette action dans son acception la plus large : survenue avant que la sentence soit passée en force de chose jugée, elle empêche l'application de la peine ; survenue depuis, elle empêche son exécution. L'extinction est complète dans le premier cas : elle supprime le droit de prononcer même les amendes fiscales et de condamner aux frais. Il y a eu sur ce point quelques difficultés dans la pratique, parce que les frais sont des réparations civiles et que les amendes fiscales produisent parfois certains effets de ces réparations. Mais le caractère pénal prédominant des amendes fiscales et le caractère accessoire des frais ont fini par triompher de ces hésitations. — Le décès du condamné n'empêche pas l'exécution des confiscations et amendes, à cause de leur transformation en droits contre le patrimoine.

Le caractère de cette cause d'extinction est d'être, en général, *personnelle* à l'agent décédé. Par exception, il n'en est point ainsi pour le délit d'adultère : le décès du conjoint coupable couvre tous ses coparticipants. Le motif de cette solution, qu'on a souvent cherché fort loin, est que l'adultère, constituant un délit entre les époux, ne doit pas donner lieu à une poursuite pénale, lorsque l'époux coupable ne peut plus être puni (1).

*b*) Au cas de délits concurrents, l'épuisement de la pénalité par la condamnation à la peine la plus grave est-il un obstacle à la poursuite du délit puni d'une peine inférieure ? Nous avons exposé plus haut la controverse et décidé la négative (2).

**863. Causes d'extinction spéciales à l'action civile.** — Une cause d'extinction spéciale à l'action civile est la *renonciation à l'action*, c'est-à-dire la remise de la dette de réparations civiles. Les règles de cette matière appartiennent exclusivement au Code civil. Il faut noter que cette cause d'extinction s'étend à l'action publique dans les délits privés.

On n'a pas oublié qu'en traitant des causes d'extinction des peines,

(1) Cass. 8 juin 1872.
(2) V. *suprà*, n° 675.

nous avons cité la prescription et renvoyé son exposé au moment où nous traiterions de la prescription extinctive de l'action. Nous allons avoir ainsi à exposer dans son ensemble cette importante institution.

SECTION II. — DE LA PRESCRIPTION PÉNALE (1).

**864.** Dans le chapitre consacré à la prescription (art. 635, 643), le Code d'instruction criminelle traite de trois prescriptions différant dans leur objet savoir: celle de l'*action publique*, celle de l'*action civile* et celle de la *peine*. Il en énumère même une quatrième, celle des *condamnations civiles* (art. 642), mais c'est uniquement pour renvoyer aux règles du Code civil. Ce procédé indique que les trois autres sont régies exclusivement par les dispositions particulières du Code d'instruction criminelle. Elles se rattachent, en effet, à la poursuite et à la répression de l'infraction, et pour ce motif elles ont non seulement une législation spéciale, mais encore un ensemble de règles communes, ne différant entre elles que par les détails.

**865.** L'étude de ce sujet ne nécessite point de recherches historiques, parce que la prescription pénale n'a pas été considérée dans les anciennes législations comme une institution nécessaire ne comportant que peu ou pas d'exceptions. De plus, la raison philosophique du droit de punir, auquel se rattachent les trois prescriptions qui nous occupent, diffère trop dans notre Droit moderne de celle qu'on reconnaissait généralement autrefois, pour qu'on puisse invoquer par analogie les solutions des législations précédentes. Les travaux préparatoires sont eux-mêmes d'un faible secours. Ils appartiennent à une époque de transition où les idées modernes apparaissent mêlées aux souvenirs de l'antiquité. Il y a un choix à faire parmi les renseignements qu'on peut y puiser.

**866.** Ainsi, veut-on rechercher quelle est la raison d'être de la prescription pénale ? Trois motifs se trouvent indiqués dans les travaux préparatoires : « l'infraction est expiée ; — les preuves ont dépéri ; — le fait est oublié ». Le premier de ces motifs repose sur une idée que nous avons écartée comme raison d'être du droit de punir. L'expiation morale ne remplace pas le châtiment matériel. Comment se produirait-elle d'ailleurs ? Par le remords, a-t-on dit, et les inquiétudes du coupable pendant le délai de la prescription. Mais ce châtiment n'est pas exemplaire, car il échappe au public. Il est inégal, car le remords et la crainte n'agissent pas également sur tous les coupables. Enfin, il n'existe pas en

---

(1) BIBLIOGRAPHIE : BRUN DE VILLERET, *Tr. de la prescription en matière crim.*, Paris, 1863 ; COUSTURIER, *Tr. de la prescription en matière crim.* Bruxelles, 1849 ; HOOREBECKE, *Tr. des prescriptions en matière pénale*, Bruxelles, 1847.

général pour les délits de convention sociale qui ne laissent même souvent, lorsqu'ils réussissent, que le désir de recommencer (1). — Le second motif peut être donné pour la prescription de l'action, si elle a une longue durée; mais il est invraisemblable pour les courtes prescriptions; il ne s'applique pas enfin à la prescription de la peine, parce que les minutes des jugements et arrêts de condamnations, soigneusement conservées dans les greffes, fournissent une preuve non susceptible de dépérir. — Seul le troisième motif donne le vrai fondement de la prescription pénale, parce qu'il se rattache à l'utilité sociale, véritable source du droit de punir : la société n'a aucun intérêt à réprimer une infraction dont le souvenir est effacé. La condamnation et l'exécution de la peine doivent être rapprochées du délit pour produire l'effet salutaire de l'intimidation par l'exemple et pour satisfaire la conscience publique; tardives, elles provoqueraient peut-être un sentiment tout opposé. Mais cette idée de l'oubli, qui justifie pleinement la prescription de l'action publique et celle de la peine, le législateur l'applique encore à la prescription de l'action civile, en établissant *une seule et même* prescription pour les deux actions. Cette assimilation ne peut s'expliquer que par une raison d'utilité pratique : on a voulu faire de la partie lésée l'auxiliaire de la répression ; et dans ce but on n'a pris de mesure pour lui conserver son action, qu'à la condition qu'elle porterait sa demande devant les juridictions pénales. L'action civile a été traitée ainsi au point de vue de la prescription comme un accessoire de l'action publique. Ce système a des inconvénients pour le titulaire de l'action civile. Mais ces inconvénients se compensent par les avantages que lui procure la compétence des juridictions de répression. — L'intérêt social n'exigeait point qu'on assimilât la prescription des condamnations civiles à celle de la peine. Lorsque le coupable a été condamné, la société n'est plus intéressée qu'à l'exécution de la peine; celle des condamnations civiles met en jeu seulement un intérêt privé. Aussi le législateur se borne-t-il à renvoyer au Code civil pour leur prescription (art. 642).

867. La prescription pénale a un caractère d'ordre public qu'elle emprunte à sa raison d'être. En cela elle diffère de la prescription civile, où l'intérêt général apparaît sans doute, mais dominé par l'intérêt du possesseur ou du débiteur. Il faut donc se garder de raisonner par analogie de l'une à l'autre, et laisser au contraire la prescription pénale exclusivement soumise aux règles formulées par le Code d'instruction criminelle et à celles qu'on peut déduire de son principe.

(1) Voir la spirituelle critique qu'Ortolan (II, 1853) fait de cette idée du remords à propos des contraventions.

## I. — De la prescription de l'action publique.

**868. Durée et point de départ.** — *a*) Il n'y a point dans notre Droit moderne d'infraction imprescriptible ; mais le délai de la prescription n'est pas toujours le même : il varie suivant la gravité des infractions, parce que l'oubli arrive plus lentement pour les faits graves que pour les faits légers. Régulièrement c'est dix ans pour les crimes, trois ans pour les délits, un an pour les contraventions (art. 637, 638, 640). Par exception, dans les lois spéciales, on trouve des délais plus courts : un mois pour les délits ruraux (L. 28 sept. — 6 oct. 1791, tit. I, sect. 7, art. 8), — trois mois pour les délits de chasse (L. 3 mai 1844, art. 29), les crimes et les délits électoraux (D. 2 fév. 1852, art. 50), les infractions prévues par la loi sur la Presse (L. 29 juil. 1881, art. 65) ; — trois mois ou six mois pour les délits forestiers, suivant que le délinquant est ou n'est pas désigné dans le procès-verbal (C. for. art. 185) ; — un mois ou trois mois, suivant la même distinction, pour les délits de pêche (L. 15 av. 1829, art. 62) etc...

869. Laissant de côté ces délais spéciaux, nous voyons que le législateur s'attache à la qualification donnée au fait pour déterminer la durée de la prescription. Cette qualification n'est certainement pas celle que lui ont donnée le ministère public et les juridictions d'instruction, mais celle qui résulte de l'examen définitif de la juridiction de jugement. Ainsi l'arrêt de renvoi et l'acte d'accusation relèveraient un vol qualifié ; mais le verdict du jury, écartant les circonstances aggravantes, ne retiendrait qu'un vol simple : la prescription serait de trois ans et non de dix ans. La qualification donnée au début ou dans le cours de la poursuite n'est en effet que provisoire.

870. Mais que décider à l'égard de la qualification que mériterait le fait après l'examen de la juridiction de jugement, si l'on considère la peine applicable quand il y a excuse ou circonstances atténuantes ? Supposons que cette peine soit correctionnelle ; faut-il considérer le crime comme transformé en délit ? — Cette question nous ramène à l'effet des excuses et des circonstances atténuantes sur la qualification de l'infraction. Écartant deux opinions absolues, nous avons résolu la difficulté par une distinction : les circonstances atténuantes ne produisent aucun effet sur la qualification légale de l'infraction, parce qu'elles constituent une atténuation judiciaire de la peine ; à l'inverse, les excuses modifient la qualification du fait, parce qu'elles atténuent légalement la peine. Il faut donc décider que la prescription reste fixée à dix ans, malgré la substitution d'une peine correctionnelle à une peine criminelle par l'effet des circonstances atténuantes, tandis que le changement de pénalité par l'effet d'une excuse rend l'infraction prescriptible par trois ans (1).

(1) *Sic* : ORTOLAN, II, 1856 ; GARRAUD, *Précis*, 443. — Certains auteurs étendent

**871.** *b*) La législation intermédiaire exigeait que le délit fût *connu et légalement constaté* pour qu'il pût se prescrire (1). C'était une erreur doctrinale qui supposait que la prescription était motivée par la négligence de ceux qui avaient mission d'exercer l'action publique. Mais puisque l'oubli est la raison d'être de la prescription, ne faut-il pas supposer qu'il doit se faire plus facilement pour les délits non révélés que pour les autres? Le Code d'instruction criminelle est rentré dans le Droit en faisant courir la prescription du jour même de l'infraction (art. 637, 640) (2). Toutefois les expressions dont il se sert ont suscité une controverse.

**872.** Quel est le premier jour du délai? Est-ce le jour du délit, ou le lendemain? Les deux solutions ont leurs partisans, et de bons arguments sont présentés de part et d'autre; mais la raison de décider ne paraît pas avoir encore été trouvée. Si l'on examine sans prévention les deux systèmes, on voit qu'ils arrivent à un résultat également inexact. Celui qui exclut le jour du délit ajoute au délai de la prescription la fraction de jour qui s'est écoulée depuis le moment où l'infraction a été commise jusqu'au minuit suivant (3). — Celui qui compte le jour du délit abrège le délai légal de cette fraction de jour (4). Pour arriver à un résultat mathématiquement exact, il faudrait compter le délai *de momento ad momentum* et non *de die ad diem*; mais ce mode de calcul n'est généralement pas admis par notre Droit, et il est même exclu par les termes des articles 637 et 640 : « A compter *du jour* où le crime aura été commis...... à compter *du jour* où la contravention aura été commise ». Il faut donc choisir entre les deux premiers systèmes celui qui, malgré

aux circonstances atténuantes la solution que nous donnons pour les excuses. V. COUSTURIER, 113; HAUS, II, 1030, 1031; F. HÉLIE, II, 1057. — D'autres étendent aux excuses la solution que nous donnons pour les circonstances atténuantes : v. BERTAULD, p. 621, 622; BRUN DE VILLERET, 195-197; LE SELLYER, *Act. pub. et priv.* II, 544; HAUS, II, 1330 et 1331; Cass. belge, 1er oct. 1881 (S. 83, 4, 1). — La jurisprudence n'a pas de système bien tranché. Elle suit notre opinion pour les circonstances atténuantes (Cass. 30 mai 1839 : DALLOZ, *Rép.* V° *Prescr. crim.*, n° 48) et pour l'excuse de la *minorité* (Cass. 12 août 1880 : S. 81, 1, 385). Elle suit au contraire l'opinion de ces derniers auteurs pour l'excuse de la *provocation* (Cass. 17 janv. 1833; 10 déc. 1869 : S. 70, 1, 230).

(1) C. 3 brum. an IV, art. 9, 10.
(2) Dans les lois spéciales, le point de départ de la prescription a parfois été retardé. Par exemple pour les crimes et délits électoraux, le déc. organ. du 2 fév. 1852, art. 50, fait courir la prescription *du jour de la proclamation du résultat de l'élection*. — Sur le sens qu'il faut attribuer à ces expressions il y a eu quelque difficulté. V. Trib. corr. de Périgueux, 25 mai 1886 (*La Loi*, 7 juin).
(3) *Sic* : COUSTURIER, 100; ORTOLAN, II, 1859; TRÉBUTIEN, II, p. 148; VILLEY, p. 256 et la jurisprudence : Cass. 10 janvier 1845, 2 février 1865, 25 juillet 1884.
(4) *Sic* : BRUN DE VILLERET, 122 et s.; MANGIN, *op. cit.*, 319; LE SELLYER, *Act. pub. et privée*, II, 516; F. HÉLIE, II, 1067; GARRAUD, *Précis*, 445.

l'inexactitude signalée, est le plus conforme aux principes. Le siège de la difficulté est dans cette expression *à compter*. Quel est son véritable sens ? Elle signifie *sans compter*, disent les partisans du premier système : elle signifie *en comptant*, disent les partisans du second (1). Pour nous elle est équivoque et nous le démontrons par un exemple : supposons qu'étant au mois de juin, un professeur dise à ses élèves : « A compter du 1er juillet, je ferai mon cours à 8 heures ». Aucun d'eux n'aura l'idée d'exclure le 1er juillet du délai. — Supposons qu'employant une autre formule, il ait dit : « A compter du 30 juin, je ferai mon cours à 8 heures ». Aucun d'eux certainement ne comprendra le 30 juin dans le délai. Pourquoi donc cette expression reçoit-elle ainsi deux sens différents aboutissant au même résultat pratique ? C'est que par elle-même elle est douteuse, et qu'elle se précise dans l'esprit des auditeurs, s'associant à la pensée du professeur qui est, quelle que soit la formule employée, de changer l'heure de son cours pour le mois de juillet. Quand les termes de la loi ne sont pas clairs, le devoir de l'interprète est de se rattacher aux principes : or les principes veulent qu'une action se prescrive dès qu'elle peut être exercée. L'exercice de l'action publique pouvant commencer le jour même de l'infraction, ce jour doit être compté dans le délai. L'ancien Droit, il est vrai, suivait la solution contraire ; mais on comptait comme complet le dernier jour de la prescription dès qu'il était commencé ; de sorte que la fraction de jour, perdue pour l'inculpé au commencement du délai, se trouvait regagnée à la fin (2). Ce mode de calcul, emprunté aux règles de l'usucapion romaine, ne peut plus être suivi ; mais son emploi dans notre ancienne jurisprudence démontre qu'on ne peut, sans choquer la raison et l'équité, exclure du délai le jour du crime et exiger en même temps que le dernier jour du délai soit intégralement rempli (3).

**873.** La fixation du point de départ de la prescription soulève quelques difficultés dans les délits *continus*, dans les délits *collectifs par l'unité de résolution et de but*, et dans les délits d'*habitude*. Pour les délits con-

(1) Certains auteurs croient résoudre en ce sens la difficulté en disant que cette expression « à compter du jour du crime » ne signifie pas certainement « à compter *du lendemain* ». — Mais ce n'est là qu'un jeu de mots ; car si le texte portait : à compter du lendemain du crime, la difficulté serait simplement déplacée : il s'agirait toujours de savoir, s'il faut compter ou exclure *le lendemain du crime* dans le calcul du délai.
(2) V. MUYART et VOUGLANS, *Institut.*, p. 92 ; SERPILLON, I, p. 828.
(3) Les législations étrangères ont adopté tantôt l'une tantôt l'autre solution ; leurs termes ne prêtent pas d'ailleurs à l'équivoque. « *Le jour* où l'infraction a été commise est compris dans le délai de la prescription », dit l'article 24, titre prélim. du C. de proc. pénale belge (L. 17 avril 1878). — « La prescription commence à courir *le lendemain* du jour où le fait a été commis », porte l'art. 71, C. pén. des Pays-Bas.

tinus, on pouvait hésiter entre le jour où le délit a commencé et celui où il a pris fin. Mais on a bien vite observé que, même avec la première idée, il ne fallait faire courir la prescription que du jour où l'infraction a cessé : la permanence du délit produit en effet une interruption incessante qui retarde le point de départ de la prescription jusqu'à cette dernière date. Cette solution permet d'atteindre des faits remontant au delà du délai de la prescription ; mais l'indivisibilité qui unit tous les actes d'exécution de ce genre d'infractions justifie juridiquement ce résultat (1).

Nous fixerons le même point de départ pour les délits collectifs composés de délits de même nature, réitérés par le même agent, en exécution de la même résolution criminelle et pour atteindre le même but. L'unité des actes internes doit faire considérer comme les éléments d'une seule infraction ces faits qui, pris isolément, seraient des délits distincts (2). — A l'égard des délits collectifs composés de faits accomplis par des agents différents, une distinction devient nécessaire : si ces faits sont tous principaux, la solution sera la même ; — si, au contraire, il y a un fait principal et un fait accessoire, la prescription courra du fait principal, même à l'égard du fait accessoire (3).

Pour les délits d'habitude, il est certain que la prescription ne peut commencer de courir du premier fait, puisque ce fait n'est pas constitutif de l'habitude ; mais dès que deux (4) faits sont réunis, le délit existe et peut se prescrire, bien qu'il soit susceptible d'être réitéré par des faits postérieurs. Ces deux solutions sont acceptées ; on discute seulement la question de savoir si les faits desquels on veut faire résulter l'habitude peuvent être séparés l'un de l'autre par un délai illimité, ou bien si ce délai a une limite et quelle est-elle ? Un premier système est très répressif : à quelque date éloignée qu'ait été commis, par exemple, un premier prêt usuraire, il suffira d'un second prêt pour consommer le délit. Le délai de la prescription aurait pu s'écouler entre les deux faits ; peu importe ! Le délit n'existait pas avant le second fait ; par conséquent, dit-on, il n'a pu se prescrire (5). — Ce raisonnement est un sophisme. Supposons, en effet, qu'au lieu de deux prêts usuraires, il y en ait trois : deux très rapprochés l'un de l'autre, et le troisième espacé du second par le délai de la

(1) Sic : ORTOLAN, II, 748, 1863 ; COUSTURIER, 104 ; HAUS, II, 1037 ; Cass. 30 janv. 1877 (S. 82, 1, 41). — Contrà : NYPELS, C. p. interprét., art. 371, n° 4 ; art. 434, n° 1.
(2) Sic : HAUS, II, 1339 ; Cass. 14 août 1871 (D. 71, 1, 282) et beaucoup d'arrêts de Cour d'appel, en matière de contrefaçon industrielle où la question se présente souvent (v. les recueils spéciaux). — Contrà : GARRAUD, Précis, 445.
(3) Voir, pour plus de détails, la théorie de la complicité.
(4) Sauf le cas où la loi aurait fixé un nombre supérieur.
(5) BRUN DE VILLERET, 170-172, 176 ; MANGIN, 327 ; Cass. 14 nov. 1862 (B. 15).

prescription. Aucune répression ne sera possible, parce que le délit d'habitude constitué par les deux premiers faits est prescrit, et que par suite, le troisième fait se trouvant isolé des autres, ne peut à lui seul constituer l'infraction. Supprimons maintenant le premier de ces faits, comment admettre sans contradiction que le second réuni au troisième deviendra punissable ? Ce système traite les délits d'habitude comme des délits continus, et c'est là qu'est l'erreur ! Il n'y a aucune permanence, dans les délits d'habitude, pas plus lorsqu'ils sont incomplets que lorsqu'ils ont reçu leur complément par la réunion de tous leurs éléments. Punir la réunion de deux faits matériels séparés par le délai de la prescription, c'est punir une habitude qui est prescrite ou bien deux faits non habituels (1). Un second système exige que tous les faits constitutifs de l'habitude aient été commis dans les trois ans qui précèdent la poursuite en supposant qu'il s'agisse d'un délit (2). — Ce système est le moins répressif. Il repose, comme le précédent, sur un sophisme. On veut que l'action publique soit recevable individuellement contre chacun des faits constitutifs de l'habitude, pour l'être contre tous. Mais alors, c'est que l'on considère chacun de ces faits comme des délits distincts; or ils ne sont que les éléments du même délit. Appliqué, ce système réduit l'action publique à un délai toujours inférieur à sa durée légale ; car elle ne peut être intentée que dans les trois ans qui suivent le premier fait, et seulement à compter du second. Il est donc théoriquement faux. — Un troisième système, qui nous paraît devoir être suivi, permet de réunir au dernier des faits que l'action publique peut atteindre tout fait antérieur qui n'est pas séparé de celui-ci par le délai de la prescription. Ainsi, pour les délits correctionnels, l'action publique intentée dans les trois ans, à compter du dernier fait, pourra atteindre des faits commis dans les six dernières années. Ce système évite les inconvénients des deux précédents. Il est judicieux et n'a rien d'arbitraire : les éléments de l'habitude se prescrivent par un délai égal à celui par lequel le délit se prescrit. La loi du 19 déc. 1850, art. 3, § 2, fournit en sa faveur un puissant argument : « Après une première condamnation pour habitude d'usure, dit ce texte, le nouveau délit résultera d'un fait postérieur, même unique, s'il est accompli dans les *cinq ans* à partir du jugement ou de l'arrêt de condamnation. »

(1) Au délit d'usure peuvent se joindre d'autres délits connexes, notamment l'escroquerie. La Cour de cassation, considérant ces délits comme des circonstances aggravantes de l'usure, les soumet à la même prescription. (Même arrêt.) C'est là une nouvelle erreur que ne justifie point l'art. 4 de la loi du 3 sept. 1807 sur lequel elle se fonde. Cet article, en effet, ne prévoit le concours des délits d'escroquerie et d'usure que pour régler le cumul des peines ; il n'a pas été écrit pour déroger aux règles de la prescription.

(2) F. Hélie, II, 689-690 ; Le Sellyer, II, 471.

Laissant de côté les particularités exceptionnelles de cette disposition, nous y relevons cette idée fondamentale, que des faits trop éloignés les uns des autres ne peuvent être considérés comme constituant une habitude. Quel est maintenant le délai légal dans lequel ces faits doivent se produire ? On ne peut, en dehors de l'hypothèse particulière visée par la loi de 1850, en fixer d'autre que celui même de la prescription, sous peine de tomber dans l'arbitraire (1).

**874. Causes qui augmentent la durée de la prescription.** — En Droit civil deux causes peuvent modifier la durée normale de la prescription, ce sont l'*interruption* et la *suspension*. La première rend inutile le temps écoulé jusqu'au moment où surgit l'obstacle qui arrête le cours de la prescription. La seconde permet d'additionner ce temps avec celui qui s'est écoulé depuis que l'obstacle a cessé. La prescription *interrompue* est à recommencer ; la prescription *suspendue* reprend son cours après un temps d'arrêt. Ces deux causes de prorogation existent-elles en Droit criminel ? L'art. 637, C. i. c., auquel se réfère l'art. 638 et l'art. 640 organisent, sans la nommer, l'interruption de la prescription de l'action ; mais nulle part il n'est question de la suspension. Nous aurons à nous demander si cette théorie peut être transportée du Droit civil dans la législation pénale.

875. A. — **Interruption.** — Les règles de l'interruption sont généralement les mêmes, quelle que soit l'infraction. Cependant, au point de vue des actes interruptifs, il y a lieu de distinguer les crimes et délits d'un côté, et les contraventions de l'autre.

**876. Des actes interruptifs en matière de crimes et de délits.** — L'art 637 attribue la vertu d'interrompre la prescription de l'action publique en matière de crime et de délit aux actes « d'*instruction* ou de *poursuite* », c'est-à-dire aux actes d'exercice de l'action publique. Opposés l'un à l'autre, ces mots, *actes d'instruction, actes de poursuite*, ont un sens différent : les actes d'instruction tendent à recueillir la preuve de la criminalité et de la culpabilité, sans le concours de l'inculpé. Les actes de poursuite supposent au contraire la participation au moins passive de l'inculpé : ce sont ceux par lesquels on le traduit devant une juridiction, on s'assure de sa personne, on cherche à obtenir de sa bouche, de ses écrits, des choses qu'il détient, la preuve de sa culpabilité. Prises isolément ces deux expressions sont synonymes. Aussi un auteur a pu dire, avec assez d'exactitude, qu'il y avait deux sortes d'actes de poursuite : les uns *in rem* (*actes d'instruction*); les autres *in personam* (*actes de poursuite*) (2). On doit qualifier d'actes de poursuite, au sens

(1) Trébutien, II, p. 151 ; Bertauld, p. 612 ; Haus, II, 1340 ; Garraud, *Précis*, p. 494, note ; Villey, p. 257.
(2) Rauter, 854. — Cette observation sert à résoudre une difficulté soulevée

strict du mot : le réquisitoire introductif, les interrogatoires, les perquisitions au domicile de l'inculpé ou sur sa personne, les mandats, la citation devant les tribunaux correctionnels ou de police, l'acte d'accusation, la signification de l'ordonnance ou de l'arrêt portant renvoi devant une juridiction de jugement et celle de l'acte d'accusation, les ordonnances ou arrêts qui clôturent l'instruction préparatoire, les jugements et arrêts définitifs des juridictions de jugements. — Les actes d'instruction proprement dits sont : les procès-verbaux constatant l'infraction, l'audition des témoins et les actes qui s'y rattachent, les perquisitions et saisies chez des personnes non inculpées, les jugements préparatoires ou interlocutoires (1).

877. Faut-il considérer comme interruptif l'exercice des voies de recours *par le prévenu ?* La négative nous paraît certaine. Ces recours donnent lieu sans doute à des actes d'instruction ou de poursuite, mais, par eux-mêmes, ils n'ont pas ce caractère : ce sont des actes de *défense* et non des actes *d'exercice de l'action publique*. Dans l'opinion contraire on invoque l'art. 640, qui, en matière de contravention, fait recommencer la prescription interrompue par le jugement de condamnation à *compter de la notification de l'appel qui en aura été interjeté*, MÊME PAR LE PRÉVENU, ajoute-t-on, puisque le texte ne précise pas! Mais ce texte ne dit pas que la notification de l'appel interrompe la prescription, il proroge seulement l'interruption produite par le jugement de condamnation jusqu'à cette notification (2).

878. **Conditions de leur validité. — Étendue de leur effet.** — Pour être interruptifs de la prescription, les actes d'instruction ou de poursuite doivent : 1° émaner de l'autorité ou des particuliers qui ont qualité pour les faire ; 2° être réguliers en la forme. Ces deux conditions sont à la fois nécessaires et suffisantes. Ainsi il n'y a pas à regarder s'ils affirment ou s'ils dénient la culpabilité du prévenu : une ordonnance de non-lieu interrompt aussi bien la prescription de l'action publique qu'une ordon-

---

par la loi du 29 juil. 1881 sur la presse : l'art. 65 ne cite, comme produisant l'interruption, que les *actes de poursuite* ; faut-il en conclure que les *actes d'instruction*, en cette matière spéciale, ne sont pas interruptifs? Non, selon nous, puisque ces mots sont synonymes. Sic : Notre note, *Gaz. Trib.*, 19 avril 1884, p. 379 ; Lisbonne, *Lois nouv.*, 84, 3, 5 ; Barbier, *Code de la Presse*, II, 1012 ; Cass., 31 déc. 1885 ; 1er janv. 1886. — Contrà : C. Aix, 7 déc. 1883 ; 18 janvier 1884.

(1) Faut-il considérer comme *préparatoires* tous les jugements de remise de cause ? Au point de vue de l'interruption de la prescription l'affirmative est suivie en jurisprudence ; Cass. 4 avril 1873 ; 20 juin, 4 juil., 30 octob., 31 déc. 1885 ; 26 avril 1888. — V. sur la question Notre note, *Gaz. Trib.*, 19 avril 1884.

(2) Sic : Haus, II, 1342, 1349 ; Garraud, *Dr. pén. franç.*, II, 65, note 20 ; Desjardin, *Rev. crit.*, 1885, p. 104. — Contrà : Cass. 26 janv. 1884 ; 7 fév. 1885 (S. 86, 1, 446-447).

nance de renvoi devant le tribunal correctionnel (1). — On s'est demandé s'il était nécessaire qu'ils fussent posés devant une juridiction compétente? La règle que nous avons formulée donne la solution : si l'acte émane du particulier ou du membre du ministère public qui avait le droit de poursuivre, l'incompétence du tribunal est indifférente. Si au contraire l'acte émane de la juridiction, l'incompétence de cette juridiction le rend nul.

**879.** L'effet des actes interruptifs est *absolu*. La prescription se trouve interrompue « à l'égard même des personnes qui ne seraient pas impliquées dans l'*acte d'instruction* ou de *poursuite* » (art. 637). Et il faut attribuer le même effet, en matière de contravention, au *jugement de condamnation* prononcé contre un prévenu qui ne serait pas le contrevenant. Le texte de l'art. 640 se prête d'ailleurs à cette interprétation. C'est là une différence bien marquée entre la prescription pénale et la prescription civile. Elle s'explique par le caractère d'ordre public qui s'attache à la poursuite.

**880. Durée de la prescription après l'acte interruptif.** — Il est un principe dont les art. 637 et 640 font l'application, c'est que l'interruption force simplement à recommencer la prescription : elle change son point de départ ; mais elle ne modifie point sa durée. La prescription qui suit l'acte interruptif durera donc dix ans pour les crimes, trois ans pour les délits, un an pour les contraventions.

**881.** Faut-il apporter une exception à ce principe pour les courtes prescriptions édictées par les lois spéciales, par exemple, en faisant recommencer pour trois ans la prescription d'un délit rural ou d'un délit de pêche, prescriptibles par un mois ? pour dix ans celle d'un crime de presse prescriptible par trois mois ? — On l'a soutenu, en invoquant par analogie l'effet de l'interruption des prescriptions de courte durée en matière civile. Ces délais abrégés ne seraient établis que pour intenter l'action. Après un premier acte de poursuite, le délai de droit commun, fixé par le Code d'instruction criminelle suivant la nature de l'infraction, remplacerait le délai abrégé, fixé par la loi spéciale (2).

Ce système a une certaine valeur législative (3), mais, dans l'état de

---

(1) Cass. 5 mai 1865.

(2) *Sic :* Mangin, *Act. pub.*, 358 ; — Cass. 17 mars 1866, 13 avril 1883, 29 mars 1884, p. les délits forestiers.

(3) Une bonne législation doit éviter de créer des délits, et en même temps d'entraver leur poursuite par trop de restrictions. Il arrive souvent, pour les courtes prescriptions, que malgré toute sa diligence, la partie poursuivante ne parvient pas à obtenir une condamnation définitive dans le délai légal. A cet inconvénient le législateur peut remédier en substituant, après l'acte interruptif, un délai plus long au délai abrégé. C'est ce qu'avait fait la loi sur la Presse du 26 mai 1819

notre législation, il n'a point de base juridique. L'analogie tirée du Droit civil doit être repoussée, car les cas où la prescription civile recommence pour un délai différent après l'acte interruptif s'expliquent par une novation dans le titre de la créance ; or cette hypothèse est irréalisable en droit criminel. — D'ailleurs la prescription pénale repose sur l'oubli, et il est absurde de supposer, comme on le fait en prorogeant le délai, que l'oubli se produira plus lentement après un acte de poursuite déjà éloigné du fait, qu'à partir du fait lui-même. — On déroge enfin au principe appliqué par les art. 637 et 640, et cela sans texte exprès ; or, ce texte, le législateur de 1819 l'avait, avec raison, jugé nécessaire pour établir une exception de ce genre (L. s. la Presse, 26 mai 1819, art. 29). On peut raisonner *a contrario* de ce précédent (1).

**882. Des interruptions successives.** — Dans l'ancien droit on ne connaissait point la théorie de l'interruption. La prescription, réserve faite des crimes imprescriptibles, s'accomplissait fatalement par vingt années, qu'il y eût eu, ou non, des poursuites exercées dans cet intervalle. La législation intermédiaire (C. p. 1791, 1re part., tit. VI, art. 1, 2 ; C. 3 brum., an IV, art. 9, 10) réduisit à trois ans le délai de la prescription ; mais en même temps elle admit la possibilité de l'interrompre. Un acte de poursuite, accompli à n'importe quelle période du délai de trois ans, doublait le délai ordinaire : l'action publique durait six ans. Le Code d'instruction criminelle s'est approprié la théorie de l'interruption ; mais il n'admet point que l'acte interruptif ait, par lui-même, cet effet de *doubler le délai* : il force simplement à le *recommencer*. Chaque acte d'instruction ou de poursuite (art. 637), chaque jugement de condamnation, en première instance ou en appel (art. 640), donnent ainsi un nouveau point de départ à la prescription. C'est le système des *interruptions successives* que le législateur de 1808 substitue à celui de l'*interruption unique*.

**883.** Suit-il de là qu'une série *indéfinie* d'interruptions soit possible ? Nous ne le pensons point, et nous estimons que le système du Code d'instruction criminelle diffère peu dans son résultat pratique de celui

---

art. 29, et plus tard ce qu'a fait la loi belge du 1er avril 1878, art. 28, § 2. Mais ce procédé n'est pas à la portée du jurisconsulte. Nous proposons *infrà*, n° 893 un moyen juridique de parer à cet inconvénient.

(1) *Sic* : F. Hélie, III, 194, p. 735-737 ; Brun de Villeret, 457-460 ; Le Sellyer, II, 622 ; Cousturier, 118 ; Haus, II, 1345. — La jurisprudence admet notre système par une interprétation divinatoire de la volonté du législateur, savoir : pour les délits électoraux (Cass. 16 juin 1865, B. 128) ; pour les délits ruraux (Cass. 28 juillet 1870, D. 70, 1, 184. — *Contrà* : Cass. 4 oct. 1851, D. 52, 1, 195) ; pour les délits de presse (Cass. 13 mars 1886, *Pand. Franç.* 86, 1, 116). Comp. Morin, *Journ. du Dr. crim.*, 1865, p. 232 et s. V. une bonne critique de cette jurisprudence, par A. Desjardin, *Rev. crit.* 1884, p. 42.

des Codes de 1791 et de l'an IV : le délai de la prescription n'est plus nécessairement doublé par l'acte interruptif ; mais si cet acte se place à l'extrême limite du délai de dix ans pour les crimes, de trois ans pour les délits, d'un an pour les contraventions, la durée ordinaire de l'action publique sera doublée, comme sous la législation précédente. Voilà le résultat pratique qu'on peut atteindre par un acte d'interruption accompli en temps opportun ; mais aussi celui qu'on ne peut dépasser. — Les art. 637 et 640 imposent, en effet, une limite aux actes interruptifs en exigeant qu'ils soient accomplis « *dans l'intervalle* » des dix ans qui suivent le crime, ou dans l'année qui suit la contravention. Passé le délai ordinaire de la prescription, l'effet des actes interruptifs accomplis en temps utile se fait encore sentir, mais une nouvelle interruption est impossible (1). Cette solution nettement indiquée par le texte des art. 637 et 640 n'a pas laissé de trace dans les travaux préparatoires, probablement parce qu'elle différait peu de celle que donnait la législation alors en vigueur. Il est à remarquer d'ailleurs que du moment qu'on admettait les interruptions successives, il fallait leur fixer une limite, sous peine de rétablir les crimes imprescriptibles dont on ne voulait pas. En renouvelant en effet périodiquement l'acte interruptif on arriverait à poursuivre les crimes et les délits (2) un siècle et plus après qu'ils auraient été commis. On dépasserait dans tous les cas le délai de la prescription de la peine, alors qu'il est visible que le législateur a voulu fixer pour cette prescription un délai plus long que pour celle de l'action (3).

**884.** L'opinion générale en France est contraire à ce système et l'on soutient qu'il n'y a pas de limite aux actes interruptifs. — A l'argument de texte on répond que notre interprétation est *judaïque*, et que d'ailleurs les art. 637 et 640 ne pouvaient pas être autrement rédigés : il fallait bien

---

(1) Ce système, fortement soutenu par les auteurs belges contrairement à la jurisprudence de leur Cour de cassation (16 av. 1860), a fini par être consacré par la loi belge du 17 avril 1878, art. 26-28. — *Sic* : Cousturier, préface et p. 18 et s. ; Hoorebecke, p. 64 et s. ; Haus II, 1343-1345. En France : Labroquère, *Rev. crit.*, 1861, t. XIX, p. 169 ; Ortolan, II, 1871 ; Garraud, *Précis*, 447, p. 497 ; notre note sous un arrêt de Montpellier, *La Loi*, 30 juil. 1887. — Le Code italien n'admet aussi qu'une interruption unique ou une prorogation limitée (art. 93).

(2) En matière de contravention, l'acte interruptif n'est pas, à raison de sa nature, susceptible d'être indéfiniment renouvelé. On ne peut, en effet, obtenir une série de condamnations contre le même prévenu pour la même contravention. Mais en matière de crimes et de délits il est toujours possible de faire un nouvel acte d'instruction ou de poursuite.

(3) M. Villey taxe cet argument d'exagéré (Note, S., 1888, 2, 161). Cependant, quand nous écrivions la note publiée dans *La Loi* du 30 juil. 1887, un arrêt récent de la Cour de Paris, en matière de diffamation où la prescription dure 3 mois, avait été rendu, à la suite d'interruptions successives, *deux ans et demi* après le délit. Le délai de la prescription était ainsi décuplé ! Cela ne revient-il pas à poursuivre les crimes cent ans après qu'ils ont été commis ?

exprimer en effet, dit-on, que l'acte interruptif doit avoir été accompli avant que la prescription soit acquise ! — Puis on raisonne par analogie du Droit civil, où la faculté de renouveler l'interruption n'a pas de limite. — On ajoute que si la prescription criminelle a pour unique fondement l'oubli de l'infraction, l'interruption est une protestation contre l'oubli ; elle détruit donc la base même de la prescription; dès lors il n'y a rien d'étonnant à ce que la prescription soit forcée de recommencer, quelque éloigné que soit le délit. — Enfin on fait valoir que l'intérêt pratique de la controverse se présente seulement dans les courtes prescriptions, et que, pour les infractions auxquelles ces prescriptions s'appliquent, l'oubli c'est le pardon de la partie lésée, parce que leur poursuite ne peut avoir lieu sans son assentiment; or le renouvellement de l'interruption prouve que la victime n'a point pardonné (1).

885. Cette argumentation ne nous convainc pas. Notre interprétation est littérale, soit ! Mais, en droit pénal, il faut prendre au pied de la lettre tout texte clair qui donne une solution favorable. Or en imposant une limite aux interruptions successives de la prescription, les art. 637 et 640 rendent la situation de l'inculpé plus favorable que s'il n'y en avait pas. On ne doit pas détruire cette faveur en donnant à ces textes un sens différent. — Aux auteurs qui prétendent que ces mots « *dans cet intervalle* » devant nécessairement se trouver dans les art. 637 et 640, on n'en peut faire état, nous répondons que lorsqu'un texte de loi est susceptible de deux sens, on doit plutôt l'entendre dans celui avec lequel il peut avoir quelque effet que dans celui avec lequel il ne pourrait en produire aucun (arg. art. 1157, C. civ.). Or n'est-ce pas enlever aux mots « *dans cet intervalle* » tout sens utile, que de leur faire exprimer cette banalité que l'interruption doit se produire avant que la prescription soit accom-

---

(1) Sic : Le Sellyer II, 478 ; Brun de Villeret, 202 et s. ; Villey, *Précis*, p. 261, 262, et note, S., 1888, 2, 161. — La pratique suit ce système mais d'une façon inconsciente. La substitution du délai de 3 ans aux délais de 3 ou de 6 mois après l'acte interruptif, qui est généralement acceptée en jurisprudence, rend d'ailleurs la question assez rare. — Elle s'est néanmoins nettement posée dans une circonstance devant la Cour de cassation qui s'est empressée de l'éluder. Un arrêt du 2 mars 1854 (B. 59) porte en effet que « l'*instruction judiciaire* interrompt la prescription aussi longtemps qu'elle se continue jusqu'à son dernier acte ». Ainsi, au lieu d'y avoir autant d'interruptions successives qu'il y a d'actes d'instruction ou de poursuite, il y aurait une interruption qui se perpétuerait pendant toute la durée de l'instruction ouverte sur un délit. Ce système n'est pas celui du Code. Il rétablirait d'ailleurs les crimes imprescriptibles puisque aucun texte ne limite expressément la durée d'une instruction judiciaire. — Plus récemment la question s'est posée devant la Cour de Montpellier. Mais comme on a confondu le système des interruptions *successives et limitées* avec celui de l'interruption *unique* suivi par le code de l'an IV, on ne lui a opposé qu'une réfutation sans portée. (C. Montpellier 5 mai 1887, et *La Loi*, 30 juil. 1887 ; S. 88, 2, 161).

plie ? Il faut donc s'attacher à l'autre idée qu'ils expriment, savoir : que la prescription *n'est pas susceptible d'être interrompue après la période de dix ans qui suit le crime, de trois ans qui suit le délit, d'un an qui suit la contravention*. — L'analogie tirée du Droit civil doit être repoussée, d'abord parce que le principe des deux prescriptions diffère. La prescription civile a sa raison d'être dans la négligence du titulaire du droit ; on conçoit dès lors que l'acte interruptif, écartant toute idée de négligence, force sans cesse la prescription à recommencer. En droit pénal, au contraire, l'oubli se fait par le laps du temps malgré les actes de poursuite. — Vainement l'on objecte que l'interruption est une protestation contre l'oubli. Jamais en effet cette protestation n'aura le retentissement qu'a eu l'infraction elle-même. Malgré les efforts de la partie poursuivante, l'émotion causée par le délit se calme, l'opinion publique se désintéresse de la répression ; l'utilité d'une condamnation disparaît, et par là même cesse le droit social de punir une infraction qui ne relève plus désormais que de la conscience. — De plus, en droit civil, l'inconvénient pratique des interruptions successives à l'infini a un correctif dans la péremption d'instance. Supposez la prescription civile interrompue vers la fin du délai (la prescription trentenaire, par exemple, dans la vingt-neuvième année), l'interruption n'est plus soutenue que par l'instance engagée sur l'acte interruptif ; de sorte que si cette instance tombe en péremption, parce qu'on a laissé passer *trois ans* sans faire un acte de procédure, la prescription se trouvera acquise. En droit pénal, la péremption d'instance n'étant point organisée, la prescription sera toujours à recommencer pour un délai *aussi long que celui auquel elle aurait été soumise en l'absence d'acte interruptif*. Si donc on admettait les interruptions successives à l'infini, on aurait leur inconvénient sans le correctif qui les rend supportables. — Prétendre enfin que pour les délits auxquels s'appliquent les courtes prescriptions, l'oubli c'est le pardon de la partie lésée, parce que leur poursuite est subordonnée à sa plainte, c'est formuler une proposition qui est inexacte pour la plupart d'entre eux (1).

**886. Des actes interruptifs en matière de contravention.**— La prescription n'est point interrompue, en matière de contravention, par les actes d'instruction ou de poursuite, mais seulement par un *jugement de condamnation*. — Recommence-t-elle le lendemain de ce jugement ? L'art. 640 implique l'affirmative pour tous les jugements autres que ceux *de nature à être attaqués par la voie de l'appel ;* mais sa disposition est obscure ; elle a besoin d'être expliquée. L'appel en matière de simple

(1) Les interruptions successives à l'infini ont été admises en pratique comme un moyen d'éviter l'impunité du coupable dans les courtes prescriptions qui recommencent, après l'acte interruptif, pour le délai abrégé fixé par la loi spéciale.

police n'est ouvert qu'au prévenu et à la partie civile, dans les conditions indiquées par l'art. 172. Il est recevable dès que le jugement est rendu ; mais l'intéressé n'est mis en demeure de le former que par la signification du jugement (art. 174). Visant, sans doute, les jugements signifiés, l'art. 640 dispose que la prescription reprendra son cours seulement « *à compter de la notification de l'appel qui aura été interjeté* (1). Cette disposition est généralement présentée comme apportant une double exception aux principes généraux, savoir : 1° à la règle que la prescription recommence aussitôt après l'acte interruptif ; — 2° à la règle que les actes émanés du prévenu ne produisent pas l'interruption. L'article, en effet, ne distingue pas de qui émane l'appel, si c'est du prévenu ou de la partie civile. Cette seconde critique est inexacte ; l'appel en cette matière *n'interrompt pas* la prescription ; il donne seulement à la prescription interrompue par le jugement de condamnation *son nouveau point de départ*. La particularité de la disposition consiste donc à proroger l'effet interruptif du jugement de condamnation jusqu'à l'acte d'appel. Cette prorogation est-elle exceptionnelle et faut-il maintenir la première critique ? Nous l'examinerons plus bas, à propos de la suspension.

887. Ce qui serait bizarre et tout à fait exceptionnel, ce serait d'appliquer l'art. 640 aux jugements susceptibles d'appel non signifiés : on tomberait dans un cercle vicieux pour les jugements par défaut. D'un côté, le prévenu n'en relèverait pas appel puisqu'il les ignore, de l'autre l'interruption se prolongerait indéfiniment, faute de signification. Les contraventions deviendraient ainsi imprescriptibles. Pour ce motif, on restreint généralement la disposition particulière de l'art. 640 aux jugements signifiés.

888. Le législateur mérite une plus grave critique : c'est de n'avoir pas prévu l'effet du pourvoi en cassation contre les jugements en dernier ressort. La question est intéressante s'il y a eu acquittement : un an, en effet, pourra s'être écoulé depuis que la contravention a été commise (2) quand la Cour de cassation sera à même de statuer. L'action publique sera-t-elle prescrite ? — Dans l'état de l'art. 640 il ne faut pas hésiter à répondre affirmativement. La prescription des contraventions ne peut être interrompue que par un jugement de condamnation ; or le recours du ministère public n'est qu'un acte de poursuite (3).

(1) La loi n'ayant imposé aucune forme pour l'appel des jugements de simple police, on admet indifféremment une notification ou une déclaration au greffe. Si l'appel avait été interjeté dans cette dernière forme, la prescription recommencerait à compter de la déclaration. Cass. 28 juin 1845.

(2) Ou depuis que l'appel a été interjeté si le prévenu, condamné en première instance, a été relaxé en appel.

(3) *Sic* : HAUS, II, 1347 ; GARRAUD, *Précis*, 447 ; VILLEY, p. 262, 263, 265. — Cédant à des considérations pratiques, la jurisprudence attribue au pourvoi en

**889. B. — Suspension**. — *Existe-t-il des causes de suspension de la prescription de l'action publique ?* La loi, avons-nous dit, est absolument muette sur les causes de suspension de la prescription criminelle. Néanmoins la jurisprudence en admet beaucoup par application de la maxime : « *Contra non valentem agere non currit præscriptio* ». L'ancien Droit avait fait un abus considérable de ce brocard. La routine le maintient encore de nos jours. Il est faux en Droit civil, car les applications qu'on en trouve ont un caractère exceptionnel (art. 2251, C. civ.). En Droit criminel, il est manifestement contraire à la raison d'être de la prescription. Qu'importe en effet que le ministère public ou la partie lésée aient été dans l'impossibilité d'agir ; le temps a accompli son œuvre en amenant l'oubli. La prescription pénale n'étant point motivée par une négligence du demandeur, on ne peut l'écarter sous prétexte que le demandeur n'a pas de négligence à se reprocher.

**890.** La jurisprudence applique cet adage aux obstacles *de droit* comme aux obstacles *de fait*. La démence de l'inculpé survenue pendant le procès pénal, une invasion qui arrête le cours de la justice en désorganisant les pouvoirs publics sont des obstacles du premier genre. On les a considérés comme suspendant la prescription de l'action publique (1). La même solution a été appliquée à la nécessité de faire juger une question préjudicielle ; — ou de faire procéder à un règlement de juges ; — au pourvoi en cassation ; — à la mise en délibéré de l'affaire après les plaidoiries ; — à l'offre en preuve de la vérité des faits diffamatoires, etc., en un mot à toute procédure autorisée par la loi qui est de nature à retarder le jugement du délit. Ce sont là des obstacles du second genre (2).

**891.** En doctrine, la plupart des auteurs repoussent la suspension par suite des obstacles *de fait*, et sur ce point leur opinion est conforme à la tradition. On jugeait en effet, autrefois, que l'empêchement de fait provenant de la désorganisation des tribunaux par une guerre civile ne suspendait pas la prescription (3). Mais ils admettent généralement la suspension provenant des obstacles *de droit*. Il serait déraisonnable, disent-ils, que la loi autorisât, prescrivît même certaines procédures de nature à retarder le jugement du délit et qu'en même temps elle fît pres-

cassation en matière de simple police un effet *interruptif et suspensif*. Cass. 21 juin 1879 (S. 79, 1, 89) ; 16 av. 1880 (S. 81, 1, 137) et la note. — V. *infrà*, n° 898.
(1) Cass. 22 av. 1813 ; Trib. de Lunéville, 13 juin 1871 et Cass. 9 déc. 1871. (D. 71, 3, 92 ; et 71, 1, 358).
(2) Cass. 7 mai 1851 (B. 167) ; — C. d'ass. de la Seine, 30 oct. 1882 (*J. Pal.* 1885, 1, 105) ; — Cass. 3 janv. 1884 (B. 2) ; — Cass. 4 déc. 1885 ; — Cass. 24 mai 1884, etc., etc.
(3) *Sic* : deux arrêts du Parlement de Paris de 1597 et de 1610, BRODEAU s. LOUET, lettre c. § 47, cités par LE SELLYER, II, 518.

crire l'action. Une raison pratique recommande en outre la théorie de la suspension pour les courtes prescriptions : car si l'on admet, d'un côté, que la prescription ne recommence après l'acte interruptif que pour sa durée primitive, et si, d'un autre côté, on rejette le système des interruptions successives à l'infini, il faut admettre, dit-on, des suspensions pour empêcher le coupable d'obtenir l'impunité, presque dans chaque cas, par la prescription (1).

892. D'autres auteurs repoussent toute espèce de suspension. Le défaut de poursuites, quelle qu'en soit la cause, laisse l'oubli se faire et par conséquent doit motiver la prescription. La raison d'être de toute suspension est l'adage *contra non valentem agere*... Or il ne peut faire échec à la prescription criminelle, parce qu'il ne touche pas à son fondement (2). — Cette opinion nous paraît préférable. L'autre système ne repose en effet que sur une critique législative et sur un argument d'inconvénient. Le défaut de toute suspension est un stimulant pour la partie poursuivante ; il l'oblige à hâter l'expédition des procédures préalables au jugement définitif du procès. C'est critiquer la loi que de s'attaquer à ce système, puisqu'aucun texte législatif ne consacre, dans son principe ou dans ses applications, la théorie de la suspension.

893. Enfin l'inconvénient signalé pour les courtes prescriptions peut être évité si l'on reconnaît à certains actes d'instruction ou de poursuite *un effet interruptif d'une certaine durée* (3). Pour ne pas tomber dans l'arbitraire, il faudrait n'attacher ce caractère qu'aux actes que la loi *prescrit d'accomplir dans un certain délai, ou qu'elle ne rend définitifs qu'après un certain délai*. On peut dire en effet des premiers, que l'acte accompli à une période quelconque du délai rétroagit au commencement ; et des seconds, qu'ils se complètent à la fin du délai. Tels sont les jugements et arrêts susceptibles d'une voie de recours dans un délai déterminé qui a commencé de courir ; — les voies de recours dont l'exercice a commencé, parce que la loi fixe le délai dans lequel il doit y être statué (art. 151, 188, 208, 209, 425, 533, C. i. c.) ; — l'incident relatif à la preuve des faits diffamatoires, puisque la loi fixe le délai dans

---

(1) Mangin, 335 ; Le Sellyer, II, 520 ; Brun de Villeret, 264, 265 ; Trébutien, II, p. 153 ; F. Hélie, II, 698, 699 ; Villey, p. 263 et s.

(2) Haus, II, 1359 ; Ortolan, II, 1873, 1874 ; Garraud, *Précis*, 448. La loi belge du 17 av. 1878, art. 21 à 27, les projets de Code pénal espagnol de 1884-1885, art. 126 à 128, le C. p. italien, art. 92, n'admettent de suspension que pour certains obstacles de droit.

(3) C'est là ce que la Cour de cassation appelle, dans un langage imagé mais incorrect, l'effet *interruptif* et *suspensif*, c'est-à-dire une interruption suivie d'un temps d'arrêt plus ou moins long avant que la prescription reprenne son cours. — (V. *notre note*, dans La Loi, 30 juillet 1887.) Rappelons que la Cour de cassation avait voulu attribuer cet effet à l'instruction judiciaire elle-même.

lequel cette preuve doit être rapportée (art, 53, L. s. la presse); — la mise en délibéré, puisque la loi dit dans quel délai le jugement ou l'arrêt doivent être prononcés (art. 190, 211, C. i. c.), etc. Le procédé que nous proposons permettra dans bien des cas à l'action publique d'aboutir. Il ne heurte point les principes, car il ne suspend point la prescription après l'acte interruptif ; il détermine simplement la durée de cet acte. Il a enfin une base juridique, car l'art. 640 en fait l'application à un jugement de condamnation susceptible d'appel, pendant le délai qui suit sa signification.

**894. Effets de la prescription accomplie.** — La prescription accomplie crée une fin de non-recevoir fondée sur l'ordre public. En conséquence : 1°) le ministère public ne doit pas poursuivre si la date du délit étant d'ores et déjà certaine, le délai de la prescription s'est écoulé. — 2°) De plus, dans toute poursuite il incombe au ministère public de prouver la date du délit comme si elle était un élément de l'infraction. Cette preuve peut même être exigée de lui en premier lieu, puisque la recevabilité de la poursuite en dépend. — 3°) Les tribunaux, de leur côté, doivent se dessaisir d'office dès qu'ils découvrent que la prescription est accomplie, et dans toute affaire ils doivent examiner la date du délit préalablement aux autres circonstances. — 4°) L'inculpé enfin ne peut renoncer à la prescription accomplie. C'est pour lui un moyen de défense susceptible d'être proposé en tout état de cause, et même pour la première fois devant la Cour de cassation. — Néanmoins il faut observer que cette haute juridiction, ne rentrant point dans l'examen du fait, ne peut déclarer qu'il y a prescription, qu'en tenant compte des constatations du jugement ou de la citation donnée au prévenu quant à la date du délit (1). Mais elle casserait pour défaut de motifs un jugement de condamnation, si la date de l'infraction n'était indiquée ni dans ce jugement, ni dans la citation qui s'y rapporte.

### III. — De la prescription de l'action civile.

**895. Principe de l'unité de prescription et conséquences qui en dérivent.** — En traitant de la prescription de l'action publique, nous avons implicitement traité de celle de l'action civile. Il n'existe en effet qu'une seule prescription organisée en vue de l'action publique mais qui se répercute sur l'action civile. Le législateur a considéré l'action civile, en cette matière, comme un accessoire de l'action publique ; il l'a fait prescrire en même temps et dans les mêmes conditions. Cette théorie, vivement critiquée de nos jours et repoussée par certaines législations

(1) Cass. 6 juil. 1878 (S. 78, 1, 486) et la note ; 13 fév. 1880 (S. 80, 1, 485) ; 3 juillet 1880 (S. 81, 1, 482).

étrangères (1), nous vient de l'ancien Droit (2). Le Code de l'an IV la consacra (art. 9 et 10). De là elle est passée dans le Code d'instruction criminelle, qui en affirme expressément les conséquences les plus rigoureuses (art. 637, 640). Il ne faut donc pas hésiter à accepter toutes celles dont le législateur a cru inutile de parler. Conformément à cette règle d'interprétation, nous dirons que la prescription de l'action civile : 1° a le même caractère d'ordre public ; — 2° la même durée et le même point de départ ; — 3° les mêmes causes d'interruption ; — 4° les mêmes causes de suspension (s'il en existe) que la prescription de l'action publique. — Nous dirons encore, — 5° qu'elle reste soumise aux règles du Code d'instruction criminelle, même lorsque l'action civile est portée devant les tribunaux civils ; — 6° même lorsque cette action est exercée après l'extinction de l'action publique ; — 7° même lorsqu'elle est dirigée contre les personnes civilement responsables. Toutes ces déductions logiques du principe de l'*unité de prescription* ne sont point universellement acceptées, nous allons les reprendre pour établir leur exactitude.

896. 1° *Même caractère d'ordre public*. — Cela est un corollaire évident de l'unité de prescription. Muyart de Vouglans faisait ressortir en ces termes le motif d'ordre public qui justifiait la fin de non-recevoir contre l'action civile : « On ne peut obtenir la réparation de l'accusé, sans le convaincre de son crime ; on ne peut le condamner, sans se mettre dans la nécessité de le punir ». Ce raisonnement n'est pas d'une exactitude irréprochable, mais il fait connaître l'opinion des anciens auteurs sur un point qui n'a pas été modifié par le Code d'instruction criminelle. Par suite il faut décider : *a*) que le défendeur à l'action civile ne peut renoncer à la prescription acquise ; — *b*) que les juges doivent l'appliquer d'office ; — *c*) qu'elle peut être proposée ou suppléée en tout état de cause (3).

897. 2° *Même durée et même point de départ*. — Le Code s'est expliqué sur cette conséquence (art. 637, 640). Elle est rigoureuse, car si la

---

(1) L'unité de prescription est rejetée par les législations allemande, russe, italienne. Elle a été maintenue malgré de vives critiques dans la loi belge du 17 avril 1878. V. *Annuaire de législ. étrang.*, 1879, p. 455 ; C. italien, art. 102. — Nos Codes de justice militaire ayant laissé l'action civile de la compétence exclusive des tribunaux civils quand elle naît d'une infraction justiciable des conseils de guerre ou de l'autorité militaire, certains auteurs soutiennent que dans ce cas cette action se prescrit par 30 ans et suivant les règles du Code civil (arg. art. 184, C. J. M. A. T.). V. Molinier, *Études juridiques et pratiques s. le code de just. milit.* (Toulouse, 1860), p. 96.

(2) Dunod, *Traité des prescript.*, p. 191 ; Jousse, *Traité de la just. crim.*, I, p. 600 ; — Muyart, *Lois crim.*, p. 595.

(3) *Sic* : Haus, II, 1433 ; Garraud, 460 ; Villey, p. 272, 273 ; — Paris, 24 février 1855 (D. 56, 2, 71) ; Cass. 13 mars 1886 (D. 86, 1, 474). — *Contrà* : Cass. 28 fév. 1860 (S. 60, 1, 106).

victime de l'infraction avait été lésée par un simple délit civil, elle aurait *trente* ans pour en poursuivre la réparation. L'action civile, au contraire, ne durera que dix ans, trois ans ou un an pour les infractions de Droit commun, six mois, trois mois ou un mois pour les infractions spéciales. Mais ce que la victime du délit perd en durée, elle le regagne en énergie dans les moyens de recherche et en rapidité dans la solution, si elle se constitue partie civile. C'est ainsi que l'unité de prescription stimule la partie lésée à devenir l'auxiliaire du ministère public.

898. On a essayé de tourner la loi en ne relevant dans l'infraction que le délit civil. L'action en dommages-intérêts, fondée ainsi sur l'art. 1382, C. civ., serait de la compétence exclusive des tribunaux civils et durerait trente ans. — Mais cet expédient enlève tout sens utile à la disposition des art. 637 et 640 qui déclarent l'action civile prescrite en même temps que l'action publique. Il n'est pas en effet d'infraction donnant naissance à l'action civile qui ne contienne un délit civil ; si donc il était permis à la partie lésée de fonder son action sur le délit civil, les art. 637 et 640 n'auraient pas de sanction (1).

899. 3º *Mêmes causes d'interruption.* — Les art. 637 et 640 indiquent suffisamment ce corollaire de l'unité de prescription, puisqu'après avoir fixé le même délai pour la prescription des deux actions, ils la font interrompre par les mêmes actes. — On a pourtant cherché chicane à la loi. Ces articles, a-t-on dit, ne précisent pas si les actes interruptifs doivent avoir été accomplis devant une juridiction *pénale* ou *civile* ; et, sur cette observation, plusieurs systèmes ont été formulés.

900. *1er système :* « La poursuite de l'action civile *devant les tribunaux civils* interrompt la prescription de cette action, sans interrompre celle de l'action publique. Les actes d'instruction ou de poursuite devant une juridiction pénale interrompent, au contraire, la prescription des deux actions » (2). — Cette distinction est contraire au principe de l'unité de prescription. Puisqu'une *seule et même* prescription s'applique aux deux actions, on ne peut admettre qu'il y ait des actes qui interrompent la prescription de l'une, sans interrompre celle de l'autre.

901. 2º *Système :* « La poursuite de l'action civile devant les tribu-

---

(1) *Sic* : Cass. 1er fév. 1882 (D. 82, 1, 454), et l'excellent rapport de M. le conseiller Lemaire, où sont résumées les principales conséquences de l'unité de prescription. — *Contrà* : BERTAULD, p. 652 ; GRELLET-DEMAZEAU, *De la diffamation*, 298 et s.; P. COLLET, *Rev. crit.* 1868, t. XXXIII, p. 1. Ces auteurs pensent qu'il est possible de séparer le délit civil de l'infraction, à la condition de porter l'action civile devant les tribunaux civils. Mais un changement de juridiction ne peut modifier l'application d'une règle de fond comme celle qui détermine la durée de la prescription.

(2) *Sic* : BERTAULD, p. 652 ; PAUL COLLET, *Rev. crit.*, 1868, t. XXXIII, p. 1.

*naux civils* interrompt la prescription des deux actions » (1). — Ce système ne heurte pas le principe de l'unité de prescription ; il a même une certaine valeur législative ; mais il ne peut se concilier avec l'effet absolu que les art. 637 et 640 attribuent aux actes interruptifs. Jamais, devant la juridiction civile, les actes interruptifs n'ont ce caractère absolu et impersonnel. Il faut donc croire que le législateur n'avait en vue que des actes accomplis devant les juridictions de répression.

**902.** *3° Système:* « Bien que la poursuite de l'action civile *devant les tribunaux civils* n'interrompe point la prescription, ces tribunaux ne perdent pas le droit de statuer sur la demande une fois la prescription accomplie, parce que la recevabilité d'une action doit être appréciée, non pas au moment où elle est jugée, mais au jour où elle a été introduite » (2). — Ce système est condamné d'abord par son résultat, puisqu'il aboutit, comme le premier, à faire survivre l'action civile à l'action publique éteinte par la prescription. De plus, il part d'une pétition de principe. Pour admettre en effet que la citation donnée au prévenu devant le tribunal civil conserve à ce tribunal le droit de statuer sur l'action civile, même après le délai de la prescription, il faudrait admettre préalablement que cette citation constitue un acte interruptif. Or, nous venons de démontrer le contraire en réfutant le second système.

La proposition que nous avons formulée en tête de cette discussion doit donc être considérée comme absolument exacte. Le silence gardé par les art. 637 et 640 sur la juridiction devant laquelle devait être accompli l'acte interruptif s'explique par cette considération toute simple que le Code d'instruction criminelle, s'occupant uniquement des juridictions pénales, ne doit viser que des actes de procédure ou des jugements posés devant ces juridictions ou rendus par elles (3).

**903.** *4° Mêmes causes de suspension (s'il en existe).* — La jurisprudence qui admet, contrairement à notre opinion, des causes de suspension de la prescription pour l'action publique, étend avec raison ces causes de suspension à l'action civile, et n'en admet pas d'autres. C'est ainsi qu'elle décide que la minorité de la partie lésée n'est point une cause de suspension de l'action civile (4). Il est conséquent, en effet, avec le principe de l'unité de prescription, qu'une cause ne puisse suspendre la prescription de l'une des deux actions sans suspendre en même temps celle de l'autre.

---

(1) *Sic :* LE SELLYER, II, 480 ; HOOREBEKE, p. 126. — L. BELGE de 1878, art. 25. — *Contrà :* Cass. 28 juil. 1870.

(2) *Sic :* BRUN DE VILLERET, 371 ; GARRAUD, 439 ; VILLEY, p. 271, 272.

(3) *En notre sens :* Cass. 28 juil. 1870 ; 4 avril 1873 ; — Req. (rejet), 1er fév. 1882. (D. P. 82, 1, 454-455.)

(4) Cass. 4 av. 1886 (S. 87, 1, 167).

**904.** 5° *La prescription de l'action civile est régie par le Code d'instruction criminelle, même lorsque cette action est portée devant les tribunaux civils*. — L'unité de prescription constitue une règle de fond qu'un changement de juridiction ne saurait faire écarter. Aussi les art. 637 et 640 ne distinguent point suivant que l'action civile est portée devant les tribunaux de répression ou devant les tribunaux civils. Y introduire cette distinction, ce serait limiter arbitrairement leur application. De plus, l'art. 2 soumet l'action civile à la prescription du Code d'instruction criminelle, même lorsqu'elle est exercée contre les héritiers du coupable : or, dans cette hypothèse, elle est presque toujours de la compétence exclusive des tribunaux civils. L'art. 642 complète les arguments qu'on tire de ces textes, en prouvant *a contrario* que les trois prescriptions de l'action civile, de l'action publique et de la peine sont uniquement régies par le Code d'instruction criminelle. Enfin, l'opinion contraire mettrait le principe de l'unité de prescription à la discrétion de la partie lésée, parce qu'elle peut porter à son choix l'action civile devant les tribunaux de répression ou devant les tribunaux civils (1).

**905.** 6° *La prescription de l'action civile est régie par le Code d'instruction criminelle, même lorsque l'action civile est exercée après l'extinction de l'action publique.* — Cette proposition est exacte, pourvu qu'on ne confonde point l'action civile avec l'action en dommages-intérêts de l'art. 1382, C. civ. Il faut, à cet égard, distinguer parmi les causes d'extinction de l'action publique celles qui font disparaître l'infraction et celles qui la laissent subsister. L'*amnistie*, l'*acquittement* effacent le délit pénal, et par conséquent transforment l'action civile en l'action en dommages-intérêts, qui se prescrit suivant les règles du Code civil. La *condamnation* du prévenu ou *son décès* épuisent, au contraire, ou éteignent l'action publique, mais en laissant subsister l'infraction. La demande de dommages-intérêts portée devant les tribunaux civils *après la condamnation ou le décès* du prévenu, est donc, à proprement parler, l'action civile ; elle doit, dès lors, se prescrire suivant les règles du Code d'instruction criminelle. Aussi les art. 637 et 640 ne distinguent point si l'action civile est exercée avant ou après l'extinction de l'action publique : la règle de l'unité de prescription est indépendante de l'époque où l'action civile est exercée, comme elle l'est des juridictions devant lesquelles cette action est portée. Les art. 2 et 642 fournissent d'ailleurs, à l'appui de notre thèse, le même argument que dans la controverse précédente.

**906.** On a essayé d'attaquer cette solution en raisonnant par analogie de l'amnistie à l'acquittement. — L'analogie, nous venons de le dé-

---

(1) *Sic :* Opinion générale. Cass. 4 mars 1877 (S. 78, 1, 97). — *Contrà :* les auteurs cités *suprà*, n° 898, à la note.

montrer, n'existe point. — L'art. 673, § 2 a fourni un argument plus spécieux. Ce texte, fait-on observer, ne soumet l'action civile née d'un crime à la prescription de dix ans, que s'il n'y a pas eu *de jugement sur l'action publique.* Donc, *a contrario*, si l'action publique est éteinte par un jugement ou toute autre cause laissant subsister l'action civile, celle-ci n'est plus prescriptible que par trente ans (art. 2262, C. civ). — Cet argument suppose d'abord que l'art. 637 vise uniquement un jugement qui met fin à l'action publique. Or, le texte ne précise pas ce point. Supposons donc un jugement qui n'éteigne pas l'action publique et refaisons l'argument en l'appliquant, cette fois, à l'action publique. (Le procédé est correct, puisque l'art. 637 formule des règles applicables à la prescription des deux actions.) Eh bien ! appliqué à l'action publique, le raisonnement aboutit à l'absurde. A quelle prescription en effet pourrait-on soumettre l'action publique après le jugement qui produit l'interruption, si ce n'est à la prescription criminelle ? Cette réfutation *per absurdum* démontre que l'art 637, § 2 est détourné de son véritable sens par nos contradicteurs. Selon nous, ce texte résout simplement la question de savoir à partir de quel moment la prescription interrompue reprend son cours ; et il décide que c'est « à compter du dernier acte d'instruction ou de poursuite... *non suivi de jugement* ». Pourquoi cette réserve ? Parce que si un jugement est intervenu il y a des distinctions à faire : tantôt, en effet, ce jugement est interruptif de la prescription de l'action ; tantôt, au contraire, il éteint l'action et sert de point de départ à la prescription de la peine et à celle des condamnations civiles. Pour éviter d'entrer dans des détails, le législateur s'est borné à formuler sa pensée sur le point de départ de la prescription qui suit l'acte interruptif, en faisant, pour l'hypothèse où il y a eu jugement, une réserve qu'il appartient à la doctrine d'expliquer (1).

**907.** 7º *La prescription de l'action civile est régie par le Code d'instruction criminelle, même lorsque l'action civile est intentée contre les personnes civilement responsables.* — La personne du défendeur à l'action civile est indifférente pour l'application du principe de l'unité de prescription. Dirigée contre les personnes civilement responsables, l'action civile restera soumise aux règles de la prescription criminelle, aussi bien que lorsqu'elle est exercée contre l'auteur de l'infraction. Le principe dont nous poursuivons l'application tient en effet à la nature de l'action et non à la qualité des personnes qui sont en cause.

**908.** Aussi n'a-t-on pu contester l'exactitude de notre proposition,

---

(1) *Sic :* Brun de Villeret, 335, 339 ; Le Sellyer, 482, 555 ; Haus, II, 1433 ; Mangin, 355 ; Garraud, 461, B. — Cass. 4 déc. 1877 (S. 78, 1, 419); 9 janv. 1880; (D. 80, 1, 285). — *Contrà :* Villey (*Rev. crit.* 1875, p. 81) ; Labroquère (*Rev. crit.*, 1861, t. XIX, [p. 165).

qu'en soutenant que la demande de dommages-intérêts dirigée contre les personnes civilement responsables n'était point l'*action civile*. La cause de leur responsabilité, a-t-on dit, n'est point dans l'infraction, mais dans un délit civil qui en est absolument distinct, savoir : un défaut de surveillance sur l'auteur de l'infraction (1). — Cette théorie n'est pas celle du Code, et l'on prend la raison qu'on prête à la loi pour la loi. L'art. 1er, C. i. c. définit l'action civile abstraction faite de la personne du défendeur : c'est *l'action en réparation du dommage causé par un crime, par un délit ou par une contravention*. Or, que demande la partie lésée, soit à l'auteur de l'infraction, soit aux personnes civilement responsables ? Exactement la même chose : la réparation du dommage causé par l'infraction. L'action qu'elle intente, dans les deux cas, est donc l'*action civile*. S'il était permis, d'ailleurs, de poursuivre les personnes civilement responsables après l'extinction de l'action civile contre l'auteur de l'infraction, ces personnes seraient privées de leur recours contre ce dernier (2).

**909. Effets de la prescription accomplie.** — Nous n'avons pas besoin d'énumérer ici les effets de la prescription de l'action civile une fois accomplie : ils sont les mêmes que ceux de la prescription de l'action publique. C'est là une conséquence du principe de l'unité de prescription. Mais il importe d'observer que, parmi toutes les actions où la question du délit peut s'agiter, l'action civile est la seule qui s'éteigne par la prescription de l'action publique. Les autres restent soumises à leurs prescriptions particulières, bien qu'elles aboutissent parfois au même résultat pratique que l'action civile (3).

**910.** Il faut observer également que la prescription n'éteint pas l'infraction, mais simplement l'action publique et l'action civile qui en dérivent. Il suit de là que la partie lésée conserve, bien que la prescription soit acquise, le droit d'opposer le délit par voie d'exception. Elle repoussera ainsi les demandes fondées sur un titre extorqué, sur un blanc-seing dont on a abusé. C'est l'application de la règle : *Quæ temporalia sunt ad agendum, perpetua sunt ad excipiendum* (4).

---

(1) *Sic* : BEUDANT (D. 69, 1, 217, note) ; P. COLLET, *loc. cit.* ; DALLOZ, *Rép.* V° *Prescr. crim.*, 103.

(2) *En notre sens* : LE SELLYER, II, 556, 1° ; HAUS, II, 1433 ; VILLEY, p. 270 ; GARRAUD, 458, *a* ; — Cass. 1er mai 1876 (S. 76, 1, 445) ; 1er janv. 1877 (S. 77, 1, 270).

(3) *Comp.* : Cass. 9 janv. 1882 (D. 83, 1, 136) ; 4 juin 1883 (D. 83, 1, 385) ; 8 juil. 1885 (D. 86, 1, 104).

(4) *Sic* : HAUS, II, 1434 ; LE SELLYER, II, 558 ; GARRAUD, 460. Cette proposition comporte certaines exceptions à l'égard des tiers porteurs de bonne foi d'une lettre de change ou d'un billet à ordre.

## IV. — De la prescription de la peine.

**911.** Le Droit romain et l'ancienne jurisprudence n'avaient pas de règles particulières pour la prescription du droit de faire exécuter les condamnations pénales. L'*action judicati* de ces condamnations se prescrivait suivant le Droit commun, c'est-à-dire par *trente ans* (1). La législation intermédiaire créa la prescription de *vingt ans* pour les condamnations prononcées par les tribunaux criminels, contradictoirement ou par contumace (2). Le Code d'instruction criminelle a gradué la durée de la prescription suivant la gravité de la matière : *vingt ans*, pour les peines en matière criminelle ; *cinq ans*, pour les peines en matière correctionnelle ; *deux ans*, pour les peines en matière de simple police (art. 635, 636, 639).

**912. Des peines prescriptibles.** — A la différence des infractions, qui toutes sont susceptibles de se prescrire, il y a des peines qui échappent à la prescription : ce sont les peines privatives de droits. Ces peines s'exécutent sans mesures matérielles, par une diminution de capacité qui atteint le condamné au moment où la condamnation qui les prononce, ou dont elles sont la conséquence, devient irrévocable. Il ne faut pas confondre cette diminution de capacité, qui est la peine, avec les mesures matérielles destinées à empêcher l'exercice des droits perdus et qui sont la conséquence de l'incapacité. Deux raisons expliquent l'imprescriptibilité de ces peines : 1° il est impossible de concevoir la perte par le laps du temps du droit de faire exécuter une peine, quand son exécution a eu lieu dans l'instant de raison qui suit le moment où la condamnation est devenue irrévocable ; — 2° en supposant que le condamné ait exercé en fait les droits perdus, cette possession d'un état qu'il n'a plus est impuissante à le lui faire recouvrer. L'état des personnes ne peut s'acquérir ni se perdre par la prescription. A l'inverse, les peines *corporelles* ou *pécuniaires* sont toutes prescriptibles. Il y a eu des difficultés pour certaines peines de l'une et de l'autre catégorie ; nous allons les examiner.

**913.** Les *peines pécuniaires* ont paru à certains esprits devoir être soumises à la prescription de l'art. 2262 du Code civil, parce qu'elles deviennent, à partir de la condamnation, une dette du patrimoine. Cette conséquence d'un principe que nous avons critiqué aurait été logique, mais le législateur a reculé devant elle. La preuve en est d'abord dans les termes généraux des art. 635, 636 et 639, qui soumettent indistincte-

---

(1) Jousse, I, p. 583.
(2) C. p. 25 sept. 1791, I<sup>re</sup> part., tit. VI, art. 3 ; L. s. la police de sûreté, 16-29 sept. 1791, II<sup>e</sup> part., tit. IX, art. 15 ; C. 3 brum. an IV, art. 480.

ment à la prescription criminelle toutes les peines, et ensuite dans l'art. 642, qui renvoie à la prescription du Code civil uniquement pour les condamnations civiles.

**914.** Parmi les peines privatives de droits, l'*interdiction légale* paraît susceptible de se prescrire, du moins en même temps que la peine afflictive dont elle est l'accessoire. Mais à vrai dire, elle subit le contrecoup de la prescription de cette peine, plutôt qu'elle ne se prescrit elle-même. N'existant en effet que pendant l'exécution de la peine principale, elle ne peut subsister quand cette exécution n'est plus possible.

**915.** L'*interdiction de séjour* est-elle prescriptible ? — La question avait été agitée pour la surveillance de la haute police ; elle se pose aujourd'hui dans les mêmes termes, puisque la nouvelle peine n'est qu'un élément de l'ancienne. Nous avons établi plus haut que ces deux peines consistaient dans un droit de contrôle donné à l'autorité sur la liberté d'aller et de venir du condamné, et non dans les mesures nécessaires pour organiser ce contrôle. Il y a donc là une peine privative de droits, imprescriptible comme toutes les peines de cette nature (1).

**916.** Très différente est la *relégation*. Elle nécessite en effet pour son exécution la transportation dans la colonie pénale (art. 1$^{er}$ et 12, L. 27 mai 1885), mesure matérielle qui la rend prescriptible. Sans doute le relégué subit sa peine dans les lieux de dépôt en attendant son transfèrement, mais cette forme qu'affecte l'exécution exige aussi une mesure matérielle. La situation du relégué dans cette hypothèse ressemble à celle du déporté quand les communications sont interrompues entre la Métropole et le lieu d'exécution de la peine (art. 17, §5, C. p.). Or personne ne doute que la déportation ne soit prescriptible (2).

**917. Durée de la prescription de la peine.** — Elle est de *vingt*, de *cinq* ou de *deux* ans, suivant que la matière est criminelle, correctionnelle ou de police (art. 635, 636, 639). Le système de la loi consiste, en matière criminelle ou correctionnelle, à prendre le maximum de durée des peines temporaires privatives de la liberté, et en matière de police à doubler le

---

(1) Il ne faudrait pas croire la question tranchée par le nouvel art. 48, C. p. Cet article décide bien que la surveillance (aujourd'hui l'*interdiction de séjour*) est imprescriptible en même temps que la peine principale, mais on pourrait se demander si elle ne pourrait pas se prescrire après celle-ci.

(2) *Contrà* : GARRAUD, *Relégation*, p. 5, note 4 ; *Précis*, 186 ; *Droit pén. franç.* II. La raison qu'en donne cet auteur est que la relégation est une peine accessoire. Nous répondons d'abord qu'elle n'est pas *accessoire*, mais *complémentaire*. Puis le caractère principal, complémentaire ou accessoire d'une peine, ne peut en aucune façon faire décider qu'elle est ou non prescriptible. Sans doute les peines *accessoires* sont imprescriptibles dans l'état de notre législation, parce qu'elles consistent dans des *incapacités ;* mais s'il existait une peine *accessoire* dont l'exécution nécessiterait des mesures matérielles, elle serait certainement prescriptible.

délai de la prescription de l'action. Avant la loi du 14 août 1885, il n'y avait pas, dans les lois spéciales, de délais particuliers pour la prescription de la peine. Cette loi a créé, pour la relégation, une prescription de dix ans à compter de l'expiration de la peine principale lorsque celle-ci a fait l'objet d'une décision de libération conditionnelle (art. 2, §§ 5, 6).

**918.** On remarquera la formule employée par les art. 635, 636 et 639 : « *Les peines portées par les arrêts ou jugements* (1) *rendus en matière criminelle*..... *Les peines portées par les arrêts ou jugements rendus en matière correctionnelle*..... *Les peines portées par les jugements rendus pour contraventions de police* ». Ce n'est vraisemblablement pas sans motif que le législateur a eu recours à cette périphrase. Il nous paraît certain d'abord que la prescription de vingt ans s'applique non seulement aux peines afflictives et infamantes, mais encore à toutes les peines complémentaires prononcées en matière criminelle, quand leur nature ne répugne pas à la prescription. Ainsi l'*amende*, la *confiscation*, la *relégation*, l'*emprisonnement*, additionnés à des peines criminelles principales, sont comme celles-ci prescriptibles par vingt années.

**919.** Mais quelle sera la durée de la prescription pour l'emprisonnement qui *remplace* une peine criminelle principale par l'effet d'une excuse ou des circonstances atténuantes ? Ceci nous ramène à l'effet de ces deux causes d'atténuation sur la qualification de l'infraction. L'excuse, à notre avis, modifie la matière en modifiant la peine, parce qu'elle traduit l'appréciation du législateur (art. 1$^{er}$, C. p.). Les circonstances atténuantes laissent au contraire à la matière sa qualification, parce qu'elles traduisent l'appréciation du juge. Nous déciderons donc : 1° que l'emprisonnement substitué à la peine criminelle par l'effet de l'excuse se prescrira par cinq ans. Le crime *excusé* est un *délit* ; — 2° et à l'inverse, que l'emprisonnement substitué à la peine criminelle par les circonstances atténuantes se prescrira par vingt années. Le crime *atténué* est un *crime* (2). — Deux solutions radicales ont été proposées : l'une faisant prescrire l'emprisonnement dans les deux cas par vingt ans (3); l'autre le faisant prescrire dans les deux cas par cinq ans (4). Nous venons de réfuter la proposition qui leur sert de base, en distinguant ci-dessus l'effet de l'excuse de l'effet des circonstances atténuantes. On y ajoute des arguments de texte ou des considérations qui n'en relèvent pas le mérite. Les uns, invoquant les expressions de l'art. 635 : « *les peines portées par les*

---

(1) L'expression *jugement* s'applique aux sentences rendues par les conseils de guerre.
(2) Voir, pour plus de développement, *suprà* : n° 569-573.
(3) *Sic* : Brun de Villeret, 415 à 427; et la jurisprudence, F. Hélie, *Prat. crim.* I, 1077.
(4) *Sic* : Ortolan, II, 1896 ; Haus, II, 1030; Garraud, *Précis*, 452.

*arrêts ou jugements rendus en matière criminelle* se prescrivent par vingt années », croient y voir la preuve que la durée de la prescription est déterminée par la qualification donnée au fait punissable dans le jugement ou l'arrêt de condamnation. A ce titre il faudrait dire que les juges rendent la matière criminelle ou correctionnelle suivant les expressions qu'ils emploient ! Mais on sait que la qualification d'une infraction dépend de la peine que *la loi* lui applique (art. 1er, C. p.). — Les autres soutiennent que puisqu'il s'agit de la prescription de la peine, il faut considérer la peine prononcée d'une manière abstraite et sans rapport avec l'infraction. Ce système vaut mieux ; mais il se heurte aux termes de la loi. Il était si facile de dire : « les peines *criminelles* se prescrivent par... etc. », qu'on n'expliquerait pas pourquoi le législateur a eu recours à une périphrase s'il n'avait pas voulu exprimer une autre idée.

**920. Point de départ.** — Normalement les peines ne devraient se prescrire qu'à partir du moment où elles deviennent susceptibles d'exécution, puisque par cette expression *prescription de la peine*, on entend celle du droit de les faire exécuter. Il y a cependant quelques dérogations à ce principe. Distinguons les peines prononcées en *matière criminelle* des peines prononcées en *matière correctionnelle ou de police*.

**921. A.** Pour les premières, la prescription court *à compter de la date* (c'est-à-dire du jour) *des arrêts ou jugements* (art. 635). — Le délai du pourvoi en cassation et le pourvoi formé retardent l'exécution de la peine, mais ne l'empêchent pas de se prescrire. — Il importe peu d'ailleurs que la condamnation soit contradictoire ou par contumace : l'art. 635 ne distingue pas. Sans doute ces dernières ne sont point irrévocables, puisque l'arrestation du contumax, dans les vingt ans qui suivent, suffit pour les faire tomber ; mais si l'on considère cet événement comme la condition résolutoire de leur irrévocabilité, il est régulier de les faire prescrire dans les mêmes conditions que les condamnations contradictoires : un droit sous condition résolutoire est traité, en effet, *pendente conditione*, comme un droit pur et simple ; par conséquent il doit se prescrire. Aussi les art. 476 et 641 disent-ils expressément que la prescription qui suit une condamnation par contumace est celle de la peine ; et cette prescription ne peut avoir d'autre point de départ que celui-là même que l'art. 635 fixe, sans distinction, pour tous *les jugements ou arrêts rendus en matière criminelle* (1).

(1) Deux autres systèmes ont été proposés pour expliquer la prescription par vingt ans des condamnations par contumace. *a*) Les uns ont dit : ce qui se prescrit, après ces condamnations, c'est *l'action*, dont la durée est prorogée jusqu'au délai de la prescription de la peine. — *b*) D'autres ont dit : sans doute c'est *l'ac-*

**922.** Qu'arriverait-il si le contumax se représentait *dix ans ou plus* après sa condamnation ? On sait que la représentation du contumax fait revivre l'action publique en effaçant sa condamnation; mais, puisque dix ans se sont écoulés depuis le dernier acte de poursuite, le condamné ne pourrait-il pas invoquer la prescription *de l'action* pour se dire libéré ? — La négative est certainement indiquée par l'esprit de la loi; mais juridiquement elle est inexplicable. Elle se justifie par une considération d'équité. Le législateur n'a pas voulu que le contumax, rebelle à la loi, fût mieux traité qu'un individu condamné contradictoirement à une peine criminelle qui se serait évadé. Or celui-ci mettrait vingt ans à acquérir l'impunité par la prescription.

**923.** Conséquemment il faut dire que si le condamné, purgeant sa contumace *plus de trois ans* après sa condamnation, n'était reconnu coupable que d'un délit, il ne pourrait invoquer la prescription triennale pour se dire libéré ; car celui qui a été condamné contradictoirement en matière correctionnelle met cinq ans pour prescrire.

**924.** Mais que décider si dans cette dernière hypothèse il purgeait sa contumace *plus de cinq ans* après sa condamnation ; ne pourrait-il pas se prévaloir de la prescription quinquennale, en invoquant la parité de situation entre le condamné correctionnel qui s'évade immédiatement après sa condamnation contradictoire et lui ? — La jurisprudence et une partie de la doctrine acceptent ce raisonnement, mais il nous paraît devoir être repoussé : il part en effet de cette supposition, que la peine correctionnelle prononcée par le second arrêt a été rétroactivement substituée à la peine criminelle prononcée dans l'arrêt de condamnation par contumace ; or, cette fiction est juridiquement impossible : en effet, pour juger le contumax, la seconde Cour d'assises est obligée de reconnaître qu'il a été condamné à *une peine criminelle non encore prescrite* (art. 641) ; comment pourrait-elle, sans flagrante contradiction,

---

tion qui se prescrit après une condamnation par contumace, *mais c'est aussi la peine*, parce que ces condamnations étant irrévocables sous la condition *suspensive* de la non-représentation du condamné dans les vingt années qui suivent, l'effet rétroactif de la condition accomplie doit faire considérer la condamnation comme irrévocable *ab initio*, et la peine comme prescrite dans les vingt années qui l'ont suivie. Le premier de ces systèmes se heurte au texte des art. 476 et 641 ainsi qu'à la tradition (V. Jousse, I, p. 583; L. 16-29 sept. 1791, titre IX, art. 15; C. 3 brum. an IV, art. 380). Le second substitue une fiction à ce que ces textes et la tradition présentent comme une réalité. De plus, ni l'un ni l'autre ne peuvent se concilier avec l'exécution *immédiate* des condamnations pécuniaires sur le patrimoine du contumax que tout le monde admet, bien qu'il n'y ait pas de texte, ni avec celle des peines privatives de droits que suppose, en y dérogeant partiellement pour l'une d'elles, l'art. 3, § 3, de la loi du 31 mai 1854.

déclarer un moment après que cette peine était *une peine correctionnelle et qu'elle est prescrite* (1)?

**925 B.** Pour la prescription des peines en matière correctionnelle et de police, le législateur paraît n'avoir envisagé la question du point de départ que relativement aux *condamnations contradictoires*. Ou bien cette condamnation est en dernier ressort, et alors la règle est la même que pour les jugements et arrêts rendus en matière criminelle : le pourvoi en cassation, dont elle est susceptible, ne retarde point la prescription. Ou bien cette condamnation est sujette à appel, et alors la prescription ne commence que lorsque le jugement de première instance est devenu irrévocable par la forclusion de cette voie de recours (art. 636, 639). Dans ce dernier cas, le législateur revient au principe.

**926.** Que décider pour *les jugements et arrêts par défaut ?* Il faut d'abord écarter l'hypothèse *où ils n'auraient pas été signifiés.* Ils ne font dans ce cas qu'interrompre la prescription *de l'action*, la signification étant nécessaire pour les rendre susceptibles d'exécution. — Supposons-les *signifiés* : aucune difficulté ne peut surgir sur le point de départ de la prescription de la peine, s'il s'agit d'un *jugement en premier ressort.* Deux voies de recours s'ouvrent en effet au condamné : l'opposition et l'appel. Le délai de la première est plus court que celui de la seconde (2), tout en ayant le même point de départ (la signification du jugement par défaut). Dès lors, il est oiseux de se demander si la prescription de la peine commence quand l'opposition n'est plus recevable, puisqu'il est certain qu'elle ne commence pas avant l'expiration du délai d'appel. S'agit-il au contraire *d'un jugement en dernier ressort ou d'un arrêt*, la difficulté devient pratique : la prescription de la peine courra-t-elle de la condamnation par défaut, ou bien du jour où l'opposition ne sera plus recevable? Nous déciderons que c'est seulement de cette dernière date, conformément au principe déjà rappelé, qu'une condamnation ne peut se prescrire avant d'être devenue susceptible d'exécution (3).

**927.** On compte le délai de la prescription de la peine comme celui de

---

(1) Sic : Cousturier, 66 et 113 ; Haus, II, 1037 ; Garraud, *Précis*, 454, A. B. ; Villey, p. 540, note. *Cass. belge*, 13 mars 1838. — *Contrà*: Merlin, *Rép.* v° *Contumace*, § 5 ; Le Sellyer, II, 543 ; Rodière, p. 328 ; F. Hélie, VIII, 4108, 4109. *Cass. franç.*, 2 février 1827 ; 21 août 1865 ; 9 février 1854 ; 11 janvier 1861.

(2) Il ne s'agit ici que du délai ordinaire de l'opposition aux jugements correctionnels, celui de *cinq jours* ; car le délai de *cinq ans* accordé parfois au condamné ne suspend pas l'exécution (art. 187).

(3) Sic : Villey, p. 541 ; F. Hélie, — 4114. VIII, *Contrà* : Garraud, *Précis*, 452, B, c ; Haus, II, 1041. La question ne paraît pas avoir été soulevée en pratique.

la prescription de l'action, c'est-à-dire de jour à jour. Aussi rencontre-t-on pour la détermination du *dies a quo* la difficulté que nous avons précédemment examinée (sens de l'expression : *à compter de…*).

**928. Causes d'interruption.** — Aucun texte ne traite de l'interruption de la prescription de la peine, mais les principes permettent de suppléer à cette lacune de la loi. Les peines se prescrivent, parce qu'elles ne sont pas exécutées dans le temps voulu. Donc la prescription de la peine est nécessairement interrompue par un acte d'exécution, et ne peut être interrompue que par cet acte. Appliquons cette double formule. — La peine de mort sera prescrite, si dans les vingt ans qui suivent l'arrêt de condamnation le condamné n'a pas la tête tranchée. Peu importe qu'il ait passé ce temps en liberté ou sous la main de la justice : l'incarcération n'est pas un acte d'exécution de la peine de mort. Il suit de là qu'une commutation de peine ne pourra être imposée au condamné à mort en état d'arrestation, si elle intervenait plus de vingt ans après la condamnation : le condamné devrait être mis en liberté ; sa peine est prescrite (1). — Pour les peines privatives de la liberté, l'*arrestation* du condamné peut seule interrompre la prescription. L'avis d'avoir à se constituer prisonnier envoyé au condamné par le parquet, la réquisition adressée à la gendarmerie en vue de le faire arrêter, les perquisitions opérées en exécution de cet ordre d'arrestation ne sont point des actes d'exécution de la peine, et par conséquent ne produisent pas l'interruption. — Pour les peines pécuniaires, l'interruption résulte de la saisie et de la contrainte par corps. Ni les avis du percepteur, ni le réquisitoire du procureur de la République ordonnant l'arrestation, ni les recherches faites en exécution de ce réquisitoire ne peuvent la produire.

**929.** S'il y a eu exécution partielle, la prescription recommence pour le surplus à compter du jour où l'exécution s'est arrêtée. Cette solution est très dure pour le condamné à une peine privative de la liberté qui s'évade après avoir presque fini son temps (2). On a essayé de la corriger en soutenant que l'exécution de la peine *suspendait* simplement la prescription. L'intérêt pratique de cette opinion apparaît pour le condamné qui est arrêté longtemps après sa condamnation et qui s'évade avant d'avoir subi sa peine. Pourra-t-il joindre le temps qu'il a passé en liberté avant son arrestation au temps qui s'est écoulé depuis son évasion ? En faveur de l'affirmative on a invoqué les art. 635, 636 et

---

(1) Pour remédier à cet inconvénient, la loi belge fait interrompre la prescription de toutes les peines qui s'exécutent sur la personne par l'arrestation du condamné (art. 96).

(2) Il est en effet dans une condition pire que celui qui n'a pas cessé de se soustraire à l'exécution de la peine. Pour corriger cette inégalité, la loi belge impute sur la durée de la prescription une partie du temps pendant lequel l'évadé a subi sa peine (art. 96).

639 qui semblent fixer d'une manière invariable le point de départ de la prescription de la peine à la date des arrêts ou jugements. Mais ces articles, ne faisant point allusion à l'interruption, doivent être considérés comme statuant uniquement dans l'hypothèse où la prescription n'a pas été interrompue. L'oubli, qui est la raison d'être de la prescription criminelle, conduit d'ailleurs à ce résultat que l'acte qui arrête le cours de la prescription rend inutile le temps écoulé en réveillant le souvenir de la condamnation, et devient par là même le point de départ d'une prescription nouvelle. L'exécution de la peine produit donc l'interruption avec son effet normal. La seule observation à faire est que l'incarcération d'un condamné à une peine privative de la liberté interrompt la prescription tout le temps qu'elle dure, et ne lui permet de la recommencer que lorsqu'elle a cessé. Mais il ne faut pas qualifier de suspension cet effet de l'acte interruptif. C'est la prorogation de l'interruption. Quand l'acte interruptif a une certaine durée, il est évident que la prescription ne peut recommencer qu'après que l'interruption a pris fin. On ne peut à la fois prescrire et exécuter.

930. L'arrestation du condamné n'interrompt la prescription de sa peine qu'à la condition d'avoir été opérée en vue de la lui faire exécuter. Conséquemment, la prescription continue au profit du condamné qui a été arrêté et mis en détention préventive pour un nouveau délit. — De même l'arrestation d'un contumax n'interrompt point la prescription de sa peine, puisqu'elle a uniquement pour objet de le soumettre à un débat contradictoire : elle anéantit la condamnation prononcée contre lui, sous la condition que cette condamnation sera remplacée par un arrêt contradictoire. Donc, si le contumax arrêté s'évade avant d'avoir été jugé contradictoirement, la condamnation par contumace revit et la prescription de la peine court toujours de cet arrêt. Donc, si ayant été arrêté vers la fin du délai de la prescription, ce délai s'accomplit avant qu'il ait pu être soumis à un débat contradictoire, la prescription lui est acquise, car la condition sous laquelle sa condamnation par contumace avait été anéantie, ne peut pas utilement s'accomplir.

931. Mais, pourvu que l'arrestation ait été opérée en vue d'exécuter la peine, la question *de local* importe peu. Ce détail se rattache au régime de la peine ; on peut en tenir compte pour fixer le moment où l'incarcération devient utile en vue du temps à subir ; mais pour interrompre la prescription l'arrestation suffit, parce qu'elle réveille le souvenir de la condamnation. Conséquemment, l'arrestation du condamné suivie de transfèrement, ou sa détention à l'étranger pendant l'instruction de la demande d'extradition sont des incarcérations qui interrompent la prescription, bien qu'elles ne comptent point pour la durée de la peine.

932. **Causes de suspension.** — Existe-il des causes de suspen-

sion de la prescription de la peine? Le ministère public peut-il alléguer qu'un obstacle de droit ou de fait l'a empêché de ramener à exécution la condamnation? — C'est là une question peu étudiée. Les *obstacles de fait* ne paraissent pas d'abord devoir constituer une cause de suspension. N'est-ce pas en effet un obstacle de cette nature que crée le condamné qui se soustrait aux recherches de la justice? Et cependant la prescription s'accomplit! Pourquoi en serait-il différemment pour les autres obstacles de fait, par exemple pour le refus de l'extradition? — La controverse ne peut donc porter que sur les *obstacles de droit*, par exemple sur *la démence* (1). Nous pensons, quant à nous, que la *suspension* est une théorie inconciliable avec la raison d'être de la prescription criminelle; cette considération, que l'obstacle est de droit et non de fait, n'est pas de nature à changer la solution (2).

**933. Effets.** La prescription accomplie crée contre le droit d'exécution de la peine une fin de non-recevoir d'ordre public, à laquelle les fonctionnaires chargés de l'exécution ne pourraient déroger, même du consentement du condamné, qui pourrait parfois y avoir intérêt. Ses effets peuvent être comparés à ceux de la grâce : la condamnation n'est pas effacée ; les peines privatives de droit subsistent ; le condamné reste tenu des restitutions, dommages-intérêts et frais. Mais celui qui a prescrit sa peine est moins favorablement traité que celui qui a été gracié : 1°) il ne peut obtenir sa réhabilitation (art. 619) ;— 2°) s'il a été condamné *pour crime*, il « ne pourra résider dans le département où demeureraient soit celui sur lequel ou contre la propriété duquel le crime a été commis, soit ses héritiers directs ». Le gouvernement peut en outre lui « assigner le lieu de son domicile » (art. 635, § 2, 3) (3).

## V. — De la prescription des condamnations civiles.

**934.** Nous savons que le Code d'instruction criminelle se borne à renvoyer au Code civil pour la prescription des condamnations civiles (art. 642). C'est par le délai ordinaire de trente ans qu'elle s'accomplit (art. 2262, C. civ.). Il nous suffira de déterminer ici le sens de cette expression

---

(1) Nous avons présenté la démence comme un obstacle *de fait* dans la prescription de l'action, parce que la poursuite suppose des interrogatoires auxquels ne peut se prêter l'accusé en état de démence. Quand il s'agit au contraire de faire exécuter la peine, le rôle du condamné étant purement passif, ce n'est que par une *raison de droit* qu'on peut dire que la démence met obstacle à cette exécution.

(2) Les projets de Code pénal espagnol (1884-1885) admettent expressément la prescription de la peine pendant le sursis que la démence du condamné apporte à l'exécution.

(3) Voir, *suprà*, n° 849, l'explication de cette disposition.

*condamnations civiles*, et le *point de départ* de cette prescription. — Opposées aux *peines*, les condamnations civiles comprennent les *restitutions*, les *dommages-intérêts*, et *les frais*, dus soit à la partie civile soit à l'État (1). — La prescription ne commence à courir, d'après l'art. 642, que du jour où les arrêts ou jugements prononçant la condamnation *sont devenus irrévocables*. C'est le même principe qui détermine le point de départ de la prescription de la peine, bien qu'il y soit fait quelques exceptions. Nous rencontrons ici pour les condamnations par contumace la difficulté que nous avons examinée relativement aux peines pécuniaires : peut-on exécuter les condamnations civiles sur le patrimoine du contumax avant l'expiration du délai de la prescription de la peine ? L'affirmative doit être suivie, si l'on admet avec nous que les arrêts de contumace sont irrévocables sous la condition résolutoire de la représentation du condamné dans les vingt années qui suivent.

(1) *Sic* : Opinion générale, Instruct. Minist. just. et du Min. des fin., 20 sept. 1875, art. 245 ; Cass. 23 janv. 1828. — *Contrà* : E. Loison (*La Loi*, 16 juin 1882).

# LIVRE SECOND

# DES JURIDICTIONS & DES PROCÉDURES

PROLÉGOMÈNES

**935. Exposé sommaire d'un procès criminel.** — Avant de commencer l'étude de cette partie du Droit pénal sanctionnateur, il est bon de savoir comment un procès criminel se développe devant les diverses juridictions pénales, et à quelles procédures il donne lieu. — Un crime a été commis : entre le point de départ de l'action publique (*l'infraction*) et son point d'arrivée (*la chose jugée*), le procès pénal passe par cinq phases différentes ; il parcourt pour ainsi dire cinq étapes.

1re Phase : *La phase policière.* — La police judiciaire en accomplit tous les actes. Elle signale le crime au procureur de la République. Elle peut arrêter provisoirement le coupable pris en flagrant délit. Hors ce cas, elle se borne à désigner l'individu *soupçonné*.

2e Phase : *L'instruction préparatoire.* — On l'appelle ainsi par opposition à l'instruction *définitive* qui aura lieu devant la juridiction de jugement. Elle commence par une ordonnance de *soit informé*, rendue par le juge d'instruction sur un réquisitoire du procureur de la République qui lui demande d'instruire sur l'infraction qu'il porte à sa connaissance. Le premier devoir du juge d'instruction est de vérifier sommairement le fait et sa compétence. S'il trouve au fait l'apparence d'un crime ou d'un délit, si l'action publique existe, et s'il se reconnaît compétent pour en connaitre, il se déclare saisi en rendant l'ordonnance de *soit informé*. — La plupart des actes que le juge d'instruction accomplira ressembleront beaucoup à ceux qui ont déjà été faits par la police judiciaire. Mais ils ont un caractère définitif que n'avaient pas ceux-ci, et de plus un autre but : les premiers tendaient à éclairer le ministère public pour lui permettre d'apprécier s'il doit poursuivre ; — les seconds tendent à éclairer la juridiction d'instruction et à lui donner les moyens d'apprécier si la poursuite doit se continuer devant une juridiction de jugement. Il y aura des transports sur les lieux et des procès-verbaux de constat, des saisies, des expertises, une enquête, des arrestations, des interrogatoires, comme dans la phase policière ; mais en outre, l'individu poursuivi pourra être mis en détention préventive. — Son nom change pendant cette seconde phase : de soupçonné qu'il était, il devient *inculpé*. — L'instruction préparatoire est obligatoire et à deux degrés s'il y a crime ; facultative et normalement à un degré s'il y a délit. — Quand la culpabilité ou l'innocence de l'inculpé paraît suffisamment démontrée, ou bien lorsqu'il n'y a plus d'espoir de recueillir de nouvelles preuves, le juge d'instruction rend son ordonnance *définitive* ou *de clôture*. Suivant le cas, c'est la fin de la poursuite (ordonnance de *non-lieu*), ou une *mise en prévention* (ordonnance *de renvoi*) devant la juridiction de jugement (tribunal correctionnel ou de police), s'il y a délit ou contravention, et devant la juridiction d'instruction du second degré (Chambre d'accusation), s'il y a crime. A partir de cette mise en prévention l'inculpé prend le nom de *prévenu*. — Puisque nous raisonnons sur un crime, suivons le procès pénal devant la Chambre d'accusation. Cette section de la Cour d'appel va procéder à une deuxième visite du procès. Son examen une fois terminé, elle clôt par un arrêt l'instruction préparatoire et, suivant le cas, elle déclare *qu'il n'y a pas lieu de suivre*, ou elle *renvoie* le prévenu devant une juridiction de jugement pour y être jugé. L'arrêt de renvoi devant la Cour d'assises s'appelle, de son nom technique, un arrêt de *mise en accusation*. Aussi à partir de ce moment l'individu poursuivi devient un *accusé*.

3e PHASE : *La procédure intermédiaire*. — Cette troisième phase comprend le temps qui s'écoule entre l'ordonnance de renvoi et la comparution du prévenu ou de l'accusé à l'audience de la juridiction de jugement. Le délai est de cinq jours francs au minimum, s'il y a renvoi en Cour d'assises. Son principal objet est l'organisation de la défense et la mise en état de l'affaire, c'est-à-dire la préparation du débat qui va avoir lieu.

4e PHASE : *Le jugement*. — Le procès pénal est porté devant la juridiction chargée de juger l'individu poursuivi : devant la Cour d'assises, s'il y a apparence de crime. Cette dernière partie de la procédure, qu'on appelle *le jugement*, comprend l'*instruction définitive* (ou *débat*) et la *sentence*. — La sentence est, suivant le cas, un arrêt de condamnation, une ordonnance d'acquittement ou un arrêt d'absolution.

5e PHASE : *Les voies de recours*. — Le procès pénal est terminé. Le point de fait est irrévocablement jugé ; mais le point de droit peut donner lieu à un pourvoi en cassation. Le délai pour se pourvoir, qui est de trois jours francs, et le pourvoi formé suspendent l'exécution de la sentence ; mais dès que ce délai est expiré sans qu'il y ait eu pourvoi, ou bien dès que le pourvoi a été évacué, il y a *chose jugée* ; l'action publique a atteint son but, et la condamnation, si elle a été maintenue, devient susceptible d'exécution. — Cependant des événements ultérieurs, assez rares et limitativement énumérés, peuvent démontrer que le juge s'est trompé en fait et a condamné un innocent : alors s'ouvre pour le condamné ou pour sa mémoire une autre voie de recours, la *demande en revision*.

— Dans la procédure devant les tribunaux correctionnels et de police les sentences portent le nom de jugements ou arrêts *de condamnation* ou *de relaxe*. On y trouve deux voies de recours ordinaires : l'*opposition* et l'*appel*, en outre du *pourvoi en cassation*. Quant au *recours en revision*, il existe pour les matières correctionnelles, mais non pour celles de simple police.

936. Prenant pour guide le procès pénal que nous venons d'esquisser, nous diviserons en six titres l'étude des juridictions et des procédures, savoir :

Titre I. De la police judiciaire ;
Titre II. De l'instruction préparatoire ;
Titre III. Des juridictions d'instruction ;
Titre IV. Des juridictions de jugement ;
Titre V. Des voies de recours extraordinaires ;
Titre VI. De l'autorité de la chose jugée.

L'organisation des juridictions est trop intimement liée à la procédure pour nécessiter un exposé à part. Il en est de même des voies de recours ordinaires : l'*opposition* et l'*appel*. Il en sera traité dans les titres II, III et IV.

# TITRE PREMIER

## DE LA POLICE JUDICIAIRE

**937. Notions générales.** — L'œuvre de la justice criminelle s'accomplit avec le concours de deux pouvoirs distincts et indépendants l'un de l'autre : la *police* et la *justice*. A cette idée se rattache la division générale du Code d'instruction criminelle ; le premier livre est relatif à la police, le second à la justice ; et bien que dans la distribution des matières cette distinction n'ait pas été toujours scrupuleusement observée, elle en est cependant la base. Le Code de l'an IV, qui avait parfois une certaine saveur doctrinale, avait pris le soin de définir la police et d'indiquer ses divisions et sa mission : « La police est instituée pour
» maintenir l'ordre public, la liberté, la propriété, la sûreté individuelle.
» Son caractère principal est la vigilance. La société, considérée en
» masse, est l'objet de sa sollicitude. — Elle se divise en police *administrative* et en police *judiciaire*. — La police administrative a pour
» objet le maintien habituel de l'ordre public dans chaque lieu et dans
» chaque partie de l'administration générale. Elle tend principalement
» à prévenir les délits... — La police judiciaire recherche les délits que
» la police administrative n'a pu empêcher de commettre, en rassemble
» les preuves et en livre les auteurs aux tribunaux chargés par la loi de
les punir » (art. 16-20). Ces notions, qui n'ont été qu'imparfaitement reproduites par l'art. 8, C. i. c., sont toujours exactes ; mais, ce qui peut causer quelque confusion, c'est d'abord la réunion assez fréquente des pouvoirs de police administrative et judiciaire dans les mêmes mains ; — et en second lieu le double sens dont est susceptible l'expression de police judiciaire. Tantôt, en effet, elle désigne tous les actes et tous les fonctionnaires auxquels font allusion l'art. 20, C. de l'an IV, et l'art. 8, C. i. c. ; c'est le sens large. Tantôt, au contraire, elle désigne seulement les constatations, les recherches, les mesures provisoires qui précèdent l'exercice de l'action publique et qui constituent la phase policière du procès pénal, ainsi que les fonctionnaires chargés de les accomplir ; c'est le sens strict, et celui qu'on donne dans le langage courant à cette expression, *la police*. Cette confusion se complique de celle que peuvent faire naître les titres différents auxquels le même fonctionnaire participe à l'œuvre de la justice ; tantôt simple agent de constatations et de re-

cherches, tantôt membre d'une juridiction exerçant près d'elle une fonction définie par la loi, tantôt juridiction lui-même. Pour toutes ces causes, la classification des agents de la police judiciaire n'est qu'à peu près satisfaisante.

**938. Classification et rôle des agents.** — On distingue quatre classes d'officiers ou agents de police judiciaire, savoir : 1° les officiers supérieurs ; — 2° les officiers auxiliaires ; — 3° les officiers inférieurs ; — 4° les agents spéciaux adjoints.

**939. I. Officiers de police judiciaire supérieurs.** — Il y en a deux dans chaque arrondissement : le *procureur de la République* et le *juge d'instruction*. Mais il faut rapprocher de ces magistrats les *préfets* des départements et le *préfet de police* de Paris, qui, sans avoir la qualité d'officiers de police judiciaire, sont investis de leurs fonctions.

1° Le *Procureur de la République* a les pouvoirs les plus étendus, sinon les plus puissants. Il réunit deux qualités : celle d'officier de police judiciaire et celle de membre du ministère public. — En sa première qualité il est chargé de rechercher et de poursuivre les *crimes* et les *délits* (art. 22). Il reçoit les dénonciations et les plaintes des particuliers, ainsi que les rapports et procès-verbaux des agents auxiliaires ou inférieurs dispersés sur tous les points de l'arrondissement (art. 18, 20, 29, 30, 53, 54). — Comme membre du ministère public, il est chargé d'exercer l'action publique devant le juge d'instruction et le tribunal correctionnel. S'il y a crime, il ne peut, en principe, que requérir le juge d'instruction d'informer. S'il y a délit, il a le choix entre la voie de l'instruction préparatoire et la citation directe du prévenu devant le tribunal correctionnel (art. 47, 64, 182). Dans tous les cas, d'ailleurs, il a la surveillance de l'instruction. Il peut, en conséquence, demander la communication de la procédure à toutes les époques de l'information, à la charge de rendre les pièces dans les vingt-quatre heures (art. 61, § 1). Le *flagrant délit* apporte quelques dérogations aux deux règles qui précèdent : si l'infraction flagrante est un crime, le procureur de la République a le droit de procéder à l'arrestation du coupable et de commencer l'instruction. Si c'est un délit, il peut faire arrêter l'inculpé, l'interroger et le mettre en détention préventive, à la condition de le faire comparaître devant le tribunal correctionnel le jour même ou le lendemain (art. 32-46, C. i. c. ; L. 20 mai 1863).

**940.** 2° Le *Juge d'instruction* est un juge titulaire ou suppléant du tribunal de première instance, désigné par décret pour faire l'instruction pendant trois ans. Ce mandat est indéfiniment renouvelable (art. 55, 56, C. i. c., L. 17 juil. 1856) (1).

---

(1) En cas d'empêchement momentané du juge nommé par décret, il suffira

**941.** Le juge d'instruction a deux qualités : il est officier de police judiciaire et juridiction d'instruction du premier degré.

Il importe de distinguer en quelle qualité il agit ; car si, comme officier de police judiciaire, il est sous la surveillance du procureur général et de la Cour d'appel (art. 280, 281), en tant que juridiction d'instruction il ne peut recevoir de ces autorités ni injonction, ni blâme ; mais ses décisions sont sujettes à une voie de recours. — En l'une ou l'autre de ses deux qualités, il est chargé de faire, pour la poursuite des *crimes* et des *délits*, les actes que l'art. 8 détermine : « *rechercher* les crimes et délits, en *rassembler* les preuves, en *livrer* les auteurs aux tribunaux chargés de les punir ». L'art. 61 les qualifie d'*actes d'instruction ou de poursuite*. Cependant le juge d'instruction n'a point ce qui s'appelle à proprement parler *la poursuite*, car, hors le cas de flagrant délit, il ne peut se saisir lui-même de l'action publique (art. 61). Mais, une fois saisi, il n'a pas besoin en général des conclusions du procureur de la République pour faire les actes nécessaires à l'instruction de l'affaire, quoique l'art. 61, § 1 semble dire le contraire. Si l'on donnait en effet cette portée à ce texte, il serait en contradiction avec d'autres qui autorisent le juge d'instruction à faire de sa propre initiative les actes les plus graves : tels que délivrer un mandat d'amener ou de dépôt, opérer les perquisitions, les saisies (art. 61, § 2, 87, 88). Il serait absurde qu'il ne pût faire aussi dans les mêmes conditions des actes moins importants. On doit donc entendre l'art. 61, § 1 en ce sens qu'il défend seulement au juge d'instruction de commencer une information sans communiquer les pièces dont il est nanti au ministère public. Cette disposition a son utilité, lorsque le juge d'instruction est saisi par la partie civile. Cependant il y a deux actes d'instruction qui, même au cours d'une procédure, doit vent toujours être précédés des conclusions spéciales du parquet, c'est l'émission du mandat d'arrêt et la mainlevée d'office des mandats d'arrêt ou de dépôt (art. 94, §§ 2, 3).

**942.** Le juge d'instruction, comme officier de police judiciaire, peut recevoir les *dénonciations* et les *plaintes* et les faire rédiger sous ses yeux (art. 63, 65, 31). S'il est compétent pour instruire sur le fait dénoncé il communique la pièce au procureur de la République de son siège et attend les réquisitions nécessaires pour le saisir. Au cas contraire, il la transmet aux magistrats compétents (art. 69, 70).

**943.** Il peut aussi recevoir, mais en qualité de juridiction d'instruction, une *constitution de partie civile*, formulée soit dans la plainte, soit dans un acte subséquent (art. 66). Cette constitution le saisit de l'action civile et par contre-coup de l'action publique. Aussi, après avoir commu- d'une simple désignation d'un autre juge par le tribunal pour le remplacer (art. 58).

niqué la plainte au procureur de la République pour prendre ses conclusions (art. 61), il doit statuer sur la demande de poursuites qui lui est adressée par la partie civile : il rend à cet effet une ordonnance de *non-lieu* ou de *soit informé*. Dans ce dernier cas il procède immédiatement aux actes d'instruction et de poursuite, quelles qu'aient été les conclusions du ministère public et même n'en eût-il pas donné (1) ; mais celui-ci peut faire suspendre l'instruction, momentanément du moins, en interjetant appel (*opposition*) de l'ordonnance de soit informé (art. 135).

944. *Le flagrant délit* donne aux pouvoirs du juge d'instruction une prorogation qui est la contre-partie de celle des pouvoirs du procureur de la République dans la même hypothèse ; il peut, s'il y a *crime flagrant*, se saisir d'office et commencer l'instruction sans y être provoqué par le ministère public ou par la partie civile (art. 59). Il continue l'instruction commencée par les autres officiers de police judiciaire et il peut refaire les actes qui lui paraissaient incomplets (art. 60).

945. 3° Les *préfets des départements* et le *préfet de police à Paris*.—On ne leur a pas donné le titre d'officiers de police judiciaire, afin de les soustraire à la surveillance du procureur général et de la Cour d'appel (2) ; mais ils en ont les pouvoirs (art. 10). C'est sur l'insistance de Napoléon Ier que ces pouvoirs leur furent attribués. Il ne voulait pas les leur donner en toute matière, mais seulement pour les crimes graves et flagrants qui leur seraient révélés par la police administrative, et en attendant que l'autorité judiciaire en fût saisie. La rédaction de l'art. 10 a dépassé la pensée de celui qui l'avait conçu, car, sauf la dernière restriction, qui s'induit de la nature même des pouvoirs de police judiciaire des préfets, toutes les autres ont disparu. Précisons la portée de ce texte : il donne aux préfets la faculté, 1° de requérir les officiers de police judiciaire de faire acte de leurs fonctions ; 2° d'accomplir eux-mêmes (*faire personnellement*) ces actes.

946. Le droit de requérir les officiers de police judiciaire n'ajoute rien aux notions qui nous sont connues. Ceux-ci en effet, une fois requis, accompliront la mission que la loi leur trace. L'intervention du préfet se bornera donc à un avis officiel qu'un *crime*, un *délit* ou une *contravention* ont été commis, et à une demande de poursuites ; mais à partir de ce moment il ne prend plus part à l'œuvre de la police judiciaire ; il ne pourrait même pas se faire rendre compte de la marche de la procédure (3).

(1) Ce point est controversé ; nous y reviendrons.
(2) Locré, t. 26, p. 556, 562 ; t. 25, p. 120, 200, 213.
(3) Circ. m. just., 12 mars 1812, 2 mars 1816 ; Déc. min. 31 juil. 1827 ; Duverger, *Man. des J. d'Inst.* I, 85.

**947.** Le droit de faire personnellement les actes de la compétence des officiers de police judiciaire qu'il a le droit de requérir ajoute, au contraire, à la liste de ces officiers un fonctionnaire de l'ordre administratif, plus puissant qu'aucun d'eux pris individuellement, puisqu'il a tous les pouvoirs de chacun d'eux. Ces attributions exorbitantes des préfets sont inquiétantes pour la liberté individuelle, l'inviolabilité du domicile, le secret des lettres. En matière politique, leur action se substitue à celle de la justice pour faire des arrestations et des saisies d'une légalité douteuse, qu'un juge d'instruction refuserait d'ordonner (1). En matière de Droit commun, elle l'entrave, surtout à Paris, où le préfet de police abuse, dit-on, de son autorité sur les commissaires de police, et les empêche de transmettre au parquet leurs procès-verbaux quand il ne lui plaît pas de laisser poursuivre les délinquants. Aussi d'excellents esprits ont essayé de restreindre le plus possible les pouvoirs des préfets, tandis que la jurisprudence, subissant l'influence d'un gouvernement autoritaire, leur donnait, en 1853, 1862 et 1866, une extension excessive (2).

**948.** Voici, selon nous, les caractères des pouvoirs de police des préfets : ils sont personnels ; — ils comprennent ceux du procureur de la République et du juge d'instruction ; — ils sont subsidiaires.

1° Ils sont *personnels* : « Pourront faire *personnellement*... », porte en effet l'art. 10. De là deux conséquences : *a)* ces pouvoirs ne comportent pas de délégation. Le préfet ne pourrait charger un sous-préfet d'agir à sa place. Mais il ne faut pas aller jusqu'à dire qu'ils sont attachés à la personne du préfet ; c'est plutôt l'apanage de la fonction ; quel que soit donc le fonctionnaire qui remplisse momentanément les fonctions de préfet, il peut se prévaloir de l'art. 10 (3). — *b)* Si le préfet commet un officier de police judiciaire pour agir à sa place, il ne lui communique point sa compétence ; ces officiers ne pourront agir que dans les limites que la loi leur assigne (4).

(1) Sur le caractère des saisies opérées par le préfet, en vertu de l'art. 10, Trib. des conf., 23, 25 mars 1889 (*Gaz. Trib.* 24, 26 mars).
(2) V. la consultation d'ODILON BARROT et l'arrêt de Cass. (*Ch. réunies*) du 21 nov. 1853 (aff. *Coetlogon*) (D. 1853, 1, 222-279). La commission extra-parlementaire, qui prépara le projet de loi de revision du Code d'inst. crim. actuellement en élaboration législative, avait proposé la suppression de l'art. 10 (séance du 8 juil. 1879). Il a été rétabli, mais avec certaines modifications, dans le projet voté par le Sénat. Le projet de la commission de la Chambre des députés supprime les fonctions d'officiers de police judiciaire des préfets des départements, et elle classe le préfet de police de Paris parmi les officiers de police auxiliaires (art. 35). C'est une transaction qui mérite d'être approuvée.
(3) Sic : LEGRAVEREND, I, p. 164 ; BOURGUIGNON, I, p. 85 ; F. HÉLIE, III, 1012.
(4) Sic : LEGRAVEREND, I, p. 167 ; MANGIN, p. 153 ; F. HÉLIE, III, 1015. — L'arrêt précité a admis la thèse contraire : en validant une saisie de lettres faite à la

**949.** 2° *Ils comprennent ceux du procureur de la République et du juge d'instruction.* — L'art. 10 renvoie en effet l'art. 8, qui définit l'œuvre de la police judiciaire au sens large du mot. D'ailleurs, le but même de la disposition étant de faire suppléer par le préfet tous les officiers de police judiciaire y compris le procureur de la République et le juge d'instruction, il fallait bien lui attribuer les pouvoirs de chacun d'eux. Mais il faut observer que le préfet les supplée seulement en tant qu'officiers de police judiciaire : il n'est point membre du ministère public, ni juridiction d'instruction. Par conséquent il ne pourrait citer directement le prévenu devant un tribunal correctionnel ou de police ; ni, après avoir fait l'instruction, rendre une ordonnance de clôture. Mais, bien qu'on l'ait nié, il peut faire tous les actes d'instruction et de poursuite qui n'impliquent chez les deux magistrats dont il remplit les fonctions d'autre qualité que celle d'officier de police judiciaire, tels que : constatations, perquisitions, saisies, expertises, enquêtes, interrogatoires, arrestation provisoire, mise en détention préventive. Le texte en effet ne contient aucune réserve ; il donne au préfet le droit de faire personnellement les mêmes actes que feraient, en vertu de leur pouvoir propre, les officiers de police judiciaire qu'il a le droit de requérir (1). Cette disposition n'est pas sans danger : certains de ces actes sont graves; le procureur de la République et le juge d'instruction ne peuvent les faire que réunis, ou, s'ils agissent séparément, qu'avec l'assistance de témoins ; le préfet au contraire, cumulant dans sa personne les pouvoirs des deux magistrats, pourra les faire seul (2).

**950.** 3° *Ils sont subsidiaires.* — Le préfet n'a pas le droit d'instruire concurremment avec le procureur de la République, ni avec le juge d'ins-

---

poste par un commissaire de police agissant comme délégué du préfet hors du cas de flagrant délit, alors que par lui-même ce commissaire n'aurait pu y procéder que si le délit eût été flagrant (art. 32, 36, 49) ; *junge* : Cass. 16 août 1862 ; 19 janv. 1866.

(1) *Sic* : *Jurisprud.* (arrêts précités) ; Boitard, 531 ; Trébutien, II, p. 108 ; Garraud, 497 ; Villey, p. 276, note 2. — *Contrà* : F. Hélie, III, 1210. — Les auteurs ne sont pas d'accord sur le genre de détention que les préfets peuvent imposer à l'inculpé : les uns l'autorisent à le placer seulement sous *mandat d'amener* (Trébutien) ; d'autres sous *mandat d'amener* ou *de dépôt*, mais non sous mandat d'arrêt (Garraud) ; d'autres enfin ne font aucune distinction (Boitard). C'est également notre avis, parce que tous les mandats sont délivrés par le juge d'instruction en qualité d'officier de police judiciaire. On objecte que le mandat d'arrêt affecte la forme d'un jugement. Sans doute, mais depuis que la loi du 14 juil. 1865, a autorisé sa mainlevée par mesure d'instruction, cette forme n'est plus qu'une superfétation, et, au fond, le mandat est passé de la compétence de la juridiction d'instruction dans celle de l'officier de police judiciaire.

(2) Comp. art. 42 et 59. — La qualité d'officier de police auxiliaire, donnée au préfet de police par le projet de réforme, corrigera cette solution.

truction. Ses procès-verbaux étant destinés en effet à revenir à ces deux magistrats, il est naturel qu'il soit dessaisi dès qu'ils se saisissent de l'affaire. Les travaux préparatoires prouvent au surplus que le préfet n'a été investi des pouvoirs de police judiciaire qu'en attendant l'arrivée du procureur de la République ou du juge d'instruction sur le lieu du crime : il peut donc procéder en concurrence avec les juges de paix, officiers de gendarmerie et autres auxiliaires ; mais non avec les deux officiers supérieurs (1).

**951. II. Officiers de police auxiliaires du procureur de la République.** — Les juges de paix, les officiers de gendarmerie, les maires et adjoints, et les commissaires de police ont cette qualité (art. 48, 50) (2). Ce sont d'abord des agents de *renseignement*, de *réception* et de *transmission*. Ils renseignent le procureur de la République sur les crimes et délits qui parviennent à leur connaissance (art. 29). Ils reçoivent les dénonciations et les plaintes relatives aux mêmes infractions (art. 48, 64), et ils les lui transmettent (art. 53, 54). — Leur participation à l'œuvre de la police judiciaire se manifeste en second lieu par l'exécution des délégations qu'ils peuvent recevoir du juge d'instruction (art. 83, 84). — Enfin, ils ont, comme le procureur de la République, le droit de procéder aux premiers actes de l'instruction préparatoire s'il y a *crime flagrant*. Mais, dès que le procureur de la République se saisit de l'affaire, ils perdent leur compétence et n'agissent plus que par délégation expresse de sa part (art. 49, 51, 52).

Les pouvoirs de police judiciaire des officiers auxiliaires ne diffèrent que par l'étendue *territoriale* de leur compétence. Le maire a ces pouvoirs dans sa commune ; le commissaire de police, dans sa circonscription qui comprend souvent plusieurs communes ; le juge de paix, dans son canton ; les officiers de gendarmerie, dans leur circonscription qui est habituellement l'arrondissement.

**952. III. Officiers de police judiciaire inférieurs.** — Cette troisième classe d'officiers est plus particulièrement chargée de rechercher et de constater les contraventions de police et les délits spéciaux. Elle comprend des officiers qui n'ont que cette qualité : les *gardes champêtres* et *forestiers*, et d'autres qui ont en outre la qualité d'auxiliaires du procureur de la République : les *commissaires de police* et les *maires et adjoints*. — Leurs attributions ne sont pas toujours les mêmes. Les

---

(1) V. Locré, t. 25, p. 202-206 ; 238.

(2) L'art. 48 ajoutait les *commissaires généraux de police*, mais ils ont été supprimés (D. 28 mars 1815, art. 9). Il ne faut pas les confondre avec les *commissaires centraux* qui existent dans les grandes villes et qui ne sont que des commissaires de police investis d'une surveillance et d'une direction administratives sur les autres commissaires de la ville.

gardes champêtres et forestiers (1) ont surtout pour mission de constater les délits et contraventions qui portent atteinte aux propriétés rurales et forestières (art. 16). Les premiers sont de plus chargés de la police municipale (art 102, L. 5 av. 1884 s. *l'org. municip.*). Ils ont le pouvoir de dresser des procès-verbaux, de saisir les objets enlevés et d'arrêter les délinquants. Leur compétence pour tous ces actes est restreinte au territoire pour lequel ils ont été assermentés (art. 16, C. i. c.; 160, C. for.). La saisie suppose la perquisition. Pour pénétrer dans le *domicile* (maison) ou *ses dépendances* (ateliers, bâtiments, cours et enclos adjacents), les gardes doivent se faire assister d'un officier de police auxiliaire : *juge de paix, commissaire de police, maire ou adjoint* du lieu (art. 16, C. i. c.; 161, C. for.) (2). Ils arrêtent par mesure de police le délinquant surpris en flagrant délit, quand son identité n'est pas connue ou quand le fait est passible de l'emprisonnement ou de peine plus grave (art. 16, C. i. c.; L. 20 mai 1863, art. 1er), sans qu'il y ait à distinguer si l'infraction était dirigée contre la chose publique, les personnes ou les propriétés privées. Les gardes doivent enfin, comme tous les fonctionnaires, donner avis au procureur de la République des crimes et délits dont ils acquièrent la connaissance dans l'exercice de leurs fonctions (art. 29).

**953.** Les commissaires de police et, dans les communes où il n'y en a point, les maires, et à défaut de ceux-ci, les adjoints, sont chargés de rechercher et de constater les *contraventions de police*, même celles qui sont sous la surveillance spéciale des gardes champêtres et forestiers (3), à l'égard desquels ils ont « *concurrence et même prévention* » (art. 11). Cela signifie qu'ils peuvent faire des constatations et des recherches même après que les gardes sont saisis de l'affaire, et que d'un autre côté s'ils ont agi les premiers, l'intervention tardive des gardes ne les dessaisit point.

**954. IV. Agents spéciaux adjoints à la police judiciaire.** — Leur mission est de dresser des *procès-verbaux*, de faire des *rapports*, d'opérer des *arrestations par mesure de police* et de prêter *main-forte*. — La plupart des administrations publiques ont des agents assermentés,

---

(1) Les gardes forestiers se divisent en gardes *de l'État, des communes ou des établissements* publics et en gardes *des particuliers*. — Les gardes champêtres, en gardes *des communes* et gardes *des particuliers*. — Ces distinctions tiennent au mode de nomination et à la nature des propriétés confiées à leur surveillance.

(2) La sanction du devoir des gardes et des fonctionnaires chargés de les accompagner est dans les art. 184 et 234 du Code pénal.

(3) Faut-il étendre le droit de concurrence et de prévention des commissaires de police et des maires aux délits ruraux et forestiers ? V. p. l'*affirmative*, Bourguignon, *Inst. crim.* p. 28; v. p. la *négative*, Mangin, *Tr. des proc. verb.* p. 166; F. Hélie, III, 1172.

chargés de constater les infractions aux lois protectrices des monopoles de l'État ou de la partie du domaine public placée sous leur surveillance. Telles sont les administrations des douanes, des contributions indirectes, des postes, des ponts et chaussées, etc. Ces agents ont qualité pour dresser des *procès-verbaux* qui font foi, tantôt jusqu'à inscription de faux, tantôt jusqu'à preuve contraire. Souvent aussi ces agents ont qualité pour faire des perquisitions et des saisies, parce que le *corps du délit*, c'est-à-dire la marchandise trouvée en fraude, est trop facilement sujette à disparaître, ou bien parce que l'État a un droit sur elle à raison de son monopole. — Les *rapports* diffèrent des procès-verbaux par leur force probante. Ils n'ont en justice la valeur que d'un simple renseignement. Ils émanent d'agents non assermentés, ou agissant en dehors des attributions pour lesquelles ils ont prêté serment. Les sergents de ville et officiers de paix dans tous les cas, les gendarmes et sous-officiers de gendarmerie à l'égard des infractions qu'une loi spéciale ne les a pas chargés de constater par des procès-verbaux dont elle détermine la force probante, ne rédigent que des rapports. Il est d'ailleurs de règle qu'en matière pénale ordinaire les procès-verbaux, de quelque officier de police judiciaire qu'ils émanent, ne valent que comme renseignement. — Les officiers et agents de la police judiciaire ont le droit de requérir *main-forte* pour l'accomplissement de leurs opérations. Régulièrement la main-forte est prêtée par les *agents de la force publique*, c'est-à-dire la gendarmerie, les gardes champêtres et forestiers, les agents de police, les douaniers, l'armée. Exceptionnellement elle est due par le maire ou l'adjoint au garde champêtre pour arrêter en flagrant délit un individu qui a commis une infraction passible d'emprisonnement ou de peine plus grave (art. 16) ; et par toute personne s'il y a crime flagrant (art. 106). Le refus d'obéir à une réquisition régulière demandant main-forte est un délit s'il émane d'un commandant de la force publique, et une contravention dans les autres cas (art. 234, 475, 12°, C. p.).

**955.** Terminons cet aperçu du personnel de la police judiciaire et de ses attributions par deux observations :

1° Les officiers de police judiciaire supérieurs, auxiliaires et inférieurs sont, au point de vue de leur conduite personnelle, sous la surveillance du procureur général et de la Cour d'appel. En cas de négligence, le procureur général les avertit, et s'ils récidivent dans l'année, il les fait citer devant la Cour, en la Chambre du conseil, qui peut leur enjoindre d'être plus exacts à l'avenir et les condamner aux frais de cette poursuite disciplinaire (art. 280-282). Leurs fautes peuvent aussi donner lieu administrativement à la *révocation* et, pour certains d'entre eux, à un *déplacement*. Il ne faut pas confondre cette surveillance avec celle que la Cour d'appel exerce sur la poursuite des crimes et des délits (art. 9, 235,

250, C. i. c.; art. 11, L. 20 av. 1810). Celle-ci s'applique aux actes et celle-là aux agents.

**956.** 2° Tout officier de police judiciaire, qui refuse de faire acte de ses fonctions sur la réquisition du particulier lésé par le délit, commet envers ce dernier un déni de justice et peut être *pris à partie* (art. 505 et s., C. pr. civ.). C'est même uniquement par cette procédure qu'il est possible d'obtenir contre lui une condamnation à des dommages-intérêts (1).

(1) *Sic :* Cass. 4 mai 1880 (*J. Pal.*, 1881, 164).

# TITRE II

## DE L'INSTRUCTION PRÉPARATOIRE JUSQU'AU RÈGLEMENT DE LA PROCÉDURE

### CHAPITRE PREMIER

#### DE LA COMPÉTENCE

**957.** Nous examinerons successivement : 1° Les diverses espèces de compétence ; — 2° Les circonstances qui modifient les règles ordinaires de la compétence ; — 3° La manière de régler les conflits de compétence.

**958. Diverses espèces de compétence.** — La compétence doit être envisagée à trois points de vue, savoir :

1° Au point de vue de l'*infraction* ou *ratione materiæ* ;
2° Au point de vue de l'*infracteur* ou *ratione personæ* ;
3° Au point de vue du *territoire* sur lequel s'étend la juridiction du juge, ou *ratione loci*.

**959.** En matière de crimes et de délits, ces trois espèces de compétence existent non seulement pour l'instruction préparatoire, mais encore pour l'instruction définitive devant la juridiction de jugement. Les règles qui déterminent, en effet, la compétence du juge d'instruction chargé d'instruire, déterminent également celle du procureur de la République chargé de requérir dans la même affaire. Elles déterminent aussi par contre-coup celle du tribunal correctionnel et de la Cour d'assises. Pour les contraventions les règles sont moins compliquées.

**960.** Cette matière est fort importante. La compétence des officiers de police judiciaire et des tribunaux qui accomplissent l'œuvre de la justice criminelle est, en effet, la mesure du droit social de punir qui leur est imparti ; par suite elle est d'*ordre public*. L'exception d'incompétence peut donc être opposée par toutes les parties en cause (1) ; — le juge doit la suppléer d'office (art. 69, C. i. c.) ; — le consentement du prévenu à laisser instruire ou juger des magistrats incompétents ne proroge point la compétence de ces magistrats (2). Il y a cependant des

---

(1) *Sic :* Cass. 7 août 1874.
(2) *Sic :* Cass. 18 mai 1826.

degrés dans l'incompétence, comme on le verra dans le règlement des conflits auxquels la compétence peut donner lieu.

**961.** *a) Ratione materiæ*, le juge d'instruction a une compétence générale pour tous les crimes et délits de Droit commun (art. 22, 47, 63). Cette circonstance que le crime est déféré à une juridiction exceptionnelle, par exemple à la Haute Cour ou aux conseils de guerre (1), ne l'empêche pas de procéder jusqu'à ce que cette juridiction le dessaisisse en se saisissant de l'affaire (arg. art. 12, § 4, L. const. 16 juillet 1875; art. 5, L. 10 av. 1889). Mais il n'a pas compétence pour les infractions contre le devoir militaire (2) ; ni pour les délits improprement qualifiés de contraventions de voirie déférés aux conseils de préfecture.

**962.** *b) Ratione personæ*, le juge d'instruction a une compétence générale, excepté à l'égard des militaires ou marins et des *assimilés* (3), ainsi que des personnes qui jouissent d'une immunité de juridiction, savoir : le président de la République et les ministres, les magistrats, fonctionnaires et dignitaires couverts par la garantie judiciaire. Nous avons dit (*suprà*, n° 800) en quoi consistait leur situation exceptionnelle. L'incompétence *ratione materiæ* n'empêche pas le juge d'instruction de faire en sa qualité d'officier de police judiciaire les premières constatations.

**963.** *c) Ratione loci*, il y a trois juges d'instruction compétents : celui du lieu du délit, celui de la résidence de l'inculpé, celui du lieu de capture (art. 23, 63). Supposons qu'un individu, résidant habituellement à Marseille, commette un crime à Montpellier et soit arrêté à Toulouse : les juges d'instruction de Marseille, de Montpellier et de Toulouse seront également compétents pour instruire l'affaire. — La compétence déterminée par le *lieu du délit* est la plus naturelle et la seule conforme au caractère territorial de la loi pénale. C'est là que sont faites les premières

(1) Le Sénat constitué en Cour de justice est compétent pour juger toute personne prévenue d'attentat contre la sûreté de l'État (art. 12, § 3, L. const. 16 juil. 1875). Dans l'état de siège, les conseils de guerre peuvent être saisis de la connaissance des crimes et délits contre la sûreté de l'État, contre la constitution et contre la paix publique (art. 8, L. 9 août 1849). En temps ordinaire, ils jugent les étrangers coauteurs ou complices de leurs justiciables, le crime ou le délit fût-il de Droit commun (art. 77, § 2, C. J. M. A. T.).

(2) Ces infractions ne pouvant être commises que par un militaire avec ou sans la complicité d'un non militaire, l'observation, que nous faisons au texte, n'a de l'importance que s'il s'agit d'un *étranger* complice d'un militaire ; car si le militaire a pour complice un *Français* tous les prévenus indistinctement sont traduits devant les tribunaux ordinaires (art. 76, C. J. M. A. T.).

(3) V. la définition des assimilés, art. 56, *ibid.* — La compétence des tribunaux militaires n'existe d'ailleurs que sur les hommes en activité de service présents au corps, ou placés dans un établissement surveillé par l'autorité militaire, ou détachés pour un service spécial (art. 56-59, C. J. M. A. T. ; Comp. L. 15 juil. 1889 s. le recrutement, art. 51, 52, 53, 57).

constatations. Elle rend l'instruction plus facile et plus prompte. Mais comment préciser le lieu du délit ? En examinant où ont été accomplis les actes d'*exécution*. Pour les délits instantanés ce lieu est unique. — Pour les infractions *continues*, la permanence du fait rend compétents tous les juges d'instruction des arrondissements où ce fait a été exécuté. — Pour les infractions d'habitude, le lieu du délit est l'arrondissement où s'est produit un nombre de faits suffisants pour constituer l'habitude. — La compétence déterminée par *la résidence* du prévenu favorise la découverte et l'appréciation de ses antécédents. — Celle déterminée par le *lieu de capture* permet de saisir les pièces à conviction dont il est porteur, c'est-à-dire les objets provenant du délit et les armes ou instruments qui ont servi à le commettre (1).

**964. Circonstances qui modifient les règles ordinaires de la compétence.** — Il y a des dérogations à la compétence *ratione loci* pour certaines instructions spéciales, telles par exemple que l'instruction sur les crimes et délits commis à l'étranger (art. 6), les renvois après cassation (art. 427, 429), le renvoi pour cause de sûreté publique ou de suspicion légitime (art. 542), la reconnaissance d'identité (art. 518), l'instruction sur un fait nouveau découvert au cours des débats devant la Cour d'assises (art. 361). Elles sont toutes motivées par l'utilité d'une bonne et prompte justice.

Les trois espèces de compétence peuvent en outre être modifiées par un effet réflexe de l'*indivisibilité* et de la *connexité*. Il convient d'examiner ici ces modalités de l'infraction que nous n'avons fait qu'indiquer dans d'autres parties de cet ouvrage.

**965. I. Indivisibilité.** — On oppose les délits *complexes* et les délits *connexes* aux délits *simples*. Une infraction est simple, lorsqu'elle se compose d'un fait unique imputable à un seul agent. Dès qu'il y a pluralité de faits ou d'agents, l'infraction est complexe ou connexe. La première de ces modalités est constituée par un ensemble de faits, si étroitement liés les uns aux autres, qu'ils ne constituent juridiquement qu'une infraction. La *connexité* laisse au contraire à chaque fait le caractère de délits différents, reliés entre eux par un rapport qui ne leur fait pas perdre leur individualité. Les délits complexes, qu'on appelle aussi *collectifs*, sont *indivisibles*. — Ces deux sortes de délits peuvent être l'œuvre soit du même agent, soit de plusieurs individus. Le concours idéal d'infractions, la complicité, la réitération du même fait en exécution d'une seule et même résolution criminelle et pour atteindre le même but, la concomitance de deux infractions dont l'une sert de circonstance aggravante

(1) La raison d'être de la compétence déterminée par le lieu de capture prouve qu'on ne peut considérer comme un lieu de capture celui où l'inculpé est détenu pour une autre infraction. Sic : Cass., 29 mars 1847 ; 18 janv. 1851.

à l'autre nous ont fourni des exemples de délits collectifs. L'unité de fait matériel dans le concours idéal, l'unité des actes internes dans les autres infractions collectives expliquent l'indivisibilité qui en est la conséquence : là en effet où existe l'une ou l'autre de ces unités il ne peut y avoir plusieurs infractions (1).

966. Le Code d'instruction criminelle n'a point défini les délits indivisibles ; il a essayé au contraire, dans l'art. 227, de donner une notion des délits connexes à l'aide de quelques exemples, qui ne sont pas tous bien choisis. De plus, dans les art. 226 et 501, il a indiqué une différence certaine entre l'effet de la connexité sur la jonction des procédures et celui de l'indivisibilité. La doctrine et la jurisprudence ont su tirer de textes obscurs et en apparence contradictoires une théorie assez nette de ces deux modalités de l'infraction. Nous ne les envisagerons ici qu'au point de vue de leurs effets sur la procédure et sur la compétence.

967. L'indivisibilité entraîne d'abord et nécessairement la *jonction des procédures* devant la juridiction d'instruction comme devant la juridiction de jugement. Il est en effet non seulement utile, mais même nécessaire de porter en même temps devant le même juge tous les éléments de la même infraction. Cela est évident surtout pour les infractions indivisibles dont l'agent est unique, car, une fois le procès jugé avec certains de ses éléments, il serait souvent impossible de le recommencer en le fondant sur des éléments qu'on n'aurait pas examinés : on se heurterait à la chose jugée. Le prévenu pourrait ainsi bénéficier d'une indulgence que le juge lui aurait probablement refusée s'il avait connu l'étendue de sa culpabilité. S'il y a pluralité d'agents, on peut dire que chaque prévenu est vis-à-vis des autres un élément de preuve. Il apporte, soit en leur faveur, soit contre eux, ses appréciations, ses contradictions, ses réticences. L'unité d'instruction est donc favorable à la manifestation de la vérité. — La jonction des procédures motivée par l'indivisibilité est *obligatoire*, parce que l'unité d'infraction est un fait absolu qui n'admet ni le plus, ni le moins, et qui par conséquent exclut toute appréciation sur l'opportunité de la jonction (2). Dans l'ancien Droit il n'est pas douteux que tous les complices dussent être compris dans le même procès (3). L'art. 501 donne aussi cette solution dans une hypothèse où la

---

(1) Haus, I, 406.
(2) *Sic* : Disc. de M. Nicod, à la Chambre des députés, lors de la discussion de la célèbre loi de *disjonction*, qui avait pour objet, dans certain crimes commis par des complices civils et militaires, de faire juger les premiers par la Cour d'assises et les seconds par les Conseils de guerre. Cette loi fut rejetée pour la raison indiquée au texte. *Mon. univ.*, 2 mars 1887.
(3) *Sic* : Ord. 1670, tit. I, art. 5, tit. II, art. 23 ; Décl. 1731, art. 20 ; Ayrault, II, 3, n° 17 ; Muyart de Vouglans, p. 186 ; Jousse, I, p. 518.

qualité d'un des délinquants fait confier l'*instruction préparatoire* à la Cour de cassation. C'est bien une jonction *obligatoire* qu'il prescrit : « L'*instruction*... SERA *commune*, etc. ». L'art. 433, relatif à l'*instruction définitive* devant la Cour d'assises, s'explique également en termes impératifs : « La Cour... COMMETTRA ». On peut enfin consulter dans le même sens les codes de justice militaire, art. 76, A. T. et 103, A. M. Il faut généraliser ces textes. Mais l'obligation de comprendre dans la même poursuite tous les coparticipants de la même infraction cesse lorsqu'un obstacle de *droit* ou de *fait* oblige à disjoindre à l'égard de certains d'entre eux : par exemple, si l'un des codélinquants est en fuite ou protégé par la garantie politique. A l'impossible nul n'est tenu (1).

968. L'indivisibilité produit en second lieu une prorogation de compétence toutes les fois que la juridiction, qui retient l'examen de tous les éléments du fait complexe, serait incompétente pour connaître isolément de certains d'entre eux. Cette prorogation pourra faire naître un conflit, si la juridiction compétente pour le fait auquel elle s'applique se saisit de ce fait. On verra à la section suivante la manière de le régler.

969. II. **Connexité**. — La connexité est le lien qui réunit plusieurs délits distincts. La pluralité d'infractions distingue les délits connexes des délits collectifs ; le lien commun les distingue des délits simplement *concurrents* ou *concomitants*.

En quoi peut consister ce lien commun ? — L'article 227 cite trois exemples où le lien commun consiste : 1er *cas*, dans un but commun ; — 2e *cas*, dans un concert préalable ; — 3e *cas*, dans un rapport de causalité.

970. 1er *cas*. — « Les délits sont connexes, porte l'art. 227, 1°, lorsqu'ils ont été commis en même temps par plusieurs personnes réunies ». A prendre ce texte à la lettre (2), la pluralité d'agents et de délits avec l'unité de temps et de lieu engendreraient la connexité. C'est là une erreur : il y a simplement *concomitance*, rapprochement de délits qu'aucun lien logique ne réunit. Par exemple, au milieu du désordre produit par la brusque extinction de l'éclairage d'un théâtre, *Primus*, commet un vol ; *Secundus*, un attentat à la pudeur ; *Tertius* outrage un agent. Ces faits, qui n'ont aucun rapport entre eux, ne sont certainement pas connexes, bien que la définition de l'art. 227, 1° paraisse s'y appliquer. Cette définition a besoin, en effet, d'être complétée par une quatrième condition : *le but*

---

(1) La jonction des procédures étant obligatoire au cas d'indivisibilité, il suit que les prévenus ou accusés pourraient l'exiger, bien que l'article 307 paraisse leur refuser ce droit. *Sic :* F. HÉLIE, V, 2357 ; GARRAUD, 475 ; ORTOLAN, I, 1248, 1251 ; LE SELLYER, *Compétence*, II, 1124, 1126.

(2) *Sic :* F. HÉLIE, V, 2361 ; GARRAUD, 474. Mais, par l'exemple que donne ce dernier auteur, il se range à notre théorie.

*commun*, qu'indiquent les travaux préparatoires (1). Tels sont, par exemple, les crimes et délits commis au milieu d'une émeute contre les propriétés publiques et les représentants de l'autorité, pourvu qu'ils n'aient pas été concertés, car le concert préalable va être la caractéristique du second cas de connexité. Ce premier cas comprend donc des délits *concomitants* et *non concertés* commis, dans un *but commun*, par *plusieurs individus* (2).

**971.** 2º *cas*. — Sont encore connexes les délits qui « ont été commis par différentes personnes, même en différents temps et en divers lieux, mais par suite d'un concert formé à l'avance entre elles » (art. 227, 2º). Cette deuxième classe de délits connexes ressemble beaucoup aux délits indivisibles par l'unité de résolution et de but. Ce qui les distingue, c'est que le but commun n'est point l'accomplissement de la même infraction : toutes les fois que les actes commis par différents individus à la suite d'un concert préalable sont des actes de participation principale ou accessoire au même délit, il y a des coauteurs ou complices, et indivisibilité ; toutes les fois au contraire que les malfaiteurs se concertent pour accomplir chacun un délit différent, il y a connexité. Tels sont les vols commis par des malfaiteurs associés pour mettre en commun le produit de leurs rapines, mais agissant chacun de leur côté. Ce second cas de connexité comprend donc, comme le premier, des délits commis par *plusieurs individus* dans un *but commun*; mais ce sont des délits *non concomitants* et *concertés* (3).

**972.** 3º *cas*. — Les délits sont enfin connexes « lorsque les coupables ont commis, les uns pour se procurer les moyens de commettre, les autres pour en faciliter, pour en consommer l'exécution ou pour en assurer l'impunité » (art. 227, 3º). Ici il importe peu qu'il y ait un ou plusieurs délinquants, le rapport de causalité qui unit les différents délits les fait qualifier de connexes. Ce sont des infractions dérivées de la même cause ou engendrées les unes par les autres. La formule de la loi a besoin d'être rectifiée et expliquée. Il est certain d'abord que le crime commis pour *consommer l'exécution d'un autre crime* ne forme avec ce dernier qu'un

---

(1) On a corrigé la rédaction primitive de l'art. 227, 1º, afin d'indiquer la nécessité du *but commun* (LOCRÉ, XXV, p. 423, 529) ; mais on n'a réussi qu'à lui faire exprimer la différence des délits *concomitants* avec les délits *concurrents*. L'exemple par lequel la commission du Corps législatif chercha à expliquer sa pensée n'était pas mieux choisi, car il visait un cas d'*indivisibilité* plutôt que de *connexité ;* mais par cela même il exprimait plus énergiquement la nécessité du but commun.

(2) *Sic :* MANGIN, II, p. 436 ; TRÉBUTIEN, II, p. 201 ; HAUS, I, 409. Cass. 14 av. 1827 ; 7 oct. 1808.

(3) *Sic :* F. HÉLIE, V, 2362, et mieux, HAUS, II, 409, 410. — Cass. 11 niv. an IX (J. P. II, p. 72).

tout indivisible. Par exemple, le *faux* et l'*usage du faux* sont bien deux crimes distincts, en ce sens que l'agent qui fait usage du faux est punissable alors même qu'il ne serait pas l'auteur du faux. Mais si le falsificateur fait lui-même usage de la pièce falsifiée, il n'y aura qu'un seul crime, parce que l'usage, en ce qui le concerne, consomme l'infraction, réalise le but qu'il voulait atteindre (1). Cette partie de la définition est donc à rejeter. D'un autre côté, le crime qui a été commis pour *faciliter* un autre crime ou pour en assurer l'impunité est connexe, pourvu qu'il ne soit point une circonstance aggravante de l'autre, car dans cette hypothèse il y aurait crime indivisible (*exemple :* art. 304, § 2). Tel est le crime d'incendie commis pour faciliter le vol ; tel est le crime de péculat commis pour se procurer les fonds destinés à fomenter un attentat contre la sûreté de l'Etat (2). Il faut éviter encore dans cette hypothèse de confondre avec des faits connexes deux faits qui se suivent, mais qui ne sont que l'exécution de la même résolution criminelle et qui tendent au même but. Par exemple, une société secrète se forme sans but bien défini (L. 28 juil. 1848, art. 13), ; plus tard elle complote de renverser le gouvernement (art. 89, C. p.) : il y a dans ces deux faits deux infractions connexes. Supposons au contraire que le complot ait été formé en premier lieu, et qu'en attendant le moment favorable les conjurés aient formé une société secrète : il n'y a qu'un seul crime, le complot. En résumé, ce troisième cas de connexité suppose *plusieurs délits* ayant entre eux *un rapport de causalité* ; mais il est inutile qu'il y ait concomitance, pluralité de délinquants et concert préalable.

**973.** L'énumération des cas de connexité, faite par l'art. 227, n'est pas limitative ; le juge a donc à apprécier, en dehors des hypothèses prévues, le rapport qui peut exister entre plusieurs infractions.

**974.** La connexité entraîne, comme l'indivisibilité, la jonction des procédures et éventuellement la prorogation de la compétence, mais avec cette différence que la jonction est ici *facultative*, car elle est déterminée, non plus par la nécessité, mais par l'opportunité. L'art. 226, relatif à la connexité, ne prescrit d'ailleurs la jonction des procédures que lorsque les pièces « se trouvent en même temps produites devant la Chambre d'accusation » et il montre par là que cette réunion ne doit pas entraîner des retards préjudiciables à la bonne administration de la justice (3).

**975.** La jonction des procédures peut encore être ordonnée au cas de

---

(1) *Sic :* Haus, II, 381, 409 ; Garraud, *Dr. pén. franç.*, III, 57. — Comp. C. p. des Pays-Bas, art. 56, § 2.

(2) *Sic :* Haute-Cour, 14 août 1889 (affaire *Boulanger*), *La Loi*, 15 août.

(3) *Sic :* F. Hélie, V, 2368 ; Ortolan, Le Sellyer, Garraud, *loc. cit.* — V. sur les effets différents de l'indivisibilité et de la connexité ; Cass., 10 sept. 1868 ; 24 av. 1874 (D. 75, 1, 494).

délits non connexes, mais *concurrents* ou *concomitants*. Celle des délits concurrents a pour but de faciliter l'application de la règle du non-cumul des peines. Sa légitimité est reconnue implicitement par les art. 365 et 308. Celle des délits concomitants a pour objet d'accélérer l'expédition des affaires. On suppose que plusieurs personnes ont commis en même temps, dans le même lieu, des infractions distinctes et non connexes, constatées par les mêmes témoins; pour abréger, on réunira souvent dans une même procédure tous ces délits et tous ces délinquants. Cette jonction ne produit aucun effet juridique (1). De plus, dans le second cas, elle peut léser l'intérêt respectable qu'ont certains prévenus à ne pas paraître associés, par cette instruction commune, à des malfaiteurs de la pire espèce; aussi c'est un droit pour eux de s'y opposer.

**976. Règlement des conflits de compétence.** — Il y a conflit de compétence toutes les fois que deux juridictions saisies d'une même affaire croient devoir la retenir, ou à l'inverse, lorsqu'une affaire se trouve sans juge qui veuille en connaître. Au premier cas on dit que le conflit est *positif;* au second, qu'il est *négatif.* — De plus, si les deux juridictions relèvent de l'autorité judiciaire, il y a *conflit de juridictions ;* si au contraire l'une d'elles relève de l'autorité administrative et l'autre de l'autorité judiciaire, il y a *conflit d'attributions.* La procédure qui tend à faire cesser le conflit en décidant quel est celui des deux juges qui retiendra exclusivement l'affaire, s'appelle *le règlement de juges.*

A. — *Conflit de juridictions.*

**977. A quelle juridiction faut-il accorder la préférence ?** — Il y a lieu de distinguer à cet égard suivant la nature de la compétence qui est en jeu et la cause du conflit.

**978. 1° *Conflit relatif à la compétence ratione loci.*** — Ce conflit ne met en présence que des juridictions ordinaires, et il peut être le résultat soit de la concurrence établie entre le juge du lieu du délit, celui de la résidence et celui du lieu de capture; — soit de la prorogation de compétence motivée par l'indivisibilité ou la connexité. Dans le second cas la logique veut que le juge saisi du fait le plus grave soit préféré (2), mais dans le premier cas, il nous semble que l'autorité chargée du règlement de juges doit avoir pleine liberté d'apprécier à quelle juridiction elle accordera la préférence. Ne sont-elles pas en effet toutes également compétentes ? La raison déterminante du choix ne peut donc être que l'opportunité (3).

(1) V. les arrêts cités p. Larombière, *Obligat.*, art. 1202, n° 19.
(2) *Sic :* F. Hélie, V, 2372 ; Cass. 18 janv. 1849 (D. 49, 1, 279).
(3) *Sic :* F. Hélie, IV, 1698, 1699 ; Trébutien, II, p. 206 ; Rodière, p. 446. Cass. 7 janv. 1830, 2 juin 1836, 10 juil. 1838, 12 août 1841.

**979.** Certains auteurs soutiennent cependant que le juge qui le premier a lancé le mandat d'arrestation doit garder l'affaire. Ils invoquent l'ancien Droit et le code de l'an. IV (art. 76-79), qui sont en effet conformes à leur opinion. C'est la théorie de la *prévention* au profit du juge le premier saisi ; or l'on reconnaît, dit-on, l'antériorité de la saisine au mandat par lequel le juge force l'inculpé à comparaître devant lui (1).
— Ce système doit être rejeté. Le Code d'instruction criminelle a abrogé *la prévention* en la passant sous silence. Il suffit pour s'en convaincre de comparer les art. 76 et 77 du code de l'an IV, contenant les deux principes de la *concurrence* et de la *prévention*, avec les art. 23 et 63, C. i. c. qui maintiennent seulement le premier. La priorité du décret n'était pas d'ailleurs, dans la procédure de l'Ordonnance, le signe de la priorité de la saisine ; c'était seulement « un moyen de reconnaître devant quel juge l'instruction était le plus avancée » (2). L'arrestation venait en effet après les constatations et l'enquête, et précédait immédiatement l'interrogatoire, dernier acte de la procédure avant son règlement. Sous le code elle peut être le premier acte de cette procédure.

A vouloir donc préférer le premier des juges saisis, il n'y aurait pas de raison aujourd'hui pour ne pas accorder la préférence à celui qui le premier a rendu, non pas le mandat d'arrestation, mais l'ordonnance de *soit informé*. Il vaut mieux cependant s'attacher à la raison d'opportunité qui, sous un semblant de formalisme, faisait préférer un juge à l'autre. L'autorité qui règle le conflit jouit donc d'un pouvoir absolu d'appréciation ; et c'est probablement pour ce motif que le Code d'instruction criminelle se borne à désigner cette autorité sans lui imposer aucune règle (art. 525 et s.). En fait, la préférence est généralement accordée au juge du lieu du délit : 1º parce qu'il lui est plus facile qu'à tout autre de réunir les preuves ; 2º parce qu'au point de vue de l'exemple, il importe que le coupable soit poursuivi et puni là où il a commis le crime (3).

**980.** 2º *Conflit relatif à la compétence ratione personæ.* — Ce conflit met en présence les juridictions ordinaires et les juridictions d'exception. Il s'agit de savoir si le prévenu, justiciable d'une juridiction spéciale à raison de sa qualité personnelle, attirera ses coauteurs ou complices devant cette juridiction, ou bien au contraire si c'est lui qui sera attiré par ces derniers devant la juridiction ordinaire. La question a été dis-

---

(1) *Sic* : Les anciens auteurs, MERLIN, CARNOT, BOURGUIGNON, DUVERGER, BOITARD, 548 ; LE SELLYER, *Compétence*, II, 1623 ; et actuellement GARRAUD, 472. Ce fut aussi la première jurisprudence de la Cour de cassation : Cass., 9 avril, 13 mars 1812, 17 av. 1828.
(2) JOUSSE, *Comm. s. l'Ord.*, t. I, art. 7, nº 3.
(3) V. Cass. 30 mai 1828, 7 janv. 1830. Comp. JOUSSE, *op. cit.*, tit. I, art. 1, nº 6.

cutée avec beaucoup de passion et de préjugés. Des systèmes sans aucune base légale ont été proposés pour la résoudre. Cependant l'accord sur bien des points a fini par se faire. La loi, en effet, contient des indications qu'on ne peut négliger. Nous distinguerons deux hypothèses :

**981.** a) *L'une des juridictions en conflit est hiérarchiquement supérieure à l'autre :* il faut préférer *la plus élevée.* Cette solution est donnée par l'art. 501 pour une hypothèse où l'instruction préparatoire est confiée, à raison de la qualité d'un justiciable, à la Cour de cassation et par l'art. 68, C. p. pour l'instruction définitive en Cour d'assises (1). Il faut la généraliser. Le lien hiérarchique se reconnaît aux voies de recours ; quand une juridiction est appelée à réformer les décisions d'une autre, elle doit lui être supérieure. La Cour d'assises étant une dépendance de la Cour d'appel, est pour cette raison considérée comme supérieure au tribunal correctionnel. Le motif qui fait accorder la préférence à la juridiction supérieure est facile à saisir : par ses lumières, par sa situation, cette juridiction offre plus que l'autre les garanties d'une bonne justice.

— En conséquence, si à raison de la qualité d'un des inculpés, l'instruction est confiée au premier président de la Cour d'appel (art. 480, 484), ou si l'un des prévenus est justiciable pour ses délits de la première Chambre de la Cour (art. 479, 483), ses complices (*sensu lato*) seront attirés devant la juridiction exceptionnelle (2).

**982.** b) *Les juridictions ne sont point hiérarchiquement reliées l'une à l'autre.* — Il s'agit, par exemple, d'un conflit entre la juridiction ordinaire d'un côté et de l'autre le conseil de guerre compétent à raison de la qualité de militaire chez l'un des complices, ou bien entre le Sénat érigé en Cour de justice pour juger le président de la République ou les ministres et la Cour d'assises compétente à l'égard de leurs complices.

**983.** Le premier cas est complètement réglé par les Codes de justice militaire (art. 76 et 77, § 2, A. T.; 103 et 104, § 2, A. M.); c'est la juridiction de Droit commun qui est préférée, à moins cependant, et cela est

---

(1) L'expression *complice* dans ces articles est prise *sensu lato* : elle désigne aussi bien les coauteurs que les complices proprement dits.

(2) Cette solution est acceptée en jurisprudence. Cass. 5 nov. 1874 (S. 75, 1, 438). Parmi les auteurs : 1° les uns l'acceptent, parce qu'ils résolvent toujours le conflit au profit de la juridiction la plus élevée : Garraud, 476 ; — 2° d'autres, parce qu'ils préfèrent la juridiction spéciale : Merlin, *Rép.* V° *Connexité*, § 4 ; — 3° d'autres, parce que, tout en préférant la juridiction de Droit commun, ils font exception à leur principe lorsque la juridiction d'exception leur paraît offrir plus de garanties à l'inculpé : Carnot, Bourguignon, Legraverend et Le Sellyer, II, 2043, 2044, qui cependant émet un doute ; — 4° d'autres parce que les attributions exceptionnelles de la 1re chambre de la Cour d'appel, du premier président, ou de la Cour de cassation ne créeraient point une *juridiction exceptionnelle* mais seulement une *compétence exceptionnelle* : Villey, p. 177. Cette dernière explication mériterait elle-même d'être expliquée.

présenté comme une exception, que le complice des justiciables du conseil de guerre ne soit un étranger.

**984.** Le second cas paraît réglé, en ce qui concerne les complices du président de la République, par le principe de l'indivisibilité des poursuites combiné avec la formule exclusive de l'art. 12 de la loi constitutionnelle du 16 juil. 1875 : « Le président de la République NE peut être mis en accusation QUE par la Chambre des députés, et NE peut être jugé QUE par le Sénat ». C'est donc la juridiction d'exception qui sera préférée dans cette hypothèse.

**985.** Mais pour le cas où il s'agit de juger un ministre, le même article n'attribue pas au Sénat une compétence exclusive; il laisse la question entière. Aussi, dans cette hypothèse, il faut faire usage de l'indication donnée par les articles précités des Codes militaires et préférer la juridiction de droit commun. D'autres textes, qui ont disparu avec les juridictions d'exception auxquelles ils se rapportaient, consacraient la même solution (1). Elle s'appuie d'ailleurs sur le principe de droit public que : nul ne peut être distrait de ses juges naturels, et sur le principe d'interprétation juridique qui prescrit de restreindre les exceptions. Enfin, il faut observer qu'une juridiction spéciale ne peut *proroger* sa compétence : elle la *créerait* si elle jugeait des personnes ou des faits autres que ceux pour lesquels elle a été instituée. Les juridictions de Droit commun, ayant au contraire une mission générale, reprennent, en vertu du titre de leur institution, les justiciables et les faits qu'une loi d'exception leur a retirés, lorsque cette loi d'exception ne pourrait s'appliquer sans aggraver l'empiétement sur leur autorité (2).— Cette question est très controversée.

Trois systèmes en plus de celui que nous venons d'exposer ont été inventés pour la résoudre. Nous allons les retrouver à propos du conflit qu'il nous reste à examiner, et nous réservons pour ce moment leur réfutation.

**986.** 3° *Conflit relatif à la compétence ratione materiæ.* — Ce conflit peut s'élever entre deux juridictions de Droit commun, ou bien entre une juridiction ordinaire et une juridiction spéciale. Il est produit par la prorogation de compétence à raison de la connexité ou de l'indivisibilité.

**987.** a) *Entre juridictions de Droit commun*, le fait le plus grave

---

(1) V. art. 559, C. i. c., sur les Cours spéciales ; art. 15, L. 20 déc. 1815, s. les Cours prévôtales.

(2) « Proroger une autorité, a dit HENRION DE PANSEY, ce n'est pas la dénaturer ; c'est l'étendre au delà de ses limites naturelles ; à cette extension près, la juridiction prorogée demeure après la prorogation ce qu'elle était avant ». *De l'autorité judiciaire*, I, p. 378. — *Sic :* F. HÉLIE, V, 2378 ; VILLEY, p. 177.

attire le moins grave. L'art. 365 contient implicitement cette solution, car il suppose que la Cour d'assises est appelée à prononcer contre un même accusé la peine d'un crime et celle d'un délit. Elle avait donc été saisie du fait le moins grave, parce qu'elle était compétente pour le plus grave. Ce premier point n'est pas contesté (1).

**988.** b) *Entre juridiction de Droit commun et juridiction d'exception*, le conflit doit être résolu d'après une distinction fondée sur la différence des effets de la connexité et de l'indivisibilité. — Si les deux infractions sont simplement *connexes*, il faut disjoindre et traduire en premier lieu le prévenu devant la juridiction compétente pour le fait le plus grave (arg., art. 60, C. J. A. T.; art. 109, C. J. A. M.); on ne comprendrait pas en effet que la connexité fût un motif suffisant, puisqu'elle n'impose qu'une jonction *facultative*, pour troubler l'ordre des juridictions et surtout pour proroger, contrairement aux règles du Droit, une juridiction d'exception (2). — Mais s'il y a indivisibilité, force est bien de réunir les deux faits dans la même poursuite et d'en attribuer la connaissance à l'une des deux juridictions en conflit.

Quelle sera cette juridiction ? Ce devra être à notre avis celle qui est instituée spécialement pour juger le fait complexe. Il serait peu juridique d'isoler un élément de ce crime, sous prétexte qu'il peut constituer une infraction de Droit commun, et d'attirer pour ce motif le délit complexe devant la juridiction ordinaire. L'examen auquel va se livrer la juridiction spéciale n'a pas d'ailleurs d'inconvénient, car elle n'apprécie l'infraction de Droit commun qu'en tant qu'élément du crime qui rentre dans sa compétence (3). Un exemple de crime indivisible dont la connaissance appartiendrait au Sénat, constitué en Cour de justice pour juger un attentat contre la sûreté de l'État, serait la dévastation, le pillage et le massacre tendant à troubler l'État (art. 91, C. p.). On ne comprendrait pas qu'on pût séparer du but politique l'intention de nuire à des particuliers qu'impliquent ces divers actes, pour déférer par le menu le fait complexe à la Cour d'assises, en le qualifiant de meurtre, assassinat, etc.

**989.** Le choix du juge, dans les conflits déterminés entre juridictions ordinaires et juridictions d'exception par la compétence *ratione personæ* ou *materiæ*, a donné lieu à des systèmes absolus qui ont la prétention

---

(1) V. F. Hélie, V, 2373 et les arrêts qu'il cite.

(2) Cette solution paraissait acceptée par la jurisprudence, même avant que les Codes de justice militaire de 1857 et 1858 soient venus la consacrer. V. les arrêts cités par F. Hélie. V, 2383. — Néanmoins la Cour des pairs en plusieurs circonstances (V. Dalloz, *Compét. crim.*, n°s 176 et 196) et le Sénat dans l'affaire *Boulanger* (14 août 1889, v. *La Loi*, 15 août), ont affirmé leur compétence à l'égard des infractions connexes.

(3) *Sic* : F. Hélie, V. 2381, et mieux, les arrêts qu'il cite.

de les résoudre, dans toutes les hypothèses, à l'aide du même procédé. — 1° Les uns, s'inspirant exclusivement de l'intérêt de la répression, accordent toujours la préférence à la *juridiction spéciale*, parce qu'elle est généralement instituée pour remédier aux défaillances des juridictions de Droit commun (1). — 2° D'autres, prenant pour seul objectif l'intérêt de la défense, préfèrent *celle des deux juridictions qui paraît offrir le plus de garanties aux accusés* (2) ; — 3°) 4°) D'autres, enfin, s'inspirant de certaines dispositions de la loi, mais en négligeant d'autres, préfèrent en toutes circonstances, soit la *juridiction de Droit commun* (3), soit la juridiction *la plus élevée* (4).

— On peut reprocher aux deux premiers systèmes d'être des conceptions purement législatives, et aux deux autres, de n'avoir fait qu'une étude incomplète des lois. — Le second tombe dans l'arbitraire, et par exemple, ses partisans ne peuvent s'accorder lorsqu'il s'agit d'apprécier si le Sénat, Cour de justice, offre plus de garanties aux accusés que la Cour d'assises (5). — Le quatrième donne un critérium d'une application impossible lorsque le conflit s'élève entre une juridiction spéciale et une juridiction de Droit commun ; car entre ces juridictions il n'y a point de hiérarchie ; elles sont parallèles, mais non supérieures ou inférieures l'une à l'autre (6). — Enfin on peut reprocher à tous ces systèmes de ne pas tenir compte des effets différents de la connexité et de l'indivisibilité.

**990. Du règlement de juges dans les conflits de juridictions.** — *a*) La procédure pénale n'admet le règlement de juges que lorsque le conflit est définitif : il faut donc que les deux juridictions aient affirmé ou nié leur compétence par des décisions ayant force de chose jugée (art. 539, C. i. c.). Il faut de plus, si le conflit est négatif, qu'il apparaisse clairement que la connaissance du procès appartenait à l'une des juridictions dessaisies. C'est en effet l'interruption du cours de la justice qui motive le règlement de juges ; or, tant qu'on n'a pas saisi le véritable juge, le cours de la justice n'est pas arrêté, puisqu'on demeure libre de porter l'affaire devant lui.

(1) MERLIN, *Rép.*, v. *Connexité*, § 4, et la note du président BARRIS qu'il rapporte.
(2) LE SELLYER, *Compétence*, II, 1111 ; DALLOZ, *Rép.*, v. *Compét. crim.*, 170, 196.
(3) F. HÉLIE, V, 2378, 2379, 2381, 2382 ; VILLEY, p. 177.
(4) GARRAUD, *Précis*, 476.
(5) En sens divers : LE SELLYER, II, 2039 ; DALLOZ, *loc. cit.*, 176.
(6) L'expression *Haute Cour*, usuellement employée pour désigner le *Sénat cour de justice*, ne peut même pas fournir un argument, puisque ce n'est pas sa dénomination légale et que la *Haute Cour* est abolie (comp. D. 5 nov. 1870 ; L. const. 16 juil. 1875, art. 12).

**991.** *b*) L'autorité compétente pour faire le règlement de juges était, avant le Code d'instruction criminelle, la Cour de cassation (L. 27 nov. 1790, art. 2 ; L. 27 vent., an VIII, art. 76). Les articles 526 et 540 ont maintenu sa compétence, *sauf pour certains conflits positifs :* ceux qui surgissent entre les juges d'instruction et les tribunaux du ressort de la même Cour d'appel. Le règlement de ceux-ci a été *décentralisé* et confié à une autorité plus rapprochée des justiciables (1). Voici ces hypothèses : 1º conflit entre juges d'instruction ou tribunaux correctionnels du même ressort : le règlement est fait par la Cour ; 2º conflit entre tribunaux de simple police du premier degré appartenant au même ressort : le règlement est fait par le tribunal correctionnel, s'ils sont situés dans le même arrondissement ; par la Cour, s'ils sont situés dans deux arrondissements différents. Le règlement de *tous les conflits négatifs* et celui des conflits positifs *dans toute autre hypothèse* revient à la Cour de cassation.

**992.** Le jugement du conflit suppose toujours une juridiction supérieure aux deux juridictions saisies : par conséquent, si le conflit s'élevait entre un tribunal correctionnel et un tribunal de simple police de son ressort, ce serait la Cour qui devrait faire le règlement. De même il semblerait que si la Cour d'appel est saisie de la même affaire en même temps qu'un juge de son ressort, le règlement du conflit devrait appartenir à la Cour de cassation ; cependant l'art. 526 s'y oppose : il appartient dans ce cas à la Cour d'appel de dessaisir elle-même le juge inférieur pour faire cesser le conflit ; mais en faisant cela elle ne procède point à un règlement de juges, elle use simplement, d'office ou sur la demande d'une des parties, de son droit d'évocation (art. 235) (2).

**993.** Le jugement du conflit n'appartient pas indistinctement à toutes les Chambres de la Cour d'appel qui constituent des juridictions pénales, mais seulement à la Chambre d'accusation, parce qu'elle a la plénitude de juridiction en matière d'instruction.

**994.** *c*) La procédure est la même, quelle que soit la juridiction chargée de faire le règlement (art. 540). La demande en règlement peut être formée par toutes les parties en cause, mais non d'office par le juge (3). Il est en effet de principe fondamental dans notre législation que le juge ne peut soumettre spontanément un point quelconque du procès à la juridiction supérieure, pas plus qu'il ne peut renvoyer la décision du litige au législateur. — La demande est instruite sommairement et *sur*

---

(1) Le Code de procédure (art. 363) a introduit une restriction analogue pour les matières civiles.

(2) *Sic*: RODIÈRE, p. 440 ; TRÉBUTIEN, II, p. 606.

(3) *Sic*: RODIÈRE p. 441 ; TRÉBUTIEN, II, p. 607, note. L'orateur du gouvernement a néanmoins affirmé le contraire (LOCRÉ, t. 27, p. 231) et son opinion est suivie par BOURGUIGNON (s. l'art. 525).

*simples mémoires* (art. 525). Cela n'exclut pas cependant les plaidoiries (arg. art. 531); mais il n'est rien passé en taxe pour cet objet. — La juridiction à laquelle est soumise la demande peut procéder de deux manières : 1° elle peut statuer immédiatement, *sur requête*, c'est-à-dire sans provoquer les explications du défendeur. Celui-ci peut dans ce cas faire *opposition* au règlement s'il est partie privée, parce qu'à son égard ce règlement a eu lieu par défaut (art. 533). — 2° Elle peut aussi ordonner la communication de la requête et des pièces aux autres parties en cause. A cet effet elle rend un arrêt ou jugement de *soit communiqué*. La notification de cet arrêt aux parties, ainsi que l'opposition dans le cas précédent, emportent de plein droit sursis au jugement du procès, mais les actes d'instruction et les procédures conservatoires peuvent être continués (art. 531).

**995.** *d*) Le rejet de la demande en règlement de juges expose la partie privée qui l'a formée à une condamnation à une amende de trois cents francs au maximum, dont moitié est attribuée à l'autre partie privée (art. 541). L'autorité qui procède au règlement d'un conflit positif maintient ou annule les actes faits par le juge qu'elle dessaisit. Elle jouit à cet égard d'un pouvoir souverain d'appréciation (art. 536) (1). — Au cas de *conflit négatif*, l'annulation du jugement ou de l'ordonnance par laquelle un des juges s'était mal à propos déclaré incompétent fait revivre toute la procédure que cette décision avait anéantie.

**996.** *e*) Les voies de recours contre l'arrêt ou le jugement qui a fait le règlement de juges sont : l'opposition, si la décision est intervenue sur requête ; le pourvoi en cassation, si elle est intervenue après un *soit communiqué* ordonné par le tribunal ou par la Cour d'appel (2).

### B. *Conflit d'attributions.*

**997.** Ce conflit existe toutes les fois que l'autorité administrative revendique le droit de juger une affaire dont se trouve saisie l'autorité judiciaire : c'est le conflit *positif* ; — et toutes les fois aussi qu'une juridiction relevant de l'autorité judiciaire et une juridiction administrative se sont déclarées incompétentes relativement à une affaire qui rentre cependant dans la compétence de l'une ou de l'autre : c'est le conflit *négatif*.

**998.** 1° *Conflit positif.* — Dans l'ancien Droit le conflit positif pouvait être élevé pour protéger *la personne des administrateurs* contre l'autorité judiciaire, aussi bien que pour soustraire à cette autorité l'*appréciation d'un acte administratif* (3). La garantie administrative, formu-

(1) *Sic* : RODIÈRE, p. 446.
(2) *Sic* : RODIÈRE, p. 448.
(3) V. le Rapport de M. DE CORMENIN qui précède l'ord. de 1828.

lée par l'art. 75 de la constitution de l'an VIII et sanctionnée par l'art. 129, C. p., réduisit ce conflit à la protection des actes du fonctionnaire. L'ordonnance du 1er juin 1828 a restreint son application en matière pénale : elle défend de l'élever si la matière est *criminelle* et ne l'autorise que dans deux cas en matière *correctionnelle*, savoir : 1° si la répression du délit est attribuée à l'autorité administrative (*exemple :* les contraventions de grande voirie, L., 30 mai 1851, art. 17) ; — 2° si le jugement à rendre par le tribunal correctionnel dépend de la solution d'une question préjudicielle administrative (*exemple :* dans un délit forestier, la question de *défensabilité* du bois ; dans un délit de pêche, la question de *navigabilité* de la rivière). — L'ordonnance de 1828 ne dit rien de la matière de simple police : on l'a jugée trop peu importante pour mériter un arrêté de conflit. Le conflit ne peut donc point être élevé en cette matière (1). Cette ordonnance est-elle encore en vigueur ; ou bien les préfets ont-ils toute liberté d'élever le conflit en matière criminelle et correctionnelle comme en matière civile ? Nous avons déjà dit que cela dépendait de la portée qu'on donne au décret du 19 septembre 1870 par lequel a été abrogée la garantie administrative (2).

999. Les formalités prescrites pour élever le conflit, l'organisation du *tribunal des conflits* chargé de statuer sur le règlement de juges et la procédure devant ce tribunal font partie du Droit administratif.

1000. L'arrêté de conflit pris par le préfet oblige le juge à surseoir, jusqu'à ce que le tribunal des conflits l'ait dessaisi au profit de l'autorité administrative, ou ait maintenu sa saisine en annulant l'arrêté du préfet (art. 27, L. 21 fruct. an 3 ; art. 12, ord. 1828). La sanction de cette obligation est dans l'art. 128 du Code pénal. Mais si l'on considère l'ordonnance de 1828 comme encore en vigueur, le juge n'est pas obligé de surseoir devant un arrêté de conflit qui serait pris contrairement aux dispositions de cette ordonnance.

1001. 2° *Conflit négatif.* — Il ne donne pas lieu à un arrêté de conflit. Les parties intéressées forment la demande en règlement de juges ; mais dans cette procédure administrative on admet que le ministre de la justice est au nombre des parties intéressées (3).

(1) *Sic* : Cons. d'État, 16 juill. 1846.
(2) V. *Suprà*, n° 794.
(3) *Sic* : Aucoc, *Dr. adm.* I, 414.

# CHAPITRE II

## DE LA SAISINE DU JUGE D'INSTRUCTION

**1002. Par qui et comment le juge d'instruction est saisi.** — Le juge d'instruction est régulièrement saisi par le ministère public, ou par la partie civile, et exceptionnellement par le renvoi d'une autre juridiction ou par le fait lui-même s'il est flagrant. — Nous exposerons ce quatrième mode de saisine dans le chapitre V, en étudiant les dérogations que le flagrant délit apporte aux règles ordinaires de l'instruction préparatoire. L'exposé du troisième mode serait aussi prématuré à cette place, car il suppose connues des matières dont nous n'avons point parlé ; nous le ferons incidemment dans l'étude du développement de la procédure devant les autres juridictions pénales : chambre d'accusation (art. 235, 250), tribunal de simple police (art. 160, 182), tribunaux correctionnels (art. 193, 214) ; Cour d'assises (art. 361, 379). Il ne nous reste donc à traiter ici que des deux premiers modes de saisine.

**1003.** *a)* Le procureur de la République est le seul membre du ministère public qui puisse saisir le juge d'instruction, parce qu'il fait partie comme lui de la juridiction de première instance. Il agit de sa propre initiative ou sur l'ordre de ses supérieures hiérarchiques. S'il reçoit de la partie lésée une plainte avec constitution de partie civile, il doit aussi la transmettre avec un réquisitoire au juge d'instruction (art. 64). Mais ses réquisitions ne saisissent pas, dans ce cas, ce magistrat, parce que l'action publique a déjà reçu son impulsion par la constitution de partie civile, comme nous allons le démontrer ; elles font simplement connaître son avis sur la suite à donner à la demande de la partie civile qui réclame une instruction préparatoire.

**1004.** Le réquisitoire *à fin d'informer*, ou *introductif*, énonce le fait matériel, le lieu et la date approximative où il a été commis ; il qualifie le délit, vise l'article de loi qui paraît s'y appliquer et désigne l'individu soupçonné, s'il est connu. On y joint d'ordinaire les procès-verbaux et rapports qui ont constaté ou signalé le délit. L'omission de ces formes n'est pas d'ailleurs irritante, l'art. 47 ne les prescrivant point. L'indication du lieu et de la date paraissent cependant indispensables pour permettre au juge d'instruction d'apprécier s'il y a lieu d'ordonner *qu'il soit informé*.

**1005.** *b)* Le juge d'instruction peut encore être saisi par la partie lésée, lorsqu'elle se constitue partie civile dans la plainte ou par acte subséquent (art. 63, 66). La plainte simple ne suffirait pas, mais la constitution de partie civile porte l'action civile devant la juridiction d'instruction et la saisit par contre-coup de l'action publique (arg. art. 3 et 182). Ce mode de saisine est contesté. Deux écoles sont en présence. L'une, jalouse des prérogatives du ministère public, veut lui réserver le droit exclusif de requérir une instruction. L'autre, s'inspirant d'idées plus larges, entend que tous les citoyens puissent réclamer dans l'intérêt de leur cause le secours d'une information préalable. Il est bon de consulter les précédents historiques pour découvrir la pensée du législateur de 1808. Sous le Code de l'an IV, les plaintes et les dénonciations régulièrement signées rendaient leurs auteurs parties au procès pénal. Le juge d'instruction d'alors (*le juge de paix*) était tenu d'informer et de décerner le mandat qu'ils requéraient, sinon ils appelaient de son refus devant la juridiction d'instruction du second degré (*Directeur du jury*) (1). Le Code d'instruction criminelle a réduit les dénonciations à la valeur d'un simple renseignement. Il a distingué la plainte de la constitution de partie civile. La plainte simple est assimilée à la dénonciation ; mais la constitution de partie civile rend le plaignant partie au procès pénal. Voilà ce qu'indiquent les précédents. — La combinaison des textes et des principes conduit à la même solution : la constitution de partie civile résulte de « conclusions en dommages-intérêts » (art. 66). C'est donc bien l'action civile que le plaignant porte devant le juge d'instruction. Mais ce magistrat, en tant que juridiction pénale, ne peut être saisi de l'action civile sans l'être en même temps de l'action publique (art. 3). Par conséquent, reconnaître au plaignant le droit de saisir le juge d'instruction de l'action civile, c'est lui donner implicitement la faculté de porter devant ce magistrat l'action publique, puisque celle-là ne va point sans celle-ci.

**1006.** On a objecté que l'art. 70 oblige le juge d'instruction à *communiquer* la plainte au procureur de la République, *pour être par lui requis ce qu'il appartiendra*. Par conséquent, dit-on, les réquisitions du ministère public sont nécessaires pour que l'instruction préparatoire puisse commencer. *Communiquer*, répondrons-nous, ce n'est pas *transmettre :* on rend ce qu'on communique ; le parquet ne peut donc retenir la plainte. Cette communication se justifie par la surveillance que le ministère public exerce sur l'instruction (art. 61). Il doit y répondre et rendre les pièces dans les vingt-quatre heures (*ibid.*). — On a objecté encore que l'action publique ne doit pas s'exercer en dehors du ministère public et malgré lui (2). La thèse est plutôt législative que juridique, car s'il y a crime flagrant, la poursuite d'office par le juge d'instruction a

---

(1) C. an IV, art. 90, 94, 97, 98, 100 ; et D. en forme d'instruction p. la proc. crim. du 29 sept. 1791.

(2) Rapport de M. Dauphin au Sénat s. le projet de réforme du C. d'inst. crim.

lieu malgré l'inertie du procureur de la République. L'action publique s'exerce également en dehors du ministère public et malgré lui dans tous les cas où d'autres juridictions, qui découvrent un crime ou un délit, en saisissent le juge d'instruction ou le répriment séance tenante. Il n'y a donc rien d'étonnant à ce que l'intérêt privé, lésé par l'infraction, ait paru suffisant pour permettre aux particuliers de requérir une instruction préalable. — Qu'on le remarque bien : retirer ce droit à la partie civile, ce serait lui enlever la compétence de la juridiction pénale en matière criminelle si le ministère public refuse de poursuivre, car elle n'a point la faculté de citer directement un accusé devant la Cour d'assises, comme elle peut citer un prévenu devant le tribunal correctionnel ou de simple police. — Le refus du ministère public pourrait de plus causer l'extinction de l'action civile en empêchant d'accomplir devant la juridiction pénale les actes d'instruction ou de poursuite, qui seuls, comme nous le verrons, peuvent interrompre sa prescription. — Enfin on ne tient pas compte, dans l'opinion contraire, ni de l'harmonie des dispositions du Code qui établissent pour la partie civile un droit de poursuite parallèle à celui du ministère public, ni de l'art. 67 qui autorise le plaignant à se porter partie civile *en tout état de cause*, et par conséquent au début même de l'instruction qu'il provoque par sa constitution (1).

**1007.** Il importe peu que la plainte portant constitution de partie civile ait été adressée au juge d'instruction lui-même ou bien au procureur de la République et à ses auxiliaires ; ceux-ci, en effet, quand la plainte contient une constitution de partie civile, ne sont que des intermédiaires chargés de la transmettre au juge d'instruction.

**1008. De quoi le juge d'instruction est saisi.** — Le juge d'instruction est saisi de l'action publique et, s'il y a lieu, de l'action civile contre tous les auteurs et complices du fait qui lui est dénoncé.

Il est d'abord saisi des deux actions dès qu'il y a partie civile en cause. Peu importe que celle-ci ait pris l'initiative des poursuites ou qu'elle soit intervenue dans la poursuite intentée par le ministère public. Certains auteurs ont écrit qu'il n'était jamais saisi que de l'action publique. Mais c'est une méprise : la mission des juridictions d'instruction est de rechercher les preuves du fait et de la culpabilité, et de saisir, s'il y a lieu, la

(1) *En notre sens:* F. HÉLIE, I, 516 et s. ; IV, 1711, 1722 ; V, 2105 ; ORTOLAN. *Élém. de dr. pén.*, II, 2191 ; CARNOT, *s. l'art.* 63 ; BOURGUIGNON, I, p. 466 ; LEGRAVEREND, I, p. 7 ; TRÉBUTIEN, II, p. 39 ; HAUS, II, 1142 ; MORIN, V° *Act. pub.*, 6 ; DUVERGER, *Man. des j. d'Inst.*, I, 111, 120 ; III, 505 ; GARRAUD, 403, B. ; 426, *a.* etc., etc. Ord. du 1er président de Bordeaux, 11 août ; de Poitiers, 19 sept. ; de Pau, 15 nov. d'Aix, 16 nov. 1880 (D. 81, 2, 33 ; 81, 3, 20) ; C. de Paris, 2 janv. 1883 (GUILLOT, *op. cit.*, p. 75) ; C. de Bordeaux, 22 déc. 1881 (S. 82, 3, 57). — *Contrà* : Ord. du 1er prés. de Douai, 16 août 1880 ; C. de Nîmes, 6 nov. 1882 (S. 83, 2, 89), et VILLEY, p. 203, qui se méprend absolument sur le sens d'un discours de Cambacérès.

juridiction de jugement qui paraît compétente. Ces deux points étant communs à l'action publique et à l'action civile, on a cru que les juridictions d'instruction n'étaient saisies que de celle-là.

**1009.** Le juge d'instruction est saisi en second lieu du *fait* dénoncé et non de la poursuite contre tel ou tel individu dénommé dans le réquisitoire introductif ou dans la plainte. L'instruction préparatoire a lieu *in rem* et non *in personam*. Il ne peut, de sa seule autorité, étendre ses recherches à un nouveau fait distinct du fait dénoncé, alors même qu'il lui serait connexe. Mais il instruit, sans nouveau réquisitoire, sur tous les délits qui constituent des circonstances aggravantes de l'infraction dénoncée, sur tous les faits constitutifs d'une habitude, sur toutes les répétitions du même délit en exécution de la même résolution criminelle, pour atteindre le même but, et contre tous les coauteurs et complices de l'infraction dénoncée. Cette distinction, admise par la pratique, sans qu'un texte l'ait imposée expressément, est une application judicieuse des théories de l'indivisibilité et de la connexité. — On a contesté cependant que le juge d'instruction ait le droit d'inculper des individus que ne lui désignait pas le procureur de la République (1). Mais s'il en était ainsi le juge d'instruction ne serait saisi que d'une partie de l'action publique. On rétablirait, en outre, au profit des parquets les lettres d'abolition individuelle par lesquelles le roi arrêtait autrefois le cours de la justice; c'est le favoritisme qu'on introduirait dans la loi à la place de la justice. La désignation des individus soupçonnés, faite par le procureur de la République ou par le plaignant, ne peut donc être qu'*indicative* (2).

**1010.** Bien que le juge d'instruction ne puisse se saisir d'autres faits sans un nouveau réquisitoire ou sans une nouvelle plainte, il doit cependant *constater* dans ses procès-verbaux tout ce qu'on lui déclare et tout ce qu'il découvre quant à des crimes et délits étrangers à la poursuite, et en donner avis sur-le-champ au procureur de la République (art. 29).

---

(1) Mangin, I, 20 ; De Molènes, *Tr. prat. des fonct. du proc. du roi*, I, p. 310-312; Dalloz, *Rép.* v° *Inst. crim.* 443 ; Douai, 6 juin 1874 (S. 75, 2, 2.)

(2) *Sic* : op. générale ; F. Hélie, IV, 1621-1622 et les auteurs qu'il cite ; Garraud, 506, 1° ; Gilbert, *Code inst. crim. annoté*, art. 61, n° 15 ; Rolland de Villargues, *id.* art. 61, n° 7 ; art. 91, n° 12 ; Duverger, *op. cit.* I, 122 ; *J. du Droit crim.*, t. VIII, p. 39 ; *Le Droit*, 21 sept. 1836 ; *Gaz. Tribunaux*, mai 1881, etc. Comp. *Projet du Gouvernement* (art. 36) et *projet de la commission de la Chambre* (art. 49). — *Contrà* : *Projet voté p. le Sénat* (art. 50).

# CHAPITRE III

### DES ACTES QUI TENDENT A RASSEMBLER LES PREUVES

**1011.** Le juge d'instruction, qui a vérifié sa compétence et qui s'est déclaré saisi, va procéder à deux sortes d'actes : les uns tendent à rassembler les preuves, les autres à s'assurer de la personne de l'inculpé. Les premiers, dont il va être traité dans ce chapitre, sont : 1° les constatations matérielles, — 2° l'audition des témoins, — 3° l'interrogatoire de l'inculpé. Nous allons les étudier sous trois sections différentes.

#### I. — DES CONSTATATIONS MATÉRIELLES.

**1012. I. Transport sur les lieux et procès-verbal de constat.** — Généralement les constatations matérielles se font à la suite d'un *transport sur les lieux*, et c'est par là que commence habituellement une procédure criminelle, si le crime est flagrant. L'art. 62 semble faire un devoir au juge d'instruction de ne se transporter qu'accompagné du procureur de la République et du greffier du tribunal ; mais sa formule impérative a seulement pour but de donner plus de poids à la réquisition que le juge d'instruction leur adresse lorsqu'il estime qu'il est opportun de se transporter : l'art. 88 lui donne en effet le droit de se transporter d'office. Il ne faut pas non plus attacher d'importance aux termes impératifs de ce dernier article : « Le juge d'instruction se *transportera* s'il en est requis... » Ce magistrat en effet est une juridiction ; il apprécie, il ne cède pas sans examen aux réquisitions qu'on lui adresse. La loi a supposé l'accord des deux magistrats sur l'utilité du transport. Si le procureur de la République refuse de se rendre à la réquisition du juge d'instruction, celui-ci se transportera seul, car l'assistance du ministère public n'est pas indispensable (art. 88).

**1013.** Celle du greffier est nécessaire sans doute pour la régularité des actes que va faire le juge d'instruction, mais il importe peu que ce soit le greffier du tribunal, un commis-greffier assermenté, ou bien le greffier de la justice de paix du canton où il se transporte (1). Le juge peut même assermenter d'office un citoyen, âgé de 25 ans, qui lui servira de greffier (2). Le rôle de cet officier public n'est pas seulement de tenir la

---

(1) Décisions ministérielles, rapportées par DE DALMAS, *Frais de just. crim.*, p. 268.
(2) Ord. 1670, tit. VI, art. 6, 7 ; JOUSSE, II, p. 83, III, p. 150 ; L. 16 août 1797,

plume ; un ancien auteur l'appelait « le témoin de ce que fait le juge » (1). Il a le contrôle des faits matériels, mais pas celui des inductions qu'en tire le magistrat. Sa signature doit se trouver à côté de celle du juge et sur tous les procès-verbaux de l'instruction.

**1014.** Tout transport est suivi d'un *procès-verbal de constat* décrivant le corps du délit et l'état des lieux (art. 32). On appelle *corps du délit* la chose portant les traces matérielles de l'infraction et qui peut en fournir la preuve.

Souvent l'examen du corps du délit exigera des connaissances spéciales, de là la nécessité de recourir à des « personnes présumées par leur art ou profession capables de l'apprécier » (art. 43), c'est-à-dire à des *experts*.

**1015. II. Expertises.** — Le Code détermine le nombre des experts : *un* ou *deux* (art. 43) ; mais il est certain que si les deux experts nommés sont d'un avis différent, la nomination d'un tiers expert devient nécessaire. Avant de procéder aux recherches que leur indique le juge, les experts doivent prêter devant lui le serment « de faire leur rapport et de donner leur avis en leur honneur et conscience » (art. 44). Peuvent-ils refuser leur concours ? La pratique résout la question par une distinction : s'il n'y a pas flagrant délit, ils sont libres ; s'il y a flagrant délit, ils doivent déférer à la réquisition, sous la sanction de l'art. 475, 12º du Code pénal, qui punit d'une amende de six à dix francs « ceux qui, le pouvant, auront refusé de faire les travaux, le service... dont ils auront été requis ; dans les circonstances..... de flagrant délit, etc. » (2). Il y a cependant quelque chose d'étrange à vouloir contraindre un homme à concourir à une œuvre purement intellectuelle, à donner un avis et, en quelque sorte, à rendre un jugement ?

**1016.** L'expertise ne porte pas toujours sur des choses ou sur des cadavres ; il peut être nécessaire de procéder à la visite corporelle du plaignant ou de l'inculpé. Le juge d'instruction a le *droit* d'assister à toutes les opérations des experts, parce qu'il a le droit de constater par lui-même le corps du délit. Il s'en abstient cependant, en pratique, lorsque ces constatations sont de nature à alarmer la pudeur des personnes sur qui elles sont faites (3).

**1017.** Comme tous les autres actes d'instruction, l'expertise est un

---

tit. IX, art. 2 ; L. 16 vent. an XI, art. 1er ; L. 20 av. 1810, art. 64, 65, ou arg. de ces textes.

(1) Bruneau, *Maximes s. les mat. crim.*, p. 67.
(2) Solution implicite, Cass. 7 fév. 1867 (D. 67, 1, 191) ; 18 déc. 1875 (D. 76, 1, 162).
(3) Sous cette réserve, la loi ne devrait-elle pas exiger la présence du magistrat aux expertises ? Dans le sens de l'*affirmative*, voir, en Allemagne, le *règlement sur les autopsies*, art. 1, 10, 27 (Guillot, *op. cit.*, p. 211).

acte non contradictoire et secret relativement à l'inculpé et à la partie civile : ils n'ont le droit ni de la requérir, ni d'avoir un expert à eux; ils ne sont même pas informés qu'elle se fait. Seul le ministère public, parce qu'il a la surveillance de l'instruction préparatoire, peut requérir l'expertise, faire opposition à l'ordonnance qui la refuse, et se rendre compte de son résultat en demandant la communication du dossier (1).

**1018. III. Perquisitions et saisies.** — Le juge d'instruction est armé de pouvoirs presque sans limite pour rechercher et saisir les pièces *à conviction* et *à décharge*. La loi se borne à prescrire la présence de l'inculpé ou de son fondé de pouvoir à ces opérations (art. 39 et 89, comb.) (2). Sur son refus de venir et de se faire représenter, on passe outre. — La perquisition au domicile d'un particulier, fût-il inculpé, ne peut *commencer* la nuit sans son consentement (art. 76, const. an VIII), mais elle peut être continuée pendant la nuit si elle a été commencée de jour. On ne considère pas comme un domicile privé les maisons où le public est reçu, tels que cafés, hôtels garnis (3).

**1019.** La saisie des papiers ailleurs qu'au domicile de l'inculpé a soulevé une controverse assez obscure par suite des nombreuses restrictions que les auteurs apportent au principe qui semble être leur point de départ. Théoriquement on comprend deux systèmes : l'un qui autorise ou refuse la saisie suivant le *lieu* ou la *qualité des personnes* chez qui la perquisition doit être faite ; — l'autre qui distingue d'après la *nature des papiers* à saisir. Le premier aurait cet avantage d'empêcher le juge d'instruction de prendre connaissance des papiers qu'il n'a pas le droit de saisir; mais, contrairement à notre Droit public, il crée des lieux d'asile : le cabinet de l'avocat, les bureaux de poste, les maisons des personnes non inculpées seraient en effet, dans ce système, à l'abri des perquisitions. Le second système rend tous les lieux accessibles au juge d'instruction; mais la saisie ne pourrait porter que sur des papiers ayant le caractère d'*actes publics ou privés*, et non sur des *notes* ou sur des *lettres*. Ce second système évite l'inconvénient du premier, mais il présente celui que le premier évite. Ni l'un ni l'autre, d'ailleurs, ne sont passés dans la loi. Les art. 87 et 88 autorisent en effet le juge d'instruction à *pénétrer partout* et à *tout saisir*. Ses droits n'ont d'autre limite que

---

(1) Dans la réforme en élaboration législative on est d'accord pour admettre le contrôle des expertises, au moins par un expert choisi par l'*inculpé*.

(2) Le projet de la commission de la Chambre, par suite d'une fausse interprétation de la loi, se borne à prescrire la présence de l'inculpé aux perquisitions *faites dans son domicile*.

(3) Faut-il entendre, par *nuit*, la nuit légale dont la durée est déterminée par le Code de procédure, art. 1037 ; ou bien l'espace de temps compris entre le coucher et le lever du soleil ? — Dans le premier sens : Trébutien, II, 224 ; Garraud, 512, note ; — dans le second : F. Hélie, *Prat. crim.*; I, 177.

le respect dû au secret de la défense : la justice peut suspendre pendant quelque temps les communications de l'inculpé et de son conseil, mais elle n'a pas le droit d'y assister, et par conséquent elle n'a le droit ni de lire, ni de saisir les lettres qui sont échangées entre eux. Dans la pratique, voici comment fonctionne cette exception : un détenu écrit à un avocat; la seule qualité du destinataire empêche la saisie. Un détenu reçoit une lettre portant sur l'enveloppe le timbre de l'avocat ; il en est de même. Dans une perquisition faite chez un avocat, on trouve un dossier ou des notes que celui-ci affirme avoir reçus de telle ou telle personne à titre confidentiel et pour servir à sa défense devant une juridiction quelconque ; ces papiers sont insaisissables. Et ce que nous disons de l'avocat s'applique à l'avoué, au notaire, même aux agents d'affaires, à toute personne, en un mot, qui par sa profession est appelée à être dépositaire des secrets d'autrui. Le seul moyen de lever l'obstacle qui empêche la saisie, c'est d'inculper ce dépositaire comme complice ; mais encore faut-il qu'il y ait des charges ; et le juge d'instruction qui recourrait à ce procédé uniquement pour tourner la loi pourrait être pris à partie (art. 505-506, C. proc.) (1).

**1020.** Des auteurs ont voulu résoudre la question de la saisie des lettres à la poste en tenant compte de la propriété de ces lettres : seules les lettres adressées au prévenu seraient saisissables, parce qu'elles lui appartiennent avant même de lui être remises ; celles qu'il adresse à des tiers et celles que les tiers échangent entre eux seraient insaisissables (2). Mais ce système se heurte aux art. 87 et 88 qui autorisent le juge d'instruction à saisir « tous les objets qui seront jugés utiles à la manifestation de la vérité » sans distinguer à qui ils appartiennent.

**1021.** D'autres auteurs permettent de saisir à la poste les lettres adressées au prévenu et celles adressées par lui à des tiers, parce que ces lettres pourraient se trouver, à un moment donné, à son domicile. On ajoute, ce qui est exact, que la perquisition n'étant pas une mesure de police, mais une mesure d'instruction, il faut avoir quelque indice qu'en ouvrant une lettre on y trouvera une pièce à conviction. Or, dit-on, il est impossible d'avoir cet indice pour la correspondance échangée entre deux tierces personnes (3). — A cela, on répond que l'art. 88 renvoie à l'art. 87 simplement pour éviter la définition des pièces à convic-

---

(1) *Sic* : Jurisprud. V. Cass. 21 nov. 1853 (ch. réun.) ; 12 nov. 1886. Le premier de ces arrêts admet sans aucune restriction la saisie de la correspondance à la poste ; le second défend la saisie des lettres que l'inculpé adresse à son défenseur, même avant qu'elles lui soient parvenues.
(2) *Sic* : VILLEY (S. 85, 1, 293, note); GARRAUD, *Dr. pén. franç.*, 323, *a*.
(3) *Sic* : F. HÉLIE, IV, 1820. C'est aussi le système des projets du Sénat et de la commission de la Chambre. Théoriquement, ce système est préférable.

tion, mais nullement pour dire qu'on peut saisir *ailleurs* les choses qu'on aurait pu trouver *à son domicile*. Quant au second argument, sa réfutation résulte de l'art. 88, qui abandonne sans réserve au juge d'instruction le droit d'apprécier s'il trouvera ailleurs qu'au domicile du prévenu les pièces à conviction.

**1022.** Enfin, d'autres auteurs nient la légalité de toutes les saisies à la poste, se fondant sur l'inviolabilité du secret des lettres, formulée par le décret du 10 août 1790 et sanctionnée par l'art. 187, C. p. (1). — Mais il est impossible d'admettre une antinomie entre le droit absolu de perquisition et de saisie que les art. 87 et 88, C. i. c. accordent au juge d'instruction et la restriction qu'y apporterait l'art. 187, C. p.; les deux Codes ont été élaborés concurremment et sont entrés en même temps en vigueur le 1er janvier 1811. La contrariété de leurs dispositions serait invraisemblable. D'ailleurs, dans le langage usuel, les mots *fonctionnaire, agent du gouvernement*, employés par l'art. 187, ne désignent point le juge d'instruction qui est un *magistrat*.

II. — DE L'AUDITION DES TÉMOINS.

**1023. Qui peut être appelé comme témoin.** — Le juge d'instruction jouit d'un pouvoir discrétionnaire pour faire citer devant lui toute personne qu'on lui indique, ou qu'il présume avoir connaissance de l'infraction et de ses circonstances (art. 71). Son refus d'entendre un témoin indiqué ne peut être critiqué que par le ministère public. — Il n'y a pas d'incapacités de témoigner dans l'instruction préparatoire (2) : l'esprit du Code d'instruction criminelle est de remettre à la prudence du juge d'instruction tout ce qui regarde la défense de l'inculpé. Par suite, il n'y a pas non plus devant lui de faux témoignage punissable (3). Mais si le faux témoignage avait pour résultat de faire prolonger la détention préventive de l'inculpé ou de le faire traduire devant une juridiction de jugement, il deviendrait un délit civil que le faux témoin serait tenu de réparer (art. 1382, C. civ.). — Quelque haut placé que soit un personnage il doit son témoignage à la justice lorsqu'elle le réclame. Les art. 510 à 517 du Code d'instruction criminelle, complétés par le décret du 4 mai 1812, indiquent seulement pour ce cas des formes spéciales. Leurs dispositions, implicitement modifiées par notre organisation politique actuelle, ne s'appliquent plus aujourd'hui qu'aux grands dignitaires, au nombre et en tête desquels se trouvent le président de la République et les ministres.

(1) *Sic* : MANGIN, I, p. 162.
(2) *Sic* : Cass. 10 oct. 1817.
(3) V. l'application de l'art. 361, C. p. V. *suprà*, n° 120.

L'autorisation du chef de l'État prescrite pour l'audition de ces *témoins* privilégiés ne paraît plus nécessaire.

**1024. Comment sont appelés les témoins.** — Les textes exigent une citation. Le juge d'instruction rend à cet effet une ordonnance, qualifiée de *cédule*, dans laquelle il prescrit l'assignation des témoins, et le procureur de la République la fait exécuter (art. 72 et 28). La pratique admet la convocation des témoins par simple lettre et même verbalement. Mais le juge d'instruction devrait-il entendre un témoin qui se présenterait spontanément ? Le Droit romain et l'ancien droit niaient la validité d'un tel témoignage ; l'empressement du témoin le faisait considérer comme suspect de partialité (1). Cette solution doit être maintenue, bien qu'elle se rattache à la théorie des preuves légales. Sans doute le Droit moderne laisse, en général, le juge de répression libre de croire ou de ne pas croire à la preuve fournie, mais il l'assujettit à des règles fixes dans la méthode à employer pour recueillir ou pour laisser administrer la preuve. Le pouvoir d'appréciation du juge quant à la force probante d'un moyen de preuve ne peut s'exercer qu'à la condition que ce moyen de preuve soit recevable en la forme. Seul le président des assises, en vertu de son pouvoir discrétionnaire (art. 268, 269), peut lever l'obstacle résultant du défaut de recevabilité (2).

**1025. Formes de l'audition des témoins.** — Les formes de l'audition des témoins sont réglées par le Code et par des articles de l'ordonnance que l'usage maintient :

1º Les témoins représentent la citation afin de se faire connaître et prêtent serment « de dire toute la vérité et rien que la vérité » (art. 74, 75). Peuvent être dispensés du serment les mineurs de 15 ans (art. 79). Ne sont pas admis à le prêter ceux qu'une condamnation a privés du droit d'être entendus en justice sous la foi du serment.

2º Le juge indique sommairement le point sur lequel le témoin doit déposer, car la citation n'en dit rien par mesure de prudence.

3º Il laisse parler le témoin sans l'interrompre ; puis il lui fait les questions et les objections susceptibles de l'aider à compléter ou à rectifier certaines parties de sa déposition (3).

---

(1) *Sic* : nov. 90, cap. 2 ; — Jousse, I, p. 729 ; Muyart, II, p. 129 ; Pothier, *Proc. crim.*, sect. 2, art. 5, § 2.

(2) *Sic* : op. unanime en doctrine, Carnot, I, p. 334,340 ; Legraverend, I, p. 256 ; Mangin, I, p. 495 ; F. Hélie, IV, 1834 ; Rodière, p. 80 ; Trébutien, II, p. 236 ; Boitard, 595 ; Garraud, 514, 1º ; Dalloz, *Rép.* vº *Témoins*, 328 ; Duverger, II, 255. — Le projet du gouvernement et celui du Sénat admettaient la convocation par *lettre chargée ;* celui de la commission de la Chambre rétablit la nécessité de la citation (art. 74).

(3) C'est une maxime traditionnelle que « les dépositions ne doivent pas être reçues par interrogatoire » Jousse, II, 85. Les projets du Sénat et de la Commis-

4° La déposition est écrite par le greffier sous la dictée du juge. Le greffier en donne lecture au témoin et le juge lui demande s'il y persiste. Puis elle est revêtue des trois signatures, du juge, du greffier et du témoin. Si celui-ci ne sait ou ne peut signer, il en est fait mention : chaque page en outre porte les deux premières signatures (art. 76). L'art. 76 parle d'un *cahier d'information* ; mais l'usage y a substitué des feuilles séparées pour chaque déposition ; ce qui les rend plus faciles à classer.

5° Les interlignes sont prohibés ; les ratures et renvois doivent être approuvés à peine de nullité (art. 78). Les surcharges sont assimilées aux ratures (1). Toutes ces règles destinées à assurer l'authenticité du procès-verbal qui relate le témoignage sont applicables aux autres procès-verbaux de la procédure pénale (2).

6° Le juge d'instruction, assisté de son greffier, entend les témoins secrètement, hors de la présence de toute partie. L'art. 73 semble n'exclure de cette audition que le prévenu, mais c'est là un accident de rédaction qui s'explique historiquement : cet article a reproduit une formule employée par la loi du 7 pluv. an IX uniquement pour réformer la législation antérieure (C. an IV, art. 115) qui autorisait expressément le prévenu à assister à l'audition des témoins, et non pour donner au ministère public et à la partie civile le droit d'assister à une audition dont l'inculpé serait exclu (3). — Cependant certains auteurs admettent que le ministère public peut assister en toute occurrence à l'audition des témoins (4). — D'autres ne lui reconnaissent ce droit que pour les dépositions reçues au cours d'un transport de justice (5). Mais les arguments qu'ils tirent de certains textes (art. 80 ; art. 32 et 62 comb.) ne sont rien moins que probants. Leurs systèmes établiraient d'ailleurs entre l'accusation et la défense une inégalité de situation contraire à l'équité.

**1026. Mesures à prendre contre les témoins défaillants ou qui refusent de déposer.** — Le témoin régulièrement cité qui ne comparaît pas, doit faire valoir une excuse que le juge d'instruction apprécie

---

sion de la Chambre la formulent expressément. — *Comp.* C. allemand, art. 68 ; C. autrichien, art. 167.

(1) Cass. 16 juil., 17 déc. 1835.
(2) Cass. 13 déc. 1838.
(3) F. Hélie, IV, 1859 ; Garraud, 514, 2° ; Villey, p. 312.
(4) Rodière, p. 82 ; Trébutien, II, 237.
(5) Duverger, II, 286. — Le projet du gouvernement et celui de la Commission de la Chambre sont revenus à la méthode *contradictoire* : le ministère public, la partie civile, l'inculpé et leurs conseils auront le droit d'assister à l'audition des témoins et à la rédaction de leurs dépositions, sans toutefois pouvoir ouvrir un débat devant le juge. Mais il leur sera permis de poser des questions par l'intermédiaire du juge et de faire insérer une protestation au procès-verbal, si celui-ci refuse de les poser (art. 78 et 50, proj. de la com.). Cette heureuse innovation avait été rejetée par le Sénat.

souverainement. Si l'excuse est accueillie, l'audition de ce témoin sera ajournée, ou bien le juge se transportera auprès de lui pour recueillir sa déposition, ou bien il l'enverra recueillir par un autre officier de police judiciaire commis rogatoirement à cet effet (art. 83). Si l'excuse est rejetée, le témoin sera condamné à une amende de *seize* à cent francs, prononcée par le juge d'instruction, sans formalité ni délai et sans appel, sur les conclusions du procureur de la République ; le juge pourra décerner en outre contre lui un *mandat d'amener* (art. 80, 92, comp. art. 269). S'il y a eu faux certificat de maladie produit ou excuse reconnue fausse, en plus de l'amende prononcée par le juge d'instruction pour la non-comparution, le témoin et le médecin seront mis par lui sous mandat de dépôt jusqu'à leur jugement par le tribunal correctionnel (art. 86, C. i. c. ; 159, 160, 236, C. p.). — Le juge d'instruction peut relever de l'amende le témoin défaillant qui se présente sur la seconde citation et fait valoir une excuse (art. 81).

**1027.** Le témoin qui comparaît doit *satisfaire à la citation*, c'est-à-dire fournir son témoignage. Le refus de déposer est assimilé au refus de comparaître. Il en est de même du refus de prêter serment ; car s'il ne prête point serment, le témoin ne peut déposer (1). Le secret professionnel dispense de témoigner (art. 378, C. p.) ; mais pour cela la pratique exige deux conditions, savoir : 1° que le témoin affirme avoir acquis la connaissance du fait sur lequel on l'interroge dans l'exercice de sa profession ; 2° que l'inculpé ait exigé expressément le secret (2). La doctrine écarte en général cette seconde condition. Il est à présumer, en effet, qu'en s'adressant à une personne tenue du secret professionnel, on n'entend point l'en délier relativement à la confidence qu'on va lui faire (3).

### III. — De l'interrogatoire de l'inculpé.

**1028.** L'interrogatoire de l'inculpé sert à obtenir son aveu ou à découvrir ses moyens de défense. Il peut profiter au ministère public comme à l'inculpé, théoriquement du moins ; car, en fait, c'est un procédé d'instruction plutôt à charge qu'à décharge. Le Code n'a déterminé ni la forme, ni le nombre des interrogatoires ; il s'est borné à indiquer le délai dans lequel le juge d'instruction doit y procéder au cas de mandat de comparution et de mandat d'amener. Comme sous l'Ordonnance, l'inculpé est laissé à la discrétion du magistrat ; aucune mesure n'est prise pour le prémunir contre des questions insidieuses, des insinuations perfides, des

---

(1) Cass. 13 fév. 1886 (S. 86, 1, 235).
(2) F. Hélie, *Prat. crim.*, II, 700 ; C. d'assises de la Seine, 10 avril 1877 (S. 79, 2, 48) ; Cass. belge, 5 fév. 1878 (S. 78, 2, 12).
(3) *Sic* : Muteau, *Du secret profess.*, Garraud, *Précis*, 515.

violences de langage, des menaces d'aggraver, s'il n'avoue point, la rigueur de sa détention préventive. On s'en remet à la délicatesse, à la loyauté et à l'impartialité du juge. En général, ce système n'a pas produit de mauvais résultats ; beaucoup de juges d'instruction répondent au type idéal qu'on s'en était formé ; il existe cependant des exceptions plus fréquentes qu'on ne le supposerait si l'on se bornait à consulter les recueils de jurisprudence, car il y a des excès dont les inculpés ne se plaignent pas, parce qu'ils se croient obligés de les subir, ou parce que l'autorité des chefs hiérarchiques les fait cesser. L'opinion publique se montre aujourd'hui plus exigeante ; elle demande la réglementation de la matière et l'organisation de mesures destinées à *prévenir* ces excès.

**1029. Forme.** — La doctrine, s'inspirant de l'ordonnance de 1670, a formulé un ensemble de règles qui sont généralement acceptées par la pratique, mais qui n'ont rien d'obligatoire, puisque le Code n'en traite point et que l'ordonnance est abrogée. Nous allons les énumérer :

1° Le juge d'instruction procède *par lui-même* à l'interrogatoire. C'est un acte qu'il ne doit pas déléguer (1).

2° L'inculpé doit être interrogé *secrètement* et *séparément*, hors de la présence des témoins et des autres inculpés.

3° Il doit répondre par sa bouche et n'est même assisté d'aucun conseil ; mais il ne prête pas serment, comme sous l'Ordonnance ; ce serment a été aboli par la loi du 8 octobre 1789 (art. 12). Il parle assis.

4° Le juge d'instruction constate d'abord son identité ; puis il lui fait connaître sommairement l'inculpation générale qui pèse sur lui, ou le point spécial sur lequel il veut l'interroger, et il le laisse parler sans l'interrompre. Après viennent les questions de détail et les objections.

5° La dictée, la lecture et la signature de l'interrogatoire sont assujetties aux mêmes règles que celles des dépositions de témoins.

6° On recommande au juge d'instruction d'éviter les questions *ambiguës*, *suggestives* ou *captieuses*, de mentir pour savoir la vérité, de promettre l'impunité ou l'indulgence, de faire espérer à l'inculpé un adoucissement de la prison préventive s'il avoue, de le menacer de rigueurs nouvelles s'il persiste à nier, etc. Tous ces procédés déloyaux ont trouvé autrefois des approbateurs ; si l'inculpé s'y laissait prendre, c'était un succès dont on félicitait le juge ; mais les grands commentateurs de l'Ordonnance les avaient répudiés, et aujourd'hui la jurisprudence les condamne (2).

(1) Nous combattons *infrà*, n°s 1103, 1106, cette proposition.
(2) Dans une affaire récente, le juge d'instruction avait questionné par le téléphone un complice de l'inculpé *en se faisant passer pour ce dernier*, et en avait obtenu ainsi une révélation importante. La Cour de cassation, jugeant disciplinairement, a déclaré que « ce procédé s'écartait des règles de loyauté que doit ob-

**1030. Nombre.** — Le nombre des interrogatoires est laissé à l'appréciation du juge d'instruction ; mais il résulte des art. 91 et suivants qu'*un interrogatoire au moins est nécessaire*, quand la procédure se termine par une ordonnance de mise *en prévention* (1). Il y aurait donc nullité de la procédure en matière de crime comme de délit si, hors le cas de fuite, l'inculpé avait été mis en prévention sans que cet acte ait été accompli ou tenté (2). Généralement il y a deux interrogatoires : l'un d'*audition*, l'autre de *discussion*. Le premier se place au début de la procédure : il a pour but de constater la version de l'inculpé. Le second a lieu à la fin : le juge le fait précéder d'un résumé des charges qui résultent de l'instruction tout entière ; puis il appelle l'attention de l'inculpé sur chacune d'elles ; il fait ressortir les contradictions de ses réponses, les démentis que lui donnent les témoignages et obtient souvent par ce moyen, qu'on ne saurait critiquer, un aveu complet.

**1031.** L'interrogatoire n'exclut pas la confrontation de l'inculpé avec les témoins et avec ses co-inculpés. Le Code ne contient encore sur ce point aucune règle (3).

---

server toute information judiciaire ». Cass. 13 janv. 1888 (*La Loi*, 2 fév.). Cependant la pratique actuelle use encore de ces affidés que l'argot des prisons désigne sous le nom de *moutons* (C. d'ass. de la Savoie, *Gaz. Trib.*, 7-8 avril 1890).

(1) Cass. 4 août 1820 (B. p. 312) ; 7 janv. 1830 ; Dalloz, *Rép.* V° *Ins. crim.*, 1053.

(2) Cass. 12 fév. 1835, 16 nov. 1849.

(3) Dans la réforme qui s'élabore, une dissidence très grave s'est élevée à propos de l'interrogatoire entre le gouvernement et la Chambre des députés d'un côté, et le Sénat de l'autre. Tout le monde est d'accord pour organiser la défense pendant l'instruction préparatoire, pour tenir l'inculpé au courant de la procédure, pour formuler des règles destinées à assurer la loyauté de l'interrogatoire. Mais le projet du Sénat organise simplement un contrôle *après-coup* sur des opérations finies, ou un contrôle qui ne fonctionnera que si le juge d'instruction, c'est-à-dire le *contrôlé*, le permet (Rapport de la commission de la Chambre, *J. off.*, 1887, p. 104, col. 2, 3). La réforme devient ainsi purement apparente. — Dans les projets du gouvernement et de la commission de la Chambre, au contraire, la réforme est réelle : l'assistance de l'avocat, facultative pour l'audition des témoins, est *obligatoire* pour l'interrogatoire. C'est peut-être aller un peu loin et l'on se heurtera dans les petits tribunaux à des difficultés insurmontables ; mais c'est un point de détail qu'il sera facile de corriger. De plus l'*interdiction de communiquer*, par laquelle le juge peut substituer le contrôle *après-coup* au contrôle *immédiat*, est réduite à d'étroites limites. Il est à désirer, pour l'honneur de notre législation, que ces réformes libérales soient votées. Les législations étrangères les plus récentes ont toutes, à des degrés divers, reconnu à l'inculpé le droit de contrôler les actes de l'instruction dès le début de l'information ; la nôtre ne saurait rester en arrière. *Comp.* L. belge, 1874 ; C. proc. pénale autrichien, 1873 ; C. proc. pén. allemand, 1877.

38

# CHAPITRE IV

### DES ACTES RELATIFS A LA PERSONNE DE L'INCULPÉ

**1032.** Le juge d'instruction est armé de pouvoirs suffisants pour forcer l'inculpé à comparaître devant lui et pour s'assurer de sa personne. Les ordonnances qu'il rend à cet effet portent le nom de *mandats*. A la théorie des mandats se rattachent celle de la *détention préventive*, qui est la suite possible ou nécessaire de leur exécution, et celle de la *liberté provisoire*, qui suspend la détention préventive. Ce chapitre comprendra l'exposé de ces trois théories.

### I. — DES MANDATS

**1033.** Le juge d'instruction peut décerner quatre mandats différents: deux pour faire comparaître l'inculpé devant lui, le mandat *de comparution* et le mandat *d'amener;* deux pour le constituer en détention préventive, le mandat *de dépôt* et le mandat *d'arrêt*. Le premier est une simple assignation, les trois autres autorisent l'emploi de la force coercitive.

**1034.** Il y a des règles communes à tous ces mandats ou à la plupart d'entre eux :

1° Ils doivent désigner clairement la personne de l'inculpé (art. 95, § 2, 96). Mais le nom n'est pas indispensable ; un sobriquet, une périphrase, peuvent le remplacer.

2° Ils sont revêtus de la signature et du sceau du juge d'instruction (art. 95, § 1, 96). C'est le signe de leur authenticité.

3° Ils sont datés, comme tous les actes. Leur date sert d'ailleurs de point de départ à certains délais (ex. art. 100, 637).

4° Ceux qui doivent être exécutés par la force contiennent réquisition aux agents de la force publique de prêter main-forte pour leur exécution.

5° Ils sont notifiés comme les citations; de plus, l'agent qui les exécute doit les *exhiber* à l'inculpé et lui en donner copie (art. 97).

6° Ils sont exécutoires sur tout le territoire de la République (art. 98, § 1).

7° Le procureur de la République est chargé de les faire exécuter (art. 28).

8° L'inobservation des formalités auxquelles ils sont assujettis est punie d'une *amende* de 50 francs contre le greffier, et, s'il y a lieu, d'*injonctions* au juge d'instruction et au procureur de la République et même de *prise à partie* contre ces magistrats (art. 112). De plus, si la formalité est substantielle, son omission entraîne la *nullité* du mandat (1).

**1035. Des mandats de comparution et d'amener.** — *a*) Le *mandat de comparution* est l'ordre par lequel le juge d'instruction enjoint de citer devant lui l'inculpé pour y être interrogé. Il indique le lieu, le jour et l'heure de la comparution, mais non le fait pour lequel l'inculpé est appelé. Il se confondrait avec une citation à témoins, n'était que son titre de *mandat* et la formule habituellement employée révèlent au cité qu'il est poursuivi. — C'est le plus discret et le moins rigoureux de tous les mandats. Mais il a cet inconvénient de laisser à l'inculpé la liberté de fuir.

Aussi le Code de 1808 n'autorisait-il son emploi qu'en matière de délit et lorsque l'inculpé était domicilié; mais la loi du 14 juil. 1865 a permis de l'employer sans restriction, en toute matière et pour toute personne (art. 91, § 1 *nouveau*). C'est au juge d'instruction d'apprécier s'il est, ou non, prudent de l'employer.

L'inculpé qui comparaît doit être interrogé *de suite* (art. 93). S'il fait défaut, sans excuse légitime, le juge d'instruction décerne contre lui le mandat d'amener (art. 91, § 2).

**1036.** *b*) Le *mandat d'amener* est l'ordre par lequel le juge d'instruction enjoint de conduire immédiatement devant lui l'inculpé pour y être interrogé. Il ne diffère du précédent que par son exécution; c'est une assignation à comparaître qui doit être obéie immédiatement et sous les yeux de l'agent qui la signifie. Il autorise, en conséquence, contre l'inculpé, l'emploi de la force coercitive. Son utilité est manifeste pour les délits graves et pour les crimes. Il réunit, en effet, les deux avantages de l'arrestation : contraindre l'inculpé à comparaître et s'assurer de sa personne. Son emploi est facultatif depuis la loi de 1865, excepté cependant quand le juge d'instruction a commencé par lancer un mandat de comparution qui n'a pas été obéi: alors il devient obligatoire (art. 91, § 2).

**1037.** Peut-il être employé quand la nature du délit n'autorise point la détention préventive ? Par exemple, quand l'infraction n'emporte pas peine d'emprisonnement ? Certains auteurs répondent négativement (arg., art. 131); mais leur opinion ne doit pas être suivie, parce qu'il est impossible de confondre l'*arrestation provisoire* qu'autorise le mandat

---

(1) Art. 609 et arg. de ce texte. — *Sic* : op. générale en doctrine et Cass. 5 septembre 1817. — *Contrà* : BOURGUIGNON, I, p. 225 ; DALLOZ, *Rép.*, v. *Inst. crim.*, 650.

d'amener avec la *détention préventive*. Ce mandat est un moyen de contrainte dont il peut être fait usage contre un témoin (art. 92); comment ne pourrait-on pas en user contre un inculpé (1)?

**1038.** Le porteur du mandat d'amener ne peut se présenter au domicile de l'inculpé accompagné de la force publique, ni employer sur-le-champ les mesures de rigueur. Il doit le lui notifier et l'inviter à le suivre ; ce n'est que si l'inculpé refuse d'obéir ou tente de s'évader qu'il pourra employer la force publique du lieu ou plus voisin (art. 99 et arg., art. 108). Ces ménagements peuvent avoir des inconvénients pratiques ; aussi l'on tourne la difficulté en faisant signifier le mandat d'amener par la gendarmerie, conformément à l'art. 72.

Le porteur du mandat d'amener peut certainement forcer la porte de la maison de l'inculpé quand celui-ci lui en refuse l'entrée ; mais si des personnes de la maison lui déclarent que l'inculpé est absent, a-t-il le droit d'y faire une perquisition ? La raison de douter vient du silence de la loi et de l'art. 109 qui attache expressément ce droit de perquisition au mandat d'arrêt. Les juges d'instruction éludent la difficulté en ajoutant un mandat de perquisition au mandat d'amener.

Une fois le mandat d'amener exécuté et l'inculpé conduit devant le juge d'instruction, ce magistrat doit l'interroger dans les 24 heures de son arrivée (art. 93). En attendant, l'inculpé doit être gardé à vue ou enfermé dans un lieu de dépôt. On ne peut l'écrouer à la maison d'arrêt car il n'est pas en détention préventive (arg., art. 609) (2).

**1039.** Supposons que l'inculpé n'ait pas été trouvé à son domicile, où rencontré au dehors : dans ce cas, la notification du mandat et la remise de la copie ont lieu conformément aux prescriptions des art. 68 et 69, C. proc. civ. De plus, l'original est toujours visé par le maire, l'adjoint ou le commissaire de police de la commune où est faite la signification, et le mandat leur est exhibé (art. 105). Les magistrats prennent alors les mesures nécessaires pour rechercher l'inculpé.

**1040.** Très souvent ces recherches amèneront l'arrestation de l'inculpé dans un lieu assez éloigné de la ville où se fait l'instruction et plusieurs jours après la délivrance du mandat d'amener. La même situation peut aussi se présenter lorsque l'instruction a été ouverte dans l'arrondissement où a été commis le délit, et que les soupçons se portent sur un individu qui n'a fait qu'y passer. Dans cette hypothèse, la loi a

---

(1) *Sic* : DUVERGER, II, 407. — *Contrà* : GARRAUD, 520 ; F. HÉLIE, IV, 1957. Que décider pour les *délits de presse*, quand l'inculpé est domicilié ? La question est controversée, parce que les termes de l'art. 49, § 1 de la loi du 19 juil. 1881 paraissent proscrire aussi bien l'arrestation provisoire que la détention préventive.

(2) Cass. 4 av. 1810.

tempéré au profit de l'inculpé l'obligation d'obéir au mandat (art. 100-104) : il peut demander à être interrogé et détenu préventivement, s'il y a lieu, dans l'arrondissement où il a été arrêté. C'est le procureur de la République du lieu de l'arrestation qui statue sur cette demande dont la recevabilité est soumise à trois conditions, savoir : 1° que le mandat remonte à plus de 2 jours ; 2° que l'arrestation ait eu lieu à plus de 5 myriamètres de la ville où se fait l'instruction et dans un arrondissement différent ; 3° que l'inculpé nie sa culpabilité et qu'il ne soit point trouvé nanti de pièces à conviction. Ces conditions étant réunies, le procureur de la République du lieu de l'arrestation *doit* faire droit à la demande. — On a soutenu le contraire en invoquant une différence de rédaction entre l'art. 74 du Code de l'an IV qui donnait cette solution (*le prévenu... NE PEUT ÊTRE CONTRAINT de se rendre*, etc.) et l'art. 100 du Code d'instruction criminelle qui semble laisser au magistrat la faculté de rejeter une demande même bien fondée (*le prévenu... POURRA N'ÊTRE PAS CONTRAINT*). Mais c'est là une querelle de mots. L'art. 99 prévoit le refus de l'inculpé d'obéir au mandat et indique le moyen de le contraindre. Statuant, dans la même hypothèse, l'art. 100 indique au contraire un cas où l'inculpé ne pourra être contraint d'obtempérer au mandat (1).

L'inculpé non transféré est écroué à la maison d'arrêt du lieu de son arrestation, en vertu d'un *mandat de dépôt* décerné par le procureur de la République qui a statué sur sa demande. Il reste dans cette situation jusqu'à l'ordonnance qui clôture l'information ouverte contre lui. A ce moment il sera transféré, pourvu que le juge d'instruction saisi de l'affaire ait décerné contre lui un mandat d'arrêt. Il dépend d'ailleurs de ce magistrat de faire transférer plus tôt le prévenu, par exemple pour l'interroger lui-même ou pour le confronter avec des témoins (art. 104) ; mais le plus souvent il déléguera au juge d'instruction du lieu de l'arrestation le soin de procéder à l'interrogatoire de l'inculpé et aux perquisitions et saisies dans ses effets ou ses papiers (art. 102, 103) (2).

**1041. Des mandats de dépôt et d'arrêt.** — Ces deux mandats supposent que le fait sur lequel on instruit entraîne l'emprisonnement ou des peines plus graves. Ils servent à constituer l'inculpé en détention préventive. Ils ont trois points de ressemblance indiscutables : 1°) ils sont

(1) *Sic* : MANGIN, I, p. 262 ; BOITARD, 616. *Contrà* : F. HÉLIE, IV, 1977.

(2) Toute cette procédure est non seulement mal agencée, mais encore obscurément exposée par les art. 100 à 104. Nous allons voir que la détention préventive est l'effet du mandat de dépôt comme du mandat d'arrêt ; cependant l'art. 100 semble leur attribuer deux effets différents. De plus, tandis que le mandat d'amener est normalement décerné par le juge d'instruction, l'art. 102 suppose qu'il est normalement décerné par le procureur de la République. Enfin l'art. 103 contient un renvoi à l'art. 90, correspondant à l'art. 69 actuel dans le projet du Code ; il n'aurait pas de sens si on ne lisait pas 69 au lieu de 90 (LOCRÉ, XXV, p. 114).

*facultatifs*, en ce sens que le juge d'instruction n'est jamais obligé de les décerner. Même en matière criminelle, il peut laisser l'inculpé en liberté (art. 94, § 1); — 2°) leur effet est identique : ils produisent la détention préventive (art. 110); — 3°) leur main-levée a lieu dans les mêmes conditions (art. 94, § 3; 113 et s.). Ces trois points de ressemblance ont été le résultat de réformes successives (L. 4 av. 1855, L. 14 juil. 1865).

**1042.** D'un autre côté, il existe entre ces deux mandats trois différences certaines : 1°) la forme de leur délivrance et de leur rédaction diffère. Pour le mandat d'arrêt, il faut prendre les conclusions du ministère public, auxquelles d'ailleurs le juge d'instruction n'est pas tenu de se conformer (art. 94, § 2). Il faut de plus énoncer le fait poursuivi et citer l'article de loi qui le punit (art. 96). Ce mandat ressemble par là à un jugement. Pour le mandat de dépôt, un ordre pur et simple de recevoir l'inculpé dans la maison d'arrêt et de l'y retenir suffit. — 2°) L'exécution du mandat d'arrêt donne lieu à un *droit de capture* que n'autorise pas celle du mandat de dépôt. Elle est par conséquent plus chère (art. 71, §§ 5, 6, D. 18 juin 1811) (1). — 3°) La date du mandat d'arrêt fixe le rang du privilège du trésor pour le recouvrement des frais de poursuite (art. 4, 3°, L. 5 sept. 1807). Pareil effet n'est attribué par aucun texte au mandat de dépôt, et ne peut lui être étendu par analogie parce qu'on est en matière de privilège.

**1043.** En présence de ces ressemblances et de ces différences certaines une question reste indécise : ces deux mandats peuvent-ils être décernés indifféremment l'un pour l'autre ?

L'affirmative paraît admise en pratique. Mais alors comment expliquer les différences que les textes du Code ont maintenues entre ces deux mandats ? D'ailleurs, il y en aurait un de trop. — Certains auteurs ont voulu conserver au mandat de dépôt le caractère provisoire que lui attribuait la loi de son institution (L. 7 pluv. an IX, art. 7) (2). Mais il faudrait admettre, pour être logique, que les mandats produisent deux sortes de détentions préventives : le mandat de dépôt, une détention *provisoire ;* le mandat d'arrêt, une détention *définitive*. Or il n'y a pas trace de ce dualisme. — D'autres auteurs pensent que le mandat de dépôt doit être décerné contre un inculpé présent, et le mandat d'arrêt contre un inculpé en fuite (3). Mais cette distinction se heurte à l'art. 125 qui donne le choix entre ces deux mandats dans une hypothèse particulière où l'inculpé est en fuite.

---

(1) En pratique, la simple notification du mandat d'arrêt est considérée comme donnant lieu au droit de capture. On a soutenu cependant que ce droit n'était dû que s'il y avait eu, en plus de la notification, *des efforts, des recherches* pour capturer l'inculpé (DALMAS, *Des frais de justice*, etc.).
(2) F. HÉLIE, IV, 1966; TRÉBUTIEN, II, p. 266; GARRAUD, 521.
(3) MASSABIAU, *Man. du min. pub.*, II, 2590.

A notre avis, le mandat de dépôt doit être décerné contre un individu *interrogé*, et le mandat d'arrêt contre un individu *non interrogé*. Ainsi s'expliquent les formalités qui précèdent le mandat d'arrêt, et que l'interrogatoire rend inutiles. C'est, d'ailleurs, le sens normal de l'article 94 : « Après l'interrogatoire, — ou en cas de fuite de l'inculpé, — le juge pourra décerner un mandat de dépôt, — ou un mandat d'arrêt. » Il est visible que l'article prévoit deux hypothèses et applique un mandat différent à chacune d'elles. Les textes qui prescrivent uniquement le mandat de dépôt visent un individu interrogé, et ne distinguent pas s'il est présent ou en fuite (art. 100, 248, 490 ; L. 20 mai 1863, art. 1er). Ceux qui donnent le choix s'appliquent distributivement à l'hypothèse où l'inculpé a été interrogé et à celle où il ne l'a pas été (art. 125, 193, 214) (1).

**1044.** L'inculpé qui est arrêté, en vertu d'un mandat de dépôt ou d'arrêt, hors de l'arrondissement de l'officier de police judiciaire qui l'a décerné, doit être conduit devant le juge de paix ou son suppléant et, à défaut, devant le maire, l'adjoint ou le commissaire de police du lieu de l'arrestation, qui visera le mandat sans pouvoir empêcher son exécution (art. 98).

Si l'inculpé ne peut être saisi, le porteur du mandat d'arrêt dresse procès-verbal des perquisitions qu'il a dû faire dans sa dernière habitation. Il fait viser ce procès-verbal par le juge de paix ou son suppléant, ou, à son défaut, par le maire, l'adjoint ou le commissaire de police du lieu, et lui en laisse copie (art. 109). Il faut procéder de même par analogie lorsque le porteur du mandat de dépôt se présente au domicile de l'inculpé pour l'arrêter et ne l'y rencontre pas.

## II. DE LA DÉTENTION PRÉVENTIVE

**1045.** La détention préventive est la situation de l'individu arrêté en vertu d'un mandat de dépôt ou d'arrêt, ou d'une ordonnance de prise de corps, dont il sera question ci-après. Elle consiste dans un emprisonnement de garde. Cette mesure est d'une utilité certaine : elle empêche l'inculpé de se soustraire au châtiment ; elle facilite l'instruction, soit en le mettant sous la main du juge qui pourra procéder ainsi à son interrogatoire et à des confrontations, soit en l'empêchant de détruire les preuves matérielles et de suborner les témoins. Sa légitimité est plus douteuse : l'inculpé est présumé innocent ; pourquoi l'emprisonner ? Mais

---

(1) Les art. 100 et 104 rappellent, il est vrai, le caractère provisoire du mandat de dépôt, mais ils sont évidemment exceptionnels puisqu'ils visent un mandat de dépôt décerné par le procureur de la République. — La théorie des mandats d'arrêt et de dépôt est organisée sur des bases entièrement nouvelles dans le projet de réforme du C. d'inst. crim.

l'intérêt de la répression explique ce sacrifice imposé à la liberté individuelle.

**1046. Point de départ et durée normale de la détention préventive.** — A. Le juge d'instruction a toujours la faculté de laisser l'inculpé en liberté (art. 91, § 1, 94). S'il instruit sur un délit, cette situation pourra se continuer pendant toute l'instruction préparatoire, et même jusqu'au jugement définitif. Mais s'il instruit sur un crime, elle prendra fin nécessairement par l'exécution de l'ordonnance de prise de corps qui suit l'arrêt de mise en accusation. La loi a voulu qu'en matière criminelle l'accusé comparaisse en état de détention préventive devant la juridiction de jugement : les peines sont trop graves ; la tentation de fuir aurait été trop forte dès que l'accusé se serait vu traduit en Cour d'assises.

**1047.** La détention préventive qui suit l'ordonnance de prise de corps a un caractère *définitif*, car elle ne peut plus être suspendue par la liberté provisoire. L'accusé gardera donc prison jusqu'à la fin du procès pénal, alors même que l'affaire serait renvoyée à une autre session (1).

**1048.** *B.* Supposons que le juge d'instruction soit disposé à faire détenir préventivement l'inculpé ; le pourra-t-il toujours ? Et, s'il le peut, quels seront le point de départ et la durée de la détention préventive ? Il faut distinguer s'il s'agit d'un crime ou d'un délit.

**1049.** *a) Dans l'instruction sur un crime*, la détention préventive est toujours possible et sa durée toujours illimitée. Elle commence avec l'exécution du mandat d'arrêt ou de dépôt. Elle prendra fin normalement avec l'instruction préparatoire si la procédure se termine par une ordonnance ou un arrêt de non-lieu. Elle deviendra définitive jusqu'à la fin du procès pénal si l'instruction se clôture par un arrêt de mise en accusation. Mais dans l'intervalle du mandat d'arrêt ou de dépôt au moment où l'arrêt de mise en accusation est passé en force de chose jugée (2), la détention préventive peut être suspendue de deux manières : par la mainlevée d'office du mandat qui l'a produite (art. 94, § 3), ou bien par la liberté provisoire accordée sur la demande de l'inculpé (art. 113 et s.).

**1050.** *b) Dans l'instruction sur un délit*, tantôt la détention préventive n'est pas admise, — tantôt sa durée maxima est de cinq jours, — tantôt sa durée est illimitée.

**1051.** 1er CAS : *La détention préventive n'est pas admise :* 1° si le délit n'emporte pas peine d'emprisonnement. L'art. 131 ordonne en effet l'élargissement de l'inculpé quand l'instruction se termine par un renvoi

---

(1) Cass. 19 juin, 16 juil. 1868 (S. 69, 1, 288). Les projets du Sénat et de la Commission de la Chambre contiennent sur ce point une réforme libérale (art. 124).

(2) Cass. 23 av. 1868 (D. 68, 1, 409), 8 et 13 juin 1872 (D. 72, 1, 381 et 157).

en police correctionnelle pour un délit non passible d'emprisonnement. Par analogie, il faut décider que, si dès le début l'instruction roule sur un délit de cette nature, l'inculpé ne doit pas être détenu préventivement.
2° Il en est de même s'il s'agit d'un délit de presse, même puni de l'emprisonnement, pourvu que l'inculpé soit domicilié (art. 49, L. 29 juillet 1881).

**1052.** 2e cas : *La détention préventive a une durée maxima de cinq jours*, quand le délit entraîne un emprisonnement inférieur à deux ans, mais à deux conditions, savoir : 1° que l'inculpé soit domicilié ; 2° qu'il ne soit pas en état de récidive légale (art. 113, §§ 2, 3). Cette seconde condition est exprimée en termes inexacts par le paragraphe 3 de l'art. 113 : « La disposition qui précède ne s'appliquera ni aux prévenus déjà condamnés *pour crime*, ni à ceux déjà condamnés à un emprisonnement de plus d'une année ». Pris à la lettre, ce texte exclurait tous les condamnés pour crime, quelle que fût la peine prononcée contre eux ; par exemple, les condamnés à un an d'emprisonnement, par application des circonstances atténuantes ; à six mois par l'effet d'une excuse ; à moins de six mois par la combinaison de l'excuse et des circonstances atténuantes. Cette solution n'était probablement pas dans l'intention du législateur, qui voulait exclure seulement les condamnés ayant le premier terme de la récidive d'après les art. 56, 57 et 58 du Code pénal. Il faut donc lire le texte comme s'il portait : « ne s'appliquera pas aux condamnés *à une peine afflictive ou infamante*, etc. » (1). D'ailleurs, la pensée du législateur serait-elle douteuse que les principes généraux d'interprétation en matière pénale commanderaient cette solution (2).

**1053.** La mise en liberté après cinq jours n'a rien de provisoire, ainsi que pourraient le faire supposer la rubrique du chapitre sous laquelle est placé l'art. 113 et le premier paragraphe de ce texte. Le juge d'instruction n'a pas le droit de la retirer ; l'inculpé, en faisant défaut après son élargissement, n'en est pas déchu : les art. 115 et 125 ne s'appliquent point à cette situation (3). Aussi le paragraphe 2 de l'art. 113 s'abstient-il de qualifier cette mise en liberté ; c'est une *extinction légale* de la détention préventive, analogue à celle que la même loi du 14 juillet 1865 attache à l'acquittement devant le tribunal correctionnel (art. 206). L'in-

(1) Il est à remarquer que le texte de l'art. 56, C. p., avant la réforme de 1832, portait : « Quiconque ayant été condamné *pour crime*... » Cette locution, restée en usage comme synonyme de condamné à une peine afflictive ou infamante, est passée avec cette signification dans l'art. 112, § 3, C. i. c., lors de la réforme de 1865.
(2) *Sic :* Flamand, *Étude sur la détent. prév. et la liberté prov.* (Th. doct. Paris, 1876) 158 ; Garraud, 525 ; F. Hélie, *Prat. crim.* I, 210 ; Villey, p. 319. — *Contra* : F. Hélie, *Tr. de l'Inst. crim.* IV, 1996 ; Morin, *J. du dr. crim.* art. 8112, p. 301 ; cir. min. just. 14 octobre 1865.
(3) Flamand, *op. cit.*, 160 ; Garraud, 530.

culpé n'a donc à former aucune demande, ni à prendre l'engagement de se représenter (*contrà*: art. 113, § 1). Le juge, une fois le délai légal expiré, ordonne d'office sa mise en liberté.

**1054.** Quel est le point de départ de ce délai de cinq jours ? Il résulte de la discussion de la loi que c'est le *premier* interrogatoire auquel procède le juge d'instruction quand l'inculpé comparaît *sur mandat de comparution ou d'amener* (1) On est parti de cette idée que, vu la nature du délit et les antécédents de l'inculpé, la détention préventive était utile seulement pour accélérer l'instruction, en facilitant les interrogatoires subséquents et les confrontations. La durée du mandat de dépôt décerné après le premier interrogatoire a été ainsi limitée à cinq jours, délai qui a paru suffisant pour accomplir ces actes d'instruction. Il va de soi que si la détention préventive cessait d'être utile avant l'expiration du délai de cinq jours, le juge d'instruction devrait lever d'office le mandat de dépôt (art. 94, § 3); il en serait ainsi notamment s'il clôturait l'instruction avant ce terme.

Dans la discussion de la loi on n'a pas supposé que l'inculpé ait pu être constitué en détention préventive par *mandat d'arrêt*. Si l'hypothèse se présentait, il faudrait décider par analogie que le délai de cinq jours court du lendemain de l'arrivée de l'inculpé au lieu où se fait l'instruction.

**1055.** 3° cas : *La durée de la détention préventive est illimitée* dans toute autre hypothèse. Elle cessera normalement avec l'instruction préparatoire si elle se termine par un *non-lieu*, par *un renvoi devant le tribunal de police*, ou par un renvoi devant le tribunal correctionnel *quand le délit* relevé dans l'ordonnance de clôture *n'est point puni de l'emprisonnement* (art. 128, 129, 131). — S'il y a renvoi devant le tribunal correctionnel pour un délit plus grave, la détention préventive se continue pendant la procédure devant la juridiction de jugement ; nous verrons plus tard comment elle prend fin dans cette hypothèse ; mais, comme en matière de crime, elle peut être suspendue d'office ou sur la demande de l'inculpé pendant l'instruction préparatoire. De plus, la même suspension peut être accordée sur la demande du prévenu pendant l'instruction définitive.

**1056. Régime de la détention préventive. — Interdiction de communiquer.** — Nous avons dit précédemment dans quels locaux est subie la détention préventive et quel est son régime. Ce régime peut être aggravé par une ordonnance du juge d'instruction portant *interdiction de communiquer*. Cette mesure n'est autre chose que l'extension du secret des actes de l'instruction à la personne même de l'inculpé.

(1) Voir la réponse de M. Lacaze, commissaire du gouv., à M. Millet (D. 65, 4, 158).

Aussi l'appelle-t-on vulgairement *mise au secret*. L'art. 618 reconnaît expressément sa légalité. Un paragraphe, ajouté en 1865 à l'art. 613, a déterminé sa forme, sa durée et son renouvellement. L'utilité de cette mesure est certaine : elle empêche les complices de se concerter pour déguiser la vérité, et les témoins du dehors de s'entendre avec les détenus. Mais on en a abusé, en l'employant comme un nouveau genre de torture pour « *enlever un aveu* » (1). Les règles qui doivent guider le juge d'instruction dans l'interrogatoire lui font un devoir de ne pas user de la mise au secret en vue de cet objet.

**1057.** L'interdiction de communiquer peut être restreinte aux codétenus ou être étendue aux personnes du dehors. La première de ces restrictions deviendrait inutile si la loi du 5 février 1875 (art. 1er), qui prescrit la séparation individuelle des *inculpés*, *prévenus* et *accusés*, était partout appliquée.

**1058.** Nous avons dit quels moyens pratiques ont été imaginés pour donner aux magistrats la facilité de surveiller les communications avec le dehors et de les arrêter en temps opportun : 1º les permis de visite, délivrés par l'autorité administrative, ne sont exécutés qu'après avoir été revêtus de la signature du juge d'instruction, s'il s'agit d'un inculpé ; 2º sa correspondance, au départ comme à l'arrivée, est remise à ce magistrat (D. 11 nov. 1885, art. 47, 50).

Il ne faut pas croire d'ailleurs que le juge d'instruction puisse suspendre les visites ou intercepter des lettres, qu'il ne saisit point, sans rendre une ordonnance d'*interdiction de communiquer* : en lui donnant en effet un moyen de contrôle sur les permis de visite et sur la correspondance des inculpés, les règlements ont eu simplement pour objet de faciliter l'application de la loi ; ils n'ont pu la modifier.

**1059.** Le Code d'instruction criminelle n'avait soumis l'interdiction de communiquer à aucune règle de fond ni de forme. En 1865, à la suite d'abus qui se révélèrent par une déplorable erreur judiciaire (2), on ajouta à l'art. 613 un paragraphe conçu en ces termes : « Lorsque le juge d'instruction croira devoir prescrire à l'égard de l'inculpé une interdiction de communiquer, il *ne* pourra le faire *que* par une *ordonnance qui sera transcrite sur le registre de la prison*. Cette interdiction ne pourra s'étendre au delà de *dix jours* ; elle pourra toutefois être *renouvelée*. Il

---

(1) *Sic :* Duverger, *op. cit.*, II, 447.

(2) En 1861, la femme Doize, épouse Gardin, vaincue par une prolongation excessive du secret, se reconnut coupable d'un parricide qu'elle n'avait pas commis. Bien qu'elle eût rétracté son aveu à l'audience, elle fut condamnée aux travaux forcés à perpétuité, sur un verdict de culpabilité mitigé par des circonstances atténuantes. Deux ans après, les véritables coupables étaient découverts et condamnés. Un pourvoi en revision formé en faveur de la femme Doize fut admis ; elle passa de nouveau aux Assises et fut acquittée.

en sera rendu compte au procureur général ». Il suit de là que l'interdiction de communiquer cesse, sans ordre du juge d'instruction, le dixième jour, si elle n'a pas été renouvelée (1). Une prolongation illégale engagerait la responsabilité des gardiens, mais non celle du juge. Le texte ne dit pas dans quel délai il sera rendu compte de cette mesure au procureur général ; c'est une lacune. La routine a maintenu l'usage, antérieur à la loi de 1865, d'en rendre compte dans les états mensuels. Il semble cependant qu'en ne fixant aucun délai pour accomplir cette formalité, le législateur de 1865 ait voulu qu'elle eût lieu le jour même où la mesure est prise (2).

**1060.** L'ordonnance qui prescrit l'interdiction de communiquer, étant relative à un acte d'instruction, n'est susceptible d'être attaquée que par le procureur de la République (art. 135).

### III. — DE LA LIBERTÉ PROVISOIRE

**1061.** La liberté provisoire est la conséquence de la main-levée des mandats de dépôt ou d'arrêt touchant un individu susceptible d'être encore détenu préventivement. Ce n'est donc point une extinction, mais simplement une *suspension* de la détention préventive. La main-levée des mandats peut être prononcée d'office ou sur la demande de l'intéressé. Dans les deux cas l'effet est le même. Il semble dès lors qu'il ne devrait y avoir qu'une seule et même théorie applicable aux deux hypothèses. Il n'en est pas ainsi : les réformes introduites dans l'art. 94, en 1855 et en 1865, ont organisé une liberté provisoire, accordée d'office, qui diffère par des points importants de celle que l'intéressé peut obtenir sur sa demande (art. 113 et s.). On réserve même, dans le langage du Code et de la pratique, le nom de liberté provisoire à cette dernière et l'on dit : la *main-levée d'office* du mandat de dépôt ou d'arrêt, et la *liberté provisoire*.

**1062. Main-levée d'office du mandat de dépôt ou d'arrêt.** — L'art. 94 autorise le *juge d'instruction* à donner main-levée du mandat de dépôt ou d'arrêt, *dans le cours de l'instruction* et sur les *conclusions conformes* du procureur de la République. Cette main-levée est un *acte d'instruction ;* le juge l'accomplit en qualité d'officier de police judiciaire. La partie civile n'a pas le droit de s'en plaindre, seul le ministère public aurait pu faire opposition à l'ordonnance du juge d'instruction (art. 135). Pour simplifier, on a décidé que cette mesure devait être prise « sur les conclusions conformes du procureur de la République »,

---

(1) Cette disposition prévient les oublis du juge. Il est question aujourd'hui de l'étendre à la détention préventive.

(2) En ce sens, les deux projets.

et en conséquence on a fermé au ministère public la voie de l'opposition. L'ordonnance de main-levée est donc absolument inattaquable.

**1063.** Cette main-levée est un acte de la première partie de l'instruction préparatoire. Ni la Chambre d'accusation, ni le Tribunal correctionnel ne pourraient l'opérer. Elle n'est pas d'ailleurs attachée à la personne du juge d'instruction, mais à sa fonction : toute autorité qui dans des circonstances exceptionnelles est substituée au juge d'instruction (ex. : art. 235, 479-503) pourrait, comme lui, lever d'office le mandat de dépôt ou d'arrêt sur les conclusions conformes du magistrat qui remplace le procureur de la République.

**1064.** Cette main-levée a lieu *d'office*, non seulement sans demande de l'inculpé, mais en dehors de sa participation. Le texte semble cependant supposer un engagement de sa part, car il dit que la liberté lui est accordée « à la charge... de se représenter à tous les actes de la procédure et pour l'exécution du jugement aussitôt qu'il en sera requis ». Mais c'est là une condition de fait que le juge d'instruction exigera, sans doute, mais dont il peut se passer et qui ne le lie point. Quelle que soit en effet l'attitude de l'inculpé pendant la suite du procès, il pourra décerner contre lui un nouveau mandat de dépôt ou d'arrêt, parce qu'une mesure d'instruction est toujours susceptible d'être reprise.

**1065.** Il faut noter enfin que cette main-levée est possible « quelle que soit la nature de l'inculpation » ; ce n'est point par la gravité l'affaire, mais par celle des charges que les magistrats, qui la requièrent et qui l'accordent, doivent se décider.

**1066. Liberté provisoire accordée sur la demande de l'inculpé. — Notions générales. — Caractère. —** Cette institution, à laquelle le Code d'instruction criminelle consacre un chapitre assez étendu, a traversé trois phases importantes dans le Droit moderne. — Sous le Code de l'an IV (art. 70 et 122) la détention préventive existait, comme aujourd'hui, en matière de crime et de délit passibles de l'emprisonnement. La liberté provisoire était admise moyennant caution si la peine était simplement infamante ou correctionnelle. Mais cette liberté provisoire était *un droit* pour l'inculpé, en ce sens que s'il fournissait la caution, dont la loi fixait l'engagement à 3000 livres, le juge ne pouvait refuser d'ordonner son élargissement. — Le Code d'instruction criminelle prohiba d'une manière absolue la liberté provisoire en matière criminelle. Il l'admit sous caution pour les délits ; mais il en fit *une faveur* : le juge (*la Chambre du conseil*) eut le droit d'accueillir ou de rejeter la demande et de fixer le taux de l'engagement de la caution. — La loi du 14 juillet 1865 s'est montrée plus libérale que le Code d'instruction criminelle et même, à certains points de vue, que le Code de l'an IV. Elle a restreint à cinq jours à compter de l'interrogatoire, la durée de la détention préventive pour certains délits (art. 113, §§ 2, 3). Elle a admis la liberté provisoire, quelle que soit la peine (art. 113, § 1er). Elle a permis de l'accorder avec ou sans caution (art. 114); — d'office (art. 94) ou sur une demande de l'inculpé (art. 113 et s.); mais, dans ce dernier cas, elle lui a conservé le caractère de faveur avec les deux conséquences qu'il entraîne (arg. art. 113, § 1er).

**1067.** Quand le juge d'instruction statue sur une demande de mise en liberté provisoire formée par l'inculpé, il fait *acte de juridiction*. De là plusieurs conséquences. *a)* La demande est instruite contradictoirement avec le ministère public et la partie civile. — *b)* Les conclusions du procureur de la République ne lient pas le juge. — *c)* L'ordonnance qui intervient est susceptible d'opposition. *d)* De plus, comme ce n'est pas seulement en cours d'instruction mais pendant tout le procès pénal, « en tout état de cause » (art. 116), que peut surgir une demande en liberté provisoire, il faut et il suffit que cette liberté ne soit point expressément refusée par la loi pour qu'on doive trouver un juge compétent pour statuer sur la demande.

**1068. Autorité qui accorde la liberté provisoire.** — La juridiction compétente pour statuer sur la demande en liberté provisoire est celle qui est saisie du procès pénal. Cette règle s'induit des dispositions de détail de l'art. 116, § 1. Elle reçoit exception quand le procès pénal est porté devant la Cour de cassation, parce que cette haute juridiction se trouve saisie seulement d'une partie du procès, savoir de la question de droit. Dans ce cas, la loi attribue compétence à la juridiction dont la décision est attaquée (arg. art. 116, § 2) (1). — Si au moment où le prévenu veut former sa demande il n'y a point de juridiction saisie, les uns attribuent compétence à la juridiction qui a statué en dernier lieu. Ils croient trouver cette indication dans l'art. 116, § 2 (2). Les autres, mieux avisés, décident que la demande en liberté provisoire doit être adressée à la Chambre d'accusation. Ce qui motive, en effet, la compétence attribuée par l'art. 116, § 2 à la juridiction dont la sentence est frappée d'un pourvoi, ce n'est pas cette circonstance qu'elle a statué en dernier lieu, mais cette considération que la Cour de cassation étant saisie seulement d'une partie du procès pénal, l'autre partie est réputée être encore pendante devant la juridiction dont la sentence est attaquée. Dans l'hypothèse où aucune juridiction n'est saisie d'une partie quelconque du procès pénal, il faut résoudre la question de compétence à l'aide des principes.

(1) Ce texte, assez énigmatique, exige une explication. Le condamné à l'emprisonnement qui veut se pourvoir en cassation et qui n'est pas détenu, doit, pour rendre son pourvoi admissible, se *mettre en état*, c'est-à-dire se constituer prisonnier. Mais, pour éviter cette détention préventive, il peut demander sa liberté provisoire. C'est dans cette hypothèse que l'art. 116, § 2 indique la juridiction compétente pour statuer sur la demande en liberté.

(2) *Sic* : FLAMAND, 198.

Or, la Cour d'appel (Chambre d'accusation) est présentée par l'article 9, C. i. c., et par l'article 11 de la loi organique du 20 avril 1810, comme investie de la plénitude de juridiction pour toutes les mesures qui touchent à l'instruction des crimes et des délits ; et comme la détention préventive et sa suspension sont, quelle que soit la phase du procès pénal, toujours relatives à l'instruction, c'est à cette chambre qu'on doit s'adresser à défaut de juridiction spécialement indiquée pour statuer sur une demande en liberté provisoire (1).

**1069.** L'hypothèse où il n'y a pas de juridiction saisie du procès pénal se présente dans le cas de conflit négatif, et aussi après une condamnation prononcée par le tribunal correctionnel contre un prévenu détenu qui demande la liberté provisoire pendant le délai d'appel.

**1070. Procédure de la demande en liberté provisoire.** — *a*) La demande en liberté provisoire est formée par requête adressée à la juridiction compétente et déposée à son greffe (art. 117 et *arg. de ce texte*). — *b*) Le requérant notifie sa demande à la partie civile, au domicile élu par elle dans l'acte de sa constitution (art. 118). — *c*) Cette partie et le ministère public ont vingt-quatre heures pour prendre leurs conclusions, savoir le ministère public à compter de l'heure du dépôt au greffe, car il est censé connaître tout ce qui s'y passe, et la partie civile à compter de l'heure de la notification (art. 118 et *arg. de ce texte*). — *d*) La décision qui intervient (*ordonnance, jugement* ou *arrêt*) est susceptible des voies de recours appropriées à sa nature : *opposition, appel, pourvoi en cassation*. Pour les deux premières rien n'est changé au Droit commun quant à l'*effet suspensif*, dont nous parlerons bientôt, attaché au délai accordé pour exercer les voies de recours et à leur exercice. Le délai pour se pourvoir en cassation et le pourvoi formé ne suspendent pas au contraire l'exécution d'un arrêt *qui confirme l'ordonnance de mise en liberté* (art. 229, § 2). De plus, l'art. 119 contient deux dispositions relatives à l'étendue des délais : *a*) il réduit à un délai unique de vingt-quatre heures les délais *d'opposition et d'appel* pour *le procureur de la République, l'inculpé* et la *partie civile*. — *b*) Il fixe, conformément au Droit commun, un délai de dix jours pour l'*opposition* du procureur général *aux ordonnances du juge d'instruction*. On comprend l'antithèse de ces deux dispositions quand on observe que l'opposition du procureur général n'empêche pas, comme celle des parties en cause, l'*exécution provisoire* de l'ordonnance qui prononce la mise en liberté de l'inculpé (art. 135, § 11).

**1071.** Mais cet article laisse deux questions indécises : Quel sera le

---

(1) *Sic* : Villey, p. 320 ; Garraud, 528 ; Cass. 27 fév. 1874 (D. 74, 1, 178) ; 4 déc. 1875 (B. 347) ; 28 mai 1886 (*Gaz. Trib.* 10 juin). Voir aussi les projets du Sénat et de la commission de la Chambre, art. 126.

délai d'appel du procureur général contre un jugement correctionnel statuant sur la demande en liberté provisoire ? Quel sera le délai du pourvoi en cassation, pour toutes parties, contre un arrêt de la Cour d'appel (Chambre correctionnelle ou Chambre d'accusation) sur le même objet ? Nous pensons qu'il faut étendre le délai de vingt-quatre heures à toutes les voies de recours. L'exposé des motifs de la loi de 1865 le dit expressément, et le rapport l'implique. Si le texte vise uniquement l'opposition et l'appel et les parties en cause, c'est qu'il statue sur le *quod plerumque fit* (1).

**1072.** La forme dans laquelle ces voies de recours doivent se manifester est également unique et très simple : c'est l'inscription sur un registre tenu au greffe à cet effet (art. 119, § 2). L'intention du législateur de 1865, hautement affirmée dans les travaux préparatoires, a été d'*abréger les délais* et de *simplifier les formes* pour que la décision à intervenir sur la demande en liberté provisoire ne fût point retardée.

**1073. Conditions de la mise en liberté.** — Le requérant doit, 1°) prendre l'engagement de se représenter à tous les actes de la procédure et pour l'exécution du jugement aussitôt qu'il en sera requis (art. 113, § 1er) ; — 2°) élire domicile dans la ville où siège la juridiction saisie de sa demande (art. 121, § 3) ; — 3°) de plus, cette juridiction peut, en statuant sur la demande, subordonner la mise en liberté à l'obligation de fournir un cautionnement en espèces, une caution ou, quoique les textes ne le disent pas, une sûreté réelle quelconque, immobilière ou mobilière (art. 114, 120) (2).

**1074.** La somme versée ou promise est divisée en deux parties : l'une garantit la représentation de l'inculpé à tous les actes de la procédure et pour l'exécution du jugement ; l'autre est affectée au paiement dans l'ordre suivant : *a*) des frais faits par la partie publique, *b*) de ceux avancés par la partie civile, *c*) des amendes. Si l'inculpé manque à son engagement de se représenter, la première partie du cautionnement est confisquée. La loi cependant réserve aux tribunaux la *faculté* d'en ordonner la restitution en cas de renvoi des poursuites, d'absolution ou d'acquittement (art. 122). La seconde partie est restituée ou dégagée s'il n'intervient pas de condamnation. Au cas contraire elle sert à faire l'avance, sauf recours de la caution contre le prévenu, du paiement des condamnations pécuniaires qu'elle garantit (art. 123).

---

(1) V. *Exposé des motifs*, n° 17, rapport, n° 28 (D. 65, 4, 148 et 156). — *Sic* : Dutruc, *Code de la dét. prév.*, 79. — *Contrà* : F. Hélie, IV, 2004 ; Ortolan, II, 2355.

(2) Arg. anc. art. 118 et *Exposé des motifs*, n° 18. Cela d'ailleurs est une conséquence du droit qu'a le juge d'accorder la liberté provisoire sans exiger de garanties.

**1075. Comment cesse la liberté provisoire ?** — Elle cesse normalement avec la détention préventive dont elle n'est qu'une suspension, ou bien encore lorsque la détention préventive n'est plus susceptible d'être suspendue, c'est-à-dire après l'ordonnance de prise de corps (art. 126). De plus l'inculpé ou le prévenu peuvent en être déchus (art. 125). Enfin on peut la retirer, mais à l'*inculpé* seulement (1), par raison d'opportunité (art. 115).

Encourent la déchéance, l'inculpé ou le prévenu qui manquent à l'engagement de se représenter. Dans ce cas, c'est la juridiction actuellement saisie du procès pénal, qui décernera l'ordre d'arrestation. S'il s'agit au contraire d'enlever à un inculpé le bénéfice de la liberté provisoire par raison d'opportunité, c'est à la juridiction qui a accordé la liberté de revenir sur sa décision, alors même qu'elle ne serait pas actuellement saisie du procès pénal (art. 115, § 2).

# CHAPITRE V

DU FLAGRANT DÉLIT. — DÉROGATIONS QU'IL APPORTE AUX RÈGLES ORDINAIRES DE L'INSTRUCTION PRÉPARATOIRE ET DU JUGEMENT.

**1076.** La *flagrance* est un état par lequel passent toutes les infractions. L'étymologie (*flagrare*) indique en effet suffisamment qu'il s'agit d'une infraction qui se commet actuellement ou qui vient de se commettre. Cette modalité de l'infraction apporte des dérogations aux règles ordinaires de l'instruction préparatoire en matière de crime, et à celles de l'instruction préparatoire et du jugement en matière de délit. Pour ne point scinder l'exposé de ces règles de procédure qui s'enchaînent les unes aux autres, nous anticiperons sur l'exposé que nous ferons plus tard de la procédure devant les tribunaux correctionnels, pour expliquer ici, à côté des particularités relatives à l'instruction préparatoire, celles de la procédure des flagrants délits devant la juridiction de jugement.

I. — PARTICULARITÉS DE L'INSTRUCTION PRÉPARATOIRE AU CAS DE CRIME FLAGRANT.

**1077. En quoi consiste le flagrant délit.** — Les art. 41 et 46 énumèrent cinq cas où le crime est flagrant ou réputé tel, savoir :

(1) Les projets du Sénat et de la commission de la Chambre étendent ce retrait de la liberté provisoire au prévenu (art. 137, § 3).

1° Le crime qui se commet actuellement ; — 2° le crime qui vient de se commettre ; — 3° le cas où le coupable est poursuivi par la *clameur publique* ; — 4° celui où l'inculpé est trouvé nanti de pièces à conviction dans un temps voisin du délit ; — 5° celui où le fait, s'étant passé dans l'intérieur d'une maison, est révélé par la réquisition du chef de cette maison demandant qu'il soit constaté.

Les trois derniers cas exigent quelques explications.

*a*) La *clameur publique* qui proroge le flagrant délit ne doit pas être confondue avec la *notoriété publique*, ni avec la *rumeur publique*. La clameur est une accusation directe qui repose sur le témoignage de personnes qui ont vu commettre l'attentat. La rumeur est un simple soupçon ; on la qualifie de notoriété publique lorsqu'elle a pris une certaine consistance. La rumeur et la notoriété publiques peuvent motiver l'ouverture d'une instruction dans la forme ordinaire ; mais non la procédure extraordinaire du flagrant délit.

*b*) Le quatrième cas suppose un crime constaté, mais l'auteur encore inconnu. La possession des effets, papiers, armes ou instruments provenant du crime ou qui ont servi à le commettre, constitue une charge accablante contre celui qui en est nanti, si l'on est encore dans un temps voisin du délit ; car il est probable qu'il n'a pu les tenir d'un tiers. La découverte de ces pièces à conviction nécessitant d'urgence certains actes d'instruction, on a étendu à cette hypothèse les règles particulières de l'instruction des crimes flagrants.

*c*) Dans le cinquième cas, il importe peu que le fait soit récent ou ancien, il suffit qu'il soit *ignoré de l'autorité et révélé à elle seulement par la réquisition du chef de maison* (chef de famille) demandant qu'il soit constaté (1) — Dans ce cinquième cas, les règles que nous allons exposer s'appliquent non seulement au cas de *crime* mais encore au cas de *délit* flagrant.

**1078. Pouvoirs exceptionnels du procureur de la République et des officiers auxiliaires.** — Pour favoriser la répression dans les deux cas que nous venons d'énumérer, la loi efface la distinction fondamentale du pouvoir d'instruire et de celui de poursuivre : elle établit *la concurrence* entre le procureur ou ses auxiliaires et le juge d'instruction, tout en donnant *prévention* à celui-ci sur les autres. Les pouvoirs d'instruction du procureur de la République se rapportent aux constatations matérielles, à l'information et à l'arrestation de l'inculpé : nous noterons seulement ici les différences entre la manière de procéder tracée aux deux magistrats.

**1079.** 1° *Perquisition.* — Le procureur de la République n'a le droit

---

(1) Les projets de réforme du Code d'instruction criminelle exigent en outre que l'auteur présumé de l'infraction *se trouve encore dans la maison* (art. 175).

de faire des recherches qu'au *domicile* de l'inculpé (art. 36). Faut-il entendre par cette expression rien que le logement habituel de l'inculpé ? Peut-on y comprendre aussi la maison, l'appartement d'un tiers où l'inculpé est arrêté ? Cette interprétation extensive pourrait être utile, mais il faut la repousser à cause du caractère exceptionnel des pouvoirs d'instruction du procureur de la République (1).

**1080.** 2º *Enquête.* — Le procureur n'a le droit d'entendre que les *témoins du crime* (art. 32 et 33 comb.); il n'a pas mission de recevoir des témoignages relatifs aux antécédents de l'inculpé ou à ses moyens de défense. Il fait une information à charge et accessoire aux constatations matérielles. — Les témoins ne sont pas cités ; ils ne peuvent être l'objet d'un mandat d'amener s'ils refusent de comparaître ; ils ne prêtent pas serment. — L'art. 34 arme cependant le procureur de la République d'un certain moyen de contrainte à l'égard des témoins qui se trouveraient sur les lieux où il fait ses constatations. Il peut défendre que qui que ce soit sorte de la maison ou s'éloigne du lieu jusqu'après la clôture de son procès-verbal. Tout contrevenant à cette défense sera, s'il peut être saisi, déposé dans la maison d'arrêt et condamné à un emprisonnement et à une amende dont les maximums sont dix jours et 100 fr. Cette peine est prononcée par le juge d'instruction sur les conclusions du procureur de la République, après que le contrevenant aura été cité et entendu, ou par défaut s'il ne comparaît pas, sans autre formalité ni délai et sans opposition ni appel.

**1081.** 3º *Contrôle du magistrat.* — Dans l'accomplissement de ses actes, le procureur de la République n'est point, comme le juge d'instruction, contrôlé par le greffier, mais l'art. 42 lui prescrit « de faire et de rédiger » ses procès-verbaux en présence d'un officier de police auxiliaire (3) ou de deux citoyens domiciliés dans la commune où il procède. Ils signeront avec lui les procès-verbaux. Néanmoins au cas d'urgence il peut procéder seul. Ces formes d'ailleurs ne sont pas prescrites à peine de nullité (3).

**1082.** 4º *Arrestation de l'inculpé.* — Le procureur de la République n'a pas le droit de constituer l'inculpé en détention préventive, il ne peut décerner contre lui ni mandat de dépôt, ni mandat d'arrêt ; mais il a le droit de le faire arrêter provisoirement soit pour le forcer à comparaître devant lui, soit pour le retenir après l'avoir interrogé. Il exerce ce pou-

---

(1) L'art. 181 des deux projets consacre expressément cette extension.
(2) L'art. 34 ne cite que le commissaire de police de la commune, le maire ou l'adjoint, parce qu'il suppose que le procureur de la République s'est transporté inopinément sur les lieux et qu'il s'y fait assister des officiers auxiliaires qui s'y trouvent habituellement ; mais il pourrait aussi bien se faire assister du juge de paix ou de l'officier de gendarmerie.
(3) Locré, t. XXV, p. 165.

voir d'arrestation, *dans les deux cas*, au moyen du *mandat d'amener* qui peut affecter la forme d'un ordre verbal d'arrestation quand l'inculpé est présent sur les lieux (art. 40, 45). — On s'est demandé s'il avait le droit de lever lui-même après l'interrogatoire le mandat d'amener qu'il a décerné pour y procéder. Les termes, en apparence absolus de l'art. 45, favorisent la négative. L'inculpé, même complètement disculpé par son interrogatoire, devrait rester en état d'arrestation jusqu'à ce que le juge d'instruction saisi de l'affaire eût, après examen des charges, levé le mandat (1). Nous ne pensons pas que cette solution rigoureuse soit dans l'esprit de la loi. Malgré les termes impératifs des art. 40 et 45, le procureur de la République a un pouvoir d'appréciation pour décerner le mandat d'amener. Ce pouvoir est de l'essence même de tous les actes d'instruction, dont la raison d'être est l'opportunité. Il faut donc laisser au magistrat, de qui ils émanent, la faculté d'en suspendre les effets dès qu'il reconnaît leur inutilité (2).

**1083.** Les pouvoirs d'instruction attribués par le flagrant délit au procureur de la République appartiennent également aux officiers de police auxiliaire. Entre eux existe la *concurrence*, c'est-à-dire que chacun peut de son côté instruire sur le même crime ; mais le procureur de la République, à quelque époque qu'il se saisisse de l'affaire, a *prévention* sur eux ; son intervention les dessaisit et ils ne jugent plus que par ses ordres (art. 49-51).

**1084.** *Pouvoirs exceptionnels du juge d'instruction.* — L'art. 59 emploie une formule embarrassée pour dire que le juge d'instruction pourra *se saisir d'office* « dans tous les cas réputés flagrant délit ». La préoccupation du législateur était d'éviter qu'on supposât que la constatation du flagrant délit fut le privilège exclusif du procureur de la République (3) ; mais, comme cette constatation fait partie de l'instruction, que c'est même par là qu'ordinairement commence la procédure écrite, en donnant au juge d'instruction le droit de « faire directement et par lui-même tous les actes attribués au procureur de la République », il lui donne implicitement celui de se saisir sans réquisitoire introductif, c'est-à-dire d'*office*.

Il faut conclure des termes même de l'art. 59 ou de son esprit : 1° que le juge d'instruction a la faculté de se saisir d'office, non seulement dans les quatre cas de flagrant délit prévus par l'art. 40, mais encore dans celui prévu par l'art. 46 ;

(1) *Sic* : Carnot, I, p. 249 ; Mangin, 219 ; F. Hélie, III, 1516.
(2) *Sic* : Bourguignon, I, p. 149 ; Morin, v° *Inst. crim.* n° 17 ; Rodière, p. 66, 67 ; Massabiau, II, 1571 ; Ortolan et Ledeau, II, p. 89 ; Dalloz, *Rép.* v° *Inst. crim.* 361 ; comp. art. 115, projets du Sénat et de la commission de la Chambre.
(3) *Exposé des motifs*, Dalloz, *Rép.* v° *Inst. crim. Trav. prép.* n° 16.

2° Que dans les quatre premiers cas il faut qu'il s'agisse d'un crime ; et que dans le cinquième il importe peu qu'il s'agisse d'un crime ou d'un délit;

3° Que le refus de poursuivre, opposé par le procureur de la République présent sur les lieux, n'empêche pas le juge d'instruction de se déclarer saisi et d'instruire régulièrement;

4° Que le procureur de la République ne peut continuer à faire les constatations dès que le juge s'est déclaré saisi ;

5° Que le juge d'instruction n'est pas limité aux actes que les articles précédents permettent au procureur de la République; le flagrant délit donnant simplement au juge l'occasion d'exercer les pouvoirs d'instruction qui lui sont propres.

**1085.** Quant à la forme des actes une distinction s'impose. Ou bien le juge d'instruction complète sa juridiction en s'adjoignant un greffier : dans ce cas rien n'est changé à sa manière ordinaire de procéder, par la raison que nous venons de donner à l'appui de la proposition précédente. Ou bien il procède seul : dans ce cas l'art. 59 l'oblige à se conformer « aux règles établies au chapitre des procureurs de la République et de leurs substituts », c'est-à-dire à soumettre ses actes au contrôle de deux citoyens ou d'un officier de police auxiliaire. Il va sans dire que si le procureur de la République assiste le juge d'instruction dans ses opérations, la présence d'autres contrôleurs est inutile, car le procureur de la République remplace avantageusement l'officier de police auxiliaire qui n'est que son suppléant.

**1086.** En plus du droit de se saisir d'office, le flagrant délit ajoute aux pouvoirs du juge d'instruction le droit d'entendre des témoins sans citation préalable, — celui de faire arrêter l'inculpé présent sur un simple ordre verbal, — celui enfin de faire exécuter lui-même ses ordonnances. Il ne faut pas en effet, même lorsqu'il procède assisté d'un greffier, qu'il ait moins de facilités pour faire l'instruction que le procureur de la République. Quant au droit de faire exécuter lui-même ses ordonnances, il résulte de l'accession des fonctions du ministère public à ses fonctions ordinaires. Aussi dans l'hypothèse du flagrant délit on disait autrefois : *tout juge est procureur général* (1).

## II. — PARTICULARITÉS DE L'INSTRUCTION PRÉPARATOIRE ET DU JUGEMENT AU CAS DE DÉLIT FLAGRANT.

**1087. De l'arrestation par mesure de police au cas de flagrant délit.** — L'arrestation qu'ordonnent le procureur de la République ou

---

(1) AYRAULT, II, part. I, n° 81 ; SERPILLON, I, p. 400 ; JOUSSE, III, p. 66, 180.

ses auxiliaires en commençant d'office une instruction sur le crime flagrant (art. 40, 46); diffère à plusieurs points de vue de celle qui va faire l'objet de nos explications (1) : la première est un *acte de poursuite*; elle fait partie de l'exercice de l'action publique ; elle n'est permise qu'au procureur de la République et à ses auxiliaires ; elle a lieu par mandat d'amener. — La seconde est un *acte de police* ; elle précède l'exercice de l'action publique ; elle est permise à tous les officiers et agents de la police judiciaire et même aux simples citoyens ; elle a lieu sans ordre préalable et de l'initiative même de celui qui la fait.

**1088.** Dans quels cas peut-on y recourir ? Un point certain, c'est que tout délinquant dont l'identité n'est pas connue peut être arrêté, quelle que soit l'infraction. Il existe toujours contre lui une présomption de vagabondage (comp. L. 28 frim. an VI, art. 125, §§ 15, 24). Mais à l'égard des délinquants domiciliés, avant la loi du 20 mai 1863, la question était fort controversée. Le Code d'instruction criminelle formulait deux règles différentes, l'une générale, applicable à « tout dépositaire de la force publique » et même à « toute personne » (art. 106) ; l'autre spéciale « aux gardes champêtres et forestiers » (art. 16). En règle générale l'arrestation était permise à tout le monde au cas de *crime flagrant* ; par exception, elle était permise aux gardes pour les *délits flagrants punis de l'emprisonnement*. On se demandait s'il ne fallait pas établir une règle uniforme en généralisant la disposition de l'art. 16 qui répondait, mieux que celle de l'art. 106, aux nécessités de la pratique. L'opinion générale était en ce sens. La loi du 20 mai 1883 l'a confirmée en organisant la procédure à suivre contre les individus arrêtés en flagrant délit correctionnel passible de l'emprisonnement. Aujourd'hui donc il est permis à tout agent de la police judiciaire et même à toute personne de saisir un délinquant surpris en flagrant délit, si le fait emporte peine afflictive ou infamante ou l'emprisonnement. — Mais, laissant de côté la nature de l'infraction, que faut-il entendre ici par le flagrant délit ? Et quelle sera la suite de l'arrestation ?

**1089.** Le flagrant délit s'entend ici uniquement des cas prévus par l'art. 41 et non de celui prévu par l'art. 46. Cette restriction résulte, non point de l'art. 106, mais de l'art. 1er de la loi de 1863 qui a fixé son interprétation (2). D'ailleurs l'hypothèse de l'art. 46 nécessite des constatations sur les lieux et une arrestation par mesure d'instruction, plutôt que par mesure de police, quand le délit en lui-même n'est pas flagrant:

(1) La Const. du 3 sept. 1791 faisait parfaitement ressortir cette différence: « Nul homme ne peut être *saisi* que pour être conduit devant l'officier de police, et nul ne peut être *mis en arrestation* ou *détenu* qu'en vertu d'un mandat des officiers de police, d'une ordonnance de prise de corps d'un tribunal... etc. » (Tit. III, ch. V, art. 10).

(2) *Exposé des motifs*, n° 1 ; *Rapport*, n°* 17, 27, 35 (D. 63, 4, 108 et s.).

cette circonstance qu'il n'a pas encore été ébruité est en effet de nature à endormir la prudence du coupable ; on n'a pas à craindre qu'il prenne la fuite.

**1090.** L'individu arrêté en flagrant délit par mesure de police doit être conduit devant le procureur de la République, s'il s'agit d'un délit, et peut l'être aussi devant un officier auxiliaire plus rapproché, s'il s'agit d'un crime. Cette distinction découle de cette idée que l'arrestation *par mesure de police* tend à mettre le délinquant à la disposition d'un magistrat compétent pour le faire arrêter *par mesure d'instruction*. C'est pourquoi la loi du 20 mai 1863, confiant au procureur de la République, et non à ses auxiliaires, l'instruction des délits flagrants, exige que les délinquants, quelque éloigné que soit le lieu de leur arrestation, soient toujours conduits devant lui. Par la même raison, il faut décider qu'en matière de crimes flagrants l'individu arrêté peut être conduit devant l'officier auxiliaire le plus voisin du lieu de l'arrestation, par exemple devant le maire de la commune, puisqu'il a la même compétence que le procureur. Ainsi disparaît l'antinomie qui existait sur ce point entre les art. 16 et 106. Mais il faut convenir que si cette solution est juridique, elle n'est pas bien rationnelle : elle impose en effet à l'auteur d'un simple délit un déplacement qu'elle épargne à l'auteur d'un crime. Aussi la pratique admet que, dans les communes autres que celle du chef-lieu judiciaire de l'arrondissement, l'individu arrêté en délit flagrant est conduit devant le maire ou le commissaire de police qui l'interroge et décide s'il y a lieu de le mettre en liberté, ou de le faire transférer au chef-lieu pour être procédé contre lui conformément à la loi du 20 mai 1863.

**1091. Conditions d'application de la procédure spéciale des flagrants délits correctionnels.** — Cette procédure spéciale a été organisée pour juger promptement les délinquants correctionnels arrêtés en flagrant délit et conduits devant le procureur de la République, pourvu qu'il s'agisse d'un délit de Droit commun, non susceptible d'entraîner la relégation. Elle ne s'applique point aux délits de presse, aux délits politiques, ni aux délits dont la procédure est réglée par des lois spéciales (L. 20 mai 1863, art. 1, 7 ; L. 27 mai 1885, art. 11). La première de ces trois conditions nous ramène à celles de l'arrestation des délinquants correctionnels en flagrant délit ; c'est même dans la loi du 20 mai 1863 que nous avons puisé ces règles. Cette loi, faite pour abréger la durée de la détention préventive, ne s'est occupée que des délits passibles de l'emprisonnement, parce que seuls ils peuvent y donner lieu (art. 131). L'esprit de la loi sert donc à limiter la rédaction trop large de l'art. 1er qui ne précise point de quelles peines correctionnelles doit être puni le délit(1).

(1) V. Exposé des motifs et rapport, préambule. — *Sic*; F. HÉLIE, *s. Boitard*, n° 566.

**1092.** Les conditions que nous venons d'énumérer étant réunies, la procédure spéciale des flagrants délits reste *facultative* pour le procureur de la République : la loi ne lui fait pas un devoir de la suivre et l'inculpé ne peut l'exiger. Il pourra donc saisir le juge d'instruction ou citer directement le prévenu devant le tribunal de police correctionnelle.

**1093. Actes de cette procédure spéciale.** — Les règles ordinaires de l'instruction préparatoire et du jugement sont simplifiées en vue d'abréger la durée de la détention préventive et d'économiser les frais.

L'instruction préparatoire est confiée au procureur de la République, et réduite à deux actes : 1°) un *interrogatoire* obligatoire, auquel le procureur doit procéder le jour même où l'individu arrêté est conduit devant lui ; — 2°) un *mandat de dépôt* facultatif, qui doit être décerné immédiatement après l'interrogatoire. La durée de ce mandat de dépôt n'est pas indéfinie : il ne se maintient, en effet, qu'à la condition que le procureur de la République fera comparaître l'inculpé devant le tribunal le jour même, ou au plus tard à l'audience du lendemain. Le tribunal est, au besoin, spécialement convoqué (art. 112). Passé ce délai, la détention deviendrait illégale. Mais, dans ce délai, le procureur de la République peut renoncer à suivre la procédure des flagrants délits, si après plus mûr examen il remarque qu'elle est impossible ou inopportune, ou renoncer à la poursuite elle-même, si les charges qui pesaient sur l'inculpé sont dissipées par l'enquête extrajudiciaire qu'il a le droit de faire. Il pourra donc, dans le même délai, faire comparaître l'inculpé devant le juge d'instruction, ou ordonner son élargissement. Le bon sens, à défaut de texte de loi, indique sur ces deux points la solution.

**1094.** Par le fait de la comparution forcée du prévenu devant le tribunal, le mandat de dépôt acquiert la durée indéfinie qu'il a, dès le début, dans la procédure ordinaire : le tribunal en effet n'est pas appelé à *maintenir le mandat* comme on le dit communément, il est simplement *autorisé à le lever* d'office (art. 5). Par conséquent, si en renvoyant, à une prochaine audience, il ne statuait pas sur le mandat de dépôt, ce mandat persisterait de droit et la détention préventive serait légale. La main-levée d'office opérée par le tribunal présente avec celle que peut ordonner le juge d'instruction (art. 94) des analogies et des différences : comme celle-ci, c'est une mesure d'instruction qui n'exige pas de demande et qui n'est point susceptible de voies de recours. L'art. 5 en effet n'en réserve aucune. Mais, à la différence du juge d'instruction, le tribunal peut prononcer la main-levée malgré les conclusions contraires du procureur de la République ; il peut aussi subordonner l'élargissement à la dation d'une caution, tout comme s'il statuait sur une demande de mise en liberté provisoire.

**1095.** La saisine du tribunal se réalise par la *conduite immédiate* d *la barre* ou par la *citation*. Le premier de ces modes a été emprunté à la procédure anglaise des flagrants délits, avec une modification que comportait, chez nous, l'institution du ministère public. En Angleterre, l'agent qui a opéré l'arrestation conduit directement le délinquant devant le juge de police qui se saisit d'office. En France, il fait nécessairement une station au parquet pour recevoir du procureur de la République, après l'interrogatoire prescrit par l'art. 1er, l'ordre de conduire l'inculpé à l'audience. Dans la conduite immédiate à la barre ce qui saisit le tribunal, c'est l'exposé verbal du délit fait à l'audience par le ministère public en présence du prévenu. Habituellement cet exposé consiste dans la lecture du rapport de police. Ce mode de saisine n'est possible que pour l'audience tenue le jour même où l'inculpé a été interrogé par le procureur de la République ; si sa comparution a lieu le lendemain, il faut une citation (art. 1er, § 1, art. 2).

1096. *Dans les deux cas*, l'inculpé peut être placé sous mandat de dépôt, bien que l'art. 1er, § 2, semble rattacher ce mandat à la seule hypothèse de la traduction immédiate à la barre. Mais l'expression « dans ce cas », par laquelle commence ce paragraphe, fait allusion *au cas où le procureur se décide à poursuivre ;* elle se rapporte donc à une proposition que le paragraphe précédent n'a point énoncée (1). — S'il y a conduite immédiate sans mandat de dépôt, le prévenu comparaît en état d'arrestation par mesure de police, situation qui ne se présente point dans la procédure ordinaire. Mais cette arrestation cesse le même jour, qu'il y ait ou non jugement. Il serait illégal, en effet, de retenir le prévenu, même jusqu'à l'audience du lendemain, sans transformer son arrestation en détention préventive ; or, cette transformation est impossible, car, en saisissant le tribunal, le procureur de la République a perdu le droit de décerner le mandat de dépôt et le tribunal ne l'a pas acquis. — Si au contraire il y a eu mandat de dépôt décerné avant la comparution forcée du prévenu devant le tribunal, on revient au Droit commun.

1097. L'économie des frais se réalise par la suppression de la citation à prévenu dans la conduite immédiate à la barre, et dans tous les cas, par la convocation verbale des témoins (art. 3).

1098. Le prévenu n'est pas obligé d'accepter immédiatement le débat : il peut demander un délai de trois jours au moins pour préparer sa défense (art. 4).

1099. Que doit faire le tribunal s'il découvre que la procédure des flagrants délits ne devait pas être suivie, soit parce que le délit n'était pas flagrant, soit parce qu'il s'agissait d'un délit politique ou de presse, soit parce que la condamnation qu'il entraîne rend le prévenu relégable ?

---

(1) V. *Exposé des motifs*, n° 6 (*loc. cit.*).

— A notre avis, une distinction s'impose entre l'hypothèse où le tribunal a été saisi par conduite immédiate à la barre et celle où il l'a été par citation. Au premier cas, il doit se dessaisir de l'affaire, car le mode employé pour le saisir est irrégulier. Au second cas, il doit seulement renvoyer d'office le débat à une prochaine audience séparée par trois jours francs du jour de la citation, c'est-à-dire qu'il doit substituer le délai ordinaire de la comparution au délai abrégé de la loi spéciale. Cependant le prévenu pourrait consentir à être jugé sur le champ ; mais voici la différence avec l'hypothèse prévue par l'art. 4 : il est nécessaire que le tribunal provoque et constate son consentement. Quoi qu'il en soit le tribunal retient l'affaire : la citation en effet est un mode de saisine commun à la procédure ordinaire et à la procédure spéciale des flagrants délits ; ce qui diffère c'est uniquement le délai de comparution. Quant au mandat de dépôt il tiendra, selon nous, dans cette hypothèse, bien que *ex post facto* il apparaisse comme ayant été décerné par un magistrat incompétent : la raison est que dans la procédure ordinaire, comme dans la procédure spéciale, le tribunal devient, à partir de sa saisine, l'arbitre absolu de la détention préventive ; il n'y a donc plus à se préoccuper de son origine (1).

**1100.** L'application de la loi du 20 mai 1863 s'est heurtée à des difficultés matérielles et à des habitudes judiciaires qui ont amené des pratiques illégales, sur lesquelles l'attention du législateur mérite d'être appelée. Les petits tribunaux ne tiennent guère qu'une audience correctionnelle par semaine, en temps ordinaire, et par quinzaine, pendant les vacances. Les magistrats refusent de se réunir si on les convoque uniquement pour juger un individu arrêté en flagrant délit ; ou, s'ils se réunissent, c'est pour déclarer que l'affaire n'est pas en état de recevoir jugement et la renvoyer au jour ordinaire de leur audience. Cette résistance a fait que plusieurs parquets se considèrent comme en droit de détenir le prévenu sous mandat de dépôt jusqu'à la prochaine audience, quelque éloignée qu'elle soit de l'arrestation. Dans certains ressorts, il y a même des circulaires de procureurs généraux autorisant les procureurs de la République à ne traduire le prévenu à l'audience que le cinquième jour : on substitue ainsi le délai ordinaire de la citation au délai abrégé, imposé par la loi spéciale. Parfois le ministère public associe le tribunal à ces illégalités : il profite de la présence au palais de quelques juges pour leur soumettre le dossier, faire constater qu'il est incomplet et renvoyer l'affaire au jour ordinaire de l'audience : ce jugement, censé rendu

(1) *Sic* : pour l'hypothèse où le tribunal saisi par citation, après mandat, reconnaît que le délit n'était pas flagrant : Angers, 23 juin 1863 ; Rennes, 25 juin 1863 (D. 63, 2, 186 et 204). — *Contrà* : pour l'hypothèse où le tribunal reconnaît que le prévenu était relégable, les arrêts de cass. cités sous le n° 552.

en audience publique et le prévenu présent, l'est en réalité en Chambre du conseil et hors de sa présence. L'irrégularité est ici plus grave, puisqu'elle se complique d'un faux. Cependant c'est la pratique la plus conforme à l'esprit de la loi, qui est de ne pas laisser le ministère public arbitre, pendant plus de vingt-quatre heures, de la détention préventive. C'est celle qui mériterait d'être législativement consacrée quand la *Chambre du conseil* aura été rétablie. La loi sur la relégation, en effet, a rendu nécessaire la vérification très sérieuse des antécédents judiciaires. On ne peut se contenter d'un résumé télégraphique des condamnations portées au casier; il faut avoir l'extrait sous les yeux. Dans ces conditions l'affaire ne peut presque jamais être jugée le jour même, ni le lendemain ; un renvoi à une audience plus éloignée s'impose pour donner au parquet le temps matériel de recevoir l'extrait du casier. La question se réduit donc à savoir s'il y a des inconvénients à faire ordonner ce renvoi, par mesure d'instruction, et hors de la présence de l'inculpé ; or il est évident qu'il n'y en a point.

# CHAPITRE VI

## DE LA DÉLÉGATION DES POUVOIRS D'INSTRUCTION.

1101. L'esprit de la loi est que le juge d'instruction procède par lui-même à tous les actes de la procédure écrite. Il a en effet à se prononcer, au cours de l'instruction, sur la détention préventive ; à la fin, sur la suite que l'affaire comporte ; ces décisions exigent une appréciation personnelle des preuves recueillies. Or cette appréciation aura d'autant mieux ce caractère que le juge d'instruction aura recueilli plus de preuves par lui-même ; son appréciation finale et d'ensemble résumera l'opinion qu'il s'est faite sur chaque fait particulier. S'il déléguait tous les actes de l'instruction, cette appréciation ne serait qu'un écho de l'opinion des divers officiers de police qui auraient procédé par délégation ; le vœu de la loi ne serait pas rempli. Dans certains cas cependant la loi permet au juge de déléguer ses pouvoirs ; nous allons les examiner et voir si la délégation peut être admise dans d'autres hypothèses.

1102. **Quels actes peuvent être délégués et à qui peuvent-ils l'être ?** Les textes ordonnent ou autorisent expressément la délégation pour les *perquisitions*, l'*audition des témoins* et l'*interrogatoire*, dans des hypothèses qu'ils déterminent.

S'il s'agit d'abord d'accomplir ces actes dans un autre arrondissement la délégation devient nécessaire, car la compétence du juge d'instruction s'arrête aux limites de sa circonscription territoriale (1). Aussi les art. 84, 90 et 103 la prescrivent-ils impérativement. La nécessité cependant n'est absolue que pour les perquisitions. Pour l'interrogatoire, elle le devient dans l'hypothèse où l'inculpé arrêté en vertu d'un mandat d'amener demande à être détenu dans un arrondissement autre que celui où se fait l'instruction (art. 100). La loi cependant permet au juge de vaincre sa résistance en décernant contre lui un mandat d'arrêt (art. 104). Pour les témoins, il y a impossibilité morale de les faire comparaître lorsque leur état de maladie, dûment constaté, rendrait leur déplacement dangereux. Le juge dans ce cas *doit* se transporter chez eux, s'ils habitent dans le canton du chef-lieu judiciaire de l'arrondissement où se fait l'instruction. S'ils se trouvent dans un autre canton, il *peut* ou se transporter lui-même, ou déléguer le juge de paix pour recevoir leur déposition. Les délégations qui doivent être exécutées dans un autre arrondissement sont adressées au juge d'instruction de cet arrondissement qui procède de même (art. 84, 90, 103). On remarquera que dans ces divers cas de délégation expressément prévus par les textes, les magistrats délégués sont toujours le *juge d'instruction* ou le *juge de paix* (2).

**1103.** Peut-on admettre la délégation dans d'autres hypothèses et pour d'autres actes ? — Peut-on admettre que d'autres officiers de police judiciaire soient délégués ? — Théoriquement la négative paraît certaine sur les deux questions : la compétence en matière pénale est la mesure du droit de punir que la loi impartit au juge. Il semble qu'en cette matière toute délégation doive être autorisée par un texte formel. La Cour de cassation s'est d'abord prononcée pour cette interprétation restrictive (3) ; mais la pratique n'a pas accepté sa solution, pour des raisons d'économie et de célérité, et aussi pour la plus grande commodité des témoins et des inculpés qu'on laisse en liberté. On a étendu ainsi les cas légaux de délégation à d'autres hypothèses, à d'autres actes et à d'autres officiers, mais en respectant cependant l'analogie pour les actes et pour les personnes.

**1104.** A. *Extension quant aux actes.* — Les perquisitions, l'enquête, l'interrogatoire étant des actes qui tendent à rassembler les preuves, on a admis qu'on pouvait déléguer *tous les actes de cette nature ;* par exemple la constatation de l'état des lieux et du corps du délit, les exper-

(1) Par exception, dans la poursuite de certains faux, le magistrat instructeur peut *continuer* ses perquisitions hors de son ressort (art. 464).

(2) La loi permet encore expressément la délégation au procureur de la République instruisant au cas de crime flagrant (art. 52), au magistrat qui remplit les fonctions de juge d'instruction dans certains cas exceptionnels (art. 237, 266, 283, 293, 303, 433, 488, 497, 511, 514).

(3) Cass. 27 août 1818 (J. P. t. XIV, p. 1013).

tises, la remise des pièces de comparaison, la présentation aux témoins des pièces à conviction, les confrontations, etc. — A l'inverse, on n'a pas admis la délégation des actes qui touchent à l'arrestation et à la détention préventive : par exemple, celle du droit de décerner les mandats d'amener, de dépôt ou d'arrêt, de lever ces deux derniers par mesure d'instruction, de prescrire ou de lever une interdiction de communiquer. En dehors des considérations théoriques, l'art. 283 confirmait cette distinction, car, dans un cas particulier d'instruction, il autorise la délégation d'une manière générale, sauf pour les trois mandats susénoncés.

— Pour le mandat de comparution, la question est controversée, mais à tort, car, du moment qu'on délègue l'interrogatoire, il faut bien admettre que cette délégation emporte celle du moyen pratique d'y procéder, sinon il faudrait restreindre la délégation de l'interrogatoire à l'hypothèse où l'inculpé est détenu. La même raison semble militer, au premier abord, en faveur de la délégation du mandat d'amener ; mais cette mesure de rigueur nécessite une appréciation de l'ensemble de la procédure que peut faire seulement le juge saisi du délit ; s'il est indispensable en effet que toute instruction contienne un interrogatoire, le moment où il doit y être procédé est laissé à la discrétion du juge d'instruction. Il doit examiner, à l'égard de l'inculpé qui ne comparaît pas, s'il y a lieu d'ajourner son interrogatoire ou de décerner immédiatement contre lui un mandat d'amener (1).

**1105.** B. *Extension quant aux personnes.* — Ici encore, on a tenu compte de l'analogie : la qualité d'officier de police auxiliaire ayant paru expliquer la délégation des juges de paix dans les cas où les textes l'autorisent, on a permis de déléguer les officiers de gendarmerie, les maires et commissaires de police (2). On a même créé dans les grandes villes un commissaire de police spécial, qui est une sorte de juge d'instruction en sous-ordre, le *commissaire aux délégations judiciaires.* Ce genre d'extension est plus sujet à critique, car il permet de confier les actes les plus délicats de l'information à des hommes souvent très inférieurs aux membres de l'ordre judiciaire au point de vue de l'indépendance et de la valeur morale, et dont rien n'atteste d'ailleurs les connaissances juridiques.

**1106.** C. *Extension quant aux hypothèses.* — Enfin les délégations ont été admises pour faire procéder à des actes d'instruction non seulement en dehors de l'arrondissement ou du canton du chef-lieu judiciaire, mais encore dans ce canton même. Ainsi le commissaire aux délégations

---

(1) *Sic :* Duverger, II, 363, 365-372 et les autorités qu'il cite. — Cass. 6 mars 1841 (B. 56). V. aussi, mais avec des restrictions, F. Hélie, IV, 1904-1906, 1961.

(2) *Sic :* Duverger, II, 381, 382 et les autorités qu'il cite. — *Contrà* : Carnot, I, p. 367, 874 ; F. Hélie, IV, 1912.

judiciaires réside dans la même ville que le juge d'instruction et procède, à côté de lui, à tous les actes dont celui-ci le charge (1).

**1107. Forme des délégations.** — La délégation se fait par une ordonnance écrite qui précise l'acte à accomplir et qui est transmise en minute. Elle porte le nom de *commission rogatoire*. Sa transmission doit avoir lieu, pour les juges français, par le parquet, dont la mission est de faire exécuter toutes les ordonnances du juge d'instruction, et pour les juges étrangers, par le garde des sceaux et la voie diplomatique. Le juge délégué doit se renfermer dans le mandat qu'il a reçu et renvoyer, en minute, les procès-verbaux des actes qu'il a accomplis (art. 85, C. i. c.; 59, D. 18 juin 1811).

(1) Les projets de réforme du Code d'instruction criminelle précisent le droit de délégation : *a*) l'interrogatoire ne peut plus être délégué ; *b*) les officiers de police auxiliaires ne peuvent recevoir que des ordres de saisie ou « des délégations rentrant dans les attributions de chacun d'eux ». Sauf ces deux restrictions, la pratique actuelle paraît consacrée (art. 153, 154, 155, 156).

# TITRE III

## DES JURIDICTIONS D'INSTRUCTION ET DU RÈGLEMENT DE LA PROCÉDURE

**1108. Notions générales.** — Quand l'instruction est complète il faut apprécier son résultat, c'est-à-dire vérifier si l'infraction est suffisamment établie à la charge de l'inculpé, — lui donner sa qualification légale en l'état de la procédure, — déterminer ainsi la juridiction de jugement compétente pour en connaître et la saisir. Cela s'appelle *régler la procédure*, et ce règlement est l'œuvre des juridictions d'instruction, l'objet principal de leur mission.

**1109.** Le jugement, qui intervient ainsi sur les charges recueillies avant de les livrer à la publicité de l'audience, est d'une utilité évidente pour l'inculpé comme pour le ministère public. Si l'innocence de l'inculpé est d'ores et déjà prouvée, on lui épargne une comparution toujours pénible en audience publique, en terminant la procédure par un non-lieu. Si les charges sont trop légères, trop vagues pour déterminer une condamnation, l'intervention des juridictions d'instruction prémunit le ministère public contre ses entraînements, l'empêche de courir à des échecs qui, s'ils se répétaient trop souvent, diminueraient son prestige et rendraient même odieuse sa fonction.

**1110.** Les juridictions d'instruction se composent actuellement du juge d'instruction, au premier degré, et de la Chambre d'accusation, au second. Avant la loi du 17 juillet 1856 qui a remis au juge d'instruction les pouvoirs de la Chambre du conseil, il y avait deux juridictions du premier degré : cette Chambre et le juge d'instruction. La situation du juge d'instruction ressemblait à celle du président du tribunal jugeant en référé : il est question aujourd'hui de rétablir la Chambre du conseil, mais avec une organisation différente et des attributions plus étendues. Le juge d'instruction n'en serait pas membre. Elle aurait le rôle d'un arbitre entre toutes les parties en cause y compris le juge, et elle procéderait au règlement de la procédure. En attendant cette réforme libérale, nous allons exposer le fonctionnement des juridictions d'instruction d'après la législation actuelle.

# CHAPITRE PREMIER

## JURIDICTION D'INSTRUCTION DU PREMIER DEGRÉ

*(Le juge d'instruction)*

I. — Des ordonnances du juge d'instruction quand la procédure est complète.

**1111.** Quand le juge d'instruction croit avoir réuni des preuves suffisantes de la culpabilité ou de la non-culpabilité de l'inculpé, ou qu'il pense n'y avoir plus rien à faire, il communique le dossier au procureur de la République pour prendre ses conclusions.

L'art. 127 donne trois jours à ce magistrat pour rédiger son *réquisitoire définitif*; mais ce délai n'est pas imparti à peine de nullité; l'étude de certaines affaires exige un délai plus long; le procureur de la République peut aussi pendant ces trois jours avoir été empêché.

Quoi qu'il en soit, après trois jours, le juge d'instruction peut attendre encore ou rendre son ordonnance sans les conclusions du ministère public, la mise en demeure de les donner étant suffisante.

Le réquisitoire définitif doit être écrit (arg., art. 134, § 2). Mais il n'a point de formes légales. En pratique il contient des motifs et un dispositif, c'est-à-dire qu'il esquisse l'ordonnance que demande le ministère public. Statuant sur ces réquisitions, le juge d'instruction vérifiera une dernière fois sa compétence et, s'il se trouve compétent, il rendra, suivant le cas, une ordonnance de *non-lieu* ou de *mise en prévention*. On appelle aussi cette dernière, *ordonnance de renvoi*, en sous-entendant *devant telle juridiction*

**1112.** L'ordonnance de non-lieu est celle par laquelle le juge déclare qu'il n'y a pas lieu de continuer la poursuite. Elle ordonne en conséquence l'élargissement de l'inculpé s'il est arrêté (art. 128). Elle est motivée *en fait* ou *en droit :* en fait, si elle porte qu'il n'existe pas de charges suffisantes soit de l'existence du délit, soit de la culpabilité de l'inculpé; en droit, si elle affirme que le fait, bien qu'établi, n'est pas punissable ou que l'action publique est prescrite. Cette distinction a de l'importance au point de vue de l'autorité de la chose jugée. L'ordonnance de non-lieu, motivée en fait, ne clôt la procédure que provisoirement et en l'état des charges relevées ; si plus tard de nouvelles charges se découvrent, l'instruction pourra être reprise (1). L'ordonnance de non-lieu fondée sur des motifs de droit, indépendants des charges, est irrévocable.

**1113.** L'ordonnance de mise en prévention est celle par laquelle le juge d'instruction déclare qu'il y a lieu à suivre et renvoie l'inculpé, comme prévenu de telle infraction, devant la juridiction compétente. — Si le fait relevé n'est qu'une contravention, le renvoi est ordonné devant le tribunal de simple police et l'inculpé, s'il est arrêté, est mis en liberté (art. 129). — Si le fait est un délit, le renvoi a lieu devant le tribunal correctionnel, et l'inculpé est élargi ou maintenu en détention préventive, suivant les distinctions que nous avons exposées plus haut (art. 130, 131, 113, § 2). — Enfin si le fait est un crime, le juge d'instruction renvoie devant la Chambre d'accusation (art. 133). La procédure écrite subira ainsi un second examen avant que l'inculpé soit traduit devant la juridiction de jugement, c'est-à-dire devant la Cour d'assises. Jusqu'à l'arrêt de la Chambre d'accusation, il reste détenu en exécution du mandat d'arrêt ou de dépôt décerné par le juge d'instruction (art. 134, § 1) (2).

**1114.** Les ordonnances du juge d'instruction sont portées à la connaissance de la juridiction qu'elles saisissent et des parties en cause par le procureur de la République qui a la mission légale de les faire exécuter (art. 28, 132, 133). Il notifiera pour cela l'ordonnance de non-lieu à la partie civile et fera mettre l'inculpé en liberté après le délai que nous indiquerons plus bas. Au cas de renvoi devant le tribunal correctionnel, il assignera le prévenu pour l'une des plus prochaines audiences et donnera avis de cette assignation à la partie civile (art. 132, § 2). — Au cas de renvoi devant le tribunal de simple police, il enverra le dossier au greffe de ce tribunal, et c'est le membre du ministère public du tribunal de simple police qui donnera l'assignation et l'avis dont il vient d'être parlé (art. 132, § 1; 145). — Enfin, au cas de renvoi devant la Chambre d'accusation, le procureur de la République transmettra le dossier et un état des pièces à conviction au procureur général pour être procédé ainsi qu'il sera dit au chapitre des mises en accusation (art. 133).

**1115.** Les ordonnances de clôture sont inscrites à la suite du réquisitoire définitif. Elles contiennent la désignation du prévenu (nom, prénoms, âge, lieu de naissance, domicile et profession), l'exposé sommaire

---

(1) Il est d'usage de réserver expressément dans les ordonnances de non-lieu la reprise de l'instruction sur charges nouvelles; mais c'est inutile, la loi ne subordonnant point cette reprise à des réserves quelconques. Cass. 31 mai 1838, 5 avril 1839; DALLOZ, *loc. cit.* 1078, 1079.

(2) Cet article a été ainsi rédigé par la loi du 17 juillet 1856. Auparavant la Chambre du conseil, en renvoyant devant la Chambre d'accusation, décernait *l'ordonnance de prise de corps*, mais cette ordonnance n'était encore qu'à l'état de projet; elle devenait définitive seulement après l'arrêt de renvoi en Cour d'assises (anc. art. 134, 231-233).

et la qualification légale du fait qui lui est imputé, enfin la déclaration qu'il existe ou qu'il n'existe pas de charges suffisantes (art. 134, § 2). Quand l'état civil de l'inculpé est resté inconnu, une ordonnance de renvoi peut intervenir s'il est détenu, mais non s'il est en fuite. La justice pénale ne peut frapper en effet qu'une personne certaine. Toute instruction contre un individu non arrêté et inconnu se termine donc nécessairement par un non-lieu.

**1116.** Le juge d'instruction doit *épuiser sa juridiction*, c'est-à-dire statuer, quels que soient d'ailleurs les termes du réquisitoire définitif, sur tous les inculpés et sur tous les chefs de prévention à l'égard desquels il s'est reconnu compétent pour instruire. Pas plus à la fin de la procédure écrite qu'au début, le procureur de la République ne peut limiter l'examen du juge d'instruction à la culpabilité de certains agents du délit ou à certaines dépendances du fait dénoncé. Il statuera donc sur tous les coauteurs et complices, sur toutes les circonstances aggravantes, sur tous les faits qui constituent avec celui dont il était saisi un tout indivisible. Il doit aussi statuer sur tous les chefs de conclusions du réquisitoire définitif, soit pour y faire droit, soit pour la rejeter.

## II. — DE L'OPPOSITION AUX ORDONNANCES DU JUGE D'INSTRUCTION.

**1117.** Les ordonnances du juge d'instruction sont susceptibles d'un appel à la juridiction supérieure, c'est-à-dire à la Chambre d'accusation. Le Code qualifie improprement d'*opposition* cette voie de recours : l'opposition en effet est une *voie de rétractation*, un recours exercé devant le magistrat qui a rendu la sentence. L'appel au contraire est une *voie de réformation*, un recours à la juridiction supérieure. Cette matière était fort obscure avant la loi du 17 juillet 1856. La dualité des juridictions d'instruction du premier degré, des textes mal rédigés ou incomplets avaient donné lieu à de nombreuses controverses. Elles ont disparu avec la réunion dans une seule main des pouvoirs d'instruire et de statuer sur la suite de l'affaire. Le nouvel art. 135 formule expressément des solutions qu'auparavant l'interprétation seule pouvait donner. Il est loin cependant d'échapper à la critique : le droit d'opposition de la partie civile est en effet moins étendu que celui du ministère public ; et celui du prévenu, moins étendu que celui de la partie civile. Mais cela tient au vice général de l'instruction préparatoire, organisée dans notre Code suivant les pratiques de l'Inquisition. Le sentiment d'équité, qui fait désirer aujourd'hui l'égalité absolue des parties poursuivantes et du prévenu devant la juridiction d'instruction, et la méthode contradictoire, avait été étouffé au commencement de ce siècle presqu'aussitôt après avoir été ressenti. Il reparaît enfin avec le progrès de la civilisation. La réforme à l'étude aura pour résultat de donner aux trois parties en cause un droit égal d'opposition aux ordonnances faisant grief à leurs intérêts.

**1118. Opposition du ministère public.** — Le ministère public, ayant la surveillance de l'instruction préparatoire, peut faire opposition à *toutes* les ordonnances du juge d'instruction (art. 135, § 1). Il peut requérir toute mesure qu'il croit utile à la manifestation de la vérité, nécessaire pour assurer la répression, équitable pour le prévenu (arg. art. 94, § 3). Le juge d'instruction, qui refuse d'accomplir l'acte dont il est requis, doit formuler son refus dans une ordonnance que le ministère peut attaquer (1).

**1119.** Le droit d'opposition appartient individuellement au procureur de la République et au procureur général. Le premier doit l'exercer « dans les vingt-quatre heures à compter du jour de l'ordonnance » (art. 145, § 4), c'est-à-dire le lendemain. Aucune forme ne lui est prescrite ; mais par analogie de ce qui a lieu pour l'appel (art. 203), on décide qu'il suffit d'une déclaration faite au greffe. Le second a les dix jours qui suivent l'ordonnance pour exercer son recours. Il doit *notifier* son opposition au prévenu (art. 135, § 10).

**1120.** L'opposition aux ordonnances du juge d'instruction a un effet *suspensif* et un effet *dévolutif*. Suivant la règle générale des voies de recours en matière pénale, l'effet suspensif s'applique au délai, mais seulement au délai de vingt-quatre heures accordé aux parties en cause. En conséquence, le prévenu au profit de qui est intervenue une ordonnance de non-lieu gardera prison jusqu'au lendemain. Passé ce délai il sera élargi si aucune opposition n'a été formée (art. 135, §§ 8, 10, 11 comb.) (2).

**1121.** L'effet *dévolutif* de l'opposition du ministère public se restreint aux chefs de l'ordonnance contre lesquels elle est dirigée ; ce sont les seuls points sur lesquels peut statuer la juridiction d'appel. Mais elle saisit pleinement la Chambre d'accusation de l'action publique quant à ces chefs : celle-ci pourra donc, sur une opposition *a minima* du ministère public, rendre un arrêt plus favorable à l'inculpé, que l'ordonnance attaquée. Elle pourra aussi sur une opposition ne visant que certains inculpés réformer l'ordonnance à l'égard d'autres inculpés, pourvu dans les deux cas qu'elle statue seulement sur les chefs de prévention qui lui sont déférés.

**1122. Opposition de la partie civile.** — La partie civile a le droit

---

(1) Cass. 1ᵉʳ août 1822.

(2) L'opposition du procureur général n'est pas tardive, en principe, si elle est formée dans le délai de dix jours. Mais si, dans cet intervalle, il est intervenu un jugement sur le fond, elle devient sans objet, parce que le procureur général peut appeler de ce jugement. Cass. 11 fév. 1881 (D. 82, 1, 321).

d'opposition contre toutes les ordonnances faisant grief à ses intérêts civils. L'art. 135, § 2 emploie cette formule générale après avoir énuméré à titre d'exemple certaines de ces ordonnances. Telles sont : 1°) l'ordonnance accordant la liberté provisoire (art. 119) (1) ; 2°) l'ordonnance de non-lieu (art. 128) ; 3°) les ordonnances de mise en prévention qui doivent être suivies de l'élargissement du prévenu (art. 129, 131), 4°) l'ordonnance de dessaisissement pour incompétence (art. 539). A ces ordonnances énumérées, il faut ajouter, par application de la formule générale : 5°) l'ordonnance qui déclare n'y avoir lieu d'informer (2); 6°) l'ordonnance de renvoi devant un tribunal incompétent : il importe en effet à la partie civile de ne pas courir les chances d'une mauvaise procédure dont elle paierait les frais.
— Mais n'ayant point le droit de requérir un acte d'instruction déterminé, elle ne peut attaquer les ordonnances qui s'y rapportent (art. 94, §§ 3, 4, et arg. de ce texte).

**1123.** Le délai qui est imparti à la partie civile pour exercer son recours est de 24 heures à compter de la signification qui lui est faite de l'ordonnance à son domicile réel ou élu dans l'arrondissement (art. 68 et 135, § 4). Le texte est muet sur la forme de l'opposition de la partie civile; on lui impose encore par analogie la forme de l'appel, c'est-à-dire la déclaration au greffe.

**1124.** L'opposition de la partie civile produit des effets aussi étendus que celle du ministère public. Son effet dévolutif est surtout remarquable : il met la juridiction d'appel en mesure de prononcer tant sur l'action publique que sur l'action civile. La partie civile pourra donc faire rapporter une ordonnance de non-lieu à laquelle le ministère public voudrait acquiescer. Nous avons expliqué précédemment qu'il devait en être ainsi : les juridictions de jugement ne pouvant être saisies de l'action civile sans l'être en même temps de l'action publique, le renvoi que la Chambre d'accusation ordonne devant ces juridictions porte nécessairement sur les deux actions. Nous trouverons une règle contraire pour l'appel (3).

**1125.** Si la partie civile se désistait de son opposition la Chambre d'accusation pourrait-elle réformer l'ordonnance au point de vue de l'action publique ? L'affirmative nous paraît certaine : les juridictions pénales une fois saisies de l'action publique n'en peuvent être dessaisies par un désistement. Ce principe s'applique aussi bien aux juridictions d'instruction qu'aux juridictions de jugement (4).

(1) L'art. 135 renvoie à l'art. 114, mais depuis la nouvelle rédaction donnée aux articles du chap. VIII, tit. I, par la loi de 1865, il faut lire : 119.
(2) Cette ordonnance est actuellement une variété de l'ordonnance de non-lieu. Les projets de réforme la prévoient expressément (art. 47, 48).
(3) *Sic*: Cass. 29 mars 1878 (D. 79, 1, 92).
(4) *Sic*: MANGIN, *Règles de comp.*, p. 80. — Comp. s. le désistement de la partie

**1126.** La partie civile qui succombe dans son opposition est condamnée à des dommages-intérêts envers le prévenu (art. 136). Cette indemnité est allouée d'office par la Chambre d'accusation comme conséquence du rejet de la voie de recours (1). Elle est indépendante de celle que l'inculpé pourra obtenir à raison de la témérité de la plainte.

**1127. Opposition du prévenu.** — L'inculpé ne peut faire opposition qu'aux ordonnances : qui rejette ou sa demande de mise en liberté provisoire (art. 119), ou son exception d'incompétence (art. 539 ; 135, § 3). N'ayant pas le droit de connaître ni de surveiller l'instruction, il ne peut se plaindre des errements suivis par le juge. Mais on a commis à son égard une grave injustice, que n'exigeait point le caractère secret et non contradictoire de l'instruction préparatoire, en lui refusant d'attaquer l'ordonnance de renvoi devant une juridiction de jugement. On a dit que cette ordonnance ne compromettait rien, car les mêmes moyens, que le prévenu aurait produits en appel devant la Chambre d'accusation, seront développés par lui devant les tribunaux correctionnels ou de police. Sa mise en jugement ne lui fait rien perdre. Mais il y a un intérêt moral dont on n'a point tenu compte : celui d'éviter une discussion publique sur des faits que la justice pénale n'a point le droit de connaître parce qu'elle n'a pas celui de les punir (2).

**1128.** Le délai de l'opposition est encore ici de 24 heures. Il court à compter de la communication ou de la signification de l'ordonnance, suivant que le prévenu est détenu ou en liberté (art. 135, § 4). La loi prescrit au procureur de la République de faire cette signification ou communication dans les vingt-quatre heures de la date de l'ordonnance (§ 5), et sa disposition s'applique aussi bien à la signification à faire à la partie civile, qu'à la signification ou communication à faire au prévenu. Mais cette prescription de la loi n'a point de sanction directe ; c'est quand il est résulté de son inobservation un préjudice, pour l'intéressé qu'il pourrait y avoir lieu à prise à partie contre le procureur de la République. — La forme de l'opposition du prévenu est encore ici réglée par analogie de l'appel, faute d'indications dans le texte : c'est une déclaration au greffe. — La nature des ordonnances que le prévenu peut attaquer écarte toute difficulté sur les effets de son opposition.

**1129.** On peut se demander si l'opposition de l'une des parties en civile devant le tribunal correct.: Cass. 11 août 1881 (D. 84, 5, 279). — *Contrà :* F. Hélie, V, 2106.

(1) *Sic :* Carnot, 1, p. 542 ; Mangin, II, p. 107 ; F. Hélie, V, 2121 ; Cass. 6 nov. 1828 (J. P. XVIII, p. 181). — *Contrà :* Legraverend, III, p. 401 ; Bourguignon, I, p. 310 ; Bourges, 9 juin 1870 (S. 70, 2, 188).

(2) Les projets de réforme reconnaissent expressément au prévenu le droit de faire opposition à l'ordonnance de clôture : si le fait n'est pas prévu et puni par la loi ; ou si l'action publique est éteinte ou non-recevable.

cause doit être portée à la connaissance des deux autres, et par quel moyen? Ce point a été incomplètement réglé par l'art. 135. Il prescrit au procureur général de notifier son opposition, sans dire *à qui*, et il ne parle pas de la notification de l'opposition formée par les autres parties. Certainement, le procureur de la République est censé avoir connaissance de toute opposition faite au greffe, puisque le greffe est sous sa surveillance ; mais en est-il de même du prévenu et de la partie civile? Évidemment non. Une notification est indispensable pour leur faire savoir que l'ordonnance est frappée d'opposition. La question revient donc à savoir: 1° si la loi veut que l'opposition faite par une partie soit portée à la connaissance des autres ; 2° qui est chargé d'en faire la notification. Les auteurs et les arrêts n'ont pas su distinguer ces deux points. Il nous semble que l'opposition formée ne doit pas rester inconnue de celle des parties en cause dont elle peut compromettre les intérêts. L'art. 135 révèle ce principe en prescrivant au procureur général de *notifier* son opposition. Or *notifier*, c'est porter officiellement un acte, un fait, à la connaissance d'un adversaire. On n'hésite pas, en conséquence, à décider que la notification du procureur général doit être faite au prévenu (1). Le prévenu a, par analogie, le droit d'être informé de l'opposition du procureur de la République et de la partie civile ; et celle-ci a le droit d'être informée de l'opposition du ministère public et du prévenu (2). Mais l'on conçoit qu'à raison de la brièveté du délai d'opposition, la loi n'ait voulu imposer d'autre obligation à l'opposant que celle de formaliser au greffe son opposition. Aussi la notification des oppositions reçues au greffe nous paraît rentrer dans la mission générale du procureur de la République. Quant au procureur général nous déciderons, par analogie, qu'il doit, s'il y a partie civile en cause, notifier son opposition non seulement au prévenu, mais encore à cette partie.

(1) Cass. 19 mai 1881 (D. 81, 1, 400).
(2) Lyon, 30 av. 1830 (D. 30, 2, 243). Motifs de l'arrêt.

# CHAPITRE II

JURIDICTION D'INSTRUCTION DU SECOND DEGRÉ.

(*La Chambre d'accusation*).

**1130. Organisation et attributions de la Chambre d'accusation.** — La Chambre d'accusation (1) est une section de la Cour d'appel composée de cinq membres : quatre conseillers et un président, faisant le service dans d'autres Chambres (art. 218, § 1, C. i. c. ; D. 12 juin 1880 ; L. 30 août 1883, art. 1er, 2 ; L. 3 juil. 1873, art. 2). — Elle se réunit au moins une fois par semaine (art. 218, § 2). — Dans les affaires graves, le procureur général peut requérir l'adjonction à la Chambre d'accusation de la Chambre des appels correctionnels, afin de donner plus de solennité et d'autorité morale à la décision (D. 6 juil. 1810, art. 3).

**1131.** Ses attributions se rapportent toutes à l'instruction préparatoire ; elles se résument dans les trois caractères suivants : 1° c'est une juridiction d'instruction souveraine ; 2° une juridiction d'instruction du second degré ; 3° une juridiction disciplinaire.

*a*) Comme juridiction d'instruction souveraine, elle a un droit d'*initiative*, un droit de *surveillance* et un droit d'*évocation*. En vertu du premier de ces droits, elle peut se saisir elle-même ou saisir le juge d'instruction des crimes et des délits que le procureur de la République néglige de poursuivre : *informer* ou *faire informer* (art. 235). Elle exerce ce droit, d'office, pour les crimes et délits qui lui sont révélés par une affaire dont elle est saisie (2), sur la réquisition du procureur général, dans toute autre hypothèse (art. 250). — Son droit de *surveillance* s'applique aux affaires dont les juges d'instruction du ressort sont saisis : elle peut ordonner l'apport des pièces pour les examiner et ordonner ce qu'il appartiendra. Ce droit est exercé par elle dans les mêmes conditions que le précédent (art. 235 et 250 comb.). — Son droit d'*évocation* consiste à dessaisir d'une affaire un juge d'instruction pour s'en saisir elle-même et l'instruire à sa place. Il s'exerce à la suite de l'examen dont

---

(1) Ou des *mises en accusation* : on dit indifféremment l'un ou l'autre (art. 1er, D. 12 juin 1880 ; art. 2, L. 30 août 1883).

(2) Il n'est pas nécessaire que le crime ou le délit, pour lequel elle prescrit d'office des poursuites, soit connexe au fait dont elle est saisie ; l'art. 235 lui donne en effet le droit d'*informer* ou de *faire informer* sans restriction, pourvu qu'elle prenne cette mesure avant de statuer sur la mise en accusation. L'*exposé des motifs* confirme cette interprétation. Locré, t. XXV, p. 566.

nous venons de parler (art. 235 : « *informer*... *et statuer ensuite sur ce qu'il appartiendra* »).

*b*) Comme juridiction d'instruction du second degré, la Chambre d'accusation connaît de l'appel (*opposition*) des ordonnances du juge d'instruction interjeté par les parties en cause ou par le procureur général, et de l'appel de plein droit institué par l'art. 133 contre l'ordonnance de clôture qui déclare l'inculpé prévenu d'un crime.

*c*) Comme juridiction disciplinaire, elle punit, en cas de récidive, les officiers de police judiciaire négligents (art. 280-282).

Continuant à suivre le développement de la procédure pénale dans l'hypothèse de la poursuite d'un crime, nous allons examiner comment procède la Chambre d'accusation saisie par l'ordonnance de mise en prévention.

**1132. Procédure de la mise en accusation.** — Les actes de cette procédure se divisent en trois groupes : 1°) la *mise en état* de l'affaire ; 2°) l'*examen* par la Chambre d'accusation ; 3°) l'*arrêt*.

1° *Mise en état*. — Le procureur général est chargé de faire connaître à la Chambre d'accusation l'affaire dont elle est saisie et de mettre cette juridiction à même de statuer sur les pièces que la loi soumet à son examen. Cela s'appelle mettre l'affaire en état. A cet effet, il préparera un rapport et ses réquisitions ; il avertira le prévenu et la partie civile du renvoi de l'affaire devant la Chambre d'accusation afin qu'ils puissent présenter un mémoire s'ils le jugent convenable. Il résulte de la disposition un peu confuse de l'art. 217 qu'un délai de cinq jours, à compter de la réception du dossier au parquet général, est accordé pour la préparation de ces rapports, réquisitions et mémoires, et que l'affaire doit être portée à l'audience de la Chambre d'accusation dans les cinq jours suivants.

**1133.** Ni la partie civile, ni le prévenu n'ont le droit d'exiger la communication du dossier pour rédiger leur mémoire. La procédure en effet est encore secrète et non contradictoire. Le secret cessera seulement après l'arrêt de mise en accusation et l'interrogatoire de l'accusé dans la maison de justice (art. 293, 302, 305).

Mais si cette communication ne peut être exigée, peut-elle du moins être accordée ? est-elle facultative et qui peut l'ordonner ? Les auteurs et les arrêts reconnaissent en général que cette communication est facultative ; mais ils se séparent sur l'autorité qui a le droit de l'accorder. Il nous paraît qu'elle doit être refusée. Le secret de l'instruction est une garantie pour la société qu'on ne peut laisser à l'appréciation des magistrats, sans faire dégénérer en *faveur* ce qui doit être un *droit*. Seul le président des assises a, pendant le débat, un *pouvoir discrétionnaire* pour s'affranchir des règles que la loi impose dans l'accomplissement de certains actes de procédure ; on ne peut, sans texte, étendre ce pouvoir à une autre juridiction ou autorité.

**1134.** 2° *Examen.* — L'examen du dossier par la Chambre d'accusation a lieu à huis clos en présence du procureur général (art. 223, 224). Légalement, les choses doivent se passer de la manière suivante : le ministère public fait son rapport qui n'est assujetti à aucune forme, il peut être oral ou écrit. Le greffier donne lecture de toutes les pièces du procès. Ces pièces sont ensuite laissées sur le bureau, ainsi que les mémoires que la partie civile et le prévenu ont pu fournir. Le procureur général dépose ses conclusions écrites et se retire avec le greffier. Aussitôt après, la délibération commence (art. 217, 222, 224, 225). — En pratique, on supprime la lecture des pièces par le greffier qui est généralement fastidieuse et peu instructive. Le président a pris d'avance connaissance du dossier ; il appelle l'attention de ses collègues sur les points essentiels de l'exposé du procureur général et il lit les pièces ou les parties de pièces qui s'y rapportent. Il donne, de la même manière, des explications sur tous les points qu'on lui signale. Dans les affaires difficiles et compliquées chaque membre de la Chambre étudie le dossier avant d'ouvrir la délibération.

**1135.** 3° *Arrêt.* — L'arrêt doit être rendu immédiatement, ou au plus tard dans les trois jours (art. 219). Les juges délibèrent *sans désemparer* (art. 225). Cela n'exclut pas quelques intervalles dans la délibération, mais cela signifie que lorsqu'une délibération est commencée, la Chambre ne peut prendre aucune autre affaire avant qu'elle soit terminée.

*a)* Suivant la règle générale pour toutes les juridictions, la Chambre d'accusation vérifie d'abord sa compétence, et, si elle ne la reconnaît point, elle ne pousse pas plus loin, elle rend un *arrêt de dessaisissement pour incompétence*.

*b)* Si elle affirme au contraire sa compétence, elle examine l'état de l'instruction : elle la complète et l'étend, s'il y a lieu, à de nouveaux inculpés ou à de nouveaux faits (art. 228, 235). Le supplément d'instruction ordonné par son *arrêt de plus ample informé* est fait par un de ses membres, si elle évoque ; par le juge d'instruction, dans le cas contraire. Le magistrat ainsi délégué transmet l'instruction quand elle est complète au procureur général pour procéder à une nouvelle mise en état de l'affaire.

**1136.** Si la Chambre d'accusation trouve la procédure complète, elle statue sur tous les points sur lesquels le juge d'instruction a statué ou aurait dû statuer. Le renvoi devant la Chambre d'accusation prescrit par l'art. 133 lorsque l'information a constaté un crime, est un appel général de l'ordonnance ; il saisit le second degré de juridiction non seulement des crimes et délits connexes qui ont motivé le renvoi, mais encore des faits renvoyés devant une autre juridiction, des faits pour lesquels le juge d'instruction a déclaré n'y avoir rien à suivre, des faits sur lesquels il a omis de statuer. L'ordonnance de clôture n'est en réalité qu'un projet de l'arrêt par lequel la juridiction du second degré clôturera l'instruction. Telle est l'idée qu'exprime en ces termes l'art. 231, § 2 : « Dans tous les cas, et quelle que soit l'ordonnance du juge d'instruction, la Cour sera tenue, sur les réquisitions du procureur général, de statuer à l'égard de chacun des prévenus renvoyés devant elle, sur tous les chefs de crimes, de délits, ou de contraventions résultant de la procédure » (1).

**1137.** *c*) L'arrêt de clôture rendu par la Chambre d'accusation, qui s'est reconnue compétente, est un *arrêt de non-lieu* ou un *arrêt de renvoi* devant la juridiction de jugement. L'exécution provisoire est attachée à l'arrêt de non-lieu : aussi, malgré l'éventualité du pourvoi en cassation et même le pourvoi formé, le prévenu doit être immédiatement élargi (art. 229, § 1).

L'arrêt de non-lieu produit d'ailleurs l'effet de la chose jugée dans les mêmes conditions et avec la même étendue que les ordonnances du même genre.

*d*) Il faut appliquer aux arrêts de renvoi devant les tribunaux correctionnel et de simple police les règles formulées pour les ordonnances du juge d'instruction dans les mêmes circonstances (art. 230, et 129, 130, 131, 113, § 2 comb.). L'arrêt de renvoi devant la Cour d'assises porte le nom technique d'*arrêt de mise en accusation*. Il contient une disposition relative à la détention préventive, qu'on appelle l'*ordonnance de prise de corps*. En vertu de cette ordonnance l'accusé sera arrêté, s'il ne l'est déjà, et conduit dans la maison de justice établie près de la Cour d'assises devant laquelle il est renvoyé (art. 232, 233). Cette ordonnance rend donc la détention préventive *obligatoire*; nous savons aussi qu'elle la rend *définitive* (art. 126), car elle ne doit plus cesser jusqu'à l'arrêt de la Cour d'assises sur le fond du procès.

**1138.** L'effet de l'arrêt de renvoi sur la compétence et sur l'étendue de la saisine de la juridiction de jugement n'est pas le même lorsqu'il y a renvoi devant le tribunal de police simple ou correctionnelle et lorsqu'il y a renvoi en Cour d'assises. Au premier cas, l'arrêt est simplement *indicatif* de compétence : il n'empêche point la juridiction de jugement de se déclarer incompétente. Au second cas au contraire, il est *attributif* de compétence : une Cour d'assises incompétente devient compétente quand l'arrêt qui l'a saisie, n'ayant pas été attaqué en temps utile, est passé en force de chose jugée (2). — La saisine des tribunaux correc-

(1) Duverger, III, p. 43, note ; Cass. 14 juin 1873 (D. 74, 1, 41).
(2) La rédaction des art. 230 et 231 dans le Code de 1808 marquait cette différence qui ressort aujourd'hui des principes.

tionnels ou de police opérée par l'arrêt de renvoi, peut être étendue à d'autres faits et à d'autres prévenus que ceux qui y sont désignés. Il suffit pour cela d'une *citation directe* signifiée à la requête d'une des parties poursuivantes, ou d'une acceptation volontaire du débat, sur un nouveau chef de prévention, par le prévenu (*comparution volontaire*). La Cour d'assises au contraire, ne pouvant être saisie que par un arrêt de mise en accusation, cet arrêt limite sa saisine aux seuls accusés et, en principe, aux seuls chefs d'accusation qu'il lui défère. Nous reviendrons sur ces points quand nous traiterons de la compétence et de la saisine des juridictions de jugement.

1139. La voie de recours ouverte contre les arrêts de la Chambre d'accusation est le pourvoi en cassation. Il en sera traité plus bas aux voies de recours extraordinaires.

# CHAPITRE III

### DE LA REPRISE DE L'INSTRUCTION SUR CHARGES NOUVELLES

1140. **Dans quel cas et à quelles conditions y a-t-il lieu de rouvrir l'instruction sur charges nouvelles.** — Une décision de non lieu (ordonnance ou arrêt) qui a sa base dans les charges recueillies peut être suivie, tant que la prescription n'est pas acquise, d'une reprise de l'instruction motivée par la découverte de charges nouvelles. Le nombre de ces reprises n'est pas limité expressément par la loi ; il serait indéfini, si l'on admettait que la prescription criminelle est susceptible d'une série indéfinie d'interruptions successives. Les textes (art. 246-248), d'ailleurs, exposent incomplètement la matière : ils ne prévoient que l'hypothèse où les nouvelles charges se découvrent après un arrêt de non-lieu ; mais, après une ordonnance de non-lieu devenue inattaquable par l'expiration du délai d'opposition, on pourrait reprendre également l'instruction sur charges nouvelles.

1141. Le but de cette procédure étant de faire rapporter la décision de non-lieu, trois conditions sont nécessaires pour sa recevabilité : 1° il faut que l'ordonnance ou l'arrêt repose sur une appréciation des charges relevées dans la procédure qu'il a clôturée. — 2°) Il faut qu'il y ait découverte de charges nouvelles. — 3°) Il faut que ces charges paraissent de nature à motiver une mise en prévention ou en accusation,

(1) Mangin, *Act. pub.*, II, 391 ; F. Hélie, II, 1023 ; Duverger, III, 530.

soit par elles-mêmes, soit en fortifiant les charges que la décision de non-lieu avait écartées comme trop faibles.

**1142.** 1°) La première condition est certainement remplie, lorsque la décision de non-lieu est motivée *en fait* par l'insuffisance des charges. Mais alors même qu'elle serait motivée *en droit*, si le motif de droit repose sur des faits que viennent modifier les nouvelles charges, l'instruction pourra être reprise. L'autorité de la chose jugée n'y fait point obstacle, car les charges nouvelles constituent un nouvel état de l'instruction auquel ne s'applique plus la décision qui a été rendue. Telle serait, par exemple, une ordonnance de non-lieu motivée par la prescription triennale, quand le fait relevé dans l'instruction paraissait n'être qu'un délit. Si plus tard on découvre une circonstance aggravante transformant le délit en crime, le motif de droit sur lequel reposait l'ordonnance disparaît avec le changement que les nouvelles charges introduisent dans la qualification du fait (1).

**1143.** 2°) Les charges nouvelles peuvent résulter de constatations matérielles, de témoignages, des aveux. L'art. 247, qui paraît viser les deux premiers modes de preuves, n'est seulement qu'énonciatif. Une nouvelle plainte n'est point, par elle-même, une charge nouvelle; mais les faits et les témoignages qu'elle indique doivent, s'ils sont nouveaux, constituer les nouvelles preuves.

Il ne faut pas confondre les charges nouvelles avec celles qui *n'ont pas été soumises* à l'examen de la juridiction de qui émane la décision de non-lieu. La loi veut qu'elles *n'aient pu lui être soumises*, en d'autre termes qu'il y ait *découverte*. Par exemple des dépositions, pièces ou procès-verbaux antérieurs à l'arrêt de non-lieu, qui n'auraient pas été présentés à la Chambre d'accusation ne constitueraient pas de nouvelles charges. Il ne saurait dépendre, en effet, du ministère public, en retenant quelques pièces du procès, de se ménager un moyen de remettre en question ce qui a été jugé.

**1144.** Pour paraître de nature à faire rapporter l'ordonnance ou l'arrêt de non-lieu, les charges nouvelles doivent fournir ou fortifier la preuve de la culpabilité ou de la criminalité que la juridiction avait déclarée insuffisante. Voilà l'idée qu'exprime en termes vagues l'art. 247 : « Sont cependant de nature soit à fortifier les *preuves* que la Cour aurait trouvées trop faibles, soit à donner aux *faits de nouveaux développements* utiles à la manifestation de la vérité ». Les derniers mots ne signifient absolument rien; mais en opposant le développement des *faits* (c'est-à-dire de la criminalité) au développement des *preuves*, le texte marque

---

(1) *Sic* : HAUS, II, 1285 ; GARRAUD, 672 (*in fine*), et avec moins de netteté : F. HÉLIE, II, 1022 : DUVERGER, III, 534, et les auteurs qu'il cite. — *Contrà* : CARNOT, II, p. 292.

qu'il ne vise uniquement, par cette dernière expression, que les preuves de la culpabilité.

**1145. En quoi consiste l'instruction sur charges nouvelles et qui en est chargé ?** — Il faut distinguer : 1°) la constatation des nouvelles charges ; 2°) l'instruction sur ces charges ; 3°) le nouveau règlement de la procédure.

1°) La constatation des nouvelles charges rentre dans la mission générale des officiers de police judiciaire. L'art. 248 suppose qu'elle est faite et ne s'occupe que de la transmission des *pièces* à l'officier du ministère public compétent pour requérir la reprise de l'instruction sur ces charges. La forme de la constatation des nouvelles charges avant la mise en mouvement de l'action publique, en d'autres termes la phase policière de ce nouveau procès pénal, n'est donc pas réglée par la loi. Elle peut avoir lieu *extra-judiciairement* par des procès-verbaux ou rapports des officiers et agents de la police judiciaire, ou *judiciairement* par le juge d'instruction au cours d'une information ouverte sur un fait différent.

Le procureur de la République pourrait-il requérir une instruction uniquement en vue de faire constater les nouvelles charges ? On l'admet généralement, mais en excluant de cette instruction tous les actes de poursuite personnelle, sauf le mandat de dépôt, autorisé comme mesure conservatoire par l'art. 248, § 2. Il n'y aura donc, dans cette instruction, ni mandats de comparution, d'amener ou d'arrêt, ni interrogatoire, ni perquisitions chez l'inculpé. Tous les autres actes restent permis.

Les charges nouvelles une fois constatées, les pièces sont transmises au procureur de la République ou au procureur général compétent pour requérir la réouverture de l'instruction suivant les distinctions que nous allons indiquer. — L'art. 248 prescrit l'envoi de simples *copies* des pièces ; mais sa disposition ne doit être suivie que lorsque les nouvelles charges ont été découvertes dans l'instruction, d'une autre affaire à laquelle les pièces se rattacheraient, et dont la poursuite ne doit être ni interrompue, ni ralentie. Si les pièces, qui constatent ou qui constituent les nouvelles charges, n'appartiennent à aucune autre affaire, c'est l'original même de ces pièces qui doit être envoyé.

**1146.** 2°) La reprise de l'instruction sur nouvelles charges appartient à la juridiction qui avait clôturé la procédure par une décision de non-lieu. Conséquemment, c'est au membre du ministère public attaché à cette juridiction à la requérir. L'art. 248 prévoit seulement la reprise de l'instruction après un arrêt de non-lieu, et il formule deux règles particulières à la Chambre d'accusation, savoir : *a*) sur le réquisitoire du procureur général c'est, non pas la Chambre d'accusation, mais son président qui ordonne la nouvelle information (1); — *b*) il désigne pour y procéder soit un membre de la Chambre, soit un juge de première instance, sans être astreint à choisir le juge d'instruction, dont la négligence a peut-être été cause du résultat peu satisfaisant de la première procédure.

**1147.** 3°) Quand l'instruction sur les charges nouvelles est complète, la procédure est *communiquée* ou *mise en état* suivant la forme ordinaire, et la juridiction, ressaisie par le réquisitoire à fin d'informer sur ces charges, apprécie s'il y a lieu de maintenir ou d'annuler la décision de non-lieu, qui avait clôturé la première procédure. Si elle l'annule, elle rend l'ordonnance ou l'arrêt de renvoi que les circonstances comportent.

(1) Il n'y aurait pas nullité cependant si la désignation du magistrat instructeur avait été faite par la Chambre elle-même. Cass. 18 mai 1829 (B. 161).

# TITRE IV

## DES JURIDICTIONS DE JUGEMENT

**1148.** Nous allons traiter ici des trois juridictions de jugement de Droit commun dont il est question au Code d'instruction criminelle : la Cour d'assises, les tribunaux correctionnels, les tribunaux de simple police. Après avoir exposé dans un premier chapitre les règles générales applicables à ces trois juridictions, nous étudierons successivement pour chacune d'elles : leur organisation, leur compétence et la procédure de l'instruction définitive qu'on appelle aussi le *jugement*.

## CHAPITRE PREMIER

### NOTIONS GÉNÉRALES.

**1149. Organisation et compétence des juridictions de jugement.** — A la division tripartite des infractions correspond une division tripartite des tribunaux chargés de les juger : une *Cour d'assises*, siégeant au chef-lieu du département, juge les crimes ; — un *tribunal correctionnel* formé d'une Chambre du tribunal de première instance, siégeant au chef-lieu de l'arrondissement, juge en premier ressort les délits. L'appel de ses jugements est porté devant une Chambre de la Cour d'appel dont il ressortit ; — un tribunal de *simple police* composé du juge de paix siégeant au chef-lieu de canton, juge en premier ressort les contraventions. L'appel de ses jugements est porté devant le tribunal correctionnel du même arrondissement.

Les tribunaux correctionnels et de simple police sont composés d'un seul élément : des magistrats qui prononcent à la fois sur la culpabilité et sur la peine. La Cour d'assises a deux éléments : le jury et des magistrats. Le premier résout la question de culpabilité, le second applique la peine.

En outre de la compétence *ratione materiæ* que nous venons d'indiquer, les trois juridictions de jugement ont aussi une compétence *ratione personæ* et *ratione loci*, pour lesquelles elles sont soumises, en principe, aux règles précédemment exposées pour les juridictions d'instruction.

**1150.** Signalons ici les exceptions aux règles de la compétence les plus remarquables.

1° Bien qu'appelée à juger les crimes, la Cour d'assises a la *plénitude de juridiction*. Peu importe la nature du fait, la qualité des accusés, le lieu où l'infraction a été commise; elle doit juger du moment qu'elle est saisie par un arrêt de mise en accusation passé en force de chose jugée. Il n'y a point en Cour d'assises d'arrêt d'incompétence, sauf en ce qui concerne les questions préjudicielles. L'art. 271 fait au procureur général un devoir de poursuivre tous les accusés et tous les chefs d'accusation mentionnés dans l'arrêt de renvoi. Les art. 365, 366, 358 maintiennent la compétence de la Cour d'assises, bien que le fait ne soit pas un crime et même alors qu'il constituerait un simple délit civil. Ils appliquent donc le principe de la plénitude de juridiction pour couvrir l'incompétence de la Cour d'assises *ratione materiæ*. Par analogie, on décide que ce même principe couvre son incompétence *ratione personæ* et *ratione loci*. Mais, il ne faut pas s'y méprendre, ce prétendu principe n'est que le résultat de la chose jugée sur la question de compétence par l'arrêt de mise en accusation; l'incompétence de la Cour d'assises devant laquelle l'affaire est renvoyée pourrait donc fournir le motif d'un pourvoi en cassation contre cet arrêt (art. 299) (1).

La Cour d'assises est de plus compétente pour le jugement des délits de presse; c'est même en cette matière la juridiction de Droit commun (art. 45, L. 29 juil. 1881).

2° Le tribunal correctionnel peut dans certaines conditions retenir le jugement des contraventions dont il a été irrégulièrement saisi (art. 192). Il est aussi compétent pour juger certains crimes des mineurs de seize ans (art. 68, C. p.).

3° La triple compétence *ratione loci* est inapplicable au tribunal de simple police. Le seul tribunal compétent est celui dans le canton duquel la contravention a été commise (art. 138).

**1151.** Les règles de la compétence en matière criminelle étant d'ordre public, l'incompétence de la juridiction de jugement peut être opposée en tout état de cause; la juridiction doit la déclarer d'office; le consentement des parties en cause ne peut couvrir la nullité qui en résulte. Cependant ces principes reçoivent exception pour la Cour d'assises qui, une fois saisie par un arrêt de mise en accusation devenu irrévocable, ne peut se déclarer incompétente.

**1152.** L'irrégularité dans la composition de la juridiction crée une nullité plus radicale encore que son incompétence, car elle ne comporte point l'exception que nous venons de signaler pour la Cour d'assises. La

---

(1) Cass. 12 mars 1885 (D. 85, 1, 330).

composition, en effet, c'est l'existence même de la juridiction. Or il est évident qu'avant de procéder, toute juridiction doit examiner si elle est régulièrement composée, c'est-à-dire si elle existe.

**1153. Caractères généraux de l'instruction définitive.** — La procédure suivie devant les juridictions de jugement présente les cinq caractères suivants : 1° elle est restreinte aux individus et aux faits indiqués dans l'acte qui opère la saisine ; — 2° elle est *contradictoire* et comporte l'assistance d'un défenseur ; — 3° elle est publique ; — 4° elle est orale ; — 5° les preuves y sont de conviction.

**1154.** *a*) Le premier de ces caractères résulte des textes qui organisent la saisine des juridictions de jugement (art. 129, 130, 132, 145, 182, 230, 231, 271) et aussi de l'art. 8 : « La police judiciaire recherche les crimes, les délits et les contraventions... et en livre les auteurs aux tribunaux chargés de les punir ». Cet article marque la mission différente des deux pouvoirs qui concourent à l'œuvre de la justice criminelle : le premier dénonce au second les faits et les individus ; celui-ci n'a qualité que pour prononcer définitivement sur l'accusation que celui-là a formulée.

**1155.** *b*) Le principe de la contradiction implique pour l'individu poursuivi le droit d'assister à tous les actes de la procédure, afin de les contrôler et celui de les critiquer en la forme, et au fond. — Mais ce principe n'empêche pas de prononcer une condamnation contre un prévenu en fuite ou qui refuse de se défendre ; il suffit qu'il ait été mis en demeure de comparaître et de contredire à l'accusation : notre procédure admet les condamnations par défaut.

En Cour d'assises, l'arrêt est toujours contradictoire lorsque l'accusé est sous la main de la justice. En police correctionnelle, un détenu peut faire défaut ; on admet en effet deux sortes de jugements par défaut : les uns *faute de comparaître*, les autres *faute de défendre*.

L'assistance d'un défenseur est le corollaire naturel du principe de la contradiction. Ce principe serait une vaine formule, si un accusé sans instruction, sans connaissances juridiques, sans talent de parole, était obligé de répondre par sa bouche au réquisitoire généralement habile et éloquent du ministère public. L'assistance du défenseur est encore utile pour surveiller la marche générale de la procédure, signaler les mesures d'instruction et les preuves susceptibles de faire ressortir l'innocence de son client, veiller à ce que toutes les formalités légales, qui constituent des garanties contre les erreurs judiciaires, soient scrupuleusement accomplies. Néanmoins, c'est seulement en Cour d'assises, quand la matière est criminelle, et devant les tribunaux correctionnels, quand le délit entraîne la relégation, que l'assistance d'un défenseur a été jugée indispensable et qu'on a organisé la défense d'office (art. 295 ; art. 11, L. 27 mai 1885).

**1156.** *c)* La publicité des audiences est un principe que toutes les constitutions depuis 1789, excepté la constitution actuelle, ont consacré directement ou par renvoi. Nous ne rechercherons point si malgré cette omission il a conservé son caractère constitutionnel; il suffit de constater qu'il est appliqué par les art. 153, 190, 309, 369 du Code d'instruction criminelle aux juridictions de jugement. Les tribunaux peuvent cependant ordonner le *huis clos* en déclarant : « que la publicité serait dangereuse pour l'ordre ou pour les mœurs » (art. 81, Const. 4 nov. 1848; art. 87, C. proc. civ.) (1).

**1157.** Le *huis clos* ne s'applique qu'aux débats. Il peut être restreint à certaines dépositions (2). Quelle étendue peut-il recevoir quant aux personnes ? Il est de tradition que le huis clos ne concerne pas les membres du barreau, les témoins, le conjoint, les parents ou alliés rapprochés de l'accusé. Quant au public indifférent qu'attire un simple intérêt de curiosité, les exclusions de l'audience ont lieu par catégorie de spectateurs; on fait sortir les jeunes filles, les adolescents, les femmes. Des exceptions purement personnelles seraient contraires à l'esprit de la loi (3).

Les jugements et arrêts doivent toujours être prononcés en audience publique. On fait toutefois exception pour les jugements rendus sur les incidents non contentieux, tels que ceux qui prescrivent d'office, et sans protestation des parties une mesure d'instruction (4).

**1158.** A côté de la publicité matérielle de l'audience, il y a celle de la presse; il est permis à tout le monde de rendre compte dans les journaux des débats judiciaires qui se passent en public. La liberté de ces publications est une conséquence de la publicité des audiences. On pourrait objecter que la publication des jugements de condamnation est parfois ordonnée à titre de peine. Mais ce n'est là qu'une raison de douter. La raison de décider s'induit *a contrario* des textes qui prohibent ces publications dans certains cas.

Il est interdit : 1°) de publier les actes d'accusation et tous actes de procédure criminelle ou correctionnelle avant qu'ils aient été lus en audience publique ; — 2°) de rendre compte des délibérations intérieures des jurys, cours et tribunaux ; — 3°)... des procès en diffamation où la preuve des faits diffamatoires n'est pas autorisée. La *plainte* seule pourra être publiée par le *plaignant* ; — 4°)... des débats des demandes en divorce

(1) Cette formule est prescrite à peine de nullité : Cass. 3 janv. 1880 (D. 80, 1, 140).
(2) Cass. 11 mai 1882 (D. 83, 1, 91).
(3) F. Hélie, VII, 3277, 3406. Cass. 2 juin 1881 (D. 81, 1, 495).
(4) Cass. 9 oct. 1879 (D. 80, 1, 140) ; Cass. 5 mai 1884 (D. 84, 5, 420).

ou en séparation de corps ; — 5°)... de toute affaire civile quand les tribunaux ont interdit le compte-rendu du procès (art. 38, 39, L. s. la Presse; 239, 307, C. civ., L. de 1886). — En dehors de ces cas, la liberté du compte-rendu des débats judiciaires n'a d'autre limite que celle que lui assigne sa raison d'être. Le *huis clos* supprimant la publicité de l'audience, supprime par là même le droit de rendre compte des détails qui ont eu lieu portes closes et le public expulsé (1).

**1159.** *d) e).* Les deux autres caractères généraux de la procédure suivie devant les juridictions de jugement comportent des restrictions. Nous indiquerons ultérieurement pour chaque juridiction en quoi ils consistent, et dans quelle mesure ils s'appliquent.

**1160. Caractères généraux des jugements et arrêts.** — Les décisions rendues par les juridictions de jugement portent les noms génériques de *jugements*, si elles émanent d'un tribunal, et d'*arrêts*, si elles émanent d'une Cour (2).

Les jugements ou arrêts sont *d'avant dire droit* ou *définitifs*. Les premiers se divisent en *provisoires*, *préparatoires*, et *interlocutoires*. Les jugements provisoires pourvoient à des intérêts qui se trouveraient compromis pendant le cours de l'instruction. Tel est, par exemple, le jugement qui accorde la liberté provisoire. — Les jugements préparatoires sont ceux qui ordonnent une mesure d'instruction qui ne préjuge point le fond, par exemple une expertise, l'apport de certaines pièces. — Si au contraire la mesure d'instruction ordonnée préjuge le fond, comme le ferait l'admission du prévenu à faire la preuve d'une exception préjudicielle, le jugement prend le nom d'interlocutoire. Les jugements préparatoires et interlocutoires sont des *jugements d'instruction*.

Les jugements définitifs sont ceux qui terminent le procès soit d'une manière absolue, soit au moins devant la juridiction qui en est saisie.

Les jugements sont encore *contradictoires* ou *par défaut*, en *premier* ou *en dernier ressort*. — Toutes ces distinctions ont leur principale utilité au point de vue des voies de recours dont les jugements ou arrêts sont susceptibles.

**1161. Conditions nécessaires à leur validité.** — Les règles qui déterminent les conditions de validité des jugements et arrêts sont relatives : 1° à la composition de la juridiction ; — 2° à la délibération et au vote ; 3° à la composition et au prononcé de la sentence.

---

(1) Les tribunaux de répression ne peuvent interdire, comme les tribunaux civils, le compte rendu d'affaires non jugées à huis clos. La loi du 29 juil. 1881 a restreint sur ce point la disposition de l'art. 17 du déc. du 17 fév. 1852. — (Circ. m. just., 9 nov. 1881 ; D. 81, 3, 106).

(2) On trouve aussi dans la procédure devant la Cour d'assises le *verdict du jury* et l'*ordonnance d'acquittement*.

**1162.** 1°) Le jugement n'est régulier d'abord que s'il émane d'une juridiction composée de juges en *nombre légal*, et *ayant assisté à toutes les audiences* où les questions résolues par le jugement ont été plaidées (L. 20 av. 1810, art. 7, § 2). Le nombre des juges est *fixe* pour la Cour d'assises et pour le tribunal de simple police : trois magistrats et douze jurés (art. 252, 253, 394) ; un juge de paix (art. 138). — Il est *variable avec un minimum légal* pour les tribunaux correctionnels : trois juges en première instance, cinq juges en appel (1). S'ils sont plus nombreux ils ne peuvent délibérer qu'en nombre impair : le dernier des juges ou des conseillers dans l'ordre du tableau doit s'abstenir (art. 180, L. 30 août 1883, art. 1er, 4) (2).

La juridiction se complétant par le ministère public et le greffier, les jugements doivent être rendus en leur présence (3), mais il ne dépendrait pas de ces deux fonctionnaires amovibles d'arrêter le cours de la justice en quittant l'audience, comme cela a été tenté dans des causes politiques qui déplaisaient au gouvernement : le tribunal peut en effet rendre vaine cette obstruction, en désignant, séance tenante, des juges ou des avocats pour les remplacer (4).

**1163.** 2°) Les délibérations et le vote ont lieu secrètement, en Chambre du conseil (il en est toujours ainsi pour le jury, art. 369), ou à l'audience, à voix basse. Le serment des magistrats contient la promesse de garder le secret des délibérations (D. 26 mars 1852 ; D. 5 sept. 1870) ; celui des jurés leur impose de ne communiquer avec personne jusqu'après leur déclaration (art. 312) (5).

Le vote a lieu, pour les jurés, au scrutin secret, et pour les tribunaux, dans la forme de la délibération. S'il y a partage, l'avis le plus favorable à l'accusé ou au prévenu doit être préféré (6).

**1164.** 3°) Les jugements et arrêts doivent contenir des *motifs* et le *dispositif*. Le verdict du jury n'est point motivé. Il en est de même des jugements d'instruction, parce qu'ils ont implicitement pour motif l'utilité au moins apparente de la mesure d'instruction qu'ils ordonnent.

---

(1) Quand les juges d'une Chambre sont en nombre suffisants pour que le nombre légal soit complet, on ne peut arbitrairement y adjoindre les juges d'une autre Chambre. Cass. 24 juil. 1886 (D. 86, 1, 477).
(2) Cette règle ne s'applique point aux jugements rendus sur des incidents non contentieux. Cass. 7 août 1885 (D. 86, 1, 477).
(3) Cass. 27 juillet 1878 (D. 78, 5, 302) ; 15 février 1879 (D. 80, 1, 188-189).
(4) Cass. 18 juin 1880.
(5) Mais une fois le verdict rendu, les jurés ne sont plus astreints à aucune retenue, si ce n'est à ne pas rendre compte de leur délibération par la voie de la presse (L. sur la Presse, art. 39). C'est là une lacune.
(6) L'art. 347, qui a été plusieurs fois remanié, fait exception à cette règle pour la déclaration des circonstances atténuantes par le jury.

L'obligation de motiver les jugements est un principe de droit public moderne (1). Il doit y avoir au moins un motif par chaque chef de prévention, de réquisitions du ministère public, de conclusions du prévenu ou de la partie civile: mais il n'est pas nécessaire de répondre par un motif à chaque moyen proposé pour appuyer un chef de demande. Des motifs erronés en droit ne peuvent faire annuler un jugement si le dispositif est conforme à la loi.

**1165.** Le jugement composé de ses motifs et de son dispositif est lu ou prononcé publiquement, c'est-à-dire portes ouvertes, et à haute voix (art. 369, 190, 153 ; Const. 5 fruct. an III, art. 3).

La présence du prévenu au prononcé du jugement est de règle toutes les fois qu'il est sous la main de la justice (art. 369). — S'il est en liberté, il a le droit d'être informé du jour où le jugement sera rendu (2).

En Cour d'assises, l'arrêt doit être rendu sans désemparer, de suite après le verdict du jury (3). Dans les tribunaux correctionnels et de police, il peut être renvoyé *à l'audience suivante* (art. 153, 190). Mais ce délai n'est pas prescrit à peine de nullité.

Les jugements et arrêts de condamnation doivent régulièrement être précédés de la lecture des textes de loi dont il est fait application (art. 195, 369). Cette formalité, dépourvue d'ailleurs de sanction, n'est pas imposée au juge de police du premier degré.

**1166. Rédaction par écrit des jugements et arrêts.** — La rédaction par écrit des jugements et arrêts est exigée pour fournir la preuve authentique non seulement de leur existence et de leur teneur, mais encore de leur régularité (art. 163, 164 ; — 195, 196 ; — 369, 370). Elle doit énoncer par conséquent l'accomplissement des formalités légales. En Cour d'assises, un procès-verbal séparé complète à ce point de vue, la rédaction de l'arrêt (art. 372).

**1167.** Tous les jugements, sauf ceux d'instruction, sont rédigés en *minute* et signés de *tous* les juges qui les ont rendus (art. 164, 196, 234, 370). L'omission d'une ou plusieurs signatures n'emporte pas d'ailleurs nullité, mais elle est réprimée, dans certains cas, par une amende contre le greffier, et elle peut donner lieu à prise à partie contre le greffier et contre le juge. La loi n'exige pas la signature du greffier : en fait, il signe les jugements. A défaut de sa signature, il faut que l'acte constate sa présence au prononcé du jugement, car sans le greffier la juridiction n'est pas complète et ne peut procéder.

**1168.** Les minutes sont conservées au greffe de la juridiction. Elles

---

(1) L. 16 août 1790, tit. IV, art. 15 ; L. 20 av. 1810, art. 7.
(2) F. Hélie, VI, 2857 ; Bastia, 6 nov. 1889 (Gaz. Pal. 90, 1,112).
(3) Arg. art. 357, 358, 362 à 365, 369, 373.

servent à délivrer les *expéditions* ou les *extraits* destinés soit à faire exécuter les jugements soit à prouver leur existence et leur teneur. Cette preuve authentique de la sentence est nécessaire lorsqu'on poursuit l'exécution d'une condamnation. Les art. 521 à 524 indiquent la manière de rétablir les minutes quand elles ont été détruites. S'il existe une expédition de la sentence, la personne qui en est dépositaire est obligée de la remettre au greffe de la juridiction, sur l'ordre du président ; cette copie authentique tiendra lieu de minute. A défaut, l'affaire est à recommencer à partir du point où les pièces se trouvent manquer tant en minute qu'en copie authentique. Pour les affaires jugées par le jury, si le verdict existe encore en minute ou expédition, il suffit de rendre un nouvel arrêt. — En dehors de l'hypothèse de l'exécution, la preuve de l'existence du jugement est recevable par tous moyens, et par exemple pour établir l'état de récidive, la chose jugée ou pour justifier de l'interruption de la prescription.

**1169.** Dans les tribunaux correctionnels de première instance et d'appel le greffier tient deux registres : le *plumitif* et le registre *des pointes*. Le premier ne doit pas être confondu avec la *feuille d'audience* sur laquelle on inscrit les minutes des jugements, et qui est devenue synonyme de minute (1). Il consiste dans les notes sommaires que le greffier prend de tout ce qui se passe à l'audience ; c'est un *procès-verbal* rédigé au fur et à mesure du développement de l'instruction définitive ; l'art. 504, qui y fait allusion, lui donne cette qualification. S'il était « visé et signé du président, à l'issue de l'audience » comme le prescrit l'Ordonnance de 1667, titre XXVI, art. 5, le seul texte qui s'occupe de sa tenue, il ferait preuve authentique de tous les actes de l'instruction définitive pour lesquels des lois plus récentes n'ont pas exigé un autre genre de procès-verbal, et notamment des jugements d'instruction ; mais, dans la pratique, ce plumitif consiste dans des notes informes que le président n'examine point et qui servent simplement de *memento* au greffier. Dans ces conditions il nous paraît dépourvu de toute force probante (2).

Le registre des pointes sert à constater officiellement le nom des magistrats présents à l'audience. Il doit être signé chaque jour du président et du greffier. Il fournit la preuve authentique de la composition du tribunal.

**1170.** L'éventualité de l'appel nécessite en outre, dans les tribunaux correctionnels et de simple police du premier degré, la rédaction des dépo-

---

(1) Art. 138, 140, C. proc. ; art. 36-39, D. 30 mars 1808 ; DALLOZ, *Rép.* v° *jugement*, 213.

(2) V. s. le *plumitif*, notre article, *Gaz. trib.*, 19 avril 1884, p. 379 et Cass., 18 déc. 1878 ; 12 mars 1879 (D. 79, 1, 200-260) ; *junge* : C. Orléans, 29 juin 1886, *Journ. du dr. crim.* 1887, p. 29.

sitions et interrogatoires faits à leur audience. A cet effet, les art. 155 et 189 prescrivent au greffier de les consigner dans des *notes d'audience*. Le contenu et la forme de ce procès-verbal, qui constitue encore un acte authentique, diffèrent un peu devant chacun de ces tribunaux. Nous y reviendrons plus tard. Les notes d'audience sont extraites du plumitif, une fois l'audience terminée.

**1171. Direction des débats et police de l'audience.** — Les règles relatives à ces deux points ont été principalement formulées en vue de la Cour d'assises ; elles sont cependant communes à toutes les juridictions de jugement, sauf quelques différences de détail que nous signalerons.

**1172. A.** *Direction des débats.* — *a)* Le droit de diriger les débats emporte nécessairement celui de prendre toutes les mesures propres à en faciliter ou à en régler la marche, et celui de statuer sur les incidents auxquels ils donnent lieu ; on peut réunir en trois groupes les actes qui s'y rapportent :

1° *La composition du rôle de l'audience*, c'est-à-dire la détermination du jour où s'ouvrira le débat et de l'ordre dans lequel seront examinées plusieurs affaires portées à la même audience.

2° *La direction de la discussion.* Elle comprend : le droit de déterminer l'ordre dans lequel divers accusés, compris dans la même poursuite, seront soumis au débat (art. 334) ; — celui d'ordonner un débat séparé pour certains accusés (art. 327) ; — celui de recevoir les dépositions des témoins (art. 317) ; — celui de prendre des mesures pour les empêcher de conférer entre eux ; — celui de maintenir dans la salle d'audience ou de faire retirer un témoin qui a déposé (art. 327) ; — celui de confronter ce témoin avec d'autres (*ibid*) ; — celui de nommer un interprète (art. 332) ; — celui d'arrêter les discussions oiseuses, les témoignages inutiles et tout ce qui tendrait à prolonger les débats sans donner lieu d'espérer plus de certitude dans les résultats » (art. 270).

3° *La clôture des débats* (art. 335). En Cours d'assises, la clôture des débats résulte d'une déclaration expresse. Devant les tribunaux correctionnels et de simple police, cette déclaration n'a pas lieu et les débats restent légalement ouverts jusqu'au prononcé du jugement ou de l'arrêt (1).

**1173.** *b)* La direction du débat appartient au *président*. Mais dans les tribunaux correctionnels, le président n'est que le porte-voix de la juridiction : c'est avec l'assentiment, au moins tacite, du tribunal, qu'il prend les mesures que nécessite la direction des débats ; de sorte que si un incident surgit c'est le tribunal et non le président qui le juge. En Cour d'assises au contraire, le président a un pouvoir personnel pour la direc-

(1) Cass. 17 janv. 1868 ; 28 mai 1870.

tion des débats (art. 267) ; si donc un texte le charge de faire un acte qui s'y rapporte, les incidents soulevés à l'occasion de cet acte sont jugés par lui seul. En dehors de ces cas il a seulement les pouvoirs d'un président de tribunal correctionnel (1).

**1174.** B. *Police de l'audience.* — La police de l'audience appartient au président de la juridiction, avec la distinction que nous avons faite. — Elle comprend : 1° les mesures à l'extérieur et à l'intérieur ; 2° la répression des troubles et délits d'audience.

**1175.** *a)* Pour maintenir l'ordre le président a le droit de requérir la force publique soit pour empêcher les manifestations, soit pour arrêter les perturbateurs. Il détermine les places dans la salle d'audience lorsque la loi ne l'a pas fait (comp. art. 309).

**1176.** *b) Répression des troubles et délits d'audience.* — Il faut distinguer : 1° les troubles sans caractères délictueux ; — 2° les troubles accompagnés d'infractions ; — 3° les troubles ayant pour but de mettre obstacle au cours de la justice ; — 4° les délits correctionnels commis dans la salle d'audience, sans qu'il en soit résulté de trouble.

1° *Troubles sans caractère délictueux.* — Ils constituent un manque de respect envers la justice. Leur répression varie suivant qu'ils sont causés par les parties, par leurs conseils ou par les assistants.

Les parties doivent d'abord être averties, et, si elles récidivent, elles encourent des peines de police (2).

Les conseils les parties, s'ils sont avocats ou avoués, encourent des peines disciplinaires, que la juridiction prononce immédiatement (art. 108, D. 30 mars 1808). De plus, ils peuvent être traités comme les assistants (art. 90, C. proc.).

Ceux-ci sont expulsés de la salle d'audience, et s'ils y rentrent ou s'ils résistent, ils sont saisis et déposés à l'instant à la maison d'arrêt pour vingt-quatre heures (art. 504, C. i. c.). Cette détention n'a pas un caractère pénal ; aussi l'expulsion de l'audience et le dépôt à la maison d'arrêt peuvent être ordonnés non seulement par les tribunaux, mais encore par tous les officiers de police administrative ou judiciaire remplissant publiquement quelque acte de leurs fonctions (art. 509).

**1177.** 2° *Troubles accompagnés d'infractions.* — Tantôt ils donnent lieu à la répression immédiate de l'infraction commise ; — tantôt simplement à sa constatation et à l'arrestation des coupables.

---

(1) F. Hélie, VII, 3307.

(2) Savoir : *Amende* de 10 francs au maximum, *emprisonnement* de 3 jours au plus, *affiche du jugement* (art. 10, 11, C. proc., restés applicables uniquement à ce genre de troubles par suite des dispositions du Code d'instruction criminelle et de la loi du 9 sept. 1835 dont il va être parlé). — Cass., *Ch. réun.*, 25 juin 1855 (B. 229).

S'agit-il d'une *contravention* ou d'un *délit ?* La répression immédiate est possible devant toutes les juridictions de jugement et devant la Cour de Cassation (1). Les tribunaux correctionnels et de simple police du premier degré ne prononcent les peines correctionnelles qu'à charge d'appel (art. 505).

S'agit-il d'un crime ? La répression immédiate n'est possible que devant les Cours d'appel, d'Assises ou de Cassation (art. 507, 508). Il faut, de plus, faire exception pour le crime de faux témoignage, qui ne comporte jamais cette répression immédiate (art. 330). Dans toute autre hypothèse, la juridiction dont l'audience a été troublée doit simplement constater l'infraction par procès-verbal et, s'il y a lieu, faire arrêter et conduire le coupable devant les *juges compétents*, c'est-à-dire devant le procureur de la République ou le juge d'instruction. C'est là une simple mesure de police (art. 106). L'action publique n'est pas mise en mouvement; elle ne le sera que lorsque l'un ou l'autre de ces magistrats se sera déclaré saisi du crime ou délit flagrant, suivant la distinction que nous avons faite plus haut.

**1178.** 3° *Troubles ayant pour but de mettre obstacle au cours de la justice.* — Ce sont des clameurs, des conversations bruyantes, des interruptions incessantes et toute espèce de tumulte ayant pour but et pour résultat d'empêcher la justice de procéder. Les troubles ayant ce caractère sont punis, séance tenante, comme délit de rébellion, d'un emprisonnement qui n'excédera pas deux ans, sans préjudice des peines portées au Code pénal contre les outrages et violences envers les magistrats. Cette répression se cumule avec le droit d'expulser les perturbateurs, ceux-ci fussent-ils même des accusés ou des prévenus. Néanmoins l'instruction définitive se poursuit en leur absence et le jugement qui la termine est réputé contradictoire moyennant l'accomplissement de certaines formalités (L. 9 sept. 1835, art. 10, 11, 12).

**1179.** 4° *Délits correctionnels commis dans la salle d'audience sans qu'il en soit résulté de trouble.* — Le Code a dérogé pour les délits flagrants aux règles ordinaires de la procédure lorsqu'ils sont commis à l'audience civile ou correctionnelle des tribunaux de première instance et des Cours d'appel (2) : l'art. 181 prescrit leur répression immédiate. La réunion dans les mêmes mains de la justice pénale et de la justice civile et la compétence des tribunaux de première instance et des Cours en

---

(1) Ces expressions de l'art. 504 : « Lorsqu'à l'audience... ou se fait *publiquement* une instruction judiciaire » montrent que lorsqu'il parle plus bas d' « un juge seul », il entend désigner le juge de police et non le juge d'instruction.

(2) Les expressions « sans préjudice de l'appel de droit... » prouvent que l'article 181 s'applique aux Cours d'appel dans sa disposition principale. — Boitard, 698.

matière correctionnelle ont fait supposer au législateur de 1808 qu'une répression immédiate valait mieux qu'une répression ajournée après les délais ordinaires de la procédure. La loi du 20 mai 1863 a généralisé ce genre de répression en l'appliquant à tout individu, arrêté n'importe où, en flagrant délit correctionnel (*conduite immédiate à la barre*) (1) ; mais il y a entre les deux procédures des différences notables :

*a*) Dans le cas de l'art. 181, le tribunal se saisit d'office. — En vertu de la loi de 1863, c'est le procureur de la République qui le saisit.

*b*) Dans le cas de l'art. 181, le prévenu doit toujours être jugé *sans désemparer*. Traduit immédiatement à la barre, il peut exiger un délai de trois jours pour préparer sa défense.

*c*) Dans le cas de l'art. 181, la répression immédiate est possible quel que soit le délit. — La procédure accélérée, créée par la loi de 1863, ne s'applique pas à certains délits (L. 1863, art. 7 ; L. 27 mai 1885, art. 11).

*d*) L'art. 181 reçoit son application devant le tribunal de première instance et devant la Cour d'appel, Chambre correctionnelle ou civile, peu importe. — La loi de 1863 ne permet de saisir du délit que les Chambres correctionnelles du tribunal de première instance.

**1180. Règles communes à toutes les infractions d'audience.** — La répression immédiate ou ajournée de toute infraction commise à l'audience, est soumise à des règles communes.

1º La répression immédiate, quelque impératifs que soient les termes de la loi, n'est jamais obligatoire pour la juridiction qui pourrait y procéder. Elle peut préférer la répression ajournée, se borner à constater l'infraction par procès-verbal et faire au besoin arrêter le délinquant.

2º Toutes les fois qu'il y a crime ou délit autorisant la détention préventive, la juridiction peut, quelque parti qu'elle prenne, décerner un mandat de dépôt. Ce mandat est même obligatoire si elle juge immédiatement un crime (art. 91, C. proc. et arg. de l'art. 232).

3º La juridiction qui veut réprimer immédiatement l'infraction se saisit d'office. Il ne dépendrait donc pas du ministère public d'empêcher la répression immédiate en refusant de requérir.

4º Dans la même hypothèse, le prévenu doit être mis en demeure de se défendre et peut être assisté d'un avocat.

5º La répression immédiate ne peut avoir lieu que *séance tenante* et *sans désemparer*, c'est-à-dire que le juge ne peut passer à l'examen d'une autre affaire, ni lever l'audience sans avoir statué sur l'incident (art. 305, 507, 181 ; L. 1835, art. 11).

(1) V. *suprà* nº 1095.

# CHAPITRE II

## DE LA COUR D'ASSISES (1).

### I. — Organisation de la Cour d'assises.

**1181. Siège et sessions de la juridiction.** — Chaque département a une Cour d'assises (art. 251). Ce n'est pas une juridiction permanente : elle n'a en effet d'existence légale qu'à partir de l'ouverture de la session et jusqu'à sa clôture. Le chef-lieu judiciaire du département est le siège ordinaire de la Cour d'assises (art. 258 ; L. 20 av. 1810, art. 7). Dans plusieurs départements ce chef-lieu ne correspond pas au chef-lieu administratif, parce que ce dernier n'a point de locaux pour le tribunal (av. Cons. d'Ét., 5 août 1811). Quand des événements extraordinaires, tels qu'un incendie, une insurrection, rendent impossible la tenue des Assises dans leur siège habituel, la Cour, toutes Chambres réunies, peut ordonner, sur la réquisition du procureur général, que les assises seront tenues dans les locaux d'un autre tribunal du même département. Elle peut aussi, en la même forme, ordonner cette translation lorsqu'elle paraît utile à l'instruction du procès (art. 258 ; L. 20 avril 1810, art. 21 ; D. 6 juil. 1810, art. 90).

**1182.** Les sessions d'Assises ont lieu régulièrement tous les trois mois (art. 259) ; non pas à des intervalles égaux, mais de manière que chaque trimestre ait la sienne. On s'efforce aussi de faire succéder les sessions les unes aux autres dans le ressort de la même Cour d'appel (L. 20 av. 1810, art. 19).

**1183.** La durée des sessions dépend du nombre des affaires portées au rôle : il faut l'épuiser (art. 260). Néanmoins, pour ne pas imposer une trop lourde tâche aux jurés, il est admis en pratique que leur durée *maxima* est de quinze jours (2).

**1184.** On appelle *assise extraordinaire* une session supplémentaire qui est tenue, *dans le même trimestre*, après la session ordinaire, soit

---

(1) BIBLIOGRAPHIE : CUBAIN, *Traité de la procédure devant les Cours d'assises* (1851) ; NOUGUIER, *La Cour d'assise*, (1860-1870) ; DELPECH, *La procédure et le droit criminel en Cour d'assises* (1888).

(2) Circ. 11 mai 1812 ; 30 juil. 1887. — La loi du 20 av. 1810, art. 5, autorise aussi le sectionnement des sessions. Cette mesure n'a encore été prise que pour le département de la Seine : chaque Cour d'assises est divisée, pour chaque trimestre, en deux sections qui siègent alternativement. Chacune d'elles tient une session chaque mois.

parce que celle-ci n'a pas suffi à évacuer toutes les affaires, soit parce qu'une affaire grave mise en état depuis la clôture de la session, nécessite une prompte solution (art. 259, 391 ; L. 20 av. 1810, art. 19 ; D. 6 juil. 1810, art. 81 ; L. *s. la Presse*, art. 59) (1).

**1185.** L'ouverture de la session est fixée par ordonnance du premier président (art. 260, *modifié* par l'art. 20, L. 20 av. 1810) ; excepté pour les assises qui se tiendraient ailleurs que dans la ville où est leur siège habituel. L'arrêt qui ordonne cette translation fixe dans ce cas la date de leur ouverture. Une grande publicité, par lecture à l'audience des tribunaux du ressort, par insertion dans les journaux et par affiches, est donnée à l'ordonnance ou à l'arrêt qui fixe l'ouverture des assises, huit jours au moins avant la session ; mais cette formalité n'est point sanctionnée. (D. 6 juil. 1810, art. 83, 88, 89).

**1186. Des magistrats et du jury.** — En Cour d'assises, la mission de juger se partage entre des magistrats et des jurés.

A. *Les magistrats.* — Les magistrats sont au nombre de trois : un président et deux assesseurs. La *présidence* des assises appartient, de droit, au premier président. Il n'en use pas d'habitude et les laisse présider par un conseiller délégué par le ministre ou par lui-même, auquel il peut toujours se substituer. Cette délégation doit être faite par le ministre pour la session suivante, dans les huit jours qui suivent la clôture d'une session ; à défaut, c'est le premier président qui délègue. (L. 20 av. 1810, art. 16 ; D. 6 juil. 1810, art. 79).

Le remplacement du président des assises a lieu dans la même forme avant la convocation des jurés portés sur la liste du jury de session, et plus tard, dans la forme indiquée par l'art. 263 : c'est-à-dire au siège de la Cour d'appel, par le plus ancien des conseillers assesseurs, et dans les autres départements, par le président du tribunal. Cependant, depuis une réforme introduite dans l'art. 253 pour les assesseurs, on décide par analogie que c'est uniquement à compter de l'ouverture de la session que le second mode de remplacement devient obligatoire (2).

**1187.** Les *assesseurs* sont au nombre de deux (art. 252, *texte de* 1851).

(1) Comme dans l'assise extraordinaire sont appelés à siéger les mêmes magistrats que dans l'assise ordinaire, certains auteurs ont cru devoir distinguer l'assise et la session. L'assise durerait un trimestre et la session 15 jours. *Sic* : Nouguier, II, 930 et s.). Mais ils sont obligés de convenir : 1° que le président de la prochaine assise peut commencer ses fonctions dès sa nomination et avant d'être dans le trimestre pour lequel il est nommé ; — 2° que les magistrats composant la Cour d'assises ne peuvent statuer hors session sur les questions de leur compétence ; — 3° que le jury de session doit être renouvelé pour l'assise extraordinaire (*ibid.* 975, 976, 984). Ces concessions ruinent leur système. L'*assise*, c'est-à-dire la juridiction, ne dure pas plus que sa *session*, c'est-à-dire que le temps nécessaire pour évacuer son rôle.

(2) Cass. 12 mars 1869 (S 69, 1, 337).

Dans les affaires qui menacent d'être longues, on nomme un ou deux *assesseurs adjoints* pour remplacer les titulaires empêchés ; mais ils ne prennent pas part au jugement si ceux-ci peuvent suivre toute l'affaire (L. 25 brum. an VIII, art. 4). La Cour d'assises juge donc au nombre de trois membres. Par exception, dans la ville où siège la Cour d'appel, l'adjonction de la *première Chambre* à la Cour d'assises peut être ordonnée, sur la réquisition du procureur général, par la Cour, Chambres réunies. C'est un moyen de donner plus de solennité aux débats d'une affaire importante (D. 6 juil. 1810, art. 93). Dans ce cas, il faudrait appliquer la règle que les arrêts et jugements doivent toujours être rendus par un nombre impair de juges (L. 30 août 1883, art. 1er, 4).

Les assesseurs sont pris parmi les conseillers dans la ville où siège la Cour d'appel ; et dans les autres chefs-lieux, parmi les juges du tribunal de première instance. Ils sont désignés par le premier président et pourraient l'être par le ministre ; mais ce dernier n'use pas de son droit (art. 253 ; L. 20 av. 1810, art. 16 ; D. 6 juil. 1810, art. 79, 82).

Leur remplacement avant l'ouverture de la session a lieu dans la même forme ; après, il faut distinguer : dans la ville même où siège la Cour d'appel, le plus ancien conseiller remplace l'assesseur empêché. Dans les autres chefs-lieux de département, c'est le président des assises qui choisit le remplaçant parmi les juges du tribunal (L. 20 av. 1810, art. 16 ; art. 253, *texte de* 1855).

**1188.** La loi veut que les présidents et juges de la Cour d'assises commencent l'examen l'esprit libre de tout préjugé ; elle exclut en conséquence de ces fonctions les magistrats qui ont voté la mise en accusation, ceux qui ont instruit l'affaire, et ceux qui l'ont jugée précédemment dans une Cour d'assises dont l'arrêt a été cassé (art. 257, 429).

**1189.** B. *Le jury.* — Le second élément de la Cour d'assises est un jury de *douze citoyens*. L'organisation du jury a été bien des fois modifiée depuis son origine ; la législation qui la régit actuellement se compose de la loi du 21 nov. 1872 et des dispositions du Code d'instruction criminelle qu'elle n'abroge point.

Pour former le jury qui siégera en Cour d'assises, il faut faire trois opérations : dresser la *liste annuelle*, tirer au sort *la liste de session*, et plus tard le *jury de jugement* ou *tableau*. La première de ces listes est extraite des listes électorales du département ; la seconde est tirée de la première ; et la troisième, de la seconde.

**1190. Liste annuelle. — Sa composition.** — Elle se compose de 3.000 jurés pour le département de la Seine ; de 400 à 600, pour les autres départements (1 par 500 habitants, sans que le chiffre total puisse être inférieur ou supérieur à l'un de ces deux chiffres). Chaque arrondissement et chaque canton doivent fournir un contingent proportionnel à leur population. Il est déterminé, chaque année, par le préfet (art. 7). La liste annuelle est dressée, dans chaque arrondissement, par les commissions cantonales d'abord, puis par la commission d'arrondissement. On procède ainsi à deux triages successifs.

**1191.** Il faut distinguer l'*aptitude générale à être juré*, et les circonstances accidentelles qui peuvent supprimer ou suspendre le droit, ou affranchir de son exercice. Celles-ci sont : des *déchéances*, — des *incapacités* (1), — des *incompatibilités*, — des *exclusions*, — des *dispenses*.

*a*) Sont aptes, en général, à être jurés : les *Français, mâles, majeurs de 30 ans*, ayant la *jouissance de leurs droits politiques, civils et de famille* (art. 1er).

*b*) Sont déchus de ce droit, ceux qui ont encouru les condamnations pénales énumérées par la loi, ou qui sont en état d'accusation ou de contumace (art. 2, 1° à 11°, L. 1872 ; art. 3, L. 23 janv. 1873, *s. l'ivresse*). La première catégorie de condamnés énumérés comprend tous les individus frappés de dégradation civique à titre de peine accessoire ou principale. C'est là un vice de méthode, car ces condamnés n'ont pas l'aptitude générale à être jurés. Les autres sont parfois privés seulement du droit d'être jurés, soit à vie, soit temporairement; parfois aussi cette déchéance s'ajoute à la perte ou à l'interdiction temporaire de certains droits civiques, civils et de famille.

*c*) Sont incapables d'être jurés : 1° les Français majeurs qui ont perdu, en tout ou partie, l'*exercice* de leurs droits civils (interdiction judiciaire, conseil judiciaire, placement dans un établissement d'aliénés) (art. 2, 12°). — La jurisprudence ajoute à ces incapacités légales la *surdité* et la *cécité*, qui sont des incapacités naturelles.

*d*) Les *qualités* de député ou de sénateur (2), de ministre d'un culte reconnu, de militaire de l'armée de terre ou de mer en activité de service et pourvu d'emploi, d'un côté et de l'autre *certaines fonctions publiques* sont incompatibles avec les fonctions de jurés. La loi a craint des abus d'influence, ou n'a pas voulu désorganiser des services publics (art. 3).

Ces incompatibilités sont *absolues ;* les suivantes sont *relatives*, c'est-à-dire restreintes à une affaire : 1° un certain rôle dans le procès (*officier de police judiciaire, témoin, interprète, expert* ou *partie*. — art. 392, C. i. c.) ; — 2° un préjugé sur le procès (avoir été juré à la session précédente dans une affaire dont l'examen a été suspendu et renvoyé à la session actuelle. — Art. 406, C. i. c.).

(1) L'art. 2 confond sous le nom d'*incapacités* les déchéances et des incapacités proprement dites.
(2) L'art. 3 ne parle que des *députés ;* mais la loi de 1872 ayant été votée à une époque où le pays était représenté par une Chambre unique, l'*Assemblée nationale*, cette expression est synonyme de *représentant du pays*.

*e*) Sont exclus des listes du jury les domestiques et serviteurs à gages et les électeurs qui ne savent pas lire et écrire en français. Le décret du 7 août 1848 a créé ces exclusions. Elles ont été reproduites, depuis, par les lois du 1er juin 1853 (art. 4) et du 21 nov. 1872 (art. 4) immédiatement après les incapacités et les incompatibilités. Elles ne se confondent donc pas avec les premières (1).

*f*) Sont dispensés légalement d'être jurés : 1° les septuagénaires ; 2° ceux qui ont besoin pour vivre de leur travail manuel et journalier ; 3° ceux qui ont été portés sur la liste de session à l'une des assises de l'année courante ou de l'année précédente (art. 5). La Cour d'assises peut en outre, dès que la session est ouverte, admettre des dispenses de siéger pendant tout ou partie de la session. Ces dispenses judiciaires portent le nom d'*excuses* (art. 397).

**1192.** Quelle est la sanction de ces règles ? L'annulation du verdict de culpabilité auquel aurait concouru un juré qui manquerait de l'*aptitude générale*, ou qui serait dans un cas de *déchéance*, d'*incapacité* ou d'*incompatibilité* (art. 1er, L. 1872). — Les causes d'*exclusion* peuvent motiver une demande en radiation de la liste de session au moment de la formation du jury de jugement. Mais si l'accusé n'avait pas réclamé, la participation d'un juré de cette catégorie ne vicierait pas le verdict, parce que la loi ne prononce pas expressément la nullité (art. 408) (2). — Enfin les causes de *dispense* n'ont d'autre sanction que le droit pour le juré de demander d'être rayé de la liste de session lors de la formation du tableau ; on ne peut les invoquer contre lui. Cependant, comme l'honneur d'être juré est aussi une charge dont on s'affranchit volontiers, les autorités qui dressent la liste annuelle et la liste de session peuvent et doivent même escompter la demande d'*exoine* des jurés dispensés, en les excluant de ces listes (art. 18, § 2 et arg. de ce texte).

Les *incompatibilités relatives* n'empêchent pas de figurer sur les listes annuelles et de session, mais elles motivent le retranchement du nom du juré de cette dernière liste au moment de tirer le jury de jugement dans l'affaire dont il ne peut pas connaître.

**1193. Opérations matérielles de sa formation.** — Deux triages sont nécessaires pour dresser la liste annuelle : ils élimineront d'abord les individus portés sur les listes électorales que la loi exclut ou dispense

---

(1) *Sic* : Dalloz, . V° *Rép. Inst. crim.* 1407, 1409 ; F. Hélie, *Prat. crim.* I, 932 ; Delpech, p. 56. — *Contrà* : Garraud, n° 577 et p. 641, note ; Villey, p. 362 ; Morin, *Rép.* V° *Jury*, n° 28, § 3. Ceux-ci objectent l'impossibilité pour un juré qui ne sait ni lire ni écrire de voter au scrutin secret. Mais cette objection a été prévue par la loi du 13 mai 1836, puisqu'elle admet que le votant peut *faire écrire secrètement son vote par un juré de son choix* (art. 2).

(2) Cass. 18 mai 1854 (D. 54, 1, 408) ; 8 mars 1855 (D, 55, 5, 129).

des fonctions de juré ; puis ceux que les autorités chargées de ces triages ne jugeront pas dignes ou capables de bien remplir ces fonctions.

*a) Triage de la commission cantonale.* — Cette commission, composée dans chaque canton du juge de paix, président, des maire et suppléants du juge de paix (1), dresse une *liste préparatoire* des jurés du canton. Elle contient un nombre de noms double de celui fixé pour son contingent (art. 8).

*b) Triage de la commission d'arrondissement.* — La commission qui siège au chef-lieu judiciaire de l'arrondissement est composée des juges de paix et conseillers généraux de chaque canton, sous la présidence du président du tribunal civil avec voix prépondérante (art. 11, 13) (2). Sa mission consiste à dresser la *liste définitive* des jurés de l'arrondissement en revisant les listes cantonales. Elle doit réduire le nombre des jurés qui y sont portés, au contingent fixé pour l'arrondissement. Mais pour atteindre ce contingent, elle peut apporter trois sortes de changements aux listes préparatoires, savoir : *substituer* de nouveaux noms à ceux qui y sont inscrits, *élever* ou *abaisser* le contingent d'un canton, le tout dans la limite du quart du contingent cantonal. Un exemple fera mieux comprendre ces opérations. Le contingent d'un canton est de 12 : 24 noms figurent sur la liste préparatoire. La commission d'arrondissement peut la réduire à 12, la réduire à 9 ou l'élever à 15. — Supposons qu'elle accepte le chiffre de 12 : elle peut choisir 9 jurés sur la liste préparatoire et ajouter 3 noms nouveaux.

Les *listes définitives* une fois arrêtées sont envoyées au greffier de la Cour d'assises. On les réunit et on dresse, par ordre alphabétique, une liste unique des jurés du département : c'est la *liste annuelle des jurés titulaires* (art. 14, 16).

**1194.** Il y a de plus une *liste annuelle des jurés suppléants* composée, à Paris, de 300 jurés, et ailleurs, de 50. Celle-ci est dressée par la commission d'arrondissement du chef-lieu où se tiennent les assises. On n'y porte que des jurés pris parmi ceux de cette ville et en dehors de la liste annuelle (art. 15). Domiciliés ainsi près de la juridiction, ils pourront être appelés plus rapidement pour remplacer les titulaires empêchés.

**1195.** Afin de maintenir au complet la liste annuelle des jurés titulaires, il est prescrit aux juges de paix d'instruire immédiatement le premier président de la Cour ou le président du chef-lieu d'assises, des décès, des incapacités ou incompatibilités légales qui frapperaient les jurés qui

---

(1) La composition de cette commission est différente pour la ville de Paris, pour les communes divisées en plusieurs cantons, et pour les cantons formés par une seule commune (art. 8, 9).

(2) Il y a une composition différente pour Paris, Sceaux et St-Denis.

y sont portés. Sur la réquisition du procureur général, la Cour les remplacera en tirant au sort sur les listes préparatoires, dont un double est déposé au greffe, un nombre de jurés suffisant pour combler les vides (art. 17; art. 390, C. i. c.).

**1196. Liste de session.** — La liste de session se compose de 40 jurés : 36 titulaires et 4 suppléants tirés au sort sur les deux listes annuelles. Ce tirage est fait, dix jours au moins avant l'ouverture des assises, par le premier président au chef-lieu du ressort, et dans les autres chefs-lieux d'assises, par le président du tribunal. A mesure que les noms sortent de l'urne, on élimine les jurés qui, malgré les triages et révisions antérieurs, figurent à tort sur les listes annuelles, de manière à ne porter sur la liste de session que des jurés idoines (art. 18, § 2, *addition de* 1875, et arg. de ce texte).

**1197.** Un procès-verbal de ce tirage contenant la liste de session est envoyé au parquet du chef-lieu d'assises, au président des assises et au préfet. Ce dernier est chargé de convoquer les jurés (art. 389). Le premier jour de la session les jurés convoqués se réunissent dans la salle de la Cour d'assises ; on va procéder au tirage du jury de jugement pour la première affaire. Mais auparavant, on procède à une révision de la liste des 36 jurés titulaires pour exclure ceux qui, malgré toutes les précautions antérieures, y figurent sans en avoir le droit et ceux qui font valoir des causes de dispense. Après ces réductions, la liste des titulaires doit comprendre au moins 30 noms; si c'est nécessaire, on la remonte à ce chiffre par l'adjonction des jurés suppléants suivant l'ordre de leur inscription, et en cas d'insuffisance, par des jurés tirés au sort en la forme indiquée par l'art. 19. Cette dernière revision, ainsi que la formation des listes annuelles et de session, sont des actes d'administration dont l'irrégularité ne peut fournir par elle-même aucun grief. Mais, comme nous l'avons dit, il y aurait nullité d'un verdict de culpabilité auquel aurait participé un juré ne réunissant pas les conditions d'aptitude générale, ou qui serait dans un cas de déchéance, d'incapacité ou d'incompatibilité (1).

## II. Compétence et saisine de la Cour d'assises

**1198. I. Compétence.** — Nous avons signalé plus haut le principe de la plénitude de juridiction qui rend sans intérêt les questions de compétence une fois que la Cour d'assises se trouve saisie par un arrêt de mise en accusation passé en force de chose jugée. Ce principe ne reçoit d'autre exception que celle qui résulte des questions préjudicielles. La Cour d'assises devra donc juger tous les individus et

---

(1) Cass. 11 mai 1877 (D. 78, 5, 173) ; Cass. 3 mars 1881 (D. 82, 1, 188).

tous les faits dont elle a été saisie. A la différence des autres juridictions pénales, elle peut statuer sur le fait au point de vue des intérêts civils, de la partie lésée tout en lui déniant le caractère d'infraction (art. 358, 366). Conséquemment, si le verdict du jury rendu sur une double accusation d'un crime et d'un délit écarte le crime et reconnaît le délit, et que plus tard l'arrêt de condamnation vienne à être cassé, l'affaire devra être renvoyée devant une autre Cour d'assises, et non devant un tribunal correctionnel, pour statuer sur le délit (1). De même, si l'arrêt qui accorde des dommages-intérêts vient à être cassé, on devrait décider que l'affaire doit être renvoyée à une autre Cour d'assises. Cependant la jurisprudence, suivant ici l'opinion fort contestable exprimée par Berlier au Conseil d'État, décide que le renvoi doit être fait à un tribunal civil (2).

Nous examinerons en détail, dans la procédure qui suit la clôture des débats, la forme suivant laquelle la Cour d'assises statue sur les dommages-intérêts réclamés par la partie civile ou par l'accusé.

**1199. II. Saisine. — Comment la Cour d'assises est-elle saisie ?** — C'est par l'arrêt de mise en accusation que se trouve saisie la Cour d'assises. Le procureur général est bien obligé de rédiger un acte d'accusation ; mais cet acte n'est qu'une amplification des motifs de l'arrêt de renvoi. Il est rédigé contre « le prévenu *renvoyé* à la Cour d'assises » (art. 241). Il ne peut contenir aucune accusation nouvelle (art. 271). Aussi, est-ce une véritable erreur de dire avec certains auteurs (3) que l'acte d'accusation saisit la Cour d'assises. Cela est contraire aux articles 241 et 271, qui consacrent deux conséquences de la saisine opérée par l'arrêt de renvoi ; contraire également à l'art. 182, qui montre que le tribunal correctionnel est saisi par les ordonnances et arrêts de renvoi, et dont on peut raisonner par analogie. — Sans doute après le renvoi devant une juridiction de jugement quelle qu'elle soit (Cour d'assises, tribunal correctionnel ou de police) le ministère public a des actes de procédure à faire (art. 132, 145, 241, 242, etc.); mais ces actes supposent que la juridiction est saisie et ils ont uniquement pour objet de mettre l'affaire en état de recevoir jugement (4). L'intérêt pratique de cette controverse apparaît à trois points de vue :

*a)* Dans notre système, le président des assises peut faire les actes d'instruction complémentaire, dont nous parlerons bientôt, dès que l'arrêt de renvoi est rendu et avant toute rédaction ou notification de l'acte d'accusation (5).

(1) Cass. 12 mars 1885.
(2) Cass. 7 oct. 1853. — LOCRÉ, XXIV, p. 335.
(3) *Sic* : TRÉBUTIEN, II, p. 362 ; VILLEY, p. 371 ; GARRAUD, 587.
(4) *Sic* : MORIN, *Rép. v° Cour d'assises*, 24 ; F. HÉLIE, V, 2234, 2244, 2247 ; DELPECH, p. 110.
(5) DELPECH, p. 17 ; Cass. 3 oct. 1844.

*b)* Aussitôt après l'arrêt de renvoi, la règle *le criminel tient le civil en état* s'applique ; les tribunaux civils saisis de l'action civile ne peuvent plus procéder (art. 3).

*c)* A partir du même moment, la partie civile, peu importe la voie qu'elle ait choisie, peut contraindre le procureur général à mettre l'affaire en état d'être jugée par la Cour d'assises, et, s'il refuse, le prendre à partie pour déni de justice.

**1200. De quoi la Cour d'assises est-elle saisie ?** — Uniquement des chefs d'accusation contenus dans l'arrêt de renvoi. L'art. 271 défend en effet au procureur général, à peine de nullité et de prise à partie, de porter aucune autre accusation. Il ne peut donc élargir la poursuite par l'acte d'accusation. Il ne peut non plus la restreindre, car le même article lui fait un devoir de poursuivre « toute personne mise en accusation suivant les formes prescrites ». C'est pourquoi lorsqu'il y a des divergences entre l'acte d'accusation et l'arrêt de renvoi, c'est d'après ce dernier que les questions au jury doivent être posées (1).

Par exception, il est permis au président des assises de poser une *question résultant des débats* sur un chef d'accusation non compris dans l'arrêt de renvoi, mais à deux conditions : 1° qu'il ne s'agisse pas d'un fait absolument nouveau, mais d'une dégénérescence d'un fait relevé par l'arrêt du renvoi ; — 2° que le fait, objet de la question, n'ait pas été écarté par la Chambre d'accusation, comme ne présentant point en Droit les caractères d'un fait punissable. Nous reviendrons ultérieurement sur ce point.

### III. — Mise en état de l'affaire.

**1201.** Entre l'arrêt de mise en accusation et la comparution de l'*accusé* à l'audience de la Cour d'assises, s'écoule un certain temps pendant lequel l'affaire doit être mise en état de recevoir jugement. Cette procédure intermédiaire de la mise en état, comprend des *formalités à accomplir* et peut se compliquer d'*incidents*.

**1202. I. Formalités à accomplir.** — Ces formalités, au nombre de neuf, regardent presque toutes le procureur général. Deux seulement doivent être accomplies par le président des assises. Avant de les étudier en détail, il convient d'examiner quelle est la sanction de leur omission. Des textes prononcent la nullité pour l'omission de certaines d'entre elles, mais ils laissent la question indécise pour d'autres. Faut-il s'en tenir à ces textes ? Faut-il au contraire les généraliser et prononcer la nullité pour l'omission d'une formalité quelconque ? Vaut-il mieux enfin

---

(1) Delpech, p. 122 ; Cass. 17 fév. 1820 ; 10 fév. 1832.

faire un choix ; mais alors à l'aide de quel critérium décidera-t-on que telle formalité est prescrite à peine de nullité et que telle autre n'a pas de sanction ? Après quelques hésitations, la jurisprudence et la doctrine se sont prononcées pour cette troisième solution. Quant au critérium, on considère que les formalités garantissant les intérêts de la défense ou ceux de l'accusation sont *substantielles* et ne peuvent être omises sans nullité ; que celles au contraire qui ont le caractère de simples mesures d'ordre ne sont point sanctionnées. Dans l'exposé que nous allons faire, nous signalerons les formalités substantielles et celles qui ne le sont point.

**1203.** 1° *Acte d'accusation.* — L'art. 241 prescrit au procureur général de rédiger un acte d'accusation et lui en trace le plan. Cet acte exposera : « 1° La nature du *délit* (crime) qui formera la base de l'accusation ; 2° le fait et toutes les circonstances qui peuvent aggraver ou diminuer la peine. Le *prévenu* (accusé) y sera dénommé et clairement désigné. L'acte d'accusation sera terminé par le résumé suivant : En conséquence (un tel)... est accusé d'avoir commis tel meurtre, tel vol, etc. ». Cet acte a donc pour objet de préciser dans un résumé clair et saisissant le fait poursuivi et les moyens à charge et à décharge. Il sera signifié à l'accusé ; on le lira en audience publique avant d'entendre les témoins ; on le remettra au jury au moment où il se retirera dans la salle de ses délibérations pour statuer sur les questions qui lui sont soumises (art. 242, 313, 341).

Avant le Code d'instruction criminelle, l'acte d'accusation avait surtout pour but d'exposer l'affaire au *jury d'accusation*. Son verdict était inscrit au pied de cet acte. Le législateur de 1808 a remplacé dans cette fonction l'acte d'accusation par le *rapport* du procureur général, dont il est question à l'art. 217. Mais il semble qu'il ait supposé que l'arrêt de renvoi serait une décision sèche, dépourvue de motifs, comme l'était autrefois le verdict du jury d'accusation, et alors, dans le but d'amplifier cet arrêt, d'ajouter des motifs à son dispositif, il a exigé la rédaction d'un acte d'accusation après le renvoi de l'accusé aux assises. Faut-il conclure de là que l'arrêt de mise en accusation n'a pas besoin d'être motivé ? Ce serait logique, mais l'art. 7 de la loi du 20 avril 1810 pose une règle absolue. On peut se demander dès lors si l'acte d'accusation ne fait pas double emploi avec l'arrêt de renvoi ? Il semble bien que oui ; car, nous l'avons déjà fait observer, l'acte d'accusation ne peut contenir rien de plus, rien de moins que l'arrêt de renvoi, et s'il présente avec lui quelque divergence, c'est uniquement d'après l'arrêt de renvoi que doivent être posées les questions au jury. On pourrait objecter que les motifs d'un arrêt étant généralement très succincts, une amplification de ces motifs a paru nécessaire pour permettre au jury de suivre le développement de la preuve. Mais le Code a pris le soin de répondre à cette objection : il permet en effet au procureur général de faire un exposé oral, à l'audience, avant l'audition des témoins (art. 315). L'acte d'accusation est donc un écrit qui détonne dans la procédure orale des débats. Sa communication aux jurés pendant leur délibération constitue de plus une inégalité choquante ; car tandis que le jury a sous les yeux ce résumé de l'accusation, il ne peut que faire appel à ses souvenirs pour peser les arguments de la défense. Cet inconvénient serait atténué, il est vrai, si l'on observait les règles de rédaction prescrites par l'art. 341, si l'acte d'accusation était le résumé impartial de « *toutes* les circonstances qui peuvent aggraver ou *diminuer* la peine ». Mais cette prescription de la loi est bien rarement observée : l'acte d'accusation n'est habituellement qu'un résumé *des charges* dans lequel le ministère public déploie toute son habileté d'exposé et d'argumentation pour faire condamner l'accusé ; et la jurisprudence actuelle, tout en déclarant substantielle la formalité de l'acte d'accusation, ferme les yeux sur toutes les irrégularités qui précèdent son résumé (1). Dans ces conditions, une réforme législative s'impose : c'est la suppression radicale et absolue de l'acte d'accusation.

Observons d'ailleurs que si le résumé de l'acte d'accusation contient des lacunes, des additions, des erreurs, ces irrégularités n'entraînent point par elles-mêmes la nullité ; car l'acte d'accusation n'est la base d'aucun droit ; elles peuvent au surplus être réparées à l'audience ; mais il y aurait nullité si elles passaient dans les questions posées au jury (2).

**1204.** 2° *Notification à l'accusé de l'arrêt de renvoi et de l'acte d'accusation.* — « L'arrêt de renvoi et l'acte d'accusation seront signifiés à l'accusé et il lui sera laissé copie *du tout.* » (art. 242). Cette double signification se fait habituellement, comme le suppose le texte, par un seul et même exploit ; mais elle pourrait être faite par actes séparés (art. 292). Quelle est l'utilité de ces significations ? D'abord, celle de l'arrêt de renvoi est un préalable nécessaire pour l'exécution de l'ordonnance de prise de corps. De plus, elle fait connaître à l'accusé les chefs d'accu-

---

(1) Sous le Code de l'an IV, qui cependant ne prescrivait pas avec la même précision que le Code d'instruction criminelle le résumé des moyens à charge et à décharge (comp. art. 229, C. de l'an IV et 341, C. i. c.), la Cour de cassation annulait l'acte d'accusation s'il constituait « *plutôt un plaidoyer contre le prévenu qu'un rapport précis des faits* » : Cass. 1er therm. an VII (J. P. I., p. 438); Cass. 4 brum. an VIII (J. P. I, p. 514).— Mais depuis, sous l'influence des idées anciennes, dont la magistrature s'est imprégnée après la réapparition de la procédure inquisitoriale dans l'instruction préparatoire, elle a décidé qu'il n'y a point nullité si le narré de l'acte d'accusation expose les faits à charge sans faire aucune mention des circonstances à décharge : Cass. 10 juil. 1818 ; — s'il combat les moyens de justification proposés par l'accusé : Cass. 11 mars 1841 ; — s'il énonce deux tentatives, lorsque son résumé, conforme d'ailleurs à l'arrêt de renvoi, n'en relève qu'une : Cass. 15 av. 1847. DELPECH, p. 7, note.

(2) Cass. 15 av. 1847 ; 29 janv. 1852.

sation relevés contre lui et lui donne le moyen de se pourvoir en cassation contre l'arrêt de renvoi, sans cependant le mettre en demeure d'exercer cette voie de recours. Celle de l'acte d'accusation facilite la préparation de la défense, puisqu'il est le résumé du réquisitoire qui sera prononcé en audience publique. Elle équivaut à une communication de conclusions. Cette formalité est substantielle.

**1205.** 3º *Translation de l'accusé dans la maison de justice.* — 4º *Envoi des pièces au greffe de la Cour d'assises.* — Dans les vingt-quatre heures qui suivent la signification de l'arrêt de renvoi, l'accusé sera transféré dans la maison de justice établie près la Cour où il doit être jugé. Dans le même délai les pièces du procès et les pièces à conviction seront envoyées au greffe de cette Cour d'assises (art. 243, 291, 292). — Ce sont là de simples mesures d'ordre.

Toutes les formalités qui précèdent sont accomplies par le procureur général ou à sa diligence. La suivante incombe au président des assises.

**1206.** 5º *Interrogatoire de l'accusé dans la maison de justice.* — Dans les vingt-quatre heures après la remise des pièces au greffe et l'arrivée de l'accusé dans la maison de justice, celui-ci sera interrogé par le président des assises ou par le juge qu'il aura délégué. Si le président des assises n'est pas sur les lieux et qu'il n'ait pas fait de délégation, il est procédé à l'interrogatoire par le président du tribunal de première instance ou par un juge délégué par ce dernier (art. 293; art. 91. D. 6 juil. 1810).

L'interrogatoire est une formalité substantielle ; mais le délai indiqué pour y procéder n'est qu'une mesure d'ordre.

**1207.** Cet acte de procédure est utile pour la défense et pour l'accusation. Pour la défense d'abord, car il va rendre la procédure contradictoire et permettre l'assistance d'un défenseur. De plus, l'accusé est officiellement mis en demeure de se pourvoir en cassation contre l'arrêt de renvoi dans le délai légal à compter de cet interrogatoire. — Au point de vue de l'accusation, cet acte de procédure précise le système de la défense ; il force l'accusé à répondre aux points essentiels de l'acte d'accusation ; il permet ainsi de découvrir dans l'information des lacunes que le président des assises pourra combler par une instruction complémentaire dont nous traiterons aux incidents (art. 303, 304).

**1208.** Le magistrat qui procède à l'interrogatoire doit demander à l'accusé s'il a fait choix d'un défenseur, et, sur sa réponse négative, lui en nommer un d'office : mais cette désignation sera comme non avenue si plus tard l'accusé choisit un conseil. Cette formalité, qui fait partie de l'interrogatoire, est prescrite à peine de nullité (art. 294). Le défenseur peut être pris, sans autorisation spéciale du président, parmi les avocats ou avoués de la Cour d'appel ou de son ressort. Toute autre personne ne peut assister l'accusé sans la permission du président des assises, qui d'ailleurs est de pure forme lorsqu'il s'agit d'un avocat d'un autre ressort (art. 295) (1).

Le conseil choisi par l'accusé a un mandat conventionnel à remplir; il doit se retirer si l'accusé, après réflexion, renonce à se faire défendre : la révocation met fin au mandat (art. 2003-2006, C. civ.). Mais il doit être remplacé par un avocat d'office, car la loi exige l'assistance d'un défenseur pendant toute la procédure qui va suivre. — Quelle est la mesure du concours que l'avocat d'office doit à un accusé qui refuse de se laisser défendre? Il doit prendre connaissance du dossier, être présent à l'audience, suivre les débats, conseiller l'accusé; mais il ne peut écrire ni parler contrairement à la volonté expresse de son client : la loi veut sans doute que l'accusé puisse être défendu; elle n'exige pas qu'il le soit malgré lui (2).

**1209.** Les communications du défenseur avec l'accusé doivent être libres. Toute mesure qui restreindrait le nombre et la durée des conférences en dehors des heures réglementaires pour le régime de nuit des prisons, toutes celles qui en altéreraient le secret constitueraient une violation du droit de la défense et donneraient ouverture à cassation (art. 408) (3).

**1210.** L'avertissement relatif au pourvoi porte sur deux points : 1° sur le droit même de se pourvoir en cassation ; 2° sur le délai légal (art. 296, § 1, et arg. art. 371, § 2). Cet avertissement doit être donné en des termes qui ne puissent pas induire l'accusé en erreur (4). Aussi nous pensons que le président doit expliquer à l'accusé qu'il a deux délais pour se pourvoir en cassation : l'un de *cinq jours pleins* (les cinq jours suivants) pour les nullités prévues par l'art. 299 : l'autre de *trois jours francs* pour toute autre espèce de nullités (art. 373). L'art. 296 ne vise, il est vrai, que le délai de cinq jours ; mais il se rapporte à l'art. 299, et nous verrons bientôt que les nullités prévues par ce dernier texte ne sont pas les seules qui peuvent entacher l'arrêt de renvoi ; or, comme l'art. 296 veut que l'accusé apprenne son droit de la bouche même du magistrat qui l'interroge, il est nécessaire de compléter sa disposition en ce qui touche le délai ordinaire du pourvoi en cassation.

---

(1) L'ordonnance du 27 août 1830, art. 4, qui autorise les avocats inscrits à un barreau à plaider devant toutes les Cours et tous les tribunaux de France, réserve expressément l'organisation de la défense au grand criminel telle qu'elle résulte de l'art. 295, C. i. c. — Cass. 23 déc. 1875 (S. 76, 1, 143).

(2) F. Hélie, VII, 3333-3336, 3326, 3328.

(3) *Sic :* Bourguignon, II, p. 2 ; Legraverend, p. 617 ; Carnot II, p. 413 ; Rodière, p. 216 ; Trébutien, II, p. 371. Comp. Cass. 12 nov. 1886 p. la correspondance avec l'avocat. — *Contrà* : Cass. 3 oct. 1822 (aff. du *general Berton*).

(4) Cass. 21 juin 1849 (B, 144).

**1211.** Le jour de l'interrogatoire sert de point de départ à l'un ou l'autre de ces délais, pourvu qu'il ait été précédé des significations et qu'il contienne l'avertissement prescrit par la loi. Si l'interrogatoire avait eu lieu avant les notifications, les délais ne courraient que du jour où elles auraient été faites (1). Enfin si elles avaient été omises ou si l'avertissement n'avait pas été donné, les nullités ne seraient pas couvertes par le silence de l'accusé et il pourrait toujours les faire valoir après l'arrêt définitif (art. 297, 301, comb.). La situation de l'accusé, dans cette dernière hypothèse, est très avantageuse : s'il est acquitté, il profitera de l'acquittement quelque irrégularité qu'il y ait dans l'arrêt de renvoi (art. 360) ; — s'il est condamné il pourra faire casser l'arrêt de condamnation non seulement pour les causes de nullité qui lui sont propres, mais encore pour celles qui entachent l'arrêt de renvoi.

**1212.** Le délai de cinq jours prescrit par l'art. 296 est accordé à l'accusé : 1° pour se pourvoir contre l'arrêt de renvoi, 2° pour préparer sa défense. Il court, en effet, de l'interrogatoire qu'on suppose avoir été précédé de la signification de l'arrêt de renvoi et de l'acte d'accusation. Il y aurait donc nullité si l'accusé comparaissait à l'audience de la Cour d'assises moins de cinq jours après la signification de l'acte d'accusation bien que celle de l'arrêt de renvoi eût été faite à temps. Mais il peut consentir à comparaître avant l'expiration du délai de cinq jours. Son consentement, qui peut être donné à l'audience ou en dehors de l'audience, par exemple dans un interrogatoire, emporte une double renonciation, savoir : 1° au droit de se pourvoir contre l'arrêt de renvoi ; 2° au délai de cinq jours pour la préparation de sa défense. Il est bon que l'accusé s'explique sur ces deux points ; mais l'une de ces renonciations fait présumer l'autre. La jurisprudence exige d'ailleurs pour la validité de ces renonciations que l'acceptation du débat avant le délai de cinq jours soit *expresse* et qu'elle ait été *faite en connaissance de cause*, c'est-à-dire après notification de l'arrêt de renvoi et de l'acte d'accusation (2).

**1213.** L'interrogatoire doit être constaté par un procès-verbal qui témoigne de l'accomplissement de toutes les formalités légales et par conséquent : 1° de l'interpellation relative au choix du défenseur ; 2° s'il y a lieu, de la nomination d'un avocat d'office ; 3° de l'avertissement relatif au pourvoi. La loi abandonne absolument à la prudence du juge le nombre, la nature et l'ordre des questions relatives au fait poursuivi. Ce procès-verbal doit être signé de l'accusé, du juge et du greffier et si l'accusé ne sait ou ne veut signer il en sera fait mention (art. 296).

(1) Cass. 15 déc. 1881 (D. 82, 1, 5).
(2) Nouguier, I, 447, 448, 455. Cass. 23 sept. 1858 (B. 411) ; 14 mars 1846 (B. 103).

**1214.** 6° *Communication et copie des pièces*. — Pour préparer la défense, le conseil a le droit de prendre communication et copie de *toutes* les pièces du procès sans déplacement. Une copie des procès-verbaux constatant le délit et des déclarations écrites des témoins doit même être délivrée gratuitement aux accusés ; mais quel que soit leur nombre, ils n'ont droit qu'à une seule copie (art. 302, 305). Aucun délai n'est fixé pour cette remise et la loi ne prononce pas de sanction. Seulement une remise tardive autoriserait une demande de renvoi soit à un autre jour soit à une autre session, et si le renvoi était refusé il y aurait ouverture à cassation pour violation des droits de la défense (1).

**1215.** 7° *Notifications respectives des listes des témoins à charge et à décharge*. — La loi prescrit cette notification « 24 heures au moins » avant l'audition des témoins. Le procureur général ou la partie civile notifie à l'accusé la liste des témoins à charge. L'accusé notifie celle des témoins à décharge ; mais seulement au procureur général : on a pensé que la partie civile et la partie publique ayant un intérêt commun, une double notification était inutile. La sanction de cette formalité est le droit, pour la partie contre qui les témoins sont produits, de s'opposer à l'audition de ceux qui ne lui auraient pas été notifiés. Mais le président, en vertu de son pouvoir discrétionnaire, peut ordonner qu'ils seront entendus, sans prestation de serment, à titre de renseignement (art. 315, 269).

**1216.** 8° *Notification à l'accusé de la liste du jury de session*. — L'art. 395 prescrit de la faire la veille de la formation du tableau, *pas plus tôt ni plus tard*, à peine de nullité de cette notification et de tout ce qui aura suivi. Cette formalité a pour objet de permettre à l'accusé de préparer ses récusations : en conséquence l'omission du nom d'un juré et toute erreur de nature à produire une confusion de personnes entraînent sa nullité (2).

**1217.** Mais quelle liste de session faut-il notifier ? Est-ce la liste provisoire, celle qui est formée dix jours au moins avant l'ouverture des assises (art. 18, L. 1872) ? Ou bien la liste définitive, formée par l'épuration de la précédente le premier jour de la session, et tenue au courant depuis avec un minimum de trente noms ? La pratique admet qu'on peut se contenter de notifier la liste provisoire et même seulement les noms des trente-six jurés titulaires qui y sont portés (3). On fait valoir que le système contraire empêcherait de juger toute affaire le premier jour de la session : ce jour devrait être exclusivement consacré à la revision de la liste du jury de session. Puis, pendant le cours de la session, il fau-

---

(1) Cass., 24 mai 1852 ; 27 janv. 1853.
(2) Cass., 10 janv. 1878 (D. 79, 5, 113-114) ; 12 août 1880 (S. 81, 1, 230).
(3) Cass., 6 déc. 1883 (D. 84, 1, 370).

drait toujours attendre la formation du tableau pour l'affaire précédente avant de notifier la liste du jury pour la suivante. De là un retard préjudiciable à la bonne administration de la justice.

On peut répondre que cette perte de temps n'est qu'un argument d'inconvénient. Comment l'accusé pourra-t-il préparer ses récusations si on lui notifie une liste de jurés dont aucun peut-être ne sera appelé à faire partie du tableau (1) ? Depuis que la liste de session est tirée au sort en audience publique dix jours avant l'ouverture des assises (L. 2 mai 1827), on peut critiquer la précaution de la loi qui prescrit de ne pas faire la notification plus de 24 heures avant le débat, si l'on suppose que l'on notifie la liste provisoire, celle qui est connue ; mais cette prescription de la loi prend au contraire un sens raisonnable, si on l'applique à liste définitive et révisée qui peut être composée de noms entièrement nouveaux.

**1218.** 9° *Composition du rôle de la session.* — Le rôle est le tableau des affaires portées à une session d'assises, dans l'ordre où elles seront jugées. Sa composition dépend du ministère public et du président. Doivent être portées au rôle, aux termes de l'art. 260, les affaires qui sont en état lors de son ouverture. On peut aussi y porter celles qui deviendront en état avant la clôture de la session (art. 261). Le ministère public et le président ayant à faire, chacun en ce qui le concerne, les actes nécessaires à la mise en état, sont maîtres de la composition du rôle ; mais ils s'exposeraient à une prise à partie de la part des accusés dont les affaires auraient pu être mises en état avant l'ouverture de la session, si par leur négligence ils rendaient nécessaires un renvoi de l'affaire à la session suivante.

L'ordre des affaires portées au rôle nous paraît devoir être déterminé par le président et non par le ministère public. C'est lui en effet qui fixe le jour où doivent s'ouvrir les assises (art. 260), et plusieurs textes lui donnent le droit de prendre des mesures qui bouleverseraient le rôle s'il était formé par d'autres que par lui (2).

La composition du rôle est, cela va sans dire, une simple mesure d'ordre.

**1219.** II. **Incidents.** — Des incidents peuvent venir compliquer la procédure de la mise en état. Les plus importants sont : 1° le pourvoi en cassation contre l'arrêt de renvoi ; — 2° un supplément d'instruction ; — 3° une remise de cause ; — 4° la jonction ou la disjonction des procédures.

---

(1) Dans une affaire, les 36 jurés titulaires portés sur la liste provisoire se trouvèrent réduits à 2, et pour remonter la liste au chiffre de 30, on dut ajouter ou tirer 28 jurés complémentaires ; c'est-à-dire qu'il y eut dans l'urne 24 noms absolument inconnus de l'accusé. La Cour de cassation a néanmoins validé, dans cette hypothèse, la notification de la liste provisoire : Cass. 6 fév. 1834.
(2) Arg. art. 296, 297, 261, 306, 307, 303. — *Contrà* : Circ. 16 août 1842.

**1220.** 1° *Pourvoi en cassation contre l'arrêt de renvoi.* — L'accusé et le procureur général ont, sans restriction, le droit de se pourvoir en cassation contre l'arrêt de renvoi (art. 296, 298). Le principe de la plénitude de juridiction rend la partie civile sans intérêt à critiquer le renvoi qui serait fait à une Cour d'assises incompétente *ratione materiæ* ou *personæ ;* mais elle pourrait attaquer l'arrêt qui renverrait l'affaire devant une Cour d'assises incompétente *ratione loci :* l'éloignement des témoins devant augmenter les frais, il lui importe, à cause de l'éventualité qui peut les mettre à sa charge, d'exiger que l'affaire soit jugée dans le département où elle doit l'être légalement (1).

**1221.** Le délai est de *cinq jours pleins* (2) (art. 296) pour les quatre causes de nullité énumérées par l'art. 299 : « *a*) l'incompétence ; *b*) si le fait n'est pas qualifié crime par la loi ; *c*) si le ministère public n'a pas été entendu ; *d*) si l'arrêt n'a pas été rendu par le nombre légal de juges ». Cette énumération n'est pas bien scientifique, puisque la seconde cause énumérée rentre dans la première. — Toute autre cause de nullité, tirée par exemple de l'excès de pouvoir ou de la violation des règles de forme ou de fond, peut motiver un pourvoi dans le délai ordinaire de *trois jours francs* (art. 373).

**1222.** Exceptionnel quant au délai, l'art. 296 l'est-il aussi quant au point de départ de ce délai ? Nous avons déjà résolu négativement cette question à propos de l'interrogatoire dans la maison de justice, et admis que les deux délais courent de l'avertissement donné par le magistrat dans cet interrogatoire, précédé d'ailleurs des significations prescrites. La pratique décide, mais sans avoir discuté la question, que le délai de trois jours court de la signification de l'arrêt de renvoi (3). Cela est absolument illogique : et en effet, si la situation de l'accusé détenu a paru suffi-

---

(1) *Sic* : Trébutien, II, p. 326 ; Cass. 29 sept. 1843 (B. 254). — Arg. art. 135, 539.

(2) Le délai *franc* est celui dans lequel on ne compte ni le *dies a quo*, ni le *dies ad quem ;* le délai *plein* est celui où l'on ne compte pas le *dies a quo*, mais où l'on compte le *dies ad quem*. F. Hélie, *Prat. crim.*, I, 631, présente le délai de cinq jours comme un délai franc. C'est une erreur, puisque l'art. 260 prescrit à l'accusé de faire sa déclaration « *dans* les cinq jours suivants ». La jurisprudence n'est pas contraire. Il y a bien quelques arrêts qui ont décidé qu'un pourvoi interjeté le sixième jour était recevable ; mais le motif de leur décision est que l'accusé avait été induit en erreur sur la durée du délai par les termes de l'avertissement.

(3) V. les arrêts cités p. Dalloz, v° *Cassat.* 167, 168 ; F. Hélie, *Prat. crim.* I, 668. La discussion n'a jamais porté que sur les trois points suivants : 1° Faut-il admettre le pourvoi en cassation contre tous les arrêts de la Chambre d'accusation ou seulement contre les arrêts de renvoi ? 2° A l'égard de ces derniers l'art. 299 exclut-il les autres causes de nullités ? 3° Le délai de cinq jours est-il applicable au pourvoi fondé sur ces autres causes de nullité ?

samment intéressante au législateur pour retarder le point de départ du délai de cinq jours jusqu'après qu'il aura été averti, il doit en être de même lorsqu'il s'agit du délai de trois jours. On comprend qu'on puisse soutenir que l'art. 299, auquel se lie l'art. 296, exclut toute autre ouverture à cassation que celles qu'il énumère ; mais une fois admis qu'il ne les exclut pas, on ne peut voir d'exceptionnel dans l'art. 296 que la durée du délai; son point de départ, motivé par la situation de l'accusé, doit rester le même quoique sa durée soit différente quand il s'agit des causes de nullité non prévues par l'art. 299.

**1223.** Quels sont les effets du pourvoi en cassation contre l'arrêt de renvoi ? Il faut distinguer : formé dans le délai légal et avant le tirage du jury de jugement, le pourvoi empêche l'ouverture des débats, mais il ne met pas obstacle à la marche de la procédure jusqu'à cette ouverture.

— Formé au contraire après le délai légal, ou même dans ce délai, mais après le tirage du jury de jugement, il n'a plus d'effet suspensif. Cette distinction a été introduite dans l'art. 301 par la loi du 10 juin 1853 afin d'empêcher l'accusé de récuser en masse un jury qui ne lui plairait pas, au moyen d'un pourvoi tardif. Quelque mal fondé en effet que soit un pourvoi, les principes voulaient qu'il fût suspensif jusqu'à son rejet par la Cour de cassation. Il en était ainsi avant la réforme de l'art. 301. Qu'arrivait-il ? Les accusés attendaient la notification de la liste de session même la formation du tableau dans laquelle ils usaient de leur droit de récusation, et puis, si malgré tout le jury ne leur convenait pas, ils déclaraient se pourvoir en cassation contre l'arrêt de renvoi. Le nouvel art. 301 déjoue cette manœuvre.

**1224.** 2° *Supplément d'instruction.* — La lecture des pièces de la procédure et l'interrogatoire que l'accusé a subi dans la maison de justice ont pu signaler des lacunes à combler, de nouvelles preuves à recueillir. La nécessité d'un supplément d'instruction apparaît surtout, en fait, lorsque l'accusé s'était soustrait à la justice pendant l'instruction préparatoire et n'a été arrêté qu'après l'arrêt de mise en accusation.

Qui procédera à cette instruction ? C'est le président des assises ou le magistrat qui l'a remplacé pour l'interrogatoire. Ils peuvent procéder par eux-mêmes ou commettre rogatoirement le juge d'instruction de l'arrondissement dans lequel résident les témoins à entendre, et même, s'il y a lieu de suspecter son impartialité ou son intelligence, le juge d'instruction d'un arrondissement voisin. Mais c'est toujours dans l'arrondissement du juge commis que l'audition doit avoir lieu, puisque sa compétence expire à sa limite (art. 303). L'obligation pour les témoins de comparaître est sanctionnée seulement par l'amende de l'art. 80 qui sera prononcée par la Cour d'assises (art. 304). Le magistrat instructeur ne peut ni la prononcer, ni décerner un mandat d'amener contre le témoin défaillant, parce que ce supplément d'instruction est fait en dehors de la surveillance du ministère public, dont les réquisitions sont nécessaires pour prendre l'une ou l'autre de ces mesures (art. 80) (1).

Bien que l'art. 303 ne vise que l'audition de nouveaux témoins, il est admis que son texte, élargi d'ailleurs par l'art. 304, § 1, s'applique aux actes d'instruction de toute nature. Le président des assises pourra donc faire lever des plans, ordonner des expertises, procéder à de nouveaux interrogatoires (2), à des confrontations, etc. — Mais cette instruction n'est qu'un complément de celle qui a été faite ; il ne peut la recommencer. Cela résulte de l'art. 303, qui prévoit seulement l'audition de *nouveaux* témoins. Ce texte, cependant, ne lui défend point d'ouïr à nouveau les témoins déjà entendus, pourvu que ce soit sur des faits sur lesquels ils n'ont pas déposé (3). — Certains auteurs faisant dériver du pouvoir discrétionnaire du président des assises le droit de procéder à cette instruction complémentaire pensent qu'il peut refaire entièrement l'instruction primitive (4). Le principe de leur système est erroné ; le pouvoir discrétionnaire n'existe pas encore à ce moment de la procédure ; il n'apparaîtra qu'aux débats.

On doit donner communication et copie de ce supplément d'instruction à l'accusé.

**1225.** 3° *Remise de cause.* — La remise de cause est le renvoi du débat à une audience autre que celle qui avait été primitivement fixée. C'est une mesure d'instruction qui se justifie par son opportunité. Elle peut être ordonnée d'office ou sur la requête des parties (art. 306). Pour la nouvelle audience on pourra fixer un autre jour de la session, un jour d'une autre session, une assise extraordinaire ; le renvoi pourra même être indéfini, s'il est motivé par la démence de l'accusé (5).

C'est au président des assises qu'il appartient de prononcer ce renvoi jusqu'à la constitution définitive de la Cour d'assises par le tirage du jury de jugement (6). Il faut observer qu'après ce tirage le renvoi à un autre jour de la même session n'est plus possible : l'art. 406 exige en effet qu'une affaire renvoyée soit jugée avec des jurés pris sur une nouvelle liste de session (7).

(1) *Sic :* Delpech, p. 18, 19. — F. Hélie, VII, 3364, reconnaît au juge d'instruction délégué les droits qu'il refuse au président des assises. Mais alors le *délégué* aurait plus de droits que le *déléguant*.
(2) Cass. 16 janv. 1870 (D. 80, 1, 188).
(3) Cass. 22 av. 1836, conclusions de M. Dupin.— Cass. 4 et 12 déc. 1852 ; 4 août 1854. F. Hélie, VII, 3362.
(4) Laisné-Deshayes et Guillouard, S. Trébutien, II, 567.
(5) Cass. 11 fév. 1875 (D. 77, 1, 140).
(6) Cass. 25 juin 1840 ; 27 avril 1850.
(7) Cass. 12 déc. 1850. — Comp. art. 331, 354.

**1226.** 4° *Jonction et disjonction*. — Il appartient aussi au président, jusqu'à la constitution de la Cour d'assises, de prononcer la jonction ou la disjonction des causes. Plus tard ce sera aux magistrats de la Cour d'assises de prendre ces mesures. Mais dans l'un et l'autre cas s'il s'agit de la jonction, on suppose que les deux affaires sont renvoyées devant la même Cour d'assises, car s'il en était autrement la jonction ne pourrait être ordonnée que par la Cour de cassation statuant sur le pourvoi dirigé contre un des deux arrêts de renvoi (1).

D'après les art. 307 et 308 la jonction et la disjonction peuvent être ordonnées *d'office* ou sur la demande du *procureur général*. Ces textes ne prévoient point une demande de l'*accusé*; tandis que l'art. 306 lui reconnaît expressément le droit de demander une remise de cause. Il semble que le législateur ait considéré que la jonction ou la disjonction était sans intérêt pour la défense. Il a passé sous silence le droit de l'accusé, mais il ne l'a pas exclu. Or ce droit est évident lorsqu'il y a *indivisibilité* des délits. D'ailleurs l'unité d'instruction s'impose dans ce cas comme une nécessité ; ce serait violer la loi que de ne pas joindre ou de disjoindre ; or l'accusé a le droit d'exiger que la loi soit observée (art. 408, § 2). — La simple raison d'opportunité qui motive la jonction des délits concurrents ou connexes ne lui permet pas, à l'inverse, de demander dans ces hypothèses la jonction ou la disjonction. Ici, il est vrai de dire que ces mesures intéressent plus tôt l'accusation et l'administration de la justice, que la défense (2).

Les causes de jonction nous sont connues : c'est d'abord l'*unité d'accusé*. La jonction a lieu dans cette hypothèse pour les crimes et délits indivisibles, connexes ou simplement concurrents. S'il y a pluralité d'accusés, c'est l'*indivisibilité* ou la *connexité* des faits. On ne pourrait dans cette seconde hypothèse joindre des délits concurrents qui n'intéresseraient qu'un des accusés sans faire grief à ses coaccusés (3).

**1227.** La disjonction *doit* être prononcée quand un obstacle de fait empêche de réunir dans le même débat tous les éléments d'un crime ou les crimes et délits connexes. Par exemple, l'un des accusés est en fuite, en état de démence, malade, protégé par la garantie politique ; ou bien il s'agit d'un délit connexe pour lequel on n'a point obtenu l'extradition (4). — Elle *peut* être ordonnée quand on découvre que les faits compris dans le même arrêt de mise en accusation ne sont ni indivisibles

---

(1) LEGRAVEREND, II, 160 ; Cass. 2 sept. 1838.

(2) La pratique paraît refuser absolument à l'accusé le droit de demander la jonction ou la disjonction ; DALLOZ, *Rép. Inst. crim.* 1367 ; F. HÉLIE, *Prat. crim.* I, 699 ; DELPECH, p. 20.

(3) Cass. 11 mars 1853 et arg., de l'art. 308. V. *suprà*, n°ˢ 96, 974, 975.

(4) Cass. 14 mars 1878 (D. 74, 1, 503).

ni connexes (art. 308), mais à une condition cependant, c'est que l'arrêt de renvoi passé en force de chose jugée n'ait pas affirmé leur indivisibilité ou leur connexité.

On a soutenu que cette condition n'était pas nécessaire, en présentant le droit du président des assises de prononcer la jonction et la disjonction comme une conséquence de son pouvoir discrétionnaire. C'est une erreur : avant la constitution de la Cour d'assises, le président prend ces mesures en vertu d'une attribution spéciale que lui donnent les art. 307 et 308, mais non en vertu de son pouvoir discrétionnaire qui n'existe pas encore (1).

**1228.** Une voie de recours est-elle ouverte contre les ordonnances du président portant *remise* de cause, *jonction* ou *disjonction* des causes ? La question a été discutée en détail, d'une manière incomplète et sans vues d'ensemble. Certains auteurs ont soutenu que ces ordonnances étaient susceptibles d'un pourvoi en cassation (2) ; — d'autres, d'une *opposition* devant la Cour d'assises (3). La jurisprudence repousse toute voie de recours ; mais, comme il s'agit de mesures d'instruction qui se justifient par l'état de la procédure au moment où elles sont prises, la demande, écartée ou accueillie par le président, peut être renouvelée devant la Cour d'assises, et c'est contre l'arrêt rendu sur cette seconde demande que le pourvoi en cassation pourra être dirigé (4). Ce système paraît être celui de la loi : les textes ne prescrivent pas, en effet, la signification de l'ordonnance *à l'accusé* (5). Or, comment pourrait-il attaquer une ordonnance qu'il ignore ? Quant à l'opposition devant la Cour d'assises, ce n'est ni une *opposition* proprement dite, puisqu'elle est portée devant une juridiction différente de celle qui a rendu l'ordonnance, ni un *appel*, puisqu'il n'y a point de hiérarchie entre la juridiction de

(1) *Sic :* Cass. 28 juin, 20 sept. 1855 ; F. Hélie, *Prat. crim.*, I, 702 ; Delpech, *loc. cit.* — *Contrà :* Cass. 29 nov. 1834, 11 janv. 1839.
(2) Trébutien, II, p. 381 ; Rapport au Corps législatif sur la loi du 10 juin 1853 qui a modifié l'art. 296, C. i. c. (Dalloz, *Inst. crim.*, 1342, note).
(3) F. Hélie, VII, 3387 ; Delpech, p. 20.
(4) Cass. 1er oct. 1832 ; 5 mars 1835 ; 18 mai 1850 ; 11 mars 1853 ; 28 juin 1855 ; 30 mars 1861.
(5) *Sic :* Cass. 26 déc. 1835. Les auteurs qui admettent une voie de recours se prononcent pour la signification de l'ordonnance. Comp. Delpech, p. 21. — F. Hélie, VII, 3380, estime que le recours à la Cour d'assises, dont il est partisan, ne peut s'exercer contre une ordonnance de remise de cause, *parce que l'affaire est rayée du rôle*. C'est supposer que l'ordonnance s'exécute nonobstant appel ou opposition ; mais cette proposition ne pourrait résulter que d'un texte exprès, car l'*exécution provisoire* est tout à fait exceptionnelle dans la procédure pénale. Il serait plus vrai de dire que le recours, quel qu'il soit, est recevable en la forme, mais doit être rejeté au fond faute d'intérêt (*sic* p. le pourvoi contre un *arrêt* de remise de cause. Cass. 1er oct. 1832, 5 mars 1835).

la Cour d'assises et celle du président ; c'est simplement une juridiction qui succède à la sienne. L'impossibilité même où l'on est de donner un nom technique à cette prétendue voie de recours prouve qu'elle n'existe point.

## IV. — Procédure de l'audience.

**1229.** Nous étudierons successivement dans cette section : 1° la constitution définitive de la Cour d'assises ; — 2° les attributions respectives du président et de la Cour pendant les débats ; — 3° la procédure des débats ; — 4° la procédure qui suit la clôture des débats ; — 5° la sentence.

**1230. I. Constitution définitive de la Cour d'assises.** — La session est ouverte. La Cour procède à sa constitution définitive pour juger la première affaire inscrite au rôle et pour cela : 1.° elle épure et elle complète son personnel de *magistrats* en statuant sur les incompatibilités, les abstentions, les récusations, les remplacements, et s'il y a lieu, sur l'adjonction des assesseurs suppléants. — 2° Elle forme *le jury de jugement* ou *tableau*. La Cour ne juge avec le jury que les accusés présents. S'ils sont en fuite, elle procède contre eux suivant les règles de la procédure de contumace dont nous traiterons plus tard.

**1231. Formation du tableau.** — La formation du tableau est l'acte capital de cette première phase de la procédure. Elle nécessite trois opérations : 1° la revision de la liste de session ; 2° l'addition au tableau, s'il y a lieu, de *jurés adjoints* ; 3° le tirage au sort du jury de jugement.

1° *Revision de la liste de session.* — Il est bien rare que les quarante jurés convoqués se présentent, puissent ou veuillent siéger. Le greffier fait l'appel. La Cour prononce l'amende contre les défaillants (art. 396, C. i. c. ; 20, L. 1872), et elle statue sur toutes les causes qui peuvent faire rayer le nom d'un juré de la liste de session. (Inaptitude, déchéances, incapacités, incompatibilités, exclusions, dispenses, excuses.) La liste ainsi revisée doit contenir un minimum de trente noms. S'il est nécessaire de la remonter à ce chiffre, on appelle d'abord : 1° les quatre suppléants, portés sur la liste de session, dans l'ordre de leur inscription ; 2°) s'ils ne suffisent pas, le président tire au sort sur *la liste spéciale des jurés suppléants*, et subsidiairement *parmi les jurés de la ville où siège la Cour d'assises portés sur la liste annuelle*, un certain nombre de jurés complémentaires (L. 1872, art. 19) (1). — Toutes ces opérations, sauf la der-

---

(1) On tire généralement plus de jurés complémentaires qu'il n'est nécessaire pour remonter la liste de session au minimum de trente noms, parce qu'il n'est pas certain qu'ils puissent être utilement convoqués. Aussi leurs noms sont inscrits sur la liste revisée, non pas dans l'ordre du tirage au sort, mais dans

nière, peuvent se faire en audience non publique et même hors de la présence de l'accusé et de son défenseur ; mais comme des contestations sur l'idonéité des jurés pourraient se produire au moment de l'introduction des noms dans l'urne quand la révision de la liste de session n'a pas été faite contradictoirement, il vaut mieux procéder publiquement, ou tout au moins en présence du défenseur. La liste de session subit une nouvelle revision pour chaque affaire.

**1232.** 2° *Addition au tableau de jurés adjoints.* — Quand les débats d'une affaire paraissent devoir être longs, la Cour peut ordonner l'addition au tableau d'un ou de deux jurés adjoints (art. 394). Ces jurés sont destinés à remplacer ceux des douze qui pour cause de fatigue ne pourraient suivre l'affaire jusqu'au bout. Ils s'assoient au banc des jurés et suivent les débats ; mais si au moment de la remise des questions au chef du jury aucun des douze ne s'est retiré, ils n'assistent point à la délibération. Néanmoins ils ne peuvent se retirer de l'audience avant que la déclaration du jury n'ait été lue publiquement et soit devenue définitive (1). L'arrêt qui ordonne cette addition de jurés adjoints peut être rendu hors de la présence de l'accusé et sans publicité (2).

**1233.** 3° *Tirage au sort du jury de jugement.* — Cette opération doit avoir lieu contradictoirement entre le procureur général et l'accusé ; le défenseur peut y assister ; mais la publicité de l'audience n'est pas nécessaire (art. 399) (3). Si l'accusé ne comprend pas ou ne parle pas le français, ou s'il est sourd-muet et ne sait pas écrire, il faut le pourvoir dès ce moment d'un interprète (4).

Pour procéder au tirage, on fait d'abord un contre-appel des 30 à 36 jurés portés sur la liste revisée ; puis on introduit leurs noms dans l'urne ; enfin on les retire un par un. Au moment du contre-appel l'accusé peut formuler ses demandes en radiation, s'il n'a point assisté à la revision de la liste de session. — A mesure que les noms sont extraits de l'urne s'exerce le droit de *récusation*. L'accusé et le procureur général (5) ont

celui où, après convocation, ils se sont présentés à l'audience. Cass., 6 août 1885 (D. 86, 1, 343).
(1) Cass. 10 juin 1830 ; 8 janv. 1846.
(2) Cass. 19 sept. 1839 ; 11 fév. 1860.
(3) Il est d'usage dans certains ressorts de faire procéder à ce tirage par le président seul ; mais il vaut mieux que les deux magistrats assesseurs soient présents, car, s'il surgit un incident, c'est à la Cour et non au président qu'il appartient de le juger.
(4) Cass. 10 oct. 1872 (D. 72, 1, 383). — Sur les conditions d'aptitude, la récusation et le serment de l'interprète, v. l'art. 332.
(5) La partie civile n'a pas le droit de récusation, même en matière de presse où il lui est cependant loisible de saisir la Cour d'assises par une citation directe ; Cass. 8 déc. 1881 (D. 82, 1, 42). Mais un accusé qui se porterait partie civile contre un de ses co-accusés ne perdrait pas son droit de récusation : Cass. 3 déc. 1886.

la faculté d'écarter du tableau, sans donner de motif, chacun un certain nombre de jurés, c'est là ce qu'on appelle *récuser* (art. 399, § 4). Le droit de récusation s'exerce jusqu'à ce que le nombre des jurés soit réduit aux 12 ou aux 14 jurés nécessaires pour le tableau (art. 400). Si les jurés à récuser sont en nombre impair, l'accusé peut faire une récusation de plus que le procureur général (art. 401). S'il y a plusieurs accusés, ils doivent se concerter pour leurs récusations. A défaut d'entente, le président détermine par un tirage au sort le rang dans lequel chaque accusé exercera les siennes. Puis le nombre des récusations qui revient à la défense est divisé entre eux proportionnellement. S'il n'est pas possible d'allouer à chacun un nombre égal de récusations, les premiers sont les plus avantagés. *Exemple* : Il y a *trois* accusés qui ont en bloc le droit de faire *dix* récusations : A en fera 4 ; B et C en feront 3 chacun. — Il y a *trois* accusés qui ont en bloc le droit de faire *onze* récusations : A et B en feront 4 chacun ; C n'en fera que 3. Les accusés ont tout intérêt à se concerter, car une fois la répartition faite, si les premiers n'épuisent pas leurs récusations, les autres ne profitent point de cette circonstance pour augmenter le nombre qui leur a été alloué (art. 402 à 404). — La récusation est faite dans l'intervalle du tirage de deux noms. L'accusé doit parler le premier (art. 399, § 3), c'est un désavantage compensé par le droit de récuser un juré de plus que le ministère public si les jurés sont en nombre impair. — Le jury est irrévocablement formé dès que 12 jurés, non récusés, ont été tirés (art. 399, § 5). Le premier de ces douze est le *chef du jury*, nous indiquerons son rôle, au moment venu dans la suite de la procédure, mais avec son consentement un autre juré peut le remplacer (art. 342, § 2). — Une fois le tableau formé, la Cour d'assises est définitivement constituée et l'examen peut commencer immédiatement (art. 405) (1).

**1234. II. Attributions respectives du président et de la Cour et rôle du jury pendant les débats.** — 1° *Attributions du président.* — Pendant cette phase de la procédure le président des assises a trois pouvoirs : la *police de l'audience*, la *direction des débats*, le *pouvoir discrétionnaire* de faire tout ce qu'il jugera utile pour découvrir la vérité.

Nous avons noté précédemment les particularités qui distinguent les pouvoirs du président d'assises quant à la direction des débats et à la police de l'audience. Il est membre de la juridiction qu'il préside et son porte-voix. Il constitue aussi par lui-même une juridiction, car il est investi d'un *pouvoir propre*. Ce pouvoir n'est pas sans contrôle ; mais il échappe au contrôle de ses collègues ; il ne peut être critiqué qu'au

(1) Tel est le sens qu'on donne à ces expressions de l'art. 405 : « *commencera immédiatement* » (Cass. 18 sept. 1812, 7 juil. 1847). Quand plusieurs affaires sont fixées au même jour, il est d'usage de tirer, le matin, le jury pour chacune d'elles.

moyen d'un pourvoi en cassation. La juridiction du président quant à la police de l'audience et à la direction des débats n'exclut pas celle de la Cour. On verra dans le développement de la procédure la part qui est faite à l'une et à l'autre.

**1235.** La police de l'audience comporte le droit de forcer à comparaître un accusé récalcitrant ou d'ordonner qu'il sera procédé au débat hors de sa présence. Ce droit appartient au président. Les art. 8 et 9, § 1, de la loi du 9 sept. 1835 en règlent l'exercice (1). Elle comporte aussi le droit d'expulser de l'audience un accusé qui la trouble par ses clameurs. Ce droit appartient à la Cour (art. 10 *ibid.*). Dans l'un et l'autre cas l'accusé, non présent à l'audience, est tenu au courant de ce qui y a été fait et la procédure reste contradictoire (art. 9, § 2). Par conséquent, l'assistance du défenseur n'est pas supprimée (2).

**1236.** Le *pouvoir discrétionnaire* (art. 268) permet au président d'assises de s'affranchir des règles ordinaires de la procédure pour découvrir la vérité. La loi charge son honneur et sa conscience d'employer tous ses efforts pour en favoriser la manifestation. Quelle est l'étendue de ce pouvoir ? Si l'art. 268 se bornait à le qualifier, et si l'art. 269 n'en donnait pas certaines applications, on pourrait croire qu'il est illimité, car, d'après le sens naturel du mot *discrétionnaire*, ce pouvoir n'aurait d'autres limites que celles que lui assignerait celui-là même qui en use ; autant vaudrait dire qu'il n'en a point (3).

Certains auteurs ont essayé de limiter ce pouvoir soit par l'art. 269, soit « par les dispositions impératives ou prohibitives de la loi » (4). — Mais si les actes qu'autorise ce pouvoir étaient limitativement énumérés par un texte, ce serait un pouvoir *légal* et non un pouvoir *discrétionnaire*. D'un autre côté ce pouvoir a été reconnu au président pour lui permettre de s'affranchir de certaines dispositions impératives ou prohibitives de la loi, ainsi que le démontre l'art. 269. Reste à savoir, parmi ces dispositions, celles qui l'obligent et celles dont il peut s'affranchir.

Pour faire cette distinction il faut s'aider des art. 269 et 268 : le premier détermine le champ d'application du pouvoir discrétionnaire, les actes auxquels il se rapporte ; le second détermine dans quelle mesure ce pouvoir permet de déroger aux règles ordinaires relativement à ces actes.

(1) Un huissier, commis par le président, se présente, assisté de la force publique, somme le détenu de comparaître et constate son refus. Le président apprécie les motifs du refus et il peut prendre un des trois partis suivants : ordonner une remise de cause, — faire ouvrir le débat en l'absence de l'accusé, — le faire amener de force à l'audience.
(2) Cubain, 260 ; Dalloz, *loc. cit.*, 2211.
(3) *Sic* : Rodière, I, p. 182.
(4) *Sic :* Trébutien, II, p. 391 ; Garraud, 586.

**1237.** *a) A quels actes se rapporte le pouvoir discrétionnaire ?* A tous les actes qui tendent au développement de la preuve. L'art. 269 en donne des exemples : « Il (le président) pourra, dans le cours des débats, appeler, même par mandat d'amener et entendre *toutes personnes*, ou se faire apporter *toutes nouvelles pièces* qui lui paraîtraient, d'après les nouveaux développements donnés à l'audience, soit par les accusés, soit par les témoins, *pouvoir répandre un jour utile sur le fait contesté* ». Le pouvoir discrétionnaire donne donc au président la faculté de développer la preuve orale et la preuve écrite sans s'arrêter aux règles ordinaires. Entrons dans quelques détails :

1º Il pourra faire entendre *toutes personnes*. Or, pour qu'un témoin puisse être entendu régulièrement, il faut qu'il soit cité, notifié à l'adversaire en temps voulu, capable de déposer, et qu'il n'ait pas assisté à la déposition des autres (art. 74, 315, 316, 322, 323). Le pouvoir discrétionnaire permet de lever toutes les prohibitions résultant de ces textes (1).

2º Il pourra faire lire *toutes pièces écrites,* celles du dossier, comme celles qui seraient produites depuis la mise en état; soumettre au jury, pendant les débats, des pièces qui ne peuvent leur être communiquées qu'après leur clôture (art. 341); — ordonner la lecture des dépositions écrites des témoins qu'on ne peut entendre oralement par suite de n'importe quelle circonstance, — admettre la preuve testimoniale *de plano* de tous les faits juridiques qui normalement ne pourraient être prouvés que par écrit ou qu'avec un commencement de preuve par écrit (2).

**1238.** *b) Dans quelle mesure permet-il de s'affranchir des règles ordinaires pour l'accomplissement de ces actes ?* — La réponse à cette question peut se formuler dans les deux propositions suivantes :

1º) *Le président ne peut faire irrégulièrement un acte qu'il est possible, sans ajourner le débat, de faire régulièrement.* — Par exemple, il ne peut : autoriser la lecture de la déposition écrite avant la déposition orale, quand le témoin régulièrement cité, notifié et présent pourrait être entendu ; — maintenir dans la salle d'audience un témoin non entendu et l'entendre ensuite ; — entendre un témoin sans prestation de serment

---

(1) V. pour les témoins non cités ou non notifiés : Cass. 24 janv. 1878 (D. 78, 1, 447 ; — pour les témoins incapables : Cass. 10 avril 1828 ; 23 janv. 1832 ; 30 janv. 1836 ; 28 mars 1845 ; 23 nov. 1855 ; 18 mars 1865 ; — pour les témoins ayant assisté aux débats : Cass. 20 mars 1863.

(2) *a)* Cass. 17 mars 1842 ; 16 juill. 1863 ; — *b)* Cass. 17 sept. 1857 (B. 341) ; 2 fév. 1843 (Dalloz, *loc. cit.*, 2191) ; 14 janv. 1848 (S., 49, 1, 75) ; 10 déc. 1857 (B. 393) ; — *c)* Cass. 14 août 1828 ; 30 juil. 1836 ; — *d)* Cass. 11 déc. 1857. Delpech, p. 93. Ce dernier point n'est guère contesté, mais on prétend qu'il en est ainsi parce que devant le jury toutes les preuves sont de conviction (art. 342). En cela, on confond la force probante des moyens de preuve avec les conditions de leur recevabilité.

lorsqu'il est capable de le prêter, ou lui permettre de conférer avec le défenseur avant de faire ou de terminer sa déposition (1) ; — refuser d'entendre un témoin régulièrement appelé. Cela ne l'empêche pas de retirer la parole à un témoin qui viendrait faire un récit inutile (art. 270) (2).

2°) *Le président, dans l'exercice de son pouvoir discrétionnaire, doit respecter les droits de la défense.* — Ces droits résultent des principes généraux de la *contradiction* et de la *publicité* ou de textes spéciaux. Par exemple, le président ne peut communiquer au jury de nouveaux documents, sans offrir de les soumettre à l'accusé et à son défenseur ; — désigner un expert sans faire connaître son nom à la défense, pour qu'elle puisse le discuter ; — ordonner un transport de la Cour d'assises sur le lieu du crime et ne pas admettre la présence de l'accusé, du défenseur et du public ; — refuser de laisser lire la déposition écrite d'un témoin qui vient de déposer, ou le rapport écrit d'un expert après son rapport oral (art. 318) ; — faire entendre sous serment un témoin appelé en vertu de son pouvoir discrétionnaire quand l'accusé s'y oppose (art. 269, § 2 et 408 comb.) ; — empêcher le défenseur de conférer avec l'accusé (3), etc.

**1239.** D'après l'art. 269, § 2, les témoignages et les écrits versés au débat en vertu du pouvoir discrétionnaire ne seraient considérés que comme des *renseignements*. Cette disposition, qui rappelle la théorie des preuves légales, n'a aucune valeur, puisque devant le jury toutes les preuves sont de conviction (art. 342). C'est un texte à rayer du Code.

**1240.** Le pouvoir discrétionnaire *n'existe que pendant les débats* (art. 269, § 1). Il faut fixer ici l'ouverture des débats à la déposition du premier témoin (art. 354) et non à la lecture de l'arrêt de renvoi. Cette limite est indiquée par la nature des actes qu'autorise le pouvoir discrétionnaire : ils complètent la preuve ; ils supposent donc qu'elle a commencé à se produire. Si, après la clôture des débats, il paraissait utile de faire un acte qui nécessite l'usage du pouvoir discrétionnaire, on pourrait rouvrir les débats et les clôturer à nouveau dès qu'il aurait été acccompli (4).

---

(1) *a)* Cass. 26 déc. 1884 (D. 86, 1, 349) ; — *b)* Cass. 14 juil. 1871 ; — *c)* Cass. 10 mars 1843.

(2) Le président des assises n'a point, comme le juge de police et le président des tribunaux correctionnels, le droit de refuser d'entendre les témoins cités en déclarant la cause suffisamment instruite (art. 153, 190, 211).

(3) *a)* Cass. 12 fév. 1880 (D. 80, 1, 191) ; — *b)* Cass. 27 av. 1832 ; — *c)* Cass. 19 sept. 1872 ; — *d)* Cass. 17 mars 1842 ; — *e)* Cass. 2 janv. 1879 (D. 79, 1, 378) ; — *f)* Cass. 5 mars 1812, DELPECH, p. 104.

(4) Cass. 3 juil. 1856.

**1241.** Les caractères du pouvoir discrétionnaire sont au nombre de trois :

1° Il est *facultatif*, c'est-à-dire qu'il dépend absolument du président d'en user ou de n'en pas user sans qu'il ait à déduire les motifs qui le déterminent dans un sens ou dans l'autre. On ne peut donc le *requérir*, mais simplement le *prier* d'en user.

2° Il est *incommunicable*, c'est-à-dire que le président n'en peut partager l'exercice avec personne. Ainsi la Cour rendrait un arrêt, même avec son consentement, pour ordonner un acte qui dépend du pouvoir discrétionnaire : il y aurait nullité.

3° C'est une *juridiction gracieuse*. Ce troisième caractère, qui découle du premier, dispense de tout motif et de toute forme les ordonnances prises en vertu du pouvoir discrétionnaire ; — il les affranchit de toute voie de recours à moins d'excès de pouvoir ; — il les rend susceptibles d'être rapportées dès que le président le juge utile. Il pourra arriver que l'une des parties s'oppose à un acte que le président prétend ordonner en vertu de son pouvoir discrétionnaire : la Cour statuera sur cet incident ; mais si elle reconnaît que l'acte rentre bien dans le pouvoir discrétionnaire, elle ne peut rien ordonner et elle doit se borner à en donner acte au concluant, afin qu'il puisse l'attaquer ultérieurement devant la Cour de cassation, s'il est entaché d'excès de pouvoir (1).

**1242.** 2° *Attributions de la Cour.* — Pendant les débats, la Cour, c'est-à-dire le président et ses assesseurs, constitue une *juridiction contentieuse* chargée de vider les conflits qui s'élèvent entre le procureur général et la défense, ou entre le président et les parties au procès. Elle statue en cette qualité sur les *fins de non recevoir contre l'action publique*, sur l'admission ou le rejet des *questions préjudicielles*, sur les demandes *de renvoi à une autre session* (art. 331, 354); sur toutes les difficultés relatives à l'audition d'un témoin, à la production d'une pièce etc. Mais, quand les parties la saisissent d'une opposition à un acte du président, elle doit prendre garde, ainsi que nous l'avons fait observer, de ne pas empiéter sur le pouvoir discrétionnaire, en statuant sur l'incident.

La Cour a aussi d'autres attributions: *a) elle participe à l'organisation de la juridiction*, en nommant des assesseurs suppléants, en ordonnant l'addition au tableau de jurés adjoints, en revisant la liste de session ; — *b) elle prend part à la police de l'audience*, en décidant si l'accusé qui la trouble par ses clameurs doit ou non être expulsé ; — *c) elle partage avec le président le droit d'ordonner toutes les mesures d'instruction régulières et pour lesquelles il n'est que le porte-voix de*

---

(1) Cass. 5 av. 1861.

*la juridiction*, c'est-à-dire qu'à l'exception de celles qu'un texte exprès réserve exclusivement au président et de celles qu'autorise seulement le pouvoir discrétionnaire, toutes les autres peuvent être ordonnées indifféremment par la Cour ou par le président (1).

**1243.** 3° *Rôle du jury pendant les débats.* — Les jurés se bornent à écouter et à prendre des notes pendant les débats (art. 328). Ils peuvent cependant poser des questions aux témoins en demandant la parole au président (art. 319, § 4). Ils pourraient aussi, par analogie, demander qu'on accomplît tel ou tel acte d'instruction. Mais, comme leur serment leur défend de « communiquer avec personne jusqu'après leur déclaration », ils doivent se garder, en prenant la parole, de manifester une opinion déjà formée. Cette communication intellectuelle exposerait son auteur à une amende qui peut s'élever à cinq cents francs, et de plus à une condamnation aux frais que nécessiterait le renvoi de l'affaire à une autre session, ainsi qu'à des dommages-intérêts envers l'accusé si ce renvoi était ordonné (art. 343, 353). Elle pourrait enfin amener la cassation de l'arrêt, si elle était régulièrement constatée par le procès-verbal des débats (2).

**1244.** **Procédure des débats.** — 1° *Sanction des formalités.* — Dans cette phase de la procédure et dans la suivante nous allons rencontrer de nombreuses formalités d'importance très diverse. La loi n'attache expressément la nullité qu'à un petit nombre d'entre elles. Mais, comme les parties assistent à l'accomplissement de ces formalités, il dépend d'elles d'exiger l'application exacte de la loi. Le refus du président ou de la Cour de déférer à leur réquisition, ou l'omission de statuer sur leur demande donnerait ouverture à cassation (art. 408, § 2). Il y a donc pour les formalités qui ne sont point expressément sanctionnées une sanction qui dépend de la réclamation expresse du procureur général ou de l'accusé.

**1245.** 2° *Caractères particuliers de cette procédure.* — L'instruction définitive devant la Cour d'assises présente les caractères suivants : elle est *orale* et *continue* ; toutes les preuves y sont *de conviction*. Laissons de côté ce dernier caractère ; nous l'examinerons plus utilement quand nous traiterons de la délibération du jury.

L'oralité des débats n'est pas absolue : elle n'exclut point la production des pièces écrites, mais elle exige que l'exposé oral des renseignements qu'elles contiennent précède toujours leur lecture, lorsque c'est possible.

---

(1) Delpech, p. 104, 105 et les arrêts qu'il cite.
(2) Nouguier, IV, 3107, 3108. La nécessité de cette constatation officielle assure, en fait, l'impunité aux communications purement verbales qui se sont produites hors séance, la Cour d'assises se refusant à donner acte d'un fait dont elle n'a pas été témoin et qu'elle n'a pu apprécier.

C'est pour ce motif que la lecture de la déposition écrite d'un témoin et du rapport écrit d'un expert, avant que le témoin ou l'expert présents aient été entendus, est une cause de nullité. Comme conséquence du même principe, l'art. 341 défend de remettre aux jurés, au moment où ils vont délibérer, les dépositions écrites des témoins.

La continuité des débats s'oppose à ce qu'on interrompe l'examen d'une affaire pour commencer l'examen d'une autre. C'est une conséquence nécessaire de l'organisation de la Cour d'assises qui se constitue à nouveau pour le jugement de chaque affaire. Cette continuité se rencontre, pour la même raison, dans la procédure qui suit les débats, car l'arrêt qui termine le procès pénal doit être rendu sans désemparer. Ce caractère serait susceptible d'entraîner des retards préjudiciables, s'il fallait observer les formalités et délais ordinaires pour l'accomplissement d'actes de procédure dont l'utilité se fait inopinément sentir au cours des débats; mais le pouvoir discrétionnaire du président intervient alors pour supprimer les délais et les formalités. — Suivons maintenant dans le détail les actes de cette procédure.

**1246.** 3° *Actes qui précèdent l'audition des témoins.* — L'accusé comparaît libre et seulement accompagné de gardes pour l'empêcher de s'évader. Le président constate son identité en l'interrogeant sur son état civil (art. 310).

Ensuite il avertit le défenseur « qu'il ne peut rien dire contre sa conscience ou contre le respect dû aux lois et qu'il doit s'exprimer avec décence et modération » (art. 311) (1).

Puis il reçoit le serment des jurés. Pour cela il lit à haute voix sa formule : « Vous jurez et promettez devant Dieu et devant les hommes d'examiner avec l'attention la plus scrupuleuse les charges qui seront portées contre N., de ne trahir ni les intérêts de l'accusé, ni ceux de la société qui l'accuse; de ne communiquer avec personne jusqu'après votre déclaration; de n'écouter ni la haine, ni la méchanceté, ni la crainte, ni l'affection; de vous décider d'après les charges et les moyens de défense, suivant votre conscience et votre intime conviction, avec l'impartialité et la fermeté qui conviennent à un homme probe et libre. » Les jurés qui ont écouté ce discours, debout et découverts, répondent successivement à l'appel de leur nom, en levant la main : Je le jure, *à peine de nullité* » (art. 312). La formule forme avec le serment un tout indivisible. Il n'est pas permis d'en affaiblir la solennité ni l'énergie par des retranchements ou des réserves (2). Rejeter la formule, c'est refuser le

---

(1) Cette formule un peu brutale est remplacée dans la pratique par un simple rappel des dispositions de l'art. 311.

(2) Des jurés ont demandé à prêter serment en retranchant les mots *devant Dieu*; d'autres ont voulu faire une réserve et ont répondu : *en protestant, je le*

serment et par suite refuser de siéger, car la loi n'admet point le fonctionnement du jury dans des conditions autres que celles qu'elle détermine. La conséquence immédiate et inévitable du refus du serment est la condamnation du juré à l'amende qu'il encourrait s'il n'avait pas obéi à la convocation du préfet (art. 396, C. i. c.; 20, L. 1872). Il entraîne aussi le renvoi de l'affaire à une autre session, à moins qu'on n'ait tiré un juré adjoint qui puisse remplacer celui qui refuse de siéger; ou à moins que l'on ne procède à un nouveau tirage du jury avec le consentement du ministère public et de l'accusé (1). Si le renvoi est prononcé le juré sera de plus condamné aux frais que nécessitera la nouvelle mise en état de l'affaire (art. 355). Enfin ce renvoi sera le principe de sa condamnation à des dommages-intérêts envers l'accusé (2).

Immédiatement après le serment des jurés, le président avertit l'accusé d'être attentif à ce qu'il va entendre, et il fait lire à haute voix, par le greffier, l'arrêt et l'acte de mise en accusation (art. 313). Quelquefois après ces lectures, le procureur général expose sommairement le sujet de l'accusation (art. 315, § 1), mais le plus souvent il s'en rapporte à l'exposé qui en est fait dans les deux pièces qu'on vient de lire.

Alors vient l'appel des témoins que chaque partie a fait citer (art. 315). Des incidents peuvent se produire : 1° un témoin cité n'a pas été régulièrement notifié à l'adversaire : la Cour statuera. Si elle repousse le témoin, le président pourra le retenir pour le faire entendre au cours des débats en vertu de son pouvoir discrétionnaire. — 2° Un témoin cité ne comparaît pas. La Cour peut condamner ce témoin à l'amende de l'art. 80, décerner contre lui mandat d'amener, renvoyer même l'affaire à une autre session, et ce renvoi a pour le témoin les conséquences civiles que nous avons indiquées ci-dessus à l'égard du juré qui refuse de prêter serment. Le renvoi peut être ordonné sur la demande de l'une des parties ou d'office, et il importe peu que la partie qui a fait citer le té-

---

juré. On les a considérés comme ayant refusé le serment : Cass. 20 mai 1882 (2 arrêts) ; 13 fév. 1886 (D. 82, 1, 388 ; 86, 1, 430). Tout serment implique en effet la croyance en Dieu : jurer, c'est prendre la divinité à témoin de ce que l'on va dire. La croyance en Dieu se liant en général à une religion, on admet les jurés et les témoins à prêter serment suivant les rites de leur culte. Cass. 28 mars 1810 (*Quakers*) ; 10 juill. 1828 (*Israélites*). Cette tolérance a fait dire que la liberté de conscience n'existait qu'au profit des personnes « professant une religion ». (*La Loi*, 13 juin 1882). C'est une exagération : le Code n'impose pas de religion, mais il ne reconnaît point l'*athéisme* ; l'existence de Dieu a paru indiscutable au législateur de 1808.

(1) La liste de session ne peut servir en effet qu'à un seul tirage du jury pour la même affaire (arg. art. 406). NOUGUIER, IV, 3515.

(2) Cette condamnation peut-elle être prononcée en même temps que le renvoi ? Oui, pourvu que l'accusé se soit porté partie civile avant que l'arrêt qui prononce le renvoi ait été rendu. Comp. Cass., 20 mai 1882. — *Contrà* : DELPECH, p. 72.

moin renonce à son audition. Dès qu'il a été notifié il appartient au procès : l'autre partie en effet a pu se dispenser de l'assigner, comptant qu'il comparaîtrait sur la citation qu'il avait reçue. Si la Cour ordonne qu'il sera passé outre aux débats et que le témoin défaillant se présente avant leur clôture, il sera entendu. Le *passé outre* peut être ordonné par le président seul quand aucun incident contentieux n'est soulevé (1).
— 3° Un juré peut avoir été cité comme témoin. Si c'est avant la formation du tableau, cette citation ne peut être critiquée, bien qu'elle ne soit parfois qu'un moyen indirect de récusation. Le nom de ce juré sera éliminé de la liste de session avant le tirage : mais dès que le tableau est formé, la citation qu'on donnerait aux jurés qui en font partie serait nulle. On ne cite pas en effet comme témoin celui qu'on a accepté pour juge (2).

L'appel des témoins étant terminé, le président les fait sortir de la salle d'audience et prend au besoin les précautions nécessaires pour les empêcher de conférer entre eux avant leur déposition (art. 316).

**1247.** L'examen va commencer. Ici se place habituellement un interrogatoire de l'accusé. Son utilité est certaine au point de vue de l'accusation : il démasque le système de défense, il relève les variations de l'accusé, il précise les charges. Sa légalité est fort contestable. Aucun texte ne l'autorise. On a bien essayé de le justifier par l'art. 405 : « *L'examen de l'accusé* commencera immédiatement après la formation du tableau » (3). Mais on détourne ainsi cette expression de son sens légal : l'examen n'est pas l'interrogatoire, l'art 405 contient un simple renvoi aux articles 310 et suivants placés sous cette rubrique « *De l'examen* »; or aucun de ces articles, qui énumèrent les actes de la procédure à l'audience, n'autorise l'interrogatoire. — Faute de textes, on s'est rejeté sur le pouvoir discrétionnaire du président (4) ; mais ce pouvoir ne commence qu'avec l'ouverture des débats par la déposition du premier témoin (art. 354); il ne peut donc justifier un acte qui précède cette audition. — L'interrogatoire est d'ailleurs une importation de la procédure inquisitoire dans la procédure accusatoire qui l'exclut absolument. Il y a sur ce point parfaite conformité entre la procédure anglaise, la loi du 16 septembre 1791, le Code de l'an IV et le Code d'instruction criminelle : il suffit de comparer l'art. 319 du Code d'instruction criminelle

(1) Sur tous ces points la jurisprudence a corrigé ou complété le texte incorrect ou incomplet des art. 354-356. — F. Hélie, *Prat. crim.*, I, 721, 722.
(2) Le même procédé a été employé pour écarter des juges ou des membres du ministère public ; mais la jurisprudence reconnaît à la Cour le droit de décider si cette citation est ou non abusive et, par conséquent, si le magistrat cité y doit déférer. Delpech, p. 86.
(3) Nouguier, IV, 1700.
(4) Haute Cour, 9 mars 1849( D. 49, 1, 56) ; — Garraud, 594 ; Cubain, 434 et s.

aux art. 353 et 354 du Code de l'an IV et aux art. 6 et 18 de la loi du 16 septembre 1791 (II<sup>e</sup> part., tit. VII) pour voir que l'accusé ne peut être questionné qu'au fur et à mesure que se produisent les témoignages et sur les faits dont le témoin vient de déposer. C'est une illégale interversion du développement de la preuve, que de le forcer à répondre par avance à des témoignages qui n'ont pas encore été produits. Enfin cet interrogatoire viole le principe de l'oralité des débats, car à chaque instant le président y analyse les dépositions écrites des témoins qui ne sont pas encore entendus et lit même des extraits dont il a pris note (1).

Les auteurs qui sont partisans de l'interrogatoire s'accordent tous à reconnaître qu'il doit être purement de *constatation* et aussi bien *à charge qu'à décharge*. Ils recommandent d'éviter les luttes d'arguments, les questions captieuses, les ruses, les formes et le ton du réquisitoire. Leurs conseils sont excellents, sans doute ; mais sont-ils suivis ? Rarement, et ils en conviennent eux-mêmes. Dans ces derniers temps le mal s'est aggravé : certains magistrats regrettant la suppression du *résumé du président* (art. 336 ; L. 19 juin 1881) cherchent à le remplacer en introduisant la discussion dans l'interrogatoire. Ils s'échauffent peu à peu dans cette lutte ; le zèle professionnel et d'anciennes habitudes finissent par les dominer, et l'interrogatoire devient, entre leurs mains, moins équitable que le réquisitoire. L'accusé, en effet, ne peut répondre en toute liberté à une question largement et éloquemment développée ; on exige de lui une réponse courte et froide, un oui ou un non. Si, voulant imiter le président, il répond avec quelque chaleur, ou s'il entre dans des développements susceptibles d'impressionner le jury, on lui coupe la parole en passant à une autre question ; et il doit encore s'estimer heureux quand l'ironie du président, devenu son adversaire, ne s'ajoute point à la suppression de sa défense (2).

**1248.** 4° *Audition des témoins.* — Les art. 317 à 334 indiquent les témoins qui peuvent être entendus, l'ordre de leur audition, les formes à suivre, et ce qu'il y a à faire en cas de faux témoignage. Il nous suffira d'y renvoyer, d'autant mieux que toutes les irrégularités en cette matière peuvent être couvertes par l'exercice du pouvoir discrétionnaire. Il faut noter cependant quelques points essentiels :

1°) La formule du serment des témoins est « de parler sans haine et sans crainte, de dire toute la vérité et rien que la vérité ». Cette formule est indivisible et sacramentelle. Le refus du serment en la forme légale

---

(1) *Sic :* F. HÉLIE, VII, 3543. — RODIÈRE (p. 235) et BOITARD (n<sup>os</sup> 761 et s.), qui exposent la procédure pénale d'après la loi et sans se préoccuper de la pratique ne font aucune mention de l'interrogatoire.

(2) L'accusé peut-il lire une réponse écrite, consulter des notes ? V. en sens différents ; NOUGUIER (III, 1741) et *Gaz. Trib.*, 9 déc. 1888 (*Affaire* PRADO).

et le refus de déposer sont punis de l'amende encourue pour la non-comparution (art. 355 et 80 comb.); mais ils ne peuvent autoriser une remise de cause. Ne prêtent pas serment : certains condamnés (art. 34, 42, C. p.) et les enfants au-dessous de 15 ans (art. 79) (1).

2° Les témoins déposent oralement et sans se servir de notes (art. 317). Ils ne doivent pas être interrompus ; mais, quand ils ont fini leur récit, ils peuvent être questionnés par toutes les parties et par les membres de la juridiction (art. 319).

3° Aux personnes incapables de déposer, énumérées par l'art. 321, il faut ajouter la *partie civile*, et il faut retrancher de ce texte « les dénonciateurs dont la dénonciation est récompensée pécuniairement par la loi », qui n'existent pas en matière criminelle (2).

4° L'expert, qui ne fait que rendre compte des opérations auxquelles il s'est livré avant l'audience, prête le serment des témoins, car en faisant son rapport oral il n'a que cette qualité. Ce serment suffirait, alors même qu'on lui demanderait de faire, sur l'audience, un examen ou une opération qui n'auraient qu'un caractère complémentaire ; mais si la mission qu'on lui donne à ce moment avait un objet distinct de la précédente, il devrait être assermenté dans les termes de l'art. 44, parce qu'il procéderait alors à une nouvelle expertise (3).

1249. 5° *Réquisitoire et plaidoiries*. — L'ordre des plaidoiries est ainsi fixé par l'art. 335 : 1° la plaidoirie de la partie civile ou de son conseil ; 2° le réquisitoire du procureur général ; 3° la plaidoirie de l'accusé *et* de son conseil, car tous deux peuvent prendre la parole. S'il y a des répliques, la défense pourra répondre et l'accusé, *ou* son conseil, auront toujours la parole les derniers.

La défense doit être libre, mais elle ne doit pas s'égarer, et le président a le devoir d'empêcher les digressions inutiles (art. 270). Il faut aussi que le conseil respecte les lois et qu'il parle avec décence et modération (art. 311).

Le respect dû aux lois n'empêche pas d'en discuter le sens, ni même d'en critiquer la sévérité. Ici se place le droit du défenseur de lire la loi pénale pour discuter la valeur théorique de l'*incrimination* ou de la *peine* en vue d'obtenir une déclaration de circonstances atténuantes. Nous savons que lors de la loi de revision de 1832 on ajourna des ré-

(1) Cass. Ch. réun., 3 déc. 1812 ; 4 juin 1864 (B. 164). L'exception pour les enfants n'est que *facultative* et dépend de l'appréciation du président. L'art. 79 porte en effet « pourront ».

(2) On ne trouve ces dénonciateurs que dans les matières fiscales (*tabac, poudres*, etc.), où le dénonciateur qui réussit à faire saisir les marchandises transportées en fraude est récompensé par l'attribution de la valeur de tout ou partie de cette marchandise.

(3) Nouguier, III, 2492, 2493.

formes qui étaient demandées touchant la tentative, la récidive, la complicité et la peine de mort, par ce motif que l'extension donnée aux circonstances atténuantes remédiait à tout, en attendant que l'opinion publique se fût mieux prononcée sur ces réformes. Depuis cette époque, une enquête nationale sur l'amélioration des incriminations et des peines est ouverte d'une manière permanente. Chaque jury y participe par son verdict. Et ce n'est pas seulement aux matières énoncées dans le rapport de M. Dumon que se restreint cette enquête, car la nature indéfinissable des circonstances atténuantes permet de les accorder pour réformer toute incrimination, toute peine qu'on ne croit pas conforme au droit abstrait ou aux besoins de l'époque. Il faut donc qu'en toutes matières la loi puisse être lue, comparée, critiquée (1).

Lorsque les plaidoiries sont terminées, le président prononce la clôture des débats (art. 335).

**1250. IV. Procédure qui suit la clôture des débats.** — La procédure qui suit la clôture des débats comprend : 1° la position des questions au jury ; — 2° les avertissements qui lui sont donnés et la remise qui lui est faite de certaines pièces ; — 3° la délibération et le vote du jury ; les preuves qu'il doit admettre ; — 4° la lecture du verdict à l'audience et les incidents qu'elle peut soulever.

**1251.** Avant la position des questions au jury, le Code de 1808 plaçait un *résumé du président* (art. 336). Il a été interdit à peine de nullité par la loi du 9 juin 1881, parce qu'il dégénérait trop souvent en réquisitoire et qu'il violait ainsi la règle d'après laquelle l'accusé doit avoir la parole le dernier. La suppression du résumé n'enlève pas au président le droit de rectifier les allégations de la défense quant aux conséquences possibles du verdict, ni celui de faire connaître d'office aux jurés la peine que leurs réponses affirmatives peut entraîner, pourvu que, dans les deux cas, il mette le défenseur et l'accusé en demeure de répondre à ses observations, s'ils le jugent utile (2).

**1252. 1° Questions au jury.** — En traitant des éléments constitutifs, des circonstances aggravantes, de la récidive, des causes de non-imputabilité, des faits justificatifs et des excuses, nous avons formulé des principes et résolu des difficultés relativement à la nature des questions

---

(1) Ce droit de la défense, nié par un arrêt du 25 mars 1836, a été vigoureusement soutenu, en 1854, par Trébutien, II, p. 413 ; et il a cessé d'être discuté peu de temps après la remarquable brochure de M. Beudant (*De l'indication de la loi devant le jury*, 1861). Sic : F. Hélie, VII, 3603 ; Chauveau et F. Hélie, IV, 2247, 2428 ; Ortolan, I, 1124 ; Bertauld, XVIII° leçon, p. 397. Garraud, *Dr. pén. franç.* II, 147 ; Villey, p. 382. Aujourd'hui, l'arrêt de 1836 ne fait plus jurisprudence ; Cass. 22 mars 1883 (D. 83, 1, 483). — *Contrà* : Delpech, p. 109.

(2) Cass. 22 mars 1883 (D. 83, 1, 483).

à poser au jury et à leur rédaction ; il ne s'agit plus que de compléter ces notions théoriques par des détails pratiques.

C'est le président qui pose les questions au jury. Elles sont rédigées par écrit (art. 341), lues publiquement ou communiquées à l'accusé à peine de nullité (1). S'il s'élève un incident à leur occasion, c'est à la Cour de le résoudre.

La source des questions est dans l'*arrêt de renvoi*. On dit quelquefois qu'elles sont posées d'après l'acte d'accusation, et les art. 337 et 338 autorisent cette manière de s'exprimer ; mais ils supposent que le résumé de l'acte d'accusation est absolument conforme au dispositif de l'arrêt de renvoi (arg. art. 271). S'il y avait une différence, c'est l'arrêt de renvoi qui servirait de guide, car c'est lui qui saisit la Cour d'assises de l'accusation qu'il faut vider. En outre des questions qui formulent cette accusation, il peut y avoir des *questions résultant des débats* (art. 338, 339), et, si l'accusé est mineur de seize ans, une question de discernement (art. 340).

**1253. Comment les questions doivent-elles être rédigées ?** — L'affirmation de la culpabilité de l'accusé nécessite une série d'opérations intellectuelles. Fallait-il pousser l'analyse jusqu'à ses dernières limites et poser une question particulière pour chacune de ces opérations ? Fallait-il au contraire supprimer toute analyse et poser une question unique pour chaque chef d'accusation ? Valait-il mieux enfin prendre un terme moyen entre ces deux extrêmes ? Notre législation est passée par ces trois systèmes et s'est arrêtée au dernier.

Le décret en forme d'instruction du 29 septembre 1791 et le Code de l'an IV (art. 374) décomposaient la question de culpabilité en deux séries de questions, les unes relatives à la *matérialité* du fait : « 1° *Le fait est-il constant ? 2° L'accusé en est-il l'auteur ?* » — les autres relatives à sa *moralité*. Celles-ci variaient suivant la nature et les circonstances du crime. Par exemple, dans une accusation d'homicide volontaire, on demandait au jury : « 1° *l'accusé a-t-il agi volontairement ; 2°...... avec intention ; 3°... sans volonté mais avec imprudence ; 4°.... sans volonté ni imprudence ; 5° a-t-il été provoqué ; 6° était-il en état de légitime défense ?* » Cette analyse était ingénieuse, mais elle contenait trop de détails ; les jurés se perdaient dans ce dédale de questions décomposant des opérations intellectuelles que l'homme qui juge accomplit d'instinct dans un seul et même instant (2). Leurs réponses furent souvent contradictoires.

Le Code d'instruction criminelle se jeta dans l'excès contraire ; l'art. 337

(1) Cass. 28 mars 1872 ; 29 déc. 1877.
(2) Dans les travaux préparatoires du Code d'instruct. crim. on a cité des affaires où le nombre des questions avait dépassé 6000.

prescrivit de poser en ces termes *la question* résultant de l'acte d'accusation : « L'accusé est-il coupable d'avoir commis tel meurtre, tel vol ou tel autre crime, avec toutes les circonstances comprises dans le résumé de l'acte d'accusation ». La complexité de la question présenta tout de suite des inconvénients si graves que la pratique n'appliqua pas la loi. Il se forma une jurisprudence extra-légale que la loi du 13 mai 1836 est venue confirmer. Cette loi, qui a prescrit le vote du jury au scrutin secret, indique qu'il faut faire des scrutins différents notamment *sur le fait principal et sur chacune des circonstances aggravantes*. L'art. 337 se trouve ainsi implicitement abrogé, car la division des scrutins, c'est-à-dire des réponses, suppose la division des questions sur deux points que l'art. 337 réunissait dans une question complexe.

Nous distinguerons : 1° Les questions résultant de l'arrêt de renvoi ; 2° celles résultant des débats ; 3° la question de discernement.

**1254.** A. *Questions résultant de l'arrêt de renvoi.* — Ces questions portent : 1° sur le fait principal que nous supposons unique ; 2° sur chacune de ses circonstances aggravantes.

*a)* Dans la question sur le fait principal on réunit généralement tous les *éléments constitutifs* du crime. Les séparer ne serait pas logique, car ce serait consulter le jury sur des faits qui, pris isolément, n'ont pas de caractère délictueux. Cela aurait aussi parfois des inconvénients : supposons, en effet, un crime composé de deux éléments. Quatre jurés pensent que les deux éléments existent ; quatre sont d'avis seulement de l'existence du premier ; quatre, seulement de l'existence du second. Si l'on pose une seule question il y aura *huit* voix pour l'acquittement ; car le deuxième et le troisième groupe de jurés ne voudront pas reconnaître l'existence d'un crime dont tous les éléments ne leur paraissent pas exister. Si l'on pose au contraire deux questions séparées, les jurés du premier groupe apporteront l'appoint de leurs voix sur chaque question aux quatre jurés qui veulent la résoudre affirmativement et, par suite, il y aura *huit* voix pour la condamnation. Or ce second procédé serait injuste, car un verdict de culpabilité suppose la reconnaissance, *au moins par sept jurés*, de l'existence des deux éléments (1).

*b)* Pour les questions relatives aux circonstances aggravantes, il est bon de rappeler que la jurisprudence confond certaines circonstances aggravantes avec les éléments constitutifs (qualité d'ascendant chez la victime, dans le *parricide* ; qualité d'enfant nouveau-né, dans l'*infanticide* ; la préméditation, dans l'*assassinat*) ; mais quand il s'agit de rédiger les questions au jury, elle permet de poser des questions séparées

---

(1) Sur le principe : Cass. 9 sept. 1837. L'inconvénient signalé ne se présente pas quand l'un des éléments du crime suppose l'existence de l'autre, comme par exemple, la *volonté* et l'*intention* ; celle-ci suppose en effet celle-là.

pour ces prétendues circonstances constitutives qu'elle traite, en réalité, comme simplement aggravantes (1).

**1255. B.** *Questions résultant des débats.* — Les débats ont pu révéler des détails que l'instruction préparatoire n'avait pas découverts : pour éviter une nouvelle poursuite sur le même fait matériel, autrement qualifié, ou pour ne pas laisser dans l'ombre des circonstances accessoires qui sont susceptibles d'influer sur l'appréciation du jury et qu'on ne pourrait pas reprendre une fois le fait jugé, on a reconnu au président le droit de poser des *questions résultant des débats*. Elles peuvent porter : 1° sur une nouvelle circonstance aggravante (2) (art. 338) ; 2° sur un fait d'excuse (art. 339) ; 3° sur un fait principal différent du fait poursuivi, mais qui en dérive.

**1256.** Nous avons indiqué plus haut les différences profondes qui distinguent l'*excuse* des *causes de non-imputabilité* et des *faits justificatifs*. La question de culpabilité implique l'examen de l'élément moral et de l'élément injuste, par conséquent il n'y a, en principe, aucune question spéciale à poser sur les causes de non-imputabilité ou de justification. Cependant il n'y aurait pas nullité si l'on décomposait la question de culpabilité dans ces divers éléments, car l'on comprend très bien qu'on puisse dire : cet homme est coupable, pour affirmer qu'il est matériellement l'auteur du fait, et se réserver cependant d'ajouter : mais il n'en est pas responsable, mais il a usé d'un droit ou accompli un devoir (3). Il serait même très utile de procéder ainsi dans les accusations de meurtre, de blessures ayant causé la mort, des mutilations ou une infirmité permanente (art. 295, 309, C. p.), quand l'accusé a invoqué la *légitime défense:* c'est un moyen, pour la Cour, de savoir si un verdict négatif de culpabilité exclut ou non une allocation de dommages-intérêts à la partie civile.

**1257.** La question sur un fait principal résultant des débats n'est point prévue par les textes; on l'admet par analogie. Mais elle soulève une difficulté qu'on ne rencontre point dans la position des questions relatives à une nouvelle circonstance aggravante ou à une excuse. Pour celles-ci, le fait qui leur sert de base est différent, sans doute, du fait relevé par l'arrêt de renvoi, mais il s'y rattache toujours par son carac-

(1) Cass. 11 mars 1862 (B. 62) ; 6 janv. 1870 (D. 78, 1, 381).

(2) Alors même que la question porterait sur un fait constituant par lui-même un crime ou un délit distinct, mais qui par sa concomitance avec le fait poursuivi devient une circonstance aggravante de ce dernier (*exemple* : art. 304, C. p.). Mais, dans cette hypothèse, si le verdict était négatif sur le fait principal et affirmatif sur le fait relevé aux débats comme circonstance aggravante, la Cour ne pourrait appliquer aucune peine. Cass. 3 av. 1845 ; Delpech, p. 138.

(3) Cass. 4 janv. 1817 ; 16 janv. 1834 ; F. Hélie, *Prat. crim.*, I, 819 ; Dalloz, *loc. cit.*, 2565.

tère *accessoire*. Le nouveau fait principal révélé aux débats peut constituer au contraire une accusation non seulement distincte de la primitive, mais même sans rapport avec elle. On aurait violé le droit de la défense si on avait reconnu au président la faculté de questionner le jury sur toute incrimination nouvelle résultant des débats, sans distinguer si elle avait ou non quelque rapport avec l'accusation primitive. Il fallait d'ailleurs s'inspirer de l'esprit des art. 338 et 339 quand on étendait leur texte à une question qu'ils n'ont pas expressément prévue. Aussi s'accorde-t-on à reconnaître qu'il doit y avoir un fond commun entre l'accusation primitive et l'accusation nouvelle ; il faut que celle-ci soit une *dégénérescence* de celle-là. — Ce fond commun existe : 1° « Quand l'accusation nouvelle est une simple modalité de la primitive ». *Exemple :* un individu est accusé d'être l'auteur principal d'un crime consommé ; on pourra poser comme résultant des débats une question de *complicité* ou de *tentative* ; 2° « quand elle constitue seulement une nouvelle qualification du même fait matériel ». *Exemples :* un individu est poursuivi pour parricide par empoisonnement, on pourra dans une question subsidiaire, ne retenir que le crime d'empoisonnement. — Un individu est accusé d'homicide volontaire (meurtre) ; on posera une question subsidiaire de coups et blessures volontaires ayant occasionné la mort sans intention de la donner, ou une question d'homicide par imprudence (1). Mais dans aucun de ces cas on ne pourrait poser une question d'inhumation sans autorisation du cadavre de la prétendue victime. Le fait matériel qui forme le fond de l'accusation primitive est en effet l'acte qui a causé la mort et non le fait postérieur à la mort. — Pour un accusé de viol, l'attentat à la pudeur, l'outrage public à la pudeur pourront faire l'objet d'une question résultant des débats (2) ; parce que le fond de l'accusation primitive est un acte de lubricité qui, suivant le point de vue auquel on l'envisage, peut mériter l'une de ces trois qualifications. Mais on ne pourrait pas relever le délit d'excitation à la débauche d'une fille mineure, sous prétexte qu'il se manifeste par des actes de lubricité, car le fond du délit n'est point dans ces actes, mais dans l'habitude perverse qu'ils révèlent. D'ailleurs l'intention est différente. — Si une femme est accusée d'infanticide on pourra poser une question subsidiaire d'homicide par imprudence, mais non une question d'avortement ou de suppression de l'état civil, ou de suppression de la personne physique de l'enfant (3). L'infanticide en

(1) *a)* Cass. 31 mai 1866, ; *b)* Cass. 27 av. 1876 ; *c)* Cass. 11 mars 1841.
(2) *a)* Cass. 18 déc. 1858 ; — *b)* 14 oct. 1826.
(3) *a) Sic* : Cass. 30 janv. 1851 ; — *b)* Cass. 18 juin 1853 ; — *c)* Cass. 19 av. 1839 ; F. Hélie, *Prat. crim.*, I, 825. — *Contrà* : *C. d'assises de l'Hérault*, 19 mai 1886 ; *C. d'assises de la Seine* (*La Loi*, 31 mai).

effet est l'homicide volontaire d'un enfant nouveau-né. L'avortement au contraire est un attentat dirigé à la fois contre un être dont l'existence extra-utérine est encore problématique et contre la femme enceinte (*infans conceptus, pars viscerum matris*). Quant aux deux autres qualifications elles n'impliquent point un homicide, mais une séquestration, un recel de la personne physique. Ce sont là par conséquent des accusations absolument différentes, etc. etc.

**1258.** C. *Question de discernement* (art. 340). — Elle suppose un accusé dont la minorité de seize ans n'est pas douteuse, on la pose en ces termes : « L'accusé a-t-il agi avec discernement ». Si l'âge était discuté il y aurait lieu de poser au jury la *question d'âge* et subsidiairement celle de discernement (1).

**1259.** Règles communes à la rédaction des questions. — Dans la rédaction des questions il faut observer les quatre règles suivantes :

*1re règle* : « Éviter les questions *cumulatives* », c'est-à-dire celles qui réunissent deux questions en une seule par la conjonction ET.

*2e règle* : « Éviter les questions *alternatives* » c'est-à-dire celles qui réunissent deux questions en une seule par la disjonctive OU.

*3e règle* : « Poser une question spéciale pour chaque accusé », parce que une question qui s'appliquerait à deux accusés serait une question cumulative ou alternative suivant la formule employée. Ces trois premières règles sont la conséquence de la prohibition des questions *complexes* dont les questions cumulatives et alternatives ne sont que des variétés. Indépendamment de l'impossibilité matérielle qu'il y aurait à répondre par un simple *non* ou par un simple *oui* à des questions de ce genre, les questions cumulatives et alternatives présentent des inconvénients pour l'accusation et pour la défense. Obligé de répondre à une question cumulative, le jury acquittera s'il n'est pas d'avis de résoudre affirmativement les deux points sur lesquels il est questionné. A l'inverse une question alternative peut amener une condamnation là où il y aurait acquittement si les deux chefs de la question avaient fait l'objet de deux questions distinctes. Par exemple, on demande au jury si l'accusé a commis *tel* ou *tel* vol ? Supposons que quatre jurés soient d'avis qu'il n'a commis ni l'un ni l'autre ; quatre, qu'il a commis le premier ; quatre, qu'il a commis le second : un seul scrutin pourra donner *huit* voix *pour la condamnation*, tandis que si les questions avaient été séparées, il y aurait eu chaque fois *huit* voix *pour l'acquittement ;* et c'est ce qui doit être.

**1260.** On admet cependant des exceptions à la prohibition des questions cumulatives et alternatives, soit parce qu'il n'en résulte pas, dans

(1) Cass. 3 mars 1881 (D. 82, 1, 188).

l'espèce, d'inconvénients pour les accusés, soit parce que la séparation des questions entraînerait un acquittement irrationnel : on pourra réunir, par exemple, dans une question alternative deux éléments constitutifs du même crime, lorsque l'un ou l'autre suffit à constituer le crime. Telle serait la question ainsi rédigée : « L'accusé est-il coupable de banqueroute par *dissimulation ou détournement* d'actif (1). Il ne faut pas en effet, que si les jurés se divisaient en trois groupes, une divergence théorique sur le moyen employé pour commettre le crime, empêchât les huit jurés qui affirment la culpabilité de rendre un verdict de condamnation (2). On pourra aussi réunir dans une question alternative des circonstances aggravantes réelles dont l'addition ne modifie point légalement la peine (*Exemple :* art. 384, C. p.) (3), — et même s'il y a auteur principal et complice ne questionner en général le jury, relativement à ces circonstances que pour l'auteur principal (4). Mais si le complice repousse l'imputabilité, en ce qui le concerne, de certaines de ces circonstances, des questions séparées deviennent nécessaires pour chaque accusé. Dans ce dernier cas le président agirait sagement en dégageant d'abord par deux questions, posées *in rem*, le fait principal et les circonstances aggravantes, puis en questionnant le jury sur la culpabilité de chaque accusé. Ce procédé est autorisé par la pratique — Mais, contrairement à la jurisprudence, nous n'admettons pas qu'on puisse réunir dans une seule question les divers modes de complicité énumérés par l'art. 60 du Code pénal. Différer en effet sur le genre de complicité, c'est différer sur l'élément matériel de l'infraction imputable au complice. La situation est la même que si pour un accusé unique on réunissait dans la même question deux crimes différents.

1261. 4e *règle :* « La question doit énoncer tous les faits matériels qui sont les éléments d'une qualification légale; mais non cette qualification ». On exprime souvent cette règle en disant : « La question doit être posée *en fait* et non *en droit* ». Elle est vivement controversée. Élevons le débat jusqu'au principe dont cette question formule l'application pratique et voyons : Quelle est au juste la mission du jury ? Quelle est celle de la Cour ?

Suivant les uns, le jury décide seul la question de *culpabilité*. La Cour prononce sur la recevabilité de l'action publique et applique la

(1) Cass., 14 nov. 1878 (B. 176).
(2) Même observation pour les répétitions du même fait formant un délit collectif par l'unité de résolution de but. *Exemple :* une série d'attentats à la pudeur sur la même victime : Cass. 17 janv. 1862 ; — une série de contrefaçons ou de faits d'usage de faux billets de banque : Cass. 7 nov. 1879 (D. 79, 1, 314). Comp. Cass. 1er juil. 1869 (D. 70, 1, 38).
(3) Cass. 30 juin 1853.
(4) Cass. 5 janv. 1851.

peine. Dans ce système la qualification légale doit être soumise au jury (1).
Suivant les autres, la Cour partage avec le jury le jugement de la question de culpabilité : « Les jurés jugent *le fait* ; la Cour juge *le droit* ». Dans ce [système on ne soumet pas au jury la qualification légale, mais seulement les faits matériels qui lui servent de base (2).

Les deux opinions ont cherché des arguments dans les précédents historiques. Le jury anglais avait recours à une procédure particulière pour résoudre les questions de droit soulevées par l'accusation. Il demandait des conseils au juge, quelquefois même une solution qu'il s'appropriait ensuite dans son verdict, en déclarant l'accusé convaincu, non pas simplement du fait matériel, mais du *crime*, c'est-à-dire du fait avec sa qualification légale. De sorte que si l'on se place au moment où le jury rendait son verdict, on peut dire qu'il jugeait le droit; mais si l'on examine comment il le formait, il faut dire qu'il jugeait seulement le fait (3).

C'est à ce second point de vue que se placèrent les publicistes qui ont préparé la réforme de nos institutions judiciaires (4). Ils proposèrent d'établir des jurés qui seraient les *juges du fait* à côté des *juges du droit*.

Parmi les documents législatifs de la période intermédiaire, plusieurs font une antithèse entre *le fait* et *la peine* : « le jury reconnaît *le fait*... les juges appliquent *la peine* » (5). Ils peuvent être invoqués par le premier système. D'autres favorisent le second, car ils chargent les juges de faire « *l'application de la loi* ou *fait* reconnu et déclaré par les jurés » (6). Le décret, en forme d'instruction, du 29 sept. 1791, est encore plus topique : « Les jurés délibéreront d'abord sur l'*existence matérielle du fait qui a constitué le corps du délit* ». Puis venait l'examen des questions de volonté, d'intention, de préméditation etc..; or parmi ces questions aucune n'avait trait à la qualification légale du fait matériel.

Dans les travaux préparatoires du Code d'instruction criminelle on fit remarquer la difficulté qu'il y a parfois à séparer la question de droit de la question de fait, cela faillit même faire rejeter l'institution du jury (7). Cependant on ne s'arrêta point à cette objection ; mais, tout en

---

(1) *Sic :* Bourguignon, II, *appendice ;* Ortolan, II, 269 ; Cubain, 231 ; Haus, II, 874-876 ; Garraud, *Précis*, 585.
(2) *Sic :* F. Hélie, VIII, 3615 et s. ; Trébutien, II, p. 440 ; Nouguier, IV, 2647 et s. ; Villey, p. 384.
(3) V. l'analyse qu'a fait de la législation anglaise F. Hélie, *loc. cit.*
(4) Montesquieu, *Esp. des lois*, L. VI, ch. 4 ; Beccaria, *Tr. des délits et des p.,* § 7 ; Filangieri, *Science de la lég.*, I, p. 394, 397..
(5) Const. 5 fruct. an III, art. 228 ; Const. 22 frim. an VIII, art. 62.
(6) Const. 3 sept. 1791, ch. 5, art. 9.
(7) Disc. de Cambacérès et de Bigot Préameneu. (Cons. d'Ét., séance du 8 fév. 1808).

maintenant le jury, on n'a pas dit qu'il serait le juge *du droit* (1).

En regard des précédents historiques il convient de placer les textes du Code d'instruction criminelle. Plusieurs semblent dire que le *crime*, c'est-à-dire le fait avec sa qualification légale, doit être soumis au jury ; ce sont les art. 337, 338, 241 et 337, comb., 345 (*anc. texte*). D'autres au contraire favorisent la séparation du fait et du droit, ce sont les art. 339, 363, 364, 365. Tels sont les éléments de la controverse. Les arguments de texte se compensent ; aussi est-on d'accord pour les écarter de la discussion, mais les deux systèmes font état des précédents historiques ; ils recourent ensuite à des arguments rationnels.

**1262. 1er *système* :** On invoque d'abord le système anglais. Quel que fût le procédé employé pour résoudre le point de droit, sa solution se trouvait dans le verdict du jury ; la question doit donc être posée en droit. — L'on ajoute que si l'émiettement de la question de culpabilité réduisait, dans la législation intermédiaire, le jury au rôle de juge du fait, la reconstitution de cette question a dû avoir logiquement pour conséquence de rendre le jury juge du droit, c'est-à-dire de lui soumettre la qualification légale. — L'institution du jury repose d'ailleurs sur cette idée qu'il suffit d'avoir du bon sens et d'être honnête pour apprécier la criminalité des infractions les plus graves. — Enfin, dans l'opinion contraire, on est obligé de convenir que le jury devient juge du droit toutes les fois qu'un élément du crime soulève un point de droit inséparable du point de fait.

**1263. 2° *système* :** On invoque, 1° l'idée que se faisaient du rôle du jury les publicistes qui proposèrent la réforme de la procédure criminelle ; 2° le rôle qu'il a joué en France jusqu'à la mise en vigueur du C. i. c. ; c'était le juge du fait ; il aurait fallu innover pour en faire aussi le juge du droit. Or cette innovation qui aurait étendu la compétence du jury n'a pu entrer dans l'esprit du législateur de 1808 ; car, lorsqu'on maintenait à grand peine l'institution du jury, on ne pouvait songer à augmenter ses attributions ? — Enfin le système de l'intime conviction, par lequel le jury résout toutes les questions qui lui sont soumises, ne peut servir à résoudre une question de droit. On comprend « une solution d'instinct... trouvée par la conscience » (2) pour la question de fait ; mais quand il s'agit de découvrir la relation du fait avec la loi, il faut recourir à des raisonnements que seuls les hommes versés dans la science du droit peuvent faire.

Ce second système est vraisemblablement celui du Code. Son application sans doute n'est pas absolue, mais les exceptions qu'elle comporte

(1) Rapport de Faure ; Disc. de Béranger, de Berlier et de l'empereur. (Cons. d'Ét., séance du 16 prair. an XII, et du 9 fév. 1808).
(2) Disc. de l'empereur (Conseil d'État, séance du 9 fév. 1808).

ne sont point une raison suffisante pour ne pas rédiger en fait la question posée au jury, toutes les fois que la séparation du fait et du droit est possible.

**1264.** Cette séparation suppose une *définition légale:* le vol, le meurtre, l'assassinat, le parricide, l'infanticide, l'empoisonnement, etc., sont des crimes définis (art. 295, 296, 299, 300, 301, 379, C. p.). On ne demandera point au jury : « Tel est-il coupable d'un vol » ; mais : « Tel a-t-il frauduleusement soustrait telle chose » ? et ainsi des autres. — Le *viol*, l'attentat à la pudeur sont au contraire des crimes sans définition légale (art. 331, 332) : on est obligé alors, par exception, de questionner le jury sur la qualification légale : « Tel est-il coupable d'un viol, d'un attentat à la pudeur, etc. ».

De même, quand la loi considère une qualité *légale* comme une circonstance aggravante, et qu'on peut trouver une qualité de fait correspondante, on questionnera seulement le jury sur la qualité *de fait*, et ce sera à la Cour de décider ensuite si cette qualité de fait donnait à l'accusé la qualité légale. Par exemple dans une accusation de viol ou d'attentat à la pudeur, on ne demandera point au jury si l'accusé « avait autorité » sur la victime (art. 333, C. p.) ; mais s'il était le père, le tuteur, l'ascendant, le maître de la victime. — Pour tous les crimes où la qualité de « fonctionnaire » ou d' « officier public » est une circonstance aggravante, on n'énoncera point ces qualités dans la question, on dira seulement : L'accusé était-il, au moment du crime, « maire, commissaire de police, gendarme, garde-champêtre, préposé des douanes, notaire » etc. (1).

**1265.** 2° **Avertissements donnés au jury. — Pièces qui lui sont remises.** — Le président donne en pratique quatre avertissements aux jurés :

*a)* Le premier est relatif *au scrutin secret* (art. 341, § 2). La loi du 9 septembre 1835, qui a prescrit ce mode de votation et l'avertissement qui s'y rapporte, ne s'est pas expliquée sur la sanction. Mais, comme le secret du vote est une garantie de son indépendance, on n'a pas hésité à considérer l'avertissement comme une formalité substantielle.

*b)* Le second est relatif *au nombre de voix nécessaires pour former le verdict.* Toute réponse aux questions posées doit être formée par 7 voix contre 5 lorsqu'elle est *défavorable à l'accusé*, et sa rédaction sur la feuille des questions doit exprimer qu'elle a été prise à la *majorité*. Le partage des voix profite à l'accusé, et il n'est pas nécessaire, *pour les réponses favorables*, d'exprimer comment elles ont été acquises (art. 347). Par exemple, à cette question : « l'accusé est-il coupable ? » le jury ré-

---

(1) *Sic :* F. Hélie, VIII, 3697, 3698 et les arrêts qu'il cite. — *Junge :* Cass. 22 nov. 1866 (D. 70, 5, 100) ; 2 août 1878 (D. 79, 1, 47-48) ; 20 fév. 1879 (D. 79, 1, 188-189) ; 31 mars 1882 (S. 84, 1, 137), Garraud, *Dr. pén. franç.*, III, 442.

pondra : « oui, à la majorité » ou simplement « non ». — A cette question : « tel fait d'excuse est-il constant? il répondra « non, à la majorité » ou simplement « oui ». Le président avertit le jury de tous ces détails; mais son avertissement n'a point de sanction directe, parce que la nullité est attachée à toute réponse du jury qui violerait les prescriptions de l'art. 347, et cela suffit pour la garantie des intérêts de l'accusé.

c) Le troisième est relatif *aux circonstances atténuantes* (art. 341 et 347 comb.). Il porte sur trois points : 1° le jury est averti que, s'il résout affirmativement la question de culpabilité, il doit délibérer sur les circonstances atténuantes ; — 2° qu'il ne doit faire connaître le résultat de sa libération que s'il est favorable à l'accusé ; — 3° que la décision favorable sur les circonstances atténuantes exige 7 voix contre 5, et que sa rédaction doit exprimer qu'elle a été prise à la majorité. — Ce troisième avertissement est prescrit *à peine de nullité* (art. 341) ; mais la nullité serait couverte si le jury, bien que non averti par le président, déclarait l'existence des circonstances atténuantes (1).

d) Le quatrième est relatif au droit *de discussion des jurés*. Le décret du 6 mars 1848, art. 5, a autorisé expressément les jurés à discuter entre eux avant de passer aux voix ; mais il ne prescrit pas d'avertissement à ce sujet ; c'est le président qui le donne en vertu de la mission qu'il a d'expliquer aux jurés leurs devoirs et leurs droits. Cette discussion d'ailleurs n'ayant pas une importance capitale, ni une utilité absolue, l'avertissement qui s'y rapporte n'est pas une formalité substantielle (2).

**1266.** Les avertissements sont suivis de la *remise des questions et des pièces du dossier*, à l'exception des déclarations écrites des témoins (art. 341). Le dossier ne peut comprendre que des pièces lues aux débats ou communiquées entre parties (3). Cette remise n'est pas une formalité substantielle, son omission ou son irrégularité ne peut vicier la procédure quand l'accusé n'a point conclu expressément à la stricte exécution de l'art. 341 (4).

**1267.** 3° **Délibération et vote du jury.** — **Preuves qu'il doit ad-**

---

(1) La Cour de cassation admet la régularité de l'avertissement relatif aux circonstances atténuantes, quand le procès-verbal des débats constate que le président « a rappelé aux jurés les dispositions des art. 341 et 347 ». F. Hélie, *Prat. crim.*, I, 860. Cependant, si le président s'était borné à dire : « je rappelle au jury les dispositions des art. 341 et 347 », pourrait-on considérer cet avertissement comme suffisamment explicite, s'il n'était accompagné de la remise d'un Code ? Ne faudrait-il pas y voir plutôt une manœuvre pour escamoter le vote du jury sur les circonstances atténuantes ?
(2) Cass. 27 mai 1852.
(3) Cass. 22 déc. 1881 (D. 82, 1, 192).
(4) Cass. 21 juin 1860 ; 3 sept. 1868.

mettre. — Le jury est entré dans la chambre de ses délibérations ; il ne doit en sortir qu'avec un verdict (art. 343). L'interdiction de communiquer se traduit à partir de ce moment par des mesures matérielles : le président fait garder par la force publique les issues de la chambre des jurés et personne ne peut y pénétrer « pour quelque cause que ce soit » (1), sans une autorisation écrite de sa main. Le contrevenant encourt, si c'est un juré, une amende de cinq cents francs, et si c'est toute autre personne, un emprisonnement de vingt-quatre heures, qui sont immédiatement prononcés par la Cour.

**1268.** Le droit du président d'autoriser l'entrée dans la chambre du jury, emporte-t-il celui d'y pénétrer lui-même ? — La jurisprudence a admis autrefois qu'il n'avait pas le droit d'y venir spontanément, mais qu'il pouvait s'y rendre si le jury le faisait appeler (2). Depuis la loi du 19 juin 1881 qui a supprimé le résumé du président, nous pensons que toute introduction de ce magistrat dans la chambre du jury est illégale. L'accusé, en effet, a le droit d'assister à toutes les communications du président avec les jurés pour s'assurer qu'elles ne dégénèreront pas en discussion sur les charges et pour répondre à ses appréciations sur les conséquences du verdict du jury et la peine applicable. Cela résulte du principe de la contradiction et du droit de parler le dernier. Ce principe et ce droit n'ont plus d'exception depuis la suppression du résumé (3). D'un autre côté, pour assurer la liberté de sa défense, l'accusé a le droit de réclamer la publicité de l'audience. — Notre opinion n'a pas d'inconvénient pratique, car il y a un moyen légal de tout concilier : c'est de rapporter la clôture des débats, de ramener le jury dans la salle d'audience et de donner ainsi publiquement et contradictoirement des explications qui peuvent paraître dangereuses ou suspectes lorsqu'elles sont données à huis clos et hors de la présence de l'accusé (4).

**1269.** Le chef du jury est chargé de diriger la délibération et le vote. Il doit commencer par donner lecture de l'*instruction aux jurés* « qui est affichée en gros caractères dans le lieu le plus apparent de leur chambre » ; — puis il déclare la discussion ouverte ; — enfin il reçoit les votes.

(1) Cette prohibition ne concerne pas les garçons de service qui y pénètrent pour pourvoir aux besoins matériels des jurés. Cass. 22 sept. 1848 ; F. Hélie, VIII, 3744.
(2) V. les arrêts dans F. Hélie (VIII, 3745) qui en fait une bonne critique.
(3) Cass. 22 mars 1883, V. *suprà*, n° 1251, texte et note.
(4) *Sic :* Cass., 26 déc. 1856. — Le Code de proc. pén. autrichien, art. 327, (1873) exige que le ministère public, l'accusé et le greffier accompagnent le président lorsqu'il se rend auprès des jurés pendant leur délibération. C'est la *contradiction* sans la *publicité*. — La même règle s'induit virtuellement de l'art. 229 du Code de procéd. pén. allemand (1877).

**1270.** L'instruction aux jurés contient deux paragraphes, l'un relatif *aux preuves*; l'autre, *au rôle du jury* (art. 342). Ce dernier prescrit aux jurés de ne point penser à la peine; mais il ne s'applique pas à la délibération et au vote relatifs aux circonstances atténuantes. Les preuves, devant le jury, sont toutes de conviction, quelle que soit la question qu'il est appelé à résoudre : question de droit pénal, ou question de droit civil. Il n'est arrêté ni par les règles relatives à la recevabilité des preuves, ni par celles qui tarifent leur force probante.

**1271.** La loi du 13 mai 1836 (art. 2) a réglementé le mode de votation au scrutin secret : chaque juré reçoit du chef du jury un bulletin marqué au timbre de la Cour d'assises et portant ces mots : *sur mon honneur et ma conscience ma déclaration est...* Il écrit à la suite, ou fait écrire secrètement par un juré de son choix, le mot *oui* ou *non*, sur une table disposée de manière à ce que personne ne puisse voir le vote inscrit au bulletin. Puis il remet le bulletin fermé au chef du jury qui le dépose dans l'urne.

Après avoir épuisé la liste des questions, si l'accusé est reconnu coupable, le chef du jury doit ouvrir d'office un scrutin sur les circonstances atténuantes (art. 1er).

Le dépouillement de chaque scrutin est fait par le chef du jury, en présence des autres jurés, qui peuvent le contrôler. Les bulletins blancs et ceux que six jurés au moins auraient déclaré illisibles, sont comptés comme portant une réponse favorable à l'accusé (art. 4). Tout contrôle ultérieur est impossible, parce que les bulletins sont brûlés (art. 5).

**1272.** En principe, tout avis favorable à l'accusé n'exige que six voix ; excepté cependant pour les circonstances atténuantes. On n'a pas voulu énerver la répression en se contentant, pour les accorder, du partage des voix. C'est pour cela qu'il n'y a pas de question posée sur les circonstances atténuantes ; l'obligation d'affirmer qu'elles existent exige matériellement qu'elles soient reconnues par la majorité.

Cette différence dans le nombre de voix nécessaire pour admettre une excuse et pour reconnaître des circonstances atténuantes n'est pas toujours comprise et peut être la cause d'erreurs. Une bonne législation devrait prescrire de poser *sous une forme affirmative* les questions relatives à la culpabilité, au discernement et aux circonstances atténuantes, et *sous une forme négative* la question d'excuse. Puis établir cette règle absolue que *toute réponse affirmative est faite à la majorité*.

**1273.** Le résultat de chaque scrutin est constaté *sur le champ*, c'est-à-dire immédiatement, après son dépouillement, sur la feuille des questions, en marge ou à la suite de celle à laquelle il se rapporte (art. 3). Le président du jury signe le verdict en présence des autres jurés (art. 349, C. i. c.). Cette formalité est substantielle. Il est d'usage aussi de dater le verdict ; mais l'omission de la date n'emporte pas nullité. — Les jurés reprennent leur place dans la salle d'audience.

**1274.** 4° *Lectures du verdict à l'audience.* — Le verdict du jury est soumis à deux lectures à l'audience.

La première a lieu hors de la présence de l'accusé bien qu'en audience publique. Elle est faite par le chef du jury avec un certain cérémonial (art. 348) (1). Aussitôt après, la Cour vérifie la régularité du verdict, et s'il paraît régulier, il est aussitôt signé par le président du jury, si ce n'est déjà fait, par le président de la Cour et par le greffier (art. 349).

**1275.** Les irrégularités du verdict consistent dans des réponses *surabondantes, incomplètes, obscures* ou *contradictoires.*

Les premières constituent un excès de pouvoir toutes les fois qu'elles affirment un fait principal ou une circonstance aggravante sur lesquels le jury n'était pas questionné. La Cour ou le président annuleront la partie superflue du verdict et prononceront la sentence que l'autre partie comporte (2).

Mais une réponse surabondante n'est pas entachée d'excès de pouvoir si elle a pour objet d'expliquer le sens de la réponse du jury à la question de culpabilité. Toute formule qui précise que l'accusé a matériellement commis le fait, mais que ce fait ne lui est pas imputable ou qu'il est justifié ne vicie point le verdict (3). Le droit du jury d'expliquer le motif pour lequel il résout négativement au fond, quoique affirmativement en la forme, la question de culpabilité, est le juste contrepoids de la faculté qu'a le président de ne point poser de questions spéciales sur l'élément moral et sur l'élément injuste. Par cette explication le jury peut empêcher la Cour de méconnaître le sens de son verdict d'acquittement en prononçant une condamnation à des dommages-intérêts.

Si le verdict contient des réponses *incomplètes, obscures* ou *contradictoires*, la Cour l'annule, en indiquant l'irrégularité à réparer, et renvoie le jury dans la chambre de ses délibérations (art. 414, C. 3 brumaire an IV). On corrige seulement en audience publique les erreurs ou omissions de pure forme.

(1) La lecture *par le chef du jury* est une formalité substantielle ; mais non le cérémonial. Cass., 6 juil. 1876.

(2) Le verdit, par exemple, devra être considéré comme négatif quand le jury questionné sur un *fait intentionnel* répond en affirmant le fait *non intentionnel* correspondant. *Ex.* : *Question* d'infanticide... *Réponse* : « oui, elle a donné la mort par imprudence » ; — *Question* de meurtre... *Réponse* : « oui, il a porté des coups qui ont occasionné la mort sans intention de la donner » ; — *Question* de viol... *Réponse* : « oui, il a commis un attentat à la pudeur sans violence ». Cass. 8 déc. 1826 ; 16 nov. 1827 ; 8 juil. 1836 ; 7 nov. 1839.

(3) *Sic :* Cass. 4 janv. 1817 (DALLOZ, *Inst. crim.* 3338) ; 29 août 1829 (B. 508) ; 6 av. 1827 (B. 205) ; 20 mars 1812 (B. 122) ; NOUGUIER, IV, 3350. — *Contrà* : GARRAUD, *Précis*, 677.

**1276.** Quelle est l'étendue de l'annulation du verdict ? L'opinion courante en jurisprudence est que l'annulation est *complète*. Le jury rentré dans la chambre de ses délibérations reprend tous ses droits ; il pourrait donc refaire tout son verdict (1).

Nous pensons au contraire que le jury, rentré dans la chambre de ses délibérations, a seulement le droit : 1° de corriger les *réponses* irrégulières ; 2° de reprendre ou d'ajouter la déclaration relative aux circonstances atténuantes. Le vote sur une question est en effet définitivement acquis aussitôt après le dépouillement du scrutin. Un juré alléguerait vainement qu'il s'est trompé, ou que les solutions admises par la majorité sur les autres questions le décident à modifier son vote sur telle ou telle. Or si ce droit n'appartient individuellement à aucun juré, comment appartiendrait-il à l'ensemble ou à la majorité des jurés ? Donc, toute réponse régulièrement faite est acquise, et le renvoi dans la chambre des délibérations ne peut autoriser à refaire que ce qui a été mal fait. — Nous admettons cependant le jury *peut* et même *doit* délibérer de nouveau sur les circonstances atténuantes, parce que son vote n'intervient régulièrement sur ce point qu'après qu'il est fixé sur tous les autres (2).

On a proposé une distinction entre les *vices de fond* et les *vices de forme*. L'annulation du verdict, dans le premier cas, ferait rentrer le jury dans tous ses droits. Au second cas au contraire, il n'aurait que le droit de faire disparaître l'imperfection matérielle (3). — Nous repoussons ce système, parce qu'il fait à celui que nous avons réfuté une concession fâcheuse. D'ailleurs les imperfections matérielles sont corrigées en audience publique, et il n'y a lieu de renvoyer le jury à délibérer de nouveau, que si le verdict est annulé pour vice de fond. La question revient donc à savoir si, dans ce second cas, il faut ouvrir de nouveau la délibération et le vote sur le résultat de tous les scrutins ou seulement sur la question relative à la réponse annulée et sur les circonstances atténuantes.

**1277.** Le verdict jugé régulier, ou rectifié sur les indications de la Cour, subit une seconde lecture en audience publique et en présence de l'accusé. Elle est faite par le greffier (art. 357) (4). A ce moment la loi in-

---

(1) Cass. 6 janv. 1837 (Dalloz, *Inst. crim.* 3307) ; 23 juil. 1840 (B. 210) ; 3 sept. 1858 ; F. Hélie, *Prat. crim.*, I, 836 ; Delpech, p. 174. — Certains arrêts cependant semblent vouloir réserver le verdict primitif sur les faits qui ne se rattachent à celui pour lequel la réponse du jury est irrégulière, ni comme circonstances aggravantes, ni comme faits connexes. Cass. 27 mai 1881 (B. 137) ; 28 déc. 1837 (B. 444).

(2) V. pour quel motif les circonstances atténuantes doivent toujours être examinées en dernier lieu, *suprà*, nos 583, 605.

(3) Garraud, *Précis*, 608.

(4) Après cette seconde lecture est-il possible d'annuler encore le verdict sous prétexte d'irrégularité ? L'affirmative est généralement admise, la Cour n'ayant

vestit la Cour d'un pouvoir souverain pour empêcher une condamnation qu'elle croirait injuste : « Dans le cas où l'accusé est reconnu coupable, et si la Cour est convaincue que les jurés, tout en observant les formes, se sont trompés au fond, elle déclare qu'il est sursis au jugement et renvoie l'affaire à la session suivante pour y être soumise à un nouveau jury, dont ne peut faire partie aucun des jurés qui ont pris part à la déclaration annulée. — Nul n'a le droit de provoquer cette mesure. La Cour ne peut l'ordonner que d'office, immédiatement après que la déclaration du jury a été prononcée publiquement. — Après la déclaration du second jury, la Cour ne peut ordonner un nouveau renvoi, même quand cette déclaration serait conforme à la première » (art. 352). L'annulation du verdict n'a lieu qu'au regard des accusés pour lesquels la Cour croit que le jury s'est trompé. Ceux, par exemple, qui auraient été déclarés non coupables, conservent le bénéfice de cette déclaration et doivent être acquittés.

**1278. V. La sentence. — Décision sur l'action publique.** — Le verdict du jury est appliqué par la Cour qui prononce d'abord sur l'action publique et puis sur les intérêts civils.

Au point de vue de l'action publique il peut intervenir un *acquittement*, une *condamnation* ou une *absolution* : la sentence affecte tantôt la forme d'une *ordonnance*, tantôt celle d'un *arrêt*. Un verdict pur et simple de non-culpabilité n'a besoin que d'être entériné. Cette tâche facile incombe au président qui rend une *ordonnance d'acquittement* (art. 358, § 1). La chose jugée est attachée immédiatement à cette ordonnance, pourvu qu'elle soit légalement rendue (art. 360), c'est-à-dire, pourvu qu'il y eût bien verdict de non-culpabilité et verdict pur et simple. Pratiquement l'ordonnance d'acquittement peut être en contradiction avec le verdict du jury, lorsqu'elle est rendue sur un verdict de non-culpabilité après l'annulation, faite à tort, d'un verdict de culpabilité. Quant à la nécessité d'un *arrêt d'absolution* pour renvoyer de la poursuite l'accusé déclaré coupable, mais avec certaines restrictions qui détruisent la portée de cette déclaration, elle s'explique par les difficultés que soulève l'interprétation du verdict. La formule de l'art. 364 et les explications données dans les travaux préparatoires commandent, au point de vue de la forme, cette distinction entre l'acquittement et l'absolution (1).

L'ordonnance d'acquittement, produisant immédiatement la chose jugée, doit être suivie d'un élargissement immédiat (art. 358) et n'est susceptible de pourvoi en cassation que *dans l'intérêt de la loi* (art. 409),

---

point épuisé ses pouvoirs tant qu'elle n'a point prononcé l'arrêt. Cass. 11 janv. 1877 (D. 78, 1, 192).

(1) Cambacérès au Cons. d'État (LOCRÉ, XXV, p. 473).

c'est-à-dire d'un pourvoi qui n'enlève pas à l'accusé le bénéfice de l'acquittement.

L'arrêt d'absolution ne produit au contraire la chose jugée, qu'à l'expiration du délai du pourvoi en cassation ou après le rejet de ce pourvoi. Jusqu'alors, l'accusé absous garde prison. De plus, l'arrêt dont il bénéficie peut être cassé à son préjudice.

Tout arrêt d'absolution et de condamnation ne peut être rendu qu'après que la parole a été donnée à toutes les parties. L'accusé, suivant le principe général en matière criminelle, a la faculté de parler le dernier (art. 362, 363, 335).

L'arrêt de condamnation prononce la peine, condamne aux frais, fixe la durée de la contrainte par corps (art. 365, 368; L. 22 juil. 1867). Le président avertit le condamné qu'il a trois jours francs pour se pourvoir en cassation. Il peut aussi, suivant les circonstances, l'exhorter à la fermeté, à la résignation, ou à réformer sa conduite (art. 371).

**1279. Règlement des intérêts civils.** — Immédiatement après avoir statué sur l'action publique la Cour d'assises statue sur les *demandes en dommages-intérêts* : 1° de la partie civile contre l'accusé ; 2° de l'accusé contre la partie civile ; 3° de l'accusé contre ses dénonciateurs. Elle prononce d'office les *restitutions* (art. 366, 463, C. i. c. ; 595, C. com.). Lorsque ces restitutions portent sur des objets saisis comme pièces à conviction, l'exécution de la partie de l'arrêt qui les ordonne est retardée jusqu'à ce que l'arrêt soit passé en force de chose jugée.

**1280.** 1° L'*acquittement* et l'*absolution* peuvent laisser subsister un délit civil à la charge de l'accusé ; il peut donc intervenir contre lui une condamnation à des dommages-intérêts au profit de la partie civile, tout aussi bien qu'au cas de *condamnation*. Mais dans les deux premières hypothèses la Cour doit éviter de contredire *en fait* ou *en droit* le verdict du jury. Une condamnation à des dommages-intérêts serait impossible *en fait* après un verdict négatif sur une tentative de meurtre et sur une question subsidiaire de blessures par imprudence (1). Elle serait impossible *en droit* après un verdict qui déclarerait le meurtrier en état de légitime défense (2).

**1281.** 2° L'accusé *acquitté* et même l'accusé *absous*, quand l'absolution est motivée par la prescription, peuvent former une demande reconventionnelle contre la partie civile (art. 358, 366). Pour qu'elle soit accueillie il n'est pas nécessaire qu'il y ait eu dol, mais simplement faute, c'est-à-dire imprudence ou légèreté.

**1282.** 3° L'accusé peut aussi former une demande en dommages-intérêts contre ses dénonciateurs, mais à deux conditions : 1° qu'il soit ac-

---

(1) Cass. 7 mai 1864 (D. 64, 1, 313).
(2) Cass. 24 fév. 1886 (*Pand. franç.*, 86, 1, 117).

quitté ; 2° qu'il y ait calomnie. A cet effet il a le droit d'exiger que le procureur général lui fasse connaître ses dénonciateurs (art. 358). Sont à l'abri de cette demande les membres des autorités constituées qui auraient officiellement dénoncé le délit dont ils croyaient avoir acquis la connaissance dans l'exercice de leurs fonctions, sauf contre eux la demande ultérieure en prise à partie (art. 29, 358).

**1283.** A quel moment doivent être formées toutes ces demandes? Celle de la partie civile est nécessairement formée avant la clôture des débats, puisqu'elle résulte de l'acte même de sa constitution, laquelle ne peut intervenir après cette clôture (art. 67). Celles de l'accusé contre la partie civile ou contre ses dénonciateurs doivent être formées *avant le jugement* (art. 359), c'est-à-dire aussitôt après la seconde lecture du verdict du jury et avant l'ordonnance ou l'arrêt qui va dessaisir la cour d'assises (1). — Quand l'accusé n'a connu ses dénonciateurs que depuis le jugement, il peut encore porter sa demande devant la Cour d'assises, si la session n'est pas close. Dans toute autre hypothèse, il doit s'adresser aux tribunaux civils.

Le jugement des dénonciateurs par la Cour d'assises soulève des difficultés de procédure que le législateur n'a pas prévues : pratiquement il ne peut avoir lieu que si le dénonciateur est présent et s'il accepte le débat (2).

**1284. Procès-verbal de la séance.** — Un procès-verbal constate sommairement tous les actes de la procédure faits à l'audience de la Cour d'assises. — Aucun délai n'est fixé pour sa rédaction parce que,

---

(1) *Sic* : RODIÈRE, p. 302. Cass. 31 mai 1816. — *Contrà* : NOUGUIER, IV, 3926, 3934. *Avant jugement* d'après cet auteur serait synonyme de *avant le verdict du jury*. C'est une erreur : le verdict est le principe de la demande en dommages-intérêts de l'accusé ; comment cette demande pourrait-elle être formée avant qu'il soit rendu? — TRÉBUTIEN, II, p. 450, 451 et certains arrêts autorisent les conclusions de l'accusé immédiatement après l'*ordonnance d'acquittement*, soit parce que cette ordonnance n'est pas un jugement, soit parce que aucun texte ne donne à l'accusé le droit de prendre la parole entre la lecture du verdict et le prononcé de cette ordonnance. Mais l'expression jugement est générique ; elle comprend l'ordonnance d'acquittement. Quant au droit dénié, il est virtuellement accordé par l'art. 359. On ne peut en effet imposer une obligation sans donner implicitement le droit corrélatif. Il va de soi que si la partie civile a formé en temps utile sa demande en dommages-intérêts, l'accusé peut, même après l'ordonnance ou l'arrêt qui statuent sur l'action publique, déposer des conclusions reconventionnelles en prenant la parole pour répondre à sa demande.

(2) On ne peut en effet condamner, même par défaut, une personne qui n'a pas été mise en demeure de se défendre. On ne peut pas, d'un autre côté, lui refuser un délai pour préparer sa défense contre une demande qui ne lui a point été signifiée d'avance. *Sic* : NOUGUIER, IV, 3927. — *Contrà* : LE SELLYER, IV, 2484 ; RODIÈRE, *loc. cit.* ; CARNOT, s. l'art. 359.

dans l'esprit de la loi, il doit être rédigé, séance tenante, au fur et à mesure de l'accomplissement des formalités. C'est aussi pour ce motif que l'art. 372 confie sa *rédaction* au greffier (*le greffier* DRESSERA *un procès-verbal*), et n'exige la signature du président à côté de celle du greffier que par mesure de contrôle. — Le procès-verbal ne reproduit pas les dépositions des témoins ni les réponses des accusés, mais seulement les changements, variations et contradictions dans les dépositions des témoins dont il aura été tenu note en exécution de l'art. 318. — La défense d'imprimer à l'avance le procès-verbal a été établie par la loi du 28 avril 1832. Elle était indispensable, car un protocole dressé à l'avance n'offre aucune garantie que ce qu'il mentionne a été réellement observé. Toutes ces prescriptions de la loi sont exigées à peine de nullité du procès-verbal, et en outre d'une amende et d'une condamnation aux frais frustrés contre le greffier (art. 372, § 5 ; 415).

**1285.** Cet acte authentique fait foi jusqu'à inscription de faux de l'exécution des formalités qu'il constate et de l'omission de celles qu'il passe sous silence. On peut cependant, sans s'inscrire en faux, combattre les mentions et les omissions du procès-verbal : 1° par l'apport d'une pièce dont il relate inexactement l'état matériel ; 2° par les constatations de l'arrêt (1).

**1286.** Le procès-verbal est-il soumis au contrôle du ministère public et du défenseur ? Ont-ils le droit d'exiger sa communication, de proposer des additions et des rectifications ; de demander acte de celles qui seraient repoussées ? — La loi est muette sur toutes ces questions ; mais leur solution affirmative découle des principes de la publicité et de la contradiction qui dominent toute la procédure à l'audience. Ces principes s'appliquent deux fois plutôt qu'une au procès-verbal de la séance : puisque, d'un côté, devant être rédigé, du moins en grande partie, à l'audience, il est soumis directement à ces principes, et que d'un autre côté, constatant les actes d'une procédure publique et contradictoire, il subit par contre-coup leur application (2).

## V. — De la procédure de contumace.

**1287.** Nous avons exposé la procédure *contradictoire* depuis l'arrêt de mise en accusation jusqu'à la sentence inclusivement. Elle suppose l'accusé sous la main de la justice et par conséquent pouvant être présent. Si l'accusé n'a pu être saisi en exécution de l'ordonnance de prise

---

(1) Cass. 13 sept. 1820 (DALLOZ, *Inst. crim.*, 3645).
(2) *Sic :* NOUGUIER, IV, 4031 ; Cass. 22 sept. 1843 ; DALLOZ, *loc. cit.*, 3641. — *Contrà :* DELPECH, p. 243.

de corps ou s'il s'est évadé avant la sentence (1), la procédure contradictoire est remplacée par la procédure de contumace.

**1288. Comment l'accusé est-il constitué en état de contumace?** — L'état de contumace résulte de la non représentation de l'accusé dix jours après la publicité donnée à l'ordonnance de se représenter.

Cette ordonnance est rendue par le président des assises ou par le magistrat qui le remplace. Elle ne doit pas intervenir avant le dixième jour à compter de la notification à domicile de l'arrêt de renvoi et de l'acte d'accusation, si l'ordonnance de prise de corps n'a pu être exécutée. Elle peut intervenir immédiatement après l'évasion, quand l'accusé s'est évadé depuis qu'il a reçu ces notifications. — Elle porte : que l'accusé sera tenu de se représenter dans un délai de dix jours ; sinon qu'il sera déclaré rebelle à la loi, qu'il sera suspendu de l'exercice de ses droits de citoyen, que ses biens seront séquestrés pendant l'instruction de la contumace, que toute action en justice lui sera interdite pendant le même temps, qu'il sera procédé contre lui et que toute personne est tenue d'indiquer le lieu où il se trouve. Enfin elle fait mention du crime et de l'ordonnance de prise de corps (art. 465). — Cette ordonnance, dite *de contumace*, est notifiée au domicile de l'accusé (arg. art. 470), publiée à son de trompe ou de caisse et affichée. Les publications se font au chef-lieu de la commune où l'accusé avait son dernier domicile, et si ce domicile est inconnu, au chef-lieu d'assises. Les placards sont appliqués à la porte de la maison qu'il habitait et à celle de l'auditoire de la Cour d'assises (art. 466). Ces formalités de publicité sont accomplies le dimanche qui suit l'ordonnance. Elles sont substantielles (2).

**1289. Effets de la contumace.** — La contumace de l'accusé entraîne contre lui des mesures de coercition et modifie la procédure.

*a) Mesures de coercition :* 1° l'accusé est suspendu de l'exercice de ses droits de citoyen ; 2° toute action en justice lui est interdite (3) ; 3° ses biens sont séquestrés.

Le séquestre des biens est le moyen coercitif le plus énergique : on coupe les vivres à l'accusé pour le forcer à se constituer prisonnier.

---

(1) Il en est ainsi même lorsqu'il s'est évadé pendant la délibération du jury. Cass. 19 janv. 1877 (S. 79, 1, 189).

(2) Cass. 17 janv. 1862 (S. 62, 1, 211).

(3) Cette interdiction est-elle absolue ? ou bien ne contient-elle que l'interdiction d'agir comme demandeur ? — Après l'arrêt de condamnation elle est certainement absolue ; car c'est l'administration des domaines qui est chargée d'exercer les actions actives et passives du contumax (arg. art. 471). Mais avant cet arrêt la question est controversée. Les partisans de l'interdiction absolue invoquent la *mise hors la loi* du contumax qui est traditionnelle. Ceux de l'interdiction restreinte au droit d'agir comme demandeur font valoir que les incapacités sont de droit étroit.

L'administration des domaines est chargée du séquestre. Il s'étend à tous les biens présents et à venir du contumax. Le séquestre ne doit pas préjudicier aux tiers. Les créanciers du contumax peuvent faire condamner l'accusé (1) et l'exproprier. Les personnes envers qui il est tenu de la dette alimentaire ont le même droit ; elles peuvent aussi faire régler par le préfet les secours qui leur sont dus (art. 475) (2).

**1290.** *b) Effets sur la procédure.* — 1º Si le contumax a des coaccusés présents, il se produit une *disjonction de plein droit* en ce qui le concerne (art. 474). La Cour pourrait cependant renvoyer la cause tout entière à une autre session, s'il y avait lieu d'espérer que le contumax serait bientôt arrêté.

2º Le contumax est privé des garanties que donne la procédure ordinaire : il n'y a pas de jury, pas d'instruction orale, pas de défenseur (art. 468, 470).

Si l'accusé est absent du territoire européen de la France, ses parents ou amis peuvent demander un sursis au jugement et la mainlevée provisoire du séquestre. Si l'excuse n'est pas proposée ou si elle est rejetée, la Cour procède au *jugement de la contumace* (art. 468, 469, 467).

L'arrêt qui interviendra peut porter *acquittement, absolution* ou *condamnation* (arg. art. 470, § 4).

**1291. Effets de la condamnation du contumax.** — Nous avons déjà exposé l'effet des condamnations par contumace au point de vue de la peine et de la réparation civile ; ici nous nous occuperons seulement des effets de ces condamnations par rapport à l'administration du patrimoine du contumax. On peut les résumer dans cette formule : le séquestre est confirmé, et la représentation du contumax est exclusivement réservée à l'administration des domaines. L'étendue des pouvoirs du séquestre et son obligation de capitaliser les revenus pour en rendre compte sont indiquées en ces termes par l'art. 471 : « Les biens du condamné seront considérés et régis comme biens d'absent » ; formule deux fois inexacte, car elle peut faire supposer, d'un côté, que l'envoi en possession provisoire des héritiers présomptifs ou du conjoint du condamné remplace le séquestre, et d'un autre côté que l'administration des domaines, si elle reste en possession, n'est obligée de rendre compte que d'une partie des revenus (art. 120, 124, 127, C. c.). Ces deux conséquences n'étaient point dans l'intention du législateur : il se plaçait uniquement au point de vue de l'administration des biens et de l'obligation de rendre compte, et

---

(1) Ou faire condamner l'administration des domaines qui le représente, si l'on admet que l'interdiction d'agir en justice est absolue avant l'arrêt de contumace.
(2) La compétence du préfet n'est en effet ni obligatoire ni exclusive. Aubry et Rau, I, § 84, note 15.

il voulait abroger la législation antérieure suivant laquelle les revenus du condamné étaient définitivement acquis à l'État (1).

**1292. Toute condamnation par contumace confirme-t-elle le séquestre ?** — Nous ne le pensons point. Le législateur a eu seulement en vue le cas le plus commun, celui d'une condamnation portant peine afflictive. Le séquestre remplace l'interdiction légale à laquelle le contumax n'est pas soumis. Si la condamnation par contumace portait simplement peine infamante ou correctionnelle, le séquestre prendrait fin et l'administration des domaines devrait rendre son compte au mandataire du condamné ou aux personnes qui auraient obtenu l'envoi en possession provisoire de ses biens (2).

**1293. Comment l'arrêt de condamnation par contumace devient irrévocable et comment il est résolu.** — Nous savons que les condamnations par contumace sont résolues quand le condamné se représente ou est arrêté avant l'expiration du délai de la prescription de la peine (art. 476, 641). S'il meurt ou s'il laisse passer le délai de la prescription sans s'être représenté, la condamnation devient irrévocable, parce que la condition qui l'affectait n'est plus susceptible de s'accomplir. En conséquence, le séquestre cesse et l'administration des domaines rend ses comptes au condamné lui-même ou à ses représentants. S'il est arrêté au contraire dans le délai de la prescription de la peine, la condition s'accomplit, la condamnation est anéantie de plein droit, par suite le séquestre cesse et l'administration rend ses comptes à l'accusé, enfin la procédure est à recommencer.

Mais à partir de quel acte ? L'art. 476 indique deux actes différents : 1° *l'ordonnance de prise de corps ;* 2° *celle de se représenter,* parce qu'il vise les deux situations prévues par l'art. 465. Il suffit de le rapprocher de ce texte pour le comprendre.

1<sup>re</sup> *situation :* L'accusé était en fuite avant la notification de l'arrêt de

---

(1) LOCRÉ, XXVII, p. 173.
(2) V. en sens divers : RODIÈRE, p. 324 ; LEGRAVEREND, II, p. 577 et 580 ; TRÉBUTIEN, II, p. 469. — La jurisprudence paraît maintenir le séquestre, quelle que soit la peine : Cass. 29 juil. 1813 motifs de l'arrêt (B. 398). — Indépendamment de la raison juridique qui motive notre distinction, il faut observer que le séquestre n'a point d'utilité quand la peine prononcée est simplement infamante : la *dégradation civique* en effet est subie à compter de l'exécution par effigie (art. 28, C. p.). Il en est de même, en fait, du *bannissement,* si le contumace a quitté le territoire français. Si l'on suppose qu'il se cache en France, le séquestre paraît recouvrer son utilité ; mais prendrait-on cette mesure contre l'individu condamné au bannissement *par arrêt contradictoire* qu'on soupçonnerait d'être caché en France ? — D'un autre côté appliquer le séquestre au contumax condamné à une peine correctionnelle serait inique, car il n'y a pas de raison pour traiter plus sévèrement celui qui encourt ces peines par arrêt de contumace que celui qui les encourt par jugement ou arrêt par défaut.

mise en accusation et de l'ordonnance de prise de corps. L'annulation remonte alors à cette ordonnance.

2e *situation:* Il s'est évadé après avoir reçu cette notification. Dans ce cas l'annulation remonte seulement à l'ordonnance de se représenter. L'intérêt pratique de la distinction est de savoir s'il faut notifier de nouveau à l'accusé l'arrêt de renvoi et l'acte d'accusation et lui faire subir un nouvel interrogatoire dans la maison de justice. Juridiquement, il faut répondre *oui* dans le premier cas et *non* dans le second. Mais pratiquement, en se plaçant au point de vue de l'équité et de la bonne administration de la justice, il faut dire que de nouvelles notifications et un nouvel interrogatoire sont nécessaires dans les deux hypothèses : ces actes peuvent en effet remonter à une date très éloignée ; il convient de les refaire, si l'on veut qu'ils produisent, en fait, le résultat que la loi en attend (1).

**1294.** Seuls les arrêts *de condamnation* par contumace sont anéantis quand le condamné se représente ou est arrêté dans le délai de la prescription de la peine. L'art. 476 vise en effet les jugements *rendus contre lui.* Nous savons aussi que l'arrestation du contumax doit avoir pour objet de lui faire subir sa peine ; sans quoi elle ne réaliserait point la condition dont sa condamnation est affectée.

**1295.** Lorsqu'un arrêt de contumace contient *condamnation* pour certains crimes et *absolution* ou *acquittement* pour certains autres, il n'y a résolution que pour les condamnations, même lorsque les infractions différemment jugées étaient connexes : la raison d'opportunité qui motive la jonction en cas de connexité est insuffisante pour retirer au contumax le bénéfice d'un acquittement ou d'une absolution qui lui serait définitivement acquis si les poursuites avaient été séparées.

Mais il ne faudrait pas maintenir les parties de l'arrêt qui auraient écarté une circonstance aggravante ou accueilli une excuse, s'il y avait eu condamnation sur le fait principal : *accessorium sequitur principale* (2).

**1296. Procédure à suivre contre l'accusé qui purge sa contumace.** — Le contumax qui reparaît doit être jugé *dans la forme ordinaire* (art. 476), c'est-à-dire par la Cour d'assises avec l'adjonction du jury. Il en est ainsi même lorsque l'arrêt de contumace ne l'a reconnu coupable que d'un délit. L'art. 476 organise en effet à son profit une *voie de rétractation ;* c'est donc à la juridiction qui a prononcé la condamnation qu'il appartient de la rapporter ou de la confirmer.

Si l'individu arrêté conteste son identité avec le contumax précédemment condamné, qui jugera la question d'identité : le jury ou la

---

(1) *Sic* : Instruct. adressées au proc. gén. de Montpellier, 1er juin 1865. DELPECH, p. 234.

(2) Cass. 15 nov. 1821 (B. 497) ; — 1er juil. 1820 (B. 170) ; 27 août 1819 (B. 295).

Cour ? Il semble qu'à ce point de vue les art. 518 et 519 soient en opposition avec l'art. 476 : les premiers réservent à la Cour d'assises, jugeant sans le jury, la reconnaissance de l'identité des condamnés sans distinguer si l'individu évadé et repris a été condamné contradictoirement ou par contumace. L'art. 476 prescrit au contraire la procédure ordinaire contre le condamné qui purge sa contumace ; or dans la procédure ordinaire, la question d'identité est implicitement résolue par la réponse du jury à la question de culpabilité. La jurisprudence a sagement concilié les deux textes : avant l'ouverture des débats, la Cour procède à la reconnaissance de l'identité dans la forme indiquée par les art. 518-520; mais cette reconnaissance a uniquement pour objet de décider si l'accusé doit être soumis au débat ; elle n'empêche point l'accusé de contester son identité dans le cours des débats, ni le jury de l'acquitter, s'il n'est pas convaincu de l'identité de l'individu qui comparait avec le contumax précédemment condamné (1).

Les art. 477 et 478 apportent deux exceptions aux règles de la procédure ordinaire. La première est relative à la lecture des dépositions écrites des témoins qui ne peuvent être produits aux nouveaux débats et des réponses écrites (2) des autres accusés du même délit. Cette lecture est prescrite par la loi ; elle ne dépend plus du pouvoir discrétionnaire (3). — La seconde est relative à la condamnation de l'accusé, même en cas d'acquittement, aux frais occasionnés par sa contumace.

# CHAPITRE III

## DES TRIBUNAUX CORRECTIONNELS.

### I. Organisation des tribunaux correctionnels.

**1297.** Il y a deux degrés de juridiction en matière correctionnelle. Ce qui les caractérise, c'est l'unité et la concordance au point de vue du personnel des tribunaux chargés de la justice civile et de la justice répressive.

Sous la loi du 19 juillet 1791, qui avait séparé les deux justices, le tribunal de police correctionnelle du premier degré se composait de trois

(1) Cass. Ch. réun., 5 août 1834.
(2) Il faut assimiler aux réponses des accusés les interrogatoires qu'ils ont subis. Cass. 24 juin 1843. (B. 161).
(3) Pourvu, s'il s'agit des témoins, que leurs noms aient été notifiés à l'accusé. Cass. 27 sept. 1866 (B. 222).

juges de paix. La Constitution du 5 fructidor an III et le Code de l'an IV le firent présider par un juge du tribunal civil. L'appel était porté, sous la première de ces lois, devant le tribunal de district, et, sous la seconde, devant le tribunal criminel. — La loi du 25 ventôse an VIII, le Code d'instruction criminelle et la loi du 20 avril 1810 unifièrent les deux justices, en laissant subsister cependant pour l'appel une certaine divergence qu'a effacée la loi du 13 juin 1856.

**1298.** Le tribunal correctionnel du premier degré est composé aujourd'hui d'une Chambre du *tribunal de première instance*, quand il n'est pas constitué, faute de personnel, par le tribunal tout entier. Un roulement annuel, établi entre les juges du même tribunal, fait que ces magistrats passent successivement des Chambres civiles aux Chambres correctionnelles (art. 179, C. i. c. ; D. 30 mars 1808, art. 10 ; D. 21 oct. 1870).
— Le nombre minimum des juges est de trois. S'il est supérieur et en nombre pair, le dernier des juges dans l'ordre du tableau doit s'abstenir, de manière que les juges délibèrent toujours en nombre impair (art. 180 ; D. 30 août 1883, art. 4).

Dans les tribunaux de trois membres, le juge d'instruction fait nécessairement partie du minimum légal. Aucune disposition analogue à l'art. 257 ne lui défend de prendre part au jugement des affaires qu'il a instruites (1).

En outre des titulaires, il y a des juges suppléants, au nombre de *un* à *huit*, dans la plupart des tribunaux (L. 30 août 1883, *Tableau* B). Leurs fonctions exigent les mêmes conditions d'aptitude que celles des titulaires. Ils sont nommés et installés dans les mêmes conditions ; ils sont inamovibles, comme eux ; mais ils n'ont point de traitement (2). Ils n'exercent leurs fonctions qu'accidentellement et pour remplacer les juges, le juge d'instruction et les officiers du ministère public. — Un membre du parquet de première instance et le greffier complètent la juridiction.

Le remplacement à l'audience des juges et du ministère public se fait en appelant indifféremment des juges d'une autre Chambre ou des juges suppléants ; à défaut par *un* avocat d'abord, puis par un avoué dans l'ordre du tableau (L. 22 vent. an XI, art. 30 ; D. 30 mars 1808, art. 48, 49) (3).

**1299.** L'appel des jugements rendus par le tribunal correctionnel, juridiction du premier degré, est toujours porté devant la Cour du ressort, depuis la loi du 13 juin 1856. La Chambre à laquelle ils sont déférés est

---

(1) *Contrà* : Projet de réforme du C. d'inst. crim., art. 32.
(2) Excepté dans des cas exceptionnels : L. 11 av. 1838, art. 8 ; D. 2 juil. 1857.
(3) Il ne peut entrer plus d'un avocat ou d'un avoué dans la composition du tribunal à peine de nullité. Cass. 7 janv. 1806 ; 21 déc. 1820.

composée *au minimum* de *cinq* conseillers. S'ils sont en nombre supérieur et *pair*, le dernier s'abstient pour la délibération, comme en première instance (D. 6 juil. 1810, art. 2 ; L. 30 août 1883, art. 1er). — La juridiction du second degré se complète par un membre du parquet de la Cour et par le greffier.

## II. — Compétence des tribunaux correctionnels.

**1300. Compétence ratione materiæ.** — Institués spécialement pour juger les *délits* (art. 179), les tribunaux correctionnels voient cependant distraire certains délits de leur juridiction ; ils sont en revanche appelés parfois à juger des *crimes* et des *contraventions*. Leur compétence *ratione materiæ* n'est donc pas absolue ; mais elle est générale. Parcourons les exceptions :

*a*) La plupart des *délits de presse* sont déférés à la Cour d'assises (L. 29 juil. 1881, art. 45). — Les tribunaux civils jugent certains délits relatifs aux actes et aux registres de l'état civil (art. 50, 53, 156, 192, 193, C. civ.), les soustractions de titres, pièces ou mémoires produits dans un procès dont ils sont saisis (art. 409, C. p.), les délits flagrants commis à leurs audiences (art. 181, C. i. c.). — Les délits de grande voirie (improprement qualifiés de contraventions) sont déférés aux conseils de préfecture (L. 29, an X, art. 1er ; L. 31 mai 1851, art. 17).

*b*) Les crimes imputés à un mineur de seize ans sont généralement déférés aux tribunaux correctionnels (art. 68, C. p.).

*c*) Il en est de même des contraventions forestières poursuivies à la requête de l'administration (art. 171, C. f.) ; — et des contraventions à la police de la médecine et de la chirurgie (L. 19 vent. an 11, art. 35. 36). Enfin le tribunal correctionnel retient le jugement des contraventions de police portées directement devant lui, si l'on n'en a pas demandé le renvoi (art. 192, C. i. c.).

**1301. Compétence ratione personæ.** — La compétence des tribunaux correctionnels devrait s'étendre à toutes les personnes prévenues de délits : ainsi le voudrait le principe de l'égalité devant la loi. Cependant cette compétence n'est encore que générale. La qualité de militaire ou de marin, les immunités de juridiction y apportent d'assez nombreuses exceptions.

La plus usuelle de ces immunités est celle qui transporte à la première Chambre de la Cour d'appel le jugement des délits commis par certains fonctionnaires ou dignitaires protégés par la garantie judiciaire (art. 479, 483, L. 20 av. 1810, art. 10 ; D. 15 nov. 1811, art. 160). Les uns ne relèvent de la juridiction exceptionnelle que pour les délits commis dans l'exercice de leurs fonctions ; les autres doivent être jugés par elle même pour les délits commis hors de cet exercice. Pour ceux de la première classe, la compétence doit être déterminée par l'examen des circonstances du délit. Pour ceux de la seconde, il suffit que la qualité, qui motive la juridiction exceptionnelle, ait existé au moment du délit ou existe actuellement (1).

**1302. Compétence ratione loci.** — Elle est déterminée par celle du procureur de la République et du juge d'instruction membres de la juridiction. Il suffit de renvoyer à l'exposé que nous en avons fait ci-dessus.

### III. Saisine du Tribunal correctionnel. — Juridiction du 1ᵉʳ degré.

**1303. Comment le tribunal correctionnel est saisi.** — Les tribunaux correctionnels peuvent être saisis de cinq manières différentes : 1°) par la *citation directe* ; — 2°) par le *renvoi* d'une autre juridiction ; — 3° par la *comparution volontaire* des parties ; — 4°) par la *conduite immédiate à la barre* ; — 5°) par *requête*.

1° *Citation directe*. — Le droit de traduire le prévenu devant le tribunal correctionnel par une *citation* non précédée d'une instruction préparatoire et que, pour cela, on appelle *directe*, appartient au ministère public, aux administrations publiques et aux particuliers lésés. C'est le procédé le plus ordinaire. Il suppose un prévenu en liberté, sauf dans la procédure des flagrants délits où le prévenu peut être sous mandat de dépôt.

**1304.** Rappelons ici : 1° que la citation est, pour la partie lésée, une forme de constitution de partie civile ; — 2° que la partie civile qui procède par cette voie n'est pas tenue de consigner préalablement les frais de la poursuite ; — 3° qu'elle est responsable des frais envers l'État quelle que soit l'issue du procès, sauf son recours contre le condamné (2).

**1305.** Sur le fond et la forme de la citation, la loi est laconique : elle se borne à dire que la citation signifiée à la requête de la partie civile « *énoncera le fait* » (art. 183). C'est là une *condition de fond* qu'on a justement généralisée aux citations données par le ministère public et les administrations publiques. Mais ce n'est pas la seule ; il faut encore l'*indication du demandeur et du défendeur*, — celle du *tribunal de-*

---

(1) La 1ʳᵉ *classe* se compose : des membres des tribunaux de commerce, — des officiers de police judiciaire qui ne rentrent point dans la 2ᵉ classe par une autre qualité ; — des officiers du ministère public près le tribunal de simple police, sauf la même observation. — La 2ᵉ *classe* comprend tous les autres fonctionnaires et dignitaires visés par l'art. 479 et les lois et décrets qui s'y réfèrent.
(2) V. *suprà*, nᵒˢ 850, 420, 421.

vant lequel le prévenu est cité — et celle du jour et de l'heure de la comparution. Ces deux autres conditions résultent des principes généraux. 
Énoncer le fait, c'est préciser les circonstances qui le constituent. Les mentions de la citation doivent être suffisantes pour permettre au prévenu de préparer sa défense. Il faut indiquer *le lieu du délit*, pour qu'on puisse apprécier la recevabilité de l'action publique et la compétence du tribunal; la *date* au moins approximative du fait, sans quoi le prévenu ne pourrait préparer la preuve de son *alibi*. Cette date, d'ailleurs, prouve implicitement que l'action existe; or la partie poursuivante doit faire cette preuve même avant qu'on lui oppose la prescription, à raison du caractère d'ordre public de la prescription en matière pénale (1). Il n'est pas nécessaire de *qualifier le fait*, ni de *citer l'article de loi* applicable (2) sauf pour les délits prévus par la loi sur la Presse (L. 29 juil. 1881, art. 60, § 3). — L'énonciation du fait peut résulter d'un renvoi à une pièce antérieurement signifiée ou qu'on signifie en même temps que la citation. On agit ainsi quand les lois spéciales prescrivent de donner copie du procès-verbal dans la citation.

**1306.** La citation est signifiée dans les formes prescrites par le Code de procédure civile. Cette signification est généralement faite par huissier; mais elle peut être faite aussi par un gendarme, par un garde-forestier, par un commis ou préposé des contributions indirectes ou des douanes, quand la citation est donnée à la requête du ministère public ou de ces administrations (art. 72, C. i. c.; 173, C. f.; L. 1er germ. an 13, art. 28).

**1307.** Le délai accordé pour comparaître est de *trois jours francs* à compter de la signification, plus un jour par *trois* myriamètres de distance entre le domicile de l'assigné et le siège du tribunal (art. 184). Dans la procédure des flagrants délits tout délai est supprimé et la citation doit être donnée au plus tard pour l'audience du lendemain (L. 20 mai 1863, art. 2). Pour les diffamations et injures contre un candidat à une fonction élective pendant la période électorale, il est réduit à 24 heures outre le délai des distances (L. s. la Presse, art. 60).

**1308.** Toutes les irrégularités de la citation et de sa signification doivent être proposées *in limine litis* (art. 184, § 2, C. i. c.; 172, C. proc.). La citation donnée à un délai trop court n'est pas nulle, mais elle n'autorise pas une *condamnation par défaut* (art. 184, § 1). Le tribunal peut donc relaxer le prévenu qui ne comparaît point; mais, pour le condamner, il doit ajourner son jugement jusqu'après l'expiration du délai de

---

(1) La jurisprudence se montre peu rigoureuse pour le défaut de mention de la date du délit. V. Cass. 21 janv. 1836; 16 mars 1850; 30 juil. et 12 août 1852.
(2) Cass. 3 mai 1844; 24 mai 1879.

comparution. Si le prévenu comparaît et demande un supplément de délai, il lui sera accordé. Son silence emporterait renonciation au délai de comparution (1).

**1309.** 2° *Renvoi d'une autre juridiction.* — C'est par ce renvoi que se manifeste le droit d'impulsion des juridictions sur l'action publique. Le renvoi qui saisit le tribunal correctionnel peut résulter d'une ordonnance du juge d'instruction ou d'un arrêt de la Chambre d'accusation (art. 182 et 130, 230 *comb.*).

**1310.** Peut-il émaner du tribunal de simple police qui découvre un *délit* dans le fait dont il a été saisi ? L'affirmative résulte de l'art. 182 combiné avec l'art. 160. Cependant l'opinion contraire prévaut. On dit que c'est par erreur que l'art. 182 rappelle l'art. 160 : c'est l'art. 230 qu'il aurait dû rappeler. D'ailleurs on relève l'antinomie des deux articles : l'art. 182 porte que le tribunal correctionnel sera saisi par le renvoi qui lui sera fait « d'après les articles... 160 » ; mais l'art. 160 porte que le tribunal de simple police renverra les parties « devant le procureur de la République » (2).

Nous pensons au contraire qu'il n'y a ni erreur dans le rappel de l'art. 160, ni antinomie entre ce texte et l'art. 182. Il était inutile d'abord de rappeler l'art. 230 qui vise un renvoi émané de la Chambre d'accusation, puisque l'instruction préparatoire en matière de délit n'a lieu régulièrement qu'à un degré. Le rappel de l'art. 160 n'est donc pas une erreur. D'un autre côté ce texte se concilie avec l'art. 182 : l'art. 160 prévoit en effet deux hypothèses, celle où le fait dont le juge de simple police a été incompétemment saisi était un *délit* et celle où c'était un crime, puis il prescrit de renvoyer les parties devant le procureur de la République. L'art. 182 reprend la première de ces hypothèses pour dire que le renvoi du juge de police saisit le tribunal correctionnel. Il n'y a là rien de contradictoire. Tout au plus pourrait-on critiquer le renvoi fait au procureur de la République lorsqu'il y a crime ; mais l'on peut expliquer que l'art. 160 prescrive dans l'une ou l'autre hypothèse le renvoi à ce magistrat, parce que la loi le charge de faire connaître soit au tribunal correctionnel, soit au juge d'instruction l'affaire dont le juge de police les a saisis (3).

**1311.** Et en effet, dans tous les cas de renvoi par une juridiction à une autre, l'officier du ministère public qui fait partie de la juridiction devant

---

(1) Cass. 15 fév. 1821 ; 2 oct. 1840. — En pratique, l'huissier qui signifie la citation à un délai trop court fait renoncer le prévenu au délai légal et mentionne sa renonciation, sur l'original de la citation, dans la phrase qui constate la remise de la copie.
(2) *Sic :* F. Hélie, VI, 2870 ; Le Sellyer, *Act. pub. et privée,* I, 54.
(3) *Sic :* Dalloz, v° *Inst. crim.,* 916.

laquelle l'affaire a été renvoyée est chargé de la *mise en état*. S'il y a renvoi devant le tribunal correctionnel il donne une citation (art. 132, § 2); mais cette citation, analogue à l'*avenir* usité dans la procédure civile, est sans influence sur la saisine du tribunal déjà opérée par le renvoi (1).

**1312.** Rien n'empêche d'ailleurs le ministère public ni la partie civile d'étendre cette saisine, au moyen d'une citation, à des faits non relevés dans l'ordonnance ou l'arrêt de renvoi (2). Il appartient au contraire exclusivement au ministère public de donner citation pour les faits relevés dans lesdits arrêt ou ordonnance (3). S'il refusait de poursuivre, la partie civile n'aurait d'autre moyen de vaincre sa résistance que la procédure de prise à partie.

**1313.** 3° *Comparution volontaire*. — Ce troisième mode de saisine résulte de l'accord de la partie poursuivante et du prévenu pour saisir le tribunal du procès pénal, sans citation directe ni instruction préalable. L'art. 147 l'autorise expressément pour le tribunal de simple police; on l'étend par analogie au tribunal correctionnel. Le ministère public en use, dans les délits légers, à l'égard des prévenus domiciliés : ils comparaissent sur simple avertissement verbal ou écrit donné, au nom du procureur de la République, par le maire ou le commissaire de police.

La comparution volontaire exclut tout jugement par défaut, mais elle n'emporte renonciation à aucun moyen de défense : elle n'est pas un aveu du délit. Le prévenu peut donc présenter ses témoins, discuter le fait et sa culpabilité. C'est une erreur, assez fréquente en pratique, de croire que, si le prévenu n'avoue pas, il faut ajourner le débat pour régulariser la procédure par une citation. Le tribunal n'a pas le droit d'imposer cet acte, et la partie poursuivante n'a plus la faculté de le faire, du moment qu'elle a invité le prévenu à comparaître volontairement et que celui-ci s'est présenté.

La comparution volontaire peut servir à étendre la saisine du tribunal à des faits non relevés dans la citation ou dans l'ordonnance de renvoi.

---

(1) Suivant quelques auteurs, la citation serait inutile si l'ordonnance de renvoi indiquait au prévenu le jour et l'heure de sa comparution devant le tribunal correctionnel. Ils s'appuient sur l'art. 131... « Le prévenu sera mis en liberté, *à la charge de se représenter*, A JOUR FIXE, devant le tribunal compétent ». Mais, indépendamment qu'il n'appartient pas au juge d'instruction de fixer le jour du débat, puisqu'il n'est pas chargé de la poursuite devant le tribunal correctionnel, l'art. 132, § 2 prescrit d'une manière absolue au procureur de la République de *faire donner assignation au prévenu.* DANS TOUS LES CAS DE RENVOI, sans exception. L'art. 131 doit donc être entendu en ce sens qu'il impose au prévenu l'obligation de se représenter *au jour qui lui sera fixé par la citation*. — *Contrà* : GARRAUD, *Précis*, 538.

(2) Lyon, 15 mars 1882 (D. 83, 2, 5).

(3) Paris, 10 déc. 1880 (D. 82, 1, 321).

La jurisprudence admet que le consentement, donné par le prévenu à cette extension, peut être *tacite*, s'il est en liberté ; mais s'il est détenu, elle exige avec raison que son consentement soit *exprès* et *constaté* (1).

La comparution volontaire sert encore à donner la qualité de prévenu à un individu qui s'est présenté au procès comme témoin ou partie civile (2).

**1314.** 4° *Conduite immédiate à la barre.* — Ce mode de saisine est spécial à la procédure organisée par la loi du 20 mars 1863 contre les individus arrêtés en flagrant délit. Il nous suffit de renvoyer à l'exposé que nous en avons fait plus haut (nos 1095 et s.).

**1315.** 5° *Requête.* — Quand, à l'occasion d'un délit, il s'agit de prononcer une confiscation contre des prévenus restés inconnus, ou que la loi pénale ne peut atteindre autrement que par cette mesure, dont le caractère est si variable, le seul moyen de saisir le tribunal correctionnel est la *requête*. C'est ainsi qu'on procède, en effet, toutes les fois qu'on n'a pas d'adversaire.

**1316. Étendue et effets de la saisine.** — L'acte qui opère la saisine du tribunal en limite l'étendue : il ne peut l'étendre d'office ni à d'autres faits, même connexes, ni à d'autres prévenus ; mais il peut réunir aux faits relevés dans la citation ou l'ordonnance de renvoi des faits qui constituent avec les précédents un délit collectif imputable au prévenu (3).

Le devoir du tribunal est d'apprécier d'abord la régularité de l'acte qui le saisit. Après cet examen de pure forme, il vérifie sa compétence, et s'il se reconnaît compétent, son devoir est de retenir l'affaire pour la terminer par un jugement de condamnation ou de relaxe : c'est là l'effet de la saisine. Le tribunal ne pourrait pas se dessaisir sous prétexte de connexité entre le fait dont il est saisi et d'autres faits qui ne sont point de sa compétence (4), ni renvoyer l'affaire devant un autre tribunal aussi compétent que lui, mais qui lui paraîtrait mieux en mesure d'apprécier le fait (5), ni ordonner une instruction préparatoire, pas même, sans se dessaisir, déléguer pour faire certains actes d'instruction le juge d'instruction qui n'aurait pas assisté aux débats comme juge (6) ; sa saisine l'oblige à instruire et à juger l'affaire.

---

(1) F. Hélie, VI, 2818 ; Cass. 16 juin 1881 (D. 82, 1, 279).
(2) Rennes, 5 mars 1879 (D. 81, 2, 20).
(3) Cass. 21 av. 1827 ; 24 juin 1836. Dalloz, v° *Inst. crim.*, 927.
(4) Cass. 22 août 1846 ; 1er sept. 1848.
(5) Cass. 20 sept. 1834.
(6) Cass. 21 août 1833 ; 21 juin 1877 (D. 77, 1, 408).

### IV. — Procédure devant le tribunal correctionnel.

**1317. Organisation de la défense.** — Le Code d'instruction criminelle n'a rien fait pour organiser la défense devant les tribunaux correctionnels et de police, car, en fixant le délai de comparution à trois jours francs plus un jour par trois myriamètres, il a simplement donné à la défense le temps nécessaire pour s'organiser. Les lois du 22 janvier 1851 sur l'assistance judiciaire et du 27 mai 1885 sur les récidivistes ont organisé, on le sait, la défense des indigents et des relégables (1).

Le principe de la contradiction qui domine la procédure devant toutes les juridictions de jugement oblige le parquet à communiquer le dossier au prévenu ou à son défenseur dès que la citation est donnée (2). Mais le prévenu ne pourrait exiger que le greffier lui délivrât une copie des pièces, même à ses frais, à moins d'autorisation expresse du procureur général (D. 18 juin 1811, art. 56).

**1318. Comparution du prévenu.** — Régulièrement le prévenu doit comparaître en personne. C'était là une règle absolue dans la législation précédente (L. 19 juil. 1791, tit. II, art. 2 ; C. 3 brum. an IV, art. 200). L'art. 185, C. i. c. y apporte une exception pour les délits qui n'entraînent pas l'emprisonnement, tout en laissant cette exception à la discrétion du tribunal. La comparution personnelle en effet rend possible l'interrogatoire prescrit par l'art. 190, et on a voulu permettre au tribunal d'apprécier si, oui ou non, il pouvait se passer de ce moyen d'instruction.

La raison d'être de l'art. 185 permet au tribunal d'affranchir le prévenu, qui le demande, de la comparution personnelle, *quelle que soit la peine :* le tribunal apprécie en effet souverainement l'opportunité de l'interrogatoire, comme celle de tout autre acte d'instruction, et l'on ne fait pas grief au prévenu en le supprimant, puisqu'il sollicite lui-même cette suppression. L'art. 186 ne contient donc qu'un conseil lorsqu'il paraît exclure la comparution par mandataire pour les délits passibles d'emprisonnement.

Il suit de là : 1° qu'un jugement sera contradictoire s'il est rendu contre un prévenu autorisé à comparaître par mandataire, *quelle que soit la peine;* 2° qu'un jugement sera par défaut s'il est rendu contre un prévenu comparaissant par mandataire, lorsque le tribunal a ordonné sa comparution personnelle, alors même que le délit serait passible d'une simple amende (3).

(1) V. *suprà*, nos 432, 553.
(2) Cass. 14 mai 1835 (B. 180).
(3) Sic : F. Hélie, *Inst. crim.* VI, 2858, 2859 ; *Prat. crim.* I, 410 et les arrêts qu'il cite. — En sens divers : Ortolan, II, 2389 ; Garraud, *Précis,* 565 ; Villey,

Le mandataire par lequel le prévenu peut se faire représenter n'est pas seulement un *avoué*, comme le dit l'art. 185, mais encore toute personne de son choix. La seule différence, c'est que l'avoué n'a pas besoin de procuration, tandis que tout autre mandataire doit justifier de son mandat (arg. art. 204) (1).

La condamnation par défaut est la seule sanction de l'obligation de comparaître en personne (art. 186). Le tribunal ne pourrait décerner un mandat d'amener contre le prévenu qui refuse de se présenter.

La comparution en personne ou par mandataire n'enlève pas d'ailleurs au prévenu le droit de faire défaut. On admet en effet, comme on le verra bientôt, le défaut faute de comparaître et le défaut faute de défendre.

C'est uniquement pour le prévenu qu'est établie l'obligation de comparaître en personne, la *partie civile* et les *personnes civilement responsables* peuvent se faire représenter. Si le tribunal juge à propos de les entendre, on les fera citer comme témoins, sans rien préjuger sur les reproches dont elles pourront être l'objet.

**1319. Instruction à l'audience et plaidoiries.** — 1° *Caractères généraux.* — *Preuves.* — La *publicité*, la *contradiction*, le droit de se faire assister *d'un défenseur* sont des caractères communs à la procédure suivie devant toutes les juridictions de jugement. Mais, devant les tribunaux de police correctionnelle ou de simple police, l'*oralité des débats* est moins grande qu'en Cour d'assises ; la règle que les *preuves sont de conviction*, absolue au grand criminel, comporte des exceptions ; enfin le principe de la continuité des débats est supprimé.

*a*) Les écrits sont admis au même titre que les témoignages pour établir le délit et la culpabilité. En première instance on lit les procès-verbaux et les rapports qui ont trait au délit. On entend les témoins appelés par les parties. Mais le greffier tient note de leurs dépositions ; et en appel l'affaire n'est généralement jugée que sur ces notes et sur les pièces écrites de l'instruction préparatoire, judiciaire ou extra-judiciaire (art. 154, § 1, 189, 190, 209). La pratique a conclu de ces textes que l'aveu du prévenu dispensait de produire des témoins, — qu'il couvrait la nullité du procès-verbal, — que, même isolé, il pouvait motiver la condamnation (2). Le principe de l'oralité des débats est donc fortement entamé.

*b*) Celui des preuves de conviction reçoit exception pour les procès-

---

p. 953 ; BOITARD, 703. D'ailleurs on reconnaît dans tous les systèmes que la comparution personnelle est exigée seulement pour le débat sur le fond et non sur un incident. F. HÉLIE, *Prat. crim.* I, 410 ; DALLOZ, v° *Inst. crim.*, 985.

(1) *Sic* : F. HÉLIE, *Inst. crim.* VI, 2859 ; *Prat. crim.*, I, 413. — *Contra* : BOITARD, 703.

(2) Cass. 4 sept. 1847 ; 29 juin 1848 (D. 48, 5, 44).

verbaux qui font foi jusqu'à inscription de faux ou jusqu'à preuve contraire. Le juge en effet doit faire taire sa conviction tant que la fausseté du procès-verbal n'est pas établie suivant la forme légale, c'est-à-dire, dans le premier cas, suivant la procédure d'inscription de faux, et dans le second tant que le prévenu ne produit pas des écrits ou des témoignages s'élevant contre la vérité des faits énoncés dans le procès-verbal.

Là cependant se restreint le système des preuves légales dans notre législation. Il ne faut pas confondre en effet la *recevabilité d'un moyen de preuve* avec sa *force probante*. La loi assujettit, par exemple, la réception des témoignages à certaines formes ; la citation préalable, la prestation du serment, dans les cas ordinaires ; l'inscription de faux dans des cas exceptionnels ; d'autres fois elle rejette certains témoins, certains écrits : par exemple, contre le complice de l'adultère, elle exige la preuve du flagrant délit et par conséquent des témoins *de visu* ou des écrits émanés du prévenu (art. 338, C. p.). Voilà des entraves à la recevabilité de la preuve. Mais une fois l'obstacle levé, la règle de l'*intime conviction* s'applique ; le juge est libre de peser les témoignages et d'apprécier les écrits ou produits devant lui.

En Droit civil la preuve testimoniale est parfois rejetée et parfois subordonnée à un commencement de preuve par écrit. Quand le délit soulèvera une question de Droit civil dont la solution est ainsi gênée, les tribunaux de répression ne pourront la résoudre qu'en observant les dispositions du Droit civil. L'admissibilité de la preuve est, en effet, une règle de fond qui dépend de la nature du fait à prouver, et non de la juridiction devant laquelle la preuve est administrée.

c) La *continuité des débats* n'est pas exigée. C'est là une conséquence de la permanence de la juridiction et de l'admission de la preuve écrite.
— Le pouvoir discrétionnaire du président n'existe pas ; il n'aurait pas de raison d'être : puisqu'en effet le débat peut être ajourné, on ne voit pas pourquoi on ne surseoirait pas à statuer pendant tout le délai nécessaire pour faire régulièrement les actes d'instruction dont l'utilité se révèle au cours de la procédure à l'audience.

**1320.** 2° *Marche ordinaire de la procédure.* — La procédure est la même que le prévenu comparaisse ou qu'il fasse défaut, sauf que dans ce dernier cas il ne peut y avoir de défense. Aucune mesure de publicité ne prévient d'ailleurs de la poursuite le prévenu qui n'a pas été touché par la citation. Cette différence avec la procédure de contumace amènera une différence dans la condamnation aux frais de l'opposition (comp. art. 187, § 2 et 478).

**1321.** L'art. 190 prescrit d'abord un *exposé de l'affaire* par la partie poursuivante : il consiste habituellement dans la lecture de la citation. L'art. 190 énumère ensuite dans un ordre qui n'a rien d'obligatoire les actes relatifs au développement de la preuve : a) lecture des procès-verbaux et rapports, b) audition des témoins, c) représentation des pièces à conviction et à décharge, d) interrogatoire du prévenu. — En pratique, l'interrogatoire tantôt précède, tantôt suit la production des preuves. Souvent aussi on le scinde en deux parties : tout de suite après la lecture de la citation, le président pose quelques questions sommaires pour constater le système de défense, et une fois les témoins entendus, il procède à un interrogatoire de discussion.

1322. La loi ne prescrit point la notification de la liste des témoins que chaque partie se propose de faire entendre ; elle ne s'explique pas non plus sur la manière dont ils doivent être appelés. Conformément au Droit commun la notification de la liste des témoins est inutile ; mais pour les appeler, une citation paraît nécessaire. L'art. 153 permet, il est vrai, de les appeler sans citation devant le tribunal de simple police ; mais l'art. 189, qui étend à l'instruction devant le tribunal correctionnel plusieurs règles de la procédure suivie en simple police, ne renvoie point à l'art. 153. Le Droit commun est au surplus confirmé par l'exception qui apporte l'art. 3 de la loi du 28 mai 1863 pour l'instruction des flagrants délits (1).

Tout témoin doit prêter serment, sauf s'il est mineur de quinze ans ou s'il est privé du droit de témoigner en justice autrement que pour y fournir de simples renseignements (arg. art. 79, C. i. c.; 34 et 42, C. p.).

La formule du serment est la même que dans l'instruction préparatoire : « dire toute la vérité et rien que la vérité » (art. 155, 189). Elle est sacramentelle en ce sens qu'on ne peut rien en retrancher, et par exemple, jurer simplement « de dire vérité » comme dans les enquêtes civiles, mais on pourrait y substituer la formule plus large et plus solennelle du serment des témoins devant la Cour d'assises, puisqu'elle s'y trouve insérée (2).

Les règles relatives aux excuses, aux reproches, aux moyens de coercition pour forcer le témoin à comparaître et à satisfaire à la citation, sont les mêmes que devant le juge d'instruction et devant la Cour d'assises (art. 156, 157, 158 et 189 ; arg., art. 80, 355) (3).

1323. Toutes les déclarations des témoins et les réponses du prévenu sont consignées dans les notes d'audience tenues par le greffier et visées

(1) Sic : F. HÉLIE, VI, 2875 ; prat. crim. I, 445. VILLEY, p. 354. — Contrà : TRÉBUTIEN, II, p. 490 ; ORTOLAN, II, 2301.
(2) Cass. 15 janv. 1848 ; — 1er juin 1888.
(3) On ne retrouve pas parmi les reproches celui qui peut être élevé « contre les dénonciateurs dont la dénonciation est pécuniairement récompensée par la loi ». Nous pensons cependant qu'il doit être maintenu par analogie. D'ailleurs, si on ne l'appliquait pas dans la poursuite des délits de douanes et de contributions indirectes, on ne trouverait point son application.

par le président. L'art. 189 accorde trois jours pour ce visa afin de donner au greffier le temps de recopier ses notes et aux parties celui de les contrôler. Ce contrôle d'ailleurs peut s'exercer même à l'audience. Il est vrai qu'un amendement qui proposait de donner expressément aux parties le droit de demander la lecture des notes après chaque disposition a été écarté ; mais ce fut uniquement pour ne pas attirer, par un texte formel, l'attention du prévenu sur une faculté dont l'exercice trop souvent répété nuirait à la prompte expédition des affaires. Le droit n'en existe pas moins, et il est souvent exercé (1).

**1324.** Après ces formalités viennent le réquisitoire et les plaidoiries. L'art. 190 n'y fait qu'une allusion fort confuse. Il fait passer en effet les plaidoiries des parties poursuivies avant le réquisitoire et réserve à celles-ci la faculté de répliquer ; de plus, il ne dit rien de la plaidoirie de la *partie civile* ni de *l'agent forestier*. Dans la pratique on suit l'ordre indiqué par l'art. 335 : les parties poursuivantes (*partie civile, agent forestier, ministère public*) parlent les premières ; les parties poursuivies (*prévenus, personnes civilement responsables*) leur répondent et, s'il y a des répliques, les parties poursuivies doivent avoir la parole en dernier lieu.

**1325.** Le prononcé du jugement suit immédiatement les plaidoiries. Il peut aussi être renvoyé à l'audience suivante. Cette disposition de l'art. 190 n'est que réglementaire, un plus long délai n'emporterait pas nullité (2).

**1326. Incidents.** — Les principaux incidents qui peuvent surgir au cours de cette procédure sont :

1° La jonction et la disjonction, — 2° le sursis ou remise de cause, — 3° le renvoi pour incompétence ou pour impropriété de la saisine, —, 4° l'intervention.

Nous avons exposé ci-dessus les causes et les conditions de la jonction ou de la disjonction des procédures (n°s 967, 974, 975, 1226, 1227) et la théorie de l'*intervention* (n°s 767 et s.), il suffit d'y renvoyer. Les deux autres incidents ont été en partie traités à propos de la prescription (n° 876, *texte et note*), de la loi du 27 mai 1885 sur les récidivistes (n° 552) et de la loi du 20 mai 1863 sur l'instruction des flagrants délits (n° 1099). Nous donnerons ici simplement quelques explications complémentaires.

**1317.** 1° *Du sursis ou remise de cause.* — Le sursis est obligatoire toutes les fois qu'un obstacle légal suspend le jugement de l'action publique, sans cependant empêcher d'en saisir le tribunal correctionnel. Les *exceptions préjudicielles* donnent un exemple de ce genre de sursis. Le prévenu peut aussi réclamer le sursis lorsque le délai ordinaire de la

(1) F. HÉLIE, VI, 2889.
(2) Cass. 8 nov. 1850.

comparution n'a pas été respecté. Passé ce délai le sursis demandé pour préparer la défense peut être refusé. Cependant le prévenu a un moyen indirect d'obtenir le délai qu'on lui refuse, c'est de faire défaut (*défaut faute de défendre*). Le seul inconvénient de ce procédé sera une condamnation à certains frais (art. 187, § 2). Il peut cependant l'éviter en formant opposition avant que ces frais aient été faits.

Le jugement qui accorde un sursis pour accomplir un acte d'instruction se lie intimement à cet acte, comme la commission rogatoire se lie aux actes d'instruction qu'elle prescrit. Aussi peut-on le qualifier de jugement d'instruction. — Mais en est-il de même lorsqu'il ne fait pas connaître l'objet du sursis? La jurisprudence répond affirmativement; elle présume (*honoris causa*) que ces sursis sont ordonnés dans l'intérêt de l'instruction (1). Rien n'est plus faux cependant, car les sursis dont on n'indique pas l'objet sont toujours motivés par des convenances personnelles qui dénotent l'abstention du juge.

**1328.** 2° *Du renvoi pour incompétence ou pour impropriété de la saisine.* — L'incompétence étant toujours d'ordre public en matière criminelle, dès qu'une juridiction découvre son incompétence elle doit se dessaisir, même d'office, et quelle que soit la phase du procès. Tel est le principe.

**1329.** L'art. 192 y apporte une exception quand le tribunal correctionnel est saisi d'une contravention de police. Le renvoi dans ce cas ne peut être ordonné que sur la demande du ministère public ou de la partie civile (2). Cet article est inexplicable : si l'incompétence du tribunal correctionnel, pour les contraventions de police portées directement devant lui, est d'ordre public, pourquoi refuser au prévenu le droit de l'invoquer, pourquoi ne pas faire un devoir au tribunal de la déclarer d'office? Si elle n'est pas d'ordre public, pourquoi ne pas appliquer la règle que les exceptions de cette nature doivent être proposées *in limine litis*? Pourquoi enfin établir une inégalité choquante entre la partie poursuivante et le prévenu? En présence d'un texte aussi dérogatoire au Droit commun, il convient de l'appliquer uniquement à l'hypothèse pour laquelle il est fait.

Cette hypothèse est indiquée par la liaison de l'art. 192 avec les deux précédents : il s'agit d'un fait qui, au début du procès, semblait être un délit, et qui a dégénéré en contravention de police par suite des explications données dans le débat. Par conséquent, si à la seule lecture de la citation, on découvrait au fait le caractère de contravention, le prévenu pourrait décliner la compétence (3).

Mais le tribunal pourrait-il se dessaisir d'office? Nous ne le pensons

---

(1) V. les arrêts cités *supra* n° 876, note.
(2) Cass. 24 av. 1829 ; 30 juil. 1833 ; 17 oct. 1833.
(3) Cass. 6 mars 1839 ; 4 mai 1843. *Sic* : Rodière, p. 454 ; Le Sellyer, *Compé-*

point, parce que son incompétence n'est pas absolue : il y a seulement privation du premier degré de juridiction. Or si les parties sont d'accord pour le supprimer, on ne voit pas à qui l'on ferait grief (1).

**1330.** Un renvoi inconnu du législateur de 1808, et que des lois récentes ont introduit, est le renvoi pour *impropriété de la saisine*. Il a lieu quand l'affaire a été introduite suivant la procédure des flagrants délits en dehors des cas où cette procédure est admise. Nous avons dit précédemment que le tribunal devait se dessaisir quand il avait été saisi par *conduite immédiate à la barre ;* mais qu'il devait au contraire retenir l'affaire, en accordant d'office au prévenu le délai ordinaire de la comparution, lorsqu'il avait été saisi par *citation* : dans ce cas, en effet, la procédure des flagrants délits ne modifie la procédure ordinaire que par l'abréviation de ce délai.

**1331.** Ces renvois constituent tantôt un simple dessaisissement, tantôt un acte d'impulsion sur l'action publique devant la juridiction compétente. Tout tribunal qui se déclare incompétent ou irrégulièrement saisi ne peut en général que se dessaisir, sans rien faire ni ordonner relativement à l'affaire portée devant lui. Mais cette règle, qu'on applique rigoureusement lorsqu'il y a renvoi pour *incompétence ratione personæ*, ou *ratione loci*, ou pour *impropriété de la saisine*, reçoit exception, selon nous, quand le renvoi est motivé uniquement par l'*incompétence ratione materiæ* : ainsi le tribunal correctionnel saisi de la contravention le tribunal de police (art. 192), et du crime le juge d'instruction (art. 193) quand le fait dont il se dessaisit présente l'un ou l'autre de ces caractères. L'art. 193 suppose qu'il en est ainsi, puisqu'il autorise même le tribunal à décerner de suite le mandat de dépôt ou d'arrêt dans la seconde hypothèse; il faut raisonner par analogie de ce texte pour la première. Cet acte d'impulsion sur l'action publique associe les tribunaux à l'exercice de l'action publique. Cette participation est rationnelle, car elle complète la disposition de l'art. 181 : dans l'arrondissement et à l'égard des prévenus justiciables des juridictions ordinaires, le tribunal correctionnel a un droit égal à celui du ministère public pour donner l'impulsion à l'action publique relativement aux infractions qui se découvrent à son audience et qu'il n'a pas le droit de réprimer séance tenante.

Malgré le vœu de la loi le renvoi devant le juge d'instruction ne pourra point être ordonné, si le tribunal s'est trouvé saisi de l'affaire après instruction préalable : il y aura en effet dans ce cas un conflit né-

---

tence, I, 42 ; GARRAUD, *Précis*, 569 ; VILLEY, p. 356. — *Contra :* TRÉBUTIEN, p. 495; BOITARD, 712.

(1) Cass. 1er juill. 1834, F. HÉLIE, *Prat. crim.* 482. — Il faut supposer d'ailleurs qu'il s'agit d'une contravention commise dans l'arrondissement et par conséquent dont le tribunal correctionnel pouvait connaître en tant que juge d'appel.

gatif entre la juridiction d'instruction qui s'est dessaisie de l'affaire au profit du tribunal correctionnel et le tribunal correctionnel qui refuse de s'en saisir. C'est à l'autorité qui statuera en règlement de juges qu'il appartient de saisir la juridiction compétente (1).

## V. — Jugements correctionnels.

**1332.** Les jugements rendus par le tribunal correctionnel se divisent : 1° au point de vue de leur résultat, en jugements *définitifs* et jugements d'*avant dire droit* ; — 2° au point de vue de l'attitude des parties, en jugements *contradictoires* et jugements *par défaut*.

Les jugements définitifs sont ceux qui mettent fin à l'instance engagée devant le tribunal correctionnel et qui le dessaisissent du procès pénal. Ils se divisent, d'après leur objet, en jugements de *condamnation*, de *relaxe* et d'*incompétence*.

Les jugements d'avant dire droit sont d'abord ceux par lesquels le tribunal statue sur des intérêts qui pourraient être en souffrance pendant la durée du procès (jugements *provisoires*), et en second lieu ceux qui ordonnent des mesures d'instruction (jugements *interlocutoires* et *préparatoires*).

2° La *présence* d'une partie au débat, jointe à sa défense effective, rend, quant à elle, le jugement *contradictoire*. Son absence ou son refus de défendre le rend *par défaut*.

**1333. Jugement de condamnation.** — Le jugement de condamnation applique la peine, condamne aux dépens, statue sur la contrainte par corps, ordonne d'office les restitutions et prononce sur les dommages-intérêts réclamés par la partie civile (art. 192, 194). Les règles relatives à la délibération, au prononcé et à la rédaction par écrit du jugement ont été exposées plus haut dans les notions générales sur les juridictions de jugement.

**1334. Jugement de relaxe.** — Toutes les fois que pour une raison quelconque une condamnation pénale ne peut être prononcée contre le prévenu, le tribunal le *relaxe de la prévention*. Cette expression usitée dans la pratique est synonyme de *renvoi de la poursuite* autorisée par l'art. 191. Elle en a le sens large, car elle comprend l'acquittement et l'absolution (2).

Si le ministère public est seul partie poursuivante le jugement de relaxe ne statue pas sur les dépens ; s'il y a partie civile en cause il prononce la condamnation de cette partie aux dépens tant envers l'État

---

(1) Cass. 5 mars 1853 ; F. Hélie, *loc. cit.*
(2) L'art. 206 emploie il est vrai l'expression *acquittement*, mais sans y attacher de sens technique. Comp. art. 123.

qu'envers le prévenu acquitté, et il statue sur la demande en dommages-intérêts que celui-ci peut former contre elle (art. 191, 194). — Mais il ne peut examiner aucune demande de la partie civile, pas même ordonner à son profit la restitution des objets saisis chez le prévenu et dont elle est reconnue propriétaire. C'est une conséquence du caractère accessoire de la compétence des tribunaux de répression quant à l'action civile (1).

L'élargissement immédiat est pour le prévenu détenu la conséquence du jugement de relaxe (art. 206). Cette disposition date de la loi du 14 juillet 1865. Sous le Code de 1808, le prévenu acquitté gardait prison pendant le délai de dix jours accordé aux parties poursuivantes pour faire appel. La loi de revision de 1832 prescrivit sa mise en liberté après trois jours. La loi du 20 mai 1863 inaugura le système actuel dans la procédure des flagrants délits. Enfin la loi du 14 juillet 1865 généralisa cette innovation. On voit que dans l'état actuel de la législation les jugements de relaxe reçoivent l'*exécution provisoire*. — En s'inspirant des motifs de la loi, il faut étendre l'art. 206 aux jugements qui condamnent le prévenu à une simple amende (2).

**1335. Jugements d'instruction.** — Les jugements d'instruction sont dits *interlocutoires* lorsque la mesure ordonnée fait préjuger la solution sur le fond. Tels sont, par exemple, les jugements qui admettent le prévenu à faire la preuve d'une exception préjudicielle ou préalable, ceux qui statuent sur la recevabilité d'un mode de preuve qu'une des parties conteste. — On les appelle *préparatoires* lorsque la mesure ordonnée ne fait rien préjuger quant au fond : les jugements de jonction ou de disjonction, ceux qui admettent une intervention, ceux qui ordonnent l'audition de nouveaux témoins rentrent dans cette classe. — L'intérêt pratique de la distinction se fera sentir pour l'appel.

**1336. Jugements provisoires.** — On peut citer comme type de jugements de ce genre celui qui statue sur une demande de mise en liberté provisoire, ou qui l'accorde d'office. — L'art. 188, § 2 permet, sur le second défaut d'une partie privée, d'accorder à l'autre *une provision :* Voilà encore un jugement provisoire. — Les jugements qui donnent mainlevée de la saisie de pièces à conviction, ou qui, par exemple, dans la poursuite de la contrefaçon industrielle, transforment la saisie réelle en saisie par description, ou qui imposent au saisissant l'obligation de

---

(1) Cass. 25 fév. 1869 (S. 70, 1, 43).
(2) La réforme introduite dans l'art. 206, en 1865, l'a été par voie d'amendement. Le législateur n'a formulé en texte de loi qu'une application de sa pensée, comme cela arrive souvent dans ce cas ; mais les travaux préparatoires démontrent qu'il n'a voulu obliger à garder prison pendant le délai d'appel que le prévenu *condamné à l'emprisonnement*. (*Rapport*, n°⁵ 15, 18; D. 65, 4, 153-154). *Comp. Circ. minist.* 14 juil. 1865 (D. 65, 4, 159, note 7).

donner caution, sont aussi des jugements provisoires. — Au point de vue de l'appel ces jugements sont traités comme définitifs.

**1337. Jugement contradictoire.** — Le jugement est contradictoire lorsqu'il est rendu après l'audition des deux parties. Il suppose donc que les parties ont *comparu* et qu'elles se sont *défendues* sur les points litigieux. — Cette règle comporte quelques exceptions : il y a des jugements réputés contradictoires, quoique l'une ou les deux conditions ne soient point remplies.

**1338.** *a*) A l'égard du ministère public tout jugement est réputé contradictoire. Il ne peut pas en effet ne pas comparaître, car il fait partie de la composition du tribunal ; s'il quitte l'audience on le remplacera. Il ne peut pas non plus ne pas conclure, ou, pour mieux dire, son refus de conclure n'est d'aucune valeur, car le tribunal régulièrement saisi de l'action publique a mission légale de prononcer sur la prévention après l'avoir mis en demeure de donner ses conclusions.

**1339.** *b*) Le prévenu détenu qui se met en rébellion contre la justice est jugé contradictoirement, quoique non présent à l'audience et non défendu, s'il n'avait pas appelé de défenseur (L. 9 sept. 1835, art. 8-10). Nous savons qu'après avoir fait constater par huissier son refus de comparaître, le président peut le faire amener de force à l'audience, ou ordonner que malgré son absence il sera passé outre aux débats. Le premier procédé supprime le défaut faute de comparaître ; mais le prévenu conserve le droit de n'opposer aucune défense et de se renfermer dans un mutisme absolu. Le jugement, dans ce cas, sera par défaut faute de conclure. — Le second procédé supprime à la fois le défaut faute de comparaître et le défaut faute de défendre ; le jugement est réputé contradictoire. Il est vrai qu'une défense est possible, soit au moyen de notes, soit par l'organe de l'avocat (1).

**1340.** La présence du prévenu est nécessaire à tous les actes de la procédure à l'audience et même au prononcé du jugement pour que le jugement soit contradictoire. Le principe de la contradiction implique en effet une assistance continue de manière à pouvoir surveiller et critiquer tout ce qui se fait. Ainsi, quand le prévenu ne comparaît pas à l'audience où l'affaire a été continuée, le jugement qui la termine est par défaut (2). Ainsi, quand le tribunal renvoie le prononcé du jugement à une prochaine audience, il doit en fixer le jour ; et si le renvoi a eu lieu sans jour déterminé, le prévenu doit être réassigné pour l'audience où le jugement sera rendu (3).

**1341.** *c*) Quand une partie privée ne comparaît pas pour faire juger

---

(1) Comp. *suprà :* nos 1178, 1235.
(2) Cass. 14 mai 1835 (S. 37, 1, 40) ; Lyon, 10 août 1881 (D. 82, 2, 65).
(3) F. Hélie, VI, 2857 ; Cass. 22 juin 1862 (B. 217) ; 22 juin 1878 (D. 78, 1, 443).

l'*opposition* qu'elle a relevée contre un jugement par défaut rendu précédemment contre elle, il intervient un jugement de débouté d'opposition qui, au point de vue des voies de recours dont il est susceptible, est réputé contradictoire, en vertu de la règle : « opposition sur opposition ne vaut »; mais qui, relativement, au point de départ du délai d'appel, est traité comme un jugement par défaut et doit être signifié (1). A vrai dire, c'est un jugement par défaut non susceptible d'opposition.

**1342. Jugements par défaut.** — Les parties privées, c'est-à-dire le prévenu, les personnes civilement responsables et la partie civile, peuvent faire défaut. L'art. 186 ne traite que du défaut du *prévenu* et ne vise que le défaut *faute de comparaître*. Doit-on l'interpréter en ce sens qu'il exclut le défaut des autres parties et le défaut faute de défendre? L'opinion générale est depuis longtemps fixée dans le sens de la négative. La réunion de la justice pénale et de la justice civile dans les mêmes tribunaux, l'analogie sur bien des points de la procédure civile et de la procédure correctionnelle, la formule simplement énonciative de l'art. 186 autorisent à admettre, pour toutes les parties privées, la possibilité de faire défaut et les deux sortes de défaut prévus par le Code de procédure civile : celui faute de comparaître et celui faute de défendre (2).

**1343.** L'application de la loi du 9 septembre 1835 ne prive-t-elle pas les prévenus détenus du droit de faire défaut? L'affirmative a été soutenue ; mais elle ne peut être admise qu'avec une distinction. Sans doute la loi de 1835 répute contradictoire le jugement rendu hors de la présence du prévenu, soit qu'il ait été laissé en prison après son refus de comparaître, soit qu'il y ait été reconduit parce qu'il troublait l'audience. Mais le prévenu qui obéit à la sommation de comparaître ou qui est conduit de force à l'audience, conserve le droit de faire défaut faute de défendre ; il lui suffit de le déclarer et de se renfermer ensuite dans un mutisme absolu.

**1344.** Le refus de défendre peut ne porter que sur un point du procès. Il pourra y avoir par exemple un jugement contradictoire sur la compétence et par défaut sur le fond, si le prévenu a refusé de défendre quand il a vu son exception d'incompétence rejetée. De même, si plusieurs délits ayant été réunis dans la même poursuite le prévenu accepte le débat pour certains et refuse de défendre pour d'autres, le jugement qui statue sur le tout sera, relativement aux premiers chefs de prévention, un jugement contradictoire et, relativement aux seconds, un jugement par défaut (3).

(1) Cass. 15 juin 1879 (S. 80, 1, 385).
(2) V. sur le défaut de la partie civile et des personnes civilement responsables : Cass. 26 mars 1824 ; 16 fév. 1878 ; — sur les deux sortes de défaut : même arrêt et Cass. 23 fév. 1867 ; 17 janv. 1868. — *Contrà :* RODIÈRE, p. 357.
(3) Cass. 7 déc. 1822 ; 26 janv. 1834.

**1345.** Quel est l'effet du défaut de la partie civile? — Sur l'action publique il est absolument nul, car il n'appartient pas à la partie civile de dessaisir le tribunal de répression de l'action publique qu'elle a mise en mouvement par sa citation, et à l'exercice de laquelle elle devient, à partir de ce premier acte, absolument étrangère. Ce droit, nous le savons, n'appartient pas non plus au ministère public : la juridiction pénale doit prononcer malgré le désistement de ceux qui l'ont saisie (1). — Au point de vue de l'action civile, on serait tenté d'abord de se demander s'il faut faire les mêmes distinctions que dans la procédure civile pour le défaut du demandeur : le jugement par défaut annule-t-il simplement la citation, ou bien rejette-t-il la demande ? La partie civile pourra-t-elle se contenter de renouveler sa citation ; ou bien est-elle obligée d'attaquer le jugement par une voie de recours (2) ? Mais dans la procédure pénale la question doit être résolue toujours dans ce dernier sens, à cause du caractère accessoire de la compétence des tribunaux de répression quant à l'action civile et de l'obligation qu'ils ont de prononcer sur l'action publique malgré le désistement du demandeur. Le jugement, rendu contradictoirement avec le prévenu, mais par défaut contre la partie civile, a épuisé la juridiction du tribunal correctionnel au point de vue de l'action publique ; il ne pourra plus en être ressaisi ; dès lors il ne pourra plus connaître de l'action civile que si elle revient devant lui par l'effet d'une voie de recours, c'est-à-dire par l'opposition. L'intérêt pratique de cette solution est considérable : 1° la partie civile n'a pas tout le délai de la prescription pour ressaisir le tribunal correctionnel, mais seulement celui de l'opposition ; 2°) elle ne le ressaisit que de l'action civile ; en supposant donc qu'elle fasse rétracter le jugement de relaxe rendu par défaut, aucune peine ne pourra être prononcée et le tribunal statuera seulement sur ses dommages-intérêts.

**1346. De l'exécution provisoire.** — En matière pénale l'exécution provisoire du jugement, nonobstant l'éventualité ou l'exercice des voies de recours, est tout à fait exceptionnelle. Elle a lieu de plein droit pour les jugements de relaxe (art. 206), pour les jugements de condamnation à l'emprisonnement que le prévenu n'attaque pas (art. 24, C. p.), pour le jugement provisoire rendu dans l'hypothèse de l'art. 188.

On peut se demander s'il ne convient pas de généraliser ce dernier texte et de dire que tout jugement provisoire doit être exécuté par provision ? — La question est discutée dans la procédure civile (3). A notre avis, là comme ici, la réponse doit être négative. De quelle utilité seraient en

---

(1) Cass. 11 août 1881 (D. 84, 5, 279-280). — Comp. p. le trib. de simple police: Cass. 4 nov. 1843 (B. 274).
(2) Bonfils, *Tr. de proc. civ.*, 942.
(3) Dalloz, v° *Jugement*, 590.

effet les art. 135, C. pr. civ. et 188, C. i. c., qui attachent l'exécution provisoire à certains jugements provisoires, si elle était la conséquence naturelle du caractère de ces jugements (1)?

### VI. — Voies de recours ordinaires contre les jugements correctionnels.

**1347.** Les voies de recours ordinaires contre les jugements correctionnels sont *l'opposition* et *l'appel*. La première ressaisit le tribunal ; c'est une *voie de rétraction*. La seconde saisit la juridiction du second degré, la Cour d'appel ; c'est une *voie de réformation*. La première ne s'applique qu'aux jugements par défaut ; la seconde s'applique aux jugements contradictoires comme aux jugements par défaut.

### A. — De l'opposition.

**1348. Délai.** — La partie qui a obtenu le jugement par défaut doit le signifier pour faire courir le délai légal des voies de recours et rendre le jugement irrévocable. Régulièrement chaque partie agit dans son intérêt exclusif, et ne signifie le jugement que pour ce qui la concerne. Néanmoins, par raison de célérité et d'économie, l'art. 187 décide que la signification faite au prévenu défaillant par l'une des deux parties poursuivantes a pour résultat de le mettre en demeure de former son opposition contre toutes deux (2). La signification, d'ailleurs, suppose la remise d'une copie du jugement et non d'un simple extrait : elle fait donc connaître au prévenu toutes les condamnations pénales ou civiles prononcées contre lui.

De cette signification court le délai d'opposition. Régulièrement il est de cinq jours, plus un jour par cinq myriamètres de distance entre le lieu où le défaillant reçoit la signification du jugement et le siège du tribunal. Ce délai n'est pas franc, mais *plein*. Il ne serait donc pas prorogé d'un jour si le dernier était férié. — Exceptionnellement, l'opposition est recevable jusqu'à l'expiration du délai de la prescription de la peine, quand la signification n'a pas été faite à personne, et qu'il ne résulte pas d'actes d'exécution du jugement que le prévenu en a eu connaissance. Si la signification ayant été faite à domicile, le prévenu apprenait l'existence du jugement par un acte d'exécution, ce serait à partir du jour où il aurait eu connaissance de cet acte que courrait le délai d'opposition.

**1349.** Ce délai exceptionnel a été ajouté à l'art. 187 par la loi du 27 juin 1866, afin de remédier aux inconvénients de la forclusion des

(1) *Sic :* Cass. 11 juil. 1850 (B. 218).
(2) Cass. 21 sept. 1820 (J. Pal., XVI, p. 199) ; 25 av. 1846 (B. 103).

délais d'opposition et d'appel, dans l'hypothèse où le prévenu n'avait pas été touché par la citation ni par la signification du jugement? Ignorant la citation, il ne comparaissait point; ignorant sa condamnation par défaut, il n'usait pas des voies de recours. Il se trouvait ainsi irrévocablement condamné sans avoir pu se défendre, car la signification du jugement par défaut est le point de départ des délais d'opposition et d'appel. La jurisprudence, il est vrai, corrigeait la loi, en restreignant l'effet de la notification du jugement par défaut au cas où le prévenu en avait eu connaissance. La loi de 1866 a consacré législativement ce tempérament d'équité.

A ne consulter que le texte de la loi et la jurisprudence antérieure, il faudrait restreindre l'innovation au *défaut du prévenu* et aux *condamnations pénales*. Cependant il est difficile de ne pas voir dans l'art. 187 une règle commune à tous les jugements de condamnation rendus par défaut et signifiés simplement à domicile. La loi de 1866 a étendu à la procédure correctionnelle une règle de l'opposition aux jugements par défaut faute de comparaître dans la procédure civile (art. 158, C. proc.). On ne peut la restreindre à une hypothèse, il faut l'appliquer dans tous les cas où la situation fâcheuse qu'elle prévoit peut se présenter : aussi nous étendrons la nouvelle disposition de l'art. 187 aux jugements par défaut portant condamnation à des dommages-intérêts soit contre le prévenu soit contre la partie civile. — Mais nous ne l'étendrons point aux jugements qui ne portent pas de condamnation, et, par exemple, à un jugement sur la compétence (1).

La loi ne précise pas de qui doit émaner l'acte d'exécution qui rendra, s'il est connu du condamné, son opposition irrecevable. Il importe peu dès lors de qui il émane ; il suffit qu'il révèle au condamné les chefs du jugement qu'il doit attaquer. Ainsi, par exemple, l'acte d'exécution émané de la partie civile met le prévenu en demeure de former son opposition tant contre le ministère public que contre la partie civile, parce qu'en lui révélant expressément sa condamnation à des dommages-intérêts, il lui révèle implicitement sa condamnation à une peine. A l'inverse, l'acte d'exécution émané du percepteur ne fait courir le délai d'opposition que pour la condamnation pénale, car il ne révèle que celle-là.

1350. Le « domicile du prévenu » où doit être faite la signification du jugement par défaut est, dans le langage du Code d'instruction criminelle, le domicile de fait, ce que le Droit civil appelle l'*habitation* (comp. art. 109). Si elle est inconnue, il faut faire la signification au lieu où le prévenu a son principal établissement et, à défaut, au domicile d'origine. Enfin, si le prévenu est sans domicile connu, la signification est faite dans la forme prescrite par l'art. 69, 8°, C. proc.

(1) Cass. 25 janv. 1867. F. Hélie, *Prat. crim.*, I, 423.

Pour la partie civile et les personnes civilement responsables, au contraire, le domicile reprend son sens légal. De plus comme la partie civile a fait connaître au prévenu son domicile réel et son domicile élu dans la ville où siège le tribunal (art. 183, C. i. c.; 61, C. proc.), le prévenu a le choix entre ces deux domiciles. Enfin si la partie civile n'avait pas fait l'élection de domicile qui lui est prescrite, elle serait censée avoir renoncé à recevoir les significations qui l'intéressent (art. 68); le délai d'opposition courrait dans ce cas du jour du jugement.

**1351.** La signification des jugements par défaut rendus par le tribunal correctionnel tant sur l'action publique que sur l'action civile peut être faite pendant tout le délai de la prescription de l'action que ce jugement a interrompue. La péremption de six mois établie par l'art. 156, C. proc. n'existe pas dans la procédure pénale, et on ne peut l'y importer parce qu'elle a un caractère exceptionnel (1).

Mais nous l'appliquerions au jugement par défaut condamnant la partie civile à des dommages-intérêts envers le prévenu relaxé (art. 191). Dans cette hypothèse, en effet, le tribunal correctionnel fait office de tribunal civil. Le délai de la prescription, d'ailleurs, serait trop long; car il serait de trente ans; or il est dans l'esprit de la loi de soumettre les jugements par défaut à une prescription plus courte.

**1352.** L'art. 156, C. proc. prescrit la signification *par huissier commis* des jugements par défaut faute de comparaître. Cette disposition n'est pas appliquée dans la procédure correctionnelle. Elle mérite cependant de l'être, car c'est une garantie pour faire parvenir plus sûrement la copie à la personne qui n'a rien de spécial à la procédure civile. Dans tous les cas, si l'on refusait de l'appliquer à tous les jugements correctionnels par défaut, il faudrait au moins en faire application à celui dont nous avons parlé en dernier lieu.

**1353. Forme.** — L'opposition doit être *formée* et *notifiée* (art. 187). La loi ne dit pas comment elle est formée. On exige par analogie la forme de l'appel, c'est-à-dire une déclaration au greffe (art. 203).

Quant à la notification, l'art. 187, prévoyant uniquement l'opposition du prévenu, semble imposer à ce dernier l'obligation de la notifier « tant au ministère public qu'à la partie civile ». Mais il n'envisage évidemment que l'hypothèse assez ordinaire où le prévenu se porte opposant contre ses deux adversaires; car, suivant l'étendue qu'on lui donne, l'opposition ressaisit le tribunal, soit de l'action publique soit de l'action civile, soit des deux. Il suffira donc au prévenu qui se porte opposant contre la condamnation pénale de signifier son opposition au ministère public,

---

(1) Il a fallu en effet un texte formel pour l'étendre aux jugements des tribunaux de commerce (art. 643, C. com.). — Cass. 9 janv. 1880 (D. 80, 1, 285).

et à celui qui attaque la condamnation civile, de signifier son opposition à la partie civile (1).

La notification de l'opposition a un double objet : 1° elle fait connaître l'opposition à la partie contre qui elle est formée ; — 2° elle emporte de droit citation à la première audience (art. 188). La pratique a déduit de cette observation les conséquences suivantes :

*a*) Si l'opposition est relevée seulement contre le ministère public, la signification peut être remplacée par la comparution volontaire. Le procureur de la République connaît en effet l'opposition, puisqu'il a la surveillance du greffe, et, comme il est toujours présent à l'audience, il n'a pas besoin d'y être cité.

*b*) Le prévenu, après avoir notifié son opposition à la partie civile, peut, sur la barre, déclarer verbalement son opposition au ministère public (2).

**1354. Effets de l'opposition.** — L'opposition a un effet *suspensif* et un effet *extinctif*.

Elle suspend d'abord l'exécution du jugement. Cet effet suspensif est attaché non seulement à l'opposition formée, mais encore au délai imparti pour user de cette voie de recours (art. 187). D'ailleurs il ne s'agit ici que du délai ordinaire de cinq jours, car pendant le délai exceptionnel le jugement est susceptible d'exécution (3).

Par son effet extinctif, l'opposition anéantit les chefs du jugement auxquels elle se rapporte : formée contre le ministère public, elle fait tomber les condamnations pénales ; formée contre la partie civile, elle fait tomber les condamnations aux restitutions et aux dommages-intérêts (4).

**1355.** Les effets de l'opposition formée se restreignent d'ailleurs aux parties de qui elle émane : celle du prévenu ne profite point aux personnes civilement responsables et réciproquement. Il faut appliquer ici le principe de la relativité de la chose jugée : chaque partie en cause n'use des voies de recours que dans son intérêt exclusif.

**1356.** Mais l'effet extinctif est *absolu* en ce sens que le tribunal peut rendre un jugement plus défavorable encore à l'opposant que celui dont il a demandé la rétractation (5). C'est là, nous le verrons, une différence

---

(1) Cass. 5 juil. 1849 (B. 147).

(2) F. Hélie, *Prat. crim.* I, 425.

(3) On verra ci-dessous que le jugement ne peut cependant être exécuté avant le *dixième* jour, à cause du délai d'appel.

(4) Cass. 29 flor. an IX (Dalloz, v° *Jug. p. défaut,* 490).

(5) Arg. art. 187 « La condamnation *sera comme non avenue* si (le prévenu) forme opposition ». *Sic :* Cass. franç. 2 mars 1882 (S. 83, 1, 43). — *Contrà :* Cass. franç. 18 juin 1853 (D. 53, 5, 281) ; Cass. belge, 30 janv. 1882 (S. 83, 4, 25). Il suit de là que, si la partie civile a déjà fait appel quand le prévenu fait opposition, l'appel devient irrecevable, Cass. 30 août 1821.

avec l'appel qui n'autorise pas la juridiction supérieure à aggraver la situation de l'appelant.

**1357.** L'effet extinctif de l'opposition est-il pur et simple, ou subordonné à cette condition que l'opposant comparaîtra à la première audience pour voir statuer sur son opposition ? La question est controversée. Ceux qui soutiennent que l'anéantissement est conditionnel invoquent la première phrase de l'art. 188 qui paraît lui donner ce caractère : « L'opposition sera non avenue si... » La conséquence pratique est que le jugement *de débouté* est une simple annulation de l'opposition, sans examen du fond (1). — Mais ce système met en contradiction l'art. 187 et l'art. 188, car l'art. 187 ne subordonne l'anéantissement du jugement par l'effet de l'opposition à aucune condition. De plus, la suite de l'art. 188 repousse l'argument tiré de sa première phrase : elle déclare en effet l'appel recevable, non pas contre le jugement primitif, mais contre « *le jugement rendu sur l'opposition* »; cela prouve bien que le jugement primitif est anéanti malgré la non-comparution de l'opposant. En conséquence le jugement *de débouté* n'est pas une simple annulation de l'opposition, mais un nouveau jugement par défaut, contre lequel l'appel seul est recevable, et qui se substitue au premier. Le tribunal peut donc examiner à nouveau le fond et modifier le jugement primitif (2). On a souvent confondu en pratique cette question avec la suivante : — « Le jugement de débouté d'opposition a-t-il besoin de reproduire les motifs et le dispositif du jugement rendu sur le premier défaut, lorsqu'il entend les maintenir ? Ne peut-il pas se borner à se référer au jugement primitif et ordonner son exécution ? » Il est clair qu'il s'agit ici d'une simple question de rédaction qui laisse entière la question de savoir si le fond du jugement primitif peut être ou non remanié. Cette rédaction abrégée est certainement valable (3).

**1358.** L'effet extinctif n'atteint pas l'instruction faite à l'audience lors du premier défaut ; elle persiste, mais elle peut être complétée. On n'entendra donc une seconde fois les témoins déjà produits que s'il y a lieu de les confronter avec de nouveaux témoins ou de les faire déposer sur des faits nouveaux (4).

**1359. Jugement de l'opposition.** — 1° *Quand peut-il intervenir ?* —

---

(1) *Sic* : GARRAUD, 625 ; VILLEY, p. 420 ; Cass. 18 nov. 1854 (S. 55, 1, 69).
(2) *Sic* : Cass. 17 fév. 1836 (B. 46) ; 4 nov. 1843 (B. 274) pour le débouté d'opposition *en matière de simple police*. Ces deux séries d'arrêts partent de deux systèmes différents. Cependant la solution doit être la même en matière correctionnelle, car elle est commandée par les mêmes principes. D'ailleurs la rédaction des art. 151 et 188 est identique.
(3) Cass. 24 av. 1846 (B. 102) ; 19 avril 1848 (B. 155).
(4) Bordeaux, 14 fév. 1838 (S. 39, 2, 38).

L'art. 188 fixe le jugement de l'opposition à *la première audience* qui suit sa signification. Mais quelle est cette audience ?

*a* C'est « l'audience du lendemain ou du premier jour utile », dit-on dans un premier système : l'opposant doit être prêt à plaider lorsqu'il forme son opposition (1).

*b*) C'est « l'audience qui suit l'expiration du délai de trois jours francs à compter de la notification de l'opposition » répondent d'autres auteurs : il faut donner à l'opposant le délai de comparution (2).

*c*) Partant de la même idée, un troisième système ajoute au délai de trois jours francs celui d'un jour par trois myriamètres de distance (arg. art. 164) (3).

A notre avis le premier système doit être suivi d'abord pour l'*opposition du prévenu*. Il est conforme au texte de l'art. 188, qui ne vise que celle-là. De plus il est rationnel : en accordant au prévenu défaillant un délai de cinq jours augmenté d'un jour par cinq myriamètres de distance, la loi lui donne plus que le délai de comparution. Elle entend par conséquent que, dans ce délai, il prépare sa défense, se rende au siège du tribunal, forme et signifie son opposition. Dès l'expiration de ce délai il doit être prêt à plaider. — Les délais supplémentaires accordés par le second et le troisième systèmes se comprendraient au profit de la partie contre qui l'opposition est formée ; mais le procureur de la République et la partie civile sont ou doivent être présents dans la ville où siège le tribunal (arg. art. 183). La notification de l'opposition constitue pour eux un *avenir*. Donné la veille pour l'audience du lendemain, cet avertissement est donné suffisamment à l'avance.

Relativement à l'opposition de la partie civile nous distinguerons : si elle est formée contre un prévenu *détenu*, la même solution s'impose par identité de motifs. Mais si elle est formée contre un prévenu en liberté,

---

(1) Rodière, p. 359.

(2) Dalloz, v° *Jug. p. défaut*, 484 ; Garraud, 625.

(3) F. Hélie, VI, 2973. La Cour de cassation, après avoir suivi la 2ᵉ opinion : Cass. 19 déc. 1835 ; 14 juin 1844, décide aujourd'hui : 1° que le jugement ne peut pas intervenir avant le délai de 3 jours francs à compter de la notification de l'opposition ; — 2° que ce délai doit être augmenté d'un jour par 3 myriamètres de distance entre le lieu où la partie civile reçoit la signification de l'opposition du prévenu et le siège du tribunal ; — 3° que la partie civile peut renoncer à l'augmentation du délai de 3 jours à raison des distances sans en prévenir l'opposant. Cass. 9 janv. 1880 (D. 80, 1, 285). — La 1ʳᵉ de ces propositions viole l'art. 188 ; — la 2ᵉ méconnaît l'art. 183 ; — la 3ᵉ tend un piège à l'opposant : on lui impose d'assister à toutes les audiences depuis l'expiration du troisième jour, dont il a été question, jusqu'à celle du délai supplémentaire accordé pour la distance, s'il ne veut pas s'exposer à voir son adversaire profiter de son absence momentanée pour le faire débouter de son opposition ! La Chambre criminelle s'est-elle rendu compte de l'iniquité de sa solution ?

la troisième opinion paraît préférable. Rien ne retient en effet ce prévenu au siège du tribunal; une fois qu'il a fait statuer par défaut sur la demande de la partie civile il peut s'éloigner légitimement. On ne comprendrait pas que la partie civile défaillante pût faire statuer sur l'opposition qu'elle a relevée, sans l'assigner de nouveau dans les conditions prescrites par l'art. 184. Or, la signification de l'opposition remplaçant cette citation (art. 183) doit être séparée de la comparution à l'audience par le délai fixé dans l'art. 184. Nous empruntons, on le voit, au troisième système sa solution, mais en la justifiant par l'intérêt de celui contre qui l'opposition est faite, et non par l'intérêt de l'opposant.

**1360.** 2° *Comment doit être prononcé le débouté d'opposition ?* — L'art. 188 ne le dit pas. On a conclu de son silence que le débouté d'opposition ne pouvait être prononcé d'office et qu'il devait être demandé. Par suite les parties pourraient s'entendre, sans qu'il fût besoin d'un jugement de remise de cause, pour porter l'opposition à une audience ultérieure (1).

C'est une solution d'équité ; car, en droit, la participation des tribunaux à l'exercice de l'action publique leur fait un devoir de juger, lorsque les délais fixés pour la comparution des parties sont expirés. L'ajournement de l'examen ne peut être ordonné que par un jugement de remise de cause. Le faire dépendre d'un accord des parties que le tribunal n'a point sanctionné, ce serait admettre en principe que les parties peuvent s'entendre pour dessaisir le tribunal. Or ce dessaisissement est impossible, aussi bien par la volonté unilatérale de la partie poursuivante, que par l'effet de l'accord de celle-ci avec le prévenu, sauf pour les délits privés.

**1361.** 3° *Frais occasionnés par le défaut.* — « Les frais de l'expédition, de la signification du jugement par défaut et de l'opposition pourront être laissés à la charge du prévenu » (art. 187, § 2). Avant la loi du 27 juin 1866 cet article était impératif, comme le texte correspondant, relatif aux frais de la contumace (art. 478). Mais la jurisprudence ne l'appliquait que s'il y avait *faute* des défaillants. La nouvelle rédaction de l'art. 187 a accueilli ce tempérament d'équité, parce que les formalités de publicité qui entourent la procédure criminelle par contumace n'existent pas dans la procédure correctionnelle, qui est toujours la même, que le prévenu comparaisse ou fasse défaut.

L'exemption des frais ne peut d'ailleurs être accordée qu'au prévenu relaxé, car le condamné a toujours, dans sa condamnation à une peine, le principe d'une condamnation à tous les frais qui ont été nécessaires pour la faire prononcer.

---

(1) Rodière, p. 360 ; Dalloz, v° *Jug. p. défaut*, 486.

## B. — De l'appel.

**1362. Qui peut faire appel ?** — L'art. 202 accorde la faculté d'appeler à toutes les parties qui ont figuré en première instance (*prévenu, personnes civilement responsables, partie civile, administrations publiques, procureur de la République*) et de plus au *procureur général*. Les formes, les délais et les effets de ces appels diffèrent. Examinons d'abord en détail à qui appartient le droit d'appel : la réponse théorique à cette question est que chacun fait appel dans la mesure des intérêts qu'il a à défendre.

**1363.** 1° Le *prévenu* a intérêt à appeler des jugements qui le condamnent à une peine ou à des dommages-intérêts et de ceux qui rejettent sa demande en dommages-intérêts contre la partie civile.

Peut-il faire appel s'il a *acquiescé* à ces jugements ? Il faut distinguer : un acquiescement aux condamnations pénales ne lui ferme pas les voies de recours. Elles ont en effet, dans cette mesure, un caractère d'ordre public qui rend toute renonciation inefficace (1). Mais un acquiescement du prévenu aux dispositions du jugement touchant les intérêts civils rendrait son appel irrecevable (argt. art. 2046) (2).

**1364.** 2° Les *personnes civilement responsables*. — En leur accordant personnellement la faculté d'appeler, l'art. 202 prouve qu'elles peuvent en user sans avoir égard au parti que prend le prévenu. Elles peuvent donc appeler quand il acquiesce, et acquiescer quand il appelle. En principe, d'ailleurs, toutes les personnes tenues avec d'autres ou pour d'autres usent séparément des voies de recours et par conséquent doivent accomplir, chacune pour son propre compte, les actes de procédure que ces recours nécessitent. La solidarité des débiteurs apporte une exception à cette règle : les actes de procédure accomplis par l'un, soit pour faire courir les délais d'appel, soit pour interjeter appel, dispense les autres d'en faire de semblables. Pour en profiter, il leur suffit de comparaître et de conclure en cause d'appel : on ne peut leur opposer la forclusion. Mais, d'un autre côté, s'il leur plaît d'accepter, en ce qui les concerne, le jugement de première instance, ils en ont le droit. Ils pourront donc négliger de profiter du second degré de juridiction : dans ce cas l'arrêt intervenu sur l'appel de l'un d'eux pourra être invoqué par les autres, s'il améliore leur situation ; mais on ne pourra le leur opposer, s'il l'aggrave. Dans cette dernière hypothèse la situation respective de la partie poursuivante et des condamnés non appelants, et celle de ceux-ci envers

---

(1) Cass. 10 juin 1836 (B. 185) ; F. Hélie, VI, 2995. — Comp. pour l'acquiescement du prévenu aux condamnations prononcées par les tribunaux de simple police, Cass. 21 août et 22 nov. 1884 (D. 85, 1, 438).

(2) *Sic :* Rodière, p. 371. — *Contrà :* Garraud, p. 711.

leur codébiteur appelant demeurera réglée par le jugement de première instance (1). Nous appliquerons toutes ces solutions : 1° à l'appel du prévenu par rapport aux personnes civilement responsables et réciproquement (2) ; 2°) à l'appel d'un coprévenu condamné à l'amende par rapport à ses coprévenus également condamnés à des amendes (3).

**1365.** 3° La *partie civile* a le droit d'appeler quant à ses intérêts civils seulement. Son appel par conséquent ne renouvelle pas l'impulsion que sa citation avait donnée à l'action publique et le jugement de relaxe devra être maintenu au point de vue pénal, si la partie civile seule en a appelé (4).

**1366.** 4° Les *administrations publiques* qui participent à l'exercice de l'action publique ont aussi le droit d'appel. L'art. 202 ne vise que l'administration forestière mais il faut l'étendre aux douanes, aux contributions indirectes, aux octrois. Leur appel produit les mêmes effets que celui du ministère public, dans la mesure où l'exercice de l'action publique leur est imparti. Mais leur droit de transaction les rend irrecevables à interjeter appel d'un jugement auquel elles auraient acquiescé.

**1367.** 5° et 6° Le *procureur de la République* et le *procureur général* ont chacun personnellement la faculté d'appeler. Le procureur de la République n'a donc pas à attendre les ordres de son chef hiérarchique. S'il se laisse forclore le procureur général sauvegarde les intérêts de la société par son appel qu'il peut interjeter dans un délai plus long. Il peut aussi appeler sur des points différents de ceux auxquels le procureur de la République a restreint son appel.

**1368. De quels jugements peut-on appeler ?** — On peut appeler de tous les jugements rendus par les tribunaux correctionnels comme juridiction du premier degré. Telle est l'idée qu'exprime assez mal l'art. 199 : « les jugements rendus en matière correctionnelle pourront être attaqués par la voie de l'appel ». L'expression *matière correctionnelle* est inexacte, car si une loi prescrit de porter directement une contravention devant le tribunal correctionnel, le jugement qui interviendra sera susceptible

(1) Cette théorie de la *représentation imparfaite* appliquée aux actes de procédure et aux jugements auxquels n'a participé qu'un seul des codébiteurs solidaires est controversée. Sic : Aubry et Rau, VIII, § 769, texte et note 52 (4e édit.) Dalloz, v° *Obligat.* 1421, 1422, 1427, 1429.

(2) Sic : Lyon, 14 août 1884 (D. 86, 2, 78).

(3) *Contrà* : Ballot, Rev. de Dr. franç., V, 1848, p. 461 et les arrêts cités par Fuzier Herman, Rép. v° *Appel en mat. répressive*, 925. — Ces arrêts et le précédent partent de deux systèmes différents sur les effets de la solidarité légale établie par l'art. 55, C. p. ; le premier lui attribuant les effets de la *solidarité conventionnelle*, les autres, ceux de l'*obligation in solidum*.

(4) Peut-elle appeler de tous les jugements d'incompétence ? V. sur la question : Trébutien, II, p. 511 ; Merlin, *Quest. de Droit*, v° *Appel*, § 2, n° 6 ; Dalloz, v° *Appel en mat. crim.*, 169.

d'appel. Une dérogation de ce genre existe pour l'exercice illégal de la médecine sans usurpation de diplôme (L. 19 vent. an XI, art. 35, 36) (1).

**1369.** D'ailleurs, l'appel des jugements correctionnels ne peut pas toujours être relevé au même moment. Il faut, à cet égard, distinguer les jugements définitifs et les jugements d'instruction. — L'on entend ici par jugements *définitifs*, non seulement ceux qui statuent sur le fond, mais encore ceux qui statuent sur une *demande incidente, indépendante du fond* (jugements *d'incompétence* ou *provisoires*), parce qu'ils terminent le procès sur un point de détail, comme les premiers le terminent sur le point principal. L'appel des jugements définitifs est immédiatement recevable, et il ne peut être différé. — L'appel des jugements interlocutoires, au contraire, peut être immédiatement interjeté, ou différé jusqu'après le jugement définitif. — Celui des jugements préparatoires doit nécessairement être différé jusqu'à cette époque. Voici la raison de ces distinctions : dès qu'un jugement cause un grief immédiat et irréparable, l'appel ne peut être différé. Si le grief est immédiat, mais réparable (et c'est le cas pour les jugements interlocutoires), on peut en appeler tout de suite, ou bien attendre le moment où le préjudice ne pourra plus être réparé, c'est-à-dire le jugement définitif. Enfin, s'il n'y a pas de préjudice immédiat, comme dans les jugements préparatoires, parce qu'ils ne font pas pressentir l'opinion du juge, l'appel n'est pas actuellement recevable.

**1370.** Lorsqu'un jugement contient plusieurs dispositions indépendantes les unes des autres, l'appel peut être restreint à certaines d'entre elles.

**1371.** Les motifs d'un jugement ne donnent pas prise à l'appel, parce que ce ne sont que des raisonnements, des opinions ; le dispositif seul peut léser les parties. Mais si dans les motifs d'un jugement les parties ou des tiers se trouvaient diffamés sans nécessité, ou injuriés, les juges pourraient être *pris à partie* (2).

**1372. Formes et délais de l'appel.** — 1° *Forme et délai ordinaires*. — *a)* L'appel doit être *formé* par une déclaration au greffe du tribunal qui a rendu le jugement (art. 203). Cette déclaration peut être faite en personne ou par mandataire (arg. art. 204). Elle n'a pas besoin d'être signée de l'appelant, quoiqu'il soit d'usage d'exiger sa signature, car le greffier, officier public, a qualité pour constater authentiquement les déclarations que la loi lui prescrit de recevoir.

Une requête contenant les moyens d'appel *peut* être remise à l'appui.

---

(1) Cass. 12 nov. 1842 (S. 43, 1, 650).
(2) F. Hélie, VI, 2992 et les arrêts qu'il cite.

La signature de l'appelant ou de son mandataire est exigée au pied de cette requête.

Les avoués n'ont pas à justifier de leur mandat tant pour faire la déclaration que pour déposer et signer la requête. Les autres mandataires, l'avocat lui-même, sont tenus de produire et de déposer au greffe la procuration spéciale en vertu de laquelle ils agissent (1).

La requête permet à un prévenu en liberté de soumettre à la Cour les moyens d'appel, tout en se dispensant de comparaître et de faire plaider sa cause. Aussi, la loi autorise-t-elle sa remise directe au greffe de la Cour d'appel.

**1373.** *b*) Le *délai* ordinaire de l'appel est de dix jours pleins à compter de celui où le jugement a été prononcé, s'il est contradictoire ; — et de dix jours pleins, plus un jour par trois myriamètres de distance, à compter de la signification, s'il est par défaut.

Le même jugement pouvant être contradictoire pour l'une des parties privées et par défaut pour l'autre, et pouvant aussi avoir, sur des chefs différents, l'un ou l'autre de ces caractères par rapport à la même partie, le point de départ et la durée du délai d'appel seront différents suivant les personnes qui feront appel, ou suivant les chefs du jugement dont il sera appelé.

**1374.** Comment le délai d'appel se combine-t-il pour les jugements par défaut avec le délai d'opposition ? — Dans la procédure civile l'appel n'est recevable qu'après l'expiration du délai d'opposition (art. 455). Un avis du Conseil d'État (18 fév. 1806), rendu sous le Code de l'an IV, décida qu'il devait en être de même pour l'appel des jugements correctionnels. Certains auteurs pensent que cette solution est également vraie sous le Code d'instruction criminelle (2). Mais leur opinion doit être rejetée parce que le Code de 1808 a réglé la matière de l'opposition, ce que n'avait point fait le Code de l'an IV.

D'autres auteurs ont pensé que le délai d'opposition s'imputait sur le délai d'appel et le diminuait d'autant : pendant les cinq premiers jours le défaillant ne pourrait faire qu'opposition, et il aurait les cinq jours suivants pour faire appel (3). — Cette interprétation réduit illégalement le délai d'appel. L'imputation de ce délai sur celui d'opposition n'exige pas d'ailleurs qu'on supprime l'exercice d'une de ces voies de recours pendant la partie du délai qui leur est commune.

Aussi l'opinion générale est-elle que ces deux délais courent parallèlement à partir de la même date : pendant les cinq premiers jours le dé-

---

(1) Cass. 19 fév. 1836 ; 18 mai 1824 ; 8 oct. 1829.
(2) Bourguignon, art. 150 ; Legraverend, II, p. 311.
(3) Carnot, I, p. 565.

faillant peut, à son choix, faire opposition ou appel; pendant les cinq autres, l'appel seul est recevable (1).

**1375.** Le défaillant peut-il faire appel avant la signification du jugement par défaut? L'affirmative nous paraît certaine : la signification met seulement le défaillant *en demeure* de faire appel; mais la faculté d'appeler existe et peut être exercée à compter du jugement.

**1376.** Cette hypothèse (2) fait surgir une autre question : le défaillant, qui a fait appel, peut-il s'en désister pour prendre la voie de l'opposition ? — Non, dit-on dans une première opinion, parce qu'en faisant appel il a renoncé tacitement à faire opposition (3). — Nous acceptons cette solution pour les condamnations civiles; mais, à l'égard des condamnations pénales, les voies de recours sont d'ordre public et il est impossible d'y renoncer expressément ou tacitement; on ne peut que se laisser forclore du délai imparti pour les exercer (4). Le prévenu pourra donc se désister de l'appel qu'il avait formé à l'encontre du ministère public, pour faire rétracter par voie d'opposition, la condamnation pénale. De son côté le ministère public ne pourrait, en faisant appel, paralyser l'effet de ce désistement, parce que l'opposition du prévenu, une fois formée, efface d'une manière absolue le jugement (5).

**1377. Formes et délais exceptionnels.** — a) *Appel du Procureur général.* — Pour cet appel, la déclaration au greffe est remplacée par une *notification* « soit au prévenu, soit à la personne civilement responsable (art. 205) ». La loi n'ayant prescrit aucune forme particulière relativement à cette notification, on en a conclu : 1°) qu'elle pouvait être faite dans la citation même par laquelle le Procureur général assigne le prévenu devant la Cour pour voir statuer sur son propre appel ; — 2°) qu'elle pouvait avoir lieu verbalement à l'audience. Mais cette notification verbale exige la présence de la partie contre qui le procureur général relève appel et une déclaration expresse d'appel (6).

---

(1) RODIÈRE, p. 365 ; TRÉBUTIEN, II, p. 504 ; F. HÉLIE, VI, 3002 ; GARRAUD, 635. Cass. 23 sept. 1841 (B. 287) ; 9 août 1872, etc.

(2) Le désistement de l'appel devant être constaté par un arrêt qui en donne acte, le temps nécessaire pour accomplir les formalités de la mise en état empêche pratiquement la question de se poser lorsque l'appel a été interjeté apr$\grave{e}$ la signification du jugement par défaut.

(3) *Sic* : F. HÉLIE, *Prat. crim.* I, 514 et les motifs de trois arrêts de cassation (27 déc. 1823 ; 19 av. 1833 ; 23 sept. 1841). DALLOZ, v° *Appel en mat. crim.*, 219.

(4) V. sur le principe : Cass. 20 mars 1884 (D. 86, 1, 179). Il s'agissait de la validité d'un appel interjeté contre un jugement de simple police, non signifié, après un pourvoi en cassation dont l'appelant s'était désisté.

(5) S'il y avait dans ce cas appel de la partie civile, il faudrait surseoir à statuer sur cet appel jusqu'à ce que l'opposition ne fût plus recevable ou qu'il y eût été statué, pour éviter l'épuisement de la juridiction du second degré.

(6) Les actes de procédure n'admettent pas d'équivalent : aussi de simples con-

Le délai imparti au Procureur général est normalement de deux mois à compter du jour de la prononciation du jugement ; mais il peut être abrégé de deux manières : 1°) si le prévenu ou la personne civilement responsable signifie le jugement au procureur général, celui-ci n'a plus qu'un mois à compter de cette notification pour en appeler (art. 205) ; — 2°) si l'une des parties qui ont figuré en première instance a fait appel, le procureur général doit notifier le sien avant que la Cour ait statué, sinon, la juridiction de la Cour étant épuisée, il ne pourrait être statué sur son appel (1).

**1378.** b) *Appel en matière de contributions indirectes.* — Le décret du 1er germinal an XIII, art. 32, fixe pour cet appel un délai de *huitaine* à compter de la signification du jugement. Il suit de là qu'il est nécessaire de signifier les jugements contradictoires aussi bien que les jugements par défaut pour faire courir le délai d'appel.

Sa forme est une notification par acte d'huissier portant assignation à trois jours, plus un jour par deux myriamètres de distance du domicile du défendeur au chef-lieu du tribunal (2).

**1379. Observations communes.** — 1°) Les formes et délais prescrits pour chaque genre d'appel doivent être observés à peine de nullité (art. 203, 205).

**1380.** 2°) La déclaration d'appel peut être faite à la fin du dernier jour du délai ; par conséquent, même un jour férié, même quelques minutes avant minuit. Les règlements qui déterminent les heures d'ouverture du greffe ne peuvent restreindre l'exercice de cette faculté, car d'un côté les délais des voies de recours en matière pénale sont d'ordre public et d'un autre côté la justice criminelle ne vaque pas. Aussi, quand le greffe est fermé, l'appel doit être reçu par le greffier à son domicile particulier (3). S'il refusait de le recevoir on pourrait le lui signifier par acte d'huissier.

---

clusions à la réformation du jugement de relaxe et à l'application d'une peine ne suffiraient pas pour saisir la Cour de l'appel du procureur général. Cass. 22 août 1846 (B. 220) ; 27 nov. 1858 (S. 59, 1, 275) ; 26 juill. et 2 août 1878 (D. 79, 1, 142-47).

(1) Cass. 29 mai 1847 (B. 119) ; 2 août 1878 (D. 79, 1, 47) et la note.

(2) Malgré l'analogie des matières, l'appel pour les infractions de douanes (Dalloz, v° *Douanes*, 953) et d'octroi (Cass. 10 juil. 1885. D. 86, 1, 276) est régi par le Code d'instruction criminelle. On présente encore comme soumis à des règles particulières l'appel des jugements sur récusation. Mais c'est une question discutée que de savoir si cet appel doit être interjeté dans la forme prescrite par l'art. 392, C. proc. civ. ; ou bien s'il ne déroge aux règles du Code d'instruction criminelle que par l'abréviation de son délai. V. F. Hélie, VI, 3015 ; Berriat-St-Prix, 1077.

(3) Dalloz, v° *Jour férié*, 32-37. Arg. d'analogie de l'art. 417 qui porte que le pourvoi en cassation pourra être déclaré « *au greffier* », bien qu'en principe il

**1381.** 3°) Les délais d'appel ne peuvent être prorogés, ni du consentement des parties ou du juge, — ni par des réserves, — ni par la théorie de l'appel incident.

Les art. 203, 205 impartissant en effet les délais d'appel à peine de *déchéance*, cela exclut toute prorogation ; et la déchéance étant d'ordre public, comme le délai qu'elle sanctionne, doit être prononcée d'office, sans pouvoir être couverte par un acquiescement.

Les réserves ne peuvent remplacer les actes qu'elles annoncent: la réserve de faire appel indique seulement l'intention de faire appel; mais il ne suffit pas que l'intention se manifeste dans le délai; il faut que l'acte lui-même intervienne (1).

La théorie de l'appel incident permet, en procédure civile, à la partie qui n'a pas interjeté appel dans les délais de le faire sous la forme d'une demande reconventionnelle, opposée à l'appel relevé par son adversaire (art. 443, C. proc.). C'est donc un appel formé en dehors des délais. Rien de semblable n'existe dans la procédure pénale. Et pourtant, l'on dit tous les jours que le procureur général *fait appel incident*, quand il notifie verbalement son appel au prévenu à l'audience de la Cour saisie de l'appel de ce dernier. Ce langage est incorrect, car l'on suppose que le procureur général est encore dans les délais (2).

**1382.** 4°) Un cas de force majeure qui empêcherait de faire appel dans le délai entraînerait-il une prorogation ? Oui, si l'empêchement avait existé pendant toute sa durée. Non, dans le cas contraire. En effet, les délais impartis à peine de déchéance ne comportent pas de suspension, dès qu'ils ont pu utilement commencer (3).

**1383.** 5°) L'appel annulé pour défaut de forme peut être renouvelé si on est encore dans le délai. Pratiquement le cas se présente pour les jugements par défaut non signifiés (4).

**1384. Effets de l'appel.** — L'appel a un effet *suspensif* et un effet *dévolutif* et il peut donner lieu à l'exercice du droit d'*évocation*.

1° *L'effet suspensif* est le premier qui se produit dans l'ordre chronologique : il est attaché en effet non seulement à l'appel formé ; mais encore au délai, suivant un principe général déjà rappelé.

**1385.** Il n'existe pas toujours : *a*) l'*exécution provisoire*, dont nous avons indiqué ci-dessus les rares cas d'application, le supprime en effet. *b*) De plus il ne nous paraît attaché qu'au délai ordinaire de *dix jours*

---

doive être déclaré au *greffe* (art. 373). — Les *Codes* TRIPIER (édit. 1883) ne reproduisent point cette différence de rédaction entre les deux articles.
(1) Cass. 2 août 1821 (J. Pal. XVI, p. 823).
(2) F. HÉLIE, VI, 3009, 3012 ; Cass. 27 déc. 1811 (J. Pal. IX, p. 803).
(3) Cass. 29 juil. 1880 (D. 81, 1, 185).
(4) Cass. 11 mars 1808 (DALLOZ, v° *Impôts indir.*, 531).

accordé aux parties en cause : passé ce délai, le jugement devient susceptible d'exécution bien que la voie de l'appel reste ouverte au procureur général. L'art. 205, en effet, ne reproduit pas la disposition de l'art. 203 relative à l'effet suspensif. — Le délai d'appel du procureur général est exceptionnel. — L'intérêt de la répression exige que l'exécution du jugement ne soit pas retardée jusqu'à son expiration. — Il serait bizarre que le procureur général étant d'accord avec le procureur de la République pour trouver la condamnation juste et proportionnée au délit, cette condamnation ne pût s'exécuter, alors que de son côté le condamné ne peut plus la faire réformer. — Enfin l'art. 187 fournit un argument d'analogie en n'attachant l'effet suspensif qu'au délai ordinaire de l'opposition (1).

**1386.** 2° *Effet dévolutif.* — L'appel défère au juge du second degré les points de fait et de droit sur lesquels a statué le juge du premier degré : c'est là ce qu'on appelle son effet dévolutif. Il faut étudier ce second effet de l'appel au point de vue de son *étendue* d'abord, puis de son *intensité*.

a) *Étendue de l'appel dévolutif.* — L'appel a son maximum d'étendue lorsqu'il soumet à la Cour tous les délits et toutes les demandes dont le tribunal correctionnel a été saisi. La citation donnée en première instance fixe donc une limite que la juridiction du second degré ne saurait dépasser (2). L'art. 462 du Code de procédure défend en effet de former en appel une demande nouvelle.

Mais l'appel n'a pas nécessairement toute cette étendue, il peut être restreint à certains chefs du jugement. Il faut donc consulter l'acte d'appel pour savoir de quoi la Cour est saisie. Par exemple quand plusieurs délits ont été compris dans la même poursuite, si l'appel ne porte que sur un chef du jugement relatif à l'un d'entre eux, la Cour ne peut connaître que de celui-là. Peu importe d'ailleurs par qui l'appel a été formé, que ce soit par le ministère public ou par l'une des parties privées. De même, quand la partie civile a fait appel d'un jugement qui a déclaré sa constitution irrecevable, la Cour ne peut juger le fond.

**1387.** D'ailleurs si les demandes nouvelles sont interdites en appel, les moyens nouveaux ne le sont pas. On peut, par exemple, donner au fait une qualification nouvelle, relever des faits nouveaux si le délit est collectif, ajouter un fait accessoire, tel qu'une circonstance aggravante ou l'état de récidive (3). L'essentiel est que la Cour statue sur la *même prévention* ; et pour déterminer la portée de cette expression, il nous

(1) La pratique est en ce sens. — *Contrà* : F. Hélie, VI, 3023 ; Garraud, 638.
(2) Cass. 6 déc. 1861 (B. 269) ; 8 déc. 1878 (B. 242).
(3) Cass. 13 août 1886 (B. 302) ; Cass. 24 mai 1851 ; Cass. 29 juin 1855 ; 8 fév. 1821. — Rolland de Villargues, art. 202, n° 155.

suffira de renvoyer aux explications que nous avons données précédemment sur les faits et qualifications qui peuvent faire l'objet d'une question résultant des débats devant la Cour d'assises.

La partie civile peut-elle élever en appel le chiffre de sa demande en dommages-intérêts ? — Oui, sans difficulté, si le préjudice s'est aggravé depuis le jugement de première instance (arg. art. 464, § 2, C. proc.). — Mais s'il s'agit du préjudice causé par le délit antérieurement à la citation en première instance, la question est controversée : Les uns disent que le chiffre demandé est l'*objet* de la demande ; élever ce chiffre serait donc former en appel une demande nouvelle (1). — D'autres répondent que l'objet de la demande est la réparation du préjudice par une allocation de dommages-intérêts : le chiffre de la demande peut donc être élevé sans que son objet soit changé (2). Théoriquement le second système nous paraît exact ; mais le chiffre primitivement indiqué par la partie civile est un aveu que le dommage ne dépasse pas cette limite et, pratiquement, cet aveu ne pourra être rétracté, qu'autant que le demandeur rapportera la preuve des circonstances qui ont pu lui faire commettre une erreur d'appréciation.

1388. b) *Intensité de l'effet dévolutif*. — Au point de vue de l'intensité de son effet dévolutif, l'appel du ministère public diffère beaucoup de l'appel des parties privées.

1° *L'appel du ministère public* saisit pleinement le juge du second degré de l'action publique quant aux délits auxquels il se rapporte : il lui donne la faculté non seulement d'aggraver ou de maintenir la peine, mais encore de l'abaisser et même de relaxer le prévenu. Les premiers auteurs qui ont écrit sur le Code d'instruction criminelle n'admettaient pas ce résultat : ils faisaient dépendre les pouvoirs du juge d'appel de la volonté du ministère public, et ils distinguaient l'appel *a minima* de l'appel *a maxima*. Le premier n'autorisait que l'élévation ou le maintien de la peine ; le second était fait au contraire en vue de l'atténuer ou de l'exclure (3). Mais on s'est depuis longtemps rangé à cette idée, que l'action du ministère public, exercée au nom de la société, ne peut avoir pour résultat de faire maintenir une condamnation trop sévère ou injuste. Saisie de cet appel, la Cour doit examiner si la loi a été bien appliquée et réformer, s'il y a lieu, le jugement dans le sens de l'indulgence, comme dans celui de la sévérité. On peut dire que tout appel du ministère public est à la fois *a minima* et *a maxima*. Le ministère public ne pourrait

---

(1) Dalloz, v° *Demande nouvelle*, 284.
(2) Cass. 7 déc. 1866 (B. 255).
(3) Merlin, *Quest. de Droit*, v° *Appel*, n° 5 ; Legraverend, II, 398 ; Bourguignon, I, p. 358, n° 8 ; Carnot, art. 202 ; Boitard, 723 ; Le Sellyer, *Act. pub. et privée*, I, 129.

même pas restreindre son appel à certains prévenus : la Cour se trouve saisie de la poursuite à l'égard de tous les prévenus du délit auquel il se rapporte (1).

**1389.** 2° *L'appel des parties privées* ne saisit la Cour que dans la limite de leurs conclusions. De là deux conséquences :

*a)* La réformation du jugement ne sera prononcée que relativement aux *personnes* contre qui l'appel est dirigé.

*b)* Elle ne pourra avoir lieu dans un sens défavorable à l'appelant (Av. Cons. d'État, 12 nov. 1806).

**1390.** Saisie de l'appel de la partie civile, la Cour ne peut rejeter ni diminuer l'allocation de dommages-intérêts qu'elle a obtenue ; mais elle peut la maintenir, l'augmenter, l'accorder si elle avait été refusée.

Peut-elle, dans ce dernier cas, qualifier le fait au point de vue pénal, dire qu'il constitue tel ou tel délit ? ou bien doit-elle simplement relever le délit civil ? — On a dit que l'influence de la chose jugée au criminel sur le civil écartait toute qualification pénale du fait dans le jugement des intérêts civils. Nous ne le pensons pas : le droit d'appel reconnu individuellement au ministère public et à la partie civile conduit forcément à ce résultat, que le juge d'appel peut faire exactement, dans l'intérêt de l'appelant, ce qu'avait le droit de faire le juge de première instance. Il doit donc comme lui : 1°) constater et *qualifier* le fait, 2°) déclarer la culpabilité, 3°) prononcer, suivant la qualité de l'appelant, la condamnation pénale ou civile, qui en dérive. D'ailleurs, la chose jugée sur l'action publique, n'étant pas opposable à la partie civile qui a fait appel du jugement de relaxe devenu définitif faute d'appel du ministère public, son action, portée devant la juridiction du second degré, n'a pas changé de qualification ; c'est l'action civile. Or, pour affirmer sa compétence quant à cette action, la Cour d'appel est bien obligée de donner au fait sa qualification pénale. — Il faut enfin qu'il en soit ainsi pour que la contrainte par corps puisse être employée par la partie civile (art. 5, L. 22 juil. 1867) (2).

**1391.** La Cour pourrait-elle, sur l'appel de la partie civile, se déclarer incompétente sous prétexte que le fait constitue un crime ? — Il faut distinguer : s'il y a jugement de relaxe, la Cour est obligée d'affirmer sa

---

(1) BERRIAT-ST-PRIX, II, 1140 ; F. HÉLIE, VI, 3043 ; MORIN, *Rép.* v° *Appel*, n° 37; TRÉBUTIEN, II, p. 509 ; GARRAUD, 639 ; VILLEY, p. 428, et la jurisprudence depuis 1843. Derniers arrêts : Cass. 27 déc. 1879 (S. 81, 1, 487); Cass. 30 juil. 1875 (B. 143).

(2) *Sic :* F. HÉLIE, VI, 3040 ; LE SELLYER, *Act. pub. et priv.* I, 101 ; TRÉBUTIEN II, p. 511 ; Cass. 7 janv. 1865 (B. 5) ; Lyon, 21 déc. 1883 (S. 85, 2, 41 et la note de M. VILLEY). — Comp. Cass. 18 déc. 1874 (S. 75, 1, 136). — *Contrà :* CARNOT, II, p. 111, n° 21 ; — MORIN, v° *Appel*, p. 63, 64, soutient que la qualification pénale du fait doit se trouver dans les *motifs*, mais non dans le *dispositif* du jugement. Cette distinction est sans intérêt.

compétence pour le réformer ; elle est saisie par conséquent de la question de compétence. — Mais s'il y a eu condamnation, la Cour n'est saisie que de l'examen du montant des dommages-intérêts ; elle doit tenir pour certaine la qualification de délit donnée en première instance à l'infraction (1).

**1392.** Quelle est l'intensité de l'effet dévolutif de l'appel interjeté soit par les administrations fiscales dans la poursuite des délits dont elles ont la surveillance, soit par l'époux victime de l'adultère ? Selon nous, il faut assimiler cet appel à celui du ministère public. Le caractère de délits privés, reconnu à ces infractions, doit faire considérer les administrations et l'époux outragé comme exerçant à la fois l'action publique et l'action civile : le droit qu'ils ont d'éteindre l'action publique par une transaction ou un désistement emporte *a fortiori* celui de l'exercer (2).

**1393.** 3° *Le droit d'évocation* est la faculté qu'a la Cour de se saisir du fond du procès, après avoir réformé un jugement pour une cause étrangère au fond. Elle étend ainsi l'effet dévolutif de l'appel. Nous entrerons dans plus de détails en traitant des arrêts que peut rendre la Cour dans le jugement de l'appel.

**1394. Jugement de l'appel.** — 1° *Mise en état.* — Aussitôt l'appel formé, le ministère public est chargé de mettre l'affaire en état de recevoir jugement. Le procureur de la République réunit les pièces du dossier et les envoie au greffe de la Cour d'appel. Il fait aussi transférer dans la maison d'arrêt du siège de la Cour le prévenu détenu (art. 207). Le procureur général fait citer les parties intéressées pour l'audience où l'appel doit être jugé. Aucun texte précis ne le charge de cette citation ; mais elle rentre dans la mission générale du ministère public faisant partie de la juridiction devant laquelle une affaire est renvoyée. Il a ce devoir, même lorsque l'appel est relevé par la partie civile (3).

Le délai pour l'envoi des pièces et le transfert du prévenu est de vingt-quatre heures à compter de la déclaration ou de la remise de la notification d'appel. Celui imparti pour le jugement de l'appel est d'un mois (art. 207, 209). Ces délais sont simplement réglementaires ; il n'y aurait

---

(1) Cass. 7 janv. 1865 (B. 5) ; Paris, 23 fév. 1888 (S. 84, 2, 94) ; Toulouse 21 fév. 1878 (S. 78, 2, 112).

(2) *Sic :* Sans difficulté pour l'administration forestière, parce que les art. 202, C. i. c. et 183, C. for. leur donnent nominativement le droit de faire appel. — Pour l'appel de l'époux outragé, la jurisprudence accepte la même solution. Cass. 3 sept. 1831 ; 19 oct. 1837 ; 5 août 1841 ; 3 mai 1850 (S. 50, 1, 556). — *Contrà :* Cass. 26 juil. 1828. V. Fuzier-Herman, v° *Appel en mat. répres.*, n° 951-1006. — Elle assimile au contraire à l'appel de la partie civile celui de l'administration des contributions indirectes ou des douanes. Cass. 9 mai 1812 ; 7 mai 1813 ; Toulouse, 5 janv. 1883 (S. 83, 2, 185).

(3) Argt. art. 132, 160, 217. Cass. 2 janv. 1869 (S. 69, 1, 367).

pas nullité s'ils étaient dépassés ; on peut évacuer l'appel pendant tout le délai de la prescription (1). Mais des retards non motivés par les besoins du service donneraient lieu à la prise à partie des magistrats chargés de la mise en état ou du jugement de l'appel.

Le délai *de comparution* est le même qu'en première instance.

**1395.** 2° *Procédure à l'audience.* — Elle se compose : *a*) d'un rapport fait par un membre de la Chambre ; — *b*) de l'interrogatoire du prévenu ; — *c*) parfois de l'audition des témoins ; — *d*) enfin du réquisitoire et des plaidoiries. Leur ordre devrait être le même qu'en première instance, aux termes de l'art. 210 ; cependant il est d'usage que l'appelant parle le premier, afin d'exposer ses griefs contre le jugement. Mais, dans les répliques, on observe la règle que le prévenu doit toujours avoir la parole le dernier.

Des trois formalités qui précèdent le réquisitoire et les plaidoiries, une seule est prescrite expressément par l'art. 209 et considérée comme substantielle : c'est le rapport (2).

L'audition des témoins est généralement abandonnée à la discrétion de la Cour, parce que les notes d'audience y suppléent (3). Elle devient nécessaire s'il n'y a pas eu d'enquête en première instance, soit parce que le prévenu était jugé par défaut, soit parce que le tribunal ne l'a pas admis à prouver certains faits dont il offrait la preuve, soit parce qu'il s'agit de prouver en appel des faits sur lesquels l'enquête n'a point porté (4). Elle a lieu *de plano*, comme en première instance, sans arrêt préalable pour l'autoriser (5).

**1396.** 3°*Arrêts.* — Les arrêts rendus par le juge correctionnel du second degré peuvent être aussi nombreux et de même nature que les jugements prononcés par le juge de première instance. L'art. 211 les soumet aux mêmes règles.

Les articles suivants visent trois hypothèses pratiques qui exigent quelques explications. Ils ont trait à la mission du juge d'appel.

**1397.** 1er *cas :* « Le jugement attaqué est régulier en la forme, — rendu par un tribunal compétent, — et il statue au fond ». La Cour n'a qu'à vérifier le bien ou le mal jugé. Si elle relaxe le prévenu, elle statue sur la demande reconventionnelle en dommages-intérêts qu'il peut former contre la partie civile (art. 212 ; comp. art. 191). — Si elle relaxe ou condamne à une simple amende un prévenu détenu, elle ordonne qu'il sera immédiatement et nonobstant pourvoi en cassation mis en liberté (arg. art. 206).

(1) Cass. 15 mai 1869 (D. 70, 1, 436).
(2) Cass. 2 sept. 1880 (S. 82, 1, 48).
(3) Cass. 3 janv. 1880 (B. 9) ; 13 fév. 1885 (B. 60).
(4) Cass. 24 juil. 1863 (S. 63, 1, 552) ; 6 août 1885 (D. 86, 1, 351).
(5) Cass. 19 nov. 1880 (B. 20).

**1398.** 2ᵉ *cas :* « Le jugement attaqué est régulier en la forme et il statue au fond, mais il émane d'un tribunal incompétent ». Si l'incompétence est *ratione materiæ* parce que le fait constitue une contravention de police ou un crime, l'on retrouve dans les art. 213 et 214 les dispositions des art. 192 et 193, mais avec une nuance pour l'hypothèse où il y a crime : le tribunal correctionnel doit en effet se dessaisir sans renvoi, s'il y a eu instruction préparatoire; parce qu'il ne peut saisir que le juge d'instruction de son arrondissement, et que ce magistrat ne peut connaître une seconde fois de l'affaire dont il s'est dessaisi par une ordonnance de renvoi en police correctionnelle. La Cour au contraire, ayant la faculté de saisir tous les juges d'instruction de son ressort, doit annuler le jugement et renvoyer devant un autre juge d'instruction du ressort pour faire procéder à un nouveau réglement de la procédure.

Si le jugement est annulé pour incompétence *ratione loci*, la Cour prononce le renvoi devant un autre tribunal de son ressort, en supposant que le délit rentre dans la compétence *ratione loci* de ce tribunal (art. 202, C. 3 brum. an IV) (1). Mais si, dans le ressort, aucun tribunal n'est compétent *ratione loci* l'annulation du jugement a lieu sans renvoi.

C'est également à une annulation sans renvoi qu'aboutit la réformation d'un jugement rendu par un tribunal correctionnel incompétent *ratione personæ*.

**1399.** 3ᵉ *cas :* — « Le jugement attaqué est rendu par un tribunal compétent et statue au fond; mais il est irrégulier en la forme ». La Cour dans ce cas annule le jugement et *statue sur le fond* (art. 315); elle l'*évoque*. L'évocation, dans la procédure pénale, diffère par trois points de l'évocation, dans la procédure civile : *a)* elle est impérativement prescrite à la Cour; — *b)* il n'est pas nécessaire que l'affaire soit en état de recevoir une décision définitive; — *c)* il n'est pas dit que l'annulation du jugement et la décision sur le fond doivent être prononcées par un seul et même arrêt (comp. art. 473, Proc. civ.).

**1400.** Faut-il assimiler à un vice de forme *l'impropriété de la saisine* et reconnaître à la Cour le droit d'évoquer le fond lorsqu'elle déclare que le tribunal a été irrégulièrement saisi par la procédure des flagrants délits? — L'affirmative admise sans discussion par la jurisprudence nous paraît devoir être repoussée: l'impropriété de la saisine est une variété de l'incompétence; or, la Cour ne peut acquérir par l'évocation une compétence qu'aucun tribunal de son ressort n'aurait eue (2). Mais

---

(1) Cet article, conservé par la loi du 29 av. 1806 d'où est sorti l'art. 215, est encore en vigueur. Il prescrit de renvoyer l'affaire devant un autre tribunal correctionnel du même *département*, parce que c'était alors le ressort du juge correctionnel du second degré *(le tribunal criminel)*; mais il faut l'appliquer *mutatis mutandis* au ressort de la Cour d'appel.

(2) Arg. art. 202, C. de l'an IV.

nous restreignons notre solution à l'hypothèse où le tribunal a été saisi par *conduite immédiate à la barre* ; car, s'il y a eu citation, la saisine est régulière et l'irrégularité consiste uniquement dans l'abréviation du délai ordinaire de comparution ; c'est là un vice de forme qui n'empêche pas l'évocation (1).

**1401.** L'évocation est-elle possible quand la Cour annule un jugement qui ne statue point sur le fond ? — L'affirmative est admise en jurisprudence. On dit qu'un jugement annulé pour vice de forme devant être considéré comme non avenu, il n'y a pas à rechercher si le fond a été ou non examiné par le premier juge. Mais cette opinion est condamnée par l'esprit de l'art. 215 : cet article, venant après des textes qui prévoient tous un jugement sur le fond, statue vraisemblablement dans la même hypothèse. On prive en outre illégitimement les parties du premier degré de juridiction; car, si l'on conçoit qu'après une annulation pour vice de forme on puisse éviter un renvoi en première instance d'une affaire dont le juge du premier degré a examiné le fond, on ne conçoit point que la Cour puisse étendre l'effet dévolutif de l'appel au fond du procès qui n'a pas été jugé en première instance (2).

**1402. Voies de recours contre les arrêts correctionnels.** — Les arrêts rendus par le juge correctionnel du second degré sont susceptibles de deux voies de recours : 1° l'*opposition* s'ils sont par défaut ; — 2° le *pourvoi en cassation*, s'ils sont contradictoires ou si le délai d'opposition est expiré. La première de ces voies de recours s'exerce « dans la même forme et dans les mêmes délais » que lorsqu'elle est dirigée contre un jugement de première instance (art. 208). La seconde suit des règles que nous exposerons bientôt dans un titre spécial.

---

(1) Les auteurs et les arrêts, qui repoussent l'évocation au cas d'annulation du jugement pour impropriété de la saisine, ne font pas cette distinction, parce qu'ils considèrent en général que lorsque la procédure des flagrants délits est prohibée, le tribunal est irrégulièrement saisi aussi bien par la citation à bref délai que par la conduite immédiate à la barre : *Sic :* Rennes, 6 janv. 1886; Bordeaux, 13 janv. 1886 (*La Loi*, 22 mai 1886, p. 479); Limoges, 11 fév. 1886 (*La Loi*, 11 juin). GARRAUD, *Dr. pén. franç.* II, 220. — V. pour l'évocation, dans les deux hypothèses : Nîmes, 15 av. 1886 et Cass. 2 juillet 1886 (S. 86, 1, 399).

(2) *Sic :* F. HÉLIE, VI, 3049; GARRAUD, 640. — L'opinion contraire conduit d'ailleurs à ce résultat, qu'en évoquant sur l'appel de la partie civile dirigé contre un jugement incident, la Cour est obligée de statuer au fond tant *sur l'action publique* que sur l'action civile ; celle-ci, en effet, ne peut être jugée en appel, tandis que celle-là serait encore pendante en première instance. *Sic :* Cass. 28 mai 1851 (B. 195) ; 30 janv. 1885 (S. 86, 1, 83). Mais on donne ainsi à l'effet dévolutif de l'appel de la partie civile une extension que repousse expressément l'art. 202. Nouvelle preuve que l'évocation du fond non encore examiné par le premier juge est absolument illégale. F. HÉLIE, VI, 3051.

# CHAPITRE IV

### DES TRIBUNAUX DE SIMPLE POLICE (1).

### I. Organisation des tribunaux de simple police.

**1403.** Le juge de paix et la Chambre correctionnelle du tribunal de première instance constituent les deux degrés de juridiction en matière de simple police. Le Code d'instruction criminelle établissait deux tribunaux de simple police du premier degré : celui du *maire* et celui du *juge de paix*. La loi du 27 janvier 1873 a supprimé le tribunal du maire qui constituait une anomalie dans notre organisation judiciaire où la justice pénale et la justice civile se trouvent réunies dans les mêmes mains. Depuis cette loi, on ne compte plus qu'un tribunal de simple police par canton, ou par commune divisée en plusieurs cantons (art. 138, 142). L'appel de ses jugements est porté au chef-lieu d'arrondissement devant le tribunal correctionnel (art. 174).

L'art. 141 dit que le juge de paix « connaîtra seul des affaires attribuées à son tribunal ». Cette phrase est une reproduction inutile de l'art. 2, de la loi du 25 vent. an IX, qui a supprimé les *assesseurs* du juge de paix. Elle n'exclue pas des fonctions de juge de police les suppléants du juge de paix, car l'art. 3 de la même loi les appelle à remplacer le titulaire empêché.

Dans les communes divisées en plusieurs cantons, le tribunal de police est tenu à tour de rôle par les divers juges de paix, en commençant par le plus ancien (art. 142). Il peut aussi être divisé en deux sections (art. 143).

Le greffier de la justice de paix fait le service du tribunal de simple police, excepté dans les communes divisées en plusieurs cantons pour lesquelles il y a un greffier spécial. Si le tribunal de police est divisé en deux sections, le greffier titulaire est adjoint à l'une, et un commis assermenté à l'autre (art. 142, 143).

Nous avons exposé, *suprà* n° 751, la composition du parquet.

### II. Compétence du tribunal de simple police du 1ᵉʳ degré

**1404.** a) *Ratione materiæ*, le juge de simple police est compétent pour juger les infractions passibles d'un emprisonnement non supérieur

---

(1) BIBLIOGRAPHIE : BERRIAT-ST-PRIX (Ch.), *Des tribunaux de simple police, de leur procédure et des fonctions des officiers du ministère public qui leur sont attachés*, 2ᵉ édit. 1865, 1 vol, in-8°.

à cinq jours ou d'une amende non supérieure à quinze francs (art. 137) c'est-à-dire les contraventions de police d'après le critérium de l'article 1er C. p. Par exception, les contraventions forestières poursuivies par l'administration et les contraventions d'exercice illégal de la médecine sont de la compétence des tribunaux correctionnels ; celles relatives à la grande voirie et aux servitudes militaires sont de la compétence des conseils de préfecture (1).

Que décider pour les infractions punies d'une amende indéterminée ? — Si la loi n'indique aucun élément de calcul, c'est une amende de 1 à 15 fr. ; l'infraction rentre par conséquent dans la compétence du tribunal de simple police. — Mais si la loi subordonne le montant de l'amende à une évaluation du dommage, l'infraction doit être considérée *a priori* comme un délit. Il n'y a point d'inconvénient en effet à saisir le tribunal correctionnel d'un délit qui peut dégénérer en contravention, puisqu'il peut en retenir le jugement (art. 192) ; il y en aurait au contraire à saisir le tribunal de police qui ne peut jamais connaître d'un délit (2).

**1405.** b) *Ratione personæ*, le juge de simple police est compétent à l'égard de tous prévenus autres que : 1°) les militaires et marins (art. 271, C. J. M. A. T., art. 369, A. M.) ; 2°) le président de la République et les ministres (L. const. 16 juil. 1875, art. 12).

**1406.** c) *Ratione loci*, un seul tribunal de simple police est compétent, celui du lieu du délit (art. 138). Le peu d'importance des contraventions, l'intérêt tout local de leur répression, l'économie des frais ont fait écarter la compétence du juge du domicile et de celui du lieu de l'arrestation. D'ailleurs, l'arrestation en matière de contravention n'est jamais qu'une mesure de police qui a seulement pour objet de faire interroger le contrevenant par un officier de police judiciaire chargé de constater les contraventions ; elle ne se continue jamais jusqu'à la comparution à l'audience du tribunal de simple police (arg. art. 129).

### III. Procédure devant le tribunal du premier degré.

**1407.** Le juge de simple police et le tribunal correctionnel du premier degré ont une procédure presque identique : aussi, pour éviter des redites

---

(1) V. L. 9 flor. an X, art. 1er ; L. 15 juil. 1845, art. 11 ; L. 30 mai 1851, art. 47. — Et *suprà*, n° 1300.

(2) *Sic* : F. Hélie, VI, 2524 ; Berriat-St-Prix, 47 ; Garraud, 614 ; Villey, p. 342 et la jurisprudence. En conséquence le juge de police n'a pas le droit d'ordonner une expertise préalable pour déterminer sa compétence, et la partie poursuivante ne pourrait pas le rendre compétent en réclamant seulement 15 fr. de dommages-intérêts. Il y a eu cependant sur le second point quelques arrêts dissidents (F. Hélie, *Prat. crim.*, I, 244). — *Contra* : Le Sellyer, *Compét.* I, 9, 10, 11.

il nous suffira de noter les différences et de renvoyer pour tout le reste à ce qui a été exposé plus haut.

**1408. Saisine.** — Le tribunal peut être saisi de quatre manières : *a)* par citation directe ; — *b)* par comparution volontaire ; — *c)* par renvoi d'une autre juridiction ; — *d)* par requête, lorsqu'il s'agit de prononcer une confiscation contre inconnu.

1º *Citation directe.* — L'art. 145 soulève une double difficulté au point de vue de la remise de la copie et des personnes qui doivent être assignées : « Il en sera laissé copie au prévenu ou à la personne civilement responsable », porte le texte. Cette disjonctive *ou* autorise-t-elle la remise d'une seule copie quand le prévenu et la personne responsable sont tous deux cités ? Autorise-t-elle la citation de la personne responsable sans que le prévenu soit assigné en même temps devant le tribunal ?

La négative sur les deux points nous paraît certaine : la disjonctive *ou* ne peut être que le résultat d'une inadvertance ; il faut la remplacer par la conjonctive *et* (1). On est unanime pour admettre cette solution quant à la remise de la copie : du moment en effet qu'on cite deux personnes, il est certain, dit-on, d'après les principes généraux, que chacune doit recevoir sa copie. — Mais des auteurs soutiennent que la personne responsable peut être citée seule, surtout quand le prévenu est un mineur de seize ans ayant agi sans discernement (2). — Nous pensons au contraire qu'une poursuite dirigée contre la personne responsable seule n'est jamais possible devant un tribunal de répression : l'action publique en effet n'est pas recevable contre elle au point de vue de la peine, et sa condamnation aux frais ne peut intervenir sans une condamnation principale (3). Quant à l'action civile, qui peut l'atteindre, elle cesse d'être de la compétence des tribunaux de répression lorsqu'elle est intentée séparément de l'action publique. Il ne faut pas confondre d'ailleurs l'hypothèse où la poursuite est fondée uniquement sur la responsabilité civile du fait d'autrui avec celle où la prétendue personne responsable a à répondre elle-même d'un fait de négligence pour lequel elle encourt directement une condamnation pénale.

**1409.** 2º *Comparution volontaire.* — L'art. 147 admet expressément ce mode de saisine que la jurisprudence a étendu par analogie aux tribunaux correctionnels. Il consiste, avons-nous dit, dans l'accord des deux parties pour saisir le tribunal. Le consentement de la partie poursuivante se manifeste par l'avertissement qu'elle a envoyé à

---

(1) *Sic* : Berriat St-Prix, 123 ; Garraud, 554.

(2) *Sic* : Legraverend, II, p. 316 ; Rodière, 388 ; Boitard, 668 ; Trébutien, II, p. 525.

(3) Comp. Cass. 17 août 1878 (D. 79, 1, 233-234) à propos du pourvoi du ministère public dirigé seulement contre la personne civilement responsable.

la partie poursuivie, et celui de celle-ci, par sa comparution. La comparution volontaire, d'ailleurs n'emporte, renonciation à aucun moyen de défense, mais elle exclut tout jugement par défaut. L'art. 147 n'admet en effet la condamnation par défaut que d'une personne « citée ».

**1410. Modes et délais de comparution.** — Le prévenu peut comparaître en personne ou par mandataire, quelle que soit la peine, et cette faculté ne peut lui être retirée par le juge ; la disposition de l'article 152 est en effet absolue. Aussi est-ce par cette raison qu'on explique que la garantie politique ne couvre pas les sénateurs et les députés en matière de contraventions. Cela n'empêche point le juge de police d'ordonner la *comparution personnelle* du prévenu comme moyen d'instruction ; mais si le prévenu refuse de comparaître en personne et se fait représenter, le jugement ne pourra pas être par défaut.

Le délai de comparution est de vingt-quatre heures outre un jour par trois myriamètres de distance (art. 146). Ce délai se compte d'heure à heure ; on peut donc assigner pour le lendemain pourvu que l'heure fixée pour la comparution, soit plus avancée dans la journée que celle de la citation. Ce délai peut être abrégé s'il y a urgence, en vertu d'une *cédule*, c'est-à-dire une autorisation sur pied de requête, délivrée par le juge de paix.

Si le prévenu n'a pas eu le temps de faire citer ses témoins il doit obtenir un sursis à ces fins, si la preuve testimoniale est admissible contre le procès-verbal (art. 153, 154). Le même droit appartient aux autres parties en cause.

L'inobservation des délais, sans permission du juge, est plus rigoureusement sanctionnée qu'en matière correctionnelle : elle entraîne la nullité, non seulement du jugement par défaut, mais encore de la *citation* (1). « Néanmoins, ajoute l'art. 146, *cette nullité* (c'est-à-dire celle de la citation) ne pourra être proposée qu'à la première audience, avant toute exception et défense ».

**1411. Procédure à l'audience.** — Il suffit de comparer les art. 153 et 190 et de lire le renvoi fait par l'art. 189 aux art. 154 à 161 pour voir que les règles de cette procédure sont les mêmes que celles de la procédure suivie devant le tribunal correctionnel. Il y a cependant trois différences à noter :

1° Les témoins peuvent être entendus sans avoir été cités (arg. « appelés » art. 153).

2° Certains actes de la juridiction peuvent être accomplis en dehors de

---

(1) Par conséquent cette citation n'aura point interrompu la prescription, en supposant d'ailleurs qu'elle soit susceptible de l'interrompre, ce qui est assez rare en matière de contravention. *Exemple*, contraventions prévues par la loi sur la Presse (art. 65, L. 29 juil. 1881).

l'audience : ainsi le juge de paix peut, avant le jour de l'audience, sur la réquisition du ministère public ou de la partie civile, estimer ou faire estimer les dommages, dresser ou faire dresser des procès-verbaux, faire ou ordonner tous actes requérant célérité (art. 148) (1).

3° Les notes d'audience sont restreintes « aux principales déclarations des témoins ». — Elles ne portent que la signature du greffier (art. 155).

**1412. Jugements.** — Les jugements rendus par le tribunal de simple police du premier degré ressemblent beaucoup, au point de vue de leur objet, à ceux que le tribunal correctionnel peut prononcer dans une poursuite où le prévenu est en liberté. Notons cependant quelques particularités.

1° Dans le *prononcé* d'un jugement de condamnation il n'est pas nécessaire de lire le texte de la loi pénale (art. 161).

2° Dans la rédaction d'un jugement de même nature il faut insérer « les termes de la loi appliquée » à peine de nullité (art. 163).

3° La signification des jugements contradictoires est nécessaire pour faire courir les délais d'appel (art. 174).

4° L'appel n'est possible ni contre tous les jugements, ni au profit de toutes les parties en cause (art. 172).

## IV. Voies de recours.

**1413.** Les jugements de simple police peuvent être attaqués par l'opposition, l'appel, le pourvoi en cassation, suivant les cas. Les conditions de recevabilité et d'exercice, ainsi que les effets de ces voies de recours sont généralement les mêmes que dans la procédure correctionnelle. Nous ne noterons encore ici que les différences.

**1414. Opposition.** — Les jugements du juge de paix et du tribunal correctionnel statuant comme juges de simple police peuvent, s'ils sont rendus par défaut, être attaqués par la voie de l'opposition. Mais les règles de cette voie de recours ne sont point modifiées à raison de la matière lorsqu'elle est dirigée contre un jugement du tribunal correctionnel; il suffit donc d'exposer ici les règles particulières de l'opposition aux jugements par défaut rendus par le tribunal de simple police du premier degré. Ces règles diffèrent par trois points de celles qui nous sont connues.

1° Le *délai* est de trois jours francs, plus un jour par trois myriamètres de distance, au lieu de cinq jours et de cinq myriamètres (art. 151).

(1) V. par exemple la mise en fourrière d'animaux trouvés en contravention. L. 4 av. 1889 *(Code rural)*.

2° La *forme* est plus simple : une déclaration au bas de l'acte de signification du jugement, ou une notification par acte séparé (*ibid.*). Si le jugement n'a pas été signifié, on admet le défaillant à déclarer son opposition à la barre en présence de son adversaire, chose qui est toujours possible lorsque l'opposition est formée par le prévenu contre le ministère public (1).

3° Les *frais* d'expédition et de signification du jugement par défaut et ceux de l'opposition ne *peuvent* pas être mis à la charge du prévenu relaxé. L'art. 151 ne reproduit pas en effet cette disposition de l'art. 187; et on ne peut l'y étendre, car l'art. 187 est exceptionnel en tant qu'il fait dépendre la condamnation aux dépens de la théorie de la faute (2).

**1415. Appel.** — 1° *Qui peut appeler, et de quels jugements peut-on faire appel?* — Le droit intermédiaire (Const. 5 fruct. an III, art. 233; C. an IV, art. 153) n'établissait qu'un seul degré de juridiction pour les contraventions de police. L'institution de l'appel en cette matière est une innovation, ou mieux un retour vers le passé (3). C'est peut-être à raison de ces tâtonnements que l'institution de l'appel n'a point reçu en matière de simple police le même développement qu'en matière correctionnelle. Cette voie de recours n'existe, en effet, ni contre tous les jugements, ni au profit de toutes les parties en cause. L'art. 172 porte :
« Les jugements rendus en matière de police pourront être attaqués par la voie de l'appel, lorsqu'ils prononceront un emprisonnement, ou lorsque les amendes, restitutions ou autres réparations civiles, excèderont la somme de cinq francs, outre les dépens ». De cette formule il résulte :

*a)* Qu'on ne peut appeler d'un jugement qui ne prononce point de condamnations, par exemple d'un jugement interlocutoire ou d'incompétence (4) ; mais, sur l'appel du jugement définitif, ces jugements pourront être remis en question, car l'effet dévolutif de l'appel formé contre le jugement définitif est complet (5). Par conséquent, en simple police, les jugements interlocutoires et d'incompétence sont traités au point de vue de l'appel comme des jugements préparatoires;

*b)* Que le ministère public n'a pas le droit d'appel, parce qu'il n'encourt jamais de condamnation;

*c)* Que la partie civile, qui obtient une condamnation inférieure à sa demande, ne peut faire appel, parce qu'elle n'est pas condamnée;

---

(1) Cass. 23 fév. 1837 (B. 58). Berriat-St-Prix, 521.
(2) V. *suprà*, n°⁸ 422 et s. *Sic* : — Carnot, I, p. 619. — *Contrà* : Berriat-St-Prix, 529 ; Cass. 4 juin 1830 (B. 156).
(3) Locré, XXV, p. 364, rapport de Grenier.
(4) Cass. 31 août 1848 (S. 48, 1, 746) ; — Cass. 20 av. 1846 (S. 47, 1, 384).
(5) Cass. 16 av. 1880 (S. 81, 1, 137) et la note de M. Villey.

*d*) Que cette partie dont la demande est complètement rejetée ne peut faire appel si elle n'est condamnée aux dépens ;

*e*) Que l'appel est ouvert au prévenu condamné à l'emprisonnement et à toute partie privée qui encourt une condamnation à plus de cinq francs à titre d'amende, de restitutions ou de dommages-intérêts (1).

Dans la condamnation à l'amende il faut, à notre avis, tenir compte des décimes qui augmentent d'un quart le montant de l'amende prononcée. Ils font partie de l'amende, ils doivent servir par conséquent à déterminer soit la durée de la contrainte par corps, soit la faculté de faire appel (2).

**1416.** 2° *Point de départ du délai d'appel.* — Le délai d'appel (dix jours) est le même qu'en matière correctionnelle ; mais son point de départ est différent : il court toujours de la signification du jugement à personne ou à domicile (art. 174), que le jugement soit contradictoire ou par défaut.

**1417.** 3° La *forme de l'appel* n'est pas réglée ; on en a conclu que l'appelant pouvait, à son choix, faire une déclaration au greffe du tribunal de police qui a rendu le jugement (arg. art. 202), ou bien notifier son appel au ministère public, soit du tribunal de police, soit du tribunal correctionnel (3).

**1418.** 4° Le *jugement de l'appel* a lieu devant le tribunal correctionnel dans la même forme que celui des affaires dont il connaît comme juge correctionnel du premier degré et par conséquent sans rapport. C'est là une simplification à laquelle fait peut-être allusion la phrase qui termine l'article 174 : « Il (*l'appel*) sera suivi et jugé dans les mêmes formes que les appels des sentences des juges de paix ». Il est certain, en effet, que cette disposition ne peut être appliquée à la lettre ; car les formes de la *procédure sommaire* (art. 404 et s., C. proc.), prescrites pour ce genre d'appel, ne peuvent se concilier avec celles de la procédure correctionnelle.

**1419. Pourvoi en cassation.** — Cette voie de recours est ouverte contre les jugements rendus en *dernier ressort*, soit par le tribunal de police du juge de paix, soit, en appel, par le tribunal correctionnel (art. 177). Pour ne pas empiéter sur l'étude que nous allons en faire dans un titre spécial, nous n'examinerons ici qu'une difficulté particulière au pourvoi en matière de simple police.

---

(1) Il est ouvert, par conséquent, à la partie civile condamnée reconventionnellement à plus de 5 fr. de dommages-intérêts en faveur du prévenu relaxé. *Sic* : RODIÈRE, p. 402 ; F. HÉLIE, VI, 27, 36 ; TRÉBUTIEN, II, p. 532 ; BERRIAT-ST-PRIX, 531, GARRAUD, 634. Cass. 6 déc. 1849 ; Trib. Perpignan, 16 juin 1883 (*Le Droit*, 27 oct.) — *Contrà* : LE SELLYER, *Compétence*, I, 21.

(2) V. la controverse, *suprà*, n° 453.

(3) Cass. 27 août 1825 ; 19 sept. 1834.

Le ministère public et la partie civile peuvent-ils se pourvoir en cassation contre les jugements susceptibles d'appel de la part du prévenu ?
— La question a été examinée en jurisprudence pour le ministère public seul ; mais il est évident que la solution doit être la même pour la partie civile, lorsqu'elle est, comme lui, privée du droit de faire appel.

En faveur de l'affirmative, on dit qu'il faut considérer le caractère du jugement *à l'égard seulement de la partie qui se pourvoit ;* or, l'art. 177 donne au ministère public le droit de se pourvoir en cassation contre tous les jugements du tribunal de police du juge de paix sans aucune restriction, parce qu'à son égard ils sont tous en dernier ressort (1).

Cette opinion fausse, à notre avis, le sens des art. 177 et 172 et méconnaît l'idée commune qui a inspiré leurs dispositions. D'un côté, en effet, l'art. 177 met sur le même pied, au point de vue du pourvoi, « le ministère public et les parties ». Or il est certain que le prévenu ne peut se pourvoir contre un jugement *dont il peut appeler :* donc il doit en être de même de ses adversaires. D'un autre côté, l'art. 172, en n'ouvrant la voie de l'appel qu'aux parties condamnées et à la condition que la condamnation ait une certaine gravité, refuse *a fortiori* aux parties qui les ont fait condamner le droit de se pourvoir en cassation. D'ailleurs, le ministère public, qui ne peut se pourvoir contre un jugement dont le prévenu peut faire appel, pourrait, s'il appelle, diriger un pourvoi contre le jugement du tribunal correctionnel qui l'aurait relaxé (2). L'idée commune est que, vu le peu d'importance de la matière, la répression a paru suffisante dès qu'il est intervenu une condamnation en première instance ou en appel.

(1) *Sic :* Berriat-St-Prix, 549 ; Cass. 28 août 1823 ; 2 déc. 1825 ; 2 août 1839. — Mais la Cour de cassation décide que le pourvoi n'est recevable qu'après que le jugement de condamnation est devenu *définitif à l'égard de toutes parties* par l'expiration des délais d'opposition et d'appel. Cass. 4 fév., 3 juin et 28 juil. 1864 (D. 65, 1, 450), 31 mars 1876 (D. 77, 1, 410). C'est un moyen *pratique* d'éviter un conflit de juridiction.

(2) *Sic :* F. Hélie, VI, 2744 ; Cass. 29 déc. 1820. — Mais le pourvoi du procureur de la République ne serait pas recevable si le jugement avait simplement maintenu ou diminué la condamnation, parce que l'action publique étant épuisée, la réformation du jugement ne pourrait avoir lieu que dans l'*intérêt de la loi* et par conséquent sur un pourvoi du procureur général près la Cour de cassation. Cass. 26 mai 1882 (D. 82, 1, 438).

# TITRE V

## DES VOIES DE RECOURS EXTRAORDINAIRES

## CHAPITRE PREMIER.

### NOTIONS GÉNÉRALES.

**1420. Division des voies de recours extraordinaires.** — Les voies de recours extraordinaires *contre les jugements* et arrêts sont le *pourvoi en cassation* et le *pourvoi en revision*.

La tierce opposition, qui, dans la procédure civile, est une voie de recours extraordinaire s'attaquant, comme celle-ci, au jugement, n'est pas possible dans la procédure pénale : on sait en effet que cette voie de recours est ouverte aux personnes qui éprouvent un préjudice par l'effet d'un jugement auquel elles n'ont pas été parties. Or, en matière pénale, la partie lésée qui aurait omis d'intervenir comme partie civile serait assurément dans ce cas ; mais, à raison du caractère accessoire de la question civile, elle ne peut ressaisir le tribunal de répression dessaisi de la question pénale par l'épuisement de l'action publique (arg. art. 3). La requête civile, qui est une voie de recours du même genre dans la procédure civile, n'apparaît dans la procédure pénale qu'à titre exceptionnel et sous des formes différentes, celles du *pourvoi en revision*; on ne peut l'admettre dans d'autres cas.

**1421.** Il y a des voies de recours extraordinaires qui s'attaquent, non plus au jugement, mais *au juge:* ce sont la *récusation* et *la prise à partie*. L'une est une mesure préventive, l'autre une mesure répressive. Elles peuvent être exercées soit contre un membre de la juridiction, soit contre un tribunal tout entier.

*a*) La *récusation* est l'acte par lequel une partie refuse d'accepter le juge pour des causes, énumérées par la loi, qui font suspecter sa partialité. Lorsqu'elle est dirigée contre tous les membres de la juridiction elle constitue une *demande en renvoi d'un tribunal à un autre*. Ainsi, le juge d'instruction formant à lui seul une juridiction, sa récusation est une demande en renvoi, s'il n'y en a qu'un dans le tribunal. — Les règles de la récusation proprement dite sont dans le Code de procédure civile (art. 378 et s.). On les applique, par analogie, en matière pénale (1). — La procédure des demandes en renvoi est réglée par le Code d'instruction criminelle (art. 542-552). Il y a deux sortes de renvois : le renvoi pour cause de *sûreté publique* et le renvoi pour *suspicion légitime*. Le premier a un caractère gouvernemental. Il ne peut être formé que par le procureur général près la Cour de cassation sur l'ordre du ministre de la justice à qui les officiers du ministère public ont dû signaler l'utilité de la mesure (art. 544). Le second peut l'être par toutes les parties en cause (art. 543). La demande est portée devant la Cour de cassation.

*b*) La *prise à partie* est une action principale en dommages-intérêts intentée contre un magistrat pour le préjudice qu'il a injustement causé en faisant acte, ou en refusant de faire acte de ses fonctions. Nous avons eu l'occasion d'y faire souvent allusion. Les conditions auxquelles la responsabilité du magistrat est engagée et la procédure de cette voie de recours se trouvent au Code de procédure civile (art. 505-516). Plusieurs textes du Code d'instruction criminelle indiquent que cette voie de recours peut être dirigée contre les magistrats, officiers de police judiciaire et agents de toute sorte qui participent à l'œuvre de la justice pénale (art. 77, 78, 112, 164, 271, 358, 370) (2).

Laissant de côté ces voies de recours contre le juge, nous ne traiterons ici que des voies de recours extraordinaires *contre les jugements*, c'est-à-dire du pourvoi en cassation et du pourvoi en revision. L'une et l'autre sont portées devant la Cour de cassation dont il importe au préalable de faire connaître la composition et le rôle.

**1422. Organisation et compétence de la Cour de cassation.** — *a*) Cette juridiction suprême, connue dans l'ancien Droit sous le nom de *Conseil du roi* et de *Conseil des parties* (ord. 1552, 1579, 1667), a reçu son organisation moderne par la loi fondamentale du 27 novembre 1790. C'est une juridiction permanente et sédentaire qui siège à Paris.

A l'origine, elle comprenait deux sections : l'une, *des requêtes*, statuant sur l'admissibilité des pourvois ; l'autre, statuant sur le fond des pourvois admis par la précédente. Ce double examen était préjudiciable à la prompte expédition des affaires criminelles. On forma une troisième section exclusivement chargée de juger les pourvois en cette matière, sans *jugement préalable d'admission* (D. 29 sept. 1793; L. 2 brum. an IV).

La *Chambre criminelle* de la Cour de cassation acquit ainsi une compétence spéciale et exclusive. Aussi a-t-on compris qu'il serait plus nuisible qu'utile d'établir un roulement entre les membres de la Chambre

---

(1) Nîmes, 8 janv. 1880 (D. 82, 2, 96) ; Cass. 12 janv. 1884 (D. 85, 1, 88). On fait de même pour les règles relatives à l'*abstention* (art. 571, C. proc.). Cass. 26 juin 1884 (D. 86, 1, 48).

(2) Cass. 4 mai 1880 (S. 81, 1, 79).

criminelle et ceux des deux Chambres civiles; l'art. 66 de la loi du 27 ventôse an VIII qui le prescrivait n'a pas été observé. Pourtant, dans l'hypothèse d'un second pourvoi, nous verrons que parfois l'affaire doit être soumise aux *Chambres réunies* ; mais c'est là une nécessité de la situation : dans un conflit de jurisprudence entre la Chambre criminelle et les cours et tribunaux, il fallait trouver un juge supérieur aux deux juridictions en conflit.

Les Chambres de la Cour de cassation se composent normalement de seize membres chacune, le président compris. Elles jugent au nombre minimum de onze membres. En cas de partage, on appelle pour le vider cinq conseillers, pris d'abord parmi les membres de la Chambre qui n'auraient pas assisté à la discussion de l'affaire et subsidiairement parmi les membres des autres Chambres, par ordre d'ancienneté (L. 27 vent. an VIII, art. 60, 63, 64; Ord. 15 janv. 1826; art. 3, 4, 5). — Un premier président, à qui revient la présidence des audiences solennelles et qui a de plus le droit de présider chacune des Chambres, sans exclure cependant le président de celles-ci (D. 28 janv. 1811, art. 2, 3. Ord. 1826, art. 28) ; — un procureur général et six avocats généraux (L. 27 vent. an VIII, art. 67 ; Sén. cons. 28 flor. an XII, art. 136) ; — un greffier en chef et quatre commis-greffiers (L. 27 vent. an VIII, art. 7, 8 ; Ord. 1826, art. 72) complètent la juridiction.

1423. *b*) La Cour de cassation n'a compétence que pour examiner si les décisions qui lui sont déférées ont bien ou mal appliqué la loi aux faits qu'elles relèvent : elle ne rentre point dans l'examen des faits. Elle ne connaît pas non plus du fond du procès ; car, une fois la décision cassée, elle renvoie le procès devant une juridiction du même genre, si le fond reste à juger.

# CHAPITRE II

## DU POURVOI EN CASSATION.

### I. — Divisions et effets des pourvois en cassation.

1424. Qui peut se pourvoir en cassation ? — Le droit de se pourvoir en cassation appartient :

1° Aux *parties en cause*, c'est-à-dire aux parties qui ont figuré au procès dans lequel a été rendue la décision attaquée (art. 296, 298, 373, 374, 408, 412, 413).

2° Au *procureur général près la Cour de cassation*, agissant en son nom propre et d'office (art. 442).

3° Au *ministre de la justice*, représenté par le procureur général près la Cour de cassation, qui agit dans cette hypothèse sur son ordre formel (art. 441).

Les pourvois diffèrent par l'étendue de leurs effets et par leurs conditions de recevabilité, de forme et de délai. Ces divisions ne correspondent pas absolument à celle qui précède.

**1425. Effets du pourvoi en cassation. — Division des pourvois d'après leurs effets.** — Le pourvoi en cassation a toujours un effet *dévolutif* et souvent un effet *suspensif*.

*a) Effet dévolutif.* — Au point de vue de l'effet dévolutif il faut distinguer trois sortes de pourvois : 1° ceux formés dans l'intérêt privé ; 2° ceux formés dans l'intérêt général ; 3° ceux formés dans l'intérêt de la loi.

**1426.** 1° Les premiers émanent d'une partie privée. L'effet dévolutif de leur pourvoi est limité, *dans son étendue*, aux chefs de l'arrêt ou du jugement dont la cassation est demandée ; — *dans son intensité*, par l'intérêt du demandeur. C'est la même règle que pour l'appel. La Cour de cassation n'est pas sans doute obligée de s'en tenir, comme en matière civile, aux seuls moyens d'annulation relevés dans le pourvoi ; elle peut en suppléer d'office ; mais elle ne saurait se prononcer sur un chef de l'arrêt qui ne serait pas l'objet du pourvoi. Voilà pour l'étendue. — Au point de vue de l'intensité, la cassation ne doit être prononcée que dans l'intérêt du demandeur et le jugement serait maintenu si elle devait lui nuire (1).

**1427.** 2° Les pourvois formés dans l'intérêt général sont ceux du ministère public et du ministre de la justice.

Les mêmes raisons, qui ont fait décider que l'appel du ministère public était autant *a maxima* qu'*a minima*, ont fait attribuer la même intensité à l'effet dévolutif de son pourvoi (2).

Par l'esprit de son institution, ainsi qu'à raison des termes de l'art. 441 qui n'en limitent point la portée, le pourvoi du ministre s'exerce autant dans l'intérêt de la loi, c'est-à-dire pour donner un avertissement aux autorités judiciaires, que pour effacer, au point de vue social, l'effet des actes annulés. Il profite donc au condamné s'il fait casser sa condam-

---

(1) F. Hélie, VIII, 4010, 4011. Cass. 16 sept. 1880 (D. 81, 1, 47).
(2) Cass. 2 août 1878 (D. 79, 1, 47-48) ; 7 juin 1883 (D. 84, 1, 426). — Comment faut-il traiter le pourvoi des administrations publiques et celui de l'époux outragé qui poursuit l'adultère ? — Nous donnerions la même solution que pour l'appel (*suprà*, n° 1392). La jurisprudence au contraire tend à leur attribuer seulement l'effet du pourvoi d'une partie privée.

nation ; mais il ne peut lui préjudicier. Il ne touche pas en général non plus aux droits des tiers. On peut dire d'une manière absolue qu'il respecte les droits acquis aux parties privées.

**1428.** 3° Le pourvoi dans l'intérêt de la loi peut être formé par le ministère public près la Cour d'assises après une ordonnance d'acquittement, et, dans toute hypothèse, il appartient au procureur général près la Cour de cassation (art. 374, 442). Il aboutit à une cassation purement théorique. La seule sanction de cette cassation consiste dans la transcription de l'arrêt sur les registres de la juridiction dont la décision a été cassée. Il sert à maintenir l'unité de jurisprudence et l'exacte interprétation de la loi.

**1429.** *b) Effet suspensif.* — Le pourvoi dans l'intérêt de la loi n'a point d'effet suspensif ; son objet l'indique suffisamment. L'effet suspensif est attaché au pourvoi des parties en cause et même au pourvoi du ministre, puisqu'on lui reconnaît des effets pratiques. Mais il y a cette différence entre le pourvoi des parties et celui du ministre, que le délai accordé pour former le premier est lui-même suspensif, tandis que le second, n'étant soumis à aucun délai, n'a d'effet suspensif qu'après avoir été formé. — Nous savons que, par exception, le pourvoi contre un arrêt de mise en accusation n'est pas suspensif s'il est formé après le délai légal, ou même dans le délai, mais après le tirage du jury (art. 301, L. 10 juin 1853). — Il ne faudrait pas étendre cette disposition exceptionnelle au pourvoi formé, après l'expiration du délai légal, contre un jugement ou un arrêt d'une autre sorte. La Cour de cassation, en effet, a seule le droit de déclarer l'irrecevabilité d'un pourvoi. — Mais, si après le *rejet* de son pourvoi le condamné en formait un second, il appartiendrait au ministère public de faire exécuter, sous sa responsabilité, l'arrêt devenu irrévocable. Ce pourvoi tardif, formé uniquement pour empêcher l'exécution, n'est pas entré dans l'intention du législateur lorsqu'il a admis l'effet suspensif des voies de recours (1). — Quand l'une des parties privées forme un pourvoi contre l'autre, l'effet suspensif ne se produit que dans la mesure de l'effet dévolutif, c'est-à-dire au point de vue seulement des condamnations civiles.

**1430.** 3° *Autres divisions des pourvois.* — Au point de vue des conditions de recevabilité, de forme et de délais il faut distinguer les pourvois des parties en cause qui y sont soumis et ceux du procureur général près la Cour de cassation et du ministre qui en sont généralement affranchis. Nous donnerons tous les détails dans l'étude séparée que nous allons faire de chaque espèce de pourvoi.

---

(1) Dalloz, v° *Cassation*, 961.

## II. — Des ouvertures à cassation.

**1431.** Les *ouvertures à cassation*, qu'on appelle aussi *causes* ou *moyens* de cassation, sont partiellement énumérées par les art. 299, 408, 410, 412. On pourrait en relever neuf dans ces textes, mais ce ne sont là que des articles d'exemple. Toute violation de la loi peut constituer une ouverture à cassation. Pour plus de clarté nous les diviserons en trois groupes : — *a*) l'incompétence ou l'excès de pouvoir ; — *b*) la violation des règles de forme ; — *c*) la violation des règles de fond.

**1432.** 1º *Incompétence ou excès de pouvoir.* — Les textes mentionnent l'incompétence, mais ne parlent point de l'excès de pouvoir. Il semble même qu'on ait voulu proscrire l'emploi de ce moyen. Berlier, en effet, l'a repoussé expressément dans l'*exposé des motifs* (1). D'après lui, l'excès de pouvoir est un mot vague qui ne répond en Droit pénal qu'à l'incompétence et fait double emploi avec ce dernier moyen. Il y a cependant une différence entre ces deux moyens, même en matière criminelle. L'excès de pouvoir est un *genre*, dont l'incompétence n'est qu'une *espèce*. Le juge incompétent est radicalement destitué de tout pouvoir. Le juge, qui commet un excès, abuse d'un pouvoir dont il avait l'usage. Ainsi le jugement qui contient une censure des actes du ministère public (2) ; celui qui, en prononçant une condamnation contre un prévenu, déclare que cette condamnation établit l'innocence d'un individu précédemment condamné (3) ; celui qui statue *ultra petita* sur les demandes civiles (art. 412) (4), sont entachés d'excès de pouvoir. Dans tous ces cas, en effet, et dans bien d'autres, on ne peut pas dire que le juge était incompétent; mais on doit dire, qu'en statuant sur un objet de sa compétence, il a excédé ses pouvoirs.

**1433.** 2º *Violation des règles de forme.* — L'art. 408 semble ne faire un moyen de cassation que de la violation des formalités *prescrites à peine de nullité* ; mais ce texte n'a pas rendu la pensée du législateur. Aussi les auteurs et la jurisprudence, s'inspirant des travaux préparatoires, ont distingué les formalités en *substantielles* et *non substantielles*. L'omission des premières entraîne la nullité, même quand la loi ne l'aurait pas prononcée, même quand les parties n'auraient pas réclamé. L'o-

---
(1) Locré, t. XXVII, p. 66.
(2) Cass. 13 janv. 1881 (D. 81, 1, 89).
(3) Cass. 10 mai 1850 (S. 50, 1, 403).
(4) Dans la procédure civile, l'*ultra petita* n'est généralement qu'un *moyen de requête civile*, parce que l'ordonnance de 1667 lui ayant donné ce caractère, il se trouve exclu des *moyens de Cassation* par le règlement de 1738 qui défend d'employer comme moyen de cassation les moyens de requête civile. Cette raison particulière n'existant pas dans la procédure pénale, puisque la requête civile n'y est pas admise, l'*ultra petita* y fournit un moyen de cassation. Dalloz, *ibid.*, 1506.

mission des secondes n'entraîne pas la nullité, si elle est passée sans protestation. Mais dès que l'une des parties a réclamé l'accomplissement régulier de la formalité, il y a ouverture à cassation, si la juridiction a omis ou refusé de prononcer sur sa demande, ou si elle l'a rejetée, ou si elle a accompli irrégulièrement la formalité. On pouvait tolérer, en effet, une omission contre laquelle personne n'a protesté, mais non une violation flagrante et non acceptée de la loi (art. 408 et arg.). Dans les pourvois fondés sur la violation des formalités non substantielles dont l'accomplissement a été réclamé, la Cour suprême conserve cependant le droit de vérifier si un intérêt sérieux a été lésé (1) ; mais c'est là un autre ordre d'idées que nous retrouverons dans les *fins de non-recevoir*.

Rentrent dans la violation des règles de forme, la composition illégale de la juridiction, le défaut d'audition du ministère public (art. 296), le défaut de publicité, l'absence de motifs dans les jugements (L. 20 avril 1810, art. 7).

**1434.** 3° *Violation des règles de fond.* — L'inobservation des règles de fond peut constituer une *violation directe*, une *fausse application* ou une *fausse interprétation* de la loi. Pour vérifier si le moyen invoqué existe, la Cour de cassation ne rentre point dans l'examen du fait ; elle le prend tel qu'il a été constaté par la décision attaquée, et elle examine si les conséquences juridiques que le juge en a tirées sont exactes.

L'art. 408 prévoit la condamnation et l'absolution illégales ; il semble ne viser par conséquent que les arrêts définitifs de la Cour d'assises ; il n'est pas douteux cependant qu'il n'y ait ouverture à cassation pour la violation des règles de fond dans tous les arrêts et jugements en dernier ressort. Ainsi un arrêt qui statue sur l'admission d'un moyen de preuve est susceptible d'un pourvoi (2). Au surplus, dans les matières correctionnelles et de police, l'art. 413 admet les mêmes ouvertures à cassation « contre tous arrêts et jugements en dernier ressort ». Il y a seulement à faire en matière criminelle les restrictions suivantes :

*a)* Une ordonnance d'acquittement *légalement rendue*, c'est-à-dire rendue en exécution d'un verdict négatif de culpabilité pur et simple, ne peut être attaquée par le ministère public que dans l'intérêt de la loi (art. 374, 409). — Au contraire, en matière correctionnelle et de police le ministère public peut se pourvoir « contre tous arrêts et jugements en dernier ressort, sans distinction de ceux qui ont prononcé le renvoi (*relaxe*) de la partie (*prévenu*), ou sa condamnation » ; et dans les deux cas son pourvoi a un effet pratique pour ou contre le prévenu.

*b)* En matière criminelle la partie civile ne peut se pourvoir « que quant aux dispositions relatives à ses intérêts civils » (art. 373), c'est-à-

(1) Nouguier, IV, 1065.
(2) Cass. 9 mars 1850 (S. 50, 1, 479).

dire contre la partie de l'arrêt qui rejette sa demande en dommages-intérêts ou qui la condamne envers l'accusé acquitté ou absous à une indemnité supérieure à celle qui était demandée (art. 412). — Au contraire, en matière correctionnelle et de police la partie civile peut attaquer *tous* les arrêts et jugements en dernier ressort et invoquer contre eux les mêmes ouvertures à cassation que le ministère public (art. 413). Cela n'empêche pas l'effet dévolutif de son pourvoi d'être restreint à ses intérêts civils seulement.

**1435.** Il faut noter enfin que les ouvertures à cassation rendent simplement le pourvoi possible; mais, pour qu'il réussisse, il faut encore qu'aucune fin de non-recevoir n'existe contre la demande. Nous exposerons ces fins de non-recevoir en traitant des conditions de recevabilité du pourvoi proprement dit.

### III. — Du pourvoi proprement dit.

**1436. Conditions de recevabilité.** — Le pourvoi proprement dit est celui qui est formé par l'une des parties en cause et qui aboutit à une cassation suivie d'effets pratiques.

Il est recevable à trois conditions :

1º Qu'il attaque un arrêt ou jugement en dernier ressort, définitif ou interlocutoire ;

2º Qu'il soulève une question de droit ;

3º Que le demandeur ait un intérêt et pas de négligence à se reprocher.

**1437.** 1º « Un arrêt ou jugement en dernier ressort, définitif ou interlocutoire ». — Ce pourvoi ne s'applique d'abord qu'aux *arrêts* ou *jugements* ; les autres actes judiciaires peuvent être attaqués seulement par le pourvoi du ministre (art. 407, 441).

S'il s'agit d'un jugement, il faut qu'il soit *en dernier ressort* (art. 407, 413, 416), parce que le pourvoi en cassation est une voie de recours extraordinaire, un dernier moyen de faire réformer la sentence. Il suit de là : *a)* que le pourvoi n'est pas recevable pendant les délais d'opposition et d'appel ; — *b)* qu'il ne l'est pas contre les jugements sujets à appel dont il n'a pas été appelé. La forclusion de l'appel ne les rend pas en effet en dernier ressort (1).

Enfin le jugement doit être soit *définitif* sur le fond ou sur une question indépendante du fond, comme par exemple la question de compétence ; — soit *interlocutoire*. En effet, l'art. 416, après avoir admis le pourvoi contre les jugements définitifs, retarde jusqu'après ce jugement le

---

(1) Cass. 23 sept. 1869 (D. 71, 1, 356).

pourvoi à diriger contre les jugements simplement préparatoires et ne dit rien des jugements interlocutoires. On doit conclure de son silence que les jugements interlocutoires peuvent être frappés d'un pourvoi, soit immédiatement, soit après le jugement définitif. C'est la même règle que pour l'appel.

**1438.** 2° « Une question de droit ». — La Cour de cassation apprécie seulement le rapport du fait constaté avec la loi. Ainsi, elle doit vérifier si le fait relevé par le juge mérite la qualification qu'il lui a donnée, et cela sans qu'il y ait lieu de distinguer s'il existe ou non une définition légale du délit (1). — Au cas où le jugement aurait admis la *légitime défense*, elle examinera si le fait relevé peut constituer le fait justificatif prévu par la loi; — elle dira si l'on peut invoquer ce fait justificatif pour la défense des biens; — si les présomptions légales de légitime défense (art. 329, C. p.) comportent la preuve contraire; — si le duel peut être considéré comme un cas de légitime défense, etc. — Dans l'hypothèse où le jugement aurait admis la *prescription*, prenant pour base de ses calculs la date du délit qu'elle trouve dans le jugement ou dans la citation, elle pourra déclarer le fait non prescrit, soit parce qu'elle modifiera sa qualification, soit parce qu'elle tiendra compte de causes d'interruption ou de suspension que le jugement avait écartées.

**1439.** Cette seconde condition a pour conséquence : « la prohibition des moyens nouveaux devant la Cour de cassation ». Ces moyens, n'ayant été produits ni en première instance, ni en appel, nécessiteraient le plus souvent des constatations de fait qui feraient sortir la Cour suprême de son rôle de juge du droit (2). En supposant que le moyen nouveau fût prouvé par les pièces de la procédure, il n'y aurait pas sans doute impossibilité pour la Cour de cassation de l'apprécier ; mais il s'élèverait dans ce cas une fin de non-recevoir, tirée de la négligence du demandeur, dont nous allons parler.

**1440.** 3° « Un intérêt et pas de négligence ». — Le défaut d'intérêt et la négligence du demandeur à faire valoir ses droits devant la juridiction qui a rendu la décision attaquée sont les fins de non-recevoir qui peuvent faire échouer le pourvoi.

*a)* Les textes donnent quelques exemples de la fin de non-recevoir tirée du *défaut d'intérêt*. — Art. 413, § 2 : Dans un pourvoi dirigé contre un jugement de relaxe le ministère public, ni la partie civile ne peuvent invoquer la violation des formes prescrites pour assurer la défense du prévenu. — Art. 411 : lorsqu'il y a eu erreur dans la citation du texte de la loi, mais que la peine prononcée est semblable à celle

---

(1) Il y a eu quelque hésitation sur ce point en jurisprudence. F. Hélie, V, 2267, 2265.
(2) Cass. 23 juin 1876 (D. 77, 1, 416).

portée par l'article de loi qui s'applique au crime, nul ne peut demander l'annulation de l'arrêt pour l'erreur qui a été commise (1).

C'est aussi pour défaut d'intérêt qu'on écarte les pourvois fondés sur des irrégularités de procédure qui n'ont pu causer de préjudice ou qui ont été réparées ; — et ceux qui, étant formés après le jugement définitif, se fondent sur les irrégularités de l'instruction préparatoire. Il faudrait supposer une condamnation basée uniquement sur un élément de preuve recueilli dans la procédure écrite, pour faire exception à cette règle. — Enfin on rejette par la même fin de non-recevoir les pourvois formés contre les *motifs* d'un jugement (2).

**1441.** *b)* Les textes donnent aussi quelques exemples de pourvois que la négligence du demandeur rend irrecevables. Tel serait le pourvoi formé contre un jugement en premier ressort, même après l'expiration du délai d'appel (art. 407). Le demandeur, en effet, doit s'imputer de n'avoir point usé de la voie ordinaire du recours. — Logiquement, il faudrait conclure de cette disposition de l'art. 407 que les jugements en dernier ressort et arrêts rendus par défaut ne sont point susceptibles d'un pourvoi, même après la forclusion du délai d'opposition ; mais les textes ne distinguant point si les arrêts et jugements en dernier ressort ont été rendus contradictoirement ou par défaut, on en a conclu, à tort selon nous, que le pourvoi pouvait être valablement formé après l'expiration du délai d'opposition (3). — C'est encore à raison de la négligence du demandeur, que le défaut de pourvoi contre l'arrêt de mise en accusation couvre toutes les nullités de la procédure antérieure (art. 299, 408) ; — que les nullités commises en première instance dont on ne s'est pas prévalu en appel ne donnent pas ouverture à cassation (L. 29 av. 1806, art. 2) (4) ; — que des *moyens nouveaux* ne peuvent être invoqués dans le pourvoi, alors même qu'ils seraient prouvés par les pièces de la procédure (5) ; mais cette fin de non-recevoir ne s'appliquerait pas si le moyen nouveau avait un caractère d'ordre public, car la négligence du demandeur fait présumer une renonciation qui ne peut intervenir lorsqu'il s'agit d'un moyen de cette nature (6).

**1442. Procédure.** — *a)* Les délais pour se pourvoir en cassation nous sont connus (art. 373, 296, C. i. c.). Le délai ordinaire est de trois jours francs à compter du prononcé du jugement ou de l'arrêt. Mais la loi

---

(1) L'art. 414 étend cette disposition aux arrêts et jugements en dernier ressort rendus en matière correctionnelle et de police.
(2) F. Hélie, VIII, 3998, 3994, 3999.
(3) Cass. 26 janv. 1882 (D. 82, 1, 276).
(4) Cass. 2 juin 1883 (D. 84, 1, 427).
(5) Cass. 4 déc. 1875 (D. 77, 1, 95-96).
(6) Cass. 27 fév. 1879 (D. 79, 1, 190).

suppose que le prononcé a eu lieu en présence de la partie (arg. LUI *aura été prononcé*, art. 373). Aussi dans le cas contraire le délai ne court que du jour où elle est réputée légalement avoir connu la sentence. L'art. 373 ne vise expressément que les arrêts de condamnation prononcés par la Cour d'assises ; mais on doit le généraliser aux pourvois contre tous jugements et arrêts pour lesquels la loi n'a point fixé de délais particuliers.

*b*) Le pourvoi doit être déclaré au greffe ou au greffier (art. 373, 447). De plus, celui du ministère public et celui de la partie civile doivent être notifiés à la partie contre qui ils sont formés. Le greffier est chargé de faire cette notification aux détenus. Elle est faite par huissier dans toute autre hypothèse. Un délai de trois jours francs, augmenté dans ce dernier cas d'un jour par trois myriamètres de distance, est accordé pour la faire (art. 418) ; mais ce délai n'est pas prescrit à peine de déchéance (1).

*c*) Sur la rigueur du délai et des formes du pourvoi en cassation, sur la faculté d'utiliser tout le dernier jour du délai, sur les cas de force majeure qui peuvent empêcher le délai de courir, sur le droit de réitérer le pourvoi rejeté pour vice de forme, si l'on est encore dans le délai, il nous suffira de renvoyer à ce que nous avons dit en traitant de l'appel.

*d*) Le demandeur peut joindre à son pourvoi une requête contenant ses moyens de cassation. Il a pour faire cette production les dix jours qui suivent sa déclaration au *greffe* (art. 422). — Après ce délai, les pièces sont transmises au greffe de la Cour de cassation (art. 423). Le dossier comprend toutes les pièces de l'instruction préparatoire et de l'instruction définitive, l'expédition du jugement ou de l'arrêt attaqué, les pièces ou copies de pièces relatives au pourvoi. L'art. 419, § 1, impose expressément à la partie civile l'obligation de produire l'expédition de l'arrêt, mais cette partie doit produire aussi la copie authentique de la déclaration de son pourvoi et l'original de la notification qu'elle en a fait. Le condamné n'est obligé de rien produire et il peut laisser au ministère public le soin de former tout son dossier (art. 424, *arg*.). — L'envoi des pièces au greffe de la Cour de cassation a lieu par l'intermédiaire du ministère public, si elles ont été déposées au greffe de sa juridiction, ou à la diligence des parties. Cet envoi peut être fait directement par les condamnés ; la partie civile, au contraire, est obligée de se faire représenter par un avocat à la Cour de cassation (art. 423, 424).

*e*) Les parties privées doivent, sauf exception, consigner une amende qui sera acquise à l'État si le pourvoi échoue, et qui sera rendue au demandeur s'il réussit. Sont *affranchis de l'amende* : 1º les condamnés en matière criminelle ; 2º les agents publics pour les affaires qui concer-

---

(1) Cass. 29 mars 1884 (D. 84, 1, 428).

nent directement l'administration et les domaines de l'État. — Sont *dispensés de la consigner :* 1° les condamnés à l'emprisonnement ; 2° les indigents ; 3° toute partie privée, sans restrictions, pour les infractions punies par la loi sur la Presse (art. 420, L. 28 juin 1877 ; art. 61, L. 29 juil. 1881).

*f*) Enfin les condamnés à une peine privative de la liberté supérieure à six mois doivent se *mettre en état* pour rendre leur pourvoi recevable, c'est-à-dire se constituer en état de détention préventive ou obtenir leur liberté provisoire (art. 421, L. 28 juin 1877 ; art. 116). En sont dispensés les *prévenus* de crimes et délits de Presse (art 61, L. 29 juil. 1881.

*g*) Les certificats constatant la consignation de l'amende et l'écrou n'ont besoin d'être produits qu'au moment où l'affaire est appelée devant la Cour de cassation. Aussi ces deux formalités peuvent être accomplies soit au siège de la juridiction dont la sentence est attaquée, soit à Paris (art. 421).

*h*) La Cour de cassation doit statuer sur le pourvoi dans le mois qui suit l'enregistrement qui en est fait à son greffe (art. 425) (1). — Le pourvoi est jugé sur le rapport d'un conseiller. Le ministère public donne ses conclusions. Les parties sont entendues dans leurs moyens de défense. Le condamné qui est en liberté peut, avec la permission de la Cour de cassation, présenter lui-même ses observations, et, en matière criminelle, rien ne limite le choix de son avocat. En matière correctionnelle ou de police le condamné, et, en toutes matières, la partie civile doivent se faire représenter et défendre par un avocat à la Cour de cassation (Ord. 15 janv. 1826, art. 17, 36, 37, 38 ; art. 324).

**1443. Arrêts rendus par la Cour de cassation sur le pourvoi.** — La Cour de cassation peut écarter le pourvoi, sans l'examiner, par un arrêt portant *qu'il n'y a lieu de statuer*. Cela se produit au cas de *désistement* des parties privées, et cela peut se produire au cas de *décès*, d'*amnistie* et de *transaction* éteignant la poursuite. L'effet de cet arrêt est de faire considérer le pourvoi comme non avenu ; il l'anéantit dans le passé comme dans l'avenir (2).

Quand la Cour de cassation entre dans l'examen du pourvoi, elle rend un *arrêt de déchéance* si le pourvoi n'est pas recevable en la forme, un *arrêt de rejet* s'il est mal fondé, un *arrêt de cassation* s'il est accueilli.

Les arrêts de déchéance et de rejet impriment immédiatement l'autorité de la chose jugée à la décision attaquée (art. 438, 439). Ces arrêts entraînent en outre certaines condamnations civiles contre les parties privées qui les ont formés (art. 420, 435).

**1444.** *a*) L'arrêt *de cassation* a pour effet principal et ordinaire le

(1) Cass. 22 juin 1838 (B. 259).
(2) F. Hélie, VIII, 3967 et s.

renvoi de l'affaire devant une autre juridiction et pour effet secondaire la décharge des frais, la restitution de l'amende consignée, l'impression de l'arrêt au *Bulletin des arrêts de la Cour* (art. 437; L. 17 nov. 1790, art. 22; L. 27 vent. an VIII, art. 85). Si une instruction est annulée, la Cour de cassation peut ordonner que les frais de la procédure à recommencer seront mis à la charge de l'officier ou du juge instructeur qui a commis la nullité (art. 415).

*b)* La cassation a lieu sans renvoi si la Cour annule une condamnation sur le motif qu'il y avait prescription, amnistie, chose jugée, ou que le fait ne constituait pas une infraction, ou que le condamné n'était pas au nombre des individus poursuivis. Elle a encore lieu sans renvoi quand la Cour procède *par voie de retranchement* en annulant une disposition indépendante des autres. Dans ces divers cas, l'arrêt de cassation termine l'instance, non que la Cour fasse elle-même office de juge du fond, mais parce qu'il ne reste rien à juger (1).

*c)* Dans toute autre hypothèse le renvoi doit être fait à une juridiction analogue à celle qui a rendu la décision annulée, sauf le cas où le pourvoi n'a porté que sur la compétence et celui de simple renvoi à fins civiles (2). La juridiction de renvoi est désignée par une délibération spéciale en Chambre du Conseil (art. 427-431).

*d)* L'arrêt de renvoi saisit le nouveau juge et limite en même temps sa compétence (art. 431-434).

*e)* On signale une différence dans l'étendue de la cassation entre les matières criminelles d'un coté, et les matières correctionnelles et de police de l'autre. La cassation serait *partielle* dans les premières et *totale* dans les secondes. Cette différence, que semble indiquer une nuance de rédaction entre les art. 427 et 434, tient plutôt au fait qu'au droit. En fait, dans les arrêts criminels, il est facile de distinguer les divers chefs d'accusation, puisque chacun fait l'objet d'une question spéciale, et de séparer, pour chaque chef, la déclaration de culpabilité de l'application de la peine ; par suite, la cassation se restreint aisément aux points attaqués. — Dans les arrêts correctionnels et les jugements de police, la distinction des divers chefs de prévention, surtout au point de vue de l'application de la peine, n'est pas toujours possible ; la cassation porte alors sur l'ensemble. Mais il faut observer que, même en matière criminelle, la cassation ne se restreint pas toujours au point précis qui fait l'objet du pourvoi. Ainsi l'annulation du verdict sur le

(1) Peut-il y avoir cassation sans renvoi quand l'arrêt annulé avait confirmé le jugement de première instance ? La question est controversée. V. en sens divers : F. Hélie, VIII, 4028 ; Trébutien, II, p. 511 ; Cass. 14 mai 1842 (D. 42, 1, 334) ; 3 juin 1864 (D. 65, 1, 455) ; — Dalloz, v° *Cassation*, 2250, 2251 ; — Rodière, p. 498.

(2) Dalloz, *ibid.*, 2136, 2137.

fait principal entraînera l'annulation des réponses favorables à l'accusé sur les circonstances aggravantes, sur les excuses, sur les circonstances atténuantes. L'annulation d'une réponse affirmative à une question résultant des débats entraînera celle de la réponse négative à la question posée d'après l'acte d'accusation. — A l'inverse, en matière correctionnelle et de police, l'effet de la cassation se limite au chef de prévention contre lequel le pourvoi est dirigé, si le juge a apprécié séparément la culpabilité et appliqué une peine distincte pour ce délit. Enfin il en est de même, en toute matière, quand la Cour de cassation supprime par voie de retranchement une disposition de la décision attaquée, ou lorsqu'elle statue seulement sur les condamnations civiles. La différence signalée n'existe donc pas. Il serait plus vrai de dire, *quelle que soit la matière*, que la cassation se restreint aux dispositions de l'arrêt ou du jugement contre lesquelles le pourvoi est formé, si ces dispositions ne sont point indivisibles ou connexes avec aucune autre (1).

**1445. Des seconds pourvois.** — Les arrêts ou jugements rendus par la juridiction de renvoi peuvent être eux-mêmes l'objet d'un pourvoi qui suit la voie ordinaire, sauf le cas où il porte sur le même moyen. Le second pourvoi, dans cette hypothèse, révèle un conflit de jurisprudence entre la Cour de cassation et les Cours et tribunaux. Son jugement est déféré, pour ce motif, aux Chambres réunies de la Cour de cassation. L'arrêt qui intervient donne à la question de droit une solution qui s'impose à la nouvelle juridiction devant laquelle l'affaire est renvoyée. (L. 30 juil. 1828).

### IV. Du pourvoi dans l'intérêt de la loi.

**1446.** Le droit de se pourvoir dans l'intérêt de la loi appartient, après une ordonnance d'acquittement, au procureur d'assises, partie au procès (art. 374) ; — et, dans toute hypothèse, au procureur général près la Cour de cassation (art. 442).

Le premier de ces pourvois doit être formé dans les vingt-quatre heures du prononcé de l'ordonnance et par déclaration au greffe de la Cour d'assises. — Le second suppose qu'aucune des parties en cause ne s'est pourvue utilement, et il n'est soumis à aucun délai, ni à aucune forme. Tantôt le procureur général près la Cour de cassation dépose un réquisitoire écrit ; tantôt l'avocat général de service à l'audience déclare verbalement le pourvoi dans l'intérêt de la loi, lorsque celui des parties n'est pas recevable.

---

(1) Comp. F. HÉLIE, *Prat. crim.* I, 995 ; Cass. 18 fév. 1876, 29 mars 1877 (D. 77, 1, 413-335) ; 25 mars 1880 (D. 80, 1, 439) ; 31 juill. 1880 (D. 81, 1, 139).

Le pourvoi dans l'intérêt de la loi peut être dirigé seulement contre des arrêts ou jugements en dernier ressort.

## V. Du pourvoi du ministre de la justice.

**1447.** Ce pourvoi, qu'on qualifie aussi *de demande en annulation*, s'exerce dans *l'intérêt général* dont le ministre est souverain appréciateur. Il est formé par le procureur général près la Cour de cassation, qui n'est plus, dans cette hypothèse, qu'un intermédiaire obligé. De là deux conséquences : 1° le procureur général doit exhiber l'ordre formel qu'il a reçu du ministre (art. 441) ; — 2° l'effet dévolutif de ce pourvoi se restreint aux points indiqués dans la lettre du Garde des sceaux (1).

**1448.** Les actes auxquels s'applique le pourvoi du ministre ne sont pas seulement les arrêts et jugements qui pourraient être l'objet d'un recours des parties, mais tous les actes judiciaires. Il n'y a donc pas lieu de rechercher si le jugement est ou non susceptible d'une voie de recours ordinaire, s'il émane d'une juridiction de droit commun ou d'une juridiction d'exception ; — ni même s'il s'agit d'un jugement ou d'un arrêt. Ce pourvoi peut s'attaquer par conséquent aux *motifs* d'un jugement, aux actes d'instruction, même avant la fin de la procédure, aux questions posées au jury (2).

**1449.** On a longtemps hésité sur l'effet de ce pourvoi : l'art. 441 ne le limite pas au seul intérêt de la loi, et les textes constitutionnels ou organiques dans lesquels il puise son origine (3) semblent lui assigner un effet plus étendu. Aussi a-t-on fini par décider que c'est dans l'intérêt général que le ministre poursuit l'annulation des actes judiciaires contraires à la loi. La cassation prononcée sur son pourvoi efface d'abord les droits que la société pourrait puiser dans les jugements ou arrêts annulés : la peine prend fin, la condamnation est effacée, les incapacités qu'elle avait entraînées sont réputées non avenues.

Mais si, au lieu de porter sur un arrêt de condamnation, ce pourvoi était dirigé contre une sentence renvoyant l'accusé de la poursuite, la cassation ne pourrait préjudicier à ce dernier. Tous les textes, en effet, qui permettent d'attaquer les décisions favorables à l'accusé ont soin de fixer les délais de la voie de recours et d'appeler l'accusé à défendre la sentence ; or l'art. 441 ne fait ni l'un ni l'autre ; on est donc en droit de conclure que l'accusé ne peut éprouver aucun préjudice de l'annulation.

**1450.** Quel est l'effet de ce pourvoi dans les rapports des parties pri-

---

(1) Cass. 13 juin 1879 (D. 79, 1, 277) ; 13 déc. 1881 (D. 81, 1, 89).
(2) Cass. 6 juil. 1877 (D. 77, 1, 405) ; 9 déc. 1880 (D. 80, 1, 473).
(3) Const. 3 sept. 1791, tit. III, art. 27 ; const. 5 fruct. an III ; L. 27 vent. an VII sur l'organ. jud.

vées ? On dit souvent que la cassation « ne peut être invoquée ni pour ni contre la partie civile » (1).

Cette proposition est trop absolue : il est certain que la cassation ne rétroagit point au préjudice des *droits acquis* aux parties privées en vertu du jugement annulé ; mais, dans l'avenir, ce jugement ne peut pas produire de nouveaux effets, parce qu'il n'existe plus. Ainsi, par exemple, une condamnation à une peine afflictive reste, malgré son annulation, une cause péremptoire de divorce et de séparation de corps pour les demandes de cette nature introduites avant le pourvoi du ministre ; mais elle perd ce caractère pour les demandes qui seraient introduites postérieurement à ce pourvoi.

**1451.** Le Garde des sceaux pourrait-il limiter l'effet de son pourvoi à l'*intérêt de la loi ?* Nous ne le pensons pas : il agit comme le ministère public dans un intérêt social et il ne peut pas plus limiter les effets légaux de son recours, que celui-ci ne peut limiter son appel à une aggravation de peine. En fait, comme le procureur général près la Cour de cassation est le subordonné du ministre, il peut recevoir de lui des instructions pour agir soit de sa propre initiative, soit pour le compte de son chef ; il y aura donc lieu d'apprécier le sens de ces instructions : si elles contiennent un simple conseil, le pourvoi formé par le procureur général ne pourra l'être que dans l'intérêt de la loi ; si elles contiennent un ordre, ce sera une demande en annulation (2).

**1452.** L'annulation prononcée sur le pourvoi du ministre peut avoir pour conséquence des poursuites contre les officiers de police judiciaire et les juges de qui émanent les actes annulés, lorsqu'ils constituent de leur part des crimes ou des délits (art. 441).

# CHAPITRE III

## DU POURVOI EN REVISION

**1453. Notions générales et historiques.** — Le pourvoi en revision diffère du pourvoi en cassation : 1° par son objet, 2° par l'état des jugements et arrêts auxquels il s'applique. Le pourvoi en cassation sert à faire réformer les erreurs de droit commises par le juge ; le pourvoi en revision, ses erreurs de fait, les *erreurs judiciaires*, pour employer l'ex-

(1) Trébutien, II, p. 551 ; Garraud, 655.
(2) V. en sens divers s. la question : Rodière, p. 402 ; Trébutien, II, p. 550 ; Villey, p. 441, note 3.

pression consacrée. Le premier s'attaque à des sentences qui n'ont pas encore acquis l'autorité de la chose jugée ; le second au contraire vise des arrêts ou jugements de condamnation passés en force de chose jugée ; par conséquent susceptibles d'exécution et dont l'exécution se poursuit, peut-être même est terminée.

**1454.** Ce n'est pas sans raison que le pourvoi social a cru devoir renoncer ainsi aux droits que lui donnait l'autorité de la chose jugée résultant des condamnations pénales. Cette autorité ne repose en effet que sur une présomption légale et, si forte que soit cette présomption, elle ne peut dominer, en matière pénale, la vérité qui vient à se faire jour d'une manière éclatante. L'opinion publique protesterait contre le châtiment, et l'œuvre de la justice, qui a pour objet d'assurer le maintien de l'ordre, contribuerait à le troubler. Mais on comprend qu'il fallait organiser la revision avec une extrême réserve. C'eût été créer un nouveau danger social que d'autoriser à tout remettre en question sous des prétextes frivoles (1). Aussi les cas de revision sont-ils limitativement énumérés par la loi.

**1455.** Dans l'ancien Droit on admettait facilement la revision ; il y avait même abus. La loi du 19 août 1792 la supprima, et cette suppression parut être une conséquence logique de la substitution de la procédure orale à la procédure écrite et des preuves de conviction aux preuves légales. On peut reprendre aisément, en effet, tous les éléments d'un procès qui se juge sur pièces, peser et comparer de nouveau les preuves légalement tarifées ; mais comment ressaisir des impressions d'audience, comment analyser et critiquer après coup des preuves morales ? La difficulté de l'entreprise ne devait pas cependant supprimer le droit en présence d'erreurs évidentes ou faciles à supposer. La loi du 15 mars 1793 admit trois cas de revision qui ont été reproduits dans le Code d'instruction criminelle (art. 443-447). La loi du 29 juin 1867 est venue depuis, sans toucher aux cas de revision, élargir les conditions d'exercice de cette institution et modifier certains détails de sa procédure.

**1456. Cas de revision. — Matières où elle est admise.**

A. L'art. 443 énumère trois cas de revision :

Le premier consiste, après une condamnation pour homicide, dans la production de pièces « propres à faire naître de suffisants indices sur l'existence de la prétendue victime de l'homicide ».

Le second est l'inconciliabilité de deux condamnations prononcées pour le même crime ou délit.

Le troisième est « la poursuite et condamnation » pour faux témoi-

---

(1) BERLIER, *Exposé des motifs* (LOCRÉ, t. XXVII, p. 71).

gnage d'un témoin à charge, *postérieurement* à la condamnation dont la revision est demandée (1).

Dans le premier cas, l'erreur porte sur l'existence du crime ; dans le second, sur l'individualité du condamné ; dans le troisième, sur les preuves produites contre lui. — La représentation de la personne prétendue homicidée est la preuve la plus flagrante qu'on puisse imaginer d'une erreur judiciaire. Aussi verrons-nous que dans ce cas la procédure est abrégée (art. 447). — L'inconciliabilité des condamnations suppose que les condamnés n'ont pu être coauteurs ou complices les uns des autres. Il faut qu'il soit certain que le crime a été commis par un seul ou par un nombre d'individus inférieur à celui des condamnés (2). — La nécessité d'une *condamnation* pour faux témoignage restreint beaucoup trop le troisième cas de revision ; car si par suite du décès, de la prescription, ou de l'état mental du faux témoin sa condamnation n'est pas possible, la demande en revision est irrecevable. Cette rigueur n'est pas en harmonie avec l'esprit de la loi de 1867 qui a admis la revision après le décès des condamnés : il ne faut pas qu'un événement fortuit fasse ainsi échouer une demande dont le principe est juste. La même critique s'applique au second cas de revision, car si pour la cause que nous venons d'indiquer la condamnation du vrai coupable est impossible, celle de l'innocent ne peut être revisée (3).

**1457.** *B.* La loi de 1867 a étendu la revision des matières criminelles aux matières correctionnelles, mais seulement alors pour les condamnations à l'emprisonnement et pour celles qui « prononcent ou emportent » l'interdiction totale ou partielle de l'exercice des droits civiques, civils et de famille (art. 443, 444, § 2). — Elle a admis sans restriction la revision après le décès des condamnés, au profit de leur mémoire. Cette revision n'était admise par le Code de 1808 que dans le cas de représentation de la prétendue victime de l'homicide (art. 444, § 1, 3°) (4). — Elle auto-

(1) *Législation comparée* : Le Code autrichien (art. 353) contient trois cas de révision analogues aux nôtres. Le Code allemand en énumère cinq (art. 399-413); l'un d'eux consiste dans « la production de faits ou de moyens nouveaux propres à entraîner une condamnation à une peine moindre ». C'est assurément excessif.
(2) Cass. 18 av. 1878 (D. 78, 1, 329) ; 6 mai, 3 juin 1881 (D. 81, 1, 399-492) ; 13 août 1885 (D. 86, 1, 388).
(3) La Commission de revision du Code d'instruction criminelle a adopté, le 13 juin 1890, une proposition de loi tendant à réformer ces deux imperfections de la loi de 1867 (*Proposition* Boysset).
(4) La loi de 1867 permit de demander la revision de la condamnation à mort de *Lesurques*, que la légende présentait comme ayant été victime d'une erreur judiciaire dans la célèbre affaire du *Courrier de Lyon* (Trib. crim. de Paris, 13 therm. an IV). Une disposition transitoire fut même ajoutée à la loi, précisément en vue de cette affaire, afin de lever la fin de non-recevoir tirée de l'art. 444, § 4, qu'on aurait pu opposer. La demande d'ailleurs fut déclarée mal fondée. Cass. 17 déc. 1868 (D. 68, 1, 41).

rise enfin expressément la revision (ce que ne faisait pas la législation antérieure) (1), « quelle que soit la juridiction qui ait statué » (art. 443, § 1). Elle applique ainsi cette voie de recours aux condamnations prononcées par les juridictions exceptionnelles, comme à celles qui émanent des juridictions ordinaires.

**1458. Procédure.** — 1º *Par qui et comment doit être formée la demande*. — Le droit de demander la revision appartient concurremment au ministre de la justice et au condamné, et, après la mort de ce dernier, à son conjoint, à ses enfants, à ses parents, à ses légataires universels ou à titre universel, à ceux enfin qui en ont reçu de lui la mission expresse, sans qu'il y ait encore aucun ordre à observer entre les divers ayants-droit (art. 444, § 1).

La demande passe toujours par le ministère de la justice : c'est en effet le Garde des sceaux qui doit donner « soit d'office, soit sur la réclamation des parties » au procureur général près la Cour de cassation « l'ordre exprès » d'en saisir la section criminelle (art. 444, § 3). C'est lui, par conséquent, qui doit transmettre le dossier. Quand la demande est formée par les intéressés, le ministre n'est plus, comme sous le Code de 1808, un premier degré de juridiction qui pouvait arrêter la demande; c'est un simple agent de transmission, obligé d'agir quand il en est requis, sous peine de prise à partie (2).

**1459.** 2º *Délai*. — La demande n'est soumise à aucun délai fatal dans le premier cas de revision ; mais dans les deux autres elle doit être inscrite au ministère de la justice dans les deux ans qui suivent la seconde des condamnations inconciliables ou la condamnation du faux témoin (art. 444, § 4). Cette distinction se comprend : l'existence de la personne prétendue homicidée est une preuve flagrante et permanente de l'erreur judiciaire ; il suffit de la vérifier pour annuler, sans nouveau débat sur le fond, la condamnation prononcée contre l'innocent. L'inconciliabilité des arrêts au contraire révèle, sans doute, une erreur judiciaire, mais elle ne démontre pas l'innocence de tel condamné plutôt que de tel autre. Quant à la condamnation d'un faux témoin à charge, elle fait supposer seulement la possibilité d'un jugement différent. Dans ces deux cas il est nécessaire de procéder à de nouveaux débats ; or il ne fallait pas laisser s'affaiblir et disparaître les preuves : de là, l'obligation de former la demande dans un délai assez court. Cette obligation s'impose aussi bien au ministre qu'aux parties privées (3). Le texte semble, il est vrai, la restreindre à celles-ci, parce qu'il prévoit le cas

---

(1) V. la controverse dans DALLOZ, vº *Cassation*, 1540.
(2) *Exposé des motifs*, L. 1867, nº 10 (D. 67, 4, 62).
(3) *Exposé des motifs*, nº 11.

le plus ordinaire : il n'y a pas à supposer en effet que le ministre abuse jamais des demandes en revision.

**1460. 3° *Effet suspensif du pourvoi*.** — Sur le vu de la demande, le ministre peut suspendre l'exécution de la peine. La Cour de cassation a le même droit, lorsque par son premier arrêt elle déclare le pourvoi recevable en la forme. Dans tous les cas cette suspension a lieu de plein droit à partir de l'arrêt qui accueille la demande et annule les condamnations attaquées : à ce moment, en effet, il n'y a plus que des *accusés* (art. 445, § 5).

**1461. 4° *Jugement du pourvoi*.** — Pour juger le pourvoi en revision, la Cour de cassation se livre à un double examen et rend deux arrêts.

Elle examine d'abord si le pourvoi est recevable *en la forme*, c'est-à-dire si la revision est demandée pour une des causes et dans les matières où la loi l'autorise ; — si la demande est formée par une personne ayant qualité ; — si elle est introduite dans le délai légal ; — si elle en est saisie régulièrement. Tout peut se terminer après ce premier examen par un *arrêt de rejet*.

Mais si le pourvoi est déclaré recevable en la forme (*en cas de recevabilité*, art. 445), il y a lieu d'examiner si l'ouverture à revision, alléguée par le demandeur, existe réellement. Pour faire ce second examen, « si l'affaire n'est pas en état, la Cour procèdera, directement ou par commissions rogatoires, à toutes enquêtes sur le fond, confrontations, reconnaissances d'identité, interrogatoires et moyens propres à mettre la vérité en évidence ». En d'autres termes, elle instruit la demande quand elle ne la trouve pas instruite. Puis elle statue sur sa recevabilité *au fond*. — Si elle la rejette, son arrêt termine encore la procédure. — Si elle l'admet, elle rescinde l'arrêt ou les arrêts de condamnation qui lui étaient dénoncés. Cette première opération se nomme le *rescindant*. Il faut ensuite procéder à un nouvel examen du *fond*, non plus de la demande, mais *du procès*, prononcer, comme on dit, sur le *rescisoire* : cela regarde tantôt la Cour de cassation, tantôt la juridiction de renvoi. La Cour statue elle-même : 1°) lorsqu'il ne peut pas être procédé à de nouveaux débats oraux entre toutes les parties, notamment en cas de décès, de contumace ou de défaut d'un ou de plusieurs condamnés, de prescription de l'action ou de la peine (art. 446) ; — 2°) lorsque la demande est fondée sur l'existence de la prétendue victime de l'homicide (art. 447). Au premier cas, la Cour de cassation fait office de juge de fond (1). Dans le second, la décharge de la peine est la conséquence légale de l'annulation de la condamnation. Il y a un *rescindant*, mais il n'y a pas de *rescisoire* dans cette hypothèse.

(1) Cette attribution exceptionnelle lui a été reconnue par la loi de 1867. — S'il y a des condamnés décédés on nomme des *curateurs à leur mémoire* (art. 446).

La Cour doit renvoyer devant une juridiction de même nature et d'un degré égal à celles qui ont primitivement connu de l'affaire lorsqu'il peut être procédé à de nouveaux débats contradictoires (art. 445, § 2). Elle fixe, dans cette hypothèse, les questions à résoudre.

Par le *rescindant*, la Cour suprême annule toutes les condamnations *pénales* et *civiles* qui avaient été prononcées. Le nouveau débat intéresse donc autant la partie civile que le ministère public. Il suit de là que la partie civile doit être mise en cause dans la procédure qui précède le rescindant, sinon elle pourrait faire opposition à l'arrêt de cassation pour ce qui touche à ses intérêts civils (1).

L'arrêt qui, statuant sur le *rescisoire*, proclame l'innocence du condamné ne peut lui allouer une indemnité, du moins aux dépens du Trésor. Des amendements proposés en ce sens, lors de loi de 1867, ont été repoussés (2). Mais, d'après la jurisprudence, les juges du rescisoire puisent dans l'art. 1036, C. proc. le droit d'ordonner la publication de leur décision par mesure d'ordre (3).

(1) Rodière, p. 514.
(2) D. 67, 4, 69, note 2.
(3) Cass. 21 nov. 1868 (D. 69, 1, 386); 14 mai 1874 (D. 75, 1, 186). V. *suprà*, n° 388, la critique de cette interprétation de l'art. 1036.

# TITRE VI

## DE L'AUTORITÉ DE LA CHOSE JUGÉE

**1462.** Toute sentence qui termine le procès devant une juridiction, et qui n'est pas, ou qui n'est plus susceptible de voie de recours, empêche de le renouveler, parce qu'une présomption absolue de vérité s'attache à la chose jugée. Dans l'exposé de la procédure pénale nous avons eu l'occasion d'indiquer sommairement sur quels points et dans quelle mesure chaque décision définitive des juridictions d'instruction et de jugement avait l'autorité de la chose jugée au point de vue de l'action publique ; nous avons également indiqué, à propos des questions préjudicielles, l'autorité qu'exercent sur le procès pénal les jugements civils. Sous ce titre nous allons d'abord réunir et compléter ces notions ; nous examinerons ensuite l'autorité de la chose jugée par les tribunaux de répression sur les actions civiles qui naissent du délit ou à l'occasion du délit.

## CHAPITRE PREMIER

### DE L'AUTORITÉ DE LA CHOSE JUGÉE AU CRIMINEL SUR L'ACTION PUBLIQUE

**1463. Notions générales et historiques.** — L'autorité de la chose jugée est un principe aussi légitime et aussi nécessaire en matière pénale qu'en matière civile : l'humanité le recommande pour les décisions favorables à l'accusé, autant que la raison l'impose pour celles qui le condamnent : à un moment donné le procès pénal doit être irrévocablement terminé, quelle que soit la décision rendue, et les preuves les plus convaincantes, qui se découvriraient plus tard, ne doivent pas permettre de le reprendre ni d'entraver l'exécution de la sentence.

En Droit romain, ce principe était appliqué aux matières criminelles, avec des exceptions cependant (1). Notre ancien Droit les multiplia (2).

(1) Fr. 207, *de reg. juris* ; fr. 2, § 1, *de prevaricat.* ; fr. 5, § 2, *ad leg. Jul. de vi pub.* ; fr. 7, § 2, *de accusationibus.*

(2) AYRAULT, *Ordre jud.*, III, 25 ; MUYART DE VOUGLANS, *Inst. au Dr. crim.*

La plus importante résultait des arrêts de plus ample informé qui prorogeaient pour un temps déterminé ou indéfiniment le droit de reprendre la poursuite, malgré l'arrêt de la juridiction du jugement qui l'avait déclarée mal fondée. La constitution de 1791 (ch. V, art. 9) établit d'une manière absolue l'irrévocabilité des sentences définitives des juridictions de jugement, en proclamant que « *tout homme acquitté par un jury légal ne peut plus être repris ni accusé à raison du même fait* ». Ce principe est passé dans nos lois : l'art. 360, C. i. c., le formule et la procédure de revision le suppose par l'exception qu'elle y apporte. Les ordonnances et arrêts des juridictions d'instruction produisent aussi l'autorité de la chose jugée, mais d'une manière moins absolue. Parfois ces décisions ressemblent aux arrêts de plus ample informé, parce que l'irrévocabilité du non-lieu est subordonnée à la non-découverte de nouvelles charges (art. 246); parfois au contraire elles sont absolument irrévocables, mais elles n'ont l'autorité de la chose jugée que sur un certain point et dans des limites assez étroites.

**1464. Conditions de la chose jugée en matière pénale.** — Quand on recherche quelle est l'autorité de la chose jugée par les juridictions de répression sur l'exercice ultérieur de l'action publique, il faut déterminer d'abord à quelles conditions elle est acquise, puis dans quelle mesure elle se produit. Les conditions étant communes à toutes les décisions des juridictions pénales, nous les exposerons ici ; la question de mesure sera résolue dans l'étude détaillée que nous ferons de l'autorité de la chose jugée attachée aux diverses décisions.

Les conditions se rapportent les unes à la décision antérieure, les autres à la poursuite actuelle.

**1465. A.** La décision antérieure doit être: 1°) une décision sur l'action publique (ordonnance, jugement, arrêt); — 2°) elle doit avoir terminé le procès devant la juridiction qui l'a rendue ; — 3°) elle doit émaner d'une juridiction légalement instituée ; — 4°) elle doit être non susceptible de voies de recours.

Il est inutile d'insister sur les deux premières conditions; elles sont en effet les conditions même de l'hypothèse où peut s'agiter la question de l'autorité de la chose jugée en matière criminelle. Une décision disciplinaire, par exemple, ne pourrait réaliser le cas dont on s'occupe puisque l'action disciplinaire n'est pas l'action publique. De même un jugement d'*instruction* (préparatoire ou interlocutoire), ne faisant que préparer la sentence qui épuisera l'action publique, ne peut empêcher le renouvellement de l'action après son épuisement dans un premier procès.

p. 81 et s. ; ROUSSEAUD DE LA COMBE, part. III, c. I., sect. 3, n° 2 ; JOUSSE, III, p. 12 et s.

La troisième condition est la généralisation du principe écrit dans la constitution de 1791. La loi ne peut reconnaître et sanctionner que les décisions rendues par les juridictions qu'elle a instituées. Mais, pourvu que cette condition soit remplie, il n'y a pas à rechercher si la juridiction était régulièrement composée, si elle a statué dans les limites de sa compétence, si elle a observé les règles de fond et de forme qui s'imposaient pour le jugement du procès : l'autorité de la chose jugée a précisément pour objet de couvrir toutes ces irrégularités.

Toutefois cette autorité ne se produit qu'à la condition que les voies de recours ne soient pas ou ne soient plus ouvertes : jusqu'à leur épuisement, ou jusqu'à l'expiration du délai accordé pour les exercer, la sentence est définitive ; elle n'est pas encore *irrévocable*. Elle acquiert l'autorité de la chose jugée en même temps que son irrévocabilité, mais elle l'acquiert avec rétroactivité au jour où elle a été rendue.

**1466.** *B.* A quelles conditions la seconde poursuite viendra-t-elle heurter la décision antérieure et devra-t-elle être écartée par l'autorité de la chose jugée ? On a cherché souvent à les déterminer en appliquant par analogie l'art. 1351 du Code civil. La poursuite actuelle devrait avoir le *même objet*, être fondée sur la *même cause*, et s'agiter entre les *mêmes parties*, procédant en la *même qualité ;* mais malgré d'ingénieux efforts on n'est pas parvenu à plier cet article aux exigences de la procédure pénale. C'est qu'en effet l'art. 1351 du Code civil est un article de détail, qui a pour objet d'appliquer aux matières civiles les conditions générales de la chose jugée. Des quatre identités qu'il exige entre les éléments réels ou personnels du premier et du second procès, l'une, l'identité de qualité, ne trouve point d'application dans le Droit pénal qui ne connaît que l'individu, la personne physique, et qui ignore ou néglige sa qualité. On ne répond en effet pénalement que de ses propres délits ; on n'est jamais jugé que sous son nom et pour son propre compte. — L'identité de parties comporte des exceptions lorsqu'il y a des coauteurs ou des complices. — Quant à l'identité d'objet et de cause, on est embarrassé pour préciser en quoi elles consistent : les uns disent que l'objet c'est « l'application de la peine » ; la cause, « le fait délictueux » ; et ils en concluent que la seconde poursuite doit être, comme la précédente, l'action publique exercée à l'occasion du même délit (1). — D'autres appellent objet « le fait punissable » et cause « les modalités de ce fait ». Par exemple, si la seconde poursuite avait lieu pour le même vol, il y aurait violation de la chose jugée à raison de l'identité d'objet ; mais si la première avait porté sur un vol consommé et que la seconde portât sur une tentative du même fait, ou bien si dans la première le prévenu

---

(1) GARRAUD, *Précis*, 676.

était poursuivi comme auteur principal et qu'il le fût dans la seconde comme complice, il n'y aurait pas entre les deux actions identité de cause (1). — Cette seconde opinion est assurément inexacte ; sa deuxième proposition implique une confusion de la cause et des moyens. On essaie vainement de la pallier en disant que, par exception, en matière pénale la chose jugée épuise non seulement tous les moyens, mais encore toutes les causes d'action. — La première opinion est exacte dans son résultat, lorsqu'elle examine uniquement l'autorité de la chose jugée en matière criminelle ; mais elle se trouve en défaut lorsqu'elle veut étendre cette autorité au jugement ultérieur des intérêts civils, parce qu'elle n'a pas dégagé, dès le début, le principe qui explique et qui justifie le caractère absolu de l'autorité de la chose jugée par les tribunaux répressifs.

**1467.** A défaut de texte directement applicable à notre matière, il faut, suivant les principes, n'exiger pour qu'il y ait chose jugée que deux identités : celle des questions et celle des parties (2). L'identité de question est une règle absolue. L'identité de parties au contraire comporte exception, toutes les fois que la question agitée dans le second procès a été résolue dans le premier avec la personne la plus intéressée à sa solution, et qu'on appelle, pour ce motif, le *contradicteur légitime*. Le ministère public joue ce rôle relativement à la question de culpabilité et des autres questions qu'il faut résoudre pour établir les éléments de l'infraction (3). — L'identité de personnes n'est donc pas toujours indispensable, mais l'identité de question est toujours nécessaire pour que les jugements des tribunaux répressifs aient l'autorité de la chose jugée soit quant à l'action publique, soit quant aux procès civils dans lesquels seraient discutés des points déjà vidés par le tribunal de répression.

1º Restreinte à l'exercice de l'action publique, cette condition « la même question » exige d'abord une poursuite pour le même délit. Si l'infraction est simple, le délit se confond avec le fait matériel ; mais si elle est complexe elle embrasse tous les faits matériels qui forment un tout indivisible : on ne pourrait point, par exemple, après un acquittement pour vol de certains objets, poursuivre à nouveau le prévenu pour vol d'autres objets commis en même temps et dans le même lieu. De même on ne pourrait pas poursuivre pour faux l'individu condamné pour escroquerie commise à l'aide du titre entaché de faux. De même aussi tous les faits constitutifs de l'habitude, antérieurs à la poursuite, ayant été purgés par le jugement qui la termine, on ne pourrait les rattacher à des faits postérieurs pour en faire une nouvelle infraction.

(1) Trébutien, II, p. 640, 643, 644.
(2) Fr. 3 ; fr. 7, § 4, *de except. rei judic.* (44, 2).
(3) Ayrault, II, 1ʳᵉ part. nº 25 ; Denizart, I, p. 3 ; Jousse, III, p. 21. — F. Hélie, II, 998.

— A l'inverse, le jugement d'un fait connexe n'empêche pas le jugement ultérieur d'un autre fait connexe, parce que les deux faits constituent chacun un délit distinct (1).

2° Non seulement il faut qu'il y ait même délit, il faut encore que la question agitée dans le procès actuel soit la même. Observons à cet égard que la condamnation d'un individu n'empêche jamais la poursuite ultérieure d'un autre individu pour le même délit : la culpabilité d'un nouvel agent est, en effet, toujours une question nouvelle ; et, fût-il certain que le délit a été commis par un seul, la seconde poursuite ne serait pas irrecevable, sauf l'exercice ultérieur de la revision. — Mais tout ce qui a été jugé dans une première poursuite avec l'un des agents du délit, soit sur l'existence du fait matériel, soit sur son rapport avec la loi pénale, soit sur la recevabilité de l'action publique, constitue la même question lorsque ces points sont de nouveau discutés dans une seconde poursuite dirigée contre d'autres participants. Il s'agit alors de savoir si ces prévenus peuvent invoquer la chose jugée et si elle leur est opposable : conformément à notre principe, il faut décider qu'ils peuvent invoquer la première décision, quand elle leur est favorable, et la repousser, quand elle leur est contraire. Ce qui est jugé en effet contre le ministère public l'est à l'égard de tous ; ce qui est jugé au contraire contre un accusé ne l'est qu'à son égard, parce qu'il n'a pas mandat de représenter les autres participants, et qu'ayant d'ailleurs un intérêt simplement égal au leur, il ne peut jouer à leur égard le rôle de contradicteur légitime.

Déterminons maintenant *l'étendue* de la chose jugée résultant de chaque décision des juridictions pénales, et nous trouverons à chaque pas l'application de la formule que nous venons de dégager.

**1468. Autorité des décisions des juridictions d'instruction.** — *a)* Les ordonnances et arrêts de non-lieu, qui sont motivés *en fait* sur l'insuffisance des charges, n'ont qu'une autorité provisoire, subordonnée à la non-découverte de nouvelles charges (art. 276). Il en est de même des décisions de non-lieu motivées *en droit*, mais reposant sur des faits dont les nouvelles charges peuvent changer le caractère. Par exemple, quand une ordonnance de non lieu a été motivée par la prescription de trois ans, le fait ayant l'apparence d'un délit, si plus tard on découvre une circonstance aggravante qui lui donne le caractère de crime, l'instruction peut être reprise. Mais quand le motif de droit est absolument indépendant des charges, la décision de non-lieu acquiert une autorité définitive (2).

*b)* Les ordonnances et arrêts de renvoi n'ont l'autorité de la chose

---

(1) Trébutien, II, 640-643.
(2) V. *suprà*, n°s 1112 et 1142.

jugée qu'au point de vue de la saisine de la juridiction de jugement. La seule question qu'elles résolvent est en effet celle-ci : en l'état, convient-il de saisir telle ou telle de ces juridictions? Le ministère public et la partie civile doivent donc suivre le procès devant la juridiction de jugement où il est renvoyé ; ils ne pourraient en saisir une autre. — Mais la juridiction de jugement n'est nullement liée par la solution que l'ordonnance ou l'arrêt de renvoi a donnée aux autres questions du procès. Elle peut apprécier différemment la *compétence*, la *recevabilité* de l'action publique, l'*existence* et la *qualification* du fait, la *culpabilité* de l'agent. La juridiction d'instruction n'a résolu ces questions qu'en vue de la saisine et leur solution n'a été pour elle que les motifs de sa décision ; or, la chose jugée s'attache seulement au dispositif des jugements. Les parties d'ailleurs n'ont pas développé leurs moyens avec la liberté et les garanties qui légitiment l'autorité de la chose jugée contre elles. — Ces principes s'appliquent sans restriction devant les tribunaux correctionnels et de police (art. 160, 182, 192, 193). Mais ils reçoivent exception en Cour d'assises pour la question de *compétence :* investie en effet de la plénitude de juridiction, la Cour d'assises ne peut se dessaisir des faits dont elle a été saisie par un arrêt de mise en accusation devenu irrévocable (art. 271, 365, 366) (1).

1469. **Autorité des décisions des juridictions de jugement.** — A part l'ordonnance d'acquittement, tous les jugements et arrêts des juridictions de jugement s'appliquent au fait lui-même et purgent toutes les qualifications dont il est susceptible. La différence ne vient pas de ce que les ordonnances d'acquittement ne sont point motivées. Si c'était là en effet le principe de la distinction, il dépendrait des juges de restreindre par les motifs de leurs jugements l'effet de la chose jugée à telle ou telle qualification (2). Il n'en est pas ainsi : la loi fait un devoir strict aux juges de répression d'examiner le fait dans tous ses rapports avec la loi pénale (art. 159-161, 191-193, 212-214, 363-364) ; dès lors, il y a chose jugée tant sur la qualification qu'ils ont reconnue et sur celles qu'ils ont écartées, que sur celles qu'ils ont omis d'examiner. Si la règle est différente pour l'ordonnance d'acquittement, c'est que le verdict de non-culpabilité purge l'accusation et ne purge pas le fait lui-même. Or, l'ordonnance d'acquittement, qui se borne à enregistrer ce verdict, ne peut avoir plus de portée. Il sera donc permis de reprendre le même fait matériel sous une qualification différente et d'en faire l'objet d'une seconde poursuite. Observons

---

(1) TRÉBUTIEN, I, p. 304, fait exception, quelle que soit la juridiction de jugement, pour tous les *moyens de droit* écartés par la juridiction d'instruction, quand les faits ne se modifient point aux débats. Mais cette théorie est justement écartée par tous les auteurs.

(2) *Sic :* TRÉBUTIEN, II, p. 650 et les auteurs qu'il cite.

cependant que cela n'est possible que devant les tribunaux correctionnels et de police, parce que la nouvelle poursuite peut y être introduite par citation directe. Pour ressaisir la Cour d'assises, au contraire, il faudrait pouvoir obtenir un nouvel arrêt de mise en accusation. Or, cela est impossible, parce que la Chambre d'accusation a épuisé ses pouvoirs par l'arrêt précédent (1).

**1470.** Certains auteurs donnent à la chose jugée, résultant de l'ordonnance d'acquittement, autant d'étendue qu'à celle des autres jugements et arrêts. Sous le Code de l'an IV, dit-on, la formule : « L'individu acquitté ne peut plus être repris ni accusé à raison du *même fait* » (art. 426), mettait obstacle à une nouvelle poursuite pour ce fait différemment qualifié : pourquoi en serait-il autrement sous le Code d'instruction criminelle (art. 360) ? Sans doute, dans les deux législations, le président peut soumettre au jury, au moyen de questions résultant des débats, toutes les qualifications dont le fait paraît susceptible, mais, s'il a omis ou refusé de le faire, l'accusé ne doit pas souffrir de sa négligence ou de son refus. Enfin l'obstacle pratique, qui empêche une seconde poursuite en Cour d'assises, détruit l'harmonie du système contraire et démontre par là même sa fausseté (2).

On peut répondre aux partisans de cette opinion qu'ils méconnaissent d'abord la différence signalée entre la législation intermédiaire et le Code d'instruction criminelle sur la manière de former le verdict du jury. La décomposition de la question de culpabilité faisait connaître *légalement* l'opinion des jurés sur tous les éléments du crime ; affirmaient-ils, par exemple, que le fait matériel n'existait pas, ou que l'accusé poursuivi pour homicide volontaire avait commis le fait sans volonté, ou bien sans intention ni imprudence, une poursuite ultérieure pour homicide involontaire devenait impossible. Aujourd'hui, si le jury répondait à la question de meurtre en affirmant un homicide par imprudence, l'accusation de meurtre serait purgée, sans doute ; mais il n'y aurait pas à tenir compte de l'affirmation du délit, car elle constitue un excès de pouvoir (3). D'un autre côté, les pouvoirs du président quant à la position des questions résultant des débats diffèrent de ce qu'ils étaient autrefois : sous le Code de l'an IV, la position de ces questions était prescrite *à peine de nullité* (art. 374, 380) ; sous le Code d'instruction criminelle, elle est prescrite, mais sans aucune sanction ; elle est donc *facultative* ; et toutes les critiques qu'on peut faire de cette faculté laissée au président sont pure-

---

(1) MANGIN, II, 360 ; TRÉBUTIEN, II, p. 644 et s. ; GARRAUD, p. 668, 669. Cass. 25 nov. 1841 ; 14 août 1875 (Ch. réun.) ; 10 janv. 1876 (D. 76, 1, 408).

(2) DUPIN, *Réquis. et plaid.*, V, p. 39 ; F. HÉLIE, II, 1012 et s. ; ORTOLAN, II, 1788 et s., 2335 et s. ; VILLEY, p. 456-458.

(3) V. *suprà*, n° 1275.

ment législatives. — Il en est de même de la critique qu'on adresse au premier système pour son défaut d'harmonie : montrer qu'un système, qui résulte des termes mêmes de la loi, est défectueux dans l'application, c'est appeler une réforme ; mais ce n'est pas prouver que ce système ne soit pas celui que le législateur a consacré. — On peut donc poser en principe, qu'après un acquittement une seconde poursuite est possible pour le fait autrement qualifié, pourvu toutefois qu'on ne remette pas en question un élément du crime que le jury a dû nécessairement apprécier (1).

**1471. De l'exception de chose jugée.** — La chose jugée produit ses effets pour et contre l'individu poursuivi. L'art. 360 mentionne expressément l'effet favorable ; la procédure de revision implique l'autre. — L'effet favorable est invoqué par l'accusé sous forme d'exception dans la seconde poursuite. Cette exception est d'ordre public : elle peut donc être proposée en tout état de cause et suppléée d'office.

Peut-elle être invoquée par les coauteurs ou complices qui seraient ultérieurement poursuivis ? Nous avons répondu affirmativement à la question à raison du rôle du ministère public. A l'inverse l'effet défavorable se restreint à la personne du condamné.

# CHAPITRE II

## DE L'AUTORITÉ DE LA CHOSE JUGÉE AU CRIMINEL SUR LE CIVIL ET RÉCIPROQUEMENT.

**1472. Points de contact de l'action publique et des actions civiles. — Influence de la chose jugée au civil sur le criminel.** — Dans le jugement des actions civiles qui naissent de l'infraction ou à l'occasion de l'infraction (*action en dommages-intérêts, en désaveu, en révocation de donation ou de legs, en déclaration d'indignité, en déchéance de la puissance paternelle ou de la tutelle, en nullité de mariage ou de conventions, etc.*), il s'agite des questions que le tribunal de répression a déjà été obligé de résoudre pour affirmer l'existence du dé-

---

(1) Cass. 14 août 1875 ; 10 janv. 1876 (Ch. réun.) (D. 76, 1, 463). — Mais la Cour suprême a fait une fausse application de ce principe en décidant qu'après un acquittement pour tentative de meurtre, une seconde poursuite pour coups et blessures volontaires était impossible (Cass. 12 août 1875, *ibid.*). L'intention est, sans doute, un élément commun au crime et au délit ; mais elle est très différente dans les deux cas.

lit et la culpabilité de l'agent. La contrariété des décisions est une éventualité que le législateur a dû prévoir, et, si les dispositions de la loi qui l'acceptent ou qui la repoussent sont incomplètes, il appartient à la doctrine de se pénétrer de leur esprit pour établir une théorie complète de l'influence de la chose jugée au criminel sur le civil et réciproquement.

L'art. 1351, C. civ. empêche que la chose jugée au civil contre l'auteur de l'infraction exerce aucune influence sur le jugement ultérieur de l'action publique. Mais dans les questions préjudicielles, la décision des tribunaux civils s'impose au juge de répression. Nous en dirons autant des jugements civils qui sont *constitutifs d'état*, comme ceux qui prononcent l'interdiction ou la faillite.

**1473. Influence de la chose jugée au criminel sur le civil. — Le principe.** — La question de savoir si les tribunaux civils doivent respecter la décision des tribunaux de répression sur les points communs, a donné lieu à un débat célèbre entre Merlin et Toullier. Tous deux se plaçaient sur le terrain de l'art. 1351, et le premier affirmait l'influence de la chose jugée au criminel sur le civil, que le second niait. On reconnaît volontiers aujourd'hui que si l'art. 1351 devait servir à résoudre la difficulté, l'opinion de Toullier l'emporterait : il n'y a en effet entre les deux procès aucune des identités que cet article exige. Il n'est pas fait d'ailleurs pour cette hypothèse ; il ne s'occupe que de contestations ayant leur source dans des intérêts du même ordre et portées devant des juridictions de même nature. Mais, ce texte écarté, il s'agit de savoir si des considérations d'ordre public n'exigent pas que les décisions des tribunaux de répression sur les questions communes soient respectées par les tribunaux civils, et si le législateur n'a pas virtuellement admis ce principe. L'affirmative sur ces deux points ne nous semble pas douteuse. L'ordre public s'oppose à ce qu'on remette en question devant les tribunaux civils l'existence du fait, la culpabilité de l'agent, l'illégitimité de son acte solennellement affirmées par la juridiction pénale. Le scandale serait trop grand si la décision des tribunaux civils venait contredire celle des juges de répression. L'autorité des arrêts criminels en serait ébranlée. « Un jugement rendu au criminel n'est pas un acte ordinaire de l'autorité publique, n'embrassant comme la plupart des jugements civils que quelques intérêts privés et ne se rapportant qu'à quelques individus... C'est un monument sur lequel s'imprime une vérité publique » (1). Tout le monde en effet n'a-t-il pas été accusateur dans la personne du ministère public ? Et les puissants moyens d'investigation dont dispose la justice pénale ne garantissent-ils pas l'exac-

---

(1) Réquisitoire de Mourre, v° Merlin, *Quest. de droit*, v° *Faux*, titre IV.

titude de la sentence? Plusieurs textes appliquent cette idée et leur rédaction ne révèle pas que leur disposition soit exceptionnelle : art. 198, 232, 261, 227, C. civ. ; 595, C. co. ; 463, I. cr. (1). Il faut donc reconnaître dans notre Droit le principe de l'autorité de la chose jugée au criminel sur le civil, aux applications que le législateur en a faites et qui n'en excluent pas d'autres.

**1474. Conditions et limites de l'influence de la chose jugée au criminel sur le civil.** — L'autorité de la chose jugée au criminel sur le civil est attachée seulement aux sentences rendues par les juridictions de jugement statuant sur le fond de l'action publique.

*a*) Les ordonnances et arrêts des juridictions d'instruction ne peuvent avoir aucune influence sur le jugement de l'action civile. Il serait contraire en effet aux raisons qui ont fait admettre le principe d'attribuer une autorité absolue à des décisions qui ont le plus souvent un caractère provisoire et qui, dans tous les cas, sont rendues sur une information écrite, secrète et dépourvue de contradiction. Sans doute une ordonnance de non-lieu lève l'obstacle momentané que l'exercice de l'action publique avait apporté au jugement de l'action civile (art. 3) ; mais les tribunaux civils n'ont pas à tenir compte des motifs sur lesquels elle repose (2).

*b*) Il faut donc une sentence d'une juridiction de jugement; mais, de plus, cette sentence doit statuer *au fond*. Les jugements rendus sur la recevabilité de l'action publique, sur un incident de procédure, sur une condition distincte de l'infraction et qui ne la constitue pas, sont nécessairement circonscrits par leur objet : rendus pour faciliter le développement de la procédure ils ne sont, en réalité, comme dans l'intention du juge, destinés à n'avoir effet que dans le procès actuel.

De tout ce qui précède on peut conclure que l'autorité de la chose jugée au criminel sur le civil doit se restreindre à ces trois questions : 1° le fait matériel existe-t-il ? — 2° mérite-t-il telle qualification ? — 3° l'accusé en est-il coupable ? La décision des juges de répression sur ces trois points s'impose aux tribunaux civils ; mais ceux-ci conservent sur tous autres points leur liberté d'appréciation.

**1475. Applications de détail.** — 1° Cette influence se fait d'abord sentir *sur l'action civile* proprement dite, qui n'est plus que l'action en

---

(1) On peut aussi tirer une induction de l'art. 3, C. i. c., qui suspend le jugement de l'action civile devant les tribunaux civils dès que l'action publique est intentée. Cette suspension est motivée sans doute par la nécessité de ne pas impressionner les juges de répression, mais elle laisse aussi supposer que la décision au criminel pourra avoir de l'influence sur le civil.

(2) Alger, 1er mars 1880 (D. 82, 2, 139) ; Cass. 31 mars 1885 (D. 85, 1, 188).

dommages-intérêts, lorsque le fait a été dépouillé du caractère d'infraction par la décision rendue au criminel.

*a*) Les *jugements et arrêts de condamnation* ont l'autorité absolue de la chose jugée sur l'existence du fait, sur son caractère illicite, sur la culpabilité matérielle du condamné, sur l'imputabilité de son acte. Tel est en effet le fond du procès pénal. Les juges civils doivent respecter, sur tous ces points, la décision des juges de répression. Ils conservent au contraire le droit de statuer sur l'étendue du préjudice et sur la responsabilité civile des tiers. Mais si, comme cela est nécessaire pour certaines infractions, les tribunaux répressifs ont dû évaluer soit la chose qui a été l'objet du délit, soit le préjudice qui en est résulté ; si les personnes civilement responsables ont été mises en cause par le ministère public et condamnées aux frais, les juges civils n'ont plus qu'à enregistrer la décision des juges de répression sur l'étendue du dommage et sur le principe de la responsabilité des personnes qui répondent du délinquant.

*b*) L'*ordonnance d'acquittement*, étant rendue sur un verdict qui nie purement et simplement la culpabilité, ne met jamais obstacle, par elle-même, à l'exercice ultérieur de l'action en dommages-intérêts. On ignore en effet si le jury a répondu négativement parce que le fait n'existait pas, ou parce qu'il n'avait pas d'incrimination dans la loi pénale, ou parce que l'accusé n'en était pas matériellement l'auteur, ou parce que ce fait ne lui était pas moralement imputable. L'action en dommages-intérêts qui atteint tous les faits illicites volontaires ou involontaires, pourvu qu'il y ait faute, n'est nullement gênée par la décision rendue au criminel. L'art. 358 au surplus, en autorisant la Cour d'assises à statuer sur les dommages-intérêts réclamés par la partie civile, *même en cas d'acquittement*, implique nécessairement que les tribunaux civils sont investis du même pouvoir. — Tel est le résultat pratique de l'acquittement en Cour d'assises lorsqu'il n'a pas été posé au jury d'autres questions que celles résultant de l'acte d'accusation ; mais, s'il y a eu des questions subsidiaires résultant des débats, l'ordonnance d'acquittement pourrait avoir une plus grande précision et exclure toute condamnation à des dommages-intérêts (1).

*c*) Les *arrêts d'absolution*, les *jugements et arrêts de relaxe* ne laissent planer aucun doute sur les points qui ont été décidés, parce qu'ils sont motivés. Il sera donc toujours facile aux tribunaux civils de respecter la chose jugée par les tribunaux de répression (2).

**1476.** Des auteurs soutiennent cependant que les *jugements et arrêts*

(1) V. Les exemples cités au n° 1280.
(2) DALLOZ, v° *Chose jugée*, 556 ; GARRAUD, 683 ; Cass. 10 janv. 1877 (D. 77, 1, 197) ; 9 janv. 1877 (D. 79, 1, 475).

*de relaxe* n'empêchent jamais les tribunaux civils de statuer sur l'action en dommages-intérêts ; ils les assimilent complètement à l'ordonnance d'acquittement dans l'hypothèse ordinaire. L'autorité de la chose jugée se restreindrait, d'après eux, à leur dispositif ; or ce dispositif « répondant à une question complexe, qui comprend l'élément matériel et l'élément intentionnel, n'est jamais en contradiction nécessaire avec la décision des juges civils, quelle qu'elle soit » (1).

Ces auteurs n'aperçoivent pas d'abord la contradiction où ils tombent en donnant une solution différente pour les arrêts d'absolution. D'ailleurs leur objection n'a point de portée ; il est impossible en effet de séparer le renvoi de la poursuite des raisons qui le justifient ; ce ne sont pas les motifs de la décision, c'est la décision elle-même. Ces raisons et le renvoi forment un tout indivisible, comme le verdict du jury fait partie intégrante de l'ordonnance d'acquittement et des arrêts de condamnation ou d'absolution. Le scandale serait grand et l'ordre public en serait troublé, si après un jugement de relaxe les tribunaux civils venaient affirmer ce que le juge correctionnel a positivement nié. On ne conçoit même pas qu'on ait pu élever un doute sur ce point (2). La raison d'être de l'autorité de la chose jugée du criminel sur le civil commande donc la solution que nous avons donnée.

**1477.** 2° L'influence de la chose jugée au criminel sur le civil se fait sentir en second lieu *sur toutes les actions dont le délit a été l'occasion*. Dans cette application elle peut profiter ou préjudicier à des tiers qui n'auraient pas été parties au procès pénal. Cela ne doit pas surprendre ; car cette autorité est absolue. Mais il faut observer qu'il n'y a chose jugée que sur les questions qui ont fait le fond du procès pénal. Toute question qui est distincte de l'infraction, qui ne la constitue pas, n'a été examinée par le tribunal de répression que d'une manière sommaire et en vue des besoins de la procédure. La question civile qui naît de ce fait accessoire peut être jugée différemment par les tribunaux civils. Ces principes sont généralement acceptés ; mais dans l'application on discute parfois si certaines questions font partie de l'infraction, ou en sont séparées. Nous avons eu l'occasion de signaler plusieurs difficultés de ce genre.

(1) BERTAULD, *Quest préj.*, 94 ; HOFFMAN, *Quest. préj.*, I, 162 ; VILLEY, p. 466 et s.
(2) *Contrà* : VILLEY, *loc. cit.*

# TABLE ANALYTIQUE DES MATIÈRES

## NOTIONS PRÉLIMINAIRES

I. Divisions du droit. — 1. Terminologie. — 2. Diverses branches du Droit. — 3. Définition du Droit criminel. Place qu'il occupe dans le Droit et dans la législation. — 4. Droit crim. abstrait et législation crim. — 5. Différences entre le Droit crim. et la morale. — 6. Utilité de l'étude du Droit crim. .................................... 3-6

II. Divers objets de la législation criminelle. — 7. Énumération. — 8. L'infraction. — 9. La peine. — 10. Les actions. — 11. Les juridictions. — 12. La procédure. — 13. Programme. .................. 7-9

## PREMIÈRE PARTIE

### DROIT PÉNAL DÉTERMINATEUR (CODE PÉNAL).

**I. Les infractions. — II. Les peines.**

#### Introduction philosophique.

I. — Légitimité et étendue du droit social de punir. — 14. Idée dominante des principaux systèmes. — 15. *Justice absolue.* Système de l'expiation. — 16. *Utilité.* — 17. Système du contrat social. — 18. Système utilitaire pur. — 19. Système de l'école éclectique. — 20. Système de la défense indirecte. — 21. Système de l'école évolutionniste. — 22. Appréciation ......................................... 13-19

II. Caractères essentiels ou utiles des peines. — 23. Énumération. — 24. La peine doit être exemplaire; — 25. réformatrice; — 26. légale; — 27. divisible; — 28. personnelle; — 29. égale; — 30. morale; — 31. réparable. — 32. A-t-elle besoin d'être expiatrice? .......... 19-22

#### Introduction historique.

33. Utilité de l'étude des précédents historiques. .............. 23

I. Droit romain. — 34. Délits publics et privés. — 35. Principe du droit de punir. Parties du droit pénal des Romains utiles à consulter. ..... 23-24

II. Ancien droit français. — 36. Division. — *a) Période barbare :* — 37. Sources du droit. — 38. Système de pénalité. — *b) Période féodale :* — 39. Sources du droit. — 40. Système de pénalité. — 41. Principe du droit de punir. — *c) Période royale :* — 42. Aperçu général. — 43. Sources du droit. — 44. Système de pénalité. — 45. Division des infractions et des peines. — 46. Peines accessoires. — 47. Principe du droit de punir. — d) Période moderne : — 48. Division. — e) Législation intermédiaire : — 49. Sources du droit. — 50. Système de pénalité. — 51. Réaction. .... 24-33

III. CODE PÉNAL DE 1810. — 52. Son élaboration. — 53. Analyse de ses dispositions ........................................... 33-34

IV. LÉGISLATION POSTÉRIEURE. — 54. Énumération des réformes opérées depuis 1810. ............................................ 34-36

APPENDICE. 55. — LÉGISLATIONS PÉNALES DE L'EUROPE MODERNE. ...... 36-37

## LIVRE I<sup>er</sup>. — DE L'INFRACTION.

### CHAPITRE 1<sup>er</sup> — DÉFINITION ET ÉLÉMENTS ESSENTIELS DE L'INFRACTION.

#### Section I. — Définition de l'infraction ; notion sommaire de ses éléments essentiels ; sujets actif et passif du délit.

56. Critérium de l'art. 1<sup>er</sup> du C. pénal. Définition de l'infraction. — 57. Éléments qui en résultent. — 58. Caractère de ces éléments. — 59. Qui peut être sujet actif ou passif de l'infraction ? — 60. Personnes physiques. — 61. Personnes morales et collectivités sans personnalité. — 62. Responsabilité civile des personnes morales et collectivités. . . . . . . 39-44

#### Section II. — De l'élément légal de l'infraction.

63. Il n'y a pas de délits naturels. — 64. Il faut une loi antérieure au fait incriminé ; — 65. Une loi française. ........................ 44-45

§ 1. — De la non-rétroactivité des lois pénales.

66. Hypothèse où se posent les questions de rétroactivité ou de non-rétroactivité. — 67. Caractère du principe de la non-rétroactivité. — 68. Programme. ................................................. 45-47

A. DE LA NON-RÉTROACTIVITÉ DES LOIS DE FOND. — 69. Règle à suivre. — 70. À quel signe reconnaîtra-t-on la loi la plus douce ? — 71. Difficultés d'application de la règle. ............................. 47-48

B. DE LA RÉTROACTIVITÉ DES LOIS DE FORME. — 72. Règle à suivre. Lois modifiant la procédure ; — 73. les juridictions ; — 74. la compétence ; 75. la prescription ; — 76. l'exécution des peines. ............. 50-53

§ 2. — De la territorialité des lois pénales.

I. NOTIONS GÉNÉRALES. — 77. Principe de la territorialité. — 78. Application. La nationalité et le domicile du délinquant et de la victime sont indifférents. —79. Un jugement étranger n'empêche pas la poursuite en France. — 80. Étendue du territoire . ................... 54-55

II. — PREMIÈRE EXCEPTION. — INFRACTIONS COMMISES SUR NOTRE TERRITOIRE QUE LA LOI FRANÇAISE NE PEUT ATTEINDRE. — 81. Immunité pénale des sénateurs et députés ; — 82. des plaideurs. — 83. Immunité de juridiction du président de la République et des ministres. — 84. Immunité des chefs d'État et ambassadeurs étrangers. — 85. Raison d'être de leurs privilèges. — 86. Questions de détail. . . . . . . . . . . . . . 57-63

III. Deuxième exception. — Infractions commises sur le territoire étranger que la loi française peut atteindre. — 87. Exposé sommaire de la législation.

A. Première hypothèse : *L'auteur de l'infraction est un Français.* — 88. Conditions de la poursuite. Distinctions à faire. — 89. Crimes contre la sûreté ou le crédit de la France. — 90. Autres crimes. — 91. Délits contre la chose publique. — 92. Délits contre les particuliers. — 93. Certaines contraventions.— 94. Infractions commises par les agents diplomatiques français. . . . . . . . . . . . . . . . . . . . . . . . . . . . 64-68

B. Deuxième hypothèse : *L'auteur de l'infraction est un étranger.* — 95. Conditions de sa poursuite. — 96. Restriction pour les crimes attentatoires à la sûreté de l'État. — 97. *Question commune aux deux hypothèses :* Qui fera la preuve de la nationalité de l'inculpé ?—98. Imperfection de la loi du 27 juin 1866. — 99. Appendice : Des capitulations et traités analogues . . . . . . . . . . . . . . . . . . . . . . . . . . 69-71

### Section III. — De l'élément matériel de l'infraction.

I. Notions générales. — 100. Phases de l'infraction. — 101. Impunité des actes internes. — 102. Quid de la résolution dont on acquiert la preuve ? — 103. Punissabilité des actes externes. Impunité des *actes préparatoires*. — 104. Motif de leur impunité. *Quid* de l'effraction ? — 105. Critérium pour distinguer les actes préparatoires. — 106. Application. — 107. A quel titre peuvent-ils être incriminés ? — 108. Exemples pris dans notre législation . . . . . . . . . . . . . . . . . . . 72-76

II. Des actes d'exécution. — 109. Théorie de la tentative. — 110. Confusion dans l'art. 2 du C. pénal du crime manqué et de la tentative involontairement suspendue. — 111. Critérium pour les distinguer. — 112. Répression de la tentative d'après le Code. — 113. Précédents historiques. — 114. Législation comparée. . . . . . . . . . . . . . . . . 77-80

III. Détails d'application. — 115. *Difficultés communes à la tentative de crimes et de délits.* a) Repentir actif présenté faussement comme un désistement de la tentative. — 116. b) Quand le désistement est-il volontaire ? — 117. c) Crime impossible.— 118. *Difficultés spéciales à la tentative de crime.* — 119. Tentative d'avortement. — 120. ... de faux témoignage.— 121. ... d'attentat à la pudeur. — 122. *Difficultés spéciales à la tentative de délits.* Comporte-t-elle les conditions exigées par l'art 2 du C. pénal ? 80-84

### Section IV. — De l'élément moral de l'infraction.

123. Notions générales. — 124. Causes de non-imputabilité. Défaut d'intention. Sens des mots : imputabilité, culpabilité, responsabilité.— 125. Facteurs de la volonté. Causes qui les suppriment. . . . . . . . . . . . 85-86

§ 1. — *Du défaut de discernement.*

I. A quel âge l'homme devient-il punissable ? — 126. Droit abstrait. —

## TABLE DES MATIÈRES

127. Droit positif. Critique. — 128. Réponse aux objections. — 129. Divers effets de la minorité de 16 ans. . . . . . . . . . . . . . . . . . . . . . . . . 87-88

II. Condition des mineurs de 16 ans au point de vue pénal. — 130. Aperçu général. — 131. 1° *Question spéciale de discernement*. — 132. Comment doit-elle être résolue? — 133. Quid de la question d'âge? — 134. 2° *Excuse atténuante*. — 135. 3° *Immunité de juridiction*. — 136. Critique de la loi. — 137. 4° *Particularités relatives à l'acquittement et à la condamnation des mineurs de 16 ans*. Loi 5 août 1850. — 138. Organisation pratique des locaux. — 139. Éducation correctionnelle et reclassement. . . . . . . . . . . . . . . . . . . . . . . . . . . . . . . . . . . 88-94

III. Condition des majeurs de seize ans. — 140. Aperçu général. . . . . . 94

### § 2. — De la démence.

I. Définition légale de la démence. — 141. Art. 64 C. p. — 142. Querelle de mots.
A. *Maladies mentales*. — 143. Divisions. — 144. L'*imbécillité* rentre-t-elle dans la démence? — 145. Même question pour la manie intermittente; — 146. ... pour la monomanie . . . . . . . . . . . . . . . . . . . . . . . . 94-96
B. *Autres obscurcissements de l'intelligence*. — 147. Aperçu général. — 148. Le somnambulisme. — 149. L'hypnotisme. — 150. L'ivresse. — 151. La surdi-mutité. — 152. Les passions. — 153. L'ignorance de la loi pénale résultant de l'impossibilité matérielle de la connaître. L'ignorance ou l'erreur de fait portant sur les éléments matériels de l'infraction. — 154-158. Dans quels cas l'ignorance de la loi pénale peut-elle être une cause de non-imputabilité? — 159. Dans quels cas l'ignorance ou l'erreur de fait peut-elle être une cause de non-imputabilité? — 160. Application aux infractions non intentionnelles . . . . . . . . . . . . . . . . . . . . . 97-103

II. Effets de la démence. — 161. Le principe. Texte qui l'applique. — 162. Généralité de cette cause de non-imputabilité. — 163. Conséquences. — 164. Influence sur la responsabilité civile; — 165. ... sur l'exercice de l'action publique; — 166. ... sur l'exécution des peines; — 167. ... sur la contrainte par corps. . . . . . . . . . . . . . . . . . . . . . . . . . . . . 103-106

III. Preuve de la démence. — 168. Devant qui doit-elle être faite? — 169. Comment? — 170. Par qui? — 171. Droits de l'administration. . . . . 106-107

### § 3. — De la contrainte.

172. Définition. Diverses espèces. — 173. Contrainte physique. Contrainte morale. — 174. Difficultés: Crainte d'un dommage aux biens. Crainte révérentielle. Dommage intéressant autrui. — 175. Pression exercée par un événement de la nature. Nécessité pour l'inférieur d'obéir à son supérieur. — 176. Effets. — 177. Preuve . . . . . . . . . . . . . . . 107-110

### § 4. — Du défaut d'intention.

178. Définition de l'intention. Son rôle au point de vue pénal. — 179. Critique d'autres définitions. — 180. Distinction de l'*intention* et du *motif* du délit. — Preuve de l'intention. — 181. Qui doit la faire? 182. L'erreur de droit peut-elle être invoquée pour prouver le défaut d'intention? — 183. Comment le prévenu prouvera-t-il qu'il a commis une erreur de droit engendrant la bonne foi? — 184. Dans quel ordre prouvera-t-on le défaut d'élément moral et le défaut d'intention? . . . . . 110-113

## Section V. — De l'élément injuste de l'infraction.

Pages

185. Notions générales. — 186. Comparaison des faits justificatifs et des causes de non-imputabilité. — 187. Les faits justificatifs ne sont pas des cas de contrainte morale. 188. Effets des causes de justification. — 189. Généralisation des faits justificatifs énoncés par les art. 327, 328. Preuve des causes de justification. — 190. Qui doit la faire ? — 191. Comment se fait-elle ?. . . . . . . . . . . . . . . . . . . . . . . . . . 114-118

### § 1. — Premier fait justificatif : l'ordre de la loi.

192. Cas où les deux conditions exigées par l'art. 327 sont nécessaires. Cas où l'une suffit. — 193. Le commandement doit être spécial. Cas où il est donné d'une façon générale. — 194. L'inférieur qui exécute un ordre illégal ne peut invoquer le fait justificatif. — 195. Peut-il invoquer une cause de non-imputabilité (contrainte morale) ou une excuse absolutoire (erreur de droit) ? — 196. A quelles conditions son erreur sera-t-elle plausible ?  118-120

### § 2. — Deuxième fait justificatif : la légitime défense.

197. Hypothèse. — I. 198. Conditions ordinaires de la légitime défense. — 199. 1ʳᵉ Condition : un intérêt menacé. — 200. Y a-t-il une légitime défense des biens ? — 201. 2ᵉ Condition : une agression injuste. — 202. Y a-t-il une légitime défense contre une attaque que l'on a provoquée soi-même ? — 203-204. Peut-on opposer une légitime défense aux actes illégaux des agents de l'autorité ? — 205. 3ᵉ Condition : nécessité de se défendre. — 206. Peut-on faire usage des armes contre un individu qui attaque avec ses poings ? — 207. Y a-t-il une légitime défense lorsqu'on peut éviter le danger par la fuite ? — 208. Quels actes peut-on accomplir pour la défense des biens ? — 209. 4ᵉ Condition : La nécessité de se défendre doit être *actuelle*. — 210. Y a-t-il une légitime défense contre un danger imaginaire ? . . . . . . . . . . . . . . . . . . . . . . 121-128

II. 211. Cas ou la loi présume la légitimité de la défense. — 212. Effets de ces présomptions. — 213-214. Détails d'application . . . . . . . . 128-130

III. 215. De l'excès dans la légitime défense . . . . . . . . . . . .  130

### § 3. — Faits justificatifs spéciaux motivés par l'accomplissement d'un devoir ou par l'exercice d'un droit.

216. Actes de coercition autorisés par la puissance paternelle. — Diffamation autorisée par la liberté de la Presse. — 217. Consentement de la victime. — 218. Le consentement doit être pur de vices. — 219-222. Le consentement légitime-t-il l'homicide et les coups et blessures commis en duel ? *De la répression du duel*. . . . . . . . . . . . . . . . . 131-135

## CHAPITRE II. — CLASSIFICATION DES INFRACTIONS.

223. Diverses classifications. . . . . . . . . . . . . . . . . . . . . .  136

I. Classification d'après la peine. — 224. Analyse de l'art. 1ᵉʳ C. p. — 225. Utilité de cette division. — 226. Système qui refuse d'appliquer le critérium de l'art. 1ᵉʳ C. p. aux infractions punies de peines correctionnelles par les lois spéciales. — 227. Le changement de pénalité par l'effet des *excuses* ou des *circonstances atténuantes* opère-t-il un déclassement de l'infraction (renvoi)........................ 136-137

II. CLASSIFICATION D'APRÈS LES ÉLÉMENTS CONSTITUTIFS. — 228. Ce mode de classification engendre trois divisions. — 229. 1° Infractions intentionnelles et non intentionnelles. — 230. Intérêt de cette division. — 231. 2° Infract. instantanées et infract. continues. — 232. Intérêt de cette division. — 233. Comment distinguer les infractions instantanées des infractions continues ? — 234. 3° Infractions simples et infractions collectives. — 235. Délits d'habitude. — 236. Autres variétés d'infract. collectives........................... 138-140

III. CLASSIFICATION D'APRÈS LE BUT DE L'AGENT. — 237. Ce mode de classification engendre deux divisions. — 238. Crimes contre la chose publique. Crimes contre les particuliers. — 239. Infractions de droit commun. Infractions politiques. — 240. Intérêt de cette division. — 241. Quelles sont les infractions politiques. — 242. Délits purement politiques. — 243. Délits mixtes. — 244. Délits connexes à des faits politiques. — 245. Confusion des délits connexes avec les délits politiques au point de vue de l'extradition....................... 141-146

IV. CLASSIFICATION D'APRÈS LA NATURE DE LA LOI PÉNALE QUI LES PRÉVOIT. — 246. Infractions *ordinaires* et infractions *spéciales*. — 247. Infractions connexes et non connexes, flagrantes et non flagrantes (renvoi). . . .  146

## LIVRE II. — DE LA PEINE ET DE LA RÉPARATION CIVILE.

248. En quoi consiste la peine. — 249. En quoi consiste la réparation civile. ................................... 147

*Titre I*er. — *De l'organisation des peines et des réparations civiles.*

CHAPITRE 1er. — ORGANISATION DES PEINES

250. Divisions des peines d'après le C. pénal. — 251. Divisions qu'on a voulu y substituer. Critiques. — 252. Programme............ 148

### Section I. — Des peines propres aux crimes.

253. Échelle générale des peines...................... 149

§ 1. — *Peines de Droit commun.*

I. PEINE DE MORT. — 254. Historique. Statistique de son application. — 255. Légitimité. — 256. Mode d'exécution. — 257. De la publicité de l'exécution. Réforme projetée........................... 150-154

II. III. TRAV. FORCÉS A PERPÉTUITÉ ET A TEMPS. — 258. Observation. — 259. Légitimité des peines perpétuelles. — 260. Durée des trav. forcés à temps. — 261. Historique. — 262. Transportation des forçats. L. 30 mai

TABLE DES MATIÈRES

1854. — 263. Résidence obligée des libérés dans la Colonie pénale. — 264. — Différence entre les hommes et les femmes au point de vue de la transportation. — 265. Avantages et inconvénients de la transportation. — 266. Dispense de la transportation motivée par l'âge du condamné. Mode d'exécution dans cette hypothèse. . . . . . . . . . . . . . . . . 155-158

IV. RÉCLUSION. — 267. Son essence. Lieux et régime. . . . . . . . . . 159

§ 2. — *Peines politiques.*

I, II. DÉPORTATION DANS UNE ENCEINTE FORTIFIÉE ET DÉPORTATION SIMPLE. — 268-269. Historique. Caractère. Mode d'exécution exceptionnel. — 270. Caractères généraux des deux déportations. — 271. Lieux. — 272. Régime. — 273. Avantages et inconvénients. — 274. Dispense de la transportation motivée par l'âge du déporté. Mode d'exécution dans cette hypothèse. . . . . . . . . . . . . . . . . . . . . . . . . . . . . . . . . 159-162

III. DÉTENTION. — 275. Fonctions. — 276. Lieux affectés à la détention. — 277. Régime. — 278. Détention employée comme mode d'exécution exceptionnel d'autres peines. — 279. Avantages et inconvénients. . . . 162-163

IV. BANNISSEMENT. — 280. Historique. Caractère. — 281. Durée et exécution. — 282. Avantages et inconvénients. . . . . . . . . . . . . 163-164

V. DÉGRADATION CIVIQUE. — 283. Origine et fonction. — 284. Incapacités qui la constituent. — 285. Emprisonnement complémentaire. — 286. Nature de la dégradation civile peine principale. — 287. Exécution, point de départ, durée. — 288. Causes d'extinction. — 289. Imperfections de cette peine . . . . . . . . . . . . . . . . . . . . . . . . . . . . . 164-168

§ 3. — *Peines accessoires.*

290. Énumération . . . . . . . . . . . . . . . . . . . . . . . . . . 168

I. INTERDICTION LÉGALE. — 291. *A)* Origine et fonction. — 292. Double caractère. — 293. *B)* Condition de l'interdit légal. — 294. Emploi de ses revenus. — 295. Incapacité de l'interdit légal. — 296. Sanction de l'incapacité. — 297. *C)* Point de départ, durée, causes de suspension, causes d'extinction. *Question préalable :* l'interdiction légale est-elle l'accessoire de l'*exécution matérielle* ou du *droit d'exécution* de la peine principale ? — 298. Intérêt de la question au point de vue du condamné à mort, du contumax, de l'évadé. Controverse. — 299. Résumé. — 300. Extinction de l'interdiction légale à l'égard des transportés. — 301. Critique de cette peine.. . . . . . . . . . . . . . . . . . . . . . . . . 168-174

II. DOUBLE INCAPACITÉ DE DISPOSER ET DE RECEVOIR A TITRE GRATUIT. — 302. *a)* Origine et fonction. — 303. Mort civile. Incapacités qui la constituaient. — 304. Comment la peine nouvelle est sortie de la mort civile. Sa légitimité. — 305. *b)* Étendue et nature de cette incapacité. — 306. *c)* Point de départ. Condition du contumax. — 307. Cas où il est arrêté dans les 5 ans qui suivent l'exécution par effigie. — 308. Cas où il est arrêté après les 5 ans, mais avant la prescription de la peine. — 309. Cas où il est arrêté plus de 20 ans après sa condamnation. — 310. *d)* Durée, causes d'extinction.. . . . . . . . . . . . . . . . . . . . . 174-178

III. EXTINCTION ET REMISE DES PEINES ACCESSOIRES AU PROFIT DES CONDAMNÉS TRANSPORTÉS DANS UNE COLONIE. — 311. Notions générales. . . 178

1° REMISE DE LA DOUBLE INCAPACITÉ. — 312. Condamnés qui en sont frappés. — 313. Comment elle cesse. — 314. Étendue de la remise. — 315. Elle emporte une remise correspondante de l'interdiction légale. .... 179-180

2° REMISE DE L'INTERDICTION LÉGALE. — 316-317. Comment cesse l'interdiction légale au profit des condamnés transportés. — 318. Dans quelle mesure cesse-t-elle ? ........................ 180

3° REMISE DE LA DÉGRADATION CIVIQUE ET DES INCAPACITÉS, PEINES CORRECTIONNELLES. — 319. Condamnés qui en sont frappés. — 320. A quel moment peut avoir lieu la remise ? — 321. Comment a-t-elle lieu ? — 322. Étendue. ........................ 181-182

### Section II. — Des peines propres aux délits.

323. Énumération. ........................ 183

I. EMPRISONNEMENT CORRECTIONNEL. — 324. Comparaison avec la réclusion. Fonction. — 325. Lieux d'exécution. — 326. Durée ...... 184

II. INTERDICTION DE CERTAINS DROITS CIVIQUES, CIVILS ET DE FAMILLE. — 327. Caractères généraux. — 328. Incapacités qui la composent. — 329. Durée. — 330. Point de départ. ............... 185-186

III. INCAPACITÉS ÉTABLIES PAR DES LOIS SPÉCIALES. — 331. Exemples. 188

IV. RÉPARATION HONORABLE. — 332. Origine et fonction. — 333. Durée de la contrainte par corps qui la sanctionne. — 334. Critique de cette peine. ........................ 188-189

### Section III. — Des peines communes aux crimes et aux délits.

335. Énumération. ........................ 190

I. INTERDICTION DE SÉJOUR. — A. INTERDICTION DE SÉJOUR REMPLAÇANT LA SURVEILLANCE. — 336. Notions générales. Séjours interdits. — 337. Est-ce une peine ? — 338. Essence. — 339. Caractères. — 340. Cas où elle est peine *accessoire;* — 341... peine *complémentaire;* — 342... peine *à la fois accessoire et complémentaire;* — 343... peine *principale.* — 344. Durée. — 345. Point de départ. — 346. Causes d'extinction. — 347. Sanction ........................ 191-195

B. AUTRES INTERDICTIONS DE SÉJOUR. — 348. Interd. de séj. autorisée p. l'art. 229, C. p. — 349. Interd. de séj. ordonnée p. l'art. 635, C. i. c. . 195-196

II. RELÉGATION. — 350. Origine. — 351. Caractères. — 352. Deux sortes de relégations. Programme. — 353. Lieux de relégation. — 354. Régime. — 355. Compétence et procédure pour l'admission à la relégation individuelle. — 356. Dispositions communes aux deux relégations. — 357. Causes d'extinction. — 358. Particularités relatives aux femmes; — 359... aux mineurs et aux vieillards. ............... 196-204

### Section IV. — Des peines propres aux contraventions.

360. Emprisonnement de simple police. ............... 204

APPENDICE : THÉORIES PÉNITENTIAIRES. — *De leur influence sur l'organisation pratique des prisons et sur la création d'institutions destinées à favoriser le reclassement des libérés.*

I. PEINES A AMÉLIORER. — TYPES DIVERS D'EMPRISONNEMENT CELLULAIRE. — 361. Théories de l'emprisonnement et de la transportation. — 362. *Réclusion et emprisonnement.* — 363. — Système de la *séparation par quartiers ;* — 364.... de la *séparation individuelle.* — 365. Formes diverses de l'emprisonnement cellulaire. . . . . . . . . . . . . . . . .  204-207

II. 366. APPLICATIONS DE L'EMPRISONNEMENT CELLULAIRE EN FRANCE. . . .  208

III. 367. ORGANISATION ACTUELLE DES PRISONS DE FRANCE ET D'ALGÉRIE. — Locaux des prisons. Détenus qu'ils reçoivent. — 368. Maisons centrales. — 369. Prisons départementales. — 370. Séparation des détenus dans ces dernières. L. 5 juin 1875. D. 11 nov. 1885. — 371. Régime des prisons. Ses éléments. — 372. L'hygiène. — 373. La discipline. — 374. Le travail. Son organisation. — 375. Sa légitimité. — 376. Les moyens moralisateurs. — 377. Détenus auxquels le régime des prisons ne s'applique qu'en partie. *a)* Mineurs de 16 et de 21 ans. — 378. *b)* Individus détenus préventivement ou contraints par corps. — 379. *c)* Condamnés politiques. — 380. Résumé et appréciation du système pénitentiaire français. — 381. Ses imperfections. L. 25 déc. 1880 s. les crimes commis dans les prisons. — 382. Direction des prisons. — 383. Surveillance. .  210-222

IV. 384. RECLASSEMENT DES LIBÉRÉS. *Institutions complémentaires du régime pénitentiaire.* L. 14 août 1885. — 385. Libération conditionnelle. — 386. Patronage des libérés. . . . . . . . . . . . . . . . . . . . .  222-225

Section V. — **Des peines communes aux trois classes d'infractions.**

387. Énumération. . . . . . . . . . . . . . . . . . . . . . . . . . . . . . .  226

I. PUBLICATION DU JUGEMENT DE CONDAMNATION. — 388. Caractères différents de la publication des jugements. . . . . . . . . . . . . . . . .  226

II. CONFISCATION SPÉCIALE. — 389. Caractères différents de la confiscation. 390. Critérium pour les distinguer. — 391. Comparaison des trois confiscations. — 392. Exemples de chacune d'elles. — 393. Confiscation *réelle* et confiscation *personnelle.* — 394. Conditions d'application. — 395. Objets qui peuvent être confisqués. — 396. Personnes que la confiscation peut atteindre. — 397. Effet de la confiscation. — 398. Que deviennent les objets confisqués?. . . . . . . . . . . . . . . . . . . . . . . .  227-231

III. AMENDE. — 399. Diverses sortes d'amendes. Caractères de l'amende pénale. — 400. Particularités des amendes de *douanes*, de *contributions indirectes* et *d'octrois.* — 401. 1er *Système :* elles ont un caractère mixte. — 402. 2e *système :* elles sont exclusivement pénales. — 403. 3e *Système :* Elles ont un *caractère pénal prépondérant.* — 404. Amendes collectives. — 405. L'amende et la confiscation peuvent-elles être recouvrées contre les héritiers ? — 406. Taux de l'amende. — 407. Destination de l'amende. . . . . . . . . . . . . . . . . . . . . . . . . . . .  231-237

408. TABLEAU GÉNÉRAL DES PEINES. . . . . . . . . . . . . . . . . . . .  238

409. Rang de la déportation dans une enceinte fortifiée. — 410. La dégradation civique doit-elle être classée dans les peines de droit commun ? —

411. Existe-t-il une échelle des peines correctionnelles? — 412. Transition.................................................... 238-241

CHAPITRE II. — ORGANISATION DES RÉPARATIONS CIVILES.

413. En quoi consiste la réparation civile. Action qu'elle engendre.
I. 414. RESTITUTIONS. — II. 415. DOMMAGES-INTÉRÊTS. — 416. Défense faite au juge d'en ordonner l'application à une œuvre quelconque...... 242
III. 417. FRAIS. — Questions qu'ils soulèvent. — 418. Solution de ces questions dans l'ancien droit et dans le droit intermédiaire....... 242-243
1° FRAIS DE POURSUITE. — 419. 1ʳᵉ *Hypothèse* : le ministère public poursuit seul. — 420. 2ᵉ *Hypothèse* : il y a partie civile en cause. a) Avance. — 421. b) Recouvrement. — 422. Controverses : L'individu absous peut-il être condamné aux dépens ? — 423. Système qui fait dépendre la condamnation aux dépens de la question de faute. — 424. Système qui en fait l'accessoire d'une condamnation à une peine. — 425. Système qui en fait l'accessoire d'une condamnation principale (Adopté). — 426-428. Application. — 429. Qui doit supporter les frais des voies de recours ? — 430. La partie civile doit-elle être condamnée aux frais envers l'État, quand elle obtient des dommages-intérêts contre l'accusé renvoyé de l'accusation ? — 431. Lorsque plusieurs délits ou plusieurs inculpés ont été compris dans la même poursuite, et qu'il n'y a condamnation que sur un délit ou contre un prévenu, le condamné doit-il supporter tous les frais de la poursuite ou seulement ceux qui ont été nécessaires pour établir sa culpabilité dans le délit retenu ?................ 243-251

2° FRAIS DE DÉFENSE. — 432. Question législative. Ce qu'ils comprennent. — 433. Comment sont encourus les dépens ?................ 251-253

CHAPITRE III. — EXÉCUTION DES CONDAMNATIONS PÉNALES ET CIVILES PRONONCÉES PAR LES TRIBUNAUX RÉPRESSIFS.

434. Observation et programme...................... 253

Section I. — Règles générales.

I. A QUEL MOMENT L'EXÉCUTION PEUT-ELLE ÊTRE POURSUIVIE. — 435. Principe. — 436. a) Point de départ des peines privatives de la liberté. — Peines criminelles. Art. 23, C. p. — 437. Emprisonnement. Art. 24, C. p. Hypothèses qu'il prévoit. — 438. *Quid* au cas de désistement de l'appel ou du pourvoi en cassation ? — 439. Cas où le condamné est en liberté quand sa condamnation devient irrévocable. — 440. b) Particularités relatives aux condamnations par contumace et à certaines condamnations par défaut..................... 254-257

II. 441. PAR QUI ET COMMENT L'EXÉCUTION EST-ELLE POURSUIVIE ? — 442. Exécution réelle et par effigie....................... 257-258

III. 443. Compétence pour les questions contentieuses soulevées par l'exécution des peines. — 444. Exception pour les peines pécuniaires. 259-260

### Section II. — Voies et garanties de recouvrement des condamnations pécuniaires.

445. Énumération................................................. 260

#### A. Contrainte par corps.

I. Notions générales. — 446. Historique. — 447. Caractère mixte de la C. p. c. — 448. Conséquences. — 449. Emprisonnement subsidiaire. 260-262

II. Créances recouvrables et condamnés contraignables p. c.— 450. Formule. — 451. 1re *condition* : « une condamnation à une somme d'argent ». — 452. Difficulté pour les confiscations et les restitutions. — 453. Difficulté pour les décimes qui augmentent le taux de l'amende prononcée. — 454. 2e *condition* : « ayant pour cause une infraction ». — 455. 3e *condition* : « contre les auteurs ou complices ».— 456. Quid pour les dépens dus à l'État ? — 457. 4e *condition* : « qui en ont été déclarés coupables ». — 458. Conséquence : la C. p. c. n'est pas applicable à la partie civile. — 459. 5e *condition* : « par un tribunal de répression et avant leur condamnation civile »................................... 262-265

III. Comment est encourue la c. p. c. — 460. Droit des tribunaux. — 461. Échelle progressive de sa durée. — 462. Elle est prononcée sur la somme totale des condamnations. — 463. Le jugement doit contenir la liquidation des frais et des dommages-intérêts. Exception. — 464. Peut-elle être fixée *au maximum* ou *au minimum* quand le juge ignore le taux des dépens dont la liquidation n'est pas encore faite ? — 465. Y a-t-il lieu de fixer la durée de la c. p. c. quand on prononce une peine afflictive perpétuelle ?................................ 266-269

IV. Causes d'extinction. — 466. Extinction par voie de conséquence. — 467. Extinction directe. — 468. *Dispenses*. — 469. *Causes de suspension*. — 470. *Causes de réduction*....................... 270-271

V. Procédure. — 471. Textes à appliquer. — 472. Formalités préalables. — 473. Arrestation. — 474. Incarcération. — 475. Élargissement................................................ 272-274

#### B. Solidarité.

I. Notions générales. — 476. Hypothèse. Utilité. Entre qui elle existe. Raison d'être......................................... 274
II. 477. Conditions. *a)* Pluralité de délinquants. — 478. *b)* Condamnation pour l'un des objets prévus par la loi. — 479. *c)* Unité d'infraction. — 480. *d)* Unité d'objet......................... 276-277
III. 481. Effets. Les mêmes que ceux de la solidarité conventionnelle . . 278
IV. 482. Obligation in solidum........................... 279

#### C. Hypothèque. Privilège.

483. *Classement des condamnations pécuniaires par ordre de préférence*. 280

## Titre II. — De l'application des peines.

484. Programme.................................................. 281

CHAPITRE I<sup>er</sup>. — DE L'APPLICATION DE LA PEINE A L'AGENT UNIQUE D'UNE SEULE INFRACTION.

485. Éléments dont il faut tenir compte. Système de nos lois........ 281

### Section I. — Des causes d'aggravation.
### Circonstances aggravantes. — Causes d'aggravation générales.

§ I. — *Notions générales.*

486. Caractères des causes d'aggravation. — *a)* Légales ou judiciaires. — 487. *b)* Inhérentes à l'infraction ou attachées à la personne. — 488. *c)* Générales ou spéciales.

I. CIRCONSTANCES AGGRAVANTES. — 489. Controverse sur leur distinction d'avec les *circonstances constitutives*. Point certain. — 490. Point controversé. Exposé des deux systèmes. — 491. Réfutation. — 492. Troisième système (adopté).

II. CAUSES D'AGGRAVATION GÉNÉRALES. — 493. *a)* L. 25 déc. 1880 s. les crimes commis dans les prisons. — 494. *b)* Qualité de fonctionnaire (art. 188, C. p.). — 495. *c)* Récidive................... 282-287

§ 2. — *De la récidive punie par le Code pénal.*

I. NOTIONS GÉNÉRALES ET THÉORIQUES. — 496. Légitimité de la répression de la récidive au moyen d'une aggravation de peine. — 497. Récidive *spéciale* et récidive *générale*. — 498. Gravité à exiger dans la condamnation antérieure. — 499. *Quid* du délai entre la condamnation antérieure et la seconde infraction? — 500. L'aggravation de peine résultant de la récidive, doit-elle être *obligatoire* ou *facultative* ? — 501. Comment faut-il punir la récidive ? — 502. Système du C. pénal. Programme ... 288-292

II. CONDITIONS GÉNÉRALES DE LA RÉCIDIVE. — 503. La R. est un rapport à deux termes. — A. *Conditions relatives au 1<sup>er</sup> terme* : 504. *a)* Une condamnation *antérieure* à la nouvelle infraction ; — 505. *b) pénale* ; — 506. *c) irrévocable* ; — 507. *d)* émanée d'un *tribunal français*. — 508-509. Inutilité d'autres conditions. — 510. *Quid*, si l'incrimination de fait qui a motivé la condamnation antérieure est actuellement abolie ou modifiée ? — B. *Conditions relatives au second terme* : 511. *a)* Une seconde infraction *indépendante* de la condamnation antérieure ; — *b)* de même nature que l'infraction primitive .................. 292-295

III. CONDITIONS SPÉCIALES DE LA RÉCIDIVE EN MATIÈRE DE CRIMES ET DE DÉLITS. — 512. La loi punit trois genres de récidives. — 513. Récidive de crime à crime. — 514. Récidive de crime à délit. — 515. Récidive de délit à délit .................................................. 296-297

V. CONDITIONS SPÉCIALES DE LA RÉCIDIVE EN MATIÈRE DE CONTRAVENTIONS. — 516. Aperçu général. — 517. 1° Condition de temps. — 518. 2° Condition de lieu. — 519. 3° Condition d'incrimination............... 298-299

PEINES DE LA RÉCIDIVE. — 520. 1° *Aggravation des peines criminelles*.

## TABLE DES MATIÈRES

— 521. Difficulté pour les deux déportations. — 522. Difficulté pour la dégradation civique et le bannissement. — 523. Effet de la récidive sur les peines accessoires.— 524. 2° *Aggravation des peines correctionnelles.* — 525. 3° *Aggravation des peines de simple police.* — 526. Résumé des récidives punissables et non punissables d'après le C. pénal. . . . . . . . 300-303

VI. CONDITIONS ET EFFETS EXCEPTIONNELS DE CERTAINES RÉCIDIVES. — 527. Exemples. . . . . . . . . . . . . . . . . . . . . . . . . . . . . 304

§ 3. — *De la récidive punie par la loi du 27 mai 1885.*

528. Nouveau genre de répression de la récidive. . . . . . . . . . . . . 304

I. CONDITIONS D'APPLICATION DE LA RELÉGATION. — 529. *a)* Conditions de la récidive conservées ou modifiées par la loi du 27 mai 1885. — 530. *b)* Conditions spéciales et nouvelles : 1° Condition d'âge. — 531. 2° Identité de nature des infractions et des peines.— 532. 3° Condition de délai.— 533. A quelle date faut-il compter la plus ancienne des condamnations et la condamnation actuelle ? — 534. Peines subies à déduire du délai. — 535. 4° Condition relative aux cas de relégation. . . . . . . . . . . . 306-310

II. DES CAS DE RELÉGATION. — 536. Règles communes. 1re règle. — 537. 2e règle. — 538. 3e règle. — 539. 4e règle. — 540. 1er cas de relégation (art. 4, 1°). — 541. 2e cas de relégation (art. 4, 2°). — 542. Quel taux doivent avoir les condamnations à l'emprisonnement pour crime ? — 543. Quels sont les délits spécifiés ? — 544. 3e cas de relégation (art. 4, 3°). — 545. 4e cas de relégation (art. 4, 4°). — 546. Caractère de ce 4e cas. Conséquence quant à la nature des conditions qui le composent. — 547. Ces condamnations doivent être à l'emprisonnement. — 548. Résumé de la composition de ce 4e cas. — 549. Tableau synoptique des 4 cas de relégation. 311-315

III. 550. DISPOSITION TRANSITOIRE (art. 9) . . . . . . . . . . . . . . . . 316

IV. RÈGLES DE COMPÉTENCE ET DE PROCÉDURE. — 551. 1° Tribunaux compétents (art. 2). — 552. 2° Prohibition de la procédure des flagrants délits (art. 11, § 1). — 553. 3° Nomination d'un défenseur d'office (art. 11, § 2). — 554. 4° Rédaction du jugement ou arrêt prononçant la relégation (art. 10, § 2). . . . . . . . . . . . . . . . . . . . . . . . . . . . . . . . 316-318

§ 4. — *Preuve de la récidive.*

555. Quand doit-elle être faite. — 556. Devant qui ? — 557. Par qui ? Comment ? — 558. Moyens de preuve. Organisation du casier judiciaire pour la preuve de la récidive en matière criminelle et correctionnelle. — 559. Force probante de l'extrait du casier. — 560. Preuve de la récidive en matière de contraventions. — 561. Valeur des témoignages, des présomptions et de l'aveu. . . . . . . . . . . . . . . . . . . . . . . . . 318-323

### Section II. — Des causes d'atténuation.

§ 1. — *Notions générales. — Causes d'atténuation proprement dites. — Causes d'exemption. — Causes de mitigation des peines.*

562. Terminologie. Définitions . . . . . . . . . . . . . . . . . . . . . 323

§ 2. — *Excuses absolutoires.*

563. Causes. — 564. Effets. Comparaison avec les faits justificatifs et les

causes de non-imputabilité. — 565-567. Le défaut de discernement pour le mineur de 16 ans est-il une cause de non-imputabilité ou une excuse absolutoire ? ........................... 325-328

### § 3. — Excuses atténuantes.

I. Causes. — 568. Aperçu général .................. 329

II. Effets. — 569. Effet matériel. Effet juridique : le crime excusé est-il un délit ? — 570. Intérêt de la question. — 571. 1er système. — 572. 2e système. — 573. 3e système ........................ 329-332

III. Particularités de l'excuse de la minorité. — 574. En matière correctionnelle réduit-elle le taux de toutes les peines ? — 575. Permet-elle d'atteindre le minimum des peines correctionnelles quand il est inférieur à la moitié du minimum fixé pour le délit ? — 576. Permet-elle de prononcer la moitié du minimum fixé pour le délit quand, par suite de cette réduction, l'emprisonnement et l'amende seront inférieurs à 6 jours et à 16 francs ? ........................... 333

IV. Particularités de l'excuse de la provocation. — 577. Hypothèse. 578. Est-elle *générale* ? — 579. Cas où la loi écarte cette excuse à raison de la qualité de l'agresseur. — 580. Causes de provocation. — 581. Est-elle *réelle* ou *personnelle* ? ........................ 334-335

### § 4. — Circonstances atténuantes.

I. Notions générales. — 582. Utilité. — 583. Principe que le juge est souverain appréciateur des circ. att. — 584. Historique. — 585. Critiques dirigées contre les circ. att. — Appréciation ............ 336-337

II. Pour quelles infractions et par qui peuvent-elles être déclarées ? — 586. Pour quelles infractions. — 587. En Cour d'assises, rôle du jury, rôle de la Cour. — 588. La Cour peut-elle les accorder au contumax ? — 589. Le jury peut-il les déclarer lorsqu'il juge un délit ? ....... 338-341

III. Système d'atténuation. — 590. Droit abstrait. — 591. Atténuation des peines criminelles; — 592. ... des peines correctionnelles; — 593. ... des peines de simple police. — 594. Effet des circ. att. sur les peines accessoires et sur les peines complémentaires. — 595. En matière correctionnelle l'abaissement de la peine reste-t-il facultatif après une déclaration de circ. atténuantes ? ........................ 342-347

## Section III. — Concours des causes d'aggravation et d'atténuation.

596. L'hypothèse. — A. *Concours dont le règlement n'est pas contesté.* — 597. Concours entre les circonstances aggravantes d'un côté et la récidive ou les causes d'atténuation de l'autre. — 598. Concours de la récidive avec les excuses. — 599. Concours de la minorité ou des circonstances atténuantes avec les excuses. — B. *Concours sur le règlement desquels il y a controverse.* — 600. Concours de la récidive et des circonstances atténuantes. — 601. 1er Système. — 602. 2e Système. — 603. Concours de la minorité avec les circonstances atténuantes. — 604. 1er Système. — 605. 2e Système. — 606. Concours de la minorité, de la récidive et des circonstances atténuantes ......................... 348-358

## CHAPITRE II. — DE L'APPLICATION DE LA PEINE QUAND IL Y A PLURALITÉ D'AGENTS ET UNITÉ DE DÉLIT.

### Section I. — Théorie de la participation criminelle.

Pages

607. L'hypothèse. Questions législatives. — 608. *a*) Distinctions à établir entre les divers agents du délit. — 609. *b*) Infractions dans lesquelles ces distinctions doivent être faites. — 610. *c*) Peines qui conviennent à la complicité. — 611. Observation sur les coauteurs. Caractère de la criminalité des actes de complicité. . . . . . . . . . . . . . . . . . . . . 354-356

### Section II. — Conditions de la complicité punissable.

612. 1<sup>re</sup> *condition* : « un fait principal punissable ». — 613. Application quand le fait principal et l'acte de complicité ont été accomplis l'un en France, l'autre à l'étranger ; — 614... aux délits d'habitude ; — 615. Complicité de la tentative. — 616. Du désistement du complice. Tentative de complicité. — 617. 2<sup>e</sup> *condition* : « qualifié crime ou délit ». *Quid* pour les délits non intentionnels prévus par des lois spéciales ? — 618. *Quid* pour les infractions non préméditées. — 619. 3<sup>e</sup> *condition* : « le concert préalable. — 620. 4<sup>o</sup> *condition* : « un fait de complicité » . . . . . . . 357-361

### Section III. — Faits de complicité.

621. Énumération. Caractère commun. — 622. 1<sup>o</sup> PROVOCATION. Ce n'est pas un simple conseil. — 623. La provocation doit être *directe*, — 624. *individuelle*. Répression de la provocation *collective* : L. 29 juil. 1881, art. 23, 24. — 625. Autres exemples : art. 89. 179 C. p. — 626. Il n'est pas nécessaire que la provocation ait donné naissance à la résolution criminelle de l'auteur principal. — 627. Application aux délits non intentionnels. — 628. 2<sup>o</sup> INSTRUCTIONS. En quoi elles consistent. Application aux délits non intentionnels. — 629. 3<sup>o</sup> FOURNITURE DE L'INSTRUMENT DU DÉLIT. En quoi elle consiste. Application aux délits non intentionnels. — 630. 4<sup>o</sup> AIDE OU ASSISTANCE. Conditions. — 631. Comment distinguer le complice de l'auteur principal ? — Application aux délits non intentionnels. — 632. 5<sup>o</sup> RECEL. Droit abstrait. — 633. *a*) R. des personnes, fait de complicité, art. 61 C. p. — 634. R. des personnes, délit spécial, art. 83, 248, 268, C. p. ; art. 9, L. 18 av. 1886 ; art. 74, L. 15 juil. 1880. — 635. *b*) R. des choses, fait de complicité, art. 62 C. p.— 636. Questions de détail.— 637. R. des choses, délit spécial. — 638. Jurisprudence sur les faits de complicité. . . . . . 361-370

### Section IV. — Peines de la complicité.

639. Interprétations diverses de l'art. 59 C. p. — 640. 1<sup>re</sup> interprétation. — 641. 2<sup>e</sup> interprétation. — 642. 3<sup>e</sup> interprétation. — 643. Difficultés quand l'infraction n'est plus réduite à ses éléments constitutifs. — 644. Influence des circonstances aggravantes inhérentes à l'infraction. — 645. A quelles conditions les coparticipants qui y sont restés étrangers peuvent-ils repousser leur imputabilité. — 646. Influence des causes d'ag-

gravation inhérentes à la personne. Système qui repousse toute extension d'un agent à un autre. — 647. Système qui, réserve faite de la récidive, étend ces causes d'aggravation d'un coauteur à un autre coauteur et de l'auteur principal au complice. Critique. — 648. Difficultés secondaires engendrées par ce système. — 649. Contradictions choquantes auxquelles il conduit. — 650. Influence des causes d'impunité. — 651. Influence des excuses atténuantes.................................... 370-377

CHAPITRE III. — DE L'APPLICATION DE LA PEINE A L'AGENT UNIQUE DE PLUSIEURS INFRACTIONS.

Théorie du concours d'infractions et du non-cumul des peines.

652. L'hypothèse. — 653. Différence avec la récidive. — 654. Différence entre les infractions *concurrentes* et les infractions *collectives*. — 655. Droit abstrait. — 656. Précédents historiques. — 657. Caractère de la règle du non-cumul. Principe d'interprétation. — 658. Concours idéal. Concours réel.................................................. 378-381

I. Infractions dont le concours réel donne lieu au non-cumul des peines. — 659. La règle du non-cumul est formulée pour le concours des *crimes* et des *délits*. — 660. Elle ne peut être étendue à celui des *contraventions*. — 661. S'applique-t-elle aux infractions punies de peines correctionnelles par les lois spéciales ? — 662. Concours de crimes et de délits qui par exception ne donnent pas lieu à son application...... 381-382

II. Peines auxquelles s'applique la règle du non-cumul. — 663. Le principe. Difficulté qu'a soulevée son application aux peines accessoires ou complémentaires. — 664. Effet de la règle du n. c. sur les peines accessoires ; — 665. sur les peines complémentaires. Système qui admet leur cumul. — 666. Système qui leur applique la règle du n.-c. *Exception* pour la relégation. — 667. Système des peines prétendues *incompatibles*. 384-386

III. Effet du non-cumul des peines. — 668. Difficulté soulevée par la formule de l'art. 365, C. i. c. — 669. Intérêt de la question. — 670. Système mixte de la pratique. Critique. Les deux peines doivent être *prononcées*, mais la plus faible doit être déclarée *confondue* dans la plus forte... 387-388

IV. Détails d'application quand les infractions concurrentes sont l'objet de poursuites séparées. — 671. La peine la plus grave a été prononcée sur la première poursuite. — 672. La peine la moins grave a été prononcée sur la première poursuite. — 673. La peine applicable aux deux infractions poursuivies séparément est la même. — 674. Questions supposées résolues. — 675. La seconde poursuite est possible quoiqu'elle ne doive pas entraîner une condamnation pénale efficace, et elle ne doit pas aboutir à une simple déclaration de culpabilité....... 389-391

V. Sanction de la règle du non-cumul. — 676. Autorité chargée de faire respecter la règle du n.-c. — 677-679. Détails d'application...... 393-395

### Titre III. — De l'extinction des peines.

Pages

680. Causes d'extinction.................... 396

CHAPITRE I<sup>er</sup>. — CARACTÈRES GÉNÉRAUX DE L'AMNISTIE, DE LA GRACE, ET DE LA RÉHABILITATION. — PRÉCÉDENTS HISTORIQUES.

681. Notion, utilité, caractère propre de l'A., de la G. et de la R. — 682. Elles sont irrévocables. — 683. Historique............... 396-399

CHAPITRE II. — DE L'AMNISTIE.

684. Autorité qui accorde l'A. — 685. Étendue de l'A. — 686. Effets. — 687. Empêche-t-elle le recouvrement des amendes et des frais dus au Trésor? Oblige-t-elle à restituer les amendes et les frais payés? — 688. Effet sur les condamnations disciplinaires.................. 399-401

CHAPITRE III. — DE LA GRACE.

689. Autorité qui accorde la G. — 690. A quel moment peut légalement intervenir la G. — 691. Étendue de la G. — 692. La G. ne s'applique pas aux peines privatives de droits. — 693. Système contraire. Réfutation. — 694. Système éclectique. Réfutation. — 695. Observation p. l'interdict. légale. — 696. Effets de la G. — 697. La G. et l'A. peuvent-elles être refusées? — 698. Droit du mari de reprendre la femme adultère condamnée à l'emprisonnement.................. 402-406

CHAPITRE IV. — DE LA RÉHABILITATION.

699. Autorité qui accorde la R. — 700. Quels condamnés peuvent être réhabilités? — 701. La R. peut-elle être accordée à la mémoire d'un condamné décédé? — 702. Conditions de recevabilité de la demande. 1<sup>re</sup> condition : peine privative de la liberté subie ou remise p. voie de G. — 703. 2<sup>e</sup> condition : libération des condamnations pécuniaires ou de la contrainte p. c. — 704. Particularité en cas de condamnation p. banqueroute frauduleuse. — 705. Indigents. Droit de la Chambre d'accusation. — 706. Quid en cas de condamnation solidaire? — 707. Quid si les réparations civiles n'ont pas été liquidées. — 708. 3<sup>e</sup> condition : délai d'épreuve. — 709. Point de départ. — 710. 4<sup>e</sup> condition : temps de résidence dans certains lieux. — 711. Procédure. Instruction de la demande. — 712. Décision de la Cour. — 713. Voies de recours. — 714. Effets. — 715. Les incapacités ne cessent que pour l'avenir. — 716. Le bulletin n° 1 reste au casier. — 717. La R. ne peut être partielle. — 718. R. commerciale. — 719. Comparaison de l'A., de la G. et de la R....... 406-414

## DEUXIÈME PARTIE

### DROIT PÉNAL SANCTIONNATEUR (CODE D'INSTRUCTION CRIMINELLE).

**I. Les actions. — II. Les juridictions et la procédure.**

#### Introduction historique.

Pages

720. Observation. — 721. Programme................ 417

I. État du droit pénal sanctionnateur a la veille de la Révolution française. — 722. Ord. crim. de 1670. — 723. Organisation et compétence des juridictions. — 724. Actions et procédures. — 725. Le ministère public. — 726. Procédure *ordinaire* et *extraordinaire*. — 727. 1re partie de la procédure extraordinaire. — 728. 2e partie. — 729. La *question*. — 730. Les preuves légales. — 731. La sentence. — 732. La procédure inquisitoriale et l'esprit public au XVIIe siècle. — 733. La procédure anglaise. — 734. Dernières réformes............ 417-426

II. Droit intermédiaire. — 735. Juridictions. — 736. Procédure. D. 8 oct. 1789. — 737. Organisation de la procédure par jurés. L. 16-29 sept. 1791. — 738. Tribunaux de police correctionnelle et municipale. — 739. Code de l'an IV. — 740. Constitution de l'an VIII. Lois du Consulat................................... 426-430

III. C. d'instruction criminelle et législation postérieure. — 741. Élaboration du C. d'inst. crim. — 742. Réformes opérées par le C. d'inst. crim. et par les lois postérieures. *a*) Dans la procédure du *jugement*. — 743. *b*) Dans l'*instruction préparatoire*. — 744. Projet de loi..... 430-432

### LIVRE PREMIER. — DES ACTIONS

745. Action publique et action civile. — 746. Caractères distinctifs de ces deux actions............................... 435

#### CHAPITRE 1er. — DES SUJETS ACTIFS ET PASSIFS DES ACTIONS PUBLIQUE ET CIVILE.

##### Section I. — Du sujet actif de l'action civile.

I. Participation du ministère public, des administrations publiques, des particuliers et des juridictions a l'exercice de l'action publique. — 747. Rôle du ministère public. — 748. Rôle des administrations. — 749. Rôle des particuliers. — 750. Rôle des juridictions......... 436-437

II. Droit du ministère public. — 751. Organisation du ministère public. — 752. Prérogatives et caractères. — 753. *Indépendance.* — 754. *Irresponsabilité.* — 755. *Irrécusabililité.* — 756. *Unité.* — 757. Hiérarchie. 1re règle. — 758. 2e règle. — 759. 3e règle. — 760. 4e règle. — 761. *Indivisibilité.* — 762. Indépendance de la parole......... 437-445

TABLE DES MATIÈRES 809
Pages

III. Droit des administrations publiques. — 763. Droit de poursuite des administrations des *forêts*, des *douanes* et des *contributions indirectes*. Questions qu'il soulève ; solution . . . . . . . . . . . . . . . . . 445-447

IV. Droit des particuliers et des tribunaux. — 764. Droit d'*impulsion* des particuliers. — 765. Participation des tribunaux. Aperçu. (Renvoi) . . 447-448

### Section II. — Du sujet passif de l'action publique.

766. Défendeurs *principaux* et *accessoires*. — 767. Théorie de l'intervention. Personnes qui peuvent intervenir ou être appelées en cause. — 768. De qui peut émaner l'appel en cause. — 769. Formes de l'intervention. — 770. Effets . . . . . . . . . . . . . . . . . . . . . 448-451

### Section III. — Du sujet actif de l'action civile.

771. Objet précis de l'A. c. — 772. Droits du titulaire de l'A. c. — 773. Qui peut intenter l'A. c. ? 1re Condition. — 774. 2e *Condition*. — 775. 3e *Condition*. — 776. 4e *Condition*. — 777. Questions controversées : 1° Le délit de concurrence illicite donne-t-il naissance à l'action civile et qui peut l'exercer ? — 778. *Quid* des diffamations et injures contre les corps constitués ? — 779. *Quid* de l'infraction qui a causé la mort de la victime ? — 780. *Quid* de la diffamation envers les morts ? . . . . . . 452-458

### Section IV. — Du sujet passif de l'action civile.

781. Question d'obligation. Question de capacité. — 782. Qui doit réparer le dommage ? — 783. Personnes civilement responsables. — 784. Étendue de leur responsabilité. — 785. Quelle capacité doit avoir la personne tenue du dommage pour défendre à l'action civile . . . . . . . . 460-461

CHAPITRE II. — De l'exercice des actions publique et civile.

786. Indépendance des deux actions . . . . . . . . . . . . . . . . . 463

### Section I. — De l'exercice de l'action publique.

787. Programme . . . . . . . . . . . . . . . . . . . . . . . . . 464
I. Cas où la poursuite est subordonnée a une plainte ou a une dénonciation préalables. — 788. Il en est ainsi dans deux classes d'infractions. — 789. a) *Exercice de l'action publique dans les délits privés*. Adultère. — 790. Diffamation et injure envers les particuliers. — 791. b) *Cas où l'action publique ne peut commencer sans une plainte, mais où elle n'est pas arrêtée par le désistement*. Exemples. — 792. b) Règles communes aux deux classes de délits dont la poursuite exige une plainte préalable . . . . . . . . . . . . . . . . . . . . . . . . . . 464-469

II. Cas où la poursuite est subordonnée a une autorisation préalable. — 793. Garantie politique. — 794. Garantie administrative. — 795. Conséquence de son abrogation. — 796. Garantie religieuse. Existe-t-elle ? — 797. 1re *Opinion*. — 798. 2e *Opinion*. — 799. 3e *Opinion*. — 800. Immunités de juridiction . . . . . . . . . . . . . . . . . . . . 470-476

## TABLE DES MATIÈRES

Pages.

III. CAS OU LA POURSUITE EST SUBORDONNÉE A UNE EXTRADITION PRÉALABLE.
— 801. Hypothèse de l'art. 7. C. i. c. THÉORIE DE L'EXTRADITION — 802. *Notions générales et historiques*. Législation comparée. Définition. Raison d'être. — 803. Erreurs historiques. — 804. Caractère de l'ext. Forme des traités. — 805. Ext. facultative, obligatoire, volontaire. — 806. Principaux traités. Lois intérieures sur l'ext. — 807. *Conditions* : a) relatives aux faits ; — 808. b) relatives aux personnes. Un état ne livre pas ses nationaux. — 809. Correctif du droit de refuser l'ext. d'un national. — 890. Un État ne livre pas ses justiciables. — 811. *Procédure*. — 812. *Effets*. . . . . . . . . . . . . . . . . . . . . . . . . . . . 477-485

IV. CAS OU LA POURSUITE EST SUBORDONNÉE AU JUGEMENT PRÉALABLE D'UNE QUESTION PRÉJUDICIELLE. — 813. Notion. — 814. Questions *préjudicielles*. Questions *préalables*. — 815. Caractère des Q. préjudicielles. Principe d'interprétation. — 816. Division des Q. préjudicielles. — 817. Q. préjudicielles pénales. — 818. Q. préjudicielles disciplinaires. — 819. Q. préjudicielles administratives. — 820. Q. préjudicielles civiles; *a*) Q. *de droit civil préjudicielles à l'action*. — 821. Délit de suppression d'état. — 822. Suppression d'état d'enfant légitime. — 823. Suppression d'état d'enfant naturel. — 824. Motif de la Q. préjudicielle. — 825. Effets. — 826. Existe-t-il d'autres Q. préjudicielles à l'action ? — 827. *b*) Q. *de Droit civil préjudicielles au jugement*. — 828. A quelles conditions les Q. préjudicielles arrêtent-elles le jugement? — 829. Effets de l'exception accueillie. — 830. Existe-t-il d'autres Q. préjudicielles au jugement ? — 831. Q. de *filiation* pour un délit autre que celui de suppression d'état. — 832. Q. de *nationalité*. — 833. Q. de *mariage*. — 834. . . . . dans la bigamie. — 835. . . . . dans l'adultère. — 836. Résumé. . . . . 485-502

### Section II. — De l'exercice de l'action civile.

I. DOUBLE COMPÉTENCE DES JURIDICTIONS PÉNALE ET CIVILE QUANT A L'ACTION CIVILE. — DROIT D'OPTION. — 837. Aperçu général. — 838. La compétence des juridictions pénales est *accessoire*. — 839. 1re conséquence. — 840. 2e conséquence. — 841. 3e conséquence. — 842. Elle est *facultative*. Droit d'option. — 843. Limite de l'option. Règle *una via electa*. — 844. Cette règle ne s'applique pas à l'option entre deux juridictions pénales. — 845. Conditions d'application de cette règle. — 846. Différence avec l'exception de *litispendance*. — 847. Cas où la voie civile est seule ouverte. — 848. Cas où la voie criminelle est seule ouverte. . . . . . . .

II. EXERCICE DE L'ACTION CIVILE DEVANT LA JURIDICTION PÉNALE. — 849. Modes de saisine. — 850. De la constitution de partie civile. Ses formes. — 851. Ses effets. — 852. Du désistement de la partie civile . . . . . . . .

III. EXERCICE DE L'ACTION CIVILE DEVANT LA JURIDICTION CIVILE. — 853. Règle : *le criminel tient le civil en état*. 1re hypothèse. — 854. Motif de la suspension de l'action civile devant les tribunaux civils. — 855. Quelles actions privées sont suspendues. Point certain.— 856. Point controversé. — 857. Caractère de cette règle. — 858. Effet du sursis sur l'exception de litispendance. — 859. Quand cesse la suspension . . . . . . . . . . . . 502-514

# TABLE DES MATIÈRES

CHAPITRE III. — DE L'EXTINCTION DE L'ACTION PUBLIQUE ET DE L'ACTION CIVILE.

### Section I. — Causes diverses d'extinction.

Pages

860. Division. — 861. Causes d'extinction communes. — 862. Causes d'extinction spéciales à l'action publique. — 863. Causes d'extinction spéciales à l'action civile................................... 515-516

### Section II. — De la prescription pénale.

I. NOTIONS GÉNÉRALES. — 864. Prescriptions dont traite le C. i. c. — 865. Inutilité des recherches historiques. — 866. Raison d'être de la prescription pénale. — 867. Caractère..................... 517-518

II. PRESCRIPTION DE L'ACTION PUBLIQUE. — 868. *Durée et point de départ.* *a*) Délai. — 869-870. Quelle est la *qualification* de l'infraction qui détermine le délai ? — 871. *b*) Point de départ. — 872. Faut-il compter le jour du délit dans le délai ? — 873. Point de départ dans les délits *continus, collectifs, d'habitude.* — 874. *Causes qui augmentent la durée.* *a*) *Interruption.* — 875. Distinction des infractions en deux classes au point de vue des actes interruptifs. — 876. Actes interruptifs en matière de crimes et de délits. — 877. *Quid* de l'exercice des voies de recours par le prévenu ? — 878. Conditions de leur validité. — 879. Étendue de leur effet. — 880. Durée de la prescription après l'acte interruptif. — 881. *Quid* pour les courtes prescriptions ? — 882. Des interruptions successives. — 883-885. Une série *indéfinie* d'interruptions est-elle possible ? — 886. Actes interruptifs en matière de contraventions. — 887. L'art. 640 ne s'applique qu'aux jugements signifiés. — 888. Le pourvoi en cassation est-il interruptif ? — 889. *b*) *Suspension.* Existe-t-elle ? — 890. 1ᵉʳ système. — 891. 2ᵉ système. — 892. 3ᵉ système. — 893. Palliatif proposé pour les courtes prescriptions. — 894. *Effets de la prescription accomplie*.................................. 519-534

III. PRESCRIPTION DE L'ACTION CIVILE. — 895. *Principe de l'unité de prescription et conséquences qui en dérivent.* — 896. Même caractère d'ordre public. — 897-898. Même durée et même point de départ. — 899-902. Mêmes causes d'interruption. — 903. Mêmes causes de suspension. — 904. L'action civile portée devant les tribunaux civils reste soumise aux règles de la prescription criminelle. — 905-906. Elle y reste soumise même après l'extinction de l'action publique. — 907-908... même lorsqu'elle est intentée contre les personnes civilement responsables. — 909. *Effets de la prescription accomplie.* — 910. Le délit reste opposable par voie d'exception.......................... 534-540

IV. PRESCRIPTION DE LA PEINE. — 911. Aperçu général. — 912. *Peines prescriptibles.* — 913. Par quelle prescription se prescrivent les peines pécuniaires ? — 914. Effet de la prescription sur l'interdiction légale. — 915. Difficulté pour l'interdiction de séjour. — 916. Difficulté pour la relégation. — 917. *Durée de la prescription.* A. Pour les peines en matière criminelle. — 918. Difficulté pour les peines complémentaires. — 919. Difficulté pour l'emprisonnement substitué à la peine criminelle par suite d'une excuse ou des circ. atténuantes. — 920. *Point de départ.* — 921-924. Après une condamnation par contumace. — 925. *B.* Pour les peines en matière correctionnelle ou de police. Condamnations contradictoires. — 926. Condamnations par défaut. — 927. Calcul du délai. — 928. *Interruption.* — 929. L'interruption produit-elle son effet normal ? — 930. *Quid* de l'arrestation du contumax ? — 931. *Quid* de la question de local ? — 932. *Suspension.* — 933. Effets de la prescription accomplie . . 541-549

V. PRESCRIPTION DES CONDAMNATIONS CIVILES. — 934. Renvoi au C. civ . . 549

## LIVRE SECOND. — DES JURIDICTIONS ET DES PROCÉDURES

### PROLÉGOMÈNES

935. Exposé sommaire d'un procès criminel. — 936. Programme. . . . . . 551-553

#### Titre Ier. — De la police judiciaire.

937. NOTIONS GÉNÉRALES. — 938. *Classification et rôle des agents.* — 939. Officiers de police judiciaire *supérieurs* : 1° le procureur de la République. — 940. 2° Le juge d'instruction. — 941. Ses deux qualités. — 942. Actes qu'il fait comme officier de police judiciaire. — 943. Actes qu'il fait comme juridiction d'instruction. — 944. Extension de ses pouvoirs par le flagrant délit. — 945. 3° Les préfets; pouvoirs que leur donne l'art. 10. — 946. Droit *de requérir.* — 947. Droit *de faire personnellement.* — 948. Caractères de ces pouvoirs : ils sont personnels. — 949. Ils comprennent ceux du procureur de la République et du juge d'instruction. — 950. Ils sont subsidiaires. — 951. Officiers *auxiliaires.* — 952. Officiers *inférieurs.* — 953. Droit de *concurrence* et de *prévention* (art. 11). — 954. *Agents spéciaux adjoints.* — 955. Surveillance du procureur général et de la Cour sur les officiers de police judiciaire. — 956. Surveillance des particuliers. . . . . . . . . . 554-563

#### Titre II. — De l'instruction préparatoire jusqu'au règlement de la procédure.

##### CHAPITRE 1er. — DE LA COMPÉTENCE.

957. Programme. . . . . . . . . . . . . . . . . . . . . . . . . 564

I. DIVERSES ESPÈCES DE COMPÉTENCES. — 958. La compétence est de trois sortes. — 959. Ces distinctions s'appliquent à l'*instruction préparatoire* et au *jugement.* — 960. La compétence est d'ordre public. — 961. C. *ratione materiæ.* — 962. C. *ratione personæ.* — 963. C. *ratione loci.* . . . 564-565

II. CIRCONSTANCES QUI MODIFIENT LES RÈGLES ORDINAIRES DE LA COMPÉTENCE. — 964. Énumération. — 965. *Indivisibilité.* — 966. Textes à consulter. — 967. Effets : jonction obligatoire des procédures. — 968. Prorogation de compétence. — 969. *Connexité.* — 970. 1er cas. — 971. 2e cas. — 972. 3e

TABLE DES MATIÈRES    813
                                                                      Pages
cas. — 973. Autres cas. — 974. Effets. — 975. Jonction motivée par la
concurrence ou la concomitance des infractions. . . . . . . . . . .    566-571.
III. RÈGLEMENT DES CONFLITS DE COMPÉTENCE. — 976. Hypothèse. Division
des conflits. — A. CONFLIT DE JURIDICTIONS. — 977. A quelle juridiction
faut-il accorder la préférence. Distinction. — 978. Conflit relatif à la C.
ratione loci. — 979. Faut-il admettre la prévention au profit du juge le
premier saisi ? — 980. Conflit relatif à la C. ratione personæ. — 981. a)
L'une des juridictions est hiérarchiquement supérieure à l'autre. — 982.
b) Les deux juridictions ne sont point hiérarchiquement reliées l'une à
l'autre. — 983. Conflit entre une juridiction ordinaire et le conseil de
guerre. — 984-985. Entre une juridiction ordinaire et le Sénat. — 986.
Conflit relatif à la C. ratione materiæ. — 987. Entre juridictions de Droit
commun. — 988. Entre juridiction de Droit commun et juridiction d'exception. — 989. Autres systèmes. — 990. Du règlement de juges. Hypothèse
où il devient nécessaire. — 991. Autorité compétente. — 992. Difficulté.
— 993. Compétence de la Chambre d'accusation. — 994. Procédure. —
995. Conséquences du rejet de la demande. — 996. Voies de recours contre le règlement de juges. — B. CONFLIT D'ATTRIBUTIONS. — 997. Hypothèse.— 998. Conflit positif.— 999. Formalités. Organisation du Tribunal
des conflits (Renvoi). — 1000. Arrêté de conflit ; sursis ; sanction. — 1001.
Conflit négatif. . . . . . . . . . . . . . . . . . . . . . . . . . .    571-579

CHAPITRE II. — DE LA SAISINE DU JUGE D'INSTRUCTION.

1002. Par qui et comment le juge d'instruction est saisi. Divers modes
de saisine. — 1003. Saisine opérée par le procureur de la République. —
1004. Réquisitoire introductif. — 1005. Saisine opérée par la partie lésée
(controverse). — 1006. Réponse aux objections. — 1007. A qui doit être
adressée la plainte portant constitution de partie civile ? — 1008. De quoi
le juge d'instruction est saisi. De l'action publique et de l'action civile.
— 1009. L'instruction préparatoire a lieu in rem. — 1010. Devoir du juge
d'instruction relativement aux infractions qu'il découvre en instruisant
sur un autre fait. . . . . . . . . . . . . . . . . . . . . . . . .    580-583

CHAPITRE III. — DES ACTES QUI TENDENT A RASSEMBLER LES PREUVES.

1011. Énumération . . . . . . . . . . . . . . . . . . . . . . . .    584

I. CONSTATATIONS MATÉRIELLES. — 1012. Transport sur les lieux et procès-
verbal de constat. Présence du procureur de la République. — 1013.
Assistance du greffier. — 1014. Objet du procès-verbal de constat.— 1015.
Expertises. — 1016. Le juge d'instruction peut y assister.— 1017. Droit
des parties en cause. — 1018. Perquisitions et saisies. — 1019. Saisie
des papiers ailleurs qu'au domicile de l'inculpé. — 1020-1022. Saisies à la
poste. Opinions diverses. . . . . . . . . . . . . . . . . . . . . .    584-588

II. AUDITION DES TÉMOINS. — 1023. Qui peut être appelé comme témoin. —
1024. Comment sont appelés les témoins. — 1025. Formes de l'audition.—
1026. Mesures à prendre contre les témoins défaillants ou qui refusent de
déposer. — 1027. Qu'est-ce que satisfaire à la citation ? . . . . . . . .    588-591

III. Interrogatoire de l'inculpé. — 1028. Système de la loi. Critique. — 1029. Forme. — 1030. Nombre. — 1031. Confrontations. . . . . . . . . 591-593

CHAPITRE IV. — DES ACTES RELATIFS A LA PERSONNE DE L'INCULPÉ.

1032. Programme. . . . . . . . . . . . . . . . . . . . . . . . . . . 594

I. Mandats. — 1033. Énumération. Division. — 1034. Règles communes. — 1035. M. de comparution et M. d'amener. Notions générales s. le M. de comparution. — 1036. . . . . s. le M. d'amener. — 1037. Peut-il être employé quand la nature du délit n'autorise pas la détention préventive ? — 1038. Exécution du M. d'amener. — 1039. Recherches infructueuses. — 1040. Exécution dans l'hypothèse prévue par l'art. 100. — 1041. M. de dépôt et M. d'arrêt. Points de ressemblance. — 1042. Différences. — 1043. Peuvent-ils être décernés indifféremment l'un pour l'autre ? — 1044. Exécution de ces deux mandats. . . . . . . . . . . . . . 594-599

II. De la détention préventive. — 1045. Notions générales. — 1046. Point de départ et durée normale. a) Le juge d'instruction veut laisser l'inculpé en liberté. — 1047. Caractère de la D. p. qui suit l'ordonnance de prise de corps. — 1048. b). Le juge d'instruction veut faire détenir préventivement l'inculpé. Distinction. — 1049. Instruction sur un crime. — 1050. Instruction sur un délit. — 1051. Cas où la D. p. n'est pas admise. — 1052. Cas où la D. p. a une durée maxima de cinq jours. — 1053. Caractère de l'élargissement dans cette hypothèse. — 1054. Point de départ du délai de cinq jours. — 1055. Cas où la D. p. a une durée illimitée. — 1056. Régime de la D. p. Interdiction de communiquer. — 1057. Étendue de cette interdiction. — 1058. Moyens pratiques pour surveiller et prévenir les communications. — 1059. Forme, durée, compte rendu de l'interd. de com. — 1060. Recours contre l'ordonnance portant interd. de com. . . . . . . . . . . . . . . . . . . . 599-604

III. De la liberté provisoire. — 1061. Notions générales. — 1062. Mainlevée d'office du M. de dépôt ou d'arrêt. — 1063. Qui peut l'opérer ? — 1064. A lieu d'office et sans conditions. — 1065. Dépend uniquement des magistrats. — 1066. Liberté provisoire accordée sur la demande de l'inculpé. — 1067. C'est un acte de juridiction. — 1068. Autorité qui l'accorde. — 1069. Quid s'il n'y a pas de juridiction saisie ? — 1070. Procédure. — 1071-1072. Questions non résolues. — 1073. Conditions de la mise en liberté. — 1074. Affectation du cautionnement. — 1075. Extinction de la liberté provisoire. . . . . . . . . . . . . . . . . . . 604-609

CHAPITRE V. — DU FLAGRANT DÉLIT. — DÉROGATIONS QU'IL APPORTE AUX RÈGLES ORDINAIRES DE L'INSTRUCTION PRÉPARATOIRE ET DU JUGEMENT.

I. Particularités de l'instruction préparatoire au cas de crime flagrant. — 1077. En quoi consiste le flagrant délit ? — 1078. Pouvoirs exceptionnels du procureur de la Rép. et des officiers auxiliaires. — 1079. Perquisition. — 1080. Enquête. — 1081. Contrôle du magistrat.

TABLE DES MATIÈRES 815

— 1802. Arrestation de l'inculpé. — 1083. Droit de *concurrence* des officiers auxiliaires. Droit de *prévention* du procureur de la Rép. — 1084. *Pouvoirs exceptionnels du juge d'instruction.* Droit de se saisir d'office. — 1085. Forme des actes. — 1086. Enquête. Arrestation de l'inculpé. Exécution des ordonnances. .................... 609-613

II. Particularités de l'instruction préparatoire et du jugement au cas de délit flagrant. — 1087. *De l'arrestation par mesure de police au cas de flagrant délit.* — 1088. Cas où elle est permise. — 1089. Ce qu'il faut entendre ici par flagrant délit. — 1090. Magistrat devant qui l'individu arrêté doit être conduit. — 1091. *Procédure des flagrants délits correctionnels.* Conditions d'application. — 1092. Elle est facultative. — 1093. Actes de cette procédure. — 1094. Droit du tribunal quant au M. de dépôt. — 1095. Modes de saisine: conduite immédiate à la barre. Citation. — 1096. Le M. de dépôt est indépendant du mode de saisine employé. — 1097. Économie des frais. — 1098. Droit du prévenu d'exiger un sursis. — 1099. Que doit faire le tribunal s'il découvre que la procédure des flagrants délits était interdite? — 1100. Pratiques illégales. Critique de la loi. ....................... 613-619

CHAPITRE VI. — DE LA DÉLÉGATION DES POUVOIRS D'INSTRUCTION.

1101. Esprit de la loi. — 1102. *Quels actes peuvent être délégués et à qui peuvent-ils l'être?* Délégations admises expressément par la loi. — 1103. Peut-on admettre la délégation dans d'autres hypothèses et pour d'autres actes? — 1104. Extension quant aux actes. — 1105. Quant aux personnes. — 1106. Quant aux hypothèses. — 1107. *Forme des délégations.* Commissions rogatoires. ..................... 619-622

Titre III. — *Des juridictions d'instruction et du règlement de la procédure.*

1108. *Notions générales.* Triple objet du règlement de la procédure. Compétence p. l'opérer. — 1109. Utilité de ce règlement. — 1110. Juridictions d'instruction. ........................ 623

CHAPITRE I<sup>er</sup>. — JURIDICTION D'INSTRUCTION DU PREMIER DEGRÉ.

(*Le juge d'instruction*).

I. Des ordonnances du juge d'instruction quand la procédure est complète. — 1111. Communication de la procédure. Délai. Droit du juge d'instruction. — 1112. Ordonnance de non-lieu. — 1113. Ordonnance de mise en prévention. — 1114. Exécution des ordonnances de clôture. — 1115. Formes de ces ordonnances. — 1116. Fond. ......... 624-626

II. De l'opposition aux ordonnances du juge d'instruction. — 1117.

Aperçu général. — 1118. *Opposition du ministère public.* Son droit d'opposition est général. — 1119. Conditions. Opposition du procureur de la République. Opposition du procureur général. — 1120. Effet suspensif. — 1121. Effet dévolutif. — 1122. *Opposition de la partie civile.* A quelles ordonnances peut-elle faire opposition ? — 1123. Conditions. — 1124. Effets. — 1125. Désistement. — 1126. Conséquences du rejet de l'opposition. — 1127. *Opposition du prévenu.* A quelles ordonnances peut-il faire opposition ? — 1128. Conditions. — 1129. L'opposition de l'une des parties en cause doit-elle être portée à la connaissance des autres et par quels moyens ? . . . . . . . . . . . . . . . . . . . . . . . . 626-630

CHAPITRE II. — JURIDICTION D'INSTRUCTION DU SECOND DEGRÉ.

(*La Chambre d'accusation.*)

1130. *Organisation et attributions de la Chambre d'accusation.* Composition. — 1131. Attributions. — 1132. *Procédure de la mise en accusation.* 1° Mise en état de l'affaire. — 1133. La communication du dossier peut-elle être exigée par le prévenu et la partie civile ? Peut-elle leur être accordée ? — 1134. 2° Examen. — 1135. 3° Arrêt. — 1136. Caractère du renvoi devant la Chambre d'accusation prescrit par l'art. 133. — 1137. Arrêt de non-lieu. Arrêt de renvoi. — 1138. Effets de l'arrêt de renvoi sur la compétence et sur la saisine de la juridiction de jugement. — 1139. Voie de recours. . . . . . . . . . . . . . . . . . . . . . . . . . . . . . . 631-635

CHAPITRE III. — DE LA REPRISE DE L'INSTRUCTION SUR CHARGES NOUVELLES.

1140. *Dans quel cas et à quelles conditions.* Les cas. — 1141. Les conditions. — 1142. 1re condition. — 1143. 2e condition. — 1144. 3e condition. — 1145. *En quoi consiste l'instruction sur charges nouvelles, et qui en est chargé.* Constatation des nouvelles charges. — 1146. Reprise de l'instruction. — 1147. Nouveau règlement de la procédure. . . . . . . 635-638

*Titre IV. — Des juridictions de jugement.*

1148. Programme. . . . . . . . . . . . . . . . . . . . . . . . . . . 639

CHAPITRE 1er. — NOTIONS GÉNÉRALES.

1149. *Organisation et compétence des juridictions de jugement.* Principes. — 1150-1151. Exceptions aux règles de la compétence. — 1152. Irrégularité dans la composition de la juridiction. — 1153. *Caractères généraux de l'instruction définitive.* — 1154. Elle est restreinte aux faits et aux individus indiqués dans l'acte qui opère la saisine. — 1155. Contradictoire. Assistance d'un défenseur. — 1156. Publique. Huis clos. — 1157. Étendue du huis clos. — 1158. Droits de la presse. — 1159. Oralité du débat. Preuves de conviction (*renvoi*). — 1160. *Caractères généraux des jugements et arrêts*. — 1161. *Conditions nécessaires à leur validité.* — 1162. Conditions relatives à la composition de la juridiction. — 1163. ...à la délibération et au vote.— 1164. ...à la composition de la sentence.— 1165. ...à son prononcé. — 1166. *Rédaction par écrit des jugements et arrêts.* Utilité. Objet. — 1167. Rédaction en minute. Signature. — 1168. Conservation et rétablissement des minutes. — 1169-1170. Plumitif. Registre des pointes. Feuille d'audience. Notes d'audience. — 1171. *Direction des débats et police de l'audience.* Observation. — 1172. Direction des débats. Que comprend-t-elle ? — 1173. A qui elle appartient. — 1174. Police de l'audience. Que comprend-elle ? — 1175. Mesures d'ordre. — 1176-1180. Répression des troubles. Distinctions. . . . . . . . . . 639-650

## CHAPITRE II. — DE LA COUR D'ASSISES.

I. ORGANISATION. — 1181. *Siège et sessions de la juridiction.* Lieu ordinaire du siège. Lieux exceptionnels. — 1182. Époque des sessions. — 1183. Durée. — 1184. Assise extraordinaire. — 1185. Fixation de l'ouverture de la session. — 1186. *Des magistrats et du jury.* Magistrats titulaires. — 1187. Assesseurs. — 1188. Exclusion de certains magistrats. — 1189. *Composition du jury.* — 1190. Liste annuelle. — 1191. Aptitude générale. Déchéances. Incapacités. Incompatibilités. Exclusions. Dispenses. — 1192. Sanction. — 1193. *Opérations matérielles de sa formation.* — 1194. Liste annuelle des jurés suppléants. — 1195. Mesures pour maintenir au complet la liste annuelle. — 1196. Liste de session. — 1197. Procès-verbal du tirage de la liste de session. Formation du tableau (renvoi). . . . . . . . . . . . . . . . . . . . . . . . . . . . 651-657

II. COMPÉTENCE ET SAISINE DE LA C. D'ASSISES. — 1198. *Compétence.* — 1199. *Saisine.* Comment la C. d'assises est saisie. — 1200. De quoi elle est saisie. . . . . . . . . . . . . . . . . . . . . . . . . . . . 657-659

III. MISE EN ÉTAT DE L'AFFAIRE. — 1201. Aperçu général. . . . . . . 659
a) FORMALITÉS. — 1202. Qui regardent-elles ? Sanction. — 1203. 1° *Acte d'accusation.* — 1204. 2° *Notification à l'accusé de l'arrêt de renvoi et de l'acte d'accusation.*— 1205. 3° *Translation de l'accusé dans la maison de justice.* 4° *Envoi des pièces au greffe de la C. d'assises.* — 1206. 5° *Interrogatoire* de l'accusé dans la maison de justice. — 1207. Utilité. — 1208. Ce qu'il contient. — 1209. Liberté des communications de l'accusé avec son défenseur. — 1210. Avertissement relatif au pourvoi en cassation. — 1211. Point de départ du délai du pourvoi. — 1212. Double objet du délai de cinq jours. — 1213. Procès-verbal de l'interrogatoire. — 1214. 6° *Communication et copie des pièces.* — 1215. 7° *Notifications respectives des témoins à charge et à décharge.* — 1216. 8° *Notification à l'accusé de la liste du jury de session.* — 1217. Quelle liste de session faut-il notifier ? — 1218. 9° Composition du rôle de la session . . . . . . . . . . . 659-666

b) INCIDENTS. — 1219. Énumération. — 1220. 1° *Pourvoi contre l'arrêt de renvoi.* — 1221. Délais. — 1222. Le point de départ des deux délais est-il le même ? — 1223. Effets du pourvoi. — 1224. 2° *Supplément d'instruction.* — 1225. 3° *Remise de cause.* — 1226. 4° *Jonction et disjonction.* Causes de jonction. — 1227. C. de disjonction. — 1228. Existe-t-il une voie de recours contre les ordonnances de remise de cause, de jonction ou de disjonction ? . . . . . . . . . . . . . . . . . . . . . . . . . 666-671

52

## TABLE DES MATIÈRES

|  | Pages |
|---|---|
| IV. Procédure de l'audience. — 1229. Programme | 672 |

I. Constitution définitive de la Cour d'assises.—1230. Aperçu général.— 1231. *Formation du tableau.* Révision de la liste de session.— 1232. Addition de jurés adjoints. — 1233. Tirage au sort du jury de jugement. . . . 672-673

II. Attributions respectives du président et de la Cour et role du jury pendant les débats. — 1234. *Attributions du président.* — 1235. Police de l'audience. — 1236. *Pouvoir discrétionnaire.* — 1237. A quels actes il se rapporte. — 1238. Dans quelle mesure permet-il de s'affranchir des règles ordinaires. — 1239. Valeur des preuves qu'il permet de recueillir. 1240. Phase de la procédure où il existe. — 1241: Caractères. — 1242. *Attributions de la Cour.* — 1243. Rôle du jury. . . . . . . . . . . . . . 674-679

III. Procédure des débats. — 1244. Sanction des formalités. — 1245. Caractères particuliers de cette procédure. — 1246. Actes qui précèdent l'audition des témoins. — 1247. Illégalité d'un interrogatoire de l'accusé. — 1248. Audition des témoins. — 1249. Réquisitoire et plaidoiries. . . . 679-684

IV. Procédure qui suit la cloture des débats. — 1250. Aperçu général. — 1251. Interdiction du *résumé du président.* —1252. *Questions au jury.* — 1253. Comment les questions doivent-elles être rédigées ? — 1254. Questions résultant de l'arrêt de renvoi. — 1255. Questions résultant des débats. — 1256. Légalité d'une question sur les *causes de non imputabilité* et sur les *faits justificatifs.* — 1257. Question sur un fait principal résultant des débats. —1258. Question de *discernement* et *d'âge.* — 1259. Règles communes à la rédaction des questions. — 1260. Exceptions à la prohibition des Q. *cumulatives* ou *alternatives.* — 1261-1264. La question doit-elle être posée *en fait* ou *en droit* ? — 1265-1266. *Avertissements au jury. Pièces qui lui sont remises.* — 1267. *Délibération et vote du jury. — Preuves qu'il doit admettre.* Occlusion des portes de la salle des délibérations. — 1268. Le président peut-il y pénétrer ? — 1269. Rôle du chef du jury. — 1270. Droits et devoirs des jurés. — 1271. Mode de votation. — 1272. Majorité exigée. — 1273. Constatation du résultat du scrutin. Signature du verdict. — 1274. *Lectures du verdict à l'audience.* 1re lecture. — 1275. Irrégularités du verdict. — 1276. Étendue de son annulation. — 1277. 2e lecture. . . . . . . . . . . . . . . . . 685-699

V. La sentence. — 1278. Décision sur l'action publique. — 1279. Règlement des intérêts civils. — 1280. Demandes de la partie civile contre l'accusé.—1281 ...de l'accusé contre la partie civile. — 1282 ...de l'accusé contre ses dénonciateurs. — 1283. A quel moment doivent-elles être formées ? — 1284. Procès-verbal de la séance. — 1285. Force probante. — 1286. Est-il soumis au contrôle du ministère public et du défenseur ? . . . 700-703

V. — De la procédure de contumace. — 1287. Hypothèse. — 1288. Comment l'accusé est-il constitué en état de contumace ? — 1289. Effets de la contumace. Mesures de coercition. — 1290. Effets sur la procédure. — 1291. Effets de la condamnation du contumax. — 1292. Toute condamnation par contumace confirme-t-elle le séquestre ? — 1293. Comment la condamnation par contumace devient irrévocable et comment elle est résolue. — 1294-1295. Étendue de l'annulation produite par l'arrestation du condamné. — 1296. Procédure à suivre contre le condamné qui purge sa contumace . . . . . . . . . . . . . . . . . . . . . . . . . 703-707

## CHAPITRE III. — DES TRIBUNAUX CORRECTIONNELS.

Pages

I. ORGANISATION. — 1297. Historique. — 1298. Composition de la juridiction du 1er degré. — 1299. Juridiction d'appel.................... 708-709

II. COMPÉTENCE. — 1300.... *ratione materiæ*. — 1301.... *rationæ personæ*. — 1302.... *ratione loci*........................ 710-711

III. SAISINE DU TRIBUNAL CORRECTIONNEL, juridiction du 1er degré. — 1303. Modes de saisine. 1° *Citation directe*. — 1304. Rappel de points expliqués. — 1305. Fond de la citation. — 1306. Signification. — 1307. Délai de comparution. — 1308. Irrégularités. — 1309. 2° *Renvoi à une autre juridiction*. — 1310. Peut-il émaner du trib. de simple police ? — 1311-1312. Effets de la citation donnée après un renvoi. — 1313. 3° *Comparution volontaire*. — 1314. 4° *Conduite immédiate à la barre*. — 1315. 5° *Requête*. — 1316. Étendue et effets de la saisine............ 711-715

IV. PROCÉDURE DEVANT LE TRIBUNAL CORRECTIONNEL. — 1317. Organisation de la défense. — 1318. Comparution du prévenu. — 1319. *Instruction à l'audience et plaidoiries*. Caractères généraux. Preuves. — 1320. Marche ordinaire de la procédure. — 1321. Ordre des actes. — 1322. Audition des témoins. — 1323. Notes d'audience. — 1324. Réquisitoire et plaidoiries. — 1325. Prononcé du jugement. — 1326. Incidents. — 1327. 1° *Remise de cause*. — 1328. 2° *Renvois pour incompétence ou impropriété de la saisine*. — 1329. Cas où le tribunal retient le jugement d'une contravention. — 1330. Controverse sur l'impropriété de la saisine. — 1331. Ces renvois sont-ils de simples dessaisissements ?......... 716-722

V. JUGEMENTS CORRECTIONNELS. — 1332. Divisions. — 1333. J. de condamnation. — 1334. J. de relaxe. — 1335. J. d'instruction. — 1336. J. provisoires. — 1337. J. contradictoire. — 1338..... A l'égard du ministère public. — 1339-1340..... A l'égard du prévenu. — 1341. J. de débouté d'opposition. Caractère. — 1342. J. par défaut. — 1343. Difficulté soulevée par la loi du 9 sept. 1835. — 1344. J. contradictoire sur certains points et par défaut sur d'autres. — 1345. Effet du défaut de la partie civile. — 1346. De l'exécution provisoire............................ 723-727

VI. VOIES DE RECOURS ORDINAIRES CONTRE LES JUGEMENTS CORRECTIONNELS — 1347. Opposition et appel. Différence................. 728

I. OPPOSITION. — 1348. Délai ordinaire. — 1349. Délai exceptionnel. — 1350. Quel est le *domicile* où doit être signifié le j. par défaut ? — 1351. Délai pour faire cette signification. — 1352. Doit-elle être faite par *huissier commis* ? — 1353. Forme de l'opposition. — 1354. Effets. — 1355. Ils se restreignent à l'opposant. — 1356. L'effet extinctif est *absolu*. — 1357. Est-il pur et simple ou subordonné à cette condition que l'opposant comparaîtra pour soutenir son opposition ? — 1358. Quelle est son étendue quant à la procédure ? — 1359. Jugement de l'opposition. — 1360. Comment doit être prononcé le débouté d'opposition. — 1361. Frais occasionnés par le défaut........................... 728-734

II. APPEL. — 1362. *Qui peut faire appel ?* — 1363. Le prévenu. — 1364. Les personnes civilement responsables. — 1365. La partie civile. — 1366. Les administrations publiques. — 1367. Le procureur de la Rép.

et le procureur général. — 1368. *De quels jugements peut-on appeler?*
Ce qu'on entend ici par jugements en matière correctionnelle. — 1369.
Distinction entre les J. définitifs et les J. d'instruction. — 1370.
J. contenant des dispositions indépendantes les unes des autres. —
1371. L'appel est irrecevable contre les motifs des J. —1372. *Forme et
délai de l'appel.* Forme ordinaire. — 1373. Délai ordinaire. — 1374.
Combinaison des délais d'opposition et d'appel. — 1375. Effet de la signification du jugement. — 1376. Désistement de l'appel pour faire opposition. — 1377. Formes et délais exceptionnels. Appel du procureur général. — 1378. Appel en matière de contributions indirectes. — 1379-1383.
Observations communes. — 1384. *Effets de l'appel.* Effet suspensif. —
1385. Cas où il n'existe pas. — 1386. Effet dévolutif. Son étendue. —
1387. Interdiction des demandes nouvelles, mais non des moyens nouveaux. — 1388. Son intensité. *a)* Appel du ministère public. — 1389. *b)*
Appel des parties privées. — 1390-1391. Droit et devoir de la Cour statuant sur l'appel de la partie civile. — 1392. *c)* Appel des administrations.
— 1393. *Droit d'évocation* (renvoi). — 1394. *Jugement de l'appel.* Mise
en état. — 1395. Procédure à l'audience. — 1396. Arrêts. — 1397. Mission
de la Cour : jugement régulier en la forme, rendu par un trib. compétent, et statuant au fond. — 1398. Jugement régulier en la forme et statuant au fond, mais émanant d'un tribunal incompétent. — 1399. Jugement rendu par un trib. compétent et statuant au fond, mais irrégulier
en la forme. *Évocation.* — 1400. Faut-il assimiler à un vice de forme
l'impropriété de la saisine? — 1401. L'évocation est-elle possible quand
la Cour annule un jugement ne statuant point au fond. — 1402. *Voies
de recours contre les arrêts correctionnels* (renvoi). . . . . . . . . . . 735-748

CHAPITRE IV. — DES TRIBUNAUX DE SIMPLE POLICE.

I. ORGANISATION. — 1403... depuis la loi du 27 janv. 1873. . . . . . . . . 749

II. COMPÉTENCE. — 1404. *Ratione materiæ.* — 1405. *Ratione personæ.* —
1406. *Ratione loci.* . . . . . . . . . . . . . . . . . . . . . . . . . . . . . . . . . . . 749-750

III. PROCÉDURE DEVANT LE TRIBUNAL DU 1ᵉʳ DEGRÉ. — 1407. Observation. —
1408. *Saisine.* Citation directe. — 1409. Comparution volontaire. — 1410.
Mode et délai de comparution. — 1411. Procédure à l'audience. — 1412.
Jugements. . . . . . . . . . . . . . . . . . . . . . . . . . . . . . . . . . . . . . . . . 750-753

IV. VOIES DE RECOURS. — 1413. Observation. — 1414. *a) Opposition.* —
1415. *b) Appel.* Qui peut appeler et de quels jugements? — 1416. Point
de départ du délai. — 1417. Formes. — 1418. Jugement de l'appel. —
1419. *c) Pourvoi en cassation.* . . . . . . . . . . . . . . . . . . . . . . . . . 753-755

*Titre V. — Voies de recours extraordinaires.*

CHAPITRE 1ᵉʳ. — NOTIONS GÉNÉRALES.

1420. Divisions des voies de recours extraordinaires. Voies qui s'attaquent
au jugement. — 1421. Voies qui s'attaquent au juge. — 1422. Organisation
de la Cour de cassation. — 1423. Compétence. . . . . . . . . . . . . 757-759

## CHAPITRE II. — DU POURVOI EN CASSATION.

I. Divisions et effets des pourvois en cassation. — 1424. Qui peut se pourvoir en Cass. — 1425. Effets du pourvoi en Cass. a) *Effet dévolutif.* — 1426. Pourvoi formé dans un intérêt privé. — 1427. Pourvoi formé dans l'intérêt général. — 1428. Pourvoi dans l'intérêt de la loi. — 1429. b) *Effet suspensif* — 1430. Autres divisions des pourvois. . . . . . . . 759-761

II. Ouvertures a cassation. — 1431. Divisions. — 1432. Incompétence ou excès de pouvoir. — 1433. Violation des règles de forme. — 1434. Violation des règles de fond. — 1435. Observation. . . . . . . . . . . 762-764

III. Du pourvoi proprement dit. — 1436. *Conditions de recevabilité.* 1437. 1° Un arrêt ou jugement en dernier ressort, définitif ou interlocutoire. — 1438. 2° Une question de droit. — 1439. Conséquence : prohibition des moyens nouveaux. — 1440-1441. 3° Un intérêt et pas de négligence. — 1442. Procédure. — 1443. Arrêts de la Cour de cassation sur le pourvoi. — 1444. Effets des arrêts de cassation. — 1445. Des seconds pourvois . . . . . . . . . . . . . . . . . . . . . . . . . . . . . . . 764-770

IV. Du pourvoi dans l'intérêt de la loi. — 1446. Par qui, à quelles conditions et contre quels jugements peut-il être formé ?. . . . . . . . . . 770

V. Du pourvoi du ministre de la justice. — 1447. Aperçu général. — 1448. Actes auxquels il s'applique. — 1449. La cassation profite à l'accusé, mais ne peut lui nuire. — 1450. La cassation produit-elle effet dans les rapports des parties privées entre elles ? — 1451. Le ministre peut-il limiter son pourvoi au seul intérêt de la loi ? — 1452. Conséquences de l'annulation quant aux magistrats de qui émanent les actes annulés. . . 771-772

### CHAPITRE III. — DU POURVOI EN REVISION.

1453. *Notions générales et historiques.* Différence avec le pourvoi en cassation. — 1454. Utilité. — 1455. Ancien Droit, législation intermédiaire, Code d'instruction criminelle, loi du 29 juin 1867. — 1456-1457. *Cas de revision. Matière où elle est admise.* — 1458. *Procédure.* Par qui et comment doit être formée la demande. — 1459. Délai. — 1460. Effet suspensif du pourvoi. — 1461. Jugement du pourvoi. . . . . . . . . . . . . . . 772-777

### Titre VI. — *Autorité de la chose jugée.*

1462. Sa raison d'être. Rappel des points déjà traités. . . . . . . . . . . 778

### CHAPITRE Iᵉʳ. — AUTORITÉ DE LA CHOSE JUGÉE AU CRIMINEL SUR L'ACTION PUBLIQUE.

1463. Notions générales et historiques. — 1464. Conditions de la chose jugée en matière pénale. — 1465. Conditions relatives à la condamnation antérieure. — 1466. Conditions relatives à la poursuite actuelle. Controverse. L'art. 1351 C. civ. est inapplicable. — 1467. L'identité de questions suffit le plus souvent. Théorie du contradicteur légitime. — 1468.

Autorité des décisions des juridictions d'instruction. — 1469. Autorité des décisions des juridictions de jugement. — 1470. L'accusé acquitté légalement peut-il être repris à raison du même fait différemment qualifié ? — 1471. De l'exception de chose jugée . . . . . . . . . . . . . . . . 778-785

CHAPITRE II. — DE L'AUTORITÉ DE LA CHOSE JUGÉE AU CRIMINEL SUR LE CIVIL ET RÉCIPROQUEMENT.

1472. Points de contact de l'action publique et des actions civiles. *Influence de la chose jugée au civil sur le criminel*. — 1473. *Influence de la chose jugée au criminel sur le civil*. — 1474. Conditions et limites de cette influence. — 1475. Applications de détail : 1° à l'action en dommages-intérêts. — 1476. Controverse sur les jugements et arrêts de relaxe. — 1477. 2° Application aux actions dont le délit a été l'occasion. . . . . 785-789